해커스법원직

민법의 맥

OX 문제집 | 2권

해커스공무원

윤동환

약력

서울대학교 졸업(법학사, 경제학사)
고려대학교 법학대학원 수료
현 | 해커스공무원, 해커스변호사, 해커스경찰 민법 강의
전 | 합격의법학원 변호사시험 민법, 민사소송법 전임
전 | 성균관대·경북대·전남대·제주대·인하대 로스쿨 특강
전 | 성균관대·한양대·단국대·전남대·전북대 등 대학 특강 및 모의고사 문제 출제

저서

해커스법원직 민법 기출문제집
해커스법원직 민법
해커스경찰 민법총칙의 맥
민법의 맥, 우리아카데미
민법 기본 사례의 맥, 우리아카데미
주관식용 핵심 민법의 맥, 마체베트
실전답안 민소법 핵심사례의 맥, 우리아카데미
실전답안 민법 핵심사례의 맥, 우리아카데미
핵심 정지문 민사소송법의 맥, 우리아카데미
핵심 정지문 민법의 맥
슬림한 친족, 상속법의 맥, 우리아카데미
최근 1개년 민사법판례의 맥, 우리아카데미
최근 3년간 민사소송법판례의 맥, 우리아카데미
최근 3년간 민법판례의 맥, 우리아카데미
민사 기록의 맥, 우리아카데미
기출중심 민법 사례의 맥, 우리아카데미
윤동환 민소법, 우리아카데미
윤동환 민법 주제별 논리(사례)구조 및 필수 암기(요건·효과), 판례, 우리아카데미

공태용

약력

서울대학교 법과대학 졸업
제41회 사법시험 합격(사법연수원 제31기)
현 | 해커스공무원, 해커스변호사, 해커스경찰 민법, 상법 강의
현 | 법률사무소 예건 대표변호사
현 | 서울중앙지방법원 조정위원
현 | 서울시 계약심의위원장, 용인시 법률고문 등 공공기관 법률고문
현 | JYP엔터테인먼트 사외이사 및 감사위원
현 | 기타 상장회사와 비상장회사 법률고문
전 | 법무법인 광장 변호사(금융팀)
전 | 이화여대로스쿨 법률상담 및 법률구조 자문위원
전 | 합격의법학원 변호사시험 상법 강의

저서

해커스법원직 공태용 상법의 맥 OX 문제집
해커스법원직 공태용 상법의 맥 기출문제집
해커스법원직 공태용 상법의 맥
해커스법원직 민법 기출문제집
해커스법원직 민법
해커스경찰 민법총칙의 맥
핵심 정지문 상법의 맥, 우리아카데미
최근 1개년 민사법판례의 맥, 우리아카데미
민사 기록의 맥, 우리아카데미
최근 3년간 상법 판례의 맥, 우리아카데미
핵심 상법의 맥, 우리아카데미
상법의 맥, 우리아카데미

머리말

견딤이 쓰임을 결정한다.

– 정호승

민법은 고도로 논리적이면서도 방대한 학습 분량으로 인해 초학자들의 진입장벽이 높은 과목입니다. 그런데 법원직 9급공채시험은 1 · 2교시 각 100분 동안 각 100개의 객관식문제를 풀어야하는 시험으로, **민법문제 25개를 풀기 위해 주어진 시간은 고작 25분 정도입니다.** 어렵게 쌓아올린 민법 실력을 제대로 발휘하기에는 너무도 가혹한 조건이지만 조건을 탓할 수는 없습니다. 시험이 요구하는 것이라면 그것이 무엇이든 합격을 위해서는 그 요건을 충족시켜야 합니다.

촉박한 시간 안에 많은 문제를 실수 없이 풀기 위해서는 시험의 특징을 잘 이해해야 합니다. 법원직 문제는 대부분 판례에서 출제되고 판결의 논거와 결론부분을 틀리게 하여 오선지를 구성하는 경우가 많습니다. 따라서 **판례의 논거와 결론을 정확히 숙지하고 다양한 유형의 오선지를 식별하는 훈련을 반복한다면 실전에서 실수 없이 자신의 민법실력을 온전히 점수로 확인받을 수 있을 것입니다.**

저자는 이미 기본서인 법원직 민법의 맥에 중요빈출지문과 오선지로 출제된 지문을 수록하여 기본강의 단계에서부터 문제풀이에 적응할 수 있도록 하였습니다. 저자의 기본서 법원직 민법의 맥을 통해 기초법리를 체계적으로 정리했다면, 그 다음 단계로는 본서를 통해 다양한 기출지문을 숙지하고 실전연습을 하여야 합니다.

본서는 기획 과정에서부터 판례의 정확한 이해를 요구하는 법원직 시험의 경향을 반영하여 집필되었습니다. 특히 **본서는 여러 개의 논점을 가지고 있는 판례나, 비교되는 쟁점을 가지고 있는 수개의 판례들을 기준으로 기출지문과 예상지문을 배치하여 시험장에서 혼란을 일으킬 수 있는 요소들을 사전에 차단하고자 하였습니다. 빈출지문은 불필요한 중복을 피하기 위해 지문과 해설을 통합하였고, 하나의 판례를 근거로 한 다양한 지문을 모아 한 눈에 쟁점을 파악할 수 있게 하였습니다.** 판결요지 자체가 그대로 출제되는 법원직 시험의 특징을 반영하여 해설이 필요 없는 정지문의 경우 판례번호만 적시함으로써 적절한 분량을 유지하면서도, 혹여 추가적인 해설이 필요하다면 법원직 민법의 맥을 통해 확인할 수 있도록 하였습니다.

높은 경쟁률로 인해 한두 문제 차이로 당락이 갈리는 냉혹한 수험전선에서 성공하기 위해서는 무조건적인 노력만으로는 부족합니다. 본인의 능력을 최고도로 끌어올릴 수 있는 현명한 선택이 필요합니다. 곧 법원 공무원이 되실 독자들에게 본서가 합격의 동반자가 되길 기대합니다.

2022년 3월

윤동환, 공태용

차례

2022 해커스법원직 **민법의 맥** OX 문제집

제3편 채권총론

제4편 채권각론

차례

제5편 친족상속편

2011년~2021년 10년간 법원직 기출쟁점

제1편 민법총칙

목차			기출 연도
서론	민법의 법원	총설	·
		관습법	·
법률 관계	법률관계	요건사실과 증명책임	·
		권리의 경합	·
	신의성실의 원칙		17
권리의 주체	자연인	자연인의 권리능력 총설	·
		태아의 권리능력	·
		자연인의 행위능력 (미성년자에 집중)	20, 19, 16, 15, 14, 13, 11
		부재자 재산관리	·
		실종선고 및 실종선고의 취소	·
	법인	법인	18, 14, 11
		권리능력 없는 사단·재단	20, 19, 13, 12, 11
권리 변동	법률행위의 목적	선량한 풍속 기타 사회질서	21, 17
		불공정한 법률행위	18, 13
	의사표시	비진의 표시	20, 13, 11
		통정한 허위의 의사표시	20, 18, 16, 14, 13, 12, 11
		착오에 의한 의사표시	21, 20, 19, 17, 16, 15, 13, 11
		사기 혹은 강박에 의한 의사표시	20, 16
		의사표시의 효력발생	13
	법률행위의 대리	대리	13, 16, 17, 18, 19, 21
		복대리	16
		표현대리	19, 17, 16, 15, 14, 11
		무권대리	19, 18, 17, 14, 13, 12, 11
	법률행위의 무효와 취소	법률행위의 무효	18, 16
		법률행위의 취소	18, 14
	법률행위의 부관	조건부 법률행위	21, 17, 16
		기한부 법률행위	20, 19, 17, 16
소멸 시효	총설		19, 16, 12
	소멸시효의 요건		21, 20, 18
	소멸시효의 중단과 정지		21, 20, 19, 18, 15, 14, 12
	소멸시효완성의 효과		19, 15, 14

2011년~2021년 10년간 법원직 기출쟁점

제2편 물권법

목차			기출 연도
물권법 서론	물권의 본질		12
	물권의 객체	물건	18
		주물과 종물	18, 15
	물권적 청구권(물권의 효력)		17, 15, 13, 12, 11
물권의 변동	부동산물권의 변동과 등기		20, 19, 18, 17, 16, 15, 14, 11
	법률행위에 의하지 않은 부동산물권변동(제187조)		12, 11
	동산물권의 변동	권리자로부터의 취득	·
		무권리자로부터의 취득: 선의취득	21, 17, 15
	입목등기와 명인방법에 의한 물권변동		·
	물권의 소멸: 혼동		12
기본물권	점유권		21, 17, 16, 15, 12, 11
	소유권	부동산 소유권의 범위	19(구분소유)
		소유권의 취득(취득시효)	21, 19, 18, 16, 15, 14
		소유권에 기한 물권적 청구권	20, 19
		공동소유	21, 19, 17, 16, 15, 13, 11
		명의신탁	20, 18
용익물권	지상권		19, 17, 15, 14, 12
	지역권		·
	전세권		21, 13
담보물권	유치권		21, 20, 17, 15, 14, 12
	질권		15, 14, 12
	저당권		21, 20, 19, 18, 17, 16, 15, 14
	비전형담보물권		12

제3편 **채권총론**

목차			기출 연도
채권의 목적	특정물채권		·
	종류채권		·
	금전채권		·
	이자채권		20
	선택채권		12
채권의 효력	채무불이행	채무불이행의 일반적 요건	·
		이행보조자의 고의·과실	·
		이행지체	21, 17, 15
		이행불능	·
		이행거절	·
		불완전이행	·
	채무불이행의 효과(주로 손해배상)		20, 17, 15, 14, 12, 11
	채권자지체		·
대외적 효력	책임재산의 보전	채권자대위권	21, 20, 18, 17, 16, 15, 14, 13
		채권자취소권	21, 20, 19, 18, 17, 15, 14, 12, 11
	제3자에 의한 채권침해		·
수인의 채권자 및 채무자	분할채권(채무)관계		·
	불가분채권관계		·
	연대채무		·
	부진정연대채무		13
	보증채무		21, 15, 14, 13, 11
	연대보증		14
	계속적 보증		·
채권양도			21, 18, 17, 16, 15, 13, 12, 11
채무인수			20, 15, 12
채권의 소멸	변제	변제일반	20, 16, 14, 13
		변제충당	18, 16, 15, 14, 13
		변제자대위	21, 12
	대물변제		·
	변제공탁		19, 15, 13, 11
	상계		19, 18, 17, 16, 13, 12
	경개		16
	혼동		·

2011년~2021년 10년간 법원직 기출쟁점

제4편 채권각론

목차		기출 연도
계약 총론	계약의 성립	17
	계약체결상의 과실책임	·
계약의 효력	동시이행의 항변권	19, 14, 13
	위험부담	·
	제3자를 위한 계약	13
	계약의 해제(해지)	20, 18, 16, 15, 14, 11
각종의 계약	증여	15, 11
	매매	19, 17, 13, 12
	교환	·
	소비대차	·
	사용대차	·
	임대차	20, 19, 18, 16, 15, 14, 13, 12, 11
	고용	·
	도급	21, 20, 19, 14
	여행계약	21
	현상광고	·
	위임	·
	임치	·
	조합	21, 15
	종신정기금	·
	화해	·
사무관리		20, 19, 14, 11
부당이득		21, 18, 17, 16, 15, 12, 11
불법행위책임		21, 20, 18, 17, 16, 15, 14, 13, 12

제5편 **친족상속법**

<table>
<tr><th colspan="3">목차</th><th>기출 연도</th></tr>
<tr><td rowspan="13">친
족
법</td><td colspan="2">총설</td><td>·</td></tr>
<tr><td colspan="2">가족</td><td>·</td></tr>
<tr><td rowspan="6">혼인</td><td>약혼</td><td>14</td></tr>
<tr><td>혼인의 성립</td><td>·</td></tr>
<tr><td>혼인의 무효, 취소</td><td>19, 16</td></tr>
<tr><td>혼인의 효과</td><td>18, 11</td></tr>
<tr><td>이혼(주로 재산분할)</td><td>20, 19, 17, 16, 14, 13, 11</td></tr>
<tr><td>사실혼</td><td>21, 16, 14, 13</td></tr>
<tr><td rowspan="5">부모와 자</td><td>친생자</td><td>20, 19, 15, 13</td></tr>
<tr><td>양자</td><td>16, 13, 12</td></tr>
<tr><td>부양</td><td>19, 18</td></tr>
<tr><td>친권</td><td>20, 12</td></tr>
<tr><td>후견</td><td>16</td></tr>
<tr><td rowspan="7">상
속
법</td><td rowspan="5">상속</td><td>총설</td><td>21, 11</td></tr>
<tr><td>상속인</td><td>15, 14</td></tr>
<tr><td>상속회복청구권</td><td>18, 16, 11</td></tr>
<tr><td>상속재산의 분할</td><td>21, 17, 16. 15, 12, 11</td></tr>
<tr><td>상속의 승인과 포기</td><td>19, 18, 16, 15, 12</td></tr>
<tr><td rowspan="2">유언 및
유류분</td><td>유언</td><td>19, 16, 14, 13, 12</td></tr>
<tr><td>유류분</td><td>19, 17, 16, 15</td></tr>
</table>

해커스공무원 학원 · 인강
gosi.Hackers.com

제3편
채권총론

제1장 | 채권법 서론

01

기출변형

A는 乙이 경영하는 여관 2층에 투숙하여 잠을 자던 중, 그 여관 1층에서 발생한 원인불명의 화재가 순식간에 2층으로 번져 질식사하게 되었다. A에겐 유일한 상속인인 직계비속 甲이 있었다.(단, 乙은 화재예방 및 화재발생 후 사후조치에 대해 경과실이 있었다고 가정한다). 이에 甲은 주위적으로 乙에 대하여 불법행위를 이유로 한 손해배상을 청구하고, 예비적으로 乙에 대하여 채무불이행을 이유로 한 손해배상을 청구하였다. 다음 중 틀린 것은?

① 통상의 임대차관계에 있어서 임대인은 임차인의 안전을 배려하여 주거나 도난을 방지하는 등의 보호의무를 부담하지 않는다.

② 예비적 청구에 있어 乙은 A의 안전을 배려하여야 할 보호의무를 부담하며, 이러한 의무는 숙박계약의 특수성을 고려한 신의칙상의 부수의무로서 이를 위반한 경우 불완전이행으로 인한 채무불이행책임을 부담한다. 다만, 乙은 그 채무불이행에 관하여 자기에게 과실이 없음을 주장·입증한다면 그 책임을 면할 수 있다.

③ 피해자인 A가 포기하였거나 면제했다고 볼 수 있는 특별한 사정이 없는 한 甲은 A의 위자료청구권을 상속받아 이를 청구할 수 있다.

④ 甲은 A의 사망으로 인하여 생긴 자신의 정신적 손해의 배상도 청구할 수 있는바, 이는 주위적 청구이든 예비적 청구이든 관계없이 인정된다.

해설 ① [O] **통상의 임대차관계에 있어서** 임대인의 임차인에 대한 의무는 특별한 사정이 없는 한 단순히 임차인에게 임대목적물을 제공하여 임차인으로 하여금 이를 사용·수익하게 함에 그치는 것이고, 더 나아가 **임차인의 안전을 배려하여 주거나 도난을 방지하는 등의 보호의무까지 부담한다고 볼 수 없다**(대판 1999.7.9. 99다10004).

② [O] 공중접객업인 숙박업을 경영하는 자가 투숙객과 체결하는 숙박계약은 **일시 사용을 위한 임대차계약**으로서 고객에게 위험이 없는 안전하고 편안한 객실 및 관련 시설을 제공함으로써 고객의 안전을 배려하여야 할 **보호의무**를 부담하며 이러한 의무는 숙박계약의 특수성을 고려하여 **신의칙상 인정되는 부수적인 의무**로서 숙박업자가 이를 위반하여 고객의 생명·신체를 침해하여 투숙객에게 손해를 입힌 경우 **불완전이행으로 인한 채무불이행책임**을 부담하고, 이 경우 **피해자로서는 구체적 보호의무의 존재와 그 위반 사실을 주장·입증**하여야 하며 **숙박업자로서는 통상의 채무불이행에 있어서와 마찬가지로 그 채무불이행에 관하여 자기에게 과실이 없음을 주장·입증**하지 못하는 한 그 책임을 면할 수는 없다(대판 2000.11.24. 2000다38718,38725).

③ [O] 정신적 손해에 대한 배상(위자료)청구권은 피해자가 이를 포기하거나 면제했다고 볼 수 있는 **특별한 사정이 없는 한 생전에 청구의 의사를 표시할 필요 없이 원칙적으로 상속되는 것**이라고 해석함이 상당하다(대판 1966.10.18. 66다1335).

④ [X] 乙은 제750조의 불법행위책임을 진다고 할 수 있으므로 甲은 피해자인 A의 직계비속으로서 정신적 고통에 관한 입증의 필요 없이 위자료를 청구할 수 있다(제752조). 그러나 判例는 채무불이행의 경우에 근친자의 위자료청구권을 인정하지 않는다. 즉 **채무불이행으로 인한 유족의 위자료청구권 인정 여부와 관련하여 제752조의 유추적용을 부정한다**(대판 2000.11.24. 2000다38718,38725).

정답 | **01** ④

제2장 | 채권의 목적

제1절 총설

제2절 목적에 의한 채권의 종류

제1관 | 특정물채권

01 17주사보

금전으로 가액을 산정할 수 없는 것이라도 채권의 목적으로 할 수 있다. O | X

해설 **제373조(채권의 목적)** 금전으로 가액을 산정할 수 없는 것이라도 채권의 목적으로 할 수 있다.

02 13/14법무사

특정물의 인도가 채권의 목적인 때에는 채무자는 그 물건을 인도하기까지 자기 물건과 동일한 주의로 보존하여야 한다. O | X

해설 **제374조(특정물인도채무자의 선관의무)** 특정물의 인도가 채권의 목적인 때에는 채무자는 그 물건을 인도하기까지 **선량한 관리자의 주의로 보존**하여야 한다.

➡ 자기물건과 동일한 주의가 아니라 '선량한 관리자의 주의로 보존'하여야 한다.

정답 | 01 ○ 02 ×

03

19주사보

선관주의의무는 이행기가 지났는지 여부를 불문하고 채무가 성립한 때부터 물건을 인도하기까지 부담한다.

O | X

해설 **제374조(특정물인도채무자의 선관의무)** 특정물의 인도가 채권의 목적인 때에는 채무자는 **그 물건을 인도하기**까지 선량한 관리자의 주의로 보존하여야 한다.

여기서 '목적물을 인도하기까지'의 의미는 '이행기'까지가 아니라 **채무자가 '실제로' 물건을 인도할 때까지**를 뜻한다(통설). 그러나 이행기가 지난 후에는 이행지체로 채무자의 책임이 가중되거나(제392조) 채권자지체로 채무자의 책임이 감경되므로(제401조), **이행기 이후 실제로 인도할 때까지의 사이에 채무자가 선관주의의무를 부담하는 것은 이행지체나 채권자지체가 성립하지 않는 경우로서,** ⅰ) 이행기에 이행하지 않은 것이 불가항력에 기한 경우이거나(제390조 단서) ⅱ) 채무자에게 유치권이나 동시이행의 항변권과 같이 이행의 지연을 정당화하는 사유가 존재하는 경우에 국한된다.

➡ 따라서 이행기가 지난 후 이행지체나 채권자지체가 성립하는 경우에는 선관주의의무를 부담하는 것이 아니므로 지문은 틀린 것이 된다.

04

기출변형

甲은 乙에게 乙이 생산한 참외 100상자를 주문하였고, 대금은 100만 원으로 정하였다. 甲과 乙은 품질이나 이행지에 관하여는 달리 약정을 하지 않았다. 乙은 丙에게 자신이 생산한 참외 중에서 100상자를 甲의 주소지로 운송해 줄 것을 부탁하였다. 이에 관한 설명 중 옳지 않은 것은?

① 乙은 자신이 생산한 참외 중 중등품 100상자를 甲의 주소지에서 인도하여야 한다.

② 丙이 위 참외를 트럭에 싣고 甲의 주소지로 가던 중 丙의 과실 없이 사고를 당하여 참외가 모두 파손된 경우, 乙은 자신이 생산한 다른 참외가 있더라도 참외 100상자를 다시 인도할 필요가 없다.

③ 丙이 참외 100상자를 싣고 이행일시에 甲의 주소지에 도착하여 甲에게 적법한 이행제공을 하였으나 甲이 수령을 거절하는 바람에 丙이 되돌아 가다가 그의 과실 없이 교통사고를 당하여 참외가 멸실된 경우, 乙의 위 참외 인도채무는 소멸한다.

④ 위 ③의 경우에 乙은 甲에게 위 참외대금의 지급을 청구할 수 있다.

해설 ① [O] **제375조(종류채권)** ① 채권의 목적을 종류로만 지정한 경우에 법률행위의 성질이나 당사자의 의사에 의하여 품질을 정할 수 없는 때에는 채무자는 중등품질의 물건으로 이행하여야 한다.

➡ 종류채권은 특정물채권과 달리 목적물의 개성이 중시되지 않기 때문에, 종류물인지 여부(개성의 중시 여부)는 거래의 일반관념에 의하여 객관적으로 정해지는 것이 아니라, **당사자의 의사를 표준**으로 하여 정하여 진다. 乙의 채무는 참외 100상자를 인도하는 것으로 사안에서 甲이 특정 참외 상자를 지정한 것으로 보이지 않으므로 불특정한 참외 100상자를 인도하면 족한 '종류채무'이다.

② [×] **乙이 참외 100상자를 다시 인도할 필요가 있는지 여부(조달의무)는 급부의 위험이 누구에게 있는지와 관련된 문제인바, 종류물의 특정으로 급부(물건)의 위험이 채권자 甲에게 이전**한다. 따라서 특정된 물건이 그 후 어떤 사정으로 멸실한 경우에는, 채무자 乙은 다른 종류물로 다시 이행하여야 할 의무(조달의무)를 지지는 않으며 그 인도의무를 면한다.
사안의 경우 채권자 甲이 채무자 乙에게 지정권을 준 사정은 없기 때문에 채무자 乙의 '이행에 필요한 행위의 완료 여부'에 따라 특정여부가 결정된다(제375조 제2항). 이는 변제장소와 관련한 채무의 종류에 따라 다른데, 사안과 같이 이행지에 관하여 달리 약정한 바가 없다면 채무변제는 채권자 甲의 현주소에서 하여야 한다. 즉, 지참채무가 원칙이다. 지참채무의 경우는 채권자의 주소에서 '현실의 제공'을 한 때(제460조 본문), 즉 목적물이 채권자의 주소에 도달하고 채권자가 언제든지 수령할 수 있는 상태에 놓여진 때에 특정된다.
따라서 위 지문에서와 같이 **채권자 甲의 주소지에 도달하기 전, 즉 특정되기 전에 목적물이 모두 파손된 경우라면 채무자 乙은 여전히 조달의무를 지게 되고, 참외 100상자를 다시 인도해야 한다.**

③ [O] 지문의 경우 채무자 乙이 채권자 甲에게 적법한 이행제공을 하였기 때문에 비록 甲이 수령을 거절하였다고 하더라도 제375조 제2항의 '이행에 필요한 행위를 완료'했다고 봄이 타당하다. 그러므로 乙의 참외 100상자 인도채무는 특정되었다. 따라서 이 때 참외라는 급부(물건)의 위험은 채권자 甲에게 이전하고 채무자 乙은 이행기의 현상대로 물건을 인도하면 된다(제462조). 그런데, 사안에서 그 특정된 참외가 파손된 것이므로 乙의 의무는 급부불능이 되었고 이러한 **급부위험은 채권자 甲이 부담하게 되므로 乙의 참외 인도채무는 소멸한다.**

④ [O] 乙이 甲에게 위 참외대금의 지급을 청구하기 위해서는 소위 '채권자위험부담주의'인 제538조 제1항의 법리가 적용되어야 한다. 지문 ③에서 채무자 乙은 채무의 내용에 좇은 이행의 제공을 하였으나 채권자 甲이 수령을 거절하였으므로 채권자지체가 성립한다(제400조). 따라서 지문 ③과 같이 **채권자지체 중 쌍방당사자의 책임 없는 사유로 멸실된 경우**(제538조 제1항 2문) 채무자는 자신의 급부의무는 면하게 되나 채권자는 반대급부의 이행을 청구할 수 있다. 즉 채무자 乙은 급부의무를 면하게 되므로 위 참외 인도채무는 소멸하지만 채무자 乙은 채권자 甲에게 반대급부인 참외대금의 지급을 청구할 수 있다.

정답 | 03 × 04 ②

제2관 | 종류채권

01

14법무사, 16사무관

채권의 목적을 종류로만 지정한 경우 품질에 대하여 당사자의 의사가 명시적이지 않다고 하더라도 당해 법률행위의 성질을 통해서 그 품질의 기준을 정할 수 있다면 그에 따라야 한다. O | X

해설 **제375조(종류채권)** ① 채권의 목적을 종류로만 지정한 경우에 법률행위의 성질이나 당사자의 의사에 의하여 품질을 정할 수 없는 때에는 채무자는 중등품질의 물건으로 이행하여야 한다.

02

11/17법원행시

보유주식 일정량을 담보로 제공하기로 한 담보제공약정에 기한 채권은 일종의 제한종류채권이다. O | X

해설 보유주식 일정량을 담보제공하기로 한 약정의 성질과 그에 기한 채무가 특정물인도채무인지 여부

보유주식 일정량을 담보로 제공하기로 한 담보제공약정은 특정한 "주권"에 대한 담보약정이 아니라 기명의 "주식"에 관한 담보약정이고 다만 그 담보약정의 이행으로서 약정한 기명주식을 표창하는 주권을 인도할 의무가 있는 것인데, 주식은 동가성이 있고 상법 등의 규정에 따른 소각, 변환, 병합 등 변화가능성이 있으며 담보약정에 이르게 된 경위 등에 비추어 볼 때, 담보약정 후 주권의 이행제공 전에 갖고 있던 주식에 대한 처분이나 새로운 주식의 취득이 있더라도 약정된 수의 **기명주식을 표창하는 주권만 인도하면 되고 인도할 주권의 특정은 쌍방** 어느 쪽에서도 할 수 있는 것으로서 **담보약정에 기한 채권은 일종의 제한종류채권**이다(대판 1994.8.26. 93다20191).

03

11법원행시, 18법무사

제한종류채권에서 채무자가 이행에 필요한 행위를 하지 아니하거나 지정권자로 된 채무자가 이행할 물건을 지정하지 아니하여 급부목적물이 특정되지 아니하는 경우에는 채권의 기한이 도래한 후 채권자가 상당한 기간을 정하여 지정권이 있는 채무자에게 그 지정을 최고하여도 채무자가 이행할 물건을 지정하지 않으면 지정권이 채권자에게 이전한다. O | X

해설 제한종류채권에서 채무자가 지정권을 행사하지 않는 경우 선택채권에 관한 유추적용할 수 있는지 여부

i) 제한종류채권에 있어 급부목적물의 특정은, 원칙적으로 종류채권의 급부목적물의 특정에 관한 민법 제375조 2항이 적용되므로, 채무자가 이행에 필요한 행위를 완료하거나 채권자의 동의를 얻어 이행할 물건을 지정한 때에는 그 물건이 채권의 목적물이 되는 것이나, ii) 당사자 사이에 지정권의 부여 및 지정의 방법에 관한 합의가 없고, 채무자가 이행에 필요한 행위를 하지 아니하거나 지정권자로 된 채무자가 이행할 물건을 지정하지 아니하는 경우에는, **선택채권의 선택권 이전에 관한 민법 제381조를 준용하여 채권의 기한이 도래한 후 채권자가 상당한 기간을 정하여 지정권이 있는 채무자에게 그 지정을 최고하여도 채무자가 이행할 물건을 지정하지 아니하면 지정권이 채권자에게 이전**한다(대판 2003.3.28. 2000다24856; 대판 2009.1.30. 2006다37465).

정답 | 01 ○ 02 ○ 03 ○

제3관 | 금전채권

01 14주사보

금전채무불이행의 경우 채권자는 손해의 발생 및 손해액을 증명할 필요가 없다. O | X

02 16법원행시

민법은 금전채무불이행으로 인한 손해배상에 관하여 채무불이행 사실만으로 지연이자만큼의 손해발생을 의제하고 있으므로, 채권자가 금전채무의 불이행을 원인으로 손해배상을 구할 때 손해발생 주장이 없더라도 법원으로서는 지연이자만큼의 손해를 인용할 수 있다. O | X

> 해설 **01 02** 일반적으로 손해배상을 구하는 채권자가 손해의 발생 및 그 액을 증명하여야 하지만(제390조), 금전채무불이행의 경우에 그 증명이 곤란할 뿐만 아니라 금전은 일정한 과실을 발생시키는 것이 보통이므로 **채권자가 손해의 발생과 손해액을 증명할 필요는 없다**(제397조 제2항 전단). **그러나 '주장책임'은 여전히 채권자에게 있다**(대판 2000.2.11. 99다49644).
>
> **관련판례** 금전채무 불이행에 관한 특칙을 규정한 민법 제397조는 그 이행지체가 있으면 지연이자 부분만큼의 손해가 있는 것으로 의제하려는 데에 그 취지가 있는 것이므로 지연이자를 청구하는 채권자는 그 만큼의 손해가 있었다는 것을 증명할 필요가 없는 것이나, 그렇다고 하더라도 **채권자가 금전채무의 불이행을 원인으로 손해배상을 구할 때에 지연이자 상당의 손해가 발생하였다는 취지의 주장은 하여야 하는 것이지 주장조차 하지 아니하여 그 손해를 청구하고 있다고 볼 수 없는 경우까지 지연이자 부분만큼의 손해를 인용해 줄 수는 없는 것이다**(대판 2000.2.11. 99다49644).

03 14주사보

금전채무불이행의 경우 손해배상액은 법정이율에 의하여 산정한다. 다만, 법정이율과 다른 이자율 약정이 있거나 지연손해금 약정이 있는 경우에는 그에 의한다. O | X

> 해설 **제397조(금전채무불이행에 대한 특칙)** ① 금전채무불이행의 손해배상액은 법정이율에 의한다. 그러나 법령의 제한에 위반하지 아니한 약정이율이 있으면 그 이율에 의한다.

04 20법무사

형사보상금지급청구권은 국가에 대한 일반 금전채권과 유사하므로, 민법의 이행지체 규정, 그중에서도 민법 제397조의 금전채무불이행에 대한 특칙이 그대로 적용된다고 보아야 한다. 또한 형사보상금지급청구권은 형사보상법이나 보상결정에서 이행의 기한을 정하지 않고 있으므로, 국가는 미지급 형사보상금에 대하여 지급 청구일 다음 날부터 민사법정이율로 계산한 지연손해금을 가산하여 지급하여야 한다고 봄이 타당하다. O | X

정답 | 01 ○ 02 × 03 ○ 04 ○

해설 국가가 확정된 형사보상금의 지급을 지체하는 경우, 미지급 형사보상금에 대하여 지급 청구일 다음 날부터 민사법정이율로 계산한 지연손해금을 가산하여 지급하여야 하는지 여부(적극)

형사보상 청구인은 형사보상법에서 정한 절차에 따라 무죄판결을 선고한 법원으로부터 보상결정을 받아 그 법원에 대응하는 검찰청에 보상금 지급청구서를 제출하면서 보상금의 지급을 청구할 수 있다. 이러한 경우 **국가가 청구인에 대한 보상금의 지급을 지체한다면, 금전채무를 불이행한 것으로 보아 국가는 청구인에게 미지급 보상금에 대한 지급 청구일 다음 날부터 민법 제397조에 따라 지연손해금을 가산하여 지급하여야** 한다. 형사보상금지급청구권은 확정된 보상결정의 내용에 따라 청구인이 국가에 대해 확정된 금액을 지급해 달라고 요구할 수 있는 권리이다. 또한 이미 보상결정이 확정되었으므로 보상금의 범위가 추후 변동될 가능성도 없다. 따라서 형사보상금지급청구권은 성질상 국가에 대한 일반 금전채권과 다르지 않다. 국가가 확정된 형사보상금의 지급을 지체하는 경우 지연손해금을 가산하여 지급하여야 하는지에 관해서는 명문의 규정이 없다. 그러나 위에서 보았듯이 **형사보상금지급청구권은 국가에 대한 일반 금전채권과 유사하므로, 민법의 이행지체 규정, 그중에서도 민법 제397조의 금전채무불이행에 대한 특칙이 그대로 적용된다고 보아야 한다. 또한 형사보상금지급청구권은 형사보상법이나 보상결정에서 이행의 기한을 정하지 않고 있으므로, 국가는 미지급 형사보상금에 대하여 지급 청구일 다음 날부터 민사법정이율로 계산한 지연손해금을 가산하여 지급하여야 한다**고 봄이 타당하다(대판 2017.5.30. 2015다223411).

05

11서기보

소비대차에 있어 변제기 후의 이자약정이 없는 경우에는 특별한 사정이 없는 한 당사자의 의사는 그 변제기가 지난 후에도 변제기 전의 이율에 의한 이자를 지급하기로 한 것으로 볼 수 있다. O|X

06

16사무관, 16법원행시

금전채무불이행의 손해배상에 관하여 약정이율이 법정이율보다 낮은 경우에는 약정이율이 아닌 법정이율에 의하여 지연손해금을 정하여야 한다. O|X

해설 민법 제397조 제1항 단서의 의미(약정이율에 의한 지연손해금이 인정되기 위한 요건)

05 금전채무에 대해서 약정이율(약정이자)을 정한 것이 있는 때에는 그 약정이율이 법령의 제한에 위반되지 않는 한 채무불이행시에 지연배상금 산정의 기준이 된다(제397조 1항 단서). 즉, "소비대차에서 '변제기 후의 이자약정이 없는 경우' 특별한 의사표시가 없는 한 변제기가 지난 후에도 당초의 '약정이자'를 지급하기로 한 것으로 보는 것이 '당사자의 의사'이므로"(대판 1981.9.8. 80다2649) 변제기가 경과하여 채무불이행이 성립한 이후에는 약정이자의 이율은 지연배상금(지연이자) 산정을 위한 이율로 적용된다. **06** 다만, 判例에 따르면 이 단서규정은 약정이율이 법정이율 이상인 경우에만 적용되고, 약정이율이 법정이율보다 낮은 경우에는 그 본문으로 돌아가 법정이율에 의하여 지연손해금을 정할 것이다. 우선 금전채무에 관하여 아예 이자약정이 없어서 이자청구를 전혀 할 수 없는 경우에도 채무자의 이행지체로 인한 지연손해금은 법정이율에 의하여 청구할 수 있으므로, 이자를 조금이라도 청구할 수 있었던 경우에는 더욱이나 법정이율에 의한 지연손해금을 청구할 수 있다고 보는 것이 합리적이기 때문이다(대판 2009.12.24. 2009다85342).

07

15서기보

당사자 일방이 계약을 해제한 때에는 각 당사자는 상대방에 대하여 원상회복의무가 있고, 이 경우 반환할 금전에는 받은 날로부터 이자를 가산하여 지급하여야 하는데, 그 이자에 관하여 약정이율이 있는 경우에는 법정이율보다 낮더라도 약정이율이 우선 적용된다. O|X

해설 **제548조(해제의 효과, 원상회복의무)** ① 당사자일방이 계약을 해제한 때에는 각당사자는 그 상대방에 대하여 원상회복의 의무가 있다. 그러나 제3자의 권리를 해하지 못한다.
② 전항의 경우에 반환할 금전에는 그 받은 날로부터 이자를 가하여야 한다.
계약이 해제된 경우 금전을 수령한 자는 그 **'수령한 날'**(해제한 날이 아님)부터 이자를 가산하여 반환하여야 한다(제548조 제2항). 이는 수령한 금전으로부터 실제로 이자를 수취하였는가와 무관하게 인정된다.

즉, 당사자 일방이 계약을 해제한 때에는 각 당사자는 상대방에 대하여 원상회복의무가 있고, 이 경우 반환할 금전에는 받은 날로부터 이자를 가산하여 지급하여야 한다. 여기서 가산되는 **이자는 원상회복의 범위에 속하는 것으로서 일종의 부당이득반환의 성질을 가지는 것이고 반환의무의 이행지체로 인한 지연손해금이 아니다. 따라서 당사자 사이에 그 이자에 관하여 특별한 약정이 있으면 그 약정이율이 우선 적용되고 약정이율이 없으면 민사 또는 상사 법정이율이 적용**된다(대판 2013.4.26. 2011다50509).

➡ 따라서 그 반환할 이자에 관하여 약정이율이 있는 경우에는 법정이율보다 낮더라도 약정이율이 우선 적용된다.

08

15서기보

계약해제 시 반환할 금전에 가산할 이자에 관하여 당사자 사이에 약정이 있는 경우에는 특별한 사정이 없는 한 이행지체로 인한 지연손해금도 그 약정이율에 의하기로 하였다고 보는 것이 당사자의 의사에 부합하고, 이때 약정이율이 법정이율보다 낮더라도 약정이율이 우선 적용된다. O | X

해설 **제397조(금전채무불이행에 대한 특칙)** ① 금전채무불이행의 손해배상액은 법정이율에 의한다. 그러나 법령의 제한에 위반하지 아니한 약정이율이 있으면 그 이율에 의한다.

계약해제시 반환할 금전에 가산할 이자에 관하여 당사자 사이에 약정이 있는 경우에는 특별한 사정이 없는 한 이행지체로 인한 지연손해금도 그 약정이율에 의하기로 하였다고 보는 것이 당사자의 의사에 부합한다. 다만 그 **약정이율이 법정이율보다 낮은 경우에는 약정이율에 의하지 아니하고 법정이율에 의한 지연손해금을 청구할 수 있다**고 봄이 타당하다(대판 2013.4.26. 2011다50509).

09

출제예상

금전채권에 대한 가압류가 있더라도 가압류채무자는 제3채무자를 상대로 그 이행을 구하는 소를 제기할 수 있고, 법원은 가압류가 되어 있음을 이유로 그 청구를 배척할 수 없다. O | X

해설 **일반적으로 채권에 대한 가압류가 있더라도 이는 가압류채무자가 제3채무자로부터 현실로 급부를 추심하는 것만을 금지하는 것이므로 가압류채무자는 제3채무자를 상대로 그 이행을 구하는 소송을 제기할 수 있고,** 법원은 가압류가 되어 있음을 이유로 이를 배척할 수 없는 것이며, 채권양도는 구 채권자인 양도인과 신 채권자인 양수인 사이에 채권을 그 동일성을 유지하면서 전자로부터 후자에게로 이전시킬 것을 목적으로 하는 계약을 말한다 할 것이고, 채권양도에 의하여 채권은 그 동일성을 잃지 않고 양도인으로부터 양수인에게 이전된다 할 것이며, 가압류된 채권도 이를 양도하는 데 아무런 제한이 없으나, 다만 가압류된 채권을 양수받은 양수인은 그러한 가압류에 의하여 권리가 제한된 상태의 채권을 양수받는다고 보아야 할 것이다(대판 2000.4.11. 99다23888).

정답 | **05** ○ **06** ○ **07** ○ **08** × **09** ○

10

13법무사, 17주사보

채권의 목적이 어느 종류의 통화로 지급할 것인 경우에 그 통화가 변제기에 강제통용력을 잃은 때에는 채무자는 지급의무를 면하는 것이 아니라 다른 통화로 변제하여야 한다. O | X

> 해설 **제376조(금전채권)** 채권의 목적이 어느 종류의 통화로 지급할 것인 경우에 그 통화가 변제기에 강제통용력을 잃은 때에는 채무자는 다른 통화로 변제하여야 한다.

11

14법무사, 16사무관

채권액이 다른 나라 통화로 지정된 때에는 채무자는 지급할 때에 있어서의 이행지의 환금시가에 의하여 우리나라 통화로 변제할 수 있다. O | X

> 해설 **제377조(외화채권)** ① 채권의 목적이 다른 나라 통화로 지급할 것인 경우에는 채무자는 자기가 선택한 그 나라의 각 종류의 통화로 변제할 수 있다.
>
> ② 채권의 목적이 어느 종류의 다른 나라 통화로 지급할 것인 경우에 그 통화가 변제기에 강제통용력을 잃은 때에는 그 나라의 다른 통화로 변제하여야 한다.
>
> **제378조(동전) 채권액이 다른 나라 통화로 지정된 때에는 채무자는 지급할 때에 있어서의 이행지의 환금시가에 의하여 우리나라 통화로 변제할 수 있다.**

12

13법무사, 17법원행시

채권액이 외국통화로 지정된 금전채권인 외화채권을 채권자가 대용급부의 권리를 행사하여 우리나라 통화로 환산하여 청구하는 경우 법원이 채무자에게 그 이행을 명함에 있어서는 소장이 채무자에게 송달된 당시의 외국환시세를 우리나라 통화로 환산하는 기준시로 삼아야 한다. O | X

> 해설 외화채권의 환산시기
>
> 제376조와 제377조 2항은 '변제기'라고 표현하고 있는 데 비해 제378조는 '지급할 때'라고 달리 표현하고 있어, 이것은 변제기(이행기)가 아닌 채무자가 현실로 지급하는 때를 의미한다고 하며, **다만 채권자가 대용권을 '재판상 청구'하는 경우에는, 채무자가 현실로 이행할 때에 가장 가까운 '사실심변론종결일'의 환율을 환산시기**로 본다(同 判例). 그리고 제1심 이행판결에 대하여 채무자만이 불복·항소한 경우, 항소심은 속심이므로 채무자가 항소이유로 삼거나 심리 과정에서 내세운 주장이 이유 없다고 하더라도 법원으로서는 '항소심 변론종결 당시'의 외국환시세를 기준으로 채권액을 다시 환산해 본 후 불이익변경금지 원칙에 반하지 않는 한 채무자의 항소를 일부 인용하여야 한다(대판 2007.4.12. 2006다72765).
>
> ➡ 따라서 소장이 채무자에게 송달된 당시의 외국환시세가 아니라, '현실로 이행할 때 가장 가까운 사실심변론종결시'를 환산시기로 보아야 한다.
>
> **참고판례** 채무자가 대용권을 행사한 경우
>
> 과거 判例는 변제기(이행기)를 환산시기로 삼았지만, 제378조의 문언에 충실하게 '채무자가 현실로 이행할 때'로 견해를 바꾸었다(전합90다2147). 그래서 우리나라 통화로써 외화채권에 변제충당할 때도 현실로 '변제충당할 당시'의 외환시세에 의해 환산하여야 하는 것으로 보았다(대판 2000.6.9. 99다56512). 또 집행법원이 경매절차에서 외화채권자에 대하여 배당을 할 때에도 '배당기일 당시'의 외환시세를 우리나라 통화로 환산하는 기준으로 삼아야 한다고 한다(대판 2011.4.14. 2010다103642).

13

11서기보

외화채권의 채무불이행으로 인한 손해배상채권도 원칙적으로 외화채권이다. O | X

해설 채무불이행으로 인한 손해배상을 규정하고 있는 민법 제394조는 다른 의사표시가 없는 한 손해는 금전으로 배상하여야 한다고 규정하고 있는바, 위 법조 소정의 금전이라 함은 우리 나라의 통화를 가리키는 것이어서 채무불이행으로 인한 손해배상을 구하는 채권은 **당사자가 외국통화로 지급하기로 약정하였다는 등의 특별한 사정이 없는 한 채권액이 외국통화로 지정된 외화채권이라고 할 수 없다**(대판 1997.5.9. 96다48688).

정답 | **10** ○ **11** ○ **12** × **13** ×

제4관 | 이자채권

01 16법원행시, 19주사보

지분적 이자채권은 원본채권과 독립하여 소멸시효에 걸린다. O | X

02 21법원행시

민법 제100조 제2항의 규정은 주된 권리와 종된 권리 상호간에 유추적용되므로 원본채권이 양도되면 특별한 사정이 없는 한 변제기에 도달한 이자채권도 함께 양도된다. O | X

03 20서기보

원본채권이 양도된 경우 이미 변제기에 도달한 이자채권은 원본채권의 양도 당시 그 이자채권도 양도한다는 의사표시가 없는 한, 당연히 양도되지는 않는다. O | X

해설 **01 02 03** 지분적 이자채권은 원본채권과 분리하여 양도할 수 있고, 원본채권과는 별도로 변제할 수 있으며, 또 (1년 이내의 기간으로 정한) 이자채권은 따로 3년의 시효(제163조 제1호)에 걸리는 등 강한 독립성이 있다. 이자채권은 원본채권에 대하여 종속성을 갖고 있으나 이미 변제기에 도달한 이자채권은 원본채권과 분리하여 양도할 수 있고 원본채권과 별도로 변제할 수 있으며 시효로 인하여 소멸되기도 하는 등 어느 정도 독립성을 갖게 되는 것이므로, 원본채권이 양도된 경우 이미 변제기에 도달한 이자채권은 원본채권의 양도당시 그 이자채권도 양도한다는 의사표시가 없는 한 당연히 양도되지는 않는다(대판 1989.3.28. 88다카12803).

쟁점정리 기본적 이자채권이란 추상적 이율에 의한 이자채권을 말하고, 지분적 이자채권이란 기본적인 이자채권에 기해 매기마다 발생된, 일정액의 이자를 청구할 수 있는 권리를 말한다. 예컨대 100만원의 원금에 대하여 연 2할의 이율로 매월 이자를 지급하기로 약정하는 경우, ㉠ 채무자는 연 2할의 이자를 지급해야 할 '기본적 이자채무'를 지고, ㉡ 이 채무의 이행으로써 변제기에 도래한 매월의 이자를 지급해야 하는 '지분적 이자채무'를 부담하게 된다.

① **기본적 이자채권: 발생할 이자채권**
기본적 이자채권은 그 발생·소멸·처분에서 원본채권과 운명을 같이한다(부종성, 수반성 등). 즉 원본채권이 없이는 발생할 수 없고, 원본채권이 소멸하면 같이 소멸하며, 원본채권의 양도 등 처분은 기본적 이자채권의 처분을 수반하는 것을 원칙으로 한다.

② **지분적 이자채권: 이미 발생한 이자채권**
지분적 이자채권은 원본채권과 분리하여 양도할 수 있고, 원본채권과는 별도로 변제할 수 있으며, 또 (1년 이내의 기간으로 정한) 이자채권은 따로 3년의 시효(제163조 제1호)에 걸리는 등 강한 독립성이 있다.

04 20서기보

1년 이내의 기간으로 정한 이자채권의 소멸시효기간은 3년이다. 이는 지급의 정기가 1년 이내인 채권을 의미하고, 변제기가 1년 이내의 채권을 말하는 것이 아니므로, 이자채권이라고 하더라도 1년 이내의 정기에 지급하기로 한 것이 아니라면 3년의 단기소멸시효에 걸리는 것이 아니다. O | X

해설 '1년 이내의 기간으로 정한 채권'이란 1년 이내의 정기로 지급되는 채권(정기급부 채권, 대표적으로 월차임채권)을 의미하는 것이지 변제기가 1년 이내인 채권을 말하는 것이 아니다. 따라서 이자채권이더라도 1년 이내의 정기로 지급하기로 한 것이 아니면 3년의 시효에 걸리지 않는다(대판 1996.9.20. 96다25302).

비교판례 1년 이내의 정기로 이자를 받기로 한 경우에도, 그 원본채무의 연체가 있는 경우의 그 **지연배상금은 손해배상금이지 이자가 아니므로** 본조의 적용이 없고 원본채권의 소멸시효기간과 같다고 보아야 한다(대판 1989.2.28. 88다카214).

05

20서기보

지료나 임료는 금전 기타 대체물의 사용대가가 아니므로 이자가 아니다. 또한 금전채무 불이행에 대한 손해배상금을 지연이자라고도 하는데, 그 법적 성질은 이자가 아니라 손해배상금이다. O | X

해설 이자채권은 이자의 지급을 목적으로 하는 채권으로 말한다. 여기서 '이자'란 금전 기타 대체물의 사용대가로 원본액과 사용기간에 비례하여 지급되는 금전 기타 대체물을 말한다. 한편, 종신정기금, 건설이자, 지료, 임료, 회사의 이익배당금 등은 일정한 비율로 산정되지만 금전의 사용대가가 아니므로 이자가 아니다. 그리고 금전채무불이행에 대한 손해배상금을 '지연이자'라고도 하는데, 그 법적 성질은 이자가 아니라 손해배상금이다(대판 2000.7.28. 99다38637).

06

14/20서기보

하나의 금전채권의 원금 중 일부가 변제된 후 나머지 원금에 대하여 소멸시효가 완성된 경우, 소멸시효 완성의 효력은 소멸시효가 완성된 원금 부분으로부터 그 완성 전에 발생한 이자 또는 지연손해금뿐만 아니라, 변제로 소멸한 원금 부분으로부터 그 변제 전에 발생한 이자 또는 지연손해금에도 미친다고 보아야 한다. O | X

해설 주된 권리의 소멸시효가 완성한 때에는 종속된 권리에 그 효력이 미친다(제183조). 예컨대, 원본채권이 시효로 소멸하면 이자채권의 시효기간이 남아 있다고 하더라도 시효로 소멸한다는 점이다. 다만 判例는 **하나의 금전채권의 원금 중 일부가 변제된 후 나머지 원금에 대하여 소멸시효가 완성된 경우**, 소멸시효 완성의 효력은 소멸시효가 완성된 원금 부분으로부터 그 완성 전에 발생한 이자(또는 지연손해금)에는 미치나, 변제로 소멸한 원금 부분으로부터 그 변제 전에 발생한 이자(또는 지연손해금)에는 미치지 않는다고 한다(대판 2008.3.14. 2006다2940).

정답 | 01 ○ 02 × 03 ○ 04 ○ 05 ○ 06 ×

07

19주사보

채무자가 이자제한법 제2조 제1항의 최고이자율을 초과하는 이자를 임의로 지급한 경우에는 초과 지급된 이자 상당금액은 원본에 충당되고, 원본이 소멸한 때에는 그 반환을 청구할 수 있다. O | X

해설 이자제한법 제2조 제4항 참조

① 금전대차에 관한 계약상의 최고이자율은 **연 25%**를 초과하지 아니하는 범위 안에서 대통령령으로 정하는데(제2조 제1항), 그에 따라 **연 24%**를 최고이자율로 정하였다(2018년 2월 8일부터 시행). 이 최고한도를 초과하는 부분은 무효로 한다(제2조 제3항). 따라서 이러한 제한초과의 이자를 자동채권으로 하여 상계를 하더라도 그 효력이 없고(대판 1963.11.21. 63다429), 그 **초과이자를 기초로 하여 준소비대차계약 또는 경개계약을 체결하더라도 그 효력이 없다**(대판 1998.10.13. 98다17046; 대판 2015.1.15. 2014다223506).

② **채무자가 최고이자율을 초과하는 이자를 임의로 지급한 경우에는 초과 지급된 이자 상당 금액은 원본에 충당하고, 원본이 소멸한 때에는 그 반환을 청구할 수 있다**(제2조 제4항).

③ 대차원금이 10만원 미만인 대차의 이자에 관하여는 이자의 최고한도를 적용하지 않는다(제2조 제5항).

08

19주사보

이자에 대해 다시 이자를 지급하기로 하는 복리약정이 이자제한법 소정의 최고이자율을 초과하게 된다면 약정 전부를 무효로 보아야 한다. O | X

해설 약정 전부가 무효가 되는 것이 아니라 최고이자율을 초과하는 부분에 해당하는 금액에 한하여 무효가 된다(이자제한법 제5조).

정답 | 07 ○ 08 ×

제5관 | 선택채권

01 20법원행시

선택권 행사의 기간이 없는 경우 채권의 기한이 도래한 후 상대방이 상당한 기간을 정하여 그 선택을 최고하여도 선택권자가 그 기간 내에 선택하지 아니한 때에 선택권은 상대방에게 이전한다. O | X

해설 **제381조(선택권의 이전)** ① 선택권행사의 기간이 있는 경우에 선택권자가 그 기간 내에 선택권을 행사하지 아니하는 때에는 상대방은 상당한 기간을 정하여 그 선택을 최고할 수 있고 선택권자가 그 기간 내에 선택하지 아니하면 선택권은 상대방에게 있다.
② **선택권행사의 기간이 없는 경우에 채권의 기한이 도래한 후 상대방이 상당한 기간을 정하여 그 선택을 최고하여도 선택권자가 그 기간 내에 선택하지 아니할 때에도 전항과 같다.**

02 14법무사

선택채권에 있어서 채권의 목적으로 선택할 수개의 행위 중에 처음부터 불능한 것이나 또는 후에 이행불능하게 된 것이 있는 경우 일부무효의 법리에 따른다. O | X

해설 **제385조(불능으로 인한 선택채권의 특정)** ① 채권의 목적으로 선택할 수개의 행위 중에 처음부터 불능한 것이나 또는 후에 이행불능하게 된 것이 있으면 **채권의 목적은 잔존한 것에 존재**한다.

03 13법무사, 14주사보

선택의 효력은 그 채권이 발생한 때에 소급한다. O | X

해설 **제386조(선택의 소급효)** 선택의 효력은 그 채권이 발생한 때에 소급한다. 그러나 제삼자의 권리를 해하지 못한다.

정답 | **01** ○ **02** ○ **03** ○

제3장 | 채권의 효력

제1절 채무불이행의 유형 및 요건

제1관 | 채무불이행의 일반적 요건

01

17사무관, 18법무사

채무자가 채무의 발생원인 내지 존재에 관한 법률적인 판단을 통하여 자신의 채무가 없다고 믿고 채무의 이행을 거부한 채 소송을 통하여 이를 다투었다고 하더라도, 채무자의 그러한 법률적 판단이 잘못된 것이라면 특별한 사정이 없는 한 채무불이행에 관하여 채무자에게 고의나 과실이 없다고는 할 수 없다.

O | X

> **해설** 잘못된 법률적 판단을 통한 채무이행의 거부와 채무불이행에 대한 귀책사유(적극)
> 채무자가 자신에게 채무가 없다고 믿었고 그렇게 믿은 데 정당한 사유가 있는 경우에는 채무불이행에 고의나 과실이 없는 때에 해당한다고 할 수 있다. 그러나 채무자가 채무의 발생원인 내지 존재에 관한 법률적인 판단을 통하여 자신의 채무가 없다고 믿고 채무의 이행을 거부한 채 소송을 통하여 이를 다투었다고 하더라도, 채무자의 그러한 법률적 판단이 잘못된 것이라면 특별한 사정이 없는 한 채무불이행에 관하여 채무자에게 고의나 과실이 없다고는 할 수 없다(대판 2013.12.26. 2011다85352).

02

17법원행시, 20법무사

계약당사자 일방이 자신이 부담하는 계약상 채무를 이행하는데 장애가 될 수 있는 사유를 계약을 체결할 당시에 알았거나 예견할 수 있었음에도 이를 상대방에게 고지하지 아니한 경우에는, 특별한 사정이 없는 한 비록 그 사유로 말미암아 후에 채무불이행이 되는 것 자체에 대하여는 그에게 어떠한 잘못이 없다고 하더라도 그 채무가 불이행된 것에 대하여 귀책사유가 없다고 할 수 없다. O | X

> **해설** 계약 당시 예견할 수 있었던 장애사유의 불고지(고지의무 위반)와 채무불이행에 대한 귀책사유(적극)
> 계약당사자 일방이 자신이 부담하는 계약상 채무를 이행하는 데 장애가 될 수 있는 사유를 계약을 체결할 당시에 알았거나 예견할 수 있었음에도 이를 상대방에게 고지하지 아니한 경우에는, 비록 그 사유로 말미암아 후에 채무불이행이 되는 것 자체에 대하여는 그에게 어떠한 잘못이 없다고 하더라도, 상대방이 그 장애사유를 인식하고 이에 관한 위험을 인수하여 계약을 체결하였다거나 채무불이행이 상대방의 책임 있는 사유로 인한 것으로 평가되어야 하는 등의 특별한 사정이 없는 한, 그 채무가 불이행된 것에 대하여 귀책사유가 없다고 할 수 없다. 그것이 계약의 원만한 실현과 관련하여 각각의 당사자가 부담하여야 할 위험을 적절하게 분배한다는 계약법의 기본적 요구에 부합한다(대판 2011.8.25. 2011다43778).

정답 | 01 ○ 02 ○

제2관 | 이행보조자의 고의·과실

01

12주사보

이행보조자로서의 피용자는 채무자의 의사관여 아래 채무의 이행행위에 속하는 활동을 하는 사람으로서 채무자의 지시 또는 감독을 받는 관계에 있을 것을 요한다. O | X

해설 이행보조자로서의 피용자

① **의의**

여기서 '피용자'라 함은 " i) **채무자의 의사관여 아래서 ii) 채무자가 하여야 할 이행행위에 속하는 활동을 하는 사람**"을 말한다(대판 1999.4.13. 98다51077). 이는 사실상의 관계로서 충분하며 고용과 같은 법률관계가 존재해야 하는 것은 아니다.

② **지시 감독관계의 요부**

判例는 "채무자의 의사관여 아래 그 채무의 이행행위에 속하는 활동을 하는 사람이면 족하고, 반드시 채무자의 지시·감독을 받는 관계에 있어야 하는 것은 아니므로, 채무자에 대하여 **종속적인가 독립적인 지위에 있는가는 문제되지 않는다**."(대판 1999.4.13. 98다51077,51084)고 한다. "또한 이행보조자가 채무자와 계약 그 밖의 법률관계가 있어야 하는 것이 아니다. 제**3자가 단순히 호의(好意)로 행위를 한 경우에도 그것이 채무자의 용인 아래 이루어지는 것이면** 제3자는 이행보조자에 해당한다. 이행보조자의 활동이 일시적인지 계속적인지도 문제 되지 않는다."(대판 2018.2.13. 2017다275447).

02

21사무관

민법 제391조는 이행보조자의 고의·과실을 채무자의 고의·과실로 본다고 정하고 있는데, 이러한 이행보조자는 채무자의 의사 관여 아래 그 채무의 이행행위에 속하는 활동을 하는 사람이면 충분하고 반드시 채무자의 지시 또는 감독을 받는 관계에 있어야 하는 것은 아니다. O | X

해설 민법 제391조에서의 이행보조자로서의 피용자라 함은 일반적으로 채무자의 의사관여 아래 그 채무의 이행행위에 속하는 활동을 하는 사람이면 족하고, 반드시 채무자의 지시 또는 감독을 받는 관계에 있어야 하는 것은 아니므로 채무자에 대하여 종속적인가 독립적인 지위에 있는가는 문제되지 않는다(대판 1999.4.13. 98다51077,51084).

03

12주사보

이행보조자는 채권자에 대한 관계에서 채무불이행책임을 부담하지 않으나, 불법행위의 요건을 갖춘 경우에는 불법행위책임을 부담하게 된다. O | X

해설 이행보조자의 채권자에 대한 책임

이행보조자는 채권관계의 당사자가 아니므로 채권자에 대한 관계에서는 채무불이행책임을 지지 않는다. 다만 불법행위책임을 질 수는 있다(대판 1990.8.28. 90다카10343 – 제3자의 채권침해). 이 경우 채무자가 채권자에 대해서 지는 책임과는 동일한 사실관계에 기한 것으로 부진정연대채무의 관계에 있다(대판 1994.11.11. 94다22446).

정답 | **01** × **02** ○ **03** ○

04 21사무관

이행보조자가 채무의 이행을 위하여 제3자를 복이행보조자로 사용하는 경우에도 채무자가 이를 승낙하였거나 적어도 묵시적으로 동의한 경우 채무자는 복이행보조자의 고의·과실에 관하여 민법 제391조에 따라 책임을 부담한다. O | X

해설 민법 제391조는 이행보조자의 고의·과실을 채무자의 고의·과실로 본다고 규정하고 있는데, 이러한 이행보조자는 채무자의 의사 관여 아래 채무이행행위에 속하는 활동을 하는 사람이면 족하고 반드시 채무자의 지시 또는 감독을 받는 관계에 있어야 하는 것은 아니므로, 그가 채무자에 대하여 종속적 또는 독립적인 지위에 있는가는 문제되지 않으며, **이행보조자가 채무의 이행을 위하여 제3자를 복이행보조자로서 사용하는 경우에도 채무자가 이를 승낙하였거나 적어도 묵시적으로 동의한 경우에는 채무자는 복이행보조자의 고의·과실에 관하여 민법 제391조에 의하여 책임을 부담한다**(대판 2011.5.26. 2011다1330).

정답 | 04 ○

제3관 | 이행지체

01 12/14법원행시, 20서기보

채무이행의 확정기한이 있는 경우에는 그 기한이 도래한 다음 날부터 이행지체의 책임을 지고, 기한의 정함이 없는 경우에는 민법 제387조 제2항이 이행청구를 받은 때로부터 지체책임이 있다고 규정하고 있음에도 불구하고 그 이행의 청구를 받은 다음 날로부터 이행지체의 책임을 진다. O | X

02 21사무관

채무의 이행에 관하여 기한이 정하져 있지 않은 경우 채무자는 이행청구를 받은 날로부터 이행지체의 책임을 진다. O | X

03 21법원행시

이행기를 2021년 5월 11일로 하는 금전소비대차계약을 체결하였다면 이행청구를 하지 않더라도 차주는 2021년 5월 11일부터 이행지체의 책임을 진다. O | X

> **해설** **01** ① 채무이행의 확정한 기한이 있는 경우에는 채무자는 그 기한이 도래한 때로부터 지체책임이 있다(제387조 제1항 1문). 기한이 도래한 때란 기한이 도래한 다음날을 의미한다(대판 1988.11.8. 88다3253). **03** 따라서 이행지체책임은 다음날부터 발생한다. 즉 2021년 5월 12일부터 이행지체의 책임을 진다(제387조). **02** ② 채무이행의 기한이 없는 경우에는 채무자는 이행청구를 받은 때로부터(구체적으로는 그 다음날부터) 지체책임이 있다(제387조 제2항).

04 15주사보, 20법무사, 21서기보

타인의 토지를 점유함으로 인한 부당이득반환채무는 이행의 기한이 없는 채무로서 이행청구를 받은 때로부터 지체책임이 있다. O | X

> **해설** 대판 2008.2.1. 2007다8914

05 15사무관, 15/20법무사, 17법원행시, 19서기보

유류분반환청구권의 행사로 인하여 생기는 원물반환의무 또는 가액반환의무는 이행기한의 정함이 없는 채무이므로, 반환의무자는 그 의무에 대한 이행청구를 받은 때에 비로소 지체책임을 진다. O | X

> **해설** 대판 2013.3.14. 2010다42624,42631

정답 | **01** ○ **02** × **03** × **04** ○ **05** ○

06 12법원행시, 15서기보

신원보증인의 채무는 피보증인의 불법행위로 인한 손해배상채무 그 자체가 아니고 신원보증계약에 기하여 발생한 채무로서 이행기의 정함이 없는 채무이므로 채권자로부터 이행청구를 받지 않으면 지체의 책임이 생기지 않는다. O | X

> 해설 대판 2009.11.26. 2009다59671

07 14사무관, 14법무사

채무이행의 불확정기한이 있는 경우에 채무자는 기한이 객관적으로 도래한 때부터 이행지체의 책임을 진다. O | X

08 21사무관

채무의 이행에 불확정기한이 있는 경우에는 채무자는 기한이 도래함을 안 때부터 지체책임을 진다. O | X

> 해설 **07 08** 불확정기한부 채무의 지체책임채무이행에 불확정한 기한이 있는 경우에는 채무자는 기한이 도래함을 안 때로부터(구체적으로는 그 다음날부터) 지체책임이 있다(제387조 제1항 2문). 채권자의 최고가 있으면 채무자가 기한의 도래를 알지 못하더라도 그 최고를 받은 때로부터(구체적으로는 그 다음날부터) 지체책임이 있다.

09 20서기보

당사자가 불확정한 사실이 발생한 때를 이행기한으로 정한 경우에는 그 사실이 발생한 때는 물론 그 사실의 발생이 불가능하게 된 때에도 이행기한이 도래한 것으로 보아야 한다. O | X

> 해설 불확정기한부 채무의 이행기 도래 시점(대판 2002.3.29. 2001다41766)

10 20법무사

소송비용액확정결정에 따른 소송비용액상환의무는 소송비용액확정결정이 확정됨으로써 비로소 이행기가 도래하고, 채무자가 그 이행기가 도래하였음을 안 때로부터 지체책임을 진다. O | X

> 해설 소송비용액확정결정에 따른 소송비용액상환의무는 불확정기한부 채무이다(대판 2008.7.10. 2008다10051).

11

15법원행시

매매대금 지급기일을 '소유권이전등기를 필한 후'로 정한 것은 매매대금 지급의무의 이행기를 장래 도래할 시기가 확정되지 아니한 때, 즉 불확정기한으로 정한 경우라고 할 것이므로, 매매대금 지급의무의 이행을 지체하였다고 하기 위해서는 소유권이전등기가 경료된 것만으로는 부족하고 채무자인 피고가 그 사실을 알아야 하고, 이때 그 사실을 알게 된 때가 언제인지는 이를 주장하는 원고에게 증명책임이 있다. O | X

해설 대판 2011.2.24. 2010다83755

12

12법원행시

채무자가 선이행의무의 확정기한인 이행기를 지나면 바로 이행지체에 빠진다고 할 것이나, 이행지체에 빠졌다고 하더라도 그 후 채권자가 채무의 일부를 수령한 경우에는 이행지체의 효과가 없어지고 기한의 정함이 없는 채무로 된다. O | X

해설 선이행의무의 확정기한인 이행기를 지난 후 채권자가 채무의 일부를 수령한 경우 이행지체의 효과가 없어지고 기한의 정함이 없는 채무로 되는지 여부(소극)

민법 제387조 제1항 전문은 채무이행의 확정한 기한이 있는 경우에는 채무자는 기한이 도래한 때로부터 지체책임이 있다고 규정하고 있는바, 채무자가 선이행의무의 확정기한인 이행기를 지나면 바로 이행지체에 빠진다 할 것이고, 이처럼 **일단 이행지체에 빠진 이상 그 후 채권자가 채무의 일부를 수령하였다고 하여 이행지체의 효과가 없어지고 기한의 정함이 없는 채무로 된다고 볼 수 없다**(대판 1992.10.27. 91다483).

13

16법원행시, 17/21서기보, 18법무사

금전채무의 지연손해금채무는 금전채무의 이행지체로 인한 손해배상채무로서 이행기의 정함이 없는 채무에 해당하므로, 채무자는 확정된 지연손해금채무에 대하여 채권자로부터 이행청구를 받은 때로부터 지체책임을 부담하게 된다. O | X

해설 금전채무의 지연배상금채무에 대한 지체책임

금전채무의 지연손해금채무는 금전채무의 이행지체로 인한 손해배상채무로서 **이행기의 정함이 없는 채무에 해당**하므로, 채무자는 확정된 지연손해금채무에 대하여 채**권자로부터 이행청구를 받은 때(정확히는 이행청구를 받은 다음 날)부터 지체책임**을 부담하게 된다(대판 2004.7.9. 2004다11582).

➡ 가령, 금전채무의 이행기가 1월 20일인데 이를 이행하지 않고 있던 중 채권자가 5월 1일에 이행청구를 하면 1월 20일부터 금전채무 원본의 지연이자가 발생하게 되고, 그 지연이자는 이행기의 정함이 없는 채무에 해당하므로 이행청구를 받은 날인 5월 1일(실제로는 그 이행의 청구를 받은 다음 날인 5월 2일) 그 지연이자에 대한 지체책임을 다시 부담하게 된다.

정답 | 06 ○ 07 × 08 ○ 09 ○ 10 ○ 11 ○ 12 × 13 ○

14 14주사보, 18법무사

소비대차의 경우에도 반환시기의 약정이 없는 경우에는 이행청구를 받은 때로부터 이행지체가 성립된다. O | X

15 21법무사

甲이 乙에게 변제기를 정하지 않고 1억원을 대여한 후 2021.5.15. 대여금의 반환을 청구하였다면 乙은 2021.5.16.부터 이행지체의 책임을 진다. O | X

> 해설 **제603조(반환시기)** ① 차주는 약정시기에 차용물과 같은 종류, 품질 및 수량의 물건을 반환하여야 한다.
> ② **반환시기의 약정이 없는 때에는 대주는 상당한 기간을 정하여 반환을 최고하여야 한다. 그러나 차주는 언제든지 반환할 수 있다.**
>
> ➡ **14 15** 상당기간이 경과한 때부터 이행지체의 책임을 진다.

16 21사무관

불법행위로 인한 손해배상채무는 성립과 동시에 지체에 빠진다. O | X

17 21법무사

불법행위로 인한 손해배상채무는 기한의 정함이 없는 채무이므로 가해자는 피해자의 이행청구를 받은 때로부터 이행지체의 책임을 진다. O | X

18 15법원행시, 20서기보

채무의 이행에 관하여 기한이 정하여져 있지 않은 경우에 채무자는 이행청구를 받은 때로부터 지체책임을 지지만, 불법행위로 인한 손해배상채무는 성립과 동시에 지체에 빠지며 최고가 필요 없다. O | X

19 출제예상

불법행위로 인한 손해배상의무는 기한의 정함이 없는 채무이지만, 그 성립과 동시에(그 당일부터) 또 채권자의 청구 없이도 당연히 이행지체가 된다. 그러나 불법행위에 따른 위자료청구권과 관련하여 불법행위시부터 사실심 변론종결시까지 장기간이 경과하고 통화가치 등에 상당한 변동이 생긴 경우에는 사실심 변론종결일부터 지연손해금이 발생한다.

> 해설 **16 17 18** 불법행위로 인한 손해배상채무는 그 성립과 동시에(그 당일부터) 또 채권자의 청구 없이도 당연히 이행지체가 된다는 것이 判例이다(대판 1975.5.27. 74다1393). **19** 다만 위자료청구권에 대해서는 불법행위시부터 사실심 변론종결시까지 장기간이 경과하고 통화가치 등에 상당한 변동이 생긴 경우에는 예외적으로 사실심 변론종결일부터 지연손해금이 발생한다고 한다(대판 2011.1.27. 2010다6680; 대판 2011.7.21. 2011재다199 전합).

20

13법무사, 16서기보

불법행위에 있어 위법행위 시점과 손해발생 시점 사이에 시간적 간격이 있는 경우에 손해발생시점이 불법행위로 인한 손해배상청구권의 지연손해금의 기산일이 된다. O | X

해설 불법행위에서 위법행위 시점과 손해발생시점에 시간적 간격이 있는 경우, 불법행위로 인한 손해배상청구권의 지연손해금 발생 기산일(= 손해발생시점)

불법행위로 인한 손해배상채무의 지연손해금의 기산일은 불법행위 성립일임이 원칙이고, 불법행위에 있어 위법행위시점과 손해발생시점 사이에 시간적 간격이 있는 경우에는 손해발생시점이 기산일이 된다고 할 것이다(대판 2012.2.23. 2010다97426).

21

21법무사

부당이득반환채무의 경우 부당이득한 날부터 지체책임을 부담한다. O | X

해설 타인의 토지를 점유함으로 인한 부당이득반환채무는 이행의 기한이 없는 채무로서 이행청구를 받은 때로부터 지체책임이 있다(대판 2008.2.1. 2007다8914).

22

19사무관

기한을 정하지 않은 채무에 정지조건이 있는 경우, 정지조건이 객관적으로 성취되고 그 후에 채권자가 이행을 청구하면 바로 지체책임이 발생한다. 아울러 청구금액이 확정되지 아니하였다는 이유만으로 채무자가 지체책임을 면할 수는 없다. O | X

해설 기한을 정하지 않은 채무에 정지조건이 있는 경우 지체시기

기한을 정하지 않은 채무에 정지조건이 있는 경우, 정지조건이 객관적으로 성취되고 그 후에 채권자가 이행을 청구하면 바로 지체책임이 발생한다. 조건과 기한은 하나의 법률행위에 독립적으로 작용하는 부관이므로, '조건의 성취'는 '기한이 없는 채무에서 이행기의 도래'와는 별개의 문제이기 때문이다. 그리고 청구금액이 확정되지 아니하였다는 이유만으로 채무자가 지체책임을 면할 수는 없다. 청구권은 이미 발생하였고 가액이 아직 확정되지 아니한 것일 뿐이므로, 지연손해금 발생의 전제가 되는 원본 채권이 부존재한다고 말할 수는 없기 때문이다. 불법행위로 인한 손해배상채무의 경우 불법행위가 발생한 시점에는 손해배상액을 확정할 수 없는 경우가 대부분이지만, 그 발생 시점부터 지체책임이 성립하는 점에 비추어도 그러하다(대판 2018.7.20. 2015다207044).

관련조문 **민법 제387조(이행기와 이행지체)** ② 채무이행의 기한이 없는 경우에는 채무자는 이행청구를 받은 때로부터(구체적으로는 그 다음 날부터) 지체책임이 있다.

23

21사무관

당사자 사이에 정지조건부 기한이익상실의 특약이 있는 경우에 특별한 사정이 없는 한 그 특약에 정한 기한이익의 상실사유가 발생함과 동시에 채무자는 이행지체에 빠진다. O | X

정답 | 14 × 15 × 16 ○ 17 × 18 ○ 19 ○ 20 ○ 21 × 22 ○ 23 ○

24

21서기보

정지조건부 기한이익상실의 특약을 한 경우에는 특별한 사정이 없는 한 그 특약에서 정한 기한이익 상실 사유가 발생하였더라도 채권자의 이행청구가 없으면 채무자는 지체책임을 지지 않는다. O | X

> 해설 **23 24** '정지조건부 기한이익 상실약정'을 하였을 경우에는 그 약정에 정한 **기한이익 상실사유가 발생함과 동시**에 이행기 도래의 효과가 발생하고, 채무자는 특별한 사정이 없는 한 그때부터 **이행지체의 상태에 놓이게 된다**(대판 1999.7.9, 99다15184).
>
> **비교판례** '형성권적 기한이익 상실약정'의 경우 일정한 사유가 발생한 것만으로 곧바로 기한의 도래가 의제되지는 않고, **채권자가 기한이익 상실의 의사표시를 한 때** 비로소 기한의 도래가 의제된다.

25

15사무관, 16/20법무사, 20법원행시

추심명령은 압류채권자에게 채무자의 제3채무자에 대한 채권을 추심할 권능을 수여함에 그치고, 제3채무자로 하여금 압류채권자에게 압류된 채권액 상당을 지급할 것을 명하거나 그 지급기한을 정하는 것이 아니므로, 제3채무자가 압류채권자에게 압류된 채권액 상당에 관하여 지체책임을 지는 것은 집행법원으로부터 추심명령을 송달받은 때이고 추심명령이 발령된 후 압류채권자로부터 추심금 청구를 받은 다음 날부터가 아니다. O | X

> 해설 압류·추심명령에 따라 압류된 채권액 상당에 관하여 제3채무자가 압류채권자에게 지체책임을 지는 시기(= 추심명령 발령 후 압류채권자로부터 추심금 청구를 받은 다음 날부터)
>
> 추심명령은 압류채권자에게 채무자의 제3채무자에 대한 채권을 추심할 권능을 수여함에 그치고, 제3채무자로 하여금 압류채권자에게 압류된 채권액 상당을 지급할 것을 명하거나 그 지급 기한을 정하는 것이 아니므로, 제3채무자가 압류채권자에게 압류된 채권액 상당에 관하여 지체책임을 지는 것은 집행법원으로부터 **추심명령을 송달받은 때부터가 아니라 추심명령이 발령된 후 압류채권자로부터 추심금 청구를 받은 다음 날**부터라고 하여야 한다(대판 2012.10.25. 2010다47117).

26

14사무관, 18법무사

채권자가 기존 채무의 지급을 위하여 그 채무의 변제기보다 후의 일자가 만기로 된 어음을 교부받았다고 하더라도 기존 채무의 변제기가 어음의 만기일로 변경된 것으로 볼 수 없다. O | X

> 해설 채권자가 기존 채무의 지급을 위하여 그 채무의 변제기보다 후의 일자가 만기로 된 어음을 교부받은 경우, 기존 채무의 변제기는 어음의 만기일로 변경된 것으로 볼 수 있는지 여부(적극)
>
> 채무자가 채권자에게 기존 채무의 이행에 관하여 어음이나 수표를 교부하는 경우 당사자의 의사는 별도의 약정이 있는 때에는 그에 따르되, 약정이 없는 경우에는 구체적 사안에 따라 '지급을 위하여' 또는 '지급확보를 위하여' 교부된 것으로 추정함이 상당한바, 채무자가 채권자에게 교부한 어음이 이른바 '은행도 어음'으로서 당사자 사이에 이를 단순히 보관하는 데 그치지 아니하고 어음할인 등의 방법으로 타에 유통시킬 수도 있는 경우라면 '지급을 위하여' 교부된 것으로 추정함이 상당하고, **어음이 '지급을 위하여' 교부된 것으로 추정되는 경우에는 채권자는 어음채권과 원인채권 중 어음채권을 먼저 행사하여 그로부터 만족을 얻을 것을 당사자가 예정**하였다고 할 것이어서 **채권자로서는 어음채권을 우선 행사하고 그에 의하여 만족을 얻을 수 없는 때 비로소 채무자에 대하여 기존의 원인채권을 행사할 수 있는 것이므로, 채권자가 기존채무의 변제기보다 후의 일자가 만기로 된 어음을 교부받은 때에는 특별한 사정이 없는 한 기존채무의 지급을 유예하는 의사가 있었다고 보아야** 할 것이다(대판 2001.7.13. 2000다57771).

27

16/18법무사, 20법원행시

이행기의 정함이 없는 채권을 양수받은 채권양수인이 채무자를 상대로 이행청구를 하면 그 다음 날부터 이행지체 책임이 발생하며, 이는 채무자에 대한 지명채권 양도의 통지가 이행청구 이후에 도달한 경우에도 동일하다. O | X

28

21법무사

이행기를 정하지 않은 채권의 양수인이 2021.1.3. 채무자에게 이행을 청구한 후에 2021.1.13. 채권양도 사실의 통지가 채무자에게 도달하였다면 채무자는 2021.1.14.부터 이행지체의 책임을 진다. O | X

> 해설 **27 28** 채무이행의 기한이 없는 경우에는 채무자는 이행청구를 받은 때로부터(구체적으로는 그 다음날부터) 지체책임이 있다(제387조 제2항). 그런데 지명채권의 양도는 양도인이 채무자에게 통지하거나 채무자가 승낙하지 아니하면 채무자 기타 제삼자에게 대항하지 못하므로(제451조 제1항), 이행기의 정함이 없는 채권을 양수한 양수인으로부터 이행청구를 받은 채무자는 이로써 지체책임을 지지 않고, 그 후 채권양도통지가 도달되면 그 다음 날부터(이행의 소를 제기한 때가 아님) 이행지체의 책임을 진다. 즉, 지명채권이 양도된 경우 채무자에 대한 **대항요건이 갖추어질 때까지** 채권양수인은 채무자에게 **대항할 수 없으므로**, 이행기의 정함이 없는 채권을 양수한 **채권양수인이 채무자를 상대로 그 이행을 구하는 소를 제기하고** 소송계속 중 채무자에 대한 **채권양도통지가 이루어진 경우**에는 특별한 사정이 없는 한 채무자는 **채권양도통지가 도달된 다음 날부터**(이행의 소를 제기한 때가 아님) **이행지체**의 책임을 진다(대판 2014.4.10. 2012다29557).

29

21법원행시

이혼으로 인한 재산분할청구권은 이혼이 성립한 때에 법적 효과로서 발생하는 것이지만 협의 또는 심판에 의하여 구체적 내용이 형성되기까지는 범위 및 내용이 불명확하기 때문에 구체적으로 권리가 발생하였다고 할 수 없다. 따라서 당사자가 이혼 성립 후에 재산분할 등을 청구하고 법원이 재산분할로서 금전의 지급을 명하는 판결이나 심판을 하는 경우에도, 이는 장래의 이행을 청구하는 것으로서 분할의무자는 금전지급의무에 관하여 판결이나 심판이 확정된 다음 날부터 이행지체책임을 진다. O | X

> 해설 이혼으로 인한 재산분할청구권은 이혼이 성립한 때에 법적 효과로서 발생하는 것이지만 협의 또는 심판에 의하여 구체적 내용이 형성되기까지는 범위 및 내용이 불명확하기 때문에 구체적으로 권리가 발생하였다고 할 수 없다. 따라서 당사자가 이혼 성립 후에 재산분할 등을 청구하고 법원이 재산분할로서 금전의 지급을 명하는 판결이나 심판을 하는 경우에도, 이는 장래의 이행을 청구하는 것으로서 분할의무자는 금전지급의무에 관하여 판결이나 심판이 확정된 다음 날부터 이행지체책임을 지고, 그 지연손해금의 이율에 관하여는 소송촉진 등에 관한 특례법 제3조 제1항 본문이 정한 이율도 적용되지 아니한다(대판 2014.9.4. 2012므1656).

30

21법원행시

X건물의 골조공사가 완성되면 중도금을 지급하기로 약정하였는데 채무자가 골조공사의 완성사실을 알지 못하였다면 채무자는 중도금 지급의무의 이행지체로 인한 지연손해금을 지급할 책임이 없다. O | X

정답 | **24** × **25** × **26** × **27** × **28** ○ **29** ○ **30** ○

해설 중도금 지급기일을 '1층 골조공사 완료시'로 정한 것은 불확정기한으로 이행기를 정한 경우로서, 중도금 지급의무의 이행지체의 책임을 지우기 위해서는 1층 골조공사가 완료된 것만으로는 부족하고 채무자가 그 완료사실을 알아야 한다(대판 2005.10.7. 2005다38546).

31

15주사보, 19/20법무사, 20법원행시

甲의 乙에 대한 매매대금채권의 지급을 금지하는 채권가압류 명령이 乙에게 송달되었다면 그 매매대금채권의 변제기가 도래하더라도 乙은 이행지체 책임을 면한다. O | X

해설 i) **채권의 가압류는 제3채무자에 대하여 채무자에게 지급하는 것을 금지하는 데 그칠 뿐 채무 그 자체를 면하게 하는 것이 아니고, 가압류가 있다 하여도 그 채권의 이행기가 도래한 때에는 제3채무자는 그 지체책임을 면할 수 없다**고 보아야 할 것이다. ii) 이 경우 가압류에 불구하고 제3채무자가 채무자에게 변제를 한 때에는 나중에 채권자에게 이중으로 변제하여야 할 위험을 부담하게 되므로 **제3채무자로서는 민법 제487조의 규정에 의하여 공탁을 함으로써**(실무상 가압류의 경우는 현행 민사집행법상의 집행공탁으로 사실상 통일 - 저자 주) **이중변제의 위험에서 벗어나고 이행지체의 책임도 면할 수 있다**고 보아야 할 것이다. 제3채무자가 이와 같이 채권의 가압류를 이유로 변제공탁을 한 때에는 그 **가압류의 효력은 채무자의 공탁금출급청구권에 대하여 존속한다**고 할 것이므로 그로 인하여 가압류 채권자에게 어떤 불이익이 있다고도 할 수 없다. iii) 위의 법리는 부당이득반환채권이 가압류된 후에 제3채무자가 악의로 되어 그 받은 이익에 덧붙여 반환하여야 할 이자지급책임을 면하기 위한 경우에도 마찬가지라 할 것이고, 또 채권자의 소재가 불명한 경우에도 채무자로서는 변제공탁을 하지 않는 한 그 이행지체의 책임 내지 부당이득에 대한 이자의 배상책임을 면할 수 없음은 물론이다(대판 1994.12.13. 93다951 전합).

➡ 甲의 乙에 대한 매매대금채권의 지급을 금지하는 채권가압류 명령이 乙에게 송달되었다면 乙은 변제공탁을 하지 않는 한 그 매매대금채권의 변제기가 도래한 경우 이행지체 책임을 면할 수 없다.

32

출제예상

도급계약에 있어서 이행보증계약에 기한 보증인의 보증금지급의무에 관하여 지급금지가처분결정이 있는 경우 지급거절의 권능이 발생하므로 보증인은 보증채권자에게 보증금 지급을 거절할 수 있다. O | X

해설 이행보증계약에 기한 보증인의 보증금지급의무에 관하여 지급금지가처분결정이 있었다고 하더라도 그것으로써 보증인에게 그 지급을 거절할 수 있는 사유, 즉 지급거절의 권능이 발생한다고 할 수 없고, 보증금지급의무가 실제로 발생하여 그 이행기가 도래하면 보증인은 보증채권자에게 이를 이행하여야 하며, 이를 이행하지 아니하는 경우에는 지체책임 발생의 다른 요건이 갖추어지는 한 그 이행의 지체로 인한 손해배상 등 법적 책임을 져야 한다. 다만, 그는 보증금을 채권자의 수령불능을 이유로 변제공탁함으로써 자신의 보증금지급채무로부터 벗어날 수 있고, 그에 따라 위에서 본 바와 같은 지체책임도 면하게 된다(대판 2010.2.25. 2009다22778).

➡ 이행기에 불이행을 정당화하는 사유(동시이행의 항변권, 채무자의 유치권)가 있다면 이행지체로 되지 않는다. 그러나 채권이 가압류(대판 1994.12.13. 93다951 전합) 또는 **가처분**(대판 2010.2.25. 2009다22778)**된 경우와 같이 채무의 이행을 금지하는 보전처분이 있는 경우에도 이행기가 도래하면 채무자는 이행하여야 하고, 그렇지 않으면 이행지체의 책임을 진다.**

33 출제예상

특정물의 매매에 있어서 매수인의 대금지급채무가 이행지체에 빠졌다 하더라도 그 목적물의 인도가 이루어지지 아니하는 한 매도인은 매수인의 대금지급채무의 이행지체를 이유로 매매대금의 이자 상당액의 손해배상청구를 할 수 없다. O | X

> 해설 특정물의 매매에 있어서 매수인의 대금지급채무가 이행지체에 빠졌다 하더라도 그 목적물이 매수인에게 인도될 때까지는 매수인은 매매대금의 이자를 지급할 필요가 없는 것이므로(제587조), **그 목적물의 인도가 이루어지지 아니하는 한** 매도인은 매수인의 대금지급의무 이행의 지체를 이유로 매매대금의 이자 상당액의 손해배상청구를 할 수 없다(대판 1995.6.30. 95다14190).

34 21법무사

甲이 乙에게 공사대금채무의 지급을 확보하기 위한 수단으로 약속어음을 발행한 경우 공사대금채무의 변제기가 도래하더라도 乙이 위 약속어음을 반환하지 않는 이상 지체책임을 부담하지 않는다. O | X

> 해설 **채무자가 어음의 반환이 없음을 이유로 원인채무의 변제를 거절할 수 있는 권능을 가진다고 하여 채권자가 어음의 반환을 제공하지 아니하면 채무자에게 적법한 이행의 최고를 할 수 없다고 할 수는 없고, 채무자는 원인채무의 이행기를 도과하면 원칙적으로 이행지체의 책임을 진다**(대판 1999.7.9. 98다47542,47559).

35 13주사보

이미 발생한 이자에 대해서는 채무자가 이행을 지체하더라도 지연손해금을 청구할 수 없다. O | X

> 해설 이미 발생한 이자에 대한 지연손해금을 청구할 수 있는지 여부(적극)
> 이미 발생한 이자에 관하여 채무자가 이행을 지체한 경우에는 그 이자에 대한 지연손해금을 청구할 수 있다(대판 1996.9.20. 96다25302).

36 14사무관, 15주사보, 20법무사

채무자는 자기에게 과실이 없는 경우에는 그 이행지체 중에 생긴 손해는 원칙적으로 배상할 의무가 없다. O | X

> 해설 **제392조(이행지체 중의 손해배상) 채무자는 자기에게 과실이 없는 경우에도 그 이행지체 중에 생긴 손해를 배상하여야** 한다. 그러나 채무자가 이행기에 이행하여도 손해를 면할 수 없는 경우에는 그러하지 아니하다.

정답 | 31 × 32 × 33 ○ 34 × 35 × 36 ×

제4관 | 이행불능

01 11주사보, 18법무사

채무의 이행불능이라 함은 사회생활에 있어서의 경험법칙 또는 거래상의 관념에 비추어 볼 때 채권자가 채무자의 이행의 실현을 기대할 수 없는 경우를 말한다. 따라서 물리적으로 급부가 가능하더라도 이행불능이 인정될 수 있다. O | X

해설 채무의 이행불능의 의미
채무의 이행이 불능이라는 것은 단순히 절대적·**물리적으로 불능인 경우가 아니라** 사회생활에 있어서의 경험법칙 또는 거래상의 관념에 비추어 볼 때 채권자가 채무자의 이행의 실현을 기대할 수 없는 경우를 말한다(대판 2003.1.24. 2000다22850).

02 21법무사, 21법원행시

계약의 이행불능 여부는 사회통념에 의하여 이를 판정하여야 할 것인바, 임대차계약상의 임대인의 의무는 목적물을 사용수익케 할 의무로서, 목적물에 대한 소유권 있음을 성립요건으로 하고 있지 아니하여 임대인이 소유권을 상실하였다는 이유만으로 그 의무가 불능하게 된 것이라고 단정할 수 없다. O | X

해설 대판 1994.5.10. 93다37977 참조

03 21법무사

乙이 甲을 강박하여 그에 따른 하자 있는 의사표시에 의하여 부동산에 관한 소유권이전등기를 마친 다음 타인에게 매도하여 소유권이전등기까지 마친 경우, 그 소유권이전등기는 소송 기타 방법에 따라 말소 환원 여부가 결정될 특별한 사정이 있으므로 乙의 甲에 대한 소유권이전등기의 말소등기의무는 아직 이행불능이 되었다고 할 수 없으나, 甲이 그 부동산의 전득자들을 상대로 제기한 소유권이전등기 말소등기청구소송에서 패소로 확정되면 그 때에 乙의 소유권이전등기 말소등기의무가 이행불능상태에 이른다고 할 것이다. O | X

해설 부동산소유권이전등기 말소등기의무가 이행불능이 됨으로 말미암아 그 권리자가 입는 손해액은 원칙적으로 그 이행불능이 될 당시의 목적물의 시가 상당액이고, 피고가 원고를 강박하여 그에 따른 하자 있는 의사표시에 의하여 부동산에 관한 소유권이전등기를 마친 다음 타인에게 매도하여 소유권이전등기까지 마친 경우, 그 소유권이전등기는 소송 기타 방법에 따라 말소 환원 여부가 결정될 특별한 사정이 있으므로 피고의 원고에 대한 소유권이전등기의 말소등기의무는 아직 이행불능이 되었다고 할 수 없으나, 원고가 그 부동산의 전득자들을 상대로 제기한 소유권이전등기 말소등기청구소송에서 패소로 확정되면 그 때에 피고의 소유권이전등기 말소등기의무가 이행불능상태에 이른다고 할 것이며, 이러한 이치는 원고가 피고에 대한 소유권이전등기 말소등기청구소송의 승소판결이 확정되기 이전에 원고가 그 부동산의 전득자들을 상대로 제기한 소유권이전등기 말소등기청구소송에서 패소로 확정되었다고 하여 달리 볼 것이 아니다(대판 2009.1.15. 2007다51703).

04

11/16주사보, 18법무사

매매목적물에 관하여 이중으로 제3자와 매매계약을 체결하였다는 사실만 가지고 매매계약이 법률상 이행불능이라고 할 수는 없으므로, 부동산을 이중매도하고 매도인이 그 중 1인에게 먼저 소유권명의를 이전하여 준 경우 다른 1인에 대한 소유권이전등기의무는 이행불능상태가 되는 것이 아니다. O | X

05

20사무관, 20법무사

매수인에게 부동산의 소유권이전등기를 해 줄 의무를 지는 매도인이 그 부동산에 관하여 다른 사람에게 이전등기를 해 준 때에는 매도인이 그 부동산의 소유권에 관한 등기를 회복하여 매수인에게 이전등기해 줄 수 있는 특별한 사정이 없는 한 매수인에 대한 매도인의 소유권이전등기의무가 이행불능으로 되었다고 볼 수 있다. 이때 위 특별한 사정에 대한 입증책임은 매도인이 부담한다. O | X

해설 **04 05** 부동산의 이중양도

① 매매목적물에 관하여 이중으로 제3자와 매매계약을 체결하였다는 사실만 가지고는 매매계약이 법률상 이행불능이라고 할 수 없고(대판 1995.6.30. 94다32207), ② 부동산을 이중매도하고 매도인이 그중 1인에게 먼저 소유권명의를 이전하여 준 경우에는, **유효한 명의신탁관계처럼 소유권의 회복이 가능하여 다른 1인에게 이전등기해 줄 수 있는 특별한 사정이 없는 한**(대판 2010.4.29. 2009다99129), 다른 1인에 대한 소유권이전등기의무는 이행불능상태에 있다 할 것이다(대판 1965.7.27. 65다947). ③ 그러나 **소유권이전등기의무자가 그 부동산에 제3자 명의로 가등기를 마쳐 주었다 하여도**, 가등기는 본등기의 순위보전의 효력을 가지는 것에 불과하고 또한 그 소유권이전등기의무자의 처분권한이 상실되는 것도 아니므로, 그 가등기만으로는 소유권이전등기의무가 이행불능된다고 할 수 없다(대판 1993.9.14. 93다12268). 단, 가등기에 기한 본등기가 경료되면 이행불능으로 된다.

관련판례 ㉠ 부동산소유권이전등기 의무자가 사망하여 이를 상속한 제3자가 그 명의로 소유권이전등기를 경료하였다고 할지라도 상속한 소유권이전등기의무가 이행불능이 되었다고는 볼 수 없다(대판 1984.4.10. 83다카1222). ㉡ 부동산의 매도인이 목적물에 대하여 제3자에게 지상권을 설정해 주고 등기를 마치고 또 저당권을 설정하고 등기를 마친 경우에는 매도인의 채무는 이행불능이 된다(대판 1974.5.28. 73다1133).

06

12/14법원행시, 13사무관, 21법무사

부동산소유권이전등기의무자가 그 부동산에 관하여 가등기를 경료한 경우 그 가등기만으로는 소유권이전등기의무가 이행불능이 된다고 할 수 없으나, 제3자 앞으로 채무담보를 위하여 소유권이전등기를 경료한 경우 그 의무자가 위 채무를 변제할 자력이 없는 때에는 특단의 사정이 없는 한 그 소유권이전등기의무는 이행불능이 된다. O | X

해설 소유권이전등기의무의 이행불능(가등기, 이전등기)

부동산소유권이전등기 의무자가 그 부동산상에 가등기를 경료한 경우 가등기는 본등기의 순위보전의 효력을 가지는 것에 불과하고 또한 그 소유권이전등기 의무자의 처분권한이 상실되지도 아니하므로 그 **가등기만으로는 소유권이전등기의무가 이행불능이 된다고 할 수 없다**. 그러나 **부동산소유권이전등기 의무자가 그 부동산에 관하여 제3자 앞으로 비록 채무담보를 위하여 소유권이전등기를 경료하였다고 할지라도 그 의무자가 채무를 변제할 자력이 없는 경우에는 특단의 사정이 없는 한 그 소유권이전등기의무는 이행불능이 된다**(대판 1991.7.26. 91다8104).

정답 | 01 ○ 02 ○ 03 ○ 04 × 05 ○ 06 ○

07

출제예상

매매 목적 부동산에 관하여 제3자의 처분금지가처분의 등기가 기입되었다고 하더라도 그 가처분등기로 인하여 바로 계약이 이행불능으로 되는 것은 아니다. O | X

해설 소유권이전등기의무의 이행불능(처분금지가처분 등기)
소유권이전등기의무의 이행불능으로 인한 전보배상청구권의 소멸시효는 이전등기의무가 이행불능 상태에 돌아간 때로부터 진행된다고 할 것이고, 매매의 목적이 된 부동산에 관하여 제3자의 처분금지가처분의 등기가 기입되었다 할지라도, 이는 단지 그에 저촉되는 범위 내에서 가처분채권자에게 대항할 수 없는 효과가 있다는 것일 뿐 그것에 의하여 곧바로 부동산 위에 어떤 지배관계가 생겨서 채무자가 그 부동산을 임의로 타에 처분하는 행위 자체를 금지하는 것은 아니라 하겠으므로, 그 가처분등기로 인하여 바로 계약이 이행불능으로 되는 것은 아니고, 제3자 앞으로 소유권이전등기가 경료되는 등 사회거래의 통념에 비추어 계약의 이행이 극히 곤란한 사정이 발생하는 때에 비로소 이행불능으로 된다(대판 2002.12.27. 2000다47361).

08

21법무사

채무의 이행이 불능이라는 것은 단순히 절대적·물리적으로 불능인 경우가 아니라 사회생활에 있어서의 경험법칙 또는 거래상의 관념에 비추어 볼 때 채권자가 채무자의 이행의 실현을 기대할 수 없는 경우를 말하는 것인 바, 매매목적물에 대하여 가압류 또는 처분금지가처분 집행이 되어 있다고 하여 매매에 따른 소유권이전등기가 불가능한 것은 아니며, 이러한 법리는 가압류 또는 가처분집행의 대상이 매매목적물 자체가 아니라 매도인이 매매목적물의 원소유자에 대하여 가지는 소유권이전등기청구권 또는 분양권인 경우에도 마찬가지이다. O | X

해설 매도인이 원소유자에 대하여 가지는 소유권이전등기청구권에 대하여 마쳐진 가압류 또는 가처분 집행을 모두 해제할 수 없는 무자력 상태에 있다고 인정되는 경우, 매수인이 매도인의 소유권이전등기의무가 이행불능임을 이유로 매매계약을 해제할 수 있는지 여부(적극)(대판 2006.6.16. 2005다39211).

09

15/19법원행시

매도인의 소유권이전등기청구권이 가압류되어 있거나 처분금지가처분이 있는 경우, 매도인이 그 가압류 또는 가처분 집행을 모두 해제할 수 없는 무자력의 상태에 있다고 인정되는 때에는, 매수인이 매도인의 소유권이전등기의무가 이행불능임을 이유로 매매계약을 해제할 수 있다. O | X

해설 매도인이 원소유자에 대하여 가지는 소유권이전등기청구권에 대하여 마쳐진 가압류 또는 가처분 집행을 모두 해제할 수 없는 무자력 상태에 있다고 인정되는 경우, 매수인이 매도인의 소유권이전등기의무가 이행불능임을 이유로 매매계약을 해제할 수 있는지 여부(적극)
매도인의 소유권이전등기청구권이 가압류되어 있거나 처분금지가처분이 있는 경우에는 그 가압류 또는 가처분의 해제를 조건으로 하여서만 소유권이전등기절차의 이행을 명받을 수 있는 것이어서, 매도인은 그 가압류 또는 가처분을 해제하지 아니하고서는 매도인 명의의 소유권이전등기를 마칠 수 없고, 따라서 매수인 명의의 소유권이전등기도 경료하여 줄 수 없다고 할 것이므로, **매도인이 그 가압류 또는 가처분 집행을 모두 해제할 수 없는 무자력의 상태에 있다고 인정되는 경우에는 매수인이 매도인의 소유권이전등기의무가 이행불능임을 이유로 매매계약을 해제할 수 있다**(대판 2006.6.16. 2005다39211).

10

13법무사

매도인이 제3자에게 지상권을 설정하고 등기를 마치고 또 저당권을 설정하고 등기를 마친 경우에는 매도인의 채무는 이행불능에 빠졌다고 볼 수 있다. O | X

해설 부동산의 매도인이 목적물에 대하여 제3자에게 지상권을 설정해 주고 등기를 마치고 또 저당권을 설정하고 등기를 마친 경우에는 매도인의 채무는 이행불능이 된다(대판 1974.5.28. 73다1133).

11

13법무사

매매목적물에 관하여 매도인의 다른 채권자가 강제경매를 신청하여 그 절차가 진행중에 있다는 사유만으로는 아직 매도인이 그 목적물의 소유권을 취득할 수 없는 때에 해당한다고 할 수 없으므로 매수인은 이를 이유로 계약을 해제하거나 위약금의 청구를 할 수 있다. O | X

해설 매매목적물에 관한 강제경매의 진행을 이유로 계약을 해제하거나 위약금을 청구할 수 있는지 여부
매매목적물에 관하여 매도인의 다른 채권자가 강제경매를 신청하여 그 절차가 진행중에 있다는 사유만으로는 **아직 매도인이 그 목적물의 소유권을 취득할 수 없는 때에 해당한다고 할 수 없으므로 매수인은 이를 이유로 계약을 해제하거나 위약금의 청구를 할 수 없다**고 할 것이고 그와 같은 법리는 매매목적물에 관하여 강제경매가 진행중인데 대한 책임이 누구에게 있느냐에 따라 달라지는 것이 아니다(대판 1987.9.8. 87다카655).

12

18법원행시

피고가 원고를 강박하여 그에 따른 하자 있는 의사표시에 의하여 부동산에 관한 소유권이전등기를 마친 다음 타인에게 매도하여 소유권이전등기까지 마친 경우, 그 소유권이전등기는 소송 기타 방법에 따라 말소 환원 여부가 결정될 특별한 사정이 있으므로 피고의 원고에 대한 소유권이전등기의무는 아직 이행불능이 되었다고 할 수 없다. O | X

해설 소유권이전등기 말소등기의무의 이행불능으로 인한 전보배상청구권의 소멸시효는 말소등기의무가 이행불능 상태에 돌아간 때로부터 진행되고, 소유권이전등기 말소등기의무가 이행불능이 됨으로 말미암아 그 권리자가 입는 손해액은 원칙적으로 그 이행불능이 될 당시의 목적물의 시가 상당액이다. 또한, 피고가 원고를 강박하여 그에 따른 하자 있는 의사표시에 의하여 부동산에 관한 소유권이전등기를 마친 다음 타인에게 매도하여 소유권이전등기를 경료하여 준 경우, **그 소유권이전등기는 소송 기타 방법에 따라 말소 환원 여부가 결정될 특별한 사정이 있으므로 피고의 원고에 대한 소유권이전등기의무는 아직 이행불능이 되었다고 할 수 없**으나, 원고가 등기명의인을 상대로 제기한 소유권이전등기 말소청구소송 또는 진정명의회복을 위한 소유권이전등기청구소송이 패소확정되면 그 때에 피고의 목적 부동산에 대한 소유권이전등기 말소등기의무는 이행불능 상태에 이른다고 할 것이고, 위 등기 말소청구소송 등에서 등기명의인의 등기부 취득시효가 인용된 결과 원고가 패소하였다고 하더라도 등기부 취득시효 완성 당시에 이행불능 상태에 이른다고 볼 것은 아니다(대판 2005.9.15. 2005다29474).

정답 | 07 ○ 08 ○ 09 ○ 10 ○ 11 × 12 ○

13

17법무사

선등기명의자의 소유권이전등기가 원인무효라 하더라도 그 이후의 최종 등기명의자가 등기부시효취득의 항변을 제출하여 법원에서 받아들여졌다면, 그 전의 등기명의자들은 최종 등기명의자의 시효취득 사실을 원용하여 원소유자의 소유권상실을 주장할 수 있다. O | X

해설 선등기명의자의 소유권이전등기가 원인무효라고 하더라도 그 이후의 최종 등기명의자가 등기부시효취득의 항변을 제출하여 법원에서 그것이 받아들여진 경우, **그 전의 등기명의자들이 최종 등기명의자의 시효취득 사실을 원용하여 원소유자의 소유권 상실을 주장하고 있다면 원소유자의 소유권에 기한 등기말소청구는 배척**될 수밖에 없다(대판 1995.3.3. 94다7348).

14

14/17/18/19법원행시, 16/18사무관

소유자가 자신의 소유권에 기하여 실체관계에 부합하지 아니하는 등기의 명의인을 상대로 그 등기말소를 청구하는 경우, 그 권리는 물권적 청구권으로서의 방해배제청구권의 성질을 가지므로 소유자가 그 후에 소유권을 상실하여 등기말소를 청구할 수 없게 되었다면, 소유자는 등기말소 의무자에 대하여 그 권리의 이행불능을 이유로 한 민법 제390조 상의 손해배상청구권을 가진다. O | X

해설 물권적 청구권의 이행불능으로 인한 전보배상청구가 인정되는지 여부(소극)

소유자가 자신의 소유권에 기하여 실체관계에 부합하지 아니하는 등기의 명의인을 상대로 그 등기말소나 진정명의회복 등을 청구하는 경우에, 그 권리는 물권적 청구권으로서의 방해배제청구권(제214조)의 성질을 가진다. 그러므로 소유자가 그 후에 소유권을 상실함으로써 이제 등기말소 등을 청구할 수 없게 되었다면, 이를 위와 같은 청구권의 실현이 객관적으로 불능이 되었다고 파악하여 등기말소 등 의무자에 대하여 그 권리의 이행불능을 이유로 민법 제390조상의 손해배상청구권을 가진다고 말할 수 없다. 위 법규정에서 정하는 채무불이행을 이유로 하는 손해배상청구권은 계약 또는 법률에 기하여 이미 성립하여 있는 채권관계에서 본래의 채권이 동일성을 유지하면서 그 내용이 확장되거나 변경된 것으로서 발생한다. 그러나 위와 같은 등기말소청구권 등의 물권적 청구권은 그 권리자인 소유자가 소유권을 상실하면 이제 그 발생의 기반이 아예 없게 되어 더 이상 그 존재 자체가 인정되지 아니하는 것이다. 이러한 법리는 선행소송에서 소유권보존등기의 말소등기청구가 확정되었다고 하더라도 그 청구권의 법적 성질이 채권적 청구권으로 바뀌지 아니하므로 마찬가지이다(대판 2012.5.17. 2010다28604 전합).

➡ 소유권의 상실로 등기말소청구권이 소멸하는 것은 등기말소의무가 '이행불능'이 된 것이 아니라 그 의무의 기초가 상실되어 아예 없어진 것이다. 따라서 채무의 이행불능을 이유로 하는 손해배상채무(제390조) 등의 채무불이행책임은 물권적 청구권의 (물권적) 성질에 반하므로, 그 한도에서 민법 제390조는 물권적 청구권에 준용될 수 없다(양창수 대법관의 보충의견). 그러므로 사안에서 甲은 乙에게 위 말소등기절차 이행의무의 이행불능을 이유로 손해배상을 청구할 수 없다.

15

19법원행시

강박에 의하여 甲에게 부동산을 증여한 乙이 그 취소권을 행사하지 않은 채 그 부동산을 丙에게 이중양도하고 취소권의 제척기간이 도과한 후 그 이중양도계약에 기하여 丙에게 부동산에 관한 소유권이전등기를 경료하여 준 경우, 甲에 대한 증여계약상의 소유권이전등기의무는 이행불능이 되어 증여계약에 대한 채무불이행이 성립하더라도, 乙의 위와 같은 이중양도행위는 甲의 강박에 기인한 것이므로 위법하다고 할 수 없다. O | X

해설 강박에 의하여 원고에게 부동산에 관한 증여의 의사표시를 한 피고가 그 취소권을 행사하지 않은 채 그 부동산을 제3자에게 이중양도하고 취소권의 제척기간 마저 도과하여 버린 후 그 이중양도계약에 기하여 제3자에게 부동산에 관한 소유권이전등기를 경료하여 줌으로써 원고에 대한 증여계약상의 소유권이전등기의무를 이행불능케 한 경우, 피고의 원고에 대한 증여계약 자체에 대한 채무불이행이 성립하고, 피고의 위와 같은 이중양도행위가 사회상규에 위배되지 않는 정당행위 등에 해당하여 위법성이 조각된다고 볼 수 없다(대판 2002.12.27. 2000다47361).

16

14주사보, 19사무관

계약 체결 후에 채무자의 귀책사유로 인하여 채무의 이행이 불가능하게 된 경우에는 채권자가 그 이행을 청구하지 못하고 채무불이행을 이유로 손해배상을 청구하거나 계약을 해제할 수 있다. O | X

해설 이행불능의 경우에는 손해배상청구권을 행사할 수 있고(제390조), 이행불능을 이유로 하여 계약을 해제할 수 있는데, 계약을 해제하기 위해 최고할 필요가 없고(제546조), 동시이행관계에 있다고 하더라도 이행의 제공을 할 필요도 없다(대판 2003.1.24. 2000다22850).

17

18법원행시

본래의 공사비채권이 시효소멸되었다면 그 채권이 이행불능이 되었음을 이유로 하는 손해배상청구권 역시 허용될 수 없다. O | X

해설 대판 1987.6.23. 86다카2549

18

14법원행시, 18주사보

우리 민법은 이행불능의 효과로서 채권자의 전보배상청구권과 계약해제권 외에 별도로 대상청구권을 규정하고 있지 않으나 해석상 대상청구권이 인정된다. O | X

해설 대상청구권의 인정 여부

① 判例는 **'토지매매계약' 성립 후 그 토지가 '강제수용'**됨으로써 채무자의 소유권이전의무가 이행불능이 된 사안에서 "우리 민법은 이행불능의 효과로서 채권자의 전보배상청구권과 계약해제권 외에 별도로 대상청구권을 규정하고 있지 않으나 **해석상 이를 부정할 이유가 없다.**"(대판 1992.5.12. 92다4581)라고 하여 대상청구권을 정면에서 긍정하였다.

② 다만 判例는 **'취득시효'가 완성된 토지가 '협의수용'**됨으로써 취득시효 완성을 원인으로 하는 소유권이전등기의무가 이행불능이 된 경우에, 대상청구권을 행사하기 위한 요건으로 **"수용으로 인한 불능 전에 시효완성으로 인한 권리주장 또는 등기청구권의 행사가 있었어야 한다."**(대판 1996.12.10. 94다43825)**라고 하여 제한적인 해석**을 하고 있다.

정답 | 13 ○ 14 × 15 × 16 ○ 17 ○ 18 ○

19

13사무관, 18/19법원행시

취득시효가 완성된 토지가 수용됨으로써 취득시효 완성을 원인으로 하는 소유권이전등기 의무가 이행불능이 된 경우에는 그 소유권이전등기 청구권자가 대상청구권의 행사로서 그 토지의 소유자가 토지의 대가로서 지급받은 수용보상금의 반환을 청구하거나 수용보상금청구권의 양도를 구할 수 있다고 하더라도 시효취득자가 직접 토지의 소유자를 상대로 공탁된 토지수용보상금의 수령권자가 자신이라는 확인을 구할 수는 없다. O | X

> **해설** 대판 1995.7.28. 95다2074

20

19법원행시

보상청구권 자체가 채권자에게 귀속되는 것은 아니므로 채권자가 직접 자신의 명의로 대상청구의 대상이 되는 보상금을 지급받았다면 이는 채무자에 대한 관계에서 부당이득이 성립한다. O | X

> **해설** 채권자가 직접 자신의 명의로 대상청구의 대상이 되는 보상금을 수령한 것이 채무자에 대한 관계에서 부당이득이 되는지 여부(소극)
> 채무자가 수령하게 되는 보상금이나 그 청구권에 대하여 채권자가 대상청구권을 가지는 경우에도 채권자는 채무자에 대하여 그가 지급받은 보상금의 반환을 청구하거나 채무자로부터 보상청구권을 양도받아 보상금을 지급받아야 할 것이나, 어떤 사유로 채권자가 직접 자신의 명의로 대상청구의 대상이 되는 보상금을 지급받았다고 하더라도 이로써 채무자에 대한 관계에서 바로 부당이득이 되는 것은 아니라고 보아야 할 것이다(대판 2002.2.8. 99다23901).
>
> ➡ 대상청구권은 채권적인 청구권이다. 따라서 대상청구권의 요건이 갖추어졌다고 하여 대체이익이 직접 이전되지는 않는다. 결국 대상청구권의 행사는 ① 채권자가 채무자에 대하여 그가 지급받은 보상금의 반환을 구하거나, ② 채무자로부터 보상청구권을 양도받아 보상금을 지급받는 식으로 행사하여야 한다. ③ 다만, 지문과 같이 "어떤 사유로 채권자가 직접 자신의 명의로 대상청구의 대상이 되는 보상금을 지급받았다 하더라도 이로써 채무자에 대한 관계에서 바로 부당이득이 되는 것은 아니며"(대판 2002.2.8. 99다23901), 채권자는 대상청구권을 행사한 것이라고 볼 수 있다고 한다(대판 2008.6.12. 2005두5956).

21

19법원행시

토지거래허가구역 내의 토지에 관한 매매계약으로서 아직 관할 관청의 허가를 받지 못하여 유동적 무효 상태에 있는 매매계약이 매매 목적물인 토지의 수용으로 인하여 확정적으로 무효가 된 경우, 특별한 사정이 없는 한 수용보상금에 대한 대상청구권은 발생하지 아니한다. O | X

> **해설** 대판 2008.10.23. 2008다54877

22

11주사보

급부가 후발적으로 불능이 되고, 급부를 불가능하게 하는 사정의 결과로 채무자가 채권의 목적물에 관하여 대신하는 이익을 취득한 경우 채권자에게 대상청구권이 인정된다. O | X

해설 대상청구권이 성립하기 위해서는 ⅰ) 물건·권리의 급부를 목적으로 하는 채권일 것, ⅱ) 급부의 후발적 불능이 있을 것, ⅲ) 이행의 목적물에 갈음하는 이익(代償)을 취득할 것(인과관계) 등의 요건이 필요하다. ⅳ) 아울러 判例에 따르면 쌍무계약의 경우에는 채권자의 상대방(채무자)에 대한 반대급부 이행가능성이 있어야 한다고 한다. "대상청구권이 인정되기 위하여는 급부가 후발적으로 불능하게 되어야 하고, 급부를 불능하게 하는 사정의 결과로 채무자가 채권의 목적물에 관하여 '대신하는 이익'을 취득하여야 한다(대판 2003.11.14. 2003다35482).

23

19법원행시

甲 소유의 X토지에 대해 乙 명의로 원인무효의 소유권이전등기가 마쳐지고, 乙은 X토지를 丙에게 매도하여 丙 명의로 소유권이전등기가 되었는데, 丙이 등기부취득시효에 의하여 X토지의 소유권을 취득하게 됨으로써 乙이 부담하는 소유권이전등기 말소등기절차의무가 이행불능이 된 경우, 甲은 乙을 상대로 乙이 丙으로부터 받은 X토지의 매매대금에 대해 대상청구권을 행사할 수 있다. O|X

해설 등기부취득시효로 인해 소유권을 상실하게 된 원소유자 甲의 무권리자 乙에 대한 구제수단

① 물권적 청구권의 이행불능을 원인으로 한 손해배상청구권(소극)

최근 전원합의체 판결에 따르면 물권적 청구권은 그 권리자인 소유자가 소유권을 상실하면 이제 그 발생의 기반이 아예 없게 되어 더 이상 그 존재 자체가 인정되지 아니하는 것이므로 이행불능은 문제되지 않는다는 취지로 판시한 바 있다(대판 2012.5.17. 2010다28604 전합).

② 대상청구권의 인정 여부(소극)

判例는 **물권적 청구권이 이행불능된 경우에도 대상청구권이 인정될 수 있음을 전제**로, 甲의 乙에 대한 소유권이전등기 말소청구권이 불능이 된 것은 丙의 등기부취득시효가 완성되었기 때문인 반면 乙이 받은 매매대금은 乙과 丙사이의 매매계약에 의한 것이어서 **'급부를 불가능하게 하는 사정'과 乙이 취득한 '대신하는 이익' 사이에 상당인과관계가 존재한다고 할 수 없다는 이유로 甲의 청구를 기각**하였다(대판 2003.11.14. 2003다35482).

③ 부당이득반환청구권의 인정 여부(적극)

일반적으로 물권적 청구권의 불능으로 인하여 '대신하는 이익'이 존재하는 경우에는 그 '대신하는 이익'은 원래부터 물권자에게 귀속하기 때문에 만일 다른 사람이 그 '대신하는 이익'을 수령하였다면 부당이득이 성립한다(침해부당이득). **이 경우에는 부당이득법리 또는 불법행위법리에 의하여 해결하여야지 대상청구권을 인정할 것은 아니다.**

④ 불법행위를 원인으로 한 손해배상청구권 인정 여부(적극)

ⅰ) 소유권 상실로 인한 손해배상청구권의 인정 여부

判例는 "무권리자가 위법한 방법으로 그의 명의로 소유권보존등기나 소유권이전등기를 경료한 후 그 부동산을 전전매수한 제3자의 등기부 시효취득이 인정됨으로써 소유자가 소유권을 상실하게 된 경우, 무권리자의 위법한 등기경료행위가 없었더라면 소유자의 소유권 상실이라는 결과가 당연히 발생하지 아니하였을 것이고 또한, 이러한 소유권 상실은 위법한 등기 경료행위 당시에 통상 예측할 수 있는 것이라 할 것이므로, **무권리자의 위법한 등기 경료행위와 소유자의 소유권 상실 사이에는 상당인과관계가 있다고 할 것이다**(대판 2008.6.12. 2007다36445)고 하여 이를 인정하고 있다. 따라서 判例에 따르면 甲은 乙을 상대로 불법행위를 원인으로 한 손해배상을 청구할 수 있다. 다만 **손해배상액(부동산의 시가 상당액)의 기준시점**은 소유권 상실의 결과가 '현실화된' 등기부취득시효 완성자를 상대로 한 말소등기청구소송에서 **패소 확정된 때**라는 것이 判例의 입장이다(대판 2005.9.15. 2005다29474참고)

ⅱ) 소멸시효의 기산점

判例는 "가해행위와 이로 인한 현실적인 손해의 발생 사이에 시간적 간격이 있는 불법행위에 기한 손해배상채권의 경우, 소멸시효의 기산점이 되는 '불법행위를 한 날'의 의미는 단지 관념적이고 부동적인 상태에서 잠재적으로만 존재하고 있는 손해가 그 후 현실화되었다고 볼 수 있는 때, 즉 손해의 결과발생이 현실적인 것으로 되었다고 할 수 있을 때로 보아야 할 것인바(대판 1990.1.12. 88다카25168 등), 무권리자가 위법한 방법으로 그의 명의로 부동산에 관한 소유권보존등기나 소유권이전등기를 마친 다음 제3자에게 이를 매도하여 제3자 명의로 소유권이전등기를 마쳐준 경우 제3자가 소유자의 등기말소 청구에 대하여 시효취득을 주장하는 때에는 제3자 명의의 등기의

정답 | 19 ○ 20 × 21 ○ 22 ○ 23 ×

말소 여부는 소송 등의 결과에 따라 결정되는 특별한 사정이 있으므로, **소유자의 소유권 상실이라는 손해는 소송 등의 결과가 나오기까지는 관념적이고 부동적인 상태에서 잠재적으로만 존재하고 있을 뿐 아직 현실화되었다고 볼 수 없고, 소유자가 제3자를 상대로 제기한 등기말소 청구소송이 패소 확정될 때에 그 손해의 결과발생이 현실화된다고 볼 것**이며, 그 등기말소 청구소송에서 제3자의 등기부 시효취득이 인정된 결과 소유자가 패소하였다고 하더라도 **그 등기부 취득시효 완성 당시에 이미 손해가 현실화되었다고 볼 것은 아니다.**"(대판 2008.6.12. 2007다36445)라고 판시하여 원소유자 甲이 등기부취득시효 완성자 丙을 상대로 제기한 소유권이전등기 말소등기 청구의 소에서 패소 확정된 때부터 10년의 소멸시효가 진행한다는 입장을 취하고 있다.

iii) 과실상계 가부

判例는 "손해배상청구 소송에서 피해자에게 과실이 인정되면 법원은 손해배상의 책임 및 그 금액을 정함에 있어서 이를 참작하여야 하며, 배상의무자가 피해자의 과실에 관하여 주장하지 않는 경우에도 소송자료에 의하여 과실이 인정되는 경우에는 이를 법원이 직권으로 심리·판단하여야 할 것이지만, **피해자의 부주의를 이용하여 고의로 불법행위를 저지른 자가 바로 그 피해자의 부주의를 이유로 자신의 책임을 감하여 달라고 주장하는 것은 다른 특별한 사정이 없는 한 허용될 수 없다.**"(대판 2008.6.12. 2007다36445)라고 판시하면서 설령 甲에게 X토지에 관한 권리행사를 장기간 해태함으로써 丙의 등기부취득시효가 완성되도록 한 과실이 있다고 하더라도 이를 들어 **과실상계를 하는 것은 허용되지 않는다**고 하였다.

24

13법무사

쌍무계약의 당사자 일방이 상대방의 급부가 이행불능이 된 데 따른 대상청구권을 행사하려면 상대방에 대하여 반대급부를 이행하여야 하는 것이 원칙이다. O | X

25

12법원행시, 13사무관

쌍무계약인 토지교환계약의 목적물인 양 토지가 모두 공공사업의 시행자에 의하여 협의취득되어 쌍방의 급부가 모두 이행불능이 된 경우에는 당사자 일방이 상대방에 대하여 대상청구권을 행사할 수 없다. O | X

26

21법원행시

쌍무계약의 당사자 일방이 상대방의 급부가 이행불능이 된 사정의 결과로 상대방이 취득한 대상에 대하여 급부청구권을 행사할 수 있다고 하더라도, 그 당사자 일방이 대상청구권을 행사하려면 상대방에 대하여 반대급부를 이행할 의무가 있는바, 이 경우 당사자 일방의 반대급부도 그 전부가 이행불능이 되거나 그 일부가 이행불능이 되고 나머지 잔부의 이행만으로는 상대방의 계약목적을 달성할 수 없는 등 상대방에게 아무런 이익이 되지 않는다고 인정되는 때에는, 상대방이 당사자 일방의 대상청구를 거부하는 것이 신의칙에 반한다고 볼 만한 특별한 사정이 없는 한, 당사자 일방은 상대방에 대하여 대상청구권을 행사할 수 없다. O | X

해설 **24 25 26** 쌍무계약의 경우 반대급부의 이행가능성 여부

判例는 "**당사자 일방이 대상청구권을 행사하려면 상대방에 대하여 반대급부를 이행할 의무가 있는바**, 이 경우 당사자 일방의 반대급부도 그 전부가 이행불능이 되거나 그 일부가 이행불능이 되고 나머지 잔부의 이행만으로는 상대방의 계약목적을 달성할 수 없는 등 상대방에게 아무런 이익이 되지 않는다고 인정되는 때에는, 상대방이 당사자 일방의 대상청구를 거부하는 것이 신의칙에 반한다고 볼 만한 특별한 사정이 없는 한, 당사자 일방은 상대방에 대하여 대상청구권을 행사할 수 없다."(대판 1996.6.25. 95다6601)라고 판시하고 있다.

27

19법원행시

매매의 목적물이 화재로 소실됨으로써 채무자인 매도인의 매매목적물에 대한 인도의무가 이행불능이 되고, 이로 인해 매도인이 화재보험금을 지급받게 된 경우, 채권자인 매수인은 매도인이 지급받게 되는 화재보험금 전부에 대하여 대상청구권을 행사할 수 있으며, 다만 인도의무의 이행불능 당시 매수인이 지급하기로 약정한 매매대금 상당액의 한도 내로 그 범위가 제한될 뿐이다. O | X

해설 대상청구권의 범위가 채권자가 급부불능으로 인하여 받은 손해의 한도로 제한되는지 여부(행사의 범위)
대법원은 매매의 목적물이 화재로 소실됨에 따른 화재보험금에 대해 매수인의 대상청구권을 인정하면서 화재보험금 전부에 대해 대상청구권을 행사할 수 있는 것이지 **"인도의무의 이행불능 당시 매수인이 지급하였거나 지급하기로 약정한 매매대금 상당액의 한도 내로 그 범위가 제한된다고 할 수 없다."**라고 판시하여 **무제한설에 가까운 입장**(매수인의 손해는 화재로 소실될 당시의 목적물의 시가상당액이다)을 밝혔다(대판 2016.10.27. 2013다7769).

28

19법원행시

대상청구권은 특별한 사정이 없는 한 매매 목적물의 수용 또는 국유화로 인하여 매도인의 소유권이전등기의무가 이행불능 되었을 때 매수인이 그 권리를 행사할 수 있으므로 그 때부터 그 소멸시효가 진행하는 것이 원칙이나, 법규의 미비 등으로 그 보상금의 지급을 구할 수 있는 방법이나 절차가 없다가 상당한 기간이 지난 뒤에야 보상금청구의 방법과 절차가 마련된 경우라면, 보상금을 청구할 수 있는 방법이 마련된 시점부터 대상청구권에 대한 소멸시효가 진행한다. O | X

해설 대상청구권의 소멸시효의 기산점
대상청구권은 특별한 사정이 없는 한 매매 목적물의 수용 또는 국유화로 인하여 매도인의 소유권이전등기의무가 **이행불능 되었을 때 매수인이 그 권리를 행사할 수 있다고 보아야 할 것이고 따라서 그 때부터 소멸시효가 진행하는 것이 원칙**이라 할 것이나, **국유화가 된 사유의 특수성과 법규의 미비 등으로 그 보상금의 지급을 구할 수 있는 방법이나 절차가 없다가 상당한 기간이 지난 뒤에야 보상금청구의 방법과 절차가 마련된 경우**라면, 대상청구권자로서는 그 보상금청구의 방법이 마련되기 전에는 대상청구권을 행사하는 것이 불가능하였던 것이고, 따라서 이러한 경우에는 **보상금을 청구할 수 있는 방법이 마련된 시점부터 대상청구권에 대한 소멸시효가 진행하는 것으로 봄이 상당**할 것인바, 이는 대상청구권자가 보상금을 청구할 길이 없는 상태에서 추상적인 대상청구권이 발생하였다는 사유만으로 소멸시효가 진행한다고 해석하는 것은 대상청구권자에게 너무 가혹하여 사회정의와 형평의 이념에 반할 뿐만 아니라 소멸시효제도의 존재이유에 부합된다고 볼 수 없기 때문이다(대판 2002.2.8. 99다23901).

정답 | 24 ○ 25 ○ 26 ○ 27 × 28 ○

제5관 | 이행거절

01 20사무관

이른바 '이행거절'로 인한 계약해제의 경우, 계약 당시나 계약 후의 여러 사정을 종합하여 묵시적인 이행거절의사를 인정하기 위해서는 그 거절의사가 반드시 정황상 분명하게 인정되어야 하는 것은 아니다.

O | X

해설 이른바 '이행거절'로 인한 계약해제의 요건
채무불이행에 의한 계약해제에서 미리 이행하지 아니할 의사를 표시한 경우로서 이른바 '이행거절'로 인한 계약해제의 경우에는 상대방의 최고 및 동시이행관계에 있는 자기 채무의 이행제공을 요하지 아니하여 이행지체 시의 계약해제와 비교할 때 계약해제의 요건이 완화되어 있는바, i) **명시적으로 이행거절의사를 표명하는 경우** 외에 ii) **계약 당시나 계약 후의 여러 사정을 종합하여 묵시적 이행거절의사를 인정하기 위하여는 그 거절의사가 정황상 분명하게 인정되어야** 한다(대판 2011.2.10. 2010다77385).

02 18서기보, 20법무사

쌍무계약에 있어서 계약당사자의 일방은 상대방이 채무를 이행하지 아니할 의사를 명백히 표시한 경우에는 최고나 자기 채무의 이행제공이 없이 그 계약을 적법하게 해제할 수 있고, 이후 그 이행거절의 의사표시가 적법하게 철회되었다고 하더라도, 상대방이 채무불이행을 이유로 계약을 해제하기 위하여 자기 채무의 이행을 제공하고 상당한 기간을 정하여 이행을 최고하여야 한다고 볼 수 없다. O | X

해설 쌍무계약에 있어서 일방이 종전의 이행거절의 의사표시를 철회한 경우 상대방의 해제권 행사의 요건
쌍방의 채무가 동시이행관계에 있는 쌍무계약에 있어서 당사자의 일방이 미리 그 채무를 이행하지 아니할 의사를 표시한 때에는 **상대방은 이행의 최고를 하지 아니하고 바로 그 계약을 해제**할 수 있으나 그 이행거절의 **의사표시가 적법히 철회된 경우 상대방으로서는 자기채무의 이행을 제공하고서 상당한 기간을 정하여 이행을 최고한 후가 아니면 채무불이행을 이유로 계약을 해제할 수 없다**(대판 1989.3.14. 88다1516,1523).

03 21법무사

매수인이 매도인과 사이의 매매계약에 의한 잔대금지급기일에 잔대금을 지급하지 못한 것은 물론 그 지급의 연기를 수차 요청하였다면 그 채무를 이행하지 아니할 의사를 명백히 한 것으로 볼 수 있다.

O | X

해설 매수인이 매도인과 사이의 매매계약에 의한 잔대금지급기일에 잔대금을 지급하지 못하여 그 지급의 연기를 수차 요청하였다는 것만으로는 그 채무를 이행하지 아니할 의사를 명백히 한 것으로는 볼 수 없다(대판 1990.11.13. 90다카23882).

04

15서기보

채무자가 이행거절의 의사를 명백히 표시하여 최고 없이 계약의 해제나 손해배상을 청구할 수 있는 경우에, 채무자의 이행거절로 인한 채무불이행에서의 손해액 산정은 이행거절 당시의 급부목적물의 시가를 표준으로 해야 한다. O | X

해설 대판 2007.9.20. 2005다63337

05

21법무사

채무불이행에 의한 계약해제에 있어 미리 이행하지 아니할 의사를 표시한 경우로서 이른바 '이행거절'로 인한 계약해제의 경우에는 상대방의 최고 및 동시이행관계에 있는 자기 채무의 이행제공을 요하지 아니하여 이행지체시의 계약해제와 비교할 때 계약해제의 요건이 완화되어 있는 바, 명시적으로 이행거절의사를 표명하는 경우 외에 계약 당시나 계약 후의 여러 사정을 종합하여 묵시적 이행거절의사를 인정하기 위하여는 그 거절의사가 정황상 분명하게 인정되어야 한다. O | X

해설 대판 2015.2.12. 2014다227225 참조

06

21법원행시

채무자가 채무의 이행기가 도래되지 아니하였다고 믿을 만한 상당한 근거가 있어 이를 이유로 그 이행을 거절하였다면, 후에 법원의 판결에 의하여 채무의 이행기가 도래한 것으로 최종 판명되었다고 하더라도 그것만으로는 채무자가 자기 채무를 이행하지 아니할 의사를 명백히 표시한 경우에 해당한다고 할 수 없다. O | X

해설 쌍무계약에 있어서 당사자의 일방이 미리 자기 채무를 이행하지 아니할 의사를 표명한 때에는 상대방은 이행의 최고나 자기 채무의 이행의 제공이 없이 계약을 해제할 수 있으나, 이러한 의사의 표명 여부는 계약의 이행에 관한 당사자의 행동과 계약 전후의 구체적 사정 등을 종합적으로 살펴서 판단하여야 하므로, 채무자가 채무의 이행기가 도래되지 아니하였다고 믿을 만한 상당한 근거가 있어 이를 이유로 그 이행을 거절하였다면, 후에 법원의 판결에 의하여 채무의 이행기가 도래한 것으로 최종 판명되었다고 하더라도 그것만으로는 채무자가 자기 채무를 이행하지 아니할 의사를 명백히 표시한 경우에 해당한다고 할 수 없다(대판 1996.7.30. 96다17738).

정답 | 01 × 02 × 03 × 04 ○ 05 ○ 06 ○

제6관 | 불완전이행

01 15법원행시

아파트 광고모델계약을 체결하면서 품위유지약정을 한 유명연예인이 남편과의 물리적 충돌로 멍들고 부은 얼굴 등을 언론에 공개한 경우에는 품위유지약정을 위반한 것으로서 광고주에게 채무불이행으로 인한 손해배상책임을 진다. O|X

해설 아파트 건설회사와 광고모델계약을 체결하면서 자신의 사회적, 도덕적 명예를 훼손하지 않기로 하는 품위유지약정을 한 유명 연예인이, 별거중인 남편과의 물리적인 충돌 사실이 언론에 노출되어 그 경위에 관한 관심이 늘어나자 사실과 다른 보도가 이루어지지 않도록 해명할 필요가 있다는 이유로, 기자들에게 그 충돌 경위를 상세히 진술하고 자신의 멍들고 부은 얼굴과 충돌이 일어난 현장을 촬영하도록 허락하여 그 진술 내용과 사진이 언론을 통하여 일반인들에게 널리 공개되도록 한 행위는, 광고모델계약에서 정한 품위유지약정을 위반한 것으로서 광고주인 아파트 건설회사에게 채무불이행으로 인한 손해배상책임을 진다(대판 2009.5.28. 2006다32354).

정답 | 01 ○

제2절 채무불이행의 효과

제1관 | 강제이행

01 13법원행시

매수인이 매매계약의 목적물을 인도받고서도 매매대금을 지급하지 않는 경우에 매도인은 간접강제를 통해 구제받을 수 있다. O | X

해설 직접강제는 채무자의 협력 없이 집행기관의 행위를 통해 집행권원의 내용을 실현하는 집행방법을 말한다(제389조 제1항의 강제이행). **'금전채무 및 물건의 인도채무'**는 직접강제에 의한다. 직접강제는 채무자에 의한 행위를 필요로 하는 '하는 채무'에는 인정되지 않으며(제389조 제1항 단서 소정의 '채무의 성질이 강제이행을 하지 못할 것인 때'란 직접강제가 허용되지 않는 '하는 채무'를 말한다), 직접강제가 가능한 채무에는 대체집행 또는 간접강제는 허용되지 않는다.

02 13법원행시

방해물을 건축하지 않아야 할 채무를 부담하는 자가 방해물을 건축한 경우에 피해자는 채무자의 비용으로 제3자에게 방해물을 제거토록 하는 강제이행을 통해 구제받을 수 있다. O | X

해설 대체집행은 채무자로부터 집행에 관한 비용을 추심하고 이로써 제3자로 하여금 의무의 내용을 실현하게 하는 집행방법을 말한다(제389조 제2항 후단). '하는 채무'로서 채무자 이외의 자가 하더라도 무방한 '대체적 작위채무'는 '대체집행'에 의한다. 건물의 철거·단순한 노무의 제공·물품의 운송 등이 그러하다. 대체집행이 가능한 경우에는 이 방법만이 허용되고 간접강제는 인정되지 않는다.

정답 | 01 × 02 ○

제2관 | 손해배상

01 18서기보

불법행위 등이 채권자 또는 피해자에게 손해를 생기게 하는 동시에 이익을 가져다 준 경우에는 공평의 관념상 그 이익은 당사자의 주장이 없더라도 공제할 수 있고, 손해배상책임의 원인행위와 그로 인하여 피해자가 얻은 새로운 이득 사이에 상당인과관계까지 요하는 것은 아니다. O | X

해설 채무불이행이나 불법행위 등이 채권자 또는 피해자에게 손해를 생기게 하는 동시에 이익을 가져다 준 경우에는 공평의 관념상 그 이익은 '당사자의 주장을 기다리지 아니하고' 손해를 산정함에 있어서 공제되어야만 하는 것이고, 이와 같이 손해배상액의 산정에 있어 손익상계가 허용되기 위해서는 손해배상책임의 원인이 되는 행위로 인하여 피해자가 새로운 이득을 얻었고, **그 이득과 손해배상책임의 원인인 행위 사이에 상당인과관계가 있어야 한다**(대판 2003.12.10. 2009다54706).

02 14/19법원행시

금융기관 임직원이 동일인 신용대출한도를 초과하여 대출할 경우 담보를 취득하도록 정하고 있는 여신업무에 관한 규정을 위반하여 신용대출한도를 초과하여 대출한 경우, 이러한 금융기관 임직원의 채무불이행으로 인하여 금융기관이 입은 통상손해는 임직원이 규정을 준수하여 적정한 담보를 취득하고 대출하였더라면 회수할 수 있었을 미회수 대출원리금이다. O | X

해설 금융기관 임직원이 동일인 신용대출한도를 초과하여 대출할 경우 담보를 취득하도록 정하고 있는 여신업무에 관한 규정을 위반하여 아무런 담보를 취득하지 않은 채 신용대출한도를 초과하여 대출한 경우, 이러한 금융기관 임직원의 채무불이행으로 인하여 금융기관이 입은 통상손해는 임직원이 규정을 준수하여 적정한 담보를 취득하고 대출하였더라면 회수할 수 있었을 미회수 대출원리금이고, 특별한 사정이 없는 한 이러한 통상손해의 범위에는 약정이율에 의한 대출금 이자와 약정연체이율에 의한 지연이자가 포함된다(대판 2012.4.12. 2010다75945).

03 21법원행시

의사가 선량한 관리자의 주의의무를 다하지 아니한 탓으로 오히려 환자의 신체기능이 회복불가능하게 손상되었고, 또 손상 이후에는 후유증세의 치유 또는 더 이상의 악화를 방지하는 정도의 치료만이 계속되어 온 것뿐이라면 병원 측으로서는 환자에 대하여 수술비와 치료비의 지급을 청구할 수 없다. O | X

해설 의사가 선량한 관리자의 주의의무를 다하지 아니한 탓으로 오히려 환자의 신체기능이 회복불가능하게 손상되었고, 또 손상 이후에는 후유증세의 치유 또는 더 이상의 악화를 방지하는 정도의 치료만이 계속되어 온 것뿐이라면 의사의 치료행위는 진료채무의 본지에 따른 것이 되지 못하거나 손해전보의 일환으로 행하여진 것에 불과하여 병원 측으로서는 환자에 대하여 수술비와 치료비의 지급을 청구할 수 없다. 그리고 이는 손해의 발생이나 확대에 피해자 측의 귀책사유가 없는데도 공평의 원칙상 피해자의 체질적 소인이나 질병과 수술 등 치료의 위험도 등을 고려하여 의사의 손해배상책임을 제한하는 경우에도 마찬가지이다(대판 2019.4.3. 2015다64551).

04

13/16주사보

채무불이행 및 불법행위에 기한 손해배상은 다른 의사표시가 없으면 금전으로 배상한다. O | X

해설 **제394조(손해배상의 방법)** 다른 의사표시가 없으면 손해는 금전으로 배상한다.

제763조(준용규정) 제393조, 제394조, 제396조, 제399조의 규정은 불법행위로 인한 손해배상에 준용한다.

05

출제예상

진료계약상 채무불이행책임에서 정신적 손해는 통상손해이다. O | X

해설 진료계약상 채무불이행책임에서 정신적 손해를 통상손해로 볼 수 있는지 여부(적극)

진료계약상 주의의무 위반으로 환자의 생명이나 신체에 불이익한 결과를 초래한 경우 일반적으로 채무불이행책임과 불법행위책임이 성립할 수 있다. 이와 같이 생명·신체가 침해된 경우 환자가 정신적 고통을 입을 수 있으므로, **진료계약의 당사자인 병원 등은 환자가 입은 정신적 고통에 대해서도 민법 제393조, 제763조, 제751조 제1항에 따라 손해를 배상**해야 한다. 피고 병원이 이 사건에 적용해야 한다고 주장하는 대법원 2004.11.12. 2002다53865 판결 등은 모두 채무불이행으로 침해된 법익이 생명·신체 기타 인격적 법익이 아닌 재산적 법익인 사안에 대한 것이다. 위와 같은 대법원 판결은 그러한 법익 침해로 계약당사자가 입은 정신적 고통은 재산적 손해에 대한 배상이 이루어지면 회복되고 그것만으로 회복될 수 없는 정신적 고통은 특별한 사정으로 인한 손해라는 것이므로 이 사건과 같이 채무불이행으로 생명·신체 등의 법익이 침해된 사안에 적용할 선례가 아니다(대판 2018.11.15. 2016다244491).

비교판례 채무불이행으로 인한 비재산적 손해(특별손해)

① 건물신축 도급계약에서 수급인이 신축한 건물에 하자가 있어 도급인이 받은 정신적 고통은 하자가 보수되거나 이에 갈음하여 손해배상이 이루어짐으로써 회복되는 것이 보통이고, 이것만으로는 회복될 수 없는 정신적 고통을 입었다는 특별한 사정이 있고 수급인이 이에 대한 예견가능성이 있는 때에 한해 위자료를 인정할 수 있다(대판 1996.6.11. 95다12798).

② 임대인의 채무불이행으로 인하여 임차인이 임차의 목적을 달성할 수 없는 경우(대판 1994.12.13. 93다59779), 위임계약에서 수임인의 채무불이행으로 인해 손해가 발생한 경우(대판 1996.12.10. 96다36289) 등도 그러하다.

06

17주사보

특별한 사정으로 인한 손해는 채무자가 그 특별한 사정에 의하여 발생한 손해의 액수까지 알았거나 알 수 있었어야 그 손해배상의무가 인정된다. O | X

해설 **제393조(손해배상의 범위)** ② 특별한 사정으로 인한 손해는 채무자가 그 사정을 알았거나 알 수 있었을 때에 한하여 배상의 책임이 있다.

채무불이행자 또는 불법행위자는 특별한 사정의 존재를 알았거나 알 수 있었으면 그러한 특별사정으로 인한 손해를 배상하여야 할 의무가 있는 것이고, 그러한 **특별한 사정에 의하여 발생한 손해의 액수까지 알았거나 알 수 있었어야 하는 것은 아니다**(대판 1994.11.11. 94다22446).

정답 | **01** × **02** ○ **03** ○ **04** ○ **05** ○ **06** ○

07

14사무관, 16주사보

특별한 사정으로 인한 손해는 채무자가 그 사정을 알았거나 알 수 있었을 때에 한하여 배상의 책임이 있고 채무자가 그 사정을 알았거나 알 수 있었는지의 여부를 가리는 시기는 계약체결당시를 기준으로 하여 판단하여야 한다. O | X

해설 특별사정으로 인한 손해배상에 있어서 채무자가 그 사정을 알았거나 알 수 있었는지의 판단기준시점

① 민법 제393조 제2항 소정의 특별사정으로 인한 손해배상에 있어서 채무자가 그 사정을 알았거나 알 수 있었는지의 여부를 가리는 시기는 계약체결당시가 아니라 **채무의 이행기까지를 기준**으로 판단하여야 한다(대판 1985.9.10. 84다카1532).

② 매도인의 매매목적물에 관한 소유권이전등기 의무가 이행불능이 됨으로 말미암아 매수인이 입는 손해액은 원칙적으로 그 이행불능이 될 당시의 목적물의 시가 상당액이고, 그 이후 목적물의 가격이 등귀하였다 하여도 그로 인한 손해는 **특별한 사정으로 인한 것**이어서 매도인이 **이행불능 당시 그와 같은 특수한 사정을 알았거나 알 수 있었을 때에 한하여** 그 등귀한 가격에 의한 손해배상을 청구할 수 있다(대판 1996.6.14. 94다61359,61366).

➡ 특별한 사정으로 인한 손해배상의 범위와 관련하여 판례는 "채무불이행시"를 판단기준시점으로 본다(대판 1985.9.10. 84다카1532). 따라서 ① 이행지체로 인한 채무불이행으로 인한 경우에는 '채무의 이행기까지'를 기준으로 하고, ② 이행불능으로 인한 채무불이행으로 인한 경우에는 '이행불능당시'를 기준으로 판단한다.

08

14법원행시

매수인이 잔금의 지급을 지체하는 동안 개별공시지가가 상승함으로써 증가된 매도인의 양도세득세 부담분은 잔금지급의 이행지체에 따른 통상손해에 해당한다. O | X

해설 매수인이 잔금의 지급을 지체하는 동안 개별공시지가가 상승함으로써 증가된 매도인의 양도소득세 부담분이 잔금지급의 이행지체에 따른 통상손해인지 여부(소극)

매수인의 잔금지급 지체로 인하여 계약을 해제하지 아니한 매도인이 지체된 기간 동안 입은 손해 중 그 미지급 잔금에 대한 법정이율에 따른 이자 상당의 금액은 통상손해라고 할 것이지만, 그 사이에 매매대상 토지의 개별공시지가가 급등하여 매도인의 양도소득세 부담이 늘었다고 하더라도 그 손해는 사회일반의 관념상 매매계약에서의 잔금지급의 이행지체의 경우 통상 발생하는 것으로 생각되는 범위의 통상손해라고 할 수는 없고, 이는 특별한 사정에 의하여 발생한 손해에 해당한다(대판 2006.4.13. 2005다75897).

09

15서기보

채무자가 이행거절의 의사를 명백히 표시하여 채권자가 최고 없이 이행에 갈음하는 손해배상을 청구할 수 있는 경우, 그 손해액의 산정은 청구 당시의 급부목적물의 시가를 표준으로 해야 한다. O | X

해설 채무자의 이행거절로 인한 채무불이행에서의 손해액 산정은, 채무자가 이행거절의 의사를 명백히 표시하여 최고 없이 계약의 해제나 손해배상을 청구할 수 있는 경우에는 이행거절 당시의 급부목적물의 시가를 표준으로 해야 한다(대판 2007.9.20. 2005다63337).

10

18법무사

토지에 관한 소유권이전등기의무의 이행불능으로 인한 손해배상액의 산정은 특별한 사정이 없는 한 그 이행불능 당시의 시가를 기준으로 하여야 한다. O | X

11

20사무관

이행지체에 의한 전보배상에 있어서의 손해액 산정은 본래의 의무이행을 최고하였던 상당한 기간이 경과한 당시의 시가를 표준으로 하여야 한다. O | X

해설 **10** 환지예정지에 대한 소유권이전등기의무가 이행불능으로 된 후에 그 가격이 등귀한 경우, 그로 인한 손해배상의 범위

매도인의 매매목적물에 관한 소유권이전등기의무가 이행불능이 됨으로 말미암아 매수인이 입는 손해액은 원칙적으로 그 이행불능이 될 당시의 목적물의 시가 상당액이고, 그 이후 목적물의 가격이 등귀하였다 하여도 그로 인한 손해는 특별한 사정으로 인한 것이어서 매도인이 이행불능 당시 그와 같은 특수한 사정을 알았거나 알 수 있었을 때에 한하여 그 등귀한 가격에 의한 손해배상을 청구할 수 있다 함은 대법원의 확립된 판례이고, 이러한 법리는 이전할 토지가 환지 예정이나 환지확정 후의 특정 토지라고 하여도 다를 바가 없으며, 그 배상금의 지급이 지체되고 있다고 하여도 그 배상금에 대한 법정이자 상당의 지연손해금을 청구하는 외에 사실심 변론종결시의 시가에 의한 손해배상을 청구할 수 있게 되는 것은 아니다(대판 1996.6.14. 94다61359,61366).

11 이행지체 중에 있는 본래의 급부에 대신하는 전보배상의 액은 통상, 사실심변론종결시의 그 시가에 따라 산정하여야 한다(대판 19693.5.13. 68다1726).

12

출제예상

부동산 매도인이 매수인으로부터 매매대금을 약정된 기일에 지급받지 못한 결과 제3자로부터 부동산을 매수하고 그 잔대금을 지급하지 못하여 그 계약금을 몰수당하는 손해를 입었다면, 특별한 사정이 없는 한, 이로 인한 손해는 통상손해로서 배상의 대상이 된다. O | X

해설 **매도인이 매수인으로부터 매매대금을 약정된 기일에 지급받지 못한 결과 제3자로부터 부동산을 매수하고 그 잔대금을 지급하지 못하여 그 계약금을 몰수당함으로써 손해를 입었다고 하더라도 이는 특별한 사정으로 인한 손해**이므로 매수인이 이를 알았거나 알 수 있었던 경우에만 그 손해를 배상할 책임이 있다(대판 1991.10.11. 91다25369).

13

21법원행시

부동산 매도인이 매매목적물인 부동산에 관하여 근저당권을 설정하였다면 그와 같은 근저당권 설정 사실만으로 곧바로 매수인에게 그 피담보채무액 상당의 손해가 발생한다고 볼 수 있다. O | X

해설 부동산 매도인이 매매목적물인 부동산에 관하여 근저당권을 설정하였다고 하더라도, 매도인으로서는 근저당권을 소멸시킨 다음 매수인에게 부동산 소유권을 이전할 수 있고, 경우에 따라서는 매수인이 계약 해제나 이행불능 등으로 인하여 위 부동산의 소유권을 취득하지 못할 수도 있다. 따라서 위와 같은 근저당권 설정 사실만으로 곧바로 매수인에게 그 피담보채무액 상당의 손해가 발생한다고 볼 수는 없고, 거기에서 더 나아가 사회통념상 매수인이 매수한 부동산에 관한 소유권 또는 소유권이전등기청구권의 보전 등을 위하여 근저당권의 피담보채무를 변제하지 않을 수 없게 되었다는 등의 사정이 있어야 위와 같은 손해가 현실적으로 발생하였다고 볼 수 있다. 그리고 채무불이행으로 인한 손해배상청구에서 손해 발생 사실은 채권자가 이를 증명하여야 한다(대판 2017.6.19. 2017다215070).

정답 | **07** × **08** × **09** × **10** ○ **11** ○ **12** × **13** ×

14 출제예상

불법행위로 인하여 영업용 물건이 멸실되거나 일부 손괴되어, 이를 대체할 다른 물건을 마련하기 위하여 필요한 합리적인 기간 동안 그 물건을 이용하여 영업을 계속하지 못함으로 인한 손해는 특별손해이다. O|X

해설 물건멸실의 경우 시가 상당액, 즉 교환가치가 통상손해에 해당하는데, 그로 인한 사용이익(휴업손해)의 상실도 통상손해에 해당하는지 문제된다. 이와 관련하여 **대법원은 멸실과 훼손의 경우 모두 교환가치와는 별도로 휴업손해를 배상하여야** 하는 것으로 견해를 바꾸었다.
불법행위로 영업용 물건이 멸실된 경우, 이를 대체할 다른 물건을 마련하기 위하여 필요한 합리적인 기간 동안 그 물건을 이용하여 영업을 계속하였더라면 얻을 수 있었던 이익, 즉 **휴업손해는 그에 대한 증명이 가능한 한 통상의 손해**로서 그 교환가치와는 별도로 배상하여야 하고, 이는 영업용 물건이 일부 손괴된 경우, 수리를 위하여 필요한 합리적인 기간 동안의 휴업손해와 마찬가지라고 보아야 할 것이다(대판 2004.3.18. 2001다82507 전합).

15 출제예상

건물을 신축할 목적으로 토지를 매수한 매수인이 설계비 또는 공사계약금을 지출하였다가 토지매매계약이 해제됨으로 말미암아 이를 회수하지 못하는 손해는 통상손해이다. O|X

해설 **매매대금을 완불하지 않은 토지의 매수인**이 그 토지상에 건물을 신축하기 위하여 설계비 또는 공사계약금을 지출하였다가 계약이 해제됨으로 말미암아 이를 회수하지 못하는 손해를 입게 되었다 하더라도 이는 이례적인 사정에 속하는 것으로서, 설사 토지의 매도인이 매수인의 취득 목적을 알았다 하더라도 마찬가지라 할 것이므로, 토지의 매도인으로서는 소유권이전의무의 이행기까지 최소한 매수인이 설계계약 또는 공사도급계약을 체결하였다는 점을 알았거나 알 수 있었을 때에 한하여 그 배상책임을 부담한다(대판 1996.2.13. 95다47619).

16 출제예상

토지매매로 인한 소유권이전등기의무가 이행불능된 경우, 손해배상청구권의 소멸시효는 채권자가 채무자로부터 토지를 매수한 때로부터 진행된다. O|X

해설 소멸시효의 기산점(채무불이행으로 인한 손해배상청구권)
채권이 '채무불이행'으로 인하여 손해배상청구권으로 바뀐 때에는, 그 **동일성이 유지**되므로 그 손해배상청구권의 시효기간은 원채권의 시효기간에 따른다(통설, 대판 2010.9.9. 2010다28031). 문제는 그 기산점인데, 손해배상청구권은 채무불이행시에 비로소 발생한 것인 만큼 채무불이행시부터 소멸시효가 진행한다는 견해가 타당하다(다수설). **判例도 채무불이행이 발생한 때로부터 진행**하는 것으로 본다(대판 1990.11.9. 90다카22513).

17 13주사보, 17서기보

불법행위로 인한 손해발생으로 이득이 생기고 동시에 그 손해발생에 피해자에게도 과실이 있는 경우 먼저 산정된 손해액에서 이득을 공제한 다음에 과실상계를 하여야 한다. O|X

> **해설** 손해발생으로 인하여 피해자에게 이득이 생기고 한편 그 손해발생에 피해자의 과실이 경합되어 과실상계를 하여야 할 경우에는 **먼저 산정된 손해액에서 과실상계를 한 후에 위 이득을 공제**하여야 한다(대판 2010.2.25. 2009다57621).

18

16주사보

손익상계가 허용되기 위해서는 그 이익과 손해배상책임의 원인인 행위 사이에 상당인과관계가 있어야 한다. O | X

19

18서기보

불법행위 등이 채권자 또는 피해자에게 손해를 생기게 하는 동시에 이익을 가져다 준 경우에는 공평의 관념상 그 이익은 당사자의 주장이 없더라도 공제할 수 있고, 손해배상책임의 원인행위와 그로 인하여 피해자가 얻은 새로운 이득 사이에 상당인과관계까지 요하는 것은 아니다. O | X

> **해설** **18 19** 채무불이행이나 불법행위 등이 채권자 또는 피해자에게 손해를 생기게 하는 동시에 이익을 가져다 준 경우에는 공평의 관념상 그 이익은 '당사자의 주장을 기다리지 아니하고' 손해를 산정함에 있어서 공제되어야만 하는 것이고, 이와 같이 손해배상액의 산정에 있어 손익상계가 허용되기 위해서는 손해배상책임의 원인이 되는 행위로 인하여 피해자가 새로운 이득을 얻었고, **그 이득과 손해배상책임의 원인인 행위 사이에 상당인과관계가 있어야 한다**(대판 2003.12.10. 2009다54706).

20

15법무사

과실상계에 있어서의 과실은 가해자의 과실과 달리 사회통념이나 신의성실의 원칙에 따라 공동생활에 있어 요구되는 약한 의미의 부주의를 가리키는 것이므로, 그러한 과실 내용 및 비율을 그대로 공동불법행위자로서의 과실 내용 및 비율로 삼을 수는 없다. O | X

> **해설** 과실상계에 있어서 '과실'의 의미 및 그 과실 내용과 비율을 그대로 공동불법행위자로서의 과실 내용과 비율로 삼을 수 있는지 여부(소극)
> 공동불법행위자 상호간의 구상금채권을 인정하기 위하여는 우선 각 공동불법행위자들의 가해자로서의 과실 내용 및 비율을 정하여야 할 것이고, 한편 불법행위에 있어 손해액을 정함에 참작하는 피해자의 과실, 즉 과실상계에 있어서의 과실은 가해자의 과실과 달리 사회통념이나 신의성실의 원칙에 따라 공동생활에 있어 요구되는 약한 의미의 부주의를 가리키는 것이므로, 그러한 과실 내용 및 비율을 그대로 공동불법행위자로서의 과실 내용 및 비율로 삼을 수는 없다(대판 2005.7.8. 2005다8125).

21

15/16법무사

불법행위 또는 채무불이행에 따른 채무자의 손해배상액을 산정할 때에 손해부담의 공평을 기하기 위하여 채무자의 책임을 제한할 필요가 있고, 채무자가 채권자에 대하여 가지는 반대채권으로 상계항변을 하는 경우에는 먼저 상계한 후 책임제한을 하여야 한다. O | X

정답 | 14 × 15 × 16 × 17 × 18 ○ 19 × 20 ○ 21 ×

해설 불법행위 또는 채무불이행에 따른 손해배상채무자가 채권자에 대하여 가지는 반대채권으로 상계항변을 하는 경우, 책임제한을 한 후의 손해배상액과 상계하여야 하는지 여부(적극)
불법행위 또는 채무불이행에 따른 채무자의 손해배상액을 산정할 때에 손해부담의 공평을 기하기 위하여 채무자의 책임을 제한할 필요가 있고, 채무자가 채권자에 대하여 가지는 반대채권으로 상계항변을 하는 경우에는 책임제한을 한 후의 손해배상액과 상계하여야 한다(대판 2015.3.20. 2012다107662).

22

출제예상

피해자의 손해가 100만 원, 손해야기행위로 인한 이익이 30만 원, 피해자 과실이 30%인 경우, 피해자가 배상받을 수 있는 손해액은 49만 원이다. O | X

해설 채무불이행(불법행위책임)에서 채권자(피해자)가 채무자(가해자)의 채무불이행(불법행위)으로 인하여 이익을 얻은 경우에는 그 이익은 손해배상에서 공제되어야 한다(손익상계). 양자의 적용순서에 관해 判例는 산정된 손해액에서 먼저 과실상계를 한 후 손익상계를 하여야 한다고 하여 배상의무자인 채무자(가해자)에게 유리한 방법을 채택하고 있다(대판 1990.5.8. 89다카29129).

➡ 따라서 i) 손익상계 후 과실상계를 하는 경우에는 피해자가 배상받을 수 있는 손해액은 49만 원[70만 원(100만 원 - 30만 원, 손익상계) - 21만 원(70 × 0.3, 과실상계)]이나, ii) **과실상계 후 손익상계를 하는 경우에는 피해자가 배상받을 수 있는 손해액은 40만 원**[70만 원(100만 원 - 100만 원 × 0.3, 과실상계) - 30만 원(손익상계)]이다.

23

출제예상

과실상계의 과실은 손해배상책임을 근거지우는 과실만큼 엄격할 필요는 없고 '신의칙상 공동생활상 요구되는 약한 부주의'를 의미한다거나, 법적인 주의의무를 전제로 하지 않는 '신의칙상 요구되는 결과회피의무'를 의미한다. O | X

해설 과실상계에서 과실의 의미
判例는 과실상계의 과실은 **"신의칙상 공동생활상 요구되는 약한 부주의"**(대판 2000.8.22. 2000다29028 등)를 의미한다거나, 법적인 주의의무를 전제로 하지 않는 **"신의칙상 요구되는 결과회피의무"**(대판 1999.9.21. 99다31667 등)를 의미한다고 한다. 즉, 손해배상의 '발생'(책임귀속)요건으로서의 과실과 손해배상의 '범위'(손해액 조정)를 정하는 과실의 의미가 동일할 수는 없다 할 것이다. 즉 과실상계의 과실은 타인에 대한 의무의 존재를 전제로 하는 것이 아니라, 피해자가 자기 자신에게 손해가 발생하지 않도록 주의해야 할 의무에 지나지 않으므로, 통상의 과실보다 정도가 완화되는 약한 부주의로 보는 것이 타당하다.

24

18서기보

공동불법행위 책임에서 법원이 피해자의 과실을 들어 과실상계를 할 때에는 피해자의 공동불법행위자 각인에 대한 과실비율이 서로 다르더라도 피해자의 과실을 공동불법행위자 각인에 대한 과실로 개별적으로 평가할 것이 아니고, 그들 전원에 대한 과실로서 전체적으로 평가하여야 한다. O | X

25

출제예상

피해자가 공동불법행위자 중의 일부만을 상대로 손해배상을 청구하는 경우, 과실상계를 함에 있어 피해자에 대한 공동불법행위자 전원의 과실과 피해자의 공동불법행위자 전원에 대한 과실을 전체적으로 평가하여야 하고, 공동불법행위자 간의 과실의 경중이나 구상권 행사의 가능 여부 등은 고려할 필요가 없다. O | X

> **해설** **24 25** 통상 공동불법행위의 경우 과실상계를 함에 있어서는 피해자에 대한 공동불법행위자 전원의 과실과 피해자의 공동불법행위자 전원에 대한 과실을 **'전체적'으로 평가하여야 하고 공동불법행위자 간의 과실의 경중이나 구상권 행사의 가능 여부 등은 고려할 여지가 없다**(대판 1991.5.10. 90다14423). 왜냐하면, 공동불법행위책임은 가해자 각 개인의 행위에 대하여 개별적으로 그로 인한 손해를 구하는 것이 아니라 그 가해자들이 공동으로 가한 불법행위에 대하여 그 책임을 추궁하는 것이기 때문이다(대판 2000.9.8. 99다48245).

26

15법무사

과실상계에 있어서의 과실은 가해자의 과실과 달리 사회통념이나 신의성실의 원칙에 따라 공동생활에 있어 요구되는 약한 의미의 부주의를 가리키는 것이므로, 그러한 과실 내용 및 비율을 그대로 공동불법행위자로서의 과실 내용 및 비율로 삼을 수는 없다. O | X

> **해설** 과실상계에 있어서 '과실'의 의미 및 그 과실 내용과 비율을 그대로 공동불법행위자로서의 과실 내용과 비율로 삼을 수 있는지 여부(소극)
>
> 공동불법행위자 상호간의 구상금채권을 인정하기 위하여는 우선 각 공동불법행위자들의 가해자로서의 과실 내용 및 비율을 정하여야 할 것이고, 한편 불법행위에 있어 손해액을 정함에 참작하는 피해자의 과실, 즉 과실상계에 있어서의 과실은 가해자의 과실과 달리 사회통념이나 신의성실의 원칙에 따라 공동생활에 있어 요구되는 약한 의미의 부주의를 가리키는 것이므로, 그러한 과실 내용 및 비율을 그대로 공동불법행위자로서의 과실 내용 및 비율로 삼을 수는 없다(대판 2005.7.8. 2005다8125).

27

출제예상

공동불법행위자 중에 피해자의 부주의를 이용하여 고의로 불법행위를 행한 자가 있는 경우에는 모든 불법행위자가 과실상계의 주장을 할 수 없다. O | X

> **해설** 과실상계: 개별적 평가설(예외)
>
> **피해자의 부주의를 이용하여 고의로 불법행위를 저지른 자**가 바로 그 피해자의 부주의를 이유로 자신의 책임을 감하여 달라고 주장하는 것은 허용될 수 없으나, 이는 그러한 사유가 있는 자에게 과실상계의 주장을 허용하는 것이 신의칙에 반하기 때문이므로, 불법행위자 중의 일부에게 그러한 사유가 있다고 하여 그러한 사유가 없는 다른 불법행위자까지도 과실상계의 주장을 할 수 없다고 해석할 것은 아니다(대판 2007.6.14. 2005다32999)

정답 | 22 × 23 ○ 24 ○ 25 ○ 26 ○ 27 ×

28

14법원행시, 17서기보

가해행위와 피해자 측의 요인이 경합하여 손해가 발생하거나 확대된 경우 피해자측의 요인이 체질적인 소인 또는 질병의 위험도와 같이 피해자 측의 귀책사유와 무관한 것이더라도 과실상계의 법리를 유추적용할 수 있다. O | X

해설 **가해행위와 피해자 측의 요인이 경합하여 손해가 발생하거나 확대된 경우**에는 피해자 측의 요인이 체질적인 소인 또는 질병의 위험도와 같이 **피해자 측의 귀책사유와 무관한 것이라고 할지라도**, 그 질환의 태양·정도 등에 비추어 가해자에게 손해의 전부를 배상하게 하는 것이 공평의 이념에 반하는 경우에는, **법원은 손해배상액을 정하면서 과실상계의 법리를 유추적용하여 손해의 발생 또는 확대에 기여한 피해자 측의 요인을 참작할 수 있다.** 다만, 책임 제한에 관한 사실인정이나 그 비율을 정하는 것이 형평의 원칙에 비추어 현저하게 불합리하여서는 아니 된다(대판 2014.7.10. 2014다16968).

29

15사무관

피해자와 '신분상 및 생활관계상 일체'를 이루는 관계에 있는 자의 과실을 피해자의 과실로 전용하는 것은 자기책임주의 원칙에 반하므로 허용되지 않는다. O | X

해설 피해자 측 과실이론

피해자와 '**신분상 및 생활관계상 일체**'를 이루는 관계에 있는 자의 과실을 피해자의 과실로 보아 손해배상액을 산정함에 있어서 참작하자는 이론으로, 손해의 공평한 부담을 실현하기 위해 인정된다(대판 1993.11.23. 93다25127 등). 실무적으로는 공동불법행위에서 불필요한 구상관계의 순환 방지와 다른 공동불법행위자의 무자력 위험에 대한 위험을 분배하여 구상관계를 합리적으로 처리하자는 데에 그 실질적인 필요성이 있다.

30

12/13주사보, 18법무사

배상의무자가 피해자의 과실에 관하여 주장하지 않는 경우에는 법원은 과실상계를 판단할 수 없다.

O | X

해설 피해자에게 과실이 인정되면 법원은 손해배상의 책임 및 그 금액을 정함에 있어서 이를 참작하여야 하며, 배상의무자가 피해자의 과실에 관하여 주장하지 않는 경우에도 소송자료에 의하여 과실이 인정되는 경우에는 이를 법원이 직권으로 심리·판단하여야 한다(대판 1996.10.25. 96다30113).

31

18사무관

불법행위로 인한 손해배상청구사건에서 과실상계사유에 관한 사실인정이나 그 비율을 정하는 것은 그것이 형평의 원칙에 비추어 현저히 불합리하다고 인정되지 않는 한 사실심의 전권에 속하는 사항이다.

O | X

32

18사무관

불법행위로 인한 피해자의 손해가 실질적으로 전부 회복되었다거나 그 손해를 전적으로 피해자에게 부담시키는 것이 합리적이라고 볼 수 있는 등의 특별한 사정이 없는 한 가해자의 책임을 면제할 수 없다. O | X

해설 **31 32** 과실상계 또는 책임제한에 관한 사실인정이나 비율을 정하는 기준 및 이때 가해자의 손해배상책임을 면제할 수 있는지 여부(원칙적 소극)
과실상계 또는 책임제한에 관한 사실인정이나 비율을 정하는 것이 사실심의 전권사항이라고 하더라도, 그것이 형평의 원칙에 비추어 **불합리하여서는 아니 되며**, 특히 가해자의 손해배상책임을 면제하는 것은 실질적으로 가해자의 손해배상책임을 부정하는 것과 다름이 없으므로, **불법행위로 인한 피해자의 손해가 실질적으로 전부 회복되었다거나 손해를 전적으로 피해자에게 부담시키는 것이 합리적이라고 볼 수 있는 등의 특별한 사정이 없는 한 가해자의 책임을 함부로 면제하여서는 아니** 된다(대판 2014.11.27. 2011다68357).

33

14법원행시

피해자가 입은 손해 중 일부만을 청구하는 경우 법원이 과실상계를 함에 있어서는 손해의 전액에서 과실비율에 의한 감액을 하고 그 잔액이 청구액을 초과하지 않을 경우에는 그 잔액을 인용하고, 잔액이 청구액을 초과할 경우에는 청구의 전액을 인용하여야 한다. O | X

해설 일부청구와 과실상계(외측설)
일개의 손해배상청구권 중 일부가 소송상 청구되어 있는 경우에 과실상계를 함에 있어서는 (청구부분에 비례하여 과실상계비율을 정하지 않고) **손해의 전액에서 과실비율에 의한 감액을 하고 그 잔액이 청구액을 초과하지 않을 경우에는 그 잔액을 인용할 것이고 잔액이 청구액을 초과할 경우에는 청구의 전액을 인용**하는 것으로 풀이하는 것이 일부청구를 하는 당사자의 통상적 의사라고 할 것이다(대판 1976.6.22. 75다819; 대판 2008.12.24. 2008다51649; 대판 1991.1.25. 90다6491).

34

17서기보

표현대리행위가 성립하는 경우 상대방에게 과실이 있다고 하더라도 과실상계의 법리를 유추적용하여 본인의 책임을 경감할 수 없다. O | X

35

11/19서기보, 16법무사, 20법원행시

표현대리행위가 성립하는 경우에 그 본인은 표현대리행위에 의하여 전적인 책임을 져야 하지만, 상대방에게 과실이 있는 경우에는 과실상계의 법리를 유추적용하여 본인의 책임을 경감할 수 있으므로, 그 본인이 반환할 금액에서 상대방의 과실이 참작되어 감액되어야 한다. O | X

해설 **34 35** 표현대리 행위가 성립하는 경우에 그 본인은 표현대리 행위에 의하여 전적인 책임을 져야 하고, 상대방에게 과실이 있다고 하더라도 과실상계의 법리를 유추적용하여 본인의 책임을 경감할 수 없다(대판 1996.7.12. 95다49554).

36

17서기보

매매계약이 해제되어 원상회복의무의 이행으로서 이미 지급한 매매대금 기타의 급부의 반환을 구하는 경우 과실상계는 적용되지 않는다. O | X

정답 | 28 ○ 29 × 30 × 31 ○ 32 ○ 33 ○ 34 ○ 35 × 36 ○

해설 계약의 해제로 인한 원상회복청구권에 대하여 해제자가 해제의 원인이 된 채무불이행에 관하여 '원인'의 일부를 제공하였다는 등의 사유를 내세워 신의칙 또는 공평의 원칙에 기하여 **일반적으로 손해배상에 있어서의 과실상계에 준하여 권리의 내용이 제한될 수 있다고 하는 것은 허용되어서는 아니 된다**(대판 2014.3.13. 2013다34143).

37

14법원행시, 16주사보

과실상계는 본래 채무불이행 내지 불법행위로 인한 손해배상책임 외에도 채무 내용에 따른 본래의 급부의 이행을 구하는 경우에 적용될 수 있다. O | X

해설 채무 내용에 따른 본래의 급부의 이행을 구하는 경우 과실상계의 가부(소극)
과실상계는 본래 채무불이행 내지 불법행위로 인한 손해배상책임에 대해 인정되는 것이고, 채무 내용에 따른 본래의 급부의 이행을 구하는 경우에 적용될 것이 아니다(대판 1996.5.10. 96다8468).

38

15법무사

매도인의 하자담보책임에 기한 손해배상의 범위를 정함에 있어, 하자의 발생 및 그 확대에 가공한 매수인의 잘못을 참작할 수 있다는 것이 판례의 태도이다. O | X

해설 민법 제581조, 제580조에 기한 매도인의 하자담보책임은 법이 특별히 인정한 무과실책임으로서 여기에 민법 제396조의 과실상계 규정이 준용될 수는 없다 하더라도, 담보책임이 민법의 지도이념인 공평의 원칙에 입각한 것인 이상 하자 발생 및 그 확대에 가공한 매수인의 잘못을 참작하여 손해배상의 범위를 정함이 상당하다(대판 1995.6.30. 94다23920).

39

14서기보, 17법원행시

수급인의 하자담보책임은 법이 특별히 인정한 무과실책임으로서 여기에 민법 제396조의 과실상계규정이 준용될 수는 없으므로 하자발생 및 그 확대에 가공한 도급인의 잘못을 참작할 수 없다. O | X

해설 수급인의 하자담보책임으로서의 손해배상을 정함에 있어서 도급인의 과실을 참작할 수 있는지 여부(적극)
수급인의 하자담보책임에 관한 민법 제667조는 법이 특별히 인정한 무과실책임으로서 여기에 민법 제396조의 과실상계 규정이 준용될 수는 없다 하더라도 담보책임이 민법의 지도이념인 공평의 원칙에 입각한 것인 이상 하자발생 및 그 확대에 가공한 도급인의 잘못을 참작하여 손해배상의 범위를 정함이 상당하다(대판 1990.3.9. 88다카31886).

40

15사무관, 19법무사

손해담보계약상 담보권리자의 담보의무자에 대한 청구권의 성질은 손해배상청구권이 아니라 이행청구권이므로, 과실상계 규정이 준용될 수 없음은 물론 과실상계의 법리를 유추적용하여 그 담보책임을 감경할 수도 없는 것이 원칙이지만, 담보권리자의 고의 또는 과실로 손해가 야기되는 등의 구체적인 사정에 비추어 담보권리자의 권리 행사가 신의칙 또는 형평의 원칙에 반하는 경우에는 그 권리 행사의 전부 또는 일부가 제한될 수 있다. O | X

해설 대판 2002.5.24. 2000다72572

41 출제예상

불법행위로 인한 손해의 발생 또는 확대에 관하여 피해자에게도 과실이 있는 때에는 가해자의 손해배상의 범위를 정함에 있어 당연히 이를 참작하여야 하고, 가해행위가 사기, 횡령, 배임 등의 영득행위인 경우 등 과실상계를 인정하게 되면 가해자로 하여금 불법행위로 인한 이익을 최종적으로 보유하게 하여 공평의 이념이나 신의칙에 반하는 결과를 가져오는 경우에만 예외적으로 과실상계가 허용되지 않는다.

O | X

해설 가해행위가 사기, 횡령, 배임 등의 영득행위인 경우(대판 2013.9.26. 2012다1146 전합; 대판 2013.9.26. 2012다13637 전합)

쟁점정리 고의의 불법행위로 인한 손해배상의 경우

어느 일방의 고의가 인정되는 경우에도 과실상계가 가능하나, 이를 인정함이 '신의칙'에 반하는 예외적인 상황에서는 허용되지 않는다. 이에 대해 최근 判例도 **"피해자의 부주의를 이용하여 고의로 불법행위를 저지른 자**가 바로 그 피해자의 부주의를 이유로 자신의 책임을 감하여 달라고 주장하는 것은 허용될 수 없다(대판 2000.1.21. 99다50538)라고 판시하고 있다.

42 출제예상

불법행위로 인한 피해자가 일반적으로 용인될 수 있는 수술을 받으면 노동능력 상실 정도를 감소시킬 수 있는 데도 피해자가 수술을 받지 않은 경우, 또는 법적 조치를 취했으면 손해의 확대를 막을 수 있었음에도 피해자가 그러한 조치를 취하지 않은 경우, 과실상계 규정을 유추적용할 수 있다. O | X

해설 손해경감조치의무

불법행위로 인한 피해자가 일반적으로 용인될 수 있는 수술을 받으면 노동능력 상실 정도를 감소시킬 수 있는 데도 수술을 받지 않은 경우(대판 1992.9.25. 91다45929 등), 또는 법적 조치를 취했으면 손해의 확대를 막을 수 있었음에도 그러한 조치를 취하지 않은 경우(대판 2003.7.25. 2003다22912), 判例는 특히 이 경우 불법행위의 **피해자에게는** 그로 인한 **손해의 '확대'를 방지하거나 감경하기 위하여 노력하여야 할 '손해경감조치의무'가 있다는 개념을 사용하여 과실상계 규정을 '유추적용'**한다. 다만 判例는 이 경우 확대된 손해부분이 아닌 전체손해를 대상으로 하여 과실상계를 한다(대판 1978.10.10. 78다1224 참고).

43 21사무관

손해배상액의 예정이 있는 경우, 채무불이행으로 인한 손해의 발생 및 확대에 채권자에게도 과실이 있다면 민법 제398조 제2항에 따라 손해배상 예정액을 감액할 수는 있을지언정 채권자의 과실을 들어 과실상계를 할 수는 없다.

O | X

정답 | **37** × **38** ○ **39** × **40** ○ **41** ○ **42** ○ **43** ○

> **해설** 손해배상 예정액의 감액과 과실상계
> 채무불이행으로 인한 손해의 발생 및 확대에 채권자에게도 과실이 있다고 하여도 **제398조 제2항에 따라 채권자의 과실을 비롯하여 채무자가 계약을 위반한 경위 등 제반사정을 참작하여 손해배상 예정액을 감액할 수는 있을지언정 채권자의 과실을 들어 과실상계를 할 수는 없다**(대판 2016.6.10. 2014다200763).

44 13법무사, 18주사보, 21사무관

손해배상예정액이 부당하게 과다한 경우에는 법원은 당사자의 주장이 없더라도 직권으로 이를 감액할 수 있다. O | X

45

손해배상액의 예정은 이행의 청구나 계약의 해제에 영향을 미치지 아니한다. O | X

46 10/18주사보

손해배상액의 예정은 금전으로 약정하는 것이 보통이지만, 당사자가 금전이 아닌 것으로 예정하여도 무방하다. O | X

> **해설** **44 45 46 제398조(배상액의 예정)** ① 당사자는 채무불이행에 관한 손해배상액을 예정할 수 있다.
> ② 손해배상의 예정액이 부당히 과다한 경우에는 법원은 적당히 감액할 수 있다.
> ③ 손해배상액의 예정은 이행의 청구나 계약의 해제에 영향을 미치지 아니한다.
> ④ 위약금의 약정은 손해배상액의 예정으로 추정한다.
> ⑤ **당사자가 금전이 아닌 것으로써 손해의 배상에 충당할 것을 예정한 경우에도 전4항의 규정을 준용한다.**

47 21법원행시

금전채무에 관하여 이행지체에 대비한 지연손해금 비율을 따로 약정한 경우에 이는 손해배상액의 예정으로서 민법 제398조 제2항에 의한 감액의 대상이 된다. O | X

> **해설** 대판 2000.7.28. 99다38637 참조

48 21법원행시

계약 당시 당사자 사이에 손해배상액을 예정하는 내용의 약정이 있는 경우 특별한 사정이 없는 한 위 약정은 그 계약과 관련된 불법행위책임에 따른 손해까지 예정한 것이라고 볼 수 없다. O | X

> **해설** 계약 당시 당사자 사이에 손해배상액을 예정하는 내용의 약정이 있는 경우에는 그것은 계약상의 채무불이행으로 인한 손해액에 관한 것이고 이를 그 계약과 관련된 불법행위상의 손해까지 예정한 것이라고는 볼 수 없다(대판 1999.1.15. 98다48033).

49

14서기보

계약 당시 손해배상액을 예정한 경우에는 다른 특약이 없는 한 채무불이행으로 인하여 입은 통상손해는 물론 특별손해까지도 예정액에 포함되고 채권자의 손해가 예정액을 초과한다 하더라도 초과 부분을 따로 청구할 수 없다. O | X

> **해설** **제398조(배상액의 예정)** ① 당사자는 채무불이행에 관한 손해배상액을 예정할 수 있다.
> ② 손해배상의 예정액이 부당히 과다한 경우에는 법원은 적당히 감액할 수 있다.
> ③ 손해배상액의 예정은 이행의 청구나 계약의 해제에 영향을 미치지 아니한다.
> ④ 위약금의 약정은 손해배상액의 예정으로 추정한다.
> ⑤ 당사자가 금전이 아닌 것으로써 손해의 배상에 충당할 것을 예정한 경우에도 전4항의 규정을 준용한다.
> 判例는 특약이 없는 한 예정배상액에는 통상손해와 특별손해가 모두 포함되는 것으로 본다(대판 1988.9.27. 86다카2375,2376).

50

19법무사

채무불이행으로 인한 손해배상 예정액의 청구와 채무불이행으로 인한 손해배상액의 청구는 그 청구원인을 달리하는 별개의 청구이므로 손해배상 예정액의 청구 가운데 채무불이행으로 인한 손해배상액의 청구가 포함되어 있다고 볼 수 없다. O | X

> **해설** 채무불이행으로 인한 손해배상 예정액의 청구와 채무불이행으로 인한 손해배상액의 청구는 그 청구원인을 달리 하는 별개의 청구이므로 손해배상 예정액의 청구 가운데 채무불이행으로 인한 손해배상액의 청구가 포함되어 있다고 볼 수 없고, 채무불이행으로 인한 손해배상액의 청구에 있어서 손해의 발생 사실과 그 손해를 금전적으로 평가한 배상액에 관하여는 손해배상을 구하는 채권자가 주장·입증하여야 하는 것이므로, 채권자가 손해배상책임의 발생 원인 사실에 관하여는 주장·입증을 하였더라도 손해의 발생 사실에 관한 주장·입증을 하지 아니하였다면 변론주의의 원칙상 법원은 당사자가 주장하지 아니한 손해의 발생 사실을 기초로 하여 손해액을 산정할 수는 없다(대판 2000.2.11. 99다49644).

51

21사무관

예정배상액을 구하기 위하여 채무불이행 사실의 증명이 있으면 되고, 손해발생의 사실 및 실제의 손해액을 증명하여야 하는 것은 아니다. O | X

> **해설** 매매당사자가 계약금으로 수수한 금액에 관하여 매수인이 위약하면 이를 무효로 하고 매도인이 위약하면 그 배액을 상환하기로 하는 뜻의 약정을 한 경우에 있어서 그 위약금의 약정은 민법 제398조 제4항이 정한 손해배상의 예정으로 추정되는 것이고, 이와 같은 약정이 있는 경우에는 채무자에게 채무불이행이 있으면 채권자는 실제손해액을 증명할 필요 없이 그 예정액을 청구할 수 있는 반면에 실제손해액이 예정액을 초과하더라도 그 초과액을 청구할 수 없다(대판 1988.5.10. 87다카3101).

정답 | 44 ○ 45 ○ 46 ○ 47 ○ 48 ○ 49 ○ 50 ○ 51 ○

52

14/20서기보

채무불이행으로 인한 손해배상액이 예정되어 있는 경우 채권자는 채무불이행 사실만 증명하면 손해의 발생 및 그 액수를 증명하지 아니하고 예정배상액을 청구할 수 있으나, 반면 채무자는 채권자와 채무불이행에 있어 채무자의 귀책사유를 묻지 아니한다는 약정을 하지 아니한 이상 자신의 귀책사유가 없음을 주장·증명함으로써 위 예정배상액의 지급책임을 면할 수 있다. O | X

해설 채무불이행으로 인한 손해배상액이 예정되어 있는 경우에는 채권자는 채무불이행 사실만 증명하면 손해의 발생 및 그 액을 증명하지 아니하고 예정배상액을 청구할 수 있고, 채무자는 채권자와 채무불이행에 있어 채무자의 귀책사유를 묻지 아니한다는 약정을 하지 아니한 이상 자신의 귀책사유가 없음을 주장·입증함으로써 예정배상액의 지급책임을 면할 수 있다. 그리고 채무자의 귀책사유를 묻지 아니한다는 약정의 존재 여부는 근본적으로 당사자 사이의 의사해석의 문제로서, 당사자 사이의 약정 내용과 그 약정이 이루어지게 된 동기 및 경위, 당사자가 그 약정에 의하여 달성하려고 하는 목적과 진정한 의사, 거래의 관행 등을 종합적으로 고찰하여 합리적으로 해석하여야 하지만, 당사자의 통상의 의사는 채무자의 귀책사유로 인한 채무불이행에 대해서만 손해배상액을 예정한 것으로 봄이 상당하므로, 채무자의 귀책사유를 묻지 않기로 하는 약정의 존재는 엄격하게 제한하여 인정하여야 한다(대판 2007.12.27. 2006다9408).

53

20서기보

도급계약에 있어 지체상금의 약정을 한 경우, 도급인이 수급인에 대하여 약정한 선급금의 지급을 지체하였다고 하더라도 선급금 지급을 지체한 기간만큼 수급인이 지급하여야 하는 지체상금의 발생기간에서 공제되어야 하는 것은 아니다. O | X

해설 수급인이 납품기한 내에 납품을 완료하지 못하면 지연된 일수에 비례하여 계약금액에 일정 비율을 적용하여 산정한 지체상금을 도급인에게 지급하기로 약정한 경우, 수급인이 책임질 수 없는 사유로 의무 이행이 지연되었다면 해당 기간만큼은 지체상금의 발생기간에서 공제되어야 한다. 그리고 도급계약의 보수 일부를 선급하기로 하는 특약이 있는 경우, 수급인은 그 제공이 있을 때까지 일의 착수를 거절할 수 있고 이로 말미암아 일의 완성이 지연되더라도 채무불이행책임을 지지 않으므로, **도급인이 수급인에 대하여 약정한 선급금의 지급을 지체하였다는 사정은 일의 완성이 지연된 데 대하여 수급인이 책임질 수 없는 사유에 해당**한다. 따라서 **도급인이 선급금 지급을 지체한 기간만큼은 수급인이 지급하여야 하는 지체상금의 발생기간에서 공제되어야** 한다(대판 2016.12.15. 2014다14429,14436).

54

21법원행시

계약의 일방 당사자인 피고의 귀책사유로 인하여 계약이 해제되는 경우에는 위약금 약정을 두지 않고 그 상대방인 원고의 귀책사유로 인하여 계약이 해제된 경우에 대해서만 위약금 약정을 두었다 하더라도, 그 위약금 약정이 무효로 되는지 여부는 별론으로 하고 원고에 대한 위약금 규정이 있다고 하여 공평의 원칙상 그 상대방인 피고의 귀책사유로 계약이 해제되는 경우에도 원고의 귀책사유로 인한 해제의 경우와 마찬가지로 피고에게 위약금 지급의무가 인정되는 것은 아니다. O | X

해설 대판 2008.2.14. 2006다37892 참조

55

21법원행시

무권대리인이 계약에서 정한 채무를 이행하지 않으면 상대방에게 채무불이행에 따른 손해를 배상할 책임을 지고, 위 계약에서 채무불이행에 대비하여 손해배상액의 예정에 관한 조항을 둔 때에는 특별한 사정이 없는 한 무권대리인은 그 조항에서 정한 바에 따라 산정한 손해액을 지급하여야 하는데, 이 경우에도 손해배상액의 예정에 관한 민법 제398조가 적용된다. O | X

해설 무권대리인이 계약에서 정한 채무를 이행하지 않으면 상대방에게 채무불이행에 따른 손해를 배상할 책임을 진다. 위 계약에서 채무불이행에 대비하여 손해배상액의 예정에 관한 조항을 둔 때에는 특별한 사정이 없는 한 무권대리인은 조항에서 정한 바에 따라 산정한 손해액을 지급하여야 한다. 이 경우에도 손해배상액의 예정에 관한 민법 제398조가 적용됨은 물론이다(대판 2018.6.28. 2018다210775).

56

출제예상

도급계약을 체결하면서 위약금약정을 한 경우, 도급계약이 취소되면 위약금약정도 그 효력을 잃는다. O | X

해설 손해배상액의 예정이란 채무불이행의 경우에 채무자가 지급하여야 할 손해배상액을 당사자 사이의 계약으로 '미리' 정하여 두는 것을 말한다(제398조 제1항). 이는 채무불이행을 정지조건으로 하는 '조건부계약'이며 기본채권관계에 '종된 계약'이다. 따라서 주된 계약이 무효이거나 취소되는 경우에는 손해배상액의 예정도 효력을 상실한다.

57

15주사보, 19법무사

지체상금에 관한 약정은 수급인이 그와 같은 일의 완성을 지체한 데 대한 손해배상액의 예정이므로, 법원은 제반 사정을 참작하여 약정에 따라 산정된 지체상금이 일반 사회인이 납득할 수 있는 범위를 넘어 부당하게 과다하다고 인정하는 때에는 이를 적당히 감액할 수 있다. O | X

해설 건물을 신축하기로 하는 도급계약은 그 건물의 준공이라는 일의 완성을 목적으로 하는 계약으로서 그 지체상금에 관한 약정은 수급인이 그와 같은 일의 완성을 지체한 데 대한 손해배상액의 예정이므로, 수급인이 약정된 기간 내에 그 일을 완성하여 도급인에게 인도하지 않으면 특별한 사정이 있는 경우를 제외하고는 지체상금을 지급할 의무가 있고, 약정에 따라 산정한 지체상금액이 부당하게 과다하다고 인정되는 경우에 **법원은 민법 제398조 제2항에 의하여 이를 적당히 감액**할 수 있으며, 손해배상액의 예정이 부당하게 과다한지의 여부는 계약 당사자의 지위, 계약의 목적과 내용, 손해배상액을 예정한 동기, 실제의 손해와 그 예정액의 대비, 그 당시의 거래관행 및 경제상태 등 **제반 사정을 참작하여 일반사회인이 납득할 수 있는 범위를 넘는지의 여부에 따라 결정하여야** 한다(대판 2002.1.25. 99다57126).

58

15사무관, 17법원행시, 18법무사

지체상금이 손해배상액의 예정으로 인정되어 이를 감액할 경우, 채권자의 과실이 인정되면 법원은 손해배상의 예정액의 감액에 앞서 이를 이유로 별도로 지체상금을 감액하여야 한다. O | X

정답 | 52 O 53 × 54 O 55 O 56 O 57 O 58 ×

해설 지체상금이 손해배상의 예정으로 인정되어 이를 감액함에 있어서는 채무자가 계약을 위반한 경위 등 제반사정이 참작되므로 손해배상액의 감경에 앞서 채권자의 과실 등을 들어 따로 감경할 필요는 없다(대판 2002.1.25. 99다57126).

59

21법원행시

민법 제398조 제2항은 손해배상액이 부당하게 과다한 경우에 법원으로 하여금 이를 감액할 수 있도록 규정하고 있는데, 위 규정은 강행법규가 아니므로 위 규정에 기한 감액주장을 사전에 배제하는 약정도 허용된다. O|X

해설 민법 제398조 제2항은 손해배상액이 부당하게 과다한 경우에 법원으로 하여금 이를 감액할 수 있도록 규정하고 있고, 위 규정은 강행법규로서 위 규정에 기한 감액주장을 사전에 배제하는 약정은 허용되지 아니하는바, 위 위약금 약정은 위 규정에 반하는 것이므로 그 효력을 인정할 수 없다(대판 2007.10.25. 2007다40765).

60

16법무사, 20서기보

손해배상액의 예정이 부당하게 과다하면 법원은 이를 직권으로 감액할 수 있는데, 손해배상액이 부당하게 과다한지 여부는 '사실심 변론종결시'를 기준으로 판단한다. O|X

해설 과다 여부 및 감액의 범위에 관한 판단기준시기에 관해, 判例는 법원이 구체적으로 그 판단을 하는 때, 즉 **사실심의 변론종결 당시를 기준**으로 한다(대판 2000.12.8. 2000다35771).

61

16법무사, 18법원행시

법원이 손해배상의 예정액을 부당히 과다하다고 하여 감액하려면 채권자와 채무자의 경제적 지위, 계약의 목적과 내용, 손해배상액을 예정한 경위와 동기, 채무액에 대한 예정액의 비율, 예상 손해액의 크기, 당시의 거래 관행과 경제상태 등을 참작한 결과 손해배상 예정액의 지급이 경제적 약자의 지위에 있는 채무자에게 부당한 압박을 가하여 공정을 잃는 결과를 초래한다고 인정되는 경우라야 하고, 단지 예정액 자체가 크다든가 계약 체결 시부터 계약 해제 시까지의 시간적 간격이 짧다든가 하는 사유만으로는 부족하다. O|X

해설 대판 2014.7.24. 2014다209227

62

11법무사, 18법원행시

공사수급인의 연대보증인이 부담하는 지체상금 지급의무는 이른바 손해배상액의 예정으로서 지체상금액이 과다한지 여부는 주채무자인 공사수급인을 기준으로 판단하여야 할 것이지 연대보증인을 중심으로 판단할 것은 아니다. O|X

해설 대판 2005.8.19. 2002다596764

63

20서기보

법원이 손해배상의 예정액이 부당하게 과다하다고 하여 감액을 하였다고 하더라도 손해배상액의 예정에 관한 약정 중 감액부분에 해당하는 부분이 처음부터 무효인 것은 아니다. O | X

> 해설 법원이 손해배상의 예정액이 부당하게 과다하다고 하여 감액을 한 경우에 손해배상액의 예정에 관한 약정 중 **감액에 해당하는 부분은 처음부터 무효**라고 할 것이다(대판 2004.12.10. 2002다73852). 따라서 이미 급부한 부분은 반환청구가 가능하다.

64

14서기보, 14/18법원행시, 17법무사

수급인이 완공기한 내에 공사를 완성하지 못한 채 공사를 중단하고 계약이 해제된 결과 완공이 지연된 경우에 있어서 지체상금은 약정 준공일 다음 날부터 발생하되 그 종기는 수급인이 공사를 중단하거나 기타 해제사유가 있어 도급인이 실제로 공사도급계약을 해제한 때부터 도급인이 다른 업자에게 맡겨서 공사를 완성할 수 있었던 시점까지이다. O | X

> 해설 **지체상금발생의 시기는 특별한 사정이 없는 한 약정준공일**이나 그 종기는 수급인이나 도급인이 건물을 준공할 때까지 무한히 계속되는 것이라고 할 수 없고 수급인이 공사를 중단하거나 기타 해제사유가 있어 **도급인이 이를 해제할 수 있었을 때(실제로 해제한 때가 아니고)부터 도급인이 다른 업자에게 의뢰하여 같은 건물을 완성할 수 있었던 시점까지로 제한되어야** 하고 또 수급인이 책임질 수 없는 사유로 인하여 공사가 지연된 경우에는 그 기간만큼 공제되어야 하며, 그렇게 하여 산정된 지체상금액이 부당히 과다하다고 인정되는 경우에는 법원이 민법 제398조 제2항에 의하여 적당히 감액할 수 있다(대판 1989.7.25. 88다카6273,6280).

65

14법원행시, 16사무관

계약 당시 손해배상액을 예정한 경우에는 채무불이행으로 인하여 입은 특별손해는 예정액에 포함되지 않으므로 채권자의 손해가 예정액을 초과하는 경우에는 특별손해에 해당하는 초과부분을 따로 청구할 수 있다. O | X

> 해설 계약 당시 손해배상액을 예정하였으나 손해가 예정액을 초과하는 경우 초과부분을 청구할 수 있는지 여부(소극)
> 계약 당시 손해배상액을 예정한 경우에는 다른 특약이 없는 한 채무불이행으로 인하여 입은 통상손해는 물론 특별손해까지도 예정액에 포함되고 채권자의 손해가 예정액을 초과한다 하더라도 초과부분을 따로 청구할 수 **없다**(대판 1993.4.23. 92다41719).

66

11법무사, 20법원행시

공사도급계약서 또는 그 계약내용에 편입된 약관에 수급인이 하자담보책임 기간 중 도급인으로부터 하자보수요구를 받고 이에 불응한 경우 하자보수보증금은 도급인에게 귀속한다는 조항이 있을 때 이 하자보수보증금은 특별한 사정이 없는 한 손해배상액의 예정이다. 다만 도급인은 수급인의 하자보수의무 불이행을 이유로 하자보수보증금의 몰취 외에 그 실손해액을 입증하여 수급인으로부터 그 초과액 상당의 손해배상을 받을 수도 있는 특수한 손해배상액의 예정이다. O | X

정답 | 59 × 60 ○ 61 ○ 62 ○ 63 × 64 × 65 × 66 ○

해설 대판 2002.7.12. 2000다17810

67 14서기보, 16사무관, 18법원행시

민법 제398조가 규정하는 손해배상의 예정의 목적은 손해의 발생사실과 손해액에 대한 입증곤란을 배제하고 분쟁을 사전에 방지하여 법률관계를 간이하게 해결하는 것에 있고 채무자에게 심리적으로 경고를 줌으로써 채무이행을 확보하려는 데에 있는 것은 아니므로, 채무자가 실제로 손해발생이 없다거나 손해액이 예정액보다 적다는 것을 입증하면 채무자는 그 예정액의 지급을 면하거나 감액을 청구할 수 있다. O | X

해설 채권자는 실제로 발생한 손해액이 예정액보다 많다는 것을 입증하더라도 그의 증액을 청구하지 못하고, **채무자는 채권자의 실제손해가 예정액보다 적다는 것을 입증하더라도 감액을 요구하지 못한다**(대판 2008.11.13. 2008다46906).

68 14법원행시

공사도급계약을 체결하면서 지체상금약정과 별도로 손해배상약정을 한 경우, 부실공사와 같은 불완전급부 등으로 발생한 손해에 대하여 원칙적으로 위 손해배상약정에 기하여 별도로 그 배상을 청구할 수 있으며 나아가 손해배상의 범위는 지체상금약정에 기한 지체상금액을 초과할 수 있다. O | X

해설 일반조건의 지체상금약정은 수급인이 공사완성의 기한 내에 공사를 완성하지 못한 경우에 완공의 지체로 인한 손해배상책임에 관하여 손해배상액을 예정하였다고 해석할 것이고, 수급인이 완공의 지체가 아니라 그 공사를 부실하게 한 것과 같은 불완전급부 등으로 인하여 발생한 손해는 그것이 그 부실공사 등과 상당인과관계가 있는 완공의 지체로 인하여 발생한 것이 아닌 한 위 지체상금약정에 의하여 처리되지 아니하고 **도급인은 위 일반조건의 손해배상약정에 기하여 별도로 그 배상을 청구할 수 있다. 이 경우 손해배상의 범위는 민법 제393조 등과 같은 그 범위획정에 관한 일반 법리에 의하여 정하여지고, 그것이 위 지체상금약정에 기하여 산정되는 지체상금액에 제한되어 이를 넘지 못한다고 볼 것이 아니다**(대판 2010.1.28. 2009다41137,41144).

69 14서기보

위약벌의 약정은 채무의 이행을 확보하기 위하여 정해지는 것으로서 손해배상의 예정과는 그 내용이 다르므로 손해배상의 예정에 관한 민법 제398조 제2항을 유추적용하여 그 액을 감액할 수는 없다. O | X

해설 위약벌은 당사자 사이에 의무이행을 확보하기 위하여 의무부담자에게 압력을 가하기 위한 수단으로 약정되는 **'사적 제제(私的 制裁)'**로서 채무불이행이 있으면 채무자는 손해의 유무를 묻지 않고 또 실제 손해가 있으면 위약벌 외에 이 손해도 배상하여야 한다는 점에서 손해배상액의 예정과 구별되는 것이다. 또 이 경우에는 배상액의 예정에 관한 규정이 적용되지 않고, 따라서 **법원이 감액하지도 못한다**(대판 2002.4.23. 2000다56973).
다만, 그 의무의 강제에 의하여 얻어지는 채권자의 이익에 비해 약정된 벌이 **과도하게 무거울 때에는 그 일부 또는 전부가 공서양속에 반하여 무효**로 된다(대판 2015.12.10. 2014다14511).

비교판례 참고로 최근 判例 중에는 "위약금이 손해배상액의 예정과 위약벌의 성질을 함께 가지는 것으로 볼 수 있는 경우, 특별한 사정이 없는 한 제398조 제2항에 따라 위약금 전체 금액을 기준으로 감액을 할 수 있다."(대판 2018.10.12. 2016다257978)라고 판시한 내용도 있다.

70

출제예상

위약벌이 약정된 경우에도 강행규정인 「이자제한법」이 정한 최고이자율을 초과하는 부분은 무효이다.

O | X

해설 위약벌과 이자제한법

이자제한법의 최고이자율 제한에 관한 규정은 **금전대차에 관한 계약상의 이자에 관하여 적용될 뿐**, 계약을 위반한 사람을 제재하고 계약의 이행을 간접적으로 강제하기 위하여 정한 **위약벌의 경우에는 적용될 수 없다**(대판 2017.11.29. 2016다259769).

71

출제예상

손해배상의 예정액이 부당히 과다한 경우 법원은 이를 적당히 감액할 수 있으나, 금전채무불이행을 원인으로 한 손해배상에 관하여는 채권자는 손해의 증명을 요하지 아니하고 채무자는 과실 없음을 항변하지 못하므로, 금전채무의 이행지체에 대비한 지연손해금을 따로 약정하였더라도 이는 감액의 대상이 될 수 없다.

O | X

해설 손해배상예정액의 감액

일반적으로 손해배상을 구하는 채권자가 손해의 발생 및 그 액을 증명하여야 하지만(제390조), 금전채무 불이행의 경우에 그 증명이 곤란할 뿐만 아니라 금전은 일정한 과실을 발생시키는 것이 보통이므로 **채권자가 손해의 발생과 손해액을 증명할 필요는 없다**(제397조 제2항 전단). 일반적으로 채무자는 자신의 귀책사유에 기한 것이 아닌 채무불이행에 대하여 책임을 지지 않지만(제390조 단서), 금전채무의 **채무자는 채무불이행이 자신에게 책임 없는 사유로 인한 것임을 증명하더라도 책임을 면할 수 없다**(제397조 제2항 후단).

한편, 손해배상의 예정액이 부당히 과다한 경우에는 법원은 '직권으로' 적당히 감액할 수 있는바(제398조 제2항)(대판 2002.12.24. 2000다54536), **이는 금전채무불이행에 대한 손해배상 예정의 경우에도 마찬가지**라 할 것이다.

72

14법무사

채권자가 그 채권의 목적인 물건 또는 권리의 가액전부를 손해배상으로 받은 때에는 채무자는 그 물건 또는 권리에 관하여 당연히 채권자를 대위한다.

O | X

해설 **제399조(손해배상자의 대위)** 채권자가 그 채권의 목적인 물건 또는 권리의 가액전부를 손해배상으로 받은 때에는 채무자는 그 물건 또는 권리에 관하여 당연히 채권자를 대위한다.

정답 | 67 × 68 ○ 69 ○ 70 × 71 × 72 ○

제3절 채권자지체

01

11주사보

채권자가 이행을 받을 수 없거나 받지 아니한 때에는 이행의 제공이 있는 때로부터 지체책임이 있다.

O | X

해설 **제400조(채권자지체)** 채권자가 이행을 받을 수 없거나 받지 아니한 때에는 이행의 제공 있는 때로부터 지체책임이 있다.

02

14법무사

채권자지체 중에는 채무자는 고의 또는 중대한 과실이 없으면 불이행으로 인한 모든 책임이 없다.

O | X

03

14법무사

채권자지체 중이라도 채무자는 이자 있는 채권에 대하여는 이자를 지급할 의무가 있다. O | X

해설 **02 03 제401조(채권자지체와 채무자의 책임)** 채권자지체 중에는 채무자는 고의 또는 중대한 과실이 없으면 불이행으로 인한 모든 책임이 없다.

제402조(동전) 채권자지체 중에는 이자있는 채권이라도 채무자는 이자를 지급할 의무가 **없다.**

04

11법원행시

수치인이 임치인에게 보관 중인 건고추를 속히 처분하지 않으면 벌레가 먹어 못쓰게 되니 빨리 처분하든지 인도받아 가라고 요구하였다면 이는 임치계약을 해지하고 임치물의 회수를 최고한 의사표시라고 볼 여지가 있고 이에 대하여 임치인이 시세가 싸다는 등 이유로 그 회수를 거절하였다면 이때로부터 수령지체에 빠진다.

O | X

해설 대판 1983.11.8. 83다카1476

정답 | **01** ○ **02** ○ **03** × **04** ○

제4장 | 채권의 대외적 효력

제1절 책임재산의 보전

제1관 | 채권자대위권

01 11사무관

채권자대위권을 행사하는 경우 채권자와 채무자는 일종의 법정위임의 관계에 있으므로 채권자는 채무자에게 그 비용의 상환을 청구할 수 있다. O | X

해설 채권자대위권을 행사하는 경우 채권자와 채무자는 **일종의 법정위임의 관계**에 있으므로 **채권자는 민법 제688조를 준용하여 채무자에게 그 비용의 상환을 청구할 수 있고**, 그 비용상환청구권은 강제집행을 직접 목적으로 하여 지출된 집행비용이라고는 볼 수 없으므로 지급명령신청에 의하여 지급을 구할 수 있다(대판 1996.8.21. 96그8).

02 15서기보

채권자대위권을 행사함에 있어서, 채권자가 채무자를 상대로 하여 그 보전되는 청구권에 기한 이행청구의 소를 제기하여 승소판결을 선고받고 그 판결이 확정되었다고 하더라도 제3채무자는 여전히 그 청구권의 존재를 다툴 수 있다. O | X

해설 채권자대위권을 재판상 행사하는 경우에 있어서도 채권자인 원고는 그 채권의 존재사실 및 보전의 필요성, 기한의 도래 등을 입증하면 족한 것이지, 채권의 발생원인 사실 또는 그 채권이 제3채무자인 피고에게 대항할 수 있는 채권이라는 사실까지 입증할 필요는 없으며, 따라서 **채권자가 채무자를 상대로 하여 그 보전되는 청구권에 기한 이행청구의 소를 제기하여 승소판결이 확정되면 제3채무자는 그 청구권의 존재를 다툴 수 없다**(대판 2010.11.11. 2010다43597).

03 12법무사, 18주사보, 20/21서기보

채권자대위소송에서 피보전채권이 인정되지 아니할 경우 당사자적격이 없게 되므로 그 대위소송은 부적법하여 각하된다. O | X

정답 | 01 ○ 02 × 03 ○

04

14서기보

채권자가 채권자대위권의 법리에 의하여 채무자에 대한 채권을 보전하기 위하여 채무자의 제3자에 대한 권리를 대위행사하기 위하여는 채무자에 대한 채권을 보전할 필요가 있어야 하고, 그러한 보전의 필요가 인정되지 아니하는 경우에는 소가 부적법하므로 법원으로서는 이를 각하하여야 한다. O | X

해설 채권자대위소송은 민법이 권리주체인 채무자와 병행하여 채권자에게 소송수행권을 부여한 결과 채무자를 대위하여 소송수행권을 가지는 '법정소송담당'의 한 예로 본다(통설, 判例). 이 견해에 의하면 **소송물은 채무자의 권리(피대위권리)의 존부**가 된다.

즉, 채권자대위권의 요건으로는 i) 피보전채권의 존재, ii) 채권보전의 필요성, iii) 채무자의 권리불행사, iv) 피대위권리의 존재를 요구한다(제404조). 법정소송담당설에 의할 경우 i), ii), iii)은 당사자적격에 관계되는 소송요건사실로서 흠결시에는 부적법 각하, iv)의 흠결의 경우는 본안판단으로서 청구기각판결을 하여야 한다고 한다.

관련판례 **04** 채권자가 채권자대위권의 법리에 의하여 채무자에 대한 채권을 보전하기 위하여 채무자의 제3자에 대한 권리를 대위행사하기 위하여는 채무자에 대한 채권을 보전할 필요가 있어야 하고, 그러한 보전의 필요가 인정되지 아니하는 경우에는 소가 부적법하므로 법원으로서는 이를 각하하여야 한다(대판 2012.8.30. 2010다39918). **03** 채권자대위소송에 있어서 대위에 의하여 보전될 채권자의 채무자에 대한 권리가 인정되지 아니할 경우에는 채권자가 스스로 원고가 되어 채무자의 제3채무자에 대한 권리를 행사할 당사자적격이 없게 되므로 그 대위소송은 부적법하여 각하할 수밖에 없다(대판 2005.9.29. 2005다27188).

05

11법원행시

채권자대위소송에서 대위에 의하여 보전될 채권자의 채무자에 대한 권리(피보전채권)가 존재하는지 여부와 관련하여, 법원에 현출된 소송자료를 통하여 피보전채권의 존부에 관하여 의심할 만한 사정이 발견되면 법원으로서는 직권으로 추가적인 심리조사를 통하여 그 존재 여부를 확인하여야 할 의무가 있다. O | X

해설 채권자대위소송에서 피보전채권의 존재 여부가 법원의 직권조사사항인지 여부(적극)

채권자대위소송에서 대위에 의하여 보전될 채권자의 채무자에 대한 권리(피보전채권)가 존재하는지 여부는 소송요건으로서 **법원의 직권조사사항**이므로, 법원으로서는 그 판단의 기초자료인 사실과 증거를 직권으로 탐지할 의무까지는 없다 하더라도, 법원에 현출된 모든 소송자료를 통하여 살펴보아 피보전채권의 존부에 관하여 의심할 만한 사정이 발견되면 직권으로 추가적인 심리·조사를 통하여 그 존재 여부를 확인하여야 할 의무가 있다(대판 2009.4.23. 2009다3234).

06

16사무관

채권자의 채무자에 대한 패소판결이 확정되었다면 채권자가 채권자대위권을 행사하는 것은 부적법하다. O | X

해설 채권자의 채무자에 대한 패소판결이 확정된 경우 채권자가 채권자대위권을 행사하는 것이 적법한지 여부(소극)

채권자가 채무자를 상대로 소유권이전등기절차이행의 소를 제기하여 패소의 확정판결을 받게 되면 채권자는 채무자의 제3자에 대한 권리를 행사하는 채권자대위소송에서 그 확정판결의 기판력으로 말미암아 더 이상 채무자에 대하여 동일한 청구원인으로 소유권이전등기청구를 할 수 없으므로 그러한 권리를 보전하기 위한 채권자대위소송은 그 요건을 갖추지 못하여 부적법하다(대판 2003.5.13. 2002다64148).

07

15서기보, 16법원행시, 18법무사

채권자대위권을 행사함에 있어서, 채권자가 채무자를 상대로 그 보전되는 청구권에 기한 이행청구의 소를 제기하여 승소판결을 선고받고 그 판결이 확정되었다고 하더라도 제3채무자는 여전히 그 청구권의 존재를 다툴 수 있다. O | X

해설 채권자대위권을 행사함에 있어 채권자가 채무자를 상대로 그 보전되는 청구권에 기한 이행청구의 소를 제기하여 승소판결을 선고받고 그 판결이 확정되면 제3채무자는 그 청구권의 존재를 다툴 수 없다(대판 2007.5.10. 2006다82700,82717).

08

13/16서기보, 20법원행시

채권자대위권에서 보전되는 채권은 보전의 필요성이 인정되고 이행기가 도래한 것이면 족하고, 채무자에 대한 채권이 제3채무자에게까지 대항할 수 있는 것임을 요하지 않는다. O | X

해설 민법 제404조에서 규정하고 있는 채권자대위권은 채권자가 채무자에 대한 자기의 채권을 보전하기 위하여 필요한 경우에 채무자의 제3자에 대한 권리를 대위행사할 수 있는 권리를 말하는 것으로서, 이때 **보전되는 채권은 보전의 필요성이 인정되고 이행기가 도래한 것이면 족하고**, 그 채권의 발생원인이 어떠하든 대위권을 행사함에는 아무런 방해가 되지 아니하며, 또한 **채무자에 대한 채권이 제3채무자에게까지 대항할 수 있는 것임을 요하는 것도 아니다**(대판 2003.4.11. 2003다1250).

비교판례 다만, 채무자에게 대항할 수 없는 채권자는 채무자의 권리를 대위행사할 수 없다. 예컨대, 임대인의 동의 없는 임차권의 양도에서 양수인은 임대인에 대해 대항할 수 없으므로, 임차권의 양수인은 임대인의 권한을 대위행사할 수 없다(대판 1985.2.8. 84다카188).

09

16서기보, 17법원행시

피보전채권이 특정채권이라 하여 반드시 채권적 청구권의 보전을 위하여 채권자대위권이 인정되는 것은 아니며, 물권적 청구권을 위해서도 채권자대위권이 인정될 수 있다. O | X

해설 피보전채권의 존재
채권의 종류는 묻지 않으며, 금전채권뿐만 아니라 특정채권, 종류채권도 인정되며, 채권적 청구권뿐만 아니라 **判例에 따르면 물권적 청구권도 포함**된다(대판 2007.5.10. 2006다82700,82717).

10

11법원행시, 19주사보

토지거래허가구역 내의 토지에 관하여, 매수인이 매도인에 대하여 가지는 토지거래허가신청 절차의 협력의무의 이행청구권도 채권자대위권의 행사에 의하여 보전될 수 있는 채권에 해당한다. O | X

정답 | 04 ○ 05 ○ 06 ○ 07 × 08 ○ 09 ○ 10 ○

해설 국토이용관리법상의 토지거래규제구역 내의 토지에 관하여 관할 관청의 허가 없이 체결된 매매계약이라고 하더라도, **거래 당사자 사이에는 그 계약이 효력이 있는 것으로 완성될 수 있도록 서로 협력할 의무**가 있어, 그 매매계약의 쌍방 당사자는 공동으로 관할 관청의 허가를 신청할 의무가 있고, 이러한 의무에 위배하여 허가신청에 협력하지 아니하는 당사자에 대하여 상대방은 협력의무의 이행을 청구할 수 있는 것이므로, 이와 같은 **매수인이 매도인에 대하여 가지는 토지거래허가신청 절차의 협력의무의 이행청구권도 채권자대위권의 행사에 의하여 보전될 수 있는 채권에 해당**한다"(대판 1995.9.5. 95다22917).

11

11/17법원행시, 19주사보

임대인에 대항할 수 없는 임차권의 양수인일지라도, 임대인의 권한을 대위하여 임대차목적물인 점포의 명도를 구할 수 있다. O | X

해설 임대인의 동의 없는 임차권 양수인이 임대인의 권한을 대위행사할 수 있는지 여부(소극)
임대인의 동의 없는 임차권의 양도는 당사자 사이에서는 유효하다 하더라도 다른 특약이 없는 한 임대인에게는 대항할 수 없는 것이고 임대인에 대항할 수 없는 임차권의 양수인으로서는 임대인의 권한을 대위행사할 수 없다(대판 1995.9.5. 95다22917).

12

19법무사

채권자 甲의 채무자 乙에 대한 채권이 변제기가 도래하지 아니한 경우, 甲은 자기의 채권을 보전하기 위하여 법원의 허가를 얻어 乙의 丙에 대한 채권을 대위행사할 수 있다. O | X

13

21서기보

보전행위는 채권자의 피보전채권의 이행기가 도래하기 전이라도 법원의 허가 없이 대위할 수 있다. O | X

해설 **12 13** 피보전채권의 이행기 도래
채무자의 기한의 이익의 보호를 위해 원칙적으로 피보전채권의 이행기 도래가 요건이다. 그러나 채권의 이행기 전이라도 ⅰ) '법원의 허가'가 있거나(재판상 대위: 제404조 2항 본문), ⅱ) 시효중단(채무자의 채권이 시효로 소멸하려 할 때)·보존등기와 같은 '보존행위'(제404조 제2항 단서)의 경우에는 대위권을 행사할 수 있다.

➡ 즉, 보존행위는 법원의 허가 없이도 할 수 있다.

제404조(채권자대위권) ② 채권자는 그 채권의 기한이 도래하기 전에는 법원의 허가 없이 전항의 권리를 행사하지 못한다. **그러나 보전행위는 그러하지 아니하다.**

14

16/18법무사

채권자는 채무자에 대한 채권을 보전하기 위하여 채무자를 대위해서 채무자의 권리를 행사할 수 있는데, 채권자가 보전하려는 권리와 대위하여 행사하려는 채무자의 권리가 밀접하게 관련되어 있고 채권자가 채무자의 권리를 대위하여 행사하지 않으면 자기 채권의 완전한 만족을 얻을 수 없게 될 위험이 있어 채무자의 권리를 대위하여 행사하는 것이 자기 채권의 현실적 이행을 유효 적절하게 확보하기 위하여 필요한 경우에는 채권자대위권의 행사가 채무자의 자유로운 재산관리행위에 대한 부당한 간섭이 된다는 등의 특별한 사정이 없는 한 채권자는 채무자의 권리를 대위하여 행사할 수 있어야 한다. O | X

해설 채권자대위권의 행사요건으로서 채권보전의 필요성의 의미 및 채권자대위권의 행사가 채무자의 자유로운 재산관리행위에 대한 부당한 간섭이 되는 경우 보전의 필요성 인정 여부(소극)
민법 제404조에서 규정하고 있는 채권자대위권은 채권자가 채무자에 대한 자기의 채권을 보전하기 위하여 필요한 경우에 채무자의 제3자에 대한 권리를 대위하여 행사할 수 있는 권리를 말하므로, 보전되는 채권에 대하여 **보전의 필요성**이 인정되어야 한다. 여기에서 보전의 필요성은, ⅰ) 채권자가 보전하려는 권리와 대위하여 행사하려는 채무자의 권리가 밀접하게 관련되어 있고, ⅱ) 채권자가 채무자의 권리를 대위하여 행사하지 않으면 자기 채권의 완전한 만족을 얻을 수 없게 될 위험이 있어 채무자의 권리를 대위하여 행사하는 것이 자기 채권의 현실적 이행을 유효·적절하게 확보하기 위하여 필요한 것을 말하며, **채권자대위권의 행사가 채무자의 자유로운 재산관리행위에 대한 부당한 간섭이 된다는 등의 특별한 사정이 있는 경우에는 보전의 필요성을 인정할 수 없다**(대판 2013.5.23. 2010다50014).

15

14/18주사보, 19사무관

채권자가 채무자에 대한 소유권이전등기청구권 등 특정채권을 보전하기 위하여 채무자의 특정권리를 대위행사하는 경우에는 채무자의 무자력은 대위행사의 요건이 아니다. O | X

해설 특정채권을 보전하기 위하여 채권자대위권을 행사하는 경우 채무자의 무자력이 요건인지 여부(소극)
채권자는 자기의 채무자에 대한 부동산의 소유권이전등기청구권 등 특정채권을 보전하기 위하여 채무자가 방치하고 있는 그 부동산에 관한 특정권리를 대위하여 행사할 수 있고 그 경우에는 채무자의 무자력을 요건으로 하지 아니하는 것이다(대판 1992.10.27. 91다483).

16

16/18사무관, 20법원행시

채권보전의 필요성(무자력)은 사실심 변론종결 당시를 기준으로 판단하여야 하며 그 입증책임은 채권자에게 있다. O | X

해설 채권자대위권 행사에 있어서 채권을 보전하기에 필요한 여부의 판단시기
채권자대위권의 행사로서 채권자가 채권을 보전하기에 필요한 여부는 변론종결 당시를 표준으로 판단되어야 할 것이다(대판 1976.7.13. 75다1086).

정답 | 11 × 12 ○ 13 ○ 14 ○ 15 ○ 16 ○

쟁점정리 금전채권이 피보전채권인 경우 채권보전의 필요성

① **원칙적으로 채무자가 무자력**이어야 한다. 이는 총채권자의 이익을 위한 것이라는 제도 본래의 취지에 비추어 당연한 요건으로 사실심변론종결시를 기준으로 하여 판단한다(대판 1976.7.13. 75다1086).

② 그러나 예외적으로 ㉠ **피보전채권과 피대위권리가 밀접하게 관련되어 있고,** ㉡ **채권자대위권을 행사하지 않으면 피보전채권을 유효·적절하게 행사할 수 없는 경우**에는 무자력을 요하지 않는다. 즉, 이런 경우에는 채권자대위권의 행사가 채무자의 자유로운 재산관리행위에 대한 부당한 간섭이 된다는 등의 특별한 사정이 없는 한, 채권자는 채무자의 권리를 대위하여 행사할 수 있다(대판 2001.5.8. 99다38699 등).

17 10/16법무사

임대차보증금반환채권을 양수한 채권자가 그 이행을 청구하기 위하여 임차인의 가옥명도가 선이행 되어야 할 필요가 있어 명도를 구하는 경우에도 임대인의 무자력을 요건으로 한다. O | X

19 18법원행시

임차인 甲이 임대인 乙에 대한 임대차보증금반환채권을 丙에게 양도하고 乙에게 이를 통지하였다. 임대차종료시 甲이 乙에게 임대차목적물의 반환을 거부하고 있어 乙이 丙에게 보증금의 지급을 거부하고 있는 경우, 丙은 乙을 대위하여 甲에게 임대차목적물의 반환을 청구할 수 있고, 이때 乙의 무자력은 요구되지 않는다. O | X

해설 **17 18** 判例에 따르면 **임차보증금반환채권의 양수인이 임대인의 임차인에 대한 임차목적물 인도청구권을 대위행사하는 경우** 채권자가 자기 채권을 보전하기 위하여 채무자의 권리를 행사하려면 채무자의 무자력을 요건으로 하는 것이 통상이지만 이 사건의 경우와 같이 **채권자가 양수한 임차보증금의 이행을 청구하기 위하여 임차인의 가옥명도가 선이행되어야 할 필요가 있어서** 그 명도를 구하는 경우에는 그 채권의 보전과 채무자인 임대인의 자력 유무는 관계가 없는 일이므로 무자력을 요건으로 한다고 할 수 없다(대판 1989.4.25. 88다카4253)고 한다.

19 11법원행시

수임인이 가지는 민법 제688조 제2항 전단 소정의 대변제청구권은 통상의 금전채권과는 다른 목적을 갖는 것이므로, 수임인이 대변제청구권을 보전하기 위하여 채무자인 위임인의 채권을 대위행사하는 경우에는 채무자의 무자력을 요건으로 하지 아니한다. O | X

해설 채권자대위권 - 채권보전의 필요성(채무자의 무자력)

피보전채권이 금전채권인 경우 원칙적으로 채무자가 무자력이어야 한다. 그러나 判例에 따르면 수임인이 가지는 제688조 제2항 소정의 대변제청구권은 통상의 금전채권과는 다른 목적을 갖는 것이므로, 수임인이 이 대변제청구권을 보전하기 위하여 채무자인 위임인의 채권을 대위 행사하는 경우에는 채무자의 무자력을 요건으로 하지 않는다고 한다(대판 2002.1.25. 2001다52506).

20

18법원행시

甲이 자신의 X토지를 乙에게 매도하고, 乙은 X토지를 공동으로 매수하려는 丙, 丁, 戊에게 매도하였으나, 아직 X토지의 등기명의는 甲으로 되어 있다. 丙이 乙을 대위하여 甲에 대하여 소유권이전등기를 청구하는 소를 제기한 경우, 丙은 자기의 매수지분 범위 내에서만 乙의 甲에 대한 소유권이전등기청구권을 대위행사할 수 있다. O | X

> **해설** 부동산을 공동매수한 채권자가 채무자에 대한 소유권이전등기청구권을 피보전채권으로 하여 제3채무자를 상대로 채무자의 제3채무자에 대한 소유권이전등기청구권을 대위행사하는 소송을 제기한 사안에서, 위 채권자는 공동매수인 중 1인에 불과하므로 그의 매수지분 범위 내에서만 채무자의 제3채무자에 대한 소유권이전등기청구권을 대위행사할 수 있고, 그 지분을 초과하는 부분에 관하여는 채무자를 대위할 보전의 필요성이 없다(대판 2010.11.11. 2010다43597).

21

출제예상

채무자 소유의 부동산을 시효취득한 채권자의 사망 후 그 채권자의 공동상속인 중 1인이 채무자에 대한 소유권이전등기청구권을 피보전채권으로 하여 제3채무자를 상대로 채무자의 제3채무자에 대한 소유권이전등기의 말소등기청구권을 대위행사하는 경우, 그 공동상속인은 자신의 지분 범위 내에서만 채무자의 제3채무자에 대한 소유권이전등기의 말소등기청구권을 대위행사할 수 있다. O | X

> **해설** 공동매수인 또는 공유자의 1인이 행사할 수 있는 채권자대위권의 범위(피보전채권의 범위)
> 甲이 乙의 丙에 대한 점유취득시효를 원인으로 한 소유권이전등기청구권 중 일부 지분을 상속받았다고 주장하면서 丁을 상대로 丙의 丁에 대한 소유권이전등기의 말소등기청구권을 대위하여 전부 말소를 구한 사안에서, 判例는 "甲의 상속지분을 넘는 부분에 관하여는 보전의 필요성이 없다는 점을 지적하거나 甲이 주장한 상속지분이 증거에 의하여 인정되는 상속지분과 일치하지 아니함에도 아무런 석명을 하지 아니한 채 甲이 주장하는 지분을 초과하는 부분에 관하여 보전의 필요성이 없다는 이유로 소를 각하한 원심판결에 석명의무를 다하지 아니하여 심리를 제대로 하지 않은 잘못이 있다(대판 2014.10.27. 2013다25217).

22

16서기보

가등기가 「가등기담보 등에 관한 법률」에 정한 담보가등기로서 강제집행을 통한 매각이 가능하다는 등의 특별한 사정이 없는 한, 이미 제3자 명의로 소유권이전청구권보전의 가등기가 경료되어 있는 부동산은 채권자대위권의 행사를 위하여 적극재산을 산정함에 있어서 이를 제외하여야 한다. O | X

> **해설** 채무자의 무자력 여부 판단 시 고려요소 – 적극재산에 청구권보전의 가등기가 경료되어 있는 경우
> 채권자대위의 요건으로서의 무자력이란 채무자의 변제자력이 없음을 뜻하는 것이고, 특히 임의변제를 기대할 수 없는 경우에는 강제집행을 통한 변제가 고려되어야 하므로, 소극재산이든 적극재산이든 위와 같은 목적에 부합할 수 있는 재산인지 여부가 변제자력 유무 판단의 중요한 고려요소가 되어야 한다. 따라서 **채무자의 적극재산인 부동산에 이미 제3자 명의로 소유권이전청구권보전의 가등기가 경료되어 있는 경우**에는, 위 가등기가 「가등기담보 등에 관한 법률」에 정한 담보가등기로서 강제집행을 통한 매각이 가능하다는 등의 특별한 사정이 없는 한, 위 부동산은 실질적으로 재산적 가치가 없어 **적극재산을 산정함에 있어서 이를 제외**하여야 한다(대판 2009.2.26. 2008다76556).

정답 | 17 × 18 ○ 19 ○ 20 ○ 21 ○ 22 ○

23

출제예상

乙이 甲으로부터 신탁받은 부동산을 丙의 강박에 의하여 丙에게 증여하고 소유권이전등기를 마쳐준 뒤 丙이 다시 선의의 丁에게 이를 매도하고 소유권이전등기를 마쳐주자, 甲이 乙에 대한 손해배상청구권(명의신탁 해지로 인한 소유권이전등기청구권의 이행불능을 원인)을 보전하기 위하여 乙의 丙에 대한 손해배상청구권(강박 취소로 인한 소유권이전등기말소등기청구권의 이행불능을 원인)을 대위행사하는 경우 乙의 무자력이 요구되지 않는다. O | X

해설 양 채권이 그 발생원인에 있어 직접적인 관련성이 있는 이상, 甲이 丙에 대하여 위 가액배상청구권을 대위행사함에 있어서 일반 금전채권의 경우와 같이 피대위자인 乙이 무자력임을 그 요건으로 하여야 한다고 볼 수 없다(대판 2006.1.27. 2005다39013).

24

11법원행시, 16법무사

채무자가 이미 자신의 권리를 행사한 경우에는 채권자는 채무자의 권리를 대위행사할 수 없다. O | X

25

18법원행시

甲은 乙에게 1억 원의 대여금 채권을 가지고 있고, 乙은 丙에게 1억 원의 매매대금 채권을 가지고 있다. 甲이 乙에 대한 채권을 보전하기 위하여 乙을 대위하여 丙에 대하여 매매대금을 청구하는 소를 제기하기 이전에 乙이 丙을 상대로 1억 원의 매매대금의 지급을 구하는 소를 제기하였고 패소확정판결을 받은 경우, 甲은 乙을 대위하여 권리를 행사할 수 없다. O | X

26

19주사보

채무자가 이미 확정판결을 받은 경우에는 패소판결을 받은 경우라도 동일 소송물에 대한 채권자대위소송은 당사자적격 흠결로 소각하 판결을 선고한다. O | X

해설 **24** 채무자의 권리 불행사
명문규정은 없지만 채권자대위권은 채무자가 그 권리를 행사하지 아니할 때 한해 허용된다. 채무자가 반대의사를 표명한 경우에도 대위행사는 가능하다(대판 1963.11.21. 63다634). 다만 채무자가 권리를 행사하는 이상 그 방법이나 결과를 묻지 않고 채권자대위는 허용되지 않는다. 따라서 설사 채무자가 부적당한 소송으로 패소한 때에도 채권자의 대위권은 인정되지 않는다(대판 1993.3.26. 92다32876).
25 26 채권자대위권은 채무자가 제3채무자에 대한 권리를 행사하지 아니하는경우에 한하여 채권자가 자기의 채권을 보전하기 위하여 행사할 수 있는 것이기 때문에 채권자가 대위권을 행사할 당시 이미 채무자가 그 권리를 재판상 행사하였을 때에는 설사 패소의 확정판결을 받았더라도 채권자는 채무자를 대위하여 채무자의 권리를 행사할 당사자적격이 없다(대판 1993.3.26. 92다32876).

27

19법무사

비법인사단인 채무자가 제3채무자를 상대로 소를 제기하였으나 사원총회의 결의 없이 총유재산에 관한 소가 제기되었다는 이유로 각하판결을 선고받고 그 판결이 확정된 경우, 이는 채무자가 스스로 제3채무자에 대한 권리를 재판상 행사한 것으로 보아야 하므로, 그 후 비법인사단의 채권자가 제기한 채권자대위소송은 부적법하다. O | X

해설 총유재산에 관한 소송

비법인사단이 사원총회의 결의 없이 제기한 소는 소제기에 관한 특별수권(민법 제276조 제1항)을 결하여 부적법하고, 그 경우 소제기에 관한 비법인사단의 의사결정이 있었다고 할 수 없다. 따라서 비법인사단인 채무자 명의로 제3채무자를 상대로 한 소가 제기되었으나 사원총회의 결의 없이 총유재산에 관한 소가 제기되었다는 이유로 '각하판결'을 받고 그 판결이 확정된 경우에는 채무자가 스스로 제3채무자에 대한 권리를 행사한 것으로 볼 수 없다(대판 2018.10.25. 2018다210539).

28

14서기보

「저작권법」이 보호하는 재산권의 침해가 발생하였으나 그 권리자가 스스로 저작권법 상의 침해정지청구권을 행사하지 않는 경우, 그 재산권의 독점적인 이용권자가 권리자를 대위하여 위 침해정지청구권을 행사할 수 있다. O | X

해설 대판 2007.1.25. 2005다11626

29

15법무사, 17법원행시

채무자의 제3채무자에 대한 권리가 형성권, 채권자대위권, 채권자취소권 등인 경우에는 성질상 채권자가 이를 대위할 수 없다. O | X

30

18법무사

계약의 승낙은 일신전속권에 해당하지 아니하므로, 특별한 사정이 없는 한 특정채권 보전을 위한 채권자대위권의 목적이 될 수 있다. O | X

해설 **29** ① **채권자대위권의 목적이 될 수 있는 권리**

채무자의 책임재산의 보전과 관련이 있는 재산권(채권의 공동담보에 적합한 채무자의 권리)은 그 종류를 묻지 않고, 채권자대위권의 목적으로 될 수 있다. 채권적 청구권에 한하지 않으며, 등기청구권·형성권·물권적 청구권(대판 1966.9.27. 66다1334)·공유물분할청구권(대판 2020.5.21. 2018다879 전합)·채권자대위권(대판 1992.7.14. 92다527)·채권자취소권(아래 2000다73049판결)·조합의 탈퇴권(대결 2007.11.30. 2005마1130) 등도 포함된다.

② **채권자대위권의 목적이 될 수 없는 권리**

권리자 자신이 권리를 행사할 것인지 여부를 결정하여야 비로소 그 권리행사가 의미를 가지게 되는 종류의 권리(행사상의 일신전속권)는 대위의 목적으로 되지 못한다(제404조 제1항 단서). 따라서 **권리의 행사가 채무자의 자유의사에 맡겨져 있는 권리(예컨대 계약의 청약과 승낙·제3자를 위한 계약에서 수익의 의사표시·채권양도의 통지 등)**도 채권자대위권의 대상이 될 수 없다.

정답 | 23 ○ 24 ○ 25 ○ 26 ○ 27 × 28 ○ 29 × 30 ×

30 ③ 계약의 청약이나 승낙과 같이 비록 행사상의 일신전속권은 아니지만 이를 행사하면 그로써 새로운 권리의무관계가 발생하는 등으로 권리자 본인이 그로 인한 법률관계 형성의 결정 권한을 가지도록 할 필요가 있는 경우에는, **채무자에게 이미 그 권리행사의 확정적 의사가 있다고 인정되는 등 특별한 사정이 없는 한, 그 권리는 채권자대위권의 목적이 될 수 없다**고 봄이 상당하다(대판 2012.3.29. 2011다100527).

31

출제예상

공유물분할청구권도 채권자대위권의 목적이 될 수 있다. 따라서 채권자가 자신의 '금전채권'을 보전하기 위하여 채무자를 대위하여 '부동산에 관한' 공유물분할청구권을 행사하는 것은, 책임재산의 보전의 필요성을 인정할 수 있어 이를 대위행사할 수 있다. O|X

해설 **금전채권자'가 채무자를 대위해서 '부동산에 관한' 공유물분할청구권을 행사할 수 있는지 여부**
判例에 따르면 공유물분할청구권도 채권자대위권의 목적이 될 수 있으나, "채권자가 자신의 '금전채권'을 보전하기 위하여 채무자를 대위하여 '부동산에 관한' 공유물분할청구권을 행사하는 것은, 책임재산의 보전과 직접적인 관련이 없어 채권의 현실적 이행을 유효·적절하게 확보하기 위하여 필요하다고 보기 어렵고 채무자의 자유로운 재산관리행위에 대한 부당한 간섭이 되므로 보전의 필요성을 인정할 수 없다. 또한 특정 분할방법을 전제하고 있지 않는 공유물분할청구권의 성격 등에 비추어 볼 때 그 대위행사를 허용하면 여러 법적 문제들이 발생한다. 따라서 극히 예외적인 경우가 아니라면 금전채권자는 부동산에 관한 공유물분할청구권을 대위행사할 수 없다고 보아야 한다. 이는 채무자의 공유지분이 다른 공유자들의 공유지분과 함께 근저당권을 공동으로 담보하고 있고, 근저당권의 피담보채권이 채무자의 공유지분 가치를 초과하여 채무자의 공유지분만을 경매하면 남을 가망이 없어 민사집행법 제102조에 따라 경매절차가 취소될 수밖에 없는 반면, 공유물분할의 방법으로 공유부동산 전부를 경매하면 민법 제368조 제1항에 따라 각 공유지분의 경매대가에 비례해서 공동근저당권의 피담보채권을 분담하게 되어 채무자의 공유지분 경매대가에서 근저당권의 피담보채권 분담액을 변제하고 남을 가망이 있는 경우에도 마찬가지이다."(대판 2020.5.21. 2018다879 전합 - 채무초과인 채무자의 책임재산으로 아파트의 공유지분이 있으나, 공유지분에 대한 강제집행이 근저당권 등 선순위 권리로 인하여 곤란하게 되자, 금전채권자인 원고가 채무자를 대위하여 아파트에 관한 공유물분할을 청구한 사안)라고 한다.

32

21사무관

채권자취소권도 채권자가 채무자를 대위하여 행사하는 것이 가능하나, 채권자취소권을 대위행사하는 채권자가 취소원인을 안 지 1년이 지난 경우라면 채권자취소의 소를 제기할 수 없다. O|X

33

16법원행시

채권자가 채무자의 채권자취소권을 대위행사하는 경우, 제소기간은 채권자취소권을 대위행사하는 채권자를 기준으로 그 준수 여부를 가려야 한다. O|X

해설 **32 33** 민법 제404조 소정의 채권자대위권은 채권자가 자신의 채권을 보전하기 위하여 채무자의 권리를 자신의 이름으로 행사할 수 있는 권리라 할 것이므로, 채권자가 채무자의 채권자취소권을 대위행사하는 경우, 제소기간은 대위의 목적으로 되는 권리의 채권자인 채무자를 기준으로 하여 그 준수 여부를 가려야 할 것이고, 따라서 채권자취소권을 대위행사하는 채권자가 취소원인을 안 지 1년이 지났다 하더라도 채무자가 취소원인을 안 날로부터 1년, 법률행위가 있은 날로부터 5년 내라면 채권자취소의 소를 제기할 수 있다(대판 2001.12.27. 2000다73049).

34

19법원행시

채무자의 재산인 조합원 지분을 압류한 채권자는 특별한 사정이 없는 한 채권자대위권에 의하여 채무자의 조합 탈퇴의 의사표시를 대위 행사할 수 있고, 단지 조합원이 조합을 탈퇴하면 조합목적의 수행에 지장을 초래할 것이라는 사정만으로는 이를 불허할 수는 없다. O | X

해설 **민법상 조합원의 조합탈퇴권이 채권자대위권의 목적이 될 수 있는지 여부(적극)**
민법상 조합원은 조합의 존속기간이 정해져 있는 경우 등을 제외하고는 원칙적으로 언제든지 조합에서 탈퇴할 수 있고(민법 제716조 참조), 조합원이 탈퇴하면 그 당시의 조합재산 상태에 따라 다른 조합원과 사이에 지분의 계산을 하여 지분환급청구권을 가지게 되는바(민법 제719조 참조), 조합원이 조합을 탈퇴할 권리는 그 성질상 조합계약의 해지권으로서 그의 일반재산을 구성하는 재산권의 일종이라 할 것이고 채권자대위가 허용되지 않는 일신전속적 권리라고는 할 수 없다. 따라서 채무자의 재산인 조합원 지분을 압류한 채권자는, 당해 채무자가 속한 조합에 존속기간이 정하여져 있다거나 기타 채무자 본인의 조합탈퇴가 허용되지 아니하는 것과 같은 특별한 사유가 있지 않은 한, 채권자대위권에 의하여 채무자의 조합 탈퇴의 의사표시를 대위행사할 수 있다 할 것이고, 일반적으로 조합원이 조합을 탈퇴하면 조합목적의 수행에 지장을 초래할 것이라는 사정만으로는 이를 불허할 사유가 되지 아니한다(대결 2007.11.30. 2005마1130).

35

21법원행시

유류분반환청구권은 그 행사 여부가 유류분권리자의 인격적 이익을 위하여 그의 자유로운 의사결정에 전적으로 맡겨진 권리로서 행사상의 일신전속성을 가진다고 보아야 하므로, 유류분권리자에게 그 권리행사의 확정적 의사가 있다고 인정되는 경우가 아니라면 채권자대위권의 목적이 될 수 없다. O | X

36

15/21서기보, 19법무사

유류분권리자의 유류분반환청구권행사에 대한 확정적 의사 여부와 관계없이 유류분반환청구권도 채권자대위의 목적이 될 수 있다. O | X

37

20법원행시

甲은 자기 토지 위에 있는 乙 소유의 건물에 대한 건물철거청구권을 보전하기 위해 그 건물의 임대인인 乙을 대위하여 乙로부터 건물을 임차한 丙을 상대로 임대차계약해지권 및 건물인도청구권을 행사할 수 있다. O | X

38

12주사보

임대인의 임대차계약해지권, 유류분반환청구권 등은 행사상의 일신전속성을 가지므로 채권자대위권의 목적이 될 수 없다. O | X

정답 | 31 × 32 × 33 × 34 ○ 35 ○ 36 × 37 ○ 38 ×

해설 **35 36** 유류분반환청구권은 그 행사 여부가 행사상의 일신전속권인지 여부(적극)
유류분반환청구권은 유류분권리자의 인격적 이익을 위하여 그의 자유로운 의사결정에 전적으로 맡겨진 권리로서 행사상의 일신전속성을 가진다고 보아야 하므로, 유류분권리자에게 그 권리행사의 확정적 의사가 있다고 인정되는 경우가 아니라면 채권자대위권의 목적이 될 수 없다(대판 2010.5.27. 2009다93992).
37 38 임대인의 임대차계약 해지권이 행사상의 일신전속권인지 여부(소극)
임대인의 임대차계약 해지권은 오로지 임대인의 의사에 행사의 자유가 맡겨져 있는 행사상의 일신전속권에 해당하는 것으로 볼 수 없다(대판 2007.5.10. 2006다82700,82717).

39

15법원행시

① 가압류 가처분 결정에 대한 본안의 제소명령을 신청할 수 있는 권리, ② 제소기간의 도과에 의한 가압류 가처분의 취소를 신청할 수 있는 권리, ③ 사정변경에 따른 가압류 가처분의 취소를 신청할 수 있는 권리는 채권자대위권의 목적이 되는 권리에 해당하지만, ④ 가압류 결정에 대한 이의신청은 채권자대위권의 목적이 되는 권리에 해당하지 않는다. O | X

해설 실체법상의 권리를 주장하는 형식으로서의 소송상 권리(각종 소의 제기, 강제집행신청, 청구이의의 소, 제3자 이의의 소, 가압류·가처분명령의 취소신청 등)는 원칙적으로 대위행사 할 수 있으나, 채무자가 소를 제기하여 권리를 행사한 상태에서는 개별적 소송행위에 대한 권리(공격방어방법의 제출, 상소제기, 재심의 소제기, 집행방법 또는 가압류결정에 대한 이의신청 등)는 대위행사할 수 없다(대판 2012.12.27. 2012다75239).

관련판례 원래 **가압류결정에 대한 이의신청**은 가압류결정에 대한 소송법상의 불복방법으로서, 이미 개시된 가압류·가처분의 소송절차에서 그 소송을 수행하기 위한 절차상의 권리에 지나지 않는 것이므로, 그 소송절차의 주체인 소송당사자(또는 그의 일반승계인이나 소송에 참가한 특정승계인)만이 그 권리를 행사할 수 있다고 보아야 할 것이므로, **채권자의 대위에 의하여 행사될 수 없는 권리**라 할 것이다(대판 1970.4.28. 69다2108).

비교판례 민사집행법 제301조에 의하여 가처분절차에도 준용되는 같은 법 제287조 제1항에 따라 ⅰ) **가압류·가처분결정에 대한 본안의 제소명령을 신청할 수 있는 권리**나 같은 조 제2항 및 제3항에 따라 ⅱ) **제소기간의 도과에 의한 가압류·가처분의 취소를 신청할 수 있는 권리** 또는 같은 법 제288조 제1항에 따라 ⅲ) **사정변경에 따른 가압류·가처분의 취소를 신청할 수 있는 권리**는 가압류·가처분신청에 기한 소송을 수행하기 위한 소송절차상의 개개의 권리가 아니라 가압류·가처분신청에 기한 소송절차와는 **별개의 독립된 소송절차를 개시**하게 하는 권리라고 할 것이므로, 이는 **채권자대위권의 목적이 될 수 있는 권리**라고 봄이 상당하다(대결 1993.12.27. 93마1655).

40

14서기보

채권을 보전하기 위하여 대위행사가 필요한 경우는 실체법상 권리뿐만 아니라 소송법상 권리에 대하여서도 대위가 허용되나, 종전 재심대상판결에 대하여 불복하여 종전 소송절차의 재개, 속행 및 재심판을 구하는 재심의 소 제기는 채권자대위권의 목적이 될 수 없다. O | X

해설 재심의 소 제기가 채권자대위권의 목적이 될 수 있는지 여부(소극)
채권을 보전하기 위하여 대위행사가 필요한 경우는 실체법상 권리뿐만 아니라 소송법상 권리에 대하여서도 대위가 허용되나, 채무자와 제3채무자 사이의 소송이 계속된 이후의 소송수행과 관련한 개개의 소송상 행위는 그 권리의 행사를 소송당사자인 채무자의 의사에 맡기는 것이 타당하므로 채권자대위가 허용될 수 없다. 같은 취지에서 볼 때 상소의 제기와 마찬가지로 종전 재심대상판결에 대하여 불복하여 종전 소송절차의 재개, 속행 및 재심판을 구하는 재심의 소 제기는 채권자대위권의 목적이 될 수 없다(대판 2012.12.27. 2012다75239).

41 12사무관, 16법무사

채권자대위권을 행사하여 채권자가 제3채무자에게 그 명의의 소유권보존등기의 말소절차를 채무자 아닌 직접 자기에게 이행할 것을 청구한 경우 법원은 제3채무자에 대하여 채권자대위권을 행사하는 채권자에게 직접 말소등기 절차를 이행할 것을 명할 수 있다. O | X

42 출제예상

어느 부동산이 丙→乙→甲으로 차례로 매도되었는데(등기는 아직 丙에게 있다), 甲이 乙을 대위하여 丙소유의 부동산에 관하여 처분금지가처분을 하였다. 만약 채권자 甲이 채무자 乙을 대위하여 제3채무자 丙에게 그 명의의 소유권이전등기의 말소절차를 직접 자기에게 이행할 것을 청구한 경우, 법원은 丙에 대하여 甲에게 직접 말소등기절차를 이행하도록 명할 수는 없다. O | X

43 11주사보, 17법원행시

미등기건물의 매수인은 미등기건물의 불법점유자에 대하여 매도인을 대위하여 미등기건물의 인도청구를 할 수 있는데 이때 직접 자기에게 미등기건물을 인도할 것을 청구할 수는 없다. O | X

44 21법원행시

채권자가 자기의 금전채권을 보전하기 위하여 채무자의 금전채권을 대위행사하는 경우 제3채무자로 하여금 채무자에게 지급의무를 이행하도록 청구하는 것이므로, 직접 대위채권자 자신에게 이행하도록 청구할 수는 없다. O | X

해설 채권자대위권의 행사방법

① 원칙채권자대위권의 요건이 구비되면 채권자는 '자기의 이름으로' 채무자의 권리를 행사할 수 있다. 채권자대위권은 채무자의 권리를 채권자가 대위행사하는 것이므로, 그 내용은 제3채무자에 대해 채무자에게 일정한 급부행위를 하라고 청구하는 것이 원칙이다(대판 1966.9.27. 66다1149).

② 예외 – 피대위채권이 '등기청구권'인 경우 41 42

㉠ 채무자의 '이전등기청구권'을 대위행사하는 경우에는 채무자 앞으로의 이행만을 청구할 수 있다(대판 1966.7.26. 66다8892).

㉡ 그러나 '등기말소청구권'을 대위행사하는 경우와 같이 이행의 상대방이 별다른 의미를 갖지 못하는 경우에는 채권자에게 이행할 것을 청구할 수도 있다(대판 1962.1.11. 4294민상195 등)(청구취지에서 '제3채무자는 채권자에게 이행하라'라고 기재한다).

③ 예외 – 피대위채권이 '인도청구권'인 경우 43

㉠ '피보전채권이 특정채권'인 경우에는 대위권을 행사하는 채권자로 하여금 목적부동산에 대한 점유의 취득 또는 회복하게 하려는 데 목적이 있으므로 직접 채권자에게 인도하도록 하여도 무방하다. 예컨대 원고가 미등기 건물을 매수하였으나 소유권이전등기를 하지 못한 경우에는 위 건물의 소유권을 원시취득한 매도인을 대위하여 불법점유자에 대하여 인도청구를 할 수 있고 이때 원고는 불법점유자에 대하여 직접 자기에게 인도할 것을 청구할 수도 있다(대판 1980.7.8. 79다1928).

정답 | 39 ○ 40 ○ 41 ○ 42 × 43 × 44 ×

㉡ 반면에 '피보전채권이 금전채권'인 경우에는 금전채권의 실현에 장애가 되는 상태를 제거하는 것이 목적이므로 채무자에게 인도할 것을 청구하여야 한다. 예컨대 임대차보증금채권을 양수한 채권자가 그 이행을 임대인에게 청구하기 위해서는 임차인의 건물 인도가 선이행되어야 할 필요가 있는데, 임대인이 임차인에 대하여 인도 청구를 해태하고 있다면, 양수 채권자인 원고로서는 임대인을 대위하여 임차인으로 하여금 '임대인'에게 그 건물을 인도할 것을 청구할 수 있다(대판 1989.4.25. 88다카4253,4260).

④ **예외 - 피대위채권이 '금전채권'인 경우 44**

채권자가 자기의 금전채권을 보전하기 위하여 채무자의 금전채권을 대위행사하는 경우 제3채무자로 하여금 채무자에게 지급의무를 이행하도록 청구할 수도 있지만, 직접 대위채권자 자신에게 이행하도록 청구할 수도 있다(대판 2016.8.29. 2015다236547).

45

14/17/21서기보, 16법원행시, 19법무사

채권자대위소송의 제3채무자는 원칙적으로 채무자가 채권자에 대하여 가지는 항변으로 대항할 수 없지만, 채권자의 채무자에 대한 채권의 소멸시효가 완성된 경우에는 소멸시효 완성의 항변을 원용할 수 있다. O | X

해설 채권자가 채권자대위권을 행사하여 제3자에 대하여 하는 청구에 있어서, 제3채무자는 채무자가 채권자에 대하여 가지는 항변으로 대항할 수 없으며, **채권의 소멸시효가 완성된 경우 이를 원용할 수 있는 자는 원칙적으로는 시효이익을 직접 받는 자**뿐이고, **채권자대위소송의 제3채무자는 이를 행사할 수 없다**(대판 2009.9.10. 2009다34160).

46

15서기보

채권자대위권은 채무자의 제3채무자에 대한 권리를 행사하는 것이므로, 제3채무자는 채무자에 대해 가지는 모든 항변사유로써 채권자에게 대항할 수 있으나, 채권자는 채무자 자신이 주장할 수 있는 사유의 범위 내에서 주장할 수 있을 뿐, 자기와 제3채무자 사이의 독자적인 사정에 기한 사유를 주장할 수는 없다. O | X

해설 **채권자와 제3채무자 사이의 독자적인 사정에 기한 사유**

원칙적으로 채권자는 채무자의 권리를 행사하는 것이므로 대위권 행사의 통지가 있기 전에 제3채무자는 채무자에 대하여 가지는 모든 항변(피대위권리에 대한 항변)으로 채권자에게 대항할 수 있다(대판 2009.5.28. 2009다4787).

47

19법무사

채권자가 무효인 소유권이전등기청구권의 보전을 위한 가등기의 유용 합의에 따라 부동산 소유자인 채무자로부터 그 가등기 이전의 부기등기를 마친 제3채무자를 상대로 채무자를 대위하여 가등기의 말소를 구한 사안에서, 채권자가 그 부기등기 전에 부동산을 가압류한 사실을 주장하는 것은 채무자가 아닌 채권자 자신이 제3채무자에 대하여 가지는 사유에 관한 것이어서 허용되지 않는다. O | X

해설 대판 2009.5.28. 2009다4787

48

12/15/18법무사

채권자가 채권자대위권에 기하여 채무자의 권리를 행사하고 있는 경우에, 그 사실을 채무자에게 통지하였거나 채무자가 그 사실을 알고 있었던 때에는 채무자가 그 권리를 처분하여도 이로써 채권자에게 대항하지 못한다. O | X

> **해설** 채권자대위소송에서 채무자가 대위사실을 통지받았거나 알고 있는 경우 그 피보전권리의 처분으로써 채권자에게 대항할 수 있는지 여부(소극)
>
> 채권자가 채권자대위권에 기하여 채무자의 권리를 행사하고 있는 경우에, 그 사실을 채무자에게 통지하였거나 채무자가 그 사실을 알고 있었던 때에는, 채무자가 그 권리를 처분하여도 이로써 채권자에게 대항하지 못한다(대판 2003.1.10. 2000다27343).

49

14/16/18법원행시, 16/17서기보, 19법무사

어느 부동산이 丙→乙→甲으로 차례로 매도되었는데(등기는 아직 丙에게 있다), 甲이 乙을 대위하여 丙 소유의 부동산에 관하여 처분금지가처분을 하였다. 乙에게 그 사실이 통지된 이후에 乙과 丙이 위 매매를 합의해제하였다. 그 후 甲은 乙을 대위하여 丙에게 위 부동산에 관한 소유권이전등기를 청구할 수 있다. O | X

> **해설** 채권자대위권 행사사실이 통지된 후에 '채무자와 제3채무자가 합의해제한 것'이 제405조 제2항의 '처분'에 해당하는지 여부(적극)
>
> 채권자가 채무자를 대위하여 제3채무자의 부동산에 대한 처분금지가처분을 신청하여 처분금지가처분 결정을 받은 경우, 이는 그 부동산에 관한 소유권이전등기청구권을 보전하기 위한 것이므로 피보전권리인 소유권이전등기청구권을 행사한 것과 같이 볼 수 있어, 채무자가 그러한 채권자대위권의 행사사실을 알게 된 이후에 그 부동산에 대한 매매계약을 합의해제함으로써 채권자대위권의 객체인 그 부동산의 소유권이전등기청구권을 소멸시켰다 하더라도 이로써 채권자에게 대항할 수 없다(대판 1996.4.12. 95다54167).

50

16서기보

채무자가 채권자대위권행사의 통지를 받은 후에는 그 권리를 처분하여도 이로써 채권자에게 대항하지 못하는 것이므로, 채무자가 채권자대위권행사의 통지를 받은 후에 채무를 불이행함으로써 통지 전에 체결된 약정에 따라 매매계약이 자동적으로 해제된 경우에도, 제3채무자가 그 계약해제로써 대위권을 행사하는 채권자에게 대항할 수는 없다고 보아야 한다. O | X

51

17서기보

甲은 乙에 대하여 1억 원의 대여금채권을, 乙은 丙에 대하여 1억 원의 매매대금채권을 각 보유하고 있던 중, 甲이 무자력인 乙에 대한 채권을 보전하기 위해 乙을 대위하여 丙에 대하여 매매대금청구소송을 제기하였는데, 乙은 대위소송 사실을 알고 있었다. 소송 중 丙이 乙의 채무불이행으로 인해 매매계약을 해제하였더라도 丙은 이로써 甲에게 대항할 수 없다. O | X

정답 | 45 × 46 ○ 47 ○ 48 ○ 49 ○ 50 × 51 ×

해설 50 51 채권자대위권 행사사실이 통지된 후에 '채무자와 제3채무자가 법정해제한 것'이 제405조 제2항의 '처분'에 해당하는지 여부(소극)

ⅰ) 채무자의 채무불이행 사실 자체만으로는 권리변동의 효력이 발생하지 않아 이를 채무자가 제3채무자에 대하여 가지는 채권을 소멸시키는 적극적인 행위로 파악할 수 없는 점, ⅱ) 법정해제는 채무자의 객관적 채무불이행에 대한 제3채무자의 정당한 법적 대응인 점 등을 고려할 때 채무자가 자신의 채무불이행을 이유로 매매계약이 해제되도록 한 것을 두고 민법 제405조 제2항에서 말하는 '처분'에 해당한다고 할 수 없다. 따라서 채무자가 채권자대위권행사의 통지를 받은 후에 채무를 불이행함으로써 통지 전에 체결된 약정에 따라 매매계약이 자동적으로 해제되거나, 채권자대위권행사의 통지를 받은 후에 채무자의 채무불이행을 이유로 제3채무자가 매매계약을 해제한 경우 제3채무자는 계약해제로써 대위권을 행사하는 채권자에게 대항할 수 있다. 다만 형식적으로는 채무자의 채무불이행을 이유로 한 계약해제인 것처럼 보이지만 실질적으로는 채무자와 제3채무자 사이의 합의에 따라 계약을 해제한 것으로 볼 수 있거나, 채무자와 제3채무자가 단지 대위채권자에게 대항할 수 있도록 채무자의 채무불이행을 이유로 하는 계약해제인 것처럼 외관을 갖춘 것이라는 등의 특별한 사정이 있는 경우에는 채무자가 피대위채권을 처분한 것으로 보아 제3채무자는 계약해제로써 대위권을 행사하는 채권자에게 대항할 수 없다(대판 2012.5.17. 2011다87235 전합).

52

17서기보

甲은 乙에 대하여 1억 원의 대여금채권을, 乙은 丙에 대하여 1억 원의 매매대금채권을 각 보유하고 있던 중, 甲이 무자력인 乙에 대한 채권을 보전하기 위해 乙을 대위하여 丙에 대하여 매매대금청구소송을 제기하였는데, 乙은 대위소송사실을 알고 있었다. 이후 乙이 丙으로부터 1억 원 매매대금채권을 변제받았더라도 丙은 甲에게 변제항변을 할 수 없다. O | X

53

출제예상

어느 부동산이 丙→乙→甲으로 차례로 매도되었는데(등기는 아직 丙에게 있다), 甲이 乙을 대위하여 丙소유의 부동산에 관하여 처분금지가처분을 하였다. 乙에게 그 사실이 통지된 이후에 丙이 乙에게 위 부동산에 관한 소유권이전등기를 마쳐주었다. 丙은 이로써 甲에게 대항할 수 있다. O | X

해설 52 53 채권자대위권 행사사실이 통지된 후에 '채무자가 제3채무자의 채무이행을 수령한 것'이 제405조 제2항의 '처분'에 해당하는지 여부(소극)

민법 제405조에 의하면 채권자가 채권자대위권에 기하여 채무자의 권리를 행사하고 그 사실을 채무자에게 통지한 경우에는 채무자가 그 권리를 처분하여도 이로써 채권자에게 대항하지 못한다고 규정되어 있으나, 처분행위가 금지될 뿐 관리·보존행위까지 금지되는 것은 아니므로 통지 후에도 제3채무자의 변제(예컨대 채무자 명의로의 소유권이전등기)가 금지되는 것은 아니다(대판 1991.4.12. 90다9407).

54

17서기보

甲은 乙에 대하여 1억 원의 대여금채권을, 乙은 丙에 대하여 1억 원의 매매대금채권을 각 보유하고 있던 중, 甲이 무자력인 乙에 대한 채권을 보전하기 위해 乙을 대위하여 丙에 대하여 매매대금청구소송을 제기하였는데, 乙은 대위소송 사실을 알고 있었다. 甲의 대위소송의 판결의 효력은 乙에게 미치지 않는다. O | X

해설 判例는 채무자가 어떠한 사유로든 채권자대위소송이 제기된 사실을 알았다면 기판력은 채무자에게 미친다고 한다(대판 1975.5.13. 74다1664).

55 18서기보

채권자인 甲이 채무자인 乙을 대위하여 제3채무자인 丙을 상대로 채권자대위소송을 제기하였다. 乙의 丙에 대한 채권이 존재하지 않는다는 이유로 甲의 청구가 기각되어 확정되었다면, 그 후 乙의 또 다른 채권자인 丁이 乙을 대위하여 丙을 상대로 채권자대위소송을 제기하는 경우 乙이 전소인 甲의 채권자대위소송 사실을 알았는지 여부와 무관하게 전소의 기판력이 丁이 제기한 후소에는 미치지 않는다. O|X

해설 어느 채권자가 채권자대위권을 행사하는 방법으로 제3채무자를 상대로 소송을 제기하여 판결을 받은 경우, 어떠한 사유로든 채무자가 채권자대위소송이 제기된 사실을 알았을 경우에 한하여 그 판결의 효력이 채무자에게 미치므로, 이러한 경우에는 그 후 다른 채권자가 동일한 소송물(피대위채권)에 대하여 채권자대위권에 기한 소를 제기하면 전소의 기판력을 받게 된다(대판 1994.8.12. 93다52808).

➡ 따라서 乙의 丙에 대한 채권이 존재하지 않는다는 이유로 甲의 채권자대위 청구가 기각되어 확정된 경우, 그 후 乙의 또 다른 채권자인 丁이 乙을 대위하여 丙을 상대로 동일한 소송물에 관한 채권자대위소송을 제기하는 경우 **채무자 乙이 전소인 甲의 채권자대위소송 사실을 알았다면 전소의 기판력은 丁이 제기한 후소에도 미친다.**

56 17법원행시, 18서기보

채권자인 甲이 채무자인 乙을 대위하여 제3채무자인 丙을 상대로 채권자대위소송을 제기하였다. 甲의 乙에 대한 피보전채권이 존재하지 않는다는 이유로 소 각하 판결이 확정된 경우에는 그 후 甲이 乙에게 다시 동일한 피보전채권을 청구원인으로 소송을 제기하는 경우 乙이 채권자대위소송이 제기된 사실을 알았던 경우에는 전소의 기판력이 미친다. O|X

해설 대위소송에 의한 판결의 효력

判例는 채무자가 어떠한 사유로든 채권자대위소송이 제기된 사실을 알았다면 기판력은 채무자에게 미친다고 한다(대판 1975.5.13. 74다1664). 다만 이때 채무자에게도 기판력이 미친다는 의미는 채권자대위소송의 소송물인 피대위채권의 존부에 관하여 채무자에게도 기판력이 인정된다는 것이고, 채권자대위소송의 소송요건인 피보전채권의 존부에 관하여 당해 소송의 당사자가 아닌 채무자에게 기판력이 인정된다는 것은 아니다. 따라서 채권자가 채권자대위권을 행사하는 방법으로 제3채무자를 상대로 소송을 제기하였다가 채무자를 대위할 피보전채권이 인정되지 않는다는 이유로 소각하 판결을 받아 확정된 경우 그 판결의 기판력이 채권자가 채무자를 상대로 피보전채권의 이행을 구하는 소송에 미치는 것은 아니다(대판 2014.1.23. 2011다108095).

정답 | 52 × 53 ○ 54 × 55 × 56 ×

57

18서기보

채권자인 甲이 채무자인 乙을 대위하여 제3채무자인 丙을 상대로 채권자대위소송을 제기하였다. 채권자대위소송의 제기로 甲의 乙에 대한 채권은 소멸시효가 중단되나, 乙의 丙에 대한 채권의 소멸시효는 중단되지 않는다. O | X

58

14법원행시, 15/20서기보, 19주사보

채권자대위권 행사의 효과는 채무자에게 귀속되는 것이므로 채권자대위소송의 제기로 인한 소멸시효 중단의 효과 역시 채무자에게 생긴다. O | X

해설 **57 58** 채권자대위권 행사의 효과 - 소멸시효의 중단

① **피대위채권**

채권자가 채무자를 대위하여 피대위채권을 대위행사한 경우(제404조), 채권자대위권 행사의 효과는 채무자에게 귀속되는 것이므로 채권자대위소송의 제기로 인한 소멸시효의 중단의 효과 역시 채무자에게 생긴다(대판 2011.10.13. 2010다80930). 즉 피대위채권이 시효중단됨은 물론이다.

② **피보전채권**

한편 피보전채권의 경우 채권자대위권행사의 사실을 채권자가 채무자에게 통지한 때에는 채무자는 자기의 권리를 처분하지 못하는바(제405조 제2항), 이는 곧 압류의 효과가 생기는 것과 마찬가지이기 때문에 압류에 의한 시효중단 또는 적어도 최고로서의 효력은 인정하여야 한다.

③ **대위채권자가 피대위채권을 양수한 경우**

그리고 원고가 채권자대위권에 기해 청구를 하다가 당해 피대위채권 자체를 양수하여 양수금청구로 소를 변경한 사안에서, 判例는 이는 청구원인의 교환적 변경으로서 채권자대위권에 기한 구 청구는 취하된 것으로 보아야 하나, 양소의 소송물이 동일한 점, 시효중단의 효력은 특정승계인에게도 미치는 점(제169조), 원고를 '권리 위에 잠자는 자'로 볼 수 없는 점 등에 비추어 볼 때, 당초의 채권자대위소송으로 인한 시효중단의 효력이 소멸하지 않는다고 한다(대판 2010.6.24. 2010다17284).

59

14주사보

대위행사의 효과는 채무자에게 귀속하지만 변제의 수령은 채권자가 채무자에 갈음하여 직접 자기에게 인도할 것을 청구할 수도 있다. O | X

해설 집행채무자의 채권자가 그 집행채권자를 상대로 부당이득금 반환채권을 대위행사하는 경우 집행채무자에게 그 반환의무를 이행하도록 청구할 수도 있지만, 직접 대위채권자에게 이행하도록 청구할 수도 있다고 보아야 하는데, 이와 같이 채권자대위권을 행사하는 채권자에게 변제수령의 권한을 인정하더라도 그것이 채권자 평등의 원칙에 어긋난다거나 제3채무자를 이중 변제의 위험에 빠뜨리게 하는 것이라고 할 수 없다(대판 2005.4.15. 2004다70024).

60

20법원행시

甲의 채권자 乙이 甲을 대위하여 丙을 상대로 부당이득금의 반환을 구하는 소를 제기하여 '丙은 乙에게 1억원을 지급하라'는 확정판결을 받았더라도 위 부당이득반환채권이 변제 등으로 소멸하기 전이라면 甲의 다른 채권자 丁은 위 채권을 압류할 수 있다. O | X

해설 채권자가 자기의 금전채권을 보전하기 위하여 채무자의 금전채권을 대위행사하는 경우 제3채무자로 하여금 채무자에게 지급의무를 이행하도록 청구할 수도 있지만, 직접 대위채권자 자신에게 이행하도록 청구할 수도 있다. 그런데 채권자대위소송에서 제3채무자로 하여금 직접 대위채권자에게 금전의 지급을 명하는 판결이 확정되더라도, **대위의 목적인 권리, 즉 채무자의 제3채무자에 대한 피대위채권이 판결의 집행채권으로서 존재하고 대위채권자는 채무자를 대위하여 피대위채권에 대한 변제를 수령하게 될 뿐 자신의 채권에 대한 변제로서 수령하게 되는 것이 아니**므로, 피대위채권이 **변제 등으로 소멸하기 전**이라면 채무자의 다른 채권자는 이를 압류·가압류할 수 있다(대판 2016.8.29. 2015다236547).

비교판례 **채권자대위소송이 제기되고 대위채권자가 채무자에게 대위권 행사사실을 통지하거나 채무자가 이를 알게 된 후 이루어진 피대위채권에 대한 전부명령의 효력(원칙적 무효)**

채권자대위소송이 제기되고 대위채권자가 채무자에게 대위권 행사사실을 통지하거나 채무자가 이를 알게 된 이후 대위채권자와 평등한 지위를 가지는 채무자의 다른 채권자가 피대위채권에 대하여 전부명령을 받는 것도 가능하다고 하면, i) **채권자대위소송의 제기가 채권자의 적법한 권리행사방법** 중 하나이고 채무자에게 속한 채권을 추심한다는 점에서 추심소송과 공통점도 있음에도 그것이 **무익한 절차에 불과하게 될 뿐만 아니라**, ii) 대위채권자가 압류·가압류나 배당요구의 방법을 통하여 채권배당절차에 참여할 기회조차 가지지 못하게 한 채 **전부명령을 받은 채권자가 대위채권자를 배제하고 전속적인 만족을 얻는 결과가 되어, 채권자대위권의 실질적 효과를 확보하고자 하는 민법 제405조 제2항의 취지에 반하게 된다**. 따라서 채권자대위소송이 제기되고 대위채권자가 **채무자에게 대위권 행사사실을 통지하거나 채무자가 이를 알게 된 이후에는 민사집행법 제229조 제5항이 유추적용되어 피대위채권에 대한 전부명령**은, 우선권 있는 채권에 기초한 것이라는 등의 특별한 사정이 없는 한, **무효**이다(대판 2016.8.29. 2015다236547).

61

출제예상

채권자대위소송에서 피보전채권의 소멸시효가 완성되었다 하더라도 제3채무자는 원칙적으로 위 소멸시효 완성의 항변을 원용할 수 없다. O | X

해설 채권자대위권의 행사에서 제3채무자가 소멸시효 완성을 주장할 수 있는 직접수익자에 해당하는지 여부

'**채권자대위권의 행사에서 제3채무자**'는 채무자가 채권자에 대하여 가지는 항변으로 대항할 수 없을 뿐더러 시효이익을 직접 받는 자에도 해당하지 않는다는 이유로 채권자의 채권이 시효로 소멸하였다고 주장할 수 없다고 한다(대판 1998.12.8. 97다31472).

비교판례 다만 채무자가 이미 소멸시효를 원용한 경우에는 피보전채권이 소멸하게 되므로 제3채무자가 그 '효과'를 원용하여 피보전채권의 부존재를 주장하는 것은 허용된다(대판 2008.1.31. 2007다64471).

비교판례 한편, 사해행위취소소송의 상대방이 된 '**사해행위의 수익자**'는, 사해행위가 취소되면 사해행위에 의해 얻은 이익을 상실하고 사해행위취소권을 행사하는 채권자의 채권이 소멸하면 그와 같은 이익의 상실을 면하는 지위에 있으므로, 피보전채권의 소멸에 의해 직접 이익을 받는 자에 해당한다고 한다(대판 2007.11.29. 2007다54849).

62

18서기보

채권자인 甲이 채무자인 乙을 대위하여 제3채무자인 丙을 상대로 채권자대위소송을 제기하였다. 丙은 乙이 甲에 대하여 가지는 항변권이나 형성권 등과 같이 권리자에 의한 행사를 필요로 하는 사유를 들어 甲의 乙에 대한 권리가 인정되는지 여부를 다툴 수 없지만, 甲의 乙에 대한 권리의 발생원인이 된 법률행위가 무효라거나 위 권리가 변제 등으로 소멸하였다는 등의 사실을 주장하여 甲의 乙에 대한 권리가 인정되는지 여부를 다투는 것은 가능하다. O | X

정답 | 57 × 58 ○ 59 ○ 60 ○ 61 ○ 62 ○

해설 제3채무자의 채권자에 대한 항변권 – 피대위채권(원칙적 불가, 예외적 허용)
원칙적으로 제3채무자는 채무자가 채권자에 대하여 가지는 항변권(소멸시효의 완성의 주장, 취소권, 해제권 등 그 권리의 행사가 채무자의 의사에 달려있는 항변을 말한다)이나 형성권 등과 같이 권리자에 의한 행사를 필요로 하는 사유를 들어 채권자의 채무자에 대한 권리(피보전권리)가 인정되는지 여부를 다툴 수 없다(대판 2004.2.12. 2001다10151).
그러나 **채권자의 채무자에 대한 권리의 발생원인이 된 법률행위가 무효라거나 위 권리가 변제 등으로 소멸하였다는 등의 사실**을 주장하여 채권자의 채무자에 대한 권리가 인정되는지 여부를 다투는 것은 가능하고, 이 경우 법원은 제3채무자의 주장을 고려하여 채권자의 채무자에 대한 권리가 인정되는지 여부에 관하여 직권으로 심리·판단하여야 한다(대판 2015.9.10. 2013다55300).

63

17서기보

甲은 乙에 대하여 1억 원의 대여금채권을, 乙은 丙에 대하여 1억 원의 매매대금채권을 각 보유하고 있던 중, 甲이 무자력인 乙에 대한 채권을 보전하기 위해 乙을 대위하여 丙에 대하여 매매대금청구소송을 제기하였는데, 乙은 대위소송 사실을 알고 있었다. 소송 중 乙의 丙에 대한 채권의 소멸시효가 이미 완성된 것으로 밝혀진 경우 丙은 소멸시효 완성으로 甲에게 대항할 수 있다. O | X

해설 원칙적으로 제3채무자는 채무자에 대해 가지는 모든 항변사유로써 채권자에게 대항할 수 있다. 그러나 채무자가 채권자에 대해 가지는 항변을 제3채무자가 원용할 수는 없다(대판 2009.5.28. 2009다4787). 그러므로 **피대위채권의 소멸시효가 완성된 경우** 이는 제3채무자가 채무자에 대해 가지는 항변사유에 해당하므로, **제3채무자는 이를 이유로 대위소송을 제기한 채권자에게 대항할 수 있다.**

➡ 따라서 甲의 대위소송 중 乙의 丙에 대한 채권, 즉 피대위채권의 소멸시효가 이미 완성된 것으로 밝혀진 경우 丙은 소멸시효완성으로 甲에게 대항할 수 있다.

64

15서기보

소멸시효가 완성된 경우 채무자에 대한 일반 채권자는 채권자의 지위에서 독자적으로 소멸시효의 주장을 할 수는 없지만 자기의 채권을 보전하기 위하여 필요한 한도 내에서 채무자를 대위하여 소멸시효 주장을 할 수 있다. O | X

해설 判例는 **'채무자에 대한 일반채권자'**는 자기의 채권을 보전하기 위하여 필요한 한도 내에서 채무자를 대위하여 소멸시효 주장을 할 수 있을 뿐 **채권자의 지위에서 독자적으로** (다른 채권자의 채무자에 대한 채권에 대해) **소멸시효의 완성을 주장할 수 없다**고 한다(대판 1997.12.26. 97다22676).

정답 | 63 ○ 64 ○

제2관 | 채권자취소권

채권자대위권과 채권자취소권의 비교

구분	채권자대위권	채권자취소권
기능	책임재산보전 외에 특정채권 보전	책임재산보전에만 충실
행사	재판외에서도 가능	재판상 행사해야
채무자의 무자력	무자력 요구(예외 있음)	무자력 요구
피보전채권의 이행기 도래	이행기의 도래 필요(예외 있음)	이행기의 도래 불요
피보전채권의 성립시기	먼저 성립 불요	먼저 성립 필요(예외 있음)
특정채권보전을 위해 행사	가능	불가능
피보전채권이 담보로 보전되어 있는 경우	행사가능(보충성 불요)(다수설)	물적 담보는 부족분에 한하여 허용(통설, 判例)
채무자의 행위	권리불행사	사해행위
행사의 상대방	제3채무자	수익자나 전득자(채무자 ×)
권리주체	채권자의 권리	채권자의 권리
행사의 효과	채무자에게 귀속	채무자에게 귀속하는 것 아님(상대적 무효설).
판결의 기판력	채무자에게 통지 또는 채무자가 안 경우 채무자에게 미침(判例).	채무자에게 미치지 않음.
채권자의 직접 수령	가능(判例)	가능(상대적 무효설에 의함)(判例)

01

18/20서기보

채권자대위권은 재판상 또는 재판 외에서 행사할 수 있으나, 채권자취소권은 반드시 소(訴) 제기의 방식으로만 행사할 수 있다. O | X

해설 ① 채권자대위권은 재판상 또는 재판 외에서 행사할 수 있으나, ② 채권자취소권은 반드시 소 제기의 방법으로만 행사할 수 있다(제406조).

02

14/18서기보, 16사무관

사해행위의 취소는 법원에 소를 제기하는 방법으로 청구할 수도 있고 소송상의 공격방어방법으로 주장할 수도 있다. O | X

해설 사해행위 취소는 법원에 소를 제기하는 방법으로 청구할 수 있을 뿐 소송상의 공격방어방법으로 주장할 수는 없다(제406조, 대판 1998.3.13. 95다48599, 48605).

정답 | 01 ○ 02 ×

03 14서기보, 16사무관, 18주사보, 18/20법무사, 19법원행시

채권자가 채권자취소권을 행사하려면 사해행위로 인하여 이익을 받은 자나 전득한 자를 상대로 그 법률행위의 취소를 청구하는 소송을 제기하여야 되는 것으로서 채무자를 상대로 그 소송을 제기할 수는 없다. O | X

04 15주사보

사해행위취소의 소에 있어서 원고는 채권자, 피고는 채무자와 악의의 수익자 또는 전득자이다. O | X

> 해설 **03 04** 채권자취소권 행사의 효과
> 채권자취소권의 행사는 '거래안전'의 영향이 크므로 취소권 행사의 효과는 수익자나 전득자로부터 일탈재산의 반환을 청구하는데 필요한 범위에서만, 즉 채권자와 그들에 대한 상대적 관계에서만 발생한다고 보는 **상대적 무효설이 통설·判例**의 견해로 타당하다. 이 견해에 따르면 **악의인 수익자 혹은 전득자만이 피고**가 되며, **채무자는 피고적격이 없다**(대판 2004.8.30. 2004다21923).

05 12법무사, 13주사보, 19사무관

채권자가 전득자를 상대로 하여 사해행위의 취소와 함께 책임재산의 회복을 구하는 사해행위취소의 소를 제기한 경우 취소의 대상이 되는 사해행위는 수익자와 전득자 사이의 법률행위이다. O | X

06 14서기보, 16사무관, 18주사보

채권자가 사해행위의 취소로서 수익자를 상대로 채무자와의 법률행위의 취소를 구함과 아울러 전득자를 상대로도 수익자와의 전득행위의 취소를 구하는 경우에는, 수익자와 전득자 사이의 전득행위가 다시 채권자를 해하는 행위로서 사해행위의 요건을 갖추어야 한다. O | X

> 해설 **05 06** 전득자를 상대로 한 사해행위취소소송에서 수익자와 전득자 사이의 전득행위가 다시 채권자를 해하는 행위로서 사해행위의 요건을 갖추어야 하는지 여부(소극)
> 채권자가 사해행위의 취소로서 수익자를 상대로 채무자와의 법률행위의 취소를 구함과 아울러 전득자를 상대로도 전득행위의 취소를 구함에 있어서, 전득자의 악의는 전득행위 당시 그 행위가 채권자를 해한다는 사실, 즉 사해행위의 객관적 요건을 구비하였다는 것에 대한 인식을 의미하므로, 전득자의 악의를 판단함에 있어서는 단지 전득자가 전득행위 당시 채무자와 수익자 사이의 법률행위의 사해성을 인식하였는지 여부만이 문제가 될 뿐이지, 수익자와 전득자 사이의 전득행위가 다시 채권자를 해하는 행위로서 사해행위의 요건을 갖추어야 하는 것은 아니다(대판 2006.7.4. 2004다61280).

07 14서기보, 15주사보, 18법무사

사해행위 취소의 소는 채권자가 취소원인을 안 날로부터 1년, 법률행위가 있은 날로부터 5년 내에 제기하여야 한다. O | X

> 해설 **제406조(채권자취소권)** ② 전항의 소는 채권자가 취소원인을 안 날로부터 1년, 법률행위 있은 날로부터 5년 내에 제기하여야 한다.

08 14서기보

채권자가 동일한 수익자를 상대로 사해행위의 취소와 원상회복을 청구함에 있어 사해행위의 취소만을 먼저 청구한 다음 원상회복을 나중에 청구할 수 있지만, 이 경우 사해행위 취소청구와 원상회복의 청구는 모두 민법 제406조 제2항에 정한 제척기간 안에 하여야 한다. O | X

09 14/17서기보, 15법무사, 16사무관

채권자가 수익자를 상대로 사해행위의 취소를 구하는 소를 제기하여 채무자와 수익자 사이의 법률행위를 취소하는 내용의 판결을 선고받아 확정되었더라도 채권자가 그 소송과는 별도로 전득자에 대하여 채권자취소권을 행사하여 원상회복을 구하기 위해서는 민법 제406조 제2항에 정한 제척기간 안에 전득자에 대한 관계에 있어서 채무자와 수익자 사이의 사해행위를 취소하는 청구를 하여야 한다. O | X

10 21서기보

수익자를 상대로 한 사해행위 취소소송에서 승소하였더라도 전득자에 대하여 원상회복을 구하기 위해서는 민법 제406조 제2항에서 정한 기간 내에 별도로 전득자에 대하여 채권자취소권을 행사하여야 한다. O | X

해설 사해행위 취소의 소와 원상회복청구의 소 – 피고가 동일한 경우와 피고가 다른 경우의 비교

07 08 ① **피고가 동일한 경우**

채권자는 사해행위의 취소와 원상회복의 청구를 동시에 할 수도 있고(대판 1980.7.22, 80다795), 또는 사해행위의 취소만을 먼저 청구한 다음 원상회복을 나중에 청구할 수도 있으며, 이 경우 사해행위의 취소가 제406조 2항 소정의 기간 안에 제기되었다면 원상회복의 청구는 그 기간이 지난 뒤에도 할 수 있다(대판 2001.9.4, 2001다14108).

09 10 ② **피고가 다른 경우**

그러나 '수익자'를 상대로 사해행위 취소의 소를 제기한 다음 기간이 지난 뒤에 '전득자'에 대하여 원상회복을 구하는 소를 추가한 경우에는 그렇지 않다. 수익자에 대한 소와 전득자에 대한 소는 별개이기 때문에 채권자는 기간 내에 전득자를 상대로 사해행위 취소를 구하는 소를 제기하였어야 한다. 결국 후자의 경우 전득자에 대하여는 취소를 구하는 소가 적법하게 제기되지 않았기 때문에(기판력의 주관적 범위), 전득자에 대하여 원상회복을 구하는 소는 그 자체로 이유 없게 된다(대판 2005.6.9. 2004다17535 – 매수인인 수익자가 소유권이전등기를 마친 다음 전득자 앞으로 매매예약에 기하여 가등기를 마쳐 준 사안). 이는 기존 전득자 명의의 등기가 말소된 후 다시 새로운 전득자 명의의 등기가 경료되어 새로운 전득자에 대한 관계에서 채무자와 수익자 사이의 사해행위를 취소하는 청구를 하는 경우에도 마찬가지이다(대판 2014.2.13. 2012다204013).

11 15사무관, 20법원행시

채권자취소권의 요건을 갖춘 각 채권자는 고유의 권리로서 채무자의 재산처분 행위를 취소하고 그 원상회복을 구할 수 있는 것이므로 각 채권자가 동시 또는 이시에 채권자취소 및 원상회복소송을 제기한 경우 이들 소송이 중복제소에 해당하는 것이 아니다. O | X

정답 | 03 ○ 04 × 05 × 06 × 07 ○ 08 × 09 ○ 10 ○ 11 ○

12

어느 한 채권자가 동일한 사해행위에 관하여 채권자취소 및 원상회복청구를 하여 승소판결을 받아 그 판결이 확정되었다는 것만으로 그 후에 제기된 다른 채권자의 동일한 청구가 권리보호의 이익이 없어지게 되는 것은 아니고, 그에 기하여 재산이나 가액의 회복을 마친 경우에 비로소 다른 채권자의 채권자취소 및 원상회복청구는 그와 중첩되는 범위 내에서 권리보호의 이익이 없게 된다. O | X

> 해설 **11 12** 각 채권자가 동시 또는 이시에 채권자취소 및 원상회복소송을 제기한 경우 이들 소송이 중복제소에 해당하는지 여부(소극)
>
> 채권자취소권의 요건을 갖춘 각 채권자는 고유의 권리로서 채무자의 재산처분 행위를 취소하고 그 원상회복을 구할 수 있는 것이므로 각 채권자가 동시 또는 이시에 채권자취소 및 원상회복소송을 제기한 경우 이들 소송이 중복제소에 해당하는 것이 아니다.(대판 2003.7.11. 2003다19558)
>
> 동일한 사해행위에 관하여 어느 한 채권자가 채권자취소 및 원상회복청구를 하여 승소판결을 받아 그 판결이 확정되면 그 후에 제기된 다른 채권자의 동일한 청구가 권리보호의 이익이 없어지는지 여부(한정소극)
>
> 어느 한 채권자가 동일한 사해행위에 관하여 채권자취소 및 원상회복청구를 하여 승소판결을 받아 그 판결이 확정되었다는 것만으로 그 후에 제기된 다른 채권자의 동일한 청구가 권리보호의 이익이 없어지게 되는 것은 아니고, 그에 기하여 재산이나 가액의 회복을 마친 경우에 비로소 다른 채권자의 채권자취소 및 원상회복청구는 그와 중첩되는 범위 내에서 권리보호의 이익이 없게 된다(대판 2003.7.11. 2003다19558).

13

14서기보

신용보증기금이 수익자인 A를 상대로 원물반환으로 근저당권설정등기의 말소를 구하는 사해행위취소소송을 제기하여 승소판결을 받아 확정되었는데, 그 후 해당 부동산이 관련 경매사건에서 담보권 실행을 위한 경매절차를 통하여 제3자에게 매각됨으로써 A의 근저당권설정등기의 말소등기의무가 이행불능된 경우, 신용보증기금은 대상청구권의 행사로서 A가 말소될 근저당권설정등기에 기하여 지급받은 배당금의 반환을 청구할 수 있다. O | X

> 해설 대판 2012.6.28. 2010다71431

14

20서기보

채권자대위소송에서 피보전채권이 인정되지 아니할 경우에는 청구를 기각하여야 하나, 채권자취소소송에서 피보전채권이 존재하지 않는 경우에는 소(訴)를 각하하여야 한다. O | X

> 해설 ① 채권자대위소송에서 피보전채권이 인정되지 아니할 경우에는 제3자 법정소송담당자로서의 당사적격의 흠결을 이유로 '소를 각하'하여야 하나, ② 채권자취소권의 피보전채권이 흠결된 경우에는 채권자취소권이 발생하지 않은 것이 되어 원고의 청구는 이유 없게 된다. 따라서 법원은 원고의 '청구를 기각'하게 된다(대판 1993.2.12. 92다25151).

15

18법원행시

사해행위취소소송에 있어서 제척기간 내에 제소하였다는 사실은 이를 주장하는 채권자가 입증하여야 한다. O | X

해설 채권자취소권의 행사에 있어 제척기간의 기산점인 채권자가 '취소원인을 안 날'의 의미 및 제척기간의 도과에 관한 증명책임자(= 채권자취소소송의 상대방)
채권자취소권의 행사에 있어서 제척기간의 기산점인 채권자가 "취소원인을 안 날"이라 함은 채무자가 채권자를 해함을 알면서 사해행위를 하였다는 사실을 알게 된 날을 의미한다. 이는 단순히 채무자가 재산의 처분행위를 한 사실을 아는 것만으로는 부족하고, 구체적인 사해행위의 존재를 알고 나아가 채무자에게 사해의 의사가 있었다는 사실까지 알 것을 요한다. 한편 그 **제척기간의 도과에 관한 입증책임은 채권자취소소송의 상대방에게** 있다(대판 2009.3.26. 2007다63102).

16

14서기보

채권자취소권 행사에 있어서 제척기간의 기산점인 채권자가 '취소원인을 안 날'이라 함은 채권자가 채권자취소권의 요건을 안 날, 즉 채무자가 채권자를 해함을 알면서 사해행위를 하였다는 사실을 알게 된 날을 의미하므로 구체적인 사해행위의 존재를 알고 나아가 채무자에게 사해의 의사가 있었다는 사실까지 알 것을 요한다. O | X

17

12법원행시

채권자취소권행사에 있어서 제척기간의 기산점인 채권자가 "취소원인을 안 날"이라 함은 단순히 채무자가 재산의 처분행위를 하였다는 사실을 아는 것만으로는 부족하고, 그에 의하여 채권의 공동담보에 부족이 생긴 것을 알게 된 것을 의미하나, 나아가 채무자에게 사해의 의사가 있었다는 점과 수익자 및 전득자의 악의까지 알아야 하는 것은 아니다. O | X

해설 **16** 채권자취소권 행사에서 제척기간의 기산점인 채권자가 '취소원인을 안 날'은 채권자가 채권자취소권의 요건을 안 날, 즉 채무자가 채권자를 해함을 알면서 사해행위를 하였다는 사실을 알게 된 날을 의미하므로, 단순히 채무자가 재산의 처분행위를 하였다는 사실을 아는 것만으로는 부족하고, 그 법률행위가 채권자를 해하는 행위라는 것, 즉 그에 의하여 **채권의 공동담보에 부족이 생기거나 이미 부족 상태에 있는 공동담보가 한층 더 부족하게 되어 채권을 완전하게 만족시킬 수 없게 되었으며 나아가 채무자에게 사해의 의사가 있었다는 사실까지 알 것을 요한다**고 할 것이나, **17** 그렇다고 하여 **채권자가 수익자나 전득자의 악의까지 알아야 하는 것은 아니다.** 또 채권자가 채무자의 재산상태를 조사한 결과 자신의 채권 총액과 비교하여 채무자 소유 부동산 가액이 그에 미치지 못하는 것을 이미 파악하고 있었던 상태에서 채무자의 재산에 대하여 가압류를 하는 과정에서 그중 일부 부동산에 관하여 제3자 명의의 근저당권설정등기가 마쳐진 사실을 확인하였다면, 다른 특별한 사정이 없는 한 채권자는 가압류 무렵에는 채무자가 채권자를 해함을 알면서 사해행위를 한 사실을 알았다고 봄이 타당하다(대판 2012.1.12. 2011다82384).

18

17서기보

채권자가 취소원인을 알았다고 하기 위하여는 단순히 채무자가 재산의 처분행위를 하였다는 사실을 아는 것만으로는 부족하고 구체적인 사해행위의 존재를 알고 나아가 채무자에게 사해의 의사가 있었다는 사실까지 알 것을 요하며, 사해행위의 객관적 사실을 알았다고 하여 취소의 원인을 알았다고 추정할 수는 없다. O | X

해설 대판 2006.7.4. 2004다61280

정답 | 12 ○ 13 ○ 14 × 15 × 16 ○ 17 × 18 ○

19 16법원행시

법인의 대표자가 법인에 대하여 불법행위를 한 경우에 대표자에 대한 법인의 손해배상청구권을 피보전권리로 하여 법인이 채권자취소권을 행사하는 경우 제척기간의 기산점인 '취소원인을 안 날'은 다른 대표자, 임원, 또는 사원이나 직원 등이 이를 안 때를 기준으로 하여야 한다. O | X

해설 법인의 대표자가 법인에 대하여 불법행위를 한 경우, 불법행위로 인한 손해배상청구권의 단기소멸시효 기산점 및 판단방법 / 법인 대표자의 불법행위로 인한 법인의 대표자에 대한 손해배상청구권을 피보전권리로 하여 법인이 채권자취소권을 행사하는 경우, 제척기간의 기산점을 판단할 때에도 마찬가지인지 여부(적극)
불법행위로 인한 손해배상청구권의 단기소멸시효의 기산점은 '손해 및 가해자를 안 날'부터 진행되며, 법인의 경우에 손해 및 가해자를 안 날은 통상 대표자가 이를 안 날을 뜻한다. 그렇지만 법인의 대표자가 법인에 대하여 불법행위를 한 경우에는, i) 법인과 대표자의 이익은 상반되므로 법인의 대표자가 그로 인한 손해배상청구권을 행사하리라고 기대하기 어려울 뿐만 아니라 ii) 일반적으로 대표권도 부인된다고 할 것이어서 법인의 대표자가 손해 및 가해자를 아는 것만으로는 부족하다. 따라서 이러한 경우에는 적어도 **법인의 이익을 정당하게 보전할 권한을 가진 다른 대표자, 임원 또는 사원이나 직원 등이 손해배상청구권을 행사할 수 있을 정도로 이를 안 때에 비로소 단기소멸시효가 진행하고, 만약 다른 대표자나 임원 등이 법인의 대표자와 공동불법행위를 한 경우에는 그 다른 대표자나 임원 등을 배제하고 단기소멸시효 기산점을 판단하여야 한다. 그리고 이는 법인의 대표자의 불법행위로 인한 법인의 대표자에 대한 손해배상청구권을 피보전권리로 하여 법인이 채권자취소권을 행사하는 경우의 제척기간의 기산점인 '취소원인을 안 날'을 판단할 때에도 마찬가지이다**(대판 2005.6.9. 2004다17535).

20 13법원행시

채권자취소권을 행사하는 채권자의 채권은 원칙적으로 금전채권이어야 한다. O | X

21 20서기보

채권자대위권은 소유권이전등기청구권과 같은 특정물채권을 피보전채권으로 삼을 수 없으나, 채권자취소권은 이와 같은 특정물채권을 피보전채권으로 삼을 수 있다. O | X

22 출제예상

甲이 乙에 대한 채권을 보전하기 위하여 乙과 丙 사이에 체결된 X토지에 관한 매매계약을 사해행위로 취소하는 소를 제기하였다. 乙과 丙 사이의 매매계약 체결 전에 甲이 乙에 대해 불법행위에 기한 손해배상채권을 가지고 있었으나, 그 채권의 액수나 범위가 구체적으로 확정되지 않았다면 채권자취소권의 피보전채권이 될 수 없다. O | X

23 17/20법원행시, 19사무관

이혼으로 인한 재산분할청구권은 재산권적 성질을 가진 것이므로, 이와 관련한 협의 또는 심판이 제기되기 전이라도 이를 보전하기 위하여 채권자대위권을 행사할 수 있다. O | X

해설 ① 채권자대위권의 행사시 채권자의 채권은 금전채권이 아닌 것도 가능하나, ② **20 21** 채권자취소권은 책임재산을 보전하기 위한 것이고 그 행사의 효과는 '모든 채권자의 이익을 위하여' 효력이 있으므로(제407조), 채권자취소권의 피보전채권은 원칙적으로 금전채권이어야 한다(대판 1961.8.10. 4293민상436). **22** 다만, 채권자취소권 행사는 채무 이행을 구하는 것이 아니라 총채권자를 위하여 채무자의 자력 감소를 방지하고, 일탈된 채무자의 책임재산을 회수하여 채권의 실효성을 확보하는 데 목적이 있으므로, 피보전채권이 사해행위 이전에 성립되어 있는 이상 그 액수나 범위가 구체적으로 확정되지 않은 경우라고 하더라도 채권자취소권의 피보전채권이 된다(대판 2018.6.28. 2016다1045).

비교판례 **23** 이혼으로 인한 재산분할청구권은 협의 또는 심판에 의하여 그 구체적 내용이 형성되기까지는 그 범위 및 내용이 불명확·불확정하기 때문에 구체적으로 권리가 발생하였다고 할 수 없으므로 이를 보전하기 위하여 채권자대위권을 행사할 수 없다(대판 1999.4.9. 98다58016). 그러나 채권자취소권은 입법적으로 가능하게 되었다(제839조의3 참조).

24

12법원행시, 18서기보, 18주사보, 18/20법무사

채권자취소권을 특정물에 대한 소유권이전등기청구권을 보전하기 위하여 행사하는 것은 허용되지 않으므로 부동산의 제1양수인은 자신의 소유권이전등기청구권 보전을 위하여 양도인과 제2양수인 사이에서 이루어진 이중양도행위에 대하여 채권자취소권을 행사할 수는 없으나, 양도인이 부동산을 제2양수인에게 이중양도하고 소유권이전등기를 마침으로써 제1양수인이 양도인에 대해 취득하는 손해배상채권은 채권자취소권의 피보전채권이 될 수 있다. O | X

25

15/20법원행시, 17/19/20법무사

甲에게 부동산을 양도한 乙이 丙에게 이를 이중양도하여 丙 명의로 소유권이전등기를 마쳐줌으로써 甲이 취득하는 부동산 가액 상당의 손해배상채권은 乙과 丙의 양도계약에 대하여 사해행위취소권을 행사할 수 있는 피보전채권이 될 수 없다. O | X

해설 **24 25** 채권자취소권의 요건으로서 **객관적 요건**으로는 ⅰ) (금전)채권이 사해행위 이전에 발생하여야 하고(피보전채권), ⅱ) 채권자를 해하는 재산권을 목적으로 하는 법률행위가 있어야 하며(사해행위), **주관적 요건**으로는 채무자 및 수익자(또는 전득자)의 사해의사가 있어야 한다(제406조).
부동산 이중매매를 사해행위로 보아 취소할 때에는 피보전채권의 인정여부와 발생시기가 문제된다. 채권자취소권은 책임재산을 보전하기 위한 것이고 그 행사의 효과는 '모든 채권자의 이익을 위하여'효력이 있으므로(제407조), 채권자취소권의 피보전채권은 원칙적으로 금전채권이어야 한다. 즉, 민법 제407조에 따라 '특정채권 자체'의 보전을 위한 경우에는 채권자취소권을 행사할 수 없다(통설). 判例도 "채권자취소권을 특정물에 대한 소유권이전등기청구권을 보전하기 위하여 행사하는 것은 허용되지 않으므로, 부동산의 제1양수인은 자신의 '**소유권이전등기청구권**' 보전을 위하여 양도인과 제3자 사이에서 이루어진 이중양도행위에 대하여 채권자취소권을 행사할 수 없다."(대판 1999.4.27. 98다56690)라고 한다.
설사 '특정채권 자체'의 보전을 위한 채권자취소권 행사를 인정하더라도 발생시기가 문제된다. 判例는 "사해행위라고 주장하는 이 사건 부동산에 관한 매매 당시 아직 위 손해배상채권이 발생하지 아니하였고, 그 채권 성립에 관한 고도의 개연성 또한 없어 원고는 피고에 대한 '**손해배상채권**'을 피보전채권으로 하여 채권자취소권을 행사할 수 없다."(대판 1999.4.27. 98다56690)고 판시하였다.

정답 | **19** ○ **20** ○ **21** ○ **22** × **23** × **24** × **25** ○

26

13법원행시, 20서기보

대위채권자의 피보전채권은 채무자의 제3채무자에 대한 권리보다 먼저 성립하였을 것을 요하지 않으나, 취소채권자의 피보전채권은 원칙적으로 채무자의 사해행위가 행하여지기 전에 발생된 것임을 요한다.

O I X

해설 ① 채권자대위권의 피보전채권은 피대위채권보다 먼저 성립되어 있을 필요도 없다. 그러나 이러한 피보전채권은 그 범위 및 내용 등이 구체적으로 정해져야 한다(대판 1999.4.9. 98다58016). ② 채권자취소권의 피보전채권은 채권자대위권의 경우와는 달리 사해행위를 목적으로 하는 원인행위 이전에 발생되어 있어야 하는 것이 원칙이다(대판 1962.11.15. 62다634).

27

11서기보, 18주사보, 20법무사

채권자취소권에 의하여 보호될 수 있는 채권은 원칙적으로 사해행위라고 볼 수 있는 행위가 행하여지기 전에 발생된 것임을 요하나, 그 사해행위 당시에 이미 채권 성립의 기초가 되는 법률관계가 발생되어 있고 가까운 장래에 그 법률관계에 터잡아 채권이 성립되리라는 점에 대한 고도의 개연성이 있으며 실제로 가까운 장래에 그 개연성이 현실화되어 채권이 성립된 경우에는 그 채권도 채권자취소권의 피보전채권이 될 수 있다.

O I X

해설 피보전채권의 성립시기

① **원칙**

채권자취소권의 피보전채권은 채권자대위권의 경우와는 달리 사해행위를 목적으로 하는 원인행위 이전에 발생되어 있어야 하는 것이 원칙이다(대판 1962.11.15. 62다634). 아울러 사해행위 이전에 이미 발생한 채권이면 이행기의 도래를 요건으로 하지 않는다. 또한 채권자의 채권이 사해행위 이전에 성립되어 있는 이상 그 채권이 양도된 경우에도 채권은 동일성을 잃지 않으므로 양수인은 채권자취소권을 행사할 수 있다(채권양도의 대항요건을 사해행위 이후에 갖추었더라도 상관없다; 대판 2006.6.29. 2004다5822).

② **예외(기, 고, 현)**

判例는 "채권자취소권에 의하여 보호될 수 있는 채권은 원칙적으로 사해행위라고 볼 수 있는 행위가 행하여지기 전에 발생한 것임을 요하나, ⅰ) **사해행위 당시에 이미 채권 성립에 기초가 되는 법률관계가 발생되어 있고,** ⅱ) **가까운 장래에 그 법률관계에 기하여 채권이 성립되리라는 점에 대한 고도의 개연성이 있으며,** ⅲ) **실제로 가까운 장래에 그 개연성이 현실화되어 채권이 성립된 경우에는 그 채권도 채권자취소권의 피보전채권이 될 수 있다.**"(대판 1999.11.12. 99다29916 등)라고 한다.

28

16/20법무사, 21서기보

채무자가 채권자와 신용카드가입계약을 체결하고 신용카드를 발급받았으나 자신의 유일한 부동산을 매도한 후에 비로소 신용카드를 사용하기 시작하여 신용카드대금을 연체하게 된 경우, 그 신용카드대금채권은 사해행위 이후에 발생한 채권에 불과하여 사해행위의 피보전채권이 될 수 없다. O I X

> 해설 判例는 채무자가 채권자와 신용카드가입계약을 체결하고 신용카드를 발급받았으나 자신의 유일한 부동산을 매도한 후에 비로소 신용카드를 사용하기 시작하여 신용카드대금을 연체하게 된 사안에서는, **신용카드를 사용함으로써 비로소 채권이 성립하는 것이므로, 단순히 신용카드가입계약만으로 '채권성립의 기초가 되는 법률관계'에 해당하는 것으로는 보지 않았다.** 그래서 위 신용카드대금채권은 사해행위 이후에 발생한 채권에 불과하여 사해행위의 피보전채권이 될 수 없다고 하였다(대판 2004.11.12. 2004다40955).

29

18서기보

사해행위라고 볼 수 있는 행위가 행하여지기 전에 발생한 채권은 원칙적으로 채권자취소권에 의하여 보호될 수 있는 채권이 될 수 있고, 채권자의 채권이 사해행위 이전에 성립한 이상 사해행위 이후에 양도되었다고 하더라도 양수인은 채권자취소권을 행사할 수 있다. O | X

> 해설 사해행위 이전에 성립한 채권이 사해행위 이후에 양도된 경우, 채권 양수인이 채권자취소권을 행사할 수 있는지 여부(적극)
> 사해행위라고 볼 수 있는 행위가 행하여지기 전에 발생한 채권은 원칙적으로 채권자취소권에 의하여 보호될 수 있는 채권이 될 수 있고, 채권자의 채권이 사해행위 이전에 성립한 이상 사해행위 이후에 양도되었다고 하더라도 양수인은 채권자취소권을 행사할 수 있으며, 채권 양수일에 채권자취소권의 피보전채권이 새로이 발생되었다고 할 수 없다(대판 2012.2.9. 2011다77146).

30

15법원행시, 19주사보

정지조건부채권은 장래에 그 정지조건이 성취되기 어려울 것으로 보이는 등의 특별한 사정이 없는 한 이를 피보전채권으로 하여 채권자취소권을 행사할 수 있다. O | X

31

19법무사

甲에게 정지조건부 금전채무를 부담하고 있던 乙이 정지조건이 성취되기 전에 자신의 채권자 丙에게 그의 유일한 재산인 아파트에 관하여 근저당권설정계약을 체결하고 근저당권설정등기를 마쳐준 경우, 위 근저당권설정등계약은 甲의 乙에 대한 채권의 정지조건이 성취되기 전에 이루어진 것이므로 甲에 대한 관계에서 사해행위가 될 수 없다. O | X

> 해설 **30 31** 채권자취소권의 피보전채권 – 정지조건부채권을 피보전채권으로 하여 채권자취소권을 행사할 수 있는지 여부(원칙적 적극)
> 채권자취소권 행사는 채무 이행을 구하는 것이 아니라 총채권자를 위하여 이행기에 채무 이행을 위태롭게 하는 ⅰ) 채무자의 자력 감소를 방지하는 데 목적이 있는 점과 ⅱ) 민법이 제148조, 제149조에서 조건부권리의 보호에 관한 규정을 두고 있는 점을 종합해 볼 때, **취소채권자의 채권이 정지조건부채권이라 하더라도 장래에 정지조건이 성취되기 어려울 것으로 보이는 등 특별한 사정이 없는 한, 이를 피보전채권으로 하여 채권자취소권을 행사할 수 있다**(대판 2011.12.8. 2011다55542).

정답 | **26** ○ **27** ○ **28** ○ **29** ○ **30** ○ **31** ×

32

18서기보2

점유취득시효 완성 후 부동산 소유자가 이를 처분한 경우, 점유자는 시효취득을 원인으로 한 소유권이전등기청구권을 피보전채권으로 하여서는 채권자취소권을 행사할 수 없다. 채권자취소권을 특정물에 대한 소유권이전등기청구권을 보전하기 위해 행사하는 것은 허용되지 않기 때문이다. O | X

> 해설 채권자취소권의 피보전채권
> 채권자취소권을 특정물에 대한 소유권이전등기청구권을 보전하기 위하여 행사하는 것은 허용되지 않으므로(제406조 참조), 부동산의 제1양수인은 자신의 **'소유권이전등기청구권' 보전을 위하여 양도인과 제3자 사이에서 이루어진 이중양도행위에 대하여 채권자취소권을 행사할 수 없다**(대판 1999.4.27. 98다56690).
> ➡ 따라서 점유취득시효 완성 후 부동산 소유자가 이를 처분한 경우, 점유자는 시효취득을 원인으로 한 소유권이전등기청구권, 즉 특정물에 대한 소유권이전등기청구권을 피보전채권으로 하여서는 채권자취소권을 행사할 수 없다.

33

17법원행시

채권자취소소송에서 채무자의 무자력 여부를 판단함에 있어 다른 특별한 사정이 없는 한 실질적으로 재산적 가치가 없는 재산은 적극재산에서 제외하여야 한다. O | X

> 해설 무자력 판단 기준으로 소극재산과 적극재산의 산정
> 사해행위취소의 요건으로서의 무자력이란 채무자의 변제자력이 없음을 뜻하는 것이고 특히 임의 변제를 기대할 수 없는 경우에는 강제집행을 통한 변제가 고려되어야 하므로, 소극재산이든 적극재산이든 위와 같은 목적에 부합할 수 있는 재산인지 여부가 변제자력 유무 판단의 중요한 고려요소가 되어야 하는데, **채무자의 소극재산은 실질적으로 변제의무를 지는 채무를 기준으로 하여야 할 것**이므로 처분행위 당시에 가집행선고 있는 판결상의 채무가 존재하고 있었다고 하더라도 그것이 나중에 상급심의 판결에 의하여 감액된 경우에는 그 감액된 판결상의 채무만이 소극재산이라 할 것이고, 한편 **채무자의 적극재산을 산정함에 있어서는 다른 특별한 사정이 없는 한 실질적으로 재산적 가치가 없어 채권의 공동담보로서의 역할을 할 수 없는 재산은 제외하여야 할 것이고, 특히 그 재산이 채권인 경우에는 그것이 용이하게 변제를 받을 수 있는 것인지 여부**를 합리적으로 판정하여 그것이 긍정되는 경우에 한하여 적극재산에 포함시켜야 한다(대판 2006.2.10. 2004다2564).

34

21법원행시

민법 제406조의 채권자취소권의 대상인 '사해행위'란 채무자가 적극재산을 감소시키거나 소극재산을 증가시킴으로써 채무초과상태에 이르거나 이미 채무초과상태에 있는 것을 심화시킴으로써 채권자를 해하는 행위를 말한다. 그리고 사해행위취소의 소에서 채무자가 그와 같이 채무초과상태에 있는지 여부는 사해행위 당시를 기준으로 판단하여야 한다. O | X

> 해설 대판 2013.4.26. 2012다118334

35

13주사보, 18법원행시, 18/19법무사

채무자의 재산처분행위가 사해행위가 되는지 여부는 처분행위 당시를 기준으로 판단하여야 하며, 설령 그 재산처분행위가 정지조건부인 경우라 하더라도 특별한 사정이 없는 한 마찬가지라고 할 것이다.

O | X

> 해설 채무자의 재산처분행위가 사해행위가 되는지 판단하는 기준 시점(= 처분행위 당시) 및 재산처분행위가 정지조건부인 경우에도 마찬가지인지 여부(원칙적 적극)
> 어느 시점에서 사해행위에 해당하는 법률행위가 있었는가를 따질 때에는 당사자 사이의 이해관계에 미치는 중대한 영향을 고려하여 신중하게 이를 판정하여야 하고, 채무자의 재산처분행위가 사해행위가 되는지는 **처분행위 당시를 기준**으로 판단하여야 하며, **설령 재산처분행위가 정지조건부인 경우라 하더라도 특별한 사정이 없는 한 마찬가지**이다(대판 2013.6.28. 2013다8564).

36

출제예상

채권자취소권을 행사하기 위해서는 처분행위 당시 채권자를 해하는 것이기만 하면 되므로, 사실심 변론종결 당시에 채무자가 자력을 회복하여 채권자를 해하지 않게 된 경우에도 채권자취소권 행사가 가능하다.

O | X

> 해설 행위 당시에 무자력이 아닌 이상 후에 무자력으로 되었더라도 사해행위로 되는 것은 아니다. 한편 행위시에 무자력인 경우에도 채무자가 후에 자력을 회복한 때에는 취소권을 인정할 필요가 없으므로, **무자력은 사실심 변론종결시까지 유지되어야 한다**(이 경우 그러한 사정변경이 있다는 사실은 채권자취소소송의 상대방이 증명하여야 한다; 대판 2007.11.29. 2007다54849).

37

18법원행시, 19사무관

사해성의 요건은 행위 당시는 물론 채권자가 취소권을 행사할 당시(사해행위취소소송의 사실심변론종결시)에도 갖추고 있어야 하므로, 처분행위 당시에는 채권자를 해하는 것이었더라도 그 후 채무자가 자력을 회복하거나 채무가 감소하여 취소권 행사시에 채권자를 해하지 않게 되었다면, 채권자취소권에 의하여 책임재산을 보전할 필요성이 없으므로 채권자취소권은 소멸한다.

O | X

> 해설 채권자를 해하는 재산 처분행위 후에 채무자가 자력을 회복하거나 채무가 감소하여 채권자취소권 행사시에 채권자를 해하지 않게 된 경우, 채권자취소권이 소멸하는지 여부(적극)(대판 2009.3.26. 2007다63102)

38

11법원행시, 17법무사

가등기에 기하여 본등기가 경료된 경우 가등기의 원인인 법률행위와 본등기의 원인인 법률행위가 명백히 다른 것이 아닌 한 사해행위 요건의 구비 여부는 본등기가 마쳐진 당시를 기준으로 하여 판단하여야 한다.

O | X

> 해설 가등기에 기하여 본등기가 경료된 경우 가등기의 원인인 법률행위와 본등기의 원인인 법률행위가 명백히 다른 것이 아닌 한 사해행위 요건의 구비 여부는 가등기의 원인된 법률행위 당시를 기준으로 판단하여야 한다(대판 2014.3.27. 2013다1518).

정답 | 32 ○ 33 ○ 34 ○ 35 ○ 36 × 37 ○ 38 ×

39 14법원행시, 17법무사

채무자가 연속하여 수개의 재산행위를 한 경우에는 각 행위별로 그로 인하여 무자력이 초래되었는지 여부에 따라 사해성을 판단하는 것이 원칙이지만, 그 일련의 행위들을 하나의 행위로 볼 특별한 사정이 있는 때에는 이를 일괄하여 전체로서 사해성이 있는지 판단하여야 한다. O | X

해설 채무자가 연속하여 수개의 재산처분행위를 한 경우, 그 처분행위의 사해성 판단방법
채무자가 연속하여 수개의 재산처분행위를 한 경우에는 각 행위별로 그로 인하여 무자력이 초래되었는지 여부에 따라 사해성 여부를 판단하는 것이 원칙이지만, 그 일련의 행위를 하나의 행위로 볼 특별한 사정이 있는 때에는 이를 일괄하여 전체로서 사해성이 있는지 판단하게 되고, 이 때 그러한 특별 사정이 있는지 여부를 판단함에 있어서는 처분의 상대방이 동일한지, 처분이 시간적으로 근접한지, 상대방과 채무자가 특별한 관계가 있는지, 처분의 동기 내지 기회가 동일한지 등이 구체적 기준이 되어야 한다(대판 2006.9.14. 2005다74900).

40 14서기보

채무자의 법률행위가 통정허위표시인 경우에도 채권자취소권의 대상이 되고, 한편 채권자취소권의 대상으로 된 채무자의 법률행위라도 통정허위표시의 요건을 갖춘 경우에는 무효이다. O | X

해설 무효와 취소의 경합(이중효)
무효와 취소는 논리필연적으로 구분되는 것은 아니며, 무효와 취소는 법률효과를 뒷받침하는 근거로서 결국은 입법정책의 문제에 속한다고 할 수 있으며, 무효인 행위라도 법적으로 '無'는 아니다. 따라서 무효인 법률행위도 취소의 대상의 된다(통설 및 判例). 문제는 취소에 따른 실익인바, 判例(대판 1996.12.6. 95다24982)는 통정허위표시도 채권자취소권(제406조)의 대상이 될 수 있다고 한다. 이 경우 제3자가 허위표시에 관해 선의이더라도(제108조 제2항) 사해의 의사가 있는 경우에는 채권자는 제3자를 상대로 채권자취소권을 행사할 수 있는 '실익'이 있다.

41 12법원행시

주채무자 또는 제3자 소유의 부동산에 대하여 채권자 앞으로 근저당권이 설정되어 있고, 그 부동산의 가액 및 채권최고액이 당해 채무액을 초과하여 채무 전액에 대하여 채권자에게 우선변제권이 확보되어 있다고 하더라도, 연대보증인이 유일한 재산을 처분하는 법률행위를 하는 것은 사해행위에 해당한다. O | X

해설 주채무자 또는 제3자 소유의 부동산에 대하여 채권자 앞으로 근저당권이 설정되어 있고, 그 부동산의 가액 및 채권최고액이 당해 채무액을 초과하여 **채무 전액에 대하여 채권자에게 우선변제권이 확보되어 있다면, 연대보증인이 비록 유일한 재산을 처분하는 법률행위를 하더라도 채권자에 대하여 사해행위가 성립되지 않는다**고 보아야 한다(대판2000.12.8. 2000다21017).

42 15/19법무사

채무자와 물상보증인의 공유인 부동산에 관하여 저당권이 설정된 후 채무자가 자신의 지분을 양도한 경우, 그 양도가 사해행위에 해당하는지를 판단할 때 채무자 소유의 지분이 부담하는 피담보채권액은 특별한 사정이 없는 한 공동저당권의 피담보채권액 전액이다. O | X

43

18사무관

채권자취소의 대상인 사해행위에 해당하는지를 판단하기 위해 채무자의 적극재산을 평가함에 있어, 공동저당권이 설정된 수 개의 부동산 중 일부는 채무자 소유이고 다른 일부는 물상보증인 소유인 경우 채무자 소유의 부동산이 부담하는 피담보채권액은 공동저당권의 목적으로 된 각 부동산의 가액에 비례하여 공동저당권의 피담보채권액을 안분한 금액이다. O | X

해설 **42 43** 채무자와 물상보증인의 공유인 부동산에 관하여 저당권이 설정된 후 채무자가 자신의 지분을 양도한 경우, 그 양도가 사해행위에 해당하는지를 판단할 때 채무자 소유의 지분이 부담하는 피담보채권액
사해행위취소의 소에서 채무자가 수익자에게 양도한 목적물에 저당권이 설정되어 있는 경우라면 그 목적물 중에서 일반채권자들의 공동담보에 제공되는 책임재산은 피담보채권액을 공제한 나머지 부분만이라고 할 것이고 그 피담보채권액이 목적물의 가액을 초과할 때는 당해 목적물의 양도는 사해행위에 해당한다고 할 수 없다. 그런데 **수 개의 부동산에 공동저당권이 설정되어 있는 경우 책임재산을 산정함에 있어 각 부동산이 부담하는 피담보채권액**은 특별한 사정이 없는 한 **민법 제368조의 규정 취지에 비추어 공동저당권의 목적으로 된 각 부동산의 가액에 비례하여 공동저당권의 피담보채권액을 안분한 금액**이라고 보아야 한다. 그러나 그 수 개의 부동산 중 **일부는 채무자의 소유이고 다른 일부는 물상보증인의 소유인 경우**에는, 물상보증인이 민법 제481조, 제482조의 규정에 따른 변제자대위에 의하여 채무자 소유의 부동산에 대하여 저당권을 행사할 수 있는 지위에 있는 점 등을 고려할 때, 그 물상보증인이 채무자에 대하여 구상권을 행사할 수 없는 특별한 사정이 없는 한 **채무자 소유의 부동산에 관한 피담보채권액은 공동저당권의 피담보채권액 전액으로 봄이 상당하다. 이러한 법리는 하나의 공유부동산 중 일부 지분이 채무자의 소유이고, 다른 일부 지분이 물상보증인의 소유인 경우에도 마찬가지로 적용**된다(대판 2013.7.18. 2012다5643 전합).

44

12서기보

채무자가 채무가 재산을 초과하는 상태에서 채권자 중 한 사람과 통모하여, 그 채권자만 우선적으로 채권의 만족을 얻도록 할 의도로, 채무자 소유의 부동산을 그 채권자에게 매각하고 위 매매대금채권과 그 채권자의 채무자에 대한 채권을 상계하는 약정을 하였다면, 가사 매매가격이 상당한 가격이거나 상당한 가격을 초과한다고 할지라도, 채무자의 매각행위는 다른 채권자를 해할 의사로 한 법률행위에 해당한다. O | X

해설 대판 1994.6.14. 94다2961,2978

45

12주사보

채무자의 특정채권자에 대한 변제는 다른 채권자의 공동담보가 감소한다고 하더라도 사해행위가 되지 않으나, 채무자가 일부의 채권자와 통모하여 다른 채권자를 해할 의사로 변제한 경우에는 사해행위에 해당한다. O | X

해설 채무 초과 상태에 있는 채무자가 채권자 중 1인에게 '변제'한 행위가 사해행위가 되는지 여부(원칙적 소극)
채무자가 특히 일부의 채권자와 **'통모'**하여 다른 채권자를 해할 의사를 가지고 변제를 한 경우를 **제외**하고는 **원칙적으로 사해행위가 되는 것은 아니**라고 할 것이다. 왜냐하면 채권자가 채무의 변제를 구하는 것은 그의 당연한 권리행사로서 다른 채권자가 존재한다는 이유로 이것이 방해받아서는 아니 되고, 채무자도 채무의 본지에 따라 채무를 이행할 의무를 부담하고 있어 다른 채권자가 있는 경우라도 그 채무 이행을 거절하지는 못하기 때문이다(대판 2001.4.10. 2000다66034).

정답 | **39** ○ **40** ○ **41** × **42** ○ **43** × **44** ○ **45** ○

46

12주사보

채무자가 특정채권자에 대해 무자력 상태에서 하는 대물변제는 다른 특별한 사정이 없는 한 다른 채권자에 대한 관계에서 사해행위에 해당한다. O|X

47

16법무사

채무초과 상태의 채무자가 유일한 재산을 우선변제권 있는 채권자에게 대물변제로 제공한 행위는 특별한 사정이 없는 한 다른 채권자들의 이익을 해하는 사해행위에 해당한다. O|X

해설 **46 47** 채무초과 상태에 있는 채무자가 채권자 중 1인에게 '대물변제'한 행위가 사해행위가 되는지 여부(원칙적 적극)

① **원칙**

判例에 따르면 **채무초과의 상태에 있는 채무자가** 적극재산을 채권자 중 일부에게 대물변제조로 양도하는 행위는 채무자가 특정 채권자에게 채무 본지에 따른 변제를 하는 경우와는 달리 **원칙적으로 다른 채권자들에 대한 관계에서 사해행위가 될 수 있다**."(대판 2010.9.30. 2007다2718)라고 한다. 위와 같은 법리는 적극재산을 대물변제로 양도하는 것이 아니라 채무의 변제를 위하여 또는 그 담보로 양도하는 경우에는 더욱 그러하다(대판 2011.3.10. 2010다52416).

② **예외**

그러나 ㉠ 대물변제로 인해 변제자력이 없게 되더라도 '그 당시 대물변제 **목적물이 상당한 가격으로 평가**되었을 때'(대판 1981.7.7. 80다2613), ㉡ '기존 금전채무의 변제에 갈음하여 다른 금전채권을 양도'하였는데, 채무자가 일부의 채권자와 **통모하여 다른 채권자를 해할 의사가 없는 경우**(대판 2004.5.28. 2003다60822), ㉢ **'우선변제권 있는 채권자에 대한 대물변제'**의 제공행위는 특별한 사정이 없는 한 다른 채권자들의 이익을 해한다고 볼 수 없어 사해행위가 되지 않는다(대판 2008.2.14. 2006다33357).

48

출제예상

채무자가 근저당권이 설정된 부동산을 처분하면서 매매대금으로 그 부동산에 대해서 다른 채권자에 우선하여 변제를 받을 수 있는 지위에 있는 근저당권자의 피담보채권액 중 일부를 변제하고 근저당권을 말소한 경우라면 특별한 사정이 없는 한 부동산 처분행위를 사해행위로 볼 수 없다. O|X

해설 채무자가 양도한 부동산에 제3자의 채무를 담보하기 위한 근저당권이 설정되어 있는 경우 그 부동산에서 일반 채권자들의 공동담보로 되는 책임재산은 채권최고액을 한도로 실제 부담하고 있는 피담보채권액을 뺀 나머지 부분이다. 따라서 근저당권의 피담보채권액과 채권최고액이 모두 부동산 가격을 초과하는 때에는 일반 채권자들의 공동담보로 되는 책임재산이 없으므로 부동산의 양도가 사해행위에 해당하지 않는다. **채무자가 근저당권이 설정된 부동산을 처분하면서 매매대금으로 그 부동산에 대해서 다른 채권자에 우선하여 변제를 받을 수 있는 지위에 있는 근저당권자의 피담보채권액 중 일부를 변제하고 근저당권을 말소한 경우라면 특별한 사정이 없는 한 부동산 처분행위를 사해행위로 볼 수 없다**(대판 2018.4.24. 2017다287891).

49

15법무사

채무초과 상태에 있는 채무자가 여러 채권자 중 일부에게만 채무의 이행과 관련하여 그 채무의 본래 목적이 아닌 다른 채권 기타 적극재산을 양도하는 행위는, 채무자가 특정 채권자에게 채무의 내용에 좇은 이행을 하는 경우와는 달리 원칙적으로 다른 채권자들에 대한 관계에서 사해행위가 될 수 있다. O|X

해설 채무자가 책임재산을 감소시키는 행위를 함으로써 일반 채권자들을 위한 공동담보의 부족상태를 유발 또는 심화시킨 경우에 그 행위가 채권자취소의 대상인 사해행위에 해당하는지 여부는, 그 목적물이 채무자의 전체 책임재산 가운데에서 차지하는 비중, 무자력의 정도, 법률행위의 경제적 목적이 갖는 정당성 및 그 실현수단인 당해 행위의 상당성, 행위의 의무성 또는 상황의 불가피성, 채무자와 수익자 간 통모의 유무 등 공동담보의 부족 위험에 대한 당사자의 인식의 정도, 기타 그 행위에 나타난 여러 사정을 종합적으로 고려하여, 궁극적으로 그 행위가 일반 채권자를 해하는 행위라고 볼 수 있는지 여부에 따라 판단하여야 한다. 그리고 **채무초과 상태에 있는 채무자가 여러 채권자 중 일부에게만 채무의 이행과 관련하여 그 채무의 본래 목적이 아닌 다른 채권 기타 적극재산을 양도하는 행위는, 채무자가 특정 채권자에게 채무의 내용에 좇은 이행을 하는 경우와는 달리 원칙적으로 다른 채권자들에 대한 관계에서 사해행위가 될 수 있다.** 다만 이러한 경우에도 위에서 본 바와 같은 사해성의 일반적인 판단 기준에 비추어 그 행위가 궁극적으로 일반채권자를 해하는 행위로 볼 수 없는 경우에는 사해행위의 성립이 부정될 수 있다(대판 2010.9.30. 2007다2718).

50

12주사보

자금난으로 사업을 계속 추진하기 어려운 상황에서 신규자금을 융통하기 위해 부동산을 특정 채권자에게 담보로 제공하여 그로부터 신규자금을 융통받았다고 하더라도 특별한 사정이 없는 한 채무자의 담보권설정행위는 사해행위에 해당한다. O | X

51

14법무사

신규자금의 융통 없이 단지 기존채무의 이행을 유예받기 위하여 자신의 채권자 중 한 사람에게 담보를 제공하는 행위는 다른 특별한 사정이 없는 한 다른 채권자들에 대한 관계에서는 사해행위에 해당한다. O | X

해설 사업을 계속 추진하기 위해 부득이 특정채권자에게 담보를 제공하고 '신규자금을 추가로 융통'한 경우 사해행위가 되는지 여부

50 ① 자금난으로 사업을 계속 추진하기 어려운 상황에 처한 채무자가 자금을 융통하여 사업을 계속 추진하는 것이 채무변제력을 갖게 되는 최선의 방법이라고 생각하고 **자금을 융통하기 위하여 부득이** 부동산을 특정 채권자에게 담보로 제공하고 그로부터 **신규자금을 추가로 융통받았다면** 특별한 사정이 없는 한 채무자의 담보권 설정행위는 **사해행위에 해당하지 않으며**, 다만 사업의 계속 추진과는 아무런 관계가 없는 기존 채무를 아울러 피담보채무 범위에 포함시켰다면, 그 부분에 한하여 사해행위에 해당할 여지는 있다(대판 2002.3.29. 2000다25842). 이러한 법리는 연대보증채무자가 주채무자의 경제적 회생을 위하여 자신 소유의 부동산을 주채무자의 특정 채권자에게 담보로 제공하고 그로부터 물품을 공급받아 사업을 계속하게 한 경우에도 마찬가지라고 할 것이다(대판 2012.2.23. 2011다88832).

51 ② 그리고 判例는 "비록 채무자가 사업의 갱생이나 계속 추진의 의도였다 하더라도 **신규자금의 융통 없이** 단지 기존채무의 이행을 유예받기 위하여 자신의 채권자 중 한 사람에게 담보를 제공하는 행위는 다른 특별한 사정이 없는 한 다른 채권자들에 대한 관계에서는 **사해행위에 해당**한다고 보아야 한다"(대판 2010.4.29. 2009다104564)고 한다.

52

14법무사

특정한 채권에 대한 공동 연대보증인 중 1인이 다른 공동 연대보증인에게 재산을 증여하여 특정채권자가 추급할 수 있는 채무자들의 총 책임재산에는 변동이 없다고 하더라도, 재산을 증여한 연대보증인의 재산이 감소되어 그 특정한 채권자를 포함한 일반채권자들의 공동담보에 부족이 생기거나 그 부족이 심화된 경우에는 그 증여행위의 사해성을 부정할 수 없다. O | X

정답 | **46** ○ **47** × **48** ○ **49** ○ **50** × **51** ○ **52** ○

해설 대판 2009.3.26. 2007다63102

54 15법원행시, 18법무사, 19사무관

판례는 이혼 시 재산분할은 채권자취소의 대상이 될 수 없다고 본다. O | X

55 20법무사

이혼에 따른 재산분할청구권에 의하여 재산을 취득하는 것이 상당한 정도를 벗어나서 사해행위로서 채권자취소권의 대상이 되는 경우 취소되는 범위는 그 상당한 부분을 초과하는 부분에 한정된다. O | X

해설 **54 55** 이혼에 따른 재산분할이 사해행위로서 채권자취소의 대상이 되기 위한 요건과 그 취소의 범위 및 증명책임의 소재(= 채권자)
이혼 시의 재산분할이 민법 제839조의2 제2항의 규정 취지에 반하여 상당하다고 할 수 없을 정도로 과대하고, 재산분할을 구실로 이루어진 재산처분이라고 인정할 만한 특별한 사정이 없는 한 사해행위로서 채권자취소권의 대상이 되지 아니하고, 위와 같은 특별한 사정이 있어 사해행위로서 채권자취소권의 대상이 되는 경우에도 취소되는 범위는 그 상당한 부분을 초과하는 부분에 한정된다고 할 것이며, 이때 상당한 정도를 벗어나는 과대한 재산분할이라고 볼 만한 특별한 사정이 있다는 점에 관한 입증책임은 채권자에게 있다고 할 것이다(대판 2006.6.29. 2005다73105).

56 14/20법무사, 16법원행시, 19/20서기보

협의 또는 심판에 의하여 구체화되지 않은 재산분할청구권을 포기하는 행위도 채권자취소권의 대상이 될 수 있다. O | X

해설 협의 또는 심판에 의하여 구체화되지 않은 이혼에 따른 재산분할청구권을 포기하는 행위가 채권자취소권의 대상이 되는지 여부(소극)
이혼으로 인한 재산분할청구권은 이혼을 한 당사자의 일방이 다른 일방에 대하여 재산분할을 청구할 수 있는 권리로서 이혼이 성립한 때에 그 법적 효과로서 비로소 발생하는 것일 뿐만 아니라, 협의 또는 심판에 의하여 구체적 내용이 형성되기까지는 그 범위 및 내용이 불명확·불확정하기 때문에 구체적으로 권리가 발생하였다고 할 수 없으므로 협의 또는 심판에 의하여 구체화되지 않은 재산분할청구권은 채무자의 책임재산에 해당하지 아니하고, 이를 포기하는 행위 또한 채권자취소권의 대상이 될 수 없다(대판 2013.10.11. 2013다7936).

57 14사무관, 19서기보

상속의 포기는 민법 제406조 제1항에서 정하는 "재산권에 관한 법률행위"에 해당하지 아니하여 사해행위취소의 대상이 되지 못한다. 그러나 채무자가 채무초과 상태에서 자신의 부동산에 「주택임대차보호법」 제8조에 따라 최우선변제권이 있는 임차권을 설정하여 준 행위는 사해행위취소의 대상이 될 수 있다.
O | X

해설 사해행위 요건 – '재산권'을 목적으로 한 행위
判例는 "**상속의 포기**는 비록 포기자의 재산에 영향을 미치는 바가 없지 아니하나 상속인으로서의 지위 자체를 소멸하게 하는 행위로서 **순전한 재산법적 행위와 같이 볼 것이 아니다**. 오히려 상속의 포기는 1차적으로 피상속인 또는 후순위상속인을 포함하여 다른 상속인 등과의 인격적 관계를 전체적으로 판단하여 행하여지는 **'인적 결단'으로서의 성질**을 가진다."(대판 2011.6.9. 2011다29307)라고 보아 상속의 포기는 사해행위취소의 대상이 되지 못한다고 한다.
사해행위 요건 – 채권자를 해하는 법률행위
「주택임대차보호법」 제8조의 소액보증금 최우선변제권은 임차목적 주택에 대하여 저당권에 의하여 담보된 채권, 조세 등에 우선하여 변제받을 수 있는 **일종의 법정담보물권을 부여한 것**이므로, 채무자가 채무초과 상태에서 채무자 소유의 유일한 주택에 대하여 위 법조 소정의 임차권을 설정해 준 행위는 채무초과 상태에서의 담보제공행위로서 채무자의 총재산의 감소를 초래하는 행위가 되는 것이고, 따라서 그 **임차권설정행위는 사해행위취소의 대상**이 된다(대판 2005.5.13. 2003다50771).

58 15법원행시

이미 채무초과 상태에 있는 채무자가 상속재산의 분할협의를 하면서 자신의 상속분에 관한 권리를 포기함으로써 일반 채권자에 대한 공동담보가 감소한 경우에도 원칙적으로 채권자에 대한 사해행위에 해당한다. O | X

59 14법원행시, 15/19법무사

이미 채무초과 상태에 있는 채무자가 상속재산의 분할협의를 하면서 유일한 상속재산인 부동산에 관하여는 자신의 상속분을 포기하고 대신 소비하기 쉬운 현금을 지급받기로 하였다면, 그러한 분할협의는 특별한 사정이 없는 한 채권자에 대하여 사해행위가 된다. O | X

60 21법무사

상속재산의 분할협의는 상속이 개시되어 공동상속인 사이에 잠정적 공유가 된 상속재산에 대하여 그 전부 또는 일부를 각 상속인의 단독소유로 하거나 새로운 공유관계로 이행시킴으로써 상속재산의 귀속을 확정시키는 것에 불과하므로 사해행위취소권 행사의 대상이 될 수 없다. 따라서 채무자가 자기의 유일한 재산인 부동산을 매각하여 소비하기 쉬운 금전으로 바꾸거나 타인에게 무상으로 이전하여 주는 행위가 채권자에 대하여 사해행위가 되는 것과 달리, 이미 채무초과 상태에 있는 채무자가 상속재산의 분할협의를 하면서 자신의 상속분에 관한 권리를 포기하였다고 하더라도 채권자에 대한 사해행위에 해당한다고 할 수는 없다. O | X

해설 **58 59** 상속재산의 분할협의가 사해행위취소권 행사의 대상이 되는지 여부(적극)
상속재산의 분할협의는 상속이 개시되어 공동상속인 사이에 잠정적 공유가 된 상속재산에 대하여 그 전부 또는 일부를 각 상속인의 단독소유로 하거나 새로운 공유관계로 이행시킴으로써 상속재산의 귀속을 확정시키는 것으로 그 성질상 재산권을 목적으로 하는 법률행위이므로 **사해행위취소권 행사의 대상이 될 수 있다**(대판 2008.3.13. 2007다73765).

정답 | **54** × **55** ○ **56** × **57** ○ **58** ○ **59** ○ **60** ×

60 채무초과 상태에 있는 채무자가 상속재산의 분할협의를 하면서 유일한 상속재산인 부동산에 관한 상속분을 포기하고 대신 현금을 지급받기로 한 경우, 사해행위에 해당하는지 여부(적극)
채무자가 자기의 유일한 재산인 부동산을 매각하여 소비하기 쉬운 금전으로 바꾸거나 타인에게 무상으로 이전하여 주는 행위는 특별한 사정이 없는 한 채권자에 대하여 사해행위가 되는 것이므로, **이미 채무초과 상태에 있는 채무자가 상속재산의 분할협의를 하면서 유일한 상속재산인 부동산에 관하여는 자신의 상속분을 포기하고 대신 소비하기 쉬운 현금을 지급받기로 하였다면**, 이러한 행위는 실질적으로 채무자가 자기의 유일한 재산인 부동산을 매각하여 소비하기 쉬운 금전으로 바꾸는 것과 다르지 아니하여 **특별한 사정이 없는 한 채권자에 대하여 사해행위가 된다고 할 것**이며, 이와 같은 금전의 성격에 비추어 상속재산 중에 위 부동산 외에 현금이 다소 있다 하여도 마찬가지로 보아야 할 것이다"(同 判例)

61

14/17주사보, 16/19서기보, 20법원행시

이미 채무초과 상태에 있는 채무자가 상속을 포기하는 것은 사해행위취소의 대상이 되지 않는다. 그러나 이미 채무초과 상태에 있는 채무자가 상속재산분할협의를 하면서 자신의 상속분에 관한 권리를 포기하는 것은 사해행위취소의 대상이 될 수 있고, 마찬가지로 유증을 포기하는 것도 사해행위취소의 대상이 될 수 있다. O | X

해설 ① 상속의 포기의 경우 '인적 결단'으로서의 사해행위취소의 대상이 되지 못한다(대판 2011.6.9. 2011다29307).
② 상속재산의 분할협의는 사해행위취소권 행사의 대상이 될 수 있다. 다만, 상속재산의 분할협의를 하면서 상속재산에 관한 권리포기는 구체적 상속분에 미달하는 과소한 부분에 한하여 사해행위가 되므로(일부사해행위 – 저자주), 사해행위로서 취소되는 범위는 그 미달하는 부분에 한정하여야 한다. 여기서 구체적 상속분이 법정상속분과 다르다는 사정은 채무자가 주장·입증하여야 할 것이다(대판 2001.2.9. 2000다51797).
③ **유증의 포기의 경우**
유증을 받을 자는 유언자의 사망 후에 언제든지 유증을 승인 또는 포기할 수 있고, 그 효력은 유언자가 사망한 때에 소급하여 발생하므로(민법 제1074조), 채무초과 상태에 있는 채무자라도 자유롭게 유증을 받을 것을 포기할 수 있다. **또한 채무자의 유증 포기가 직접적으로 채무자의 일반재산을 감소시켜 채무자의 재산을 유증 이전의 상태보다 악화시킨다고 볼 수도 없다.** 따라서 유증을 받을 자가 이를 포기하는 것은 사해행위 취소의 대상이 되지 않는다(대판 2019.1.17. 2018다260855).

62

출제예상

채무자의 소멸시효이익의 포기행위도 사해행위가 될 수 있다. O | X

해설 채무자가 소멸시효 완성 후에 한 소멸시효이익의 포기행위는 소멸하였던 채무가 소멸하지 않았던 것으로 되어 결과적으로 채무자가 부담하지 않아도 되는 채무를 새롭게 부담하게 되는 것이므로 채권자취소권의 대상인 사해행위가 될 수 있다(대결 2013.5.31. 2012마712).

63

20법원행시

채무자가 유일한 재산인 그 소유의 부동산에 관한 매매예약에 따른 예약완결권이 제척기간 경과가 임박하여 소멸할 예정인 상태에서 제척기간을 연장하기 위하여 새로 매매예약을 하는 행위는 채무자가 부담하지 않아도 될 채무를 새롭게 부담하게 되는 결과가 되므로 채권자취소권의 대상인 사해행위가 될 수 있다. O | X

해설 민법 제564조가 정하고 있는 매매예약에서 예약자의 상대방이 매매예약 완결의 의사표시를 하여 매매의 효력을 생기게 하는 권리, 즉 매매예약의 완결권은 일종의 형성권으로서 당사자 사이에 행사기간을 약정한 때에는 그 기간 내에, 약정이 없는 때에는 예약이 성립한 때부터 10년 내에 이를 행사하여야 하고, 그 기간이 지난 때에는 예약완결권은 제척기간의 경과로 소멸한다. 채무자가 유일한 재산인 그 소유의 부동산에 관한 매매예약에 따른 예약완결권이 제척기간 경과가 임박하여 소멸할 예정인 상태에서 제척기간을 연장하기 위하여 새로 매매예약을 하는 행위는 채무자가 부담하지 않아도 될 채무를 새롭게 부담하게 되는 결과가 되므로 채권자취소권의 대상인 사해행위가 될 수 있다(대판 2018.11.29. 2017다247190).

64

출제예상

신축건물의 도급인이 민법 제666조가 정한 수급인의 저당권설정청구권의 행사에 따라 공사대금채무의 담보로 그 건물에 저당권을 설정하는 행위는 특별한 사정이 없는 한 사해행위에 해당하지 아니하고, 수급인으로부터 공사대금채권을 양수받은 자의 저당권설정청구에 의하여 신축건물의 도급인이 그 건물에 저당권을 설정하는 행위 역시 다른 특별한 사정이 없는 한 사해행위에 해당하지 아니한다. O | X

해설 수급인의 저당권설정청구권(제666조) 행사에 따라 도급인이 저당권을 설정하는 행위의 사해행위취소(부정)
민법 제666조는 "부동산공사의 수급인은 보수에 관한 채권을 담보하기 위하여 그 부동산을 목적으로 한 저당권의 설정을 청구할 수 있다."라고 규정하고 있는바, 이는 부동산공사에서 그 목적물이 보통 수급인의 자재와 노력으로 완성되는 점을 감안하여 그 목적물의 소유권이 원시적으로 도급인에게 귀속되는 경우 수급인에게 목적물에 대한 저당권설정청구권을 부여함으로써 수급인이 사실상 목적물로부터 공사대금을 우선적으로 변제받을 수 있도록 하는 데 그 취지가 있고, 이러한 수급인의 지위가 목적물에 대하여 유치권을 행사하는 지위보다 더 강화되는 것은 아니어서 도급인의 일반 채권자들에게 부당하게 불리해지는 것도 아닌 점 등에 비추어, **신축건물의 도급인이 민법 제666조가 정한 수급인의 저당권설정청구권의 행사에 따라 공사대금채무의 담보로 그 건물에 저당권을 설정하는 행위는 특별한 사정이 없는 한 사해행위에 해당하지 아니한다.**
민법 제666조에서 정한 수급인의 저당권설정청구권은 공사대금채권을 담보하기 위하여 인정되는 채권적 청구권으로서 공사대금채권에 부수하여 인정되는 권리이므로, 당사자 사이에 공사대금채권만을 양도하고 저당권설정청구권은 이와 함께 양도하지 않기로 약정하였다는 등의 특별한 사정이 없는 한, 공사대금채권이 양도되는 경우 저당권설정청구권도 이에 수반하여 함께 이전된다고 봄이 타당하다. 따라서 **신축건물의 수급인으로부터 공사대금채권을 양수받은 자의 저당권설정청구에 의하여 신축건물의 도급인이 그 건물에 저당권을 설정하는 행위 역시 다른 특별한 사정이 없는 한 사해행위에 해당하지 아니한다**(대판 2018.11.29. 2015다19827).

65

14법원행시

부동산에 관하여 부동산실명법 제4조 제2항 본문이 적용되어 명의수탁자인 채무자 명의의 소유권이전등기가 무효인 경우에는 그 부동산은 채무자의 소유가 아니기 때문에 이를 채무자의 일반 채권자들의 공동담보에 제공되는 책임재산이라고 볼 수 없고, 채무자가 위 부동산에 관하여 제3자와 매매계약을 체결하고 그에게 소유권이전등기를 마쳐주었다고 하더라도 그로써 채무자의 책임재산에 감소를 초래한 것이라고 할 수 없으므로 이를 들어 채무자의 일반 채권자들을 해하는 사해행위라고 할 수 없으며, 채무자에게 사해의 의사가 있다고 볼 수도 없다. O | X

정답 | 61 × 62 ○ 63 ○ 64 ○ 65 ○

해설 대판 2008.9.25. 2007다74874

비교판례 '매도인이 선의'인 계약명의신탁에서 수탁자명의로 소유권이전등기가 마쳐진 경우, 명의수탁자가 위 부동산을 명의신탁자 또는 그가 지정하는 자에게 양도하는 행위가 '수탁자'의 일반채권자들을 해하는 사해행위가 되는지 여부(적극)
명의신탁자와 명의수탁자가 이른바 계약명의신탁 약정을 맺고 명의수탁자가 당사자가 되어 **명의신탁 약정이 있다는 사실을 알지 못하는 소유자와 부동산에 관한 매매계약을 체결**한 후 그 매매계약에 따라 당해 부동산의 소유권이전등기를 **명의수탁자 명의로 마친** 경우에는, 명의신탁자와 명의수탁자 사이의 명의신탁 약정의 무효에도 불구하고 **부동산 실권리자명의 등기에 관한 법률 제4조 제2항 단서에 의하여 그 명의수탁자는 당해 부동산의 완전한 소유권을 취득**하게 되고, 다만 명의신탁자에 대하여 그로부터 제공받은 매수자금 상당액의 부당이득반환의무를 부담하게 되는바, 위와 같은 경우에 **명의수탁자가 취득한 부동산은 채무자인 명의수탁자의 일반 채권자들의 공동담보에 제공되는 책임재산이 되고,** 명의신탁자는 명의수탁자에 대한 관계에서 금전채권자 중 한 명에 지나지 않으므로, **명의수탁자의 재산이 채무의 전부를 변제하기에 부족한 경우 명의수탁자가 위 부동산을 명의신탁자 또는 그가 지정하는 자에게 양도하는 행위는 특별한 사정이 없는 한 다른 채권자의 이익을 해하는 것으로서 다른 채권자들에 대한 관계에서 사해행위**가 된다(同 判例).

비교판례 '매도인이 선의'인 계약명의신탁에서 수탁자명의로 소유권이전등기가 마쳐진 경우, 명의신탁자가 실질적인 당사자가 되어 위 부동산을 제3자에게 처분한 행위가 '신탁자'의 일반채권자들을 해하는 사해행위가 되는지 여부(소극)
신탁자가 수탁자에 대하여 부당이득반환채권만을 가지는 경우에는 그 부동산은 신탁자의 일반채권자들의 공동담보에 제공되는 책임재산이라고 볼 수 없고, 신탁자가 위 부동산에 관하여 제3자와 매매계약을 체결하는 등 신탁자가 실질적인 당사자가 되어 처분행위를 하고 소유권이전등기를 마쳐주었다고 하더라도 그로써 신탁자의 책임재산에 감소를 초래한 것이라고 할 수 없으므로, 이를 들어 신탁자의 일반채권자들을 해하는 사해행위라고 할 수 없다(대판 2013.9.12. 2011다89903).

66

17법무사

부부 간의 명의신탁약정은 특별한 사정이 없는 한 유효하고, 신탁자가 이러한 유효한 명의신탁약정을 해지함을 전제로 신탁된 부동산을 제3자에게 직접 처분하면서 수탁자 및 제3자와의 합의 아래 중간등기를 생략하고 수탁자에게서 곧바로 제3자 앞으로 소유권이전등기를 마쳐 준 경우 이로써 신탁자의 소극재산이 적극재산을 초과하게 되거나 채무초과상태가 더 나빠지게 되고 신탁자도 그러한 사실을 인식하고 있었다면, 이러한 신탁자의 법률행위는 신탁자의 일반 채권자들을 해하는 행위로서 사해행위에 해당한다.

O | X

해설 **부부 간의 명의신탁약정은 특별한 사정이 없는 한 유효**하고(부동산 실권리자명의 등기에 관한 법률 제8조 참조), 이때 명의신탁자는 명의수탁자에 대하여 신탁해지를 하고 신탁관계의 종료 그것만을 이유로 하여 소유 명의의 이전등기절차의 이행을 청구할 수 있음은 물론, 신탁해지를 원인으로 하고 소유권에 기해서도 그와 같은 청구를 할 수 있는데, 이와 같이 **명의신탁관계가 종료된 경우 신탁자의 수탁자에 대한 소유권이전등기청구권은 신탁자의 일반채권자들에게 공동담보로 제공되는 책임재산**이 된다. 그런데 **신탁자가 유효한 명의신탁약정을 해지함을 전제로 신탁된 부동산을 제3자에게 직접 처분하면서 수탁자 및 제3자와의 합의 아래 중간등기를 생략하고 수탁자에게서 곧바로 제3자 앞으로 소유권이전등기를 마쳐 준 경우 이로 인하여 신탁자의 책임재산인 수탁자에 대한 소유권이전등기청구권이 소멸**하게 되므로, 이로써 신탁자의 소극재산이 적극재산을 초과하게 되거나 채무초과 상태가 더 나빠지게 되고 신탁자도 그러한 사실을 인식하고 있었다면 이러한 **신탁자의 법률행위는 신탁자의 일반채권자들을 해하는 행위로서 사해행위**에 해당한다(대판 2016.7.29. 2015다56086).

67

14사무관

무자력 상태의 채무자가 기존채무에 관한 특정의 채권자로 하여금 채무자가 가지는 채권에 대하여 압류 및 추심명령을 받음으로써 강제집행절차를 통하여 사실상 우선변제를 받게 할 목적으로 그 기존채무에 관하여 강제집행을 승낙하는 취지가 기재된 공정증서를 작성하여 주어 채권자가 채무자의 그 채권에 관하여 압류 및 추심명령을 얻은 경우에는 그와 같은 공정증서 작성의 원인이 된 채권자와 채무자의 합의는 기존채무의 이행에 관한 별도의 계약인 이른바 채무변제계약에 해당하는 것으로서 다른 일반채권자의 이익을 해하여 사해행위가 된다. O | X

해설 대판 2010.4.29. 2009다33884

68

15법원행시, 16법무사

채무자의 재산에 대한 경매절차에서 평등하게 배당받기 위해 집행권원을 필요로 하는 채권자의 요구에 따라 채무자가 그 채권자에 대한 기존채무의 변제를 위하여 소비대차계약을 체결하고 강제집행을 승낙하는 취지가 기재된 공정증서를 작성하여 준 행위는 특별한 사정이 없는 이상 사해행위에 해당되지 않는다. O | X

해설 채무자가 기존채무의 변제를 위하여 채권자와 소비대차계약을 체결하고 강제집행을 승낙하는 취지가 기재된 공정증서를 작성하여 준 경우, 사해행위에 해당하는지 여부(원칙적 소극)
채권자가 채무의 변제를 구하는 것은 그의 당연한 권리행사로서 다른 채권자가 존재한다는 이유로 이것이 방해받아서는 아니 되고 채무자도 다른 채권자가 있다는 이유로 그 채무이행을 거절할 수는 없는 것이므로, **채무자의 재산에 대한 경매절차에서 평등하게 배당받기 위해 집행권원을 필요로 하는 채권자의 요구에 따라 채무자가 그 채권자에 대한 기존채무의 변제를 위하여 소비대차계약을 체결하고 강제집행을 승낙하는 취지가 기재된 공정증서를 작성하여 준 경우**에는 그와 같은 행위로 인해 자신의 책임재산을 특정 채권자에게 실질적으로 양도한 것과 다를 바 없는 것으로 볼 수 있는 특별한 사정이 있는 경우에 해당하지 아니하는 한 **다른 채권자를 해하는 사해행위가 된다고 볼 수 없다**(대판 2011.12.22. 2010다103376).

69

15/18서기보, 15법무사

채권자취소권은 채무자가 채권자에 대한 책임재산을 감소시키는 행위를 한 경우에 이를 취소하고 원상회복을 하여 공동담보를 보전하는 권리이고, 채권양도의 경우 그 권리이전의 효과는 원칙적으로 당사자 사이의 양도계약의 체결과 동시에 발생하며 채무자에 대한 통지 등은 채무자를 보호하기 위한 대항요건일 뿐이므로, 채권양도행위가 사해행위에 해당하지 않는 경우에 양도통지가 따로 채권자취소권 행사의 대상이 될 수는 없다. O | X

해설 **관념의 통지**(채권양도의 통지, 시효중단 사유인 채무의 승인)나 의사의 통지(예컨대 이행의 최고)**와 같은 준법률행위도 채권자취소의 대상이 될 수 있다.** 다만 채권양도의 통지를 취소하는 경우 그 외에 채권양도행위 자체를 취소하여야 채권자취소권의 목적이 달성될 것이다. 이때 **채권양도행위가 사해행위에 해당하지 않는 경우에 양도통지가 따로 채권자취소권 행사의 대상이 될 수는 없다**(대판 2012.8.30. 2011다32785,32792).

정답 | 66 ○ 67 ○ 68 ○ 69 ○

70

14주사보

「민사집행법」상 강제집행의 대상이 될 수 없는 어업허가를 양도한 행위는 채권자취소권의 대상이 될 수 없다.

O | X

> 해설 어업허가를 양도한 행위가 사해행위 취소의 대상이 될 수 있는지 여부(소극)
> 사해행위취소권은 채무자와 수익자 간의 사해행위를 취소함으로써 채무자의 책임재산을 보전하는데 그 목적이 있으므로, 공법상의 허가권 등의 양도행위가 사해행위로서 채권자취소권의 대상이 되기 위해서는, 행정관청의 허가 없이 그 허가권 등을 자유로이 양도할 수 있는 등으로 그 허가권 등이 독립한 재산적 가치를 가지고 있어 민사집행법 제251조 소정의 '그 밖의 재산권'에 대한 집행방법에 의하여 강제집행할 수 있어야 할 것이다. …(중략)…위 법 제43조에서 규정하는 **어업허가의 양도는 허용되지 않는다고 할 것이므로, 결국 「민사집행법」 제251조 소정의 강제집행의 대상이 될 수 없는 어업허가를 양도한 행위는 채권자취소권의 대상이 될 수 없다**(대판 2010.4.29. 2009다105734).

71

18사무관, 20법무사

건축 중인 건물 외의 별다른 재산이 없는 채무자가 건축 중인 건물을 양도하기 위해 제3자 앞으로 건축주 명의를 변경해주기로 약정한 때에 이러한 건축주 명의변경 약정은 민법 제406조 제1항의 재산권을 목적으로 한 법률행위에 해당한다고 볼 수 없으므로 다른 일반채권자의 이익을 해하는 사해행위가 된다고 할 수 없다.

O | X

> 해설 건축 중인 건물 외에 별다른 재산이 없는 채무자가 수익자에게 책임재산인 위 건물을 양도하기 위해 수익자 앞으로 건축주 명의를 변경해주기로 약정한 경우, 건축주명의변경 약정이 사해행위가 되는지 여부(적극)
> 건축 중인 건물 외에 별다른 재산이 없는 채무자가 수익자에게 책임재산인 위 건물을 양도하기 위해 수익자 앞으로 건축주 명의를 변경해주기로 약정하였다면 위 양도 약정이 포함되어 있다고 볼 수 있는 건축주 명의변경 약정은 채무자의 재산감소 효과를 가져오는 행위로서 다른 일반채권자의 이익을 해하는 사해행위가 될 수 있다(대판 2017.4.27. 2016다279206).

72

16법무사, 18법원행시

X토지와 그 지상 Y건물의 소유자인 甲이 X토지와 Y건물을 乙에게 매도하고 각 소유권이전등기를 마쳐 주었는데, 그 후 甲의 채권자 丙에 의하여 Y건물에 관한 매매계약만 사해행위취소소송을 통하여 취소되고 그에 따라 Y건물에 마쳐져 있던 乙 명의의 등기가 말소된 경우, 甲은 Y건물의 존립을 위한 관습법상 법정지상권을 취득한다.

O | X

> 해설 형식적으로만 소유명의자를 달리하게 된 경우(사해행위의 취소와 일탈재산의 원상회복)
> **제406조의 채권자취소권의 행사로 인한 사해행위의 취소와 일탈재산의 원상회복은 채권자와 수익자 또는 전득자에 대한 관계에 있어서만 효력이 발생할 뿐이고 채무자가 직접 권리를 취득하는 것이 아니므로,** 토지와 지상 건물이 함께 양도되었다가 채권자취소권의 행사에 따라 그중 건물에 관하여만 양도가 취소되고 수익자와 전득자 명의의 소유권이전등기가 말소되었다고 하더라도, 이는 **관습상 법정지상권의 성립요건인 '동일인의 소유에 속하고 있던 토지와 지상 건물이 매매 등으로 인하여 소유자가 다르게 된 경우'에 해당한다고 할 수 없다**(대판 2014.12.24. 2012다73158).

73

21법무사

채권자취소의 소는 채권자가 취소원인을 안 날로부터 1년 내에 제기하여야 한다(민법 제406조 제2항). 여기에서 취소원인을 안다는 것은 단순히 채무자의 법률행위가 있었다는 사실을 아는 것만으로는 부족하고, 그 법률행위가 채권자를 불리하게 하는 행위라는 것, 즉 그 행위에 의하여 채권의 공동담보에 부족이 생기거나 이미 부족상태에 있는 공동담보가 한층 더 부족하게 되어 채권을 완전하게 만족시킬 수 없게 된다는 것까지 알아야 한다. O | X

해설 채권자취소권의 제소기간

채권자취소의 소는 채권자가 취소원인을 안 날로부터 1년, 법률행위 있은 날로부터 5년 내에 제기하여야 한다(제406조 2항). 여기서 '취소원인을 안 날'이라 함은 단순히 채무자의 법률행위가 있었다는 사실을 아는 것만으로는 부족하고 그 법률행위가 채권자를 해하는 행위라는 것, 즉 그에 의하여 채권의 공동담보에 부족이 생기거나 이미 부족상태에 있는 공동담보가 한층 더 부족하게 되어 채권을 완전하게 만족시킬 수 없게 된다는 것까지 알아야 하며, 나아가 '채무자'에게 사해의 의사가 있었다는 사실까지 알 것을 요한다(대판 2003.7.11, 2003다19435). 다만, 채권자가 수익자나 전득자의 악의까지 알아야 하는 것은 아니다(대판 2000.9.29. 2000다3262).

74

14서기보

채무자가 자기의 유일한 재산인 부동산을 매각하여 소비하기 쉬운 금전으로 바꾸는 행위는 특별한 사정이 없는 한 채권자에 대하여 사해행위가 되어 채무자의 사해의 의사가 추정되므로 이처럼 채무자가 유일한 재산인 부동산을 처분하였다는 사실을 채권자가 알았다면 특별한 사정이 없는 한 채무자의 사해의사도 채권자가 알았다고 봄이 타당하다. O | X

해설 사해의사의 추정

구체적으로는 사해행위의 객관적 사실을 알았다고 하여 취소의 원인을 알았다고 추정할 수는 없으나(대판 2006.7.4. 2004다61280), 예를 들어 **채무자가 유일한 재산인 부동산을 매각하여 소비하기 쉬운 금전으로 바꾸는 경우**에는 채무자의 사해의사는 추정되므로, 채무자가 유일한 재산인 부동산을 매도한 경우 그러한 사실을 채권자가 알게 된 때에 **채권자가 채무자에게 당해 부동산 외에는 별다른 재산이 없다는 사실을 알고 있었다면 그때 채권자는 채무자가 채권자를 해함을 알면서 사해행위를 한 사실을 알게 되었다고 보아야 한다**(대판 1999.4.9. 99다2515). 즉 채무자의 악의가 사실상 추정되는 경우에는 이에 대한 구체적인 인식은 필요 없다(대판 2000.9.29. 2000다3262).

75

14서기보

채권자가 사해행위의 취소로서 수익자를 상대로 채무자와의 법률행위의 취소를 구함과 아울러 전득자를 상대로도 전득행위의 취소를 구함에 있어서, 전득자의 악의를 판단함에 있어서는 단지 전득자가 전득행위 당시 채무자와 수익자 사이의 법률행위의 사해성을 인식하였는지 여부만이 문제가 될 뿐이지, 수익자와 전득자 사이의 전득행위가 다시 채권자를 해하는 행위로서 사해행위의 요건을 갖추어야하는 것은 아니다. O | X

정답 | 70 ○ 71 × 72 × 73 ○ 74 ○ 75 ○

해설 전득자의 사해의사
'전득자'를 상대로 채권자취소권을 행사하는 경우에는 수익자의 선·악에 상관없이 전득자가 전득행위 당시 채무자와 수익자 사이의 법률행위의 사해성을 인식하였는지 여부만이 문제가 될 뿐이지, 수익자와 전득자 사이의 전득행위가 다시 채권자를 해하는 행위로서 사해행위의 요건을 갖추어야 하는 것은 아니다(대판 2006.7.4. 2004다61280; 대판 2012.8.17. 2010다87672).

76 21법원행시

채권자가 사해행위 취소와 함께 수익자 또는 전득자로부터 책임재산의 회복을 구하는 사해행위취소의 소를 제기한 경우 취소의 효과는 채권자와 수익자 또는 전득자 사이의 관계에서만 생긴다. 그리고 채권자가 사해행위 취소로써 전득자를 상대로 채무자와 수익자 사이의 법률행위 취소를 구하는 경우, 전득자의 악의는 전득행위 당시 취소를 구하는 법률행위가 채권자를 해한다는 사실, 즉 사해행위의 객관적 요건을 구비하였다는 것에 대한 인식을 의미하므로, 전득자의 악의를 판단함에 있어서는 전득자가 전득행위 당시 채무자와 수익자 사이의 법률행위의 사해성을 인식하였는지만이 문제가 될 뿐이고, 수익자가 채무자와 수익자 사이 법률행위의 사해성을 인식하였는지는 원칙적으로 문제가 되지 않는다. O | X

해설 대판 2012.8.17. 2010다87672

77 21법무사

채권자가 사해행위의 취소로서 수익자를 상대로 채무자와의 법률행위의 취소를 구함과 아울러 전득자를 상대로도 전득행위의 취소를 구함에 있어서, 전득자의 악의는 전득행위 당시 채무자와 수익자 사이의 법률행위가 채권자를 해한다는 사실, 즉 사해행위의 객관적 요건을 구비하였다는 것에 대한 인식을 의미한다. 한편 사해행위취소소송에서 채무자의 악의의 점에 대하여는 취소를 주장하는 채권자에게 증명책임이 있으나 수익자 또는 전득자가 악의라는 점에 관하여는 증명책임이 채권자에게 있는 것이 아니고 수익자 또는 전득자 자신에게 선의라는 사실을 증명할 책임이 있으며, 채무자의 재산처분행위가 사해행위에 해당할 경우에 사해행위 또는 전득행위 당시 수익자 또는 전득자가 선의였음을 인정함에 있어서는 객관적이고도 납득할 만한 증거자료 등에 의하여야 하고, 채무자나 수익자의 일방적인 진술이나 제3자의 추측에 불과한 진술 등에만 터 잡아 사해행위 또는 전득행위 당시 수익자 또는 전득자가 선의였다고 선뜻 단정하여서는 아니 된다. O | X

해설 대판 2015.6.11. 2014다237192 참조

78 14사무관

사해행위 취소의 범위는 다른 채권자가 배당요구를 할 것이 명백하거나 목적물이 불가분인 경우와 같이 특별한 사정이 있는 경우에는 취소채권자의 채권액을 넘어서까지도 취소를 구할 수 있다. O | X

79

12사무관

사해행위취소로 인한 원상회복으로서 가액배상을 명하는 경우에는, 취소채권자는 직접 자기에게 가액배상금을 지급할 것을 청구할 수 있고, 다른 채권자들이 위 가액배상금에 대하여 배당요구를 할 것이 명백한 경우에는 채권자는 자신의 채권을 초과하여 가액배상을 구할 수 있다. O | X

해설 **78** 취소의 범위

① **원칙**

취소의 범위는 취소권을 행사하는 채권자의 채권액을 표준으로 한다. 그 채권액은 사해행위 당시를 표준으로 한다. 다만 **지연손해금 및 법정이자는 원본채권의 당연한 확장으로서 채권성립일부터 '사실심 변론종결일까지'**(판결이 확정될 때까지 아님) **발생한 것도** 피보전채권액에 포함된다(대판 2003.7.11. 2003다19572).

② **예외**

ⅰ) **'다른 채권자가 배당요구를 할 것이 명백한 사정이 있는 경우'**에는 취소채권자의 채권액을 넘어서까지도 취소를 구할 수 있다. 여기서 '다른 채권자가 배당요구를 할 것이 명백한 경우'란 다른 채권자들이 채권자단을 구성하고 있는 등의 사정이 있는 경우를 말한다(대판 1997.9.9. 97다10964).

ⅱ) '목적물이 불가분인 경우', 예컨대 대지와 지상건물을 일체로 매도한 경우에는 그 가액이 채권액을 초과하더라도 그 전부에 대한 취소를 허용한다. 이 경우 목적물의 불가분성은 거래의 실정을 고려하여 사회경제적 단일성이 있는지를 기준으로 판단한다(대판 1975.2.25. 74다211).

79 원상회복의 방법

① **원칙**

원상회복은 원칙적으로 그 '목적물의 반환'(원물반환)을 청구하여야 한다.

② **예외**

ⅰ) 원물반환이 불가능하거나, ⅱ) 현저히 곤란한 경우에는 예외적으로 원물반환에 갈음하여 가액반환이 허용된다. 가액상환을 하여야 하는 경우란 사회생활상 경험법칙 또는 거래상의 관념에 비추어 원물반환을 기대할 수 없는 경우를 말한다.

③ **가액반환을 판단하는 기준과 범위**

ⅰ) 가액상환에서 가액은 '사해행위가 성립하는 범위 내'에서 **'사실심 변론종결시'**(사해행위시가 아님)를 기준으로 하여 산정된다(대판 2001.12.27. 2001다33734). ⅱ) 그리고 **가액반환을 하는 경우 채권자가 지급받은 가액배상금에 대해 다른 채권자들이 배당요구를 할 수 없으므로**(현행법상 위 지급받은 가액배상금을 분배하는 방법이나 절차 등에 관한 아무런 규정이 없다), **취소채권자는 자신의 채권액을 초과하여 가액배상을 구할 수 없다**(대판 2008.11.13. 2006다1442).

80

14법원행시, 18서기보

채권자가 채권자취소권을 행사할 때에는 원칙적으로 자신의 채권액을 초과하여 취소권을 행사할 수는 없고, 이때 채권자의 채권액에는 사해행위의 취소를 명하는 판결이 확정될 때까지 발생한 이자나 지연손해금이 포함된다. O | X

해설 취소의 범위

취소의 범위는 취소권을 행사하는 채권자의 채권액을 표준으로 한다. 그 채권액은 사해행위 당시를 표준으로 한다. 다만 **지연손해금 및 법정이자는 원본채권의 당연한 확장으로서 채권성립일부터 '사실심 변론종결일까지'**(판결이 확정될 때까지 아님) **발생한 것**도 피보전채권액에 포함된다(대판 2003.7.11. 2003다19572).

정답 | 76 ○ 77 ○ 78 ○ 79 × 80 ×

81

12사무관

사해행위인 매매가 취소되는 경우에는 그 취소의 효과로 인하여 당연히 취소채권자로서는 위 매매의 효력이 유효하게 존속함을 전제로 하여 이루어진 상계의 효력, 즉 기존채무 소멸의 효과를 부정할 수 있다고 할 것이므로 별도로 채무자의 상계의 의사표시를 취소할 것도 없이 채무자의 수익자에 대한 기존의 채권이 부활하는 것으로 취급할 수 있다. O | X

해설 사해행위인 매매가 취소되는 경우에는 그 취소의 효과로 인하여 당연히 취소채권자로서는 위 매매의 효력이 유효하게 존속함을 전제로 하여 이루어진 **상계의 효력, 즉 기존채무 소멸의 효과를 부정할 수 있다고 할 것이므로 별도로 채무자의 상계의 의사표시를 취소할 것도 없이 채무자의 수익자에 대한 기존의 채권이 부활하는 것으로 취급할 수 있다**는 것이고, 그로써 취소채권자는 사해행위 취소의 목적을 달성하게 되는 것으로서 달리 수익자에게 반환을 명할 수익이 남아 있는 것도 아니라 할 것이니, 더 나아가 수익자에 대하여 금전채권의 이행을 별도로 직접 또는 대위의 방법에 의하여 구할 것까지는 없다(대판 2003.8.22. 2001다64073).

82

12법무사

채권자가 사해행위 전부의 취소와 원상회복만을 구하는 경우에는 법원은 가액의 배상을 명할 수 없다. O | X

해설 채권자가 채권자취소권을 행사하면서 원상회복만을 구하는 경우에도 가액배상을 명할 수 있는지 여부(적극)
사해행위를 전부 취소하고 원상회복을 구하는 채권자의 주장 속에는 사해행위를 일부 취소하고 가액의 배상을 구하는 취지도 포함되어 있으므로, 채권자가 원상회복만을 구하는 경우에도 법원은 가액의 배상을 명할 수 있다(대판 2001.9.4. 2000다66416).

83

12법무사

채권자는 사해행위취소로 인한 원상회복방법으로 수익자명의의 등기의 말소를 구하는 대신 수익자를 상대로 채무자 앞으로 직접 소유권이전등기절차를 이행할 것을 구할 수도 있다. O | X

해설 자기 앞으로 소유권을 표상하는 등기가 되어 있었거나 법률에 의하여 소유권을 취득한 자가 진정한 등기명의를 회복하기 위한 방법으로는 그 등기의 말소를 구하는 외에 현재의 등기명의인을 상대로 직접 소유권이전등기절차의 이행을 구하는 것도 허용되어야 하는바, 이러한 법리는 사해행위 취소소송에 있어서 취소 목적 부동산의 등기명의를 수익자로부터 채무자 앞으로 복귀시키고자 하는 경우에도 그대로 적용될 수 있다고 할 것이고, 따라서 **채권자는 사해행위의 취소로 인한 원상회복 방법으로 수익자 명의의 등기의 말소를 구하는 대신 수익자를 상대로 채무자 앞으로 직접 소유권이전등기절차를 이행할 것을 구할 수도** 있다(대판 2000.2.25. 99다53704).

84

14법원행시

사해행위취소로 인한 원상회복으로 부동산을 반환하는 경우에 수익자 또는 전득자가 사해행위 이후 그 부동산을 직접 사용하거나 제3자에게 임대하였다면 위 수익자 등은 그 사용이익이나 임료상당액도 반환하여야 한다. O | X

해설 사해행위 취소로 인한 원상회복으로 부동산을 반환하는 경우에 그 사용이익이나 임료상당액도 반환해야 하는지 여부(소극)
채권자취소권은 채무자가 채권자를 해함을 알면서 일반재산을 감소시키는 행위를 한 경우에 그 행위를 취소하여 채무자의 재산을 원상회복시킴으로써 채무자의 책임재산을 보전하기 위하여 인정된 권리로서, **사해행위의 취소 및 원상회복은 책임재산의 보전을 위하여 필요한 범위 내로 한정되어야 하므로 원래의 책임재산을 초과하는 부분까지 원상회복의 범위에 포함된다고 볼 수 없다.** 따라서 부동산에 관한 법률행위가 사해행위에 해당하여 민법 제406조 제1항에 의하여 취소된 경우에 수익자 또는 전득자가 사해행위 이후 그 부동산을 직접 사용하거나 제3자에게 임대하였다고 하더라도, **당초 채권자의 공동담보를 이루는 채무자의 책임재산은 당해 부동산이었을 뿐 수익자 또는 전득자가 그 부동산을 사용함으로써 얻은 사용이익이나 임차인으로부터 받은 임료상당액까지 채무자의 책임재산이었다고 볼 수 없**으므로 수익자 등이 원상회복으로서 당해 부동산을 반환하는 이외에 그 사용이익이나 임료상당액을 반환해야 하는 것은 아니다(대판 2008.12.11. 2007다69162).

85

21법무사

부동산에 관한 법률행위가 사해행위에 해당하는 경우에는 채무자의 책임재산을 보전하기 위하여 사해행위를 취소하고 원상회복을 명하여야 한다. 수익자는 채무자로부터 받은 재산을 반환하는 것이 원칙이지만, 그 반환이 불가능하거나 곤란한 사정이 있는 때에는 그 가액을 반환하여야 한다. 사해행위를 취소하여 부동산 자체의 회복을 명하게 되면 당초 일반 채권자들의 공동담보로 되어 있지 않던 부분까지 회복을 명하는 것이 되어 공평에 반하는 결과가 되는 경우에는 그 부동산의 가액에서 공동담보로 되어 있지 않던 부분의 가액을 뺀 나머지 금액 한도에서 가액반환을 명할 수 있다. O | X

86

14법무사

저당권이 설정되어 있는 부동산이 사해행위로 이전된 경우에 그 사해행위 후 변제 등에 의하여 저당권설정등기가 말소된 경우 그 부동산의 가액에서 저당권의 피담보채무액을 공제한 잔액의 한도에서 사해행위를 취소하고 그 가액의 배상을 구할 수 있을 뿐이다. O | X

해설 **85 86** 저당권이 설정되어 있는 부동산에 관하여 그 저당권자 이외의 채권자와의 매매계약으로 사해행위가 이루어진 후 저당권설정등기가 말소된 경우, 사해행위 취소의 범위와 방법
어느 부동산의 매매계약이 사해행위에 해당하는 경우에는 원칙적으로 그 매매계약을 취소하고 그 소유권이전등기의 말소 등 부동산 자체의 회복을 명하여야 하지만, 그 사해행위가 저당권이 설정되어 있는 부동산에 관하여 당해 저당권자 이외의 자와의 사이에 이루어지고 그 후 변제 등에 의하여 저당권설정등기가 말소된 때에는, 매매계약 전부를 취소하여 그 부동산 자체의 회복을 명하는 것은 당초 담보로 되어 있지 아니하던 부분까지 회복시키는 것이 되어 공평에 반하는 결과가 되므로, **그 부동산의 가액에서 저당권의 피담보채권액을 공제한 잔액의 한도에서 그 매매계약의 일부 취소와 그 가액의 배상을 구할 수 있을 뿐** 부동산 자체의 회복을 구할 수는 없다(대판 1996.10.29. 96다23207).

정답 | 81 ○ 82 ○ 83 ○ 84 × 85 ○ 86 ○

87

21법무사

근저당권이 설정되어 있는 부동산에 관하여 사해행위가 이루어진 후 근저당권이 말소되어 그 부동산의 가액에서 근저당권 피담보채무액을 공제한 나머지 금액의 한도에서 사해행위를 취소하고 가액의 배상을 명하는 경우 그 가액의 산정은 사실심 변론종결시를 기준으로 하여야 하고, 이 경우 사해행위가 있은 후 그 부동산에 관한 권리를 취득한 전득자에 대하여는 사실심 변론종결시의 부동산 가액에서 말소된 근저당권 피담보채무액을 공제한 금액과 사실심 변론종결시를 기준으로 한 취소채권자의 채권액 중 적은 금액의 한도 내에서 그가 취득한 이익에 대해서만 가액배상을 명할 수 있다. O | X

해설 근저당권이 설정되어 있는 부동산에 관하여 사해행위가 이루어진 후 근저당권이 말소되어 사해행위를 취소하고 가액배상을 명하는 경우, 가액산정의 기준 시기(= 사실심 변론종결 시) 및 이 경우 근저당권이 말소된 후 부동산을 취득한 전득자에 대하여 가액배상을 명할 수 있는 한도

근저당권이 설정되어 있는 부동산에 관하여 사해행위가 이루어진 후 근저당권이 말소되어 그 부동산의 가액에서 근저당권 피담보채무액을 공제한 나머지 금액의 한도에서 사해행위를 취소하고 가액의 배상을 명하는 경우 그 가액의 산정은 사실심 변론종결시를 기준으로 하여야 하고, 이 경우 사해행위가 있은 후 그 부동산에 관한 권리를 취득한 전득자에 대하여는 사실심 변론종결 시의 부동산 가액에서 말소된 근저당권 피담보채무액을 공제한 금액과 사실심 변론종결시를 기준으로 한 취소채권자의 채권액 중 적은 금액의 한도 내에서 그가 취득한 이익에 대해서만 가액배상을 명할 수 있다(대판 2019. 4.11. 2018다203715).

88

13사무관, 15/19서기보

사해행위의 목적인 부동산에 수 개의 저당권이 설정되어 있다가 사해행위 후 그중 일부의 저당권만이 말소된 경우에도 사해행위의 취소에 따른 원상회복은 가액배상의 방법에 의하여야 하고, 그 경우 배상하여야 할 가액은 사해행위 취소시인 사실심 변론종결시를 기준으로 그 부동산의 가액에서 말소된 저당권의 피담보채권액만을 공제하여 산정하여야 한다. O | X

해설 수 개의 저당권이 설정되어 있는 부동산에 관하여 사해행위가 이루어진 후 일부 저당권만이 말소된 경우, 사해행위 취소로 인한 가액배상의 범위

사해행위의 목적인 부동산에 수 개의 저당권이 설정되어 있다가 사해행위 후 그중 일부 저당권만이 말소된 경우, 사해행위의 취소에 따른 원상회복은 가액배상의 방법에 의할 수밖에 없을 것이고, 그 경우 배상하여야 할 가액은 그 부동산의 가액에서 말소된 저당권의 피담보채권액과 말소되지 아니한 저당권의 피담보채권액을 모두 공제하여 산정하여야 한다(대판 2007.7.12. 2005다65197).

➡ 사해행위 후 1, 2순위 근저당권이 말소되고, 3순위 근저당권의 피담보채권 중 일부가 채무자의 재산에 대한 공매절차를 통하여 변제됨으로써 법원이 사해행위취소로 인한 원상회복으로 가액배상을 명하는 경우, 부동산의 시가에서 공제할 3순위 근저당권의 피담보채권액은 공매절차를 통하여 일부 변제된 후가 아닌 사해행위 당시의 피담보채권액이라고 한 사례

89

12서기보, 15사무관

매도행위가 사해행위에 해당하는 경우, 제3자가 목적물에 관하여 저당권 등의 권리를 취득한 때에는 수익자를 상대로 가액배상만을 구할 수 있을 뿐 원물반환을 구할 수는 없다. O | X

해설 채권자가 사해행위취소에 따른 원상회복을 구함에 있어서, 사해행위 후 제3자가 목적물에 관하여 저당권 등의 권리를 취득하여 수익자를 상대로 원물반환 대신 가액배상을 구할 수 있음에도 불구하고 채권자 스스로 위험이나 불이익을 감수하면서 원물반환을 구하는 것이 허용되는지 여부(적극)

사해행위 후 그 목적물에 관하여 제3자가 저당권이나 지상권 등의 권리를 취득한 경우에는 수익자가 목적물을 저당권 등의 제한이 없는 상태로 회복하여 이전하여 줄 수 있다는 등의 특별한 사정이 없는 한 채권자는 수익자를 상대로 원물반환 대신 그 가액 상당의 배상을 구할 수도 있다고 할 것이나, 그렇다고 하여 **채권자가 스스로 위험이나 불이익을 감수하면서 원물반환을 구하는 것까지 허용되지 아니하는 것으로 볼 것은 아니고, 그 경우 채권자는 원상회복방법으로 가액배상 대신 수익자 명의의 등기의 말소를 구하거나 수익자를 상대로 채무자 앞으로 직접 소유권이전등기절차를 이행할 것을 구할 수 있다**(대판 2001.2.9. 2000다57139).

관련판례 채권자는 원상회복 방법으로 가액배상 대신 수익자 명의 등기의 말소를 구하거나 수익자를 상대로 채무자 앞으로 직접 소유권이전등기절차를 이행할 것을 구할 수도 있다. 이 경우 **원상회복청구권은 사실심 변론종결 당시 채권자의 선택에 따라 원물반환과 가액배상 중 어느 하나로 확정**된다. 채권자가 일단 사해행위취소 및 원상회복으로서 수익자 명의 등기의 말소를 청구하여 승소판결이 확정되었다면, **어떠한 사유로 수익자 명의 등기를 말소하는 것이 불가능하게 되었다고 하더라도 다시 수익자를 상대로 원상회복청구권을 행사하여 가액배상을 청구하거나 원물반환으로서 채무자 앞으로 직접 소유권이전등기절차를 이행할 것을 청구할 수는 없으므로, 그러한 청구는 권리보호의 이익이 없어 허용되지 않는다**(대판 2018.12.28. 2017다265815).

90 11사무관

사해행위인 근저당권설정계약에 기한 근저당권이 실행(임의경매)된 경우에도 말소된 근저당권설정등기의 원인행위인 근저당권설정계약의 취소를 구할 수 있으며, 배당표가 확정되었으나 채권자의 배당금지급금지가처분으로 수익자가 배당금을 지급받지 못한 때에는 배당금지급채권의 양도와 그 채권양도의 통지를 명한다. O | X

해설 사해행위인 근저당권설정계약에 기해 설정된 근저당권설정등기가 경락으로 인하여 말소된 경우에도 그 설정계약의 취소를 구할 이익이 있는지 여부(적극)

채무자와 수익자 사이의 근저당권설정계약이 사해행위인 이상 그로 인한 근저당권설정등기가 경락으로 인하여 말소되었다고 하더라도 **수익자로 하여금 근저당권자로서의 배당을 받도록 하는 것은 민법 제406조 제1항의 취지에 반하므로**, 수익자에게 그와 같은 부당한 이득을 보유시키지 않기 위하여 그 근저당권설정등기로 인하여 해를 입게 되는 채권자는 근저당권설정계약의 취소를 구할 이익이 있다(대판 1997.10.10. 97다8687).

수익자가 사해행위로 취득한 근저당권에 기해 경매절차에서 배당에 참가하여 배당표는 확정되었으나 아직 배당금이 현실적으로 지급되지 않은 경우, 채권자취소권의 행사에 따른 원상회복의 방법

수익자가 경매절차에서 채무자와의 사해행위로 취득한 근저당권에 기하여 배당에 참가하여 배당표는 확정되었으나 채권자의 배당금 지급금지가처분으로 인하여 배당금을 현실적으로 지급받지 못한 경우, 채권자취소권의 행사에 따른 **원상회복의 방법은 수익자에게 바로 배당금의 지급을 명할 것이 아니라 수익자가 취득한 배당금지급청구권을 채무자에게 반환하는 방법으로 이루어져야 하고, 이는 결국 배당금지급채권의 양도와 그 채권양도의 통지를 배당금지급채권의 채무자에게 하여 줄 것을 청구하는 형태**가 될 것이다(대판 1997.10.10. 97다8687).

91 16법무사

사해행위가 채권자에 의하여 취소되기 전에 이미 수익자가 배당금을 현실로 지급받은 경우, 채권자는 원상회복방법으로 수익자를 상대로 배당 금원 중 자신의 채권액 상당의 지급을 가액배상의 방법으로 청구할 수 있다. O | X

정답 | **87** ○ **88** × **89** × **90** ○ **91** ○

해설 사해행위가 채권자에 의하여 취소되기 전에 이미 수익자가 배당금을 현실로 지급받은 경우에는, 수익자가 경매절차에서 채무자와의 사해행위로 취득한 근저당권부 채권에 기하여 배당에 참가하여 배당표는 확정되었으나 채권자의 배당금 지급금지가처분 등으로 인하여 배당금을 현실적으로 지급받지 못한 경우와 달리, **채권자는 원상회복방법으로 수익자 또는 전득자를 상대로 배당 또는 변제로 수령한 금원 중 자신의 채권액 상당의 지급을 가액배상의 방법으로 청구할 수 있다**(대판 2004.6.25. 2004다9398).

92

17법무사

출연자와 예금주인 명의인 사이에 예금주 명의신탁계약이 체결된 경우 명의인은 출연자의 요구가 있을 때에는 금융기관에 대한 예금반환채권을 출연자에게 양도할 의무가 있으므로, 예금주 명의신탁계약이 사해행위에 해당하여 취소될 경우 취소에 따른 원상회복은 명의인이 예금계좌에서 예금을 인출하여 사용하였거나 예금계좌를 해지하였다는 등의 특별한 사정이 없는 한 명의인에 대하여 금융기관에 대한 예금채권을 출연자에게 양도하고 아울러 금융기관에 대하여 양도통지를 할 것을 명하는 방법으로 이루어져야 할 것이다.

O | X

93

18법원행시

예금주 명의신탁계약이 사해행위에 해당하여 취소될 경우 취소에 따른 원상회복은, 명의인이 예금계좌에서 예금을 인출하여 사용하였거나 예금계좌를 해지한 경우에도, 명의인에 대하여 금융기관에 대한 예금채권을 출연자에게 양도하고 아울러 금융기관에 대하여 양도통지를 할 것을 명하는 방법으로 이루어져야 한다.

O | X

해설 **92 93** 예금주 명의신탁계약이 사해행위에 해당하여 취소될 경우, 원상회복은 명의인에 대하여 금융기관에 대한 예금채권을 출연자에게 양도하고 금융기관에 대하여 양도통지를 할 것을 명하는 방법으로 이루어져야 하는지 여부(원칙적 적극)

명의수탁자는 명의신탁자와의 관계에서 상대방과의 계약으로 취득한 권리를 명의신탁자에게 이전하여 줄 의무를 지고, 출연자와 예금주인 명의인 사이에 예금주 명의신탁계약이 체결된 경우 명의인은 출연자의 요구가 있을 때에는 금융기관에 대한 예금반환채권을 출연자에게 양도할 의무가 있으므로, 예금주 명의신탁계약이 사해행위에 해당하여 취소될 경우 취소에 따른 원상회복은 **명의인이 예금계좌에서 예금을 인출하여 사용하였거나 예금계좌를 해지하였다는 등의 특별한 사정이 없는 한** 명의인에 대하여 금융기관에 대한 **예금채권을 출연자에게 양도하고 아울러 금융기관에 대하여 양도통지를 할 것을 명하는 방법**으로 이루어져야 한다(대판 2015.7.23. 2014다212438).

94

17사무관

무자력 상태의 채무자가 소송절차를 통해 수익자에게 자신의 책임재산을 이전하기로 하여, 수익자가 제기한 소송에서 자백하는 등의 방법으로 패소판결을 받아 확정시키고, 이에 따라 수익자 앞으로 그 책임재산에 대한 소유권이전등기가 마쳐진 경우에도, 이러한 채무자와 수익자 사이의 이전합의는 일반 채권자의 이익을 해하는 사해행위가 될 수 있다.

O | X

95
18사무관, 18법무사

무자력 상태의 채무자가 소송절차를 통해 수익자에게 자신의 책임재산을 이전하기로 하여, 수익자가 제기한 소송에서 자백하는 등의 방법으로 패소판결 또는 그와 같은 취지의 화해권고결정 등을 받아 확정시키고, 이에 따라 수익자 앞으로 책임재산에 대한 소유권이전등기 등이 마쳐진 경우, 채무자와 수익자 사이의 이전합의가 사해행위가 되더라도 확정판결의 효력에 의하여 채권자는 확정판결을 통해 마쳐진 소유권이전등기의 말소를 구할 수 없으므로 가액배상만을 구할 수 있다. O | X

> **해설** **94** 判例는 ① 사해행위에 해당하는지 여부와 관련하여, "무자력상태의 채무자가 소송절차를 통해 수익자에게 자신의 책임재산을 이전하기로 하여, 수익자가 제기한 소송에서 자백하는 등의 방법으로 패소판결 또는 그와 같은 취지의 화해권고결정 등을 받아 확정시키고, 이에 따라 수익자 앞으로 책임재산에 대한 소유권이전등기 등이 마쳐졌다면, 이러한 일련의 행위의 실질적인 원인이 되는 채무자와 수익자 사이의 이전합의는 다른 일반채권자의 이익을 해하는 사해행위가 될 수 있다."라고 하여 긍정한다.
> **95** 다만 判例는 ② 채무자와 수익자 사이의 소송절차에서 확정판결 등을 통해 마쳐진 소유권이전등기가 사해행위취소로 인한 원상회복으로써 말소되는 경우, 그것이 확정판결 등의 효력에 반하거나 모순되는 것인지 여부와 관련하여, "채권자가 사해행위의 취소와 함께 수익자 또는 전득자로부터 책임재산의 회복을 명하는 사해행위취소의 판결을 받은 경우 수익자 또는 전득자가 채권자에 대하여 사해행위의 취소로 인한 원상회복 의무를 부담하게 될 뿐, 채권자와 채무자 사이에서 취소로 인한 법률관계가 형성되는 것은 아니다. 따라서 위와 같이 채무자와 수익자 사이의 소송절차에서 확정판결 등을 통해 마쳐진 소유권이전등기가 사해행위취소로 인한 원상회복으로써 말소된다고 하더라도, 그것이 확정판결 등의 효력에 반하거나 모순되는 것이라고는 할 수 없다."라고 하여 부정하는데, 그 논거로 채권자취소권의 상대적 효력을 들고 있다(대판 2017.4.7. 2016다204783).

96
20서기보

근저당권이 설정되어 있는 부동산에 관하여 사해행위가 이루어진 후 근저당권이 말소되어 그 부동산의 가액에서 근저당권 피담보채무액을 공제한 나머지 금액의 한도에서 사해행위를 취소하고 가액의 배상을 명하는 경우, 그 가액의 산정은 사해행위 당시를 기준으로 하여야 한다. O | X

97
14사무관

사해행위취소에 따른 원상회복은 원칙적으로 그 목적물 자체의 반환에 의하여야 할 것이나, 그것이 불가능하거나 현저히 곤란한 경우에는 예외적으로 가액배상에 의하여야 하고, 가액배상액을 산정함에 있어 그 가액은 수익자가 전득자로부터 실제로 수수한 대가와는 상관없이 사실심 변론종결시를 기준으로 객관적으로 평가하여야 한다. O | X

> **해설** **96 97** 가액상환에서 가액은 '사해행위가 성립하는 범위 내'에서 '**사실심 변론종결시**'(사해행위시가 아님)를 기준으로 하여 산정된다(대판 2001.12.27, 2001다33734). 가액배상은 ㉠ 채권자의 피보전채권액(사해행위 당시를 기준으로 하되 사실심변론종결시까지의 이자나 지연손해금은 포함)과 ㉡ 목적물의 공동담보가액(책임재산 = 사해행위의 범위) 중 적은 금액을 한도로 이루어지고, 判例는 "채권자의 사해행위취소 및 원상회복청구가 인정되면, 수익자 또는 전득자는 원상회복으로서 사해행위의 목적물을 채무자에게 반환할 의무를 지게 되고, 원물반환이 불가능하거나 현저히 곤란한 경우에는 원상회복

정답 | 92 ○ 93 × 94 ○ 95 × 96 × 97 ○

의무의 이행으로서 사해행위 목적물의 가액 상당을 배상하여야 하는바, 원래 채권자와 아무런 채권·채무관계가 없었던 수익자가 채권자취소에 의하여 원상회복의무를 부담하는 것은 형평의 견지에서 **법이 특별히 인정한 것이므로, 그 가액배상의 의무는 목적물의 반환이 불가능하거나 현저히 곤란하게 됨으로써 성립하고, 그 외에 그와 같이 불가능하게 된 데에 상대방인 수익자 등의 고의나 과실을 요하는 것은 아니다.**"라고 하여 객관적으로 판단한다(대판 1998.5.15. 97다58316).

98

17사무관, 19서기보

사해행위인 매매예약에 기하여 수익자 앞으로 가등기를 마친 후 전득자 앞으로 가등기 이전의 부기등기를 마치고 나아가 가등기에 기한 본등기까지 마쳤다 하더라도, 위 부기등기는 사해행위인 매매예약에 기초한 수익자의 권리의 이전을 나타내는 것으로서 부기등기에 의하여 수익자로서의 지위가 소멸하지는 아니하며, 채권자는 수익자를 상대로 사해행위인 매매예약의 취소를 청구할 수 있다. 그리고 수익자의 원물반환의무인 가등기말소의무의 이행이 불가능하게 되는 경우 특별한 사정이 없는 한 수익자는 가등기 및 본등기에 의하여 발생된 채권자들의 공동담보 부족에 관하여 원상회복의무로서 가액을 배상할 의무를 진다. O | X

해설 判例는 "채권자는 수익자를 상대로 사해행위인 매매예약의 취소를 청구할 수 있고, 부기등기의 결과 가등기 및 본등기에 대한 **말소청구소송에서 수익자의 피고적격이 부정되더라도**, 위 부기등기는 사해행위인 매매예약에 기초한 수익자의 권리의 이전을 나타내는 것으로서 부기등기에 의하여 수익자로서의 지위가 소멸하지는 아니하므로 **수익자는 부기등기로 인한 가등기말소의무의 불능에 대한 원상회복으로서 가액배상을 할 의무**를 진다"(대판 2015.5.21. 2012다952 전합 - 가등기에 의한 권리의 양도인(수익자)은 가등기말소등기청구 소송의 상대방이 될 수 없고 본등기의 명의인도 아니므로 가액배상의무를 부담하지 않는다는 종전판결을 변경)고 한다.

비교판례 **부기등기가 없는 사안에서는 수익자에게 가등기 및 본등기에 대한 말소청구소송의 피고적격이 인정되므로 가액배상이 이루어져야 하는 것이 아니다.** 즉, 소유권이전등기청구권보전을 위한 가등기가 사해행위로서 이루어진 경우 그 매매예약을 취소하고 원상회복으로서 가등기를 말소하면 족한 것이고, 가등기 후에 저당권이 말소되었다거나 그 피담보채무가 일부 변제된 점 또는 그 가등기가 사실상 담보가등기라는 점 등은 그와 같은 원상회복의 방법에 아무런 영향을 주지 않는다(대판 2003.7.11. 2003다19435).

99

출제예상

사해행위의 목적물인 부동산에 관하여 우선변제권 있는 임차인이 있는 경우에는 부동산 가액 중 임차보증금 해당 부분은 일반 채권자의 공동담보에 제공되었다고 볼 수 없으므로, 임대차계약의 체결시기와 상관없이 그 임차보증금 반환채권액은 가액반환의 범위에서 공제되어야 한다. O | X

해설 부동산에 관한 사해행위 이후에 비로소 채무자가 부동산을 임대한 경우, 임차보증금을 가액반환의 범위에서 공제하여야 하는지 여부(소극)

사해행위 이전에 임대차계약이 체결되었고 임차인에게 임차보증금에 대해 우선변제권이 있다면, 부동산 가액 중 임차보증금에 해당하는 부분이 일반 채권자의 공동담보에 제공되었다고 볼 수 없으므로 수익자가 반환할 부동산 가액에서 우선변제권 있는 임차보증금 반환채권액을 공제하여야 한다. **그러나 부동산에 관한 사해행위 이후에 비로소 채무자가 부동산을 임대한 경우에는 그 임차보증금을 가액반환의 범위에서 공제할 이유가 없다.** 이러한 경우에는 부동산 가액 중 임차보증금에 해당하는 부분도 일반 채권자의 공동담보에 제공되어 있음이 분명하기 때문이다(대판 2018.9.13. 2018다215756).

100

출제예상

공유자 전원으로부터 상가건물을 임차한 사람이 상가건물 임대차보호법에 따라 임차보증금에 관하여 우선변제를 받을 수 있는 권리를 가진 경우, 상가건물의 공유자 중 1인인 채무자(1/2 공유자)가 처분한 지분 중 일반채권자들의 공동담보에 제공되는 책임재산은 우선변제권이 있는 임차보증금 반환채권 중 1/2을 공제한 나머지 부분이다. O | X

해설 **건물의 공유자가 공동으로 건물을 임대하고 임차보증금을 수령한 경우** 특별한 사정이 없는 한 그 임대는 각자 공유지분을 임대한 것이 아니라 임대목적물을 다수의 당사자로서 공동으로 임대한 것이고 임차보증금 **반환채무는 성질상 불가분채무**에 해당한다. 임차인이 공유자 전원으로부터 상가건물을 임차하고 상가건물 임대차보호법 제3조 제1항에서 정한 대항요건을 갖추어 임차보증금에 관하여 우선변제를 받을 수 있는 권리를 가진 경우에, **상가건물의 공유자 중 1인인 채무자가 처분한 지분 중에 일반채권자들의 공동담보에 제공되는 책임재산은 우선변제권이 있는 임차보증금 반환채권 '전액'을 공제한 나머지 부분이다**(대판 2017.5.30. 2017다205073).

101

출제예상

채무자 甲 소유의 X 토지(시가 4,000만 원)와 Y 토지(시가 6,000만 원)에 대해 피담보채권액 3,000만 원의 공동저당권이 설정되어 있는 상태에서 甲이 Y 토지를 매도하여 그에 따른 소유권이전등기를 마쳤다. 甲의 일반 채권자 乙(채권금액 1억 원)에 의해 Y 토지에 대한 매매계약이 사해행위로 취소되어 가액배상을 해야 하는 경우, X, Y 토지의 시가변동이 없다면 사해행위취소에 따른 가액배상 범위는 ( )이다. O | X

해설 공동저당권이 설정된 채무자 소유의 수 개의 부동산 중 일부 부동산을 처분한 경우
判例는 "공동저당권이 설정되어 있는 수 개의 부동산 중 일부가 양도된 경우에 있어서의 그 피담보채권액은 특별한 사정이 없는 한 **민법 제368조의 규정 취지에 비추어 공동저당권의 목적으로 된 각 부동산의 가액에 비례하여 공동저당권의 피담보채권액을 안분한 금액**이라고 보아야 한다."(대판 2003.11.13. 2003다39989)라고 한다.

➡ A: Y토지의 시가(6,000만원) – 피담보채권을 안분한 채권액(3,000만원 × 3/5) = 4,200만원

102

출제예상

채무자 丙과 물상보증인 丁이 공유하는 Z 토지(시가 1억 원, 丙 지분 2/5, 丁 지분 3/5)에 대해 피담보채권액 3,000만 원의 저당권이 설정되어 있는 상태에서 丙이 Z 토지의 지분을 매도하여 그에 따른 지분이전등기를 마쳤다. 丙의 일반 채권자 戊(채권금액 1억 원)에 의해 Z 토지에 관한 丙 소유 지분에 대한 매매계약이 사해행위로 취소되어 가액배상을 해야 하는 경우, 丁이 丙에 대하여 구상권을 행사할 수 없는 특별한 사정이 없고, Z 토지의 시가 변동이 없다면 사해행위취소에 따른 가액배상 범위는 ( )이다. O | X

정답 | **98** O **99** X **100** X **101** 4,200만원 **102** 1,000만원

해설 공동저당 부동산 중 일부가 채무자 아닌 제3자(물상보증인) 소유인 경우

判例는 "수 개의 부동산에 공동저당권이 설정되어 있는 경우 그 책임재산을 산정함에 있어 각 부동산이 부담하는 피담보채권액은 특별한 사정이 없는 한 민법 제368조의 규정 취지에 비추어 공동저당권의 목적으로 된 각 부동산의 가액에 비례하여 공동저당권의 피담보채권액을 안분한 금액이라고 보아야 한다. 그러나 그 수 개의 부동산 중 일부는 채무자의 소유이고 다른 일부는 물상보증인의 소유인 경우에는, 물상보증인이 민법 제481조, 제482조의 규정에 따른 변제자대위에 의하여 채무자 소유의 부동산에 대하여 저당권을 행사할 수 있는 지위에 있는 점 등을 고려할 때, 그 **물상보증인이 채무자에 대하여 구상권을 행사할 수 없는 특별한 사정이 없는 한 채무자 소유의 부동산이 부담하는 피담보채권액은 채무자 소유 부동산의 가액을 한도로 한 공동저당권의 피담보채권액 전액**이고, 물상보증인 소유의 부동산이 부담하는 피담보채권액은 공동저당권의 피담보채권액에서 위와 같은 채무자 소유의 부동산이 부담하는 피담보채권액을 제외한 나머지라고 봄이 상당하다. 이러한 법리는 하나의 공유부동산 중 일부 지분이 채무자의 소유이고, 다른 일부 지분이 물상보증인의 소유인 경우에도 마찬가지로 적용된다."(대판 2013.7.18. 2012다5643 전합)라고 한다.

➡ B: 丙지문의 가액(1억원 × 2/5) - 피담보채권전액(3,000만원) = 1,000만원

103

출제예상

저당권이 설정되어 있는 부동산이 사해행위로 양도된 경우 부동산의 가액에서 저당권의 피담보채무액을 공제한 잔액의 한도에서 그 양도행위를 사해행위로 취소하고 가액의 배상을 구할 수 있다는 법리는 저당권설정행위 등이 사해행위로 인정되어 취소된 때에도 마찬가지로 적용된다. O | X

해설 저당권이 설정되어 있는 부동산이 사해행위로 양도된 경우에 사해행위는 부동산의 가액에서 저당권의 피담보채무액을 공제한 잔액의 범위 내에서만 성립한다고 보아야 하므로, 사해행위 후 변제 등에 의하여 저당권설정등기가 말소되었다면 부동산의 가액에서 저당권의 피담보채무액을 공제한 잔액의 한도에서 사해행위를 취소하고 그 가액의 배상을 구할 수 있을 뿐이다(대판 1998.2.13. 97다6711, 대판 2016.1.14. 2015다235353). 한편 사해행위의 취소는 취소소송의 당사자 사이에서 상대적으로 취소의 효력이 있는 것으로 당사자 이외의 제3자는 다른 특별한 사정이 없는 이상 취소로 인하여 그 법률관계에 영향을 받지 아니한다(대판 2009.6.11. 2008다7109). 저당권설정행위 등이 사해행위에 해당하여 채권자가 저당권설정자를 상대로 제기한 사해행위 취소소송에서 채권자의 청구를 인용하는 판결이 선고되었다고 하더라도 이러한 사해행위 취소판결의 효력은 해당 부동산의 소유권을 이전받은 자에게 미치지 아니하므로, **저당권이 설정되어 있는 부동산이 사해행위로 양도된 경우 부동산의 가액에서 저당권의 피담보채무액을 공제한 잔액의 한도에서 그 양도행위를 사해행위로 취소하고 가액의 배상을 구할 수 있다는 앞서 본 법리는 저당권설정행위 등이 사해행위로 인정되어 취소된 때에도 마찬가지로 적용**된다고 할 것이다(대판 2018.6.28. 2018다214319).

판례해설 채무자 甲소유의 X부동산에 관하여 乙명의의 근저당권이 설정되어 있었는데, 피고 丙이 甲으로부터 재산분할협의를 원인으로(사해행위) X부동산의 소유권을 취득한 다음 이를 丁에게 매도하였고, 이러한 매도과정에서 변제를 이유로 乙명의의 근저당권이 말소되었다. 그런데 이미 '**甲의 다른 채권자 B**'가 乙명의의 저당권설정행위가 사해행위에 해당한다고 주장하여 그 취소 및 가액배상을 청구하여 승소판결을 받았지만(判例에 따르면 저당권설정해위가 사해행위에 해당하는 경우 변제 등으로 저당권등기가 말소되더라도 그 취소 및 가액배상을 구할 수 있다) 위 승소판결의 효력은 '**상대적**'이므로 '**甲의 채권자 A**'가 채무자 甲과 피고 丙 사이의 재산분할협의를 사해행위로 삼아 그 취소를 구하는 이 사건에서는 乙의 저당권이 존재하는 것으로 보고 부동산 가액에서 그 저당권의 피담보채무액을 공제한 잔액의 한도에서 재산분할협의를 취소하고 가액배상을 명해야 한다고 본 것이다.

그러나 만약 사안에서 A가 乙명의의 저당권설정행위가 사해행위라고 주장하고 그것이 받아들여진다면 A가 甲과 丙 사이의 재산분할협의가 사해행위임을 이유로 취소할 때 乙명의의 피담보채무액을 공제해서는 안된다는 판례(대판 2013.5.9. 2011다75232)와 잘 구분하여야 한다.

104

출제예상

선순위담보권이 존재하는 상태에서 제3자에게 양도행위를 하는 경우 그 선순위 담보권을 설정한 원인행위가 사해행위로 인정될 경우에는 그 담보권의 피담보채무는 후행 양도행위가 사해행위에 해당하는지 여부를 판단함에 있어 공제대상인 피담보채무 금액에 포함되어서는 아니 된다. O | X

해설 선순위담보권 설정이 사해행위인 경우'선순위담보권'이 존재하는 상태에서 '후순위담보권 설정'행위를 하는 경우, 선순위담보권 설정 자체가 사해행위로 되어 취소의 대상이 되는 때에는 그 후순위담보권 설정행위가 사해행위가 되는지를 판단함에 있어서는 선순위담보권의 피담보채권액을 담보물의 가액에서 공제할 것이 아니다(대판 2007.7.26. 2007다23081). 마찬가지 법리로 '선순위담보권'이 존재하는 상태에서 '제3자에게 양도'행위를 하는 경우 그 선순위 담보권을 설정한 원인행위가 사해행위로 인정될 경우에는 그 담보권의 피담보채무는 '후행 양도행위'가 사해행위에 해당하는지 여부를 판단함에 있어 공제대상인 피담보채무 금액에 포함되어서는 아니 된다(대판 2013.5.9. 2011다75232).

105

21법원행시

채권자취소권은 채무자의 사해행위를 채권자와 수익자 또는 전득자 사이에서 상대적으로 취소하고 채무자의 책임재산에서 일탈한 재산을 회복하여 채권자의 강제집행이 가능하도록 하는 것을 본질로 하는 권리이므로, 원상회복을 가액배상으로 하는 경우에 그 이행의 상대방은 채무자이어야 한다. O | X

해설 원상회복을 가액배상으로 하는 경우에 그 이행의 상대방은 채권자이어야 한다(대판 2008.4.24. 2007다84352).

106

12법무사

채권자취소권의 행사에 따른 원상회복을 가액배상으로 하는 경우에 그 이행의 상대방은 채무자로 하여야 하고 채권자로 할 수는 없다. O | X

해설 가액반환을 행사하는 방법: 채권자의 직접청구 가부

사해행위취소로 가액반환을 하는 경우 취소채권자는 직접 자기에게 가액배상금을 지급할 것을 청구할 수 있다(대판 1998.5.15. 97다58316; "가액배상의 경우 그 이행의 상대방은 채권자이어야 한다."는 대판 2008.4.24. 2007다84352 판결도 있다). 실무상 취소채권자가 가액반환을 구하는 경우에는 예외 없이 직접 자기에게 지급할 것을 청구하고 있다. 이 때 상대방이 돈을 채무자에게 주었다고 하더라도 그 금액 상당을 가액반환의 범위에서 공제할 것은 아니다(대판 2013.4.11. 2012다211).

107

21사무관

채권자취소소송으로 원상회복된 채무자의 재산에 관하여 강제집행절차가 개시되면 채권자취소소송의 피고였던 수익자인 채권자도 그 집행권원을 갖추어 강제집행절차에서 배당을 요구할 권리가 있다. O | X

정답 | 103 ○ 104 ○ 105 × 106 × 107 ○

108

12서기보, 17법원행시

채권자가 수익자를 상대로 사해행위취소소송을 제기하여 수익자로부터 직접 가액배상을 받는 경우, 수익자 자신도 사해행위취소의 효력을 받는 채권자중의 1인이라는 이유로 취소채권자에 대하여 총채권액 중 자기의 채권에 대한 안분액의 배당요구권으로 원상회복청구와의 상계를 주장하여 그 안분액의 지급을 거절할 수 있다. O | X

109

21사무관

수익자가 채권자취소에 따른 원상회복으로서 가액배상을 할 때에 채무자에 대한 채권자라는 이유로 채무자에 대하여 가지는 자기의 채권과의 상계를 주장할 수는 없다. O | X

110

11서기보, 12법원행시

수익자가 채권자취소에 따른 원상회복으로서 가액배상을 할 때 채무자에 대한 채권이 있을 경우에는 그 채권과의 상계를 주장할 수 있다. O | X

해설 **107 108 109 110** 채권자취소권 행사의 효과: 수익자도 채권자 중 1인인 경우(예컨대 채권자 중 1인에 대한 근저당권설정, 대물변제 등)

① **배당요구권(적극)**

이 경우 사해행위의 상대방인 수익자는 그의 채권이 사해행위 당시에 그대로 존재하고 있었거나(담보제공의 경우) 또는 사해행위가 취소되면서 그의 채권이 부활하게 되는 결과 본래의 채권자로서의 지위를 회복하게 되는 것이므로(대물변제의 경우), 다른 채권자와 함께 제407조의 채권자에 해당한다. 따라서 **원상회복된 채무자의 재산에 대한 강제집행 절차에서 배당을 요구할 권리가 있다**(대판 2003.6.27. 2003다15907).

② **상계권(소극)**

ⅰ) 수익자가 채권자취소에 따른 원상회복으로서 가액배상을 할 때에 채무자에 대한 채권자라는 이유로 **채무자에 대해 가지는 자기의 채권과의 상계를 주장할 수 없고**, ⅱ) **취소채권자에 대하여 총채권액 중 자기의 채권에 대한 안분액의 분배를 청구**하거나, ⅲ) **수익자가 취소채권자의 원상회복에 대하여 총채권액 중 자기의 채권에 해당하는 안분액의 배당요구권으로써 원상회복청구와의 상계를 주장하여 그 안분액의 지급을 거절할 수도 없다**(대판 2001.2.27. 2000다44348).

하지만 수익자가 채권자취소권을 행사하는 '채권자에 대해 가지는 별개의 다른 채권'을 집행하기 위하여 그에 대한 집행권원을 가지고 채권자의 수익자에 대한 가액배상채권을 압류하고 전부명령을 받는 것은 허용된다. 나아가 상계가 금지되는 채권이라고 하더라도 압류금지채권에 해당하지 않는 한 강제집행에 의한 전부명령의 대상이 될 수 있다(대결 2017.8.21. 2017마499).

111

13사무관

채권자가 사해행위취소권을 행사하여 직접 수령한 가액배상금에 대하여 다른 채권자도 취소채권자를 상대로 채권액에 따른 안분액의 지급을 구할 수 있다. O | X

112

13법원행시

채권자대위권과 달리 채권자취소권의 경우 취소채권자는 자신이 회복해 온 재산에 대하여 우선권을 갖게 된다. O | X

113 15법원행시

사해행위취소에 의한 원상회복을 가액배상으로 하는 경우에 그 이행의 상대방은 채권자이어야 할 것이나, 이 경우에도 사해행위의 취소와 원상회복은 모든 채권자의 이익을 위하여 그 효력이 있으므로, 가액배상금을 수령한 취소채권자가 사실상 우선변제를 받는 불공평한 결과가 초래되어서는 아니 된다. O|X

해설 채권자가 사해행위취소권을 행사하여 직접 수령한 가액배상금에 대하여 다른 채권자가 취소채권자를 상대로 채권액에 따른 안분액의 지급을 구할 수 있는지 여부(소극)

111 112 사해행위의 취소와 원상회복은 모든 채권자의 이익을 위하여 그 효력이 있으므로(민법 제407조), 채권자취소권의 행사로 **채무자에게 회복된 재산에 대하여 취소채권자가 우선변제권을 가지는 것이 아니라 다른 채권자도 총채권액 중 자기의 채권에 해당하는 안분액을 변제받을 수 있는 것이지만**, 이는 채권의 공동담보로 회복된 채무자의 책임재산으로부터 민사집행법 등의 법률상 절차를 거쳐 다른 채권자도 안분액을 지급받을 수 있다는 것을 의미하는 것일 뿐, i) **다른 채권자가 이러한 법률상 절차를 거치지 아니하고 취소채권자를 상대로 하여 안분액의 지급을 직접 구할 수 있는 권리를 취득한다거나**, ii) **취소채권자에게 인도받은 재산 또는 가액배상금에 대한 분배의무가 인정된다고 볼 수는 없다.**

113 가**액배상금을 수령한 취소채권자가 이러한 분배의무를 부담하지 아니함으로 인하여 사실상 우선변제를 받는 불공평한 결과를 초래하는 경우가 생기더라도, 이러한 불공평은 채무자에 대한 파산절차 등 도산절차를 통하여 시정하거나 가액배상금의 분배절차에 관한 별도의 법률 규정을 마련하여 개선하는 것은 별론으로 하고, 현행 채권자취소 관련 규정의 해석상으로는 불가피하다**(대판 2008.6.12. 2007다37837).

114 17사무관

사해행위의 취소는 취소소송의 당사자 간에 상대적으로 취소의 효력이 있는 것으로 당사자 이외의 제3자는 다른 특별한 사정이 없는 이상 취소로 그 법률관계에 영향을 받지 않는다. 사해행위의 취소에 상대적 효력만을 인정하는 것은 사해행위 취소채권자와 수익자 그리고 제3자의 이익을 조정하기 위한 것으로 그 취소의 효력이 미치지 아니하는 제3자의 범위를 사해행위를 기초로 목적부동산에 관하여 새롭게 법률행위를 한 그 목적부동산의 전득자 등만으로 한정할 것은 아니므로, 수익자와 새로운 법률관계를 맺은 것이 아니라 수익자의 고유채권자로서 이미 가지고 있던 채권 확보를 위하여 수익자가 사해행위로 취득한 근저당권에 배당된 배당금을 가압류한 자에게 사해행위취소 판결의 효력이 미친다고 볼 수 없다. O|X

해설 대판 2009.6.11. 2008다7109 참조

115 11사무관, 14법무사

채권자취소 및 원상회복은 모든 채권자의 이익을 위하여 효력이 있으므로 사해행위 이후에 채권을 취득한 채권자도 민법 제407조 소정의 사해행위취소와 원상회복의 효력을 받는 채권자에 포함된다. O|X

해설 사해행위 이후에 채권을 취득한 채권자가 민법 제407조의 사해행위취소와 원상회복의 효력을 받는 채권자에 포함되는지 여부(소극)

채권자취소권은 채무자가 채권자를 해함을 알면서 자기의 일반재산을 감소시키는 행위를 한 경우에 그 행위를 취소하여 채무자의 재산을 원상회복시킴으로써 모든 채권자를 위하여 채무자의 책임재산을 보전하는 권리이나, **사해행위 이후에 채권을 취득한 채권자**는 채권의 취득 당시에 사해행위취소에 의하여 회복되는 재산을 채권자의 공동담보로 파악하지 아니한 자로서 **민법 제407조에 정한 사해행위취소와 원상회복의 효력을 받는 채권자에 포함되지 아니**한다(대판 2009.6.23. 2009다18502).

정답 | **108** × **109** ○ **110** × **111** × **112** × **113** × **114** ○ **115** ×

116

12/15주사보, 19서기보

채권자가 사해행위의 취소와 함께 수익자 또는 전득자로부터 책임재산의 회복을 명하는 사해행위취소의 판결을 받은 경우 취소의 효과는 채권자와 수익자 또는 전득자 사이에만 미치므로, 수익자 또는 전득자가 채권자에 대하여 사해행위의 취소로 인한 원상회복 의무를 부담하게 될 뿐, 채권자와 채무자 사이에서 취소로 인한 법률관계가 형성되거나 취소의 효력이 소급하여 채무자의 책임재산으로 복구되는 것은 아니다. O | X

해설 채권자가 사해행위의 취소와 함께 수익자 또는 전득자로부터 책임재산의 회복을 명하는 사해행위취소의 판결을 받은 경우, 취소의 효력(= 상대적 효력)
채권자가 사해행위의 취소와 함께 수익자 또는 전득자로부터 책임재산의 회복을 명하는 사해행위취소의 판결을 받은 경우 **취소의 효과는 채권자와 수익자 또는 전득자 사이에만 미치므로, 수익자 또는 전득자가 채권자에 대하여 사해행위의 취소로 인한 원상회복 의무를 부담하게 될 뿐, 채권자와 채무자 사이에서 취소로 인한 법률관계가 형성되거나 취소의 효력이 소급하여 채무자의 책임재산으로 복구되는 것은 아니다**(대판 2014.6.12. 2012다47548).

117

18법원행시, 20법무사

채무자가 사해행위취소로 그 등기명의를 회복한 부동산을 제3자에게 처분하는 경우에 이는 무권리자의 처분으로서 효력이 없지만, 이 경우 취소채권자나 민법 제407조에 따라 사해행위취소와 원상회복의 효력을 받는 채권자가 위와 같은 등기명의인인 제3자를 상대로 직접 그 등기의 말소를 청구할 수는 없다. O | X

118

19법무사

채무자 乙은 수익자 丙에게 그 소유의 부동산을 매도하고 그 명의로 소유권이전등기를 마쳐주었는데, 그 후 위 매매계약이 사해행위라는 이유로 취소되고 그 원상회복으로 丙 명의의 소유권이전등기가 말소되자, 乙은 같은 날 丁에게 위 부동산을 다시 매도하고 소유권이전등기를 마쳐주었다. 이 경우 위 사해행위 이전에 乙에 대한 채권을 취득한 甲은 위 부동산에 대한 강제집행을 위하여 직접 丁을 상대로 소유권이전등기의 말소를 청구할 수 있다. O | X

119

출제예상

채무자가 사해행위취소의 판결에 의하여 등기명의를 회복한 부동산을 제3자에게 처분하였다고 하더라도 위 판결을 받은 취소채권자는 등기 명의인을 상대로 등기의 말소를 청구할 수 있으나, 취소채권자를 제외하고 사해행위 당시의 채무자에 대한 일반 채권자는 등기 명의인을 상대로 등기의 말소를 청구할 수 없다. O | X

해설 **117 118 119** 사해행위 취소로 그 등기명의를 회복한 부동산을 '채무자'가 제3자에게 처분한 경우
사해행위의 취소는 채권자와 수익자의 관계에서 상대적으로 채무자와 수익자 사이의 법률행위를 무효로 하는 데에 그치고 채무자와 수익자 사이의 법률관계에는 영향을 미치지 아니하므로, 채무자와 수익자 사이의 부동산매매계약이 사해행위로 취소되고 그에 따른 원상회복으로 수익자 명의의 소유권이전등기가 말소되어 채무자의 등기명의가 회복되더라도, 그 부동산은 취소채권자나 민법 제407조에 따라 사해행위 취소와 원상회복의 효력을 받는 채권자와 수익자 사이에서 채무자의 책임재산으로 취급될 뿐, 채무자가 직접 그 부동산을 취득하여 권리자가 되는 것은 아니다. 따라서 채무자가 사해행위 취소로 그 등기명의를 회복한 부동산을 제3자에게 처분하더라도 **이는 무권리자의 처분에 불과하여 효력이 없으므로**, 채무자로부터 제3자에게 마쳐진 소유권이전등기나 이에 기초하여 순차로 마쳐진 소유권이전등기 등은 모두 원인무효의 등기로서 말소되어야 한다. 이 경우 **취소채권자나 민법 제407조에 따라 사해행위 취소와 원상회복의 효력을 받는 채권자는** 채무

자의 책임재산으로 취급되는 그 부동산에 대한 강제집행을 위하여 위와 같은 **원인무효 등기의 명의인을 상대로 그 등기의 말소를 청구할 수 있다**(대판 2017.3.9. 2015다217980).

➡ 취소채권자뿐만 아니라 사해행위 당시의 채무자에 대한 일반 채권자도 그 등기의 말소를 청구할 수 있다.

120 17사무관

채무자 甲이 乙에 대한 채권을 丙에게 양도하고 채권양도의 통지를 한 경우, 甲의 금전채권자 A에 의해 위 채권양도가 사해행위로서 적법하게 취소되더라도, '채권자 취소권의 상대효'로 인해 피대위권리가 없으므로 A는 乙을 상대로 甲을 대위하여 채무의 이행을 청구할 수 없다. O|X

해설 **채무자의 수익자에 대한 채권양도가 사해행위로 취소되는 경우, 수익자가 제3채무자에게서 아직 채권을 추심하지 아니한 때에는,** 채권자는 사해행위취소에 따른 원상회복으로서 수익자가 제3채무자에게 채권양도가 취소되었다는 취지의 통지를 하도록 청구할 수 있다. 그런데 **사해행위의 취소는 채권자와 수익자의 관계에서 상대적으로 채무자와 수익자 사이의 법률행위를 무효로 하는 데에 그치고, 채무자와 수익자 사이의 법률관계에는 영향을 미치지 아니한다.** 따라서 채무자의 수익자에 대한 채권양도가 사해행위로 취소되고, 그에 따른 원상회복으로서 제3채무자에게 채권양도가 취소되었다는 취지의 통지가 이루어지더라도, 채권자와 수익자의 관계에서 채권이 채무자의 책임재산으로 취급될 뿐, 채무자가 직접 채권을 취득하여 권리자로 되는 것은 아니므로, 채권자는 채무자를 대위하여 제3채무자에게 채권에 관한 지급을 청구할 수 없다(대판 2015.11.17. 2012다2743).

121 출제예상

甲에 대하여 대여금채무를 부담하고 있는 乙이 그의 유일한 소유 재산인 부동산을 그의 아들인 丙에게 매도하고, 그 후 丙은 이를 다시 丁에게 매도한 후 각 소유권이전등기가 경료되었다. 甲이 丙 및 丁을 상대로 사해행위 취소 및 원상회복을 구하여 이들 명의의 각 소유권이전등기의 말소를 명하는 확정판결을 받았더라도, 乙에 대한 다른 채권자 戊는 위 판결에 기하여 乙을 대위하여 말소등기를 신청할 수는 없다. 다만 등기관이 위 등기신청을 받아들여 말소등기를 마쳐 버렸다면 그 말소등기를 무효의 등기라 할 수는 없다. O|X

해설 사해행위 취소로 인한 원상회복으로 소유권이전등기의 말소를 명하는 판결을 받았으나 말소등기를 마치지 않은 경우
사해행위 취소의 효력은 채무자와 수익자의 법률관계에 영향을 미치지 아니하고, 사해행위 취소로 인한 원상회복 판결의 효력도 소송의 당사자인 채권자와 수익자 또는 전득자에게만 미칠 뿐 채무자나 다른 채권자에게 미치지 아니하므로, **어느 채권자가 수익자를 상대로 사해행위 취소 및 원상회복으로 소유권이전등기의 말소를 명하는 판결을 받았으나 말소등기를 마치지 아니한 상태라면 소송의 당사자가 아닌 다른 채권자는 위 판결에 기하여 채무자를 대위하여 말소등기를 신청할 수 없다. 그럼에도 불구하고 다른 채권자의 등기신청으로 말소등기가 마쳐졌다면 등기에는 절차상의 흠이 존재한다.**
그러나 채권자가 사해행위 취소의 소를 제기하여 승소한 경우 취소의 효력은 민법 제407조에 따라 모든 채권자의 이익을 위하여 미치므로 수익자는 채무자의 다른 채권자에 대하여도 사해행위의 취소로 인한 소유권이전등기의 말소등기의무를 부담하는 점, 등기절차상의 흠을 이유로 말소된 소유권이전등기가 회복되더라도 다른 채권자가 사해행위취소판결에 따라 사해행위가 취소되었다는 사정을 들어 수익자를 상대로 다시 소유권이전등기의 말소를 청구하면 수익자는 말소등기를 해 줄 수밖에 없어서 결국 말소된 소유권이전등기가 회복되기 전의 상태로 돌아가는데 이와 같은 불필요한 절차를 거치게 할 필요가 없는 점 등에 비추어 보면, **사해행위 취소 및 원상회복으로 소유권이전등기의 말소를 명한 판결의 소송당사자가 아닌 다른 채권자가 위 판결에 기하여 채무자를 대위하여 마친 말소등기는 등기절차상의 흠에도 불구하고 실체관계에 부합하는 등기로서 유효하다**(대판 2015.11.17. 2013다84995).

정답 | **116** ○ **117** × **118** ○ **119** × **120** ○ **121** ○

122

출제예상

부동산에 관한 소유권이전의 원인행위가 사해행위로 인정되어 취소된 경우에도 부동산은 여전히 수익자의 소유이고, 수익자가 등기명의와 점유 모두 갖추고 있다면 그 점유는 취득시효의 기초가 되는 점유라고 할 수 없다. O | X

> 해설 부동산에 관한 소유권이전의 원인행위가 사해행위로 인정되어 취소되더라도, 사해행위취소의 효과는 채권자와 수익자 사이에서 상대적으로 생길 뿐이다. 따라서 사해행위가 취소되더라도 부동산은 여전히 수익자의 소유이고, 다만 채권자에 대한 관계에서 채무자의 책임재산으로 환원되어 강제집행을 당할 수 있는 부담을 지고 있는 데 지나지 않는다. 그러므로 **수익자의 등기부취득시효가 인정되려면, 자기 소유 부동산에 대한 취득시효가 인정될 수 있다는 것이 전제되어야** 한다. 그러나 **부동산에 관하여 적법·유효한 등기를 하여 소유권을 취득한 사람이 당해 부동산을 점유하는 경우**에는 특별한 사정이 없는 한 사실상태를 권리관계로 높여 보호할 필요가 없고, 부동산의 소유명의자는 부동산에 대한 소유권을 적법하게 보유하는 것으로 추정되어 소유권에 대한 증명의 곤란을 구제할 필요 역시 없으므로, 그러한 점유는 **취득시효의 기초가 되는 점유라고 할 수 없다**(대판 2016.11.25. 2013다206313).

123

16/20법원행시

채무자와 수익자 사이의 저당권설정행위가 사해행위로 인정되어 저당권설정계약이 취소되는 경우에도 당해 부동산이 이미 매각절차에 의하여 매각되어 대금이 완납되었을 때에는 낙찰인의 소유권취득에는 영향을 미칠 수 없으므로, 수익자는 채권자취소권의 행사에 따르는 원상회복의 방법으로 자신이 받은 배당금을 반환하여야 한다. O | X

> 해설 근저당권설정계약이 사해행위로 취소되었으나, 당해 부동산이 이미 입찰절차에서 낙찰되어 대금이 완납된 경우, 채권자취소권의 행사에 따른 원상회복의 방법
> 채무자와 수익자 사이의 저당권설정행위가 사해행위로 인정되어 저당권설정계약이 취소되는 경우에도 당해 부동산이 **이미 입찰절차에 의하여 낙찰되어 대금이 완납되었을 때에는 낙찰인의 소유권취득에는 영향을 미칠 수 없으므로**, 채권자취소권의 행사에 따르는 원상회복의 방법으로 입찰인의 소유권이전등기를 말소할 수는 없고, 수익자가 받은 배당금을 반환하여야 한다(대판 2001.2.27. 2000다44348).

124

21서기보

채권자가 수익자를 상대로 사해행위취소의 소를 제기한 경우 수익자는 취소채권자의 채권이 시효로 소멸하였음을 주장할 수 있다. O | X

> 해설 소멸시효의 완성을 원용할 수 있는 자는 권리의 소멸에 의하여 직접 이익을 받는 자에 한정되고(대판 1995.7.11. 95다12446), 사해행위취소소송의 상대방이 된 '**사해행위의 수익자**'는, 사해행위가 취소되면 사해행위에 의해 얻은 이익을 상실하고 사해행위취소권을 행사하는 채권자의 채권이 소멸하면 그와 같은 이익의 상실을 면하는 지위에 있으므로, **피보전채권의 소멸에 의해 직접 이익을 받는 자에 해당**한다(대판 2007.11.29. 2007다54849).
> ➡ 따라서 사해행위 취소소송에서 수익자는 취소채권자의 채권이 시효로 소멸하였음을 주장할 수 있다.

125 21사무관

어느 한 채권자가 동일한 사해행위에 관하여 채권자취소 및 원상회복청구를 하여 승소판결을 받아 그 판결이 확정되었다는 것만으로 그 후에 제기된 다른 채권자의 동일한 청구가 권리보호의 이익이 없어지게 되는 것은 아니고, 그에 기하여 재산이나 가액의 회복을 마친 경우에 비로소 다른 채권자의 채권자취소 및 원상회복청구는 그와 중첩되는 범위 내에서 권리보호의 이익이 없게 된다. O | X

해설 채권자취소권의 요건을 갖춘 각 채권자는 고유의 권리로서 채무자의 재산처분 행위를 취소하고 그 원상회복을 구할 수 있는 것이므로 여러 명의 채권자가 동시에 또는 시기를 달리하여 사해행위취소 및 원상회복청구의 소를 제기한 경우 이들 소가 중복제소에 해당하지 아니할 뿐만 아니라, 어느 한 채권자가 동일한 사해행위에 관하여 사해행위취소 및 원상회복청구를 하여 승소판결을 받아 그 판결이 확정되었다는 것만으로는 그 후에 제기된 다른 채권자의 동일한 청구가 권리보호의 이익이 없게 되는 것은 아니고, 그에 기하여 재산이나 가액의 회복을 마친 경우에 비로소 다른 채권자의 사해행위취소 및 원상회복청구는 그와 중첩되는 범위 내에서 권리보호의 이익이 없게 된다(대판 2005.11.25. 2005다51457).

126 출제예상

채권자가 어느 수익자에 대하여 사해행위취소 및 원상회복 청구를 하여 승소확정판결을 받았다면, 그에 기하여 재산이나 가액의 회복을 마치기 전이라도 그 채권자는 자신의 피보전채권에 기하여 다른 수익자에 대하여 별도로 사해행위취소 및 원상회복 청구를 할 수 없다. O | X

해설 사해행위 취소의 범위

채권자가 어느 수익자(전득자를 포함한다)에 대하여 사해행위취소 및 원상회복청구를 하여 승소판결을 받아 그 판결이 확정되었다 하더라도 그에 기하여 재산이나 가액의 회복을 마치지 아니한 이상 채권자는 자신의 피보전채권에 기하여 다른 수익자에 대하여 별도로 사해행위취소 및 원상회복청구를 할 수 있고, 채권자가 여러 수익자들을 상대로 사해행위취소 및 원상회복청구의 소를 제기하여 여러 개의 소송이 계속중인 경우에는 각 소송에서 채권자의 청구에 따라 사해행위의 취소 및 원상회복을 명하는 판결을 선고하여야 하며, 수익자가 가액배상을 하여야 할 경우에도 다른 소송의 결과를 참작할 필요 없이 수익자가 반환하여야 할 가액 범위 내에서 채권자의 피보전채권 전액의 반환을 명하여야 한다(대판 1975.2.25. 74다2114).

참고판례 그리고 이러한 법리는 이 사건에 있어서와 같이 채무자가 동시에 여러 부동산을 수인의 수익자들에게 처분한 결과 채무초과상태가 됨으로써 그와 같은 각각의 처분행위가 모두 사해행위로 되고, 채권자가 그 수익자들을 공동피고로 하여 사해행위취소 및 원상회복을 구하여 각 수익자들이 부담하는 원상회복의무의 대상이 되는 책임재산의 가액을 합산한 금액이 채권자의 피보전채권액을 초과하는 경우에도 마찬가지라고 할 것이다(대판 1975.2.25. 74다2114).

정답 | 122 ○ 123 ○ 124 ○ 125 ○ 126 ×

제2절 제3자에 의한 채권침해

01 14법원행시

甲이 그 소유 건물에 관하여 乙에게 통정허위표시에 의하여 소유권이전청구권 보전을 위한 가등기를 마쳐준 후 丙이 위 건물을 임차하고 임차권등기까지 마쳤는데, 그 뒤 乙이 위 가등기에 기하여 소유권이전의 본등기를 마친 결과 丙의 임차권등기가 말소되었고, 丙의 임차기간이 종료하였으나 그 임차보증금을 반환받지 못하고 있는 경우, 임차 후 통정허위표시를 알게 된 丙은 그 임차권에 의하여 乙에게 乙 명의의 소유권이전등기의 말소를 청구할 수 있다. O | X

해설 채권에 기한 방해배제청구권: 제214조 유추적용
제3자에 의한 채권침해상태가 계속 반복되는 경우에는 손해배상만으로는 충분한 구제가 되지 않으므로, 채권에 기한 방해배제청구가 가능한지 여부 및 특히 인정범위가 문제되는데, 判例는 "등기된 임차권에는 용익권적 권능 외에 임차보증금반환채권에 대한 담보권적 권능이 있고, 임대차기간이 종료되면 용익권적 권능은 임차권등기의 말소등기 없이도 곧바로 소멸하나 담보권적 권능은 곧바로 소멸하지 않는다고 할 것이어서, **임차권자는 임대차기간이 종료한 후에도 임차보증금을 반환받기까지는 임대인이나 그 승계인에 대하여 임차권등기의 말소를 거부할 수 있다고 할 것이고, 따라서 임차권등기가 원인 없이 말소된 때에는 그 방해를 배제하기 위한 청구를 할 수 있다.**"(대판 2002.2.26. 99다67079)라고 하여 대항력 갖춘 임차권은 대세적 효력이 인정된다는 점에 근거하여 인정하고 있다.

02 18주사보

제3자의 채권침해도 불법행위가 될 수 있다. O | X

03 19주사보

제3자의 채권침해가 반드시 언제나 불법행위가 되는 것은 아니고, 채권침해의 태양에 따라 그 성립 여부를 구체적으로 검토하여 정하여야 하는 바, 독립한 경제주체간의 경쟁적 계약관계에 있어서는 제3자가 채무자가 적극 공모하였다거나 또는 제3자가 기망 협박 등 사회상규에 반하는 수단을 사용하거나 채권자를 해할 의사로 채무자와 계약을 체결하였다는 등의 특별한 사정이 있는 경우에 한하여 제3자의 고의 과실 및 위법성을 인정하여야 한다. O | X

해설 **02 03** 제3자 채권침해에 대한 구제: (급부침해) 독립한 경제주체 간의 경쟁적 계약관계(공, 기, 해)
判例는 "독립한 경제주체 간의 경쟁적 계약관계에 있어서는 단순히 제3자가 채무자와 채권자 간의 계약내용을 알면서 채무자와 채권자 간에 체결된 계약에 위반되는 내용의 계약을 **체결한 것만으로는 제3자의 고의·과실 및 위법성을 인정하기에 부족**하고, ⅰ) **제3자가 채무자와 적극 공모하였다거나** 또는 ⅱ) **제3자가 기망·협박 등 사회상규에 반하는 수단을 사용하거나 ⅲ) 채권자를 해할 의사로 채무자와 계약을 체결하였다는 등의 특별한 사정이 있는 경우에 한하여 제3자의 고의·과실 및 위법성을 인정하여야** 한다(대판 2001.5.8. 99다38699)고 한다.

04 20서기보

제3자의 채권침해 당시 채무자가 가지고 있던 다액의 채무로 인하여 제3자의 채권침해가 없었더라도 채권자가 채무자로부터 일정액 이상으로 채권을 회수할 가능성이 없었다고 인정될 경우에는 위 일정액을 초과하는 손해와 제3자의 채권침해로 인한 불법행위 사이에는 상당인과관계를 인정할 수 없다. O | X

해설 제3자가 채무자에 대한 채권자의 존재 및 그 채권의 침해사실을 알면서 채무자와 적극 공모하거나 채권행사를 방해할 의도로 사회상규에 반하는 부정한 수단을 사용하는 등으로 채무자의 책임재산을 감소시키는 행위를 함으로써 채권자로 하여금 채권의 실행과 만족을 불가능 내지 곤란하게 한 경우 채권자에 대한 불법행위를 구성할 수 있다. **채무자의 재산을 은닉하는 방법으로 제3자에 의한 채권침해가 이루어질 당시 채무자가 가지고 있던 다액의 채무로 인하여 제3자의 채권침해가 없었더라도 채권자가 채무자로부터 일정액 이상으로 채권을 회수할 가능성이 없었다고 인정될 경우에는 위 일정액을 초과하는 손해와 제3자의 채권침해로 인한 불법행위 사이에는 상당인과관계를 인정할 수 없다**(대판 2019.5.10. 2017다239311).

05

21법원행시

제3자가 채무자와 적극 공모하였다거나 또는 제3자가 기망·협박 등 사회상규에 반하는 수단을 사용하거나 채권자를 해할 의사로 채무자와 계약을 체결하였다는 등의 특별한 사정이 없다면, 단순히 제3자가 채무자와 채권자 사이의 계약 내용을 알면서 채무자와 채권자 사이에 체결된 계약에 위반되는 내용의 계약을 체결한 것만으로는 제3자의 고의·과실 및 위법성을 인정하기에 부족하다. O | X

해설 제3자에 의한 채권침해가 불법행위를 구성할 수는 있으나 제3자의 채권침해가 반드시 언제나 불법행위가 되는 것은 아니고 채권침해의 태양에 따라 그 성립 여부를 구체적으로 검토하여 정하여야 하는바, 독립한 경제주체간의 경쟁적 계약관계에 있어서는 단순히 제3자가 채무자와 채권자간의 계약내용을 알면서 채무자와 채권자간에 체결된 계약에 위반되는 내용의 계약을 체결한 것만으로는 제3자의 고의·과실 및 위법성을 인정하기에 부족하고, 제3자가 채무자와 적극 공모하였다거나 또는 제3자가 기망·협박 등 사회상규에 반하는 수단을 사용하거나 채권자를 해할 의사로 채무자와 계약을 체결하였다는 등의 특별한 사정이 있는 경우에 한하여 제3자의 고의·과실 및 위법성을 인정하여야 한다(대판 2001.5.8. 99다38699).

06

21법원행시

특허권자가 특허권 침해 여부가 불명확한 제품의 제조자를 상대로 손해 예방을 위한 법적 구제절차는 취하지 아니한 채 사회단체와 언론을 이용하여 불이익을 줄 수도 있음을 암시하고, 그 구매자에 대하여도 위 제품 제조자와의 계약을 해제하고 자신과 다시 계약을 체결할 것을 지속적으로 강요하여 구매자로 하여금 기존계약을 해제하고 기왕 설치되어 있던 제품까지 철거되도록 하였다면 이러한 행위들은 위법한 것으로 그에 대해 불법행위책임이 인정된다. O | X

해설 특허권자가 특허권 침해 여부가 불명확한 제품의 제조자를 상대로 손해 예방을 위하여 그 제품의 제조나 판매를 금지시키는 가처분신청 등의 법적 구제절차는 취하지 아니한 채, 사회단체와 언론을 이용하여 불이익을 줄 수도 있음을 암시하고, 나아가 그 구매자에 대하여도 법률적인 책임을 묻겠다는 취지의 경고와 함께 역시 사회단체와 언론을 통한 불이익을 암시하며, 형사고소에 대한 합의조건으로 위 제품 제조자와의 계약을 해제하고 자신과 다시 계약을 체결할 것을 지속적으로 강요하여 마침내 이에 견디다 못한 구매자로 하여금 기존계약을 해제하고, 기왕 설치되어 있던 제품까지 철거되도록 하였다면 이러한 일련의 행위들은 정당한 권리행사의 범위를 벗어난 것으로서 위법한 행위이고, 특허권자가 회사의 대표이사로서 위와 같은 행위를 하였다면 회사도 특허권자와 연대하여 손해를 배상할 책임이 있다(대판 2001.10.12. 2000다53342).

정답 | 01 ○ 02 ○ 03 ○ 04 ○ 05 ○ 06 ○

07

21법원행시

이미 분양된 아파트에 대하여 이중분양계약에 기한 금융기관의 대출과 근저당권설정행위가 최초 수분양자의 분양계약에 기한 채권을 침해하는 것으로서 불법행위에 해당하기 위해서는 그 금융기관의 임직원이 이중분양행위에 적극 가담하지 않더라도 이중분양사실을 안다는 것만으로도 충분하다. O I X

해설 이미 분양된 아파트에 대하여 이중분양계약에 기한 금융기관의 대출과 근저당권설정행위가 최초 수분양자의 분양계약에 기한 채권을 침해하는 것으로서 불법행위에 해당하기 위해서는 그 금융기관의 임직원이 이중분양사실을 안다는 것만으로는 부족하고, 분양자의 이중분양행위에 적극 가담하여, 이중분양을 요청하거나 유도하여 계약에 이르게 하거나 그와 같이 평가될 수 있는 정도에 이르러야 한다(대판 2009.10.29. 2008다82582).

08

21법원행시

채무자로 하여금 채권자 甲에게 지급하여야 할 물품대금을 자금사정이 어려운 군소협력업체인 다른 채권자들에게 우선 결제하도록 지시하고 채무자가 이에 따라 그 물품대금을 채권자 甲이 아닌 다른 채권자들에게 지급함으로써 결과적으로 채무자가 채권자 甲에게 물품대금을 지급하지 못하게 된 사안에서, 채무자가 다른 채권자들에게 채무를 변제한 행위가 정당한 법률행위인 이상 이를 요청한 행위는 불법행위가 될 수 없다. O I X

해설 채무자로 하여금 채권자 甲에게 지급하여야 할 물품대금을 자금사정이 어려운 군소협력업체인 다른 채권자들에게 우선 결제하도록 지시하고 채무자가 이에 따라 그 물품대금을 채권자 甲이 아닌 다른 채권자들에게 지급함으로써 결과적으로 채무자가 채권자 甲에게 물품대금을 지급하지 못하게 된 사안에서, 채무자가 다른 채권자들에게 채무를 변제한 행위가 정당한 법률행위인 이상 이를 요청한 행위 또한 위법성이 없어서 제3자의 채권침해에 의한 불법행위가 될 수 없다(대판 2006.6.15. 2006다13117).

09

21법원행시

채무자의 재산을 은닉하는 방법으로 제3자에 의한 채권침해가 이루어질 당시 채무자가 가지고 있던 다액의 채무로 인하여 제3자의 채권침해가 없었더라도 채권자가 채무자로부터 일정액 이상으로 채권을 회수할 가능성이 없었다고 인정될 경우에는 위 일정액을 초과하는 손해와 제3자의 채권침해로 인한 불법행위 사이에는 상당인과관계를 인정할 수 없다. O I X

해설 채무자의 재산을 은닉하는 방법으로 제3자에 의한 채권침해가 이루어질 당시 채무자가 가지고 있던 다액의 채무로 인하여 제3자의 채권침해가 없었더라도 채권자가 채무자로부터 일정액 이상으로 채권을 회수할 가능성이 없었다고 인정될 경우에는 위 일정액을 초과하는 손해와 제3자의 채권침해로 인한 불법행위 사이에는 상당인과관계를 인정할 수 없다. 이때의 채권회수 가능성은 불법행위 시를 기준으로 채무자의 책임재산과 채무자가 부담하는 채무의 액수를 비교하는 방법으로 판단할 수 있고, 불법행위 당시에 이미 이행기가 도래한 채무는 채권자가 종국적으로 권리를 행사하지 아니할 것으로 볼 만한 특별한 사정이 없는 한 비교대상이 되는 채무자 부담의 채무에 포함되며, 더 나아가 비교대상 채무에 해당하기 위하여 불법행위 당시 채무자의 재산에 대한 압류나 가압류가 되어 있을 것을 요하는 것은 아니다(대판 2019.5.10. 2017다239311).

정답 | 07 × 08 ○ 09 ○

제5장 | 수인의 채권자 및 채무자

제1절 분할채권(채무)관계

01

20법무사

다수당사자의 채권채무관계는 원칙적으로 분할채권채무관계이고 성질상 또는 당사자의 약정에 기하여 특히 불가분으로 하는 경우에 한하여 불가분채권채무관계로 되는 것이므로 불가분채권채무임을 주장하는 자가 불가분채권채무관계로 하는 의사표시나 특별한 사정을 주장·입증하여야 한다. O | X

해설 ⅰ) 하나의 가분적 급부에 관하여, ⅱ) 채권자 또는 채무자가 다수이며, ⅲ) 특별한 의사표시가 없으면 분할채권(채무)관계가 성립한다(제408조). **분할채권(채무)관계는 민법상 다수당사자의 채권(채무)관계의 원칙적인 모습**이다. 判例도 "민법상 다수당사자의 채권관계는 원칙적으로 분할채권관계이고, 채권의 성질상 또는 당사자의 약정에 기하여 특히 불가분으로 하는 경우에 한하여 불가분채권관계로 된다(대판 1992.10.27. 90다13628)고 한다.

02

18법원행시

공동당사자들의 변호사에 대한 소송대리위임에 따른 보수금지급채무는 불가분채무이다. O | X

해설 변호사에게 공동당사자로서 소송대리를 위임한 경우 소송대리위임에 따른 보수금지급채무의 성질
변호사에게 공동당사자로서 소송대리를 위임한 소송사건의 결과에 따라 경제적 이익을 불가분적으로 향유하게 되거나 패소할 경우 소송 상대방에 대하여 부진정연대관계의 채무를 부담하게 된다 하더라도, 이러한 사정만으로 곧바로 **공동당사자들의 변호사에 대한 소송대리위임에 따른 보수금지급채무가 연대 또는 불가분채무에 해당하는 것으로 단정할 수 없다**(대판 1993.2.12. 92다42941).

03

출제예상

급부의 내용이 가분인 금전채무가 공동상속된 경우, 이는 상속개시와 동시에 당연히 법정상속분에 따라 공동상속인에게 분할되어 귀속된다. O | X

해설 상속채무가 가분채무인 경우
금전채무와 같이 급부의 내용이 가분인 채무가 공동상속된 경우, **이는 상속 개시와 동시에 당연히 법정상속분에 따라 공동상속인에게 분할되어 귀속되는 것**이므로, 상속재산 분할의 대상이 될 여지가 없다(대판 1997.6.24. 97다8809).

정답 | 01 ○ 02 × 03 ○

04

출제예상

공동불법행위자는 채권자에 대한 관계에서 부진정연대책임을 지되, 공동불법행위자 중 1인이 전체 채무를 변제한 경우 특별한 사정이 없는 한 나머지 공동불법행위자들이 부담하는 구상채무의 성질은 각자의 부담부분에 따른 분할채무이다. O | X

해설 공동불법행위자 중 1인에 대하여 구상의무를 부담하는 다른 공동불법행위자가 수인인 경우에는 특별한 사정이 없는 이상 그들의 구상권자에 대한 채무는 각자의 부담 부분에 따른 '분할채무'로 본다(대판 2002.9.27. 2002다15917). 따라서 각자의 내부적 부담부분의 범위 내에서만 구상의무를 부담한다.

비교판례 다만 구상권자인 공동불법행위자 측에 과실이 없는 경우(운전자에게 과실이 없는 경우에도 자배법상 운행자책임이 성립할 수 있다), 즉 내부적인 부담 부분이 전혀 없는 경우에는 이와 달리 그에 대한 수인의 구상의무 사이의 관계를 '부진정연대관계'로 봄이 상당하다고 한다(대판 2005.10.13. 2003다24147).

정답 | **04** ○

제2절 불가분채권관계

01

14법무사

불가분채권자 중의 1인과 채무자 간에 경개나 면제가 있는 경우에 채무 전부의 이행을 받은 다른 채권자는 그 1인이 권리를 잃지 아니하였으면 그에게 분급할 이익을 채무자에게 상환하여야 한다. O | X

해설 불가분채권의 1인에게 생긴 사유의 효력(상대적 효력 있는 사유)
불가분채권의 경우 청구와 이행에 따른 효과 이외의 사유는 다른 채권자에게 그 효력이 없다(제410조 제1항 후문). 다만 **경개나 면제가 있는 경우에 채무전부의 이행을 받은 다른 채권자는 그 1인이 권리를 잃지 아니하였으면 그에게 분급할 이익을 채무자에게 상환하여야 한다**(제410조 제2항).

비교쟁점 불가분채권의 1인에게 생긴 사유의 효력(절대적 효력 있는 사유)
불가분채권의 각 채권자는 모든 채권자를 위하여 이행을 청구할 수 있고, 채무자는 모든 채권자를 위하여 각 채권자에게 이행할 수 있으므로(제409조 후문), 이 **청구와 이행**의 한도에서는 다른 채권자에게도 그 효력이 미친다(제410조 제1항 전문). 즉 1인의 채권자의 청구에 의한 시효중단·이행지체의 효과나, 채무자가 1인의 채권자에 대해 한 변제·변제의 제공·채권자지체의 효과는 모두 다른 채권자에게도 발생한다.

02

18서기보, 18법원행시, 19주사보

여러 사람이 공동으로 법률상 원인 없이 타인의 재산을 사용한 경우의 부당이득 반환채무는 특별한 사정이 없는 한 불가분채무이므로 각 채무자가 채무 전부를 이행할 의무가 있고, 1인의 채무이행으로 다른 채무자도 그 의무를 면하게 된다. O | X

해설 공동의 점유·사용으로 인한 부당이득 반환채무의 성질(불가분채무)(대판 2001.12.11. 2000다13948)

03

18법원행시, 18/20법무사

건물의 공유자가 공동으로 건물을 임대하고 보증금을 수령한 경우에 보증금반환채무는 분할채무이다. O | X

해설 건물의 공유자가 공동으로 건물을 임대하고 보증금을 수령한 경우, 보증금반환채무의 성질(= 불가분채무)
건물의 공유자가 공동으로 건물을 임대하고 보증금을 수령한 경우, 특별한 사정이 없는 한 그 임대는 각자 공유지분을 임대한 것이 아니고 **임대목적물을 다수의 당사자로서 공동으로 임대한 것이고 그 보증금 반환채무는 성질상 불가분채무에 해당**된다고 보아야 할 것이다(대판 1998.12.8. 98다43137).

정답 | **01** ○ **02** ○ **03** ×

04 11법원행시

타인의 토지에 불법으로 건립된 건물에 대한 공동상속인들의 철거의무는 불가분채무이다. O | X

05 20법무사

건물의 공유자들이 부담하는 철거의무는 성질상 불가분채무라 할 것이어서 각 공유자가 건물 전체에 대한 철거의무를 부담하는 것이므로 공유자 전원을 피고로 삼지 않고 그중 일부만을 피고로 하여서는 건물 전체의 철거를 구할 수 없다.

해설 **04 05** 공동상속인들의 건물철거의무의 성질
공동상속인들의 건물철거의무는 그 성질상 불가분채무라고 할 것이고 각자 그 지분의 한도 내에서 건물 전체에 대한 철거의무를 지는 것이다(대판 1980.6.24. 80다756).

정답 | **04** ○ **05** ×

제3절 연대채무

01

15주사보

수인의 채무자가 채무전부를 각자 이행할 의무가 있고 채무자 1인의 이행으로 다른 채무자도 그 의무를 면하게 되는 때에는 그 채무는 연대채무로 하고, 채권자는 어느 연대채무자에 대하여 또는 동시나 순차로 모든 연대채무자에 대하여 채무의 전부나 일부의 이행을 청구할 수 있다. O | X

해설 **제413조(연대채무의 내용)** 수인의 채무자가 채무전부를 각자 이행할 의무가 있고 채무자 1인의 이행으로 다른 채무자도 그 의무를 면하게 되는 때에는 그 채무는 연대채무로 한다.

제414조(각 연대채무자에 대한 이행청구) 채권자는 어느 연대채무자에 대하여 또는 동시나 순차로 모든 연대채무자에 대하여 채무의 전부나 일부의 이행을 청구할 수 있다.

02

15주사보

어느 연대채무자에 대한 법률행위의 무효나 취소의 원인은 다른 연대채무자의 채무에 영향을 미친다. O | X

해설 **제415조(채무자에 생긴 무효, 취소)** 어느 연대채무자에 대한 법률행위의 무효나 취소의 원인은 다른 연대채무자의 채무에 영향을 미치지 아니한다.

03

출제예상

乙과 丙은 甲으로부터 9,000만 원을 차용하면서 연대하여 이를 변제하기로 甲과 약정하였다. 그들의 부담부분은 乙이 2/3, 丙이 1/3로 정해져 있었는데, 甲도 이를 알고 있었다. 한편 丁은 丙의 甲에 대한 위 연대채무를 보증하였다. 甲이 乙에게만 최고 후 6월 내에 乙에게 재판상청구를 한 경우, 乙과 丙 모두에 대해 최고 당시부터 확정적으로 소멸시효가 중단된다. O | X

해설 어느 연대채무자 1인에 대한 이행청구는 다른 연대채무자에게도 효력이 있으므로(이행청구의 절대효, 제416조), 乙에 대한 최고시에 丙에 대하여도 잠정적으로 시효가 중단된다. 최고에 의한 시효중단은 최고 후 6월 내에 재판상 청구등을 하여야 확정적으로 시효가 중단되게 되는데 乙에 대한 재판상 청구는 丙에게도 효력이 있으므로(제416조) 결국 최고시부터 乙과 丙 모두에 대해 확정적으로 시효 중단의 효력이 미치게 된다.

04

19주사보

수인의 연대채무자 중 1인의 연대채무자에 대하여 소멸시효가 완성된 경우, 그 채무자의 부담부분에 한하여 다른 연대채무자도 의무를 면한다. O | X

정답 | 01 ○ 02 × 03 ○ 04 ○

해설 **제421조(소멸시효의 절대적 효력)** 어느 연대채무자에 대하여 소멸시효가 완성한 때에는 **그 부담부분에 한하여** 다른 연대채무자도 의무를 면한다.

05

13주사보

연대채무자 중 1인의 이행(변제 · 대물변제 · 공탁)은 모든 연대채무자의 채무를 소멸시킨다. O | X

해설 연대채무자 중 1인에게 생긴 사유의 효력: 절대적 효력이 있는 사유

① **일체형**
채권에 만족을 주는 사유인 **변제, 대물변제, 공탁(제413조)**, 상계(제418조 제1항), 변제제공 및 이에 따른 수령지체의 효과(제413조, 제422조), 이행청구(제416조) 및 이에 따른 이행지체 및 소멸시효 중단의 효력, 경개(제417조)

② **부담부분형(당해 채무자의 부담부분에 한하여 절대적 효력)(면,상,혼,소)**
면제(제419조), 혼동(제420조), 소멸시효의 완성(제421조), 다른 연대채무자에 의한 상계(제418조 제2항; 반대채권을 가진 채무자가 상계를 하지 않는 때에는 다른 연대채무자가 그의 부담부분 한도에서 상계할 수 있다).

06

20사무관

여러 명의 연대채무자 또는 연대보증인에 대하여 따로따로 소송이 제기되는 등으로 그 판결에 의하여 확정된 채무원본이나 지연손해금의 금액과 이율 등이 서로 달라지게 되어 원금이나 지연손해금에 채무자들이 공동으로 부담하는 부분과 공동으로 부담하지 않는 부분이 생긴 경우에 어느 채무자가 채무 일부를 변제한 때에는 그 변제자가 부담하는 채무 중 공동으로 부담하지 않는 부분의 채무 변제에 우선 충당되고 그 다음 공동 부담 부분의 채무 변제에 충당된다. O | X

해설 연대채무자 또는 연대보증인 중 1인이 채무의 일부를 변제한 경우에 당사자 사이에 특별한 합의가 없는 한 그 변제된 금액은 민법 제479조의 법정충당 순서에 따라 비용, 이자, 원본의 순서로 충당되어야 하므로 지연손해금 채무가 원본채무보다 먼저 충당된다. 한편 **여러 명의 연대채무자 또는 연대보증인에 대하여 따로따로 소송이 제기되는 등으로 그 판결에 의하여 확정된 채무원본이나 지연손해금의 금액과 이율 등이 서로 달라지게 되어 원금이나 지연손해금에 채무자들이 공동으로 부담하는 부분과 공동으로 부담하지 않는 부분이 생긴 경우에 어느 채무자가 채무 일부를 변제한 때에는 그 변제자가 부담하는 채무 중 공동으로 부담하지 않는 부분의 채무 변제에 우선 충당되고 그 다음 공동 부담 부분의 채무 변제에 충당**된다. 그리고 채권의 목적을 달성시키는 변제와 같은 사유는 연대채무자 또는 연대보증채무자 전원에 대하여 절대적 효력을 가지므로 어느 채무자의 변제 등으로 다른 채무자와 공동으로 부담하는 부분의 채무가 소멸되면 그 채무소멸의 효과는 다른 채무자 전원에 대하여 미친다(대판 2013.3.14. 2012다85281).

07

13주사보

연대채무자 중 1인에 대한 가압류는 절대효가 인정된다. O | X

08

18서기보

채권자의 신청에 의한 경매개시결정에 따라 연대채무자 중 1인 소유의 부동산이 압류된 경우, 압류에 의한 시효중단의 효력은 다른 연대채무자에게 미치지 않는다. O | X

09

출제예상

乙과 丙은 甲으로부터 9,000만 원을 차용하면서 연대하여 이를 변제하기로 甲과 약정하였다. 그들의 부담부분은 乙이 2/3, 丙이 1/3로 정해져 있었는데, 甲도 이를 알고 있었다. 한편 丁은 丙의 甲에 대한 위 연대채무를 보증하였다. 乙의 부동산에 대하여 경매개시결정에 의해 그 부동산이 압류된 경우, 원칙적으로 다른 연대채무자 丙에 대한 시효의 진행이 중단되는 것은 아니다. O|X

해설 **07 08 09 제416조(이행청구의 절대적 효력)** 어느 연대채무자에 대한 이행청구는 다른 연대채무자에게도 효력이 있다.

제423조(효력의 상대성의 원칙) 전7조의 사항외에는 어느 연대채무자에 관한 사항은 다른 연대채무자에게 효력이 없다.

➡ 이행청구 이외의 시효중단사유(압류·가압류·가처분 등)는 상대적 효력이 있을 뿐이다. 채권자가 연대채무자 1인의 소유 부동산에 대하여 **경매신청을 한 경우에 이는 최고로서의 효력**이 있다. 한편 이 최고는 다른 연대채무자에게도 효력이 있으므로(제416조), 채권자가 6개월 내에 '다른 연대채무자'를 상대로 재판상 청구 등을 한 때에는 그 '다른 연대채무자'에 대한 채권의 소멸시효가 중단되지만, 이로 인하여 중단된 시효는 위 경매절차가 종료된 때가 아니라 재판이 확정된 때부터 새로 진행된다. 그리고 연대채무자 1인의 소유 부동산이 경매개시결정에 따라 **압류된 경우, '다른 연대채무자'에게는 시효중단의 효력이 없다**(제169조 참조)(대판 2001.8.21. 2001다22840).

10

15주사보

어느 연대채무자와 채권자 간에 채무의 경개가 있는 때에는 채권은 모든 연대채무자의 이익을 위하여 소멸한다. O|X

해설 **제417조(경개의 절대적 효력)** 어느 연대채무자와 채권자간에 채무의 경개가 있는 때에는 채권은 모든 연대채무자의 이익을 위하여 소멸한다.

11

14/18법무사

어느 연대채무자가 채권자에 대하여 채권이 있는 경우에 그 채무자가 상계한 때에는 채권은 모든 연대채무자의 이익을 위하여 소멸하고, 상계할 채권이 있는 연대채무자가 상계하지 아니한 때에는 그 채무자의 부담부분에 한하여 다른 연대채무자가 상계할 수 있다. O|X

해설 **제418조(상계의 절대적 효력)** ① 어느 연대채무자가 채권자에 대하여 채권이 있는 경우에 그 채무자가 상계한 때에는 채권은 모든 연대채무자의 이익을 위하여 소멸한다.

② 상계할 채권이 있는 연대채무자가 상계하지 아니한 때에는 그 채무자의 부담부분에 한하여 다른 연대채무자가 상계할 수 있다.

정답 | 05 ○ 06 ○ 07 × 08 ○ 09 ○ 10 ○ 11 ○

12

출제예상

乙과 丙은 甲으로부터 9,000만 원을 차용하면서 연대하여 이를 변제하기로 甲과 약정하였다. 그들의 부담부분은 乙이 2/3, 丙이 1/3로 정해져 있었는데, 甲도 이를 알고 있었다. 한편 丁은 丙의 甲에 대한 위 연대채무를 보증하였다. 乙이 甲의 위 채권과 상계할 수 있는 9,000만 원의 반대채권을 가지고 있음에도 이를 상계하지 않는 경우, 丙이 이 채권을 자동채권으로 상계하면 甲에 대한 乙과 丙의 연대채무는 전부 소멸한다. O | X

해설 상계할 채권이 있는 연대채무자가 상계하지 아니한 때에는 그 채무자의 부담부분에 한하여 다른 연대채무자가 상계할 수 있다(제418조 제2항). 따라서 丙은 乙의 부담부분 2/3(6,000만 원)에 한하여 상계할 수 있으므로 乙과 丙은 甲에 대하여 여전히 3,000만 원의 연대채무를 부담한다.

비교판례 부진정연대채무자 사이에는 고유한 의미의 부담부분이 존재하지 않으므로 이를 전제로 한 제418조 제2항은 유추적용되지 않는다(대판 1994.5.27. 93다21521).

13

출제예상

乙과 丙은 甲으로부터 9,000만 원을 차용하면서 연대하여 이를 변제하기로 甲과 약정하였다. 그들의 부담부분은 乙이 2/3, 丙이 1/3로 정해져 있었는데, 甲도 이를 알고 있었다. 한편 丁은 丙의 甲에 대한 위 연대채무를 보증하였다. 乙이 甲의 단독상속인으로 위 9,000만 원의 채권을 상속받은 경우에는 丙은 乙에게 3,000만 원의 채무를 부담하게 된다. O | X

해설 어느 연대채무자와 채권자 간에 **혼동**이 있는 때에는 그 채무자의 부담부분에 한하여 다른 연대채무자도 의무를 면한다(**제420조**). 따라서 丙은 乙에게 3,000만 원의 채무를 부담하게 된다.

14

18주사보

어느 연대채무자가 변제 기타 자기의 출재로 공동면책이 된 때에는 다른 연대채무자의 부담부분에 대하여 구상권을 행사할 수 있으나, 면제나 시효의 완성과 같이 출재에 의하지 않고 공동면책된 경우에는 구상권이 발생하지 않는다. O | X

해설 연대채무 대내적 효력: 구상권의 성립요건

어느 연대채무자가 ⅰ) 변제 기타 자기의 출재로 ⅱ) 공동면책이 된 때에는 ⅲ) 다른 연대채무자의 부담부분에 대하여 구상권을 행사할 수 있다(제425조 1항). 공동면책이 있기 전의 사전구상권은 인정되지 않으며, **면제나 시효완성과 같이 출재가 없는 경우에는 구상권이 발생하지 않는다.** 부담부분은 먼저 당사자의 특약 또는 연대채무를 부담함으로써 얻는 이익의 비율에 의하되(대판 2014.8.20. 2012다97420), 이러한 기준을 통하여도 부담부분이 결정되지 않는 경우에는 균등한 것으로 추정한다(제424조).

15

15법무사, 18사무관

연대채무자가 변제 기타 자기의 출재로 공동면책을 얻은 때에는 다른 연대채무자의 부담부분에 대하여 구상권을 행사할 수 있고, 그 부담부분은 균등한 것으로 추정되나 연대채무자 사이에 부담부분에 관한 특약이 있거나 특약이 없더라도 채무의 부담과 관련하여 각 채무자의 수익비율이 다르다면 특약 또는 비율에 따라 부담분이 결정된다. O | X

해설 변제 기타 자기의 출재로 공동면책을 얻은 연대채무자가 다른 연대채무자에게 구상할 수 있는 부담부분을 결정하는 기준

연대채무자가 변제 기타 자기의 출재로 공동면책을 얻은 때에는 다른 연대채무자의 부담부분에 대하여 구상권을 행사할 수 있고 이때 부담부분은 균등한 것으로 추정되나 연대채무자 사이에 부담부분에 관한 특약이 있거나 특약이 없더라도 채무의 부담과 관련하여 각 채무자의 수익비율이 다르다면 특약 또는 비율에 따라 부담분이 결정된다(대판 2014.8.20. 2012다97420).

16

17법무사

연대채무자는 자신의 부담부분 이상을 변제하여 공동의 면책을 얻게 하였을 때에 다른 연대채무자에 대하여 구상권을 행사할 수 있으나, 공동불법행위자는 자신의 부담부분 이상을 변제하지 않더라도 다른 공동불법행위자에 대하여 구상권을 행사할 수 있다. O | X

해설 공동보증인 간의 구상권이나(제448조) 및 부진정연대채무자 간의 구상권(대판 1997.12.12. 96다50896)에서는 '자기의 부담부분'을 넘어야 하지만, 주관적 공동관계가 존재하는 연대채무에서도 그렇게 볼 것은 아니다.

즉 判例는 "**부진정연대채무의 관계에 있는 복수의 책임주체 내부관계에 있어서는 형평의 원칙상 일정한 부담부분이 있을 수 있으며, 그 부담부분은 각자의 고의 및 과실의 정도에 따라 정하여지는 것**으로서, 부진정연대채무자 중 1인이 자기의 부담부분 이상을 변제하여 공동의 면책을 얻게 하였을 때에는 다른 부진정연대채무자에게 그 부담부분의 비율에 따라 구상권을 행사할 수 있다."(대판 2006.1.27. 2005다19378)라고 판시하고 있다.

반면 연대채무의 경우 구상권이 성립하기 위해서는 공동면책이 있기만 하면 되고 그 범위가 **출재를 한 연대채무자의 부담부분 이상일 필요가 없다**(통설). 연대채무자 사이의 구상권 행사에 있어서 '부담부분'이란 연대채무자가 그 내부관계에서 출재를 분담하기로 한 비율을 말한다. 그 결과 최근 判例가 판시하는 바와 같이 변제 기타 자기의 출재로 일부 공동면책되게 한 연대채무자는 역시 변제 기타 자기의 출재로 일부 공동면책되게 한 다른 연대채무자를 상대로 하여서도 **자신의 공동면책액 중 다른 연대채무자의 분담비율에 해당하는 금액이 다른 연대채무자의 공동면책액 중 자신의 분담비율에 해당하는 금액을 초과**한다면 그 범위에서 여전히 구상권을 행사할 수 있다고 보아야 한다(대판 2013.11.14. 2013다46023).

17

14주사보

부진정연대채무는 연대채무자 상호간에 출연분담에 관한 주관적 연대관계가 없어 본래 의미의 부담부분 내지 구상관계가 존재하지 않는다는 점에서 보통의 연대채무와 구별된다. O | X

정답 | 12 × 13 ○ 14 ○ 15 ○ 16 × 17 ○

해설 민법 제426조가 연대채무에 있어서의 변제에 관하여 채무자 상호간에 통지의무를 인정하고 있는 취지는, **연대채무에 있어서는 채무자들 상호간에 공동목적을 위한 주관적인 연관관계가 있고** 이와 같은 주관적인 연관관계의 발생 근거가 된 대내적 관계에 터잡아 채무자 상호간에 출연분담에 관한 관련관계가 있게 되므로, 구상관계에 있어서도 상호 밀접한 주관적인 관련관계를 인정하고 변제에 관하여 상호 통지의무를 인정함으로써 과실 없는 변제자를 보다 보호하려는 데 있으므로, 이와 같이 **출연분담에 관한 주관적인 밀접한 연관관계가 없고 단지 채권만족이라는 목적만을 공통으로 하고 있는 부진정 연대채무**에 있어서는 그 변제에 관하여 채무자 상호간에 통지의무 관계를 인정할 수 없고, 변제로 인한 공동면책이 있는 경우에 있어서는 채무자 상호간에 어떤 대내적인 특별관계에서 또는 형평의 관점에서 손해를 분담하는 관계가 있게 되는데 불과하다고 할 것이므로, 부진정 연대채무에 해당하는 공동불법행위로 인한 손해배상채무에 있어서도 채무자 상호간에 구상요건으로서의 통지에 관한 민법의 위 규정을 유추 적용할 수는 없다(대판 1998.6.26. 98다5777).

➡ 연대채무에 있어서는 주관적 공동관계가 존재하지만, 부진정연대채무에 있어서는 주관적인 공동관계가 없다는 점에서 본질적으로 구별된다는 것이 判例의 입장이다.

18

11법원행시

부진정연대채무관계는 서로 별개의 원인으로 발생한 독립한 채무라 하더라도 가능하고, 양채무의 발생원인, 채무의 액수 등이 반드시 서로 동일할 필요는 없다. O | X

해설 부진정연대채무 관계는 서로 별개의 원인으로 발생한 독립된 채무라 하더라도 동일한 경제적 목적을 가지고 있고 서로 중첩되는 부분에 관하여 일방의 채무가 변제 등으로 소멸할 경우 타방의 채무도 소멸하는 관계에 있으면 성립할 수 있고, 반드시 양 채무의 발생원인, 채무의 액수 등이 서로 동일할 것을 요한다고 할 수는 없다(대판 2009.3.26. 2006다47677).

19

21법원행시

설계용역계약상의 채무불이행으로 인한 손해배상채무와 공사도급계약상의 채무불이행으로 인한 손해배상채무는 서로 별개의 원인으로 발생한 독립된 채무이나 동일한 경제적 목적을 가진 채무로서 서로 중첩되는 부분에 관하여는 일방의 채무가 변제 등으로 소멸하면 타방의 채무도 소멸하는 이른바 부진정연대의 관계에 있다. O | X

해설 대판 2015.2.26. 2012다89320

20

13법원행시

임대인의 이행보조자가 임차인으로 하여금 임차목적물을 사용·수익하지 못하게 함으로써 임대인은 채무불이행에 의한 책임을 지고 그 이행보조자는 불법행위책임을 지는 경우, 양 채무는 부진정연대채무에 해당한다. O | X

해설 임대인의 이행보조자가 임차인으로 하여금 임차목적물을 사용·수익하지 못하게 함으로써 임대인은 채무불이행에 의한 책임을 지고 그 이행보조자는 불법행위책임을 지는 경우, 양 책임의 관계
임대인인 피고 甲은 이행보조자인 피고 乙이 임차물인 점포의 출입을 봉쇄하고 내부시설공사를 중단시켜 임차인인 원고로 하여금 그 사용·수익을 하지 못하게 한 행위에 대하여 임대인으로서의 채무불이행으로 인한 손해를 배상할 의무가 있고, 또한 피고 乙이 원고가 임차인이라는 사정을 알면서도 위와 같은 방법으로 원고로 하여금 점포를 사용·수익하지 못하게 한 것은 원고의 임차권을 침해하는 불법행위를 이룬다고 할 것이므로 피고 乙은 원고에게 불법행위로 인한 손해배상의무가 있다고 할 경우, **피고 甲의 채무불이행책임과 피고 乙의 불법행위책임은 동일한 사실관계에 기한 것으로 부진정연대채무 관계에 있다**(대판 1994.11.11. 94다22446).

21

13법원행시, 20법무사

피용자가 사망한 사고에서 공사수급인의 건물점유자로서의 공작물책임과 사용자의 보호의무위반에 의한 피용자에 대한 채무불이행책임은 부진정연대채무의 관계에 있다. O | X

해설 ① 사용자는 근로계약에 수반되는 신의칙상의 부수적 의무로서 피용자가 노무를 제공하는 과정에서 생명, 신체, 건강을 해치는 일이 없도록 물적 환경을 정비하는 등 필요한 조치를 강구하여야 할 보호의무를 부담하고, 이러한 보호의무를 위반함으로써 피용자가 손해를 입은 경우 이를 배상할 책임이 있다. ② 인화성 물질 등이 산재한 밀폐된 신축 중인 건물 내부에서 용접작업 등 화재 발생 우려가 많은 작업을 하던 중 화재가 발생하여 피용자가 사망한 사고에서 **공사수급인은 건물의 점유자로서 그 보존상의 하자에 따른 불법행위로 인한 손해배상책임을, 사용자는 피용자의 안전에 대한 보호의무를 다하지 아니한 채무불이행으로 인한 손해배상책임**을 각 부담하며, **그 채무는 부진정연대채무의 관계**에 있다(대판 1999.2.23. 97다12082).

22

13법원행시, 17/19법무사

어떤 물건에 대하여 직접점유자와 간접점유자가 있는 경우, 그에 대한 점유·사용으로 인한 부당이득의 반환의무는 서로 중첩되는 부분에 관하여는 이른바 부진정연대채무의 관계에 있다. O | X

해설 어떤 물건에 대하여 직접점유자와 간접점유자가 있는 경우, 점유·사용으로 부담하는 부당이득반환의무의 법적 성질 (= 부진정연대채무)
어떤 물건에 대하여 직접점유자와 간접점유자가 있는 경우, 그에 대한 점유·사용으로 인한 부당이득의 반환의무는 동일한 경제적 목적을 가진 채무로서 서로 중첩되는 부분에 관하여는 일방의 채무가 변제 등으로 소멸하면 타방의 채무도 소멸하는 이른바 부진정연대채무의 관계에 있다(대판 2012.9.27. 2011다76747).

23

16/18서기보

부진정연대채무자 중 1인이 자신의 채권자에 대한 반대채권으로 상계를 한 경우, 그 상계로 인한 채무소멸의 효력은 소멸한 채무 전액에 관하여 다른 부진정연대채무자에 대하여도 미친다. O | X

정답 | 18 ○ 19 ○ 20 ○ 21 ○ 22 ○ 23 ○

24

12주사보

부진정연대채무자 상호간에 있어서 절대적 효력을 발생시키는 것은 변제와 대물변제뿐이다. O | X

> **해설** **23 24** 종래 判例의 기본적 입장은 상계의 상대적 효력만 인정하였으나, 최근 전원합의체 판결을 통해 "부진정연대채무자 중 1인이 자신의 채권자에 대한 반대채권으로 상계를 한 경우에도 채권은 변제, 대물변제, 또는 공탁이 행하여진 경우와 동일하게 현실적으로 만족을 얻어 그 목적을 달성하는 것이므로, 그 상계로 인한 채무소멸의 효력은 소멸한 채무 전액에 관하여 다른 부진정연대채무자에 대하여도 미친다고 보아야 한다. 이는 부진정연대채무자 중 1인이 채권자와 상계계약을 체결한 경우에도 마찬가지이다. 나아가 이러한 법리는 채권자가 상계 내지 상계계약이 이루어질 당시 다른 부진정연대채무자의 존재를 알았는지 여부에 의하여 좌우되지 아니한다."(대판 2010.9.16. 2008다97218 전합)라고 하여 상계의 절대적 효력을 인정하였다.
>
> **비교판례** 그러나 부진정연대채무자 사이에는 고유한 의미의 부담부분이 존재하지 않으므로 이를 전제로 한 제418조 2항은 유추적용되지 않는다(대판 1994.5.27. 93다21521).

25

11주사보, 18법무사, 20서기보, 20법원행시

부진정연대채무자 중 채무자 1인에 대한 재판상 청구 또는 채무자 1인이 행한 채무의 승인 등 소멸시효의 중단사유나 시효이익의 포기는 다른 채무자에게도 효력을 미친다. O | X

26

출제예상

甲과 乙이 丙의 부주의를 이용하여 고의로 공동불법행위를 저질러 丙에게 1억 원의 손해를 입혔다. 이 손해에 丙이 기여한 과실이 20%이며, 이에 가담하지 않은 丁이 甲의 사용자로서 사용자책임을 진다. 丙이 甲을 상대로 손해배상청구의 소를 제기한 경우, 丙의 乙에 대한 손해배상채권도 소멸시효가 중단된다. O | X

> **해설** **25 26** 부진정연대채무에서 상대적 효력을 가지는 사유
>
> 연대채무에서 절대적 효력이 있는 것, 즉 면제(제419조 참조, 대판 2006.1.27. 2005다19378)·소멸시효의 완성(제421조 참조, 대판 2010.12.23. 2010다52225)·소멸시효의 중단(대판 2011.4.4. 2010다91866) 등은 부진정연대채무에서는 상대적 효력이 있을 뿐이다. 그리고 이러한 부진정연대채무자 상호 간의 상대적 효력 사유로는 다른 부진정연대채무자의 구상금청구에 대한 유효한 항변이 될 수 없다.

27

13서기보, 16법원행시

부진정연대채무에 있어서 채권자가 채무자중의 1인에 대하여 손해배상에 관한 권리를 포기하거나 채무를 면제하는 의사표시를 하였다고 하더라도 다른 채무자에 대하여 그 효력이 미친다고 볼 수는 없다. O | X

> **해설** 부진정연대채무자 중 1인에 대한 채무면제의 효력(= 상대적 효력)
>
> 부진정연대채무자 상호간에 있어서 채권의 목적을 달성시키는 변제와 같은 사유는 채무자 전원에 대하여 절대적 효력을 발생하지만 그 밖의 사유는 상대적 효력을 발생하는 데에 그치는 것이므로 피해자가 채무자 중의 1인에 대하여 손해배상에 관한 권리를 포기하거나 채무를 면제하는 의사표시를 하였다 하더라도 다른 채무자에 대하여 그 효력이 미친다고 볼 수는 없다 할 것이고, 이러한 법리는 채무자들 사이의 내부관계에 있어 1인이 피해자로부터 합의에 의하여 손해배상채무의 일부를 면제받고도 사후에 면제받은 채무액을 자신의 출재로 변제한 다른 채무자에 대하여 다시 그 부담 부분에 따라 구상의무를 부담하게 된다 하여 달리 볼 것은 아니다(대판 2006.1.27. 2005다19378).

28

16주사보

판례는 형평의 원칙상 부진정연대채무자 중 1인이 자기의 부담부분 이상을 변제하여 공동의 면책을 얻게 하였을 때 다른 부진정연대채무자에게 구상권의 행사를 인정한다. O | X

해설 부진정연대채무자 상호간의 구상관계의 존부
이른바 부진정연대채무의 관계에 있는 복수의 책임주체 내부관계에 있어서는 **형평의 원칙상 일정한 부담부분**이 있을 수 있으며, 그 **부담부분은 각자의 고의 및 과실의 정도에 따라 정하여지는 것**으로서 부진정연대채무자 중 1인이 **자기의 부담부분 이상을 변제**하여 공동의 면책을 얻게 하였을 때에는 다른 부진정연대채무자에게 그 부담부분의 비율에 따라 구상권을 행사할 수 있다(대판 2006.1.27. 2005다19378).

29

출제예상

부진정연대채무자 중 1인을 위하여 보증인이 된 자가 피보증인을 위하여 채무를 변제하였다면 다른 부진정연대채무자에 대하여 구상권을 행사할 수 있다. O | X

해설 어느 **부진정연대채무자를 위하여 보증인이 된 자가 채무를 이행한 경우에는 다른 부진정연대채무자에 대하여도 직접 구상권을 취득**하게 되고, 그와 같은 구상권을 확보하기 위하여 채권자를 대위하여 채권자의 다른 부진정연대채무자에 대한 채권 및 그 담보에 관한 권리를 구상권의 범위 내에서 행사할 수 있다(대판 2010.5.27. 2009다85861).

30

14주사보

부진정연대채무자간의 구상권에 있어서 구상할 수 있는 범위에는 면책된 날 이후의 법정이자 및 피할 수 없는 비용 기타의 손해배상이 포함된다. O | X

해설 부진정연대채무자 간의 구상권에 있어서는 연대채무의 규정(제425조 2항)이 유추적용될 수 있으므로 면책된 날 이후의 법정이자 및 피할 수 없는 비용 기타 손해배상도 구상할 수 있다(대판 1997.4.8. 96다54232).

31

14주사보, 15법무사

공동불법행위자는 자신의 부담부분 이상을 변제하여 공동의 면책을 얻게 하였을 때에 다른 공동불법행위자에 대하여 구상권을 행사할 수 있으나, 연대채무자는 자신의 부담부분 이상을 변제하지 않더라도 다른 연대채무자에 대하여 구상권을 행사할 수 있다. O | X

해설 공동보증인간의 구상권이나(제448조) 및 부진정연대채무자간의 구상권(대판 1997.12.12. 96다50896)에서는 '자기의 부담부분'을 넘어야 하지만, 주관적 공동관계가 존재하는 연대채무에서도 그렇게 볼 것은 아니다.
즉 判例는 "**부진정연대채무의 관계에 있는 복수의 책임주체 내부관계에 있어서는 형평의 원칙상 일정한 부담부분이 있을 수 있으며, 그 부담부분은 각자의 고의 및 과실의 정도에 따라 정하여지는 것**으로서, 부진정연대채무자 중 1인이 자기의 부담부분 이상을 변제하여 공동의 면책을 얻게 하였을 때에는 다른 부진정연대채무자에게 그 부담부분의 비율에 따라 구상권을 행사할 수 있다."(대판 2006.1.27. 2005다19378)라고 판시하고 있다.

정답 | **34** × **25** × **26** × **27** ○ **28** ○ **29** ○ **30** ○ **31** ○

반면 연대채무의 경우 구상권이 성립하기 위해서는 공동면책이 있기만 하면 되고 그 범위가 **출재를 한 연대채무자의 부담부분 이상일 필요가 없다**(통설). 연대채무자 사이의 구상권 행사에 있어서 '부담부분'이란 연대채무자가 그 내부관계에서 출재를 분담하기로 한 비율을 말한다. 그 결과 최근 判例가 판시하는 바와 같이 변제 기타 자기의 출재로 일부 공동면책되게 한 연대채무자는 역시 변제 기타 자기의 출재로 일부 공동면책되게 한 다른 연대채무자를 상대로 하여서도 **자신의 공동면책액 중 다른 연대채무자의 분담비율에 해당하는 금액이 다른 연대채무자의 공동면책액 중 자신의 분담비율에 해당하는 금액을 초과**한다면 그 범위에서 여전히 구상권을 행사할 수 있다고 보아야 한다(대판 2013.11.14. 2013다46023).

32

출제예상

공동불법행위자 중 1인의 손해배상채무가 시효로 소멸한 후 다른 공동불법행위자가 피해자에게 자기의 부담 부분을 넘는 손해를 배상한 경우, 손해를 배상한 공동불법행위자는 손해배상채무가 시효로 소멸한 다른 공동불법행위자에게는 구상권을 행사할 수 없다. O | X

해설 공동불법행위자 중 1인의 손해배상채무가 시효로 소멸한 후에 다른 공동불법행위자 1인이 피해자에게 자기의 부담부분을 넘는 손해를 배상하였을 경우에도, 그 공동불법행위자는 다른 공동불법행위자에게 구상권을 행사할 수 있다(대판 2010.12.23. 2010다52225).

비교쟁점 **제421조(소멸시효의 절대적 효력)** 어느 연대채무자에 대하여 소멸시효가 완성한 때에는 그 부담부분에 한하여 다른 연대채무자도 의무를 면한다.

33

18서기보

사용자책임이 인정되는 경우 사용자와 피용자는 부진정연대책임을 지는데, 이때 연대채무에 있어서 소멸시효의 절대적 효력에 관한 민법 제421조의 규정은 부진정연대채무에 대하여는 그 적용이 없다. O | X

해설 공동불법행위자의 다른 공동불법행위자에 대한 구상권은 피해자의 다른 공동불법행위자에 대한 손해배상채권과는 그 발생 원인 및 성질을 달리하는 별개의 권리이고, 연대채무에 있어서 소멸시효의 절대적 효력에 관한 민법 제421조의 규정은 공동불법행위자 상호간의 부진정연대채무에 대하여는 그 적용이 없으므로, 공동불법행위자 중 1인의 손해배상채무가 시효로 소멸한 후에 다른 공동불법행위자 1인이 피해자에게 자기의 부담 부분을 넘는 손해를 배상하였을 경우에도, 그 공동불법행위자는 다른 공동불법행위자에게 구상권을 행사할 수 있다(대판 1997.12.23. 97다42830).

제421조(소멸시효의 절대적 효력) 어느 연대채무자에 대하여 소멸시효가 완성한 때에는 그 부담부분에 한하여 다른 연대채무자도 의무를 면한다.

➡ 연대채무에서 절대적 효력이 있는 것, 즉 면제(제419조 참조, 대판 2006.1.27. 2005다19378) · **소멸시효의 완성**(제421조 참조, 대판 2010.12.23. 2010다52225) · 소멸시효의 중단(대판 2011.4.4. 2010다91866) 등은 부진정연대채무에서는 상대적 효력이 있을 뿐이다.

34 14주사보, 18법무사

민법 제426조 제2항은 "어느 연대채무자가 변제 기타 자기의 출재로 공동면책되었음을 다른 연대채무자에게 통지하지 아니한 경우에 다른 연대채무자가 선의로 채권자에게 변제 기타 유상의 면책행위를 한 때에는 그 연대채무자는 자기의 면책행위의 유효를 주장할 수 있다."라고 규정하고 있다. 부진정연대채무에 해당하는 공동불법행위로 인한 손해배상채무에 있어서도 연대채무의 경우와 마찬가지로 과실 없는 변제자를 보호할 필요가 있으므로, 위 규정이 유추적용된다. O I X

35 16법원행시

부진정연대채무자 중 1인이 사전 또는 사후통지를 하지 않고 변제를 하여 공동면책이 되었다면 구상권이 제한된다. O I X

해설 **34 35** 부진정연대채무라고 할 공동불법행위로 인한 손해배상채무에 있어서는 그 변제에 관해서 채무자 상호간에 통지의무관계를 인정할 수 없고 변제로 인한 공동면책이 있는 경우에 있어서는 채무자 상호간에 어떤 대내적인 특별관계에서 또는 형평의 관점에서 손해를 분담하는 관계가 있는데 불과하므로 진정연대채무에 있어서 변제에 관하여 채무자 상호간에 통지의무를 인정하고 있는 민법 제426조의 규정을 유추적용할 수는 없다(대판 1976.1.3. 74다746).

➡ 判例는 **부진정연대채무에는 제426조가 유추적용되지 않는다**고 보아, 구상요건으로서 채무자 상호간에 공동면책에 대한 사전·사후의 통지의무가 없다고 보았다(대판 1998.6.26. 98다5777). 따라서 **언제나 먼저 변제한 것이 유효**하므로, 사전 또는 사후통지를 하지 않고 변제를 하여 공동면책이 되었다고 하더라도 구상권이 제한되지 않는다.

36 18법무사

금액이 다른 채무가 서로 부진정연대 관계에 있을 때, 다액채무자가 일부 변제를 하는 경우 변제로 인하여 먼저 소멸하는 부분은 다액채무자가 단독으로 채무를 부담하는 부분이다. O I X

해설 ㉠ 종래 判例는 ⅰ) 사용자 및 피용자의 부진정연대책임의 경우에는 '과실비율설'(공동부담부분은 변제액 중 채무자의 과실비율에 상응하는 만큼 소멸한다는 견해)에 따라 판단하고(대판 1995.7.14. 94다19600), ⅱ) 계약책임자(손해배상책임이 아닌 채무 그 자체)및 불법행위자의 부진정연대책임의 경우에는 '외측설'에 따라 판단하였으나(대판 2000.3.14. 99다67376; 대판 2010.2.25. 2009다87621), ㉡ **최근에는 전원합의체 판결을 통해 '외측설'**(단독부담부분이 먼저 소멸하고 변제액 중 남은 부분이 있는 경우 그만큼 공동부담부분도 소멸한다는 견해)로 입장을 통일하였다. 즉, "금액이 다른 채무가 서로 부진정연대 관계에 있을 때 다액채무자가 일부 변제를 하는 경우 변제로 인하여 먼저 소멸하는 부분은 **당사자의 의사와 채무 전액의 지급을 확실히 확보하려는 부진정연대채무 제도의 취지에 비추어 볼 때 다액채무자가 단독으로 채무를 부담하는 부분으로 보아야 한다.** 이러한 법리는 사용자의 손해배상액이 피해자의 과실을 참작하여 과실상계를 한 결과 타인에게 직접 손해를 가한 피용자 자신의 손해배상액과 달라졌는데 다액채무자인 피용자가 손해배상액의 일부를 변제한 경우에 적용되고, 공동불법행위자들의 피해자에 대한 과실비율이 달라 손해배상액이 달라졌는데 다액채무자인 공동불법행위자가 손해배상액의 일부를 변제한 경우에도 적용된다."(대판 2018.3.22. 2012다74236 전합)라고 판시하였다.

정답 | **32** × **33** ○ **34** × **35** × **36** ○

제4절 보증채무

01 11/13서기보, 18주사보

주채권과 분리하여 보증채권만을 양도하기로 하는 약정은 그 효력이 없다. O | X

> 해설 보증채권을 주채권과 분리하여 양도할 수 있는지 여부(소극)
> 주채권과 보증인에 대한 채권의 귀속주체를 달리하는 것은, ⅰ) 주채무자의 항변권으로 채권자에게 대항할 수 있는 보증인의 권리가 침해되는 등 보증채무의 부종성에 반하고, ⅱ) 주채권을 가지지 않는 자에게 보증채권만을 인정할 실익도 없기 때문에 주채권과 분리하여 보증채권만을 양도하기로 하는 약정은 그 효력이 없다(대판 2002.9.10. 2002다21509).

02 21법원행시

甲이 乙에게 1억원을 대여할 당시 丙이 甲에 대하여 乙과 연대하여 채무를 보증하였다. 이후 甲이 위 대여금채권을 丁에게 양도하면서 채권양도의 사실을 乙에게만 통지하고 丙에게 통지하지 않았다고 하더라도 丁은 丙에게 채권양도사실로 대항할 수 있다. O | X

> 해설 보증채무의 경우에는 부종성의 성질상 채권자가 채권양도의 사실을 주채무자에게 통지하면 보증인에 대하여는 따로 통지하지 않더라도 보증인에게 대항할 수 있다(대판 1976.4.13. 75다1100).

03 14법무사

취소의 원인 있는 채무를 보증한 자가 보증계약 당시에 그 원인 있음을 안 경우에 주채무의 불이행 또는 취소가 있는 때에는 주채무와 동일한 목적의 독립채무를 부담한 것으로 본다. O | X

> 해설 개정 前 민법의 내용이다. 제436조는 삭제되었다.

04 21법무사

보증서의 보증금액은 보증인이 보증책임을 지게 될 주채무에 관한 한도액을 정한 것으로서 그 한도액에는 주채무의 원금 및 이에 대한 이자, 지연손해금과 보증채무 자체의 이행지체로 인한 지연손해금이 모두 포함되므로 그 합계액이 보증의 한도액을 초과해서는 안된다. O | X

> 해설 보증서의 보증금액은 보증인이 보증책임을 지게 될 주채무에 관한 한도액을 정한 것으로서 그 한도액에는 주채무자의 채권자에 대한 채무 원금과 이자 및 지연손해금이 모두 포함되고 그 합계액이 보증의 한도액을 초과할 수 없지만, 보증채무는 주채무와는 별개의 채무이기 때문에 보증채무 자체의 이행지체로 인한 지연손해금은 보증의 한도액과는 별도로 부담하여야 한다(대판 1998.2.27. 97다1433).

05

18법원행시

보증계약의 성립을 인정하려면 그 전제로서 보증인의 보증의사가 있어야 하고, 보증의사의 존재나 보증범위는 엄격하게 제한하여 인정하여야 한다. O | X

해설 보증계약의 성립요건인 보증의사의 존부에 관한 판단방법
보증은 장래의 채무에 대하여도 이를 할 수 있는 것이지만(민법 제428조 제2항), 보증의사의 존부는 당사자가 거래에 관여하게 된 동기와 경위, 그 관여 형식 및 내용, 당사자가 그 거래행위에 의하여 달성하려는 목적, 거래의 관행 등을 종합적으로 고찰하여 판단하여야 할 당사자의 의사해석 및 사실인정의 문제이지만, 보증은 이를 부담할 특별한 사정이 있을 경우 이루어지는 것이므로, 보증의사의 존재나 보증범위는 이를 엄격하게 제한하여 인정하여야 한다(대판 2009.10.29. 2009다52571).

06

21법무사

보증은 그 의사가 보증인의 기명날인 또는 서명이 있는 서면으로 표시되어야 효력이 발생하므로 작성된 서면에 최소한 '보증인' 또는 '보증한다'라는 문언의 기재가 있어야 한다. O | X

해설 "보증은 그 의사가 보증인의 기명날인 또는 서명이 있는 서면으로 표시되어야 효력이 발생한다."라고 정한다. 이와 같이 보증의 의사표시에 보증인의 기명날인 또는 서명이 있는 서면을 요구하는 것은, 한편으로 그 의사가 명확하게 표시되어서 보증의 존부 및 내용에 관하여 보다 분명한 확인수단이 보장되고, 다른 한편으로 보증인으로 하여금 가능한 한 경솔하게 보증에 이르지 아니하고 숙고의 결과로 보증을 하도록 하려는 취지에서 나온 것이다. 따라서 보증의 의사표시에 관하여 법률행위의 해석에 관한 일반 법리가 적용됨은 물론이나, 거기에서 더 나아가 위의 법규정이 정하는 방식이 준수되었는지 여부는 위와 같은 취지를 충족하는지 여부에 좇아 판단할 것이다. 그리고 이를 판단함에 있어서는 작성된 서면의 내용 및 그 체제 또는 형식, 보증에 이르게 된 경위, 주채무의 종류 또는 내용, 당사자 사이의 관계, 종전 거래의 내용이나 양상 등을 종합적으로 고려할 것이다. 그렇다면 위 법규정이 '보증의 의사'가 일정한 서면으로 표시되는 것을 정할 뿐이라는 점 등을 고려할 때, 작성된 서면에 반드시 '보증인' 또는 '보증한다'라는 문언의 기재가 있을 것이 요구되지는 아니한다고 봄이 상당하다(대판 2013.6.27. 2013다23372).

07

19법원행시

보증인이 보증채무를 이행한 경우에도 보증인의 기명날인 또는 서명이 있는 서면으로 보증의 의사가 표시되지 아니하였다면 보증의 무효를 주장할 수 있다. O | X

08

19법원행시

보증의 효력발생요건으로서 민법 제428조의2 제1항 전문에서 정한 '보증인의 서명'에 타인이 보증인의 이름을 대신 쓰는 것은 해당하지 않지만, '보증인의 기명날인'은 타인이 이를 대행하는 방법으로 하여도 무방하다. O | X

정답 | 01 ○ 02 ○ 03 × 04 × 05 ○ 06 × 07 × 08 ○

해설 2016.2.4.부터 시행되고 있는 개정 민법의 내용이다.
제428조의2(보증의 방식) ① 보증은 그 의사가 보증인의 기명날인 또는 서명이 있는 서면으로 표시되어야 효력이 발생한다. 다만, 보증의 의사가 전자적 형태로 표시된 경우에는 효력이 없다.
07 ② 보증채무를 보증인에게 불리하게 변경하는 경우에도 제1항과 같다. ③항 보증인이 보증채무를 이행한 경우에는 그 한도에서 제1항과 제2항에 따른 방식의 하자를 이유로 보증의 무효를 주장할 수 없다.

08 보증의 효력발생요건으로서 민법 제428조의2 제1항 전문에서 정한 '보증인의 기명날인'을 타인이 대행할 수 있는지 여부(적극)
민법 제428조의2 제1항 전문은 "보증은 그 의사가 보증인의 기명날인 또는 서명이 있는 서면으로 표시되어야 효력이 발생한다."라고 규정하고 있는데, '보증인의 서명'은 원칙적으로 보증인이 직접 자신의 이름을 쓰는 것을 의미하므로 타인이 보증인의 이름을 대신 쓰는 것은 이에 해당하지 않지만, '보증인의 기명날인'은 타인이 이를 대행하는 방법으로 하여도 무방하다(대판 2019.3.14. 2018다282473)

09

16사무관 변형

채권자는 보증계약을 체결한 후에 주채무자가 원본, 이자, 위약금, 손해배상 또는 그 밖에 주채무에 종속한 채무를 3개월 이상 이행하지 아니하는 경우 지체 없이 보증인에게 그 사실을 알려야 한다. 만약 이를 위반한 때에는 보증계약은 당연히 무효가 된다. O | X

해설 개정민법(2016.2.4.시행)
제428조의3(근보증) ① **채권자는 보증계약을 체결할 때** 보증계약의 체결 여부 또는 그 내용에 영향을 미칠 수 있는 주채무자의 채무 관련 신용정보를 보유하고 있거나 알고 있는 경우에는 보증인에게 그 정보를 알려야 한다. 보증계약을 갱신할 때에도 또한 같다.
② **채권자는 보증계약을 체결한 후에** 다음 각 호의 어느 하나에 해당하는 사유가 있는 경우에는 지체 없이 보증인에게 그 사실을 알려야 한다.
1. 주채무자가 원본, 이자, 위약금, 손해배상 또는 그 밖에 주채무에 종속한 채무를 3개월 이상 이행하지 아니하는 경우
2. 주채무자가 이행기에 이행할 수 없음을 미리 안 경우
3. 주채무자의 채무 관련 신용정보에 중대한 변화가 생겼음을 알게 된 경우
③ 채권자는 **보증인의 청구가 있으면** 주채무의 내용 및 그 이행 여부를 알려야 한다.
④ **채권자가 제1항부터 제3항까지의 규정에 따른 의무를 위반하여 보증인에게 손해를 입힌 경우에는 법원은 그 내용과 정도 등을 고려하여 보증채무를 감경하거나 면제할 수 있다.**
➡ 의무는 있으나, 의무를 위반하였더라도 당연무효가 되는 것이 아니라 법원이 보증채무를 감경하거나 면제할 수 있을 뿐이다.

10

12법원행시

보증제도는 본질적으로 주채무자의 무자력으로 인한 채권자의 위험을 인수하는 것이므로 보증인이 주채무자의 자력에 대하여 조사한 후 보증계약을 체결할 것인지를 스스로 결정하여야 하고, 채권자가 보증인에게 채무자의 신용상태를 고지할 신의칙상의 의무는 존재하지 아니한다. O | X

11

21서기보

채권자는 보증계약을 체결할 때 보증계약의 체결 여부 또는 그 내용에 영향을 미칠 수 있는 주채무자의 채무 관련 신용정보를 보유하고 있거나 알고 있는 경우에는 보증인에게 그 정보를 알려야 할 의무가 있다. O | X

해설 **10** 보증제도는 본질적으로 주채무자의 무자력으로 인한 채권자의 위험을 인수하는 것이므로 보증인이 주채무자의 자력에 대하여 조사한 후 보증계약을 체결할 것인지의 여부를 스스로 결정하여야 하는 것이고, 채권자가 보증인에게 채무자의 신용상태를 고지할 신의칙상의 의무는 존재하지 아니한다(대판 2002.7.12. 99다68652).

11 제436조의2(채권자의 정보제공의무와 통지의무 등) ① 채권자는 보증계약을 체결할 때 보증계약의 체결 여부 또는 그 내용에 영향을 미칠 수 있는 주채무자의 채무 관련 신용정보를 보유하고 있거나 알고 있는 경우에는 보증인에게 그 정보를 알려야 한다.

➡ 신의칙상의 의무는 존재하지 않으나, 다만 개정법에 따르면 채권자는 보증계약을 체결할 때 보증계약의 체결 여부 또는 그 내용에 영향을 미칠 수 있는 주채무자의 채무 관련 신용정보를 보유하고 있거나 알고 있는 경우에는 보증인에게 그 정보를 알려야 한다.

12

출제예상

보증은 불확정한 다수의 채무에 대해서도 할 수 있고, 이 경우 보증하는 채무의 최고액이 특정되지 않더라도 효력이 있다. O | X

해설 2016.2.4.부터 시행되고 있는 개정 민법의 내용이다.
제428조의3(근보증) ① 보증은 불확정한 다수의 채무에 대해서도 할 수 있다. 이 경우 보증하는 채무의 최고액을 서면으로 특정하여야 한다.
② 제1항의 경우 채무의 최고액을 제428조의2 제1항에 따른 서면으로 특정하지 아니한 보증계약은 효력이 없다.

13

18법원행시

주채무발생의 원인이 되는 기본계약이 반드시 보증계약보다 먼저 체결되어야만 하는 것은 아니고, 보증계약체결 당시 보증의 대상이 될 주채무의 발생원인과 그 내용이 어느 정도 확정되어 있다면 장래의 채무에 대해서도 유효하게 보증계약을 체결할 수 있다. O | X

해설 주채무 발생의 원인이 되는 기본계약이 보증계약보다 먼저 체결되어야 하는지 여부(소극) 및 장래의 채무에 대하여 보증계약을 체결할 수 있는지 여부(한정 적극)
주채무 발생의 원인이 되는 기본계약이 반드시 보증계약보다 먼저 체결되어야만 하는 것은 아니고, 보증계약 체결 당시 보증의 대상이 될 주채무의 발생원인과 그 내용이 어느 정도 확정되어 있다면 장래의 채무에 대해서도 유효하게 보증계약을 체결할 수 있다 할 것이다(대판 2006.6.27. 2005다50041).

14

13주사보

보증채무는 주채무의 이자, 위약금, 손해배상 기타 주채무에 종속한 채무를 포함한다. O | X

정답 | 09 × 10 ○ 11 ○ 12 × 13 ○ 14 ○

해설 대판 2006.6.27. 2005다50041

보증채무의 범위

① 보증채무의 범위는 주채무에 대한 부종성을 토대로 보증계약에 의해 구체적으로 정해지지만, 계약에서 특별한 정함이 없는 경우 보증채무는 주채무 이외에 이자·위약금·손해배상(주채무의 불이행에 기한 것. 이와는 달리 보증채무의 이행지체로 인한 지연배상은 보증채무와 별도로 부담한다)·기타 주채무에 종속한 채무도 담보한다(제429조 제1항). ② 그리고 보증인은 그 보증채무에 관한 위약금 기타 손해배상액을 예정할 수 있다(제429조 제2항).

15 17법원행시

보증한도액을 정한 근보증에 있어서 보증채무는 특별한 사정이 없는 한 보증한도액의 범위 내에서 확정된 주채무와 그 이자, 위약금 및 손해배상과 보증채무 자체의 이행지체로 인한 지연손해금을 모두 포함한다.

O|X

16 12/19법원행시, 13/20법무사, 14사무관, 15서기보

보증채무는 주채무와는 별개의 채무이기 때문에 보증채무자체의 이행지체로 인한 지연손해금은 보증한도액과는 별도로 부담하고 이 경우 보증채무의 연체이율에 관하여 특별한 약정이 없는 경우라면 그 거래행위의 성질에 따라 상법 또는 민법에서 정한 법정이율에 따라야 하며, 주채무에 관하여 약정된 연체이율이 당연히 여기에 적용되는 것은 아니다. O|X

해설 **15 16** 보증서의 보증금액은 보증인이 보증책임을 지게 될 주채무에 관한 한도액을 정한 것으로서 한도액에는 주채무자의 채권자에 대한 원금과 이자 및 지연손해금이 모두 포함되고 합계액이 보증의 한도액을 초과할 수 없지만, 보증채무는 주채무와는 별개의 채무이기 때문에 보증채무 자체의 이행지체로 인한 지연손해금은 보증의 한도액과는 별도로 부담하여야 하고, 이때 보증채무의 연체이율에 관하여 특별한 약정이 없는 경우라면 거래행위의 성질에 따라 상법 또는 민법에서 정한 법정이율에 따라야 한다(대판 2016.1.28. 2013다74110).

17 15/18법원행시, 19/20법무사

보증채무는 주채무와는 별개 독립의 채무이므로 보증인의 출연행위 당시에 주채무가 유효하게 존속하고 있었던 경우에는 그 후 주계약이 해제되어 소급적으로 소멸하였다고 하더라도 보증인은 변제를 수령한 채권자를 상대로 이미 이행한 급부를 부당이득으로 반환청구할 수 없다. O|X

해설 주계약이 해제된 경우 보증인이 채권자에게 부당이득반환을 청구할 수 있는지(적극)

보증채무는 주채무와 동일한 내용의 급부를 목적으로 함이 원칙이지만 주채무와는 별개 독립의 채무이고, 한편 보증채무자가 주채무를 소멸시키는 행위는 주채무의 존재를 전제로 하므로, 보증인의 출연행위 당시에는 주채무가 유효하게 존속하고 있었다 하더라도 그 후 **주계약이 해제되어 소급적으로 소멸하는 경우에는 보증인은 변제를 수령한 채권자를 상대로 이미 이행한 급부를 부당이득으로 반환청구할 수 있다**(대판 2004.12.24. 2004다20265).

관련판례 타인간의 계약에 있어서 그 계약을 보증한 보증인은 상대방에 대하여 특단의 사정이 없는 한 피보증인의 채무 불이행으로 인하여 그 계약이 해제되었음으로 인한 피보증인의 원상회복의 의무에 대하여도 책임을 진다(대판 1972.5.9. 71다1474).

18

14서기보

보증인은 특별한 사정이 없는 한 채무자가 채무불이행으로 인하여 부담하여야 할 손해배상채무와 원상회복의무에 관하여도 보증책임을 지므로, 민간공사 도급계약에서 수급인의 보증인은 특별한 사정이 없다면 선급금 반환의무에 대하여도 보증책임을 진다. O | X

> 해설 선급금 반환의무는 수급인의 채무불이행에 따른 계약해제로 인하여 발생하는 원상회복의무의 일종이고, **보증인은 특별한 사정이 없는 한 채무자가 채무불이행으로 인하여 부담하여야 할 손해배상채무와 원상회복의무에 관하여도 보증책임**을 지므로, 민간공사 도급계약에서 수급인의 보증인은 특별한 사정이 없다면 선급금 반환의무에 대하여도 보증책임을 진다(대판 2012.5.24. 2011다109586).

19

21서기보

보증인은 특별한 사정이 없는 한 채무자가 채무불이행으로 인하여 부담하여야 할 손해배상채무와 원상회복의무에 관하여도 보증책임을 진다. O | X

> 해설 원상회복의무와 손해배상의무에 관해서도 보증채무를 부담하는지 여부(적극)
> 계약해제의 효과에 관한 직접효과설을 이론적으로 관철하면 계약해제로 인한 원상회복의무 및 손해배상의무는 원래의 채무와 동일성이 없다고 보아야 하기 때문에 보증인이 이들 의무에 관하여는 보증책임을 지지 않는다고 해야 할 것이다(반면 청산관계설에 따르면 이들 의무는 원래채무의 변형으로서 원래의 채무와 동일성이 유지되기 때문에 보증인은 당연히 이들 의무에 관하여도 보증책임을 진다).
> 그러나 보증채무의 범위는 보증계약의 해석에 달려 있다고 할 것인바, 보증인의 통상적인 의사는 이들 의무에 관하여도 보증책임을 부담하겠다는 취지라고 봄이 상당하므로 **해제의 효과에 관한 어느 학설에 의하더라도** 이들 채무도 보증채무의 범위에 포함된다고 할 것이다(대판 1972.5.9. 71다1474). 특히 判例는 **법정해제의 경우뿐만 아니라 합의해제의 경우에도 보증인에게 그 원상회복의무에 대한 보증채무를 긍정**한다(대판 1967.9.16. 67다1482).

20

11법원행시

보증채무는 채권자와 보증인간의 보증계약에 의하여 성립하고, 주채무와는 별개 독립의 채무이지만 주채무와 동일한 내용의 급부를 목적으로 함이 원칙이므로, 주채무가 외화채무인 경우 채권자와 보증인 사이에 미리 약정한 환율로 환산한 원화로 보증채무를 이행하기로 따로 약정하는 것은 허용되지 아니한다. O | X

> 해설 주채무가 외화채무인 경우, 채권자와 보증인 사이에 미리 약정한 환율로 환산한 원화로 보증채무를 이행하기로 약정하는 것이 허용되는지 여부(적극)
> 보증채무는 채권자와 보증인 간의 보증계약에 의하여 성립하고, 주채무와는 별개 독립의 채무이지만 주채무와 동일한 내용의 급부를 목적으로 함이 원칙이라고 할 것이나 채권자와 보증인은 보증채무의 내용, 이행의 시기, 방법 등에 관하여 특약을 할 수 있고, 그 특약에 따른 보증인의 부담이 주채무의 목적이나 형태보다 중하지 않는 한 그러한 특약이 무효라고 할 수도 없으므로(민법 제430조 참조), **주채무가 외화채무인 경우에도 채권자와 보증인 사이에 미리 약정한 환율로 환산한 원화로 보증채무를 이행하기로 약정하는 것도 허용**된다(대판 2002.8.2. 2000다9734).

정답 | 15 × 16 ○ 17 × 18 ○ 19 ○ 20 ×

21

20법무사

일반적으로 계속적 거래의 도중에 매수인을 위하여 보증의 범위와 기간의 정함이 없이 보증인이 된 자는 특별한 사정이 없는 한 계약일 이후에 발생되는 채무뿐 아니라 계약일 현재 이미 발생된 채무도 보증하는 것으로 봄이 상당하다. O|X

해설 대판 1995.9.15. 94다41485

22

11법원행시

보증계약이 성립한 후에 보증인이 알지 못하는 사이에 주채무의 목적이나 형태가 변경되어 주채무의 실질적 동일성이 상실된 경우, 당초의 주채무는 경개로 인하여 소멸하므로 보증채무도 당연히 소멸한다. O|X

해설 보증계약의 성립 후 보증인의 동의 없이 주채무의 목적이나 형태가 변경된 경우, 보증채무의 범위

보증계약이 성립한 후에 보증인이 알지도 못하는 사이에 주채무의 목적이나 형태가 변경되었다면, ⅰ) **그 변경으로 인하여 주채무의 실질적 동일성이 상실된 경우**에는 당초의 주채무는 경개로 인하여 소멸하였다고 보아야 할 것이므로 보증채무도 당연히 소멸하고, ⅱ) **그 변경으로 인하여 주채무의 실질적 동일성이 상실되지 아니하고 동시에 주채무의 부담 내용이 축소·감경된 경우**에는 보증인은 그와 같이 축소·감경된 주채무의 내용에 따라 보증책임을 질 것이지만, ⅲ) **그 변경으로 인하여 주채무의 실질적 동일성이 상실되지는 아니하고 주채무의 부담내용이 확장·가중된 경우**에는 보증인은 그와 같이 확장·가중된 주채무의 내용에 따른 보증책임은 지지 아니하고, 다만 변경되기 전의 주채무의 내용에 따른 보증책임만을 진다(대판 2000.1.21. 97다1013).

➡ 각각의 경우의 수를 나누어 정리해두어야 할 것이다.

23

15서기보, 18/20법무사

채무가 특정되어 있는 확정채무에 대하여 보증한 보증인으로서는 자신의 동의 없이 피보증채무의 이행기를 연장해 주었는지의 여부에 상관없이 그 보증채무를 부담하는 것이 원칙이지만, 당사자 사이에 보증인의 동의를 얻어 피보증채무의 이행기가 연장된 경우에 한하여 피보증채무를 계속하여 보증하겠다는 취지의 특별한 약정이 있다면 그 약정에 따라야 한다. O|X

해설 주채무의 변제기 연장

'채무가 특정되어 있는 확정채무'에 대한 물상보증인이나 연대보증인은 그 채무의 이행기가 연장되고 그가 거기에 동의한 바 없더라도 물상보증인으로서의 책임이나 연대보증인으로서의 채무에 영향을 받지 않는다고 한다(대판 2002.6.14. 2002다14853). 그렇지만 당사자 사이에 '**보증인의 동의**'를 얻어 피보증채무의 이행기가 연장된 경우에 한하여 피보증채무를 계속하여 보증하겠다는 취지의 **특별한 약정이 있다면 그 약정에 따라야 한다**(대판 2007.6.14. 2005다9326 등). 그리고 '**보증기간을 정한 경우**'에는 주채무의 변제기가 연장되더라도 보증기간이 연장되는 것은 아니다(대판 2006.4.28. 2004다16976).

24

12주사보, 20법무사

채무자의 채무불이행시의 손해배상의 범위에 관하여 채무자와 채권자 사이의 합의로 보증인의 관여 없이 그 손해배상 예정액이 결정되었다고 하더라도, 보증인으로서는 위 합의로 결정된 손해배상 예정액이 채무불이행으로 인하여 채무자가 부담할 손해배상 책임의 범위를 초과하지 아니한 한도 내에서만 보증책임이 있다. O | X

해설 보증계약 성립 후 채무자와 채권자 사이에 채무불이행시의 손해배상액을 예정한 경우, 보증인의 보증책임의 범위 보증인은 특별한 사정이 없는 한 채무자가 채무불이행으로 인하여 부담하여야 할 손해배상채무에 관하여도 보증책임을 진다고 할 것이고, 따라서 보증인으로서는 채무자의 채무불이행으로 인한 채권자의 손해를 배상할 책임이 있다고 할 것이나, **원래 보증인의 의무는 보증계약 성립 후 채무자가 한 법률행위로 인하여 확장, 가중되지 아니하는 것이 원칙**이므로, 채무자의 채무불이행 시의 손해배상의 범위에 관하여 채무자와 채권자 사이의 합의로 보증인의 관여 없이 그 손해배상 예정액이 결정되었다고 하더라도, **보증인으로서는 위 합의로 결정된 손해배상 예정액이 채무불이행으로 인하여 채무자가 부담할 손해배상책임의 범위를 초과하지 아니한 한도 내에서만 보증책임**이 있다(대판 1996.2.9. 94다38250).

25

11법원행시

보증인이 임대인의 임대차보증금반환채무를 보증한 후 임대인과 임차인이 임대차계약과 관계 없는 다른 채권으로써 연체차임을 상계하기로 약정한 것은 보증인에 대하여 그 효력을 주장할 수 없다. O | X

해설 보증인이 임대인의 임대차보증금반환채무를 보증한 후에 임대인과 임차인 간에 임대차계약과 관계없는 다른 채권으로써 연체차임을 상계하기로 약정하는 것은 보증인에게 불리한 것으로서(연체차임은 보증금에서 공제되어야 할 것이고 그에 따라 보증채무의 범위는 줄어들 것이므로), 보증인에 대하여는 그 효력을 주장할 수 없다(대판 1999.3.26. 98다22918,22925).

26

13법원행시, 17법무사

보증인은 자신의 채권자에 대한 채권으로 채권자의 보증채권과 상계할 수 있을 뿐만 아니라, 주채무자의 채권자에 대한 채권으로도 상계할 수 있다. O | X

27

11서기보, 15/18법원행시, 19법무사

보증인은 주채무자의 항변으로 채권자에게 대항할 수 있는바, 채권자가 주채무자에 대하여 상계적상에 있는 자동채권을 상계처리하지 않고 있는 경우에, 보증인은 그 보증한 채무의 이행을 거절할 수 있다. O | X

해설 **26 27** 보증인은 주채무자의 채권에 의한 상계로 채권자에게 대항할 수 있다(제434조). 즉 보증인은 주채무자의 상계권을 직접 행사할 수 있다. 이는 보증인을 보호하고 법률관계를 간편하게 처리하기 위하여 인정된 것으로서, 반대로 채권자가 주채무자에 대해 상계적상에 있는 채권을 가지고 있으면서 상계하지 않고 있는 때에는 보증인이 상계하거나 이를 이유로 보증채무의 이행을 거절할 수 있는 것은 아니다(대판 1987.5.12. 86다카1340).

정답 | **21** ○ **22** ○ **23** ○ **24** ○ **25** ○ **26** ○ **27** ×

28 15법원행시, 15/21법무사

보증채무는 주채무와는 별개의 독립한 채무이므로 보증채무와 주채무의 소멸시효기간은 채무의 성질에 따라 각각 별개로 정해진다. 그리고 주채무자에 대한 확정판결에 의하여 민법 제163조 각 호의 단기소멸시효에 해당하는 주채무의 소멸시효기간이 10년으로 연장된 상태에서 주채무를 보증한 경우에도, 특별한 사정이 없는 한 보증채무에 대하여는 민법 제163조 각 호의 단기소멸시효가 적용된다. O|X

> 해설 주채무자에 대한 확정판결에 의하여 단기소멸시효에 해당하는 주채무의 소멸시효기간이 10년으로 연장된 상태에서 주채무를 보증한 경우, 보증채무의 소멸시효기간
>
> **보증채무는 주채무와는 별개의 독립한 채무이므로 보증채무와 주채무의 소멸시효기간은 채무의 성질에 따라 각각 별개**로 정해진다. 그리고 주채무자에 대한 확정판결에 의하여 민법 제163조 각 호의 단기소멸시효에 해당하는 주채무의 소멸시효기간이 10년으로 연장된 상태에서 주채무를 보증한 경우, 특별한 사정이 없는 한 **보증채무에 대하여는 민법 제163조 각 호의 단기소멸시효가 적용될 여지가 없고, 성질에 따라 보증인에 대한 채권이 민사채권인 경우에는 10년, 상사채권인 경우에는 5년의 소멸시효기간이 적용**된다(대판 2014.6.12. 2011다76105).

29 18주사보

보증채무에 대한 소멸시효가 중단되었더라도 이로써 주채무에 대한 소멸시효가 중단되는 것은 아니다. O|X

30 18주사보

주채무가 소멸시효 완성으로 소멸된 경우 보증채무도 그 자체의 시효중단에 불구하고 당연히 소멸된다. O|X

> 해설 **29 30** 주채무가 시효중단되면 보증채무도 당연히 시효중단되나(제440조), 보증채무에 대한 소멸시효가 중단되었다고 하더라도 이로써 주채무에 대한 소멸시효가 중단되는 것은 아니다. 다만, 주채무가 소멸시효 완성으로 소멸된 경우에는 연대보증채무도 그 채무 자체의 시효중단에 불구하고 부종성에 따라 당연히 소멸된다(대판 1994.1.11. 93다21477).

31 14사무관, 14/15/20서기보

주채무에 대한 소멸시효가 완성된 경우에는 보증채무의 소멸시효가 중단되었더라도 보증채무 역시 소멸된다. 그러나 보증채무가 소멸된 상태에서 보증인이 보증채무를 이행하거나 승인하는 경우에는 보증인의 행위에 의하여 주채무에 대한 소멸시효 이익의 포기 효과가 발생되어 보증인으로서는 주채무의 시효소멸을 이유로 보증채무의 소멸을 주장할 수 없다. O|X

32 15서기보

주채무에 대한 소멸시효가 완성되어 보증채무가 소멸된 상태에서 보증인이 보증채무를 이행하거나 승인한 경우에는, 주채무자가 아닌 보증인의 위와 같은 행위에 의하여 주채무에 대한 소멸시효 이익 포기 효과가 발생되는 것은 아니지만, 보증인으로서는 더 이상 주채무의 시효소멸을 이유로 보증채무의 소멸을 주장할 수 없게 된다. O|X

33

15법원행시

주채무가 시효소멸한 상태에서 보증인이 보증채무를 이행하거나 승인하였다고 하더라도 주채무에 대한 소멸시효이익 포기의 효과가 발생한다고 할 수 없다. O | X

34

13/15법무사

보증채무에 대한 소멸시효가 중단되는 등의 사유로 완성되지 아니하였다고 하더라도 주채무에 대한 소멸시효가 완성된 경우에는 시효완성 사실로써 주채무가 당연히 소멸되므로 보증채무의 부종성에 따라 보증채무 역시 당연히 소멸된다. O | X

> **해설** **31 32 33 34** 보증인은 주채무자의 항변(예컨대 주채무의 부존재, 소멸, 소멸시효의 완성)으로 채권자에게 대항할 수 있다. 그리고 주채무자의 항변포기는 보증인에게 효력이 없다(제433조).
> 보증인이 자신의 보증채무에 관하여 시효의 이익을 포기하고 나서 주채무의 시효소멸을 이유로 보증채무의 소멸을 주장할 수 있는지 여부에 대하여 判例는 ① "주채무의 시효소멸에도 불구하고 보증채무를 이행하겠다는 의사를 표시한 경우 등과 같이 '부종성'을 부정하여야 할 다른 특별한 사정이 없는 한 보증인은 여전히 주채무의 시효소멸을 이유로 보증채무의 소멸을 주장할 수 있다고 보아야 한다."(대판 2012.7.12. 2010다51192)라고 한다. ② 다만 判例는 "보증채무의 부종성을 부정하여야 할 특별한 사정이 있는 경우에는 예외적으로 보증인은 주채무의 시효소멸을 이유로 보증채무의 소멸을 주장할 수 없으나, 특별한 사정을 인정하여 보증채무의 본질적인 속성에 해당하는 부종성을 부정하려면 보증인이 주채무의 시효소멸에도 불구하고 보증채무를 이행하겠다는 의사를 표시하거나 채권자와 그러한 내용의 약정을 하였어야 하고, 단지 보증인이 주채무의 시효소멸에 원인을 제공하였다는 것만으로는 보증채무의 부종성을 부정할 수 없다."(대판 2018.5.15. 2016다211620)라고 판시하였다.

35

14법무사

보증인은 채권자에 대한 주채무자의 항변권을 행사하여 채권자에게 대항할 수 있으나, 주채무자가 항변권을 포기한 경우에는 이를 채권자에게 주장할 수 없다. O | X

36

18사무관

보증인은 주채무자의 항변으로 채권자에게 대항할 수 있고, 주채무자의 항변포기는 보증인에게 효력이 없다. O | X

> **해설** **35 36** **제433조(보증인과 주채무자항변권)** ① 보증인은 주채무자의 항변으로 채권자에게 대항할 수 있다.
> ② 주채무자의 항변포기는 보증인에게 효력이 없다.

37

13법원행시, 17사무관, 19서기보

주채무가 시효로 소멸한 때에는 보증인도 그 시효소멸을 원용할 수 있으며, 소멸시효이익 포기의 효과는 상대적이어서 포기자 이외의 자에게 영향을 미치지 않으므로 주채무자가 시효이익을 포기하더라도 보증인이나 물상보증인에게는 포기의 효과가 미치지 아니한다. O | X

정답 | 28 × 29 ○ 30 ○ 31 × 32 × 33 ○ 34 ○ 35 × 36 ○ 37 ○

해설 민법 제433조에 의하면 주채무가 시효로 소멸한 때에는 보증인도 그 시효소멸을 원용할 수 있으며 주채무자가 시효의 이익을 포기하더라도 보증인에게는 그 효력이 없다(대판 1991.1.29. 89다카1114).

38

15법원행시

주채무자가 채권자에 대하여 취소권 또는 해제권이나 해지권이 있는 동안에는 보증인은 채권자에 대하여 채무의 이행을 거절할 수 있다. O | X

해설 **제435조(보증인과 주채무자의 취소권 등)** 주채무자가 채권자에 대하여 취소권 또는 해제권이나 해지권이 있는 동안은 보증인은 채권자에 대하여 채무의 이행을 거절할 수 있다.

39

15서기보, 17법원행시, 19사무관

보증인이 채권자와의 사이에 주채무를 중첩적으로 인수하기로 약정하였다면 주채무자에 대한 관계에서 종전의 보증인의 지위를 상실하고 그 채무인수로 인하여 보증인과 주채무자 사이의 주채무에 관련된 구상관계도 달라진다. O | X

해설 **채권자와 보증인 사이에 보증인이 주채무를 중첩적으로 인수하기로 약정한 경우 위 채무인수로 인하여 보증인과 주채무자 사이의 주채무에 관련된 구상관계가 달라지는지 여부(소극)**
채권자와 보증인 사이에 보증인이 주채무를 중첩적으로 인수하기로 약정하였다 하더라도 특별한 사정이 없는 한 보증인은 주채무자에 대한 관계에서는 종전의 보증인의 지위를 그대로 유지한다고 봄이 상당하므로, 채무인수로 인하여 보증인과 주채무자 사이의 주채무에 관련된 구상관계가 달라지는 것은 아니다(대판 2003.11.14. 2003다37730).

40

14서기보

보증인의 출연행위 당시 주채무가 성립되지 아니하였거나 타인의 면책행위로 이미 소멸되었거나 유효하게 존속하고 있다가 그 후 소급적으로 소멸한 경우에는 보증채무자의 주채무 변제는 비채변제가 되어 채권자와 사이에 부당이득반환의 문제를 남길 뿐이고 주채무자에 대한 구상권을 발생시키지 않는다. O | X

해설 보증보험이란 피보험자와 어떠한 법률관계를 가진 보험계약자(주계약상의 채무자)의 채무불이행으로 인하여 피보험자(주계약상의 채권자)가 입게 될 손해의 전보를 보험자가 인수하는 것을 내용으로 하는 손해보험으로서, 형식적으로는 채무자의 채무불이행을 보험사고로 하는 보험계약이나 실질적으로는 보증의 성격을 가지고 보증계약과 같은 효과를 목적으로 하는 것이므로, 민법의 보증에 관한 규정, 특히 보증인의 구상권에 관한 민법 제441조 이하의 규정이 준용되고, 보증채무자가 주채무를 소멸시키는 행위는 주채무의 존재를 전제로 하므로, **보증인의 출연행위 당시 주채무가 성립되지 아니하였거나 타인의 면책행위로 이미 소멸되었거나 유효하게 존속하고 있다가 그 후 소급적으로 소멸한 경우에는 보증채무자의 주채무 변제는 비채변제가 되어 채권자와 사이에 부당이득반환의 문제를 남길 뿐이고 주채무자에 대한 구상권을 발생시키지 않는다**(대판 2012.2.23. 2011다62144).

41 13법원행시

주채무자의 부탁에 의해 보증인이 된 자는 주채무의 이행기가 도래하면 자신이 변제를 하기 전에도 주채무자에 대하여 구상권을 행사할 수 있다. O | X

42 13서기보

주채무자의 부탁으로 보증인이 된 자는, 채무의 이행기가 확정되지 아니하고 그 최장기도 확정할 수 없는 경우에 보증계약 5년을 경과하면 주채무자에 대하여 미리 구상권을 행사할 수 있다. O | X

해설 **41 42 제442조(수탁보증인의 사전구상권)** ① 주채무자의 부탁으로 보증인이 된 자는 다음 각호의 경우에 주채무자에 대하여 미리 구상권을 행사할 수 있다.
1. 보증인이 과실없이 채권자에게 변제할 재판을 받은 때
2. 주채무자가 파산선고를 받은 경우에 채권자가 파산재단에 가입하지 아니한 때
3. 채무의 이행기가 확정되지 아니하고 그 최장기도 확정할 수 없는 경우에 보증계약후 5년을 경과한 때
4. 채무의 이행기가 도래한 때」

43 15사무관

주채무자의 부탁으로 보증인이 된 자는 채무의 이행기가 도래한 때에는 주채무자에 대하여 사전구상권을 행사할 수 있고, 주채무자는 보증계약 후에 채권자가 주채무자에게 허여한 기한으로 보증인에게 대항할 수 없다. O | X

해설 수탁보증인이 본래의 변제기가 도래한 후 과실 없이 변제 기타의 출재로 주채무를 소멸시킨 후 이를 주채무자에게 통지한 경우, 주채무자가 그 통지를 받은 후 채권자와의 사이에 이루어진 변제기 연장에 관한 합의로 사후구상권을 행사하는 수탁보증인에게 대항할 수 있는지 여부(소극)
수탁보증인은 특별한 사정이 없는 한 그 주채무의 변제기 연장이 언제 이루어졌던지 간에 본래의 변제기가 도래한 후에는 민법 제442조 제1항 제4호에 의하여 주채무자에 대하여 사전구상권을 행사할 수 있고, 이 경우에는 **민법 제442조 제2항에 따라 보증계약 후에 채권자가 주채무자에게 허여(許與)한 기한으로 보증인에게 대항하지 못할 뿐만 아니라**, 수탁보증인이 본래의 변제기가 도래한 후 과실 없이 변제 기타의 출재로 주채무를 소멸하게 한 후 이를 **주채무자에게 통지하였다면, 민법 제445조 제1항에 의하여 주채무자는 위 통지를 받은 후 채권자와 사이에 이루어진 변제기 연장에 관한 합의로서 사후구상권을 행사하는 수탁보증인에게 대항할 수는 없다**고 할 것이다(대판 2007.4.26. 2006다22715).

44 12/18법원행시, 13법무사

수탁보증인이 민법 제442조에 의하여 사전구상권을 행사하는 경우, 그 사전구상권의 범위에는 채무의 원본과 이미 발생한 이자 및 지연손해금, 피할 수 없는 비용 기타의 손해액뿐만 아니라 면책비용에 대한 법정이자나 채무의 원본에 대한 장래 도래할 이행기까지의 이자도 포함된다. O | X

정답 | 38 ○ 39 × 40 ○ 41 ○ 42 ○ 43 ○ 44 ×

해설 사전구상의 범위: 구상 당시까지의 채무 전액

사전구상은 장래의 변제를 위하여 자금의 제공을 청구하는 것이므로 ⅰ) **'면책에 필요한 비용 그 자체'**인 주채무인 원금과 사전구상에 응할 때까지 이미 발생한 약정이자와 기한 후의 지연손해금, 피할 수 없는 비용 기타의 손해액이 포함될 뿐이고, ⅱ) **'면책비용에 대한 법정이자'나 주채무인 원금에 대한 장래 도래할 이행기까지의 이자, 수탁보증인이 아직 지출하지 아니한 금원에 대한 지연손해금은 사전구상권의 범위에 포함될 수 없다**(대판 2005.11.25. 2004다66834,66841)

관련판례 보증인이 보증채무를 이행함에 따라 주채무자가 보증인에 대하여 부담하게 될 구상금채무를 근보증하면서, 면책원금외에 면책일 이후의 법정이자나 피할 수 없는 비용 등까지 담보하기 위하여 근보증한도액을 면책원금에 해당하는 보증인의 보증한도액보다 높은 금액으로 정했다고 하더라도, 보증인이 사전구상권을 행사할 수 있는 금액은 근보증한도액이 아닌 보증인의 보증한도액으로 한정된다(대판 2005.11.25. 2004다66834,66841).

45

18법원행시

수탁보증인이 주채무자로부터 사전구상금을 수령하였다면 채권자에게는 위 금원에 대한 인도청구권이 발생하므로, 수탁보증인이 주채무자로부터 수령한 사전구상금을 주채무자의 면책을 위하여 사용하지 않고 있다면 채권자에 대하여 부당이득이 성립한다. O | X

해설 ① 수탁보증인이 사전구상권을 행사하여 사전구상금을 수령하였다면 이는 결국 사전구상 당시 채권자에 대하여 보증인이 부담할 원본채무와 이미 발생한 이자, 피할 수 없는 비용 및 기타의 손해액을 선급받는 것이어서 이 금원은 주채무자에 대하여 수임인의 지위에 있는 수탁보증인이 위탁사무의 처리를 위하여 선급받은 비용의 성질을 가지는 것이므로 보증인은 이를 선량한 관리자의 주의로서 위탁사무인 주채무자의 면책에 사용하여야 할 의무가 있다(대판 2002.11.26. 2001다833).

② 수탁보증인이 사전구상권의 행사에 의하여 주채무자로부터 사전구상금을 수령한 경우, 주채무자에 대한 수임인의 지위에서 선량한 관리자의 주의로써 위탁사무인 주채무자의 면책에 사용할 의무가 있으므로 수탁보증인이 주채무자로부터 수령한 사전구상금을 주채무자의 면책에 사용하지 않았다면 주채무자에 대하여 채무불이행책임을 진다고 할 것이지만, 수탁보증인이 주채무자로부터 사전구상금을 수령하였다고 하여 ⅰ) **채권자에게 위 금원에 대한 인도청구권이 발생하는 것은 아닐 뿐만 아니라,** ⅱ) **수탁보증인이 주채무자로부터 수령한 사전구상금을 주채무자의 면책을 위하여 사용하지 않는다고 하더라도 채권자에 대하여 여전히 보증채무를 부담하고 있는 이상, 수탁보증인이 주채무자로부터 수령한 사전구상금을 주채무자의 면책을 위하여 사용하지 않음으로써 채권자에 대하여 부당이득이 된다고 할 수는 없다**(대판 2005.7.14. 2004다6948).

46

15서기보

보증인이 주채무자에게 통지하지 아니하고 변제 기타 자기의 출재로 주채무를 소멸하게 한 경우에 주채무자가 채권자에게 대항할 수 있는 사유가 있었을 때에는 이 사유로 보증인에게 대항할 수 있고 그 대항사유가 상계인 때에는 상계로 소멸할 채권은 보증인에게 이전된다. O | X

해설 구상권의 제한(통지의무)

주채무자는 '수탁보증인'에 한하여 '사후통지'만 하면 된다(이는 주채무자가 위임인으로서 부담하는 신의칙상 부수의무에 해당한다). 그러나 보증인은 수탁·비수탁보증인을 불문하고 주채무자에 대해 사전·사후통지의무가 있다.

보증인이 면책통지를 하지 않은 경우 – 사전통지의무

제445조(구상요건으로서의 통지) ① 보증인이 주채무자에게 통지하지 아니하고 변제 기타 자기의 출재로 주채무를 소멸하게 한 경우에 주채무자가 채권자에게 대항할 수 있는 사유가 있었을 때에는 이 사유로 보증인에게 대항할 수 있고 그 대항사유가 상계인 때에는 상계로 소멸할 채권은 보증인에게 이전된다.

47

15법원행시, 17법무사

주채무자 甲이 면책행위를 하고도 그 사실을 수탁보증인 乙에게 통지하지 않고 있던 중, 乙이 사전통지를 하지 아니한 채 甲의 면책행위가 있었음을 모르고 이중의 면책행위를 한 경우, 乙은 甲에 대하여 자기의 면책행위의 유효를 주장할 수 있다. O | X

해설 **제446조(주채무자의 보증인에 대한 면책통지의무)** 주채무자가 자기의 행위로 면책하였음을 그 부탁으로 보증인이 된 자에게 통지하지 아니한 경우에 보증인이 선의로 채권자에게 변제 기타 유상의 면책행위를 한 때에는 보증인은 자기의 면책행위의 유효를 주장할 수 있다.

주채무자가 수탁보증인에게 사후통지를 하지 아니하고 수탁보증인이 사전통지를 하지 않은 경우

判例는 "제446조의 규정은 제445조 1항의 규정을 전제로 하는 것이어서 제445조 1항의 사전 통지를 하지 아니한 수탁보증인까지 보호하는 취지의 규정은 아니므로, 수탁보증에 있어서 주채무자가 면책행위를 하고도 그 사실을 보증인에게 (사후)통지하지 아니하고 있던 중에(= 제446조에 해당) 보증인도 사전 통지를 하지 아니한 채 이중의 면책행위를 한 경우(= 제445조 제1항에 해당)에는 보증인은 주채무자에 대하여 제446조에 의하여 자기의 면책행위의 유효를 주장할 수 없다. 따라서 **이 경우에는 이중변제의 기본 원칙으로 돌아가 먼저 이루어진 주채무자의 면책행위가 유효하고 나중에 이루어진 보증인의 면책행위는 무효**로 보아야 한다."(대판 1997.10.10. 95다46265)라고 판시하고 있다. 따라서 수탁보증인은 제446조에 기하여 주채무자에게 구상권을 행사하지 못하고, 이중으로 변제를 받은 채권자를 상대로 부당이득의 반환을 청구할 수 있을 뿐이다(제748조 제2항).

비교 보증인이 먼저 변제를 하고 그 통지를 하지 않은 상태에서 주채무자가 나중에 선의로 이중의 면책행위를 한 때에는 (주채무자에게는 사전통지의무가 없으므로) 제445조 제2항에 의해 주채무자의 면책이 유효한 것으로 된다.

48

18주사보

어느 연대채무자나 어느 불가분채무자를 위하여 보증인이 된 자는 다른 연대채무자나 다른 불가분채무자에 대하여 그 부담부분에 한하여 구상권이 있다. O | X

49

17법무사

어느 공동불법행위자를 위하여 보증인이 된 사람이 피보증인을 위하여 손해배상채무를 변제한 경우, 그 보증인은 피보증인이 아닌 다른 공동불법행위자에 대하여 그 부담 부분에 한하여 구상권을 행사할 수 있다. O | X

해설 **48** **제447조(연대, 불가분채무의 보증인의 구상권)** 어느 연대채무자나 어느 불가분채무자를 위하여 보증인이 된 자는 다른 연대채무자나 다른 불가분채무자에 대하여 그 부담부분에 한하여 구상권이 있다.
49 대판 2008.7.24. 2007다37530

정답 | **45** × **46** ○ **47** × **48** ○ **49** ○

제5절 연대보증

01 15법무사

연대보증에는 보충성이 없어 최고·검색의 항변권이 인정되지 않는다. O | X

02 13주사보

채권자가 연대보증인에게 채무의 이행을 청구한 때에는 연대보증인은 주채무자의 변제자력이 있는 사실 및 그 집행이 용이할 것을 증명하여 먼저 주채무자에게 청구할 것과 그 재산에 대하여 집행할 것을 항변할 수 있다. O | X

해설 **01 02 제437조(보증인의 최고, 검색의 항변)** 채권자가 보증인에게 채무의 이행을 청구한 때에는 보증인은 주채무자의 변제자력이 있는 사실 및 그 집행이 용이할 것을 증명하여 먼저 주채무자에게 청구할 것과 그 재산에 대하여 집행할 것을 항변할 수 있다. 그러나 보증인이 주채무자와 연대하여 채무를 부담한 때에는 그러하지 아니하다.

03 15법무사

수인의 연대보증인이 있는 경우, 연대보증인들 사이에 연대관계의 특약이 있는 경우가 아니면 채권자가 연대보증인의 1인에 대하여 채무의 전부 또는 일부를 면제하더라도 다른 연대보증인에 대하여는 그 효력이 미치지 않는다. O | X

04 17법무사

갑에 대한 을의 금전채무에 대하여 병과 정이 연대보증인이 된 경우, 갑의 정에 대한 채권포기는 을에게는 그 효력이 미치지 않는다. O | X

해설 **03 04** 연대보증인에 관하여 생긴 사유의 효력

변제, 대물변제, 경개, 상계 등 채권의 목적을 달성하는 사유를 제외하고는 주채무자에 대하여 효력이 없다. 채권자가 연대보증인의 1인에게 '면제'를 하면 주채무가 소멸하거나 감축되는 것이 아니므로, 이 경우 **연대보증인 간에 연대의 특약(보증연대)이 없는 한** 다른 연대보증인의 채무가 감축되지 않는다(대판 1992.9.25. 91다37553)

참고 수인의 연대보증인 간에 연대관계가 있다면(= 보증연대의 특약이 있는 경우) 연대채무 규정이 적용되지만, 보증연대의 특약을 하지 않은 경우 연대보증인 1인에게 생긴 사유는 다른 연대보증인에게 효력을 미치지 않는다(통설).

05

21법무사

채권자가 보증인에게 채무의 이행을 청구한 때에는 보증인은 주채무자의 변제자력이 있다는 점 및 그 집행이 용이하다는 점을 증명하여 먼저 주채무자에게 청구할 것과 그 재산에 대하여 집행할 것을 항변할 수 있고, 단순히 주채무자에게 먼저 청구할 것을 항변할 수는 없다. O | X

> **해설** 민법 제437조 본문에 의하면 채권자가 보증인에게 채무의 이행을 청구한 때에는 보증인은 주채무자의 변제자력이 있는 사실 및 그 집행이 용이할 것을 증명하여 먼저 주채무자에게 청구할 것과 그 재산에 대하여 집행할 것을 항변할 수 있다고 규정하므로 보증인의 최고와 검색의 항변권은 보증인이 주채무자에게 변제자력이 있고 집행이 용이한 사실을 입증할 때에 성립될 수 있고, 단순히 주채무자에게 먼저 청구할 것을 항변할 수 없다(대판 1968.9.24. 68다1271).

06

17법원행시

주채무 명의자인 제3자가 실질적 주채무자가 아니라는 사실을 연대보증인이 알고서 보증을 하였거나 보증책임을 이행한 경우라 할지라도, 그 제3자가 실질상의 주채무자를 연대보증한 것으로 인정할 수 있는 경우에는 제3자는 연대보증인에 대하여 공동보증인 간의 구상권 행사 법리에 따른 구상의무는 부담한다 할 것이다. O | X

> **해설** 금융기관으로부터 대출을 받음에 있어 주채무자 명의를 사용하도록 허락한 제3자가 그 채무에 대한 연대보증책임을 이행한 연대보증인에 대하여 공동보증인으로서의 구상의무를 부담하는 경우
> **주채무 명의자인 제3자가 실질적 주채무자가 아니라는 사실을 연대보증인이 알고서 보증을 하였거나 보증책임을 이행한 경우라 할지라도, 그 제3자가 실질상의 주채무자를 연대보증한 것으로 인정할 수 있는 경우에는 제3자는 연대보증인에 대하여 공동보증인 간의 구상권 행사 법리에 따른 구상의무는 부담한다** 할 것이고, 제3자가 금융기관으로부터 대출을 받음에 있어 자신을 주채무자로 하도록 승낙한 경우의 제3자의 의사는 특별한 사정이 없는 한 대출에 따른 경제적인 효과는 실질상의 주채무자에게 귀속시킬지라도 법률상의 효과는 자신에게 귀속시킬 의사로서, 최소한 연대보증의 책임은 지겠다는 의사였다고 보아야 한다(대판 2002.12.10. 2002다47631).

07

출제예상

보증인이 보증채무를 이행함에 따라 주채무자가 보증인에 대하여 부담하게 될 구상금채무를 연대보증하는 경우, 그 연대보증인은 특별한 사정이 없으면 주채무자와 같은 내용의 채무를 부담한다. O | X

> **해설** 대판 2014.3.27. 2012다6769

정답 | 01 ○ 02 × 03 ○ 04 ○ 05 ○ 06 ○ 07 ○

08

15법무사

수인의 연대보증인 중 1인이 변제로써 주채무를 감소시켰다고 하더라도 주채무의 남은 금액이 다른 연대보증인의 책임한도를 초과하는 경우에는 채무를 변제한 위 연대보증인이 그 채무의 변제를 내세워 보증책임이 그대로 남아 있는 다른 연대보증인에게 구상권을 행사할 수 없다. O | X

> 해설 **제448조(공동보증인 간의 구상권)** ② 주채무가 불가분이거나 각 보증인이 상호연대로 또는 주채무자와 연대로 채무를 부담한 경우에 어느 보증인이 자기의 부담부분을 넘은 변제를 한 때에는 제425조 내지 제427조의 규정을 준용한다.
>
> 일부보증을 한 공동보증인 상호간의 구상권 행사의 요건인 공동면책에 해당하는 경우
>
> 주채무자를 위하여 수인이 연대보증을 한 경우, 어느 연대보증인이 채무를 변제하였음을 내세워 다른 연대보증인에게 구상권을 행사함에 있어서는 그 변제로 인하여 다른 연대보증인도 공동으로 면책되었음을 요건으로 하는 것인데, 각 연대보증인이 주채무자의 채무를 일정한 한도에서 보증하기로 하는 이른바 일부보증을 한 경우에는 달리 특별한 사정이 없는 한, 각 보증인은 보증한 한도 이상의 채무에 대하여는 그 책임이 없음은 물론이지만 주채무의 일부가 변제되었다고 하더라도 그 보증한 한도 내의 주채무가 남아 있다면 그 남아 있는 채무에 대하여는 보증책임을 면할 수 없다고 보아야 하므로, 이와 같은 경우에 **연대보증인 중 1인이 변제로써 주채무를 감소시켰다고 하더라도 주채무의 남은 금액이 다른 연대보증인의 책임한도를 초과하고 있다면 그 다른 연대보증인으로서는 그 한도금액 전부에 대한 보증책임이 그대로 남아 있어 위의 채무변제로써 면책된 부분이 전혀 없다**고 볼 수밖에 없고, 따라서 이러한 경우에는 채무를 변제한 위 연대보증인이 **그 채무의 변제를 내세워 보증책임이 그대로 남아 있는 다른 연대보증인에게 구상권을 행사할 수는 없다**(대판 2002.3.15. 2001다59071).

09

15법무사

연대보증인 가운데 한 사람이 자기의 부담부분을 초과하여 변제한 경우, 그 초과 변제액에 대하여 다른 연대보증인을 상대로 구상권을 행사할 수 있는 연대보증인인지 여부는 당해 변제시를 기준으로 판단한다. O | X

> 해설 ① 과거 '구상청구시설'에 따른 판시내용도 있으나(대판 1988.10.25. 86다카1729), ② 연대보증인 가운데 한 사람이 자기의 부담부분을 초과하여 변제하면 그 즉시 아직 자기의 부담부분을 변제하지 않은 다른 연대보증인에 대하여 구상권이 발생하는바, "이미 자기의 부담부분을 변제함으로써 구상권 행사의 대상에서 제외되는 다른 연대보증인인지 여부는 **구상의 기초가 되는 변제 당시**에 그 연대보증인의 부담부분을 기준으로 판단하여야 한다."(대판 2009.6.25. 2007다70155)라는 **'변제시설'**에 따른 判例가 타당하다.

정답 | **08** ○ **09** ○

제6절 계속적 보증

01 19법원행시

불확정한 다수의 채무에 대하여 보증하는 경우 보증하는 채무의 최고액을 서면으로 특정하여야 한다.

O | X

02 12법원행시 변형

보증한도액이 정해진 계속적 보증계약의 경우 보증인이 사망하더라도 보증계약이 당연히 종료되는 것은 아니고 특별한 사정이 없는 한 상속인들이 보증인의 지위를 승계한다.

O | X

해설 **01** 제428조의3(근보증) ① 보증은 불확정한 다수의 채무에 대해서도 할 수 있다. 이 경우 보증하는 채무의 최고액을 서면으로 특정하여야 한다.
② 제1항의 경우 채무의 최고액을 제428조의2제1항에 따른 서면으로 특정하지 아니한 보증계약은 효력이 없다.

02 보증기간과 보증한도액의 정함이 없는 계속적 보증계약의 보증인이 사망한 경우, 그 상속인이 보증인의 지위를 승계하는지 여부(소극)
보증한도액이 정해진 계속적 보증계약의 경우 보증인이 사망하였다 하더라도 보증계약이 당연히 종료되는 것은 아니고 특별한 사정이 없는 한 **상속인들이 보증인의 지위를 승계한다고 보아야 할 것이나, 보증기간과 보증한도액의 정함이 없는 계속적 보증계약의 경우에는 보증인이 사망하면 보증인의 지위가 상속인에게 상속된다고 할 수 없고 다만, 기왕에 발생된 보증채무만이 상속**된다(대판 2001.6.12. 2000다47187).

03 14/19법원행시

회사의 이사의 지위에 있었기 때문에 회사의 요구로 부득이 회사와 은행 사이의 계속적 거래로 인한 위 회사의 채무에 대하여 연대보증인이 된 자가 그 후 위 회사로부터 퇴사하여 이사의 지위를 떠난 것이라면 위 연대보증계약 성립 당시의 사정에 현저한 변경이 생긴 경우에 해당하므로 사정변경을 이유로 위 연대보증계약을 해지할 수 있다.

O | X

해설 대판 1992.5.26. 92다2332

정답 | 01 ○ 02 × 03 ○

04

14/19법원행시

고용직 이사가 아니라 회사의 대주주로서 이사로 취임한 이래 부사장 등의 직책을 맡아 회사의 경영에 관여해 오다가 회사의 계속적 채무에 보증을 하였는데 회사 경영진 내부의 마찰이 있는데다가 다른 회사 경영에 전념하기 위하여 이사직을 사임함과 동시에 다시 감사로 취임하여 재직하면서 주주의 지위는 계속 보유하고 있는 경우라면 위 보증계약 성립당시의 사정에 현저한 변경이 생긴 경우에 해당하므로 사정변경을 이유로 위 보증계약을 해지할 수 있다. O | X

해설 단순한 고용직 이사가 아니라 회사의 대주주로서 이사로 취임한 이래 부사장 등의 직책을 맡아 회사의 경영에 관여해 오던 자가 회사 경영진 내부의 마찰이 있는데다가 다른 회사 경영에 전념하기 위하여 이사직을 사임함과 동시에 다시 감사로 취임하여 재직하면서 주주의 지위는 계속 보유하고 있었다면, 그가 이사직을 사임하였다고 하여 그것만으로 회사와의 신뢰관계가 깨어져 사회통념상 그가 이사재직시 회사를 위하여 체결한 포괄근보증계약을 유지케 함이 바람직하지 못하게 되었다고 보기 어렵고, 또한 그가 보증인이 된 것이 오로지 이사의 지위에 있었기 때문에 부득이 한 것이라고 볼 수도 없으므로, 이와 같은 상황에서 이사의 지위에서 사임하였다는 사유를 내세워 그 보증계약을 일방적으로 해지할 수 없다(대판 1995.4.25. 94다37073).

05

21서기보

「보증인 보호를 위한 특별법」 제7조 제1항에 따르면 보증기간의 약정이 없는 때에는 그 기간을 3년으로 보는데, 여기에서 말하는 보증기간은 특별한 사정이 없는 한 주채무의 발생기간이 아니라 보증채무의 존속기간을 의미한다. O | X

해설 **보증인보호법 제7조 제1항**의 취지는 보증채무의 범위를 특정하여 보증인을 보호하는 것이다. 따라서 이 규정에서 정한 '보증기간'은 특별한 사정이 없는 한 보증인이 보증책임을 부담하는 **주채무의 발생기간이라고 해석함이 타당하고, 보증채무의 존속기간을 의미한다고 볼 수 없다**(대판 2020.7.23. 2018다42231).

06

출제예상

물상보증의 경우에도 「보증인 보호를 위한 특별법」이 적용된다. O | X

해설 **물상보증의 경우에도 보증인 보호를 위한 특별법이 적용되는지 여부(소극)**
보증인 보호를 위한 특별법(이하 '보증인보호법'이라 한다)의 목적 및 보증인보호법 제2조 제1호, 제2호의 문언에 비추어 볼 때, 보증인보호법은 민법 제429조 제1항에 따른 보증채무를 부담하는 경우에 적용될 뿐 타인의 채무에 대하여 담보물의 한도 내에서 책임을 지는 물상보증의 경우에는 적용되지 아니한다(대판 2015.3.26. 2014다83142).

정답 | 04 × 05 × 06 ×

제6장 | 채권양도와 채무인수

제1절 채권양도

01

11법원행시, 14/17법무사

채권양도가 다른 채무의 담보조로 이루어진 경우, 양도채권의 채무자는 그 피담보채무가 변제로 소멸된 경우 이를 이유로 채권양수인의 양수금 청구를 거절할 수 있다. O | X

해설 채권양도가 다른 채무의 담보조로 이루어진 경우, 양도채권의 채무자가 그 피담보채무가 변제로 소멸되었다는 이유로 채권양수인의 양수금 청구를 거절할 수 있는지 여부(소극)
채권양도가 다른 채무의 담보조로 이루어졌으며 또한 그 채무가 변제되었다고 하더라도, i) 이는 채권 양도인과 양수인 간의 문제일 뿐이고, ii) 양도채권의 채무자는 채권 양도·양수인 간의 채무 소멸 여하에 관계없이 양도된 채무를 양수인에게 변제하여야 하는 것이므로, **설령 그 피담보채무가 변제로 소멸되었다고 하더라도 양도채권의 채무자로서는 이를 이유로 채권양수인의 양수금 청구를 거절할 수 없다**(대판 1999.11.26. 99다23093).

02

16법무사

종전의 채권자가 채권의 추심 기타 행사를 위임하여 채권을 양도하였으나 양도의 '원인'이 되는 그 위임이 해지 등으로 효력이 소멸한 경우에 이로써 채권은 양도인에게 복귀하게 되고, 나아가 양수인은 그 양도의무계약의 해지로 인하여 양도인에 대하여 부담하는 원상회복의무의 한 내용으로 채무자에게 이를 통지할 의무를 부담한다고 봄이 상당하다. O | X

해설 ① 비록 채권양도계약과 양도의무계약은 실제의 거래에서는 한꺼번에 일체로 행하여지는 경우가 적지 않으나, 그 법적 파악에 있어서는 역시 구별되어야 하는 별개의 독립한 행위이다. 그리하여 채권양도계약에 대하여는 그 원인이 되는 개별적 채권계약의 효과에 관한 민법상의 임의규정은 다른 특별한 사정이 없는 한 적용되지 아니한다(대판 2011.3.24. 2010다100711).

② 종전의 채권자가 채권의 추심 기타 행사를 위임하여 채권을 양도하였으나 양도의 '원인'이 되는 그 위임이 해지 등으로 효력이 소멸한 경우에 이로써 채권은 양도인에게 복귀하게 되고, 나아가 양수인은 그 양도의무계약의 해지로 인하여 양도인에 대하여 부담하는 원상회복의무(이는 계약의 효력불발생에서의 원상회복의무 일반과 마찬가지로 부당이득반환의무의 성질을 가진다)의 한 내용으로 채무자에게 이를 통지할 의무를 부담한다(同 判例).

정답 | 01 × 02 ○

03

21서기보

처분권한 없는 자가 지명채권을 양도한 경우 특별한 사정이 없는 한 채권양도로서 효력을 가질 수 없으므로 양수인은 채권을 취득하지 못한다. O | X

> 해설 지명채권의 양도란 채권의 귀속주체가 법률행위에 의하여 변경되는 것으로서 이른바 **'준물권행위 내지 처분행위'**의 성질을 가지므로, 그것이 유효하기 위하여는 양도인이 그 채권을 처분할 수 있는 권한을 가지고 있어야 한다. **처분권한 없는 자가 지명채권을 양도한 경우 특별한 사정이 없는 한 채권양도로서 효력을 가질 수 없으므로 양수인은 그 채권을 취득하지 못한다**(대판 2016.7.14. 2015다46119).

04

출제예상

채권의 귀속주체 변경을 내용으로 하는 '채권양도계약'과 채권양도의 의무발생을 내용으로 하는 '양도의무계약'은 법적으로 별개의 독립한 행위이고 채권양도계약에 대하여도 특별한 사정이 없는 한 그 원인이 되는 개별적 채권계약의 효과에 관한 민법상 임의규정이 적용된다. O | X

> 해설 채권양도에서 독자성과 무인성 문제
> ⅰ) 처분행위(준물권행위)로서의 **'채권양도계약'**과 채권양도의 의무를 발생시키는 것을 내용으로 하는 **'양도의무계약'**은 실제거래에서는 한꺼번에 일체로 행하여지는 경우가 적지 않으나, **그 법적 파악에 있어서는 구별되어야 하는 별개의 독립한 행위**이다. ⅱ) 그러므로 양도의무계약에 관한 민법상의 임의규정은 채권양도계약에는 적용되지 않는다. 즉 채권양도계약에 위임의 규정을 바로 적용하여 그에 의해 채권양도계약을 해지할 수는 없다. ⅲ) 원인행위인 위임을 해지한 경우, (그것은 채권양도계약에도 효력을 미쳐) 채권은 양도인에게 복귀한다. 이 경우 양수인은 위임계약의 해지로 인하여 양도인에 대하여 부담하는 원상회복의무의 한 내용으로 채무자에게 이를 통지할 의무를 부담한다(대판 2011.3.24. 2010다100711).

05

11/20법무사, 18사무관

채권양도에 있어 사회통념상 양도 목적 채권을 구별하여 그 동일성을 인식할 수 있을 정도이면 그 채권은 특정된 것으로 보아야 할 것이고, 채권양도 당시 양도 목적 채권의 채권액이 확정되어 있지 아니하였다 하더라도 채무의 이행기까지 이를 확정할 수 있는 기준이 설정되어 있다면 그 채권의 양도는 유효한 것으로 보아야 할 것이다. O | X

> 해설 장래채권의 양도
> 장래채권의 양도란 장래채권을 현재 확정적으로 양도하는 것을 말한다. 判例는 "장래의 채권도 양도 당시 ⅰ) **기본적 채권 관계가 어느 정도 확정되어 있어 그 권리의 특정이 가능**하고, ⅱ) **가까운 장래에 발생할 것임이 상당한 정도 기대**되는 경우에는 이를 양도할 수 있다."(대판 1996.7.30. 95다7932)라고 하고, "채권양도에 있어 **사회통념상 양도 목적 채권을 다른 채권과 구별하여 그 동일성을 인식할 수 있을 정도이면 그 채권은 특정**된 것으로 보아야 할 것이고, 채권양도 당시 양도 목적, 채권액이 확정되지 아니하였다 하더라도 **채무의 이행기까지 이를 확정할 수 있는 기준이 설정**되어 있다면 그 채권의 양도는 유효한 것으로 보아야 한다."(대판 1997.7.25. 95다21624)라고 한다. 참고로 **이러한 법리는 장래의 채권에 대한 채권압류 및 전부명령이 유효하기 위한 요건으로도 통용**되고 있다(대판 2002.11.8. 2002다7527).

06 20법원행시

채권에 대한 가압류가 있더라도 이는 채무자가 제3채무자로부터 현실로 급부를 추심하는 것만을 금지하는 것일 뿐, 채무자는 제3채무자를 상대로 그 이행을 구하는 소송을 제기할 수 있다. O | X

07 14주사보

가압류된 채권도 이를 양도하는데 아무런 제한이 없다 할 것이나, 다만 가압류된 채권을 양수받은 양수인은 그러한 가압류에 의하여 권리가 제한된 상태의 채권을 양수받는다. O | X

해설 **06** 일반적으로 채권에 대한 가압류가 있더라도 이는 채무자가 제3채무자로부터 현실로 급부를 추심하는 것만을 금지하는 것일 뿐 채무자는 제3채무자를 상대로 그 이행을 구하는 소송을 제기할 수 있고, 법원은 가압류가 되어 있음을 이유로 이를 배척할 수는 없는 것이 원칙(대판 2002.4.26. 2001다59033)이므로, 가압류된 금전채권의 양수인이 양수금의 이행을 청구한 경우 **가압류가 되어 있다는 이유로 배척되지는 않는다.**

참고판례 왜냐하면 채무자로서는 제3채무자에 대한 그의 채권이 가압류되어 있다 하더라도 채무명의를 취득할 필요가 있고 또는 시효를 중단할 필요도 있는 경우도 있을 것이며, 또한 소송 계속 중에 가압류가 행하여진 경우에 이를 이유로 청구가 배척된다면 장차 가압류가 취소된 후 다시 소를 제기하여야 하는 불편함이 있는 데 반하여 제3채무자로서는 이행을 명하는 판결이 있더라도 장차 집행단계에서 이를 저지하면 될 것이기 때문이다. 채권가압류의 처분금지의 효력은 본안소송에서 가압류채권자가 승소하여 채무명의를 얻는 등으로 피보전권리의 존재가 확정되는 것을 조건으로 하여 발생하는 것이므로, 채권가압류결정의 채권자가 본안소송에서 승소하는 등으로 채무 명의를 취득하는 경우에는 가압류에 의하여 권리가 제한된 상태의 채권을 양수받는 양수인에 대한 채권양도는 무효가 된다(대판 2002.4.26. 2001다59033).

07 가압류된 채권의 양도가능성

㉠ 가압류된 채권도 이를 양도하는 데 아무런 제한이 없다 할 것이나, 다만 가압류된 채권을 양수받은 양수인은 그러한 **가압류에 의하여 권리가 제한된 상태의 채권을 양수받는다**고 보아야 할 것이고, 이는 채권을 양도받았으나 확정일자 있는 양도통지나 승낙에 의한 대항요건을 갖추지 아니하는 사이에 양도된 채권이 가압류된 경우에도 동일하다. ㉡ 또한 채권가압류의 처분금지의 효력은 본안소송에서 가압류채권자가 승소하여 채무명의를 얻는 등으로 피보전권리의 존재가 확정되는 것을 조건으로 하여 발생하는 것이므로 **채권가압류결정의 채권자가 본안소송에서 승소하는 등으로 채무명의를 취득하는 경우에는 가압류에 의하여 권리가 제한된 상태의 채권을 양수받는 양수인에 대한 채권양도는 무효가 된다**(대판 2002.4.26. 2001다59033).

참고판례 제3자가 집행권원을 얻어 가압류에 기한 압류·전부명령을 받은 경우

가압류에 기하여 압류·전부명령이 내려져 확정된 경우에는 가압류결정이 제3채무자(양도대상인 채권의 채무자)에게 송달된 때를 기준으로 전부명령과 채권양도의 우열이 결정되므로, **채권의 양수인은 전부명령을 받은 채권자에게 채권양도로 대항할 수 없다.** 따라서 금전채권이 가압류된 후 그 채권의 양도가 이루어지고 채권양수인이 양수금 이행청구를 하였는데 위 가압류를 본압류로 전이하는 채권압류 및 전부명령이 있고 피고가 이를 항변으로 삼게되면 위 양수금 청구는 이유 없어 '기각'된다.

참고판례 제3자가 집행권원을 얻어 가압류에 기한 압류·추심명령을 받은 경우

가압류에 기하여 압류·추심명령이 내려진 경우에는 가압류결정이 제3채무자(양도대상인 채권의 채무자)에게 송달된 때를 기준으로 추심명령과 채권양도의 우열이 결정되므로, **채권의 양수인은 추심명령의 제한을 받는다.** 일반적으로 채권에 대한 압류·추심명령이 있으면 제3채무자에 대한 이행의 소는 추심채권자만이 제기할 수 있고 채무자는 피압류채권에 대한 이행의 소를 제기할 당사자적격을 상실하므로, 금전채권이 가압류된 후 그 채권의 양도가 이루어지고 채권양수인이 양수금 이행청구를 하였는데 위 가압류를 본압류로 전이하는 채권압류 및 추심명령이 있게 되면 **위 양수금 청구의 소는 당사자적격의 흠결로 부적법 '각하'된다**(대판 2000.4.11. 99다23888).

정답 | **03** ○ **04** × **05** ○ **06** ○ **07** ○

08 21법무사

채권은 양도할 수 있는 것이 원칙이나, 채권의 성질이 양도를 허용하지 않는 경우 및 당사자가 양도 반대의 의사표시를 한 경우에는 양도할 수 없다. O | X

09 14법무사, 20법원행시

민법 제449조 제2항은 채권은 당사자가 반대의 의사를 표시한 경우에는 양도하지 못하나 그 의사표시로써 선의의 제3자에게 대항하지 못한다고 규정하고 있다. O | X

> 해설 **제449조(채권의 양도성)** **08** ① 채권은 양도할 수 있다. 그러나 채권의 성질이 양도를 허용하지 아니하는 때에는 그러하지 아니하다.
> **09** ② 채권은 당사자가 반대의 의사를 표시한 경우에는 양도하지 못한다. 그러나 그 의사표시로써 선의의 제삼자에게 대항하지 못한다.

10 15법무사

임차인과 임대인 사이의 약정에 의해 임차권의 양도가 금지되어 있더라도 임차보증금반환채권의 양도까지 금지되는 것은 아니다. O | X

> 해설 임대차계약의 당사자 사이에 '임차인은 임대인의 동의 없이는 임차권을 양도 또는 담보제공 하지 못한다.'는 약정을 하였다면, 그 약정의 취지는 임차권의 양도를 금지한 것으로 볼 것이지 임대차계약에 기한 임대보증금반환채권의 양도를 금지하는 것으로 볼 수는 없다(대판 2013.2.28. 2012다104366,104373).

11 21사무관

당사자가 양도 반대의 의사표시를 한 경우에, 선의 및 중과실이 아닌 제3자에게는 대항하지 못한다. O | X

12 12/20법무사, 15/17/18서기보, 20법원행시

채무자는 제3자가 채권자로부터 채권을 양수한 경우 채권양도금지 특약의 존재를 알고 있는 양수인이나 그 특약의 존재를 알지 못함에 중대한 과실이 있는 양수인에게 그 특약으로써 대항할 수 있다. O | X

13 21법원행시

甲이 乙에 대한 금전채권을 丙에게 양도하고 양도사실을 乙에게 통지하였는데, 甲과 乙은 채권계약 당시 양도금지의 약정을 하였다. 丙이 乙에게 채무 이행의 소를 제기하자 乙은 양도금지특약을 들어 채권양도가 무효라고 주장하였고, 丙은 특약에 대하여 아는 바가 없다고 다투고 있는 상황에서 丙이 양도금지특약을 알았거나 알지 못한 데에 중과실이 있다는 사정에 대한 증명책임은 乙에게 있다. O | X

14 11법원행시, 16/20법무사, 18주사보

양수인의 권리확보에 위험을 초래할 만한 사정을 조사하고 확인할 책임은 양수인에게 있는 것이 원칙이므로 양수인이 양도금지 특약의 존재를 알지 못하였음을 증명하여야 한다. O | X

> **해설** **11 12 13 14 제449조 제2항 단서의 선의의 제3자 범위**
> **제449조(채권의 양도성)** ② 채권은 당사자가 반대의 의사를 표시한 경우에는 양도하지 못한다. 그러나 그 의사표시로써 선의의 제3자에게 대항하지 못한다.
> 제449조 제2항 단서의 선의의 제3자의 범위에 관하여 判例는 선의의 양수인이 보호받기 위해서는 선의이며, 중과실이 없어야 한다고 하며, 양수인의 악의 또는 중과실에 대한 증명책임은 채권양도금지특약으로 채권양수인에게 대항하려는 자(채무자)가 부담한다고 한다(대판 1999.12.28. 99다8834; 대판 2019.12.19. 2016다24284 전합).

15 12서기보, 19법무사

양도금지특약에 위반하여 채권양도를 받은 채권양수인이 악의나 중과실이어서 양도가 무효이나 채무자가 그 양도에 대해 사후승낙을 한 경우 양도행위는 양도시에 소급하여 유효로 된다. O | X

> **해설** 양도금지특약에 위반된 양도에 대하여 채무자가 사후에 승낙한 경우(무효행위의 추인)
> 判例에 따르면 양도금지특약에 위반한 채권의 양도는 원래 무효이지만 **채무자의 '승낙'으로 '추인'이 되므로 '장래에 향하여' 채권양도의 효력이 발생한다(제139조 참조)**(대판 2000.4.7, 99다52817). 즉, 이러한 사후승낙은 양도금지특약에 대한 물권적 효과설에 따르면 무효행위의 추인이고, 무효행위의 추인은 새로운 법률행위로 보므로(제139조 단서) 소급효가 발생하지 않는다.
>
> **관련판례** 집합채권의 양도가 양도금지특약을 위반하여 무효인 경우 채무자가 일부 개별채권을 특정하여 추인할 수 있는지 여부(적극)
> 당사자의 양도금지의 의사표시로써 채권은 양도성을 상실하며, 양도금지의 특약에 위반해서 채권을 제3자에게 양도한 경우에 악의 또는 중과실의 채권양수인에 대하여는 채권이전의 효과가 생기지 아니하나, **악의 또는 중과실로 채권양수를 받은 후 채무자가 그 양도에 대하여 승낙을 한 때에는 채무자의 사후승낙에 의하여 무효인 채권양도행위가 추인되어 유효**하게 되며, 이 경우 다른 약정이 없는 한 소급효가 인정되지 않고 양도의 효과는 **승낙 시부터 발생**한다고 할 것이다. 이른바 집합채권의 양도가 양도금지특약에 위반해서 무효인 경우, 채무자는 일부 개별채권을 특정하여 추인하는 것이 가능하다(대판 2009.10.29. 2009다47685).

16 17서기보

당사자 사이에 양도금지의 특약이 있는 채권이라도 압류 및 전부명령에 의하여 이전할 수 있으나 양도금지의 특약이 있는 사실에 관하여 압류채권자가 선의라면 그 전부명령은 효력이 없다. O | X

17 출제예상

당사자 사이에 양도금지의 특약이 있는 채권이더라도 전부명령에 의하여 전부되는 데에는 지장이 없고, 전부채권자로부터 다시 그 채권을 양수한 자가 그 특약의 존재를 알았다고 하더라도 채무자는 위 특약을 근거로 그 채권양도의 무효를 주장할 수 없다. O | X

정답 | 08 ○ 09 ○ 10 ○ 11 × 12 ○ 13 ○ 14 × 15 × 16 × 17 ○

18

12사무관, 16법무사, 17서기보

양도금지특약의 존재를 알았거나 중대한 과실로 알지 못하고 채권을 양수한 경우 채권을 취득할 수 없는바, 양도금지특약부채권에 대한 전부명령이 유효하더라도 그 전부채권자로부터 다시 그 채권을 양수한 자가 그 특약의 존재를 알았거나 중대한 과실로 알지 못한 경우 채권양도는 무효이다. O | X

> 해설 **16 17 18** 전부명령과 양도금지 특약
> 전부명령에 의하여 피전부채권은 동일성을 유지한 채로 집행채무자로부터 집행채권자에게 이전되므로(민사집행법 제229조 제3항), 제3채무자인 피고는 채권압류 전에 피전부채권자에 대하여 가지고 있었던 항변사유를 가지고 전부채권자에게 대항할 수 있다.
> 그러나 피전부채권이 **양도금지의 특약이 있는 채권이더라도 전부명령에 의하여 전부되는 데에는 지장이 없고**, 양도금지의 특약이 있는 사실에 관하여 **집행채권자가 선의인가 악의인가는 전부명령의 효력에 영향을 미치지 못하는 것**이므로, 제3채무자인 피고가 채무자와 사이에 피전부채권에 관하여 양도금지의 특약을 체결하였고, 원고가 그 사실을 알고 있었다고 주장하더라도 이는 유효한 항변이 될 수 없다. 나아가 **전부채권자로부터 다시 그 채권을 양수한 자가 그 특약의 존재를 알았거나 중대한 과실로 알지 못하였다고 하더라도 제3채무자는 위 특약을 근거로 삼아 채권양도의 무효를 주장할 수 없다** (대판 2003.12.11. 2001다3771).

19

출제예상

당사자의 의사표시에 의한 채권양도금지 특약이 있는 경우 악의의 양수인으로부터 다시 선의로 양수한 전득자는 그 채권을 유효하게 취득하나, 선의의 양수인으로부터 다시 채권을 양수한 악의의 전득자는 그 채권을 유효하게 취득하지 못한다. O | X

20

20법원행시

민법 제449조 제2항 단서의 채권양도금지 특약으로써 대항할 수 없는 선의의 제3자는 채권자로부터 직접 채권을 양수한 자만을 가리키는 것이므로, 악의의 양수인으로부터 다시 선의로 양수한 전득자는 위 조항에서의 선의의 제3자에 해당하지 않는다. O | X

> 해설 **19 20 민법 제449조 제2항 단서는 채권양도금지 특약으로써 대항할 수 없는 자를 '선의의 제3자'라고만 규정하고 있어 채권자로부터 직접 양수한 자만을 가리키는 것으로 해석할 이유는 없으므로, 악의의 양수인으로부터 다시 선의로 양수한 전득자도 위 조항에서의 선의의 제3자에 해당**한다. 또한 선의의 양수인을 보호하고자 하는 위 조항의 입법 취지에 비추어 볼 때, 이러한 **선의의 양수인으로부터 다시 채권을 양수한 전득자는 그 선의·악의를 불문하고 채권을 유효하게 취득한다**고 할 것이다(엄폐물의 법칙, 대판 2015.4.9. 2012다118020).

21

11사무관, 11/17법원행시, 19서기보

채권양도금지특약에 반하여 채권양도가 이루어졌다는 사정만으로는 민법 제487조 후단의 채권자 불확지를 원인으로 하여 변제공탁을 할 수 없는 것이 원칙이나, 그 경우에도 확정일자 있는 채권양도 통지와 채권가압류명령을 동시에 송달받은 제3채무자는 변제공탁을 할 수 있다. O | X

해설 **양도금지 특약이 붙은 채권이 양도된 경우에 채무자가 민법 제487조 후단의 채권자 불확지를 원인으로 하여 변제공탁을 할 수 있는지 여부(적극)**
㉠ 양도금지의 특약이 붙은 채권이 양도된 경우에 양수인의 악의 또는 중과실에 관한 증명책임은 채무자가 부담하지만(제449조 제2항 단서 참조), 그러한 경우에도 채무자로서는 양수인의 선의 등의 여부를 알 수 없어 과연 채권이 적법하게 양도된 것인지에 관하여 의문이 제기될 여지가 충분히 있으므로 변제공탁을 할 수 있다고 한다(대판 2000.12.22. 2000다55904). ㉡ 확정일자 있는 채권양도 통지와 채권가압류명령이 제3채무자에게 동시에 도달된 경우에도 제3채무자는 송달의 선후가 불명한 경우에 준하여 채권자를 알 수 없다는 이유로 변제공탁을 할 수 있다(대판 2004.9.3. 2003다22561).

22

16서기보

법률에 의하여 압류가 금지된 채권은 양도도 금지된다. O | X

해설 법률에 의해 양도가 금지되는 채권은 이를 압류하지 못하고, 압류(및 전부명령)하더라도 그것은 무효이다. 그러나 반대로 **법률에서 압류가 금지되는 채권으로 정하였더라도**(민사집행법 제246조), 그것이 채권자의 의사에 의해 스스로 처분(양도)하는 것까지 금지하는 것은 아니므로 **그 양도는 유효**하다(대판 1990.2.13. 88다카8132).

23

출제예상

부동산 매매로 인한 소유권이전등기청구권을 제3자에게 양도하는 경우 매수인이 매도인에게 양도사실을 통지하는 것만으로는 매도인에 대한 대항력이 생기지 않으며 반드시 매도인의 동의나 승낙을 받아야 대항력이 생긴다. O | X

해설 대판 2001.10.9. 2000다51216

24

출제예상

전세금반환채권의 경우, 전세권이 존속하는 동안은 전세권을 존속시키기로 하면서 전세금반환채권만을 전세권과 분리하여 확정적으로 양도하는 것은 허용되지 않으며, 다만 전세권 존속 중에는 장래에 그 전세권이 소멸하는 경우에 전세금 반환채권이 발생하는 것을 조건으로 그 장래의 조건부 채권을 양도할 수 있다. O | X

해설 전세권은 전세금을 지급하고 타인의 부동산을 그 용도에 따라 사용·수익하는 권리로서 전세금의 지급이 없으면 전세권은 성립하지 아니하는 등으로 **전세금은 전세권과 분리될 수 없는 요소**일 뿐 아니라, 전세권에 있어서는 그 설정행위에서 금지하지 아니하는 한 전세권자는 전세권 자체를 처분하여 전세금으로 지출한 자본을 회수할 수 있도록 되어 있으므로 전세권이 존속하는 동안은 전세권을 존속시키기로 하면서 전세금반환채권만을 전세권과 분리하여 확정적으로 양도하는 것은 허용되지 않는 것이며, **다만 전세권 존속 중에는 장래에 그 전세권이 소멸하는 경우에 전세금 반환채권이 발생하는 것을 조건으로 그 장래의 조건부 채권을 양도할 수 있을 뿐**이라 할 것이다(대판 2002.8.23. 2001다69122).

정답 | **18** × **19** × **20** × **21** × **22** × **23** ○ **24** ○

25

출제예상

채무자가 채권자에게 채무변제와 관련하여 다른 채권을 양도하는 것은 특단의 사정이 없는 한 채무변제를 위한 담보 또는 변제의 방법으로 양도되는 것으로 추정할 것이지 채무변제에 갈음한 것으로 볼 것은 아니어서, 그 경우 채권양도만 있으면 바로 원래의 채권이 소멸한다고 볼 수는 없고 채권자가 양도받은 채권을 변제받은 때에 비로소 그 범위 내에서 채무자가 면책된다. O | X

해설 대판 1995.12.22. 95다16660

비교판례 **반면 채무변제에 '갈음하여' 다른 채권을 양도하기로 한 경우**에는 특별한 사정이 없는 한 **채권양도의 요건을 갖추어 대체급부가 이루어짐으로써 원래의 채무는 소멸**하는 것이고 그 양수한 채권의 변제까지 이루어져야만 원래의 채무가 소멸한다고 할 것은 아니다. 이 경우 대체급부로서 채권을 양도한 양도인은 양도 당시 양도대상인 채권의 존재에 대해서는 담보책임을 지지만 당사자 사이에 별도의 약정이 있다는 등 특별한 사정이 없는 한 그 채무자의 변제자력까지 담보하는 것은 아니라 할 것이다(대판 2013.5.9. 2012다40998).

26

14법무사, 15/19주사보, 20법원행시

지명채권의 양도는 양도인이 채무자에게 통지하거나 채무자가 승낙하지 아니하면 채무자 기타 제3자에게 대항하지 못하고, 위 통지나 승낙은 확정일자 있는 증서에 의하지 아니하면 채무자 이외의 제3자에게 대항하지 못한다. O | X

해설 **제450조(지명채권양도의 대항요건)** ① 지명채권의 양도는 양도인이 채무자에게 통지하거나 채무자가 승낙하지 아니하면 채무자 기타 제삼자에게 대항하지 못한다.
② 전항의 통지나 승낙은 확정일자있는 증서에 의하지 아니하면 채무자 이외의 제삼자에게 대항하지 못한다.

27

12법무사, 16서기보

채권양도의 통지는 민사소송법상의 송달에 관한 규정에서 송달장소로 정하는 채무자의 주소·거소·영업소 또는 사무소 등에 해당하지 아니하는 장소에서라도 채무자가 사회통념상 그 통지의 내용을 알 수 있는 객관적 상태에 놓여졌다고 인정됨으로써 족하다. O | X

해설 대판 2010.4.15. 2010다57

28

13서기보, 18법원행시

채권양도의 통지는 양도인이 채무자에 대하여 하여야 하는데, 이 때 양수인이 양도인의 사자 또는 대리인으로서 채권양도통지를 하는 것은 허용될 수 없다. O | X

해설 통지는 '양도인'이 채무자에 대해 해야 하고, 양수인에 의한 통지는 그 효력이 생기지 않는다. 따라서 양수인은 양도인을 '대위'하여도 통지하지 못하나(제404조 참조), **양도인으로부터 통지의 대리권을 수여받아 양수인이 '대리행위'로서 통지하는 것은 무방**하다(아래 2003다43490).

관련판례 대리인에 의한 채권양도통지의 한계

① 대법원은 양수인이 양도인으로부터 위임을 받아 양도인의 대리인임을 표시하지 아니하고 양수인 자기 명의로 양도통지를 하였으나, ⅰ) 채권양도통지서 자체에 양수받은 채권의 내용이 기재되어 있고, ⅱ) 채권양도양수계약서가 위 통지서에 별도의 문서로 첨부되어 있으며, ⅲ) 채무자로서는 양수인에게 채권양도통지 권한이 위임되었는지 여부를 용이하게 알 수 있었다는 사정 등을 종합하여 제115조 단서에 의한 묵시적 현명이 있었다고 보아 "채권양수인 명의의 채권양도 통지가 유효하다."라고 판단하였다(대판 2004.2.14. 2003다43490). ② 다만 최근 대법원은 "특히 양수인에 의하여 행하여진 채권양도의 통지를 대리권의 '묵시적' 수여의 인정 및 현명원칙의 예외를 정하는 민법 제115조 단서의 적용이라는 이중의 우회로를 통하여 유효한 양도통지로 가공하여 탈바꿈시키는 것은 법의 왜곡으로서 경계하여야 한다."(대판 2011.2.24. 2010다96911)라고 판시하고 있다.

29

11/21서기보, 18주사보, 18사무관

보증채무는 주채무에 대한 부종성 또는 수반성이 있어서 주채무자에 대한 채권이 이전되면 당사자 사이에 별도의 특약이 없는 한 보증인에 대한 채권도 함께 이전하고, 이 경우 채권양도의 대항요건도 주채권의 이전에 관하여 구비하면 족하고, 별도로 보증채권에 관하여 대항요건을 갖출 필요는 없다. O | X

해설 보증채무는 주채무에 대한 부종성 또는 수반성이 있어서 주채무자에 대한 채권이 이전되면 당사자 사이에 별도의 특약이 없는 한 보증인에 대한 채권도 함께 이전하고(그러나 이미 변제기가 도래한 지분적 이자채권과 같이 이미 독립성을 취득한 권리는 다른 의사표시가 없는 한 양수인에게 이전되지 않는다), 이 경우 채권양도의 대항요건도 주채권의 이전에 관하여 구비하면 족하고, **별도로 보증채권에 관하여 대항요건을 갖출 필요는 없다**(대판 2002.9.10. 2002다21509).

비교판례 채권자의 영업양도인에 대한 채권과 영업양수인에 대한 채권은 어디까지나 법률적으로 발생원인을 달리하는 별개의 채권으로서 그 성질상 영업양수인에 대한 채권이 영업양도인에 대한 채권의 처분에 당연히 종속된다고 볼 수 없다. 따라서 **채권자가 영업양도인에 대한 채권을 타인에게 양도하였다는 사정만으로 영업양수인에 대한 채권까지 당연히 함께 양도된 것이라고 단정할 수 없고, 함께 양도된 경우라도 채권양도의 대항요건은 채무자별로 갖추어야** 한다(대판 2009.7.9. 2009다23696).

30

13서기보, 18주사보

채권양도가 있기 전에 미리 하는 사전통지도 원칙적으로 허용된다. O | X

31

13/19법원행시

채권양도가 있기 전에 미리하는 사전통지는 양도시기를 확정할 수 없으므로 통지로서의 효력이 없으나, 사전통지 후에 그에 상응하는 양도가 실제로 이루어지면 그 때부터는 효력이 생긴다. O | X

해설 **30 31** 채권양도가 있기 전에 미리 하는 '사전통지'는 채무자로 하여금 양도의 시기를 확정할 수 없는 불안한 상태에 놓이게 하므로 **원칙적**으로 허용될 수 없다(대판 2000.4.11. 2000다2627). 그러나 이는 채무자를 보호하기 위하여 요구되는 것이므로 사전통지가 있더라도 채무자에게 법적으로 아무런 불안정한 상황이 발생하지 않는 경우에까지 그 효력을 부인할 것은 아니라 할 것이다. 채권양도인의 확정일자부 채권양도통지와 채무자의 확정일자부 채권양도승낙이 모두 있은 후에 채권양도계약이 체결된 사안에서, 실제로 채권양도계약이 체결된 날 위 채권양도의 제3자에 대한 대항력이 발생한다(대판 2010.2.11. 2009다90740).

정답 | 25 ○ 26 ○ 27 ○ 28 × 29 ○ 30 × 31 ×

32

15/18주사보

양도인이 양도통지만을 한 때에는 채무자는 그 통지를 받은 때까지 양도인에 대하여 생긴 사유로써 양수인에게 대항할 수 있다. O | X

33

21서기보

채무자가 채권양도 통지를 받은 당시 이미 상계할 수 있는 원인이 있었던 경우에는 아직 상계적상에 있지 않더라도 그 후 상계적상에 이르면 채무자는 양수인에 대하여 상계로 대항할 수 있다. O | X

> 해설 **32 33** 채무자가 채권양도 통지를 받은 경우 채무자는 그때까지 양도인에 대하여 생긴 사유로써 양수인에게 대항할 수 있고(제451조 제2항), 당시 **이미 상계할 수 있는 원인이 있었던 경우에는 아직 상계적상에 있지 않더라도 그 후에 상계적상에 이르면 채무자는 양수인에 대하여 상계로 대항할 수 있다**(대판 2019.6.27. 2017다222962)

34

출제예상

채무자의 채권양도인에 대한 자동채권이 발생하는 기초가 되는 원인이 양도 전에 이미 성립하여 존재하고 자동채권이 수동채권인 양도채권과 동시이행의 관계에 있는 경우에는, '양도통지가 채무자에게 도달하여 채권양도의 대항요건이 갖추어진 후에 자동채권이 발생하였다고 하더라도' 채무자는 동시이행의 항변권을 주장할 수 있고, 따라서 그 채권에 의한 상계로 양수인에게 대항할 수 있다. O | X

> 해설 채권양도에 의하여 채권은 그 동일성을 유지하면서 양수인에게 이전되고, 채무자는 양도통지를 받은 때까지 양도인에 대하여 생긴 사유로써 양수인에게 대항할 수 있다(민법 제451조 제2항). 따라서 채무자의 채권양도인에 대한 자동채권이 발생하는 기초가 되는 원인이 양도 전에 이미 성립하여 존재하고 자동채권이 수동채권인 양도채권과 동시이행의 관계에 있는 경우에는, 양도통지가 채무자에게 도달하여 채권양도의 대항요건이 갖추어진 후에 자동채권이 발생하였다고 하더라도 채무자는 동시이행의 항변권을 주장할 수 있고, 따라서 그 채권에 의한 상계로 양수인에게 대항할 수 있다(대판 2015.4.9. 2014다80945).

35

18사무관, 21서기보

임대인이 임차인으로부터 임대차보증금반환채권의 양도통지를 받은 후에는 임대인과 임차인 사이에 임대차계약의 갱신이나 계약기간 연장에 관하여 명시적 또는 묵시적 합의가 있더라도 그 합의의 효과는 위 보증금반환채권의 양수인에 대하여는 미칠 수 없다. O | X

> 해설 임대차보증금반환채권의 양도와 통지의 효과
> 채권의 양도에 의해 양도인에 대한 채무자의 지위가 달라질 것은 아니므로, 채무자는 그 **'통지를 받은 때까지'** 양도인에 대하여 생긴 사유(채무의 불성립·무효· 취소·동시이행의 항변·기한의 유예·채권의 소멸 등)로써 양수인에게 대항할 수 있다(제451조 제2항).
> 다만, **대항사유 자체는 통지 뒤에 생겼더라도 그 '사유 발생의 기초가 되는 법률관계'가 통지 전에 이미 존재하였다면** 이는 '계약 자체에 처음부터 내재하는 고유한 위험'이라고 볼 수 있으므로 그 대항사유로써 양수인에게 대항할 수 있다. 그러나 통지를 받은 후부터는 양수인만이 채권자로 되므로, '통지 이후'에 양도인에 대하여 생긴 사유로는 양수인에게 대항하지 못한다. 그래서 判例는 **임차보증금반환채권의 양도 통지 후 임대차계약의 갱신이나 연장에 관한 합의는 양수인에게 그 효력이 없다**고 한다(대판 1989.4.25. 88다카4253). 왜냐하면 임대차계약의 합의갱신 등은 채권양도 통지 후에 발생한 '새로운' 계약이라고 볼 수 있으므로, 계약 자체에 처음부터 내재하는 고유한 위험이라고 볼 수 없기 때문이다.

36

출제예상

채무자가 채권발생의 원인인 계약을 해제할 수 있는 권리가 있는 상태에서 그 채권이 양도되고 양도인이 양도통지를 한 경우, 채무자는 계약의 해제로써 양수인에게 대항할 수 없다. O | X

해설 채권의 양도에 의해 양도인에 대한 채무자의 지위가 달라질 것은 아니므로, 채무자는 그 **'통지를 받은 때까지'** 양도인에 대하여 생긴 사유(채무의 불성립·무효· 취소·동시이행의 항변·기한의 유예·채권의 소멸 등)로써 양수인에게 대항할 수 있다(제451조 제2항). 다만, **대항사유 자체는 통지 뒤에 생겼더라도 그 '사유 발생의 기초가 되는 법률관계'가 통지 전에 이미 존재하였다면** 이는 '계약 자체에 처음부터 내재하는 고유한 위험'이라고 볼 수 있으므로 그 대항사유로써 양수인에게 대항할 수 있다.

37

출제예상

甲이 乙에 대한 매매대금채권을 丙에게 양도하고 이를 乙에게 통지하였는데, 그 후 乙이 丙에게 이행하였지만 甲이 乙에 대한 채무를 이행하지 않아 乙이 甲과의 매매계약을 해제한 경우, 乙은 채권양도의 통지 이후에 계약을 해제하였다면, 이로써 丙에게 대항할 수 없다. O | X

해설 채권이 양도되어 양도통지를 받은 후에 채권양도의 기초가 되는 계약이 채권양도인의 채무불이행으로 해제된 경우 양도인의 채무불이행 및 그에 따른 채무자의 해제권 행사라는 사정이 양도 통지이후에 발생하였다 하더라도 **채권양도의 기초가 되는 계약이 일방의 채무불이행으로 해제될 수 있다는 것은 계약 자체에 내재하는 고유한 위험**이고, 그 해제권 발생의 기초가 되는 계약은 통지 전에 이미 성립하였기 때문에 이는 제451조 제2항의 양도통지를 받기 전에 생긴 사유에 해당한다. 따라서 채무자 乙은 해제로써 양수인 丙에게 대항할 수 있으므로 乙은 丙에게 이미 지급한 급부를 원상회복으로 반환을 청구할 수 있다(대판 2003.1.24. 2000다22850 참고).

또한 해제에 의하여 소멸하는 채권 그 자체의 양수인 丙은 계약해제에 관한 제548조 제1항 단서의 제3자에 해당하지 않기 때문에 매수인 乙은 丙에게 대항할 수 있다. 즉 判例는 **채권의 양수인**이 취득한 권리는 채권에 불과하고 대세적 효력을 갖는 권리가 아니어서 (대항요건을 갖추었더라도) 채권의 양수인은 제548조 제1항 단서의 제3자에 해당하지 않는다고 한다(대판 2003.1.24. 2000다22850 ; 대판 2000.8.22. 2000다23433).

38

14주사보, 15서기보

양도인이 채무자에게 채권양도를 통지한 때에는 아직 양도하지 아니하였거나 그 양도가 무효인 경우에도 선의인 채무자는 양수인에게 대항할 수 있는 사유로 양도인에게 대항할 수 있다. O | X

39

15/19주사보

양도인이 채무자에게 채권양도를 통지한 때에는 아직 양도하지 아니하였거나 그 양도가 무효인 경우 채무자는 양수인에게 대항할 수 있는 사유로 양도인에게 대항할 수 있고, 위 통지는 양수인의 동의가 없어도 철회할 수 있다. O | X

해설 **38 39 제452조(양도통지와 금반언)** ① 양도인이 채무자에게 채권양도를 통지한 때에는 아직 양도하지 아니하였거나 그 양도가 무효인 경우에도 선의인 채무자는 양수인에게 대항할 수 있는 사유로 양도인에게 대항할 수 있다.
② 전항의 통지는 양수인의 동의가 없으면 철회하지 못한다.

정답 | 32 ○ 33 ○ 34 ○ 35 ○ 36 × 37 × 38 ○ 39 ×

40 11/18법원행시, 17/18서기보

지명채권의 양도통지를 한 후 그 양도계약이 해제된 경우 양도인이 그 해제를 이유로 다시 원래의 채무자에 대하여 양도채권으로 대항하려면 양수인이 채무자에게 위와 같은 해제사실을 통지하여야 한다. O | X

41 21법원행시

甲이 乙에 대한 금전채권을 丙에게 양도하고 이를 乙에게 통지하였는데, 이후 甲과 丙 사이에 채권양도계약이 해제된 경우 甲이 乙에게 채무의 이행을 구하기 위해서는 丙이 乙에게 해제사실을 통지하여야 한다. O | X

42 19법원행시

지명채권의 양도통지를 한 후 해제 또는 합의해제된 경우 채권양도인이 채권양수인의 동의를 받거나 채권양수인이 직접 채무자에게 위와 같은 해제 등 사실을 통지하여야 하는데, 위와 같은 대항요건이 갖추어질 때까지 양도계약의 해제 등을 알지 못한 선의인 채무자는 해제 등의 통지가 있은 다음에도 채권양수인에 대한 반대채권에 의한 상계로써 채권양도인에게 대항할 수 있다. O | X

해설 **40 41 42** 채권양도가 해제 또는 합의해제된 경우에도 민법 제452조 제1항을 유추적용할 수 있는지 여부(적극) 민법 제452조는 '양도통지와 금반언'이라는 제목 아래 제1항에서 '양도인이 채무자에게 채권양도를 통지한 때에는 아직 양도하지 아니하였거나 그 양도가 무효인 경우에도 선의인 채무자는 양수인에게 대항할 수 있는 사유로 양도인에게 대항할 수 있다'고 하고, 제2항에서 '전항의 통지는 양수인의 동의가 없으면 철회하지 못한다'고 하여 채권양도가 불성립 또는 무효인 경우에 선의인 채무자를 보호하는 규정을 두고 있다. 이는 **채권양도가 해제 또는 합의해제되어 소급적으로 무효가 되는 경우에도 유추적용할 수 있다**고 할 것이므로, 지명채권의 양도통지를 한 후 양도계약이 해제 또는 합의해제된 경우에 채권양도인이 해제 등을 이유로 다시 원래의 채무자에 대하여 양도채권으로 대항하려면 i) 채권양도인이 채권양수인의 동의를 받거나 ii) 채권양수인이 채무자에게 위와 같은 해제 등 사실을 통지하여야 한다. **이 경우 위와 같은 대항요건이 갖추어질 때까지 양도계약의 해제 등을 알지 못한 선의인 채무자는 해제 등의 통지가 있은 다음에도 채권양수인에 대한 반대채권에 의한 상계로써 채권양도인에게 대항할 수 있다고 봄이 타당**하다(대판 2012.11.29. 2011다17953).

43 출제예상

채권양도의 통지는 그 양도인이 채권이 양도되었다는 사실을 채무자에게 알리는 행위에 불과하므로, 그것만으로 도급계약에 관하여 「민법」 제667조 내지 제671조에 규정된 하자담보책임의 제척기간 준수에 필요한 권리의 행사에 해당한다고 할 수 없다. O | X

해설 대판 2012.3.22. 2010다28840 전합

44 15서기보, 18법무사

지명채권 양도의 대항요건으로서 채무자의 승낙은 채권양도의 사실을 채무자가 승인하는 의사를 표명하는 채무자의 행위이고, 채무자는 채권양도를 승낙함에 있어 조건을 붙여서 할 수는 없다. O | X

해설 채무자의 승낙의 법적 성질
승낙은 채권양도의 사실을 알고 있음을 알리는 '관념의 통지'로 계약의 성립을 위한 승낙에서와 달리 채무자가 채권양도를 알았디거나 기낏해야 양해한나는 의미를 가질 뿐이다. 그리고 통지에서와 달리 **이의를 유보할 수 있을 뿐만 아니라 조건을 붙여서 할 수도 있다**(대판 2011.6.30. 2011다8614 등).

45

12법무사, 16서기보

채권양도의 통지는 채무자에 대하여 이루어져야 하나, 채권양도에 대한 승낙은 양도인과 양수인 어느 쪽에 하여도 무방하다. O | X

해설 ㉠ **채권양도통지는 '양도인'이 채무자에 대해 해야 하고**, 양수인에 의한 통지는 그 효력이 생기지 않는다. 따라서 양수인은 양도인을 '대위'하여도 통지하지 못하나, 양도인으로부터 통지의 대리권을 수여받아 양수인이 '대리행위'로서 통지하는 것은 무방하다(대판 2004.2.14. 2003다43490). ㉡ 반면 **채무자의 승낙**은 채무자가 **양수인 또는 양도인 어느 쪽에 대해 하더라도 무방**하고(대판 1986.2.25. 85다카1529), 채무자의 대리인에 의하여도 가능하다(대판 2013.6.28. 2011다83110).

46

출제예상

채권양도에 관한 채무자의 승낙은 채무자가 채권양도 사실에 관한 인식을 표명하는 것으로서 이른바 관념의 통지에 해당하고, 대리인에 의하여도 위와 같은 승낙을 할 수 있다. O | X

해설 채권양도의 대항요건 – 채권자의 승낙
민법 제451조 제1항 전문은 "채무자가 이의를 보류하지 아니하고 전조의 승낙을 한 때에는 양도인에게 대항할 수 있는 사유로써 양수인에게 대항하지 못한다."고 규정하고 있는데, 이는 채무자의 승낙이라는 사실에 공신력을 주어 양수인을 보호하고 거래의 안전을 꾀하기 위한 규정이다. 여기서 '승낙'이라 함은 채무자가 채권양도 사실에 관한 인식을 표명하는 것으로서 이른바 관념의 통지에 해당하고, 대리인에 의하여도 위와 같은 승낙을 할 수 있다(대판 2013.6.28. 2011다83110).

47

11법무사

채무자가 채권양도를 승낙한 후에 취득한 양도인에 대한 채권으로는 양수인에 대하여 상계로 대항하지 못한다. O | X

해설 대판 1984.9.11. 83다카2288 참조

48

21법무사

지명채권의 양도는 양도인이 채무자에게 통지하여야 하고, 채무자가 승낙하지 아니하면 채무자 기타 선의의 제3자에게 대항하지 못한다. O | X

정답 | 40 ○ 41 ○ 42 ○ 43 ○ 44 × 45 ○ 46 ○ 47 ○ 48 ×

49

21법무사

채무자가 채무를 소멸하게 하기 위하여 양도인에게 급여한 것이 있으면 이를 회수할 수 있으나, 양도인에 대하여 부담한 채무가 있으면 그 성립되지 아니함을 주장할 수 없다. O | X

50

14법무사, 15주사보, 20법원행시

채무자가 이의를 보류하지 아니하고 지명채권양도의 승낙을 한 때에는 양도인에게 대항할 수 있는 사유로써 양수인에게 대항하지 못한다. 따라서 채무자가 채무를 소멸하게 하기 위하여 양도인에게 급여한 것이 있어도 이를 회수할 수 없고, 양도인에 대하여 부담한 채무가 있어도 그 성립되지 아니함을 주장할 수 없다. O | X

해설 **48 49 50** **제451조(승낙, 통지의 효과)** ① 채무자가 이의를 보류하지 아니하고 전조의 승낙을 한 때에는 양도인에게 대항할 수 있는 사유로써 양수인에게 대항하지 못한다. 그러나 채무자가 채무를 소멸하게 하기 위하여 양도인에게 급여한 것이 있으면 이를 회수할 수 있고 양도인에 대하여 부담한 채무가 있으면 그 성립되지 아니함을 주장할 수 있다.

51

출제예상

채권양도가 있었으나 아직 대항요건이 갖추어지지 아니하였다면 채무자가 채권양도사실을 알고서 양도인에게 변제한 경우에도 양수인에 대하여 변제의 유효를 주장할 수 있다. O | X

해설 채권양도 사실에 대해 채무자가 악의라는 점만으로 양수인이 대항요건을 갖춘 것은 아니고(제450조 제1항 참조), 채권양도 후 대항요건이 구비되기 전의 양도인은 채무자에 대한 관계에서는 여전히 채권자의 지위에 있으므로(대판 2009.2.12. 2008두20109), 채무자는 자신의 채무를 채권 양도인에게 변제해도 유효한 변제가 되고, 양도인에 대한 대항사유로서 양수인에게 대항할 수 있다(제451조 제1항).

참고판례 채무자가 채권양도 통지를 받기 전 채권자(의 대리인)에게 변제하였으면 이로서 위 채무는 채무 소멸한 것이다(서울고법 1978.5.12. 77나462).

52

출제예상

채무자의 '이의를 보류하지 아니한 승낙'은 위 규정 자체로 보더라도 그의 '양도인'에 대한 항변을 상실시키는 효과 밖에 없고, 채권에 관하여 권리를 주장하는 자가 여럿인 경우 그들 사이의 우열은 채무자에게도 효력이 미치므로, 위 '양도인에게 대항할 수 있는 사유'란 채권의 성립, 존속, 행사를 저지 배척하는 사유를 가리킬 뿐이고, 채권의 귀속은 이에 포함되지 아니한다. O | X

해설 채권의 귀속(채권이 이미 타인에게 양도되었다는 사실)이 민법 제451조 제1항 전단의 "양도인에게 대항할 수 있는 사유"에 해당하는지 여부

i) 민법은 채권의 귀속에 관한 우열을 오로지 확정일자 있는 증서에 의한 통지 또는 승낙의 유무와 그 선후로써만 결정하도록 규정하고 있는 데다가, ii) 채무자의 "이의를 보류하지 아니한 승낙"은 민법 제451조 제1항 전단의 규정 자체로 보더라도 그의 양도인에 대한 항변을 상실시키는 효과밖에 없고, iii) 채권에 관하여 권리를 주장하는 자가 여럿인 경우 그들 사이의 우열은 채무자에게도 효력이 미치므로, **위 규정의 "양도인에게 대항할 수 있는 사유"란 채권의 성립, 존속, 행사를 저지·배척하는 사유를 가리킬 뿐이고, 채권의 귀속(채권이 이미 타인에게 양도되었다는 사실)은 이에 포함되지 아니**한다(대판 1994.4.29. 93다35551).

관련판례 민법 제451조 제1항 본문은 "채무자가 이의를 보류하지 아니하고 전조의 승낙을 한 때에는 양도인에게 대항할 수 있는 사유로써 양수인에게 대항하지 못한다."라고 정하고 있다. 이 조항은 채무자의 **이의를 보류하지 않은 승낙이라는 사실에 공신력을 주어 양수인을 보호하고 거래의 안전을 꾀하기 위한 것**이다. 여기에서 양도인에게 대항할 수 있지만 양수인에게는 대항하지 못하는 사유는 협의의 항변권에 한정되지 않고 넓게 채권의 성립·존속·행사를 저지하거나 배척하는 사유를 포함한다. 채무자가 이 조항에 따른 이의를 보류하지 않은 승낙을 할 때에 명시적으로 항변사유를 포기한다거나 양도되는 채권에 대하여 이의가 없다는 뜻을 표시할 것까지 요구하지는 않는다(대판 2019.6.27. 2017다222962).

53

13법원행시

임대차보증금반환채권 양도에 있어서 임대인이 아무런 이의를 보류하지 아니하고 채권양도를 승낙하였다면 임차목적물을 개축하는 등으로 임차인이 부담할 원상복구비용 상당의 손해배상액은 반환할 임대차보증금에서 당연히 공제할 수는 없다. O | X

해설 ① **원상복구비용 상당의 손해배상액**

부동산임대차에 있어서 임차인이 임대인에게 지급하는 임대차보증금은 임대차관계가 종료되어 목적물을 반환하는 때까지 그 임대차관계에서 발생하는 임차인의 모든 채무를 담보하는 것으로서, 임대인의 임대차보증금 반환의무는 임대차관계가 종료되는 경우에 그 임대차보증금 중에서 목적물을 반환받을 때까지 생긴 연체차임 등 임차인의 모든 채무를 공제한 나머지 금액에 관하여서만 비로소 이행기에 도달하는 것이므로, **그 임대차보증금 반환 채권을 양도함에 있어서 임대인이 아무런 이의를 보류하지 아니한 채 채권양도를 승낙하였어도 임차 목적물을 개축하는 등 하여 임차인이 부담할 원상복구비용 상당의 손해배상액은 반환할 임대차보증금에서 당연히 공제**할 수 있다(대판 2002.12.10. 2002다52657).

② **임대인과 임차인 사이에서 원상복구비용의 보증금 명목으로 지급하기로 약정한 금액**

임대인과 임차인 사이에서 장래 임대목적물 반환시 위 원상복구비용의 보증금 명목으로 지급하기로 약정한 금액은, 임대차관계에서 당연히 발생하는 임차인의 채무가 아니라 임대인과 임차인 사이의 약정에 기하여 비로소 발생하는 채무에 불과하므로, 반환할 임대차보증금에서 당연히 공제할 수 있는 것은 아니라 할 것이어서, 임대차보증금 반환 채권을 양도하기 전에 임차인과 사이에 이와 같은 약정을 한 임대인이 이와 같은 약정에 기한 원상복구비용의 보증금 청구 채권이 존재한다는 이의를 보류하지 아니한 채 채권양도를 승낙하였다면 민법 제451조 제1항이 적용되어 그 원상복구비용의 보증금 청구 채권으로 채권양수인에게 대항할 수 없다(同 判例).

54

16서기보

채권양도의 통지나 승낙이 없는 동안에는 채무자가 채권양도에 관하여 알고 있다고 하더라도 양수인은 채무자에게 채권양도의 효력을 주장할 수 없다. O | X

해설 채무자에 대한 대항요건

제450조(지명채권양도의 대항요건) ① 지명채권의 양도는 양도인이 채무자에게 통지하거나 채무자가 승낙하지 아니하면 채무자 기타 제3자에게 대항하지 못한다.

지명채권의 양도는 양도인과 양수인 사이의 '채권양도계약'에 의해 성립한다. 따라서 채권양도에 관여하지 않는 채무자와 제3자는 채권양도의 사실을 알지 못하기 때문에 불측의 손해를 입는 경우가 있다. 이에 대한 보호방법으로 민법은 '대항요건주의'를 취하고 있는바, "채권양도는 처분행위로서 양도계약만으로써 채권 자체가 동일성을 유지하면서 양도인으로부터 양수인에게 바로 이전하지만(대판 1999.4.15. 97도666), 이를 **채무자** 또는 **제3자에게 '대항'하기 위해서는 통지 또는 승낙을 요구**한다(제450조).

➡ 따라서 채권양도의 '통지나 승낙'이 없는 동안에는 채무자가 채권양도에 관하여 알고 있다고 하더라도 양수인은 채무자에게 채권양도의 효력을 주장할 수 없다.

정답 | 49 × 50 × 51 ○ 52 ○ 53 × 54 ○

55

12주사보

가압류신청서에 채권양도에 관한 승낙서가 첨부되었고, 그 가압류신청서에 법원의 접수인이 날인되었다면 확정일자 있는 증서에 의한 승낙에 해당한다. O|X

해설 확정일자'란 증서에 대하여 그 작성한 일자에 관한 완전한 증거가 될 수 있는 것으로 법률상 인정되는 일자를 말한다(대판 1988.4.12. 87다카2429). 여기서 '확정일자 있는 증서'란 위와 같은 일자가 있는 것으로서 **민법 부칙 제3조 소정의 증서**를 말한다.
채무자의 채권양도에 관한 승낙이 확정일자 없는 승낙서에 의하여 이루어진 후에 채권양수인이 채무자로부터 교부받은 승낙서를 첨부하여 법원에 양수금채권을 피보전권리로 하여 채무자의 재산에 대한 가압류를 신청하고, **법원공무원이 가압류신청서를 접수하면서 이에 접수일자를 표시하는 접수인을 찍었다면 위 승낙서는 가압류신청서의 첨부서류로서 위 신청서와 함께 법원에 접수되고 위 신청서에 접수인까지 날인되어 있으므로** 당사자들이 나중에 그 작성일자를 변경하는 것이 불가능하다고 할 것인 점에 비추어, 가압류신청서에 찍힌 접수일자는 그 첨부서류인 승낙서에 대하여 **민법 부칙 제3조 제4항 소정의 확정일자에 해당한다**고 볼 것이다(대판 2004.7.8. 2004다17481).

56

17서기보

지명채권의 양도 당시 양도통지가 확정일자 없는 증서에 의하였으나 이후 그 증서에 확정일자를 얻었다면 그 이후부터는 제3자에 대한 대항력을 취득한다. O|X

해설 확정일자 없는 증서에 의한 양도통지 후에 그 증서에 확정일자를 얻은 경우, 그 일자 이후에는 제3자에 대한 대항력을 취득하고, 원본이 아닌 '사본'에 확정일자를 갖추었다 하더라도 대항력을 취득한다고 한다(대판 2006.9.14. 2005다45537).

57

12법무사, 21서기보

선순위 근저당권부채권을 양수한 채권자는 채권양도의 대항요건을 갖추지 아니하면 후순위 근저당권자에게 대항하지 못한다. O|X

해설 **제3자에 대한 대항요건(제450조 2항)에서 제3자의 범위**
지명채권 양도의 통지나 승낙은 확정일자 있는 증서에 의하지 아니하면 채무자 이외의 제3자에게 대항하지 못한다(제450조 제2항). 여기서 '제3자'는 채권의 이중양수인과 같이 그 채권에 관하여 양수인의 지위와 양립할 수 없는 법률상의 지위를 취득한 자를 말한다. 그러나 채권양도에 의해 간접적으로 영향을 받는데 지나지 않는 '채무자의 채권자'는 제3자에 해당하지 않으며, 이들에 대해서는 확정일자 있는 증서에 의하지 않더라도 대항할 수 있다. 判例도 "선순위의 근저당권부채권을 양수한 채권자보다 후순위의 근저당권자는 채권양도의 대항요건을 갖추지 아니한 경우 대항할 수 없는 제3자에 포함되지 않는다."라고 한다(대판 2005.6.23. 2004다29279).

➡ 따라서 선순위 근저당권부채권 양수인이 후순위의 근저당권자보다 우선하여 양수채권의 변제를 받는 데 채권양도의 대항요건을 갖추지 아니한 것이 장애가 된다고 할 수도 없다.

58

11/21서기보, 16/18주사보, 20법무사

채권이 이중으로 양도된 경우 양수인 상호 간의 우열은 확정일자 있는 양도통지가 채무자에게 도달한 일시 또는 확정일자 있는 승낙의 일시의 선후에 의하여 결정하여야 한다. O|X

> **해설** 채권이 이중으로 양도된 경우 양수인 상호 간의 우열은 확정일자 있는 양도통지가 채무자에게 도달한 일시 또는 확정일자 있는 승낙의 일시의 선후에 의하여 결정하여야 하고, 확정일자 있는 증서에 의하지 아니한 통지나 승낙이 있는 채권양도의 양수인은 확정일사 있는 증서에 의한 통지나 승낙이 있는 채권양도의 양수인에게 대항할 수 없다(대판 2013. 6.28. 2011다83110).

59

출제예상

확정일자 있는 채권양도 통지와 채권가압류결정 정본이 같은 날 도달되었는데 그 선후관계에 대하여 달리 증명이 없으면 동시에 도달된 것으로 추정한다. O | X

> **해설** 확정일자 있는 채권양도 통지와 채권가압류결정 정본이 같은 날 도달 한 경우, 두 개의 통지가 같은 날짜에 도달한 경우에는 동시도달로 추정된다(대판 1994.4.26. 93다24223 전합).

60

21법원행시

甲이 2021. 1. 3. 乙에 대한 금전채권을 丙에게 양도하고, 2021. 1. 10. 이를 다시 丁에게 이중으로 양도하였는데, 각 채권양도에 대한 확정일자부 통지가 乙에게 모두 같은 날 도달했다면 乙은 丙과 丁 누구에게라도 전액을 변제하면 다른 채권자에 대한 관계에서도 유효하게 면책된다. O | X

61

11법원행시

확정일자 있는 채권양도 통지와 채권가압류결정 정본이 동시에 제3채무자에게 도달된 경우에 양수인의 양수금 청구에 대하여 채무자가 채권양도통지와 채권가압류결정정본을 동시에 송달받은 사실로써 대항할 수 있다. O | X

> **해설** **60 61** 채권양도 통지, 가압류 또는 압류명령 등이 제3채무자에 동시에 송달되어 그들 상호간에 우열이 없는 경우에도 그 채권양수인, 가압류 또는 압류채권자는 모두 제3채무자에 대하여 완전한 대항력을 갖추었다고 할 것이므로, **그 전액에 대하여 채권양수금, 압류전부금 또는 추심금의 이행청구를 하고 적법하게 이를 변제받을 수 있고**, 제3채무자로서는 이들 중 누구에게라도 그 채무 전액을 변제하면 다른 채권자에 대한 관계에서도 유효하게 면책되는 것이며, 만약 양수채권액과 가압류 또는 압류된 채권액의 합계액이 제3채무자에 대한 채권액을 초과할 때에는 그들 상호간에는 법률상의 지위가 대등하므로 공평의 원칙상 각 채권액에 안분하여 이를 내부적으로 다시 정산할 의무가 있다(대판 1994.4.26. 93다24223).

62

출제예상

동일한 채권에 대하여 확정일자 있는 채권양도의 통지와 채권가압류명령이 제3채무자에게 동시에 도달하여 제3채무자가 변제공탁을 하고 이후 배당이 되는 경우, 위 도달시점 이후 채권압류 및 추심명령을 받은 다른 채권자가 배당요구를 하더라도 채권양수인과 선행가압류채권자 사이에서만 채권액에 안분하여 배당하여야 한다. O | X

정답 | 55 ○ 56 ○ 57 × 58 ○ 59 ○ 60 ○ 61 × 62 ○

해설 확정일자 있는 채권양도 통지와 채권가압류명령이 동시에 도달됨으로써 제3채무자가 변제공탁을 하고, 그 후에 다른 채권압류 또는 가압류가 이루어졌다 하더라도 채권양수인과 선행가압류채권자 사이에서만 채권액에 안분하여 배당하여야 한다(대판 2004.9.3. 2003다22561).

63

기출변형

甲은 2010. 2. 1. 乙에게 1억 원을 대여한 후 2010. 5. 3. 丙에게 위 대여금채권 전부를 양도하고, 같은 날 乙에게 확정일자 있는 내용증명우편으로 채권양도통지를 하여, 그 통지가 2010. 5. 6. 乙에게 도달하였다. 한편, 甲의 채권자인 丁은 2010. 4. 29. 위 대여금채권 전부에 대하여 압류명령을 받았고, 그 결정이 2010. 5. 6. 乙에게 도달하였다. 다음 설명 중 옳지 않은 것은? (다툼이 있는 경우에는 판례에 의함)

① 丙과 丁 사이의 우열은 위 확정일자 있는 양도통지와 위 채권압류명령 중 어느 것이 乙에게 먼저 도달하였는지에 따라 결정하여야 한다.

② 위 확정일자 있는 양도통지가 위 채권압류명령보다 乙에게 먼저 도달하였더라도 위 채권압류명령이 무효로 되는 것은 아니다.

③ 위 채권양도통지와 위 채권압류명령 중 어느 것이 乙에게 먼저 도달하였는지 밝혀지지 아니한 경우, 丙은 아직 이행을 하지 않고 있는 乙에게 위 양수금채권 전부의 이행을 청구할 수 있다.

④ ③의 경우, 丙이 乙로부터 위 양수금 전부를 변제받았다면, 丁과의 사이에 각자의 채권액에 안분하여 내부적으로 정산할 의무를 부담한다.

해설 ① [O] ③ [O] ④ [O] 채권의 이중양도에 있어 동시도달로 추정되는 경우의 법률관계에 관한 중요판례의 태도이다.

채권양수인과 동일 채권에 대하여 가압류명령을 집행한 자 사이의 우열결정기준

ⅰ) **채권이 이중으로 양도된 경우의 양수인 상호간의 우열**은 통지 또는 승낙에 붙여진 확정일자의 선후에 의하여 결정할 것이 아니라, 채권양도에 대한 **채무자의 인식, 즉 확정일자 있는 양도통지가 채무자에게 도달한 일시** 또는 **확정일자 있는 승낙의 일시의 선후에 의하여 결정**하여야 할 것이고, 이러한 법리는 채권양수인과 동일 채권에 대하여 가압류명령을 집행한 자 사이의 우열을 결정하는 경우에 있어서도 마찬가지이므로, 확정일자 있는 채권양도 통지와 가압류결정 정본의 제3채무자(채권양도의 경우는 채무자)에 대한 도달의 선후에 의하여 그 우열을 결정하여야 한다(① 지문관련).

채권양도 통지와 가압류결정 정본이 채무자에게 동시에 도달된 경우 채권양수인 또는 가압류채권자의 이행청구 가부 및 양자 사이의 정산의무 유무

ⅱ) 채권양도 통지, 가압류 또는 압류명령 등이 제3채무자에 동시에 송달되어 그들 **상호간에 우열이 없는 경우**에도 그 채권양수인, 가압류 또는 압류채권자는 모두 제3채무자에 대하여 완전한 대항력을 갖추었다고 할 것이므로, 그 전액에 대하여 채권양수금, 압류전부금 또는 추심금의 이행청구를 하고 적법하게 이를 변제받을 수 있고, **제3채무자로서는 이들 중 누구에게라도 그 채무 전액을 변제하면 다른 채권자에 대한 관계에서도 유효하게 면책**되는 것이며, 만약 양수채권액과 가압류 또는 압류된 채권액의 합계액이 제3채무자에 대한 채권액을 초과할 때에는 그들 상호간에는 법률상의 지위가 대등하므로 **공평의 원칙상 각 채권액에 안분하여 이를 내부적으로 다시 정산할 의무**가 있다(③, ④ 지문관련).

채권양도 통지와 가압류결정 정본을 동시에 송달받은 채무자의 변제공탁 가부

ⅲ) 채권양도의 통지와 가압류 또는 압류명령이 제3채무자에게 동시에 송달되었다고 인정되어 채무자가 채권양수인 및 추심명령이나 전부명령을 얻은 가압류 또는 압류채권자 중 한 사람이 제기한 급부소송에서 전액 패소한 이후에도 다른 채권자가 그 송달의 선후에 관하여 다시 문제를 제기하는 경우 **기판력의 이론상 제3채무자는 이중지급의 위험이 있을 수 있으므로, 동시에 송달된 경우에도 제3채무자는 송달의 선후가 불명한 경우에 준하여 채권자를 알 수 없다는 이유로 변제공탁을 함으로써 법률관계의 불안으로부터 벗어날 수 있다**(대판 1994.4.26. 93다24223 전합).

② [×] 채권이 양도되고 대항력(확정일자)을 구비한 상태에서 그 양도된 채권을 양도인의 채권자들이 압류, 추심명령을 하게 되면 이미 채권은 양수인에게 이전되었으므로(피압류채권은 이미 존재하지 않는 것과 같다) 이러한 압류, 추심은 무효이다.

참고판례 채권압류의 효력발생 전에 채무자가 그 채권을 처분한 경우에는 그보다 먼저 압류한 채권자가 있어 그 채권자에게는 대항할 수 없는 사정이 있더라도 그 처분 후에 집행에 참가하는 채권자에 대하여는 처분의 효력을 대항할 수 있는 것이므로, 채무자가 압류 또는 가압류의 대상인 채권을 양도하고 확정일자 있는 통지 등에 의한 채권양도의 대항요건을 갖추었다면, 그 후 채무자의 다른 채권자가 그 양도된 채권에 대하여 압류 또는 가압류를 하더라도 그 압류 또는 가압류 당시에 피압류채권은 이미 존재하지 않는 것과 같아 압류 또는 가압류로서의 효력이 없고, 따라서 그 다른 채권자는 압류 등에 따른 집행절차에 참여할 수 없다(대판 2010.10.28. 2010다57213,57220).

64

출제예상

채권의 일부양도가 이루어진 경우, 그 분할된 채권에 대하여 양도인에 대한 반대채권으로 상계하고자 하는 채무자는 양도인을 비롯한 각 분할채권자 중 어느 누구라도 상계의 상대방으로 지정하여 상계할 수 있다.

O | X

해설 **채권의 일부 양도가 이루어지면** 특별한 사정이 없는 한 **각 분할된 부분에 대하여 독립한 분할채권이 성립**하므로 그 채권에 대하여 양도인에 대한 반대채권으로 상계하고자 하는 채무자로서는 **양도인을 비롯한 각 분할채권자 중 어느 누구도 상계의 상대방으로 지정하여 상계할 수 있고,** 그러한 채무자의 상계 의사표시를 수령한 분할채권자는 제3자에 대한 대항요건을 갖춘 양수인이라 하더라도 양도인 또는 다른 양수인에 귀속된 부분에 대하여 먼저 상계되어야 한다거나 각 분할채권액의 채권 총액에 대한 비율에 따라 상계되어야 한다는 이의를 할 수 없다(대판 2002.2.8. 2000다50596).

사실관계 甲건설은 乙교회에 대해 공사잔대금채권 6억 원이 있고, 乙은 위 공사의 하자로 인해 甲에 대해 1억 원의 손해배상채권이 있는데, 甲은 乙에 대한 위 채권 중 3억 원의 채권을 丙에게 양도하였다. 여기서 乙이 甲에 대한 1억 원의 채권을 가지고 상계하는 경우, 먼저 甲에 대해 상계하여야 하는가? 또 丙에 대해 상계할 때에는 그 비율(즉, 3억 원 × 1억 원/6억 원 = 5,000만원)에 따라 상계할 수 있는가? 判例는 위와 같은 이유로 乙은 甲에 대한 1억원의 채권 전부를 丙이 乙에 대해 가지는 양수금채권(3억 원)과 상계할 수 있는 것으로 보았다.

65

18서기보

대항요건을 갖추지 못한 채권양수인이 채무자를 상대로 재판상 청구를 하였다고 하더라도, 이를 소멸시효 중단 사유인 재판상 청구로 볼 수는 없다.

O | X

해설 채권양도의 대항요건을 갖추지 못한 상태에서 채권양수인이 채무자를 상대로 소를 제기한 경우
判例는 "채권양도에 의하여 채권은 그 동일성을 잃지 않고 양도인으로부터 양수인에게 이전되며, 이러한 법리는 채권양도의 대항요건을 갖추지 못하였다고 하더라도 마찬가지인 점 등에서 비록 '대항요건을 갖추지 못하여' 채무자에게 대항하지 못한다고 하더라도 **'채권의 양수인'**이 채무자를 상대로 재판상의 청구를 하였다면 **이는 소멸시효 중단사유인 재판상의 청구에 해당한다.**"(대판 2005.11.10. 2005다41818)라고 한다.

정답 | 63 ② 64 ○ 65 ×

66 18서기보

주식을 양수하였으나 아직 주주명부에 명의개서를 하지 않아 주주명부에는 양도인이 주주로 기재되어 있는 경우는 실제 주식을 양수한 자가 의결권 등 주주권을 적법하게 행사할 수 있으나, 이와 달리 주식을 인수하려는 자가 타인의 명의를 빌려 회사의 주식을 인수하고 타인의 명의로 주주명부에의 기재를 마친 경우에는 회사에 대한 관계에서는 주주명부상 주주만이 주주로서 의결권 등 주주권을 적법하게 행사할 수 있다. O | X

해설 ㉠ **주식을 양수하였으나 아직 주주명부에 명의개서를 하지 아니하여 주주명부에는 양도인이 주주로 기재되어 있는 경우뿐만 아니라, 주식을 인수하거나 양수하려는 자가 타인의 명의를 빌려 회사의 주식을 인수하거나 양수하고 타인의 명의로 주주명부에의 기재까지 마치는 경우에도, 회사에 대한 관계에서는 주주명부상 주주만이 주주로서 의결권 등 주주권을 적법하게 행사할 수 있다.** ㉡ 이는 주주명부에 주주로 기재되어 있는 자는 특별한 사정이 없는 한 회사에 대한 관계에서 주식에 관한 의결권 등 주주권을 적법하게 행사할 수 있고, 회사의 주식을 양수하였더라도 주주명부에 기재를 마치지 아니하면 주식의 양수를 회사에 대항할 수 없다는 법리에 비추어 볼 때 자연스러운 결과이다. ㉢ 또한 언제든 주주명부에 주주로 기재해 줄 것을 청구하여 주주권을 행사할 수 있는 자가 자기의 명의가 아닌 타인의 명의로 주주명부에 기재를 마치는 것은 적어도 주주명부상 주주가 회사에 대한 관계에서 주주권을 행사하더라도 이를 허용하거나 받아들이려는 의사였다고 봄이 합리적이다. ㉣ 그렇기 때문에 주주명부상 주주가 주식을 인수하거나 양수한 사람의 의사에 반하여 주주권을 행사한다 하더라도, 이는 주주명부상 주주에게 주주권을 행사하는 것을 허용함에 따른 결과이므로 주주권의 행사가 신의칙에 반한다고 볼 수 없다(대판 2017.3.23. 2015다248342 전합).

정답 | 66 ×

제2절 채무인수

01

12법원행시

이해관계 없는 제3자는 채무자의 의사에 반하여 면책적으로 채무를 인수하지 못한다. O | X

02

11법무사

이해관계 있는 제3자는 채권자와의 계약에 의해 중첩적 채무인수 뿐만 아니라 면책적 채무인수도 채무자의 의사에 반하여 할 수 있다. O | X

03

출제예상

중첩적 채무인수는 채권자와 채무인수인과의 합의가 있는 이상 채무자의 의사에 반하여서도 이루어질 수 있다. O | X

해설 **01 02** '채권자와 인수인 사이의 채무인수계약'의 경우에는 채무인수로 인하여 채무자가 채무를 면하는 이익을 얻게 되므로 채무자의 동의나 수익의 의사표시를 요하지 않는다. 다만 이해관계 없는 제3자는 채무자의 의사에 반하여 채무인수를 할 수 없다(제453조 제2항).

비교판례 **03** 중첩적 채무인수는 채권자와 채무인수인과의 합의가 있는 이상 채무자의 의사에 반하여서도 이루어질 수 있다 (대판 1988.11.22. 87다카1836).

04

19주사보

제3자가 채무자와의 계약으로 채무를 인수한 경우에는 채권자의 승낙에 의하여 그 효력이 생긴다. O | X

05

21법무사

면책적 채무인수는 채무자와 인수인 사이의 계약으로도 할 수 있으며, 이 경우 채권자의 승낙이 있어야 그 효력이 발생한다. O | X

06

17법무사

제3자가 채무자와의 계약으로 채무를 인수한 경우에는 채권자의 승낙에 의하여 그 효력이 생긴다. 이때 채권자의 승낙 또는 거절의 상대방은 제3자이다. O | X

정답 | 01 ○ 02 ○ 03 ○ 04 ○ 05 ○ 06 ×

07

18법원행시

丙은 乙의 甲에 대한 차용금반환채무를 인수하였다. 乙과 丙 사이에 면책적 채무인수에 관한 약정이 있었던 경우, 乙 또는 丙은 상당한 기간을 정하여 이에 관한 승낙 여부의 확답을 甲에게 최고할 수 있고, 甲이 그 기간 내에 확답을 발송하지 않은 때에는 거절한 것으로 본다. O | X

> 해설 **04 05 06 제454조(채무자와의 계약에 의한 채무인수)** ① 제3자가 채무자와의 계약으로 채무를 인수한 경우에는 채권자의 승낙에 의하여 그 효력이 생긴다.
> ② 채권자의 승낙 또는 거절의 상대방은 채무자나 제3자이다.
>
> **07 제455조(승낙여부의 최고)** ① 전조의 경우에 제3자나 채무자는 상당한 기간을 정하여 승낙여부의 확답을 채권자에게 최고할 수 있다.
> ② 채권자가 그 기간내에 확답을 발송하지 아니한 때에는 거절한 것으로 본다.

08

11법무사, 15/19주사보

채무인수의 효력이 생기기 위하여 채권자의 승낙을 요하는 것은 면책적 채무인수의 경우에 한하고, 다른 의사표시가 없는 한 채권자의 승낙이 있을 때부터 채무인수의 효력이 발생한다. O | X

> 해설 **제457조(채무인수의 소급효)** 채권자의 채무인수에 대한 승낙은 다른 의사표시가 없으면 채무를 인수한 때에 소급하여 그 효력이 생긴다. 그러나 제삼자의 권리를 침해하지 못한다.

09

14사무관

채권자가 직접 채무인수인에 대하여 인수채무금의 지급을 청구하였다면 그 지급청구로써 묵시적으로 채무인수를 승낙한 것으로 보아야 한다. O | X

> 해설 **'채무자와 인수인 사이의 채무인수계약'**의 경우에는 **'채권자의 승낙'**이 있어야 효력이 발생하는데(제454조), 채무자의 변경에 의한 책임재산의 감소를 막기 위한 취지이다. 이러한 승낙은 묵시적으로도 가능한바, 채권자가 직접 채무인수인에 대하여 인수채무금의 지급을 청구하였다면 그 지급청구로써 묵시적으로 채무인수를 승낙한 것으로 보아야 한다(대판 1989.11.14. 88다카29962).

10

14법원행시, 14/21법무사

채권자의 승낙에 의하여 면책적 채무인수의 효력이 생기는 경우, 채권자가 승낙을 거절하면 그 이후에는 채권자가 다시 승낙하여도 채무인수로서의 효력이 생기지 않는다. O | X

11

출제예상

丙은 乙의 甲에 대한 차용금반환채무를 인수하였다. 乙과 丙 사이에 면책적 채무인수에 관한 약정이 있었던 경우, 甲이 승낙을 거절하였다면 그 이후에는 다시 승낙하여도 특별한 사정이 없는 한 甲에 대하여 면책적 채무인수로서의 효력이 생기지 않는다. O | X

해설 **10 11** 면책적 채무인수 – 채권자의 승낙거절
채권자의 승낙에 의하여 채무인수의 효력이 생기는 경우, 채권자가 승낙을 거절하면 그 이후에는 채권자가 다시 승낙하여도 채무인수로서의 효력이 생기지 않는다(대판 1998.11.24. 98다33765).

12

15서기보

인수인이 채권자에게 중첩적 채무인수라는 취지를 알리지 아니한 채 채무인수에 대한 승낙 여부만을 최고하여 채권자가 인수인으로부터 최고받은 채무인수가 채무자에 대한 채권을 상실하게 하는 면책적 채무인 것으로 잘못 알고 면책적 채무인수를 승낙하지 아니한다는 취지의 의사표시를 한 경우에는, 이는 중첩적 채무인수에 대하여 수익 거절의 의사표시를 한 것이라고 볼 수 없으므로, 채권자는 그 후 중첩적 채무인수 계약이 유효하게 존속하고 있는 한 수익의 의사표시를 하여 인수인에 대한 채권을 취득할 수 있다.

O | X

해설 대판 2013.9.13. 2011다56033

13

21법무사

부동산의 매수인이 매매목적물에 관한 임대차보증금 반환채무를 인수하는 한편 그 채무액을 매매대금에서 공제하기로 약정한 경우 이에 대해 채권자인 임차인의 승낙이 있다면 면책적 채무인수로 볼 수 있다.

O | X

해설 부동산의 매수인이 매매목적물에 관한 근저당권의 피담보채무액을 매매대금에서 공제하기로 약정한 경우, 이 약정의 의미는 당사자의 의사해석의 문제에 속하는 것이지만, 특별한 사정이 없는 한 매도인을 면책시키는 채무인수가 아니라 이행인수로 보아야 한다"는 것이 판례의 일관된 입장이다(대판 2007.9.21. 2006다69479,69486).

➡ 따라서 채권자의 승낙이 있는 경우에는 면책적 채무인수가 된다.

14

12주사보

제3자와 채무자 간의 계약에 의한 채무인수는 채권자의 승낙이 있을 때까지 당사자가 이를 철회하거나 변경할 수 있다.

O | X

해설 **제456조(채무인수의 철회, 변경)** 제삼자와 채무자 간의 계약에 의한 채무인수는 채권자의 승낙이 있을 때까지 당사자는 이를 철회하거나 변경할 수 있다.

정답 | 07 ○ 08 × 09 ○ 10 ○ 11 ○ 12 ○ 13 ○ 14 ○

15 14법원행시

상사시효 대상인 채무가 면책적으로 인수된 경우, 그 채무인수행위가 상행위나 보조적 상행위에 해당하지 아니한다면 인수채무는 상사시효 적용 대상이 아니다. O I X

> 해설 면책적 채무인수의 법률효과 및 개인이 상사시효의 적용을 받는 채무를 면책적으로 인수한 경우에도 그 인수채무의 소멸시효기간은 상사시효의 적용을 받는지 여부(적극)
> 면책적 채무인수라 함은 채무의 동일성을 유지하면서 이를 종래의 채무자로부터 제3자인 인수인에게 이전하는 것을 목적으로 하는 계약으로서, 채무인수로 인하여 인수인은 종래의 채무자와 지위를 교체하여 새로이 당사자로서 채무관계에 들어서서 종래의 채무자와 동일한 채무를 부담하고 동시에 종래의 채무자는 채무관계에서 탈퇴하여 면책되는 것일 뿐이므로, **인수채무가 원래 5년의 상사시효의 적용을 받던 채무라면 그 후 면책적 채무인수에 따라 그 채무자의 지위가 인수인으로 교체되었다고 하더라도 그 소멸시효의 기간은 여전히 5년의 상사시효의 적용을 받는다** 할 것이고, 이는 **채무인수행위가 상행위나 보조적 상행위에 해당하지 아니한다고 하여 달리 볼 것이 아니다**(대판 1999.7.9. 99다12376).

16 출제예상

丙은 乙의 甲에 대한 차용금반환채무를 인수하였다. 丙이 위 차용금반환채무를 면책적으로 인수한 경우, 丙은 乙이 甲에게 항변할 수 있었던 사유로 甲에게 대항할 수 없다. O I X

> 해설 면책적 채무인수 – 항변권의 이전
> **제458조(전채무자의 항변사유)** 인수인은 전채무자의 항변할 수 있는 사유로 채권자에게 대항할 수 있다.

17 20서기보

채무가 인수되는 경우에 구채무자의 채무에 관하여 제3자가 제공한 담보는 채무인수로 인하여 소멸하되, 다만 그 제3자가 채무인수에 동의한 경우에 한하여 소멸하지 아니하고 신채무자를 위하여 존속하게 된다. O I X

> 해설 **제459조(채무인수와 보증, 담보의 소멸)** 전채무자의 채무에 대한 보증이나 제3자가 제공한 담보는 채무인수로 인하여 소멸한다. 그러나 보증인이나 제3자가 채무인수에 동의한 경우에는 그러하지 아니하다.

18 21법무사

채무자와 인수인 사이의 면책적 채무인수약정에 대해 채권자의 승낙이 있는 경우, 채무자가 자신의 채무를 담보하기 위해 설정하였던 저당권은 원칙적으로 소멸한다. O I X

> 해설 채무자가 제공한 담보는 인수계약이 채권자와 인수인 사이에 체결된 경우에만 담보가 소멸하고, 그 밖의 경우에는 채무자인 담보제공자가 채무인수에 동의한 것으로 보아 담보는 존속한다고 보는 것이 통설이다(제459조 단서 유추적용). 참고로 유치권 등 법정담보물권은 피담보채무가 인수되더라도 존속한다.
> 면책적 채무인수라 함은 채무의 동일성을 유지하면서 이를 종래의 채무자로부터 제3자인 인수인에게 이전하는 것을 목적으로 하는 계약을 말하는바, 채무인수로 인하여 인수인은 종래의 채무자와 지위를 교체하여 새로이 당사자로서 채무관계에 들어서서 종래의 채무자와 동일한 채무를 부담하고 동시에 종래의 채무자는 채무관계에서 탈퇴하여 면책되는 것일 뿐 종래의 채무가 소멸하는 것이 아니므로, **채무인수로 종래의 채무가 소멸하였으니 저당권의 부종성으로 인하여 당연히 소멸한 채무를 담보하는 저당권도 소멸한다는 법리는 성립하지 않는다**(대판 1996.10.11. 96다27476).

19

20서기보

근저당권에 관하여 채무인수를 원인으로 채무자를 교체하는 변경등기(부기등기)가 마쳐진 경우 특별한 사정이 없는 한 그 근저당권은 당초 구채무자가 부담하고 있다가 신채무자가 인수하게 된 채무와 함께 그 후 신채무자(채무인수인)가 다른 원인으로 부담하게 된 새로운 채무를 담보한다. O | X

> **해설** 피담보채무 확정 전에 피담보채무를 인수한 경우
> '기본계약상의 채무자의 지위'의 이전이 아니라 '개별 채무'만을 인수한 경우에는 **인수한 기존의 채무만이 근저당에 의해 담보된다**. 判例도 "물상보증인이 근저당권의 채무자의 계약상의 지위를 인수한 것이 아니라, 다만 그 채무만을 면책적으로 인수하고 이를 원인으로 하여 근저당권 변경의 부기등기가 경료된 경우, 특별한 사정이 없는 한 그 변경등기는 당초 채무자가 근저당권자에 대하여 부담하고 있던 것으로서 물상보증인이 인수한 채무만을 그 대상으로 하는 것이지, 그 후 채무를 인수한 물상보증인이 다른 원인으로 근저당권자에 대하여 부담하게 된 새로운 채무까지 담보하는 것으로 볼 수는 없다." (대판 2002.11.26. 2001다73022)고 하여 **결과적으로 면책적 채무인수시 종전의 근저당권은 확정된다는 입장**을 취하고 있다.
>
> **비교판례** 피담보채무 확정 전에 계약상 채무자의 지위 이전
> 근저당의 피담보채무가 확정되기 전에는 근저당의 피담보채권을 발생시키는 기본계약상의 채무자의 지위를 변경(이전)하는 것도 가능하며, 이는 '계약인수'의 성질을 지니는 것이므로 기본계약의 당사자 및 인수인의 3면계약으로 가능하다. 이 경우 **변경된 내용상의 채무**(인수인이 부담하는 채무)**만이 근저당으로 담보**되고, 변경 전의 범위에 속하는 채권이나 채무자에 대한 채권은 그 근저당권에 의하여 담보되는 채무의 범위에서 제외된다(대판 1999.5.14. 97다15777,15784).

20

출제예상

면책적 채무인수는 민법 제341조에서 정한 구상권 취득의 요건인 '채무의 변제'에 해당하지 않는다. 따라서 채무인수의 대가로 기존 채무자가 물상보증인에게 어떤 급부를 하기로 약정하였다는 등의 사정이 없는 한 물상보증인이 기존 채무자의 채무를 면책적으로 인수하였다는 것만으로 물상보증인이 기존 채무자에 대하여 구상권 등의 권리를 가진다고 할 수는 없다. O | X

21

21법무사

타인의 채무를 담보하기 위하여 그 소유의 부동산에 저당권을 설정한 물상보증인이 타인의 채무를 변제하거나 저당권의 실행으로 저당물의 소유권을 잃은 때에는 채무자에 대하여 구상권을 취득한다(민법 제370조, 제341조). 그런데 구상권 취득의 요건인 '채무의 변제'라 함은 채무의 내용인 급부가 실현되고 이로써 채권이 그 목적을 달성하여 소멸하는 것을 의미하므로, 기존 채무가 동일성을 유지하면서 인수 당시의 상태로 종래의 채무자로부터 인수인에게 이전할 뿐 기존 채무를 소멸시키는 효력이 없는 면책적 채무인수는 설령 이로 인하여 기존 채무자가 채무를 면한다고 하더라도 이를 가리켜 채무가 변제된 경우에 해당한다고 할 수 없다. 따라서 채무인수의 대가로 기존 채무자가 물상보증인에게 어떤 급부를 하기로 약정하였다는 등의 사정이 없는 한 물상보증인이 기존 채무자의 채무를 면책적으로 인수하였다는 것만으로 물상보증인이 기존 채무자에 대하여 구상권 등의 권리를 가진다고 할 수 없다. O | X

> **해설** **20 21** 물상보증인이 기존 채무자의 채무를 면책적으로 인수한 경우 물상보증인이 기존 채무자에 대하여 구상권 등의 권리를 가지는지 여부 등(원칙적 소극)(대판 2019.2.14. 2017다274703)

정답 | **15** × **16** × **17** ○ **18** × **19** × **20** ○ **21** ○

22

20서기보

채무인수가 면책적인가 중첩적인가 하는 것은 채무인수계약에 나타난 당사자 의사의 해석에 관한 문제이나, 면책적인수인지, 중첩적 인수인지가 분명하지 아니한 때에는 중첩적으로 인수한 것으로 볼 것이다.

O | X

> **해설** 면책적 채무인수와 병존적(중첩적) 채무인수의 구별
> 이는 당사자 의사해석의 문제이나, 명확하지 않은 경우에는 채권자 보호를 위해 원칙적으로 병존적(중첩적)인 것으로 해석해야 한다(대판 1988.5.24. 87다카3104).

23

12주사보

병존적 채무인수는 이행인수와 마찬가지로 채권자로 하여금 직접 인수인에 대한 채권을 취득케 한다.

O | X

> **해설** 병존적 채무인수와 이행인수와의 구별
> 인수계약의 당사자인 채무자와 인수인에게 **채권자로 하여금 직접 인수인에 대한 채권을 취득케 하고자 할 의사**가 있었다면 이는 제3자를 위한 계약으로서 병존적 채무인수가 될 것이나, 그렇지 않은 때에는 이행인수로 될 뿐이다(대판 1997.10.24, 97다28698).
>
> ➡ 이행인수의 경우 채권자가 직접 인수인에 대한 채권을 취득케 하는 것이 아니므로 '이행인수와 마찬가지로' 부분이 틀렸다.
>
> **참고** ① **병존적 채무인수의 경우**
> 채무자와 인수인 사이의 인수계약으로도 가능하며, 이 경우 제3자를 위한 계약이 된다. 따라서 채권자의 수익의 의사표시를 필요로 한다(제539조 2항). 채권자가 인수인에 대하여 청구 기타 채권자로서의 권리를 행사하면 그것이 곧 수익의 의사표시가 된다. 이 경우 **채권자의 수익의 의사표시는 그 계약의 '성립요건이나 효력발생요건'이 아니라 채권자가 인수인에 대하여 채권을 취득하기 위한 요건이다**(대판 2013.9.13. 2011다56033).
>
> ② **이행인수의 경우**
> 인수인은 채무자와의 관계에서 이행의무를 부담하며 채권자에게 직접 채무를 부담하지는 않는다. 따라서 채권자도 인수인에게 이행을 청구할 권리는 없다(인수인은 채권자에 대한 관계에서 채무자의 이행보조자로 다루어진다). 다만 채무자의 인수인에 대한 청구권은 그 성질상 재산권의 일종으로서 일신전속적 권리라고 할 수는 없으므로, **채권자는 '채권자대위권'에 의하여 채무자의 인수인에 대한 청구권을 대위행사할 수는 있다**(대판 2009.6.11, 2008다75072).

24

20서기보

채무자와 인수인의 합의에 의한 중첩적 채무인수의 경우 채권자의 수익의 의사표시는 그 계약의 성립요건이나 효력발생요건이 아니라 채권자가 인수인에 대하여 채권을 취득하기 위한 요건이다. O | X

> **해설** 중첩적 채무인수계약의 당사자
> **제539조(제3자를 위한 계약)** ② 전항의 경우에 제3자의 권리는 그 제3자가 채무자에 대하여 계약의 이익을 받을 의사를 표시한 때에 생긴다.
> 중첩적 채무인수는 채무자와 인수인 사이의 인수계약으로도 가능하며, 이 경우 제3자를 위한 계약이 된다. 따라서 채권자의 수익의 의사표시를 필요로 한다(제539조 제2항). 채권자가 인수인에 대하여 청구 기타 채권자로서의 권리를 행사하면 그것이 곧 수익의 의사표시가 된다. 이 경우 **채권자의 수익의 의사표시는 그 계약의 '성립요건이나 효력발생요건'이 아니라 채권자가 인수인에 대하여 채권을 취득하기 위한 요건이다**(대판 2013.9.13. 2011다56033).

25

14법무사

채무자와 인수인의 계약으로 체결되는 병존적 채무인수는 채권자로 하여금 인수인에 대하여 새로운 권리를 취득하게 하는 것으로 제3자를 위한 계약의 하나로 볼 수 있고, 이와 비교하여 이행인수는 채무자와 인수인 사이의 계약으로 인수인이 변제 등에 의하여 채무를 소멸케 하여 채무자의 책임을 면하게 할 것을 약정하는 것으로 인수인이 채무자에 대한 관계에서 채무자를 면책케 하는 채무를 부담하게 될 뿐 채권자로 하여금 직접 인수인에 대한 채권을 취득케 하는 것이 아니므로 결국 제3자를 위한 계약과 이행인수의 판별 기준은 계약 당사자에게 제3자 또는 채권자가 계약 당사자 일방 또는 인수인에 대하여 직접 채권을 취득케 할 의사가 있는지 여부에 달려 있다 할 것이다. O | X

> 해설 부동산 매수인이 근저당채무 등 그 부동산에 결부된 부담을 인수하고 그 채무액을 매매대금에서 공제하기로 약정한 경우, 이행인수인지 병존적 채무인수인지의 판별기준
>
> **사업이나 부동산을 매수하는 사람이 근저당채무 등 그 부동산에 결부된 부담을 인수하고 그 채무액만큼 매매대금을 공제하기로 약정하는 경우**에, 매수인의 그러한 채무부담의 약정이 이행인수에 불과한지 아니면 병존적 채무인수 즉 제3자를 위한 계약인지를 구별하는 판별 기준은, **계약 당사자에게 제3자 또는 채권자가 계약 당사자 일방 또는 채무인수인에 대하여 직접 채권을 취득케 할 의사가 있는지 여부에 달려 있다.** 구체적으로는 계약 체결의 동기, 경위 및 목적, 계약에 있어서의 당사자의 지위, 당사자 사이 및 당사자와 제3자 사이의 이해관계, 거래 관행 등을 종합적으로 고려하여 그 의사를 해석하여야 하는 것인데, ⅰ) **인수의 대상으로 된 채무의 책임을 구성하는 권리관계도 함께 양도한 경우이거나** ⅱ) **채무인수인이 그 채무부담에 상응하는 대가를 얻을 때에는 특별한 사정이 없는 한 원칙적으로 이행인수가 아닌 병존적 채무인수**로 보아야 한다(대판 2008.3.13. 2007다54627).

26

13법원행시, 15서기보, 21법무사

중첩적 채무인수에서 채무자와 인수인은 원칙적으로 주관적 공동관계가 있는 연대채무관계에 있고, 인수인이 채무자의 부탁을 받지 아니하여 주관적 공동관계가 없는 경우에는 부진정연대관계에 있다고 보아야 한다. O | X

> 해설 대판 2009.8.20. 2009다32409

27

12법원행시 유사

丙은 乙의 甲에 대한 차용금반환채무를 인수하였다. 丙이 乙의 부탁을 받아 甲과의 계약으로 위 차용금반환채무를 중첩적으로 인수한 경우, 丙이 甲에 대한 손해배상채권을 자동채권으로 하여 甲의 채권에 대하여 대등액에서 상계의 의사표시를 하였다면, 乙의 甲에 대한 채무도 상계에 의하여 소멸되었다고 보아야 한다. O | X

> 해설 중첩적 채무인수 – 상계의 절대효
>
> 중첩적 채무인수에서 채무자와 인수인은 원칙적으로 연대채무관계에 있고, 예외적으로 부진정연대관계에 있는 것으로 보는데(대판 2009.8.20. 2009다32409), 전자의 경우에는 제418조 1항에 의해, 후자의 경우는 判例(아래 참고판례 2008다97218 전합 참조)에 의해 상계의 절대적 효력이 인정된다.

정답 | 22 ○ 23 × 24 ○ 25 ○ 26 ○ 27 ○

➡ 사안의 경우 丙이 乙의 부탁을 받아 채무를 중첩적으로 인수하였으므로 제418조 제1항에 의하여 채무인수인 丙의 상계의 의사표시로 인해 다른 연대채무자인 원채무자 乙의 甲에 대한 채무도 상계에 의하여 소멸되었다고 보아야 한다. 만약 丙과 乙의 관계가 부진정연대채무의 관계에 있다고 보더라도 결과가 달라지지는 않는다.

참고판례 중첩적 채무인수인이 채권자에 대한 손해배상채권을 자동채권으로 하여 채권자의 자신에 대한 그 채권에 대하여 대등액에서 상계의 의사표시를 하였다면, 연대채무자 1인이 한 상계의 절대적 효력을 규정하고 있는 제418조 제1항의 규정에 의하여, 다른 연대채무자인 원채무자의 채권자에 대한 채무도 상계에 의하여 소멸되었다고 보아야 한다(대판 1997.4.22. 96다56443).

참고판례 부진정연대채무자 중 1인이 자신의 채권자에 대한 반대채권으로 상계를 한 경우에도 채권은 변제, 대물변제, 또는 공탁이 행하여진 경우와 동일하게 **현실적으로 만족을 얻어 그 목적을 달성하는 것이므로, 그 상계로 인한 채무소멸의 효력은 소멸한 채무 전액에 관하여 다른 부진정연대채무자에 대하여도 미친다**고 보아야 한다. 이는 부진정연대채무자 중 1인이 채권자와 상계계약을 체결한 경우에도 마찬가지이다. 나아가 이러한 법리는 채권자가 상계 내지 상계계약이 이루어질 당시 다른 부진정연대채무자의 존재를 알았는지 여부에 의하여 좌우되지 아니한다(대판 2010.9.16. 2008다97218 전합).

28

출제예상

수탁보증인의 사전구상권과 사후구상권은 종국적 목적과 사회적 효용을 같이하는 공통성을 가지고 있으나, 발생원인을 달리하고 법적 성질도 달리하는 별개의 독립된 권리이므로, 사후구상권이 발생한 이후에도 사전구상권은 소멸하지 아니하고 병존한다. O | X

해설 수탁보증인의 사전구상권과 사후구상권은 종국적 목적과 사회적 효용을 같이하는 공통성을 가지고 있으나, 사후구상권은 보증인이 채무자에 갈음하여 변제 등 자신의 출연으로 채무를 소멸시켰다고 하는 사실에 의하여 발생하는 것이고, 이에 대하여 사전구상권은 그 외의 민법 제442조 제1항 소정의 사유나 약정으로 정한 일정한 사실에 의하여 발생하는 등 발생원인을 달리하고 법적 성질도 달리하는 별개의 독립된 권리이므로, 사후구상권이 발생한 이후에도 사전구상권은 소멸하지 아니하고 병존하며, 다만 목적달성으로 일방이 소멸하면 타방도 소멸하는 관계에 있을 뿐이다(대판 2019.2.14. 2017다274703).

29

15주사보

채무자와 인수인 사이의 계약으로 인수인이 변제 등에 의하여 채무를 소멸케 하여 채무자의 책임을 면하게 할 것을 약정하는 이행인수는 채권자가 인수인에 대한 채권을 취득하므로 제3자를 위한 계약이다. O | X

30

18법원행시 변형

이행인수의 인수인은 채무자와의 사이에서 채권자에게 채무를 이행할 의무를 부담하는 데 그치므로, 채권자는 직접 인수인에게 채무를 이행할 것을 청구할 수 없다. 하지만 채권자는 채권자대위권에 의하여 채무자의 인수인에 대한 청구권을 대위행사할 수는 있다. O | X

31

출제예상

이행인수인은 채무자의 채무를 변제하는 등으로 채무자를 면책시킬 의무를 부담하므로, 채권자에 대한 관계에서 직접 이행의무를 부담하게 된다. O | X

> 해설 29 30 31 인수인은 채무자와의 관계에서 이행의무를 부담하며 채권자에게 직접 채무를 부담하지는 않는다. 따라서 **채권자도 인수인에게 이행을 청구할 권리는 없다**(인수인은 채권자에 대한 관계에서 채무자의 이행보조자로 다루어진다). 다만 채무자의 인수인에 대한 청구권은 그 성질상 재산권의 일종으로서 일신전속적 권리라고 할 수는 없으므로, **채권자는 '채권자대위권'에 의하여 채무자의 인수인에 대한 청구권을 대위행사할 수는 있다**(대판 2009.6.11. 2008다75072).
>
> ➡ 채권자로 하여금 인수인에 대한 채권을 직접 취득케 하는 것은 아니므로, 제3자를 위한 계약에 해당하지 않는다.

32

15법무사, 17사무관

물상보증의 목적물인 저당부동산의 제3취득자가 채무를 변제하거나 저당권의 실행으로 인하여 저당부동산의 소유권을 잃은 때에는 특별한 사정이 없는 한 물상보증인과 달리 채무자에 대한 구상권이 있다고 할 수 없다. O | X

> 해설 물상보증의 목적물인 저당부동산의 제3취득자가 채무를 변제하거나 저당권의 실행으로 저당부동산의 소유권을 잃은 경우, 채무자에 대한 구상권이 있는지 여부(원칙적 적극)
>
> 타인의 채무를 담보하기 위하여 저당권을 설정한 부동산의 소유자인 물상보증인으로부터 저당부동산의 소유권을 취득한 제3취득자는 저당권이 실행되면 저당부동산에 대한 소유권을 잃는다는 점에서 물상보증인과 유사한 지위에 있다. 따라서 물상보증의 목적물인 저당부동산의 제3취득자가 채무를 변제하거나 저당권의 실행으로 인하여 저당부동산의 소유권을 잃은 때에는 특별한 사정이 없는 한 물상보증인의 구상권에 관한 **민법 제370조, 제341조의 규정을 유추적용**하여, 물상보증인으로부터 저당부동산을 양수한 제3취득자는 **보증채무에 관한 규정에 의하여 채무자에 대한 구상권**이 있다(대판 2014.12.24. 2012다49285).

33

12/18법원행시

물상보증인이 담보부동산을 제3취득자에게 매도하고 제3취득자가 담보부동산에 설정된 근저당권의 피담보채무의 이행을 인수한 경우, 이로써 물상보증인의 책임이 소멸하지 않으므로 담보부동산에 대한 담보권이 실행된 경우에도 제3취득자가 아닌 원래의 물상보증인이 채무자에 대한 구상권을 취득한다. O | X

> 해설 물상보증인이 담보부동산을 제3취득자에게 매도하여 제3취득자가 근저당권의 피담보채무를 인수한 경우, 담보권 실행으로 인한 구상권의 귀속주체(= 물상보증인)
>
> 물상보증인이 담보부동산을 제3취득자에게 매도하고 제3취득자가 담보부동산에 설정된 근저당권의 피담보채무의 이행을 인수한 경우, 그 이행인수는 매매당사자 사이의 내부적인 계약에 불과하여 이로써 물상보증인의 책임이 소멸하지 않는 것이고, 따라서 담보부동산에 대한 담보권이 실행된 경우에도 제3취득자가 아닌 원래의 물상보증인이 채무자에 대한 구상권을 취득한다(대판 1997.5.30. 97다1556).

34

15서기보

민법 제454조는 제3자가 채무자와의 계약으로 채무를 인수하여 채무자의 채무를 면하게 하는 면책적 채무인수의 경우에 채권자의 승낙이 있어야 채권자에 대하여 그 효력이 생긴다고 규정하고 있으므로, 채권자의 승낙이 없는 경우에는 채무자와 인수인 사이에서 면책적 채무인수 약정을 하더라도 이행인수 등으로서의 효력밖에 갖지 못하며 채무자는 채무를 면하지 못한다. O | X

정답 | 28 ○ 29 × 30 ○ 31 × 32 × 33 ○ 34 ○

해설 채무자와 제3자의 면책적 채무인수로 채무자가 채무를 면하기 위한 요건(= 채권자의 승낙) 및 삼면계약에 의하지 않은 계약인수로 양도인이 계약관계에서 탈퇴하기 위한 요건(= 나머지 당사자의 동의 내지 승낙)
민법 제454조는 제3자가 채무자와 계약으로 채무를 인수하여 채무자의 채무를 면하게 하는 면책적 채무인수의 경우에 채권자 승낙이 있어야 채권자에 대하여 효력이 생긴다고 규정하고 있으므로, 채권자의 승낙이 없는 경우에는 채무자와 인수인 사이에서 면책적 채무인수 약정을 하더라도 이행인수 등으로서 효력밖에 갖지 못하며 채무자는 채무를 면하지 못한다. 그리고 계약당사자로서 지위 승계를 목적으로 하는 계약인수는 계약으로부터 발생하는 채권·채무 이전 외에 계약관계로부터 생기는 해제권 등 포괄적 권리의무의 양도를 포함하는 것으로서, 계약인수가 적법하게 이루어지면 양도인은 계약관계에서 탈퇴하게 되고, 계약인수 후에는 양도인의 면책을 유보하였다는 등 특별한 사정이 없는 한 잔류당사자와 양도인 사이에는 계약관계가 존재하지 않게 되며 그에 따른 채권채무관계도 소멸하지만, 이러한 계약인수는 양도인과 양수인 및 잔류당사자의 합의에 의한 삼면계약으로 이루어지는 것이 통상적이며 관계당사자 3인 중 2인의 합의가 선행된 경우에는 나머지 당사자가 이를 동의 내지 승낙하여야 그 효력이 생긴다(대판 2012.5.24. 2009다88303).

35

11법무사

부동산의 매수인이 매매목적물에 관한 임대차보증금반환채무 등을 인수하는 한편 그 채무액을 매매대금에서 공제하기로 약정한 경우, 그 인수는 특별한 사정이 없는 한 매도인을 면책시키는 면책적 채무인수로 보아야 한다. O | X

해설 부동산의 매수인이 매매목적물에 관한 채무(피담보채무, 임대보증금반환채무 등)를 인수하는 한편 그 채무액을 매매대금에서 공제하기로 약정한 경우, 그 인수는 특별한 사정이 없는 한 매도인을 면책시키는 채무인수가 아니라 이행인수로 보아야 하고, 면책적 채무인수로 보기 위하여는 이에 대한 채권자의 승낙이 있어야 한다(대판 1995.8.11. 94다58599).

36

14법원행시, 15주사보

부동산의 매수인이 매매목적물에 관한 근저당권의 피담보채무를 인수하는 한편, 그 채무액을 매매대금에서 공제하기로 약정한 경우 매수인은 제3자 지위에서 매도인에 대하여만 피담보채무 변제의무를 부담하는 것으로 보아야 한다. O | X

해설 부동산의 매수인이 매매목적물에 관한 근저당권의 피담보채무, 가압류채무, 임대차보증금반환채무를 인수하는 한편 그 채무액을 매매대금에서 공제하기로 약정한 경우, 다른 특별한 약정이 없는 이상 이는 매도인을 면책시키는 채무인수가 아니라 이행인수로 보아야 하고, 매수인이 위 채무를 현실적으로 변제할 의무를 부담한다고도 해석할 수 없으며 특별한 사정이 없는 한 매수인이 매매대금에서 그 채무액을 공제한 나머지를 지급함으로써 잔금지급의무를 다하였다 할 것이고, 또한 위 약정의 내용은 매도인과 매수인의 계약으로 매수인이 매도인의 채무를 변제하기로 하는 것으로서 **매수인은 제3자의 지위에서 매도인에 대하여만 그의 채무를 변제할 의무를 부담함에 그치므로 채권자의 승낙이 없으면 그에게 대항하지 못할 뿐 당사자 사이에서는 유효하게 성립한다**(대판 1993.2.12. 92다23193).

37

출제예상

부동산의 매수인이 매매목적물에 관한 근저당권의 피담보채무를 인수하는 한편 그 채무액을 매매대금에서 공제하기로 약정한 경우, 다른 특별한 약정이 없는 이상 이는 매도인을 면책시키는 채무인수가 아니라 이행인수로 보아야 하고, 매수인은 공제하고 남은 매매대금을 지급할 뿐만 아니라 인수한 피담보채무도 변제하여야 잔금지급의무를 다하였다고 할 것이다. O | X

> **해설** **부동산의 매수인이 매매목적물에 관한 채무(피담보채무, 임대보증금반환채무 등)를 인수하는 한편 그 채무액을 매매대금에서 공제하기로 약정한 경우, 그 인수는 특별한 사정이 없는 한 매도인을 면책시키는 채무인수가 아니라 이행인수로 보아야** 하고, 면책적 채무인수로 보기 위하여는 이에 대한 채권자의 승낙이 있어야 한다(대판 1995.8.11. 94다58599). 그리고 이행인수로 해석되는 경우, "특별한 사정이 없는 한 매수인은 인수한 채무를 현실적으로 변제할 의무는 없고, **매수인이 매매대금에서 그 채무액을 공제한 나머지를 지급함으로써 잔금지급의무를 다한 것으로** 보아야 하고, 또한 이 약정의 내용은 매도인과 매수인과의 계약으로 매수인이 매도인의 채무를 변제하기로 하는 것으로서 매수인은 제3자의 지위에서 매도인에 대하여만 그의 채무를 변제할 의무를 부담함에 그친다."고 한다(대판 2002.5.10. 2000다18578).

38

17법무사

부동산의 매수인이 매매목적물에 관한 채무를 인수하는 한편 그 채무액을 매매대금에서 공제하기로 약정한 경우, 그 인수는 특별한 사정이 없는 한 매도인을 면책시키는 채무인수가 아니라 이행인수로 보아야 하므로, 설령 매수인이 위 채무를 현실적으로 변제하지 아니하였다 하더라도 그와 같은 사정만으로는 매도인은 매매계약을 해제할 수 없다. O|X

> **해설** ① **이행인수의 경우 매수인의 의무**
>
> 判例는 "특별한 사정이 없는 한 매수인은 인수한 채무를 현실적으로 변제할 의무는 없고, **매수인이 매매대금에서 그 채무액을 공제한 나머지를 지급함으로써 잔금지급의무를 다한 것**이고, 또한 이 약정의 내용은 매도인과 매수인과의 계약으로 매수인이 매도인의 채무를 변제하기로 하는 것으로서 매수인은 제3자의 지위에서 매도인에 대하여만 그의 채무를 변제할 의무를 부담함에 그친다."고 한다(대판 2002.5.10. 2000다18578). 그리고 매수인은 인수채무의 이행시기 등에 관하여 다른 약정이 없는 한, 그 인수채무가 가지는 본래의 내용에 따라 이행하면 족하다고 한다(대판 1998.10.27. 98다25184).
>
> ② 判例에 따르면 매수인은 매매대금에서 인수채무액을 공제한 나머지를 지급함으로써 잔금지급의무를 다한 것으로 보아야 하므로, 매수인이 인수채무를 변제하지 않았다고 하여도 매도인이 계약을 해제할 수는 없다(대판 1993.6.29. 93다19108). 이는 인수한 피담보채무의 이자를 지급하지 아니한 경우에도 같다(대판 1998.10.27. 98다25184).
>
> **참고** 다만 "매수인이 인수채무를 이행하지 아니함으로써 **매매대금의 일부를 지급하지 아니한 것과 동일하다고 평가할 수 있는 '특별한 사유'가 있을 때에 한하여** 매도인의 계약해제권이 발생한다."라고 한다(대판 1993.2.12. 92다23193).
> 이 때 특별한 사유에 대해 判例는 "매수인이 인수채무를 이행하지 않음에 따라 i) 매매목적물인 부동산이나 공동담보로 제공된 다른 부동산에 설정된 담보권의 실행으로 임의경매절차가 개시되었다거나 개시될 염려가 있고, ii) 또한 매도인 측이 이를 막기 위하여 부득이 피담보채무를 **변제할 필요성**이 있는 경우"라고 한다(대판 1998.10.27. 98다25184). 다만 구체적 사안에서 대체로 判例는 '매도인이 자기의 出捐으로 매수인이 인수한 채무를 대신 **변제한 경우'**에만 계약해제권의 발생을 인정하는 입장을 취하고 있다.
> 그런데 이 경우 해제권은 매수인의 대금채무 지체를 이유로 한 해제권의 성격을 갖기 때문에 해제권이 발생하기 위해서는 제544조의 요건이 충족되어야 한다. 따라서 매도인은 자기의 반대채무(소유권이전등기의무 등)의 이행 또는 이행제공을 하여야 한다(대판 1993.2.12. 92다23193).

정답 | **35** × **36** ○ **37** × **38** ○

39

14/15/17/19법원행시

부동산 매수인이 매매목적물에 설정된 근저당권의 피담보채무에 관하여 그 이행을 인수한 경우, 채권자에 대한 관계에서는 매도인이 여전히 채무를 부담한다고 하더라도, 매도인과 매수인 사이에서는 매수인에게 위 피담보채무를 변제할 책임이 있으므로, 매수인이 그 변제를 게을리하여 근저당권이 실행됨으로써 매도인이 매매목적물에 관한 소유권을 상실하였다면, 특별한 사정이 없는 한, 이는 매수인에게 책임 있는 사유로 인하여 소유권이전등기의무가 이행불능으로 된 것이다. O | X

해설 매수인이 매매목적물에 관한 근저당권의 피담보채무에 관하여 그 이행을 인수한 경우, 채권자에 대한 관계에서는 매도인이 여전히 채무를 부담한다고 하더라도, 매도인과 매수인 사이에서는 매수인에게 위 피담보채무를 변제할 책임이 있다고 할 것이므로, **매수인이 그 변제를 게을리 하여 근저당권이 실행됨으로써 매도인이 매매목적물에 관한 소유권을 상실하였다면, 특별한 사정이 없는 한, 이는 매수인에게 책임 있는 사유로 인하여 소유권이전등기의무가 이행불능으로 된 경우에 해당**하고, 거기에 매도인의 과실이 있다고 할 수는 없다(대판 2009.5.14. 2009다5193).

참고 따라서 이때에는 채무자위험부담에 대한 예외로서 채권자(매수인)가 위험을 부담하게 되어 매도인은 소유권이전의무를 면하고 매수인에 대해 인수채무액을 제외한 나머지 매매대금을 청구할 수 있게 된다(제538조 제1항 1문). 다만 그 경매절차에서 저당권자 기타 채권자들이 배당하고 남은 금액을 매도인이 소유자로서 배당을 받아 이익을 얻은 때에는 이를 매수인에게 반환하거나 매수인의 매매대금채무액에서 공제하여야 할 것이다(제538조 제2항).

40

12법원행시

매매의 목적이 된 부동산에 설정된 부동산에 설정된 저당권의 행사로 인하여 매수인이 취득한 소유권을 잃은 때에는 매수인은 민법 제576조 제1항의 규정에 의하여 매매계약을 해제할 수 있지만, 매수인이 매매목적물에 관한 근저당권의 피담보채무를 인수하는 것으로 매매대금의 지급에 갈음하기로 약정한 경우에는 특별한 사정이 없는 한, 매수인으로서는 매도인에 대하여 민법 제576조 제1항의 담보책임을 면제하여 주었거나 이를 포기한 것으로 봄이 상당하다. O | X

해설 매매의 목적이 된 부동산에 설정된 저당권의 행사로 인하여 매수인이 취득한 소유권을 잃은 때에는 매수인은 민법 제576조 제1항의 규정에 의하여 매매계약을 해제할 수 있지만, **매수인이 매매목적물에 관한 근저당권의 피담보채무를 인수하는 것으로 매매대금의 지급에 갈음하기로 약정한 경우에는 특별한 사정이 없는 한, 매수인으로서는 매도인에 대하여 민법 제576조 제1항의 담보책임을 면제하여 주었거나 이를 포기한 것으로 봄이 상당**하므로, 매수인이 매매목적물에 관한 근저당권의 피담보채무 중 일부만을 인수한 경우 매도인으로서는 자신이 부담하는 피담보채무를 모두 이행한 이상 매수인이 인수한 부분을 이행하지 않음으로써 근저당권이 실행되어 매수인이 취득한 소유권을 잃게 되더라도 민법 제576조 소정의 담보책임을 부담하게 되는 것은 아니다(대판 2002.9.4. 2002다11151).

41

12법원행시, 16사무관

부동산의 매수인이 매매목적물에 관한 근저당권의 피담보채무를 인수하는 한편, 그 채무액을 매매대금에서 공제하기로 약정한 경우, 매도인이 그 채무를 대신 변제하였다면 그로 인한 매수인의 매도인에 대한 구상채무와 매도인의 소유권이전의무는 동시이행의 관계에 있게 된다. O | X

해설 부동산매매계약과 함께 이행인수계약이 이루어진 경우, 매수인이 인수한 채무는 매매대금지급채무에 갈음한 것으로서 매도인이 매수인의 인수채무불이행으로 말미암아 또는 임의로 인수채무를 대신 변제하였다면, 그로 인한 **손해배상채무 또는 구상채무는 인수채무의 변형으로서 매매대금지급채무에 갈음한 것의 변형이므로 매수인의 손해배상채무 또는 구상채무와 매도인의 소유권이전등기의무는 대가적 의미가 있어 이행상 견련관계에 있으므로, 따라서 양자는 동시이행의 관계에 있다**(대판 2004.7.9. 2004다13083).

42

출제예상

이행인수인이 채권자에 대하여 채무자의 채무를 승인하더라도 다른 특별한 사정이 없는 한 위 채무의 시효중단 사유가 되는 채무승인의 효력은 발생하지 않는다. O | X

해설 소멸시효 중단사유인 채무의 승인은 시효이익을 받을 당사자나 대리인만 할 수 있으므로 이행인수인이 채권자에 대하여 채무자의 채무를 승인하더라도 다른 특별한 사정이 없는 한 시효중단 사유가 되는 채무승인의 효력은 발생하지 않는다(대판 2016.10.27. 2015다239744).

비교쟁점 면책적 채무인수는 시효중단사유 중 승인에 해당한다(제168조 3호). 따라서 소멸시효가 중단되고 채무인수일로부터 소멸시효가 새로이 진행된다.

43

13주사보

계약의 인수는 당초의 계약으로부터 생기는 해제권 등 포괄적인 권리의무의 양도를 포함하는 것이므로 반드시 양도인과 양수인 및 잔류 당사자의 동시적인 합의에 의한 3면 계약으로 이루어져야 한다. O | X

해설 계약인수란 계약 또는 법률의 규정에 의하여 당사자 일방이 계약관계로부터 탈퇴하고 대신 제3자가 계약관계의 당사자로 들어서게 되는 것을 말한다. 계약 당사자로서의 지위 승계를 목적으로 하는 계약인수는 **3면계약으로 이루어지는 것이 통상적이나 관계 당사자 중 2인이 합의하고 나머지 당사자가 이에 동의 내지 승낙하는 방법으로도 가능하다**(대판 1996.2.27. 95다21662).

44

20서기보

기존 임차인과 새로운 임차인 및 임대인 사이에 임대차계약상의 지위 양도 등 권리의무의 포괄적 양도에 관한 계약이 확정일자 있는 증서에 의하여 체결되거나, 임대차보증금 반환채권의 양도에 대한 통지·승낙이 확정일자 있는 증서에 의하여 이루어지는 등의 절차를 거치지 아니하는 한, 기존의 임대차계약에 따른 임대차보증금 반환채권에 대하여 채권가압류명령 등을 받은 채권자 등 임대차보증금 반환채권에 관하여 양수인의 지위와 양립할 수 없는 법률상의 지위를 취득한 제3자에 대하여는 임대차계약상의 지위 양도 등 권리의무의 포괄적 양도에 포함된 임대차보증금 반환채권의 양도로써 대항할 수 없다. O | X

정답 | 39 ○ 40 ○ 41 ○ 42 ○ 43 × 44 ○

해설 임대차계약상의 권리의무를 포괄적으로 양도하는 경우, 임대차보증금 반환채권에 관하여 양수인의 지위와 양립할 수 없는 법률상의 지위를 취득한 제3자에 대하여 대항하기 위한 요건

임대차보증금 반환채권을 양도하는 경우에 확정일자 있는 증서로 이를 채무자에게 통지하거나 채무자가 확정일자 있는 증서로 이를 승낙하지 아니한 이상 양도로써 채무자 이외의 제3자에게 대항할 수 없으며(민법 제450조 참조), **이러한 법리는 임대차계약상의 지위를 양도하는 등 임대차계약상의 권리의무를 포괄적으로 양도하는 경우에 권리의무의 내용을 이루고 있는 임대차보증금 반환채권의 양도 부분에 관하여도 마찬가지로 적용**된다. 따라서 위 경우에 **기존 임차인과 새로운 임차인 및 임대인 사이에 임대차계약상의 지위 양도 등 권리의무의 포괄적 양도에 관한 계약이 확정일자 있는 증서에 의하여 체결되거나, 임대차보증금 반환채권의 양도에 대한 통지·승낙이 확정일자 있는 증서에 의하여 이루어지는 등의 절차를 거치지 아니하는 한**, 기존의 임대차계약에 따른 임대차보증금 반환채권에 대하여 채권가압류명령, 채권압류 및 추심명령 등을 받은 채권자 등 **임대차보증금 반환채권에 관하여 양수인의 지위와 양립할 수 없는 법률상의 지위를 취득한 제3자에 대하여는 임대차계약상의 지위 양도 등 권리의무의 포괄적 양도에 포함된 임대차보증금 반환채권의 양도로써 대항할 수 없다**(대판 2017.1.25. 2014다52933).

45

18법원행시

계약상 지위의 양도에 의하여 계약당사자로서의 지위가 제3자에게 이전되는 계약인수의 경우, 계약상 지위를 전제로 한 권리관계만이 이전될 뿐이므로 불법행위에 기한 손해배상청구권은 별도의 채권양도절차 없이 제3자에게 당연히 이전되는 것이 아니다. O | X

해설 대판 2015.7.23. 2012다15336,15343 참조

46

18법원행시

채권의 압류가 채권의 발생원인인 법률관계에 대한 채무자의 처분까지 구속하는 효력은 없으므로, 채무자의 제3채무자에 대한 채권이 압류된 후 채권의 발생원인인 계약의 당사자 지위를 이전하는 계약인수가 이루어진 경우, 제3채무자는 계약인수에 의하여 그와 채무자 사이의 계약관계가 소멸하였음을 내세워 압류채권자에게 대항할 수 없다. O | X

해설 채권에 대한 압류 및 추심명령 후 계약인수

i) 채권의 압류는 제3채무자에 대하여 채무자에게 지급 금지를 명하는 것이므로 채무자는 채권을 소멸 또는 감소시키는 등의 행위를 할 수 없고 그와 같은 행위로 채권자에게 대항할 수 없는 것이지만, 채권의 발생원인인 법률관계에 대한 채무자의 처분까지도 구속하는 효력은 없다. ii) 그런데 계약 당사자로서의 지위 승계를 목적으로 하는 계약인수의 경우에는 양도인이 계약관계에서 탈퇴하는 까닭에 양도인과 상대방 당사자 사이의 계약관계가 소멸하지만, 양도인이 계약관계에 기하여 가지던 권리의무가 동일성을 유지한 채 양수인에게 그대로 승계된다. 따라서 **양도인의 제3채무자에 대한 채권이 압류된 후 채권의 발생원인인 계약의 당사자 지위를 이전하는 계약인수가 이루어진 경우 양수인은 압류에 의하여 권리가 제한된 상태의 채권을 이전받게 되므로, 제3채무자는 계약인수에 의하여 그와 양도인 사이의 계약관계가 소멸하였음을 내세워 압류채권자에 대항할 수 없다**(대판 2015.5.14. 2012다41359).

정답 | **45** ○ **46** ○

제7장 | 채권의 소멸

제1절 변제

제1관 | 변제의 당사자

01 20서기보

변제는 채무내용에 좇은 현실제공으로 이를 하여야 한다. 그러나 채권자가 미리 변제받기를 거절하거나 채무의 이행에 채권자의 행위를 요하는 경우에는 변제준비의 완료를 통지하고 그 수령을 최고하면 된다. O | X

> 해설 **제460조(변제제공의 방법)** 변제는 채무내용에 좇은 현실제공으로 이를 하여야 한다. 그러나 채권자가 미리 변제받기를 거절하거나 채무의 이행에 채권자의 행위를 요하는 경우에는 변제준비의 완료를 통지하고 그 수령을 최고하면 된다.

02 14/20법무사, 15법원행시

이행지체에 빠진 채무자가 원본뿐 아니라 지연이자도 지급할 의무가 있는 경우에, 채무자가 원본과 지연이자를 합한 전액에 미치지 못하는 이행제공을 하면서 이를 원본에 대한 변제로 지정하였더라도, 그 지정은 변제충당의 법리에 따라 채권자에 대하여 효력이 있으므로, 채권자는 그 수령을 거절할 수 없다. O | X

> 해설 원본뿐 아니라 지연이자도 지급할 의무가 있는 채무자가 그에 미치지 못하는 이행제공을 하면서 이를 원본에 대한 변제로 지정한 경우, 그 지정의 효력(= 무효) 및 채권자가 그 수령을 거절할 수 있는지 여부(적극)
> 채무자가 이행지체에 빠진 이상, 채무자의 이행제공이 이행지체를 종료시키려면 완전한 이행을 제공하여야 하므로, 채무자가 원본뿐 아니라 지연이자도 지급할 의무가 있는 때에는 원본과 지연이자를 합한 전액에 대하여 이행의 제공을 하여야 할 것이고, **그에 미치지 못하는 이행제공을 하면서 이를 원본에 대한 변제로 지정하였더라도, 그 지정은 민법 제479조 제1항에 반하여 채권자에 대하여 효력이 없으므로, 채권자는 그 수령을 거절할 수 있다**(대판 2005.8.19. 2003다22042).

03 15법무사

쌍무계약에서 발생하는 쌍방 당사자의 채무는 서로 동시이행의 관계에 있다고 할 것이지만, 상대 당사자가 일방 당사자의 채무 이행에 대한 수령을 거절하는 의사를 명백히 표시하고 그 의사를 뒤집을 가능성이 보이지 아니하는 경우에는 일방 당사는 위 채무를 이행하거나 그 이행을 제공하지 아니하더라도 채무불이행의 책임을 면하며, 동시이행의 항변권은 상실되어 상대 당사자에 대한 자신의 채권을 행사할 수 있다. O | X

정답 | **01** ○ **02** × **03** ○

해설 쌍무계약에서 발생되는 쌍방 당사자의 채무는 서로 동시이행의 관계에 있다고 할 것이지만, 일방 당사자의 자기 채무에 관한 이행의 제공을 엄격하게 요구하면 오히려 불성실한 상대 당사자에게 구실을 주는 것이 될 수도 있으므로 일방 당사자가 하여야 할 제공의 정도는 그 시기와 구체적인 상황에 따라 신의성실의 원칙에 어긋나지 않게 합리적으로 정하여야 하고, 상대 당사자가 일방 당사자의 채무 이행에 대한 수령을 거절하는 의사를 명백히 표시하고 그 의사를 뒤집을 가능성이 보이지 아니하는 경우에는 일방 당사자는 위 채무를 이행하거나 그 이행을 제공하지 아니하더라도 채무불이행의 책임을 면하며, 동시이행의 항변권은 상실되어 상대 당사자에 대한 자신의 채권을 행사할 수 있다고 해석함이 상당하다(대판 2012.10.25. 2010다89050).

04

16서기보

매수인이 계약의 이행에 비협조적인 태도를 취하면서 잔대금의 지급을 미루는 등 소유권이전등기 서류를 수령할 준비를 아니한 경우, 매도인이 법무사사무소에 소유권이전등기에 필요한 대부분의 서류를 작성하여 주었고 미비된 일부 서류들은 잔금지급 시에 교부하기로 하였으며 이들 서류는 매도인이 언제라도 발급받아 교부할 수 있다면 매도인으로서는 비록 일부 미비된 서류가 있다 하더라도 소유권이전등기의무에 대한 충분한 이행의 제공을 마친 것이다. O | X

해설 매수인이 계약의 이행에 비협조적인 경우 매도인이 하여야 할 이행제공의 정도
쌍무계약에 있어서 일방 당사자의 자기 채무에 관한 이행의 제공을 엄격하게 요구하면 오히려 불성실한 상대 당사자에게 구실을 주는 것이 될 수도 있으므로 일방 당사자가 하여야 할 제공의 정도는 그 시기와 구체적인 상황에 따라 신의성실의 원칙에 어긋나지 않게 합리적으로 정하여야 하고, **매수인이 계약의 이행에 비협조적인 태도를 취하면서 잔대금의 지급을 미루는 등 소유권이전등기서류를 수령할 준비를 아니한 경우에는 매도인으로서도 그에 상응한 이행의 준비를 하면 족하다** 할 것인바, **매도인이 법무사사무소에 소유권이전등기에 필요한 대부분의 서류를 작성하여 주었고 미비된 일부 서류들은 잔금지급시에 교부하기로 하였으며 이들 서류는 매도인이 언제라도 발급받아 교부할 수 있다면 매도인으로서는 비록 일부 미비된 서류가 있다 하더라도 소유권이전등기의무에 대한 충분한 이행의 제공을 마쳤다**고 보아야 할 것이고, 잔대금 지급기일에 이를 지급하지 않고 계약의 효력을 다투는 등 계약의 이행에 비협조적이고 매도인의 소유권이전등기서류를 수령할 준비를 하지 않고 있던 매수인은 이 점을 이유로 잔대금지급을 거절할 수 없다"(대판 2001.12.11. 2001다36511).

05

출제예상

채무의 일부 변제제공은 채무의 본지에 따른 이행의 제공이라 할 수 없어 이행제공의 효력이 발생할 수 없으나, 채무의 일부를 공탁한 경우에는 그 부분에 한해 원칙적으로 변제의 효력이 발생한다. O | X

해설 채무의 일부 변제제공은 채무의 본지에 따른 이행의 제공이라 할 수 없고 이행제공의 효력이 발생할 수 없는 것이어서 그 채무의 일부를 공탁했다 하더라도 변제의 효력이 발생할 수 없다(대판 1984.9.11. 84다카781)

06

20서기보

채무의 성질이 제3자의 변제를 허용하지 않거나 당사자의 약정으로 제3자의 변제를 금지한 경우가 아니라면, 이해관계 있는 제3자는 채무자의 의사에 반해서도 변제할 수 있다. O | X

07

19법무사

이해관계 없는 제3자는 채무자의 의사에 반하여 변제하지 못하는데, 부동산의 매수인은 그 권리실현에 장애가 되는 그 부동산에 대한 담보권 등의 권리를 소멸시키기 위하여 매도인의 채무를 대신 변제할 법률상 이해관계 있는 제3자라고 볼 것이다. O | X

> 해설 **제469조(제3자의 변제)** ① 채무의 변제는 제3자도 할 수 있다. 그러나 채무의 성질 또는 당사자의 의사표시로 제3자의 변제를 허용하지 아니하는 때에는 그러하지 아니하다.
> ② 이해관계 없는 제삼자는 채무자의 의사에 반하여 변제하지 못한다.
>
> 부동산의 매수인은 그 권리실현에 장애가 되는 그 부동산에 대한 담보권 등의 권리를 소멸시키기 위하여 매도인의 채무를 대신 변제할 법률상 이해관계 있는 제3자라고 볼 것이다(대판 1995.2.24. 94다44620).

08

11서기보

채무의 변제는 제3자도 할 수 있는 것인바, 제3자가 타인의 채무를 변제하여 그 채무를 소멸시키기 위해서는 제3자가 타인의 채무를 변제한다는 의사를 가지고 있었음을 요건으로 한다. 이러한 의사는 타인의 채무변제임을 나타내는 변제지정을 통하여 표시되어야 할 것이지만, 채권자가 변제를 수령하면서 그것이 제3자에 의한 타인의 채무변제라는 사실을 인식하였다면 그러한 변제지정이 있었다고 볼 수 있다. O | X

> 해설 대판 2010.2.11. 2009다71558

09

12법원행시, 15법무사

채무의 변제는 원칙적으로 채무자뿐만 아니라 제3자도 할 수 있고, 채무의 성질상 반드시 변제자 본인의 행위에 의해서만 가능한 것이 아닌 이상 제3자를 이행보조자 내지 이행대행자로 사용하여 대위변제할 수도 있다. O | X

> 해설 대판 2001.6.15. 99다13515

10

출제예상

물상대위를 통해 우선변제를 받을 지위를 가진 후순위 담보권자는 채무자의 의사에 반하여는 유효한 변제를 할 수 없다. O | X

정답 | 04 ○ 05 × 06 ○ 07 ○ 08 ○ 09 ○ 10 ○

해설 제469조 제2항의 이해관계 있는 제3자란 변제를 하지 않으면 채권자로부터 집행을 받게 되거나 또는 채무자에 대한 자기의 권리를 잃게 되는 지위에 있기 때문에 변제함으로써 당연히 대위의 보호를 받아야 할 '법률상 이익'을 가지는 자를 말하고, 단지 사실상의 이해관계를 가진 자는 제외된다[(물상대위를 통해 우선변제를 받을 지위를 가진 후순위 담보권자는 제469조 제2항의 '이해관계 있는 제3자'가 아니다(아래 2008마109 판결)].
당해 판결은 **공동저당의 목적인 물상보증인 소유의 부동산에 후순위로 채권담보를 목적으로 소유권이전청구권 가등기가 설정**되어 있는데 그 부동산에 대하여 먼저 경매가 실행되어 공동저당권자가 매각대금 전액을 배당받고 채무의 일부가 남은 사안에서, "물상보증인은 주채무자 소유의 부동산에 대한 채권자의 선순위근저당권을 '대위취득'(제481조, 제482조 제1항)하고, 위 가등기권리자는 위 선순위근저당권에 대하여 '물상대위'(제370조, 제342조)함으로써 우선하여 변제를 받을 수 있다고 할 것이고, 위 가등기권리자가 주채무자 소유의 부동산에 대하여 직접 경매신청을 하기 위하여 위 채무 잔액을 변제하려고 한다는 취지의 주장은 채권자로부터 집행을 받게 되거나 또는 채무자에 대한 자기의 권리를 잃게 되는 지위에 있기 때문이 아닌 사실상의 이해관계에 지나지 않는다고 할 것이다."(대결 2009.5.28. 2008마109)라는 이유로, 즉 **물상대위를 통하여 우선변제를 받을 수 있는 위 가등기권리자는 채무의 의사에 반하여 그 채무 잔액을 대위변제하거나 변제공탁할 수 있는 제469조 제2항의 '이해관계 있는 제3자' 또는 제481조의 '변제할 정당한 이익이 있는 자'에 해당하지 않는다고 판단하였다.**

11

출제예상

채권자 甲에 대한 乙의 채무를 제3자인 丙이 자신의 채무인 줄 알고 甲에게 변제한 경우에도 乙의 채무는 소멸하고, 丙은 원칙적으로 乙에 대하여 부당이득반환을 청구할 수 있다. O | X

해설 **제745조(타인의 채무의 변제)** ① 채무자 아닌 자가 착오로 인하여 타인의 채무를 변제한 경우에 채권자가 선의로 증서를 훼멸하거나 담보를 포기하거나 시효로 인하여 그 채권을 잃은 때에는 변제자는 그 반환을 청구하지 못한다.
② 전항의 경우에 변제자는 채무자에 대하여 구상권을 행사할 수 있다.

➡ 제3자가 타인의 채무를 자기의 채무로 잘못 알고 변제한 때에는 제3자 변제로서의 효력이 생기지 않으므로 급부한 것의 반환을 청구할 수 있는 것이 원칙이다. 그런데 채권자가 유효한 변제를 받은 것으로 믿어 증서를 훼멸하거나 담보를 포기하거나 시효로 채권을 잃은 때에도 부당이득의 반환을 인정하게 되면 선의의 채권자가 피해를 입는 점에서, 이 경우에는 제3자에게 채권자에 대한 부당이득반환청구를 허용하지 않지만(제745조 제1항), 채무자에 대하여는 그의 채무를 면하게 한 점에서 구상권을 행사할 수 있다(제745조 제2항).
따라서 사안에서 제3자 丙은 자신의 채무인 줄 알고 착오로 변제한 경우이므로 乙의 채무는 소멸하지 않고 그 결과 丙은 원칙적으로 甲에게 부당이득반환을 청구하여야 한다.

12

16서기보

채권의 준점유자에 대한 변제는 변제자가 선의이며 과실 없는 때에 한하여 효력이 있다. O | X

해설 **제470조(채권의 준점유자에 대한 변제)** 채권의 준점유자에 대한 변제는 변제자가 선의이며 과실없는 때에 한하여 효력이 있다.

13

출제예상

채무자 甲이 乙에게 변제한 후 진정한 채권자가 丙으로 밝혀진 경우라도, 乙이 채권의 준점유자이고 甲이 선의·무과실로 변제하였다면, 甲은 乙에게 변제한 것의 반환을 청구할 수 없다. O | X

해설 채권의 준점유자에 대한 변제는 변제자가 선의이며 과실 없는 때에 한하여 효력이 있다(제470조). 이 경우 채무소멸의 효과는 절대적이어서, 채권자는 급부를 수령한 채권의 준점유자에 대하여 부당이득반환청구권(제748조 제2항) 또는 불법행위에 기한 손해배상청구권(제750조)을 가지는 반면, 변제자는 채권의 준점유자에 대하여 부당이득으로서 급부의 반환을 청구하지 못한다(절대적 효력설).

참고판례 채권압류가 경합된 경우에 그 압류채권자 중의 한 사람이 전부명령을 얻은 경우 그 전부명령은 무효이지만 제3채무자가 선의·무과실로 그 전부 채권자에게 전부금을 변제하였다면 이는 **채권의 준점유자에 대한 변제로서 유효하므로** 제3채무자의 채무자에 대한 채무는 소멸되고 제3채무자는 압류채권자에 대하여 2중 변제의 의무를 부담하지 아니하며 전부채권자에 대하여 전부명령의 무효를 주장하여 **부당이득반환청구도 할 수 없다**(대판 1980.9.30. 78다1292).

14

출제예상

채권의 준점유자에 대한 변제는 변제자가 선의이며 과실이 없는 경우에 한해 효력이 있는데, 만약 그 변제를 받은 자에게 변제수령의 권한이 인정된다면 채권의 준점유자에 대한 변제의 법리를 적용할 필요 없이 그에 대한 변제는 유효하다. O | X

해설 민법 제470조에서 정하는 '채권의 준점유자'는 진정한 채권자 등 변제수령의 권한이 있는 자 이외의 자로서 변제자의 입장에서 볼 때 일반의 거래관념상 채권을 행사할 정당한 권한을 가진 것으로 믿을 만한 외관을 가지는 사람을 말한다. 따라서 채무자가 채권의 준점유자에 대한 변제를 가리기 위해서는, 먼저 그 변제를 받은 자가 변제를 수령할 권한이 없는 자임이 전제가 되어야 하고, 만약 **변제수령의 권한이 인정되면 채권의 준점유자에 대한 변제의 법리를 적용할 필요 없이 그에 대한 변제는 유효**하다고 보아야 한다(대판 2012.6.14. 2010다29034).

15

13법무사, 14/17주사보

스스로 채권자라고 하여 채권을 행사하는 경우가 아닌 채권자의 대리인이라고 하면서 채권을 행사하는 때에는 채권의 준점유자로 볼 수 없다. O | X

해설 제470조는 선의·무과실의 변제자를 보호하자는 데에 그 취지가 있으므로 채권의 준점유자에는 채권자의 '대리인'이라고 하면서 채권을 행사하는 자도 포함된다(대판 2004.4.23. 2004다5389).

16

14주사보

무효인 채권압류 및 전부명령을 받은 자에 대한 변제라도 그 채권자가 피전부채권에 관하여 무권리자라는 사실을 변제자가 과실 없이 알지 못하고 변제한 때에는 그 변제는 채권의 준점유자에 대한 변제로서 유효하다. O | X

해설 대판 1997.3.11. 96다44747

정답 | 11 × 12 ○ 13 ○ 14 ○ 15 × 16 ○

17

12/16법원행시

채권압류가 경합된 경우에 그 압류채권자 중의 한 사람이 전부명령을 얻은 경우 그 전부명령은 무효이지만 제3채무자가 선의·무과실로 그 전부 채권자에게 전부금을 변제하였다면 이는 채권의 준점유자에 대한 변제로서 유효하므로 제3채무자의 채무자에 대한 채무는 소멸되고 제3채무자는 압류채권자에 대하여 2중 변제의 의무를 부담하지 아니하며 전부채권자에 대하여 전부명령의 무효를 주장ㅇ하여 부당이득반환청구도 할 수 없다. O | X

해설 채권의 준점유자에 대한 변제의 요건을 갖추지 못한 경우
이때의 변제는 무효로 되어 진정한 채권자의 채권은 소멸하지 않으므로 채무자는 진정한 채권자에게 변제를 하여야 하며, 채무자의 기존의 변제는 '비채변제'가 되므로 원칙적으로 변제수령자에게 변제한 것을 부당이득으로 반환청구할 수 있게 된다. 判例도 "ⅰ) **채권압류가 경합된 경우에 그 압류채권자 중의 한 사람이 전부명령을 얻은 경우 그 전부명령은 무효이지만 제3채무자가 선의·무과실로 그 전부 채권자에게 전부금을 변제하였다면 이는 채권의 준점유자에 대한 변제로서 유효**하므로 제3채무자의 채무자에 대한 채무는 소멸되고 제3채무자는 압류채권자에 대하여 2중 변제의 의무를 부담하지 아니하며 **전부채권자에 대하여 전부명령의 무효를 주장하여 부당이득반환청구도 할 수 없다**. ⅱ) 이 경우에 경합압류채권자는 전부채권자에 대하여 자기가 배당받아야 할 금액범위 안에서 부당이득반환청구를 할 수 있고 제3채무자가 압류채권자에게 그 배당받아야 할 금액을 대위 변제하였다면 이는 이해관계 없는 제3자의 변제로서 그 대위변제자는 변제자의 임의대위권 밖에 행사할 수 없을 것이다. ⅲ) 그러나 **제3채무자가 위 전부금을 변제함에 있어서 선의·무과실이 아니었다면** 제3채무자가 전부채권자에게 한 전부금의 **변제는 효력이 없는 것**이라고 할 것이고, 또 그것이 경합압류채권자에 대하여 **불법행위**가 될 수 있는 것이니 제3채무자는 경합압류채권자에 대하여 그로 인한 손해를 배상할 의무가 있는 것이라고 할 것이고 이때에 제3채무자의 피용자(그 사람의 과실로 인하여 제3채무자에게 위와 같은 배상책임을 발생하게 한 자)가 위의 손해금을 경합압류채권자에게 배상하였다면 이는 이해관계 있는 제3자의 변제가 될 것이니 그 변제자(제3채무자의 피용자)는 **변제자의 법정대위권에 의거하여 제3채무자를 대위하여 피고에 대하여 부당이득금의 반환을 구할 수 있는 것**으로 풀이하여야 할 것이다."라고 하여 같은 법리를 적용한다(대판 1980.9.30. 78다1292).

18

14주사보

금융실명제가 시행된 후에는 예금행위자라 하더라도 예금명의자가 아니고 예금통장도 소지하지 않았다면 예금채권을 준점유하는 자에 해당될 수 없다. O | X

해설 금융실명제 이후 예금명의자가 아니고 예금통장도 소지하지 않은 예금행위자는 예금채권의 준점유자에 해당하는지 여부(소극)
금융기관에 예금을 하고자 하는 자는 원칙적으로 직접 주민등록증과 인감을 지참하고 금융기관에 나가 자기 이름으로 예금을 하여야 하나, 대리인이 본인의 주민등록증과 인감을 가지고 가서 본인의 이름으로 예금하는 것이 허용된다고 하더라도, 이 경우 금융기관으로서는 자기가 주민등록증을 통하여 실명확인을 한 예금명의자를 위 재정명령 제3조에서 규정한 거래자로 보아 그와 예금계약을 체결할 의도를 가지고 있었다고 보아야 하므로, **예금명의자가 아니고 예금통장도 소지하지 않은 예금행위자에 불과한 자는 금융실명제가 시행된 후에는 극히 예외적인 특별한 사정이 인정되지 않는 한 예금채권을 준점유하는 자에 해당될 수가 없다**(대판 2002.6.14. 2000다38992).

19

12/16법원행시

효력규정인 강행법규에 위반되는 계약을 체결한 자가 그 약정의 효력이 부인된다는 사실을 알지 못한 탓에 그 약정에 따라 변제수령권을 갖는 것처럼 외관을 갖게 된 자에게 변제를 한 경우, 그 변제는 특별한 사정이 없는 한 법률적인 검토를 제대로 하지 않은 과실에 기인한 것으로서 효력이 없다. O | X

해설 대판 2004.6.11. 2003다1601

20

출제예상

甲이 乙에 대하여 금전채무를 부담하고 乙이 丙에 대하여 동일한 금액의 채무를 부담하는 경우, 甲이 乙의 지시로 丙에게 직접 변제하였다면 후에 甲과 乙 사이의 계약이 해제되더라도 甲은 丙에 대하여 급부한 것을 부당이득으로 반환청구할 수 없다. O | X

해설 이른바 단축급부로서 법률상 원인없는 급부 수령이라고 할 수 없다.

관련판례 계약의 일방 당사자가 계약 상대방의 지시 등으로 **급부과정을 단축**하여 계약 상대방과 또 다른 계약관계를 맺고 있는 **제3자에게 직접 급부**한 경우, 그 급부로써 급부를 한 계약 당사자의 상대방에 대한 급부가 이루어질 뿐 아니라 그 상대방의 제3자에 대한 급부로도 이루어지는 것이므로 계약의 일방 당사자는 **제3자를 상대로 법률상 원인 없이 급부를 수령하였다는 이유로 부당이득반환청구를 할 수 없다**(대판 2003.12.26. 2001다46730).

21

출제예상

부동산에 대하여 가압류등기가 된 후 저당권이 설정되고 이후 강제경매 신청을 한 압류채권자가 있는 경우, 1차로 가압류채권자와 저당권자 및 압류채권자 사이에 채권액에 비례하여 평등배당을 한 후, 저당권자는 자신의 채권액을 전부 변제받을 수 있을 때까지 압류채권자가 받을 배당액으로부터 우선하여 배당받을 수 있다. O | X

해설 **부동산에 대하여 가압류등기가 먼저 되고 나서 근저당권설정등기가 마쳐진 경우**에 그 근저당권등기는 가압류에 의한 처분금지의 효력 때문에 그 집행보전의 목적을 달성하는 데 필요한 범위 안에서 가압류채권자에 대한 관계에서만 상대적으로 무효이다. 이 경우 가압류채권자와 근저당권자 및 근저당권설정등기 후 강제경매신청을 한 압류채권자 사이의 배당관계에 있어서, **근저당권자는 선순위 가압류채권자에 대하여는 우선변제권을 주장할 수 없으므로 1차로 채권액에 따른 안분비례에 의하여 평등배당을 받은 다음, 후순위 경매신청압류채권자에 대하여는 우선변제권이 인정**되므로 경매신청압류채권자가 받을 배당액으로부터 자기의 채권액을 만족시킬 때까지 이를 흡수하여 배당받을 수 있다(대결 1994.11.29. 94마417).

22

출제예상

동일한 주택에 대항요건을 갖추고 서로 일자를 달리하여 확정일자를 받은 여러 명의 임차인들이 「주택임대차보호법」에 의하여 보증금 중 일정액의 보호를 받는 소액임차인의 지위를 겸하는 경우, 임차인들은 그 주택에 관한 배당절차에서 먼저 소액임차인으로서 보호받는 일정액을 우선 배당받은 후 나머지 임차보증금채권액에 대하여는 채권액에 비례하여 평등배당을 받는다. O | X

정답 | 17 ○ 18 ○ 19 ○ 20 ○ 21 ○ 22 ×

해설 주택임대차보호법 제3조의2 제2항은 대항요건(주택인도와 주민등록전입신고)과 임대차계약증서상의 확정일자를 갖춘 주택임차인에게 부동산 담보권에 유사한 권리를 인정한다는 취지로서, 이에 따라 대항요건과 확정일자를 갖춘 임차인들 상호간에는 대항요건과 확정일자를 최종적으로 갖춘 순서대로 우선변제받을 순위를 정하게 되므로, 만일 대항요건과 확정일자를 갖춘 임차인들이 주택임대차보호법 제8조 제1항에 의하여 보증금 중 일정액의 보호를 받는 소액임차인의 지위를 겸하는 경우, 먼저 소액임차인으로서 보호받는 일정액을 우선 배당하고 난 후의 나머지 임차보증금채권액에 대하여는 대항요건과 확정일자를 갖춘 임차인으로서의 순위에 따라 배당을 하여야 하는 것이다(대판 2007.11.15. 2007다45562).

23

출제예상

변제받을 권한 없는 자에 대한 변제의 경우에도 채권자가 이익을 받은 한도에서 효력이 있는데, 여기에서 말하는 '채권자가 이익을 받은' 경우에는 변제의 수령자가 진정한 채권자에게 채무자의 변제로 받은 급부를 직접 전달한 경우는 포함되나, 무권한자의 변제수령을 채권자가 사후에 추인한 경우는 포함되지 않는다. O | X

24

17법무사

민법 제472조는 불필요한 연쇄적 부당이득반환의 법률관계가 형성되는 것을 피하기 위하여 변제받을 권한 없는 자에 대한 변제의 경우에도 그로 인하여 채권자가 이익을 받은 한도에서 효력이 있다고 규정하고 있다. 그런데 변제수령자가 변제로 받은 급부를 가지고 자신이나 제3자의 채권자에 대한 채무를 변제함으로써 채권자의 기존 채권을 소멸시킨 경우에는 채권자에게 실질적인 이익이 생겼다고 할 수 없으므로 위 규정에 의한 변제의 효력을 인정할 수 없다. O | X

해설 **23 24** 민법 제472조는 불필요한 연쇄적 부당이득반환의 법률관계가 형성되는 것을 피하기 위하여 변제받을 권한 없는 자에 대한 변제의 경우에도 그로 인하여 채권자가 이익을 받은 한도에서 효력이 있다고 규정하고 있다. 여기에서 **'채권자가 이익을 받은' 경우**란 변제수령자가 채권자에게 변제로 받은 급부를 전달한 경우는 물론이고, 그렇지 않더라도 무권한자의 변제수령을 채권자가 사후에 추인한 때와 같이 무권한자의 변제수령을 채권자의 이익으로 돌릴 만한 실질적 관련성이 인정되는 경우도 포함된다(대판 2012.10.25. 2010다32214).

25

출제예상

제3채무자가 착오로 압류채무자에게 지급한 돈을 압류채무자가 다시 압류채권자에게 지급한 경우, 제3채무자는 제472조를 근거로 피압류채권의 소멸을 주장할 수 있다. O | X

해설 제3채무자가 착오로 압류채무자에게 지급한 돈을 압류채무자가 다시 압류채권자에게 지급한 경우, 제3채무자가 피압류채권의 소멸을 주장할 수 있는지 여부(소극)

압류채권자인 원고(甲)가 채무자(乙)에 대한 여러 채권 중 ②, ③ 어음 채권을 집행채권으로 해서 제3채무자인 피고(丙)에 대한 물품대금채권을 압류하였는데, 피고(丙)가 착오로 채무자에게 물품대금을 지급하고, 채무자(乙)가 받을 돈을 다시 원고(甲)에게 지급하자, 원고(甲)가 이를 ① 어음, 대여금 채권에 충당한 다음 피압류채권에 대한 추심명령을 받아 추심금 청구를 한 사안에서, 判例는 "피고(丙)가 채무자(乙)에게 물품대금을 지급하였다는 이유로 원고(甲)에게 피압류채권의 소멸을 주장할 수 없고, 채무자(乙)가 충당 지정을 하지 않은 이상 원고(甲)가 집행채권이 아닌 채권에 지정 변제충당 할 수 있으며, 원고(甲)의 변제 수령에 대하여 민법 제472조가 적용되지 않는다"고 보았다(대판 2021.3.11. 2017다278729). 즉, 제3채무자(丙)가 착오로 압류채무자(乙)에게 지급한 돈을 압류채무자(乙)가 다시 압류채권자(甲)에게 지급한 경우, 제3채무자(丙)는 피압류채권의 소멸을 주장할 수 없다.

26

14서기보

채무의 변제로 타인의 물건을 인도한 채무자는 다시 유효한 변제를 하지 아니하면 그 물건의 반환을 청구하지 못한다는 민법 제463조는 채무자만이 그 물건의 반환을 청구할 수 없다는 것에 불과할 뿐 채무자가 아닌 다른 권리자까지 그 물건의 반환을 청구할 수 없다는 취지는 아니다. O | X

> 해설 대판 1993.6.8. 93다14998
> **제463조(변제로서의 타인의 물건의 양도)** 채무의 변제로 타인의 물건을 인도한 채무자는 다시 유효한 변제를 하지 아니하면 그 물건의 반환을 청구하지 못한다.

27

14서기보

양도할 능력이 없는 소유자가 채무의 변제로 물건을 인도한 경우에는 원칙적으로 그 변제가 취소된 때에도 다시 유효한 변제를 하지 아니하면 그 물건의 반환을 청구하지 못한다. O | X

> 해설 대판 1993.6.8. 93다14998
> **제464조(양도능력 없는 소유자의 물건인도)** 양도할 능력 없는 소유자가 채무의 변제로 물건을 인도한 경우에는 그 변제가 취소된 때에도 다시 유효한 변제를 하지 아니하면 그 물건의 반환을 청구하지 못한다.

28

20법무사

채무의 성질 또는 당사자의 의사표시로 변제장소를 정하지 아니한 때에는 특정물의 인도는 채권자의 현주소지에서 하여야 한다. O | X

> 해설 채무의 성질 또는 당사자의 의사표시로 변제장소를 정하지 아니한 때에는 **특정물**의 인도는 채권성립당시에 그 물건이 있던 장소에서 하여야 한다(제467조 제1항). 채무의 성질 또는 당사자의 의사표시로 변제장소를 정하지 아니한 때에 채권자의 현주소에서 변제하여야 하는 경우는 **특정물인도 이외**의 채무를 변제하는 경우이다(제467조 제2항).

29

16주사보, 20서기보

당사자의 특별한 의사표시가 없으면 변제기 전에는 채무자는 변제할 수 없다. O | X

> 해설 **제468조(변제기 전의 변제)** 당사자의 특별한 의사표시가 없으면 변제기 전이라도 채무자는 변제할 수 있다. 그러나 상대방의 손해는 배상하여야 한다.

30

16서기보

채무자는 채무 전부를 변제하였을 때뿐만 아니라 공탁, 면제 등으로 채무 전부가 소멸되었을 때도 채권증서의 반환을 청구할 수 있다. O | X

정답 | 23 × 24 ○ 25 × 26 ○ 27 ○ 28 × 29 × 30 ○

해설 **제475조(채권증서반환청구권)** 채권증서가 있는 경우에 변제자가 채무전부를 변제한 때에는 채권증서의 반환을 청구할 수 있다. 채권이 변제 이외의 사유로 전부 소멸한 때에도 같다.

➡ 따라서 채권이 상계·경개·면제 등 변제 이외의 원인으로 소멸하는 경우에도 채권증서의 반환을 청구할 수 있다.

31

13서기보, 20법무사

변제와 채권증서의 반환은 동시이행관계에 있다. O | X

해설 채무자가 채무 전부를 변제한 때에는 채권자에게 채권증서의 반환을 청구할 수 있으며, 제3자가 변제를 하는 경우에는 제3자도 채권증서의 반환을 구할 수 있으나(민법 제475조 참조), 이러한 채권증서 반환청구권은 채권 전부를 변제한 경우에 인정되는 것이고, 영수증 교부의무와는 달리 변제와 동시이행관계에 있지 않다(대판 2005.8.19. 2003다22042).

정답 | 31 ×

제2관 | 변제충당

01 18법원행시

변제충당이란 채무자가 동일한 채권자에 대하여 동종의 목적을 갖는 수개의 채무를 부담하는 경우 또는 1개의 채무의 변제로 수개의 급부를 하여야 할 경우에 변제제공된 것이 채무 전부를 소멸시키기에 부족한 때에, 변제제공된 것으로 어느 채무의 변제에 충당할 것인지를 결정하는 것을 뜻한다. O | X

02 출제예상

채무자의 변제가 채권자에 대한 모든 채무를 소멸시키기에 부족한 때에는 채권자가 적당하다고 인정하는 순서와 방법에 의하여 충당하기로 하는 약정이 있는 경우, 채무자가 변제를 하면서 위 약정과 달리 특정 채무의 변제에 우선적으로 충당한다고 지정하더라도, 그에 대하여 채권자가 명시적 또는 묵시적으로 동의하지 않는 한 그 지정은 효력이 없어 채무자가 지정한 채무가 변제되어 소멸하는 것은 아니다. O | X

> 해설 **01** 변제충당이란 ⅰ) 동일한 채권자에 대하여 같은 종류를 목적으로 한 '수개의 채무'를 지는 경우(제476조 1항), 또는 ⅱ) 1개의 채무의 변제로서 수개의 급부를 해야 할 경우(제478조)에 변제의 제공이 그 채무 전부를 소멸하게 하지 못하는 때에, 그 중 어느 채무의 변제에 충당할 것인가를 정하는 것이다.
> **02** 채권자와 채무자의 합의로 채권자가 적당하다고 인정하는 순서와 방법에 의해 충당하기로 약정한 이상(이른바 합의충당), 채무자가 변제를 하면서 위 약정과 달리 특정 채무의 변제에 충당한다고 지정하더라도, 그에 대해 채권자가 동의하지 않는 한, 그 지정은 효력이 없어 채무자가 지정한 채무가 변제되어 소멸하는 것은 아니다(대판 1999.11.26. 98다27517).

03 18법원행시

변제충당에 관한 민법 제476조 내지 제479조의 규정은 임의규정이므로 변제자와 변제받는 자 사이에 위 규정과 다른 약정이 있다면 그 약정에 따라 변제충당의 효력이 발생하고, 위 규정과 다른 약정이 없는 경우에 변제의 제공이 그 채무 전부를 소멸하게 하지 못하는 대에는 민법 제476조의 지정변제충당에 의하여 변제충당의 효력이 발생하고 보충적으로 민법 제477조의 법정변제충당의 순서에 따라 변제충당의 효력이 발생한다. O | X

> 해설 대판 1987.3.24. 84다카1324

04 14/20법무사, 18서기보, 18법원행시

변제충당지정은 상대방에 대한 의사표시로써 하여야 하나, 채권자와 채무자 사이에 변제충당에 관한 약정이 있고, 그 약정내용이 변제가 채권자에 대한 모든 채무를 소멸시키기에 부족한 때에는 채권자가 적당하다고 인정하는 순서와 방법에 의하여 충당하기로 한 것이라면, 변제수령권자인 채권자가 위 약정에 터잡아 스스로 적당하다고 인정하는 순서와 방법에 좇아 변제충당을 한 이상 변제자에 대한 의사표시와 관계없이 충당의 효력이 있다고 해석하는 것이 타당하다. O | X

정답 | 01 ○ 02 ○ 03 ○ 04 ○

해설 대판 1991.7.23. 90다18678

05 18서기보

채무자의 변제가 모든 채무를 소멸시키기에 부족한 때에는 채권자가 적당하다고 인정하는 순서와 방법에 의하여 충당하기로 약정하였으면, 채권자는 별도의 의사표시를 하지 않고도 그 약정에 터 잡아 스스로 적당하다고 인정하는 순서와 방법에 좇아 변제충당을 할 수 있다. O | X

해설 채권자와 채무자의 '합의'로 변제가 채권자에 대한 모든 채무를 소멸시키기에 부족한 때에는 채권자가 적당하다고 인정하는 순서와 방법에 의하여 충당하기로 한 것이라면, 채권자가 그 약정에 터 잡아 스스로 적당하다고 인정하는 순서와 방법에 좇아 변제충당을 한 이상 변제자에 대한 의사표시와 관계없이 충당의 효력이 있다(대판 2012.4.13. 2010다1180).

06 21법원행시

채무자가 특정 채무의 변제로 금원을 지급한 사실을 주장하는데 대하여 채권자가 이를 수령한 사실을 인정하고서 다만 다른 채무의 변제에 충당하였다고 주장하는 경우에는, 채권자는 다른 채권이 존재하는 사실과 다른 채권에 대한 변제충당의 합의가 있었다거나 다른 채권이 법정충당의 우선순위에 있다는 사실을 주장·입증하여야 한다. O | X

해설 대판 1999.12.10. 99다14433

07 15서기보

담보권실행 등을 위한 경매에 있어 배당금이 동일 담보권자의 수개의 피담보채권 전부를 소멸시키기에 부족한 경우 채권자와 채무자의 합의에 의한 변제충당은 허용되지 않는다. O | X

08 12/20사무관, 15법원행시, 17주사보, 20법무사

담보권실행을 위한 경매에서 배당된 배당금이 담보권자가 가지는 수개의 피담보채권전부를 소멸시키기에 부족한 경우에 민법 제476조에 의한 지정변제충당은 허용될 수 없으나, 채권자와 채무자 사이에 변제충당에 관한 합의가 있는 경우에는 그 합의에 따른 변제충당이 가능하고, 그 합의는 묵시적이라도 가능하다. O | X

해설 **07 08** 강제경매(대판 1991.7.23. 90다18678) 또는 담보권실행경매(대판 1996.5.10. 95다55504)에서는 채권자, 채무자 외에 다수의 이해관계인이 있을 수 있기 때문에 획일적으로 가장 공평·타당한 충당방법인 제477조의 규정에 의한 법정변제충당의 방법에 따라 충당을 하여야 한다.

임의경매에 있어서 배당금이 동일 담보권자의 수개의 피담보채권 전부를 소멸시키기에 부족한 경우, 변제충당의 방법
담보권의 실행 등을 위한 경매에 있어서 배당금이 동일 담보권자가 가지는 수개의 피담보채권의 전부를 소멸시키기에 부족한 경우, 채권자와 채무자 사이에 변제충당에 관한 합의가 있었다고 하더라도 그 합의에 의한 변제충당은 허용될 수 없고, 이 경우에는 획일적으로 가장 공평·타당한 충당방법인 민법 제477조의 규정에 의한 법정변제충당의 방법에 따라 충당을 하여야 한다(대판 1996.5.10. 95다55504).

09

14서기보

변제자(채무자)와 변제수령자(채권자)는 변제로 소멸한 채무에 관한 보증인 등 이해관계 있는 제3자의 이익을 해하지 않는 이상 이미 급부를 마친 뒤에도 기존의 충당방법을 배제하고 제공된 급부를 어느 채무에 어떤 방법으로 다시 충당할 것인가를 약정할 수 있다. O | X

> **해설** 기존의 법정충당을 배제하고 다시 합의충당을 할 수 있는지 여부(원칙적 적극)
> 변제자(채무자)와 변제수령자(채권자)는 변제로 소멸한 채무에 관한 보증인 등 **이해관계 있는 제3자의 이익을 해하지 않는 이상** 이미 급부를 마친 뒤에도 기존의 충당방법을 배제하고 제공된 급부를 어느 채무에 어떤 방법으로 다시 충당할 것인가를 약정할 수 있다(대판 2013.9.12. 2012다118044).

10

18서기보

지정변제충당에서 변제자의 지정이 없다면 변제받은 자가 그 당시 어느 채무를 지정하여 변제에 충당할 수 있지만, 변제자가 그 충당에 대하여 즉시 이의를 한 때에는 그러하지 아니하다. O | X

> **해설** **제476조(지정변제충당)** ② 변제자가 전항의 지정을 하지 아니할 때에는 변제받는 자는 그 당시 어느 채무를 지정하여 변제에 충당할 수 있다. 그러나 변제자가 그 충당에 대하여 즉시 이의를 한 때에는 그러하지 아니하다.

11

14법무사, 15서기보

채무자가 1개 또는 수개의 채무의 비용 및 이자를 지급할 경우에 변제자가 그 전부를 소멸하게 하지 못한 급여를 한 때에는 비용, 이자, 원본의 순서로 변제에 충당하여야 한다. O | X

> **해설** **제479조(비용, 이자, 원본에 대한 변제충당의 순서)** ① 채무자가 1개 또는 수개의 채무의 비용 및 이자를 지급할 경우에 변제자가 그 전부를 소멸하게 하지 못한 급여를 한 때에는 비용, 이자, 원본의 순서로 변제에 충당하여야 한다.

12

19법무사, 21법원행시

비용, 이자, 원본에 대한 변제충당의 순서는 민법 제479조에 법정되어 있으므로 당사자 사이에 그와 다른 특별한 합의가 있었다는 등의 특단의 사정이 없는 한 위의 법정순서에 의하여 변제충당이 이루어져야 한다.
O | X

13

21법원행시

비용, 이자, 원본에 대한 변제충당에 관하여 당사자 사이에 특별한 합의가 없는 한 비용, 이자, 원본의 순서로 충당하여야 할 것이지만, 당사자의 일방적인 지정에 대하여 상대방이 지체 없이 이의를 제기하지 아니함으로써 묵시적인 합의가 되었다고 보여지는 경우에는 그 법정충당의 순서와는 달리 충당의 순서를 인정할 수 있다. O | X

정답 | 05 ○ 06 ○ 07 ○ 08 × 09 ○ 10 ○ 11 ○ 12 ○ 13 ○

> **해설** 비용, 이자, 원본에 대한 변제충당의 순서
> 비용, 이자, 원본에 대한 변제충당에 있어서는 민법 제479조에 그 충당 순서가 법정되어 있고 지정 변제충당에 관한 민법 제476조는 준용되지 않으므로 원칙적으로 비용, 이자, 원본의 순서로 충당하여야 하고, 채무자는 물론 채권자라 할지라도 위 법정 순서와 다르게 일방적으로 충당의 순서를 지정할 수는 없다. 그러나 ⅰ) **12** 당사자 사이에 특별한 합의가 있는 경우이거나 ⅱ) **13** 당사자의 일방적인 지정에 대하여 상대방이 지체 없이 이의를 제기하지 아니함으로써 묵시적인 합의가 되었다고 보이는 경우에는 그 법정충당의 순서와는 달리 충당의 순서를 인정할 수 있다(대판 2009.6.11. 2009다12399).

14

출제예상

1,000만 원의 원금과 50만 원의 이자 및 비용을 변제할 채무자가 50만 원을 채권자에게 지급하면서 이를 원금에 충당할 것을 지정한다고 하더라도 원칙적으로 원금의 변제에 충당되지 않으며, 이로 인하여 채권자가 변제의 수령을 거절하더라도 채권자지체에 빠지지 않는다. O I X

> **해설** 채무자가 1개 또는 수개의 채무의 비용 및 이자를 지급할 경우에 변제자가 그 전부를 소멸하게 하지 못한 급여를 한 때에는 비용이나 이자가 이행기에 있는지 여부를 묻지 않고(대판 1967.10.6. 67다1587 참고), (총)비용, (총)이자(지연이자도 포함된다), (총)원본의 순서로 변제에 충당하여야 한다(제479조 제1항).
> 따라서 변제자 일방의 지정충당이 있더라도 이는 인정되지 않고(대판 1990.11.9. 90다카7262), 그 지정은 민법 제479조 제1항에 반하여 채권자에 대하여 효력이 없으므로, 채권자는 그 수령을 거절할 수 있다(대판 2005.8.19. 2003다22042).

15

21법원행시

비용, 이자, 원본에 대한 변제충당의 순서에 관한 민법 제479조는 변제뿐만 아니라 공탁, 상계에도 적용되고, 여기에서 우선 충당되는 비용에는 채권을 실행하는 데 소요된 소송비용 또는 집행비용으로서 소송비용액확정결정 또는 집행비용액확정결정을 받은 것이 포함된다. O I X

> **해설** 대판 2006.10.12. 2004재다818

16

18법원행시

연대보증인이 주채무자의 채무 중 일정 범위에 대하여 보증을 한 경우에 주채무자가 일부 변제를 하면, 특별한 사정이 없는 한 일부변제금은 주채무자의 채무 전부를 대상으로 변제 충당의 일반원칙에 따라 충당되고, 연대보증인은 변제충당 후 남은 주채무자의 채무 중 보증한 범위 내의 것에 대하여 보증책임을 부담한다. O I X

> **해설** 대판 2016.8.25. 2016다2840

17

18서기보

법정변제충당의 경우 이행기가 도래한 채무와 도래하지 아니한 채무가 있으면 이행기가 도래한 채무의 변제에 충당하는데, 이행기의 도래 여부는 이행기의 유예가 있더라도 본래의 이행기를 기준으로 판단한다. O | X

해설 채무 중에 이행기가 도래한 것과 도래하지 않은 것이 있으면 먼저 이행기가 도래한 채무의 변제에 충당한다(제477조 1호). 이행기 도래 여부는 이행기의 유예가 있는 채무에 대하여는 유예기까지 이행기가 도래하지 않은 것과 같게 보아야 한다(대판 1999.8.24. 99다22281,22298).

18

16서기보

변제자가 주채무자인 경우, 보증인이 있는 채무와 보증인이 없는 채무 사이에는 보증인이 있는 채무가 변제이익이 더 많으므로 보증인이 있는 채무부터 법정변제충당하여야 한다. O | X

19

15서기보

변제자가 주채무자인 경우 보증인이 있는 채무와 보증인이 없는 채무 사이의 변제이익은 동일하다. O | X

20

15서기보, 17법무사

변제자가 채무자인 경우 물상보증인이 제공한 물적 담보가 있는 채무보다 그러한 담보가 없는 채무가 변제이익이 크다. O | X

해설 **18 19 20 '주채무자가 변제할 때'** 보증인이 있는 채무와 보증인이 없는 채무 사이에는 **변제 이익의 차이가 없고,** 마찬가지로 '주채무자가 변제할 때' 물상보증인이 제공한 물적 담보가 있는 채무와 그러한 담보가 없는 채무 사이에도 **변제 이익의 점에서 차이가 없다**(대판 2014.4.30. 2013다8250).

21

13법원행시, 20사무관

법정변제충당과 관련하여 변제자가 타인의 채무에 대한 보증인으로서 부담하는 연대보증채무는 변제자 자신의 채무와 변제의 이익이 동등하다고 보아야 한다. O | X

해설 특별한 사정이 없는 한 변제자가 타인의 채무에 대한 보증인으로서 부담하는 보증채무(연대보증채무도 포함)는 변제자 자신의 채무에 비하여 변제자에게 그 변제의 이익이 적다고 보아야 한다(대판 2002.7.12. 99다68652).

정답 | 14 ○ 15 ○ 16 ○ 17 ○ 18 × 19 ○ 20 × 21 ×

22

11법원행시 유사

변제자가 주채무자인 경우로서 다른 조건이 동일하다면, 제3자가 발행 또는 배서한 어음에 의하여 담보되는 채무가 그렇지 않은 채무보다 변제이익이 더 많다. O | X

23

주채무자 이외의 자가 변제자인 경우로서 다른 조건이 동일하다면, 변제자가 발행 또는 배서한 어음에 의하여 담보되는 채무가 그렇지 않은 채무보다 변제이익이 더 많다. O | X

> 해설 **22 23** 주채무자 이외의 자가 변제자인 경우에는, 변제자가 발행 또는 배서한 어음에 의하여 담보되는 채무가 다른 채무보다 변제이익이 많다. 이에 대해 주채무자가 변제자인 경우에는, 담보로 제3자가 발행 또는 배서한 약속어음이 교부된 채무와 다른 채무 사이에 변제이익에서 차이가 없으나, 담보로 주채무자 자신이 발행 또는 배서한 어음으로 교부된 채무는 다른 채무보다 변제이익이 많다(대판 1999.8.24. 99다22281,22298).

24

출제예상

민법 제477조의 법정변제충당의 순서는 채무자의 변제제공당시를 기준으로 정하여야 한다. O | X

25

21법원행시

민법 제477조의 법정변제충당을 위한 변제이익은 변제자를 기준으로 판단하여야 하고, 법정변제충당의 순서는 사실심 변론종결시를 기준으로 할 것이지 채무자의 변제제공 당시를 기준으로 정할 것은 아니다. O | X

> 해설 **24 25** 변제충당에 관한 민법 제476조 내지 제479조가 임의규정인지 여부(적극) 및 변제충당의 방법 /이때 민법 제477조의 법정변제충당의 순서를 정하는 기준 시기(= 변제제공시)
> 변제충당에 관한 민법 제476조 내지 제479조는 임의규정이므로 변제자와 변제받는 자 사이에 위 규정과 다른 약정이 있다면 약정에 따라 변제충당의 효력이 발생하고, 위 규정과 다른 약정이 없는 경우에 변제의 제공이 채무 전부를 소멸하게 하지 못하는 때에는 민법 제476조의 지정변제충당에 따라 변제충당의 효력이 발생하고 보충적으로 민법 제477조의 법정변제충당의 순서에 따라 변제충당의 효력이 발생한다. 이때 **민법 제477조의 법정변제충당의 순서는 채무자의 변제제공 당시를 기준으로 정하여야** 한다(대판 2015.11.26. 2014다71712).

정답 | 22 × 23 ○ 24 ○ 25 ×

제3관 | 변제자대위

01 19주사보

대위변제한 제3자는 채무자에 대한 자신의 구상권 외에, 채권자가 채무자에 대하여 가지고 있던 채권 기타의 권리도 취득하므로 청구권의 경합이 생기게 된다. O | X

> 해설 변제자는 채무자에 대한 고유의 구상권과 대위에 의한 채권자의 채권, 두 개의 청구권을 가지게 된다. 따라서 '청구권의 경합'이 생기게 되며, 변제한 제3자가 그중 어느 한 권리의 행사에 의하여 목적을 달성하면 다른 권리도 소멸한다. **구상권과 변제자대위권은 그 원본, 변제기, 이자, 지연손해금의 유무 등에 있어서 그 내용이 다른 별개의 권리이다.** 따라서 가령 대위변제자와 채무자 사이에 구상금에 관한 지연손해금 약정이 있더라도 이 약정은 구상금을 청구하는 경우에 적용될 뿐, 변제자대위권을 행사하는 경우에는 적용될 수 없다(대판 2009.2.26. 2005다32418).

02 15법무사

채무자를 위하여 변제한 자는 변제와 동시에 채권자의 승낙을 얻어 채권자를 대위할 수 있고, 변제할 정당한 이익이 있는 자는 변제로 당연히 채권자를 대위한다. O | X

03 19주사보

변제할 정당한 이익이 있는 제3자가 채무자를 위하여 변제한 경우에는 변제와 동시에 채권자의 승낙을 얻어 채권자를 대위할 수 있다. O | X

> 해설 **02 03 제480조(변제자의 임의대위)** ① 채무자를 위하여 변제한 자는 변제와 동시에 채권자의 승낙을 얻어 채권자를 대위할 수 있다.
> **제481조(변제자의 법정대위)** 변제할 정당한 이익이 있는 자는 변제로 당연히 채권자를 대위한다.

04 15법원행시

임의대위에서 변제자가 제3자에게 대항하기 위해서는 확정일자 있는 증서에 의한 대위의 통지나 승낙이 필요한데 이 경우 제3자라 함은 대위변제의 목적인 그 채권 자체에 관하여 대위변제자와 양립할 수 없는 법률상 지위에 있는 자만을 의미한다. O | X

> 해설 **제480조(변제자의 임의대위)** ① 채무자를 위하여 변제한 자는 변제와 '동시에' 채권자의 '승낙'을 얻어 채권자를 대위할 수 있다.
> ② 전항의 경우에 제450조 내지 제452조(채권양도)의 규정을 준용한다.
> 임의대위에 의해 채권이 변제자에게 이전되는 점에서 사실상 채권양도의 경우와 유사하므로, 제480조 제2항은 임의대위에 대하여 지명채권양도의 대항요건에 관한 규정(제450조 내지 제452조)을 준용하고 있다. 따라서 임의대위에 있어서는 변제자가 제3자에게 대항하기 위하여는 확정일자 있는 증서에 의한 대위의 (채무자에 대한) '통지'나 (채무자의) '승낙'이 필요한 것이지만, 이 경우 **제3자라 함은 대위변제의 목적인 그 채권 자체에 관하여 대위변제자와 양립할 수 없는 법률상 지위에 있는 자만을 의미**한다(대판 1996.2.23. 94다21160).

정답 | 01 ○ 02 ○ 03 × 04 ○

05 19법원행시

이행인수인이 채무자와의 이행인수약정에 따라 채권자에게 채무를 이행하기로 약정하였음에도 불구하고 이를 이행하지 아니하는 경우 채무자에 대하여 채무불이행의 책임을 지게 되어 특별한 법적 불이익을 입게 될 지위에 있으므로, 이행인수인은 민법 제481조에 의해 법정대위를 할 수 있는 '변제할 정당한 이익이 있는 자' 이다. O | X

해설 이행인수

'이행인수'란 인수인이 채무자의 채무를 이행할 것을 약정하는 채무자와 인수인 사이의 계약을 말한다. 이는 채무자가 인수인에 대해 직접 권리를 취득하게 되는 채무인수와 구별되어야 한다.

민법 제481조에 의하여 법정대위를 할 수 있는 '변제할 정당한 이익이 있는 자'라고 함은 변제함으로써 당연히 대위의 보호를 받아야 할 법률상의 이익을 가지는 자를 의미한다. 그런데 **이행인수인이 채무자와의 이행인수약정에 따라 채권자에게 채무를 이행하기로 약정하였음에도 불구하고 이를 이행하지 아니하는 경우에는 채무자에 대하여 채무불이행의 책임을 지게 되어 특별한 법적 불이익을 입게 될 지위**에 있다고 할 것이므로, **이행인수인은 그 변제를 할 정당한 이익이 있다**고 할 것이다(대결 2012.7.16. 2009마461).

06 15법무사, 18서기보

채권의 일부에 대하여 대위변제가 있는 때에는 대위자는 그 변제한 가액에 비례하여 채권자와 함께 그 권리를 행사하고, 채무불이행을 원인으로 하는 계약의 해지 또는 해제는 채권자만이 할 수 있다. O | X

07 21서기보

변제할 정당한 이익이 있는 자가 채무자를 위하여 채권 일부를 대위변제하였는데 채권자가 부동산에 대하여 저당권을 가지고 있는 경우, 채권자는 대위변제자에게 일부대위변제에 따른 저당권의 일부이전의 부기등기를 경료해주어야 할 의무가 있고, 이 경우 채권자는 일부 대위변제자에 대하여 우선변제권을 주장할 수 없다. O | X

08 12법원행시, 19법무사

변제할 정당한 이익이 있는 자가 채무자를 위하여 근저당권의 피담보채무의 일부를 대위변제한 경우에는, 변제한 가액의 범위에서 종래 채권자가 가지고 있던 채권 및 담보에 관한 권리를 법률상 당연히 취득하게 되므로, 위 근저당권의 실행으로 인한 배당절차에서 채권자와 대위변제자는 채권전액에 따라 안분하여 배당을 받게 된다. O | X

해설 **06 제483조(일부의 대위)** ① 채권의 일부에 대하여 대위변제가 있는 때에는 대위자는 그 변제한 가액에 비례하여 채권자와 함께 그 권리를 행사한다.

➡ **07** '변제한 가액에 비례하여 행사'의 의미와 관련하여 특히 경매대금이 잔존채무와 제3변제자의 구상채권을 전액 변제하기에 부족한 경우에 문제되는 바, 이에 대하여 判例는 "변제할 정당한 이익이 있는 자가 채무자를 위하여 채권의 일부를 대위변제할 경우에 대위변제자는 변제한 가액의 범위내에서 종래 채권자가 가지고 있던 채권 및 담보에 관한 권리를 취득하게 되고 따라서 채권자가 부동산에 대하여 저당권을 가지고 있는 경우에는 **채권자는 대위변제자에게 일부 대위변제에 따른 저당권의 일부이전의 부기등기를 경료해 주어야 할 의무가 있다** 할 것이나 **이 경우에도 채권자는 일부 대위변제자에 대하여 우선변제권을 가지고 있다.**"(대판 1988.9.27. 88다카1797)라고 하여 채권자우선설의 입장이다.

➡ **08** 따라서 '안분하여 배당을 받게 된다' 부분이 틀렸다.

09

20법원행시

근저당 거래관계가 계속되는 관계로 근저당권의 피담보채권이 확정되지 아니하는 동안에는 그 채권의 일부가 대위변제되었다 하더라도 그 근저당권이 대위변제자에게 이전될 수는 없다. O | X

10

15법원행시, 19서기보, 19법무사

근저당권은 계속적인 거래관계로부터 발생·소멸하는 불특정다수의 채권 중 그 결산기에 잔존하는 채권을 일정한 한도액의 범위 내에서 담보하는 것으로서 그 거래가 종료하기까지 그 피담보채권은 계속적으로 증감·변동하는 것이므로, 근저당 거래관계가 계속되는 관계로 근저당권의 피담보채권이 확정되지 아니하는 동안에는 그 채권의 일부가 대위변제 되었다 하더라도 그 근저당권이 대위변제자에게 이전될 수 없다. O | X

> **해설** **10 11** 근저당권을 가지고 있는 채권자에게 그 근저당권의 피담보채권이 확정되기 전에 채무의 일부를 대위변제한 자가 그 근저당권의 피담보채권 확정 후 그 근저당권 내지 그 실행으로 인한 경락대금에 대하여 취득하는 권리 범위
> 변제할 정당한 이익이 있는 자가 채무자를 위하여 채권의 일부를 대위변제할 경우에 대위변제자는 변제한 가액의 범위 내에서 종래 채권자가 가지고 있던 채권 및 담보에 관한 권리를 법률상 당연히 취득하게 되는 것이므로, 채권자가 부동산에 대하여 근저당권을 가지고 있는 경우에는, 채권자는 대위변제자에게 일부 대위변제에 따른 저당권의 일부 이전의 부기등기를 경료해 주어야 할 의무가 있다 할 것이나, 이 경우에도 채권자는 일부 변제자에 대하여 우선변제권을 가지고 있다 할 것이고, 근저당권이라고 함은 계속적인 거래관계로부터 발생하고 소멸하는 불특정다수의 장래채권을 결산기에 계산하여 잔존하는 채무를 일정한 한도액의 범위 내에서 담보하는 저당권이어서, **거래가 종료하기까지 채권은 계속적으로 증감변동하는 것이므로, 근저당 거래관계가 계속중인 경우 즉, 근저당권의 피담보채권이 확정되기 전에 그 채권의 일부를 양도하거나 대위변제한 경우 근저당권이 양수인이나 대위변제자에게 이전할 여지는 없다** 할 것이나, 그 근저당권에 의하여 담보되는 피담보채권이 확정되게 되면, 그 피담보채권액이 그 근저당권의 채권최고액을 초과하지 않는 한 그 근저당권 내지 그 실행으로 인한 경락대금에 대한 권리 중 그 피담보채권액을 담보하고 남는 부분은 저당권의 일부이전의 부기등기의 경료 여부와 관계없이 대위변제자에게 법률상 당연히 이전된다(대판 2002.7.26. 2001다53929).

11

19법무사

수인이 시기를 달리하여 채권의 일부씩을 대위변제하고 근저당권 일부이전의 부기등기를 각 경료한 경우 그들은 각 일부대위자로서 그 변제한 가액에 비례하여 근저당권을 준공유하고 있다고 보아야 하고, 그 근저당권을 실행하여 배당함에 있어서는 다른 특별한 사정이 없는 한 각 변제채권액에 비례하여 안분배당하여야 한다. O | X

> **해설** 수인이 시기를 달리하여 채권의 일부씩을 대위변제한 경우, 근저당권의 실행으로 인한 배당절차에 있어서 일부 대위변제자 간의 배당 순위(= 안분배당)
> 수인이 시기를 달리하여 채권의 일부씩을 대위변제한 경우 그들은 각 일부 대위변제자로서 그 변제한 가액에 비례하여 근저당권을 준공유하고 있다고 보아야 하고, 그 근저당권을 실행하여 배당함에 있어서는 다른 특별한 사정이 없는 한 각 변제채권액에 비례하여 안분 배당하여야 한다(대판 2006.2.10. 2004다2762).

정답 | **05** ○ **06** ○ **07** × **08** × **09** ○ **10** ○ **11** ○

비교판례 일부 대위변제자와 채권자 사이에 변제 순위에 관하여 우선회수특약이 있는 경우
일부 대위변제자와 채권자 사이에 변제의 순위에 관하여 따로 약정(우선회수특약이라 한다)을 한 경우에는 그 약정에 따라 변제의 순위가 정해진다(대판 2005.7.28. 2005다19958). "다만 이 경우에 채권자와 다른 일부 대위변제자들 사이에 동일한 내용의 약정이 있는 등 특별한 사정이 없는 한 약정의 효력은 약정 당사자에게만 미치므로, 약정 당사자가 아닌 다른 일부 대위변제자가 대위변제액에 비례하여 안분 배당받을 권리를 침해할 수는 없다. 따라서 경매법원으로서는 i) 채권자와 일부 대위변제자들 전부 사이에 변제 순위나 배당금 충당에 관하여 동일한 내용의 약정이 있으면 약정 내용에 따라 배당하고, ii) 채권자와 어느 일부 대위변제자 사이에만 그와 같은 약정이 있는 경우에는 먼저 원칙적인 배당방법에 따라 채권자의 근저당권 채권최고액 범위 내에서 채권자에게 그의 잔존 채권액을 우선 배당하고, 나머지 한도액을 일부 대위변제자들에게 각 대위변제액에 비례하여 안분 배당하는 방법으로 배당할 금액을 정한 다음, 약정 당사자인 채권자와 일부 대위변제자 사이에서 약정 내용을 반영하여 배당액을 조정하는 방법으로 배당을 하여야 한다(대판 2011.6.10. 2011다9013).

12

21서기보

보증인이 채무를 변제한 후 채권자의 저당권 등기에 관하여 대위의 부기등기를 하지 않고 있는 동안 제3취득자가 목적부동산에 대하여 권리를 취득한 경우 보증인은 제3취득자에 대하여 채권자를 대위할 수 없다.

O | X

해설 **제482조(변제자대위의 효과, 대위자 간의 관계)** ① 민법 제480조, 제481조에 따라 채권자를 대위한 자는 자기의 권리에 의하여 구상할 수 있는 범위에서 채권과 그 담보에 관한 권리를 행사할 수 있다.

보증인과 제3취득자 사이의 변제자대위에 관하여 민법 제482조 제2항 제1호는 "보증인은 미리 전세권이나 저당권의 등기에 그 대위를 부기하지 아니하면 전세물이나 저당물에 권리를 취득한 제3자에 대하여 채권자를 대위하지 못한다."라고 정하고 있다. **이 규정은 보증인의 변제로 저당권 등이 소멸한 것으로 믿고 목적부동산에 대하여 권리를 취득한 제3취득자를 예측하지 못한 손해로부터 보호하기 위한 것이다.** 따라서 보증인이 채무를 변제한 후 저당권 등의 등기에 관하여 대위의 부기등기를 하지 않고 있는 동안 제3취득자가 목적부동산에 대하여 권리를 취득한 경우 **보증인은 제3취득자에 대하여 채권자를 대위할 수 없다**(대판 2020.10.15. 2019다222041).

비교판례 보증인이 '미리' 대위의 부기등기를 하여야 하는데 그 표준되는 시점이 문제되는바, 判例는 보증인이 변제하기 전이라면 제3자에게 불측의 손해를 가할 위험은 없으므로 '보증인의 변제 후 제3취득자의 등기 전'이라고 한다(대판 1990.11.9. 90다카10305). 따라서 제3취득자가 전세물이나 저당물의 권리를 취득한 후에 변제한 보증인은 대위의 부기등기 없이도 항상 제3자에게 대위할 수 있다.

13

16사무관

동일한 채권의 담보로 채무자 소유의 부동산과 물상보증인 소유의 부동산에 저당권이 설정된 경우, 채무자 소유의 위 담보부동산을 취득한 제3자는 채무를 변제하거나 담보권의 실행으로 소유권을 잃더라도 물상보증인에 대하여 채권자를 대위할 수 없다. O | X

14

출제예상

물상보증인과 채무자로부터 담보부동산을 취득한 제3자 상호 간에는 각 부동산의 가액에 비례하여 채권자를 대위할 수 있다. O | X

해설 **13 14** 물상보증인과 채무자로부터 담보목적물을 취득한 제3자와의 관계: 법정대위자 상호간의 관계
㉠ 물상보증인이 채무를 변제하거나 담보권의 실행으로 소유권을 잃은 때에는 보증채무를 이행한 보증인과 마찬가지로 채무자로부터 담보부동산을 취득한 제3자에 대하여 구상권의 범위 내에서 출재한 전액에 관하여 채권자를 대위할 수 있는 반면, ㉡ 채무자로부터 담보부동산을 취득한 제3자는 채무를 변제하거나 담보권의 실행으로 소유권을 잃더라도 물상보증인에 대하여 채권자를 대위할 수 없다(대판 2014.12.18. 2011다50233 전합).

비교판례 물상보증인과 물상보증인으로부터 담보목적물을 취득한 제3자와의 관계: 법정대위자 상호간의 관계
민법 제482조 제2항 제5호 단서에서 대위의 부기등기에 관한 제1호의 규정을 준용하도록 규정한 취지는 자기의 재산을 타인의 채무의 담보로 제공한 '물상보증인이 수인'일 때 그중 일부의 물상보증인이 채무의 변제로 다른 물상보증인에 대하여 채권자를 대위하게 될 경우에 미리 대위의 부기등기를 하여 두지 아니하면 채무를 변제한 뒤에 그 저당물을 취득한 제3취득자에 대하여 채권자를 대위할 수 없도록 하려는 것이라고 해석되므로 자신들 소유의 부동산을 채무자의 채무의 담보로 제공한 물상보증인들이 채무를 변제한 뒤 다른 물상보증인 소유부동산에 설정된 근저당권설정등기에 관하여 대위의 부기등기를 하여 두지 아니하고 있는 동안에 제3취득자가 위 부동산을 취득하였다면, 대위변제한 물상보증인들은 제3취득자에 대하여 채권자를 대위할 수 없다(대판 1990.11.9, 90다카10305).

15

출제예상

제482조 2항 1호의 '제3자'와 2호의 '제3취득자'에 후순위 근저당권자는 포함되지 않는다. 따라서 보증인은 미리 저당권의 등기에 그 대위를 부기하지 않고서도 저당물에 후순위 근저당권을 취득한 제3자에 대하여 채권자를 대위할 수 있다. 그리고 후순위 근저당권자는 보증인에 대하여 채권자를 대위할 수 있다. O | X

16

출제예상

甲은 乙에게 1억 원을 대여하면서 乙 소유인 X 토지에 관하여 근저당권을 설정받았다. 丙은 乙의 부탁을 받고 乙의 위 채무를 보증하였다. 변제기가 도래하였음에도 乙이 채무를 변제하지 않고 있다. 丙이 보증채무를 모두 변제하였다. 丙이 X 토지상의 근저당권에 관하여 자신의 명의로 부기등기를 경료하지 않고 있는 사이에 乙은 다시 丁으로부터 금원을 차용하고 丁에게 제2순위 근저당권을 설정하여 주었다. X 토지가 경매되는 경우 丙이 변제사실을 증명하여 배당요구하면 丙은 丁보다 우선하여 배당받을 수 있다. O | X

해설 **16 17** 제482조 제2항 제1호의 '제3자'와 제2호의 '제3취득자'에 후순위 근저당권자가 포함되는지 여부(소극)
민법 제482조 제2항 제1호와 제2호에서 보증인에게 대위권을 인정하면서도 제3취득자는 보증인에 대하여 채권자를 대위할 수 없다고 규정한 까닭은, 제3취득자는 등기부상 담보권의 부담이 있음을 알고 권리를 취득한 자로서 그 담보권의 실행으로 인하여 예기치 못한 손해를 입을 염려가 없고, 또한 저당부동산에 대하여 소유권, 지상권 또는 전세권을 취득한 제3자는 저당권자에게 그 부동산으로 담보된 채권을 변제하고 저당권의 소멸을 청구할 수 있으며(민법 제364조), 저당물의 제3취득자가 그 부동산의 보존, 개량을 위하여 필요비 또는 유익비를 지출한 때에는 저당물의 경매대가에서 우선상환을 받을 수 있도록(민법 제367조) 하는 등 그 이익을 보호하는 규정도 마련되어 있으므로, 변제자대위와 관련해서는 제3취득자보다는 보증인을 보호할 필요가 있기 때문이다. 그러나 ⅰ) **저당부동산에 대하여 후순위 근저당권을 취득한 제3자는 민법 제364조에서 정한 저당권소멸청구권을 행사할 수 있는 제3취득자에 해당하지 아니하고(대판 2006.1.26. 2005다17341), 달리 선순위 근저당권의 실행으로부터 그의 이익을 보호하는 규정이 없으므로 변제자대위와 관련해서 후순위 근저당권자보다 보증인을 더 보호할 이유가 없으며,** ⅱ) 나아가 선순위 근저당권의 피담보채무에 대하여 직접 보증책임을 지는 보증인과 달리 선순위 근저당권의 피담보채무에 대한 직접 변제책임을 지지 않는 **후순위 근저당권자는 보증인에 대하여 채권자를 대위할 수 있다고 봄이 타당하므로, 민법 제482조 제2항 제2호의 제3취득자에 후순위 근저당권자는 포함되지 아니한다.**

정답 | 12 ○ 13 ○ 14 × 15 ○ 16 ○

민법 제482조 제2항 제2호의 제3취득자에 후순위 근저당권자가 포함되지 않음에도 같은 항 제1호의 제3자에는 후순위 근저당권자가 포함된다고 하면, 후순위 근저당권자는 보증인에 대하여 항상 채권자를 대위할 수 있지만 보증인은 후순위 근저당권자에 대하여 채권자를 대위하기 위해서는 미리 대위의 부기등기를 하여야만 하므로 보증인보다 후순위 근저당권자를 더 보호하는 결과가 되는데, 이러한 결과는 법정대위자인 보증인과 후순위 근저당권자 간의 이해관계를 공평하고 합리적으로 조절하기 위한 민법 제482조 제2항 제1호와 제2호의 입법 취지에 부합하지 않을뿐더러 **후순위 근저당권자는 통상 자신의 이익을 위하여 선순위 근저당권의 담보가치를 초과하는 담보가치만을 파악하여 담보권을 취득한 자에 불과하므로 변제자대위와 관련해서 후순위 근저당권자를 보증인보다 더 보호할 이유도 없다.** 이러한 사정들과 민법 제482조 제2항 제1호와 제2호가 상호작용하에 법정대위자 중 보증인과 제3취득자의 이해관계를 조절하는 규정인 점 등을 종합하여 보면, **보증인은 미리 저당권의 등기에 그 대위를 부기하지 않고서도 저당물에 후순위 근저당권을 취득한 제3자에 대하여 채권자를 대위할 수 있다고 할 것이므로 민법 제482조 제2항 제1호의 제3자에 후순위 근저당권자는 포함되지 않는다**(대판 2013.2.15. 2012다48855).

➡ 변제자대위의 경우 채권 및 그 담보에 관한 권리는 법률상 대위자에게 당연히 이전된다(제482조 제1항). 따라서 채권자의 저당권은 등기 없이도 대위자에게 당연히 이전된다. 사안에서 연대보증인 丙이 보증채무를 모두 변제하였으므로 법정대위에 의해 X토지상의 근저당권에 부기등기를 경료하지 않더라도 당연히 甲의 1순위 근저당권을 취득한다. 아울러 判例에 따르면 제482조 2항 제1호의 제3자에 후순위 근저당권자는 포함되지 않으므로 X토지가 경매되는 경우 丙이 변제사실을 증명하여 배당요구하면 丙은 2순위 근저당권자 丁보다 우선하여 배당받을 수 있다.

17

21서기보

채권자가 고의나 과실로 담보를 상실하게 하거나 감소하게 하여 물상보증인의 대위권을 침해한 경우, 물상보증인은 그 상실 또는 감소로 인하여 상환을 받을 수 없는 한도에서 면책 주장을 할 수 있다.

O | X

해설 **제485조(채권자의 담보상실, 감소행위와 법정대위자의 면책)** 민법 제481조의 규정에 의하여 대위할 자가 있는 경우에 채권자의 고의나 과실로 담보가 상실되거나 감소된 때에는 대위할 자는 그 상실 또는 감소로 인하여 상환을 받을 수 없는 한도에서 그 책임을 면한다.

18

14서기보

채권자가 고의나 과실로 담보를 상실 또는 감소되게 한 때에는 연대보증인은 민법 제485조에 따라 그 상실 또는 감소로 인하여 상환받을 수 없는 한도에서 면책주장을 할 수 있는데, 주채무자가 채권자에게 가등기담보권을 설정하기로 약정한 뒤 이를 이행하지 않고 있음에도 채권자가 그 약정에 기한 가등기설정등기 이행청구 등과 같은 조치를 취하지 아니하던 중 제3자가 당해 부동산을 압류 또는 가압류함으로써 가등기담보권자로서의 권리를 제대로 확보하지 못한 경우는 담보가 상실되거나 감소된 경우에 해당한다고 할 수 없다.

O | X

해설 주채무자가 채권자에게 가등기담보권을 설정하기로 약정한 뒤 이를 이행하지 않고 있음에도 채권자가 그 약정에 기하여 가등기가처분 명령신청, 가등기설정등기 이행청구 등과 같은 담보권자로서의 지위를 보전·실행·집행하기 위한 조치를 취하지 아니하다가 당해 부동산을 제3자가 압류 또는 가압류함으로써 가등기담보권자로서의 권리를 제대로 확보하지 못한 경우도 담보가 상실되거나 감소된 경우에 해당한다(대판 2009.10.29. 2009다60527).

19

15법무사, 19법원행시

채권자의 고의나 과실로 담보가 상실 또는 감소한 경우 민법 제485조에 의하여 법정대위자가 면책되는지 여부 및 면책되는 범위는 대위 변제한 시점을 표준시점으로 하여 판단하여야 한다. O | X

해설 법정대위자가 있는 경우에 채권자의 고의나 과실로 담보가 상실되거나 감소된 경우에는, 대위할 자는 그 담보의 상실 또는 감소로 인하여 상환을 받을 수 없는 한도에서 책임을 면한다(제485조). 이에 해당하기 위해서는, ⅰ) 법정대위의 가능성이 있는 자의 존재, ⅱ) 담보의 상실 또는 감소, ⅲ) 채권자의 고의 또는 과실, ⅳ) 담보의 상실 또는 감소와 상환받을 수 없게 된 것 사이의 인과관계가 있을 것을 요한다.

제485조에 의하여 법정대위자가 면책되는 경우 그 표준시점에 관하여 判例는 **'담보의 상실 또는 감소의 시기'를 표준**으로 한다(대판 2001.10.9. 2001다36283). 따라서 법정대위의 전제가 되는 보증 등의 시점 이전에 이미 소멸한 채권자의 담보에 대해서는 민법 제485조가 적용되지 않는다(대판 2014.10.15. 2013다91788).

20

19서기보

물상보증인은 근저당권의 피담보채무를 변제할 정당한 이익이 있는 자로서 변제로 채권자를 대위할 법정대위권이 있고, 이러한 법정대위를 할 자가 있는 경우에 채권자는 민법 제485조(채권자의 담보상실, 감소행위와 법정대위자의 면책)에 따른 담보보존의무를 부담하므로 언제든지 자유롭게 일부 담보를 포기하고 나머지 담보로부터 채권 전부의 만족을 얻을 수 있는 것은 아니다. 따라서 채권자가 고의나 과실로 담보를 상실하게 하거나 감소하게 한 때에는 특별한 사정이 없는 한 물상보증인의 대위권을 침해하는 것이므로 물상보증인은 민법 제485조에 따라 상실 또는 감소로 인하여 상환을 받을 수 없는 한도에서 근저당권의 피담보채무가 소멸하였다는 면책 주장을 할 수 있다. O | X

해설 민법 제481조의 규정에 의하여 대위할 자가 있는 경우에 채권자의 고의나 과실로 담보가 상실되거나 감소된 때에는 대위할 자는 그 상실 또는 감소로 인하여 상환을 받을 수 없는 한도에서 그 책임을 면한다(민법 제485조). 이는 보증인 등 법정대위를 할 자가 있는 경우에 채권자에게 담보보존의무를 부담시킴으로써 대위할 자의 구상권과 대위에 대한 기대권을 보호하려는 것이다. 물상보증인은 근저당권의 피담보채무를 변제할 정당한 이익이 있는 자로서 변제로 채권자를 대위할 법정대위권이 있다. 채권자가 고의나 과실로 담보를 상실하게 하거나 감소하게 한 때에는 특별한 사정이 없는 한 물상보증인의 대위권을 침해하는 것이므로 물상보증인은 민법 제485조에 따라 상실 또는 감소로 인하여 상환을 받을 수 없는 한도에서 면책 주장을 할 수 있다. 여기서 **물상보증인이 면책 주장을 할 수 있다는 것은 채무자가 부담하는 근저당권의 피담보채무 자체가 소멸한다는 뜻은 아니고 피담보채무에 관한 물상보증인의 책임이 소멸한다는 의미**이다(대판 2017.10.31. 2015다65042).

정답 | 17 ○ 18 × 19 × 20 ×

21

甲은 사채업자 乙로부터 1억 2,000만 원을 대출받았는데, 丙과 丁은 甲의 乙에 대한 채무를 연대보증하였고, 위 대출금채무에 대한 담보로 丁은 그 소유의 X 토지(시가 6,000만 원 상당)에, 戊는 그 소유의 Y 토지(시가 4,000만 원 상당)에 각 저당권을 설정하였다. 다음 설명 중 옳지 않은 것은? (각 지문은 독립적이고, 다툼이 있는 경우에는 판례에 의함)

① 丙은 甲의 의사에 반해서도 변제할 수 있다.

② 丁이 甲을 위하여 7,000만 원을 乙에게 변제한 후 乙이 나머지 5,000만 원을 회수하기 위하여 저당권을 실행하여 X가 5,000만 원에 매각되었다면, 乙은 매각대금 5,000만 원 전부를 배당받을 수 있다.

③ ②의 경우에 丁은 乙의 권리를 대위하여 丙에게 4,000만 원을 청구할 수 있다.

④ 乙이 丙의 보증채무를 면제해 주더라도 乙에 대한 戊의 책임에는 영향이 없다.

해설 ① [O] 丙은 연대보증인으로서 법률상 이해관계를 가지는 자이므로 주채무자 甲의 의사에 반해서도 변제할 수 있다(제469조 제2항의 반대해석).

② [O] **변제할 정당한 이익이 있는 자가 채무자를 위하여 채권의 일부를 대위변제할 경우**에 대위변제자는 변제한 가액의 범위 내에서 종래 채권자가 가지고 있던 채권 및 담보에 관한 권리를 취득하게 되고 따라서 채권자가 부동산에 대하여 저당권을 가지고 있는 경우에는 **채권자는 대위변제자에게 일부 대위변제에 따른 저당권의 일부이전의 부기등기를 경료해 주어야 할 의무가 있으나 이 경우에도 채권자는 일부 대위변제자에 대하여 우선변제권을 가지고**, 다만 일부 대위변제자와 채권자 사이에 변제의 순위에 관하여 따로 약정을 한 경우에는 그 약정에 따라 변제의 순위가 정해진다(대판 2010.4.8. 2009다80460).

➡ 제483조 제1항은 "채권의 일부에 대하여 대위변제가 있는 때에는 대위자는 그 변제한 가액에 비례하여 채권자와 함께 그 권리를 행사한다."라고 규정하고 있는바, '변제한 가액에 비례하여 행사'의 의미에 대해 통설과 判例(위 2009다80460 판결)는 일부대위자는 채권자와 함께 그 권리를 행사할 뿐이고, 변제에 관해서는 채권자가 우선한다는 입장이다(채권자 우선설). 따라서 채권자 乙은 7천만 원을 변제받고 5천만 원의 채권이 남아있으므로 X부동산의 경매대가 5천만 원에서 전부 우선변제를 받게 된다.

③ [O] 민법 제482조 제2항 제4호, 제5호가 물상보증인 상호간에는 재산의 가액에 비례하여 부담 부분을 정하도록 하면서, 보증인과 물상보증인 상호간에는 보증인의 총 재산의 가액이나 자력 여부, 물상보증인이 담보로 제공한 재산의 가액 등을 일체 고려하지 아니한 채 형식적으로 인원수에 비례하여 평등하게 대위비율을 결정하도록 규정한 것은, 인적 무한책임을 부담하는 보증인과 물적 유한책임을 부담하는 물상보증인 사이에는 보증인 상호간이나 물상보증인 상호간과 같이 상호 이해조정을 위한 합리적인 기준을 정하는 것이 곤란하고, 당사자 간의 특약이 있다는 등의 특별한 사정이 없는 한 오히려 인원수에 따라 대위비율을 정하는 것이 공평하고 법률관계를 간명하게 처리할 수 있어 합리적이며 그것이 대위자의 통상의 의사 내지 기대에 부합하기 때문이다. 이러한 규정 취지는 **동일한 채무에 대하여 보증인 또는 물상보증인이 여럿 있고, 이 중에서 보증인과 물상보증인의 지위를 겸하는 자가 포함되어 있는 경우에도 동일하게 참작되어야 하므로, 위와 같은 경우 민법 제482조 제2항 제4호, 제5호 전문에 의한 대위비율은 보증인과 물상보증인의 지위를 겸하는 자도 1인으로 보아 산정함이 상당하다**(대판 2010.6.10. 2007다61113,61120).

➡ ②의 경우에 丁이 7천만 원을 乙에게 변제한 후 乙이 저당권을 실행하여 丁소유 X토지가 5천만 원에 매각되어 乙이 매각대금 5천만 원 전부를 배당받았으므로 결국 丁이 1억 2천만원 전액을 변제한 결과가 된다. 이때 법정대위자 상호간의 관계가 문제되는데(제482조 제2항 5호), 丁은 연대보증인과 물상보증인의 지위를 겸하고 있은 바, 대위비율을 정할 때 判例(위 2007다61113,61120 판결)는 1인으로 취급하여 이중으로 대위를 당하지 않게 하고 있다. 따라서 1억 2천만 원 채무에 대한 丙, 丁, 戊의 내부적 부담은 1 : 1 : 1로서 각 4천만 원이 된다. 따라서 丁은 乙을 대위하여 4천만 원을 丙에게 청구할 수 있다.

④ [X] 변제할 정당한 이익이 있는 자는 변제로 당연히 채권자를 대위한다(제481조). 이 경우에 채권자가 고의나 과실로 '담보'가 상실되거나 감소된 때에는 대위할 자는 그 상실 또는 감소로 인하여 상환을 받을 수 없는 한도에서 그 책임을 면한다(제485조). 여기서의 '담보'라 함은 주된 채무를 담보하기 위한 인적 담보 또는 물적 담보를 말하며, 담보의 상실 또는 감소의 전형적 예는 **채권자가 인적 담보인 보증인의 채무를 면제해 주거나 물적 담보인 담보물권을 포기하거나 순위를 불리하게 변경하거나 담보물을 훼손하거나 반환하는 행위 등**을 들 수 있다(대판 2000.12.12. 99다13669).

➡ 채권자가 인적담보인 보증인의 채무를 면제해 주는 경우는 담보의 상실 또는 감소에 해당한다(위 99다13669판결). 따라서 乙이 丙의 보증채무를 면제해 준 경우에 戊는 丙에게 상환을 받을 수 없는 한도에서 그 책임을 면하게 된다.

정답 | **21** ④

제2절 대물변제

01

20서기보

채무자가 채권자의 승낙을 얻어 본래의 채무이행에 갈음하여 다른 급여를 한 때에는 변제와 같은 효력이 있다. O | X

해설 **제466조(대물변제)** 채무자가 채권자의 승낙을 얻어 본래의 채무이행에 갈음하여 다른 급여를 한 때에는 변제와 같은 효력이 있다.

02

출제예상

채무자가 채권자의 승낙을 얻어 본래의 채무이행에 갈음하여 부동산으로 대물변제를 하였으나 본래의 채무가 존재하지 않았던 경우, 당사자가 특별한 의사표시를 하지 않는 한 대물변제는 무효로서 부동산의 소유권이 이전되는 효과가 발생하지 않는다. O | X

해설 **본래의 채무가 존재하지 않음이 밝혀진 경우 대물변제의 효력(무효)**

대물변제는 본래의 채무이행에 갈음하여 다른 급여를 하는 것이므로, 기존의 채권이 존재하는 것을 전제로 한다. 채권이 존재하지 않거나 무효·취소된 경우에는 대물변제도 무효가 되며, 그 급부는 비채변제가 된다.

즉, 채무자가 채권자의 승낙을 얻어 본래의 채무이행에 갈음하여 부동산으로 대물변제를 하였으나 **본래의 채무가 존재하지 않았던 경우**에는, 당사자가 특별한 의사표시를 하지 않은 한 **대물변제는 무효로서 부동산의 소유권이 이전되는 효과가 발생하지 않는다**(대판 1991.11.12. 91다9503).

03

14서기보, 15사무관, 18법원행시

채무자가 채권자에게 채무변제와 관련하여 다른 채권을 양도하는 것은 특단의 사정이 없는 한 채무변제에 갈음한 것으로 볼 것이어서, 채권양도가 있으면 양도된 채권의 변제 여부와 무관하게 원래의 채권은 소멸한다. O | X

04

17법원행시

채무자가 채권자에게 채무변제와 관련하여 다른 채권을 양도하는 것은 특단의 사정이 없는 한 채무변제에 갈음한 것으로 추정하여야 하므로 위 채권양도에 의하여 원래의 채권은 소멸한다고 보아야 한다. O | X

05 11법원행시, 20법무사

채무자가 채권자에게 채무변제와 관련하여 다른 채권을 양도하는 것은 특단의 사정이 없는 한 채무변제를 위한 담보 또는 변제의 방법으로 양도되는 것으로 추정할 것이지 채무변제에 갈음한 것으로 볼 것은 아니어서, 그 경우 채권양도만 있으면 바로 원래의 채권이 소멸한다고 볼 수는 없고 채권자가 양도받은 채권을 변제받은 때에 비로소 그 범위 내에서 채무자가 면책된다. O | X

해설 **03 04 05** 채무자가 채권자에게 채무변제와 **'관련하여'** 다른 채권을 양도하는 것은 특단의 사정이 없는 한 채무변제를 위한 담보 또는 변제의 방법으로 양도되는 것으로 추정할 것이지 **채무변제에 갈음한 것으로 볼 것은 아니어서, 그 경우 채권양도만 있으면 바로 원래의 채권이 소멸한다고 볼 수는 없고** 채권자가 양도받은 채권을 변제받은 때에 비로소 그 범위 내에서 채무자가 면책된다(대판 2013.5.9. 2012다40998).

비교판례 채무자가 채권자에게 채무변제에 **'갈음하여'** 다른 채권을 양도하기로 한 경우에는 특별한 사정이 없는 한 **채권양도의 요건을 갖추어 대체급부가 이루어짐으로써 원래의 채무는 소멸하는 것**이고 그 양수한 채권의 변제까지 이루어져야만 원래의 채무가 소멸한다고 할 것은 아니다(제579조 참조, 대판 2013.5.9. 2012다40998).

정답 | **01** ○ **02** ○ **03** × **04** × **05** ○

제3절 변제공탁

01 15법무사

지정한 출급청구권자 아닌 자에게 공탁금이 출급된 경우 진정한 공탁금출급청구권자는 국가를 상대로 하여 민사소송으로 공탁금의 지급을 구할 수 있다. O | X

해설 일단 공탁공무원의 공탁금 출급인가처분이 있고 그에 따라 공탁금이 출급되었다면 설사 이를 출급받은 자가 진정한 출급청구권자가 아니라 하더라도 이로써 공탁법상의 공탁절차는 종료되었다 할 것이고, 따라서 원래의 진정한 공탁금 출급청구권자라 하더라도 공탁사무를 관장하는 국가를 상대로 하여 민사소송으로 그 공탁금의 지급을 구할 수는 없다(대판 1993.7.13. 91다39429).

02 출제예상

공탁은 반드시 법령에 근거하여야 하므로, 채권자가 채무자에게 약정에 기하여 공탁할 것을 청구하는 것은 허용되지 않는다. O | X

해설 공탁은 반드시 법령에 근거하여야 하고 당사자가 임의로 할 수 없는 것이므로, 금전채권의 채무자가 공탁의 방법에 의한 채무의 지급을 약속하더라도 채권자가 채무자에게 이러한 약정에 기하여 공탁할 것을 청구하는 것은 허용되지 않는다. 그리고 이러한 법리는 채무자에게 민사집행법 제248조에서 정한 집행공탁의 요건이 갖추어져 있는 경우라도 다르지 않다(대판 2014.11.13. 2012다52526).

03 16법무사, 18주사보

채권자가 수령거절할 것이 명백한 경우라도 채무자는 이행의 제공을 한 다음에만 변제공탁을 할 수 있다. O | X

04 12법원행시

채권자의 태도로 보아 채무자가 설사 채무의 이행제공을 하였더라도 그 수령을 거절하였을 것이 명백한 경우에는 채무자는 이행의 제공을 하지 않고 바로 변제공탁할 수 있다. O | X

05 출제예상

甲은 乙에 대하여 1억 원의 채무를 지고 있다. 이 경우 乙이 甲의 변제제공 전에 미리 변제의 수령을 거절한 경우, 甲은 구두제공 없이도 1억 원을 공탁하여 자신의 채무를 면할 수 있다. O | X

해설 **03 04 05** 채권자의 태도로 보아 채무자가 설사 채무의 이행제공을 하였더라도 그 수령을 거절하였을 것이 명백한 경우에는 채무자는 이행의 제공을 하지 않고 바로 변제공탁할 수 있다(대판 1994.8.26. 93다42276).

06

21사무관

채무 일부에 대한 공탁은 그 부족액이 아주 근소하다는 등의 특별한 사정이 있는 경우를 제외하고는 채권자가 이를 수락하지 않는 한 그 공탁 부분에 관하여서도 채무소멸의 효과가 발생하지 않는다. O | X

해설 채무의 일부에 대한 공탁은 채권자가 승낙하지 않는 한 무효이다(대판 1977.9.13. 76다1866).

07

19서기보

매수인이, 매도인을 대리하여 매매대금을 수령할 권한을 가진 자에게 잔대금 수령을 최고하고 그 자를 공탁물수령자로 지정하여 한 변제공탁도 다른 특별한 사정이 없는 한 매도인에 대한 잔대금 지급으로서의 효력이 있다. O | X

해설 대판 2012.3.15. 2011다77849 참조

08

11법원행시, 15사무관

100만원 차용금채무의 변제를 위하여 이행의 제공을 하였으나 채권자가 수령을 거절하였음을 이유로 그 중 일부인 50만원을 공탁한 경우, 그 공탁한 금액에 한하여 일부변제의 효력이 발생한다. O | X

해설 채무의 일부 변제공탁의 효력
변제공탁이 유효하려면 채무 전부에 대한 변제의 제공 및 채무 전액에 대한 공탁이 있어야 하고, 채무 전액이 아닌 일부에 대한 공탁은 그 부족액이 아주 근소하다는 등의 특별한 사정이 있는 경우를 제외하고는 **채권자가 이를 수락하지 않는 한 그 공탁 부분에 관하여서도 채무소멸의 효과가 발생하지 않는바**, 근저당권의 피담보채무에 관하여 **전액이 아닌 일부에 대하여 공탁한 이상** 그 피담보채무가 계속적인 금전거래에서 발생하는 다수의 채무의 집합체라고 하더라도 **공탁금액에 상응하는 범위에서 채무소멸의 효과가 발생하는 것은 아니다**(대판 1998.10.13. 98다17046).

09

15법무사

변제공탁이 유효하려면 채무 전부에 대한 변제의 제공 및 채무 전액에 대한 공탁이 있음을 요하고 채무 전액이 아닌 일부에 대한 공탁은 그 부분에 관하여서도 효력이 생기지 않으나, 채권자가 공탁금을 채권의 일부에 충당한다는 유보의 의사표시를 하고 이를 수령한 때에는 그 공탁금은 채권의 일부의 변제에 충당되고, 그 경우 유보의 의사표시는 반드시 명시적으로 하여야 하는 것은 아니다. O | X

해설 변제공탁이 유효하려면 채무 전부에 대한 변제의 제공 및 채무 전액에 대한 공탁이 있음을 요하고 채무 전액이 아닌 일부에 대한 공탁은 그 부분에 관하여서도 효력이 생기지 않으나, **채권자가 공탁금을 채권의 일부에 충당한다는 유보의 의사표시를 하고 이를 수령한 때에는 그 공탁금은 채권의 일부의 변제에 충당**되고, 그 경우 **유보의 의사표시는 반드시 명시적으로 하여야 하는 것은 아니다**(대판 2009.10.29. 2008다51359).

정답 | 01 × 02 ○ 03 × 04 ○ 05 ○ 06 ○ 07 ○ 08 × 09 ○

10

15서기보

변제공탁이 유효하려면 채무 전부에 대한 변제의 제공 및 채무 전액에 대한 공탁이 있음을 요하고 채무 전액이 아닌 일부에 대한 공탁은 그 부분에 관하여서도 효력이 생기지 않으나, 채권자가 공탁금을 채권의 일부에 충당한다는 유보의 의사표시를 하고 이를 수령한 때에는 그 공탁금은 채권의 일부의 변제에 충당된다. O | X

> **해설** 대판 2014.8.20. 2014다30650

11

21사무관

변제공탁에 있어서 채권자에게 반대급부 기타 조건의 이행의무가 없음에도 불구하고 채무자가 이를 조건으로 공탁한 때에는 채권자가 이를 수락하지 않는 한 그 변제공탁은 무효이다. O | X

> **해설** 채무자가 채권자에 대하여 동시이행의 항변권을 가지는 때에는 채권자의 반대급부의 제공을 공탁물수령의 조건으로 할 수 있으나(제491조 참조), 그 채권에 붙일 수 없는 조건을 붙여서 한 공탁은 채권자가 승낙하지 않는 한 **공탁 자체가 무효가 된다**(대판 1970.9.22. 70다1061).

12

출제예상

변제공탁은 제3자를 위한 계약의 성질을 가지므로, 채권자의 수익의 의사표시가 있는 때에 공탁의 효력이 생긴다. O | X

> **해설** 변제공탁은 공탁공무원의 수탁처분과 공탁물보관자의 공탁물수령으로 그 효력이 발생하여 채무소멸의 효과를 가져오는 것이고, 채권자에 대한 공탁통지나 채권자의 수익의 의사표시가 있는 때에 공탁의 효력이 생기는 것이 아니라 할 것이다(대결 1972.5.15. 72마401).

13

12법원행시

공탁자가 공탁원인으로 들고 있는 사유가 법률상 효력이 없는 것이어서 공탁이 부적법하다고 하더라도, 그 공탁서에서 공탁물을 수령할 자로 지정한 피공탁자가 그 공탁물을 수령하면서 아무런 이의도 유보하지 아니하였다면 특별한 사정이 없는 한 공탁자가 주장한 공탁원인을 수락한 것으로 보아 공탁자가 공탁원인으로 주장한 대로 법률효과가 발생한다. O | X

> **해설** 대판 1992.5.12. 91다44698

14

19서기보, 21사무관

채무자가 채권자의 상대의무이행과 동시에 변제할 경우에는 채권자는 그 의무이행을 하지 아니하면 공탁물을 수령하지 못한다. O | X

해설 **제491조(공탁물수령과 상대의무이행)** 채무자가 채권자의 상대의무이행과 동시에 변제할 경우에는 채권자는 그 의무이행을 하지 아니하면 공탁물을 수령하지 못한다.

15

19법무사

본래의 청구권에 선이행청구 또는 동시이행의 항변권이 붙은 경우 채권자는 자기의 상대의무 이행을 하지 아니하면 공작물을 수령하지 못하고, 반대로 채권자가 어떤 반대급부 기타의 조건이행을 필요로 하지 않고 곧바로 수령할 수 있는 권리를 갖는 경우에 채무자가 채권자의 어떤 행위의 이행을 조건으로 공탁하였다면 이러한 조건만 무효로 될 뿐이어서 결과적으로 공탁 자체는 유효하게 된다. O | X

해설 조건부 변제공탁의 효력
변제공탁에 있어서 채권자에게 반대급부 기타 조건의 이행의무가 없음에도 불구하고 채무자가 이를 조건으로 공탁한 때에는 채권자가 이를 수락하지 않는 한 그 변제공탁은 무효이다(대판 2002.12.6. 2001다2846).

16

14/18주사보

채권자에 대해 변제공탁을 하더라도 그 채권자가 공탁물을 출급할 때까지 채무는 소멸하지 않는다. O | X

해설 변제공탁의 효력발생시기
변제공탁이 적법한 경우에는 **채권자가 공탁물출급청구를 하였는지의 여부와는 관계없이 그 공탁을 한 때**에 변제의 효력이 발생한다(대판 2002.12.6. 2001다2846).

17

11사무관, 17법무사

변제의 목적물이 공탁에 적당하지 아니하거나 멸실 또는 훼손될 염려가 있거나 공탁에 과다한 비용을 요하는 경우에는 변제자는 법원의 허가를 얻어 그 물건을 경매하거나 시가로 방매하여 대금을 공탁할 수 없다. O | X

해설 **제490조(자조매각금의 공탁)** 변제의 목적물이 공탁에 적당하지 아니하거나 멸실 또는 훼손될 염려가 있거나 공탁에 과다한 비용을 요하는 경우에는 변제자는 **법원의 허가를 얻어 그 물건을 경매하거나 시가로 방매하여 대금을 공탁**할 수 있다.

정답 | **10** ○ **11** ○ **12** × **13** ○ **14** ○ **15** × **16** × **17** ×

18

11사무관, 17법무사

변제공탁이 적법한 경우에는 채권자가 공탁물 출급청구를 하였는지와 관계없이 공탁을 한 때에 변제의 효력이 발생하고, 그 후 공탁물 출급청구권에 대하여 가압류 집행이 되더라도 변제의 효력에 영향을 미치지 않는다. O | X

해설 대판 2011.12.13. 2011다11580 참조

19

21사무관

변제공탁이 적법한 경우에도 그 후 공탁물 출급청구권에 대하여 가압류 집행이 되면 변제공탁은 채무변제로서의 효력이 없다. O | X

해설 변제공탁이 적법한 경우에는 채권자가 공탁물 출급청구를 하였는지와 관계없이 공탁을 한 때에 변제의 효력이 발생하고, 그 후 공탁물 출급청구권에 대하여 가압류 집행이 되더라도 변제의 효력에 영향을 미치지 아니한다(대판 2011.12.13. 2011다11580).

20

11서기보

피공탁자 아닌 제3자가 피공탁자를 상대로 하여 공탁물출급청구권 확인판결을 받은 경우 그 확인판결을 받은 제3자는 직접 공탁물출급청구를 할 수 있다. O | X

21

17주사보

실체법상의 채권자라면 그가 피공탁자로 지정되어 있지 않더라도 공탁물출급청구권확인판결을 받아 공탁물출급청구권을 행사할 수 있다. O | X

해설 **20 21 변제공탁의 공탁물출급청구권자는 피공탁자 또는 그 승계인이고 피공탁자는 공탁서의 기재에 의하여 형식적으로 결정되므로, 실체법상의 채권자라고 하더라도 피공탁자로 지정되어 있지 않으면 공탁물출급청구권을 행사할 수 없다. 따라서 피공탁자 아닌 제3자가 피공탁자를 상대로 하여 공탁물출급청구권 확인판결을 받았더라도 그 확인판결을 받은 제3자가 직접 공탁물출급청구를 할 수는 없고,** 수인을 공탁금에 대하여 균등한 지분을 갖는 피공탁자로 하여 공탁한 경우 피공탁자 각자는 공탁서의 기재에 따른 지분에 해당하는 공탁금을 출급청구할 수 있을 뿐이며, 비록 피공탁자들 내부의 실질적인 지분비율이 공탁서상의 지분비율과 다르다고 하더라도 이는 피공탁자 내부간에 별도로 해결해야 할 문제이다(대판 2006.8.25. 2005다67476).

22

11사무관, 19서기보

채권자가 공탁을 승인하거나 공탁소에 대하여 공탁물을 받기를 통고하거나 공탁유효의 판결이 확정되기까지는 변제자는 공탁물을 회수할 수 있다. O | X

해설 **제489조(공탁물의 회수)** ① 채권자가 공탁을 승인하거나 공탁소에 대하여 공탁물을 받기를 통고하거나 공탁유효의 판결이 확정되기까지는 변제자는 공탁물을 회수할 수 있다.

23

15법무사

변제공탁자가 공탁물 회수권의 행사에 의하여 공탁물을 회수한 경우 채권소멸의 효력은 소급하여 없어진다.

O | X

해설 대판 1981.2.10. 80다77 참조

24

17법무사

변제공탁이 적법한 경우에는 채권자가 공탁물 출급청구를 하였는지 여부와는 관계없이 공탁을 한 때에 변제의 효력이 발생하나, 변제공탁자가 공탁물 회수권의 행사에 의하여 공탁물을 회수한 경우에는 공탁하지 아니한 것으로 보아 채권소멸의 효력은 소급하여 없어진다. 이와 같이 채권소멸의 효력을 소급적으로 소멸시키는 공탁물의 회수에는 공탁자에 의하여 이루어진 경우뿐만 아니라, 제3자가 공탁자에게 대하여 가지는 별도 채권의 집행권원으로써 공탁자의 공탁물 회수청구권에 대하여 압류 및 추심명령을 받아 그 집행으로 공탁물을 회수한 경우도 포함된다.

O | X

해설 대판 2014.5.29. 2013다212295 참조

25

출제예상

공탁물 출급청구권과 공탁물 회수청구권은 서로 독립한 별개의 청구권이므로 설령 공탁물 출급청구권에 대한 압류 등이 있었다고 하더라도 이는 공탁물 회수청구권에 대하여 아무런 영향을 미치지 않는다.

O | X

해설 변제공탁이 적법한 경우에는 채권자가 공탁물 출급청구를 하였는지 여부와는 관계없이 공탁을 한 때에 변제의 효력이 발생하나, 피공탁자를 포함한 제3자가 공탁자에 대하여 가지는 별도 채권의 집행권원으로써 공탁자의 공탁물 회수청구권에 대하여 압류 및 추심명령을 받아 그 집행으로 공탁물을 회수한 경우 채권소멸의 효력은 소급하여 없어진다. 나아가 부적법한 변제공탁으로 변제의 효력이 발생하지 않았다고 하더라도, 피공탁자는 이를 수락하여 공탁물 출급청구를 하는 대신 공탁자에 대한 다른 채권에 기하여 공탁자의 공탁물 회수청구권에 대하여 압류 및 추심명령을 받아 그 집행으로 공탁물을 회수할 수 있다. 한편 **공탁물 출급청구권과 공탁물 회수청구권은 서로 독립한 별개의 청구권이므로 설령 공탁물 출급청구권에 대한 압류 등이 있었다고 하더라도 이는 공탁물 회수청구권에 대하여 아무런 영향을 미치지 않는다**(대결 2020.5.22. 2018마5697).

정답 | **18** ○ **19** × **20** × **21** × **22** ○ **23** ○ **24** ○ **25** ○

제4절 상계

01 21법무사

일반적으로 당사자 사이에 상계적상이 있는 채권이 병존하고 있는 경우에는 이를 상계할 수 있는 것이 원칙이고, 이러한 상계의 대상이 되는 채권은 상대방과 사이에서 직접 발생한 채권에 한하는 것이 아니라 제3자로부터 양수 등을 원인으로 하여 취득한 채권도 포함한다. 또한 당사자가 상계의 대상이 되는 채권이나 채무를 취득하게 된 목적과 경위, 상계권을 행사함에 이른 구체적·개별적 사정에 비추어, 그것이 상계 제도의 목적이나 기능을 일탈하고, 법적으로 보호받을 만한 가치가 없는 경우에는, 그 상계권의 행사는 신의칙에 반하거나 상계에 관한 권리를 남용하는 것으로서 허용되지 않는다고 함이 상당하고, 상계권 행사를 제한하는 위와 같은 근거에 비추어 볼 때 일반적인 권리 남용의 경우에 요구되는 주관적 요건을 필요로 하는 것은 아니다. O | X

해설 대판 2003.4.11. 2002다59481 참조

02 21법원행시

쌍방이 서로 같은 종류를 목적으로 한 채무를 부담한 경우 쌍방 채무의 이행기가 도래한 때에는 각 채무자는 대등액에 관하여 상계할 수 있다(민법 제492조 제1항). 민법 제492조 제1항에서 정한 '채무의 이행기가 도래한 때'는 채권자가 채무자에게 이행의 청구를 할 수 있는 시기가 도래하였음을 의미하고 채무자가 이행지체에 빠지는 시기를 말하는 것이 아니다. O | X

해설 민법 제492조 제1항 소정의 '채무의 이행기가 도래한 때'라 함은 채권자가 채무자에게 이행의 청구를 할 수 있는 시기가 도래하였음을 의미하는 것이지 채무자가 이행지체에 빠지는 시기를 말하는 것이 아니다(대판 1981.12.22. 81다카10).

03 16서기보

상계의 의사표시에 조건을 붙일 수 있다. O | X

해설 상계는 단독행위이므로, '조건'을 붙이는 것은 상대방의 지위를 불안하게 하기 때문에 허용되지 않는다. 한편 상계는 소급효를 갖기 때문에(제493조 제2항), 그 도래한 때부터 효력이 생기는 '기한'(제152조)은 이를 붙이지 못한다(제493조 제1항 2문).

04 16서기보, 17법무사

甲과 乙사이에 상계계약이 체결된 경우, 甲의 채권이 불성립되어 乙의 채무면제가 무효가 되었음에도 甲이 乙에 대한 채무를 이행하지 않고 있는 것은 법률상 원인 없이 이득을 얻은 것이 된다. O | X

해설 상계계약의 일방 채권이 불성립 또는 무효이어서 상계의 효력이 없게 된 경우, 그 채권자에게 부당이득이 성립하는지 여부(소극)
상계계약은 상호의 채무를 면제시키는 것을 내용으로 하는 계약으로서 일방의 채권이 불성립 또는 무효이어서 그 면제가 무효가 되면 타방의 채무면제도 당연히 무효가 되어 그 채권은 여전히 존재하는 것이므로, 단순히 그 채무를 이행하지 않고 있다는 점만으로 법률상 원인 없이 이득을 얻었다 할 수 없는 것이고, 가사 그 채권이 시효로 소멸하게 되었다 하더라도 달리 볼 것은 아니다(대판 2005.4.28. 2005다3113).

05

21법무사, 21법원행시

상계는 당사자 쌍방이 서로 같은 종류를 목적으로 한 채무를 부담한 경우에 서로 같은 종류의 급부를 현실로 이행하는 대신 어느 일방 당사자의 의사표시로 그 대등액에 관하여 채권과 채무를 동시에 소멸시키는 것이고, 이러한 상계제도의 취지는 서로 대립하는 두 당사자 사이의 채권·채무를 간이한 방법으로 원활하고 공평하게 처리하려는 데 있다. 따라서 수동채권으로 될 수 있는 채권은 상대방이 상계자에 대하여 가지는 채권에 한정되지 않고, 상대방이 제3자에 대하여 가지는 채권과도 상계할 수 있다고 보아야 한다.

O | X

06

19법원행시, 20사무관

상대방이 제3자에 대하여 가지는 채권을 수동채권으로 하여 상계할 수 있다. O | X

07

15법원행시, 15/19법무사

유치권이 인정되는 아파트를 경매로 매수한 자는 아파트 일부를 점유·사용하고 있는 유치권자에 대한 임료 상당의 부당이득금 반환채권을 자동채권으로 하여 유치권자가 종전 소유자에 대하여 가지는 유익비상환채권을 상계할 수 있다. O | X

해설 **05 06 07** 상계 수동채권의 요건
상계의 수동채권은 피상계자(채권자)가 상계자(채무자)에 대하여 가지는 채권이어야 하고, 피상계자가 제3자에 대하여 가지는 채권과는 상계할 수 없다고 보아야 한다. 그렇지 않고 만약 상대방이 제3자에 대하여 가지는 채권을 수동채권으로 하여 상계할 수 있다고 한다면, **이는 상계의 당사자가 아닌 상대방과 제3자 사이의 채권채무관계에서 상대방이 제3자에게서 채무의 본지에 따른 현실급부를 받을 이익을 침해하게 될 뿐 아니라, 상대방의 채권자들 사이에서 상계자만 독점적인 만족을 얻게 되는 불합리한 결과를 초래**하게 되기 때문이다(대판 2011.4.28. 2010다101394).
➡ 유치권이 인정되는 아파트를 경락·취득한 자(A)가 아파트 일부를 점유·사용하고 있는 유치권자(B)에 대한 임료 상당의 부당이득금 반환채권을 자동채권으로 하여, 유치권자(B)의 종전 소유자(C)에 대한 유익비상환채권과 상계한다는 의사표시를 한 경우, 수동채권은 피상계자(B)가 제3자(C)에 대하여 가지는 채권이 되므로 이러한 상계는 허용되지 않는다.

08

14주사보, 16서기보

상계에 있어서 자동채권은 반드시 변제기에 있어야 하나, 수동채권은 반드시 변제기가 도래하여야 하는 것은 아니다. O | X

정답 | 01 ○ 02 ○ 03 × 04 × 05 × 06 × 07 × 08 ○

09

18주사보

수동채권은 반드시 변제기가 도래하여야 하는 것은 아니나 적어도 자동채권은 반드시 변제기에 있어야 한다. O | X

해설 08 09 **자동채권은 반드시 이행기에 있어야 한다.** 그렇지 않으면 상대방은 이유 없이 기한의 이익을 잃게 되기 때문이다. 그러나 **수동채권은 채무자가 기한의 이익을 포기할 수 있으므로(제153조 제2항), 이행기 도래 전이라도 이를 포기하고 상계할 수 있다.**

10

19서기보

임대인은 임대차계약이 존속 중이라도 임대차보증금반환채무에 관한 기한의 이익을 포기하고 임차인의 임대차보증금반환채권을 수동채권으로 하여 상계할 수 있다. O | X

해설 자동채권은 반드시 이행기에 있어야 한다. 그렇지 않으면 상대방은 이유 없이 기한의 이익을 잃게 되기 때문이다. 그러나 수동채권은 채무자가 기한의 이익을 포기할 수 있으므로(제153조 제2항), 이행기 도래 전이라도 이를 포기하고 상계할 수 있다.

부동산 임대차에서 수수된 임대차보증금은 차임채무, 목적물의 멸실·훼손 등으로 인한 손해배상채무 등 임대차에 따른 임차인의 모든 채무를 담보하는 것이고, 특별한 사정이 없는 한, 임대인의 임대차보증금반환채무는 장래에 실현되거나 도래할 것이 확실한 임대차계약의 종료시점에 이행기에 도달한다. 그리고 임대인으로서는 임대차보증금 없이도 부동산 임대차계약을 유지할 수 있으므로, **임대차계약이 존속 중이라도 임대차보증금반환채무에 관한 기한의 이익을 포기하고 임차인의 임대차보증금반환채권을 수동채권으로 하여 상계할 수 있고, 임대차 존속 중에 그와 같은 상계의 의사표시를 한 경우에는 임대차보증금반환채무에 관한 기한의 이익을 포기한 것으로 볼 수 있다**(대판 2017.3.15. 2015다252501).

11

11/15법무사

상계의 대상이 될 수 있는 자동채권과 수동채권이 동시이행관계에 있다고 하더라도 현실이행의 필요가 없다면 상계가 허용된다. O | X

해설 동시이행관계에 있는 자동채권과 수동채권이 서로 현실적으로 이행하여야 할 필요가 없는 경우 상계의 허용 여부(적극)
상계제도는 서로 대립하는 채권·채무를 간이한 방법에 의하여 결제함으로써 양자의 채권·채무 관계를 원활하고 공평하게 처리함을 목적으로 하고 있으므로, 상계의 대상이 될 수 있는 자동채권과 수동채권이 **동시이행관계에 있다고 하더라도 서로 현실적으로 이행하여야 할 필요가 없는 경우라면 상계로 인한 불이익이 발생할 우려가 없고 오히려 상계를 허용하는 것이 동시이행관계에 있는 채권·채무 관계를 간명하게 해소할 수 있으므로 특별한 사정이 없는 한 상계가 허용**된다(대판 2006.7.28. 2004다54633).

12

11법무사, 16/19서기보, 18주사보

항변권이 붙어 있는 채권을 자동채권으로 하여 타의 채무와의 상계를 허용한다면 상계자 일방의 의사표시에 의하여 상대방의 항변권행사의 기회를 상실케 하는 결과가 되므로 이와 같은 상계는 그 성질상 허용될 수 없다. O | X

해설 채무의 성질에 의한 상계 금지
부작위채무나 하는 채무는 현실적으로 이행을 하여야 채권의 목적을 달성할 수 있으므로 성질상 상계가 허용되지 않는다. **자동채권에 항변권이 붙어 있는 경우**에도 마찬가지이다. 상계를 허용하면 상대방은 이유 없이 항변권을 상실하기 때문이다. 그러나 수동채권에 항변권이 붙어 있는 경우에는 채무자가 이를 포기하고 상계하는 것은 무방하다.

참고판례 ⅰ) 동시이행의 항변권이 붙어 있는 채권은 이를 '자동채권'으로 하여 상계하지 못한다. 이를 허용하면 상대방은 이유 없이 동시이행의 항변권을 잃기 때문이다(대판 2002.8.23. 2002다25242). ⅱ) 항변권이 붙어 있는 채권을 자동채권으로 하여 다른 채무(수동채권)와의 상계를 허용한다면 상계자 일방의 의사표시에 의하여 상대방의 항변권 행사의 기회를 상실시키는 결과가 되므로 그러한 상계는 허용될 수 없고, 특히 수탁보증인이 주채무자에 대하여 가지는 민법 제442조의 사전구상권에는 민법 제443조의 담보제공청구권이 항변권으로 부착되어 있는 만큼 이를 자동채권으로 하는 상계는 원칙적으로 허용될 수 없다(대판 2019.2.14. 2017다274703).

13

15/19법원행시, 17서기보

민법 제442조의 사전구상권에는 민법 제443조의 담보제공청구권이 항변권으로 부착되어 있는 만큼 이를 자동채권으로 하는 상계는 원칙적으로 허용될 수 없다. O | X

해설 **제443조(주채무자의 면책청구)** 전조(제442조)의 규정에 의하여 주채무자가 보증인에게 배상하는 경우에 주채무자는 자기를 면책하게 하거나 자기에게 담보를 제공할 것을 보증인에게 청구할 수 있고 또는 배상할 금액을 공탁하거나 담보를 제공하거나 보증인을 면책하게 함으로써 그 배상의무를 면할 수 있다.

수탁보증인의 주채무자에 대한 사전구상권을 자동채권으로 하는 상계가 허용되는지 여부(소극)
항변권이 붙어 있는 채권을 자동채권으로 하여 다른 채무(수동채권)와의 상계를 허용한다면 상계자 일방의 의사표시에 의하여 상대방의 항변권 행사의 기회를 상실시키는 결과가 되므로 그러한 상계는 허용될 수 없고, 특히 수탁보증인이 주채무자에 대하여 가지는 **민법 제442조의 사전구상권에는 민법 제443조의 담보제공청구권이 항변권으로 부착되어 있는 만큼 이를 자동채권으로 하는 상계는 원칙적으로 허용될 수 없다**(대판 2019.2.14. 2017다274703).

14

출제예상

제3채무자가 압류채무자에 대한 사전구상권을 가지고 있는 경우에 상계로써 압류채권자에게 대항하기 위해서는, 압류의 효력 발생 당시 사전구상권에 부착된 담보제공청구의 항변권이 소멸하여 사전구상권과 피압류채권이 상계적상에 있거나, 압류 당시 여전히 사전구상권에 담보제공청구의 항변권이 부착되어 있는 경우에는 제3채무자의 면책행위 등으로 인해 위 항변권을 소멸시켜 사전구상권을 통한 상계가 가능하게 된 때가 피압류채권의 변제기보다 먼저 도래하여야 한다. O | X

해설 제3채무자가 압류채무자에 대한 사전구상권을 가지고 있는 경우에 상계로써 압류채권자에게 대항하기 위한 요건
ⅰ) 채권압류명령을 받은 제3채무자가 압류채무자에 대한 반대채권을 가지고 있는 경우에 상계로써 압류채권자에게 대항하기 위하여는, 압류의 효력 발생 당시에 대립하는 양 채권이 상계적상에 있거나, 그 당시 반대채권(자동채권)의 변제기가 도래하지 아니한 경우에는 그것이 피압류채권(수동채권)의 변제기와 동시에 또는 그보다 먼저 도래하여야 한다. 이러한 법리는 채권압류명령을 받은 제3채무자이자 보증채무자인 사람이 압류 이후 보증채무를 변제함으로써 담보제공청구의 항변권을 소멸시킨 다음, 압류채무자에 대하여 압류 이전에 취득한 사전구상권으로 피압류채권과 상계하려는 경우에도 적용된다고 봄이 타당하다.

정답 | 09 ○ 10 ○ 11 ○ 12 ○ 13 ○ 14 ○

ii) 결국 **제3채무자가 압류채무자에 대한 사전구상권을 가지고 있는 경우에 상계로써 압류채권자에게 대항하기 위해서는, 압류의 효력 발생 당시 사전구상권에 부착된 담보제공청구의 항변권이 소멸하여 사전구상권과 피압류채권이 상계적상에 있거나, 압류 당시 여전히 사전구상권에 담보제공청구의 항변권이 부착되어 있는 경우에는 제3채무자의 면책행위 등으로 인해 위 항변권을 소멸시켜 사전구상권을 통한 상계가 가능하게 된 때가 피압류채권의 변제기보다 먼저 도래하여야 한다**(대판 2019.2.14. 2017다274703).

15

12/19/20법무사, 13법원행시, 18주사보

확정된 벌금채권을 자동채권으로 하여 국가는 사인의 국가에 대한 채권과 상계할 수 있다. O|X

해설 대판 2004.4.27. 2003다37891 참조

16

13법원행시

소송비용상환청구권은 소송에서 패소하였다는 사실을 요건으로 소송상 발생하는 권리이므로 상계의 수동채권이 될 수 없다. O|X

해설 소송비용상환청구권은 소송에서 패소하였다는 사실을 요건으로 소송상 발생하는 실체적 권리이기는 하나 그 성질은 사법상의 청구권이며 상계의 수동채권으로 될 수 있다(대판 1994.5.13. 94다9856).

17

18주사보

당사자 사이에 상계금지 특약이 있는 경우에는 상계가 허용되지 않는다. 그러나 이러한 특약은 선의의 제3자에게 대항하지 못한다. O|X

해설 **제492조(상계의 요건)** ② 전항의 규정은 당사자가 다른 의사를 표시한 경우에는 적용하지 아니한다. 그러나 그 의사표시로써 선의의 제삼자에게 대항하지 못한다.

18

출제예상

임대차 존속 중 차임채권의 소멸시효가 완성된 후에 임대인이 이미 소멸시효가 완성된 차임채권을 자동채권으로 삼아 임대차보증금 반환채무와 '상계'는 할 수 없지만, 임대차보증금에서 '공제'할 수는 있다. O|X

해설 임대차 존속 중 시효완성된 차임채권을 보증금반환채무와 '상계'할 수 있는지 여부(소극)
민법 제495조는 "소멸시효가 완성된 채권이 그 완성 전에 상계할 수 있었던 것이면 그 채권자는 상계할 수 있다."라고 규정하고 있다. 이는 당사자 쌍방의 채권이 상계적상에 있었던 경우에 당사자들은 채권·채무관계가 이미 정산되어 소멸하였다고 생각하는 것이 일반적이라는 점을 고려하여 당사자들의 신뢰를 보호하기 위한 것이다. 다만 이는 **'자동채권의 소멸시효 완성 전에 양 채권이 상계적상에 이르렀을 것'을 요건으로 하는데, 임대인의 임대차보증금 반환채무는 임대차계약이 종료된 때에 비로소 이행기에 도달하므로, 임대차 존속 중 차임채권의 소멸시효가 완성된 경우에는** 소멸시효 완성 전에 임대인이 임대차보증금 반환채무에 관한 기한의 이익을 실제로 포기하였다는 등의 특별한 사정이 없는 한 **양 채권이 상계할 수 있는**

상태에 있었다고 할 수 없다. 그러므로 그 이후에 임대인이 이미 소멸시효가 완성된 차임채권을 자동채권으로 삼아 임대차 보증금 반환채무와 상계하는 것은 민법 제495조에 의하더라도 인정될 수 없다(대판 2016.11.25. 2016다211309).

임대차 존속 중 시효완성된 차임채권을 임대차보증금에서 '공제'할 수 있는지 여부(적극)

임대차보증금은 차임의 미지급, 목적물의 멸실이나 훼손 등 임대차 관계에서 발생할 수 있는 임차인의 모든 채무를 담보하는 것이므로, **차임의 지급이 연체되면 장차 임대차 관계가 종료되었을 때 임대차보증금으로 충당될 것으로 생각하는 것이 당사자의 일반적인 의사**이다. 이는 차임채권의 변제기가 따로 정해져 있어 임대차 존속 중 소멸시효가 진행되고 있는데도 임대인이 임대차보증금에서 연체차임을 충당하여 공제하겠다는 의사표시를 하지 않고 있었던 경우에도 마찬가지이다. 더욱이 임대차보증금의 액수가 차임에 비해 상당히 큰 금액인 경우가 많은 우리 사회의 실정에 비추어 보면, 차임 지급채무가 상당기간 연체되고 있음에도, 임대인이 임대차계약을 해지하지 아니하고 임차인도 연체차임에 대한 담보가 충분하다는 것에 의지하여 임대차관계를 지속하는 경우에는, **임대인과 임차인 모두 차임채권이 소멸시효와 상관없이 임대차보증금에 의하여 담보되는 것으로 신뢰하고, 나아가 장차 임대차보증금에서 충당 공제되는 것을 용인하겠다는 묵시적 의사를 가지고 있는 것이 일반적**이다. 따라서 임대차 존속 중 차임이 연체되고 있음에도 임대차보증금에서 연체차임을 충당하지 않고 있었던 임대인의 신뢰와 차임연체 상태에서 임대차관계를 지속해 온 임차인의 **묵시적 의사를 감안하면 연체차임은 민법 제495조의 유추적용에 의하여 임대차보증금에서 공제할 수는 있다**(대판 2016.11.25. 2016다211309).

19

출제예상

임대인이 임대차 존속 중 이미 소멸시효가 완성된 구상금채권을 자동채권으로 삼아 임차인의 유익비상환채권과 상계하는 것은 민법 제495조에 의해 인정될 수 있다. O | X

해설 임대차 존속 중 임대인의 구상금채권 소멸시효가 완성된 경우, 임대인이 이미 소멸시효가 완성된 구상금채권을 자동채권으로 삼아 임차인의 유익비상환채권과 상계할 수 있는지 여부(소극)

민법 제495조는 "소멸시효가 완성된 채권이 그 완성 전에 상계할 수 있었던 것이면 그 채권자는 상계할 수 있다."라고 규정하고 있다. 이는 당사자 쌍방의 채권이 상계적상에 있었던 경우에 당사자들은 그 채권·채무관계가 이미 정산되어 소멸하였다고 생각하는 것이 일반적이라는 점을 고려하여 당사자들의 신뢰를 보호하기 위한 것이다. 다만 이는 '자동채권의 소멸시효 완성 전에 양 채권이 상계적상에 이르렀을 것'을 요건으로 한다. 민법 제626조 제2항은 임차인이 유익비를 지출한 경우에는 임대인은 임대차 종료 시에 그 가액의 증가가 현존한 때에 한하여 임차인의 지출한 금액이나 그 증가액을 상환하여야 한다고 규정하고 있으므로, **임차인의 유익비상환채권은 임대차계약이 종료한 때에 비로소 발생한다고 보아야 한다. 따라서 임대차 존속 중 임대인의 구상금채권**(임차인이 세금을 납부하기로 약정하였으나 이를 이행하지 않아 임대인이 직접 납부하여 발생한 채권 : 저자 주)**의 소멸시효가 완성된 경우에는 위 구상금채권과 임차인의 유익비상환채권이 상계할 수 있는 상태에 있었다고 할 수 없으므로, 그 이후에 임대인이 이미 소멸시효가 완성된 구상금채권을 자동채권으로 삼아 임차인의 유익비상환채권과 상계하는 것은 민법 제495조에 의하더라도 인정될 수 없다**(대판 2021.2.10. 2017다258787)

➡ 임차보증금에는 연체차임에 대한 담보적 기능이 인정되므로 제495조의 유추적용이 인정되지만(대판 2016.11.25. 2016다211309), 유익비상환청구권에는 그러한 담보적 기능이 인정되지 않으므로 제495조를 유추적용하지 않은 것으로 보인다.

20

19법원행시, 20사무관

매도인이나 수급인의 담보책임을 기초로 한 손해배상채권의 제척기간이 지났으나, 제척기간이 지나기 전 상대방의 채권과 상계할 수 있었던 경우, 매수인이나 도급인이 민법 제495조를 유추적용해서 위 손해배상채권을 자동채권으로 해서 상대방의 채권과 상계할 수 있다. O | X

정답 | 15 ○ 16 × 17 ○ 18 ○ 19 × 20 ○

21 21법원행시

민법 제495조는 "소멸시효가 완성된 채권이 그 완성 전에 상계할 수 있었던 것이면 그 채권자는 상계할 수 있다."라고 정하고 있다. 따라서 제척기간이 완성된 채권에 대해서는 그 적용(유추적용)이 될 수 없다. O|X

해설 매도인이나 수급인의 담보책임을 기초로 한 손해배상채권의 제척기간이 지났으나, 제척기간이 지나기 전 상대방의 채권과 상계할 수 있었던 경우, 매수인이나 도급인이 민법 제495조를 유추적용해서 위 손해배상채권을 자동채권으로 해서 상대방의 채권과 상계할 수 있는지 여부(적극)

민법 제495조는 "소멸시효가 완성된 채권이 그 완성 전에 상계할 수 있었던 것이면 그 채권자는 상계할 수 있다."라고 정하고 있다. 이는 당사자 쌍방의 채권이 상계적상에 있었던 경우에 당사자들은 채권·채무관계가 이미 정산되어 소멸하였거나 추후에 정산될 것이라고 생각하는 것이 일반적이라는 점을 고려하여 당사자들의 신뢰를 보호하기 위한 것이다. 매도인이나 수급인의 담보책임을 기초로 한 매수인이나 도급인의 손해배상채권의 제척기간이 지난 경우에도 민법 제495조를 유추적용해서 매수인이나 도급인이 상대방의 채권과 상계할 수 있는지 문제 된다.

i) 매도인의 담보책임을 기초로 한 매수인의 손해배상채권 또는 수급인의 담보책임을 기초로 한 도급인의 손해배상채권이 각각 상대방의 채권과 상계적상에 있는 경우에 당사자들은 채권·채무관계가 이미 정산되었거나 정산될 것으로 기대하는 것이 일반적이므로, 그 신뢰를 보호할 필요가 있다. ii) 이러한 손해배상채권의 제척기간이 지난 경우에도 그 기간이 지나기 전에 상대방에 대한 채권·채무관계의 정산 소멸에 대한 신뢰를 보호할 필요성이 있다는 점은 소멸시효가 완성된 채권의 경우와 아무런 차이가 없다.

따라서 **매도인이나 수급인의 담보책임을 기초로 한 손해배상채권의 제척기간이 지난 경우에도 제척기간이 지나기 전 상대방의 채권과 상계할 수 있었던 경우에는 매수인이나 도급인은 민법 제495조를 유추적용해서 위 손해배상채권을 자동채권으로 해서 상대방의 채권과 상계할 수 있다**고 봄이 타당하다(대판 2019.3.14. 2018다255648)

22 18주사보

채무가 고의의 불법행위로 인한 것인 때에는 그 채무자는 상계로 채권자에게 대항하지 못한다. O|X

23 14/18주사보, 16법무사

고의의 불법행위로 인한 손해배상채권은 이를 수동채권으로 하여 상계할 수 없다. 하지만 고의의 불법행위 채권을 자동채권으로 하여 상계할 수 있다. O|X

24 12주사보, 13사무관, 17서기보

고의의 불법행위에 인한 손해배상채권에 대한 상계금지(민법 제496조)를 중과실의 불법행위에 인한 손해배상채권에까지 유추 또는 확장 적용할 수 없다. O|X

25 20법무사

중과실로 인한 불법행위를 저지른 가해자는 현실적으로 손해배상을 지급할 필요가 있으므로 중과실로 인한 불법행위 손해배상채권을 수동채권으로 하여 가해자가 상계를 하는 것은 금지된다. O|X

26 16법원행시, 20법무사

과실 또는 중과실의 불법행위에 기한 손해배상채권을 수동채권으로 하는 상계나 고의의 불법행위에 기한 손해배상채권을 자동채권으로 하는 상계는 금지되지 않는다. O|X

27

18서기보

고의의 불법행위로 인한 손해배상채권을 수동채권으로 하는 상계는 허용되지 않는 것이나, 그 자동채권이 동시에 행하여진 싸움에서 서로 상해를 가한 경우와 같이 동일한 사안에서 발생한 고의의 불법행위로 인한 손해배상채권인 경우에는 상계가 허용된다. O | X

> **해설** **제496조(불법행위채권을 수동채권으로 하는 상계의 금지)** 채무가 고의의 불법행위로 인한 것인 때에는 그 채무자는 상계로 채권자에게 대항하지 못한다.
> **22 23 26** 고의에 의한 불법행위의 발생을 방지함과 아울러 고의의 불법행위로 인한 피해자에게 현실의 변제를 받게 하려는 데 있다(대판 2002.1.25. 2001다5250). 따라서 피해자가 손해배상채권을 '자동채권'으로 하여 상계하는 것은 무방하다.
> **24 25 26** 判例는 본조를 중과실의 불법행위에 의한 손해배상채무에까지 유추 또는 확대 적용할 필요성은 없다고 한다(대판 1994.8.12. 93다52808).
> **27** 判例는 쌍방의 고의로 인한 손해배상청구권에도 상계금지가 적용되므로 상계할 수 없다고 한다(대판 1994.2.25. 93다38444).

28

15법원행시, 17서기보

피용자의 고의의 불법행위로 인하여 사용자책임이 성립하는 경우 사용자는 자신의 고의의 불법행위가 아님을 이유로 민법 제496조의 적용을 면할 수 있다. O | X

29

출제예상

甲과 乙이 丙의 부주의를 이용하여 고의로 공동불법행위를 저질러 丙에게 1억 원의 손해를 입혔다. 이 손해에 丙이 기여한 과실이 20%이며, 이에 가담하지 않은 丁이 甲의 사용자로서 사용자책임을 진다. 丁이 丙에 대하여 대여금채권을 갖고 있는 경우, 丁은 불법행위에 가담하지 않았음을 이유로 고의의 불법행위채권을 수동채권으로 하는 상계 금지 규정인 「민법」 제496조의 적용을 배제하고 위 대여금채권을 자동채권으로 하여 丙의 丁에 대한 손해배상채권을 상계할 수 있다. O | X

> **해설** **28 29** 피용자의 고의의 불법행위로 인하여 사용자책임을 부담하는 사용자가 민법 제496조의 적용 배제를 주장할 수 있는지 여부(소극)
> 민법 제756조에 의한 사용자의 손해배상책임은 피용자의 배상책임에 대한 대체적 책임이고, 같은 조 제1항에서 사용자가 피용자의 선임 및 그 사무감독에 상당한 주의를 한 때 또는 상당한 주의를 하여도 손해가 있을 경우에는 책임을 면할 수 있도록 규정함으로써 사용자책임에서 사용자의 과실은 직접의 가해행위가 아닌 피용자의 선임·감독에 관련된 것으로 해석되는 점에 비추어 볼 때, 피용자의 고의의 불법행위로 인하여 사용자책임이 성립하는 경우에 민법 제496조의 적용을 배제하여야 할 이유가 없으므로 사용자책임이 성립하는 경우 사용자는 자신의 고의의 불법행위가 아니라는 이유로 민법 제496조의 적용을 면할 수는 없다(대판 2006.10.26. 2004다63019)
>
> **비교판례** 피해자의 부주의를 이용하여 고의로 불법행위를 저지른 자(피용자)가 바로 그 피해자의 부주의를 이유로 자신의 책임을 감하여 달라고 주장하는 것은 허용될 수 없으나, 이는 그러한 사유가 있는 자에게 과실상계의 주장을 허용하는 것이 신의칙에 반하기 때문이므로, 불법행위자 중의 일부에게 그러한 사유가 있다고 하여 그러한 사유가 없는 다른 불법행위자(사용자)까지도 과실상계의 주장을 할 수 없다고 해석할 것은 아니다(대판 2007.6.14. 2005다32999).

정답 | 21 × 22 ○ 23 ○ 24 ○ 25 × 26 ○ 27 × 28 × 29 ×

30

출제예상

甲과 乙이 丙의 부주의를 이용하여 고의로 공동불법행위를 저질러 丙에게 1억 원의 손해를 입혔다. 이 손해에 丙이 기여한 과실이 20%이며, 이에 가담하지 않은 丁이 甲의 사용자로서 사용자책임을 진다. 甲과 乙은 丙의 과실을 이유로 과실상계를 주장할 수 없고, 丁 역시 甲의 사용자로서 과실상계를 주장할 수 없다. O | X

해설 피용자의 고의의 불법행위로 인하여 사용자책임을 부담하는 사용자가 민법 제396조의 적용을 주장할 수 있는지 여부(적극)

사용자가 피용자의 과실에 의한 불법행위로 인한 사용자책임을 부담하는 경우와 마찬가지로 피용자의 고의에 의한 불법행위로 인하여 사용자책임을 부담하는 경우에도 피해자에게 그 손해의 발생과 확대에 기여한 과실이 있다면 사용자책임의 범위를 정함에 있어서 이러한 피해자의 과실을 고려하여 그 책임을 제한할 수 있다(대판 2002.12.26. 2000다56952).

31

19서기보, 19법무사

민법 제496조는 고의에 의한 불법행위 또는 보복적 불법행위의 발생을 방지하고 불법행위로 인한 피해자가 현실의 변제를 받을 수 있도록 하기 위해 불법행위채권을 수동채권으로 하는 상계를 금지하고 있다. 따라서 법이 보장하는 상계권은 이처럼 그의 채무가 고의의 불법행위에 기인하는 채무자에게는 적용이 없다. 그러나 부당이득의 원인이 고의의 불법행위에 기인함으로써 불법행위로 인한손 해배상채권과 부당이득반환채권이 모두 성립하여 양 채권이 경합하는 경우에 피해자가 부당이득반환채권만을 청구하고 불법행위로 인한 손해배상채권을 청구하지 아니하였다면 이러한 경우까지 민법 제496조를 유추적용하여야 하는 것은 아니다. O | X

해설 **제496조(불법행위채권을 수동채권으로 하는 상계의 금지)** 채무가 고의의 불법행위로 인한 것인 때에는 그 채무자는 상계로 채권자에게 대항하지 못한다.

➡ '부당이득'의 원인이 고의의 불법행위였다면 불법행위로 인한 손해배상채권을 청구하는 경우와 다를 바 없다 할 것이어서, 부당이득의 경우에도 제496조를 유추적용함이 타당하다고 한다(대판 2002.1.25. 2001다52506).

32

21법무사

민법 제496조는 "채무가 고의의 불법행위로 인한 것인 때에는 그 채무자는 상계로 채권자에게 대항하지 못한다."라고 정하고 있다. 고의에 의한 불법행위의 발생을 방지함과 아울러 고의의 불법행위로 인한 피해자에게 현실의 변제를 받게 하려는 데 이 규정의 취지가 있다. 이 규정은 고의의 불법행위로 인한 손해배상채권을 수동채권으로 한 상계에 관한 것이고 고의의 채무불이행으로 인한 손해배상채권에는 적용되지 않는다. 다만 고의에 의한 행위가 불법행위를 구성함과 동시에 채무불이행을 구성하여 불법행위로 인한 손해배상채권과 채무불이행으로 인한 손해배상채권이 경합하는 경우에는 이 규정을 유추적용할 필요가 있다. O | X

해설 민법 제496조의 규정이 고의의 채무불이행으로 인한 손해배상채권을 수동채권으로 하는 상계에 적용되는지 여부

① **원칙**

고의의 불법행위로 인한 손해배상채권을 수동채권으로 한 상계에 관한 것이고 고의의 채무불이행으로 인한 손해배상채권에는 적용되지 않는다.

② **예외**

다만 고의에 의한 행위가 불법행위를 구성함과 동시에 채무불이행을 구성하여 불법행위로 인한 손해배상채권과 채무불이행으로 인한 손해배상채권이 경합하는 경우에는 이 규정을 유추적용할 필요가 있다. 이러한 경우에 **고의의 채무불이행으로 인한 손해배상채권을 수동채권으로 한 상계를 허용하면 이로써 고의의 불법행위로 인한 손해배상채권까지 소멸하게 되어 고의의 불법행위에 의한 손해배상채권은 현실적으로 만족을 받아야 한다는 이 규정의 입법 취지가 몰각될 우려**가 있기 때문이다. 따라서 이러한 **예외적인 경우에는 민법 제496조를 유추적용**하여 고의의 채무불이행으로 인한 손해배상채권을 수동채권으로 하는 상계를 한 경우에도 채무자가 상계로 채권자에게 대항할 수 없다고 보아야 한다(대판 2017.2.15. 2014다19776,19783).

33

18법원행시

고의의 불법행위로 인한 손해배상채권의 양도가 사해행위에 해당하는 경우 불법행위로 인한 손해배상채권의 채무자가 채권양도인에 대한 별도의 채권자 지위에서 채권양수인에게 채권자취소권을 행사하여 채권양도의 취소를 구함과 아울러 취소에 따른 원상회복방법으로 직접 자신 앞으로 가액배상의 지급을 구하는 것은, 민법 제496조(고의의 불법행위로 인한 채권을 수동채권으로 하는 상계의 금지)의 취지에 반하므로 허용될 수 없다. O | X

해설 고의의 불법행위로 인한 손해배상채권의 양도가 사해행위에 해당하는 경우 그 손해배상채권의 채무자가 채권양도인에 대한 별도의 채권자 지위에서 채권양수인에게 채권자취소권을 행사하여 채권양도의 취소를 구함과 아울러 원상회복방법으로 직접 자신 앞으로 가액배상의 지급을 구할 수 있는지 여부(적극)

고의의 불법행위로 인한 손해배상채권의 채무자는 그 채권을 수동채권으로 한 상계로 채권자에게 대항하지 못하고(민법 제496조), 그 결과 채권이 양도된 경우에 양수인에게도 상계로 대항할 수 없게 되나(민법 제451조 제2항 참조), 채권양도가 사해행위에 해당하는 경우 불법행위로 인한 손해배상채권의 채무자가 채권양도인에 대한 별도의 채권자 지위에서 채권양수인에게 채권자취소권을 행사하여 채권양도의 취소를 구함과 아울러 취소에 따른 원상회복방법으로 직접 자신 앞으로 가액배상의 지급을 구하는 것 자체는 민법 제496조에 반하지 않으므로 허용된다(대판 2011.6.10. 2011다8980,8997).

34

13주사보 변형

압류금지채권을 수동채권으로 하여 상계하지 못하지만, 자동채권으로 하여 상계하는 것은 가능하다. O | X

해설 **제497조(압류금지채권을 수동채권으로 하는 상계의 금지)** 채권이 압류하지 못할 것인 때에는 그 채무자는 상계로 채권자에게 대항하지 못한다.

35

13주사보, 20법원행시

사용자가 근로자에게 매월 계산의 착오 등으로 임금을 초과 지급하다가 근로자가 퇴직하여 퇴직금을 청구한 경우 사용자는 그 퇴직금채권의 2분의 1을 초과하는 부분에 해당하는 금액에 관하여만 그동안 초과 지급한 임금의 반환청구권을 자동채권으로 하여 상계할 수 있다. O | X

정답 | 30 × 31 × 32 ○ 33 × 34 ○ 35 ○

해설 임금은 통화로 직접 근로자에게 그 전액을 지급하여야 하므로 **사용자가 근로자에 대하여 가지는 채권으로써 근로자의 임금채권과 상계를 하지 못하는 것이 원칙**이고, 이는 경제적·사회적 종속관계에 있는 근로자를 보호하기 위한 것인바, 근로자가 받을 퇴직금도 임금의 성질을 가지므로 역시 마찬가지이다. **다만 계산의 착오 등으로 임금을 초과 지급한 경우**에, 근로자가 퇴직 후 그 재직 중 받지 못한 임금이나 퇴직금을 청구하거나, 근로자가 비록 재직 중에 임금을 청구하더라도 위 초과 지급한 시기와 상계권 행사의 시기가 임금의 정산, 조정의 실질을 잃지 않을 만큼 근접하여 있고 나아가 사용자가 상계의 금액과 방법을 미리 예고하는 등으로 근로자의 경제생활의 안정을 해할 염려가 없는 때에는, **사용자는 위 초과 지급한 임금의 반환청구권을 자동채권으로 하여 근로자의 임금채권이나 퇴직금채권과 상계할 수 있다.** 그리고 이러한 법리는 사용자가 근로자에게 이미 퇴직금 명목의 금원을 지급하였으나 그것이 퇴직금 지급으로서의 효력이 없어 **사용자가 같은 금원 상당의 부당이득반환채권을 갖게 된 경우에 이를 자동채권으로 하여 근로자의 퇴직금채권과 상계하는 때에도 적용**된다. 한편 민사집행법 제246조 제1항 제5호는 근로자인 채무자의 생활보장이라는 공익적, 사회 정책적 이유에서 '퇴직금 그 밖에 이와 비슷한 성질을 가진 급여채권의 2분의 1에 해당하는 금액'을 압류금지채권으로 규정하고 있고, 민법 제497조는 압류금지채권의 채무자는 상계로 채권자에게 대항하지 못한다고 규정하고 있으므로, **사용자가 근로자에게 퇴직금 명목으로 지급한 금원 상당의 부당이득반환채권을 자동채권으로 하여 근로자의 퇴직금채권을 상계하는 것은 퇴직금채권의 2분의 1을 초과하는 부분에 해당하는 금액에 관하여만 허용된다**고 봄이 상당하다(대판 2010.5.20. 2007다90760 전합).

36

11사무관

양도 또는 대위되는 채권이 원래 압류가 금지되는 것이었던 경우에는, 그 채권이 양도되거나 대위의 요건이 구비된 이후에 있어서도 그 채권의 채무자가 그 채권을 수동채권으로 한 상계로써 채권양수인 또는 대위채권자에게 대항할 수 없다. O | X

해설 **양도 또는 대위되는 채권이 원래 압류가 금지되는 것이었던 경우, 그 채권의 채무자가 그 채권을 수동채권으로 한 상계로써 채권양수인 또는 대위채권자에게 대항할 수 있는지 여부(소극)**
양도 또는 대위되는 채권이 원래 압류가 금지되는 것이었던 경우에는, 처음부터 이를 수동채권으로 한 상계로 채권자에게 대항하지 못하던 것이어서 그 채권의 존재가 채무자의 자동채권에 대한 담보로서 기능할 여지가 없고 따라서 그 담보적 기능에 대한 채무자의 합리적 기대가 있다고도 할 수 없으므로, 그 채권이 양도되거나 대위의 요건이 구비된 이후에 있어서도 여전히 이를 수동채권으로 한 상계로써 채권양수인 또는 대위채권자에게 대항할 수 없다고 봄이 상당하다(대판 2009.12.10. 2007다30171).

37

15법무사, 18법원행시

사용자가 근로자의 임금채권에 대하여 상계하는 것은 원칙적으로 허용되지 않지만, 사용자가 근로자의 동의를 얻어 근로자의 임금채권에 대하여 상계하는 경우에 그 동의가 근로자의 자유로운 의사에 터 잡아 이루어진 것이라고 인정할 만한 합리적인 이유가 객관적으로 존재하는 때에는 그 상계가 허용될 수 있다. O | X

해설 근로기준법 제42조 제1항 본문에서 "임금은 통화로 직접 근로자에게 그 전액을 지급하여야 한다."라고 규정하여 이른바 임금 전액지급의 원칙을 선언한 취지는 사용자가 일방적으로 임금을 공제하는 것을 금지하여 근로자에게 임금 전액을 확실하게 지급 받게 함으로써 근로자의 경제생활을 위협하는 일이 없도록 그 보호를 도모하려는 데 있으므로, **사용자가 근로자에 대하여 가지는 채권을 가지고 일방적으로 근로자의 임금채권을 상계하는 것은 금지된다**고 할 것이지만, **사용자가 근로자의 동의를 얻어 근로자의 임금채권에 대하여 상계하는 경우에 그 동의가 근로자의 자유로운 의사에 터 잡아 이루어진 것이라고 인정할 만한 합리적인 이유가 객관적으로 존재하는 때에는 근로기준법 제42조 제1항 본문에 위반하지 아니한다**고 보아야 할 것이고, 다만 임금 전액지급의 원칙의 취지에 비추어 볼 때 그 동의가 근로자의 자유로운 의사에 기한 것이라는 판단은 엄격하고 신중하게 이루어져야 한다(대판 2001.10.23. 2001다25184).

38

13서기보

지급을 금지하는 명령을 받은 제3채무자는 그 후에 취득한 채권에 의한 상계로 그 명령을 신청한 채권자에게 대항하지 못한다. O | X

> 해설 **제498조(지급금지채권을 수동채권으로 하는 상계의 금지)** 지급을 금지하는 명령을 받은 제삼채무자는 그 후에 취득한 채권에 의한 상계로 그 명령을 신청한 채권자에게 대항하지 못한다.

39

14법무사

채권압류 및 전부명령에 있어 제3채무자에게 전부명령이 송달된 후에는 그 제3채무자는 그 명령을 송달받기 전에 채무자에 대하여 상계적상에 있던 반대채권을 가지고 있었다 하여도 그 반대채권으로 전부되는 채무자의 채권과 상계할 수 없다. O | X

40

14법원행시

채권압류명령을 받은 제3채무자가 압류채무자에 대한 반대채권을 가지고 있는 경우에 상계로써 압류채권자에게 대항하기 위해서는, 압류의 효력 발생 당시에 대립하는 양 채권이 상계적상에 있거나, 그 당시 반대채권(자동채권)의 변제기가 도래하지 아니한 경우에는 그것이 피압류채권(수동채권)의 변제기와 동시에 또는 그보다 먼저 도래하여야 한다. O | X

41

20법원행시

제3채무자가 압류 효력 발생 당시 이미 반대채권을 취득한 이상 그의 상계에 대한 기대는 합리적이고 정당하므로 그 당시 양 채권이 상계적상에 있지 아니하였다 하더라도 양 채권의 변제기 선후를 불문하고 그 후에 상계적상에 이르면 상계로써 압류채권자에게 대항할 수 있다. O | X

> 해설 **39 40 41 제498조(지급금지채권을 수동채권으로 하는 상계의 금지)** 지급을 금지하는 명령을 받은 제삼채무자는 그 후에 취득한 채권에 의한 상계로 그 명령을 신청한 채권자에게 대항하지 못한다.
>
> 지급금지명령을 받은 채권이란 압류 또는 가압류를 당한 채권으로서, 본조는 압류의 효력을 유지하여 채무자의 재산으로부터 만족을 얻으려는 집행채권자를 보호하려는 데에 그 취지가 있다. 그러므로 압류 또는 **가압류의 효력이 발생하기 전**에 제3채무자가 채무자에 대해 채권을 가지고 있은 때에는 상계할 수 있다(제498조의 반대해석).
> 다만 判例는 "㉠ 압류의 효력 발생 당시에 대립하는 양 채권이 상계적상에 있거나, ㉡ **그 당시에 제3채무자가 채무자에 대해 갖는 자동채권의 변제기가 아직 도래하지 않았더라도** 압류채권자가 그 이행을 청구할 수 있는 때, 즉 피압류채권인 **수동채권의 변제기가 도래한 때에 자동채권의 변제기가 동시에 도래하거나 또는 그 전에 도래한 때**에는 **제3채무자의 상계에 관한 기대**는 보호되어야 한다는 점에서 상계할 수 있다."(대판 2012.2.16. 2011다45521전합)라고 한다.
>
> **관련판례** 이러한 법리는 채권압류명령을 받은 제3채무자이자 보증채무자가 압류 이후 보증채무를 변제함으로써 담보제공청구의 항변권(제443조)을 소멸시킨 다음, 압류 채무자에 대하여 압류 이전에 취득한 사전구상권으로 피압류채권과 상계하려는 경우에도 적용된다(대판 2019.2.14. 2017다274703).

정답 | **36** ○ **37** ○ **38** ○ **39** × **40** ○ **41** ○

42

20법원행시

공사도급계약의 도급인이 자신 소유의 토지에 근저당권을 설정하여 수급인으로 하여금 공사에 필요한 자금을 대출받도록 한 경우 수급인의 근저당권 말소의무는 도급인의 공사대금채무와 동시이행관계에 있고, 나아가 도급인이 대출금 등을 대위변제함으로써 수급인이 지게 된 구상금채무도 그 대등액의 범위 내에서 도급인의 공사대금채무와 동시이행관계에 있다. O|X

43

14법무사, 16서기보

금전채권에 대한 압류 및 전부명령이 있고, 제3채무자의 압류채무자에 대한 자동채권이 수동채권인 피압류채권과 동시이행의 관계에 있는 경우에는, 압류명령이 제3채무자에게 송달되어 압류의 효력이 생긴 후에 자동채권이 발생하였다고 하더라도, 제3채무자는 그 자동채권에 의한 상계로 압류채권자에게 대항할 수 있다. O|X

해설 **42** 제3채무자의 압류채무자에 대한 채권(소유권이전등기청구권, 구상금채권)이 피압류채권(매매대금채권)과 동시이행관계에 있는 경우

금전채권에 대한 가압류로부터 본압류로 전이하는 압류 및 추심명령이 있는 때에는 제3채무자는 채권이 가압류되기 전에 압류채무자에게 대항할 수 있는 사유로써 압류채권자에게 대항할 수 있으므로, 제3채무자의 압류채무자에 대한 자동채권(구상금채권)이 수동채권인 피압류채권(매매대금채권)과 동시이행의 관계에 있는 경우에는, 그 가압류명령이 제3채무자에게 송달되어 가압류의 효력이 생긴 후에 자동채권(구상금채권)이 발생하였다고 하더라도 제3채무자는 동시이행의 항변권을 주장할 수 있고, 따라서 그 상계로써 압류채권자에게 대항할 수 있다. 이 경우에 자동채권 발생의 기초가 되는 원인은 수동채권이 가압류되기 전에 이미 성립하여 존재하고 있었으므로, 그 자동채권은 제498조 소정의 '지급을 금지하는 명령을 받은 제3채무자가 그 후에 취득한 채권'에 해당하지 아니한다(대판 2001.3.27. 2000다43819).

사실관계 부동산 매수인의 매매잔대금 지급의무와 매도인의 가압류등기말소의무가 동시이행관계에 있었는데, 위 가압류에 기한 강제경매절차가 진행되자 매수인이 그 채권액을 변제공탁한 것이다. 이 경우 매도인은 매수인에 대해 대위변제로 인한 구상채무를 부담하게 되고, 이 구상채무는 가압류등기말소의무의 변형으로서 종전의 매수인의 잔대금지급의무와 동시이행의 관계를 유지하므로, 매수인(제3채무자)의 위 구상금채권이 가압류 이후에 발생한 것이더라도 그 기초가 되는 원인은 가압류 이전에 성립하고 있었다는 이유로, 매수인은 매매잔대금채무를 구상금채권과 상계할 수 있다고 보았다.

관련판례 **43** 判例는 공사도급계약의 도급인이 자신 소유의 토지에 근저당권을 설정하여 수급인으로 하여금 공사에 필요한 자금을 대출받도록 한 사안에서, "수급인의 근저당권말소의무는 도급인의 공사대금채무와 이행상 견련관계가 인정되어 서로 동시이행관계에 있고, 나아가 도급인이 대출금 등을 대위변제함으로써 수급인이 지게 된 **구상금채무도 근저당권 말소의무의 변형물로서 도급인의 공사대금채무와 동시이행관계**에 있다."고 보면서 "금전채권에 대한 압류 및 전부명령이 있는 때에는 압류된 채권은 동일성을 유지한 채로 압류채무자로부터 압류채권자에게 이전되고, **제3채무자는 채권이 압류되기 전에 압류채무자에게 대항할 수 있는 사유로써 압류채권자에게 대항할 수 있는 것이므로, 제3채무자의 압류채무자에 대한 자동채권이 수동채권인 피압류채권과 동시이행의 관계에 있는 경우에는, 압류명령이 제3채무자에게 송달되어 압류의 효력이 생긴 후에 자동채권이 발생하였다고 하더라도 제3채무자는 동시이행의 항변권을 주장할 수 있다.** 이 경우에 자동채권이 발생한 기초가 되는 원인은 수동채권이 압류되기 전에 이미 성립하여 존재하고 있었던 것이므로, 그 자동채권은 민법 제498조의 '지급을 금지하는 명령을 받은 제3채무자가 그 후에 취득한 채권'에 해당하지 않는다고 봄이 상당하고, 제3채무자는 그 자동채권에 의한 상계로 압류채권자에게 대항할 수 있다."(대판 2010.3.25. 2007다35152)라고 판시하였다.

44

19서기보

물상보증인 소유의 부동산에 대한 후순위저당권자는 물상보증인이 대위취득한 채무자 소유의 부동산에 대한 선순위공동저당권에 대하여 물상대위를 할 수 있다. 이 경우에 만일 채무자가 물상보증인에 대한 반대채권을 가지고 있는 경우라면 채무자는 물상보증인의 구상금 채권과 상계를 주장하며 물상보증인 소유의 부동산에 대한 후순위저당권자에게 대항할 수 있다. O | X

해설 물상보증인 소유 부동산의 후순위저당권자가 물상대위를 하는 경우, **채무자는 물상보증인에 대한 반대채권이 있더라도 특별한 사정이 없는 한 물상보증인의 구상금 채권과 상계함으로써 물상보증인 소유의 부동산에 대한 후순위저당권자에게 대항할 수 없다.** 채무자는 선순위공동저당권자가 물상보증인 소유의 부동산에 대해 먼저 경매를 신청한 경우에 비로소 상계할 것을 기대할 수 있는데, 이처럼 **우연한 사정에 의하여 좌우되는 상계에 대한 기대**가 물상보증인 소유의 부동산에 대한 후순위저당권자가 가지는 법적 지위에 우선할 수 없다(대판 2017.4.26. 2014다221777,221784).

45

출제예상

2009.9.30. 동산 양도담보가 설정되고, 2010.7.16. 설정자가 보험회사에 대해 가지는 보험금청구권을 양도담보권자가 물상대위권을 행사하여 압류 및 추심명령을 받았는데, 보험회사가 2010.4.13. 설정자에 대해 갖게 된 채권으로 위 보험금청구권과 상계를 할 수 없다. O | X

해설 동산양도담보권자의 물상대위권과 상계

동산 양도담보권자는 양도담보 목적물이 소실되어 양도담보 설정자가 보험회사에 대하여 화재보험계약에 따른 보험금청구권을 취득한 경우 담보물 가치의 변형물인 화재보험금청구권에 대하여 양도담보권에 기한 물상대위권을 행사할 수 있는데, **동산 양도담보권자가 물상대위권 행사로 양도담보 설정자의 화재보험금청구권에 대하여 압류 및 추심명령을 얻어 추심권을 행사하는 경우 특별한 사정이 없는 한 제3채무자인 보험회사는 양도담보 설정 후 취득한 양도담보 설정자에 대한 별개의 채권을 가지고 상계로써 양도담보권자에게 대항할 수 없다.** 그리고 이는 보험금청구권과 본질이 동일한 공제금청구권에 대하여 물상대위권을 행사하는 경우에도 마찬가지이다(대판 2014.9.25. 2012다58609).

46

17서기보

당사자 쌍방의 채무가 서로 상계적상에 있다 하더라도 그 자체만으로 상계로 인한 채무 소멸의 효력이 생기는 것은 아니다. O | X

47

21법무사

당사자 쌍방의 채무가 서로 상계적상에 있다 하더라도, 별도의 의사표시 없이도 상계된 것으로 한다는 특약이 없는 한, 그 자체만으로 상계로 인한 채무 소멸의 효력이 생기는 것은 아니고 상계의 의사표시를 기다려 비로소 상계로 인한 채무소멸의 효력이 생긴다. O | X

해설 **46 47** 상계의 방법 – 일방적 의사표시

상계에는 의사표시가 필요하다(대판 2000.9.8. 99다6524). 상계적상이 존재하고 상계자가 상대방에게 상계의 의사표시를 하였을 때 상계의 효과가 발생한다. 따라서 상계는 단독행위이다(제492조 제1항).

➡ 따라서 상계적상에 있다 하더라도 그 자체만으로 상계의 효력이 생기는 것이 아니다.

정답 | **42** × **43** ○ **44** × **45** ○ **46** ○ **47** ○

48 20법원행시

어음채권을 자동채권으로 하여 상계의 의사표시를 하는 경우에 있어 재판상의 상계의 경우에는 어음을 교부하지 않더라도 서증으로써 법정에 제출하여 상대방에게 제시되게 함으로써 가능하다. O | X

> **해설** 어음채권을 자동채권으로 하는 재판외 및 재판상의 상계와 어음 교부의 요부
> **어음채권을 자동채권으로 하여 상계의 의사표시를 하는 경우**에 있어 재판외의 상계의 경우에는 어음채무자의 승낙이 없는 이상 어음의 교부가 필요불가결하고 어음의 교부가 없으면 상계의 효력이 생기지 아니한다 할 것이지만, **재판상의 상계의 경우에는 어음을 서증으로써 법정에 제출하여 상대방에게 제시되게 함으로써 충분**하다(대판 1991.4.9. 91다2892).

49 12/17법무사, 14서기보, 19사무관

선급공사대금의 성질을 갖는 선급금을 지급한 후 수급인이 도중에 선급금을 반환하여야 할 사유가 발생하였다면 특별한 사정이 없는 한 선급금은 별도의 상계의 의사표시 없이도 그 때까지의 기성고에 해당하는 공사대금에 당연히 충당된다. O | X

> **해설** 선급금은 자금 사정이 좋지 않은 수급인으로 하여금 자재 확보·노임 지급 등에 어려움이 없이 공사를 원활하게 진행할 수 있도록 하기 위하여, 도급인이 장차 지급할 공사대금을 수급인에게 미리 지급하여 주는 선급 공사대금으로, 구체적인 기성고와 관련하여 지급된 공사대금이 아니라 전체 공사와 관련하여 지급된 선급 공사대금이므로, **선급금을 지급한 후 계약이 해제 또는 해지되는 등의 사유로 중도에 선급금을 반환하게 된 경우에는, 선급금이 공사대금의 일부로 지급된 것인 이상 선급금은 별도의 상계 의사표시 없이 그때까지의 기성고에 해당하는 공사대금에 당연 충당**되고, 그래도 공사대금이 남는다면 그 금액만을 지급하면 되는 것이고, 거꾸로 선급금이 미지급 공사대금에 충당되고 남는다면 그 남은 선급금에 관하여 도급인이 반환채권을 가지게 된다고 보는 것이 선금급의 성질에 비추어 타당하다(대판 2007.9.20. 2007다40109).

50 13사무관, 18서기보

상계의 의사표시 후에 상계자와 상대방이 상계가 없었던 것으로 하기로 한 약정은 제3자의 법률관계를 불안하게 할 수 있으므로 원칙적으로 허용되지 아니한다. O | X

51 18서기보

상계의 의사표시는 일방적으로 철회할 수는 없는 것이지만, 상계의 의사표시 후에 상계자와 상대방이 상계가 없었던 것으로 하기로 한 약정은 제3자에게 손해를 미치지 않는 한 계약자유의 원칙상 유효하다. O | X

> **해설** **50 51** 상계의 의사표시 후 상계가 없었던 것으로 하는 약정의 효력
> 상계의 의사표시는 일방적으로 철회할 수는 없는 것이지만, 상계의 의사표시 후에 상계자와 상대방이 상계가 없었던 것으로 하기로 한 약정은 제3자에게 손해를 미치지 않는 한 계약자유의 원칙상 유효하다(대판 1995.6.16. 95다11146).

52

출제예상

채권의 일부양도가 이루어진 경우, 그 분할된 채권에 대하여 양도인에 대한 반대채권으로 상계하고자 하는 채무자는 양도인을 비롯한 각 분할채권자 중 어느 누구라도 상계의 상대방으로 지정하여 상계할 수 있다. O | X

해설 **채권의 일부 양도가 이루어지면** 특별한 사정이 없는 한 **각 분할된 부분에 대하여 독립한 분할채권이 성립**하므로 그 채권에 대하여 양도인에 대한 반대채권으로 상계하고자 하는 채무자로서는 **양도인을 비롯한 각 분할채권자 중 어느 누구도 상계의 상대방으로 지정하여 상계할 수 있고,** 그러한 채무자의 상계 의사표시를 수령한 분할채권자는 제3자에 대한 대항요건을 갖춘 양수인이라 하더라도 양도인 또는 다른 양수인에 귀속된 부분에 대하여 먼저 상계되어야 한다거나 각 분할채권액의 채권 총액에 대한 비율에 따라 상계되어야 한다는 이의를 할 수 없다(대판 2002.2.8. 2000다50596).

사실관계 甲건설은 乙교회에 대해 공사잔대금채권 6억 원이 있고, 乙은 위 공사의 하자로 인해 甲에 대해 1억 원의 손해배상채권이 있는데, 甲은 乙에 대한 위 채권 중 3억 원의 채권을 丙에게 양도하였다. 여기서 乙이 甲에 대한 1억 원의 채권을 가지고 상계하는 경우, 먼저 甲에 대해 상계하여야 하는가? 또 丙에 대해 상계할 때에는 그 비율(즉, 3억 원×1억 원/ 6억 원 = 5,000만 원)에 따라 상계할 수 있는가? 判例는 위와 같은 이유로 乙은 甲에 대한 1억 원의 채권 전부를 丙이 乙에 대해 가지는 양수금채권(3억 원)과 상계할 수 있는 것으로 보았다.

53

15/20법원행시, 16법무사

가분적인 금전채권의 일부에 대한 전부명령이 확정된 경우 그 채권에 대하여 압류채무자에 대한 반대채권으로 상계하고자 하는 제3채무자로서는 전부채권자 혹은 압류채무자 중 어느 누구도 상계의 상대방으로 지정하여 상계하거나 상계로 대항할 수 있고, 그러한 제3채무자의 상계 의사표시를 수령한 전부채권자는 압류채무자에 잔존한 채권 부분이 먼저 상계되어야 한다거나 각 분할채권액의 채권 총액에 대한 비율에 따라 상계되어야 한다는 이의를 할 수 없다. O | X

해설 대판 2010.3.25. 2007다35152

54

13법무사, 14/15/19법원행시, 19서기보, 20사무관

상계의 의사표시가 있는 경우, 채무는 상계적상시에 소급하여 대등액에서 소멸한 것으로 보게 되므로 상계에 의한 양 채권의 차액 계산 또는 상계충당은 상계적상의 시점을 기준으로 하게 된다. 따라서 그 시점 이전에 수동채권의 변제기가 이미 도래하여 지체가 발생한 경우에는 상계적상 시점까지의 수동채권의 약정이자 및 지연손해금을 계산한 다음 자동채권으로 그 약정이자 및 지연손해금을 먼저 소각하고 잔액을 가지고 원본을 소각하여야 한다. 한편 여러 개의 자동채권이 있고 수동채권의 원리금이 자동채권의 원리금 합계에 미치지 못하는 경우에는 우선 자동채권의 채권자가 상계의 대상이 되는 자동채권을 지정할 수 있고, 다음으로 자동채권의 채무자가 이를 지정할 수 있으며, 양 당사자가 모두 지정하지 아니한 때에는 법정변제충당의 방법으로 상계충당이 이루어지게 된다. O | X

정답 | **48** ○ **49** ○ **50** × **51** ○ **52** ○ **53** ○ **54** ○

> **해설** 대판 2013.2.28. 2012다94155
> 상계에 의해 당사자 쌍방의 채권은 그 대등액에서 소멸한다(제493조 제2항). 상계자에게 상계적상에 있는 수동채권이 수개이고 자동채권으로 그 수개의 수동채권을 모두 소멸시킬 수 없는 경우에는 변제의 충당에 관한 규정이 준용된다(상계충당, 제499조).

55

21법원행시

상계의 의사표시는 각 채무가 상계할 수 있는 때에 대등액에 관하여 소멸한 것으로 본다(민법 제493조 제2항). 상계의 의사표시가 있는 경우 채무는 상계적상 시에 소급하여 대등액에 관하여 소멸하게 되므로, 상계에 따른 양 채권의 차액 계산 또는 상계 충당은 상계적상의 시점을 기준으로 한다. 따라서 그 시점 이전에 수동채권에 대하여 이자나 지연손해금이 발생한 경우 상계적상 시점까지 수동채권의 이자나 지연손해금을 계산한 다음 자동채권으로써 먼저 수동채권의 이자나 지연손해금을 소각하고 잔액을 가지고 원본을 소각하여야 한다. O | X

> **해설** 상계의 의사표시는 각 채무가 상계할 수 있는 때에 대등액에 관하여 소멸한 것으로 본다(민법 제493조 제2항). 상계의 의사표시가 있는 경우 채무는 상계적상 시에 소급하여 대등액에 관하여 소멸하게 되므로, 상계에 따른 양 채권의 차액 계산 또는 상계 충당은 상계적상의 시점을 기준으로 한다. 따라서 그 시점 이전에 수동채권에 대하여 이자나 지연손해금이 발생한 경우 상계적상 시점까지 수동채권의 이자나 지연손해금을 계산한 다음 자동채권으로써 먼저 수동채권의 이자나 지연손해금을 소각하고 잔액을 가지고 원본을 소각하여야 한다(대판 2021.5.7. 2018다25946).

56

19서기보

소송에서의 상계항변은 채권자인 원고의 금전채권이 인정되는 것을 전제로 채무자인 피고의 자동채권으로 상계하여 원고의 채권을 소멸시키겠다는 항변이다. 따라서 피고의 상계항변이 먼저 이루어지고 그 후 대여금채권의 소멸을 주장하는 소멸시효항변이 있었던 경우에, 채무자인 피고는 수동채권의 존재를 전제로 상계항변을 한 것이므로 이러한 상계항변에는 수동채권의 시효이익을 포기하려는 효과의사가 포함된 것으로 보아야 한다. 이는 1심에서 공격방어방법으로 상계항변이 먼저 이루어지고 그 후 항소심에서 소멸시효항변이 이루어진 경우에도 마찬가지이다. O | X

> **해설** 소송에서의 상계항변은 소송상의 공격방어방법으로 피고의 금전지급의무가 인정되는 경우 자동채권으로 상계를 한다는 예비적 항변의 성격을 갖는데, 따라서 **상계항변이 먼저 이루어지고 그 후 대여금채권의 소멸을 주장하는 소멸시효항변이 있었던 경우**에는, 상계항변 당시 채무자인 피고에게 수동채권인 **대여금채권의 시효이익을 포기하려는 효과의사가 있었다고 단정할 수 없다**(대판 2013.2.28. 2011다21556; 대판 2013.7.25. 2011다56187,56194). 그리고 항소심 재판이 속심적 구조인 것을 고려하면 **제1심에서 공격방어방법으로 상계항변이 먼저 이루어지고 그 후 항소심에서 소멸시효항변이 이루어진 경우를 달리 볼 것은 아니다**(대판 2017.7.11. 2014다32458).

57

15법무사

피고의 소송상 상계항변에 대하여 원고가 소송상 상계의 재항변을 하는 것은 다른 특별한 사정이 없는 한 허용되지 않는다. O | X

해설 소송상 상계항변이 실체법상 상계의 효과가 발생하는 경우 및 소송상 상계항변에 대하여 상대방이 소송상 상계의 재항변을 하는 것이 허용되는지 여부(원칙적 소극)
소송상 방어방법으로서의 상계항변은 통상 수동채권의 존재가 확정되는 것을 전제로 하여 행하여지는 일종의 예비적 항변으로서 소송상 상계의 의사표시에 의해 확정적으로 효과가 발생하는 것이 아니라 당해 소송에서 수동채권의 존재 등 상계에 관한 법원의 실질적 판단이 이루어지는 경우에 비로소 실체법상 상계의 효과가 발생한다. 이러한 피고의 소송상 상계항변에 대하여 원고가 다시 피고의 자동채권을 소멸시키기 위하여 소송상 상계의 재항변을 하는 경우, ⅰ) **법원이 원고의 소송상 상계의 재항변과 무관한 사유로 피고의 소송상 상계항변을 배척하는 경우에는 소송상 상계의 재항변을 판단할 필요가 없고,** ⅱ) **피고의 소송상 상계항변이 이유 있다고 판단하는 경우에는 원고의 청구채권인 수동채권과 피고의 자동채권이 상계적상 당시에 대등액에서 소멸한 것으로 보게 될 것이므로 원고가 소송상 상계의 재항변으로써 상계할 대상인 피고의 자동채권이 그 범위에서 존재하지 아니하는 것이 되어 이때에도 역시 원고의 소송상 상계의 재항변에 관하여 판단할 필요가 없게 된다.** 또한, 원고가 소송물인 청구채권 외에 피고에 대하여 다른 채권을 가지고 있다면 소의 추가적 변경에 의하여 그 채권을 당해 소송에서 청구하거나 별소를 제기할 수 있다. 그렇다면 **원고의 소송상 상계의 재항변은 일반적으로 이를 허용할 이익이 없다. 따라서 피고의 소송상 상계항변에 대하여 원고가 소송상 상계의 재항변을 하는 것은 다른 특별한 사정이 없는 한 허용되지 않는다**고 보는 것이 타당하다(대판 2014.6.12. 2013다95964).

58

출제예상

대항력을 갖춘 임차인이 임대인으로부터 임차목적물을 매수하면서 그와 동시에 임대차계약을 해지하고 매매대금채권과 보증금반환채권을 상계하기로 합의한 경우에는 임대차보증금반환채권의 질권자는 임대인을 상대로 임차보증금의 반환을 청구할 수 없다. O | X

해설 ⅰ) 구 주택임대차보호법(2013.8.13. 법률 제12043호로 개정되기 전의 것, 이하 같다) 제3조 제1항에 따라 대항력을 갖춘 임차인이 있는 경우 같은 조 제3항에 따라 임차주택의 양수인은 임대인의 지위를 승계한 것으로 본다. 그 결과 임차주택의 양수인은 임대차보증금반환채무를 면책적으로 인수하고, 양도인은 임대차관계에서 탈퇴하여 임차인에 대한 임대차보증금반환채무를 면하게 된다. 그러나 **임차주택의 양수인에게 대항할 수 있는 임차권자라도 스스로 임대차관계의 승계를 원하지 아니할 때에는 승계되는 임대차관계의 구속을 면할 수 있다고 보아야 하므로, 임대차기간의 만료 전에 임대인과 합의에 의하여 임대차계약을 해지하고 임대인으로부터 임대차보증금을 반환받을 수 있으며, 이러한 경우 임차주택의 양수인은 임대인의 지위를 승계하지 아니한다.**
ⅱ) 타인에 대한 채무의 담보로 제3채무자에 대한 채권에 대하여 권리질권을 설정한 경우 질권설정자는 질권자의 동의 없이 질권의 목적된 권리를 소멸하게 하거나 질권자의 이익을 해하는 변경을 할 수 없다(**민법 제352조**). 이는 질권자가 질권의 목적인 채권의 교환가치에 대하여 가지는 배타적 지배권능을 보호하기 위한 것이다. 따라서 질권설정자가 제3채무자에게 질권설정의 사실을 통지하거나 제3채무자가 이를 승낙한 때에는 제3채무자가 질권자의 동의 없이 질권의 목적인 채무를 변제하더라도 이로써 질권자에게 대항할 수 없고, 질권자는 민법 제353조 제2항에 따라 여전히 제3채무자에 대하여 직접 채무의 변제를 청구할 수 있다. **제3채무자가 질권자의 동의 없이 질권설정자와 상계합의를 함으로써 질권의 목적인 채무를 소멸하게 한 경우에도 마찬가지로 질권자에게 대항할 수 없고, 질권자는 여전히 제3채무자에 대하여 직접 채무의 변제를 청구할 수 있다**(대판 2018.12.27. 2016다265689).

정답 | 55 × 56 ○ 57 ○ 58 ×

제5절 경개(更改)

01 18법무사

당사자가 채무의 중요한 부분을 변경하는 계약을 한 때에는 구채무는 경개로 인하여 소멸한다. O|X

해설 **제500조(경개의 요건, 효과)** 당사자가 채무의 중요한 부분을 변경하는 계약을 한 때에는 구채무는 경개로 인하여 소멸한다.

02 18법무사

경개나 준소비대차는 모두 기존채무를 소멸하게 하고 신채무를 성립시키는 계약인 점에 있어서는 동일하지만 경개의 경우에는 기존채무와 신채무 사이에 동일성이 없는 반면, 준소비대차의 경우에는 원칙적으로 동일성이 인정된다는 점에 차이가 있다. O|X

03 18법무사, 19주사보

기존채권·채무의 당사자가 그 목적물을 소비대차의 목적으로 할 것을 약정한 경우 그 약정을 경개로 볼 것인가 또는 준소비대차로 볼 것인가에 관하여 일차적으로 당사자의 의사에 의해 결정된다. 당사자의 의사가 명백하지 않을 때에는 특별한 사정이 없는 한 일반적으로 준소비대차로 보아야 한다. O|X

해설 **02 03** 준소비대차는 당사자 쌍방이 소비대차에 의하지 아니하고 금전 기타의 대체물을 지급할 의무가 있는 경우에 당사자가 그 목적물을 소비대차의 목적으로 할 것을 약정한 때에 성립하는 것으로서, **기존채무를 소멸케 하고 신채무를 성립시키는 계약인 점에 있어서는 경개와 동일하지만 경개에 있어서는 기존채무와 신채무 사이에 동일성이 없는 반면, 준소비대차에 있어서는 원칙적으로 동일성이 인정된다는 점에 차이**가 있고, 기존채권, 채무의 당사자가 그 목적물을 소비대차의 목적으로 할 것을 약정한 경우 **그 약정을 경개로 볼 것인가 또는 준소비대차로 볼 것인가는 일차적으로 당사자의 의사에 의하여 결정되고, 만약 당사자의 의사가 명백하지 않을 때에는** 특별한 사정이 없는 한 동일성을 상실함으로써 채권자가 담보를 잃고 채무자가 항변권을 잃게 되는 것과 같이 스스로 불이익을 초래하는 의사를 표시하였다고는 볼 수 없으므로 일반적으로 **준소비대차로 보아야** 하지만, 신채무의 성질이 소비대차가 아니거나 기존채무와 동일성이 없는 경우에는 준소비대차로 볼 수 없다(대판 2003.9.6. 2002다31803,31810).

04 18법무사

경개계약은 구채무를 소멸시키고 신채무를 성립시키는 처분행위이므로, 경개로 인한 신채무가 당사자가 알지 못한 사유로 인하여 성립되지 아니하더라도 구채무는 소멸된다. O|X

해설 경개 – 구채무불소멸의 경우
경개계약은 구채무를 소멸시키고 신채무를 성립시키는 처분행위로서 구채무의 소멸은 신채무의 성립에 의존하므로, 경개로 인한 신채무가 원인의 불법 또는 당사자가 알지 못한 사유로 인하여 성립하지 아니하거나 취소된 때에는 구채무는 소멸하지 않는 것이며(민법 제504조), 특히 경개계약에 조건이 붙어 있는 이른바 **조건부 경개의 경우에는 구채무의 소멸과 신채무의 성립 자체가 그 조건의 성취 여부**에 걸려 있게 된다(대판 2007.11.15. 2005다31316).

05

18법무사

경개계약에 조건이 붙어 있는 이른바 조건부 경개의 경우에는 구채무의 소멸과 신채무의 성립 자체가 그 조건의 성취 여부에 걸려 있게 된다. O | X

해설 경개계약은 구채무를 소멸시키고 신채무를 성립시키는 처분행위로서 구채무의 소멸은 신채무의 성립에 의존하므로, 경개로 인한 신채무가 원인의 불법 또는 당사자가 알지 못한 사유로 인하여 성립하지 아니하거나 취소된 때에는 구채무는 소멸하지 않는 것이며(민법 제504조), 특히 경개계약에 조건이 붙어 있는 이른바 **조건부 경개의 경우에는 구채무의 소멸과 신채무의 성립 자체가 그 조건의 성취 여부에 걸려 있게 된다**(대판 2007.11.15, 2005다31316).

06

16서기보

경개에 의하여 성립된 신채무의 불이행을 이유로 경개계약을 해제할 수는 없다. O | X

해설 경개계약의 해제

경개는 하나의 계약으로 구채무의 소멸과 신채무의 성립을 동시에 가져오는 것이어서, **일종의 처분행위에 속하고** 따로 이행의 문제를 남기지 않기 때문에, 경개에 의하여 성립된 신채무의 불이행을 이유로 경개계약을 해제할 수는 없다. 단, 별도의 특약이 있거나, 당사자 간의 합의해제는 가능하다(대판 2003.2.11. 2002다62333).

07

18법무사

경개계약은 신채권을 성립시키고 구채권을 소멸시키는 처분행위로서 신채권이 성립되면 그 효과는 완결되고 경개계약 자체의 이행의 문제는 발생할 여지가 없으므로 경개에 의하여 성립된 신채무의 불이행을 이유로 경개계약을 해제할 수는 없고, 당사자들 사이에서도 그 계약을 합의해제하여 구채권을 부활시킬 수 없다. O | X

해설 경개계약의 해제 및 합의해제로 구채권을 부활시킬 수 있는지 여부

경개계약은 신채권을 성립시키고 구채권을 소멸시키는 처분행위로서 신채권이 성립되면 그 효과는 완결되고 경개계약 자체의 이행의 문제는 발생할 여지가 없으므로 경개에 의하여 성립된 신채무의 불이행을 이유로 경개계약을 해제할 수는 없다. 계약자유의 원칙상 경개계약의 성립 후에 그 계약을 합의해제하여 구채권을 부활시키는 것은 적어도 당사자 사이에서는 가능하다(대판 2003.2.11. 2002다62333).

정답 | 01 ○ 02 ○ 03 ○ 04 × 05 ○ 06 ○ 07 ×

08 18법무사, 18법원행시

경개의 당사자는 구 채무의 담보를 그 목적의 한도에서 신 채무의 담보로 할 수 있다."고 규정하고 있는 민법 제505조(신채무에의 담보이전)는 당사자의 편의를 위하여 부종성에 대한 예외를 인정한 것이므로, 경개계약으로 구 채무에 관한 저당권 등이 신 채무에 이전되기 위하여는 당사자 사이에 그러한 뜻의 특약이 이루어져야 하고, 이는 반드시 명시적일 것을 요한다. O|X

해설 민법 제505조(신채무에의 담보이전)는 "경개의 당사자는 구 채무의 담보를 그 목적의 한도에서 신 채무의 담보로 할 수 있다. 그러나 제3자가 제공한 담보는 그 승낙을 얻어야 한다."고 규정하고 있는바, 이 규정은 경개에 의하여 구 채무가 소멸하기 때문에 이에 따르는 인적·물적 담보 또한, 부종성의 원리에 따라 당연히 함께 소멸하고, 당사자가 신 채무에 관하여 저당권 등을 설정하기로 합의하여도 구 채무에 관하여 존재하던 저당권 등은 어차피 소멸하여 그 순위의 보전이 불가능하나, 이러한 결과가 많은 경우 당사자의 의도에 반하는 것인 점을 고려하여 **당사자의 편의를 위하여 부종성에 대한 예외를 인정한 것으로서, 경개계약의 경우 구 채무에 관한 저당권 등이 신 채무에 이전되기 위하여는 당사자 사이에 그러한 뜻의 특약이 이루어져야 하지만, 반드시 명시적인 것을 필요로 하지는 않고, 묵시적인 합의로도 가능**하다(대판 2002. 10.11. 2001다7445).

정답 | 08 ×

제6절 혼동

01 18법무사

자동차손해배상 보장법에 의한 피해자의 보험자에 대한 직접청구권이 수반되는 경우에 그 직접청구권의 전제가 되는 자동차손해배상 보장법 제3조에 의한 피해자의 운행자에 대한 손해배상청구권은 비록 위 손해배상청구권과 손해배상의무가 상속에 의하여 동일인에게 귀속되더라도 혼동에 의하여 소멸되지 않고, 이러한 법리는 가해자가 피해자의 상속인이 되더라도 동일하다. O | X

해설 자동차 운행 중 사고로 인하여 구 자동차손해배상보장법(1999.2.5. 법률 제5793호로 개정되기 전의 것) 제3조에 의한 손해배상채권과 채무가 상속으로 동일인에게 귀속하더라도 교통사고의 피해자에게 책임보험 혜택을 부여하여 이를 보호하여야 할 사회적 필요성은 동일하고 책임보험의 보험자가 혼동이라는 우연한 사정에 의하여 자신의 책임을 면할 합리적인 이유가 없다는 점 등을 고려할 때 **가해자가 피해자의 상속인이 되는 등 특별한 경우를 제외하고는** 피해자의 보험자에 대한 직접청구권의 전제가 되는 위 법 제3조에 의한 피해자의 운행자에 대한 손해배상청구권은 상속에 의한 혼동에 의하여 소멸되지 않는다(대판 2003.1.10. 2000다41653,41660).

➡ 가해자가 피해자의 상속인이 되는 경우에는 혼동에 의하여 소멸한다.

정답 | **01** ×

해커스공무원 학원 · 인강
gosi.Hackers.com

제4편
채권각론

제1장 | 계약 총론

01

13법원행시

청약은 상대방에게 도달하기 전까지 철회할 수 있다. O | X

해설 **제111조(의사표시의 효력발생시기)** ① 상대방이 있는 의사표시는 상대방에게 도달한 때에 그 효력이 생긴다.

제527조(계약의 청약의 구속력) 계약의 청약은 이를 철회하지 못한다.

➡ 따라서 상대방에게 도달하여 효력이 발생하기 전에는 철회할 수 있다.

02

13법원행시 유사, 14/17법무사

청약이 그 효력을 발생한 때에는 청약자가 임의로 철회하지 못하므로, 근로자인 甲이 사용자인 乙에게 명예퇴직 신청을 한 경우 원칙적으로 甲은 명예퇴직 의사(근로계약의 해지청약)를 철회할 수 없다. O | X

해설 명예퇴직은 근로자가 명예퇴직의 신청(청약)을 하면 사용자가 요건을 심사한 후 이를 승인(승낙)함으로써 합의에 의하여 근로관계를 종료시키는 것으로, 명예퇴직의 신청은 근로계약에 대한 합의해지의 청약에 불과하여 이에 대한 사용자의 승낙이 있어 **근로계약이 합의해지되기 전에는 근로자가 임의로 그 청약의 의사표시를 철회할 수 있다**(대판 2003.4.25, 2002다11458).

➡ **청약이 그 효력을 발생한 때에는 청약자가 임의로 철회하지 못하는데(제527조)**, 判例는 사직원제출이 '근로계약 해지의 청약'으로 되는 때에는 일정한 요건 하에 이를 철회하는 것을 인정한다. 특히 명예퇴직의 신청은 근로관계의 합의해지의 청약이므로 그 합의가 성립하기 전에는 신청을 철회할 수 있다고 한다. 다만, 명예퇴직의 합의 후에는 신청을 철회할 수 없다고 하며(대판 2003.4.25, 2002다11458), 일방적인 사직의 의사표시는 '근로계약의 해지통고(단독행위)'로 보고 그 의사표시의 도달 후에는 철회를 허용하지 않는다고 한다(대판 1992.4.10. 91다43138). 이러한 判例의 전체적인 태도는 근로자(피용자)를 위한 특별한 배려로 타당하다고 판단된다.

03

14/17법무사

승낙의 기간을 정한 계약의 청약은 청약자가 그 기간 내에 승낙의 통지를 받지 못한 때에는 그 효력을 잃으나, 승낙의 기간을 정하지 아니한 계약의 청약은 청약자가 상당한 기간 내에 승낙의 통지를 받지 못하더라도 그 효력을 잃지 않는다. O | X

해설 **제528조(승낙기간을 정한 계약의 청약)** ① **승낙의 기간을 정한 계약의 청약은 청약자가 그 기간 내에 승낙의 통지를 받지 못한 때에는 그 효력을 잃는다.**

제529조(승낙기간을 정하지 아니한 계약의 청약) 승낙의 기간을 정하지 아니한 계약의 청약은 **청약자가 상당한 기간 내에 승낙의 통지를 받지 못한 때에는 그 효력을 잃는다.**

04

17서기보

승낙자가 청약에 대하여 조건을 붙여 승낙한 때에는 그 청약의 거절과 동시에 새로 청약한 것으로 본다. O | X

해설 **제534조(변경을 가한 승낙)** 승낙자가 청약에 대하여 조건을 붙이거나 변경을 가하여 승낙한 때에는 그 청약의 거절과 동시에 새로 청약한 것으로 본다.

05

13법원행시

매도인이 매수인에게 매매계약을 합의해제할 것을 청약하였으나 매수인이 그 청약에 대하여 조건을 붙이거나 변경을 가하여 승낙하였다면 매도인의 청약은 거절된 것으로 본다. O | X

해설 청약에 대해 변경을 가한 승낙

매매계약 당사자 중 매도인이 매수인에게 매매계약을 합의해제할 것을 청약하였다고 할지라도, 매수인이 그 청약에 대하여 조건을 붙이거나 변경을 가하여 승낙한 때에는 **민법 제534조의 규정에 비추어 보면 그 청약의 거절과 동시에 새로 청약한 것으로 보게 되는 것**이고, 그로 인하여 종전의 매도인의 청약은 실효된다(대판 2002.4.12. 2000다17834).

06

21법원행시

아파트 분양광고의 내용 중 구체적인 거래조건, 즉 아파트의 외형·재질·구조 등에 관한 것으로서 사회통념에 비추어 수분양자가 분양자에게 계약의 내용으로서 이행을 청구할 수 있다고 보이는 사항에 관한 것은 수분양자가 이를 신뢰하고 분양계약을 체결하는 것이고 분양자도 이를 알고 있었다고 보아야 할 것이므로, 분양계약을 할 때에 달리 이의를 유보하였다는 등의 특별한 사정이 없는 한 이러한 사항은 분양자와 수분양자 사이의 묵시적 합의에 의하여 분양계약의 내용으로 된다고 할 것이지만, 이러한 사항이 아닌 아파트 분양광고의 내용은 일반적으로 청약의 유인으로서의 성질을 가지는 데 불과하므로 이를 이행하지 아니하였다고 하여 분양자에게 계약불이행의 책임을 물을 수는 없다. O | X

해설 대판 2019.4.23. 2015다28968,2015다28975(병합),2015다28982(병합),2015다28999 참조

07

13법원행시

매매계약에서는 매매목적물과 대금이 반드시 계약체결 당시에 구체적으로 특정될 필요는 없으며, 이를 사후에라도 구체적으로 특정할 수 있는 방법과 기준이 정하여져 있으면 충분하다. O | X

정답 | **01** ○ **02** × **03** × **04** ○ **05** ○ **06** ○ **07** ○

08

21법원행시

매매계약은 매도인이 재산권을 이전하는 것과 매수인이 대금을 지급하는 것에 관하여 쌍방 당사자가 합의함으로써 성립하므로 매매계약 체결 당시에 반드시 매매목적물과 대금, 매매계약의 당사자인 매도인과 매수인이 구체적으로 특정되어 있어야만 매매계약이 성립할 수 있다. O|X

> 해설 **07 08** 매매는 당사자 일방이 재산권을 상대방에게 이전할 것을 약정하고 상대방이 대금을 지급할 것을 약정함으로써 효력이 발생하는 것이므로 매매계약은 매도인이 재산권을 이전하는 것과 매수인이 대가로서 대금을 지급하는 것에 관하여 쌍방당사자의 합의가 이루어짐으로써 성립하는 것이며, 그 경우 **매매목적물과 대금은 반드시 계약체결 당시에 구체적으로 특정할 필요는 없고 이를 사후에라도 구체적으로 특정할 수 있는 방법과 기준이 정하여져 있으면 족하다**(대판 1993.6.8. 92다49447).

09

20법원행시

매매대금은 매매계약의 중요부분인 목적물의 성질에 대응하는 것으로서, 매매 목적물과 대금은 매매계약 체결 당시에 구체적으로 확정되어야 하는 것이므로 당사자가 매매대금의 액수를 1개월 후의 시가에 의하기로 합의하였다면 매매예약이라고 볼 여지는 있을지언정 매매계약이 성립되었다고 보기는 어렵다. O|X

> 해설 매매의 목적물과 대금이 계약체결시에 구체적으로 특정되어야 하는지 여부
> 매매계약에 있어 매매목적물과 대금은 반드시 그 계약체결 당시에 구체적으로 특정되어 있을 필요는 없고 이를 사후라도 구체적으로 특정할 수 있는 방법과 기준이 정하여져 있으면 족하다(대판 1986.2.11. 84다카2454).

10

14법무사

계약이 성립하기 위해서는 당사자의 서로 대립하는 수개의 의사표시의 객관적 합치가 필요하고 객관적 합치가 있다고 하기 위하여는 당사자의 의사표시에 나타나 있는 사항에 관하여는 모두 일치하고 있어야 하는 한편, 계약 내용의 '중요한 점' 및 계약의 객관적 요소는 아니더라도 특히 당사자가 그것에 중대한 의의를 두고 계약 성립의 요건으로 할 의사를 표시한 때에는 이에 관하여 합치가 있어야 계약이 적법·유효하게 성립한다. O|X

> 해설 대판 2003.4.11. 2001다3059
>
> **관련판례** 계약이 성립하기 위하여 당사자 사이에 '의사의 합치'가 이루어져야 하는 정도 및 당사자가 의사의 합치가 이루어져야 한다고 표시한 사항에 대하여 합의가 이루어지지 아니한 경우, 계약이 성립하는지 여부(원칙적 소극)
> 계약이 성립하기 위해서는 당사자 사이에 계약의 내용에 관한 의사의 합치가 있어야 한다. 이러한 의사의 합치는 계약의 내용을 이루는 모든 사항에 관하여 있어야 하는 것은 아니고, **본질적 사항이나 중요 사항에 관하여 구체적으로 의사가 합치되거나 적어도 장래 구체적으로 특정할 수 있는 기준과 방법 등에 관한 합의가 있으면 충분**하다. 한편 당사자가 의사의 합치가 이루어져야 한다고 표시한 사항에 대하여 합의가 이루어지지 않은 경우에는 특별한 사정이 없는 한 계약은 성립하지 않은 것으로 보는 것이 타당하다(대판 2017.5.30. 2015다34437).

11

13법원행시, 16서기보

계약을 체결함에 있어 당해 계약으로 인한 법률효과에 관하여 제대로 알지 못하였다 하더라도 이는 계약체결에 관한 의사표시의 착오의 문제가 될 뿐이고, 계약이 쌍방의 의사의 불합치로 성립되지 않은 것은 아니다. O | X

> **해설** 계약서에 의해 계약을 체결하였으나 계약으로 인한 법률효과를 제대로 알지 못한 경우 계약의 효력
> 계약의 성립을 위한 의사표시의 객관적 합치 여부를 판단함에 있어, 처분문서인 계약서가 있는 경우에는 특별한 사정이 없는 한 계약서에 기재된 대로의 의사표시의 존재 및 내용을 인정하여야 하고, 계약을 체결함에 있어 당해 계약으로 인한 법률효과에 관하여 제대로 알지 못하였다 하더라도 이는 계약체결에 관한 **의사표시의 착오의 문제가 될 뿐**이다(대판 2009. 4.23. 2008다96291,96307).

12

출제예상

격지자 간에서는 청약에 대한 승낙의 통지를 '발송'한 때 계약이 성립한다. O | X

> **해설** **제531조(격지자 간의 계약성립시기)** 격지자 간의 계약은 승낙의 통지를 발송한 때에 성립한다.

13

17서기보

청약자의 의사표시나 관습에 의하여 승낙의 통지가 필요하지 아니한 경우에는 계약은 승낙의 의사표시로 인정되는 사실이 있는 때에 성립한다. O | X

> **해설** **제532조(의사실현에 의한 계약성립)** 청약자의 의사표시나 관습에 의하여 승낙의 통지가 필요하지 아니한 경우에는 계약은 승낙의 의사표시로 인정되는 사실이 있는 때에 성립한다.
>
> **구체적 예** 예컨대 서점에서 신간서적을 보내오면 그 중에서 필요한 책을 사기로 하고서 보내 온 책에 이름을 적는 것, 청약한 목적물의 제작을 시작하는 것, 청약과 동시에 보내 온 물건을 소비하거나 사용하는 것, 유료주차장에 차를 주차시키는 것, 슈퍼마켓에서 물건을 바구니에 넣는 것, 버스나 택시에 승차하는 것 등은 대체로 이에 해당한다고 볼 수 있다.

14

17서기보

교차청약에 의해 계약이 성립하는 경우에는 양청약이 상대방에게 도달한 때에 계약이 성립한다. O | X

> **해설** **제533조(교차청약)** 당사자간에 동일한 내용의 청약이 상호교차된 경우에는 양청약이 상대방에게 도달한 때에 계약이 성립한다.

정답 | **08** × **09** × **10** ○ **11** ○ **12** ○ **13** ○ **14** ○

15

15법원행시

약관의 설명의무의 대상이 되는 중요한 내용이라 함은 사회통념에 비추어 고객이 계약체결의 여부나 대가를 결정하는 데에 직접적인 영향을 미칠 수 있는 사항을 말하고, 약관조항 중에서 무엇이 중요한 내용에 해당되는지에 대하여는 일률적으로 말할 수 없으며, 구체적인 사건에서 개별적 사정을 고려하여 판단하여야 한다. O | X

해설 약관의 규제에 관한 법률 제3조에 따라 설명의무의 대상이 되는 '중요한 내용'의 의미와 판단기준
사업자가 약관을 사용하여 고객과 계약을 체결하는 경우, 고객에게 약관의 내용을 계약의 종류에 따라 일반적으로 예상되는 방법으로 명시함으로써 그 약관내용을 알 수 있는 기회를 제공하고(약관의 규제에 관한 법률 제3조 제2항), 약관에 정하여져 있는 중요한 내용을 고객이 이해할 수 있도록 설명하여야 하는바(같은 조 제3항), 여기서 설명의무의 대상이 되는 '중요한 내용'이라 함은 사회통념에 비추어 고객이 계약체결의 여부나 대가를 결정하는 데 직접적인 영향을 미칠 수 있는 사항을 말하고, 약관조항 중에서 무엇이 중요한 내용에 해당하는지에 관하여는 일률적으로 말할 수 없으며, 구체적인 사건에서 개별적 사정을 고려하여 판단하여야 한다(대결 2008.12.16. 2007마1328).

16

13법원행시

사업자가 약관의 명시·설명의무를 위반하여 계약을 체결하였다면 그 계약은 무효로 된다. O | X

17

13법원행시

보험자가 보험약관의 중요한 내용에 대한 명시·설명의무를 위반한 경우에는 보험계약자가 그 약관에 규정된 고지의무를 위반하였다 하더라도 이를 이유로 보험계약을 해지할 수는 없다. O | X

18

15법원행시

보험자나 보험계약의 체결 또는 모집에 종사하는 자는 보험계약을 체결할 때 보험계약의 중요한 내용을 구체적이고 상세하게 명시·설명할 의무가 있고, 만일 보험자가 이러한 보험약관의 명시·설명의무에 위반하여 보험계약을 체결한 때에는 그 약관의 내용을 보험계약의 내용으로 주장할 수 없다. O | X

해설 **16 17 18 ① 명시·설명의무**
사업자는 계약체결에 있어서 고객에게 약관의 내용을 계약의 종류에 따라 일반적으로 예상되는 방법으로 '명시'하고(동법 제3조 제2항), '약관'에 정하여져 있는 '중요한 내용'을 고객이 이해할 수 있도록 '설명'하여야 한다(동법 제3조 제3항). 여기서 '중요한 내용'이란 당해 고객의 이해관계에 중요한 영향을 미치는 것으로서, 사회통념상 당해 사항을 알았는지가 계약의 체결에 영향을 미칠 수 있는 사항을 말한다(대판 1995.12.12. 95다11344).

② 위반의 효과
사업자가 명시의무 및 설명의무를 위반하여 계약을 체결한 때에는 당해 약관을 계약의 내용으로 주장할 수 없다(동법 제3조 제4항). 그러나 고객은 그 사항을 계약의 내용으로 주장할 수 있다.
따라서 보험자가 보험약관의 명시·설명의무에 위반하여 보험계약을 체결한 때에는 **그 약관의 내용을 보험계약의 내용으로 주장할 수 없다 할 것이므로, 보험계약자나 그 대리인이 그 약관에 규정된 고지의무를 위반하였다 하더라도 이를 이유로 보험계약을 해지할 수는 없다**(대판 1998.4.10. 97다47255).

19

15법원행시

그 내용이 설령 거래상 일반적이고 공통된 것이어서 보험계약자의 별도의 설명 없이도 충분히 예상할 수 있었던 사항이거나 이미 법령에 의하여 정하여진 것을 부연하는 정도에 불과한 사항이라고 하더라도 그 것이 보험약관의 내용을 이루는 경우에는 보험자에게 명시·설명할 의무가 있고, 이를 위반한 때에는 계약의 내용으로 주장하지 못한다. O | X

해설 ① **명시·설명의무**

사업자는 계약체결에 있어서 고객에게 약관의 내용을 계약의 종류에 따라 일반적으로 예상되는 방법으로 '명시'하고(동법 제3조 제2항), '약관'에 정하여져 있는 '중요한 내용'을 고객이 이해할 수 있도록 '설명'하여야 한다(동법 제3조 제3항). 여기서 '중요한 내용'이란 당해 고객의 이해관계에 중요한 영향을 미치는 것으로서, 사회통념상 당해 사항을 알았는지가 계약의 체결에 영향을 미칠 수 있는 사항을 말한다(대판 1995.12.12. 95다11344).

② **예외**

이는 判例상 인정되고 있는 것인데, **실무상 아주 중요한 기준**이다.

㉠ 고객이 그 내용을 충분히 잘 알고 있는 경우, ㉡ 그 내용이 거래상 일반적이고 공통된 것이어서 고객이 별도의 설명 없이도 충분히 예상할 수 있었던 사항, ㉢ 당사자 사이의 약정의 취지를 명백히 하기 위한 확인적 규정이거나, 해당 거래계약에 당연히 적용되는 법령에 정하여진 것을 약관에 그대로 기재하거나 부연하는 정도에 불과한 사항의 경우에는 보험자에게 명시·설명의무가 있다고는 할 수 없다. 그리고 이 경우 그러한 사실은 사업자가 입증하여야 한다(대판 2001.7.27. 99다55533 외 다수의 判例).

20

13법원행시

약관의 일부가 무효인 경우 그 전부를 무효로 함이 원칙이나, 그 무효부분이 없더라도 계약을 하였을 것이라고 인정될 때에는 나머지 부분은 무효가 되지 아니한다. O | X

해설 설명의무 위반으로 보험약관의 전부 또는 **일부의 조항이 보험계약의 내용으로 되지 못하는 경우 보험계약은 나머지 부분만으로 유효하게 존속**하고, **다만 유효한 부분만으로는 보험계약의 목적 달성이 불가능하거나 그 유효한 부분이 한쪽 당사자에게 부당하게 불리한 경우에는 그 보험계약은 전부 무효**가 된다(약관규제법 제16조). 그리고 나머지 부분만으로 보험계약이 유효하게 존속하는 경우에 보험계약의 내용은 나머지 부분의 보험약관에 대한 해석을 통하여 확정되어야 하고, 만일 보험계약자가 확정된 보험계약의 내용과 다른 내용을 보험계약의 내용으로 주장하려면 보험자와 사이에 다른 내용을 보험계약의 내용으로 하기로 하는 합의가 있었다는 사실을 증명하여야 한다(약관규제법 제4조)(대판 2015.11.17. 2014다81542).

21

13법원행시

약관상 매매계약 해제시 사업자인 매도인을 위한 손해배상액의 예정조항은 있는 반면 고객인 매수인을 위한 손해배상액의 예정조항은 없는 경우라면 이는 「약관의 규제에 관한 법률」에 위배되어 무효라고 할 수 있다. O | X

정답 | 15 ○ 16 × 17 ○ 18 ○ 19 × 20 × 21 ×

해설 약관상 매매계약 해제시 매도인을 위한 손해배상액의 예정조항은 있는 반면 매수인을 위한 손해배상액의 예정조항은 없는 경우, 그 약관조항이 약관의 규제에 관한 법률에 위배되어 무효인지 여부(소극)
약관상 매매계약 해제시 매도인을 위한 손해배상액의 예정조항은 있는 반면 매수인을 위한 손해배상액의 예정조항은 없는 경우, 매도인 일방만을 위한 손해배상액의 예정조항을 두었다고 하여 곧 그 조항이 약관의 규제에 관한 법률에 위배되어 무효라 할 수는 없다(대판 2000.9.22. 99다53759,53766).

22

19사무관

계약 당시에 이미 채무의 이행이 불가능했다면 특별한 사정이 없는 한 채권자가 그 이행을 구하는 것은 허용되지 않고, 이미 이행한 급부는 법률상 원인 없는 급부가 되어 부당이득의 법리에 따라 반환청구할 수 있으며, 나아가 민법 제535조에서 정한 계약체결상의 과실책임을 추궁할 수도 있다. O | X

해설 계약 당시 이미 채무의 이행이 불가능한 경우, 채권자가 이행을 구하는 것이 허용되는지 여부(원칙적 소극)
계약 체결 후에 채무의 이행이 불가능하게 된 경우에는 채권자가 이행을 청구하지 못하고 채무불이행을 이유로 손해배상을 청구하거나 계약을 해제할 수 있다. 그러나 계약 당시에 이미 채무의 이행이 불가능했다면 특별한 사정이 없는 한 채권자가 이행을 구하는 것은 허용되지 않고, 민법 제535조에서 정한 계약체결상의 과실책임을 추궁하는 등으로 권리를 구제받을 수밖에 없다(대판 2017.8.29. 2016다212524).

23

출제예상

매매계약이 매매대금에 관한 의사의 불합치로 성립하지 아니한 경우 민법 제535조를 유추적용하여 계약체결상의 과실에 따른 손해배상책임의 이행을 구할 수는 없다. O | X

해설 계약이 의사의 불합치로 성립하지 아니한 경우 그로 인하여 손해를 입은 당사자가 상**대방에게 부당이득반환청구 또는 불법행위로 인한 손해배상청구를 할 수 있는지는 별론**으로 하고, 상대방이 계약이 성립되지 아니할 수 있다는 것을 알았거나 알 수 있었음을 이유로 민법 제535조를 유추적용하여 계약체결상의 과실로 인한 손해배상청구를 할 수는 없다(대판 2017.11.14. 2015다10929)

24

14법원행시

乙은 계약의 교섭단계에서 계약이 확실하게 체결되리라는 정당한 기대 내지 신뢰를 부여하였다. 따라서 상대방 甲이 그 신뢰에 따라 행동하였음에도 상당한 이유 없이 계약의 체결을 거부하여 손해를 입혔다면 채무불이행책임을 부담한다. O | X

25

21법무사

어느 일방이 교섭단계에서 계약이 확실하게 체결되리라는 정당한 기대 내지 신뢰를 부여하여 상대방이 그 신뢰에 따라 행동하였음에도 상당한 이유 없이 계약의 체결을 거부하여 손해를 입혔다면 이는 신의성실의 원칙에 비추어 볼 때 계약자유원칙의 한계를 넘는 위법한 행위로서 불법행위를 구성한다. O | X

해설 **24 25** 계약교섭의 부당파기로 인한 손해배상책임의 법적 근거(불법행위책임)
判例는 "ⅰ) 어느 일방이 교섭단계에서 계약이 확실하게 체결되리라는 정당한 기대 내지 신뢰를 부여하여 ⅱ) 상대방이 그 신뢰에 따라 행동하였음에도 ⅲ) 정당한 이유 없이 계약의 체결을 거부하여 손해를 입혔다면, 이는 신의성실의 원칙에 비추어 볼 때 **'계약자유 원칙'의 한계를 넘는 '위법한 행위'로서 불법행위를 구성한다.**"(대판 2001.6.15. 99다40418 등)라고 보아 불법행위책임으로 구성하고 있다.

26 21법무사

계약교섭의 부당한 중도파기가 불법행위를 구성하는 경우 그러한 불법행위로 인한 손해는 일방이 신의에 반하여 상당한 이유 없이 계약교섭을 파기함으로써 계약체결을 신뢰한 상대방이 입게 된 상당인과관계 있는 손해로서 계약이 유효하게 체결된다고 믿었던 것에 의하여 입었던 손해 즉 신뢰손해에 한정된다. O|X

27 12서기보, 14법원행시, 21법무사

계약교섭의 부당한 중도파기가 불법행위를 구성하는 경우 그러한 불법행위로 인한 손해는 신뢰손해에 한정된다 할 것이나, 아직 계약체결에 관한 확고한 신뢰가 부여되기 이전 상태에서 계약교섭의 당사자가 계약체결이 좌절되더라도 어쩔 수 없다고 생각하고 지출한 비용 예컨대 경쟁입찰에 참가하기 위하여 지출한 제안서, 견적서작성비용 등은 여기에 포함되지 아니한다. O|X

28 21법무사, 14법원행시

계약교섭 단계에서 당사자 중 일방이 이행에 착수하는 것은 이례적이라고 할 것이므로 설령 이행에 착수하였다고 하더라도 이는 자기의 위험 판단과 책임에 의한 것이라고 평가할 수 있지만 만일 이행의 착수가 상대방의 적극적인 요구에 따른 것이고, 그 이행에 들인 비용의 지급에 관하여 이미 계약교섭이 진행되고 있었다는 등의 특별한 사정이 있는 경우에는 당사자 중 일방이 계약의 성립을 기대하고 이행을 위하여 지출한 비용 상당의 손해가 상당인과관계 있는 손해에 해당한다. O|X

29 14법원행시, 21법무사

침해행위와 피해법익의 유형에 따라서는 계약교섭의 파기로 인한 불법행위가 인격적 법익을 침해함으로써 상대방에게 정신적 고통을 초래하였다고 인정되는 경우라면 그러한 정신적 고통에 대한 손해에 대하여는 별도로 손해배상을 청구할 수 있다. O|X

정답 | **22** ○ **23** ○ **24** × **25** ○ **26** ○ **27** ○ **28** ○ **29** ○

해설 계약교섭의 부당한 중도파기의 경우 손해배상의 범위

① 신뢰손해에 한정

26 判例는 "그러한 불법행위로 인한 손해는 일방이 신의에 반하여 상당한 이유 없이 계약교섭을 파기함으로써 계약체결을 신뢰한 상대방이 입게 된 상당인과관계 있는 손해로서 계약이 유효하게 체결된다고 믿었던 것에 의하여 입었던 손해 즉 '신뢰손해'에 한정된다."(대판 2003.4.11. 2001다53059)라고 한다. 따라서 손해배상의 범위는 예상하였던 계약이 체결되었다면 얻을 수 있었던 이익을 넘지 못한다고 해석해야 한다(민법 제535조 제1항 단서의 유추적용).

② 신뢰손해의 내용

27 判例는 "신뢰손해란 예컨대 그 계약의 성립을 기대하고 지출한 계약준비비용과 같이 그러한 신뢰가 없었더라면 통상 지출하지 아니하였을 비용 상당의 손해라고 할 것이며, 아직 '계약체결에 대한 확고한 신뢰가 부여'되기 이전 상태에서 계약교섭의 당사자가 계약체결이 좌절되더라도 어쩔 수 없다고 생각하고 지출한 비용, 예컨대 경쟁입찰에 참가하기 위하여 지출한 제안서, 견적서 작성비용 등은 여기에 포함되지 않는다."(대판 2003.4.11. 2001다53059)라고 한다.

③ 이행을 위하여 지출한 비용상당의 손해

28 다만 '계약성립을 기대하고 이행을 위하여 지출한 비용 상당의 손해'의 경우 만일 이행의 착수가 상대방의 적극적인 요구에 따른 것이고, 위와 같은 이행에 들인 비용의 지급에 관하여 이미 계약교섭이 진행되고 있었다는 등의 특별한 사정이 있는 경우에는 손해배상의 범위에 포함될 수 있다고 한다(대판 2004.5.28. 2002다32301).

④ 정신적 손해

29 判例는 "그 침해행위와 피해법익의 유형에 따라서는 계약교섭의 파기로 인한 불법행위가 인격적 법익을 침해함으로써 상대방에게 정신적 고통을 초래하였다고 인정되는 경우라면 그러한 정신적 고통에 대한 손해에 대하여는 별도로 배상을 구할 수 있다고 할 것이다."(대판 2003.4.11. 2001다53059)라고 판시함으로써 정신적 손해 배상도 인정하고 있다(제751조).

30

출제예상

甲은 2010.5.1. 자신의 A 별장을 팔기로 乙과 계약을 체결하면서, 2010.7.1. 대금 수수와 동시에 소유권 이전등기에 필요한 서류를 교부하기로 합의하였다. 2010.4.20. 甲의 과실 없이 인근 야산의 산불로 A 별장이 소실된 경우, 그 사실에 대해 선의·무과실인 乙은 그 사실을 알 수 있었던 甲에 대하여 손해배상을 청구할 수 있다.

O | X

해설 목적이 불능한 계약을 체결할 때에 그 불능을 알았거나 알 수 있었을 자는 상대방이 그 계약의 유효를 믿었음으로 인하여 받은 손해를 배상하여야 한다. 그러나 그 배상액은 계약이 유효함으로 인하여 생길 이익액을 넘지 못한다. 이는 상대방이 그 불능을 알았거나 알 수 있었을 경우에는 적용하지 아니한다(제535조).

① **요건(외, 원, 악, 손, 선)**

민법은 계약이 원시적 불능으로 인하여 무효인 경우에는 계약체결상의 과실책임을 인정하고 있다(제535조). 그 요건으로는 i) 외견상 계약체결행위가 있었을 것, ii) 계약의 목적이 원시적·객관적·전부 불능일 것, iii) 계약체결 행위시 불능의 급부채무자의 악의·과실이 있었을 것(제535조의 악의나 과실의 대상은 불능 '원인'에 대한 악의나 과실이 아니라 불능 '사실'에 대한 것이다), iv) 계약의 무효로 인하여 상대방이 손해를 입었을 것, v) 계약 체결시 상대방은 선의·무과실일 것을 요한다.

② **효과**

계약체결상의 과실책임이 성립하면 과실자는 "상대방이 그 계약의 유효를 믿었음으로 인하여 받은 손해"(제535조 1항 1문 후단) 즉 소위 신뢰이익의 손해를 배상해야 한다. 한편 이러한 신뢰이익 손해의 배상은 이행이익의 손해를 초과하지 못하는 바(제535조 1항 단서), 이행이익의 손해란 채무자가 채무를 이행하지 않았기 때문에 채권자가 입은 손해를 말한다.

정답 | 30 O

제2장 | 계약의 효력

제1절 동시이행의 항변권

01 20법원행시

동시이행의 항변권에 관한 제536조는 강행규정이 아니므로 쌍방의 채무가 쌍무계약이 아니라 별개의 계약에 기한 것이더라도 동시이행의 특약이 있으면 동시이행의 항변권이 인정되는 반면, 쌍무계약에 기한 것이더라도 동시이행의 항변권을 배제할 수도 있다. O | X

해설 쌍무계약의 당사자의 일방은 상대방이 그 채무의 이행을 제공할 때까지는 자기의 채무의 이행을 거절할 수 있는 권리를 가지는 바, 이를 동시이행의 항변권이라 한다(제536조). 쌍무계약에서 당사자의 채무는 상호 의존관계에 있으므로, 그 '이행'의 면에서도 상환으로 이행하는 것이 '당사자의 의사'와 '공평'에 부합하기 때문이다. 이는 임의규정이므로, 항변권을 포기할 수 있다(대판 1999.3.12. 97다37825,37869).

02 16법무사, 17주사보

동시이행의 항변권은 당사자 쌍방이 부담하는 각 채무가 고유의 대가관계에 있는 쌍무계약상의 채무인 경우에 발생하는 것이므로 동일한 쌍무계약에서 발생한 고유의 대가관계가 있는 채무가 아니라면 동시이행관계를 인정할 수 없다. O | X

03 17주사보

동시이행의 항변권은 쌍무계약에만 인정되는 것이므로, 판례는 비쌍무계약에는 확장하여 동시이행의 항변권을 인정하고 있지 않다. O | X

04 21법원행시

부동산의 매수인이 매매목적물에 관한 근저당권의 피담보채무를 인수하는 한편 그 채무액을 매매대금에서 공제하기로 약정한 경우, 매도인이 그 채무를 대신 변제하였다면 매수인의 매도인에 대한 구상채무는 매도인의 소유권이전의무와 더 이상 동시이행의 관계에 있지 않고, 매수인의 매도인에 대한 구상채무가 매도인의 소유권이전의무보다 먼저 이행되어야 한다. O | X

정답 | 01 ○ 02 × 03 × 04 ×

해설 **02 03** 쌍무계약에서 고유의 대가관계가 있지 않은 채무 사이에 동시이행의 항변권을 인정할 수 있는 경우
계약당사자가 부담하는 각 채무가 쌍무계약에 있어 **고유의 대가관계가 있는 채무가 아니라고 하더라도** 구체적인 계약관계에서 각 당사자가 부담하는 채무에 관한 약정 내용에 따라 그것이 **대가적 의미가 있어 이행상의 견련관계를 인정하여야 할 사정이 있는 경우에는 동시이행의 항변권을 인정**할 수 있다(대판 2007.6.14. 2007다3285).

➡ **04** 부동산의 매수인이 매매목적물에 관한 근저당권의 피담보채무를 인수하는 한편 그 채무액을 매매대금에서 공제하기로 약정한 경우, 매수인이 인수하기로 한 채무는 매매대금 지급채무에 갈음한 것으로서 매도인이 그 채무를 대신 변제하였다면 그로 인한 매수인의 매도인에 대한 구상채무는 인수채무의 변형으로서 매매대금 지급채무에 갈음한 것의 변형이므로, 매수인의 구상채무와 매도인의 소유권이전의무는 대가적 의미가 있어 이행상 견련관계에 있다고 인정되고, 따라서 양자는 동시이행의 관계에 있다고 해석함이 공평의 관념 및 신의칙에 합당하다고 한 사례

05

15법무사, 19서기보

쌍무계약의 무효로 인하여 각 당사자가 서로 취득한 것을 반환해야 할 경우 각 반환의무는 동시이행관계에 있다. O|X

해설 계약이 무효 또는 취소된 경우에 당사자 상호 간의 부당이득반환의무(대판 1996.6.14. 95다54693)는 동시이행관계에 있다.

06

15주사보

계약이 해제되면 계약당사자는 상대방에 대하여 원상회복의무와 손해배상의무를 부담하는데, 이때 계약당사자가 부담하는 원상회복의무뿐만 아니라 손해배상의무도 함께 동시이행의 관계에 있다. O|X

해설 계약해제로 인하여 발생하는 원상회복의무와 손해배상의무
민법 제549조(원상회복의무와 동시이행) 제536조의 규정은 전조(원상회복)의 경우에 준용한다.
계약이 해제되면 계약당사자는 상대방에 대하여 원상회복의무와 손해배상의무를 부담하는데, 이 때 계약당사자가 부담하는 원상회복의무뿐만 아니라 손해배상의무도 함께 동시이행의 관계에 있다(대판 1996.7.26. 95다25138,25145).

07

12법원행시, 15법무사

동시이행의 관계에 있는 쌍방의 채무 중 어느 한 채무가 이행불능이 됨으로 인하여 발생한 손해배상채무도 여전히 다른 채무와 동시이행관계에 있다. O|X

해설 대판 2014.4.30. 2010다11323

08

14법원행시, 15/21법무사

하나의 계약으로 둘 이상의 민법상의 전형계약을 포괄하는 내용의 계약을 체결한 경우에 당사자 일방의 여러 의무가 포괄하여 상대방의 여러 의무와 대가관계에 있다고 인정되면, 이러한 당사자 일방의 여러 의무와 상대방의 여러 의무는 동시이행의 관계에 있다. O|X

해설 둘 이상의 민법상 전형계약을 포괄하는 하나의 계약에서 당사자 일방의 여러 의무가 포괄하여 상대방의 여러 의무와 대가관계에 있는 경우, 양자가 동시이행관계에 있는지 여부(적극)(대판 2011.2.10. 2010다77385)

09 21법원행시

쌍무계약이 무효로 되어 각 당사자가 서로 취득한 것을 반환하여야 할 경우, 어느 당사자 일방이 무효로 된 계약의 목적물을 점유하더라도 상대방이 동시이행의 관계에 있는 자신의 반환의무를 이행하거나 적법하게 이행제공하는 등으로 당사자 일방의 동시이행 항변권을 상실시키지 아니한 이상, 그 점유는 불법점유라 할 수 없으므로 이로 인한 손해배상책임을 지지 않는다. O | X

해설 쌍무계약이 무효로 되어 각 당사자가 서로 취득한 것을 반환하여야 할 경우, 어느 일방의 당사자에게만 먼저 그 반환의무의 이행이 강제된다면 공평과 신의칙에 위배되는 결과가 되므로 각 당사자의 반환의무는 동시이행관계에 있다고 봄이 상당하다. 이에 따라 어느 당사자 일방이 무효로 된 계약의 목적물을 점유하더라도 상대방이 동시이행의 관계에 있는 자신의 반환의무를 이행하거나 적법하게 이행제공하는 등으로 당사자 일방의 동시이행 항변권을 상실시키지 아니한 이상, 그 점유는 불법점유라 할 수 없으므로 이로 인한 손해배상책임을 지지 아니하고, 이러한 효과는 손해배상책임이 없다고 주장하는 자가 반드시 동시이행의 항변권을 행사하여야만 발생하는 것이 아니다(대판 2019.6.13. 2019다208533,208540).

10 13법무사

미등기건물의 매매에 있어서 매수인의 잔대금지급의무와 매도인의 소유권이전등기의무는 서로 동시이행관계에 있다. O | X

해설 대판 1981.7.7. 80다2388

11 출제예상

전세권이 소멸한 경우, 전세권자의 목적물 인도의무 및 전세권설정등기 말소의무와 전세권설정자의 전세금반환의무는 동시이행관계에 있다. O | X

해설 **제317조(전세권의 소멸과 동시이행)** 전세권이 소멸한 때에는 전세권설정자는 전세권자로부터 그 목적물의 인도 및 전세권설정등기의 말소등기에 필요한 서류의 교부를 받는 동시에 전세금을 반환하여야 한다.

12 출제예상

이자부 소비대차계약에서 채무자가 담보목적으로 채무자 소유의 부동산에 근저당권설정등기를 하였는데 변제기에 원리금을 갚지 아니하여 채권자로부터 대여금청구소송을 제기당한 경우, 채무자는 근저당권설정등기 말소등기와 동시에 원리금을 변제하겠다는 항변을 할 수 없다. O | X

정답 | **05** ○ **06** ○ **07** ○ **08** ○ **09** ○ **10** ○ **11** ○ **12** ○

해설 채무담보의 목적으로 경료된 채권자 명의의 소유권이전등기나 그 청구권보전의 가등기의 말소를 구하려면 **먼저 채무를 변제하여야** 하고 피담보채무의 변제와 교환적으로 말소를 구할 수는 없다(대판 1984.9.11. 84다카781).

13 19서기보

선이행의무자가 그 이행을 지체하는 동안에 상대방의 채무가 이행기에 달하게 되면, 선이행의무를 부담하는 채무자도 동시이행항변권을 행사할 수 있다. O | X

14 21법원행시

매수인이 선이행의무 있는 중도금을 지급하지 않았다 하더라도 계약이 해제되지 않은 상태에서 잔대금 지급일이 도래하여 그 때까지 중도금과 잔대금이 지급되지 아니하고 잔대금과 동시이행관계에 있는 매도인의 소유권이전등기 소요서류가 제공된 바 없이 그 기일이 도과하였다면, 다른 특별한 사정이 없는 한, 매수인의 중도금 및 잔대금의 지급과 매도인의 소유권이전등기 소요서류의 제공은 동시이행관계에 있다 할 것이어서 그 때부터는 매수인은 중도금을 지급하지 아니한 데 대한 이행지체의 책임을 지지 아니한다. O | X

15 21법원행시

매매계약에서 대가적 의미가 있는 매도인의 소유권이전의무와 매수인의 대금지급의무 중 어느 의무가 선이행의무라고 하더라도 그 의무가 이행되지 아니한 채로 상대방 의무의 이행기가 도과된 경우에는 이행기 도과에도 불구하고 여전히 선이행하기로 약정하는 등의 특별한 사정이 없는 한 그 의무를 포함하여 매도인과 매수인 쌍방의 의무는 동시이행관계에 놓이게 된다. O | X

16 14법원행시, 16사무관

매수인이 선이행의무 있는 중도금을 지급하지 않았다고 하더라도 계약이 해제되지 않은 상태에서 잔대금 지급기일이 도래하여 그때까지 중도금과 잔대금이 지급되지 아니하고 잔대금과 동시이행관계에 있는 매도인의 소유권이전등기소요서류가 제공된 바 없이 그 기일이 도과하였다면 매수인의 위 중도금 및 잔대금의 지급과 매도인의 소유권이전등기소요서류의 제공은 동시이행관계에 있다 할 것이어서 그때부터는 매수인은 위 중도금을 지급하지 아니한데 대한 이행지체의 책임을 지지 않는다. O | X

17 17법무사

매수인이 선이행하여야 할 중도금지급을 하지 아니한 채 잔대금지급일을 경과한 경우, 매수인의 중도금 및 잔대금지급채무와 매도인의 소유권이전등기의무는 특별한 사정이 없는 한 서로 동시이행관계에 있게 되나, 매수인의 중도금 지급 다음날부터 잔대금 지급일까지의 지연손해금채권은 여전히 이행지체 상태로 유지된다. O | X

18

출제예상

부동산매매계약상 매수인이 약정된 중도금지급기일인 2010.4.1. 중도금 1억 원의 지급을 지체한 후 계약이 해제되지 않은 상태에서 잔대금 2억 원의 지급기일인 2010.10.1. 매수인이 3억 원을 이행제공하였다면, 매수인은 매도인에게 소유권이전등기를 청구하기 위한 자신의 의무를 다 했다고 할 수 있다. O I X

> 해설 **13 14 15 16 17** 동시이행 항변권의 성립 여부는 이행청구가 행하여진 때를 표준으로 하면 족하므로, 매수인이 선이행하여야 할 중도금 지급을 하지 아니한 채 잔대금지급기일을 경과한 경우에는 매수인의 ⅰ) 중도금 및 ⅱ) 이에 대한 지급일 다음날부터 잔대금지급일까지의 지연손해금과 ⅲ) 잔대금의 지급채무는 매도인의 소유권이전등기의무와 '특별한 사정'이 없는 한 동시이행관계에 있다. 따라서 매수인은 잔금지급일 이후부터는 중도금을 지급하지 아니한 데 따른 이행지체의 책임을 부담하지 않는다(대판 1991.3.27. 90다19930).
>
> ➡ **18** 따라서 잔대금 지급기일 이후에 상대방의 이행이 없으면 그때부터 지체책임을 지지 않는 것일 뿐, 잔대금 지급기일까지 발생한 중도금지급에 관한 이행지체로서 지연손해금(2010.4.2.~2010.10.1.)은 이행하여야한다.

19

15법원행시

매도인이 매수인으로부터 중도금을 지급받아 원매도인에게 매매잔대금을 지급하지 아니하고서는 토지의 소유권이전등기서류를 갖추어 매수인에게 제공하기 어려운 특별한 사정이 있었고, 매수인도 그러한 사정을 알고 매매계약을 체결하였던 경우, 매수인의 중도금 지급의무는 당초 계약상의 잔금지급기일을 도과하였다고 하여도 매도인의 소유권이전등기서류의 제공과 동시이행의 관계에 있다고 할 수 없다. O I X

> 해설 매도인이 매수인으로부터 중도금을 지급받아 원매도인에게 매매잔대금을 지급하지 아니하고서는 토지의 소유권이전등기서류를 갖추어 매수인에게 제공하기 어려운 특별한 사정이 있었고, 매수인도 그러한 사정을 알고 매매계약을 체결하였던 경우, 매도인의 소유권이전등기절차 서류의 제공의무는 매수인의 중도금 지급이 선행되었을 때에 매수인의 잔대금의 지급과 동시에 이를 이행하기로 약정한 것이라고 할 것이므로, 매수인의 중도금 지급의무는 당초 계약상의 잔금지급기일을 도과하였다고 하여도 매도인의 소유권이전등기서류의 제공과 동시이행의 관계에 있다고 할 수 없다(대판 1997.4.11. 96다31109).

20

14주사보

일방당사자가 선이행의무를 부담하더라도 타방당사자의 채무의 이행이 곤란할 현저한 사유가 있는 때에는 선이행의무자는 상대방이 그 채무이행을 제공할 때까지 자기의 채무이행을 거절할 수 있다. O I X

> 해설 **쌍무계약의 일방 당사자가 선이행의무를 부담하고 그와 대가관계에 있는 상대방의 채무가 아직 이행기에 이르지 아니하였으나 그 이행기의 이행이 현저히 불투명하게 된 경우, 선이행의무의 이행을 거절할 수 있는지 여부(적극)**
> 쌍무계약의 당사자 일방이 계약상 선이행의무를 부담하고 있는데, 그와 대가관계에 있는 상대방의 채무가 아직 이행기에 이르지 아니하였지만 이행기의 이행이 현저히 불투명하게 된 경우에는 민법 제536조 제2항 및 신의칙에 의하여 그 당사자에게 반대급부의 이행이 확실하여 질 때까지 선이행의무의 이행을 거절할 수 있다(대판 2003.5.16. 2002다2423).

정답 | 13 ○ 14 ○ 15 ○ 16 ○ 17 × 18 × 19 ○ 20 ○

21

12주사보, 18법원행시

도급인이 공사 기성부분에 대한 공사대금지급의무를 지체하고 있고, 수급인이 공사를 완공하더라도 도급인이 공사대금지급채무를 이행하기 곤란한 현저한 사유가 있는 경우에는 수급인은 그 사유가 해소될 때까지 공사 완공의무를 거절할 수 있다. O | X

> 해설 건축공사도급계약에서 수급인이 공사를 완공하더라도 도급인이 공사대금의 지급채무를 이행하기 곤란한 현저한 사유가 있는 경우, 수급인이 공사 완공의무를 거절할 수 있는지 여부(적극)
> 일반적으로 건축공사도급계약에서 공사대금의 지급의무와 공사의 완공의무가 반드시 동시이행관계에 있는 것은 아니지만, **ⅰ) 도급인이 계약상 의무를 부담하는 공사 기성부분에 대한 공사대금 지급의무를 지체하고 있고, ⅱ) 수급인이 공사를 완공하더라도 도급인이 공사대금의 지급채무를 이행하기 곤란한 현저한 사유가 있는 경우에는 수급인은 그러한 사유가 해소될 때까지 자신의 공사 완공의무를 거절**할 수 있다(대판 2005.11.25. 2003다60136).

22

14서기보

임대차관계가 종료된 후 임차인이 목적물을 임대인에게 반환하였으면 임대인은 보증금을 반환하여야 하고, 임차인으로부터 목적물의 인도를 받는 것과의 상환이행을 주장할 수 없다. 그리고 이는 종전의 임차인이 임대인으로부터 새로 목적물을 임차한 사람에게 그 목적물을 임대인의 동의 아래 직접 넘긴 경우에도 다를 바 없다. O | X

> 해설 임대차관계가 종료된 후 임차인이 목적물을 임대인에게 반환하였으면 임대인은 보증금을 무조건으로 반환하여야 하고, 임차인으로부터 목적물의 인도를 받는 것과의 상환이행을 주장할 수 없다. 그리고 이는 **종전의 임차인이 임대인으로부터 새로 목적물을 임차한 사람에게 그 목적물을 임대인의 동의 아래 직접 넘긴 경우**에도 다를 바 없다. 그 경우 임차인의 그 행위는 **임대인이 임차인으로부터 목적물을 인도받아 이를 새로운 임차인에게 다시 인도하는 것을 사실적인 실행의 면에서 간략하게 한 것**으로서, 법적으로는 두 번의 인도가 행하여진 것으로 보아야 하므로, 역시 임대차관계 종료로 인한 **임차인의 임대인에 대한 목적물반환의무는 이로써 제대로 이행되었다고 할 것이기 때문이다**(대판 2009.6.25. 2008다55634).

23

13/16법원행시, 17법무사

근저당권 실행을 위한 경매가 무효로 되어 채권자(근저당권자)가 채무자를 대위하여 매수인에 대한 소유권이전등기말소청구권을 행사하는 경우, 채권자(근저당권자)가 매수인에 대하여 부담하는 배당금반환채무와 매수인이 채무자에 대하여 부담하는 소유권이전등기말소의무는 서로 동시이행관계에 있다. O | X

> 해설 근저당권 실행을 위한 경매가 무효가 된 경우, 낙찰자의 채무자에 대한 소유권이전등기 말소의무와 근저당권자의 낙찰자에 대한 배당금 반환의무가 동시이행관계에 있는지 여부(소극)
> 근저당권 실행을 위한 경매가 무효로 되어 채권자(= 근저당권자)가 채무자를 대위하여 낙찰자에 대한 소유권이전등기 말소청구권을 행사하는 경우, 낙찰자가 부담하는 소유권이전등기 말소의무는 채무자에 대한 것인 반면, 낙찰자의 배당금 반환청구권은 실제 배당금을 수령한 채권자(= 근저당권자)에 대한 채권인바, ⅰ) 채권자(= 근저당권자)가 낙찰자에 대하여 부담하는 배당금 반환채무와 낙찰자가 채무자에 대하여 부담하는 소유권이전등기 말소의무는 서로 이행의 상대방을 달리하는 것으로서, ⅱ) 채권자(= 근저당권자)의 배당금 반환채무가 동시이행의 항변권이 부착된 채 채무자로부터 승계된 채무도 아니므로, **위 두 채무는 동시에 이행되어야 할 관계에 있지 아니**하다(대판 2006.9.22. 2006다24049).

24

18법원행시

甲이 乙에게 토지를 매도하고 계약금과 중도금을 지급받았는데, 乙 명의로 소유권이전등기가 이루어지기 전에 乙로부터 위 토지를 매수한 丙이 乙을 대위한 신청으로 위 토지에 대하여 처분금지가처분등기가 된 상태에서 甲과 乙사이의 매매계약이 적법하게 해제된 경우, 위 가처분등기의 말소와 매도인의 대금반환 의무는 동시이행관계에 있지 않다. O | X

> 해설 부동산에 관한 매매계약을 체결한 후 매수인 앞으로 소유권이전등기를 마치기 전에 매수인으로부터 그 부동산을 다시 매수한 제3자의 처분금지가처분신청으로 매매목적부동산에 관하여 가처분등기가 이루어진 상태에서 매도인과 매수인 사이의 매매계약이 해제된 경우, 가처분등기의 말소와 매도인의 대금반환의무가 동시이행의 관계에 있는지 여부(소극)
> 부동산에 관한 매매계약을 체결한 후 매수인 앞으로 소유권이전등기를 마치기 전에 매수인으로부터 그 부동산을 다시 매수한 제3자의 처분금지가처분신청으로 매매목적부동산에 관하여 가처분등기가 이루어진 상태에서 매도인과 매수인 사이의 매매계약이 해제된 경우, i) 매도인만이 가처분이의 등을 신청할 수 있을 뿐 매수인은 가처분의 당사자가 아니어서 가처분이의 등에 의하여 가처분등기를 말소할 수 있는 법률상의 지위에 있지 않고, ii) 제3자가 한 가처분을 매도인의 매수인에 대한 소유권이전등기의무의 일부이행으로 평가할 수 없어 그 가처분등기를 말소하는 것이 매매계약 해제에 따른 매수인의 원상회복의무에 포함된다고 보기도 어려우므로, 위와 같은 **가처분등기의 말소와 매도인의 대금반환의무는 동시이행의 관계에 있다고 할 수 없다**(대판 2009.7.9. 2009다18526).

25

21서기보, 16/17법무사, 17/21법원행시

공사도급계약상 도급인의 지체상금채권과 수급인의 공사대금채권은 특별한 사정이 없는 한 동시이행의 관계에 있다고 할 수 없다. O | X

> 해설 동시이행은 원칙적으로 동일한 쌍무계약에서 발생한 의무에서 인정되고, 본래의 계약상의 의무가 아니라 별도의 특약에 의한 의무는 원칙적으로 동시이행이 아니다. 따라서 공사도급계약상 도급인의 지체상금채권과 수급인의 공사대금채권은 특별한 사정이 없는 한 동시이행의 관계에 있다고 할 수 없다(대판 2015.8.27. 2013다81224,81231).

26

12/16법원행시

부동산매매계약에서 매수인이 부가가치세를 부담하기로 약정한 경우, 부가가치세의 지급시기와 방법 등에 관하여 특별한 약정이 없다면, 매수인의 부가가치세지급의무는 매도인의 소유권이전등기의무와 대가적 의미를 갖는 채무가 아니므로 서로 동시이행의 관계에 있지 않다. O | X

> 해설 부동산 매매계약에 있어 매수인이 부가가치세를 부담하기로 약정한 경우, 부가가치세를 포함한 매매대금 전부의 지급의무와 부동산의 소유권이전등기의무가 동시이행의 관계에 있는지 여부(한정 적극)
> 부동산 매매계약에 있어 매수인이 부가가치세를 부담하기로 약정한 경우, 부가가치세를 매매대금과 별도로 지급하기로 했다는 등의 특별한 사정이 없는 한 부가가치세를 포함한 매매대금 전부와 부동산의 소유권이전등기의무가 동시이행의 관계에 있다고 봄이 상당하다"(대판 2006.2.24. 2005다58656).

정답 | 21 ○ 22 ○ 23 × 24 ○ 25 ○ 26 ×

27 13법원행시

분양권매매계약에 따른 매수인의 매매대금 지급의무와 매도인의 수분양자 명의변경절차이행의무는 동시이행의 관계에 있다. O | X

해설 분양권매매계약의 체결 당시 양도소득세의 일부 회피 목적으로 매매계약서상의 명목상 매매대금을 실제 매매대금보다 줄여서 기재하고 그 차액에 해당하는 금원에 관해 따로 현금보관증을 작성하여 둔 사안에서, 그 금원도 매매대금의 일부에 해당하므로 달리 매수인과 매도인이 위 금원의 지급의무를 위 매매계약과 무관한 별개의 독립된 채무로 하기로 특별히 약정하였다고 볼 만한 사정이 없는 한, 매수인의 위 금원 지급의무와 매도인의 수분양자명의 변경절차이행의무가 서로 대가관계에 있는 것으로 동시이행의 관계에 있다(대판 2007.6.14. 2007다3285).

28 12법무사

쌍무계약에서 쌍방의 채무가 동시이행관계에 있는 경우 일방의 채무의 이행기가 도래하더라도 상대방 채무의 이행제공이 있을 때까지는 그 채무를 이행하지 않아도 이행지체의 책임을 지지 않는다. O | X

29 20법원행시

소비대차 계약에서 채무의 담보목적으로 저당권 설정등기를 마친 경우에 채무자의 채무변제와 저당권설정등기의 말소등기의무는 동시이행관계에 있다. O | X

해설 **28** 당사자 쌍방의 채무가 동시이행관계에 있는 경우 일방 채무의 이행기가 도래하더라도 상대방 채무의 이행제공이 있을 때까지는 채무를 이행하지 않아도 이행지체의 책임을 지지 않는다. **29** 금전채권의 채무자가 채권자에게 담보를 제공한 경우 특별한 사정이 없는 한 채권자는 채무자로부터 채무를 모두 변제받은 다음 담보를 반환하면 될 뿐 채무자의 변제의무와 채권자의 담보 반환의무가 동시이행관계에 있다고 볼 수 없다. 따라서 채권자가 채무자로부터 제공받은 담보를 반환하기 전에도 특별한 사정이 없는 한 채무자는 이행지체 책임을 진다(대판 2019.10.31. 2019다247651)

30 14서기보, 14/18법무사, 15사무관, 18주사보, 21법원행시

쌍무계약에서 쌍방의 채무가 동시이행관계에 있는 경우 일방의 채무의 이행기가 도래하더라도 상대방 채무의 이행제공이 있을 때까지는 그 채무를 이행하지 않아도 이행지체의 책임을 지지 않는 것이고, 이와 같은 효과는 이행지체의 책임이 없다고 주장하는 자가 반드시 동시이행의 항변권을 행사하여야만 발생하는 것은 아니다. O | X

해설 동시이행항변권의 존재효, 당연효 – 이행지체 저지효
동시이행의 항변권을 가지는 채무자는 자신의 채무를 이행하지 않는 것이 정당한 것으로 인정되기 때문에, 비록 이행기에 이행을 하지 않더라도 이행지체가 되지 않는다(제390조 단서). 이행지체책임의 면책의 효력은 그 항변권을 행사·원용하지 않아도 발생한다(대판 2010.10.14. 2010다47438).

31

21법원행시

쌍무계약의 일방 당사자가 이행기에 한번 이행제공을 하여서 상대방을 이행지체에 빠지게 한 경우, 신의성실의 원칙상 이행을 최고하는 일방 당사자로서는 그 채무이행의 제공을 계속할 필요는 없다 하더라도 상대방이 최고기간 내에 이행 또는 이행제공을 하면 계약해제권은 소멸되므로 상대방의 이행을 수령하고 자신의 채무를 이행할 수 있는 정도의 준비가 되어 있으면 된다. O | X

해설 대판 1996.11.26. 96다35590,35606

32

21법원행시

부동산 매매계약의 경우 매도인이 매수인을 이행지체에 빠뜨리기 위하여 해야 할 이행제공의 정도는 소유권이전등기에 필요한 서류 등을 준비하여 두되 이 서류 등을 현실적으로 제공할 필요까지는 없다 하더라도 매수인에게 그 뜻을 통지하고 잔금 지급과 아울러 이를 수령하여 갈 것을 최고함을 요한다.

O | X

해설 부동산 매도인이 등기절차의무의 이행에는 상대방의 행위를 요하는 것이므로 이의 제공이 있었다고 하려면 반드시 등기서류를 상대방에게 현실로 제공할 것 까지는 요하지 않는다 할지라도 언제든지 현실의 제공을 할 수 있는 정도로 등기절차에 필요한 일체의 서류준비를 완료하고 그 뜻을 통지하여 그 수령을 최고하여야만 되는 것이고, 등기이전을 하여 줄 수 있는 준비 또는 태세를 갖추고 있었다는 사정만으로는 이행제공으로 볼 수 없다고 할 것이다(대판 1975.6.24. 74다1455).

33

21법원행시

임차인의 임차목적물 명도의무와 임대인의 보증금 반환의무는 동시이행의 관계에 있다 하겠으므로, 임대인의 동시이행의 항변권을 소멸시키고 임대보증금 반환 지체책임을 인정하기 위해서는 임차인이 임대인에게 임차목적물의 명도의 이행제공을 하여야만 한다 할 것이고, 임차인이 임차목적물에서 퇴거하면서 그 사실을 임대인에게 알리지 아니하였다고 하더라도 임차목적물의 명도의 이행제공이 없었다고 볼 수는 없다. O | X

해설 임차인의 임차목적물 명도의무와 임대인의 보증금 반환의무는 동시이행의 관계에 있다 하겠으므로, 임대인의 동시이행의 항변권을 소멸시키고 임대보증금 반환 지체책임을 인정하기 위해서는 임차인이 임대인에게 임차목적물의 명도의 이행제공을 하여야만 한다 할 것이고, 임차인이 임차목적물에서 퇴거하면서 그 사실을 임대인에게 알리지 아니한 경우에는 임차목적물의 명도의 이행제공이 있었다고 볼 수는 없다(대판 2002.2.26. 2001다77697).

34

20법원행시

채무를 담보하기 위하여 어음이 발행된 경우 채권자가 원인채권을 행사함에 대하여 채무자는 어음과 상환으로 지급하겠다는 항변으로 채권자에게 대항할 수 없다. O | X

정답 | 27 ○ 28 ○ 29 × 30 ○ 31 ○ 32 ○ 33 × 34 ×

35

12법원행시

어음상 권리가 시효완성으로 소멸하여 채무자에게 이중지급의 위험이 없고 채무자가 다른 어음상 채무자에 대하여 권리를 행사할 수도 없는 경우에는 채권자의 원인채권행사에 대하여 채무자에게 어음상환의 동시이행항변을 인정할 필요가 없다. O | X

해설 **34 35** 기존채무의 지급을 위하여 교부된 어음상 권리가 시효완성으로 소멸한 경우, 채무자가 기존채무의 이행과 관련하여 어음상환의 동시이행항변을 할 수 있는지 여부(소극)

기존의 원인채권과 어음채권이 병존하는 경우에 채권자가 원인채권을 행사함에 있어서 채무자는 원칙적으로 어음과 상환으로 지급하겠다고 하는 항변으로 채권자에게 대항할 수 있다. 그러나 채무자가 어음의 반환이 없음을 이유로 원인채무의 변제를 거절할 수 있는 것은 채무자로 하여금 무조건적인 원인채무의 이행으로 인한 이중지급의 위험을 면하게 하려는 데 그 목적이 있고, 기존의 원인채권에 터잡은 이행청구권과 상대방의 어음반환청구권 사이에 민법 제536조에 정하는 쌍무계약상의 채권채무관계나 그와 유사한 대가관계가 있기 때문은 아니다. 따라서 **어음상 권리가 시효완성으로 소멸하여 채무자에게 이중지급의 위험이 없고 채무자가 다른 어음상 채무자에 대하여 권리를 행사할 수도 없는 경우에는 채권자의 원인채권 행사에 대하여 채무자에게 어음상환의 동시이행항변을 인정할 필요가 없으므로 결국 채무자의 동시이행항변권은 부인**된다"(대판 2010.7.29. 2009다69692).

36

14서기보

원인채무의 이행의무와 어음 반환의무가 상호 동시이행의 관계에 있는 경우, 원인채무의 채무자는 어음을 반환받을 때까지는 이행지체책임을 지지 않는다. O | X

해설 동시이행관계에 있더라도 이행지체가 발생하는 경우

채무이행을 확보하기 위해 어음을 교부한 경우 원인채무의 이행과 어음의 반환은 동시이행관계이나(대판 2010.7.29. 2009다69692). **어음을 반환하지 않는 것은 원인채무의 지급을 거절할 수 있는 사유일 뿐이므로 원인채무의 이행기를 도과하면 원칙적으로 이행지체책임을 진다**(대판 1999.7.9. 98다47542,47559). 단, 어음반환과 동시이행을 주장하는 경우에는 원인채무의 이행지체가 정당화될 수 있다(대판 1993.11.9. 93다1203,1121).

37

19서기보

동시이행항변권이 붙은 채권을 자동채권으로 하는 상계는 원칙적으로 금지된다. O | X

해설 동시이행의 항변권이 붙어 있는 채권은 이를 '자동채권'으로 하여 상계하지 못한다. 이를 허용하면 상대방은 이유 없이 동시이행의 항변권을 잃기 때문이다(대판 2002.8.23. 2002다25242). 따라서 수동채권은 가능하다.

38

18서기보

원고가 제기한 이행청구소송에서 피고가 동시이행항변권을 행사하지 않더라도 법리상 동시이행관계가 인정되면 법원은 직권으로 상환이행판결을 내릴 수 있다. O | X

해설 매매계약에 기한 소유권이전등기청구사건에서 대금의 일부를 수령하지 않았다는 동시이행의 항변과 이에 대한 심리
매매를 원인으로 한 소유권이전등기청구에 있어 매수인은 매매계약 사실을 주장, 입증하면 특별한 사정이 없는 한 매도인은 소유권이전등기의무가 있는 것이며, 매도인이 매매대금의 일부를 수령한 바 없다면 동시이행의 항변을 제기하여야 하는 것이고, 법원은 매수인의 이와 같은 항변이 있을 때에 비로소 대금지급 사실의 유무를 심리할 수 있는 것이다(대판 1990.11.27. 90다카25222).

39

12/20법원행시, 15법무사

쌍무계약의 당사자 일방이 먼저 한번 현실의 제공을 하고 상대방을 수령지체에 빠지게 하였다면 그 이행의 제공이 계속되지 않아도 상대방이 가지는 동시이행의 항변권은 소멸하게 되고, 따라서 그 이행의 제공이 중지된 이후에 상대방의 의무가 이행지체되었음을 이유로 한 손해배상청구도 가능하다. O | X

40

13/18법무사, 17주사보

쌍무계약의 일방 당사자가 변제제공을 하면 그 상대방은 동시이행항변권을 행사할 수 없게 되고, 일단 그러한 효과가 발생한 이상 변제제공이 계속되지 않아도 그 상대방은 동시이행항변권을 행사할 수 없다. O | X

해설 **39 40** 쌍무계약의 당사자 일방이 한번 현실의 제공을 하여 상대방을 수령지체에 빠지게 하였으나 그 이행의 제공이 계속되지 않는 경우, 상대방이 동시이행항변권을 상실하는지 여부(소극) 및 이행의 제공이 중지된 이후에 상대방의 이행지체를 이유로 손해배상청구를 할 수 있는지 여부(소극)
쌍무계약의 당사자 일방이 먼저 한번 현실의 제공을 하고 상대방을 수령지체에 빠지게 하였다 하더라도 그 이행의 제공이 계속되지 않는 경우는 과거에 이행의 제공이 있었다는 사실만으로 상대방이 가지는 동시이행의 항변권이 소멸하는 것은 아니므로, **일시적으로 당사자 일방의 의무의 이행제공이 있었으나 곧 그 이행의 제공이 중지되어 더 이상 그 제공이 계속되지 아니하는 기간 동안에는 상대방의 의무가 이행지체 상태에 빠졌다고 할 수는 없다**고 할 것이고, 따라서 그 이행의 제공이 중지된 이후에 상대방의 의무가 이행지체되었음을 전제로 하는 손해배상청구도 할 수 없다(대판 1999.7.9. 98다13754).

41

11법무사, 11법원행시, 16서기보

매수인이 계약의 이행에 비협조적인 태도를 취하면서 잔대금의 지급을 미루는 등 소유권이전등기 서류를 수령할 준비를 아니한 경우, 매도인이 법무사사무소에 소유권이전등기에 필요한 대부분의 서류를 작성하여 주었고 미비된 일부 서류들은 잔금지급 시에 교부하기로 하였으며 이들 서류는 매도인이 언제라도 발급받아 교부할 수 있다면 매도인으로서는 비록 일부 미비된 서류가 있다 하더라도 소유권이전등기의무에 대한 충분한 이행의 제공을 마친 것이다. O | X

정답 | 35 ○ 36 × 37 ○ 38 × 39 × 40 × 41 ○

해설 매수인이 계약의 이행에 비협조적인 경우 매도인이 하여야 할 이행제공의 정도
쌍무계약에 있어서 일방 당사자의 자기 채무에 관한 이행의 제공을 엄격하게 요구하면 오히려 불성실한 상대 당사자에게 구실을 주는 것이 될 수도 있으므로 일방 당사자가 하여야 할 제공의 정도는 그 시기와 구체적인 상황에 따라 신의성실의 원칙에 어긋나지 않게 합리적으로 정하여야 하고, 매수인이 계약의 이행에 비협조적인 태도를 취하면서 잔대금의 지급을 미루는 등 소유권이전등기서류를 수령할 준비를 아니한 경우에는 매도인으로서도 그에 상응한 이행의 준비를 하면 족하다 할 것인바, 매도인이 법무사사무소에 소유권이전등기에 필요한 대부분의 서류를 작성하여 주었고 미비된 일부 서류들은 잔금지급시에 교부하기로 하였으며 이들 서류는 매도인이 언제라도 발급받아 교부할 수 있다면 매도인으로서는 비록 일부 미비된 서류가 있다 하더라도 소유권이전등기의무에 대한 충분한 이행의 제공을 마쳤다고 보아야 할 것이고, 잔대금 지급기일에 이를 지급하지 않고 계약의 효력을 다투는 등 계약의 이행에 비협조적이고 매도인의 소유권이전등기서류를 수령할 준비를 하지 않고 있던 매수인은 이 점을 이유로 잔대금지급을 거절할 수 없다(대판 2001.12.11. 2001다36511).

42

16사무관

동시이행의 항변권을 행사하는 것이 주로 자기 채무의 이행만을 회피하기 위한 수단으로 보이는 경우에는 항변권 행사가 권리남용으로 배척될 수 있다. O | X

해설 자기 채무의 이행을 회피하기 위한 수단으로서 동시이행의 항변권을 행사하는 경우 권리남용에 해당하는지 여부(적극)
일반적으로 동시이행의 관계가 인정되는 경우에 그러한 항변권을 행사하는 자의 상대방이 그 동시이행의 의무를 이행하기 위하여 과다한 비용이 소요되거나 또는 그 의무의 이행이 실제적으로 어려운 반면 그 의무의 이행으로 인하여 항변권자가 얻는 이득은 별달리 크지 아니하여 동시이행의 항변권의 행사가 주로 자기 채무의 이행만을 회피하기 위한 수단이라고 보여지는 경우에는 그 항변권의 행사는 권리남용으로서 배척되어야 할 것이다(대판 2001.9.18. 2001다9304).

43

19서기보

금전채권에 대한 압류 및 추심명령이 있는 경우에는 추심채무자는 제3채무자에 대하여 피압류채권에 기하여 그 동시이행을 구하는 항변권을 상실하게 된다. O | X

44

20법원행시

임대차보증금반환채권에 대한 압류 및 추심명령이 있더라도 임대인이 임차인에 대하여 가지는 동시이행 항변권을 상실하지 않는다. O | X

해설 **43 44** 금전채권에 대한 압류 및 추심명령이 있는 경우, 추심채무자가 제3채무자에 대하여 피압류채권에 기해서 동시이행을 구하는 항변권을 행사할 수 있는지 여부(적극)
금전채권에 대한 압류 및 추심명령이 있는 경우, 이는 강제집행절차에서 추심채권자에게 채무자의 제3채무자에 대한 채권을 추심할 권능만을 부여하는 것이므로, 이로 인하여 채무자가 제3채무자에 대하여 가지는 채권이 추심채권자에게 이전되거나 귀속되는 것은 아니므로, 추심채무자로서는 제3채무자에 대하여 피압류채권에 기하여 그 동시이행을 구하는 항변권을 상실하지 않는다(대판 2001.3.9. 2000다73490).

정답 | 42 ○ 43 × 44 ○

제2절 위험부담

01

14법무사

민법 제537조가 정한 채무자위험부담주의는 강행규정이 아니므로 이와 다른 약정이 있으면 그에 따른다.

O | X

해설 민법에서 정하는 위험부담은 '쌍무계약'에서 당사자 일방의 채무가 '당사자 쌍방의 책임 없는 사유'로 '후발적 불능'이 된 경우를 요건으로 하고, 채무자가 채권자에게 반대급부를 청구하지 못하는 '채무자위험부담주의'를 채택하고 있다(제537조). 다만 위험부담에 관한 제537조와 제538조는 임의규정이다(대판 2005.2.18, 2003두3734). 따라서 당사자의 특약으로 법률의 규정과 달리 정할 수 있다.

02

11법무사, 11법원행시

매매 목적물이 경매절차에서 매각됨으로써 당사자 쌍방의 귀책사유 없이 매도인의 재산권이전의무가 이행불능이 된 경우, 매도인은 이미 지급받은 계약금을 반환하여야 하고, 매수인은 목적물을 점유·사용함으로써 취득한 임료 상당의 부당이득을 반환할 의무가 있다.

O | X

해설 쌍무계약에서 당사자 쌍방의 귀책사유 없이 채무가 이행불능되어 계약관계가 소멸한 경우 적용되는 법리(부당이득의 법리)
민법 제537조는 채무자위험부담주의를 채택하고 있는바, 쌍무계약에서 당사자 쌍방의 귀책사유 없이 채무가 이행불능된 경우 채무자는 급부의무를 면함과 더불어 반대급부도 청구하지 못하므로, **쌍방 급부가 없었던 경우에는 계약관계는 소멸하고 이미 이행한 급부는 법률상 원인 없는 급부가 되어 부당이득의 법리에 따라 반환청구할 수 있다**(대판 2009.5.28, 2008다98655,98662).

03

14/18법무사, 19사무관

쌍무계약에서 계약 체결 후에 당사자 쌍방의 귀책사유 없이 채무의 이행이 불가능하게 된 경우, 쌍방 급부가 없었던 경우에는 계약관계는 소멸하고, 이미 이행한 급부는 부당이득의 법리에 따라 급부자가 반환청구할 수 있다.

O | X

해설 **쌍무계약에서 계약 체결 후에 당사자 쌍방의 귀책사유 없이 채무의 이행이 불가능하게 된 경우 채무자는 급부의무를 면함과 더불어 반대급부도 청구하지 못하므로, 쌍방 급부가 없었던 경우에는 계약관계는 소멸하고, 이미 이행한 급부는 법률상 원인 없는 급부가 되어 부당이득의 법리에 따라 반환청구할 수 있다.** 한편 계약 당시에 이미 채무의 이행이 불가능했다면 특별한 사정이 없는 한 채권자가 이행을 구하는 것은 허용되지 않고, 이미 이행한 급부는 법률상 원인 없는 급부가 되어 부당이득의 법리에 따라 반환청구할 수 있으며, 나아가 민법 제535조에서 정한 계약체결상의 과실책임을 추궁하는 등으로 권리를 구제받을 수 있다(대판 2017.10.12, 2016다9643).

정답 | 01 ○ 02 ○ 03 ○

04

출제예상

甲은 2010.5.1. 자신의 A 별장을 팔기로 乙과 계약을 체결하면서, 2010.7.1. 대금 수수와 동시에 소유권 이전등기에 필요한 서류를 교부하기로 합의하였다. 2010.6.10. 甲의 과실 없이 인근 야산의 산불로 A 별장이 소실된 경우, 甲은 乙에게 대금지급을 청구할 수 없다. O | X

> 해설 쌍무계약의 당사자 일방의 채무가 당사자 쌍방의 책임 없는 사유로 이행할 수 없게 된 때에는 채무자는 상대방의 이행을 청구하지 못한다(제537조). 따라서 채무자 甲은 A별장의 소유권이전의무를 면하나(급부위험의 채권자부담), 채권자 乙에게 매매대금지급을 청구하지도 못한다(반대급부위험의 채무자부담).

05

14법무사

쌍무계약의 당사자 일방의 채무가 쌍방의 책임 없는 사유로 이행할 수 없게 된 때에는 채무자는 이행을 청구하지 못하고, 이는 채권자의 수령지체 중이라도 마찬가지이다. O | X

06

14/18법무사

쌍무계약의 당사자 일방의 채무가 채권자의 수령지체 중에 당사자 쌍방의 책임 없는 사유로 이행할 수 없게 된 때에는, 채무자는 상대방의 이행을 청구할 수 있다. 다만, 채무자가 자기의 채무를 면함으로써 이익을 얻은 때에는 이를 채권자에게 상환하여야 한다. O | X

> 해설 **05 06 제538조(채권자귀책사유로 인한 이행불능)** ① 쌍무계약의 당사자 일방의 채무가 채권자의 책임있는 사유로 이행할 수 없게 된 때에는 채무자는 상대방의 이행을 청구할 수 있다. 채권자의 수령지체 중에 당사자쌍방의 책임없는 사유로 이행할 수 없게 된 때에도 같다.
> ② 전항의 경우에 채무자는 자기의 채무를 면함으로써 이익을 얻은 때에는 이를 채권자에게 상환하여야 한다.

07

21법원행시

민법 제538조 제1항은 쌍무계약의 위험부담에 관한 채무자주의 원칙의 예외로서 "쌍무계약의 당사자 일방의 채무가 채권자의 책임 있는 사유로 이행할 수 없게 된 때에는 채무자는 상대방의 이행을 청구할 수 있다."고 규정하고 있다. 여기에서 '채권자의 책임 있는 사유'란 채권자의 어떤 작위나 부작위가 채무자의 이행의 실현을 방해하고 그 작위나 부작위는 채권자가 이를 피할 수 있었다는 점에서 신의칙상 비난받을 수 있는 경우를 의미한다. O | X

> 해설 민법 제538조 제1항 소정의 '채권자의 책임 있는 사유'라고 함은 채권자의 어떤 작위나 부작위가 채무자의 이행의 실현을 방해하고 그 작위나 부작위는 채권자가 이를 피할 수 있었다는 점에서 신의칙상 비난받을 수 있는 경우를 의미한다(대판 2004.3.12. 2001다79013).

08

21법원행시

민법 제400조 소정의 채권자지체가 성립하기 위해서는 민법 제460조 소정의 채무자의 변제 제공이 있어야 하고, 변제 제공은 원칙적으로 현실 제공으로 하여야 하며 다만 채권자가 미리 변제받기를 거절하거나 채무의 이행에 채권자의 행위를 요하는 경우에는 구두의 제공으로 하더라도 무방하고, 채권자가 변제를 받지 아니할 의사가 확고한 경우(이른바, 채권자의 영구적 불수령)에는 구두의 제공을 한다는 것조차 무의미하므로 그러한 경우에는 구두의 제공조차 필요 없다. O | X

> **해설** 채권자지체 중에 당사자 쌍방의 책임 없는 사유로 이행불능되었을 것(제538조 1항 2문): 제400조와의 관계 判例는 채권자가 미리 수령을 확고하게 거절한 경우에는 채무자는 '구두제공조차' 하지 않더라도 채무불이행책임을 면하나(제460조·제461조), 대가위험을 상대방에게 이전시키기 위해서는(제538조 제1항 후문) 채무자의 변제제공(현실제공이나 구두제공)이 필요하다고 한다(대판 2004.3.12. 2001다79013).

09

18법무사

민법 제400조에 정한 채권자지체가 성립하기 위해서는 민법 제460조 소정의 채무자의 변제제공이 있어야 하지만, 채권자가 변제를 받지 아니할 의사가 확고한 경우(이른바 채권자의 영구적 불수령)에는 구두의 제공조차 필요 없다. 따라서 쌍무계약에서 당사자 일방이 이른바 영구적 불수령 의사를 표시한 이상, 상대방이 현실 제공이나 구두 제공을 하지 않더라도 민법 제538조 제1항 제2문에 정한 '채권자의 수령지체 중에 당사자 쌍방의 책임 없는 사유로 이행할 수 없게 된 때'에 해당할 수 있다. O | X

> **해설** **08 09** 채권자지체 중에 당사자 쌍방의 책임 없는 사유로 이행불능되었을 것(제538조 1항 2문): 제400조와의 관계 判例는 채권자가 미리 수령을 확고하게 거절한 경우에는 채무자는 '구두제공조차' 하지 않더라도 채무불이행책임을 면하나(제460조·제461조), 대가위험을 상대방에게 이전시키기 위해서는(제538조 제1항 후문) 채무자의 변제제공(현실제공이나 구두제공)이 필요하다고 한다(대판 2004.3.12. 2001다79013).
>
> ➡ 민법 제400조 소정의 채권자지체가 성립하기 위해서는 민법 제460조 소정의 채무자의 변제 제공이 있어야 하고, 변제 제공은 원칙적으로 현실 제공으로 하여야 하며 다만 채권자가 미리 변제받기를 거절하거나 채무의 이행에 채권자의 행위를 요하는 경우에는 구두의 제공으로 하더라도 무방하고, 채권자가 변제를 받지 아니할 의사가 확고한 경우(이른바, 채권자의 영구적 불수령)에는 구두의 제공을 한다는 것조차 무의미하므로 그러한 경우에는 구두의 제공조차 필요 없다고 할 것이지만, 그러한 **구두의 제공조차 필요 없는 경우라고 하더라도, 이는 그로써 채무자가 채무불이행책임을 면한다는 것에 불과**하고, **민법 제538조 제1항 제2문 소정의 '채권자의 수령지체 중에 당사자 쌍방의 책임 없는 사유로 이행할 수 없게 된 때'에 해당하기 위해서는 현실 제공이나 구두 제공이 필요**하다(다만, 그 제공의 정도는 그 시기와 구체적인 상황에 따라 신의성실의 원칙에 어긋나지 않게 합리적으로 정하여야 한다)(대판 2004.3.12. 2001다79013).

10

14법무사

사용자의 해고처분이 무효인 때에는 그동안 근로의 제공을 하지 못한 것은 사용자의 귀책사유이므로 근로자는 임금의 지급을 청구할 수 있다. O | X

정답 | 04 ○ 05 × 06 ○ 07 ○ 08 ○ 09 × 10 ○

해설 **사용자의 부당한 해고처분이 무효이거나 취소된 때에는 그동안 피해고자의 근로자로서 지위는 계속되고, 그간 근로의 제공을 하지 못한 것은 사용자의 귀책사유로 인한 것이므로 근로자는 민법 제538조 제1항에 의하여 계속 근로하였을 경우 받을 수 있는 임금 전부의 지급을 청구할 수 있다.** 여기에서 근로자가 지급을 청구할 수 있는 임금은 근로기준법 제2조에서 정하는 임금을 의미하므로, 사용자가 근로의 대가로 근로자에게 지급하는 일체의 금원으로서 계속적·정기적으로 지급되고 이에 관하여 단체협약, 취업규칙, 급여규정, 근로계약, 노동관행 등에 의하여 사용자에게 지급의무가 지워져 있다면 명칭 여하를 불문하고 모두 이에 포함되며, 반드시 통상임금으로 국한되는 것은 아니다(대판 2012.2.9. 2011다20034).

11

11/19법원행시

영상물제작공급계약상 수급인의 채무가 도급인과 협력하여 그 지시감독을 받으면서 영상물을 제작하여야 하는데 도급인의 영상물제작에 대한 협력의 거부로 수급인이 독자적으로 성의껏 제작하여 납품한 영상물이 도급인의 의도에 부합되지 아니하게 된 경우, 이는 계약상의 협력의무의 이행을 거부한 도급인의 귀책사유로 인한 것이므로 수급인은 약정대금 전부의 지급을 청구할 수 있다. O | X

해설 영상물 제작공급계약상 수급인의 채무가 도급인과 협력하여 그 지시감독을 받으면서 영상물을 제작하여야 하므로 도급인의 협력 없이는 완전한 이행이 불가능한 채무이고, 한편 그 계약의 성질상 수급인이 일정한 기간 내에 채무를 이행하지 아니하면 계약의 목적을 달성할 수 없는 정기행위인 사안에서, 도급인의 영상물제작에 대한 협력의 거부로 수급인이 독자적으로 성의껏 제작하여 납품한 영상물이 도급인의 의도에 부합되지 아니하게 됨으로써 결과적으로 도급인의 의도에 부합하는 영상물을 기한 내에 제작하여 납품하여야 할 수급인의 채무가 이행불능케 된 경우, 이는 **계약상의 협력의무의 이행을 거부한 도급인의 귀책사유로 인한 것이므로 수급인은 약정대금 전부의 지급을 청구할 수 있다**(대판 1996.7.9. 96다14364).

12

출제예상

B는 H에게 자신 소유의 X주택을 1억 5천만 원에 팔기로 하고 계약금과 중도금은 지급받았으나, 잔금 5천만 원은 H가 그 지급에 갈음하여 X주택에 관한 근저당권의 피담보채무인 B의 I은행에 대한 대출금채무의 '이행을 인수'하기로 하였다. 그러나 H가 대출금을 지급하지 못하자 I은행이 근저당권실행을 위한 경매를 신청하였고, J가 X주택을 8천만 원에 매수하여 매각대금을 납입하였다. 이 경우 B는 소유권이전의무를 면하고 계약금과 중도금을 반환할 필요가 없음을 물론, 나머지 매매대금을 청구할 수 있으나, 경매대금 8천만 원은 H에게 상환하여야 한다. O | X

해설 저당권실행의 경매로 '매도인'이 소유권을 상실한 경우: 대가위험부담(제538조 제1항 1문)

매수인이 매매목적물에 관한 근저당권의 피담보채무에 관하여 그 이행을 인수한 경우, 채권자에 대한 관계에서는 매도인이 여전히 채무를 부담한다고 하더라도, 매도인과 매수인 사이에서는 매수인에게 위 피담보채무를 변제할 책임이 있다고 할 것이므로, **매수인이 그 변제를 게을리 하여 근저당권이 실행**됨으로써 매도인이 매매목적물에 관한 소유권을 상실하였다면, **특별한 사정이 없는 한, 이는 매수인에게 책임 있는 사유로 인하여 소유권이전등기의무가 이행불능으로 된 경우에 해당**하고, 거기에 매도인의 과실이 있다고 할 수는 없다(대판 2009.5.14. 2009다5193).

➡ 따라서 사안의 경우 H가 이행인수 약정을 이행하지 않아 저당권에 기한 경매가 실행되었으므로 H에게 이행불능에 대한 귀책사유가 있다. 따라서 H가 대가위험을 부담하게 되어 B는 소유권이전의무를 면하고 계약금과 중도금을 반환할 필요가 없음을 물론, 나머지 매매대금을 청구할 수 있게 된다(제538조 제1항 1문). 다만 그 경매절차에서 B가 X주택 소유권이전의무를 면함으로써 얻은 이익인 경매대금 8천만 원(왜냐하면 경매대금 8천만 원에서 먼저 근저당권자인 I은행에 5천만 원이 배당됨으로써 B는 I은행에 대한 5천만 원의 채무소멸의 이익을 얻고, 남은 3천만 원은 B에게 배당되는 결과 B가 3천만 원의 이익도 얻기 때문이다)은 H에게 상환되어야 한다(제538조 제2항)(대판 2009.5.14. 2009다5193).

13 출제예상

근로자 甲은 乙회사의 경영사정이 어려워지자 乙회사의 방침(지시)에 따라 일괄사직서를 제출했는데, 乙회사가 사직서를 수리하여 의원면직(依願免職)의 형식으로 근로계약이 종료하게 되었다. 근로제공과 관련한 甲의 급부불능은 채권자 乙의 부당해고로 인한 것이므로 甲은 원칙적으로 부당해고가 없었더라면, 계속 근로하였을 경우의 임금 상당액의 지급을 청구할 수 있다. O | X

14 출제예상

만약, 위의 14가 인정된다고 하더라도 해고기간 중에 다른 직장에 취업하여 지급받은 임금(이른바 중간수입)은 이를 공제하여야 한다. O | X

해설 **13 14** 甲의 임금청구 가부(적극)

① **채권자위험부담주의(제538조 제1항 전문)**

근로제공과 관련한 甲의 급부불능은 채권자 乙의 부당해고로 인한 것이므로 제538조 1항 1문의 '채권자에게 책임 있는 사유'로 인한 불능이다. 따라서 甲은 원칙적으로 부당해고가 없었더라면, 계속 근로하였을 경우의 임금 상당액의 지급을 청구할 수 있다.

비교판례 그러나 사용자의 근로자에 대한 해고가 무효이더라도, 해고기간 중 근로자가 징역형을 선고받아 구속되어 있는 경우에는 근로자가 근로의 제공을 할 수 없는 처지였으므로 구속기간 동안의 임금을 청구할 수는 없다(대판 1995.1.24. 94다40987).

② **이익상환(제538조 제2항)**

다만, **해고기간 중에 다른 직장에 취업하여 지급받은 임금(이른바 중간수입)은 제538조 제2항에 의해 이를 공제**하여야 하지만, 근로자가 지급받을 수 있는 임금액 중 근로기준법 제38조 소정의 휴업수당의 범위 내의 금액은 중간수입으로 공제할 수 없고, 휴업수당을 초과하는 금액만을 중간수입으로 공제하여야 한다(대판 1993.11.9. 93다37915).

15 14/18주사보

계약에 의하여 발생한 채무가 채무자의 책임 있는 사유로 이행불능이 된 경우에도 채권자는 상당한 기간을 정하여 최고한 후 계약을 해제할 수 있다. O | X

16 출제예상

甲은 2010.5.1. 자신의 A 별장을 팔기로 乙과 계약을 체결하면서, 2010.7.1. 대금 수수와 동시에 소유권이전등기에 필요한 서류를 교부하기로 합의하였다. 2010.6.1. 甲의 실화로 A 별장이 소실된 경우, 乙은 甲에 대한 최고 없이 계약을 해제할 수 있다. O | X

해설 **15 16** 채무자에게 책임 있는 사유로 이행이 불능하게 된 때에는 채권자는 계약을 해제할 수 있다(제546조). 채무자에게 책임없는 사유로 이행이 불능하게 된 경우에는 채권자에게 유책사유가 있든 없든 위험부담의 문제(제537조·제538조)로 되며, 이행불능을 이유로 한 해제는 인정되지 않는다(대판 2002.4.26. 2000다50497).

해제권 발생의 요건은 채무불이행으로서의 이행불능의 성립으로 충분하고, 보통의 이행지체에서와 달리 **최고는 필요하지 않다**. 그리고 **채무자의 채무가 상대방의 채무와 동시이행관계에 있다고 하더라도 그 이행의 제공을 할 필요도 없다**(대판 2003.1.24. 2000다22850).

정답 | 11 ○ 12 ○ 13 ○ 14 ○ 15 × 16 ○

17 출제예상

甲은 2010.5.1. 자신의 A 별장을 팔기로 乙과 계약을 체결하면서, 2010.7.1. 대금 수수와 동시에 소유권 이전등기에 필요한 서류를 교부하기로 합의하였다. 2010.7.1. 甲은 등기이전에 필요한 서류를 지참하였으나 乙이 정당한 사유 없이 약속장소에 나타나지 않았고, 그 다음 날 甲의 과실 없이 인근 야산의 산불로 A 별장이 소실된 경우, 甲은 乙에게 대금지급을 청구할 수 없다. O | X

해설 쌍무계약의 당사자 일방의 채무가 채권자의 책임 있는 사유로 이행할 수 없게 된 때에는 채무자는 상대방의 이행을 청구할 수 있고, 채권자의 수령지체 중에 당사자 쌍방의 책임 없는 사유로 이행할 수 없게 된 때에도 같다(제538조 제1항). 따라서 채무자 甲은 A별장의 소유권이전의무를 면하고(급부위험의 채권자부담), 채권자 乙에게 매매대금지급을 청구할 수 있다(반대급부위험의 채권자부담).

정답 | 17 ×

제3절 제3자를 위한 계약

01

19법무사

계약의 당사자가 제3자에 대하여 가지는 채권에 관하여 사전구상채무를 면제하기로 하는 약정은 제3자를 위한 계약에 준하는 것으로서 유효하다. O | X

02

16법원행시

제3자를 위한 계약에 있어서 낙약자의 제3자에 대한 급부의 내용에는 제한이 없기 때문에 낙약자가 제3자에 대하여 가지는 청구권을 행사하지 않도록 하는 것도 급부에 해당한다. O | X

03

출제예상

채무자(A)가 채권자(B)에게 부담하게 될 채무에 대해 C(보증인)가 이를 보증하기로 B와 보증계약을 체결하면서, A의 C에 대한 사전구상채무(바꾸어 말해 C가 A에 대해 가질 사전구상권)를 면제하기로 약정한 것은 제3자를 위한 계약에 준하는 것으로서 유효하다고 볼 수 없다. O | X

해설 **01 02 03** 계약의 당사자가 제3자에 대하여 가진 채권에 관하여 그 채무를 면제하는 계약의 성질
요약자와 낙약자 간의 계약의 내용으로, 제3자에게 직접적으로 권리를 취득시키려는 제3자 약관이 포함되어 있어야 한다. **낙약자가 제3자에 대하여 가지는 채권에 관하여 채무를 면제하는 계약도 제3자를 위한 계약에 준하는 것으로 이에 의해 채무면제의 효과가 발생**한다, 즉, 判例는 "계약의 당사자가 제3자에 대하여 가진 채권에 관하여 그 채무를 면제하는 계약도 제3자를 위한 계약에 준하는 것으로서 유효하다."(대판 2004.9.3. 2002다37405)라고 하고, 위 설문에서 A가 수익의 의사표시를 함으로써 A의 사전구상채무는 채무면제의 효력이 생긴다고 한다.

04

19법무사

채무자와 인수인 사이의 계약으로 체결되는 병존적 채무인수는 채권자로 하여금 인수인에 대하여 새로운 권리를 취득하게 하는 것으로, 그 성격은 제3자를 위한 계약이 아니라 이행인수로 보아야 한다. O | X

해설 채무자와 인수인간에 맺는 '**병존적 채무인수**'는 채권자에게 인수인에 대한 채권을 새로 부여한다는 점에서 제3자를 위한 계약에 속한다는 것이 통설 및 判例이다(대판 1989.4.25. 87다카2443).

05

출제예상

채무자와 인수인 사이의 계약으로 인수인이 변제 등에 의하여 채무를 소멸케 하여 채무자의 책임을 면하게 할 것을 약정하는 이행인수는 채권자가 인수인에 대한 채권을 취득하므로 제3자를 위한 계약이다. O | X

정답 | 01 ○ 02 ○ 03 × 04 × 05 ×

해설 이행인수에서는 인수인이 채무자와의 관계에서 인수채무를 이행하여야 할 의무를 부담할 뿐 채권자에 대하여 직접 의무를 부담하는 것은 아니므로 이행인수는 제3자를 위한 계약이 아니다(대판 1997.10.24. 97다28698).

06

14사무관, 14법무사, 15/18법원행시, 20서기보

채무자와 인수인 합의에 의한 중첩적 채무인수의 경우 채권자의 수익의 의사표시는 그 계약의 효력발생 요건이다. O | X

해설 **채무자와 인수인의 합의에 의한 중첩적 채무인수에서 채권자의 '수익의 의사표시'가 계약의 성립요건이나 효력발생 요건인지 여부(소극)**
채무자와 인수인의 합의에 의한 중첩적 채무인수는 일종의 제3자를 위한 계약이라고 할 것이므로, 채권자는 인수인에 대하여 채무이행을 청구하거나 기타 채권자로서의 권리를 행사하는 방법으로 수익의 의사표시를 함으로써 인수인에 대하여 직접 청구할 권리를 갖게 된다. 이러한 점에서 채무자에 대한 채권을 상실시키는 효과가 있는 면책적 채무인수의 경우 채권자의 승낙을 계약의 효력발생요건으로 보아야 하는 것과는 달리, **채무자와 인수인의 합의에 의한 중첩적 채무인수의 경우 채권자의 수익의 의사표시는 그 계약의 성립요건이나 효력발생요건이 아니라 채권자가 인수인에 대하여 채권을 취득하기 위한 요건**이다(대판 2013.9.13. 2011다56033).

07

10주사보

요약자와 낙약자 사이의 기본관계(매매 등)가 유효하게 성립하여야 하나, 대가관계(증여,채무이행 등)는 유효하지 않아도 무방하다. O | X

08

13서기보

제3자를 위한 계약에서 낙약자는 요약자와 수익자 사이의 법률관계(이른바 대가관계)에 기한 항변으로 수익자에게 대항하지 못한다. O | X

09

16법원행시

낙약자는 요약자와 수익자 사이의 법률관계에 기한 항변으로 수익자에게 대항할 수 없으나, 요약자는 자신과 수익자와의 관계인 대가관계의 부존재나 효력의 상실을 이유로 자신의 기본관계에 기하여 낙약자에게 부담하는 채무의 이행을 거부할 수 있다고 보아야 한다. O | X

10

19법무사, 20사무관

요약자와 수익자 사이의 법률관계가 무효임을 이유로 요약자는 낙약자에게 부담하는 채무의 이행을 거부할 수 있다. O | X

11

21법원행시

제3자를 위한 계약의 체결 원인이 된 요약자와 제3자(수익자) 사이의 법률관계(이른바 대가관계)의 효력은 제3자를 위한 계약 자체는 물론 그에 기한 요약자와 낙약자 사이의 법률관계(이른바 기본관계)의 성립이나 효력에 영향을 미치지 아니하므로 낙약자는 요약자와 수익자 사이의 법률관계에 기한 항변으로 수익자에게 대항하지 못하고, 요약자도 대가관계의 부존재나 효력의 상실을 이유로 자신이 기본관계에 기하여 낙약자에게 부담하는 채무의 이행을 거부할 수 없다. O | X

> **해설** **07 08 09 10 11** 제3자를 위한 계약에서 요약자와 제3자 사이의 법률관계의 효력이 요약자와 낙약자 사이의 법률관계에 영향을 미치는지 여부(소극)
>
> 제3자를 위한 계약의 체결 원인이 된 요약자와 제3자(수익자) 사이의 법률관계(이른바 대가관계)의 효력은 제3자를 위한 계약 자체는 물론 그에 기한 요약자와 낙약자 사이의 법률관계(이른바 기본관계)의 성립이나 효력에 영향을 미치지 아니하므로 낙약자는 요약자와 수익자 사이의 법률관계에 기한 항변으로 수익자에게 대항하지 못하고, 요약자도 대가관계의 부존재나 효력의 상실을 이유로 자신이 기본관계에 기하여 낙약자에게 부담하는 채무의 이행을 거부할 수 없다(대판 2003.12.11. 2003다49771).

12

13서기보, 16법원행시

제3자를 위한 계약의 수익자라고 하더라도 계약당사자가 아니므로 계약해제권은 행사할 수 없으나, 일단 계약이 해제된 이상 계약이행에 밀접한 이해관계인으로서 해제를 원인으로 한 원상회복청구권은 행사할 수 있다고 보아야 한다. O | X

> **해설** 제3자를 위한 계약에 있어서 수익자의 계약해제권 또는 해제를 원인으로 한 원상회복청구권의 유무
>
> 제3자를 위한 계약의 당사자가 아닌 수익자는 계약의 해제권이나 해제를 원인으로 한 원상회복청구권이 있다고 볼 수 없다(대판 1994.8.12. 92다41559).

13

19법무사, 20사무관

제3자를 위한 계약에 있어서 수익의 의사표시를 한 수익자는 낙약자에게 직접 그 이행을 청구할 수 있으나, 요약자가 계약을 해제한 경우에 낙약자에게 자기가 입은 손해의 배상을 청구할 수는 없다. O | X

> **해설** 제3자를 위한 계약에 있어서 수익의 의사표시를 한 수익자는 낙약자에게 직접 그 이행을 청구할 수 있을 뿐만 아니라, 요약자가 계약을 해제한 경우에는 낙약자에게 자기가 입은 손해의 배상을 청구할 수 있다(대판 1994.8.12. 92다41559 – 수익자가 완성된 목적물의 하자로 인하여 손해를 입었다면 낙약자인 수급인은 그 손해를 배상할 의무가 있다는 判例)

14

20사무관

수익의 의사표시에 의하여 제3자의 권리가 생긴 후에는 당사자(요약자 및 낙약자)는 이를 변경 또는 소멸시키지 못한다. O | X

정답 | 06 × 07 ○ 08 ○ 09 × 10 × 11 ○ 12 × 13 × 14 ○

15 13서기보, 13법원행시

제3자를 위한 계약관계에서 수익자가 낙약자에게 수익의 의사표시를 한 이후에는 특별한 사정이 없는 한 요약자와 낙약자는 합의해제를 할 수 없고, 합의해제를 하더라도 수익자가 취득한 권리에 영향을 미치지 못한다. O | X

> 해설 **14 15 제541조(제3자의 권리의 확정)** 제539조의 규정에 의하여 제3자의 권리가 생긴 후에는 당사자는 이를 변경 또는 소멸시키지 못한다.
> 제3자를 위한 계약에 있어서, 제3자가 민법 제539조 제2항에 따라 수익의 의사표시를 함으로써 제3자에게 권리가 확정적으로 귀속된 경우에는, 요약자와 낙약자의 합의에 의하여 제3자의 권리를 변경·소멸시킬 수 있음을 미리 유보하였거나, 제3자의 동의가 있는 경우가 아니면 계약의 당사자인 요약자와 낙약자는 제3자의 권리를 변경·소멸시키지 못하고, 만일 계약의 당사자가 제3자의 권리를 임의로 변경·소멸시키는 행위를 한 경우 이는 제3자에 대하여 효력이 없다(대판 2002. 1.25. 2001다30285).

16 16법원행시

요약자나 낙약자는 제3자를 위한 계약이 통정허위표시로서 무효라는 이유로 선의의 수익자에게 대항하지 못한다. O | X

17 09법원행시

당사자 일방이 계약을 해제한 때에는 각 당사자는 그 상대방에 대하여 원상회복의 의무가 있으나 제3자의 권리를 해하지 못한다고 할 때, 제3자를 위한 계약에서의 제3자는 여기의 제3자에 해당되지 않는다. O | X

> 해설 **16** 제3자를 위한 계약에 있어서 수익자는 계약의 당사자는 아니나 그가 취득하는 권리는 계약으로부터 직접 생기는 것이므로, 제3자의 보호규정(제107조 제2항·제108조 제2항·제109조 제2항·제110조 제3항·제548조 제1항 단서) 상 보호받는 제3자는 아니다.
>
> **17 제3자를 위한 계약에서의 제3자가 계약해제시 보호되는 민법 제548조 제1항 단서의 제3자에 해당하지 않음**은 물론이나, 그렇다고 당연히 계약해제로 인한 원상회복의무를 부담해야 하는 것은 아니고, 또한 낙약자는 미지급급부에 대해서는 민법 제542조에 따라 계약해제에 따른 항변으로 제3자에게 그 지급을 거절할 수 있는 것이나, 이는 이미 지급한 급부에 대해 계약해제에 따른 원상회복을 구하는 것과는 다른 경우로서 동일한 법리가 적용될 수는 없는 것이다(대판 2005.7.22. 2005다7566).

18 13서기보, 18/19법무사

매도인 甲과 매수인 乙이 매매계약을 체결하면서 매매대금을 丙에게 지급하기로 하는 제3자를 위한 계약을 체결하고 그 후 乙이 그 매매대금을 丙에게 지급하였는데, 위 매매계약이 무효가 된 경우 특별한 사정이 없는 한 乙은 丙에게 매매대금 상당액의 부당이득반환을 구할 수 있다. O | X

해설 제3자를 위한 계약에서 기본관계가 무효인 경우 급부 청산관계의 당사자: 이미 이행한 것이 '금전의 지급'인 경우
判例는 낙약자가 수익자에게 이미 이행한 것이 **'금전의 지급'**인 경우, **"제3자를 위한 계약관계에서 낙약자와 요약자 사이의 법률관계(이른바 기본관계)를 이루는 계약이 해제된 경우, 그 계약관계의 청산은 계약의 당사자인 낙약자와 요약자 사이에 이루어져야** 하므로, 특별한 사정이 없는 한, 낙약자가 이미 제3자에게 급부한 것이 있더라도 낙약자는 계약해제에 기한 원상회복 또는 부당이득을 원인으로 제3자를 상대로 그 반환을 구할 수 없다."(대판 2005.7.22. 2005다7566,7573; 기본관계가 무효 또는 취소된 경우에도 마찬가지이다. 대판 2010.8.19. 2010다31860,31877 참고)고 판시하였다.

판례검토 제3자를 위한 계약에 따른 낙약자의 수익자에 대한 급부는, 낙약자의 요약자에 대한 급부, 요약자의 수익자에 대한 급부의 단축급부의 실질을 갖는다. 즉 낙약자가 수익자에게 급부하더라도 이는 실질적으로 요약자에 대한 급부로 보아야 한다. 따라서 기본관계가 해제되는 경우 그 청산은 낙약자와 요약자 사이에 이루어져야 하므로 判例의 입장이 타당하다(통설).

비교 이미 이행한 것이 물건(특히 등기)인 경우
이미 이행한 것이 동산 또는 부동산의 소유권 이전이면 '물권행위의 유인성'에 의하여 소유권변동이 소급적으로 무효가 되므로 낙약자가 소유권을 회복한다. 따라서 낙약자는 수익자에게 직접 그 반환 또는 말소등기를 할 수 있다.

19

출제예상

제3자를 위한 유상·쌍무계약의 경우, 요약자는 낙약자가 채무를 이행하지 않으면 제3자의 동의 없이도 계약을 해제할 수 있다. O | X

해설 제3자를 위한 유상·쌍무계약의 경우 특별한 사정이 없는 한 낙약자의 귀책사유로 인한 이행불능 또는 이행지체가 있을 때 요약자의 해제권이 허용되지 않는 독립된 권리를 제3자에게 부여하는 계약당사자의 의사라 볼 수 없고, 또한 요약자가 낙약자에게 반대급부 의무를 부담하고 있는 경우에 이러한 해제권을 허용치 아니함은 부당한 결과를 가져온다 할 것이므로 위와 같은 **이행불능 또는 이행지체가 있을 때에는 요약자는 제3자의 동의 없이 계약당사자로서 계약을 해제할 수 있다**(대판 1970.2.24. 69다1410,1411)

20

13서기보, 16법원행시

요약자의 채무불이행으로 인하여 낙약자가 계약을 해제한 경우에는 낙약자는 제3자에 대하여 계약의 해제로 인한 원상회복을 청구할 수 있다. O | X

해설 제3자를 위한 계약에서 기본관계가 해제된 경우 급부 청산관계의 당사자
제3자를 위한 계약관계에서 낙약자와 요약자 사이의 법률관계(이른바 기본관계)를 이루는 계약이 해제된 경우, 계약관계의 청산은 계약의 당사자인 낙약자와 요약자 사이에 이루어져야 하므로, 특별한 사정이 없는 한, 낙약자가 이미 제3자에게 급부한 것이 있더라도 낙약자는 계약해제에 기한 원상회복 또는 부당이득을 원인으로 제3자를 상대로 그 반환을 구할 수 없다(대판 2005.7.22. 2005다7566,7573).

정답 | 15 ○ 16 × 17 ○ 18 × 19 ○ 20 ×

21 출제예상

매도인 甲과 매수인 乙이 토지거래허가구역 내 토지에 관한 매매계약을 체결하면서 매매대금을 丙에게 지급하기로 하는 제3자를 위한 계약을 체결하고 그 후 乙이 그 매매대금을 丙에게 지급하였는데, 토지거래허가를 받지 않아 유동적 무효였던 위 매매계약이 확정적으로 무효가 된 경우, 乙은 丙을 상대로 매매대금 상당액의 부당이득반환을 청구할 수 있다. O | X

해설 제3자를 위한 계약에서 기본관계가 무효인 경우 급부의 청산

계약의 일방 당사자가 계약 상대방의 지시 등으로 급부과정을 단축하여 계약 상대방과 또 다른 계약관계를 맺고 있는 제3자에게 직접 급부한 경우, 그 급부로써 급부를 한 계약 당사자의 상대방에 대한 급부가 이루어질 뿐 아니라 그 상대방의 제3자에 대한 급부로도 이루어지는 것이므로 계약의 일방 당사자는 제3자를 상대로 법률상 원인 없이 급부를 수령하였다는 이유로 부당이득반환청구를 할 수 없다(대판 2008.9.11. 2006다46278).

➡ 매도인 甲과 매수인 乙이 토지거래허가구역 내 토지의 지분에 관한 매매계약(기본관계)을 체결하면서 매매대금을 丙에게 지급하기로 하는 제3자를 위한 계약을 체결하고 그 후 매수인 乙이 그 매매대금을 丙에게 지급하였는데, 토지거래허가를 받지 않아 유동적 무효였던 위 매매계약이 확정적으로 무효가 된 경우, **그 계약관계의 청산은 요약자인 甲과 낙약자인 乙 사이에 이루어져야 하므로, 특별한 사정이 없는 한 乙은 丙에게 매매대금 상당액의 부당이득반환을 구할 수 없다.**

참고판례 매수인이 지급한 계약금은 그 계약이 유동적 무효상태로 있는 한 이를 부당이득으로 반환을 구할 수 없고, 유동적 무효상태가 확정적으로 무효로 되었을 때 비로소 부당이득으로 그 반환을 구할 수 있다(대판 1993.7.27. 91다33766).

정답 | 21 ×

제4절 계약의 해제(해지)

01 20서기보

계약의 해제와 해제조건의 성취는 서로 법적 성격이 다르기는 하지만 그 효과는 같다. O | X

해설 **해제의 효과**에 관하여는 判例는 "우리의 법제가 물권행위의 독자성과 무인성을 인정하고 있지 않는 점과 제548조 1항 단서가 거래안전을 위한 특별규정이란 점을 생각할 때 계약이 해제되면 그 계약의 이행으로 변동이 생겼던 물권은 당연히 그 계약이 없었던 원상태로 복귀한다 할 것이다."(대판 1977.5.24. 75다1394)라고 판시하여 **계약관계의 소급적 소멸**로 이론구성하는 직접효과설의 입장이다.
그러나 **해제조건부 법률행위는 조건이 성취된 때로부터 효력을 잃는다**(제147조 제2항). 이러한 조건성취의 효과는 **원칙적으로 소급하지 않으나**, 당사자가 조건성취의 효력을 그 성취 전에 소급하게 할 의사를 표시한 때에는 그 의사에 의한다(제147조 제3항).
➡ 이처럼 **계약의 해제와 해제조건의 성취는 법적 성격이 다르므로 그 효과도 동일하다고 볼 수 없다.**

02 18주사보

계약금의 교부가 매매의 성립요건은 아니다. O | X

해설 계약금계약의 법적 성질
계약금계약은 금전 등의 교부를 요건으로 하는 요물계약이고, 매매 기타의 계약에 종된 계약이다. 따라서 주된계약인 매매계약과 계약금계약은 별개의 계약에 해당하므로 매매계약의 성립요건은 아니다.

03 21법원행시

유상계약을 체결함에 있어서 계약금이 수수된 경우 계약금은 해약금의 성질을 가지고 있어서, 이를 위약금으로 하기로 하는 특약이 없는 이상 계약이 당사자 일방의 귀책사유로 인하여 해제되었다 하더라도 상대방은 계약불이행으로 입은 실제 손해만을 배상받을 수 있을 뿐 계약금이 위약금으로서 상대방에게 당연히 귀속되는 것은 아니다. O | X

해설 대판 1979.4.24. 79다217 참조

04 18사무관

매매의 당사자 일방이 계약 당시에 금전 기타 물건을 계약금, 보증금 등의 명목으로 상대방에게 교부한 때에는 당사자간에 다른 약정이 없는 한 당사자의 일방이 이행에 착수할 때까지 교부자는 이를 포기하고 수령자는 그 배액을 상환하여 매매계약을 해제할 수 있다. O | X

정답 | 01 × 02 ○ 03 ○ 04 ○

05

16주사보

매매에 있어서 계약금의 교부는 해제권의 발생을 저지하는 당사자 간의 '다른 약정'이 없는 한 해제권을 유보하는 의미의 효력을 가진다. O | X

해설 **04 05 제565조(해약금)** ① 매매의 당사자 일방이 계약당시에 금전 기타 물건을 계약금, 보증금등의 명목으로 상대방에게 교부한 때에는 당사자간에 다른 약정이 없는 한 당사자의 일방이 이행에 착수할 때까지 교부자는 이를 포기하고 수령자는 그 배액을 상환하여 매매계약을 해제할 수 있다.

➡ 계약금에 기한 해제권을 행사하기 위해서는 ⅰ) 계약금이 전부 교부되어야 하고(대판 2008.3.13. 2007다73611), ⅱ) 제565조의 해약권을 배제하는 다른 약정이 없어야 하며(대판 2009.4.23. 2008다50615), ⅲ) 당사자 일방이 이행에 착수할 때까지 ⅳ) 교부자는 계약금을 포기하고 수령자는 그 배액을 상환하여 매매계약을 해제할 수 있다(제565조 제1항).

06

15서기보

매매당사자 사이에 수수된 계약금에 대하여 매수인이 위약하였을 때에는 이를 무효로 하고 매도인이 위약하였을 때에는 그 배액을 상환할 뜻의 약정이 있는 경우에는 특별한 사정이 없는 한 그 계약금은 민법 제398조 제1항 소정의 손해배상액의 예정의 성질을 가질 뿐 아니라 민법 제565조 소정의 해약금의 성질도 가진다. O | X

07

20법무사

매매계약 체결시 수수된 계약금에 대하여 매수인이 위약하였을 때에는 계약금을 매도인이 취득하고, 매도인이 위약하였을 때에는 매수인에게 계약금의 배액을 변상한다는 특약을 한 경우 계약금은 더 이상 해약금으로서 기능할 수 없으므로 매도인이 이행에 착수하기 전이라 하더라도 매수인은 계약금을 포기하고 임의로 계약을 해제할 수 없다. O | X

해설 **06 07** 배상액의 예정으로서의 계약금

判例는 '위약시에는 교부자는 그것을 몰수당하고 교부받은 자는 그 배액을 상환한다'는 특약이 있는 경우, 判例는 "특별한 사정이 없는 한 그 계약금은 민법 제565조가 규정하는 해약금으로서의 성질과 아울러 제398조 1항의 손해배상액의 예정의 성질도 가진다."고 판시하였다(대판 1992.5.12. 91다2151).

08

16법원행시, 17/20법무사, 18사무관

매수인이 약정한 계약금의 일부만을 지급한 경우 계약금을 전부 지급하기 전까지는 매도인은 지급받은 계약금의 배액을 상환하고 매매계약을 해제할 수 있다. O | X

09

19서기보

계약금계약은 금전 기타 유가물의 교부를 요건으로 하므로, 단지 계약금을 지급하기로 약정만 한 단계에서는 아직 계약금의 효력으로 계약을 해제할 수 있는 권리는 발생하지 않는다. O | X

10

19서기보

계약금의 일부만이 지급된 경우 해약금의 기준이 되는 금원은 실제 교부받은 계약금이 아니라 약정 계약금이므로, 매도인이 약정한 계약금의 일부만을 지급받은 경우 지급받은 금원의 배액을 상환하는 것으로는 매매계약을 해제할 수 없다. O | X

11

17/18주사보, 18사무관, 19법원행시

계약금 일부만 지급된 경우 수령자가 매매계약을 해제할 수 있다고 하더라도 해약금의 기준이 되는 금원은 '약정 계약금'이 아니라 '실제 교부받은 계약금'이라고 봄이 타당하므로, 매도인이 계약금의 일부로서 지급받은 금원의 배액을 상환하는 것으로는 매매계약을 해제할 수 있다. O | X

해설 **08 09 10 11** **① 계약금 지급약정만 한 단계에서 제565조 1항의 계약해제권이 발생하는지 여부**

㉠ **계약이 일단 성립한 후에는 당사자의 일방이 이를 마음대로 해제할 수 없는 것이 원칙**이고, 다만 주된 계약과 더불어 계약금계약을 한 경우에는 민법 제565조 제1항의 규정에 따라 임의 해제를 할 수 있기는 하나, **계약금계약은 금전 기타 유가물의 교부를 요건으로 하므로 단지 계약금을 지급하기로 약정만 한 단계에서는 아직 계약금으로서의 효력, 즉 위 민법 규정에 의해 계약해제를 할 수 있는 권리는 발생하지 않는다**고 할 것이다. 따라서 당사자가 계약금의 일부만을 먼저 지급하고 잔액은 나중에 지급하기로 약정하거나 계약금 전부를 나중에 지급하기로 약정한 경우, 교부자가 계약금의 잔금이나 전부를 약정대로 지급하지 않으면 상대방은 계약금 지급의무의 이행을 청구하거나 채무불이행을 이유로 계약금약정을 해제할 수 있고, 나아가 위 약정이 없었더라면 주계약을 체결하지 않았을 것이라는 사정이 인정된다면 주계약도 해제할 수도 있을 것이나, **교부자가 계약금의 잔금 또는 전부를 지급하지 아니하는 한 계약금계약은 성립하지 아니하므로 당사자가 임의로 주계약을 해제할 수는 없다** 할 것이다(대판 2008.3.13. 2007다73611).

㉡ 아울러 계약금의 일부만 지급된 경우 매도인(수령자)이 매매계약을 해제할 수 있다고 하더라도 **해약금의 기준이 되는 금원**은 '실제 교부받은 계약금'이 아니라 '**약정 계약금**'이다(대판 2015.4.23. 2014다231378).

② 계약금계약의 불이행과 계약해제

계약금계약도 하나의 계약이므로 지급하기로 약정한 계약금을 지급하지 않은 경우 계약금계약을 해제할 수 있고, 나아가 위 약정이 없었더라면 주계약을 체결하지 않았을 것이라는 사정이 인정된다면 주계약도 해제할 수 있다(위 2007다73611 판결).

12

19서기보

매매계약의 당사자 일방이 계약금을 상대방에게 교부하였을 때에는 당사자 간에 다른 약정이 없는 한 매매계약 쌍방 당사자 중 어느 일방이라도 이행에 착수하였다면 그 당사자나 상대방이 계약금의 배액상환 또는 포기로서 해제권을 행사할 수 없다 할 것이고, 여기에서 이행에 착수한다는 것은 객관적으로 외부에서 인식할 수 있는 정도로 채무의 이행행위의 일부를 행하거나 또는 이행을 하는데 필요한 전제행위를 하는 것을 말하는 것으로서 단순히 이행의 준비만으로는 부족하나, 반드시 계약내용에 들어 맞는 이행의 제공의 정도에까지 이르러야 하는 것은 아니라 할 것이다. O | X

해설 대판 1994.11.11. 94다17659 참조

정답 | **05** ○ **06** ○ **07** × **08** × **09** ○ **10** ○ **11** × **12** ○

13

19서기보

매수인은 본인 또는 매도인이 이행에 착수할 때까지는 계약금을 포기하고 계약을 해제할 수 있는바, 이행에 착수한다는 것은 객관적으로 외부에서 인식할 수 있는 정도로 채무의 이행행위의 일부를 하거나 또는 이행을 하기 위하여 필요한 전제행위를 하는 경우를 말하는 것이다. O | X

> **해설** 이행에 착수할 때까지의 의미
> 이행에 착수한다는 것은 **객관적으로 외부에서 인식할 수 있는 정도로 채무의 이행행위의 일부를 하거나 또는 이행을 하기 위하여 필요한 전제행위를 하는 경우**를 말한다. 따라서 단순히 이행의 준비를 하는 것만으로는 부족하고, 그렇다고 반드시 계약내용에 들어맞는 이행제공의 정도에까지 이르러야 하는 것은 아니다(대판 2008.10.23. 2007다72274).

14

15서기보

매도인이 매매계약의 이행에는 전혀 착수한 바가 없다 하더라도, 중도금을 지급한 매수인은 민법 제565조에 의하여 계약금을 포기하고 매매계약을 해제할 수 없다. O | X

15

14법무사

민법은 매매계약에서 계약금을 교부한 자는 이를 포기하고 계약을 해제할 수 있다고 정하고 있는데, 계약금 교부자도 이행에 착수하면 해약금에 의한 해제는 할 수 없다. O | X

16

13법원행시

매매계약의 일부 이행에 착수한 매수인은 매도인의 이행착수 전에는 임의로 계약금을 포기하고 계약을 해제할 수 있다. O | X

> **해설** **14 15 16 제565조(해약금)** ① **매매의 당사자 일방**이 계약당시에 금전 기타 물건을 계약금, 보증금등의 명목으로 상대방에게 교부한 때에는 당사자간에 다른 약정이 없는 한 당사자의 일방이 이행에 착수할 때까지 교부자는 이를 포기하고 수령자는 그 배액을 상환하여 매매계약을 해제할 수 있다.
> **아직 상대방은 이행에 착수하지 않았지만 스스로는 이미 이행에 착수한 당사자가 계약을 해제할 수 있는지**와 관련하여 判例는 "제565조 1항의 '당사자의 일방'은, 매매 쌍방 중 어느 일방을 지칭하는 것이고 '상대방'으로 국한되지 않는다."(대판 2000.2.11. 99다62074)라고 한다.
> ➡ 중도금을 지급한 매수인은 스스로 이미 이행에 착수한 '당사자'이므로 제565조 제1항에 따른 매매계약을 해제할 수 없다.

17

18사무관

매수인이 계약의 이행에 착수하기 전에는 매도인이 계약금의 배액을 상환하고 계약을 해제할 수 있고, 이 해제는 통고로써 즉시 효력을 발생하며 나중에 계약금 배액의 상환의무를 진다. O | X

해설 매도인이 계약금의 배액을 상환하고 계약을 해제하려고 할 때 해제통고만으로 계약해제의 효력이 발생하는지 여부(소극)
매수인이 계약의 이행에 착수하기 전에는 매도인이 계약금의 배액을 상환하고 계약을 해제할 수 있으나, 이 **해제는 통고로써 즉시 효력을 발생하고 나중에 계약금 배액의 상환의무만 지는 것이 아니라** 매도인이 수령한 계약금의 배액을 매수인에게 상환하거나 적어도 그 이행제공을 하지 않으면 계약을 해제할 수 없다(대판 1992.7.28. 91다33612).

18

19서기보

매매당사자 간에 계약금을 수수하고 계약해제권을 유보한 경우에 매도인이 계약금의 배액을 상환하고 계약을 해제하려면 계약해제 의사표시 이외에 계약금 배액의 이행의 제공이 있어야 하며, 상대방이 이를 수령하지 않는 경우에는 이를 공탁하여야 계약을 해제할 수 있다. O | X

해설 매매당사자 간에 계약금을 수수하고 계약해제권을 유보한 경우에 매도인이 계약금의 배액을 상환하고 계약을 해제하려면 계약해제 의사표시 이외에 계약금 배액의 이행의 제공이 있으면 족하고 **상대방이 이를 수령하지 아니한다 하여 이를 공탁하여야 유효한 것은 아니다**(대판 1992.5.12. 91다2151).

19

11법무사, 18주사보

이행기의 약정이 있는 경우라도 당사자가 채무의 이행기 전에는 착수하지 아니하기로 하는 특약을 하는 등 특별한 사정이 없는 한 이행기 전에 이행에 착수할 수 있고, 이행의 착수가 있는 이상 쌍방은 민법 제565조 해약금에 의한 계약해제를 할 수 없다. O | X

20

20법무사

매도인이 해약금에 기한 해제의 의사표시를 하면서 일정한 기한까지 해약금을 수령하라고 최고하고 그 기한을 넘기면 공탁하겠다고 통지한 후, 중도금 납부기일이 도래하기 전에 매수인이 중도금을 지급하였더라도 매도인의 계약해제권 행사에 영향을 미칠 수 없다. O | X

21

출제예상

매도인 丁과 매수인 戊 사이의 매매계약 체결 후 매매목적물의 시가 상승을 예상한 丁이 戊에게 금액 제시 없이 매매대금의 증액요청을 하였고, 이에 대하여 戊가 확답하지 않은 상태에서 이행기 전 이행착수금지 특약이 없다는 이유로 중도금을 이행기 전에 제공한 경우, 丁은 계약금의 배액을 공탁하여 해제권을 행사할 수 있다. O | X

정답 | 13 ○ 14 ○ 15 ○ 16 × 17 × 18 × 19 ○ 20 ○ 21 ×

해설 **19 20 21** 이행기 전 이행의 착수

① **원칙적 가능**

判例는 "제565조가 해제권 행사의 시기를 당사자의 일방이 이행에 착수할 때까지로 제한한 것은 당사자의 일방이 이미 이행에 착수한 때에는 그 당사자는 그에 필요한 비용을 지출하였을 것이고, 또 그 당사자는 계약이 이행될 것으로 기대하고 있는데 만일 이러한 단계에서 상대방으로부터 계약이 해제된다면 예측하지 못한 손해를 입게 될 우려가 있으므로 이를 방지하고자 함에 있고, 이행기의 약정이 있는 경우라 하더라도 당사자가 채무의 이행기 전에는 착수하지 아니하기로 하는 특약을 하는 등 '특별한 사정이 없는 한' 이행기 전에 이행에 착수할 수 있다."라고 판시하면서, **"매매계약의 체결 이후 시가 상승이 예상되자 매도인이 매매대금의 증액요청**을 하였고, 매수인은 이에 대하여 확답하지 않고 중도금을 이행기 전에 제공한 경우, 시가 상승만으로 매매계약의 기초적 사실관계가 변경되었다고 볼 수 없고, 이행기 전의 이행의 착수가 허용되어서는 안 될 만한 불가피한 사정이 있는 것도 아니므로 그 이후 매도인이 계약금의 배액을 제공하여 해제권을 행사할 수는 없다."(대판 2006.2.10. 2004다11599)라고 한다.

② **예외적 불가능**

여기서 **특별한 사정**이란 예컨대 **중도금지급기일이 매도인을 위하여서도 기한의 이익이 있는 때**를 말한다. 즉, 判例에 따르면 "매도인이 제565조에 의하여 계약금의 배액을 제공하고 계약을 해제하고자 하는 경우에 이 해약금의 제공이 적법하지 못하였다면 해제권을 보유하고 있는 기간 안에 적법한 제공을 한 때에 계약이 해제된다고 볼 것이고, 매도인이 매수인에게 계약을 해제하겠다는 의사표시를 하고 일정한 기한까지 해약금의 수령을 최고하였다면, 중도금 등 지급기일은 매도인을 위하여서도 기한의 이익이 있는 것이므로 매수인은 매도인의 의사에 반하여 이행할 수 없다."(대판 1997.6.27. 97다9369; 아래 92다31323 판결)라고 한다.

22

11/15서기보, 15법무사

토지거래허가구역 내 토지에 관하여 매매계약을 체결하고 계약금만 주고받은 상태에서 당사자가 토지거래허가신청을 하고 이에 따라 관할관청으로부터 그 허가를 받았다 하더라도, 그러한 사정만으로는 민법 제565조에 의한 해제권의 행사가 부정되지 않는다. O | X

해설 이행의 착수 부정례

허가구역으로 지정된 구역 안에 위치한 토지에 관하여 매매계약이 체결된 경우 당사자는 그 매매계약이 효력이 있는 것으로 완성될 수 있도록 서로 **협력할 의무가 있지만, 이러한 의무는 그 매매계약의 효력으로서 발생하는 매도인의 재산권이전의무나 매수인의 대금지급의무와는 달리 신의칙상의 의무에 해당**하는 것이어서 당사자 쌍방이 위 협력의무에 기초해 토지거래허가신청을 하고 이에 따라 관할관청으로부터 그 허가를 받았다 하더라도, 아직 그 단계에서는 당사자 쌍방 모두 매매계약의 효력으로서 발생하는 의무를 이행하였거나 이행에 착수하였다고 할 수 없다(대판 2009.4.23. 2008다62427).

23

출제예상

토지거래허가구역 내의 토지매매가 아직 관할청의 허가를 받지 못하여 유동적 무효 상태에 있는 경우라면, 매도인은 계약금의 배액을 상환하고 매매계약을 해제할 수 없다. O | X

해설 유동적 무효 상태인 매매계약에 있어서 매도인이 민법 제565조 제1항에 의하여 받은 계약금의 배액을 상환하고 계약을 해제할 수 있는지 여부(적극)

매매 당사자 일방이 계약 당시 상대방에게 계약금을 교부한 경우 당사자 사이에 다른 약정이 없는 한 당사자 일방이 계약 이행에 착수할 때까지 계약금 교부자는 이를 포기하고 계약을 해제할 수 있고, 그 상대방은 계약금의 배액을 상환하고 계약을 해제할 수 있음이 계약 일반의 법리인 이상, 특별한 사정이 없는 한 국토이용관리법상의 토지거래허가를 받지 않아 **유동적 무효 상태인 매매계약에 있어서도 당사자 사이의 매매계약은 매도인이 계약금의 배액을 상환하고 계약을 해제함으로써 적법하게 해제된다**(대판 1997.6.27. 97다9369).

24

15서기보

매도인이 매수인에 대하여 매매계약의 이행을 최고하고, 매매잔대금의 지급을 구하는 소송을 제기하였다면 이행에 착수한 것이 되므로 매수인은 민법 제565조에 의하여 계약금을 포기하고 매매계약을 해제할 수 없다. O | X

해설 이행의 착수 부정례
매도인이 매수인에 대하여 매매계약의 이행을 최고하고 매매잔대금의 지급을 구하는 소를 제기한 것만으로는 이행에 착수하였다고 볼 수 없다(대판 2008.10.23. 2007다72274,72281).

➡ 따라서 매수인은 민법 제565조에 의하여 계약금을 포기하고 매매계약을 해제할 수 있다.

25

16서기보

유동적 무효상태에 있는 계약을 체결한 당사자는 쌍방 그 계약이 효력 있는 것으로 완성될 수 있도록 서로 협력할 의무가 있다고 할 것이며, 매도인이 임의로 계약금을 지급하였다면 그 계약이 유동적 무효상태로 있는 한 이를 부당이득으로 반환을 구할 수는 없다. O | X

해설 매수인이 지급한 계약금은 그 계약이 유동적 무효상태로 있는 한 이를 부당이득으로 반환을 구할 수 없고, 유동적 무효상태가 확정적으로 무효로 되었을 때 비로소 부당이득으로 그 반환을 구할 수 있다(대판 1993.7.27. 91다33766).

26

12법무사, 12법원행시

유상계약을 체결함에 있어서 계약금이 수수되었다고 하더라도, 이를 위약금으로 하기로 하는 특약이 있는 경우에 한하여 민법 제398조 제4항에 의하여 손해배상액의 예정으로서의 성질을 가진 것으로 볼 수 있을 뿐이고, 그와 같은 특약이 없는 경우에는 그 계약금을 손해배상액의 예정으로 볼 수 없다. O | X

해설 대판 1996.6.14. 95다11429

27

14/20법무사, 17법원행시

유상계약을 체결함에 있어서 계약금이 수수된 경우 계약금은 해약금의 성질을 가지고 있어서 이를 위약금으로 하는 특약이 없는 이상 계약이 당사자 일방의 귀책사유로 인하여 해제되었다 하더라도 상대방은 계약불이행으로 입은 실제 손해만을 배상받을 수 있을 뿐 계약금이 위약금으로서 상대방에게 당연히 귀속되는 것은 아니다. O | X

해설 대판 2010.4.29. 2007다24930

정답 | 22 ○ 23 × 24 × 25 ○ 26 ○ 27 ○

28

18주사보, 20법무사

위약금은 채무불이행의 경우에 채무자가 채권자에게 지급하기로 약정한 금전을 말하는데, 그 약정의 목적은 손해배상액의 예정인 경우도 있고, 위약벌인 경우도 있으나, 당사자 간에 다른 약정이 없으면 위약벌로 추정된다. O | X

해설 위약금이 위약벌로 해석되기 위한 요건
위약금은 민법 제398조 제4항에 의하여 손해배상액의 예정으로 추정되므로 위약금이 위약벌로 해석되기 위하여는 특별한 사정이 주장·입증되어야 한다(대판 2009.12.24. 2009다60169).

29

13/19법무사, 14법원행시

위약금은 민법 제398조 제4항에 의하여 손해배상액의 예정으로 추정되므로 위약금이 위약벌로 해석되기 위하여는 특별한 사정이 주장·입증되어야 하는바, 당사자 사이의 도급계약서에 계약보증금 외에 지체상금도 규정되어 있다는 점만을 이유로 하여 계약보증금을 위약벌로 보기는 어렵다. O | X

해설 도급계약서상 계약이행보증금과 지체상금이 함께 규정되어 있는 것만으로 계약이행보증금을 위약벌로 볼 수 있는지 여부(소극)
도급계약서 및 그 계약내용에 편입된 약관에 수급인의 귀책사유로 인하여 계약이 해제된 경우에는 계약보증금이 도급인에게 귀속한다는 조항이 있을 때 이 계약보증금이 손해배상액의 예정인지 위약벌인지는 도급계약서 및 위 약관 등을 종합하여 구체적 사건에서 개별적으로 결정할 의사해석의 문제이고, **위약금은 민법 제398조 제4항에 의하여 손해배상액의 예정으로 추정되므로 위약금이 위약벌로 해석되기 위하여는 특별한 사정이 주장·입증되어야 하는바, 당사자 사이의 도급계약서에 계약보증금 외에 지체상금도 규정되어 있다는 점만을 이유로 하여 계약보증금을 위약벌로 보기는 어렵다**(대판 2000.12.28. 2000다35771).

30

12/16주사보

매도인이 계약을 위반할 때에는 매수인에게 계약금의 배액을 지급하고, 매수인이 위반할 때에는 계약금의 반환청구권을 상실하기로 약정하였다면 이는 매매계약에 따른 불이행에 대한 위약금약정을 한 것으로 보아야 한다. O | X

해설 매매계약을 체결함에 있어 당사자 사이에 계약금을 수수하면서 매도인이 위 계약을 위반할 때에는 매수인에게 계약금의 배액을 지급하고 매수인이 이를 위반할 때에는 계약금의 반환청구권을 상실하기로 약정하였다면 이는 위 매매계약에 따른 채무불이행에 대한 위약금의 약정을 한 것으로 보아야 할 것이고 이러한 약정은 특단의 사정이 없는 한 손해배상액 예정의 성질을 지닌다(대판 1989.12.12. 89다카10811).

31

12/16주사보

당사자 사이에 채무불이행이 있으면 위약금을 지급하기로 하는 약정이 있는 경우에 위약금이 손해배상액의 예정인지 위약벌인지는 의사해석의 문제이고, 위약금은 민법 제398조 제4항에 의하여 손해배상액의 예정으로 추정되지만, 하나의 계약에 채무불이행으로 인한 손해의 배상에 관하여 손해배상예정에 관한 조항이 따로 있다거나 실손해의 배상을 전제로 하는 조항이 있고 그와 별도로 위약금 조항을 두고 있어서 위약금 조항을 손해배상액의 예정으로 해석하게 되면 이중배상이 이루어지는 등의 사정이 있을 때에는 위약금은 위약벌로 보아야 한다. O | X

해설 대판 2016.7.14. 2013다82944

32

11법무사, 16사무관, 18/20법원행시

공사도급계약상 위약벌 약정은 채무의 이행을 확보하기 위해서 정해지는 것이지만, 도급인의 이익에 비하여 약정된 벌이 과도하게 무거울 때에는 손해배상액의 예정에 관한 민법 제398조 제2항을 유추적용하여 그 액을 감액할 수 있다. O | X

해설 대판 2015.12.10. 2011다14511

33

14법무사, 16/17주사보

민법은 해약금에 의한 해제의 경우에 손해배상청구권은 발생하지 않는다고 규정하고 있다. 따라서 해약금에 의하여 해제한 경우에는 손해배상의 문제는 생기지 않는다. O | X

해설 **제565조(해약금)** ① 매매의 당사자 일방이 계약당시에 금전 기타 물건을 계약금, 보증금등의 명목으로 상대방에게 교부한 때에는 당사자간에 다른 약정이 없는 한 당사자의 일방이 이행에 착수할 때까지 교부자는 이를 포기하고 수령자는 그 배액을 상환하여 매매계약을 해제할 수 있다.
② 제551조의 규정은 전항의 경우에 이를 적용하지 아니한다.

34

15법원행시, 20서기보

채무불이행을 이유로 계약을 해제하려면, 채무불이행은 주된 채무에 관한 것이어야 하고, 부수적 채무의 불이행은 원칙적으로 해제권을 발생시키지 않는다. O | X

해설 채무불이행을 이유로 매매계약을 해제하려면, 당해 채무가 매매계약의 목적 달성에 있어 필요불가결하고 이를 이행하지 아니하면 매매계약의 목적이 달성되지 아니하여 매도인이 매매계약을 체결하지 아니하였을 것이라고 여겨질 정도의 주된 채무이어야 하고, 그렇지 아니한 부수적 채무를 불이행한 데에 지나지 아니한 경우에는 매매계약 전부를 해제할 수 없으며, 계약상의 많은 의무 가운데 주된 채무와 부수적 채무를 구별함에 있어서는 급부의 독립된 가치와는 관계없이 계약을 체결할 때 표명되었거나 그 당시 상황으로 보아 분명하게 객관적으로 나타난 당사자의 합리적 의사에 의하여 결정하되, 계약의 내용·목적·불이행의 결과 등의 여러 사정을 고려하여야 한다(대결 1997.4.7. 97마575).

정답 | **28** × **29** ○ **30** ○ **31** ○ **32** × **33** ○ **34** ○

35 11서기보

전대차계약을 체결한 후 중도금 수수시에 비로소 전차보증금의 반환을 담보하기 위하여 전대인이 그 소유부동산에 근저당권을 설정하여 주기로 약정한 경우, 전대인의 근저당권설정등기의무가 전대차계약에서의 주된 의무라고 보기 어렵다. O | X

> 해설 전대차계약을 체결한 후 중도금 수수시에 비로소 전차보증금의 반환을 담보하기 위하여 전대인이 그 소유 부동산에 근저당권을 설정하여 주기로 약정한 경우, 근저당권설정약정이 이미 전대차계약이 체결된 후에 이루어진 점에서 전대인의 근저당권설정약정이 없었더라면 전차인이 전대인과 사이에 전대차계약을 체결하지 않았으리라고 보기 어려울 뿐 아니라, 전대인의 근저당권설정등기의무가 전대차계약의 목적달성에 필요불가결하다거나 그 의무의 이행이 없으면 전대차계약이 목적을 달성할 수 없다고 볼 만한 사정을 찾아볼 수 없으므로 **전대인의 근저당권설정등기의무가 전대차계약에서의 주된 의무라고 보기 어렵고, 따라서 전차인은 전대인이 약정대로 근저당권을 설정하여 주지 않았음을 이유로 전대차계약을 해지할 수 없다**(대판 2001.11.13. 2001다20394).

36 출제예상

계약당사자 중 어느 일방에 대한 약정해제권의 유보 또는 위약벌에 관한 특약의 유무 등은 채무불이행으로 인한 법정해제권의 성립에 영향을 미치지 않는다. O | X

> 해설 계약서에 명문으로 위약시의 법정해제권의 포기 또는 배제를 규정하지 않은 이상 계약당사자 중 어느 일방에 대한 약정해제권의 유보 또는 위약벌에 관한 특약의 유무 등은 채무불이행으로 인한 법정해제권의 성립에 아무런 영향을 미칠 수 없다(대판 1990.3.27. 89다카14110).

37 15주사보

당사자 일방이 그 채무를 이행하지 아니하는 때에는 상대방은 상당한 기간을 정하여 그 이행을 최고하고 그 기간 내에 이행하지 아니한 때에는 계약을 해제할 수 있으나, 채무자가 미리 이행하지 아니할 의사를 표시한 경우에는 최고를 요하지 아니한다. O | X

38 14서기보

채권자가 채무자에게 지급하여야 할 채무의 이행을 최고한 것을 부적법한 이행의 최고라고 할 수는 없다고 할지라도 그 이행을 지체하게 된 전후 사정, 그 이행에 관한 당사자의 태도, 소송의 경과 등 제반 사정에 비추어 보아 채무자가 최고기간 또는 상당한 기간 내에 이행하지 아니한 데에 정당한 사유가 있다고 여겨질 경우에는 신의칙상 그 최고기간 또는 상당한 기간 내에 이행 또는 이행의 제공이 없다는 이유로 해제권을 행사하는 것이 제한될 수 있다. O | X

> 해설 **37 제544조(이행지체와 해제)** 당사자 일방이 그 채무를 이행하지 아니하는 때에는 상대방은 상당한 기간을 정하여 그 이행을 최고하고 그 기간내에 이행하지 아니한 때에는 계약을 해제할 수 있다. 그러나 채무자가 미리 이행하지 아니할 의사를 표시한 경우에는 최고를 요하지 아니한다.

38 최고기간이 지나도록 채무자가 이행을 하지 않으면 해제권이 발생하지만, 최고를 요하지 않는 경우에는 이행지체가 있으면 곧바로 해제권이 발생한다. 그러나 해제권이 발생할 뿐이고, 그에 의하여 당연히 계약이 해소되는 것은 아니므로, 해제권을 행사하기 전에 채무자가 이행 또는 이행제공을 하면(지체로 인하여 손해가 생긴 경우에는 그 손해도 아울러 배상하면서) 해제권은 소멸한다. 다만 '이행의 최고를 한 채무의 액수에 대해 불확정적인 부분인 부분이 있는 경우'와 같이 이행하지 않는 것에 정당한 사유가 있는 경우에는 '신의칙상' 해제권을 행사하는 것이 제한될 수 있다(대판 2013.6.27. 2013다14880).

39

13법무사, 15주사보, 17사무관

계약의 성질 또는 당사자의 의사표시에 의하여 일정한 시일 또는 일정한 기간 내에 이행하지 아니하면 계약의 목적을 달성할 수 없을 경우에 당사자 일방이 그 시기에 이행하지 아니한 때에는 상대방은 최고를 하지 아니하고 계약을 해제할 수 있다. O | X

40

11주사보

정기행위에서 채무불이행이 있으면 최고는 요하지 않지만 해제의 의사표시는 하여야 한다. O | X

해설 **39 40 제545조(정기행위와 해제)** 계약의 성질 또는 당사자의 의사표시에 의하여 일정한 시일 또는 일정한 기간 내에 이행하지 아니하면 계약의 목적을 달성할 수 없을 경우에 당사자 일방이 그 시기에 이행하지 아니한 때에는 상대방은 전조의 최고를 하지 아니하고 계약을 해제할 수 있다.

41

18법무사

판례에 의하면, 상당기간을 정하지 않고서 최고를 한 때에는 최고로서의 효력이 없다. O | X

42

14주사보, 20사무관

이행지체를 이유로 하는 계약의 해제에서 그 전제요건인 이행의 최고는 반드시 일정기간을 명시하여 최고하여야 하는 것은 아니고, 최고한 때로부터 상당한 기간이 경과하면 해제권이 발생한다. O | X

해설 **41 42** 쌍무계약의 일방당사자가 이행기에 한 번 이행제공을 하여서 상대방을 이행지체에 빠지게 한 경우, 신의성실의 원칙상 이행을 최고하는 일방당사자로서는 그 채무이행의 제공을 계속할 필요는 없다 하더라도 상대방이 최고기간 내에 이행 또는 이행제공을 하면 계약해제권은 소멸되므로 상대방의 이행을 수령하고 자신의 채무를 이행할 수 있는 정도의 준비 되어 있으면 된다(대판 1982.6.22. 81다카1283,1284).

43

17법무사

판례에 의하면, 채무자가 본래 급부하여야 할 것보다 과대하게 한 과대최고의 경우, 채무자가 본래의 채무를 급부하여도 채권자가 이를 수령하지 않을 것이 예상되는 때에는 최고로서의 효력이 없으므로, 계약해제도 효력이 없다. O | X

정답 | 35 ○ 36 ○ 37 ○ 38 ○ 39 ○ 40 ○ 41 × 42 ○ 43 ○

해설 채무액을 초과하여 과다한 이행을 요구하는 이행최고 및 이에 터잡은 계약해제의 효력
① **채권자의 이행최고가 본래 이행하여야 할 채무액을 초과하는 경우에도 본래 급부하여야 할 수량과의 차이가 비교적 적거나 채권자가 급부의 수량을 잘못 알고 과다한 최고를 한 것으로서 과다하게 최고한 진의가 본래의 급부를 청구하는 취지**라면, 그 최고는 본래 급부하여야 할 수량의 범위 내에서 유효하다고 할 것이나, ② 그 **과다한 정도가 현저하고 채권자가 청구한 금액을 제공하지 않으면 그것을 수령하지 않을 것이라는 의사가 분명한 경우**에는 그 최고는 부적법하고 이러한 최고에 터잡은 계약의 해제는 그 효력이 없다(대판 2004.7.9. 2004다13083).

44

14/17법무사

동시이행의 관계에 있는 쌍무계약에 있어서 상대방의 채무불이행을 이유로 계약을 해제하려고 하는 자는 동시이행에 있는 자기 채무의 이행을 제공하여야 하고, 그 채무를 이행함에 있어 상대방의 행위를 필요로 할 때에는 언제든지 현실로 이행할 수 있는 준비를 완료하고 그 뜻을 상대방에게 통지하여 그 수령을 최고하여야만 상대방으로 하여금 이행지체에 빠지게 할 수 있는 것이며 단순히 이행의 준비태세를 갖추고 있는 것만으로는 안된다. O | X

해설 대판 1992.7.24. 91다38723,38730

45

출제예상

매수인이 중도금지급채무를 불이행하여 매도인이 그 이행을 최고한 경우, 매도인의 최고가 약정된 중도금액보다 현저하게 과다하고, 매도인이 청구한 금액을 제공하지 않으면 그것을 수령하지 않을 것이라는 매도인의 의사가 분명하다면, 위와 같은 최고에 터 잡은 매도인의 계약 해제는 효력이 없다. O | X

해설 채권자의 이행최고가 본래 이행하여야 할 채무액을 초과하는 경우에도 본래 급부하여야 할 수량과의 차이가 비교적 적거나 채권자가 급부의 수량을 잘못 알고 과다한 최고를 한 것으로서 과다하게 최고한 진의가 본래의 급부를 청구하는 취지라면, 그 최고는 본래 급부하여야 할 수량의 범위 내에서 유효하다고 할 것이나, **과다한 정도가 현저하고 채권자가 청구한 금액을 제공하지 않으면 그것을 수령하지 않을 것이라는 의사가 분명한 경우에는 그 최고는 부적법하고, 이러한 최고에 터 잡은 계약해제는 그 효력이 없다**(대판 1994.5.10. 93다47615).

46

16서기보

유동적 무효의 상태에 있는 거래계약의 당사자라도 상대방이 그 거래계약의 효력이 완성되도록 협력할 의무를 이행하지 아니하였음을 들어 일방적으로 유동적 무효의 상태에 있는 거래계약 자체를 해제할 수는 없다. O | X

해설 유동적 무효상태의 계약당사자는 그 계약이 효력 있는 것으로 완성될 수 있도록 서로 '**협력할 의무**'를 부담하므로 계약당사자들은 공동으로 관할관청의 허가를 신청할 의무가 있고, 상대방은 협력의무의 이행을 소송으로 구할 이익이 있다(대판 1991.12.24. 90다12243 전합). 한편 이러한 협력의무 불이행시 상대방은 **손해배상을 청구할 수 있다**(대판 1995.4.28. 93다26397 - 이러한 의무는 견해대립이 있으나 신의칙상 의무이므로 법적 근거는 제750조). 그러나 유동적 무효의 상태에 있는 거래계약의 당사자는 상대방이 그 거래계약의 효력이 완성되도록 협력할 의무를 이행하지 아니하였음을 들어 일방적으로 유동적 무효의 상태에 있는 거래계약 자체를 **해제할 수 없다**(대판 1999.6.17. 98다40459 전합).

47

12법무사

매매목적물인 부동산에 가압류등기가 있는 경우에 매도인의 소유권이전등기의무가 이행불능으로 되었다고 할 것이므로, 매수인은 매도인에게 이행의 최고 없이 계약을 해제할 수 있다. O | X

> **해설** 매매목적물인 부동산에 대한 근저당설정등기나 가압류등기가 말소되지 않은 경우, 매수인이 이를 이유로 계약을 해제하기 위한 요건
> 매매목적물인 부동산에 근저당권설정등기나 가압류등기가 있는 경우에 매도인으로서는 위 근저당권설정등기나 가압류등기를 말소하여 완전한 소유권이전등기를 해 주어야 할 의무를 부담한다고 할 것이지만, 매매목적물인 부동산에 대한 근저당권설정등기나 가압류등기가 말소되지 아니하였다고 하여 바로 매도인의 소유권이전등기의무가 이행불능으로 되었다고 할 수 없고, 매도인이 미리 이행하지 아니할 의사를 표시한 경우가 아닌 한, 매수인이 매도인에게 상당한 기간을 정하여 그 이행을 최고하고 그 기간 내에 이행하지 아니한 때에 한하여 계약을 해제할 수 있다(대판 2003.5.13. 2000다50688).

48

14법무사

매도인이 원소유자에 대하여 가지는 소유권이전등기청구권에 대하여 가압류집행이 되어 있는 경우라도, 매수인은 원칙적으로 매도인의 소유권이전등기의무의 이행불능을 이유로 계약을 해제할 수 없다. O | X

> **해설** 채무의 이행이 불능이라는 것은 단순히 절대적·물리적으로 불능인 경우가 아니라 사회생활에 있어서의 경험법칙 또는 거래상의 관념에 비추어 볼 때 채권자가 채무자의 이행의 실현을 기대할 수 없는 경우를 말하는 것인바, **매매목적물에 대하여 가압류 또는 처분금지가처분 집행이 되어 있다고 하여 매매에 따른 소유권이전등기가 불가능한 것은 아니며**, 이러한 법리는 가압류 또는 가처분 집행의 대상이 매매목적물 자체가 아니라 매도인이 매매목적물의 원소유자에 대하여 가지는 소유권이전등기청구권 또는 분양권인 경우에도 마찬가지이다(대판 2006.6.16. 2005다39211). 즉 매매목적물에 대하여 가압류 집행이 되었다고 하여 매매에 따른 소유권이전등기가 불가능한 것이 아니므로, 이러한 경우 매수인으로서는 신의칙 등에 의해 대금지급채무의 이행을 거절할 수 있음은 별론으로 하고, **매매목적물이 가압류되었다는 사유만으로는 매도인의 계약 위반을 이유로 매매계약을 해제할 수는 없다**(대판 1999.6.11. 99다11045).

49

14사무관, 18주사보

이행불능을 이유로 해제하는 경우 이행의 최고를 할 필요가 없으며, 계약의 일부의 이행이 불능인 경우에는 이행이 가능한 나머지 부분만의 이행으로 계약의 목적을 달성할 수 없는 경우에만 계약 전부의 해제가 가능하다. O | X

> **해설** 대판 1996.2.9. 94다57817 참조

50

11/19사무관, 11/18법무사

계약상 채무자가 계약을 이행하지 아니할 의사를 명백히 표시한 경우라도 채권자는 신의성실의 원칙상 이행기 전에 이행의 최고 없이 채무자의 이행거절을 이유로 계약을 해제할 수는 없다. O | X

정답 | 44 ○ 45 ○ 46 ○ 47 × 48 ○ 49 ○ 50 ×

해설 채무자가 채무를 이행하지 아니할 의사를 명백히 표시한 경우에 채권자는 신의성실의 원칙상 이행기 전이라도 이행의 최고 없이 채무자의 이행거절을 이유로 계약을 해제하거나 채무자를 상대로 손해배상을 청구할 수 있고, 채무자가 채무를 이행하지 아니할 의사를 명백히 표시하였는지 여부는 채무 이행에 관한 당사자의 행동과 계약 전후의 구체적인 사정 등을 종합적으로 살펴서 판단하여야 한다(대판 2007.9.20. 2005다63337).

51

12사무관, 16법무사, 18서기보, 21법원행시

쌍무계약에 있어서 계약당사자 일방은 상대방이 채무를 이행하지 아니할 의사를 명백히 표시한 경우에는 최고나 자기 채무의 이행제공 없이 그 계약을 적법하게 해제할 수 있으나, 그 이행거절의 의사표시가 적법하게 철회된 경우 상대방으로서는 자기 채무의 이행을 제공하고 상당한 기간을 정하여 이행을 최고한 후가 아니면 채무불이행을 이유로 계약을 해제할 수 없다. O | X

해설 채무자가 자신의 채무를 이행하지 아니할 의사를 진지하고 종국적으로 밝힌 '이행거절'의 경우 채권자는 '신의칙상 자기 채무의 이행제공이나 최고 없이도' 계약을 해제할 수 있다(대판 2011.2.10. 2010다77385). 그러나 채무자가 이행제공을 하는 등 거절의사 '철회'의 표현을 적법하게 한 경우라면 채권자는 이행최고나 자기 채무의 이행제공 없이는 그 계약을 해제할 수 없다(대판 2003.2.26. 2000다40995).

52

16서기보

계약 해제의 의사표시는 그 효력이 발생한 이후에는 철회할 수 없음이 원칙이나, 해제의 의사표시에 관하여 무능력, 착오, 사기, 강박 등의 하자가 있는 경우 및 해제의 상대방의 승낙이 있는 경우에는 철회가 가능하다. O | X

해설 **제543조(해지, 해제권)** ① 계약 또는 법률의 규정에 의하여 당사자의 일방이나 쌍방이 해지 또는 해제의 권리가 있는 때에는 그 해지 또는 해제는 상대방에 대한 의사표시로 한다.
② **전항의 의사표시는 철회하지 못한다.**

➡ 해제 의사표시의 철회를 제한하는 것은 계약 해제를 믿는 상대방을 보호하기 위한 것이므로 상대방이 승낙하면 철회할 수 있고, 해제도 의사표시이므로 제한능력, 의사표시의 착오 또는 사기, 강박을 이유로 취소할 수 있다.

53

21사무관

보험계약자 측의 부당한 보험금 청구나 보험금 수령으로 인하여 보험계약의 기초가 되는 신뢰관계가 파괴되어 보험계약의 존속을 기대할 수 없는 중대한 사유가 있음을 이유로 보험자가 보험계약을 해지하기 위해서는 보험자가 보험계약자에게 이를 사전에 설명하여야 한다. O | X

해설 보험계약자 측이 입원치료를 지급사유로 보험금을 청구하거나 이를 지급받았으나 그 입원치료의 전부 또는 일부가 필요하지 않은 것으로 밝혀진 경우, 입원치료를 받게 된 경위, 보험금을 부정 취득할 목적으로 입원치료의 필요성이 없음을 알면서도 입원을 하였는지 여부, 입원치료의 필요성이 없는 입원 일수나 그에 대한 보험금 액수, 보험금 청구나 수령 횟수, 보험계약자 측이 가입한 다른 보험계약과 관련된 사정, 서류의 조작 여부 등 여러 사정을 종합적으로 고려하여 보험계약자 측의 부당한 보험금 청구나 보험금 수령으로 인하여 보험계약의 기초가 되는 신뢰관계가 파괴되어 보험계약의 존속을 기대할 수 없는 중대한 사유가 있다고 인정된다면 보험자는 보험계약을 해지할 수 있고, 위 계약은 장래에 대하여 그 효력을 잃는다. 한편 이러한 해지권은 신의성실의 원칙을 정한 민법 제2조에 근거한 것으로서 보험계약 관계에 당연히 전제된 것이므로, 보험자에게 사전에 설명할 의무가 있다거나 보험자가 이러한 해지권을 행사하는 것이 상법 제663조나 약관의 규제에 관한 법률 제9조 제2호를 위반한 것이라고 볼 수 없다. 보험자가 보험금 지급에 관한 심사를 하는 단계에서 지급요건을 충족하지 못한 것을 밝히지 못하고 보험금을 지급했다는 이유만으로, 보험자가 이러한 해지권을 행사하는 것이 보험계약상 신의성실의 원칙 위반이라고 볼 수도 없다(대판 2020.10.29. 2019다267020).

54

13법무사

이행지체를 이유로 계약을 해제함에 있어 그 전제요건인 이행최고는 미리 일정한 기간을 명시하여 최고하여야 하는 것은 아니고, 최고한 때로부터 상당한 기간이 경과하면 해제권이 발생하는 것이며, 일정한 기간을 정하여 채무이행을 최고함과 동시에 그 기간 내에 이행이 없을 때에는 계약을 해제하겠다는 의사를 표시한 경우에는 그 기간의 경과로 그 계약을 해제된 것으로 볼 수 있다. O | X

해설 ① 이행지체를 이유로 계약을 해제함에 있어 그 전제요건인 이행최고는, 권자가 정한 기간이 '상당한 기간'보다 짧은 경우에도 최고는 유효하며, 다만 '상당한 기간'이 경과한 뒤에 해제권이 생긴다고 새겨야 한다(대판 1979.9.25. 79다1135). 마찬가지로 상당기간을 정하지 않고서 최고를 한 경우에도 상당한 기간이 경과하면 해제권이 발생한다(대판 1990.3.27. 89다카14110). ② 일정한 기간을 정하여 채무이행을 최고함과 동시에 그 기간내에 이행이 없을 때에는 계약을 해제하겠다는 의사를 표시한 경우에는 그 기간의 경과로 그 계약은 해제된 것으로 보아야 한다(대판 1979.9.25. 79다1135,1136).

55

14법무사, 15주사보

하나의 계약에 관하여 당사자 일방이 수인인 경우에 계약의 해제는 전원으로부터 또는 전원에 대하여 하여야 하고, 한편 해제의 권리가 당사자 1인에 대하여 소멸한 때에 다른 당사자에 대하여는 소멸하지 않는다. O | X

56

17사무관

당사자의 일방 또는 쌍방이 수인인 경우에는 계약의 해지나 해제는 그중 1인으로부터 또는 1인에 대하여 하더라도 절대적 효력이 있으므로 해지나 해제의 효력이 발생한다. O | X

57

13법무사

당사자의 일방 또는 쌍방이 수인인 경우에 그중의 1인에 관하여 해제권이 소멸하였다고 하여 다른 당사자에 관하여도 소멸하는 것은 아니다. O | X

정답 | 51 ○ 52 ○ 53 × 54 ○ 55 × 56 × 57 ×

58

출제예상

甲과 乙이 공동으로 丙으로부터 부동산을 매수한 경우, 甲이 단독으로 丙과의 매매계약을 해제할 수 있다는 당사자 간의 약정은 무효이다. O | X

> **해설** **55 56 57 58 제547조(해지, 해제권의 불가분성)** ① 당사자의 일방 또는 쌍방이 수인인 경우에는 계약의 해지나 해제는 그 전원으로부터 또는 전원에 대하여 하여야 한다.
> ② 전항의 경우에 해지나 해제의 권리가 당사자 1인에 대하여 소멸한 때에는 다른 당사자에 대하여도 소멸한다.
> 매도인이 택시의 면허권, 택시차량대금 및 사무실비품 등 일체를 매수인들에게 매도한 후 공동매수인 중 1인인 갑이 약정한 지급기일까지 매매잔대금을 지급하지 않았다는 이유로 갑에 대하여만 매매계약을 해제한다고 주장하는 경우, **매도인이 매수인들과 사이에서 민법 제547조 제1항의 적용을 배제하기로 하였다는 특별한 사정이 없는 한** 매매계약을 해제함에 있어 매수인들 모두에 대하여 그 해제의 의사표시를 하여야 그 효력이 발생한다(대판 1994.11.18. 93다46209).
> ➡ 해제권의 불가분성에 관한 규정은 당사자의 특약으로 배제할 수 있는 임의규정이다.

59

14/20법원행시, 15법무사

매매계약의 일방 당사자가 사망하였고 그에게 여러 명의 상속인이 있는 경우에 그 상속인들이 위 계약을 해제하려면, 상대방과 사이에 다른 내용의 특약이 있다는 등의 특별한 사정이 없는 한, 상속인들 전원이 해제의 의사표시를 하여야 한다.[15법무사,14,20법원행시] O | X

> **해설** 매매계약의 일방 당사자가 사망하여 여러 명의 상속인이 있는 경우, 상속인들이 계약을 해제하기 위한 요건
> 민법 제547조 제1항은 "당사자의 일방 또는 쌍방이 수인인 경우에는 계약의 해지나 해제는 그 전원으로부터 또는 전원에 대하여 하여야 한다.""고 규정하고 있다. 따라서 매매계약의 일방 당사자가 사망하였고 그에게 여러 명의 상속인이 있는 경우에 그 상속인들이 위 계약을 해제하려면, 상대방과 사이에 다른 내용의 특약이 있다는 등의 특별한 사정이 없는 한, 상속인들 전원이 해제의 의사표시를 하여야 한다(대판 2013.11.28. 2013다22812).

60

16법무사

여러 사람이 공동임대인으로서 임차인과 하나의 임대차계약을 체결한 경우, 공동임대인 전원의 해지의 의사표시에 따라 임대차계약 전부를 해지하여야 한다. O | X

> **해설** 여러 사람이 공동임대인으로서 임차인과 하나의 임대차계약을 체결한 경우, 공동임대인 전원의 해지의 의사표시에 따라 임대차계약 전부를 해지하여야 하는지 여부(원칙적 적극) 및 이러한 법리는 임대차목적물 중 일부가 양도되어 임대인의 지위가 승계됨으로써 공동임대인으로 되는 경우에도 마찬가지로 적용되는지 여부(적극)
> 민법 제547조 제1항은 "당사자의 일방 또는 쌍방이 수인인 경우에는 계약의 해지나 해제는 그 전원으로부터 또는 전원에 대하여 하여야 한다."라고 규정하고 있으므로, 여러 사람이 공동임대인으로서 임차인과 하나의 임대차계약을 체결한 경우에는 민법 제547조 제1항의 적용을 배제하는 특약이 있다는 등의 특별한 사정이 없는 한 공동임대인 전원의 해지의 의사표시에 따라 임대차계약 전부를 해지하여야 한다. 이러한 법리는 임대차계약의 체결 당시부터 공동임대인이었던 경우뿐만 아니라 임대차목적물 중 일부가 양도되어 그에 관한 임대인의 지위가 승계됨으로써 공동임대인으로 되는 경우에도 마찬가지로 적용된다(대판 2013.11.28. 2013다22812).

61

18사무관

해제권자의 고의나 과실로 계약 목적물이 현저히 훼손된 때에는 해제권은 소멸한다. O | X

해설 **제553조(훼손 등으로 인한 해제권의 소멸)** 해제권자의 고의나 과실로 인하여 계약의 목적물이 현저히 훼손되거나 이를 반환할 수 없게 된 때 또는 가공이나 개조로 인하여 다른 종류의 물건으로 변경된 때에는 해제권은 소멸한다.

62

18서기보

채권 일부에 대하여 대위변제가 있는 때에는 대위자는 그 변제한 가액에 비례하여 채권자와 함께 그 권리를 행사하나, 채무불이행을 원인으로 하는 계약의 해지 또는 해제는 채권자만 할 수 있다. O | X

해설 **제483조(일부의 대위)** ① 채권의 일부에 대하여 대위변제가 있는 때에는 대위자는 그 변제한 가액에 비례하여 채권자와 함께 그 권리를 행사한다.
② 전항의 경우에 채무불이행을 원인으로 하는 계약의 해지 또는 해제는 채권자만이 할 수 있고 채권자는 대위자에게 그 변제한 가액과 이자를 상환하여야 한다.

63

13법무사, 14주사보

계약의 해제로 인한 원상회복에 관하여, 판례는 물권적 효과설의 입장에서 계약이 해제되면 그 계약이행으로 변동이 생겼던 물권은 당연히 그 계약이 없었던 원상태로 복귀한다고 보고 있다. O | X

해설 判例는 "우리의 법제가 물권행위의 독자성과 무인성을 인정하고 있지 않는 점과 제548조 1항 단서가 거래안전을 위한 특별규정이란 점을 생각할 때 계약이 해제되면 그 계약의 이행으로 변동이 생겼던 물권은 당연히 그 계약이 없었던 원상태로 복귀한다 할 것이다."(대판 1977.5.24. 75다1394)라고 판시하여 직접효과설, 그 중에서도 물권적 효과설을 취하고 있다.

64

10법무사

매매계약이 해제되면 매매대금채권과 상계에 의하여 소멸된 채권은 다시 살아난다. O | X

해설 **매매계약이 해제된 경우에 그 대금과 상계로서 소멸된 채권이 다시 되살아나는지 여부**
피고회사에 대한 채권자가 그 회사를 인수함에 있어 그 채권액을 위 인수계약금 및 중도금 일부로서 상계하였으나 그후 위 인수계약이 해제되었다면 그 인수대금채권 역시 소급하여 소멸하는 것이고 상계도 효력을 발생할 수 없어 상계로 소멸한 채권자의 채권은 다시 살아나는 것이다(대판 1980.8.26. 79다1257).

정답 | 58 × 59 ○ 60 ○ 61 ○ 62 ○ 63 ○ 64 ○

65 21서기보

계약해제의 효과인 원상회복의무를 규정한 민법 제548조 제1항 본문은 부당이득에 관한 특칙이므로, 그 이익 반환의 범위는 이익의 현존 여부나 선의·악의를 불문하고 특단의 사유가 없는 한 받은 이익의 전부이다. O | X

해설 대판 2014.3.13. 2013다34143

66 출제예상

당사자 일방이 계약을 해제한 때에는 각 당사자는 그 상대방에 대하여 원상회복의무가 있고, 반환할 금전에는 그 받은 날로부터 이자를 가하여야 한다. O | X

67 11주사보/18사무관

계약이 해제되면 그 효력이 소급적으로 소멸하므로 이미 그 계약상 의무에 기하여 이행된 급부는 원상회복으로 반환되어야 한다. 이때 해제를 원인으로 반환할 금전에는 그 받은 날의 익일부터 이자를 가산하여야 한다. O | X

해설 **제548조(해제의 효과, 원상회복의무)** ① 당사자 일방이 계약을 해제한 때에는 각 당사자는 그 상대방에 대하여 원상회복의 의무가 있다. 그러나 제3자의 권리를 해하지 못한다.
② 전항의 경우에 반환할 금전에는 **그 받은 날로부터** 이자를 가하여야 한다.
➡ 익일부터가 아니라 '그 받은 날로부터'이다.

68 14주사보, 17법무사

민법 제548조 제2항은 계약해제로 인한 원상회복의무의 이행으로서 반환하는 금전에는 그 받은 날로부터 이자를 가산하여야 한다고 규정하고 있는바, 위 이자의 반환은 반환의무의 이행지체로 인한 손해배상의 성질을 가지는 것이지, 일반적인 부당이득반환의 성질을 갖는 것이 아니다. O | X

69 13법무사, 17법원행시

부동산 매매계약 해제시 매매대금 반환의무와 소유권이전등기말소의무가 동시이행관계에 있는지 여부에 관계없이 매도인은 매매대금을 받은 날로부터 법정이자를 가산하여 지급하여야 한다. O | X

해설 **제548조 제2항은 원상회복의 범위에 속하는 것이며 일종의 부당이득반환의 성질을 가지는 것이고 반환의무의 이행지체로 인한 것이 아니므로,** 부동산 매매계약이 해제된 경우 매도인의 매매대금 반환의무와 매수인의 소유권이전등기말소등기 절차이행의무가 동시이행의 관계에 있는지 여부와는 관계없이 매도인이 반환하여야 할 매매대금에 대하여는 그 받은 날로부터 민법 소정의 법정이율인 연 5푼의 비율에 의한 법정이자를 부가하여 지급하여야 한다(대판 2000.6.9. 2000다9123).

70 15주사보

해제로 인한 원상회복은 부당이득반환의 성질을 가지고 그 반환의 범위는 민법 제748조에 따라 선의의 수익자는 그 받은 이익이 현존한 한도에서, 악의의 수익자는 그 받은 이익에 이자를 붙여 반환하고 손해가 있으면 이를 배상하여야 한다. O | X

71 11서기보, 19법원행시

계약이 해제된 경우에는 원상회복의무를 긍정한 민법 제548조가 적용되므로 이익의 현존여부나 점유자의 선의, 악의에 불문하고 특단의 사유가 없는 한 받은 이익의 전부를 반환하여야 한다. O | X

해설 **70 71** 계약이 해제된 경우 해제의 소급효로 인해 계약의 당사자는 원상회복의무로서 자신이 수령한 것을 이익의 현존 여부, 선·악을 불문하고 '받은 급부 전체'를 상대방에게 반환하여야 한다(제548조 제1항). 즉 이러한 원상회복의무에 관한 제548조 1항은 일반부당이득반환의 범위에 관한 제748조의 특칙이다(대판 1998.12.23. 98다43175).

72 15서기보

당사자 일방이 계약을 해제한 때에는 각 당사자는 상대방에 대하여 원상회복의무가 있고, 이 경우 반환할 금전에는 받은 날로부터 이자를 가산하여 지급하여야 하는데, 그 이자에 관하여 약정이율이 있는 경우에는 법정이율보다 낮더라도 약정이율이 우선 적용된다. O | X

73 15서기보, 20법원행시

계약해제 시 반환할 금전에 가산할 이자에 관하여 당사자 사이에 약정이 있는 경우에는 특별한 사정이 없는 한 이행지체로 인한 지연손해금도 그 약정이율에 의하기로 하였다고 보는 것이 당사자의 의사에 부합하고, 이때 약정이율이 법정이율보다 낮더라도 약정이율이 우선 적용된다. O | X

해설 계약이 해제된 경우 금전을 수령한 자는 그 '수령한 날'(해제한 날이 아님)부터 이자를 가산하여 반환하여야 한다(제548조 제2항). 이는 수령한 금전으로부터 실제로 이자를 수취하였는가와 무관하게 인정된다.
72 당사자 일방이 계약을 해제한 때에는 각 당사자는 상대방에 대하여 원상회복의무가 있고, 이 경우 반환할 금전에는 받은 날로부터 이자를 가산하여 지급하여야 한다. 여기서 가산되는 이자는 원상회복의 범위에 속하는 것으로서 일종의 부당이득반환의 성질을 가지는 것이고 반환의무의 이행지체로 인한 지연손해금이 아니다. 따라서 당사자 사이에 그 이자에 관하여 특별한 약정이 있으면 그 약정이율이 우선 적용되고 약정이율이 없으면 민사 또는 상사 법정이율이 적용된다. 반면 원상회복의무가 이행지체에 빠진 이후의 기간에 대해서는 부당이득반환의무로서의 이자가 아니라 반환채무에 대한 지연손해금이 발생하게 되므로 거기에는 지연손해금률이 적용되어야 한다. 그 지연손해금률에 관하여도 당사자 사이에 별도의 약정이 있으면 그에 따라야 할 것이고, 설사 그것이 법정이율보다 낮다 하더라도 마찬가지이다(대판 2013.4.26. 2011다50509).

정답 | 65 ○ 66 ○ 67 × 68 × 69 ○ 70 × 71 ○ 72 ○ 73 ×

73 계약해제 시 반환할 금전에 가산할 이자에 관하여 당사자 사이에 약정이 있는 경우에는 특별한 사정이 없는 한 이행지체로 인한 지연손해금도 그 약정이율에 의하기로 하였다고 보는 것이 당사자의 의사에 부합한다. 다만 그 약정이율이 법정이율보다 낮은 경우에는 약정이율에 의하지 아니하고 법정이율에 의한 지연손해금을 청구할 수 있다고 봄이 타당하다. 계약해제로 인한 원상회복 시 반환할 금전에 받은 날로부터 가산할 이자의 지급의무를 면제하는 약정이 있는 때에도 그 금전반환의무가 이행지체 상태에 빠진 경우에는 법정이율에 의한 지연손해금을 청구할 수 있는 점과 비교해 볼 때 그렇게 보는 것이 논리와 형평의 원리에 맞기 때문이다(대판 2013.4.26. 2011다50509).

참고 소송촉진 등에 관한 특례법 제3조 제2항에서 '채무자가 그 이행의무의 존부나 범위에 관하여 항쟁함이 상당하다고 인정하는 때'라고 한 부분은 이행의무의 존부나 범위에 관하여 항쟁하는 채무자의 주장에 상당한 근거가 있는 때라고 풀이되므로, 위와 같이 항쟁함이 상당한가 아니한가의 문제는 당해 사건에 관한 법원의 사실인정과 그 평가에 관한 것이다. 그러나 제1심이 인용한 청구액을 항소심이 그대로 유지한 경우에는 특별한 사정이 없는 한 피고가 항소심 절차에서 위 인용금액에 대하여 이행의무의 존부와 범위를 다툰 것은 상당하다고 볼 수 없다(대판 2013.4.26. 2011다50509).

참고판례 判例는 신축 중인 건물의 임대차계약이 건축 중단으로 인해 해제된 사안에서 "계약해제로 인한 원상회복의무의 이행으로 금전의 반환을 구하는 소송이 제기된 경우 채무자는 그 소장을 송달받은 다음날부터 반환의무의 이행지체로 인한 지체책임을 지게 되므로 그와 같이 원상회복의무의 이행으로 금전의 반환을 명하는 판결을 선고할 경우에는 금전채무불이행으로 인한 손해배상액 산정의 기준이 되는 법정이율에 관한 특별규정인 소송촉진 등에 관한 특례법 제3조 제1항에 의한 이율을 적용하여야 한다(대판 2003.7.22. 2001다76298)고 판시하였다.

74

14법원행시

매도인으로부터 매매 목적물의 소유권을 이전받은 매수인이 매도인의 계약해제 이전에 제3자에게 목적물을 처분하여 계약해제에 따른 원물반환이 불가능하게 된 경우에 매수인은 원상회복의무로서 가액을 반환하여야 하며, 이때에 반환할 금액은 특별한 사정이 없는 한 그 처분당시의 목적물의 대가 또는 그 시가 상당액과 처분으로 얻은 이익에 대하여 그 이득일로부터의 법정이자를 가산한 금액이다. O | X

해설 매도인으로부터 매매 목적물의 소유권을 이전받은 매수인이 매도인의 계약해제 이전에 제3자에게 목적물을 처분하여 계약해제에 따른 원물반환이 불가능하게 된 경우, 매수인이 원상회복의무로서 반환하여야 할 가액의 범위
계약이 해제된 경우에 각 당사자는 민법 제548조에 따라 상대방에 대하여 원상회복의 의무를 지며, 원상회복의무로서 반환할 금전에는 그 받은 날부터 이자를 가산하여 지급하여야 한다. 이와 같이 계약해제의 효과로서 원상회복의무를 규정한 민법 제548조는 부당이득에 관한 특별 규정의 성격을 가진 것이므로, 그 이익 반환의 범위는 이익의 현존 여부나 선의, 악의에 불문하고 특단의 사유가 없는 한 받은 이익의 전부이다. 따라서 매도인으로부터 매매 목적물의 소유권을 이전받은 매수인이 매도인의 계약해제 이전에 제3자에게 목적물을 처분하여 계약해제에 따른 원물반환이 불가능하게 된 경우에 매수인은 원상회복의무로서 가액을 반환하여야 하며, 이때에 반환할 금액은 특별한 사정이 없는 한 그 처분 당시의 목적물의 대가 또는 그 시가 상당액과 처분으로 얻은 이익에 대하여 그 이득일부터의 법정이자를 가산한 금액이다(대판 2013.12.12. 2013다14675).

75

12사무관

계약이 해제되면 그 효력이 소급적으로 소멸함에 따라 이미 그 계약상 의무에 기하여 이행된 급부는 원상회복을 위하여 부당이득으로 반환되어야 하는 것이고, 당사자 사이의 약정이 적법하게 해제될 경우 그 해제가 누구의 귀책사유로 인한 것인지의 여부에 관계없이, 원래 당사자는 그 약정에 기하여 이미 지급받은 약정금을 상대방에게 반환할 의무를 진다. O | X

해설 계약 해제로 인한 원상회복의무의 내용
계약이 해제되면 그 효력이 소급적으로 소멸함에 따라 이미 그 계약상 의무에 기하여 이행된 급부는 원상회복을 위하여 부당이득으로 반환되어야 하는 것이고, 이러한 원상회복의무는 해제의 상대방은 물론이고 해제한 자도 당연히 부담하게 되는 것이므로, 당사자 사이의 약정이 적법하게 해제된 것이라면 그 해제가 누구의 귀책사유로 인한 것인지의 여부에 관계없이, 원래 당사자는 그 약정에 기하여 이미 지급받은 약정금을 상대방에게 반환할 의무를 지게 되는 것이다(대판 1995.3.24. 94다10061).

76

14법원행시

중기를 매수인이 인도받아 사용하던 중 그 매매계약이 해제된 경우 그 중기가 매수인에 의하여 사용됨으로 인하여 감가 내지 소모가 되는 요인이 발생한 경우 그 감가비 상당은 원칙적으로 매수인이 원상회복의무로서 반환하여야 한다. O | X

해설 계약 해제로 인한 원상회복의무를 부담하는 당사자 일방이 목적물을 이용한 경우, 그 사용 이익의 반환의무의 존부(적극) 및 그 이용으로 인한 감가비 상당의 반환의무의 존부(한정 소극)
계약 해제로 인하여 계약 당사자가 원상회복의무를 부담함에 있어서 당사자 일방이 목적물을 이용한 경우에는 그 사용에 의한 이익을 상대방에게 반환하여야 하는 것이므로, 양도인은 양수인이 양도 목적물을 인도받은 후 사용하였다 하더라도 양도계약의 해제로 인하여 양수인에게 그 사용에 의한 이익의 반환을 구함은 별론으로 하고, 양도 목적물 등이 양수인에 의하여 사용됨으로 인하여 감가 내지 소모가 되는 요인이 발생하였다 하여도 그것을 훼손으로 볼 수 없는 한 그 감가비 상당은 원상회복의무로서 반환할 성질의 것은 아니다(대판 2000.2.25. 97다30066).

77

14법원행시, 16사무관

매수인의 영업수완 등 노력으로 인한 이른바 운영이익이 포함된 것으로 볼 여지가 있는 경우 이러한 운용이익은 사회통념상 매수인의 행위가 개입되지 아니하였더라도 그 목적물로부터 매도인이 당연히 취득하였으리라고 생각되는 범위 내의 것이 아닌 한 매수인이 반환하여야 할 사용이익의 범위에서 공제하여야 한다. O | X

해설 제548조 2항의 '금전'의 경우와 균형상 반환할 물건에는 그 '받은 날'부터 사용이익을 가산하여 반환하여야 한다(**제548조 제2항 유추해석**). 그리고 判例에 따르면 "매매계약의 해제로 인하여 매수인이 반환하여야 할 목적물의 사용이익을 산정함에 있어서 매수인의 영업수완 등 노력으로 인한 이른바 운용이익이 포함된 것으로 볼 여지가 있는 경우 이러한 운용이익은 사회통념상 매수인의 행위가 개입되지 아니하였더라도 그 목적물로부터 매도인이 당연히 취득하였으리라고 생각되는 범위 내의 것이 아닌 한 매수인이 반환하여야 할 사용이익의 범위에서 공제하여야 한다(대판 2006.9.8. 2006다26328·26335)

정답 | **74** ○ **75** ○ **76** × **77** ○

78

14서기보

A의 적법한 대리인 B에 의하여 C와 계약이 체결되었는데 C가 계약상 채무불이행을 이유로 계약을 해제한 경우, B가 수령한 계약상 급부를 A가 현실적으로 인도받지 못하였다거나 계약상 채무불이행에 관하여 B에게 책임 있는 사유가 있다면 A가 아닌 B가 해제로 인한 원상회복의무를 부담한다. O | X

해설 원상회복의 당사자
채무불이행을 이유로 계약이 상대방 당사자에 의하여 유효하게 해제되었다면, **해제로 인한 원상회복의무는 대리인이 아니라 계약의 당사자인 본인이 부담**한다. 이는 본인이 대리인으로부터 그 수령한 급부를 현실적으로 인도받지 못하였다거나 해제의 원인이 된 계약상 채무의 불이행에 관하여 대리인에게 책임 있는 사유가 있다고 하여도 다른 특별한 사정이 없는 한 마찬가지이다(대판 2011.8.18. 2011다30871).
➡ 따라서 본인인 A가 해제로 인한 원상회복의무를 부담한다.

79

11주사보, 19법원행시

계약의 해제는 손해배상의 청구에 영향을 미치지 아니한다. 따라서 해제로 인하여 계약이 소급적으로 소멸하더라도 해제권자는 손해배상을 청구할 수 있다. O | X

해설 **제551조(해지, 해제와 손해배상)** 계약의 해지 또는 해제는 손해배상의 청구에 영향을 미치지 아니한다.

80

16/17서기보

계약 해제에 따른 원상회복의무의 이행으로서 매매대금 기타 급부의 반환을 구하는 경우 과실상계가 적용된다. O | X

해설 계약의 해제로 인한 원상회복청구권에 대하여 해제자가 해제의 원인이 된 채무불이행에 관하여 '원인'의 일부를 제공하였다는 등의 사유를 내세워 신의칙 또는 공평의 원칙에 기하여 일반적으로 **손해배상에 있어서의 과실상계에 준하여 권리의 내용이 제한될 수 있다고 하는 것은 허용되어서는 아니 된다**(대판 2014.3.13. 2013다34143).

81

21서기보

보증인은 특별한 사정이 없는 한 채무자가 채무불이행으로 인하여 부담하여야 할 손해배상채무와 원상회복의무에 관하여도 보증책임을 진다. O | X

해설 원상회복의무와 손해배상의무에 관해서도 보증채무를 부담하는지 여부(적극)
계약해제의 효과에 관한 직접효과설을 이론적으로 관철하면 계약해제로 인한 원상회복의무 및 손해배상의무는 원래의 채무와 동일성이 없다고 보아야 하기 때문에 보증인이 이들 의무에 관하여는 보증책임을 지지 않는다고 해야 할 것이다. 그러나 보증채무의 범위는 보증계약의 해석에 달려 있다고 할 것인바, 보증인의 통상적인 의사는 이들 의무에 관하여도 보증책임을 부담하겠다는 취지라고 봄이 상당하므로 **해제의 효과에 관한 어느 학설에 의하더라도** 이들 채무도 보증채무의 범위에 포함된다고 할 것이다(대판 1972.5.9. 71다1474). 특히 判例는 **법정해제의 경우뿐만 아니라 합의해제의 경우에도 보증인에게 그 원상회복의무에 대한 보증채무를 긍정**한다(대판 1967.9.16. 67다1482).

82

12법무사

채무불이행을 이유로 계약해제와 아울러 손해배상을 청구하는 경우에 그 계약이행으로 인하여 채권자가 얻을 이익 즉 이행이익의 배상을 구하는 것이 원칙이지만, 그에 갈음하여 그 계약이 이행되리라고 믿고 채권자가 지출한 비용 즉 신뢰이익의 배상을 구할 수도 있다. O | X

해설 대법원은 **제551조에 따른 손해배상은 원칙적으로 채무불이행으로 인한 '이행이익' 손해배상이나, '선택적'으로 계약의 이행을 믿고 지출한 비용인 '신뢰이익'의 배상을 청구할 수 있고, 다만 과잉금지의 원칙상 이는 이행이익의 범위를 초과할 수는 없다**고 한다. 또한 신뢰이익의 배상도 '통상손해'와 '특별손해'로 구분하여, 후자의 경우에는 상대방이 그러한 지출을 알았거나 알 수 있었어야만 그 배상을 청구할 수 있다고 한다(대판 2002.6.11. 2002다2539).

83

12서기보, 13/17법원행시

채무불이행을 이유로 계약해제와 아울러 손해배상으로 계약이 이행되리라고 믿고 채권자가 지출한 비용 즉 신뢰이익의 배상을 구하는 경우 그 신뢰이익 중 계약의 체결과 이행을 위하여 통상적으로 지출되는 비용은 통상의 손해로서 상대방이 알았거나 알 수 있었는지의 여부와는 관계없이 그 배상을 구할 수 있고, 이를 초과하여 지출되는 비용은 특별한 사정으로 인한 손해로서 상대방이 이를 알았거나 알 수 있었던 경우에 한하여 그 배상을 구할 수 있다. O | X

해설 채무불이행을 이유로 계약해제와 아울러 손해배상을 청구하는 경우에 그 계약이행으로 인하여 채권자가 얻을 이익 즉 이행이익의 배상을 구하는 것이 **원칙이지만, '그에 갈음하여'** 그 계약이 이행되리라고 믿고 채권자가 지출한 비용 즉 신뢰이익의 배상을 구할 수도 있다고 할 것이고, 그 신뢰이익 중 계약의 체결과 이행을 위하여 통상적으로 지출되는 비용은 통상의 손해로서 상대방이 알았거나 알 수 있었는지의 여부와는 관계없이 그 배상을 구할 수 있고, 이를 초과하여 지출되는 비용은 특별한 사정으로 인한 손해로서 상대방이 이를 알았거나 알 수 있었던 경우에 한하여 그 배상을 구할 수 있다고 할 것이고, **다만 그 신뢰이익은 과잉배상금지의 원칙에 비추어 이행이익의 범위를 초과할 수 없다**(대판 2002.6.11. 2002다2539).

84

출제예상

채권자가 계약이 이행되리라고 믿고 지출한 비용의 배상을 계약의 해제 또는 해지에 따른 손해배상으로 청구하는 경우에도 채권자가 계약의 이행으로 얻을 수 있는 이익이 인정되지 않는 경우라면, 채권자에게 배상해야 할 손해가 발생하였다고 볼 수 없으므로 당연히 지출비용의 배상을 청구할 수 없다. O | X

해설 채무불이행을 이유로 계약을 해제하거나 해지하고 손해배상을 청구하는 경우에, 채권자는 채무가 이행되었더라면 얻었을 이익을 얻지 못하는 손해를 입은 것이므로 계약의 이행으로 얻을 이익, 즉 이행이익의 배상을 구하는 것이 원칙이다. 그러나 채권자는 그 대신에 계약이 이행되리라고 믿고 지출한 비용의 배상을 채무불이행으로 인한 손해라고 볼 수 있는 한도에서 청구할 수도 있다. 이러한 지출비용의 배상은 이행이익의 증명이 곤란한 경우에 그 증명을 용이하게 하기 위하여 인정되는데, 이 경우에도 채권자가 입은 손해, 즉 **이행이익의 범위를 초과할 수는 없다**고 보아야 한다(대판 2016.4.15. 2015다59115). 한편, **채권자가 계약의 이행으로 얻을 수 있는 이익이 인정되지 않는 경우라면, 채권자에게 배상해야 할 손해가 발생하였다고 볼 수 없으므로, 당연히 지출비용의 배상을 청구할 수 없다**(대판 2017.2.15. 2015다235766).

정답 | **78** × **79** ○ **80** × **81** ○ **82** ○ **83** ○ **84** ○

85 15주사보

당사자 일방이 계약을 해제한 때에는 각 당사자는 그 상대방에 대하여 원상회복의 의무가 있으나, 제3자의 권리를 해하지 못한다. O | X

86 14사무관, 18주사보

민법 제548조 제1항 단서는, 계약 해제의 경우 '제3자'의 권리를 해하지 못하다고 규정하고 있는데, 여기의 '제3자'란 일반적으로 그 해제된 계약으로부터 생긴 법률효과를 기초로 하여 해제 전에 새로운 이해관계를 가지면 족하고 반드시 등기·인도 등을 갖출 것을 요하지 아니한다. O | X

87 11서기보

계약의 해제로 인한 원상회복으로 그 해제된 계약으로부터 생긴 법률효과를 기초로 하여 해제 전에 새로운 이해관계를 가지고 등기, 인도 등으로 완전한 권리를 취득한 자에 대하여는 대항할 수 없다. O | X

88 18사무관, 20법원행시

미등기 무허가건물에 관한 매매계약이 해제되기 전에 매수인으로부터 무허가건물을 다시 매수하고 무허가건물관리대장에 소유자로 등재된 자는 민법 제548조 제1항 단서에서 말하는 제3자에 해당하지 않는다. O | X

해설 **85 86 87 88 제548조(해제의 효과, 원상회복의무)** ① 당사자 일방이 계약을 해제한 때에는 각 당사자는 그 상대방에 대하여 원상회복의 의무가 있다. 그러나 제삼자의 권리를 해하지 못한다.

이때 제3자의 범위와 관련하여 判例는 **"그 해제된 계약으로부터 생긴 법률효과를 기초로 하여 '해제 전'에 새로운 이해관계를 가졌을 뿐 아니라 등기·인도 등으로 완전한 권리를 취득한 자"**를 말한다고 한다[대판 2002.10.11. 2002다33502 - 예를 들어 무허가건물관리대장에 소유자로 등재된 자는 이에 해당하지 않는다(대판 2014.2.13. 2011다64782)]. 이러한 법리는 법정해제의 경우뿐만 아니라 합의해제의 경우에도 마찬가지이다. 예컨대 상속재산분할협의를 한 후 그 분할협의를 합의해제한 경우 제3자가 보호받기 위해서도 등기·인도 등으로 완전한 권리를 취득하는 요건을 갖추어야 한다(대판 2004.7.8. 2002다73203).

판례검토 제548조 제1항 단서의 제3자는 '완전히 유효'한 계약을 바탕으로 새로운 이해관계를 가지는 자이므로 해제 당사자와의 이익형량상 등기, 인도 등으로 완전한 권리를 취득한 자이어야 한다는 判例의 태도는 타당하다.

89

출제예상

다음 중 민법 제548조 제1항 단서에 따라 계약의 해제로부터 보호받는 자를 모두 고른 것은?

- ㅇ 토지 매매계약이 해제되기 전에 매매목적물인 토지 위에 매수인이 신축한 건물을 매수하고 건물에 대한 소유권이전등기를 마친 甲
- ㅇ 미등기 무허가건물에 관한 매매계약이 해제되기 전에 매수인으로부터 무허가건물을 다시 매수하고 무허가건물관리대장에 소유자로 등재된 乙
- ㅇ 매매계약이 해제되기 전에 매도인으로부터 매매대금채권을 양수받아 채권양도의 대항요건을 갖춘 丙
- ㅇ 토지 매매계약에 기하여 매수인 앞으로 소유권이전등기가 되자 매수인에 대한 금전채권을 보전하기 위하여 토지에 대한 가압류결정을 받아 가압류등기를 마친 丁
- ㅇ 주택을 분양받아 소유권이전등기를 마친 수분양자로부터 분양계약의 해제 이전에 주택을 임차하여 주택의 인도와 전입신고를 한 戊

① 甲, 乙　② 乙, 丙

③ 丙, 丁　④ 丁, 戊

해설 甲. [×] 판례는, "제3자는 계약의 목적물에 관하여 권리를 취득하고 또 이를 가지고 계약당사자에게 대항할 수 있는 자를 말하므로, 토지를 매도하였다가 대금을 받지 못하여 그 매매계약을 해제한 경우, 그 토지 위에 신축된 건물의 매수인은 제3자에 해당하지 않는다."라고 한다(대판 1991.5.28. 90다카16761).

乙. [×] 무허가건물관리대장은 무허가건물에 관한 관리의 편의를 위하여 작성된 것일 뿐 그에 관한 권리관계를 공시할 목적으로 작성된 것이 아니므로 무허가건물관리대장에 소유자로 등재되었다는 사실만으로는 무허가건물에 관한 소유권 기타의 권리를 취득하는 효력이 없다. 따라서 미등기 무허가건물에 관한 매매계약이 해제되기 전에 매수인으로부터 해당 무허가건물을 다시 매수하고 무허가건물관리대장에 소유자로 등재되었다고 하더라도 건물에 관하여 완전한 권리를 취득한 것으로 볼 수 없으므로 민법 제548조 제1항 단서에서 규정하는 제3자에 해당한다고 할 수 없다(대판 2014.02.13. 2011다64782).

丙. [×] 민법 제548조 제1항 단서에서 말하는 제3자란 일반적으로 그 해제된 계약으로부터 생긴 법률효과를 기초로 하여 해제 전에 새로운 이해관계를 가졌을 뿐 아니라 등기, 인도 등으로 완전한 권리를 취득한 자를 말하므로 계약상의 채권을 양수한 자나 그 채권 자체를 압류 또는 전부한 채권자는 여기서 말하는 제3자에 해당하지 아니한다(대판 2000.04.11. 99다51685).

丁. [○] 민법 제548조 제1항 단서에서 말하는 제3자란 일반적으로 해제된 계약으로부터 생긴 법률효과를 기초로 하여 별개의 새로운 권리를 취득한 자를 말하는 것인바, 해제된 계약에 의하여 채무자의 책임재산이 된 계약의 목적물을 가압류한 가압류채권자는 그 가압류에 의하여 당해 목적물에 대하여 잠정적으로 그 권리행사만을 제한하는 것이나 종국적으로는 이를 환가하여 그 대금으로 피보전채권의 만족을 얻을 수 있는 권리를 취득하는 것이므로, 그 권리를 보전하기 위하여서는 위 조항 단서에서 말하는 제3자에는 위 가압류채권자도 포함된다고 보아야 한다(대판 2000.01.14. 99다40937).

戊. [○] 소유권을 취득하였다가 계약해제로 인하여 소유권을 상실하게 된 임대인으로부터 그 계약이 해제되기 전에 주택을 임차받아 주택의 인도와 주민등록을 마침으로써 주택임대차보호법 제3조 제1항에 의한 대항요건을 갖춘 임차인은 민법 제548조 제1항 단서의 규정에 따라 계약해제로 인하여 권리를 침해받지 않는 제3자에 해당하므로, 임대인의 임대권원의 바탕이 되는 계약의 해제에도 불구하고 자신의 임차권을 새로운 소유자에게 대항할 수 있고, 이 경우 계약해제로 소유권을 회복한 제3자는 주택임대차보호법 제3조 제2항에 따라 임대인의 지위를 승계한다(대판 2003.8.22. 2003다12717).

정답 | 85 ○ 86 × 87 ○ 88 ○ 89 ④

90 16법원행시

매수인과 매매예약을 체결한 후 그에 기한 소유권이전청구권 보전을 위한 가등기를 마친 사람도 제548조 제1항 단서에서 말하는 제3자에 포함된다. O | X

해설 민법 제548조 제1항 단서에서 말하는 '제3자'의 의미 및 매수인과 매매예약을 체결한 후 그에 기한 소유권이전청구권 보전을 위한 가등기를 마친 사람이 위 '제3자'에 포함되는지 여부(적극)
민법 제548조 제1항 단서에서 말하는 제3자는 일반적으로 해제된 계약으로부터 생긴 법률효과를 기초로 하여 해제 전에 새로운 이해관계를 가졌을 뿐만 아니라 등기, 인도 등으로 권리를 취득한 사람을 말하는 것인바, 매수인과 매매예약을 체결한 후 그에 기한 소유권이전청구권 보전을 위한 가등기를 마친 사람도 위 조항 단서에서 말하는 제3자에 포함된다(대판 2014.12.11. 2013다14569).

91 16법원행시

부동산매매계약으로 소유권이전등기가 마쳐진 경우에 계약해제의 의사표시가 있은 후에도 그 말소등기 전에 해제를 주장하는 자와 양립하지 않은 법률관계를 맺은 선의의 제3자에 대하여는 해제의 효과를 주장하지 못한다. O | X

92 20법원행시

甲이 乙과 사이에 X토지를 乙에게 매도하는 계약을 체결하고 계약금과 중도금만 지급받은 상태에서 乙에게 소유권이전등기를 먼저 해 주었으나, 乙이 잔대금을 지급하지 않아 甲이 위 매매계약을 적법하게 해제하였다. 이후 X토지에 대한 원상회복등기가 마쳐지기 전 丙 앞으로 X토지에 관한 근저당권설정등기가 이루어진 경우, 甲은 丙이 근저당권설정 당시 甲의 해제권행사 사실을 알았더라도 丙에 대하여 근저당권설정등기의 말소를 청구할 수 없다. O | X

해설 **91 92** 계약해제로 인한 원상회복의무는 제3자의 권리를 해하지 못한다(제548조 제1항 단서). 이때 제3자의 범위와 관련하여 判例는 '해제의 의사표시가 있은 후라도 그 등기 등을 말소하지 않은 동안' 새로운 권리를 취득하게 된 '선의'의 제3자도 포함된다고 한다(대판 1985.4.9. 84다카130,131). 이 경우 제3자가 악의라는 사실의 주장, 증명책임은 계약해제를 주장하는 자에게 있다(대판 2005.6.9. 2005다6341).

➡ 근저당권자 丙은 악의자에 해당하므로 제3자로 보호받을 수 없다. 따라서 甲은 丙에 대하여 근저당권설정등기의 말소를 청구할 수 있다(제214조).

93 16법원행시, 18주사보

해제된 매매계약에 의하여 채무자의 책임재산이 된 부동산을 가압류 집행한 가압류채권자는 제548조 제1항 단서에서 말하는 제3자에 해당한다. O | X

94 18법원행시

甲이 乙에게 매매를 원인으로 E토지의 소유권이전등기를 마쳐준 후 乙의 채권자 丙이 E토지를 가압류한 경우, 甲과 乙간의 위 매매계약이 해제되더라도 丙은 가압류권자로서 보호 받는다. O | X

해설 93 94 민법 제548조 제1항 단서에 규정된 '제3자'의 의미 및 해제된 매매계약에 의하여 채무자의 책임재산이 된 부동산을 가압류 집행한 가압류채권자도 이에 해당하는지 여부(적극)
민법 제548조 제1항 단서에서 말하는 제3자란 일반적으로 그 해제된 계약으로부터 생긴 법률효과를 기초로 하여 해제 전에 새로운 이해관계를 가졌을 뿐 아니라 등기, 인도 등으로 완전한 권리를 취득한 자를 말하는 것인데, 해제된 매매계약에 의하여 채무자의 책임재산이 된 부동산을 가압류 집행한 가압류채권자도 원칙상 위 조항 단서에서 말하는 제3자에 포함된다(대판 2005.1.14. 2003다33004).

95 13사무관, 18서기보

계약해제로 인하여 소멸되는 채권의 양수인은 제548조 제1항 단서에서의 제3자에 해당한다. O | X

96 15법무사

계약이 해제된 경우 계약해제 이전에 해제로 인하여 소멸되는 채권을 양수한 자는 계약해제의 효과에 반하여 자신의 권리를 주장할 수 없음은 물론이고, 나아가 특별한 사정이 없는 한 채무자로부터 이행받은 급부를 원상회복하여야 할 의무가 있다. O | X

97 출제예상

甲이 乙에 대한 매매대금채권을 丙에게 양도하고 이를 乙에게 통지하였는데, 그 후 乙이 丙에게 이행하였지만 甲이 乙에 대한 채무를 이행하지 않아 乙이 甲과의 매매계약을 해제한 경우, 乙은 채권양도의 통지 이후에 계약을 해제하였다면, 이로써 丙에게 대항할 수 없다. O | X

98 15서기보

계약이 해제되기 이전에 계약상의 채권을 양수하여 이를 피보전권리로 하여 처분금지가처분결정을 받은 경우 가처분채권자는 민법 제548조 제1항 단서 소정의 해제의 소급효가 미치지 아니하는 '제3자'가 아니다. O | X

99 18서기보

민법 제548조 제1항은 "당사자 일방이 계약을 해제한 때에는 각 당사자는 그 상대방에 대하여 원상회복의 의무가 있다. 그러나 제3자의 권리를 해하지 못한다."라고 규정하고 있다. 계약이 해제된 경우 계약해제 이전에 해제로 인하여 소멸되는 채권을 양수한 제3자는 민법 제548조 제1항 단서의 '제3자'에 해당하지 않는다. O | X

정답 | **90** ○ **91** ○ **92** × **93** ○ **94** ○ **95** × **96** ○ **97** × **98** ○ **99** ○

100 18주사보, 20법원행시

계약상의 채권을 양수한 자나 그 채권 자체를 압류 또는 전부한 채권자는 민법 제548조 제1항 단서에서 말하는 제3자에 해당한다. O | X

101 18법원행시, 20법무사

甲이 乙과의 사이에 A토지를 매매하는 계약을 체결한 후 乙에 대한 매매잔대금채권을 丙에게 양도한 경우, 위 매매계약이 해제되면 丙은 선의라도 乙에 대하여 위 양수금을 청구할 수 없다. O | X

102 16법원행시

계약이 해제되기 이전에 계약상의 채권을 양수하여 이를 피보전권리로 하여 처분금지가처분결정을 받은 경우, 그 채권자는 민법 제548조 제1항 단서 소정의 해제의 소급효가 미치지 아니하는 제3자에 해당하지 아니한다. O | X

103 출제예상

甲이 乙에게 그 소유 부동산을 매도하였는데, 乙의 채권자 丙이 乙의 甲에 대한 소유권이전등기청구권을 압류한 뒤 甲이 乙의 계약상 의무위반을 이유로 계약을 적법하게 해제한 경우에 있어서의 丙은 법률행위의 해제에 따른 법률효과를 주장할 수 없게 되는 '제3자'에 해당한다. O | X

해설 **95 96 97 98 99 100 101 102** 민법 제548조 제1항 단서의 제3자

민법 제548조 제1항 단서에서 말하는 제3자란 일반적으로 그 해제된 계약으로부터 생긴 법률효과를 기초로 하여 해제 전에 새로운 이해관계를 가졌을 뿐 아니라 등기, 인도 등으로 완전한 권리를 취득한 자를 말하므로 계약상의 채권을 양수한 자나 그 채권 자체를 압류 또는 전부한 채권자는 여기서 말하는 제3자에 해당하지 아니한다(대판 2000.4.11. 99다51685).

➡ **103** 丙은 乙이 甲에 대하여 가지는 소유권이전등기청구권을 압류하였는바, 위 청구권은 계약상 채권에 불과하여 丙은 민법 제548조 제1항 단서의 제3자에 해당하지 아니한다.

비교판례 判例는 매수인이 소유권이전등기를 받은 후 매수인의 금전채권자가 그 부동산을 가압류하거나 압류한 경우에는 계약이 해제되더라도 채권자는 보호받는 제3자에 해당한다고 한다(대판 2000.1.14. 99다40937).

104 출제예상

매매계약을 통하여 주택의 소유권을 취득하였다가 그 계약의 해제로 인하여 소유권을 상실하게 된 임대인 甲으로부터 그 계약이 해제되기 전에 그 주택을 임차하고 「주택임대차보호법」상의 대항요건을 갖춘 임차인 乙은 해제에 따른 법률효과를 주장할 수 없게 되는 '제3자'에 해당하지 않는다. O | X

해설 민법 제548조 제1항 단서의 제3자

判例는 소유권을 취득하였다가 계약해제로 인하여 소유권을 상실하게 된 임대인으로부터 그 계약이 해제되기 전에 주택을 임차받아 주택의 인도와 주민등록을 마침으로써 주택임대차보호법 소정의 대항요건을 갖춘 임차인은 등기된 임차권자와 마찬가지로 제3자에 해당된다고 한다(대판 1996.8.20. 96다17653).

105 출제예상

甲이 乙에게 X 토지를 매도하였다가 대금을 지급받지 못하여 그 매매계약을 해제한 경우, 乙로부터 X 토지 위에 신축된 건물을 매수한 丙은 위 계약해제로 권리를 침해당하지 않을 제3자에 해당하지 않는다. O | X

해설 계약당사자의 일방이 계약을 해제하여도 제3자의 권리를 침해할 수 없지만, 여기에서 그 제3자는 계약의 목적물에 관하여 권리를 취득하고 또 이를 가지고 계약당사자에게 대항할 수 있는 자를 말하므로, 토지를 매도하였다가 대금지급을 받지 못하여 그 매매계약을 해제한 경우에 있어 그 토지 위에 신축된 건물의 매수인은 위 계약해제로 권리를 침해당하지 않을 제3자에 해당하지 아니한다(대판 1991.5.28. 90다카16761).

관련쟁점 건축업자 A가 X토지를 매수하고 소유권이전등기를 받기 전에 토지소유자인 매도인 B의 승낙을 받아 그 X토지에 대규모로 견고하게 Y건물을 신축하고 이를 제3자 C에게 분양(양도)하여 소유권이전등기를 해 준 상태에서 매도인 B가 건축업자 A의 채무불이행을 이유로 토지매매계약을 적법하게 해제한 경우, ㉠ 건물의 양수인 C는 제548조 제1항 단서의 제3자에 해당하지 않으며(대판 1991.5.28. 90다카16761), ㉡ 관습법상 법정지상권을 취득하는 것도 아니다(대판 1988.6.28. 87다카12895). ㉢ 다만 토지소유자인 매도인 B가 건물양수인 C를 상대로 건물철거를 주장하는 것(제214조)은 신의칙에 반한다(대판 2003.4.11. 2003다2154). 그러나 만약 위 사안에서 X토지의 매수인 A가 B의 선이행으로 'X토지에 대한 소유권이전등기를 경료받은 후' Y건물을 신축하여 건물의 소유권만을 C에게 이전한 경우라면, C는 X토지에 관하여 관습법상 법정지상권을 취득하기 때문에 나중에 토지 매매가 해제되는 경우에도 C는 제548조 제1항 단서에 의해 보호된다.

106 12사무관

주택에 대한 매매계약의 해제로 인하여 소유권을 상실하게 된 임대인으로부터 그 계약이 해제되기 전에 주택을 임차 받아 주택임대차보호법상의 대항요건을 갖춘 임차인에 대하여, 계약해제로 소유권을 회복한 제3자는 임차보증금반환채무를 부담하지 않는다. O | X

107 18주사보

임대인이 소유권을 취득하였다가 계약해제로 소유권을 상실하게 된 경우, 그 계약해제 전에 주택임대차보호법 소정의 대항요건을 갖춘 임차인은 민법 제548조 제1항 단서 소정의 제3자에 해당한다. O | X

108 18법원행시, 20법무사

甲이 乙에게 매매를 원인으로 D주택의 소유권이전등기를 마쳐주었으나, 매매계약이 적법하게 해제되고 乙 명의의 소유권이전등기가 말소된 경우에도 위 매매계약이 해제되기 전에 乙로부터 위 주택을 임차하여 인도와 주민등록을 마친 丙의 권리를 해하지 못한다. O | X

정답 | 100 × 101 ○ 102 ○ 103 × 104 × 105 ○ 106 × 107 ○ 108 ○

해설 **106 107 108** **주택에 대한 매매계약의 해제로 인하여 소유권을 상실하게 된 임대인으로부터 그 계약이 해제되기 전에 주택을 임차받아 주택임대차보호법상의 대항요건을 갖춘 임차인에 대하여 계약해제로 소유권을 회복한 제3자가 임대보증금반환채무를 부담하는지 여부(적극)**
소유권을 취득하였다가 계약해제로 인하여 소유권을 상실하게 된 임대인으로부터 그 계약이 해제되기 전에 주택을 임차받아 주택의 인도와 주민등록을 마침으로써 주택임대차보호법 제3조 제1항에 의한 **대항요건을 갖춘 임차인은 민법 제548조 제1항 단서의 규정에 따라 계약해제로 인하여 권리를 침해받지 않는 제3자에 해당**하므로 임대인의 임대권원의 바탕이 되는 계약의 해제에도 불구하고 자신의 임차권을 새로운 소유자에게 대항할 수 있고, 이 경우 **계약해제로 소유권을 회복한 제3자는 주택임대차보호법 제3조 제2항에 따라 임대인의 지위를 승계**한다(대판 2003.8.22. 2003다12717).

임대인이 소유권을 취득하였다가 계약해제로 소유권을 상실하게 된 경우, 그 계약해제 전에 주택임대차보호법 소정의 대항요건을 갖춘 임차인의 대항력 유무(적극)
민법 제548조 제1항 단서의 규정에 따라 계약해제로 인하여 권리를 침해받지 않는 제3자라 함은 계약목적물에 관하여 권리를 취득한 자 중 계약당사자에게 권리취득에 관한 대항요건을 구비한 자를 말한다 할 것인바, 임대목적물이 주택임대차보호법 소정의 주택인 경우 같은 법 제3조 제1항이 임대주택의 인도와 주민등록이라는 대항요건을 갖춘 자에게 등기된 임차권과 같은 대항력을 부여하고 있는 점에 비추어 보면, 소유권을 취득하였다가 계약해제로 인하여 소유권을 상실하게 된 임대인으로부터 그 계약이 해제되기 전에 주택을 임차받아 주택의 인도와 주민등록을 마침으로써 같은 법 소정의 대항요건을 갖춘 임차인은 등기된 임차권자와 마찬가지로 민법 제548조 제1항 단서 소정의 제3자에 해당된다고 봄이 상당하고, 그렇다면 **그 계약해제 당시 이미 주택임대차보호법 소정의 대항요건을 갖춘 임차인은 임대인의 임대권원의 바탕이 되는 계약의 해제에도 불구하고 자신의 임차권을 새로운 소유자에게 대항할 수 있다**(대판 1996.8.20. 96다17653).

109

13법원행시

甲으로부터 주택을 매수한 乙이 소유권이전등기를 마치지 아니한 상태에서 주택을 인도받아 丙에게 임대하고 丙이 주택임대차보호법상의 대항요건을 갖추었다면 그 후 위 매매계약이 해제되었다 하더라도 丙은 甲에 대하여 자신의 임차권으로 대항할 수 있다. O | X

110

13법무사

아파트 수분양자가 분양자로부터 열쇠를 교부받아 임차인을 입주케 하고 임차인이 주택임대차보호법상의 대항력을 갖춘 경우, 다른 사정으로 분양계약이 해제되어 임대인인 수분양자가 주택의 소유권을 취득하지 못하였다고 하더라도 임차인은 아파트 소유자인 분양자에 대하여 임차권으로 대항할 수 있다.

O | X

해설 **109 110** **매매계약의 해제 전에 매수인으로부터 매매목적물인 주택을 임차하여 주택임대차보호법상의 대항요건을 갖춘 임차인이 매매계약의 해제에도 불구하고 자신의 임차권을 새로운 소유자에게 대항할 수 있는지 여부(적극)**
매매계약의 이행으로 매매목적물을 인도받은 매수인은 그 물건을 사용·수익할 수 있는 지위에서 그 물건을 타인에게 적법하게 임대할 수 있으며, 이러한 지위에 있는 매수인으로부터 매매계약이 해제되기 전에 매매목적물인 주택을 임차하여 주택의 인도와 주민등록을 마침으로써 주택임대차보호법 제3조 제1항에 의한 대항요건을 갖춘 임차인은 민법 제548조 제1항 단서에 따라 계약해제로 인하여 권리를 침해받지 않는 제3자에 해당하므로 임대인의 임대권원의 바탕이 되는 계약의 해제에도 불구하고 자신의 임차권을 새로운 소유자에게 대항할 수 있다(대판 2008.4.10. 2007다38908,38915).

111

甲이 자신 소유의 X 토지에 관하여 乙과 매매계약(이하 '위 매매계약'이라 한다)을 체결하고, 乙 명의로 소유권이전등기를 마쳐주었는데, 乙은 정당한 이유 없이 그 매매대금을 완제하지 않고 있다. 위 사례에 관한 설명 중 옳은 것은?

① 甲과 乙은 위 매매계약이 해제될 경우 원상회복의 방법으로 甲에게 소유권이전등기를 하여 주기로 약정하고, 乙 명의의 소유권이전등기 후 위 약정에 따른 청구권 보전을 위한 甲명의의 가등기를 경료한 상태에서 乙이 A에게 위 토지를 매도하고 소유권이전등기를 마쳐주었다. 그 후 甲과 乙 사이의 매매계약이 해제되어 그 가등기에 기한 본등기가 이루어지면 A 명의의 소유권이전등기는 말소되어야 한다.

② B가 乙에 대한 대여금채권을 청구채권으로 하여 X 토지를 가압류한 후 위 매매계약이 해제되었더라도 甲은 B에 대하여 해제의 소급효를 주장할 수 있다.

③ 만약 乙이 甲으로부터 소유권이전등기를 받지 아니한 상태에서 X 토지를 인도받아 그 지상에 단층주택($30m^2$)을 신축하였고, 그 주택을 C가 매수하여 점유하고 있다면, 그 후 위 매매계약이 해제되었다 하더라도 甲은 C를 상대로 위 건물의 철거를 청구할 수 없다.

④ 위 매매계약이 해제된 후 해제에 의한 소유권이전등기가 말소되기 전에 乙이 위 해제 사실을 모르는 D에게 X 토지를 양도하고 소유권이전등기를 마쳐주었더라도, D는 해제 후에 이해관계를 맺은 자이므로 제3자로서 보호받을 수 없다.

해설 ① [O] 제548조 제1항 단서에 의한 A의 보호와 가등기에 기한 본등기를 한 甲보호의 충돌
"가등기는 본등기의 순위를 보전하는 효력이 있어 후일 가등기에 기한 본등기가 마쳐진 때에는, 본등기의 순위가 가등기한 때로 소급함으로써 **가등기 후 본등기 전에 이루어진 중간처분은 실효**되는 것이므로 매매계약 해제시 원상회복방법으로 매도인에게 소유권이전등기를 하기로 하는 약정에 따른 청구권을 보전하기 위한 가등기가 된 경우에도 그 가등기 후 본등기 전에 된 제3자 명의의 소유권이전등기는 후일 가등기에 기한 본등기가 마쳐지면 말소를 면할 수 없다."(대판 1982.11.23. 81다카1110)라고 판시하여 **가등기에 기한 본등기의 보호를 우선**하고 있다.

② [×] 민법 제548조 제1항 단서에서 말하는 제3자란 일반적으로 그 해제된 계약으로부터 생긴 법률효과를 기초로 하여 해제 전에 새로운 이해관계를 가졌을 뿐 아니라 등기, 인도 등으로 완전한 권리를 취득한 자를 말하는 것인데, 해제된 매매계약에 의하여 **채무자의 책임재산이 된 부동산을 가압류 집행한 가압류채권자도 원칙상 위 조항 단서에서 말하는 제3자에 포함**된다(대판 2005.1.14. 2003다33004).

비교판례 제3채무자가 소유권이전등기청구권에 대한 압류명령에 위반하여 채무자에게 소유권이전등기를 경료한 후 채무자의 대금지급의무의 불이행을 이유로 매매계약을 해제한 경우, 해제의 소급효로 인하여 채무자의 제3채무자에 대한 소유권이전등기청구권이 소급적으로 소멸함에 따라 이에 터잡은 압류명령의 효력도 실효되는 이상 압류채권자는 처음부터 아무런 권리를 갖지 아니한 것과 마찬가지 상태가 되므로 제548조 제1항 단서의 제3자에 해당하지 않는다(대판 2000.1.14. 99다40937).

③ [×] 계약당사자의 일방이 계약을 해제하여도 제3자의 권리를 침해할 수 없지만, 여기에서 그 제3자는 계약의 목적물에 관하여 권리를 취득하고 또 이를 가지고 계약당사자에게 대항할 수 있는 자를 말하므로, **토지를 매도하였다가 대금지급을 받지 못하여 그 매매계약을 해제한 경우에 있어 그 토지 위에 신축된 건물의 매수인은 위 계약해제로 권리를 침해당하지 않을 제3자에 해당하지 아니한다**(대판 1991.5.28. 90다카16761). 다만 C에게 X토지에 대한 이해관계, 즉 토지이용권인 관습법상의 법정지상권 등이 인정된다면 제3자에 해당될 여지가 있으나, 사안에서는 처분당시 토지와 건물이 동일인의 소유에 속하지 않으므로 관습법상 법정지상권이 성립되는 사안도 아니다. 만약 위 사안에서 X토지의 매수인 乙이 甲의 선이행으로 'X토지에 대한 소유권이전등기를 경료받은 후' 건물을 신축하여 건물의 소유권만을 C에게 이전한 경우라면, C는 X토지에

정답 | **109** ○ **110** ○ **111** ①

관하여 관습법상 법정지상권을 취득하기 때문에 나중에 토지 매매가 해제되는 경우에도 C는 제548조 제1항 단서에 의해 보호된다.

④ [×] **제548조 제1항 단서의 '제3자' 보호**

계약해제로 인한 원상회복의무는 제3자의 권리를 해하지 못한다(제548조 제1항 단서). 이때 제3자의 범위와 관련하여 判例는 "그 해제된 계약으로부터 생긴 법률효과를 기초로 하여 '해제 전'에 새로운 이해관계를 가졌을 뿐 아니라 등기·인도 등으로 완전한 권리를 취득한 자"를 말한다고 한다(대판 2002.10.11. 2002다33502). 다만 判例는 '해제의 의사표시가 있은 후라도 그 등기 등을 말소하지 않은 동안' 새로운 권리를 취득하게 된 '선의'의 제3자도 포함된다고 한다(대판 1985.4.9. 84다카130,131). 이 경우 제3자가 악의라는 사실의 주장, 증명책임은 계약해제를 주장하는 자에게 있다고 한다(대판 2005.6.9. 2005다6341).

112

출제예상

매도인이 매수인의 중도금 지급채무 불이행을 이유로 매매계약을 적법하게 해제한 경우라도 매수인은 착오를 이유로 한 취소권을 행사하여 위 매매계약 전체를 무효로 돌릴 수 있다. O | X

해설 매도인이 매수인의 중도금 지급채무 불이행을 이유로 매매계약을 적법하게 해제한 후라도 매수인으로서는 상대방이 한 계약해제의 효과로서 발생하는 손해배상책임을 지거나 매매계약에 따른 계약금의 반환을 받을 수 없는 불이익을 면하기 위하여 착오를 이유로 한 취소권을 행사하여 매매계약 전체를 무효로 돌리게 할 수 있다(대판 1996.12.6. 95다24982).

113

14서기보

계약 후 당사자 쌍방의 계약 실현 의사의 결여 또는 포기가 쌍방 당사자의 표시행위에 나타난 의사의 내용에 의하여 객관적으로 일치하는 경우에는, 그 계약은 계약을 실현하지 아니할 당사자 쌍방의 의사가 일치됨으로써 묵시적으로 해지되었다고 해석함이 상당하다. O | X

해설 계약이 '합의해지(해제)'되기 위하여는 일반적으로 계약이 성립하는 경우와 마찬가지로 계약의 청약과 승낙이라는 서로 대립하는 의사표시가 합치될 것을 그 요건으로 한다. 계약의 '합의해지(해제)'는 명시적인 경우뿐만 아니라 묵시적으로도 이루어질 수 있는데, **묵시적인 합의해지(해제)**는 **계약 후 당사자 쌍방의 계약 실현 의사의 결여 또는 포기**가 쌍방 당사자의 표시행위에 나타난 의사의 내용에 의하여 **객관적으로 일치**하여 그 계약을 실현하지 아니할 당사자 쌍방의 의사가 일치되는 경우에 이를 인정할 수 있다(대판 2012.10.25. 2010다89050).

114

21법무사

계약의 합의해제는 명시적으로뿐만 아니라 당사자 쌍방의 묵시적인 합의에 의하여도 할 수 있으나, 묵시적인 합의해제를 한 것으로 인정되려면 계약이 체결되어 그 일부가 이행된 상태에서 당사자 쌍방이 장기간에 걸쳐 나머지 의무를 이행하지 아니함으로써 이를 방치한 것만으로는 부족하고, 당사자 쌍방에게 계약을 실현할 의사가 없거나 계약을 포기할 의사가 있다고 볼 수 있을 정도에 이르러야 한다. 이 경우에 당사자 쌍방이 계약을 실현할 의사가 없거나 포기할 의사가 있었는지 여부는 계약이 체결된 후의 여러 가지 사정을 종합적으로 고려하여 판단하여야 한다. O | X

115

21법무사

계약의 합의해제 또는 해제계약은 해제권의 유무를 불문하고 계약당사자 쌍방이 합의에 의하여 기존의 계약의 효력을 소멸시켜 당초부터 계약이 체결되지 않았던 것과 같은 상태로 복귀시킬 것을 내용으로 하는 새로운 계약으로서, 계약이 합의해제되기 위하여는 계약의 성립과 마찬가지로 계약의 청약과 승낙이라는 서로 대립하는 의사표시가 합치될 것을 요건으로 하는 바, 이와 같은 합의가 성립하기 위하여는 쌍방당사자의 표시행위에 나타난 의사의 내용이 객관적으로 일치하여야 한다. O | X

해설 **114 115** 계약의 합의해제 또는 해제계약은 해제권의 유무를 불문하고 계약당사자 쌍방이 합의에 의하여 기존 계약의 효력을 소멸시켜 당초부터 계약이 체결되지 않았던 것과 같은 상태로 복귀시킬 것을 내용으로 하는 새로운 계약으로서, 계약이 합의해제되기 위하여는 계약의 성립과 마찬가지로 계약의 청약과 승낙이라는 서로 대립하는 의사표시가 합치될 것(합의)을 요건으로 하는바, 이와 같은 합의가 성립하기 위하여는 쌍방당사자의 표시행위에 나타난 의사의 내용이 객관적으로 일치하여야 한다. 그리고 계약의 합의해제는 명시적으로뿐만 아니라 당사자 쌍방의 묵시적인 합의에 의하여도 할 수 있으나, 묵시적인 합의해제를 한 것으로 인정되려면 계약이 체결되어 그 일부가 이행된 상태에서 당사자 쌍방이 장기간에 걸쳐 나머지 의무를 이행하지 아니함으로써 이를 방치한 것만으로는 부족하고, 당사자 쌍방에게 계약을 실현할 의사가 없거나 계약을 포기할 의사가 있다고 볼 수 있을 정도에 이르러야 한다. 이 경우에 당사자 쌍방이 계약을 실현할 의사가 없거나 포기할 의사가 있었는지 여부는 계약이 체결된 후의 여러 가지 사정을 종합적으로 고려하여 판단하여야 한다(대판 2011.2.10. 2010다77385).

116

14법원행시, 16서기보, 18법무사

해제권자는 해제권을 행사하여 해제를 한 경우에는 채무불이행으로 인한 손해배상청구를 할 수 있지만, 합의해제를 한 경우 손해배상에 관하여 별도의 약정을 하거나 추후 청구할 수 있다고 하는 등의 특별한 사정이 없는 한 그러한 손해배상청구를 할 수 없다. O | X

해설 **제551조(해지, 해제와 손해배상)** 계약의 해지 또는 해제는 손해배상의 청구에 영향을 미치지 아니한다.

➡ 제551조의 '법정해제'와 달리 '합의해제'시에 당사자 일방이 상대방에게 손해배상을 하기로 특약하거나 손해배상청구를 유보하는 의사표시를 하는 등 다른 사정이 없는 한 채무불이행으로 인한 손해배상을 청구할 수 없다(대판 1989.4.25. 86다카1147).

117

20서기보

계약의 합의해제의 효과는 합의된 내용에 따라 결정되고, 원칙적으로 해제에 관한 민법 제543조 이하의 규정은 적용되지 않는다. O | X

해설 합의해제의 효력 – 당사자 간 효력

합의해제의 경우 당초 계약의 효과가 소급적으로 소멸하며, 계약이므로 단독행위로서의 해제를 전제로 하는 **민법 제543조 이하의 규정은 원칙적으로 적용되지 않는다**(대판 1979.10.30. 79다1455). 따라서 **1차적으로는 해제계약의 내용에 의해 효력이 정해지고**, 그 합의에 특별한 약정이 없는 경우에는 부당이득반환규정(제741조 이하)에 의해 반환범위가 정해진다.

정답 | **112** O **113** O **114** O **115** O **116** O **117** O

118

출제예상

계약 당사자 쌍방이 합의에 의하여 계약을 해제할 경우에는 당사자 사이에 별도의 약정이 없는 이상 합의해제로 인하여 반환할 금전에 그 받은 날로부터의 이자를 더하여 반환할 의무가 없다. O | X

해설 합의해제의 효력
합의해제 또는 해제계약이라 함은 해제권의 유무에 불구하고 계약 당사자 쌍방이 합의에 의하여 기존의 계약의 효력을 소멸시켜 당초부터 계약이 체결되지 않았던 것과 같은 상태로 복귀시킬 것을 내용으로 하는 새로운 계약으로서, 그 효력은 그 합의의 내용에 의하여 결정되고 **여기에는 해제에 관한 민법 제548조 제2항의 규정은 적용되지 아니하므로,** 당사자 사이에 약정이 없는 이상 합의해제로 인하여 반환할 금전에 그 받은 날로부터의 이자를 가하여야 할 의무가 있는 것은 아니다(대판 1996.7.30. 95다16011).

119

11/20서기보, 20법무사

계약의 합의해제의 경우에도 제3자 보호에 관한 민법 제548조 제1항 단서의 규정은 적용된다. O | X

해설 합의해제의 효력 – 제3자에 대한 효력
계약의 효력은 원칙적으로 당사자 간에만 미치므로 완전한 권리를 취득한 제3자의 권리관계에는 영향을 미치지 못한다. 즉 **제548조 제1항 단서 규정은 합의해제의 경우에도 유추적용**된다. 判例 역시 "계약의 합의해제에 있어서도 제548조의 계약해제의 경우와 같이 이로써 제3자의 권리를 해할 수 없으나, 그 대상부동산을 전득한 매수자라도 완전한 권리를 취득하지 못한 자는 위 제3자에 해당하지 아니한다."(대판 1991.4.12. 91다2601)라고 판시하고 있다.

120

출제예상

甲은 자신 소유의 X토지를 乙에게 매도하는 매매계약을 체결하고, 계약금과 중도금을 지급받은 뒤 X토지에 대한 소유권이전등기를 乙 명의로 경료해주었다. 그 후 乙이 잔금을 지급하기 전에 甲과 乙이 합의하여 위 매매계약을 해제하고자 할 경우, 다음 중 옳지 않은 것은?

① 甲이 해제권의 발생 여부에 관계없이 위 매매계약의 효력을 소멸시켜 당초부터 계약이 체결되지 않았던 것과 같은 상태로 복귀시킬 것을 내용으로 하는 새로운 청약을 하고 乙이 이에 승낙하면 위 매매계약은 해제된다.

② 甲과 乙이 위 매매계약을 해제하기로 합의한 경우, 특별한 약정이 없다면 甲이 乙에게 반환하여야 할 금전에 대하여는 乙로부터 지급받은 다음 날부터 이자를 가산하여 지급하여야 한다.

③ 甲과 乙이 위 매매계약을 해제하기로 합의하기 전에 乙로부터 X 토지를 매수한 丙은 자신의 명의로 소유권이전등기가 경료되었다면 보호될 수 있다.

④ 甲이 잔금지급 기일의 경과 후 계약해제를 주장하면서 이미 지급받은 계약금과 중도금의 반환으로 이를 공탁하고 乙이 아무런 이의 없이 그 공탁금을 수령한 경우에는 특단의 사정이 없는 한 합의해제된 것으로 본다.

해설 ① [O] 합의해제란 해제권유무와 무관하게 당사자의 합의로 이미 체결한 계약을 해소하여 원상으로 회복시키는 새로운 '계약'을 말한다. 이는 사적자치의 원칙상 당연히 인정되는바, 합의해제가 성립하기 위해서는 일반적인 계약의 성립요건과 마찬가지로 i) 종전 계약의 소멸을 내용으로 하는 청약과 승낙, ii) 표시행위에 나타난 청약과 승낙의 내용이 서로 객관적으로 일치할 것이 필요하다(대판 1998.8.21. 98다17602).

② [×] 합의해제에 따라 당초 계약의 효과가 소급적으로 소멸하며, 계약이므로 단독행위로서의 해제를 전제로 하는 민법 제543조 이하의 규정은 원칙적으로 적용되지 않는다(대판 1979.10.30. 79다1455). 따라서 **제548조 제2항이 적용되지 않으므로, 특약이 없는 이상 합의해제로 인하여 반환할 금전에 그 받은 날로부터의 이자를 가하여야 할 의무가 없다**(대판 1996.7.30. 95다16011).
결국 합의해제에 따른 당사자간의 효력은 1차적으로 해제계약의 내용에 의해 정해지고, 그 합의에 특별한 약정이 없는 경우에는 부당이득반환규정(제741조 이하)에 의해 반환범위가 정해진다.

③ [O] 계약의 효력은 원칙적으로 당사자 간에만 미치므로 완전한 권리를 취득한 제3자의 권리관계에는 영향을 미치지 못한다. 즉 **제548조 제1항 단서 규정은 합의해제의 경우에도 유추적용**된다. 判例 역시 "계약의 합의해제에 있어서도 민법 제548조의 계약해제의 경우와 같이 이로써 제3자의 권리를 해할 수 없으나, 그 대상 부동산을 전득한 매수자라도 완전한 권리를 취득하지 못한 자는 위 제3자에 해당하지 아니한다."(대판 1991.4.12. 91다2601)라고 판시하고 있다.

④ [O] 매도인이 잔대금 지급기일 경과 후 계약해제를 주장하여 이미 지급받은 계약금과 중도금을 반환하는 공탁을 하였을 때, 매수인이 아무런 이의없이 그 공탁금을 수령하였다면 위 매매계약은 특단의 사정이 없는 한 합의해제된 것으로 봄이 상당하다(대판 1979.10.10. 79다1457).

121

16서기보

자신 소유의 부동산을 매도하였다가 매매계약을 합의 해제한 매도인이 매수인에 대하여 가지는 원상회복청구권은 소멸시효의 대상이 되지 않는다. O | X

해설 매매계약이 합의해제된 경우에도 **매수인에게 이전되었던 소유권은 당연히 매도인에게 복귀하는 것**이므로, 判例는 합의해제에 따른 매도인의 원상회복청구권은 소유권에 기한 **물권적 청구권**이며, 이는 **소멸시효의 대상이 되지 않는다**고 한다(대판 1982.7.27. 80다2968).

122

14서기보

상속재산 분할협의는 공동상속인들 사이에 이루어지는 일종의 계약으로서, 공동상속인들은 이미 이루어진 상속재산 분할협의의 전부 또는 일부를 전원의 합의에 의하여 해제한 다음 다시 새로운 분할협의를 할 수 있다. O | X

해설 대판 2004.7.8. 2002다73203 = 합의해제

정답 | 118 O 119 O 120 ② 121 O 122 O

123 11사무관, 15/17/18법무사

매매계약에서 매수인이 중도금을 약정일에 지급하지 않으면 계약을 무효로 한다는 특약을 하였더라도, 매수인이 약정한대로 중도금을 지급하지 않은 경우, 해제의 의사표시가 없으면 계약이 해제된 것이라고 볼 수 없다. O | X

124 20법무사, 21서기보

매수인이 잔대금 지급기일까지 그 대금을 지급하지 못하면 그 계약이 자동적으로 해제된다는 취지의 약정이 있더라도, 특별한 사정이 없는 한 매도인이 자신의 채무에 대한 이행의 제공을 하여 매수인으로 하여금 이행지체에 빠지게 하였을 때 비로소 자동적으로 계약이 해제된다. O | X

> **해설** **123 잔대금지급채무의 불이행을 조건으로 한 실권조항(동시이행관계이므로 이행제공해야 자동해제)**
> 부동산 매매계약에 있어서 '매수인이 잔대금 지급기일까지 그 대금을 지급하지 못하면 그 계약이 자동적으로 해제된다'는 취지의 약정이 있더라도 특별한 사정이 없는 한 **매수인의 잔대금 지급의무와 매도인의 소유권이전등기의무는 동시이행의 관계에 있으므로 매도인이 잔대금 지급기일에 소유권이전등기에 필요한 서류를 준비하여 매수인에게 알리는 등 이행의 제공을 하여 매수인으로 하여금 이행지체에 빠지게 하였을 때에 비로소 자동적으로 매매계약이 해제된다**고 보아야 하고, 매수인이 그 약정 기한을 도과하였더라도 이행지체에 빠진 것이 아니라면 대금 미지급으로 계약이 자동해제된 것으로 볼 수 없다(대판 1998.6.12. 98다505).
>
> **비교판례** **124** 判例는 "매매계약에 있어서 매수인이 '**중도금**'을 약정한 일자에 지급하지 아니하면 그 계약을 무효로 한다고 하는 특약이 있는 경우 매수인이 약정한대로 중도금을 지급하지 아니하면(해제의 의사표시를 요하지 않고) 그 불이행 자체로써 계약은 그 일자에 자동적으로 해제된 것이라고 보아야 한다."(대판 1991.8.13. 91다13717)라고 한다. 즉 중도금의 지급은 선이행의무이므로 그 불이행시 즉시 조건이 성취되어 해제의 효력이 발생한다.

125 출제예상

쌍무계약을 체결하면서 어느 기한까지 일방이 채무를 이행하지 아니하면 자동적으로 계약이 해제된다고 약정한 경우, 어느 일방이 채무를 이행하지 않으면 이행최고나 해제의사표시 없이 계약이 자동으로 해제되나, 당사자들이 계약이 유효함을 전제로 논의를 계속하면서 해제의 효과를 주장하지 않은 채 계약의 이행을 촉구하거나 상대방이 별다른 이의 없이 급부 중 일부를 수령하였다면, 당사자들 사이에 자동해제된 계약을 부활시키기로 하는 합의가 있었다고 보아야 한다. O | X

> **해설** 대판 2019.6.27. 2019다216817

126 20사무관

당사자 일방이 계약을 해지한 때에는 계약은 장래에 대하여 그 효력을 잃는다. O | X

> **해설** **제550조(해지의 효과)** 당사자 일방이 계약을 해지한 때에는 계약은 장래에 대하여 그 효력을 잃는다.

127

14서기보

계약 후 당사자 쌍방의 계약 실현 의사의 결여 또는 포기가 쌍방 당사자의 표시행위에 나타난 의사의 내용에 의하여 객관적으로 일치하는 경우에는, 그 계약은 계약을 실현하지 아니할 당사자 쌍방의 의사가 일치됨으로써 묵시적으로 해지되었다고 해석함이 상당하다. O | X

해설 계약이 합의해지되기 위하여는 일반적으로 계약이 성립하는 경우와 마찬가지로 계약의 청약과 승낙이라는 서로 대립하는 의사표시가 합치될 것을 그 요건으로 하는 것이지만, **계약의 합의해지는 명시적인 경우뿐만 아니라 묵시적으로도 이루어질 수 있는 것이므로 계약 후 당사자 쌍방의 계약 실현 의사의 결여 또는 포기가 쌍방 당사자의 표시행위에 나타난 의사의 내용에 의하여 객관적으로 일치**하는 경우에는, 그 계약은 계약을 실현하지 아니할 당사자 쌍방의 의사가 일치됨으로써 묵시적으로 해지되었다고 해석함이 상당하다(대판 2003.1.24. 2000다5336,5343).

128

20법무사

계약을 합의해지한 경우에 별도의 약정이 없는 한 합의해지로 인하여 반환해야 할 금전에 법정이자를 가산해야 하는 것은 아니다. O | X

해설 계약의 합의해지에 대하여 민법 제548조 제2항이 적용되는지 여부(소극)
합의해지 또는 해지계약이라 함은 해지권의 유무에 불구하고 **계약 당사자 쌍방이 합의에 의하여 계속적 계약의 효력을 해지시점 이후부터 장래를 향하여 소멸하게 하는 것을 내용으로 하는 새로운 계약**으로서, 그 효력은 그 합의의 내용에 의하여 결정되고 여기에는 **해제, 해지에 관한 민법 제548조 제2항의 규정은 적용되지 아니**하므로, 당사자 사이에 약정이 없는 이상 합의해지로 인하여 반환할 금전에 그 받은 날로부터의 이자를 가하여야 할 의무가 있는 것은 아니다(대판 2003.1.24. 2000다5336,5343).

129

17서기보

계약의 성립에 기초가 되지 아니한 사정이 그 후 변경되어 일반당사자가 계약 당시 의도한 계약목적을 달성할 수 없게 됨으로써 손해를 입게 된 경우라도 특별한 사정이 없는 한 그 계약내용의 효력을 그대로 유지하는 것이 신의칙에 반한다고 볼 수 없다. O | X

해설 사정변경을 이유로 한 계약 해제는 ⅰ) 계약 성립 당시 당사자가 예견할 수 없었던 현저한 사정의 변경이 발생하였고 ⅱ) 그러한 사정의 변경이 해제권을 취득하는 당사자에게 책임 없는 사유로 생긴 것으로서, ⅲ) 계약 내용대로의 구속력을 인정한다면 신의칙에 현저히 반하는 결과가 생기는 경우에 계약준수 원칙의 예외로서 인정된다. 그리고 여기서 말하는 사정이라 함은 **계약의 기초가 되었던 객관적인 사정**으로서, 일방 당사자의 주관적 또는 개인적인 사정을 의미하는 것은 아니다. 따라서 **계약의 성립에 기초가 되지 아니한 사정이 그 후 변경되어 일방 당사자가 계약 당시 의도한 계약 목적을 달성할 수 없게 됨으로써 손해를 입게 되었다 하더라도 특별한 사정이 없는 한 그 계약 내용의 효력을 그대로 유지하는 것이 신의칙에 반한다고 볼 수 없다.** 이러한 법리는 계속적 계약관계에서 사정변경을 이유로 계약의 해지를 주장하는 경우에도 마찬가지로 적용된다(대판 2013.9.26. 2013다26746).

정답 | 123 × 124 ○ 125 ○ 126 ○ 127 ○ 128 ○ 129 ○

제3장 | 각종의 계약

제1절 증여

01

06서기보

증여는 증여자의 상대방에 대한 일방적 의사표시에 의하여 효력이 발생한다. O | X

해설 **제554조(증여의 의의)** 증여는 당사자 일방이 무상으로 재산을 상대방에 수여하는 의사를 표시하고 상대방이 이를 승낙함으로써 그 효력이 생긴다.

02

08서기보

서면에 의하지 아니한 증여는 효력이 발생하지 아니한다. O | X

해설 **제555조(서면에 의하지 아니한 증여와 해제)** 증여의 의사가 서면으로 표시되지 아니한 경우에는 각 당사자는 이를 해제할 수 있다.

03

10법원행시, 17법무사

증여계약이 성립한 당시에 서면이 작성되지 않았더라도, 그 후 위 계약이 존속하는 동안 서면을 작성한 경우에는 그때부터 서면에 의한 증여로서의 효력이 있으므로, 당사자가 임의로 그 계약을 해제할 수 없다. O | X

해설 민법 제555조 소정의 증여의 의사가 표시된 서면의 작성시기에 대하여는 법률상 아무런 제한이 없으므로 증여계약이 성립한 당시에는 서면이 작성되지 않았더라도 그후 계약이 존속하는 동안 서면을 작성한 때에는 **그때부터는** 서면에 의한 증여로서 당사자가 임의로 이를 해제할 수 없게 된다(대판 1989.5.9. 88다카2271).

04

12/13/18법무사

증여의 의사가 서면으로 표시되지 아니한 증여계약의 해제는 형성권의 제척기간의 적용을 받으므로, 10년이 경과한 후에는 행사할 수 없다. O | X

05

21법원행시

민법 제555조는 "증여의 의사가 서면으로 표시되지 아니한 경우에는 각 당사자는 이를 해제할 수 있다." 고 규정하고 있는데, 이때의 해제는 일종의 특수한 철회일 뿐 민법 제543조 이하에서 규정한 본래 의미의 해제와는 다르다고 할 것이어서 형성권의 제척기간의 적용을 받지 않는다. O | X

06

15서기보

증여계약이 서면에 의하지 아니하였음을 이유로 한 해제에 대하여는 10년의 제척기간이 적용되지 아니한다. O | X

해설 **04 05 06** 서면에 의하지 않은 증여의 해제
증여계약의 특수한 해제는 민법 제543조 이하에서 규정한 본래 의미의 해제와는 달리 **형성권의 제척기간(10년)의 적용을 받지 않는 '특수한 형태의 철회'**로서, **10년이 경과한 후에 이루어졌다 하더라도 이행하기 전이라면 적법**하다(대판 2009.9.24. 2009다37831).

07

21법원행시

서면에 의하지 아니한 증여의 경우에도 그 이행을 완료한 경우에는 해제로서 수증자에게 대항할 수 없다 할 것인바, 토지에 대한 증여는 증여자의 의사에 기하여 그 소유권이전등기에 필요한 서류가 제공되고 수증자 명의로 소유권이전등기가 경료됨으로써 이행이 완료되는 것이므로, 증여자가 그러한 이행 후 증여계약을 해제하였다고 하더라도 증여계약이나 그에 의한 소유권이전등기의 효력에 영향을 미치지 아니한다 할 것이지만, 이와는 달리 증여자의 의사에 기하지 아니한 원인무효의 등기가 경료된 경우에는 증여계약의 적법한 이행이 있다고 볼 수 없으므로 서면에 의하지 아니한 증여자의 증여계약의 해제에 대해 수증자가 실체관계에 부합한다는 주장으로 대항할 수 없다. O | X

해설 대판 2009.9.24. 2009다37831

08

21법원행시

민법 제555조에서 서면에 의한 증여에 한하여 증여자의 해제권을 제한하고 있는 입법취지는 증여자가 경솔하게 증여하는 것을 방지함과 동시에 증여자의 의사를 명확히 하여 후일에 분쟁이 생기는 것을 피하려는 데 있다 할 것인바, 비록 서면의 문언 자체는 증여계약서로 되어 있지 않더라도 그 서면의 작성에 이르게 된 경위를 아울러 고려할 때 그 서면이 바로 증여의사를 표시한 서면이라고 인정되면 위 서면에 해당하고, 나아가 증여 당시가 아닌 그 이후에 작성된 서면에 대해서도 마찬가지로 볼 수 있다 할 것이나, 이러한 서면에 의한 증여란 증여계약 당사자 사이에 있어서 증여자가 자기의 재산을 상대방에게 준다는 취지의 증여의사가 문서를 통하여 확실히 알 수 있는 정도로 서면에 나타난 것을 말하는 것으로, 수증자에 대하여 서면으로 표시되어야 하는 것은 아니다. O | X

정답 | **01** ○ **02** ○ **03** ○ **04** × **05** ○ **06** ○ **07** ○ **08** ×

해설 민법 제555조에서 서면에 의한 증여에 한하여 증여자의 해제권을 제한하고 있는 입법취지는 증여자가 경솔하게 증여하는 것을 방지함과 동시에 증여자의 의사를 명확히 하여 후일에 분쟁이 생기는 것을 피하려는 데 있다 할 것인바, 비록 서면의 문언 자체는 증여계약서로 되어 있지 않더라도 그 서면의 작성에 이르게 된 경위를 아울러 고려할 때 그 서면이 바로 증여의사를 표시한 서면이라고 인정되면 위 서면에 해당하고, 나아가 증여 당시가 아닌 그 이후에 작성된 서면에 대해서도 마찬가지로 볼 수 있다 할 것이나, 이러한 서면에 의한 증여란 증여계약 당사자 사이에 있어서 증여자가 자기의 재산을 상대방에게 준다는 취지의 증여의사가 문서를 통하여 확실히 알 수 있는 정도로 서면에 나타난 것을 말하는 것으로, **이는 수증자에 대하여 서면으로 표시되어야 한다**(대판 2009.9.24. 2009다37831).

09

17법원행시

甲, 乙, 丙 사이에서 甲이 乙과 그 태생 자녀들에게 일정재산을 분배하여 주고 나머지 재산에 대한 일체의 상속권은 포기하기로 하는 내용이 조정이 성립된 후 잔여재산에 속하는 토지를 丙과의 사이에서 출생한 정에게 증여한 경우, 丁이 참가하지 아니한 위 조정절차에서 甲의 증여의 의사표시가 丁에게 서면으로 표시된 것으로 볼 수 없다. O | X

해설 민법 제555조의 '서면에 의한 증여'의 의미
甲, 乙, 丙 사이에서 甲이 乙과 그 태생 자녀들에게 일정 재산을 분배하여 주고 나머지 재산에 대한 일체의 상속권은 포기하기로 하는 내용의 조정이 성립된 후 잔여 재산에 속하는 토지를 丙과의 사이에서 출생한 丁에게 증여한 경우, 丁이 참가하지 아니한 위의 조정절차에서 甲의 증여의 의사표시가 丁에게 서면으로 표시된 것으로 볼 수 없다고 한 사례(대판 1998.9.25. 98다22543).

10

17법무사

서면에 의하지 아니한 부동산 증여의 경우, 이를 인도하였다면 아직 소유권이전등기를 마치지 아니하였더라도 증여자는 계약을 해제할 수 없다. O | X

해설 **제555조(서면에 의하지 아니한 증여와 해제)** 증여의 의사가 서면으로 표시되지 아니한 경우에는 각당사자는 이를 해제할 수 있다.

제558조(해제와 이행완료부분) 전3조의 규정에 의한 계약의 해제는 이미 이행한 부분에 대하여는 영향을 미치지 아니한다.

물권변동에 관하여 형식주의를 채택하고 있는 현행 민법의 해석으로서는 부동산 증여에 있어서 이행이 되었다고 함은 그 부동산의 인도만으로써는 부족하고 이에 대한 소유권이전등기절차까지 마친 것을 의미한다(대판 1977.12.27. 77다834). 부동산의 증여에 있어서는 목적부동산을 인도받지 아니하여도 그에 대한 소유권이전등기절차를 마침으로써 그 이행이 종료되어 수증자는 그로써 확정적으로 그 소유권을 취득한다(대판 1981.10.13. 81다649).

11

14법무사

수증자가 증여자 또는 그 배우자나 직계혈족에 대한 범죄행위가 있거나 증여자에 대하여 부양의무 있는 경우에 이를 이행하지 아니하는 때에는 증여자는 그 증여를 해제할 수 있다. O | X

12

15서기보

수증자가 증여자에 대하여 중대한 범죄행위를 한 경우에는 증여자는 증여계약을 해제하고, 이미 이행한 부분의 반환을 청구할 수 있다. O | X

> 해설 **11 제556조(수증자의 행위와 증여의 해제)** ① 수증자가 증여자에 대하여 다음 각호의 사유가 있는 때에는 증여자는 그 **증여를 해제할 수 있다.**
> 1. **증여자 또는 그 배우자나 직계혈족에 대한 범죄행위가 있는 때**
> 2. 증여자에 대하여 부양의무있는 경우에 이를 이행하지 아니하는 때
>
> **12 제558조(해제와 이행완료부분)** 전3조의 규정에 의한 계약의 해제는 **이미 이행한 부분에 대하여는 영향을 미치지 아니한다.**

13

출제예상

당사자 사이의 약정에 따라 부양의무를 부담하는 증여계약에서 수증자의 부양의무불이행을 원인으로 하는 증여자의 해제권은 해제원인이 있음을 안 날로부터 6월을 경과한 때 소멸한다. O | X

> 해설 부담부증여에 있어서는 쌍무계약에 관한 규정이 준용되어 부담의무 있는 상대방이 자신의 의무를 이행하지 아니할 때에는 비록 증여계약이 이행되어 있다 하더라도 그 계약을 해제할 수 있고, 민법 제556조 제1항 제2호에 규정되어 있는 '부양의무'라 함은 민법 제974조에 규정되어 있는 직계혈족 및 그 배우자 또는 생계를 같이하는 친족 간의 부양의무를 가리키는 것으로서, 이 사건과 같이 위와 같은 **친족 간이 아닌 당사자 사이의 약정에 의한 부양의무는 이에 해당하지 아니하여 이 사건 부담부증여에는 민법 제556조 제2항이나 민법 제558조가 적용되지 않는다**(대판 1996.1.26. 95다43358).

14

13주사보, 14법무사, 18서기보

증여계약 후에 증여자의 재산상태가 현저히 변경되고 그 이행으로 인하여 생계에 중대한 영향을 미칠 경우에는 증여자는 증여를 해제할 수 있다. O | X

> 해설 **제557조(증여자의 재산상태변경과 증여의 해제)** 증여계약 후에 증여자의 재산상태가 현저히 변경되고 그 이행으로 인하여 생계에 중대한 영향을 미칠 경우에는 증여자는 증여를 해제할 수 있다.

15

11주사보, 15서기보

증여는 무상계약이므로 증여자가 증여의 목적인 물건의 하자를 알고 수증자에게 고지하지 아니한 때에도 그 하자에 대하여 책임을 지지 아니하나, 상대 부담있는 증여에 대하여는 그 부담의 한도에서 매도인과 같은 담보의 책임이 있다. O | X

정답 | **09** ○ **10** × **11** ○ **12** × **13** × **14** ○ **15** ×

16

11주사보, 15서기보

증여자는 원칙적으로 증여의 목적인 물건 또는 권리의 하자나 흠결에 대하여 책임을 지지 않는다. 증여자는 증여의 목적인 물건 또는 권리의 하자나 흠결을 알고 수증자에게 고지하지 아니한 때에는 그 하자나 흠결에 대하여 책임을 진다. O | X

> 해설 **15 16 제559조(증여자의 담보책임)** ① 증여자는 증여의 목적인 물건 또는 권리의 하자나 흠결에 대하여 책임을 지지 아니한다. 그러나 **증여자가 그 하자나 흠결을 알고 수증자에게 고지하지 아니한 때에는 그러하지 아니하다.**
> ② **상대부담 있는 증여**(부담부증여)에 대하여는 증여자는 **그 부담의 한도에서 매도인과 같은 담보의 책임이 있다.**

17

18법무사

상대부담 있는 증여에 대하여는 민법 제561조에 의하여 쌍무계약에 관한 규정이 준용되어 부담의무 있는 상대방이 자신의 의무를 이행하지 아니할 때에는 증여자는 그 계약을 해제할 수 있으나, 이 경우에도 민법 제558조가 적용되므로 이미 이행된 부분에 대하여는 영향을 미치지 않는다. O | X

> 해설 부담부증여에 있어 부담의무 불이행에 따른 증여계약의 해제 요건
> 상대부담 있는 증여에 대하여는 민법 제561조에 의하여 쌍무계약에 관한 규정이 준용되어 부담의무 있는 상대방이 자신의 의무를 이행하지 아니할 때에는 **비록 증여계약이 이미 이행되어 있다 하더라도 증여자는 계약을 해제할 수 있고, 그 경우 민법 제555조와 제558조는 적용되지 아니한다**(대판 1997.7.8. 97다2177).

18

15서기보

증여자의 사망으로 인하여 효력이 생길 증여에 대하여는 유증에 관한 규정이 준용되므로 위 증여는 자필증서, 녹음, 공정증서, 비밀증서, 구수증서 중 하나의 방법에 의하여야 한다. O | X

19

13주사보, 17법원행시

민법 제562조는 사인증여에 관하여는 유증에 관한 규정을 준용하도록 규정하고 있으므로, 유증의 방식에 관한 민법규정은 사인증여에도 적용된다. 따라서 유언의 방식에 의하지 아니한 사인증여는 효력이 없다. O | X

> 해설 **18 19** 특수한 증여 - 사인증여
> **제1065조(유언의 보통방식)** 유언의 방식은 자필증서, 녹음, 공정증서, 비밀증서와 구수증서의 5종으로 한다.
> 유증의 방식에 관한 민법 제1065조 내지 제1072조는 그것이 단독행위임을 전제로 하는 것이어서 계약인 **사인증여에는 적용되지 않는다**(대판 1996.4.12. 94다37714,37721).

20

17법무사

사인증여에 관하여는 유증에 관한 규정이 준용되므로, 포괄적 사인증여를 받은 자는 포괄적 유증을 받은 자와 마찬가지로 상속인과 동일한 권리의무가 있다. O | X

해설 i) 민법 제562조는 사인증여에 관하여는 유증에 관한 규정을 준용하도록 규정하고 있지만, 유증의 방식에 관한 민법 제1065조 내지 제1072조는 그것이 단독행위임을 전제로 하는 것이어서 계약인 사인증여에는 적용되지 아니한다. ii) 민법 제562조가 사인증여에 관하여 유증에 관한 규정을 준용하도록 규정하고 있다고 하여, 이를 근거로 포괄적 유증을 받은 자는 상속인과 동일한 권리의무가 있다고 규정하고 있는 **민법 제1078조가 포괄적 사인증여에도 준용된다고 해석하면 포괄적 사인증여에도 상속과 같은 효과가 발생하게 된다. 그러나 포괄적 사인증여는 낙성·불요식의 증여계약의 일종이고, 포괄적 유증은 엄격한 방식을 요하는 단독행위**이며, 방식을 위배한 포괄적 유증은 대부분 포괄적 사인증여로 보여질 것인바, 포괄적 사인증여에 민법 제1078조가 준용된다면 양자의 효과는 같게 되므로, 결과적으로 포괄적 유증에 엄격한 방식을 요하는 요식행위로 규정한 조항들은 무의미하게 된다. **따라서 민법 제1078조가 포괄적 사인증여에 준용된다고 하는 것은 사인증여의 성질에 반하므로 준용되지 아니한다고 해석함이 상당하다**(대판 1996.4.12. 94다37714,37721).

21

17법무사

정기의 급여를 목적으로 한 증여는 수증자의 사망으로 인하여 효력을 잃는다. 다만 증여자가 사망한 경우에는 그렇지 않다. O | X

해설 **제560조(정기증여와 사망으로 인한 실효)** 정기의 급여를 목적으로 한 증여는 증여자 또는 수증자의 사망으로 인하여 그 효력을 잃는다.

정답 | 16 ○ 17 × 18 × 19 × 20 × 21 ×

22

甲은 그가 소유하고 있던 X 토지를 동생 乙에게 증여하고자 하였으나, 등기원인을 증여로 기재하면 증여세가 부과될 것을 염려하여 매매한 것으로 계약서를 작성하고 乙에게 매매를 등기원인으로 하여 소유권이전등기를 마쳐주었다. 그러한 사정을 모르는 丙은 乙로부터 X 토지를 매수하고 丙 앞으로 소유권이전등기를 마쳤다. 이에 관한 설명 중 옳은 것은?

① 甲과 乙 사이의 증여는 허위표시에 의한 것으로서 무효이다.

② 丙은 乙의 소유권이전등기의 등기원인이 실제와 다르게 기재된 것을 알았다고 하더라도 적법하게 소유권을 취득한다.

③ 乙이 그의 채권자를 위해 X 토지에 저당권을 설정하였는데 그 저당권설정계약이 허위표시에 의하여 이루어진 것이라면 甲은 X 토지의 소유권에 기하여 그 저당권설정등기의 말소를 청구할 수 있다.

④ 甲은 丙이 X 토지의 소유권이전등기를 마치기 전에 서면에 의하지 아니한 증여라는 이유로 위 증여계약을 해제하고 乙 명의의 소유권이전등기의 말소를 구할 수 있다.

해설 ① [×] 증여를 매매로 가장한 본 사안과 같이 가장행위 속에 실제로 다른 행위를 할 의사가 감추어진 경우에, 그 감추어진 행위를 은닉행위라고 한다. 이 사안에서는 숨겨져 있는 행위인 '증여'가 은닉행위가 될 것이다. 은닉행위의 효력에 대하여는 그 행위 자체에 관한 규정(즉 증여에 관한 규정)이 적용되어야 한다고 보는 것에 학설이 일치한다(자연적 해석). 따라서 가장행위인 매매가 무효이더라도, 은닉행위인 증여는 유효가 된다(대판 1991.9.10. 91다6160).

② [○] ③ [×] 위에서 살펴보았듯이 내면적 은닉행위인 증여는 유효하므로 부동산의 소유권은 乙에게 이전될 것이다. 따라서 丙이 乙의 소유권이전등기의 등기원인이 실제와 다르게 기재된 것을 알았다 하더라도 적법하게 乙로부터 부동산을 매수하고 소유권이전등기를 마친 이상 소유권을 취득할 수 있다. 마찬가지로 甲은 더 이상 X 토지의 소유권을 주장할 수 없으므로 乙이 X 토지에 허위표시에 의한 저당권설정계약을 맺었더라도 그 자신에게 X 토지의 소유권 있음을 주장하여 그 저당권설정등기의 말소를 청구할 수 없다.
부동산 등기는 현실의 권리 관계에 부합하는 한 그 권리취득의 경위나 방법 등이 사실과 다르다고 하더라도 그 등기의 효력에는 아무런 영향이 없는 것이므로 증여에 의하여 부동산을 취득하였지만 등기원인을 매매로 기재하였다고 하더라도 그 등기의 효력에는 아무런 하자가 없다(대판 1980.7.22. 80다791).

④ [×] 서면에 의한 증여란 증여계약 당사자 간에 있어서 증여자가 자기의 재산을 상대방에게 준다는 증여의사가 문서를 통하여 확실히 알 수 있는 정도로 서면에 나타낸 증여를 말하는 것으로서 비록 서면 자체는 매매계약서, 매도증서로 되어 있어 매매를 가장하여 증여의 증서를 작성한 것이라고 하더라도 증여에 이른 경위를 아울러 고려할 때 그 서면이 바로 증여의사를 표시한 서면이라고 인정되면 이는 민법 제555조에서 말하는 서면에 해당한다(대판 1991.9.10. 91다6160).

➡ 따라서 甲은 위 증여계약이 서면으로 표시되지 아니하였으므로 해제할 수 있다고 주장할 수 없다.

정답 | 22 ②

제2절 매매

01

출제예상

매매예약의 완결권은 형성권으로서 10년의 제척기간에 걸리며, 그 행사기간을 당사자가 계약으로 정할 수는 없다.

O | X

02

17사무관, 20법원행시

매매예약완결권 행사의 기간을 정하지 않은 때에는 예약자는 상당한 기간을 정하여 매매완결여부의 확답을 상대방에게 최고할 수 있고, 예약완결권자에게 상대방이 최고했음에도 불구하고 예약완결권자가 확답을 하지 않았을 때에는 예약완결권은 행사된 것으로 본다.

O | X

해설 01 02 예약완결권

매매의 일방예약 또는 쌍방예약에 의하여 예약권리자가 상대방에 대하여 예약완결의 의사표시를 할 수 있는 권리를 '예약완결권'이라 한다. 예약완결권의 행사에 의하여 곧바로 본계약인 매매계약이 성립(제564조 제1항)하므로 예약완결권은 '형성권'이다.

제564조(매매의 일방예약) ① 매매의 일방예약은 상대방이 매매를 완결할 의사를 표시하는 때에 매매의 효력이 생긴다.

② 전항의 의사표시의 기간을 정하지 아니한 때에는 예약자는 상당한 기간을 정하여 매매완결 여부의 확답을 상대방에게 최고할 수 있다.

③ **예약자가 전항의 기간 내에 확답을 받지 못한 때에는 예약은 그 효력을 잃는다.**

민법 제564조가 정하고 있는 매매의 일방예약에서 예약자의 상대방이 매매완결의 의사를 표시하여 매매의 효력을 생기게 하는 권리(이른바 예약완결권)는 일종의 형성권으로서 당사자 사이에 그 행사기간을 약정한 때에는 그 기간내에(제564조 제2항의 반대 해석), 그러한 약정이 없는 때에는 예약이 성립한 때부터 10년 내에 이를 행사하여야 하고 위 기간을 도과한 때에는 상대방이 예약목적물인 부동산을 인도받은 경우라도 예약완결권은 제척기간의 경과로 인하여 소멸된다(대판 1992.7.28. 91다44766).

03

12서기보

매매의 일방예약에서 당사자 사이에 매매예약완결권을 행사할 수 있는 시기를 특별히 약정한 경우에는 매매예약완결권의 행사기간은 당초 권리의 발생일로부터 10년의 기간이 경과되더라도 만료되지 않고, 그 약정에 따라 권리를 행사할 수 있는 때로부터 10년이 되는 날까지로 연장된다.

O | X

04

출제예상

당사자가 제척기간의 기산점을 특별히 약정한 경우에는 그 제척기간은 약정한 때부터 10년의 기간이 경과하면 만료된다.

O | X

정답 | 01 × 02 × 03 × 04 ×

해설 **03 04 제척기간의 기산점은 특별한 사정이 없는 한 원칙적으로 권리가 발생한 때**이고, 당사자 사이에 매매예약완결권을 행사할 수 있는 시기를 특별히 약정한 경우에도 그 제척기간은 당초 권리의 발생일로부터 10년 간의 기간이 경과되면 만료되는 것이지, 그 기간을 넘어서 그 약정에 따라 권리를 행사할 수 있는 때로부터 10년이 되는 날까지로 연장된다고 볼 수 없다(대판 1995.11.10. 94다22682,22699).

05

12사무관

대물변제예약완결권은 당사자 사이에 그 행사기간을 약정한 때에는 그 기간 내에, 그러한 약정이 없는 때에는 그 권리가 발생한 때로부터 10년 내에 이를 행사하여야 하고, 예약완결권자의 대물변제예약완결권의 의사표시에 대하여 예약의무자의 승낙의 의사표시가 요구된다. O|X

해설 대물변제예약 완결권의 법적 성질 및 그 행사기간, 행사방법

대물변제예약 완결권은 일종의 형성권으로 **당사자 사이에 그 행사기간을 약정한 때에는 그 기간 내에, 그러한 약정이 없는 때에는 그 권리가 발생한 때로부터 10년 내에 이를 행사하여야** 하고, 이 기간을 도과한 때에는 예약 완결권은 제척기간의 경과로 인하여 소멸한다. **대물변제예약 완결의 의사표시는 특별한 방식을 요하는 것이 아니고 예약 의무자에 대한 의사표시로** 할 수 있다(대판 1997.6.27. 97다12488).

➡ 승낙은 요구되지 않는다.

06

출제예상

공동명의로 담보가등기를 마친 수인의 채권자가 각자의 지분별로 별개의 독립적인 매매예약완결권을 가지는 경우, 채권자 중 1인은 단독으로 자신의 지분에 관하여 「가등기담보 등에 관한 법률」이 정한 청산절차를 이행한 후 소유권이전의 본등기절차이행청구를 할 수 있다. O|X

해설 최근 전원합의체 판결은 "甲이 乙에게 돈을 대여하면서 담보 목적으로 乙 소유의 부동산 지분에 관하여 乙의 다른 채권자 A와 공동명의로 매매예약을 체결하고 각자의 채권액 비율에 따라 지분을 특정하여 가등기를 마쳤다면 채권자가 각자의 지분별로 별개의 독립적인 매매예약완결권을 갖는 것으로 볼 수 있으므로, 甲이 단독으로 담보목적물 중 자신의 지분에 관하여 매매예약완결권을 행사할 수 있고, 이에 따라 단독으로 자신의 지분에 관하여 가등기에 기한 본등기절차의 이행을 구할 수 있다."(아래 2010다82530 전합 판결)라고 한다.

관련쟁점 **종래의 判例는 "복수의 채권자 甲과 A는 예약완결권을 준공유하는 관계**에 있고 복수채권자가 매매예약 완결권을 행사하는 경우는 매매예약 완결권의 처분행위라 할 것이므로, **매매예약의 의사표시 자체는 복수채권자 전원이 행사**하여야 하며, 채권자가 채무자에 대하여 예약이 완결된 매매목적물의 소유권이전의 본등기를 구하는 소는 **필요적 공동소송**으로서 복수채권자 전원이 제기하여야 할 것이다"라고 하였으나(대판 1984.6.12, 83다카2282), **변경된 判例에 따르면** "수인의 채권자가 각기 채권을 담보하기 위하여 채무자와 채무자 소유의 부동산에 관하여 수인의 채권자를 공동매수인으로 하는 1개의 매매예약을 체결하고 그에 따라 수인의 채권자 공동명의로 그 부동산에 가등기를 마친 경우, **수인의 채권자가 공동으로 매매예약완결권을 가지는 관계인지 아니면 채권자 각자의 지분별로 별개의 독립적인 매매예약완결권을 가지는 관계인지는 매매예약의 내용에 따라야** 하고, 매매예약에서 그러한 내용을 명시적으로 정하지 않은 경우에는 수인의 채권자가 공동으로 매매예약을 체결하게 된 동기 및 경위, 매매예약에 의하여 달성하려는 담보의 목적, 담보 관련 권리를 공동 행사하려는 의사의 유무, 채권자별 구체적인 지분권의 표시 여부 및 지분권 비율과 피담보채권 비율의 일치 여부, 가등기담보권 설정의 관행 등을 종합적으로 고려하여 판단하여야 한다."(대판 2012.2.16. 2010다82530 전합)라고 한다.

07

출제예상

甲은 2010.7.20. 乙에게 X토지를 매도하는 매매예약을 하면서 예약완결권은 乙이 2011.7.20.부터 행사하기로 하고, 예약 당일 예약금을 지급받으면서 乙 명의의 가등기를 마쳐주었다. 이에 관한 설명 중 옳은 것은?

① 乙은 2011.7.20.부터 10년 내에 매매예약 완결권을 행사하여야 하고, 그 기간이 경과하면 매매예약 완결권은 소멸한다.

② 만약 위 사안과 달리 甲과 乙이 예약완결권의 기산점에 대한 합의 없이 2040.7. 20.까지 행사할 수 있도록 약정한 경우라도, 예약완결권은 2020.7.20. 10년의 제척기간 도과로 소멸한다.

③ 甲이 2013.3.10. 乙에게 X 토지에 관한 乙의 권리를 인정한다는 내용의 각서를 써 주었더라도 이로써 乙의 매매예약 완결권 행사기간은 중단되지 않는다.

④ 乙은 2011.8.20. 예약완결권을 丙에게 양도하려고 한다. 이 때 甲은 丙과의 채권양도 합의와 가등기의 이전등기(부기등기)를 통해 예약완결권을 丙에게 이전할 수 없다.

해설 ① [×] 예약완결권의 행사기간

예약완결권의 행사기간을 당사자가 약정한 경우에는 그에 따른다(제564조 제2항의 반대해석). 그러나 예약완결권의 행사기간을 당사자가 약정하지 않은 경우에 判例는 "예약완결권은 예약이 성립한 때로부터 '10년' 내에 행사하지 않으면 '제척기간'의 경과로 소멸한다."(대판 1995.11.10. 94다22682,22699)고 한다.

➡ 위 사안에서 甲과 乙이 특별히 매매예약 완결권의 행사기간을 약정하였다는 사정이 없으므로 이 예약완결권은 10년의 제척기간에 걸릴 것이다.

예약완결권의 제척기간의 기산점

문제는 제척기간의 기산점이 언제가 될 것인지의 여부이다. 判例는 "**제척기간의 기산점은 특별한 사정이 없는 한 원칙적으로 권리가 발생한 때**이고, 당사자 사이에 매매예약완결권을 행사할 수 있는 시기를 특별히 약정한 경우에도 그 제척기간은 당초 권리의 발생일로부터 10년 간의 기간이 경과되면 만료되는 것이지, 그 기간을 넘어서 그 약정에 따라 권리를 행사할 수 있는 때로부터 10년이 되는 날까지로 연장된다고 볼 수 없다."(대판 1995.11.10. 94다22682,22699)라고 판시하고 있다.

➡ 따라서 判例의 입장에 따를 때 甲과 乙이 2011.7.20.부터 매매예약완결권을 행사하기로 약정하였다 하더라도 위 매매예약완결권의 제척기간 기산점은 매매예약 성립일인 2010.7.20.이 될 것이다.

② [×] [판결요지] 민법 제564조가 정하고 있는 매매의 일방예약에서 예약자의 상대방이 매매예약 완결의 의사표시를 하여 매매의 효력을 생기게 하는 권리, 즉 매매예약의 완결권은 일종의 형성권으로서 당사자 사이에 행사기간을 약정한 때에는 그 기간 내에, 약정이 없는 때에는 예약이 성립한 때로부터 10년 내에 이를 행사하여야 하고, 그 기간을 지난 때에는 예약 완결권은 제척기간의 경과로 인하여 소멸한다. 한편 당사자 사이에 약정하는 예약 완결권의 행사기간에 특별한 제한은 없다.

[판결이유] 앞서 본 법리에 비추어 살펴보면, 원고와 피고가 예약완결권의 행사기간을 2032. 4. 25. 까지 행사하기로 약정하였으므로 **약정한 2032.4.25.이 지나야 그 예약완결권이 제척기간의 경과로 인하여 소멸한다고 할 것**이어서, 이 사건 가등기 예약 완결권의 소멸을 이유로 무효라고 할 수는 없다. 그런데도 원심은 그 판시와 같은 이유를 들어 이와 달리 판단하였으니, 이러한 원심판단에는 예약완결권의 행사기간에 관한 약정이 있는 경우의 제척기간에 관한 법리를 오해함으로써 판결에 영향을 미친 잘못이 있다(대판 2017.1.25. 2016다42077).

정답 | 05 × 06 ○ 07 ③

③ [○] **제척기간에 있어서는 소멸시효와 같이 기간의 중단이 있을 수 없고**(대판 2000.8.18. 99므1855; 대판 2003.01.10. 2000다26425 등) 이렇게 보더라도 신의성실의 원칙에 반하는 것이라고 할 수 없다는 것이 判例의 입장이다(대판 2002.11.22. 2001다13952).

➡ 그러므로 위 사안과 같이 甲이 乙의 권리를 인정한다는 내용의 각서를 써 주었다고 하더라도 매매예약 완결권의 행사기간은 중단되지 않는다.

④ [×] 예약완결권의 양도성

예약완결권도 재산권이므로 채권양도의 일반규정에 따라 양도당사자간의 합의만으로 양도할 수 있고, 예약 의무자의 승낙은 요하지 아니한다고 보는 것이 타당하다(통설, 제450조).

가등기의 부기등기의 허용성

判例는 "가등기는 원래 순위를 확보하는 데에 그 목적이 있으나 순위보전의 대상이 되는 물권변동의 청구권은 ⅰ) 그 성질상 양도될 수 있는 재산권일 뿐만 아니라, ⅱ) 가등기로 인하여 그 권리가 공시되어 결과적으로 공시방법까지 마련된 셈이므로" 이를 인정할 수 있다고 판시하였다(대판 1998.11.19. 전합98다24105). 즉 가등기상의 권리를 양도한 경우에는 양도인과 양수인의 공동신청으로 그 가등기상의 권리의 이전등기를 가등기에 대한 부기등기의 형식으로 경료할 수 있다고 하였다.

➡ 사안에서 乙이 가진 예약완결권은 당사자인 乙과 丙의 양도합의와 가등기의 이전등기(부기등기)를 통해 양도 가능하고, 예약상 권리자인 乙의 통지나 예약상 의무자인 甲의 승낙에 의해 양수인 丙은 의무자 甲에게 대항할 수 있다(제450조 제1항).

08

13주사보

매도인은 매수인에 대하여 매매의 목적이 된 권리를 이전할 의무를 부담하므로, 타인소유의 물건은 원칙적으로 매도할 수 없다. O | X

해설 대판 1993.8.24. 93다24445 참조

09

17사무관

민법이 타인의 권리의 매매를 인정하고 있는 것처럼 타인의 권리의 증여도 가능하며, 이 경우 채무자는 권리를 취득하여 채권자에게 이전하여야 하고, 이 같은 사정은 계약 당시부터 예정되어 있으므로, 매매나 증여의 대상인 권리가 타인에게 귀속되어 있다는 이유만으로 채무자의 계약에 따른 이행이 불능이라고 할 수는 없다. O | X

해설 민법이 타인의 권리의 매매를 인정하고 있는 것처럼 **타인의 권리의 증여도 가능**하며, **이 경우 채무자는 권리를 취득하여 채권자에게 이전하여야 하고, 이 같은 사정은 계약 당시부터 예정되어 있으므로, 매매나 증여의 대상인 권리가 타인에게 귀속되어 있다는 이유만으로 채무자의 계약에 따른 이행이 불능이라고 할 수는 없다.** 이러한 경우 채무 이행이 확정적으로 불능으로 되었는지는 계약의 체결에 이르게 된 경위와 경과, 채무자와 권리를 보유하고 있는 제3자와의 관계, 채무자가 권리를 취득하는 것이 불가능하다고 단정할 수 있는지 여부, 채무의 이행을 가로막는 법령상 제한의 유무, 채권자가 채무의 이행이 불투명한 상황에서 계약에서 벗어나고자 하는지 아니면 채무의 본래 내용대로의 이행을 구하고 있는지 여부 등의 여러 사정을 종합적으로 고려하여 신중히 판단하여야 한다(대판 2016.5.12. 2016다200729).

10 13/15주사보, 14법무사

매매계약이 있은 후에도 인도하지 아니한 목적물로부터 생긴 과실은 매도인에게 속하고, 매수인은 목적물의 인도를 받은 날로부터 대금의 이자를 지급하여야 한다. O | X

11 17서기보

매매목적물의 인도 전이라도 매수인이 매매대금을 완납한 때에는 그 이후의 과실수취권은 매수인에게 귀속된다. O | X

> 해설 **10 11 제587조(과실의 귀속, 대금의 이자)** 매매계약 있은 후에도 인도하지 아니한 목적물로부터 생긴 과실은 매도인에게 속한다. 매수인은 목적물의 인도를 받은 날로부터 대금의 이자를 지급하여야 한다. 그러나 대금의 지급에 대하여 기한이 있는 때에는 그러하지 아니하다.
>
> ➡ 매수인이 대금을 이미 완납한 경우에는 매도인이 인도를 지체하고 있어도 매수인이 과실을 수취한다(대판 1993.11.9. 93다28928). 그러므로 제587조는 ① 매매계약이 있은 후 매수인이 매도인에게 목적물을 **'인도'**받았는데 매수인 자신의 의무인 매매대금을 지급하고 있지 않은 경우라면 매수인은 매매대금 및 매매대금의 **'이자'(과실)**까지 매도인에게 지급해야 하고, ② 반대로 매도인이 매수인에게 대금을 지급받았는데 자신의 의무인 소유권이전등기를 경료하였더라도 목적물을 **'인도'** 하고 있지 않다면 매도인은 목적물 및 목적물에 대한 **'사용이익'(과실)**까지 매수인에게 인도해야 한다.

12 출제예상

특정물의 매매에 있어서 매수인의 대금지급채무가 이행지체에 빠졌다 하더라도 그 목적물의 인도가 이루어지지 아니하는 한 매도인은 매수인의 대금지급채무의 이행지체를 이유로 매매대금의 이자 상당액의 손해배상청구를 할 수 없다. O | X

> 해설 특정물의 매매에 있어서 매수인의 대금지급채무가 이행지체에 빠졌다 하더라도 그 목적물이 매수인에게 인도될 때까지는 매수인은 매매대금의 이자를 지급할 필요가 없는 것이므로(제587조), **그 목적물의 인도가 이루어지지 아니하는 한** 매도인은 매수인의 대금지급의무 이행의 지체를 이유로 매매대금의 이자 상당액의 손해배상청구를 할 수 없다(대판 1995.6.30. 95다14190).

13 출제예상

매매목적물이 인도되지 않고 대금도 완제되지 아니한 경우, 매수인의 대금지급의무의 이행기가 지났더라도 매도인은 매매대금에 대한 지연손해금의 지급을 청구할 수 없다. O | X

14 21법원행시

매매목적물이 인도되지 아니하고 또한 매수인이 대금을 완제하지 아니한 때에는 매도인의 이행지체가 있더라도 매수인은 인도의무의 지체로 인한 손해배상금의 지급을 구할 수 없다. O | X

정답 | 08 × 09 ○ 10 ○ 11 ○ 12 ○ 13 ○ 14 ○

해설 **13 14 제587조(과실의 귀속, 대금의 이자)** 매매계약 있은 후에도 인도하지 아니한 목적물로부터 생긴 과실은 매도인에게 속한다. 매수인은 목적물의 인도를 받은 날로부터 대금의 이자를 지급하여야 한다. 그러나 대금의 지급에 대하여 기한이 있는 때에는 그러하지 아니하다.

➡ 제587조는 특히 부동산의 경우 의미가 있는바(동산매매의 경우에는 목적물의 인도가 곧 소유권이전의무의 이행을 의미), 당해 규정에 따르면 부동산 매매의 경우 매수인에게 소유권이전등기를 경료하였더라도 매수인에게 '인도'하기 전이라면 여전히 매도인이 과실을 수취할 수 있고, 반대로 매수인이 소유권이전등기를 받지 않았더라도 '인도'를 받으면 매수인에게 과실수취권이 넘어가게 된다. 즉 **제587조는 목적물의 사용이익과 대금의 이자 사이의 등가성을 선언한 것으로 이해되고 있다.**

매도인의 목적물 인도의무와 매수인의 대금지급의무는 동시이행관계에 있으므로(제536조), 동시이행관계에서 서로 이행이 없을 경우에는 이행지체 책임이 발생하지 않으므로 매매대금 또는 목적물 인도와 관련해 손해배상을 청구할 수 없다.

관련판례 **매수인이 매매대금을 완납하지 않은 상태**에서는, 매도인이 인도의무를 지체하더라도 매수인은 매도인의 매매목적물의 인도의무의 이행지체를 이유로 손해배상을 청구할 수 없다(대판 2004.4.23. 2004다8210). 마찬가지로 매수인의 대금지급채무가 이행지체에 빠진 경우에도 매도인은 인도하기 전까지는 그 목적물에서 생기는 과실을 수취할 수 있고 목적물의 관리·보존의 비용도 자기가 부담하여야 하며, 그에 대응하여 매수인도 매매대금의 이자 상당액의 손해배상을 지급할 필요가 없다(대판 1981.5.26. 80다211).

15

14법무사

부동산매매에 있어 목적 부동산을 제3자가 점유하고 있어 인도받지 아니한 매수인이 명도소송제기의 방편으로 미리 소유권이전등기를 경료받았다면 아직 매매대금을 완급하지 않았다고 하더라도 부동산으로부터 발생하는 과실은 매수인에게 귀속된다. O | X

해설 부동산매매에 있어 목적부동산을 제3자가 점유하고 있어 인도받지 아니한 매수인이 명도소송제기의 방편으로 미리 소유권이전등기를 경료받았다고 하여도 아직 매매대금을 완급하지 않은 이상 부동산으로부터 발생하는 과실은 매수인이 아니라 **매도인에게** 귀속되어야 한다(대판 1992.4.28. 91다32527).

16

출제예상

매매계약이 취소된 경우, 선의의 매수인은 취소 이전에 인도받은 매매목적물로부터 수취한 과실을 반환할 필요가 없다. O | X

17

11서기보, 15/18/20법원행시

쌍무계약이 취소된 경우 선의의 매수인에게 민법 제201조 제1항이 적용되어 과실취득권이 인정되는 이상, 선의의 매도인에게도 민법 제587조의 유추적용에 의하여 대금의 운용이익 내지 법정이자의 반환을 부정함이 형평에 맞다. O | X

해설 **16 17** 쌍무계약이 취소된 경우 선의의 매수인에게 제201조가 적용되어 과실취득권이 인정되는 이상 선의의 매도인에게도 제587조의 유추적용에 의하여 대금의 운용이익 내지 법정이자의 반환을 부정함이 형평에 맞다(대판 1993.5.14. 92다45025).

➡ 점유부당이득론의 형식논리에 따르자면 선의의 매수인은 제201조 제1항이 적용되어 임료상당의 사용이익을 반환할 필요가 없으나, 선의의 매도인은 제748조 제1항이 적용되어 매매대금의 법정이자까지 반환해야된다(현존이익에는 과실이 포함되기 때문이다). 그러나 이와 같은 결론은 쌍무·유상계약에서의 당사자의 공평성에 문제가 있을 수 있다. 따라서 判例는(위 92다45025 판결) 계약당사자 사이에 발생할 수 있는 불공평을 제거하기 위하여 제587조(계약법)의 유추적용을 인정하고 있다.

18 18서기보, 18법무사

매매계약이 무효로 되는 때에는 매도인이 악의의 수익자인 경우 특별한 사정이 없는 한 매도인은 반환할 매매대금에 대하여 민법이 정한 연 5%의 법정이율에 의한 이자를 붙여 반환하여야 하지만, 매도인의 매매대금 반환의무와 매수인의 소유권이전등기 말소등기절차 이행의무가 동시이행의 관계에 있는 경우에는 동시이행항변권을 행사하여 매수인의 의무이행 전까지는 이자 채무를 면할 수 있다. O | X

19 출제예상

매매계약이 무효로 되는 경우 매도인이 악의의 수익자인 경우에는 매도인이 반환할 매매대금에 대하여 민법이 정한 법정이자를 붙여 반환하여야 하고, 매도인의 매매대금반환의무와 매수인의 소유권이전등기 말소의무가 동시이행관계에 있는 경우에도 그러하다. O | X

해설 **18 19** 계약무효의 경우 각 당사자가 상대방에 대하여 부담하는 반환의무는 성질상 부당이득반환의무로서 악의의 수익자는 그 받은 이익에 법정이자를 붙여 반환하여야 하므로(민법 제748조 제2항), 매매계약이 무효로 되는 때에는 매도인이 악의의 수익자인 경우 특별한 사정이 없는 한 매도인은 반환할 매매대금에 대하여 민법이 정한 연 5%의 법정이율에 의한 이자를 붙여 반환하여야 한다. 그리고 위와 같은 법정이자의 지급은 부당이득반환의 성질을 가지는 것이지 반환의무의 이행지체로 인한 손해배상이 아니므로, 매도인의 매매대금 반환의무와 매수인의 소유권이전등기 말소등기절차 이행의무가 동시이행의 관계에 있는지 여부와는 관계가 없다(대판 2017.3.9. 2016다47478).

비교판례 선의의 매도인의 부당이득반환 범위

선의의 매도인은 제748조 제1항이 적용되어 매매대금의 법정이자까지 반환해야된다(현존이익에는 과실이 포함되기 때문이다). 그러나 이와 같은 결론은 쌍무·유상계약에서의 당사자의 공평성에 문제가 있을 수 있다. 따라서 判例는 "쌍무계약이 취소된 경우 선의의 매수인에게 제201조가 적용되어 과실취득권이 인정되는 이상 선의의 매도인에게도 제587조의 유추적용에 의하여 대금의 운용이익 내지 법정이자의 반환을 부정함이 형평에 맞다."(대판 1993.5.14. 92다45025)라고 판시하여 계약당사자 사이에 발생할 수 있는 불공평을 제거하기 위하여 제587조(계약법)의 유추적용을 인정하고 있다.

20 11법원행시

특정물의 매매에서 그 목적물이 매수인에게 인도되지 아니하였으면 매수인이 대금지급을 지체하여도 매도인은 인도가 이루어지기 이전에 발생한 목적물의 관리보존비의 상환을 구할 수 없다. O | X

해설 특정물 매매에 있어서 매도인의 목적물 관리보존비 부담의무와 매수인의 대금의 이자지급의무

특정물의 매매에 있어서 그 목적물이 매수인에게 인도되지 아니하였으면 매수인이 대금지급을 지체하여도 매도인은 매수인에게 동인도가 이루어지기 이전의 기간 동안의 목적물의 관리보존비의 상환이나 매매대금의 이자상당액의 손해배상청구를 할 수 없다(대판 1981.5.26. 80다211).

정답 | 15 × 16 ○ 17 ○ 18 × 19 ○ 20 ○

21

15법무사

매매의 당사자 일방에 대한 의무이행의 기한이 있는 때에는 상대방의 의무이행에 대하여도 동일한 기한이 있는 것으로 추정한다. O | X

> **해설** **제585조(동일기한의 추정)** 매매의 당사자 일방에 대한 의무이행의 기한이 있는 때에는 상대방의 의무이행에 대하여도 동일한 기한이 있는 것으로 추정한다.

22

19주사보

민법이 정하는 매도인의 담보책임은 매도인에게 고의나 과실이 없는 경우에도 성립할 수 있다. O | X

23

15법원행시, 17법무사

매매의 목적이 된 재산권 전부가 타인에게 속하고 매도인이 이를 취득하여 매수인에게 이전할 수 없는 경우, 선의의 매수인은 매도인의 귀책사유를 불문하고 손해배상을 청구할 수 있다. O | X

> **해설** **22 23 제569조(타인의 권리의 매매)** 매매의 목적이 된 권리가 타인에게 속한 경우에는 매도인은 그 권리를 취득하여 매수인에게 이전하여야 한다.
>
> **제570조(동전 – 매도인의 담보책임)** 전조의 경우에 매도인이 그 권리를 취득하여 매수인에게 이전할 수 없는 때에는 매수인은 계약을 해제할 수 있다. 그러나 매수인이 계약당시 그 권리가 매도인에게 속하지 아니함을 안 때에는 손해배상을 청구하지 못한다.
>
> ➡ 매도인의 담보책임은 무과실책임에 해당한다.

24

15법무사

부동산을 매수한 자가 그 소유권이전등기를 하지 아니한 채 이를 다시 제3자에게 매도한 경우에는 그것을 민법 제569조에서 말하는 '타인의 권리 매매'라고 할 수 없다. O | X

> **해설** **부동산 매수인이 소유권이전등기 없이 이를 제3자에게 전매한 경우, '타인의 권리 매매'에 해당하는지 여부(소극)** 부동산을 매수한 자가 그 소유권이전등기를 하지 아니한 채 이를 다시 제3자에게 매도한 경우에는 그것을 민법 제569조에서 말하는 '타인의 권리 매매'라고 할 수 없다(대판 1996.4.12. 95다55245).
>
> ➡ '부동산의 미등기전매'의 경우에 판례의 입장도 나뉘고 있는 바, 본문의 지문의 경우 중간 매도인에게 사실상 처분권이 있다는 이유로 타인 권리의 매매가 아니라고 한 판결이다.
>
> **참고** **타인권리매매의 판단기준**
>
> 매매의 목적인 권리가 타인에게 속하는지 여부는 '법률적 관점'에서 '실질적'으로 판단되어야 한다. 따라서 ① 부동산의 미등기전매의 경우에, 통설 및 주류적인 判例(대판 1982.1.26. 81다528 등)는 물권변동에 관하여 성립요건주의를 취하고 있는 현행 법제에서는 타인권리의 매매에 해당한다고 한다(법률적 판단). ② 그리고 매매 당시 형식적으로는 매도인이 권리자였으나 매도인이 전권리자로부터 권리를 취득하였던 원인이 무효이어서 매수인이 권리를 추탈당하는 경우에, 권리는 처음부터 매도인이 아니라 타인에게 귀속하였던 것이 되어 타인권리매매에 해당한다(대판 1982.12.28. 80다2750; 실질적 판단). ③ 그리고 判例는 유효한 명의신탁 사안에서 (대내적 소유자인) **명의신탁자는 그 부동산을 사실상 처분할 수 있을 뿐 아니라 법률상으로도 처분할 수 있는 권원에 의하여 매도한 것이므로 타인의 권리의 매매라고 할 수 없다**고 한다(대판 1996.8.20. 96다18656).

25

19법무사

타인의 권리매매에 있어 매도인의 목적물을 매수인에게 이전할 수 없게 된 것이 오직 매수인의 귀책사유에 기인한 경우에는 매도인은 하자담보책임을 지지 않는다. O | X

> 해설 매수인의 귀책사유로 인한 타인의 권리의 매매계약의 이행불능과 매도인의 하자담보책임의 유무
> 타인의 권리매매에 있어 매도인의 목적물을 매수인에게 이전할 수 없게 된 것이 오직 매수인의 귀책사유에 기인한 경우에는 매도인은 민법 제569조 하자담보책임을지지 않는다(대판 1979.6.26. 79다564).

26

15사무관, 17법원행시

명의신탁자인 종중은 그 부동산을 사실상 처분할 수 있을 뿐 법률상 처분할 수 있는 권한은 없으므로, 명의신탁 해지 전에 처분한 경우 타인의 권리의 매매에 해당한다. O | X

> 해설 명의신탁자가 신탁 부동산을 매도한 것이 타인의 권리매매에 해당하는지 여부(소극)
> 명의신탁한 부동산을 명의신탁자가 매도하는 경우에 명의신탁자는 그 부동산을 사실상 처분할 수 있을 뿐 아니라 법률상으로도 처분할 수 있는 권원에 의하여 매도한 것이므로 **이를 민법 제569조 소정의 타인의 권리의 매매라고 할 수 없다**(대판 1996.8.20. 96다18556).

27

15/16주사보

매매의 목적이 된 권리의 일부가 타인에게 속함으로 인하여 매도인이 그 권리를 취득하여 매수인에게 이전할 수 없는 때에는 매수인은 그 부분의 비율로 대금의 감액을 청구할 수 있다. 이 경우에 잔존한 부분만이면 매수인이 이를 매수하지 아니하였을 때에는 선의의 매수인은 계약 전부를 해제할 수 있다. O | X

28

07서기보

매매의 목적이 된 권리의 일부가 타인에게 속함으로 인하여 매도인이 그 권리를 취득하여 매수인에게 이전할 수 없는 때에는 선의의 매수인은 감액청구 또는 계약해제 외에 손해배상을 청구할 수 있다. O | X

> 해설 **27 28 제572조(권리의 일부가 타인에게 속한 경우와 매도인의 담보책임)** ① 매매의 목적이 된 권리의 일부가 타인에게 속함으로 인하여 매도인이 그 권리를 취득하여 매수인에게 이전할 수 없는 때에는 매수인은 그 부분의 비율로 대금의 감액을 청구할 수 있다.
> ② 전항의 경우에 잔존한 부분만이면 매수인이 이를 매수하지 아니하였을 때에는 선의의 매수인은 계약전부를 해제할 수 있다.
> ③ 선의의 매수인은 감액청구 또는 계약해제외에 손해배상을 청구할 수 있다.

정답 | 21 ○ 22 ○ 23 ○ 24 ○ 25 ○ 26 × 27 ○ 28 ○

29 17서기보, 17법원행시

매매의 목적이 된 권리의 일부가 타인에게 속하게 되어 매도인이 그 권리를 취득하여 매수인에게 이전할 수 없게 된 경우 매도인이 매수인에 대하여 배상하여야 할 손해액은 원칙적으로 매도인이 매매의 목적이 된 권리의 일부를 취득하여 매수인에게 이전할 수 없게 된 때의 이행불능이 된 권리의 시가(이행이익 상당액)이다. O|X

30 출제예상

매매의 목적이 된 권리가 타인에게 속하여 매도인이 그 권리를 취득하여 매수인에게 이전할 수 없게 된 경우, 그 권리가 타인에게 속함을 알지 못한 매수인이 매도인에게 배상을 청구할 수 있는 손해에는 매수인이 얻을 수 있었던 이익의 상실은 포함되지 않는다. O|X

31 15법원행시

甲이 乙에게 1억 원에 토지를 매도하고 소유권이전등기를 마쳐주었으나, 수년 후 丙이 위 토지는 자신의 소유라는 이유로 乙을 상대로 말소등기 청구소송을 제기하여 승소판결이 확정되었을 때(당시 토지가격 2억원), 甲의 담보책임을 이유로 乙이 甲에게 청구할 수 있는 손해배상액은 매매대금 1억 원을 기준으로 하여야 한다. O|X

해설 **29** ① 타인권리 매매의 매도인이 매수인에 대하여 배상하여야 할 손해액은 원칙적으로 매도인이 매매의 목적이 된 권리(의 일부)를 취득하여 매수인에게 이전할 수 없게 된 때의 이행불능이 된 권리의 시가, 즉 '이행이익 상당액'이라고 할 것이다(대판 1993.1.19. 92다37727).

➡ **30** 채무자가 채무를 이행하였더라면 채권자가 얻었을 이익을 이행이익 또는 적극적 이익이라고 하는데, '채무불이행'으로 채권자가 이러한 이익을 얻지 못한 손해를 이행이익의 손해라고 한다(이행이익의 손해 = 이행이 있었더라면 존재하였을 채권자의 상태 – 현재의 상태). 예컨대 매수인이 얻을 수 있었던 이익의 상실도 이에 포함된다. 가령 A가 B로부터 매수한 부동산을 2,000만 원의 전매이익을 얻고 팔 수 있었다면, 2,000만 원이 이행이익이다. 따라서 만일 매도인 B가 매매계약상의 의무를 이행하지 않았기 때문에 매수인 A가 2,000만 원의 전매이익을 얻지 못하였다면, A는 B에게 2,000만 원의 이행이익의 손해의 배상을 청구할 수 있다.

31 ② **부동산을 매수하고 소유권이전등기까지 넘겨받았지만 매도인과 매수인 앞으로 경료된 소유권이전등기의 말소를 명한 판결이 확정된 경우, 매도인의 손해배상액 산정의 기준시점(= 판결확정시)**

부동산을 매수하고 소유권이전등기까지 넘겨받았지만 진정한 소유자가 제기한 등기말소청구소송에서 매도인과 매수인 앞으로 된 소유권이전등기의 말소를 명한 판결이 확정됨으로써 매도인의 소유권이전의무가 이행불능된 경우, 그 손해배상액 산정의 기준시점은 위 판결이 확정된 때이다(대판 1993.4.9. 92다25946).

➡ 乙이 甲에게 청구할 수 있는 손해배상액은 甲의 승소판결이 확정되었을 때의 토지가격 2억원을 기준으로 하여야 한다.

32 19법원행시

타인의 권리의 매매의 경우에 매도인이 그 권리를 취득하여 매수인에게 이전할 수 없는 때에는 매수인은 계약을 해제할 수 있는데(민법 제570조), 위 규정에 따라 매매계약이 해제되는 경우에도 일반적인 해제와 마찬가지로 매도인은 매수인에게 매매대금과 그 받은 날부터의 이자를 반환할 의무를 부담하고, 매수인 역시 특별한 사정이 없는 한 매도인에게 목적물과 그 사용이익을 반환할 의무를 부담한다. O|X

33

출제예상

타인권리의 매매계약이 해제된 경우 매수인이 진정한 소유자와 사이에 사용수익에 관한 정산을 한 경우에도 매도인에 대하여는 원상회복의무로서 사용수익의 반환의무를 부담한다. O | X

해설 타인의 권리의 매매에서 민법 제570조에 따른 매매계약 해제의 효과 및 매수인이 진정한 권리자인 타인에게 직접 목적물 또는 사용이익을 반환한 경우에도 매도인에게 목적물 및 사용이익을 반환할 의무를 부담하는지 여부(소극)

32 타인의 권리의 매매의 경우에 매도인이 그 권리를 취득하여 매수인에게 이전할 수 없는 때에는 매수인은 계약을 해제할 수 있다(민법 제570조). 이러한 해제의 효과에 관하여 특별한 규정은 없지만 일반적인 해제와 달리 해석할 이유가 없다. 따라서 위 규정에 따라 매매계약이 해제되는 경우에, 매도인은 매수인에게 매매대금과 그 받은 날부터의 이자를 반환할 의무를 부담하고, 매수인 역시 특별한 사정이 없는 한 매도인에게 목적물을 반환할 의무는 물론이고 목적물을 사용하였으면 그 사용이익을 반환할 의무도 부담한다. 그리고 이러한 결론은 매도인이 목적물의 사용권한을 취득하지 못하여 매수인으로부터 반환받은 사용이익을 궁극적으로 정당한 권리자에게 반환하여야 할 입장이라 하더라도 마찬가지이다(대판 2017.5.31. 2016다240).

33 다만, 매수인이 진정한 권리자인 타인에게 직접 목적물 또는 사용이익을 반환하는 등의 특별한 사정이 있는 경우에는 (이 경우에는 제201조 적용: 필자주) 매수인은 적어도 그 반환 등의 한도에서는 매도인에게 목적물 및 사용이익을 반환할 의무를 부담하지 않는다고 할 것이다(대판 2017.5.31. 2016다240).

34

18/19서기보, 19법무사

타인의 권리를 매매의 목적으로 한 경우 그 권리를 취득하여 매수인에게 이전하여야 할 매도인의 의무가 매도인의 귀책사유로 인하여 이행불능이 되었다면, 매수인이 매도인의 담보책임에 관한 민법 제570조 단서의 규정에 의해 손해배상을 청구할 수 없다 하더라도 채무불이행 일반의 규정(민법 제546조, 제390조)에 좇아서 계약을 해제하고 손해배상을 청구할 수 있다. O | X

해설 타인권리매매에 따른 담보책임의 경우 '악의의 매수인'은 원칙적으로 손해배상청구권이 없다(제570조 단서). 다만 매도인의 귀책사유가 있는 경우 채무불이행(이행불능)을 이유로 손해배상청구는 할 수 있다(대판 1993.11.23. 93다37328).

35

19서기보

타인 권리 매매에서 매도인의 의무가 그의 귀책사유로 이행불능 되었다면, 매수인이 계약당시 그 권리가 매도인에게 속하지 아니함을 안 경우로써 매도인의 담보책임에 관한 민법 제570조 단서의 규정에 의해 손해배상을 청구할 수 없다 하더라도, 채무불이행에 관한 일반 규정에 따라 계약을 해제하고 손해배상을 청구할 수 있다. O | X

해설 매도인의 하자담보책임상 손해배상청구권 – 매수인의 선의 및 채무불이행책임과의 경합

제570조(동전 – 매도인의 담보책임) 전조의 경우에 매도인이 그 권리를 취득하여 매수인에게 이전할 수 없는 때에는 매수인은 계약을 해제할 수 있다. 그러나 **매수인이 계약 당시 그 권리가 매도인에게 속하지 아니함을 안 때에는 손해배상을 청구하지 못한다.**

➡ 악의의 매수인은 원칙적으로 손해배상청구권이 없다(제570조 단서). 다만 매도인의 귀책사유가 있는 경우 채무불이행(이행불능)을 이유로 손해배상청구는 할 수 있다(대판 1993.11.23. 93다37328).

정답 | **29** ○ **20** × **31** × **32** ○ **33** × **34** ○ **35** ○

36

19서기보

민법 제571조 제1항은 "매도인이 계약 당시에 매매의 목적이 된 권리가 자기에게 속하지 아니함을 알지 못한 경우에 그 권리를 취득하여 매수인에게 이전할 수 없는 때에는 매도인은 손해를 배상하고 계약을 해제할 수 있다."라고 규정하고 있다. 위 조항은 선의의 매도인이 매매의 목적인 권리의 전부를 이전할 수 없는 경우에 적용될 뿐 매매의 목적인 권리의 일부를 이전할 수 없는 경우에는 적용되지 않는다.

O | X

해설 수 개의 권리를 일괄하여 매매의 목적으로 정하였으나 그 중 일부의 권리를 이전할 수 없는 경우, 민법 제571조 제1항의 적용 가부(소극)(대판 2004.12.9. 2002다33557)

37

17법무사, 17/19법원행시

건물 및 그 대지가 목적물인 매매계약이 이행된 후 건물의 일부가 경계를 침범하여 이웃 토지 위에 건립되어 있는 사실이 밝혀져 매수인이 그 건물의 일부를 철거해야 했다면, 민법 제572조가 유추적용되어 매수인은 권리의 일부가 타인에 속한 경우에 관한 담보책임을 매도인에게 물을 수 있다. O | X

해설 매매계약에서 건물과 그 대지가 계약의 목적물인데 건물의 일부가 경계를 침범하여 이웃 토지 위에 건립되어 있는 경우에 매도인이 그 경계 침범의 건물부분에 관한 대지부분을 취득하여 매수인에게 이전하지 못하는 때에는 **매수인은 매도인에 대하여 민법 제572조를 유추적용**하여 담보책임을 물을 수 있다. 그리고 그 경우에 이웃 토지의 소유자가 소유권에 기하여 그와 같은 방해상태의 배제를 구하는 소를 제기하여 승소의 확정판결을 받았으면, 다른 특별한 사정이 없는 한 매도인은 그 대지부분을 취득하여 매수인에게 이전할 수 없게 되었다고 봄이 상당하다(대판 2009.7.23. 2009다33570).

38

12법원행시, 13법무사

일부타인권리매매에서의 매도인의 담보책임에 기한 매수인의 대금감액청구권은 매수인이 선의인 경우에는 사실을 안 날로부터 1년 이내에 행사하여야 하며, 여기서 매수인이 사실을 안 날이라 함은 단순히 권리의 일부가 타인에게 속한 사실을 안 날이 아니라 그 때문에 매도인이 이를 취득하여 매수인에게 이전할 수 없게 되었음이 확실하게 된 사실을 안 날을 말한다. O | X

해설 매수인의 대금감액청구권의 제척기간 기산점인 선의의 매수인이 '사실을 안 날'의 의미
매도인의 담보책임에 기한 매수인의 대금감액청구권은 매수인이 선의인 경우에는 사실을 안 날로부터, 악의인 경우에는 계약한 날로부터 1년 이내에 행사하여야 하며, 여기서 **매수인이 사실을 안 날**이라 함은 단순히 권리의 일부가 타인에게 속한 사실을 안 날이 아니라 **그 때문에 매도인이 이를 취득하여 매수인에게 이전할 수 없게 되었음이 확실하게 된 사실을 안 날**을 말한다(대판 1997.6.13. 96다15596).

39

17서기보

매매당사자가 부동산의 면적에 관심을 별로 두지 않는 경우이거나 객관적인 수치에 상관하지 않고 외관상 확인되는 경계 또는 표지에 따라 매수하는 경우에는 수량을 지정한 매매라고 할 수 없다. O | X

해설 **매매당사자가 부동산의 면적에 관심을 별로 두지 않는 경우이거나 객관적인 수치에 상관하지 않고, 외관상 확인되는 경계 또는 표지에 따라 매수하는 경우에는 수량을 지정한 매매라고 할 수 없지만** 매수인이 일정한 면적이 있는 것으로 믿고 매도인도 그 면적이 있는 것을 명시적 또는 묵시적으로 표시하며, 계약당사자가 면적을 가격을 정하는 여러 요소 중 가장 중요한 요소로 파악하고, 그 객관적인 수치를 기준으로 가격을 정하는 경우라면 특정물이 일정한 수량을 가지고 있다는 데 주안을 두고, 대금도 그 수량을 기준으로 하여 정한 경우에 속한다(대판 1996.4.9. 95다48780).

참고판례 부동산의 매매에서는 부동산등기부의 기재를 기준으로 부동산의 면적을 표시하지만, 이것은 통상 매매목적물의 특정을 위해 표시하는 데 지나지 않는 점에서 수량지정 매매로 보기는 어렵다(등기부상의 면적과 실제의 면적은 약간의 과부족이 있는 것이 보통이다). 그래서 밭이나 논처럼 평당 가격이 다름에도 이를 전체로 묶어 일률적으로 평당 가격을 정하고 이를 기준으로 매매대금을 정하는 것은, **매매대상 토지를 특정하고 그 대금을 결정하기 위한 방편에 지나지 않는 것**으로서 수량지정 매매에 해당하지 않는 것으로 본다(대판 1993.6.25. 92다56674).

40

19법무사

목적물이 일정한 면적을 가지고 있다는 데 주안을 두고 대금도 면적을 기준으로 하여 정하여지는 '아파트 분양계약'은 수량을 지정한 매매이며, 공유대지면적을 지정한 아파트 분양계약에서 공유대지면적을 부족하게 이전해 준 경우에는 민법 제574조에 의한 대금감액청구권이 인정된다. O | X

해설 **제574조(수량부족, 일부멸실의 경우와 매도인의 담보책임)** 전2조의 규정(계약해제권, 손해배상청구권, 대금감액청구권)은 수량을 지정한 매매의 목적물이 부족되는 경우와 매매목적물의 일부가 계약당시에 이미 멸실된 경우에 매수인이 그 부족 또는 멸실을 알지 못한 때에 준용한다.
判例는 목적물이 일정한 면적(수량)을 가지고 있다는 데 주안을 두고 대금도 면적을 기준으로 하여 정하여지는 아파트분양계약은 이른바 수량을 지정한 매매라 할 것이다(대판 2002.11.8. 99다58136)라고 하여, 아파트 분양시 공유대지면적을 지정한 아파트 분양계약을 수량지정매매로 보아 공유대지면적을 부족하게 이전해 준 경우 민법 제574조에 의한 대금감액청구권을 인정하였다.

쟁점정리 수량을 지정한 매매(제574조)
'수량을 지정한 매매'란, 당사자가 매매의 목적인 특정물이 일정한 수량을 가지고 있다는 데 주안을 두고 대금도 그 수량을 기준으로 정한 경우를 말한다. 그러나 부동산의 매매에서는 부동산등기부의 기재를 기준으로 부동산의 면적을 표시하지만, 이것은 통상 매매목적물의 특정을 위해 표시하는 데 지나지 않는 점에서 수량지정 매매로 보기는 어렵다(등기부상의 면적과 실제의 면적은 약간의 과부족이 있는 것이 보통이다). 그래서 밭이나 논처럼 평당 가격이 다름에도 이를 전체로 묶어 일률적으로 평당 가격을 정하고 이를 기준으로 매매대금을 정하는 것은, 매매대상 토지를 특정하고 그 대금을 결정하기 위한 방편에 지나지 않는 것으로서 수량지정매매에 해당하지 않는 것으로 본다(대판 1993.6.25. 92다56674). 그러나 일정한 면적을 중요한 요소로 파악하고 이를 기준으로 가격을 정한 경우에는, 비록 매매계약서에 평당가격을 기재하지 않았다고 하더라도 수량지정 매매로 본다(대판 1996.4.9. 95다48780).

41

14법무사, 17서기보

부동산매매계약에 있어서 실제면적이 계약면적에 미달하는 경우 그 부분의 원시적 불능을 이유로 민법 제535조 계약체결상의 과실에 따른 책임의 이행을 구할 수 있다. O | X

정답 | 36 ○ 37 ○ 38 ○ 39 ○ 40 ○ 41 ×

해설 부동산매매계약에 있어 실제면적이 계약면적에 미달된 경우(제535조 적용 부정)
부동산매매계약에 있어서 실제면적이 계약면적에 미달하는 경우에는 ⅰ) 그 매매가 수량지정매매에 해당할 때에 한하여 제574조, 제572조에 의한 대금감액청구권을 행사할 수 있고, ⅱ) 그 매매계약이 그 미달 부분만큼 일부무효임을 들어 이와 별도로 일반 부당이득반환청구를 하거나 그 부분의 원시적 불능을 이유로 제535조가 규정하는 계약체결상의 과실에 따른 책임의 이행을 구할 수 없다(대판 2002.4.9. 99다47396).

42

21법원행시

민법 제574조에서 규정하는 '수량을 지정한 매매'라 함은 당사자가 매매의 목적인 특정물이 일정한 수량을 가지고 있다는 데 주안을 두고 대금도 그 수량을 기준으로 하여 정한 경우를 말하는 것이므로, 토지의 매매에 있어서 목적물을 공부상의 평수에 따라 특정하고 단위면적당 가액을 결정하여 단위면적당 가액에 공부상의 면적을 곱하는 방법으로 매매대금을 결정한 경우가 바로 '수량을 지정한 매매'에 해당한다. O | X

해설 민법 제574조에서 규정하는 '수량을 지정한 매매'라 함은 당사자가 매매의 목적인 특정물이 일정한 수량을 가지고 있다는 데 주안을 두고 대금도 그 수량을 기준으로 하여 정한 경우를 말하는 것이므로, **토지의 매매에 있어서 목적물을 공부상의 평수에 따라 특정하고 단위면적당 가액을 결정하여 단위면적당 가액에 공부상의 면적을 곱하는 방법으로 매매대금을 결정하였다고 하더라도 이러한 사정만으로 곧바로 그 토지의 매매를 '수량을 지정한 매매'라고 할 수는 없는 것**이고, 만일 당사자가 그 지정된 구획을 전체로서 평가하였고 평수에 의한 계산이 하나의 표준에 지나지 아니하여 그것이 당사자들 사이에 대상 토지를 특정하고 대금을 결정하기 위한 방편이었다고 보일 때에는 '수량을 지정한 매매'가 아니라고 할 것이며, 반면 매수인이 일정한 면적이 있는 것으로 믿고 매도인도 그 면적이 있는 것을 명시적 또는 묵시적으로 표시하고, 나아가 당사자들이 면적을 가격 결정 요소 중 가장 중요한 요소로 파악하고 그 객관적인 수치를 기준으로 가격을 정하였다면 그 매매는 '수량을 지정한 매매'라고 하여야 할 것이다(대판 1998.6.26. 98다13914).

43

15주사보

매매의 목적이 된 부동산에 설정된 저당권 또는 전세권의 행사로 인하여 매수인이 그 소유권을 취득할 수 없거나 취득한 소유권을 잃은 때에는 매수인은 계약을 해제할 수 있다. O | X

해설 **제576조(저당권, 전세권의 행사와 매도인의 담보책임)** ① 매매의 목적이 된 부동산에 설정된 저당권 또는 전세권의 행사로 인하여 매수인이 그 소유권을 취득할 수 없거나 취득한 소유권을 잃은 때에는 매수인은 계약을 해제할 수 있다.

44

15법원행시, 17법무사

가등기의 목적이 된 부동산을 매수한 사람이 그 뒤 가등기에 기한 본등기가 경료됨으로써 그 부동산의 소유권을 상실하게 된 때에는 결과적으로 타인의 권리를 매매한 것과 같은 효과를 가지므로 매도인은 민법 제570조에 의한 담보책임을 진다. O | X

45

19법무사, 19법원행시

가압류 목적이 된 부동산을 매수한 사람이 그 후 가압류에 기한 강제집행으로 부동산 소유권을 상실하게 된 경우, 매도인의 담보책임에 관한 민법 제570조가 준용되어 악의의 매수인은 매매계약을 해제할 수 있으나, 담보책임으로서 손해배상을 구할 수는 없다. O | X

해설 **44** 가등기의 목적이 된 부동산의 매수인이 그 뒤 가등기에 기한 본등기가 경료됨으로써 소유권을 상실하게 된 경우 담보책임에 관하여 준용되는 법조(= 민법 제576조)
가등기의 목적이 된 부동산을 매수한 사람이 **그 뒤 가등기에 기한 본등기가 경료됨으로써 그 부동산의 소유권을 상실하게 된 때**에는 매매의 목적 부동산에 설정된 저당권 또는 전세권의 행사로 인하여 매수인이 취득한 소유권을 상실한 경우와 유사하므로, 이와 같은 경우 **민법 제576조의 규정이 준용된다고** 보아 같은 조 소정의 담보책임을 진다고 보는 것이 상당하고 민법 제570조에 의한 담보책임을 진다고 할 수 없다(대판 1992.10.27. 92다21784).

45 가압류 목적이 된 부동산을 매수한 이후 가압류에 기한 강제집행으로 부동산 소유권을 상실한 경우에도 매도인의 담보책임에 관한 민법 제576조가 준용되는지 여부(적극)
가압류 목적이 된 부동산을 매수한 사람이 **그 후 가압류에 기한 강제집행으로 부동산 소유권을 상실**하게 되었다면 이는 매매의 목적 부동산에 설정된 저당권 또는 전세권의 행사로 인하여 매수인이 취득한 소유권을 상실한 경우와 유사하므로, 이와 같은 경우 매도인의 담보책임에 관한 **민법 제576조의 규정이 준용된다고** 보아 매수인은 같은 조 제1항에 따라 매매계약을 해제할 수 있고, 같은 조 제3항에 따라 손해배상을 청구할 수 있다고 보아야 한다(대판 2011.5.13. 2011다1941).

46

10법원행시

임대차계약에 기한 임차권을 목적물로 하는 매매계약에서 매도인이 임대인의 임대차계약상의 의무이행을 담보한다는 약정을 하지 아니하였더라도, 매매계약 당시 임대차 목적물에 이미 설정되어 있던 근저당권이 매매계약 이후에 실행되어 임대차 목적물이 매각됨으로써 임대인의 목적물을 사용·수익하게 할 의무가 이행불능으로 되었다면, 임차권의 매도인에게 민법 제576조(저당권, 전세권의 행사와 매도인의 담보책임)에 따른 담보책임이 있다. O | X

해설 임차권(임차보증금반환청구권을 포함)을 매도하거나 교환한 후 선순위저당권이 실행된 경우
임대차계약에 기한 임차권(임대차보증금반환청구권을 포함한다)을 그 목적물로 한 매매계약이 성립한 경우, **매도인이 임대인의 임대차계약상의 의무이행을 담보한다는 특별한 약정을 하지 아니한 이상**, 임차권 매매계약 당시 임대차 목적물에 이미 설정되어 있던 근저당권이 임차권 매매계약 이후에 실행되어 낙찰인이 임대차 목적물의 소유권을 취득함으로써 임대인의 목적물을 사용·수익하게 할 의무가 이행불능으로 되었다거나, 임대인의 무자력으로 인하여 임대차보증금반환의무가 사실상 이행되지 않고 있다고 하더라도, 임차권 매도인에게 민법 제576조에 따른 담보책임이 있다고 할 수 없고, 이러한 법리는 임차권을 교환계약의 목적물로 한 경우에도 마찬가지이다(대판 2007.4.26. 2005다34018,34025).

47

출제예상

민법 제578조, 제580조 제2항에서 말하는 '경매'란 국가나 대행 기관 등이 법률에 기하여 목적물 권리자의 의사와 무관하게 행하는 매도행위만을 의미한다. O | X

해설 민법 제578조와 민법 제580조 제2항이 말하는 '경매'는 민사집행법상의 강제집행이나 담보권 실행을 위한 경매 또는 국세징수법상의 공매 등과 같이 **국가나 그를 대행하는 기관 등이 법률에 기하여 목적물 권리자의 의사와 무관하게 행하는 매도행위만을 의미**하는 것으로 해석하여야 한다(대판 2016.8.24. 2014다80839).

정답 | 42 × 43 ○ 44 × 45 × 46 × 47 ○

48

12서기보

민법 제578조 제1항에 따라 담보책임을 지는 '채무자'에는 임의경매에 있어서의 물상보증인도 포함된다. O | X

해설 민법 제578조 제1항의 채무자에 임의경매에 있어서의 물상보증인이 포함되는지 여부
민법 제578조 제1항의 채무자에는 임의경매에 있어서의 물상보증인도 포함되는 것이므로 경락인이 그에 대하여 적법하게 계약해제권을 행사했을 때에는 물상보증인은 경락인에 대하여 원상회복의 의무를 진다(대판 1988.4.12. 87다카2641).

49

12서기보

경매절차에서 소유권이전청구권가등기가 경료된 부동산을 경락받았으나 가등기에 기한 본등기가 경료되지 않은 경우에는 아직 경락인이 그 부동산의 소유권을 상실한 것이 아니므로 민법 제578조에 의한 손해배상책임이 성립되었다고 볼 여지가 없다. O | X

해설 경락인이 가등기가 경료된 부동산을 경락받았으나 아직 가등기에 기한 본등기가 경료되지 않은 경우, 경락인이 경매신청 채권자에 대하여 민법 제578조에 따른 담보책임을 물을 수 있는지 여부(소극)
민법 제578조에 의하여 경매신청 채권자가 경락인에게 부담하는 손해배상책임은 반드시 신청채권자의 경매신청행위가 위법한 것임을 전제로 하는 것은 아니지만, **경매절차에서 소유권이전청구권 가등기가 경료된 부동산을 경락받았으나 가등기에 기한 본등기가 경료되지 않은 경우에는 아직 경락인이 그 부동산의 소유권을 상실한 것이 아니므로 민법 제578조에 의한 손해배상책임이 성립되었다고 볼 여지가 없다**(대판 1999.9.17. 97다54024).

50

12서기보

강제경매의 채무자가 입찰기일 이후 낙찰대금지급기일 직전에 선순위근저당권을 소멸시켜 후순위임차권의 대항력을 존속시키고도 이를 낙찰자에게 고지하지 아니하여 낙찰자가 대항력 있는 임차권의 존재를 알지 못한 채 낙찰대금을 지급하였다면, 경매채무자는 민법 제578조 제3항에 따라 낙찰자가 입게 된 손해를 배상할 책임이 있다. O | X

해설 선순위 근저당권의 존재로 후순위 임차권이 소멸하는 것으로 알고 부동산을 낙찰받았으나, 그 후 채무자가 후순위 임차권의 대항력을 존속시킬 목적으로 선순위 근저당권의 피담보채무를 모두 변제하고 그 근저당권을 소멸시키고도 이 점에 대하여 낙찰자에게 아무런 고지도 하지 않아 낙찰자가 대항력 있는 임차권이 존속하게 된다는 사정을 알지 못한 채 대금지급기일에 낙찰대금을 지급하였다면, **채무자는 민법 제578조 제3항의 규정에 의하여 낙찰자가 입게 된 손해를 배상할 책임**이 있다(대판 2003.4.25. 2002다70075).

참고판례 낙찰대금지급기일 이전에 선순위 근저당권이 소멸한 경우, 후순위 임차권의 대항력의 소멸 여부(소극)
부동산의 경매절차에 있어서 주택임대차보호법 제3조에 정한 **대항요건을 갖춘 임차권보다 선순위의 근저당권이 있는 경우**에는, 낙찰로 인하여 선순위 근저당권이 소멸하면 그보다 후순위의 임차권도 선순위 근저당권이 확보한 담보가치의 보장을 위하여 그 대항력을 상실하는 것이지만, **낙찰로 인하여 근저당권이 소멸하고 낙찰인이 소유권을 취득하게 되는 시점인 낙찰대금지급기일 이전에 선순위 근저당권이 다른 사유로 소멸한 경우에는, 대항력이 있는 임차권의 존재로 인하여 담보가치의 손상을 받을 선순위 근저당권이 없게 되므로 임차권의 대항력이 소멸하지 아니**한다(同 判例).

51 10법원행시, 12서기보

낙찰인이 강제경매절차를 통하여 부동산을 낙찰받아 대금을 납부하고 그 앞으로 소유권이전등기까지 마쳤으나, 그 후 위 강제집행의 채무명의가 된 약속어음공정증서가 위조된 것이어서 무효라는 이유로, 그 소유권이전등기의 말소를 명하는 판결이 확정됨으로써 경매 부동산에 대한 소유권을 취득하지 못하게 된 경우 낙찰인은 경매채권자에게 민법 제578조 제2항에 의한 담보책임을 물을 수 없다. O | X

해설 **제578조(경매와 매도인의 담보책임)** ① 경매의 경우에는 경락인은 전8조의 규정에 의하여 채무자에게 계약의 해제 또는 대금감액의 청구를 할 수 있다.

② 전항의 경우에 채무자가 자력이 없는 때에는 경락인은 대금의 배당을 받은 채권자에 대하여 그 대금전부나 일부의 반환을 청구할 수 있다.

③ 전2항의 경우에 채무자가 물건 또는 권리의 흠결을 알고 고지하지 아니하거나 채권자가 이를 알고 경매를 청구한 때에는 경락인은 그 흠결을 안 채무자나 채권자에 대하여 손해배상을 청구할 수 있다.

경락인이 강제경매절차를 통하여 부동산을 경락받아 대금을 납부하고 그 앞으로 소유권이전등기까지 마쳤으나, 그 후 위 강제집행의 채무명의가 된 약속어음공정증서가 위조된 것이어서 무효라는 이유로 그 소유권이전등기의 말소를 명하는 판결이 확정됨으로써 경매 부동산에 대한 소유권을 취득하지 못하게 된 경우(집행권원 자체가 무효인 경우에는 그에 터 잡은 매각허가결정 또한 무효이다), 경락인은 경매 채권자에게 경매 대금 중 그가 배당받은 금액에 대하여 일반 **부당이득의 법리에 따라 반환을 청구할 수 있을 뿐, 민법 제578조 제2항에 의한 담보책임을 물을 수는 없다**(대판 1991.10.11. 91다21640).

쟁점정리 경매에 있어서의 담보책임

여기서의 경매는 국가기관이 법률에 의해 행하는 '공경매'만을 의미한다(사경매는 일반 매매이므로 매매의 담보책임의 문제이다). 그리고 경매의 담보책임은 경매절차 자체는 유효해야 한다. 즉 **경매절차 자체가 무효여서 소유권을 취득하지 못한다면, 경락받은 자는 제578조의 담보책임이 아니라 배당채권자에 대하여 부당이득반환청구권을 행사할 수 있을 뿐**이다. 이러한 경우로 집행권이 위조된 것이어서 무효인 경우(위 91다21640 판결) 또는 불성립하거나 부존재하는 저당권에 기하여 경매절차가 개시된 경우를 들 수 있다.

반면 저당권설정자의 의사에 기하여 저당권이 설정된 경우, 즉 그의 소유에 속하지 않은 부동산에 저당권이 설정된 경우 또는 집행권원에 기한 강제집행에서 집행목적물이 집행채무자의 소유에 속하지 않은 경우에(다만 아래 비교판례의 예외를 주의할 것), 진정한 소유자의 추탈에 의하여 소유권을 취득하지 못한 경매절차상의 매수인은 배당채권자에 대하여 부당이득반환청구권을 행사할 수 없고, 집행채무자에 대하여 제578조에 기한 담보책임을 물을 수 있을 뿐임이 원칙이다.

비교판례 다만 判例는 일정한 경우에 예외를 인정한다. 즉 "경락인이 강제경매절차를 통하여 동산을 경락받아 대금을 완납하고 그 앞으로 소유권이전등기까지 마쳤으나, 그 후 강제경매절차의 기초가 된 채무자 명의의 소유권이전등기가 원인무효의 등기이어서 경매 부동산에 대한 소유권을 취득하지 못하게 된 경우, 이와 같은 강제경매는 무효라고 할 것이므로 경락인은 경매 채권자에게 경매대금 중 그가 배당받은 금액에 대하여 일반 부당이득의 법리에 따라 반환을 청구할 수 있고, 민법 제578조 제1항, 제2항에 따른 경매의 채무자나 채권자의 담보책임은 인정될 여지가 없다."(대판 2004.6.24. 2003다59259)라고 한다. 그러나 이에 대하여는 채무자 소유 아닌 부동산에 대한 강제경매도 유효하고, 다만 채무자는 타인 권리의 매매(경매)로 인한 담보책임을 진다고 보아야 한다는 비판이 있다.

52 13서기보

경매로 취득한 목적물에 하자가 있는 경우에는 하자담보책임을 물을 수 없다. O | X

53 14주사보

물건의 하자에 대한 담보책임의 경우, 매수인이 목적물에 하자가 있는 사실을 알았거나 과실로 인하여 알지 못한 경우에는 매도인에 대하여 하자담보책임을 물을 수 없다. O | X

정답 | **48** ○ **49** ○ **50** ○ **51** ○ **52** ○ **53** ○

> **해설** **53 제580조(매도인의 하자담보책임)** ① 매매의 목적물에 하자가 있는 때에는 제575조제1항의 규정을 준용한다. 그러나 매수인이 하자있는 것을 알았거나 과실로 인하여 이를 알지 못한 때에는 그러하지 아니하다.
> **52** ② 전항의 규정은 경매의 경우에 적용하지 아니한다.

54

19주사보

변제기에 도달하지 아니한 채권의 매도인이 채무자의 자력을 담보한 때에는 변제기의 자력을 담보한 것으로 추정한다. O | X

> **해설** **제579조(채권매매와 매도인의 담보책임)** ① 채권의 매도인이 채무자의 자력을 담보한 때에는 매매계약당시의 자력을 담보한 것으로 추정한다.
> ② 변제기에 도달하지 아니한 채권의 매도인이 채무자의 자력을 담보한 때에는 변제기의 자력을 담보한 것으로 추정한다.

55

12법원행시, 17법무사

건축을 목적으로 매매된 토지에 대하여 건축허가를 받을 수 없어 건축이 불가능한 경우, 위와 같은 법률적 제한 내지 장애 역시 매매목적물의 하자에 해당한다 할 것이나, 다만 위와 같은 하자의 존부는 매매계약 성립시를 기준으로 판단하여야 한다. O | X

> **해설** 법률상 장애
> 매매목적물이 법률상의 제한으로 말미암아 사용가치가 떨어지게 된 경우(예컨대 벌채목적으로 매수한 토지가 보안림 구역이어서 벌채하지 못하게 된 경우)의 성격에 대해 학설이 대립하는데, 이는 **특히 경매에 있어서 제575조 제1항을 적용하여 담보책임을 물을 것인가의 문제**로 귀결된다. 그 외에도 담보책임을 묻기 위한 요건으로 매수인의 선의 이외에 무과실까지 요구되는지와(제575조는 선의, 제580조는 선의·무과실), 권리행사기간(제575조는 1년, 제580조는 6개월)이 달라진다. 이에 대해 判例는 건축목적으로 매매된 토지에 대하여 건축허가를 받을 수 없어 건축이 불능한 경우, 이와 같은 법률적 제한 내지 장애 역시 목적물(물건)의 하자에 해당한다고 보아 제580조를 적용하였다(대판 2000.1.18. 98다18506).
> 하자판단의 기준시
> 判例는 "하자의 존부는 매매계약 성립 당시를 기준으로 판단하여야 한다."(대판 2000.1.18. 98다18506; 특정물매매 사안)라고 판시한 바 있다. 따라서 계약 성립 이후에 하자가 발생한 경우에는 채무불이행책임 또는 위험부담의 법리가 적용된다고 한다(대결 1979.7.24. 78마248).

56

19/21서기보

매도인의 하자담보책임이 성립하는 경우에는 매매계약 내용의 중요 부분에 착오가 있는 경우에도 매수인이 착오를 이유로 매매계약을 취소할 수 없다. O | X

> **해설** 判例는 "**착오로 인한 취소 제도와 매도인의 하자담보책임 제도는 취지가 서로 다르고, 요건과 효과도 구별된다.** 따라서 매매계약 내용의 중요 부분에 착오가 있는 경우 매수인은 매도인의 하자담보책임이 성립하는지와 상관없이 착오를 이유로 매매계약을 취소할 수 있다."(대판 2018.9.13. 2015다78703)라고 판시하여 **제580조와 제109조의 경합을 처음으로 명시적으로 인정**하였다. 따라서 이러한 判例에 따르면 설령 하자를 안 날로부터 6개월이 지났더라도(제582조), 제146조의 제척기간이 지나지 않았다면 착오를 이유로 취소할 수 있다.

57

14주사보

매매의 목적물을 종류로 지정한 경우에도 그 후 특정된 목적물에 하자가 있는 때에는 매수인은 계약의 해제 또는 손해배상의 청구를 하지 않고 하자 없는 물건을 청구할 수 있다. O | X

해설 **제581조(종류매매와 매도인의 담보책임)** ① 매매의 목적물을 종류로 지정한 경우에도 그 후 특정된 목적물에 하자가 있는 때에는 전조의 규정을 준용한다.
② 전항의 경우에 매수인은 계약의 해제 또는 손해배상의 청구를 하지 아니하고 하자없는 물건을 청구할 수 있다.

58

15법원행시 유사

매매목적물의 하자가 경미하여 수선 등의 방법으로도 계약의 목적을 달성하는 데 별다른 지장이 없고, 매도인에게 하자 없는 물건의 급부의무를 지우면 다른 구제방법에 비하여 매도인에게 현저한 불이익이 발생되는 경우라도 공평의 원칙상 매수인의 완전물급부청구권의 행사를 제한할 수 없다. O | X

59

출제예상

甲이 乙 주식회사로부터 자동차를 매수하여 인도받은 지 5일 만에 계기판의 속도계가 작동하지 않는 하자가 발생하였으나, 계기판 모듈의 교체로 큰 비용을 들이지 않고서도 손쉽게 치유될 수 있는 하자라면 甲은 乙 회사 등을 상대로 담보책임의 내용으로 신차 교환을 청구할 수 없다. O | X

해설 **58 59** 제581조에 따른 완전물급부청구권의 제한
불특정물매매에서 매수인은 계약의 해제나 손해배상을 청구할 수 있으나, 계약의 해제 또는 손해배상의 청구를 하지 아니하고 하자없는 물건을 청구할 수 있다(제581조 제2항). 다만 최근 判例에 따르면 "매매목적물의 하자가 경미하여 수선 등의 방법으로도 계약의 목적을 달성하는 데 별다른 지장이 없는 반면 매도인에게 하자 없는 물건의 급부의무를 지우면 다른 구제방법에 비하여 지나치게 큰 불이익이 매도인에게 발생되는 경우와 같이 하자담보의무의 이행이 오히려 **공평의 원칙에 반하는 경우에는, 완전물급부청구권의 행사를 제한**함이 타당하다."(대판 2014.5.16. 2012다72582)라고 한다.

사실관계 甲이 乙 주식회사로부터 자동차를 매수하여 인도받은 지 5일 만에 계기판의 속도계가 작동하지 않는 하자가 발생하였음을 이유로 乙 회사 등을 상대로 신차 교환을 구한 사안에서, 위 하자는 계기판 모듈의 교체로 큰 비용을 들이지 않고서도 손쉽게 치유될 수 있는 하자로서 하자수리에 의하더라도 신차구입이라는 매매계약의 목적을 달성하는 데에 별다른 지장이 없고, 하자보수로 자동차의 가치하락에 영향을 줄 가능성이 희박한 반면, 매도인인 乙 회사에 하자 없는 신차의 급부의무를 부담하게 하면 다른 구제방법에 비하여 乙 회사에 지나치게 큰 불이익이 발생되어서 오히려 공평의 원칙에 반하게 되어 매수인의 완전물급부청구권의 행사를 제한함이 타당하므로, 甲의 완전물급부청구권 행사가 허용되지 않는다고 한 사례이다.

60

13서기보

매매의 목적물에 하자가 있는 때에는 매수인은 그 사실을 안 날로부터 6월 내에 손해배상청구권을 행사할 수 있고 위 기간은 제척기간이다. O | X

해설 **제582조(전2조의 권리행사기간)** 전2조에 의한 권리는 매수인이 그 사실을 안 날로부터 6월내에 행사하여야 한다.

정답 | **54** ○ **55** ○ **56** × **57** ○ **58** × **59** ○ **60** ○

61 13사무관, 19서기보, 19법원행시

매매의 목적물에 하자가 있음을 이유로 한 매도인에 대한 하자담보에 기한 손해배상청구권에 대하여는 민법 제582조("전2조에 의한 권리는 매수인이 그 사실을 안 날로부터 6월내에 행사하여야 한다.")의 제척기간이 적용된다. 이는 법률관계의 조속한 안정을 도모하고자 하는 데에 취지가 있으므로, 위와 같은 손해배상청구권에 대하여는 별도로 소멸시효 규정이 적용되지는 않는다. O | X

62 출제예상

부동산 매수인이 매도인을 상대로 하자담보책임에 기한 손해배상을 청구하는 경우, 매수인의 하자담보에 기한 손해배상청구권은 부동산을 인도받은 날부터 소멸시효가 진행하므로 그로부터 10년이 경과한 후 소를 제기하였다면 이미 배상청구권은 소멸되었다고 보아야 한다. O | X

해설 **61 62** 判例에 따르면 하자담보책임에 기한 매수인의 손해배상청구권은 매수인이 그 사실을 안 때부터 6월의 제척기간(제582조)에 걸리는 동시에 매수인이 매매의 '목적물을 인도받은 때'부터 10년의 소멸시효(제162조 제1항)에도 걸린다고 한다(대판 2011.10.13. 2011다10266).

사실관계 2011다10266판결은 甲이 乙 등에게서 부동산을 매수하여 소유권이전등기를 마쳤는데 위 부동산을 순차 매수한 丙이 부동산 지하에 매립되어 있는 폐기물을 처리한 후 甲을 상대로 처리비용 상당의 손해배상청구소송을 제기하였고, 甲이 丙에게 위 판결에 따라 손해배상금을 지급한 후 乙 등을 상대로 하자담보책임에 기한 손해배상으로서 丙에게 기지급한 돈의 배상을 구한 사안에서, 甲의 하자담보에 기한 손해배상청구권은 甲이 乙 등에게서 부동산을 인도받았을 것으로 보이는 소유권이전등기일로부터 소멸시효가 진행하는데, 甲이 그로부터 10년이 경과한 후 소를 제기하였으므로, 甲의 하자담보책임에 기한 손해배상청구권은 이미 소멸시효 완성으로 소멸되었다고 한 사례이다.

관련판례 공익사업을 위한 토지 등의 취득 및 보상에 관한 법률에 따라 공공사업의 시행자가 토지를 협의취득하는 행위는 사법상의 법률행위로 일방 당사자의 채무불이행에 대하여 민법에 따른 손해배상 또는 하자담보책임을 물을 수 있다. 이 경우 매도인에 대한 하자담보에 기한 손해배상청구권에 대하여는 민법 제162조 제1항의 채권 소멸시효의 규정이 적용되고(상행위가 아니므로 상사시효가 적용되지 않음을 유의), 매수인이 매매의 목적물을 인도받은 때부터 소멸시효가 진행한다(대판 2020.5.28. 2017다265389).

63 출제예상

매매목적물의 하자로 인하여 확대손해가 발생하였다는 이유로 매도인에게 그 확대손해에 대한 배상책임을 지우기 위하여는 채무의 내용으로 된 하자 없는 목적물을 인도하지 못한 의무위반사실 외에 그러한 의무위반에 대한 매도인의 귀책사유는 요구되지 않는다. O | X

해설 判例는 **하자담보책임으로 인한 확대손해는 채무불이행책임으로 다루고 있다.**
매매목적물의 하자로 인하여 확대손해 내지 2차 손해가 발생하였다는 이유로 매도인에게 그 확대손해에 대한 배상책임을 지우기 위하여는 채무의 내용으로 된 하자 없는 목적물을 인도하지 못한 의무위반사실 외에 그러한 의무위반에 대하여 **매도인에게 귀책사유**가 인정될 수 있어야만 한다(대판 1997.5.7. 96다39455).

정답 | 61 × 62 ○ 63 ×

제3절 교환

01 출제예상

교환은 당사자 쌍방이 금전 이외의 재산권을 상호 이전할 것을 약정함으로써 그 효력이 생긴다. O | X

해설 **제596조(교환의 의의)** 교환은 당사자 쌍방이 금전 이외의 재산권을 상호이전할 것을 약정함으로써 그 효력이 생긴다.

정답 | 01 O

제4절 소비대차

01 16법무사, 17사무관

민법상 소비대차는 이른바 낙성계약이므로, 차주가 현실로 금전 등을 수수하거나 현실의 수수가 있은 것과 같은 경제적 이익을 취득하여야만 소비대차가 성립하는 것은 아니다. O | X

02 21법원행시

민법상 소비대차는 당사자 일방이 금전 기타 대체물의 소유권을 상대방에게 이전할 것을 약정하고 상대방은 그와 같은 종류, 품질 및 수량으로 반환할 것을 약정함으로써 그 효력이 생기는 이른바 낙성계약이고, 차주가 현실로 금전 등을 수수하거나 현실의 수수가 있은 것과 같은 경제적 이익을 취득하여야만 소비대차가 성립하는 것은 아니다. O | X

> 해설 **01 02 제598조(소비대차의 의의)** 소비대차는 당사자 일방이 금전 기타 대체물의 소유권을 상대방에게 이전할 것을 약정하고 상대방은 그와 같은 종류, 품질 및 수량으로 반환할 것을 약정함으로써 그 효력이 생긴다.
> 민법상 소비대차는 당사자 일방이 금전 기타 대체물의 소유권을 상대방에게 이전할 것을 약정하고 상대방은 그와 같은 종류, 품질 및 수량으로 반환할 것을 약정함으로써 효력이 생기는 이른바 낙성계약이므로, 차주가 현실로 금전 등을 수수하거나 현실의 수수가 있은 것과 같은 경제적 이익을 취득하여야만 소비대차가 성립하는 것은 아니다. 반대로 당사자 일방이 상대방에게 현실로 금전 기타 대체물의 소유권을 이전하였다고 하더라도 상대방이 같은 종류, 품질 및 수량으로 반환할 것을 약정한 경우가 아니라면 이들 사이의 법률행위를 소비대차라 할 수 없다(대판 2018.12.27. 2015다73098).

03 16법무사, 17사무관, 18주사보

이자 있는 소비대차는 차주가 목적물의 인도를 받은 때로부터 이자를 계산하여야 하며 차주가 그 책임 있는 사유로 수령을 지체할 때에는 대주가 이행을 제공한 때로부터 이자를 계산하여야 한다. O | X

> 해설 **제600조(이자계산의 시기)** 이자 있는 소비대차는 차주가 목적물의 인도를 받은 때로부터 이자를 계산하여야 하며 차주가 그 책임 있는 사유로 수령을 지체할 때에는 대주가 이행을 제공한 때로부터 이자를 계산하여야 한다.

04 21법원행시

이자 있는 소비대차에서 변제기 후의 지연손해금에 대한 약정이 없는 경우 특별한 의사표시가 없는 한 변제기가 지난 후에도 당초의 약정이자율에 따른 지연손해금을 지급하기로 한 것으로 본다. O | X

> 해설 소비대차에서 변제기 후의 이자약정이 없는 경우 특별한 의사표시가 없는 한 변제기가 지난 후에도 당초의 약정이자를 지급하기로 한 것으로 보는 것이 당사자의 의사이다(대판 1981.9.8. 80다2649).

05 14주사보, 15법무사

이자 없는 소비대차의 당사자는 목적물의 인도 전에는 언제든지 계약을 해제할 수 있다. O | X

> **해설** **제601조(무이자소비대차와 해제권)** 이자 없는 소비대차의 당사자는 목적물의 인도 전에는 언제든지 계약을 해제할 수 있다. 그러나 상대방에게 생긴 손해가 있는 때에는 이를 배상하여야 한다.

06

18주사보

이자 없는 소비대차의 경우 반환시기의 약정이 없는 때에는 대주는 상당한 기간을 정하여 반환을 최고할 필요가 없다. O | X

07

15법무사

차주는 약정시기에 차용물과 같은 종류, 품질, 및 수량의 물건을 반환하여야 하나, 반환시기의 약정이 없는 때에는 차주는 언제든지 반환할 수 있다. O | X

> **해설** **06 07 제603조(반환시기)** ① 차주는 약정시기에 차용물과 같은 종류, 품질 및 수량의 물건을 반환하여야 한다.
> ② 반환시기의 약정이 없는 때에는 대주는 상당한 기간을 정하여 반환을 최고하여야 한다. 그러나 차주는 언제든지 반환할 수 있다.

08

15법무사, 18주사보

차용물의 반환에 관하여 차주가 차용물에 갈음하여 다른 재산권을 이전할 것을 예약한 경우에는 그 재산의 이전 당시의 가액이 차용액 및 이에 붙인 이자의 합산액을 넘지 못한다. O | X

> **해설** **제607조(대물반환의 예약)** 차용물의 반환에 관하여 차주가 차용물에 갈음하여 다른 재산권을 이전할 것을 예약한 경우에는 그 재산의 **예약 당시의 가액**이 차용액 및 이에 붙인 이자의 합산액을 넘지 못한다.
> ➡ '이전 당시의 가액' 이 아니라 '예약 당시의 가액'이다.

09

16법무사, 17사무관

소비대차는 당사자 일방이 금전 기타 대체물의 소유권을 상대방에게 이전할 것을 약정하고 상대방은 그와 같은 종류, 품질 및 수량으로 반환할 것을 약정함으로써 그 효력이 생기는 바, 일단 소비대차의 효력이 발생한 이후에는 대주가 목적물을 차주에게 인도하기 전에 당사자 일방이 파산선고를 받았다는 이유만으로 그 소비대차가 효력을 잃지는 않는다. O | X

10

18주사보

대주가 목적물을 차주에게 인도하기 전에 당사자 일방이 파산선고를 받은 때에는 소비대차는 그 효력을 잃는다. O | X

정답 | 01 ○ 02 ○ 03 ○ 04 ○ 05 ○ 06 × 07 ○ 08 × 09 × 10 ○

해설 **09 10 제599조(파산과 소비대차의 실효)** 대주가 목적물을 차주에게 인도하기 전에 당사자 일방이 파산선고를 받은 때에는 소비대차는 그 효력을 잃는다.

11

18법무사

당사자 쌍방이 소비대차에 의하지 아니하고 금전 기타의 대체물을 지급할 의무가 있는 경우에 당사자가 그 목적물을 소비대차의 목적으로 할 것을 약정한 때에는 소비대차의 효력이 생긴다. O | X

해설 **제605조(준소비대차)** 당사자 쌍방이 소비대차에 의하지 아니하고 금전 기타의 대체물을 지급할 의무가 있는 경우에 당사자가 그 목적물을 소비대차의 목적으로 할 것을 약정한 때에는 소비대차의 효력이 생긴다.

12

15법무사, 21법원행시

준소비대차계약의 당사자는 반드시 기초가 되는 기존채무의 당사자이어야 하는 것은 아니다. O | X

해설 준소비대차계약의 당사자는 기존채무의 당사자이어야 하는지 여부(적극)
준소비대차는 소비대차에 의하지 아니하고 금전 기타의 대체물을 지급할 의무가 있는 경우에 당사자가 그 목적물을 소비대차의 목적물로 할 것을 약정함으로써 당사자 사이에 소비대차의 효력이 생기는 것을 말하는 것으로서 기존채무의 당사자가 그 채무의 목적물을 소비대차의 목적물로 한다는 합의를 할 것을 요건으로 하므로 준소비대차계약의 당사자는 기초가 되는 기존채무의 당사자이어야 한다(대판 2002.12.6. 2001다2846).

13

12법무사

경개나 준소비대차는 모두 기존채무를 소멸케 하고 신채무를 성립시키는 계약인 점에 있어서는 동일하지만 경개의 경우에는 기존채무와 신채무 사이에 동일성이 없는 반면, 준소비대차의 경우에는 원칙적으로 동일성이 인정된다는 점에 차이가 있다. O | X

14

21법원행시

기존 채권·채무의 당사자가 목적물을 소비대차의 목적으로 할 것을 약정한 경우 약정을 경개로 볼 것인가 준소비대차로 볼 것인가는 일차적으로 당사자의 의사에 따라 결정되지만 만약 당사자의 의사가 명백하지 않을 때에는 특별한 사정이 없는 한 기존채무와 신채무 사이에 동일성이 없다고 보아 경개로 보아야 한다. O | X

해설 **13 14** 기존 채권채무의 당사자가 그 목적물을 소비대차의 목적으로 하기로 약정한 경우 그 약정의 해석
경개나 준소비대차는 모두 기존채무를 소멸케 하고 신채무를 성립시키는 계약인 점에 있어서는 동일하지만 경개에 있어서는 기존채무와 신채무와의 사이에 동일성이 없는 반면, 준소비대차에 있어서는 원칙적으로 동일성이 인정된다는 점에 차이가 있는 바, 기존채권 채무의 당사자가 그 목적물을 소비대차의 목적으로 할 것을 약정한 경우 그 약정을 경개로 볼 것인가 또는 준소비대차로 볼 것인가는 일차적으로 당사자의 의사에 의하여 결정되고 만약 당사자의 의사가 명백하지 않을 때에는 의사해석의 문제이나 특별한 사정이 없는 한 동일성을 상실함으로써 채권자가 담보를 잃고 채무자가 항변권을 잃게 되는 것과 같이 스스로 불이익을 초래하는 의사를 표시하였다고는 볼 수 없으므로 **일반적으로 준소비대차로 보아야** 한다(대판 1989.6.27. 89다카2957).

15

12법무사

준소비대차에 있어서 신채무와 기존채무의 소멸은 서로 조건을 이루어 기존채무가 부존재하거나 무효인 경우에는 신채무는 성립하지 않고 신채무가 무효이거나 취소된 때에는 기존채무는 소멸하지 않았던 것이 되고, 기존채무와 신채무의 동일성이란 기존채무에 동반한 담보권, 항변권 등이 당사자의 의사나 그 계약의 성질에 반하지 않는 한 신채무에도 그대로 존속한다는 의미이다. O | X

해설 준소비대차에 있어 기존채무와 신채무의 동일성의 의미
준소비대차는 기존채무를 소멸하게 하고 신채무를 성립시키는 계약인 점에 있어서는 경개와 동일하지만 경개에 있어서는 기존채무와 신채무 사이에 동일성이 없는 반면, 준소비대차에 있어서는 원칙적으로 동일성이 인정되는바, 이때 신채무와 기존채무의 소멸은 서로 조건을 이루어 기존채무가 부존재하거나 무효인 경우에는 신채무는 성립하지 않고 신채무가 무효이거나 취소된 때에는 기존채무는 소멸하지 않았던 것이 되고, 기존채무와 신채무의 동일성이란 기존채무에 동반한 담보권, 항변권 등이 당사자의 의사나 그 계약의 성질에 반하지 않는 한 신채무에도 그대로 존속한다는 의미이다(대판 2007.1.11. 2005다7175).

16

18/21법원행시

현실적인 자금의 수수 없이 형식적으로만 신규 대출을 하여 기존 채무를 변제하는 이른바 대환은 특별한 사정이 없는 한 기존 채무가 여전히 동일성을 유지한 채 존속하는 준소비대차로 보아야 하고, 이러한 경우 채권자와 보증인 사이에 사전에 신규 대출 형식에 의한 대환을 하는 경우 보증책임을 면하기로 약정하는 등의 특별한 사정이 없는 한 기존 채무에 대한 보증책임이 존속된다. O | X

해설 대환의 법적 성질과 대환의 경우 기존 채무에 대한 보증책임의 존속 여부(적극)
현실적인 자금의 수수 없이 형식적으로만 신규 대출을 하여 기존 채무를 변제하는 이른바 대환은 특별한 사정이 없는 한 형식적으로는 별도의 대출에 해당하나, 실질적으로는 기존 채무의 변제기 연장에 불과하므로, **그 법률적 성질은 기존 채무가 여전히 동일성을 유지한 채 존속하는 준소비대차로 보아야 하고, 이러한 경우 채권자와 보증인 사이에 사전에 신규 대출 형식에 의한 대환을 하는 경우 보증책임을 면하기로 약정하는 등의 특별한 사정이 없는 한 기존 채무에 대한 보증책임이 존속**된다(대판 2002.10.11. 2001다7445).

17

21법원행시

기존채무에 대하여 채권가압류가 마쳐진 후 채무자와 제3채무자 사이에 준소비대차 약정이 체결된 경우, 준소비대차 약정은 가압류된 채권을 소멸하게 하는 것으로서 채권가압류의 효력에 반하므로, 가압류의 처분제한의 효력에 따라 채무자와 제3채무자는 준소비대차의 성립을 가압류채권자에게 주장할 수 없고, 다만 채무자와 제3채무자 사이에서는 준소비대차가 유효하다. O | X

해설 대판 2007.1.11. 2005다47175

정답 | 11 ○ 12 × 13 ○ 14 × 15 ○ 16 × 17 ○

제5절 사용대차

01

12법무사

사용대차계약에 따라 사용차주는 목적물을 사용·수익할 권리를 취득하고 이를 위하여 사용대주에게 목적물의 인도를 구할 권리를 가진다고 할 것이지만, 나아가 사용차주에게 자신의 사용·수익을 위하여 소유자인 사용대주가 목적물을 처분하는 것까지 금지시킬 권능이 있다고 할 수는 없다. O | X

해설 사용대차계약에 있어 사용차주에게 자신의 사용·수익을 위하여 사용대주가 목적물을 처분하는 것까지 금지시킬 권능이 있는지 여부(소극)
사용대차계약에 따라 사용차주는 목적물을 사용·수익할 권리를 취득하고 이를 위하여 사용대주에게 목적물의 인도를 구할 권리를 가진다고 할 것이지만, 나아가 사용차주에게 자신의 사용·수익을 위하여 소유자인 사용대주가 목적물을 처분하는 것까지 금지시킬 권능이 있다고 할 수는 없다(대판 2007.1.26. 2006다60526).

02

13법무사

민법 제614조는 사용차주가 사망한 경우 사용대주는 계약을 해지할 수 있다고 규정하고 있으므로, 건물의 소유를 목적으로 하는 토지사용대차에 있어서 사용차주 본인이 사망하면 사용대주는 사용차주의 사망사실을 사유로 들어 곧바로 사용대차계약을 해지할 수 있다. O | X

해설 건물의 소유를 목적으로 한 토지 사용대차에 있어 대주가 차주의 사망을 이유로 계약을 해지할 수 있는지 여부(소극)
일반으로 건물의 소유를 목적으로 하는 토지 사용대차에 있어서는, 당해 토지의 사용수익의 필요는 당해 지상건물의 사용수익의 필요가 있는 한 그대로 존속하는 것이고, 이는 특별한 사정이 없는 한 차주 본인이 사망하더라도 당연히 상실되는 것이 아니어서 그로 인하여 곧바로 계약의 목적을 달성하게 되는 것은 아니라고 봄이 통상의 의사해석에도 합치되므로, **이러한 경우에는 민법 제614조의 규정에 불구하고 대주가 차주의 사망사실을 사유로 들어 사용대차계약을 해지할 수는 없다**(대판 1993.11.26. 93다36806).

03

13법무사

사용대차에 있어서 그 존속기간을 정하지 아니한 경우에 현실로 사용·수익이 종료하지 아니한 경우라도 사용·수익에 충분한 기간이 경과한 때에는 사용대주는 언제든지 계약을 해지하고 그 차용물의 반환을 청구할 수 있고, 이때 사용·수익에 충분한 기간이 경과하였는지의 여부는 공평의 입장에서 사용대주에게 해지권을 인정하는 것이 타당한가의 여부에 의하여 판단하여야 한다. O | X

해설 민법 제613조 제2항 소정의 사용수익에 충분한 기간이 경과하였는지의 판단기준
민법 제613조 제2항 소정의 사용수익에 충분한 기간이 경과하였는지의 여부는 사용대차계약 당시의 사정, 차주의 사용기간 및 이용상황, 대주가 반환을 필요로 하는 사정 등을 종합적으로 고려하여 공평의 입장에서 대주에게 해지권을 인정하는 것이 타당한가의 여부에 의하여 판단하여야 한다(대판 1993.11.26. 93다36806).

04 13법무사

계약 또는 목적물의 성질에 위반한 사용·수익으로 인하여 생긴 손해배상의 청구와 사용차주가 지출한 비용의 상환청구는 사용대주가 물건의 반환을 받은 날로부터 6월 내에 하여야 한다. O | X

> 해설 **제617조(손해배상, 비용상환청구의 기간)** 계약 또는 목적물의 성질에 위반한 사용, 수익으로 인하여 생긴 손해배상의 청구와 차주가 지출한 비용의 상환청구는 대주가 물건의 반환을 받은 날로부터 6월내에 하여야 한다.

정답 | **01** ○ **02** × **03** ○ **04** ○

제6절 임대차

01

16서기보

임대인이 임대할 권한이 없음에도 임차인과 임대차계약을 체결한 경우, 그 임대차계약은 유효하게 성립하였다고 볼 수 없다. O | X

해설 임대차는 당사자 일방이 상대방에게 목적물을 사용·수익하게 할 것을 약정하고 상대방이 이에 대하여 차임을 지급할 것을 약정함으로써 성립하는 것으로서 **임대인이 그 목적물에 대한 소유권 기타 이를 임대할 권한이 있을 것을 성립요건으로 하고 있지 아니하므로**, 임대차계약이 성립된 후 그 존속기간 중에 임대인이 임대차 목적물에 대한 소유권을 상실한 사실 그 자체만으로 바로 임대차에 직접적인 영향을 미친다고 볼 수는 없다(대판 1996.3.8. 95다15087).

➡ 임대인이 그 목적물에 대한 소유권 기타 이를 임대할 권한이 없더라도 임대차계약은 유효하게 성립한다.

02

18사무관

임대차계약이 성립된 후 그 존속기간 중에 임대인이 임대차 목적물에 대한 소유권을 상실한 사실한 사실 그 자체만으로 바로 임대차에 직접적인 영향을 미친다고 볼 수는 없지만, 임대인이 임대차 목적물의 소유권을 제3자에게 양도하고 그 소유권을 취득한 제3자가 임차인에게 그 임대차 목적물의 인도를 요구하여 이를 인도하였다면 임대인이 임차인에게 임대차목적물을 사용·수익케 할 의무는 이행불능이 되었다고 할 것이고, 이러한 이행불능이 일시적이라고 볼 만한 특별한 사정이 없다면 임대차는 당사자의 해지 의사표시를 기다릴 필요 없이 당연히 종료되었다고 볼 것이지, 임대인의 채무가 손해배상 채무로 변환된 상태로 채권·채무관계가 존속한다고 볼 수 없다. O | X

해설 임대인에게 임대목적물에 대한 소유권 기타 임대권한이 없는 경우에도 임대차계약이 유효하게 성립하는지 여부(적극) 및 그 법률관계

임대차는 당사자 일방이 상대방에게 목적물을 사용·수익하게 할 것을 약정하고 상대방이 이에 대하여 차임을 지급할 것을 약정함으로써 성립하는 것으로서(민법 제618조 참조), 임대인이 그 목적물에 대한 소유권 기타 이를 임대할 권한이 없다고 하더라도 임대차계약은 유효하게 성립한다. 따라서 임대인은 임차인으로 하여금 그 목적물을 완전하게 사용·수익하게 할 의무가 있고, 또한 임차인은 이러한 임대인의 의무가 이행불능으로 되지 아니하는 한 그 사용·수익의 대가로 차임을 지급할 의무가 있으며, 그 임대차관계가 종료되면 임차인은 임차목적물을 임대인에게 반환하여야 할 계약상의 의무가 있다. 다만 **이러한 경우 임차인이 진실한 소유자로부터 목적물의 반환청구나 임료 내지 그 해당액의 지급요구를 받는 등의 이유로 임대인이 임차인으로 하여금 사용·수익하게 할 수가 없게 되면 임대인의 채무는 이행불능**으로 되고 임차인은 이행불능으로 인한 **임대차의 종료를 이유로 그 때 이후의 임대인의 차임지급 청구를 거절**할 수 있다(대판 2009.9.24. 2008다38325).

03

11주사보

임대차기간이 정해지지 않은 경우 원칙적으로 각 당사자는 언제든지 임대차계약의 해지를 통고할 수 있다. O | X

04

15법무사

토지, 건물 기타 공작물에 대한 임대차기간의 약정이 없는 때에는 당사자는 언제든지 계약해지의 통고를 할 수 있고, 임대인이 해지를 통고한 경우에는 임차인이 그 통고를 받은 날로부터 1월이 경과하면 해지의 효력이 생긴다. O | X

> 해설 **03 04 제635조(기간의 약정 없는 임대차의 해지통고) ① 임대차기간의 약정이 없는 때에는 당사자는 언제든지 계약해지의 통고를 할 수 있다.**
> ② 상대방이 전항의 통고를 받은 날로부터 다음 각 호의 기간이 경과하면 해지의 효력이 생긴다.
> 1. 토지, 건물 기타 공작물에 대하여는 임대인이 해지를 통고한 경우에는 6월, 임차인이 해지를 통고한 경우에는 1월
> 2. 동산에 대하여는 5일

05

14법무사

임대차가 묵시의 갱신 규정에 의하여 전임대차와 동일한 조건으로 다시 임대차한 것으로 보더라도 임대인과 임차인 모두 기간의 약정이 없는 임대차에 따라 해지통고를 할 수 있다. O | X

> 해설 **제639조(묵시의 갱신)** ① 임대차기간이 만료한 후 임차인이 임차물의 사용, 수익을 계속하는 경우에 임대인이 상당한 기간내에 이의를 하지 아니한 때에는 전임대차와 동일한 조건으로 다시 임대차한 것으로 본다. 그러나 **당사자는** 제635조의 규정에 의하여 해지의 통고를 할 수 있다.

06

17법원행시

민법 제639조 제1항의 묵시의 갱신은 임차인의 신뢰를 보호하기 위하여 인정되는 것이고, 이 경우 같은 조 제2항에 의하여 제3자가 제공한 담보는 소멸한다고 규정한 것은 담보를 제공한 자의 예상하지 못한 불이익을 방지하기 위한 것이라 할 것이므로, 민법 제639조 제2항은 당사자들의 합의에 따른 임대차 기간연장의 경우에도 적용된다. O | X

> 해설 민법 제639조 제2항이 당사자들의 합의에 따른 임대차 기간연장의 경우에도 적용되는지 여부(소극)
> 민법 제639조 제1항의 묵시의 갱신은 임차인의 신뢰를 보호하기 위하여 인정되는 것이고, 이 경우 같은 조 제2항에 의하여 제3자가 제공한 담보는 소멸한다고 규정한 것은 담보를 제공한 자의 예상하지 못한 불이익을 방지하기 위한 것이라 할 것이므로, **민법 제639조 제2항은 당사자들의 합의에 따른 임대차 기간연장의 경우에는 적용되지 않는다**(대판 2005.4.14. 2004다63293).

07

출제예상

임대인의 임차목적물의 사용·수익상태 유지의무는 임대인 자신에게 귀책사유가 있어 하자가 발생한 경우는 물론, 자신에게 귀책사유가 없이 하자가 발생한 경우에도 면해지지 아니한다. 이는 임대인이 그와 같은 하자 발생 사실을 몰랐다거나 반대로 임차인이 이를 알거나 알 수 있었다고 하더라도 마찬가지이다. O | X

정답 | 01 × 02 ○ 03 ○ 04 × 05 ○ 06 × 07 ○

해설 임대인은 임차인이 목적물을 사용·수익할 수 있도록 목적물을 임차인에게 인도하여야 한다(민법 제623조 전단). 임차인이 계약에 의하여 정하여진 목적에 따라 사용·수익하는 데 하자가 있는 목적물인 경우 임대인은 하자를 제거한 다음 임차인에게 하자 없는 목적물을 인도할 의무가 있다. 임대인이 임차인에게 그와 같은 하자를 제거하지 아니하고 목적물을 인도하였다면 사후에라도 위 하자를 제거하여 임차인이 목적물을 사용·수익하는 데 아무런 장해가 없도록 해야만 한다. **임대인의 임차목적물의 사용·수익상태 유지의무는 임대인 자신에게 귀책사유가 있어 하자가 발생한 경우는 물론, 자신에게 귀책사유가 없이 하자가 발생한 경우에도 면해지지 아니한다. 또한 임대인이 그와 같은 하자 발생 사실을 몰랐다거나 반대로 임차인이 이를 알거나 알 수 있었다고 하더라도 마찬가지이다**(대판 2021.4.29. 2021다202309).

08

15법무사

임대인의 귀책사유로 임차목적물의 사용·수익이 부분적으로 지장이 있는 상태인 경우에 임차인은 차임 전부의 지급을 거절할 수 있다. O | X

09

21법무사

임대차계약에 있어서 목적물을 사용·수익하게 할 임대인의 의무와 임차인의 차임지급의무는 상호 대응관계에 있으므로 임대인이 목적물을 사용·수익하게 할 의무를 불이행하여 임차인이 목적물을 전혀 사용할 수 없을 경우에는 임차인은 차임 전부의 지급을 거절할 수 있으나, 목적물의 사용·수익이 부분적으로 지장이 있는 상태인 경우에는 그 지장의 한도 내에서 차임의 지급을 거절할 수 있을 뿐 그 전부의 지급을 거절할 수는 없다. O | X

10

출제예상

임대인이 목적물을 사용·수익하게 할 의무를 불이행하여 목적물의 사용·수익에 부분적으로 지장이 생긴 경우뿐 아니라 임대인이 수선의무를 이행함으로써 목적물의 사용·수익에 지장이 생긴 경우에도 임차인은 그 지장의 한도 내에서 차임의 지급을 거절할 수 있다. O | X

해설 **08 09 10** 임대차에서 목적물을 사용·수익하게 할 임대인의 의무와 임차인의 차임 지급의무는 상호 대가관계에 있으므로, 임대인이 수선의무를 이행하지 않아 임차인이 목적물을 전혀 사용할 수 없을 경우에는 임차인은 차임 전부의 지급을 거절할 수 있으나, **'목적물의 사용·수익이 부분적으로 지장이 있는 경우에는 그 한도 내에서 차임의 지급을 거절할 수 있을 뿐'** 그 전부의 지급을 거절할 수는 없다(대판 1997.4.25. 96다44778). 이는 임대인이 수선의무를 이행함으로써 목적물의 사용·수익에 지장이 초래된 경우에도 마찬가지이다(대판 2015.2.26. 2014다65724). 민법 제627조 소정의 '일부멸실에 따른 차임의 감액청구'는 같은 취지에 속하는 것이다.

11

18사무관

임대차계약에서 임대인은 목적물을 계약 존속 중 사용·수익에 필요한 상태를 유지할 의무를 부담하므로, 목적물에 파손 또는 장해가 생긴 경우 그것이 임차인이 별비용을 들이지 아니하고도 손쉽게 고칠 수 있을 정도의 사소한 것이어서 임차인의 사용·수익을 방해할 정도의 것이 아니라면 임대인은 수선의무를 부담하지 않지만, 그것을 수선하지 아니하면 임차인이 계약에 의하여 정해진 목적에 따라 사용·수익할 수 없는 상태로 될 정도의 것이라면 임대인은 수선의무를 부담한다 할 것이고, 이는 임대인에게 귀책사유가 없는 훼손의 경우에도 마찬가지이다. O | X

해설 임대인이 수선의무를 부담하게 되는 임대차 목적물의 파손·장해의 정도

임대차계약에 있어서 임대인은 임대차 목적물을, 계약 존속 중 그 사용·수익에 필요한 상태를 유지하게 할 의무(이하 '임대인의 수선의무'라 한다)를 부담하는 것이므로(민법 제623조), 목적물에 파손 또는 장해가 생긴 경우 그것이 임차인이 별 비용을 들이지 아니하고도 손쉽게 고칠 수 있을 정도의 사소한 것이어서 임차인의 사용·수익을 방해할 정도의 것이 아니라면 임대인은 수선의무를 부담하지 않지만, **그것을 수선하지 아니하면 임차인이 계약에 의하여 정하여진 목적에 따라 사용·수익할 수 없는 상태로 될 정도의 것이라면, 임대인은 그 수선의무를 부담**한다 할 것이고, **이는 자신에게 귀책사유가 있는 임대차 목적물의 훼손의 경우에는 물론 자신에게 귀책사유가 없는 훼손의 경우에도 마찬가지**다(대판 2010.4.29. 2009다96984).

참고판례 임대차계약이 임대인의 수선의무 지체로 해지된 경우에도, 임대차의 종료 당시 반환된 임차건물이 화재로 인하여 훼손되었음을 이유로 손해배상청구를 당한 임차인이 임차건물 보존에 관하여 선량한 관리자의 주의의무를 다하였음을 증명하여야 하는지 여부(적극)

임차인의 임대차 목적물 반환의무가 이행불능이 된 경우 **임차인이 그 이행불능으로 인한 손해배상책임을 면하려면 그 이행불능이 임차인의 귀책사유로 말미암은 것이 아님을 입증할 책임**이 있고, 임차건물이 화재로 소훼된 경우에 있어서 그 화재의 발생원인이 불명인 때에도 임차인이 그 책임을 면하려면 그 임차건물의 보존에 관하여 선량한 관리자의 주의의무를 다하였음을 입증하여야 하는 것이며, 이러한 법리는 임대차의 종료 당시 임차목적물 반환채무가 이행불능 상태는 아니지만 반환된 임차건물이 화재로 인하여 훼손되었음을 이유로 손해배상을 구하는 경우에도 동일하게 적용되고, 나아가 그 임대차계약이 임대인의 수선의무 지체로 해지된 경우라도 마찬가지다(同 判例).

12

출제예상

건물을 임대한 소유자가 건물을 적합하게 유지·관리할 의무를 위반하여 임대목적물에 설치·보존상의 하자가 생기고 그 하자로 임차인이 손해를 입은 경우 건물의 소유자 겸 임대인이 임차인에게 공작물책임과 수선의무 위반에 따른 채무불이행책임을 진다. O | X

해설 구 건축법(2016.2.3. 법률 제14016호로 개정되기 전의 것) 제35조 제1항은 '건축물의 소유자나 관리자는 건축물, 대지 및 건축설비를 관련 규정에 적합하도록 유지·관리하여야 한다.'고 정하고 있고, 민법 제623조는 '임대인은 계약존속 중 그 사용, 수익에 필요한 상태를 유지하게 할 의무를 부담한다.'고 정하고 있다. 따라서 **건물을 타인에게 임대한 소유자가 건물을 적합하게 유지·관리할 의무를 위반하여 임대목적물에 필요한 안전성을 갖추지 못한 설치·보존상의 하자가 생기고 그 하자로 인하여 임차인에게 손해를 입힌 경우, 건물의 소유자 겸 임대인은 임차인에게 공작물책임과 수선의무 위반에 따른 채무불이행책임을 진다**(대판 2017.8.29. 2017다227103)

공작물의 점유자가 피해자인 경우

判例는 점유자인 임차인(또는 임차인의 직장동료)이 임차목적물의 하자로 인하여 연탄가스에 중독된 사안에서, 소유자가 배상책임을 지고, 공작물의 보존에 관해 피해자에게 과실이 있다고 하더라도 과실상계의 사유가 될 뿐이라고 한다(대판 1993.2.9. 92다31668; 대판 1993.11.9. 93다40560). 무과실책임을 지는 공작물 소유자의 책임에 관하여 과실상계를 인정한 예외적인 경우이다.

13

14서기보

민법 제627조(임차물의 일부 멸실 등과 감액청구, 해지권)에 위반하여 임차인에게 불리하게 약정하더라도 그 약정의 효력이 인정된다. O | X

정답 | 08 × 09 ○ 10 ○ 11 ○ 12 ○ 13 ×

14

14서기보

민법 제628조(차임증감청구권)에 위반하여 임차인에게 불리하게 약정하더라도 그 약정의 효력이 인정된다. O | X

15

14서기보

민법 제635조(기간의 약정 없는 임대차의 해지통고)에 위반하여 임차인에게 불리하게 약정하더라도 그 약정의 효력이 인정된다. O | X

> 해설 **13 14 15 제652조(강행규정) 제627조(일부멸실 등과 감액청구, 해지권), 제628조(차임증감청구권)**, 제631조(전차인의 권리의 확정), **제635조(기간의 약정 없는 임대차의 해지통고)**, 제638조(해지통고의 전차인에 대한 통지), 제640조(차임연체와 해지), 제641조(동전 – 차임연체와 해지), 제643조 내지 제647조(임차인의 갱신청구권·매수청구권, 전차인의 임대청구권·매수청구권, 지상권목적 토지의 임차인의 임대청구권·매수청구권, 임차인의 부속물매수청구권, 전차인의 부속물매수청구권)의 **규정에 위반하는 약정으로 임차인이나 전차인에게 불리한 것은 그 효력이 없다**.

16

15서기보

임대인과 임차인이 임대차계약을 체결하면서 임대차보증금을 전세금으로 하는 전세권설정등기를 경료한 경우 임대차보증금은 전세금의 성질을 겸하게 되므로, 당사자 사이에 다른 약정이 없는 한 임대차보증금 반환의무는 민법 제317조(전세권의 소멸과 동시이행)에 따라 전세권설정등기의 말소의무와도 동시이행관계에 있다. O | X

> 해설 임대차계약을 체결하면서 임대차보증금을 전세금으로 하는 전세권설정등기를 경료한 경우, 임대차보증금 반환의무와 전세권설정등기 말소의무가 동시이행관계에 있는지 여부(원칙적 적극)(대판 2011.3.24. 2010다95062)

17

출제예상

임대차 존속 중 차임을 연체하더라도 이는 임대차 종료 후 목적물 인도시에 임대차보증금에서 일괄 공제하는 방식에 의하여 정산하기로 약정한 경우와 같은 특별한 사정이 없는 한 차임채권의 소멸시효는 임대차계약에서 정한 지급기일부터 진행한다. 월차임 지급채권의 소멸시효기간은 3년이다. O | X

> 해설 소멸시효는 법률행위에 의하여 이를 배제, 연장 또는 가중할 수 없다(제184조 제2항). 그러므로 임대차 존속 중 차임을 연체하더라도 이는 임대차 종료 후 목적물 인도 시에 임대차보증금에서 일괄 공제하는 방식에 의하여 정산하기로 3약정한 경우와 같은 특별한 사정이 없는 한 차임채권의 소멸시효는 임대차계약에서 정한 지급기일부터 진행한다(제166조 제1항). 아울러 월차임 지급채권은 제163조 1호가 정한 1년 이내의 기간으로 정한 금전의 지급을 목적으로 한 채권에 해당하여 3년의 단기소멸시효가 적용된다(대판 2016.11.25. 2016다211309).

18

16법무사, 18서기보

건물 소유를 목적으로 하는 토지임차인이 그 지상건물을 등기하기 전에 제3자가 그 토지에 관하여 물권취득의 등기를 한 때에는, 임차인이 그 지상건물을 등기하더라도 그 제3자에 대하여는 임대차의 효력을 주장할 수 없다. O | X

> 해설 **제622조(건물등기 있는 차지권의 대항력)** ① 건물의 소유를 목적으로 한 토지임대차는 이를 등기하지 아니한 경우에도 임차인이 그 지상건물을 등기한 때에는 제3자에 대하여 임대차의 효력이 생긴다.
>
> 민법 제622조 제1항은 건물을 소유하는 토지임차인의 보호를 위하여 건물의 등기로써 토지임대차등기에 갈음하는 효력을 부여하는 것일 뿐이므로, **임차인이 그 지상건물을 등기하기 전에 제3자가 그 토지에 관하여 물권취득의 등기를 한 때**에는 임차인이 그 지상건물을 등기하더라도 **그 제3자에 대하여 임대차의 효력이 생기지 않는다**(대판 2003.2.28. 2000다65082).

19

16법무사

甲이 대지와 건물의 소유자였던 乙로부터 대지와 건물을 임차하였는데 그 후 甲이 그 건물을 강제경매절차에서 경락받아 그 대지에 관한 위 임차권은 등기하지 아니한 채 그 건물에 관하여 甲 명의의 소유권이전등기를 경료하였다면, 甲은 대지에 관하여 소유권이전등기를 경료받은 제3자에 대하여 그 대지에 관한 임차권으로 대항할 수 없다. O | X

> 해설 대지에 관한 임차권이 민법 제622조에 따른 대항력을 갖기 위한 전제요건
> 甲이 대지와 건물의 소유자였던 乙로부터 이를 임차하였는데 그 후 甲이 그 건물을 강제경매절차에서 경락받아 그 대지에 관한 위 임차권은 등기하지 아니한 채 그 건물에 관하여 甲 명의의 소유권이전등기를 경료하였다면, **甲과 乙 사이에 체결된 대지에 관한 임대차계약은 건물의 소유를 목적으로 한 토지임대차계약이 아님이 명백하므로, 그 대지에 관한 甲의 임차권은 민법 제622조에 따른 대항력을 갖추지 못하였다**고 할 것이다(대판 1994.11.22. 94다5458).

20

21법무사

등기된 임차권에는 용익권적 권능 외에 임차보증금반환채권에 대한 담보권적 권능이 있고, 임대차기간이 종료되면 용익권적 권능은 임차권등기의 말소등기 없이도 곧바로 소멸하나 담보권적 권능은 곧바로 소멸하지 않는다고 할 것이어서, 임차권자는 임대차기간이 종료한 후에도 임차보증금을 반환받기까지는 임대인이나 그 승계인에 대하여 임차권등기의 말소를 거부할 수 있다고 할 것이고, 따라서 임차권등기가 원인 없이 말소된 때에는 그 방해를 배제하기 위한 청구를 할 수 있다. O | X

> 해설 대판 2002.2.26. 99다67079

정답 | **14** × **15** × **16** ○ **17** ○ **18** ○ **19** ○ **20** ○

21

출제예상

주택으로 사용되는 건물에 관하여 소유권보존등기가 이루어지지 않은 경우에도, 특별한 사정이 없는 한 「주택임대차보호법」이 적용된다. O | X

22

13주사보

주택임대차보호법은 임차주택의 일부가 주거 외의 목적으로 사용되는 경우에는 적용되지 않는다. O | X

23

21법원행시

소유권등기가 되지 아니한 미등기주택에 관하여는 토지나 건물의 등기기록으로써 그 주택의 유무나 임차인의 유무 등 대지의 부담사항을 파악하는 것이 불가능하므로 미등기주택의 임차인이 대지의 환가대금에 대하여 우선변제권을 행사하기 위해서는 임대차 후에라도 소유권보존등기가 거쳐져 경매신청의 등기가 되는 경우라야 한다. O | X

24

출제예상

「주택임대차보호법」은 임대주택의 소유자가 아니더라도 그 주택에 관하여 적법하게 임대차계약을 체결할 수 있는 권한을 가진 임대인과 체결한 임대차계약에 적용된다. O | X

해설 주택 임대차보호법의 적용 범위

① **21** 주택 임대차보호법은 국민의 주거생활의 안정을 보장함을 목적으로 주거용 건물의 전부 또는 일부에 관한 임대차에 관하여 적용되며(동법 제2조 1문), 이는 주택 건물에 관하여 소유권보존등기가 이루어지지 않은 경우에도 마찬가지이다(대판 2007.6.21. 2004다26133 전합).

② **22** 또한 그 임차주택의 일부가 주거 외의 목적으로 사용되는 경우에도 적용된다(동법 제2조 2문). 그러나 반대로 비주거용 건물의 일부를 주거의 목적으로 사용하는 경우에는 동법이 적용되지 않는다(대판 1996.3.12. 95다51953). 이때 주거용 건물에 해당하는지 여부는 임대차목적물의 공부상의 표시(등기부, 건축물관리대장)만을 기준으로 할 것이 아니라 사실상 주거로 사용하는지 여부(그 실제용도)를 기준으로 결정한다(대판 1995.3.10. 94다52522).

③ **23** 미등기주택에도 주택임대차보호법이 적용되고, 또 그 대지에도 주택임차권의 효력이 미치며, 한편 위 규정은 경매신청인을 보호하기 위한 것이 아니라 소액보증금을 배당받을 목적으로 배당절차에 임박하여 가장임차인을 급조하는 등의 폐단을 방지하자는 데에 그 취지가 있는 것이어서, 따라서 미등기주택의 경우에는 대지에 대한 경매신청의 등기 전에 임차인이 대항요건을 갖추면 그 입법취지는 달성된다고 본다(대판 2007.6.21. 2004다26133 전합).

④ **24** 주택에 대한 임대차가 아닌 '등기하지 아니한 전세계약'에 관하여도 동법은 준용된다(동법 제12조). 또한 判例는 주택 소유자는 아니더라도 주택에 관하여 적법하게 임대차 계약을 체결할 수 있는 권한을 가진 임대인과 임대차계약이 체결된 경우도 동법이 적용된다고 한다(대판 2012.7.26. 2012다45689).

25

17/20사무관

재외국민의 국내거소신고는 주택임대차보호법 제3조 제1항에서 주택임대차의 대항요건으로 정하는 주민등록과 같은 법적 효과가 인정되어야 하고, 이 경우 거소이전신고를 한 때에 전입신고가 된 것으로 보아야 한다. O | X

해설 주택임대차보호법상의 대항요건이 인정되기 위해서는, 적법한 임대차계약을 전제로 ⅰ) 주택의 인도와 ⅱ) 주민등록을 갖추어야 한다. 한편 임차인이 인도를 받은 이상, 그 후 전대를 한 경우에도 임차인은 간접점유를 하는 것이므로 인도의 상태는 유지된다. 그리고 전입신고를 하더라도 주민등록이 되기까지는 시간적 간격이 있으므로 주택 임대차보호법은 그 보호의 공백을 메우기 위해 전입신고를 한 때에 주민등록이 된 것으로 본다(동법 제3조 제1항 2문).

관련판례 외국인 또는 외국국적동포가 **출입국관리법이나 재외동포법에 따라서 한 외국인등록이나 체류지 변경신고 또는 국내거소신고나 거소이전신고에 대하여는, 주택임대차보호법 제3조 제1항에서 주택임대차의 대항력 취득 요건으로 규정하고 있는 주민등록과 동일한 법적 효과가 인정된다**고 보아야 한다. 이는 외국인등록이나 국내거소신고 등이 주민등록과 비교하여 그 공시기능이 미약하다고 하여 달리 볼 수 없다. 그리고 주택임대차보호법 제3조 제1항에 의한 대항력 취득의 요건인 주민등록은 임차인 본인뿐 아니라 그 배우자나 자녀 등 가족의 주민등록도 포함되고, 이러한 법리는 재외동포법에 의한 재외국민이 임차인인 경우에도 마찬가지로 적용된다고 보아야 한다. 2015.1.22. 시행된 개정 주민등록법에 따라 재외국민도 주민등록을 할 수 있게 되기 전까지는 재외국민은 주민등록을 할 수도 없고 또한 외국인이 아니어서 출입국관리법 등에 의한 외국인등록 등도 할 수 없어 주택임대차보호법에 의한 대항력을 취득할 방도가 없었던 점을 감안하면, **재외국민이 임대차계약을 체결하고 동거 가족인 외국인 또는 외국국적동포가 외국인등록이나 국내거소신고 등을 한 경우와 재외국민의 동거 가족인 외국인 또는 외국국적동포가 스스로 임대차계약을 체결하고 외국인등록이나 국내거소신고 등을 한 경우와 사이에 법적 보호의 차이를 둘 이유가 없기 때문이다**(대판 2016.10.13. 2015다14136).

26

12법무사, 15사무관

주택임대차보호법이 적용되는 임대차는 반드시 임차인과 주택 소유자인 임대인 사이에 임대차계약이 체결된 경우에 한정되는 것이고, 주택에 관하여 임대차계약을 체결할 수 있는 권한을 가진 임대인이 주택 소유자가 아닌 경우에는 그와 체결한 임대차계약은 이에 포함되지 않는다고 할 것이다. O | X

27

19법무사

甲은 임의경매절차에서 최고가매수신고인의 지위에 있던 乙과 주택임대차계약을 체결한 후 주택을 인도받아 전입신고를 마치고 임대차계약서에 확정일자를 받았는데, 다음 날 乙은 매각대금을 완납하고 丙 주식회사에 근저당권설정등기를 마쳐주었다. 이 경우 甲은 주택임대차보호법은 제3조의2 제2항에서 정한 우선변제권을 취득하였다고 볼 수 없다. O | X

해설 **26 주택임대차보호법이 적용되는 임대차는 반드시 임차인과 주택의 소유자인 임대인 사이에 임대차계약이 체결된 경우에 한정된다고 할 수는 없고, 주택의 소유자는 아니지만 주택에 관하여 적법하게 임대차계약을 체결할 수 있는 권한(적법한 임대권한)을 가진 명의신탁자 사이에 임대차계약이 체결된 경우도 포함된다**고 할 것이고, 이 경우 임차인은 등기부상 주택의 소유자인 명의수탁자에 대한 관계에서도 적법한 임대차임을 주장할 수 있는 반면 명의수탁자는 임차인에 대하여 그 소유자임을 내세워 명도를 구할 수 없다"(대판 1999.4.23. 98다49753).

27 적법한 임대권한이 없는 사람과 임대차계약을 체결한 경우, 주택임대차보호법이 적용되는지 여부(소극)
주택임대차보호법이 적용되는 임대차가 임차인과 주택의 소유자인 임대인 사이에 임대차계약이 체결된 경우로 한정되는 것은 아니나, **적어도 그 주택에 관하여 적법하게 임대차계약을 체결할 수 있는 권한을 가진 임대인이 임대차계약을 체결할 것이 요구**된다. 甲이 임의경매절차에서 **최고가매수신고인의 지위에 있던 乙과 주택임대차계약을 체결한 후 주택을 인도받아 전입신고를 마치고 임대차계약서에 확정일자**를 받았는데, 다음 날 乙이 매각대금을 완납하고 丙 주식회사에 근저당권설정등기를 마쳐준 사안에서, **乙이 최고가매수신고인이라는 것 외에는 임대차계약 당시 적법한 임대권한이 있었음을 인정할 자료가 없는데도,** 甲이 아직 매각대금을 납부하지도 아니한 최고가매수신고인에 불과한 乙로부터 주택을 인도받아 전입신고 및 확정일자를 갖추었다는 것만으로 주택임대차보호법 제3조의2 제2항에서 정한 우선변제권을 취득하였다고 본 원심판결에 법리오해 등의 위법이 있다(대판 2014.2.27. 2012다93794).

정답 | 21 ○ 22 × 23 × 24 ○ 25 ○ 26 × 27 ○

28 출제예상

임차인이 임차주택에 대하여 보증금반환 청구소송의 확정판결이나 그 밖에 이에 준하는 집행권원에 따라서 경매를 신청하는 경우에는 반대의무의 이행이나 이행의 제공을 집행개시의 요건으로 하지 아니한다. O | X

> 해설 **주택임대차보호법 제3조의2(보증금의 회수)** ① 임차인이 임차주택에 대하여 보증금반환청구소송의 확정판결이나 그 밖에 이에 준하는 집행권원에 따라서 경매를 신청하는 경우에는 집행개시 요건에 관한 민사집행법 제41조에도 불구하고 반대의무의 이행이나 이행의 제공을 집행개시의 요건으로 하지 아니한다.

29 21법원행시

채무자가 채무초과상태에서 채무자 소유의 유일한 주택에 대하여 주택임대차보호법 소정의 임차권을 설정해 준 행위는 채무초과상태에서의 담보제공행위로서 채무자의 총재산의 감소를 초래하는 행위에 해당하여 사해행위취소의 대상이 될 수 있다. O | X

> 해설 주택임대차보호법 제8조의 소액보증금 최우선변제권은 임차목적 주택에 대하여 저당권에 의하여 담보된 채권, 조세 등에 우선하여 변제받을 수 있는 일종의 법정담보물권을 부여한 것이므로, 채무자가 채무초과상태에서 채무자 소유의 유일한 주택에 대하여 위 법조 소정의 임차권을 설정해 준 행위는 채무초과상태에서의 담보제공행위로서 채무자의 총재산의 감소를 초래하는 행위가 되는 것이고, 따라서 그 임차권설정행위는 사해행위취소의 대상이 된다고 할 것이다(대판 2005.5.13. 2003다50771).

30 21법원행시

소액임차인으로 보호받아 선순위 담보권자에 우선하여 채권을 회수하려는 것에 임대차계약의 주된 목적이 있었던 경우라고 하더라도 실제로 채무자와 임대차계약을 체결하고 전입신고를 마친 다음 그곳에 거주하였다면 주택임대차보호법상 소액임차인으로서 보증금을 우선변제받을 수 있다. O | X

> 해설 주택임대차보호법의 입법목적과 소액임차인 보호제도의 취지 등을 고려할 때, 채권자가 채무자 소유의 주택에 관하여 채무자와 임대차계약을 체결하고 전입신고를 마친 다음 그곳에 거주하였다고 하더라도, 임대차계약의 주된 목적이 주택을 사용·수익하려는 것에 있는 것이 아니고 소액임차인으로 보호받아 선순위 담보권자에 우선하여 채권을 회수하려는 것에 주된 목적이 있었던 경우에는, 그러한 임차인을 주택임대차보호법상 소액임차인으로 보호할 수 없다(대판 2008.5.15. 2007다23203).

31 21법원행시

처음 임대차계약을 체결할 당시를 기준으로 보증금액이 많아 주택임대차보호법상 소액임차인에 해당하지 않았다면 그 후 새로운 임대차계약에 의하여 보증금을 감액하여 소액임차인에 해당하게 되었다고 하더라도 소액임차인으로 보호받을 수는 없다. O | X

해설 실제 임대차계약의 주된 목적이 주택을 사용·수익하려는 것인 이상, 처음 임대차계약을 체결할 당시에는 보증금액이 많아 주택임대차보호법상 소액임차인에 해당하지 않았지만 그 후 새로운 임대차계약에 의하여 정당하게 보증금을 감액하여 소액임차인에 해당하게 되었다면, 그 임대차계약이 통정허위표시에 의한 계약이어서 무효라는 등의 특별한 사정이 없는 한 그러한 임차인은 같은 법상 소액임차인으로 보호받을 수 있다(대판 2008.5.15. 2007다23203).

32

20법원행시

주민등록이 대항력의 요건을 충족시킬 수 있는 공시방법이 되려면 단순히 형식적으로 주민등록이 되어 있다는 것만으로는 부족하고, 주민등록에 의하여 표상되는 점유관계가 임차권을 매개로 하는 점유임을 제3자가 인식할 수 있는 정도는 되어야 한다. O | X

해설 주택임대차보호법 제3조 제1항 소정의 주민등록이 대항력의 요건을 충족시키는 공시방법이 되기 위한 요건
주택임대차보호법 제3조 제1항에서 주택의 인도와 더불어 대항력의 요건으로 규정하고 있는 주민등록은 거래의 안전을 위하여 임차권의 존재를 제3자가 명백히 인식할 수 있게 하는 공시방법으로 마련된 것으로서, **주민등록이 어떤 임대차를 공시하는 효력이 있는가의 여부는 그 주민등록으로 제3자가 임차권의 존재를 인식할 수 있는가에 따라 결정된다고 할 것**이므로, **주민등록이 대항력의 요건을 충족시킬 수 있는 공시방법이 되려면 단순히 형식적으로 주민등록이 되어 있다는 것만으로는 부족하고, 주민등록에 의하여 표상되는 점유관계가 임차권을 매개로 하는 점유임을 제3자가 인식할 수 있는 정도**는 되어야 한다(대판 1999.4.23. 98다32939).

33

20법원행시

임차인이 주택의 인도와 주민등록을 마친 때에는 그 다음날부터 제3자에 대하여 대항력을 취득한다. 다만 대항력 발생시점보다 앞서는 저당권 등이 있는 경우 경매로 인하여 임차권이 소멸할 수 있다. O | X

해설 임차인이 주택의 인도와 주민등록을 마친 때에는 그 '다음 날'부터 제3자에 대하여 효력이 생긴다(동법 제3조 제1항 1문). 즉 그 다음 날 오전 0시부터 대항력을 취득한다(대판 1999.5.25. 99다9981).
(근)저당권자 등과의 관계에서는 임차권 대항력의 선후를 기준으로 우열이 정해진다. 특히 저당권은 경매를 통한 매각으로 모두 소멸하므로(민사소송법 제728조, 제608조 2항) 최선순위 담보물권과 임차권 대항력의 선후를 기준으로 우열이 정해진다(대판 1999.4.23, 98다32939). 매각대금이 완납되면 임차권은 소멸하고, 임차인은 경매절차에서 배당을 받는 수밖에 없다. 우선변제권 있는 임차인이라도 경매법원이 이를 알 수 없기 때문에 반드시 배당요구를 하여야만 배당을 받을 수 있다.

비교 최선순위 담보물권자나 (가)압류권자보다 먼저 대항력을 취득한 경우

① **대항력 인정**
매각대금이 완납되어도 임차권은 소멸하지 않고(민사집행법 제91조), 임차인은 매각 받은 자에게 임차권을 주장할 수 있으며,

② **우선변제권 인정**
임대차계약을 해지하지 않고도 배당요구를 할 수 있다(즉, 임차인은 매각받은 자에게 대항력을 주장하는 대신 임대차보증금반환채권을 가지고 배당절차에 참가할 수 있다; 대판 2004.8.30, 2003다23885 참고). 구 임대차보호법 제3조의2 제1항 단서 '임차인이 보증금의 우선변제를 청구하기 위해서는 임대차가 종료하여야 한다'는 규정이 삭제되었기 때문이다.

정답 | 28 O 29 O 30 × 31 × 32 O 33 O

③ **임차권의 소멸시기**

이 경우 임차권의 소멸시기와 관련하여 判例는 "주택임대차보호법 제3조의5의 입법 취지와 규정 내용에 비추어 보면, 주택임대차보호법상의 대항력과 우선변제권의 두 권리를 겸유하고 있는 임차인이 우선변제권을 선택하여 임차주택에 대하여 진행되고 있는 경매절차에서 보증금에 대한 배당요구를 하여 보증금 전액을 배당받을 수 있는 경우에는, **임차인이 그 배당금을 지급받을 수 있는 때, 즉 '임차인에 대한 배당표가 확정될 때'까지는 임차권이 소멸하지 않으므로,** 경락인이 낙찰대금을 납부하여 임차주택에 대한 소유권을 취득한 이후에 임차인이 임차주택을 계속 점유하여 사용·수익하였다고 하더라도 임차인에 대한 배당표가 확정될 때까지의 사용·수익은 소멸하지 아니한 임차권에 기한 것이어서 경락인에 대한 관계에서 '부당이득'이 성립되지 않고, 보증금을 일부 변제받는 것으로 배당표가 확정되면 그 범위에서만 임차권이 소멸하기 때문에 나머지 보증금에 관하여는 여전히 임차권이 존속한다."(대판 2004.8.30. 2003다23885)라고 한다.

34

12법무사

주택임대차보호법 제3조 제1항에 정한 대항요건은 임차인이 당해 주택에 거주하면서 이를 직접 점유하는 경우뿐만 아니라 타인의 점유를 매개로 하여 이를 간접점유하는 경우에도 인정될 수 있다. O | X

해설 적법한 임대차계약을 전제로 ⅰ) 주택의 인도와 ⅱ) 주민등록을 갖추어야 한다. 한편 임차인이 인도를 받은 이상, 그 후 전대를 한 경우에도 임차인은 간접점유를 하는 것이므로 인도의 상태는 유지된다. 그리고 전입신고를 하더라도 주민등록이 되기까지는 시간적 간격이 있으므로 주택 임대차보호법은 그 보호의 공백을 메우기 위해 전입신고를 한 때에 주민등록이 된 것으로 본다(동법 제3조 제1항 2문).

관련판례 ⅰ) 임차인이 비록 임대인으로부터 별도의 승낙을 얻지 아니하고 제3자에게 임차물을 사용·수익하도록 한 경우에 있어서도, 임차인의 당해 행위가 임대인에 대한 배신적 행위라고 할 수 없는 특별한 사정이 인정되는 경우에는, 임대인은 자신의 동의 없이 전대차가 이루어졌다는 것만을 이유로 임대차계약을 해지할 수 없으며, 전차인은 그 전대차나 그에 따른 사용·수익을 임대인에게 주장할 수 있다 할 것이다. ⅱ) 주택의 전대차가 그 당사자 사이뿐 아니라 임대인에 대하여도 주장할 수 있는 적법, 유효한 것이라고 평가되는 경우에는, 전차인이 임차인으로부터 주택을 인도받아 자신의 주민등록을 마치고 있다면 이로써 주택이 임대차의 목적이 되어 있다는 사실은 충분히 공시될 수 있고 또 이러한 경우 다른 공시방법도 있을 수 없으므로, 결국 임차인의 대항요건은 전차인의 직접 점유 및 주민등록으로써 적법, 유효하게 유지, 존속한다고 보아야 한다(대판 2007.11.29. 2005다64255).

35

15법원행시

동일 지번에 이른바 다가구용 단독주택 1동이 건립되어 있는 경우, 임차인이 그 주택의 일부를 임차하고 전입신고를 할 때 지번만 바르게 기재하고 호수를 잘못 기재하였더라도 유효한 공시방법을 갖춘 것이다. O | X

해설 다가구용 단독주택의 경우 이를 공동주택으로 볼 근거가 없어 단독주택으로 보아야 하는 이상 주민등록법시행령 제5조 제5항에 따라 임차인이 위 건물의 일부나 전부를 임차하여 전입신고를 하는 경우 지번만 기재하는 것으로 충분하고, 나아가 위 건물 거주자의 편의상 구분하여 놓은 호수까지 기재할 의무나 필요가 있다고 할 수 없고, 호수를 기재하지 않거나 잘못 기재하였더라도 대항력에는 영향을 미치지 않는다(대판 1997.11.14. 97다29530).

비교판례 [다세대주택(연립주택)] 연립주택 동 호수 등의 표시 없이 그 지번만을 신고하여 주민등록을 한 경우 유효한 공시방법으로 볼 수 없다(대판 1996.2.23. 95다48421). 또, 신축 중인 연립주택의 임차인이 잘못된 현관문의 표시대로 '1층 201호'로 전입신고를 마쳤는데, 준공 후 그 주택이 공부상 '1층 101호'로 등재된 경우에는 대항력이 없다(대판 1995.8.11. 95다177).

36

15/20사무관

「주택임대차보호법」상 대항력을 갖춘 임대차의 목적이 된 임대주택의 양수인은 임대인의 지위를 승계한 것으로 본다고 규정하고 있는바, 이는 법률상의 당연승계 규정으로 보아야 하므로, 임대주택이 양도된 경우에 그 양수인은 주택의 소유권과 결합하여 임대인의 임대차 계약상의 권리·의무 일체를 그대로 승계하며, 그 결과 양수인이 임대차보증금반환채무를 면책적으로 인수하고, 양도인은 임대차관계에서 탈퇴하여 임차인에 대한 임대차보증금반환채무를 면하게 된다. O | X

해설 주택임대차보호법은 임차주택의 양수인 기타 임대할 권리를 승계한 자(상속·경매 등으로 임차물의 소유권을 취득한 자)는 **'임대인의 지위'를 승계한** 것으로 본다(동법 제3조 제4항, 상가건물 임대차보호법 제3조 제2항도 동일). 이 경우 임대차에 종된 계약인 보증금계약 등도 임대차관계에 수반하여 이전되어(제100조 2항 유추적용), 그 결과 判例에 따르면 양수인이 임대차보증금반환채무를 '면책적으로 인수'(병존적 인수 아님)하고, 양도인은 임대차관계에서 탈퇴하여 임차인에 대한 임대차보증금반환채무를 면하게 된다고 한다(대판 1987.3.10. 86다카1114). 따라서 주택 양수인이 임차인에게 임대차보증금을 반환하면 양수인은 양도인에게 부당이득반환을 청구할 수 없다(대판 1993.7.16. 93다17324).
참고로 동법 제3조 4항은 대항력을 갖춘 일반적인 임차권을 취득한 양수인에게도 유추적용될 수 있다(통설). 그리고 동 규정은 임차인 보호를 위한 '법정승계'사유로 (임차목적물)양수인의 동의 등 당사자의 합의와 상관없이 인정된다.

37

출제예상

「주택임대차보호법」상 대항력을 갖춘 임차인의 임대차보증금반환채권이 가압류된 상태에서 임대주택이 양도된 경우, 임대주택의 양수인은 보증금반환채무를 면책적으로 인수하게 되므로, 채권가압류의 제3채무자의 지위까지 승계한다. O | X

38

14사무관, 15주사보, 19법무사

주택임대차보호법상 대항력을 갖춘 임차인의 임대차보증금반환채권이 가압류된 상태에서 임대주택이 양도되면 양수인은 채권가압류의 제3채무자의 지위도 승계하고, 가압류권자 또한 임대주택의 양도인이 아니라 양수인에 대하여만 위 가압류의 효력을 주장할 수 있다. O | X

해설 **37 38** 최근 判例는 전원합의체 판결을 통해 "ⅰ) 임대주택의 양도로 임대인의 지위가 일체로 양수인에게 이전된다면 채권가압류의 제3채무자의 지위도 임대인의 지위와 함께 이전된다고 볼 수밖에 없다는 점과 ⅱ) 만약 이를 부정하면 가압류권자는 장차 본집행절차에서 주택의 매각대금으로부터 우선변제를 받을 수 있는 권리를 상실하는 중대한 불이익을 입게 된다는 점 등에서 **양수인은 채권가압류의 제3채무자의 지위도 승계하고, 가압류권자 또한 임대주택의 양도인이 아니라 양수인에 대하여만 위 가압류의 효력을 주장할 수 있다고 보아야 한다.**"라고 판시하였다(대판 2013.1.17. 2011다49523 전합).

➡ 승계를 인정하면 경매에 의하여 소유권을 취득한 양수인은 예상하지 못한 손해를 입을 수도 있으나(전합판결의 반대의견), 이는 민법상 다른 구제수단들(제470조)을 통해 해결가능하다. 그러나 승계를 부정하면 가압류가 효력을 상실하게 되어 가압류권자가 피해를 입게 되므로 이를 긍정하는 判例의 다수의견이 타당하다.

쟁점정리 임대차관계의 승계

주택임대차보호법은 임차주택의 양수인 기타 임대할 권리를 승계한 자(상속·경매 등으로 임차물의 소유권을 취득한 자)는 **'임대인의 지위'를 승계**한 것으로 본다(동법 제3조 제4항, 상가건물 임대차보호법 제3조 제2항도 동일). 이 경우 임대차에 종된 계약인 보증금계약 등도 임대차관계에 수반하여 이전되어(제100조 제2항 유추적용), 그 결과 判例에 따르면 양수인이 임대차보증금반환채무를 면책적으로 인수하고, 양도인은 임대차관계에서 탈퇴하여 임차인에 대한 임대차보증금반환채무를 면하게 된다고 한다(대판 1987.3.10. 86다카1114). 동법 제3조 제4항은 대항력을 갖춘 일반적인 임차권을 취득한 양수인에게도 유추적용될 수 있다(통설).

정답 | 34 ○ 35 ○ 36 ○ 37 ○ 38 ○

39

20법원행시

「주택임대차보호법」상 대항력을 갖춘 임차인이 임대차보증금반환채권에 질권을 설정하고 임대인이 그 질권 설정을 승낙한 후 임대주택이 양도된 경우에는 임대인은 임대차관계에서 탈퇴하고 임차인에 대한 임대차보증금반환채무를 면하게 된다. 이 경우 양수인의 법률상 당연승계 규정을 기초로 하여 질권의 제3채무자 지위도 양수인이 승계한다. O | X

해설 구 주택임대차보호법(2013.8.13. 법률 제12043호로 개정되기 전의 것, 이하 '구 주택임대차법'이라고 한다) 제3조 제3항은 같은 조 제1항이 정한 대항요건을 갖춘 임대차의 목적이 된 임대주택의 양수인은 임대인의 지위를 승계한 것으로 본다고 규정하고 있다. 이는 법률상의 당연승계 규정으로 보아야 하므로, **임대주택이 양도된 경우에 양수인은 주택의 소유권과 결합하여 임대인의 임대차계약상 권리·의무 일체를 그대로 승계한다. 그 결과 양수인이 임대차보증금반환채무를 면책적으로 인수하고, 양도인은 임대차관계에서 탈퇴하여 임차인에 대한 임대차보증금반환채무를 면하게 된다. 이는 임차인이 임대차보증금반환채권에 질권을 설정하고 임대인이 그 질권 설정을 승낙한 후에 임대주택이 양도된 경우에도 마찬가지라고 보아야 한다.** 따라서 이 경우에도 임대인은 구 주택임대차법 제3조 제3항에 의해 임대차관계에서 탈퇴하고 임차인에 대한 임대차보증금반환채무를 면하게 된다(대판 2018.6.19. 2018다201610).

40

출제예상

대항력을 갖춘 임차인이 임대인으로부터 임차목적물을 매수하면서 그와 동시에 임대차계약을 해지하고 매매대금채권과 보증금반환채권을 상계하기로 합의한 경우에는 임대차보증금반환채권의 질권자는 임대인을 상대로 임차보증금의 반환을 청구할 수 없다. O | X

해설 i) 구 주택임대차보호법(2013.8.13. 법률 제12043호로 개정되기 전의 것, 이하 같다) 제3조 제1항에 따라 대항력을 갖춘 임차인이 있는 경우 같은 조 제3항에 따라 임차주택의 양수인은 임대인의 지위를 승계한 것으로 본다. 그 결과 임차주택의 양수인은 임대차보증금반환채무를 면책적으로 인수하고, 양도인은 임대차관계에서 탈퇴하여 임차인에 대한 임대차보증금반환채무를 면하게 된다. 그러나 **임차주택의 양수인에게 대항할 수 있는 임차권자라도 스스로 임대차관계의 승계를 원하지 아니할 때에는 승계되는 임대차관계의 구속을 면할 수 있다고 보아야 하므로, 임대차기간의 만료 전에 임대인과 합의에 의하여 임대차계약을 해지하고 임대인으로부터 임대차보증금을 반환받을 수 있으며, 이러한 경우 임차주택의 양수인은 임대인의 지위를 승계하지 아니한다.**
ii) 타인에 대한 채무의 담보로 제3채무자에 대한 채권에 대하여 권리질권을 설정한 경우 질권설정자는 질권자의 동의 없이 질권의 목적된 권리를 소멸하게 하거나 질권자의 이익을 해하는 변경을 할 수 없다(**민법 제352조**). 이는 질권자가 질권의 목적인 채권의 교환가치에 대하여 가지는 배타적 지배권능을 보호하기 위한 것이다. 따라서 질권설정자가 제3채무자에게 질권설정의 사실을 통지하거나 제3채무자가 이를 승낙한 때에는 **제3채무자가 질권자의 동의 없이 질권의 목적인 채무를 변제하더라도 이로써 질권자에게 대항할 수 없고**, 질권자는 민법 제353조 제2항에 따라 여전히 제3채무자에 대하여 직접 채무의 변제를 청구할 수 있다. **제3채무자가 질권자의 동의 없이 질권설정자와 상계합의를 함으로써 질권의 목적인 채무를 소멸하게 한 경우에도 마찬가지로 질권자에게 대항할 수 없고, 질권자는 여전히 제3채무자에 대하여 직접 채무의 변제를 청구할 수 있다**(대판 2018.12.27. 2016다265689).

쟁점정리 임차물의 양도와 임차보증금반환채권에 설정된 질권의 관계

① 2018다201610 판결과 ② 2016다265689 판결은 모두 주택임대차보호법상 대항력을 갖춘 임차인이 임차보증금반환채권에 질권을 설정한 후 임대인이 임차목적물을 양도한 경우이다. 그러나 ① 2018다201610 판결은 양수인에게 임대인의 지위가 인정되므로 질권자가 양수인을 상대로 임차보증금의 반환을 청구할 수 있다는 취지이고, ② 2016다265689 판결은 대항력을 갖춘 임차인이 임대인으로부터 임차목적물을 매수하면서 그와 동시에 임대차계약을 해지하고 매매대금채권과 보증금반환채권을 상계하기로 합의하였으므로 임차인이 임대인의 지위를 승계하는 것이 아니며, 이때 매매대금과 임차보증금을 상계하기로 한 임차인과 임대인의 합의는 제352조에 반하므로 임대차보증금반환채권의 질권자는 여전히 임대인을 상대로 임차보증금의 반환을 청구할 수 있다는 취지다.

41 20법원행시

선순위 저당권자 A가 존재하는 상황에서 X아파트의 임차인 甲이 주택임대차보호법에 따라 대항력과 우선변제권을 취득하였다. 이후 甲보다 후순위저당권자 B가 X아파트의 경매를 신청하였다. 만일 甲이 위 경매절차에서 배당요구하지 않았다면 甲은 경락인 丙에 대하여 임대차보증금의 반환을 청구할 수 있다.

O | X

해설 임차 목적물이 경매된 경우

(근)저당권자 등과의 관계에서는 임차권 대항력의 선후를 기준으로 우열이 정해진다. 특히 저당권은 경매를 통한 매각으로 모두 소멸하므로(민사소송법 제728조, 제608조 제2항) 최선순위 담보물권과 임차권 대항력의 선후를 기준으로 우열이 정해진다(대판 1999.4.23. 98다32939).

낙찰대금지급기일 이전에 선순위 근저당권이 소멸한 경우, 후순위 임차권의 대항력의 소멸 여부(소극)

담보권의 실행을 위한 부동산의 입찰절차에 있어서, 주택임대차보호법 제3조에 정한 대항요건을 갖춘 임차권보다 선순위의 근저당권이 있는 경우에는, **낙찰로 인하여 선순위 근저당권이 소멸하면 그보다 후순위의 임차권도 선순위 근저당권이 확보한 담보가치의 보장을 위하여 그 대항력을 상실**하는 것이지만, 낙찰로 인하여 근저당권이 소멸하고 낙찰인이 소유권을 취득하게 되는 시점인 **낙찰대금지급기일 이전에 선순위 근저당권이 다른 사유로 소멸한 경우에는, 대항력 있는 임차권의 존재로 인하여 담보가치의 손상을 받을 선순위 근저당권이 없게 되므로 임차권의 대항력이 소멸하지 아니**한다(대결 1998.8.24. 98마1031).

➡ 경락인 丙이 낙찰을 받았으므로 후순위 임차권자 甲의 대항력은 선순위 근저당권이 확보한 담보가치의 보장을 위하여 대항력을 상실하고, 따라서 경락인 丙은 임대인의 지위를 승계하지 않았으므로 甲은 丙에게 보증금의 반환을 청구하지 못한다.

42 16서기보

임대차목적물인 부동산을 신소유자에게 매도한 임대인은 임대차계약상 임대인의 지위를 신소유자와의 계약만으로써 신소유자에게 양도할 수 있으나, 이 경우 임차인은 공평의 원칙, 신의성실의 원칙에 따라 이의를 제기함으로써 승계되는 임대차관계의 구속을 면할 수 있고, 임대인과의 임대차관계도 해지할 수 있다.

O | X

해설 임차물에 대한 임대인과 신 소유자 사이의 임대인 지위양도의 계약만으로 임대인의 지위의 양도를 할 수 있는지 여부(적극) 및 이 경우 임차인이 임대차의 승계를 원하지 않는 경우, 이의를 제기하여 임대인과의 임대차관계를 해지할 수 있는지 여부(적극)

임대차계약에 있어 임대인의 지위의 양도는 임대인의 의무의 이전을 수반하는 것이지만 ⅰ) 임대인의 의무는 임대인이 누구인가에 의하여 이행방법이 특별히 달라지는 것은 아니고, ⅱ) 목적물의 소유자의 지위에서 거의 완전히 이행할 수 있으며, ⅲ) 임차인의 입장에서 보아도 신 소유자에게 그 의무의 승계를 인정하는 것이 오히려 임차인에게 훨씬 유리할 수도 있으므로 **임대인과 신 소유자와의 계약만으로써 그 지위의 양도를 할 수 있다** 할 것이나, 이 경우에 **임차인이 원하지 아니하면 임대차의 승계를 임차인에게 강요할 수는 없는 것이어서 스스로 임대차를 종료시킬 수 있어야 한다는 공평의 원칙 및 신의성실의 원칙에 따라 임차인이 곧 이의를 제기함으로써 승계되는 임대차관계의 구속을 면할 수 있고,** 임대인과의 임대차관계도 해지할 수 있다고 보아야 한다(대결 1998.9.2. 98마100).

정답 | 39 ○ 40 × 41 × 42 ○

43

12법원행시, 18법무사

주택의 임차인이 제3자에 대한 대항력을 갖춘 후 임차주택의 소유권이 양도되어 그 양수인이 임대인의 지위를 승계하는 경우에는, 임대차보증금의 반환채무도 부동산의 소유권과 결합하여 일체로서 이전하는 것이므로 양도인의 임대인으로서의 지위나 보증금반환채무는 소멸하는 것이나, 대항력을 갖춘 임차인이 양수인인 경우에는 이와 달리 보아야 한다. O|X

해설 대항력을 갖춘 주택 임차인이 당해 주택을 양수한 경우, 임대인의 보증금반환채무의 소멸 여부(적극)

주택의 임차인이 제3자에 대한 대항력을 갖춘 후 임차주택의 소유권이 양도되어 그 양수인이 임대인의 지위를 승계하는 경우에는, 임대차보증금의 반환채무도 부동산의 소유권과 결합하여 일체로서 이전하는 것이므로 양도인의 임대인으로서의 지위나 보증금반환채무는 소멸하는 것이고, 대항력을 갖춘 임차인이 양수인이 된 경우라고 하여 달리 볼 이유가 없으므로 대항력을 갖춘 임차인이 당해 주택을 양수한 때에도 임대인의 보증금반환채무는 소멸하고 양수인인 임차인이 임대인의 자신에 대한 보증금반환채무를 인수하게 되어, **결국 임차인의 보증금반환채권은 혼동으로 인하여 소멸**하게 된다(대판 1996.11.22. 96다38216).

44

17/19법원행시

미등기건물을 매수하여 사실상 소유자로서의 권리를 행사하고 있는 매수인은 미등기건물의 전소유자로부터 위 건물의 일부를 임차한 자에 대한 관계에서 주택임대차보호법 제3조 제4항이 정하는 주택의 양수인으로서 임대인의 지위를 승계하였다고 볼 수 있다. O|X

해설 미등기무허가 건물을 양도받아 사실상 소유권을 행사하는 양수인이 주택임대차보호법 제3조 제2항 소정의 임대주택 양수인에 해당하는지 여부

주택임대차보호법의 목적과 동법 제3조 제2항의 규정에 비추어 볼 때, 건물이 미등기인 관계로 그 건물에 대하여 아직 소유권이전등기를 경료하지는 못하였지만 그 건물에 대하여 사실상 소유자로서의 권리를 행사하고 있는 자는 전소유자로부터 위 건물의 일부를 임차한 자에 대한 관계에서는 위 사실상 소유자가 동법 제3조 제2항 소정의 주택의 양수인으로서 임대인의 지위를 승계하였다고 볼 수 있다(대판 1987.3.24. 86다카164).

비교판례 임차주택의 양도담보권자가 주택임대차보호법 제3조 제2항의 임차주택의 양수인에 해당하는지 여부

주택임대차보호법 제3조 제2항의 규정에 의하여 임대인의 지위를 승계한 것으로 보게 되는 임차주택의 양수인이 될 수 있는 경우는 주택을 임대할 권리나 이를 수반하는 권리를 종국적, 확정적으로 이전받게 되는 경우라야 하므로 매매, 증여, 경매, 상속, 공용징수 등에 의하여 임차주택의 소유권을 취득한 자 등은 위 조항에서 말하는 임차주택의 양수인에 해당 된다고 할 것이나, 이른바 주택의 양도담보의 경우는 채권담보를 위하여 신탁적으로 양도담보권자에게 주택의 소유권이 이전될 뿐이어서, **특별한 사정이 없는 한, 양도담보권자가 주택의 사용수익권을 갖게 되는 것이 아니고 또 주택의 소유권이 양도담보권자에게 확정적, 종국적으로 이전되는 것도 아니므로 양도담보권자는 이 법 조항에서 말하는 '양수인'에 해당되지 아니한다고 보는 것이 상당**하다(대판 1993.11.23. 93다4083).

45

19서기보

임차인이 임대인에게 임차보증금 일부만을 지급하고 주택임대차보호법 제3조 제1항에서 정한 대항요건과 임대차계약서에 확정일자를 갖춘 다음 나머지 보증금을 나중에 지급하였다고 하더라도, 특별한 사정이 없는 한 대항요건과 확정일자를 갖춘 때를 기준으로 임차보증금 전액에 대해서 후순위권리자나 그 밖의 채권자보다 우선하여 변제를 받을 권리를 갖는다. O|X

> **해설** 주택임대차보호법 상의 특칙 – 계약 당시 임차인의 보증금 완납 불필요
> 주택임대차보호법상 **계약 당시 임차보증금이 전액 지급되어 있을 것을 요구하지는 않는다**. 따라서 임차인이 임대인에게 임차보증금의 일부만을 지급하고 주택임대차보호법 제3조 제1항에서 정한 대항요건과 임대차계약증서상의 확정일자를 갖춘 다음 나머지 보증금을 나중에 지급하였다고 하더라도 **대항요건과 확정일자를 갖춘 때를 기준으로 임차보증금 전액에 대해서** 후순위권리자나 기타 채권자보다 우선변제권을 갖는다(대판 2017.8.29. 2017다212194).

46

11법원행시

공시방법이 없는 주택임대차에 있어서 주택의 인도와 주민등록이라는 우선변제권의 요건은 그 우선변제권 취득시에만 구비하면 족한 것이 아니고, 반드시 민사집행법상 배당요구의 종기까지 계속 존속하고 있어야 한다. O | X

> **해설** 임차인이 민사집행법에 의한 경매 또는 국세징수법에 의한 공매시 임차주택(대지를 포함)의 환가대금에서 후순위권리자나 기타 채권자보다 우선하여 **보증금에 대해 우선변제를 받기 위한 요건**은 i) 주택임대차의 **'대항력'을 '배당요구의 종기까지'** 갖출 것(대판 1997.10.10. 95다44579), ii) 임대차계약증서상의 **'확정일자'**를 갖출 것, iii) 경락기일까지 임차인의 **'배당요구'**가 있을 것(대판 1998.9.8. 98다12379), iv) 임차주택을 **'인도'**할 것을 요한다.
>
> **참고** 주의할 것은 임차인은 임차주택을 인도하지 않고도 '강제경매'를 신청할 수 있으나, 경매절차에서 임차인이 보증금을 수령하기 위해서는 임차주택을 인도한 증명을 해야 한다는 취지이고, 주택인도의무가 보증금반환의무보다 선이행되어야 하는 것은 아니다(대판 1994.2.22. 93다55241)(동법 제3조의2 제2항, 제3항).

47

출제예상

주택임대차보호법 제3조 제1항에 의한 대항력을 갖춘 주택임차인이 임대인의 동의를 얻어 적법하게 임차권을 양도하거나 전대한 경우, 양수인이나 전차인에게 점유가 승계되고 전입신고가 이루어졌다면 임차권 양수인은 원래의 임차인이 가지는 우선변제권을 행사할 수 있고, 전차인은 원래의 임차인이 가지는 우선변제권을 대위 행사할 수 있다. O | X

> **해설** 주택임차권의 양수인이나 전차인이 주택임대차보호법에 의한 우선변제권을 갖는지 여부
> 주택임대차보호법 제3조 제1항에 의한 대항력을 갖춘 주택임차인이 임대인의 동의를 얻어 적법하게 임차권을 양도하거나 전대한 경우, 양수인이나 전차인에게 점유가 승계되고 전입신고가 이루어졌다면 원래의 임차인이 갖는 임차권의 대항력은 소멸되지 아니하고 동일성을 유지한 채로 존속한다고 보아야 한다. 이러한 경우 임차권 양수인은 원래의 임차인이 가지는 우선변제권을 행사할 수 있고, 전차인은 원래의 임차인이 가지는 우선변제권을 대위 행사할 수 있다(대판 2010.6.10. 2009다101275).

48

출제예상

우선변제권 있는 임차인이 집행권원을 얻어 스스로 경매신청을 한 경우, 배당요구 종기까지 별도로 배당요구를 하거나 우선변제권 소명자료를 제출하지 않아도 후순위권리자나 일반채권자보다 우선하여 배당받을 수 있다. O | X

정답 | 43 × 44 ○ 45 ○ 46 ○ 47 ○ 48 ○

49

20법원행시

주택임대차보호법상 대항력과 우선변제권을 모두 가지고 있는 임차인이 보증금반환청구소송의 확정판결 등 집행권원을 얻어 임차주택에 대하여 강제경매를 신청한 경우에도 주택임대차보호법상의 우선변제권을 인정받기 위하여는 배당요구의 종기까지 배당요구를 하여야 한다. O | X

해설 **48 49** 주택임대차보호법상의 대항력과 우선변제권을 모두 가지고 있는 임차인이 보증금을 반환받기 위하여 보증금반환청구 소송의 확정판결 등 집행권원을 얻어 임차주택에 대하여 **스스로 강제경매를 신청하였다면 특별한 사정이 없는 한 대항력과 우선변제권 중 우선변제권을 선택하여 행사한 것으로 보아야 하고, 이 경우 우선변제권을 인정받기 위하여 배당요구의 종기까지 별도로 배당요구를 하여야 하는 것은 아니다.** 그리고 이와 같이 우선변제권이 있는 임차인이 집행권원을 얻어 스스로 강제경매를 신청하는 방법으로 우선변제권을 행사하고, 그 경매절차에서 집행관의 현황조사 등을 통하여 경매신청채권자인 임차인의 우선변제권이 확인되고 그러한 내용이 현황조사보고서, 매각물건명세서 등에 기재된 상태에서 경매절차가 진행되어 매각이 이루어졌다면, 특별한 사정이 없는 한 경매신청채권자인 임차인은 배당절차에서 후순위 권리자나 일반채권자보다 우선하여 배당받을 수 있다고 보아야 할 것이다(대판 2013.11.14. 2013다27831).

50

13서기보

최선순위 전세권자로서의 지위와 주택임대차보호법상 대항력을 갖춘 임차인으로서의 지위를 함께 가지고 있는 사람이 전세권자로서 배당요구를 하여 전세권이 매각으로 소멸된 경우, 변제받지 못한 나머지 보증금에 기하여 대항력을 행사할 수는 없다. O | X

해설 주택임대차보호법상 대항력을 갖춘 임차인으로서의 지위와 전세권자로서의 지위를 함께 가지는 경우
주택에 관하여 최선순위로 전세권설정등기를 마치고 등기부상 새로운 이해관계인이 없는 상태에서 전세권설정계약과 동일성이 인정되는 임대차계약을 체결하여 주택임대차보호법상 대항요건을 갖추었다면, 전세권자로서의 지위와 주택임대차보호법상 대항력을 갖춘 임차인으로서의 지위를 함께 가지게 된다. 이러한 경우 **최선순위 전세권자로서 배당요구를 하여 전세권이 매각으로 소멸되었다 하더라도 변제받지 못한 나머지 보증금에 기하여 대항력을 행사할 수 있고, 그 범위 내에서 임차주택의 매수인은 임대인의 지위를 승계한 것으로 보아야** 한다(대결 2010.7.26. 2010마900).

51

출제예상

주택임대차보호법상 임차인으로서의 지위와 전세권자로서의 지위를 함께 가지고 있는 자가 그 중 임차인으로서의 지위에 기하여 경매법원에 배당요구를 하였다면 배당요구를 하지 아니한 전세권에 관하여는 배당요구가 있는 것으로 볼 수 없다. O | X

해설 민사집행법 제91조 제3항은 "전세권은 저당권·압류채권·가압류채권에 대항할 수 없는 경우에는 매각으로 소멸된다."라고 규정하고, 같은 조 제4항은 '제3항의 경우 외의 전세권은 매수인이 인수한다. 다만, 전세권자가 배당요구를 하면 매각으로 소멸된다'라고 규정하고 있고, 이는 저당권 등에 대항할 수 없는 전세권과 달리 최선순위의 전세권은 오로지 전세권자의 배당요구에 의하여만 소멸되고, 전세권자가 배당요구를 하지 않는 한 매수인에게 인수되며, 반대로 배당요구를 하면 존속기간에 상관없이 소멸한다는 취지라고 할 것인 점, 주택임차인이 그 지위를 강화하고자 별도로 전세권설정등기를 마치더라도 주택임대차보호법상 임차인으로서 우선변제를 받을 수 있는 권리와 전세권자로서 우선변제를 받을 수 있는 권리는 근거규정 및 성립요건을 달리하는 별개의 권리라고 할 것인 점 등에 비추어 보면, **주택임대차보호법상 임차인으로서의 지위와 전세권자로서의 지위를 함께 가지고 있는 자가 그중 임차인으로서의 지위에 기하여 경매법원에 배당요구를 하였다면 배당요구를 하지 아니한 전세권에 관하여는 배당요구가 있는 것으로 볼 수 없다**(대판 2010.6.24. 2009다40790).

52

15법원행시

주택임차인이 임차주택에 대하여 보증금반환청구소송의 확정판결 기타 이에 준하는 집행권원에 기하여 경매를 신청하는 경우, 임차목적물을 반환할 필요는 없으나 임차주택을 양수인에게 인도하지 아니하면 환가대금에서 보증금을 수령할 수 없다. O | X

해설 **주택임대차보호법 제3조의2** ② 제3조 제1항·제2항 또는 제3항의 대항요건과 임대차계약증서(제3조제2항 및 제3항의 경우에는 법인과 임대인 사이의 임대차계약증서를 말한다)상의 확정일자를 갖춘 임차인은 「민사집행법」에 따른 경매 또는 「국세징수법」에 따른 공매를 할 때에 임차주택 대지를 포함한다)의 환가대금에서 후순위권리자나 그 밖의 채권자보다 우선하여 보증금을 변제받을 권리가 있다.

③ **임차인은 임차주택을 양수인에게 인도하지 아니하면 제2항에 따른 보증금을 받을 수 없다.**

53

12서기보, 13주사보, 19법무사, 20사무관

임대차 성립 당시 임대인의 소유였던 대지가 타인에게 양도되어 임차주택과 대지의 소유자가 서로 달라진 상태에서 임차주택과 별도로 그 대지만을 경매될 경우에는 주택임대차보호법상의 대항요건 및 확정일자를 갖춘 주택의 임차인이라고 하더라도 그 대지의 환가대금에 대하여 우선변제권을 행사할 수 없다. O | X

54

출제예상

甲은 자기 토지에 주택을 신축하고, 아직 보존등기를 하기 전에 그 주택의 일부를 乙에게 임대해 주었다(乙은 미등기 다세대주택의 소액임차인). 이에 乙은 그 주택에 입주하여 전입신고를 하고 임대차계약서에 확정일자를 받았다. 그 후 이 미등기주택의 대지에 대해 甲의 채권자 A가 근저당권을 설정받았다. 그 후 이 근저당권에 기한 경매절차에서 대지의 환가대금에 대해 乙이 우선변제를 받을 수 있다. 그러나 만약 토지에 대한 A의 저당권설정 후에 비로소 주택이 신축된 경우라면 그러하지 않다. O | X

55

21법원행시

대지에 관한 저당권 설정 후 지상에 건물이 신축된 경우 저당권의 실행으로 경매가 진행된 경우에는 그 지상 건물의 소액임차인은 대지의 환가대금 중에서 소액보증금을 우선변제받을 수 있다. O | X

해설 **53 54** 대지에 대한 저당권설정 당시 이미 그 지상건물(미등기주택)이 존재한 경우 미등기주택 '대지'의 환가대금에 대한 소액임차인의 우선변제권 인정 여부(적극)

대항요건 및 확정일자를 갖춘 임차인과 소액임차인에게 우선변제권을 인정한 같은 법 제3조의2 및 제8조가 미등기 주택을 달리 취급하는 특별한 규정을 두고 있지 아니하므로, 위에서 본 **대항요건 및 확정일자를 갖춘 임차인과 소액임차인의 임차주택 대지에 대한 우선변제권에 관한 법리는 임차주택이 미등기인 경우에도 그대로 적용된다**고 보아야 할 것이다. 다만, 소액임차인의 우선변제권에 관한 같은 법 제8조 제1항이 그 후문에서 '이 경우 임차인은 주택에 대한 경매신청의 등기 전에' 대항요건을 갖추어야 한다고 규정하고 있으나, 이는 소액보증금을 배당받을 목적으로 배당절차에 임박하여 가장 임차인을 급조하는 등의 폐단을 방지하기 위하여 소액임차인의 대항요건의 구비시기를 제한하는 취지이지, 반드시 임차주택과 대지를 함께 경매하여 임차주택 자체에 경매신청의 등기가 되어야 한다거나 임차주택에 경매신청의 등기가 가능한 경

정답 | 49 × 50 × 51 ○ 52 ○ 53 × 54 ○ 55 ×

우로 제한하는 취지는 아니라 할 것이다. **'대지'에 대한 경매신청의 등기 전에 위 대항요건을 갖추도록 하면 입법 취지를 충분히 달성할 수 있으므로**, 위 규정이 미등기 주택의 경우에 소액임차인의 대지에 관한 우선변제권을 배제하는 규정에 해당한다고 볼 수 없다(대판 2007.6.21. 2004다26133 전합).

➡ 따라서 주택임차인은 대지의 환가대금에 대하여 우선변제를 받을 수 있다.

55 대지에 대한 저당권설정 후에 비로소 그 지상건물(미등기주택)이 신축된 경우 미등기주택 '대지'의 환가대금에 대한 소액임차인의 우선변제권 인정 여부(소극)

주택임대차보호법 제3조의2 제2항 및 제8조 제3항의 각 규정과 같은 법의 입법 취지 및 통상적으로 건물의 임대차에는 당연히 그 부지 부분의 이용을 수반하는 것인 점 등을 종합하여 보면, 대지에 관한 저당권의 실행으로 경매가 진행된 경우에도 그 지상 건물의 소액임차인은 대지의 환가대금 중에서 소액보증금을 우선변제받을 수 있다고 할 것이나, 이와 같은 법리는 대지에 관한 저당권 설정 당시에 이미 그 지상 건물이 존재하는 경우에만 적용될 수 있는 것이고, **저당권 설정 후에 비로소 건물이 신축된 경우에까지 공시방법이 불완전한 소액임차인에게 우선변제권을 인정한다면 저당권자가 예측할 수 없는 손해를 입게 되는 범위가 지나치게 확대되어 부당**하므로, 이러한 경우에는 소액임차인은 대지의 환가대금에 대하여 우선변제를 받을 수 없다(대판 2010.6.10. 2009다101275).

56 12사무관, 12법무사

채권양수인이 주택임대차보호법상의 우선변제권을 행사할 수 있는 주택임차인으로부터 임차보증금반환채권을 양수하였더라도 임차권과 분리된 임차보증금반환채권만을 양수하였다면, 그 채권양수인은 위 법상의 우선변제권을 행사할 수 있는 임차인에 해당한다고 볼 수 없다. O | X

해설 주택임대차의 '대항력'과 임대차계약증서상의 '확정일자'를 갖춘 임차인은 민사집행법에 의한 경매 또는 국세징수법에 의한 공매시 임차주택(대지를 포함)의 환가대금에서 후순위권리자나 기타 채권자보다 우선하여 보증금을 변제받을 권리가 있다(동법 제3조의2 제2항).

주택임대차보호법의 입법목적과 주택임차인의 임차보증금반환채권에 우선변제권을 인정한 제도의 취지에 비추어 볼 때, 임차권과 분리된 임차보증금반환채권만을 양수한 채권양수인은 동법 소정의 우선변제권을 행사할 수 있는 임차인에 해당한다고 볼 수 없다. 따라서 그 채권양수인은 임차주택에 대한 경매절차에서 주택임대차보호법상의 임차보증금 우선변제권자의 지위에서 배당요구를 할 수 없다. 다만, 채권양수인이 일반 금전채권자로서의 요건을 갖추어 배당요구를 할 수는 있다(대판 2010.5.27. 2010다10276).

57 출제예상

동일한 주택에 대항요건을 갖추고 서로 일자를 달리하여 확정일자를 받은 여러 명의 임차인들이 「주택임대차보호법」에 의하여 보증금 중 일정액의 보호를 받는 소액임차인의 지위를 겸하는 경우, 임차인들은 그 주택에 관한 배당절차에서 먼저 소액임차인으로서 보호받는 일정액을 우선 배당받은 후 나머지 임차보증금채권액에 대하여는 채권액에 비례하여 평등배당을 받는다. O | X

해설 주택임대차보호법 제3조의2 제2항은 대항요건(주택인도와 주민등록전입신고)과 임대차계약증서상의 확정일자를 갖춘 주택임차인에게 부동산 담보권에 유사한 권리를 인정한다는 취지로서, 이에 따라 대항요건과 확정일자를 갖춘 임차인들 상호간에는 대항요건과 확정일자를 최종적으로 갖춘 순서대로 우선변제받을 순위를 정하게 되므로, 만일 **대항요건과 확정일자를 갖춘 임차인들이 주택임대차보호법 제8조 제1항에 의하여 보증금 중 일정액의 보호를 받는 소액임차인의 지위를 겸하는 경우, 먼저 소액임차인으로서 보호받는 일정액을 우선 배당하고 난 후의 나머지 임차보증금채권액에 대하여는 대항요건과 확정일자를 갖춘 임차인으로서의 순위에 따라 배당을 하여야** 하는 것이다(대판 2007.11.15. 2007다45562).

58

15법원행시, 18법무사

임대인의 임대차보증금반환의무와 임차인의 주택임대차보호법 제3조의3 소정의 임차권등기에 대한 말소의무는 동시이행관계에 있다. O | X

해설 임대인의 임대차보증금 반환의무와 임차인의 주택임대차보호법 제3조의3에 의한 임차권등기 말소의무가 동시이행관계에 있는지 여부(소극)

주택임대차보호법 제3조의3 규정에 의한 임차권등기는 이미 임대차계약이 종료하였음에도 임대인이 그 보증금을 반환하지 않는 상태에서 경료되게 되므로, **이미 사실상 이행지체에 빠진 임대인의 임대차보증금의 반환의무와 그에 대응하는 임차인의 권리를 보전하기 위하여 새로이 경료하는 임차권등기에 대한 임차인의 말소의무를 동시이행관계에 있는 것으로 해석할 것은 아니고,** 특히 위 임차권등기는 임차인으로 하여금 기왕의 대항력이나 우선변제권을 유지하도록 해 주는 담보적 기능만을 주목적으로 하는 점 등에 비추어 볼 때, **임대인의 임대차보증금의 반환의무가 임차인의 임차권등기 말소의무보다 먼저 이행되어야 할 의무**이다(대판 2005.6.9. 2005다4529).

59

19법원행시

임차권등기명령에 따른 임차권등기에는 민법 제168조 제2호에서 정하는 소멸시효 중단사유인 압류 또는 가압류, 가처분에 준하는 효력이 있다. O | X

해설 주택임대차보호법 제3조의3에서 정한 임차권등기명령에 따른 임차권등기에 민법 제168조 제2호에서 정하는 소멸시효 중단사유인 압류 또는 가압류, 가처분에 준하는 효력이 있는지 여부(소극)

주택임대차보호법 제3조의3에서 정한 임차권등기명령에 따른 임차권등기는 특정 목적물에 대한 구체적 집행행위나 보전처분의 실행을 내용으로 하는 압류 또는 가압류, 가처분과 달리 어디까지나 주택임차인이 주택임대차보호법에 따른 대항력이나 우선변제권을 취득하거나 이미 취득한 대항력이나 우선변제권을 유지하도록 해 주는 **담보적 기능을 주목적**으로 한다. 비록 주택임대차보호법이 임차권등기명령의 신청에 대한 재판절차와 임차권등기명령의 집행 등에 관하여 민사집행법상 가압류에 관한 절차규정을 일부 준용하고 있지만, 이는 일방 당사자의 신청에 따라 법원이 심리·결정한 다음 등기를 촉탁하는 **일련의 절차가 서로 비슷한 데서 비롯된 것일 뿐 이를 이유로 임차권등기명령에 따른 임차권등기가 본래의 담보적 기능을 넘어서 채무자의 일반재산에 대한 강제집행을 보전하기 위한 처분의 성질을 가진다고 볼 수는 없다.** 그렇다면 임차권등기명령에 따른 **임차권등기에는 민법 제168조 제2호에서 정하는 소멸시효 중단사유인 압류 또는 가압류, 가처분에 준하는 효력이 있다고 볼 수 없다**(대판 2019.5.16. 2017다226629).

60

18법무사

소액임차인의 우선변제권에 관한 주택임대차보호법 제8조 제1항 후문이 '이 경우 임차인은 주택에 대한 경매신청의 등기 전에' 대항요건을 갖추어야 한다고 규정하고 있으므로, 미등기 주택의 소액임차인이 그 대지의 매각대금에 대해 우선변제권을 행사하기 위해서는, 그 임대차의 목적물인 주택에 관하여 소유권등기가 이루어져 경매신청의 등기가 되는 경우이어야 한다. O | X

해설 미등기 주택의 임차인이 임차주택 대지의 환가대금에 대하여 주택임대차보호법상 우선변제권을 행사할 수 있는지 여부(적극)

대항요건 및 확정일자를 갖춘 임차인과 소액임차인에게 우선변제권을 인정한 주택임대차보호법 제3조의2 및 제8조가 미등기 주택을 달리 취급하는 특별한 규정을 두고 있지 아니하므로, 대항요건 및 확정일자를 갖춘 임차인과 소액임차인의 임차주택 대지에 대한 우선변제권에 관한 법리는 임차주택이 미등기인 경우에도 그대로 적용된다(대판 2007.6.21. 2004다26133 전합).

정답 | 56 ○ 57 × 58 × 59 × 60 ×

61 11법원행시

소액주택임차인이 전세권설정등기를 마친 상태에서 임차보증금을 반환받지 못한 채 주민등록을 이전한 경우 주택임대차보호법 제3조의3 제1항에서 규정한 임차권등기명령에 의한 임차권등기를 마친 것이나 다름없으므로 소액보증금 최우선변제권이 그대로 유지된다. O | X

해설 주택임차인이 그 지위를 강화하고자 별도로 전세권설정등기를 마친 경우, 주택임차인이 주택임대차보호법 제3조 제1항의 대항요건을 상실하면 이미 취득한 주택임대차보호법상의 대항력 및 우선변제권을 상실하는지 여부(적극)
주택임차인이 그 지위를 강화하고자 별도로 전세권설정등기를 마치더라도 주택임대차보호법상 주택임차인으로서의 우선변제를 받을 수 있는 권리와 전세권자로서 우선변제를 받을 수 있는 권리는 i) 근거 규정 및 성립요건을 달리하는 별개의 것이라는 점, ii) 주택임대차보호법 제3조의3 제1항에서 규정한 임차권등기명령에 의한 임차권등기와 동법 제3조의4 제2항에서 규정한 주택임대차등기는 공통적으로 주택임대차보호법상의 대항요건인 '주민등록일자', '점유개시일자' 및 '확정일자'를 등기사항으로 기재하여 이를 공시하지만 전세권설정등기에는 이러한 대항요건을 공시하는 기능이 없는 점, iii) 주택임대차보호법 제3조의4 제1항에서 임차권등기명령에 의한 임차권등기의 효력에 관한 동법 제3조의3 제5항의 규정은 민법 제621조에 의한 주택임대차등기의 효력에 관하여 이를 준용한다고 규정하고 있을 뿐 주택임대차보호법 제3조의3 제5항의 규정을 전세권설정등기의 효력에 관하여 준용할 법적 근거가 없는 점 등을 종합하면, **주택임차인이 그 지위를 강화하고자 별도로 전세권설정등기를 마쳤더라도 주택임차인이 주택임대차보호법 제3조 제1항의 대항요건을 상실하면 이미 취득한 주택임대차보호법상의 대항력 및 우선변제권을 상실**한다(대판 2007.6.28. 2004다69741).

62 19법무사

배당요구가 필요한 배당요구채권자가 경락기일까지 배당요구하지 아니한 채권을 경락기일 이후에 추가하여 배당요구를 하였으나 그 부분이 배당에서 제외된 경우, 위 채권자는 배당받은 후순위 채권자를 상대로 부당이득반환을 청구할 수 있다. O | X

해설 배당요구가 필요한 배당요구채권자가 실체법상 우선변제청구권이 있다 하더라도 적법한 배당요구를 하지 아니하여 배당에서 제외된 경우, 배당받은 후순위채권자를 상대로 부당이득의 반환을 청구할 수 있는지 여부(소극)
주택임대차보호법에 의하여 우선변제청구권이 인정되는 **소액임차인의 소액보증금반환채권은 현행법상 민사소송법 제605조 제1항에서 규정하는 배당요구가 필요한 배당요구채권에 해당**하고, 위 규정에 따라 배당요구가 필요한 배당요구채권자는, 압류의 효력발생 전에 등기한 가압류채권자, 경락으로 인하여 소멸하는 저당권자 및 전세권자로서 압류의 효력발생 전에 등기한 자 등 당연히 배당을 받을 수 있는 채권자의 경우와는 달리, **경락기일까지 배당요구를 한 경우에 한하여 비로소 배당을 받을 수 있고**, 적법한 배당요구를 하지 아니한 경우에는 비록 실체법상 우선변제청구권이 있다 하더라도 경락대금으로부터 배당을 받을 수는 없을 것이므로, 이러한 **배당요구채권자가 적법한 배당요구를 하지 아니하여 그를 배당에서 제외하는 것으로 배당표가 작성·확정되고 그 확정된 배당표에 따라 배당이 실시되었다면 그가 적법한 배당요구를 한 경우에 배당받을 수 있었던 금액 상당의 금원이 후순위채권자에게 배당되었다고 하여 이를 법률상 원인이 없는 것이라고 할 수 없다**(대판 2002.1.22. 2001다70702).

63 17주사보

주택임차인이 상속권자 없이 사망한 경우에 그 주택에서 가정공동생활을 하던 사실상의 혼인관계에 있는 자는 임차인의 권리와 의무를 승계한다. O | X

해설 **주택임대차보호법 제9조(주택 임차권의 승계)** ① 임차인이 상속인 없이 사망한 경우에는 그 주택에서 가정공동생활을 하던 사실상의 혼인 관계에 있는 자가 임차인의 권리와 의무를 승계한다.

64

15주사보

주택임대차가 묵시적으로 갱신된 경우 그 임대차의 존속기간은 2년이고 다만, 임차인은 언제든지 임대인에게 계약해지를 통지할 수 있다. O | X

해설 **주택임대차보호법 제6조(계약의 갱신)** ① 임대인이 임대차기간이 끝나기 6개월 전부터 2개월 전까지의 기간에 임차인에게 갱신거절(更新拒絕)의 통지를 하지 아니하거나 계약조건을 변경하지 아니하면 갱신하지 아니한다는 뜻의 통지를 하지 아니한 경우에는 그 기간이 끝난 때에 전 임대차와 동일한 조건으로 다시 임대차한 것으로 본다. 임차인이 임대차기간이 끝나기 2개월 전까지 통지하지 아니한 경우에도 또한 같다. 〈개정 2020. 6. 9.〉

② **제1항의 경우 임대차의 존속기간은 2년으로 본다.** 〈개정 2009. 5. 8.〉

③ 2기(期)의 차임액(借賃額)에 달하도록 연체하거나 그 밖에 임차인으로서의 의무를 현저히 위반한 임차인에 대하여는 제1항을 적용하지 아니한다.

➡ 제1항 개정된 내용을 유의하여야 한다.

주택임대차보호법 제6조의2(묵시적 갱신의 경우 계약의 해지) ① 제6조 제1항에 따라 계약이 갱신된 경우 같은 조 제2항에도 불구하고 **임차인은 언제든지 임대인에게 계약해지(契約解止)를 통지할 수 있다.**

65

11법원행시, 19주사보

상가건물을 임차하고 사업자등록을 마친 사업자가 임차건물의 전대차 등으로 당해 사업을 개시하지 않거나 사실상 폐업한 경우에는, 그 사업자등록은 부가가치세법 및 상가건물 임대차보호법이 상가임대차의 공시방법으로 요구하는 적법한 사업자등록이라고 볼 수 없다. O | X

66

13법원행시

대항력 있는 임차인이 적법하게 상가건물을 전대하여 전차인이 이를 직접 점유하면서 그 명의로 부가가치세법 등에 의한 사업자등록을 하였다면, 임차인의 대항력이 유지된다. O | X

해설 **65 66** 상가건물을 임차하고 사업자등록을 마친 사업자가 임차 건물의 전대차 등으로 당해 사업을 개시하지 않거나 사실상 폐업한 경우, 임차인이 상가건물 임대차보호법상의 대항력 및 우선변제권을 유지하기 위한 방법

상가건물의 임차인이 임대차보증금 반환채권에 대하여 상가건물 임대차보호법 제3조 제1항 소정의 대항력 또는 같은 법 제5조 제2항 소정의 우선변제권을 가지려면 임대차의 목적인 상가건물의 인도 및 부가가치세법 등에 의한 사업자등록을 구비하고, 관할세무서장으로부터 확정일자를 받아야 하며, 그 중 사업자등록은 대항력 또는 우선변제권의 취득요건일 뿐만 아니라 존속요건이기도 하므로, 배당요구의 종기까지 존속하고 있어야 한다. **상가건물을 임차하고 사업자등록을 마친 사업자가 임차 건물의 전대차 등으로 당해 사업을 개시하지 않거나 사실상 폐업한 경우**에는 그 사업자등록은 부가가치세법 및 상가건물 임대차보호법이 상가임대차의 공시방법으로 요구하는 적법한 사업자등록이라고 볼 수 없고, 이 경우 **임차인이 상가건물 임대차보호법상의 대항력 및 우선변제권을 유지하기 위해서는 건물을 직접 점유하면서 사업을 운영하는 전차인이 그 명의로 사업자등록을 하여야** 한다(대판 2006.1.13. 2005다64002).

정답 | 61 × 62 × 63 ○ 64 ○ 65 ○ 66 ○

67

13법원행시

단순히 상품의 보관·제조·가공 등 사실행위만이 이루어지는 공장·창고 등은 영업용으로 사용하는 경우라고 할 수 없으므로 그곳에서 그러한 사실행위와 더불어 영리를 목적으로 하는 활동이 함께 이루어진다고 하더라도 상가건물 임대차보호법의 적용대상인 상가건물에 해당하지 아니한다. O|X

해설 상가건물 임대차보호법 적용대상인 '상가건물 임대차'의 의미 및 이러한 '상가건물'에 해당하는지에 관한 판단기준
상가건물 임대차보호법의 목적과 같은 법 제2조 제1항 본문, 제3조 제1항에 비추어 보면, 상가건물 임대차보호법이 적용되는 상가건물 임대차는 사업자등록 대상이 되는 건물로서 임대차 목적물인 건물을 영리를 목적으로 하는 영업용으로 사용하는 임대차를 가리킨다. 그리고 상가건물 임대차보호법이 적용되는 상가건물에 해당하는지는 공부상 표시가 아닌 건물의 현황·용도 등에 비추어 영업용으로 사용하느냐에 따라 실질적으로 판단하여야 하고, **단순히 상품의 보관·제조·가공 등 사실행위만이 이루어지는 공장·창고 등은 영업용으로 사용하는 경우라고 할 수 없으나 그곳에서 그러한 사실행위와 더불어 영리를 목적으로 하는 활동이 함께 이루어진다면 상가건물 임대차보호법 적용대상인 상가건물에 해당**한다(대판 2011.7.28. 2009다40967).

68

13/19법원행시, 15법무사

상가건물의 일부분을 임차한 사업자가 사업자등록 시 임차 부분을 표시한 도면을 첨부하지는 않았다고 하더라도, 상가건물의 특정 층 전부를 임차한 후 이를 제3자가 명백히 인식할 수 있을 정도로 사업자등록사항에 표시한 경우에는 그 사업자등록을 유효한 임대차의 공시방법으로 볼 수 있다. O|X

해설 사업자등록이 상가건물 임대차에 있어서 공시방법으로 마련된 취지에 비추어 볼 때, 상가건물의 일부분을 임차한 사업자가 사업자등록시 임차 부분을 표시한 도면을 첨부하지는 않았지만, 예컨대 i) 상가건물의 특정 층 전부 또는 명확하게 구분되어 있는 특정 호실 전부를 임차한 후 이를 제3자가 명백히 인식할 수 있을 정도로 사업자등록사항에 표시한 경우, 또는 ii) 그 현황이나 위치, 용도 등의 기재로 말미암아 도면이 첨부된 경우에 준할 정도로 임차 부분이 명백히 구분됨으로써 당해 사업자의 임차 부분이 어디인지를 객관적으로 명백히 인식할 수 있을 정도로 표시한 경우와 같이 **일반 사회통념상 그 사업자등록이 도면 없이도 제3자가 해당 임차인이 임차한 부분을 구분하여 인식할 수 있을 정도로 특정이 되어 있다고 볼 수 있는 경우에는 그 사업자등록을 제3자에 대한 관계에서 유효한 임대차의 공시방법으로 볼 수 있다**고 할 것이다(대판 2011.11.24. 2010다56678).

69

15법무사

상가건물에 근저당권설정등기가 마쳐지기 전에 최초로 임대차계약을 체결하여 사업자등록을 마치고 확정일자를 받아 계속 갱신해 온 임차인이, 위 건물에 관한 임의경매절차에서 근저당권설정등기 후에 다시 임대차계약을 체결하여 확정일자를 받은 최후 임대차계약서에 기한 배당요구를 하였다가 배당요구 종기 후에 최초 임대차계약서에 기한 확정일자를 주장하는 것은 특별한 사정이 없는 한 허용되지 않는다. O|X

해설 상가건물에 근저당권설정등기가 마쳐지기 전 최초로 임대차계약을 체결하여 사업자등록을 마치고 확정일자를 받아 계속 갱신해 온 임차인 甲 등이 위 건물에 관한 임의경매절차에서 '근저당권설정등기 후 다시 체결하여 확정일자를 받은 최후 임대차계약서'에 기한 배당요구를 하였다가 배당요구 종기 후에 최초 임대차계약서에 기한 확정일자를 주장한 사안에서, 최후 임대차계약서가 최초 임대차계약서와 비교하여 임대차기간뿐만 아니라 임대차계약의 당사자인 임대인 및 임대차보증금의 액수 등을 모두 달리하는 점 등에 비추어 甲 등의 배당요구는 최초 임대차계약에 의한 임대차보증금에 관하여

우선변제를 주장한 것으로 보기 어렵고, 배당요구의 종기 후 甲 등이 최초 임대차계약서에 기한 확정일자를 주장한 것을 이미 배당요구한 채권에 관한 주장을 단순히 보완한 것으로 볼 수도 없으며, **甲 등의 주장은 배당요구 종기 후 배당순위의 변동을 초래하여 매수인이 인수할 부담에 변동을 가져오는 것으로서 특별한 사정이 없는 한 허용될 수 없다**(대판 2014. 4.30. 2013다58057).

70

15법무사

임차인이 상가건물임대차보호법상의 대항력 또는 우선변제권 등을 취득한 후에 목적물의 소유권이 제3자에게 양도된 다음 새로운 소유자와 임차인이 종전 임대차계약의 효력을 소멸시키려는 의사로 별개의 임대차계약을 새로이 체결한 경우, 특별한 사정이 없는 한 임차인은 종전 임대차계약을 기초로 발생하였던 대항력 또는 우선변제권 등을 새로운 소유자 등에게 주장할 수 없다. O I X

해설 어떠한 목적물에 관하여 임차인이 상가건물임대차보호법상의 대항력 또는 우선변제권 등을 취득한 후에 그 목적물의 소유권이 제3자에게 양도되면 임차인은 그 새로운 소유자에 대하여 자신의 임차권으로 대항할 수 있고, 새로운 소유자는 종전 소유자의 임대인으로서의 지위를 승계한다(상가건물임대차보호법 제3조 제1항, 제2항, 제5조 제2항 등 참조). 그러나 임차권의 대항 등을 받는 새로운 소유자라고 할지라도 임차인과의 계약에 기하여 그들 사이의 법률관계를 그들의 의사에 좇아 자유롭게 형성할 수 있는 것이다. 따라서 **새로운 소유자와 임차인이 동일한 목적물에 관하여 종전 임대차계약의 효력을 소멸시키려는 의사로 그와는 별개의 임대차계약을 새로이 체결하여 그들 사이의 법률관계가 이 새로운 계약에 의하여 규율되는 것으로 정할 수 있다. 그리고 그 경우에는 종전의 임대차계약은 그와 같은 합의의 결과로 그 효력을 상실하게 되므로, 다른 특별한 사정이 없는 한 이제 종전의 임대차계약을 기초로 발생하였던 대항력 또는 우선변제권 등도 종전 임대차계약과 함께 소멸하여 이를 새로운 소유자 등에게 주장할 수 없다**고 할 것이다(대판 2013.12.12. 2013다211919).

71

15법무사

상가건물임대차보호법의 적용을 받는 상가건물의 임대인도 임차인의 차임연체액이 2기의 차임액에 이르는 때에는 임대차계약을 해지할 수 있다. O I X

해설 **상가건물임대차보호법 제10조의8(차임연체와 해지)** 임차인의 차임연체액이 3기의 차임액에 달하는 때에는 임대인은 계약을 해지할 수 있다.

72

19주사보, 19법원행시

주택임차인과는 달리 상가건물임차인은 계약갱신요구권이 인정되는데, 상가건물임대인은 임차인이 임대차기간이 만료되기 6개월 전부터 1개월 전까지 사이에 계약갱신을 요구할 경우 정당한 사유 없이 이를 거절하지 못한다. 그리고 임차인의 계약갱신요구권은 최초의 임대차기간을 포함한 전체 임대차기간이 10년을 초과하지 아니하는 범위에서만 행사할 수 있다. O I X

정답 | 67 × 68 ○ 69 ○ 70 ○ 71 × 72 ○

해설 **상가건물임대차보호법 제10조(계약갱신 요구 등)** ① 임대인은 임차인이 임대차기간이 만료되기 6개월 전부터 1개월 전까지 사이에 계약갱신을 요구할 경우 정당한 사유 없이 거절하지 못한다. 다만, 다음 각 호의 어느 하나의 경우에는 그러하지 아니하다.

② 임차인의 계약갱신요구권은 최초의 임대차기간을 포함한 전체 임대차기간이 10년을 초과하지 아니하는 범위에서만 행사할 수 있다.

73

19주사보

상가임대차법은 임차인이 신규임차인이 되려는 자로부터 권리금을 회수할 수 있는 기회를 보장하고 있지는 않다. O | X

해설 **상가건물 임대차보호법 제10조의4(권리금 회수기회 보호 등)** ① 임대인은 임대차기간이 끝나기 6개월 전부터 임대차 종료 시까지 다음 각 호의 어느 하나에 해당하는 행위를 함으로써 권리금 계약에 따라 임차인이 주선한 신규임차인이 되려는 자로부터 권리금을 지급받는 것을 방해하여서는 아니 된다.

관련판례 구 상가건물 임대차보호법(2018. 10. 16. 법률 제15791호로 개정되기 전의 것, 이하 '구 상가임대차법'이라 한다) 제10조의4의 문언과 내용, 입법 취지에 비추어 보면, 구 상가임대차법 제10조 제2항에 따라 최초의 임대차기간을 포함한 전체 임대차기간이 5년(현행법에 따르면 10년 – 저자주)을 초과하여 임차인이 계약갱신요구권을 행사할 수 없는 경우에도 임대인은 같은 법 제10조의4 제1항에 따른 권리금 회수기회 보호의무를 부담한다고 보아야 한다(대판 2019.5.16. 2017다225312).

관련판례 임차인이 임대인에게 권리금 회수 방해로 인한 손해배상을 구하기 위해서는 원칙적으로 임차인이 신규임차인이 되려는 자를 주선하였어야 한다. 그러나 **임대인이 정당한 사유 없이 임차인이 신규임차인이 되려는 자를 주선하더라도 그와 임대차계약을 체결하지 않겠다는 의사를 확정적으로 표시하였다면 이러한 경우에까지 임차인에게 신규임차인을 주선하도록 요구하는 것은 불필요한 행위를 강요하는 결과가 되어 부당**하다. 이와 같은 **특별한 사정이 있다면 임차인이 실제로 신규임차인을 주선하지 않았더라도 임대인의 위와 같은 거절행위는 상가임대차법 제10조의4 제1항 제4호에서 정한 거절행위에 해당한다**고 보아야 한다. 따라서 임차인은 같은 조 제3항에 따라 임대인에게 권리금 회수 방해로 인한 손해배상을 청구할 수 있다. 임대인이 위와 같이 정당한 사유 없이 임차인이 주선할 신규임차인이 되려는 자와 임대차계약을 체결할 의사가 없음을 확정적으로 표시하였는지 여부는 임대차계약이 종료될 무렵 신규임차인의 주선과 관련해서 임대인과 임차인이 보인 언행과 태도, 이를 둘러싼 구체적인 사정 등을 종합적으로 살펴서 판단하여야 한다(대판 2019.7.4. 2018다284226).

74

출제예상

상가임대차기간 중 어느 때라도 차임이 3기분에 달하도록 연체된 사실이 있다면 임차인과의 계약관계 연장을 받아들여야 할 만큼의 신뢰가 깨어졌으므로 임대인은 계약갱신 요구를 거절할 수 있고, 반드시 임차인이 계약갱신요구권을 행사할 당시에 3기분에 이르는 차임이 연체되어 있어야 하는 것은 아니다. O | X

해설 상가건물 임대차보호법(이하 '상가임대차법'이라고 한다) 제10조의8은 임대인이 차임연체를 이유로 계약을 해지할 수 있는 요건을 '차임연체액이 3기의 차임액에 달하는 때'라고 규정하였다. 반면 임대인이 임대차기간 만료를 앞두고 임차인의 계약갱신요구를 거부할 수 있는 사유에 관해서는 '3기의 차임액에 해당하는 금액에 이르도록 차임을 연체한 사실이 있는 경우'라고 문언을 달리하여 규정하고 있다(상가임대차법 제10조 제1항 제1호). 그 취지는, 임대차계약 관계는 당사자 사이의 신뢰를 기초로 하므로, 종전 임대차기간에 차임을 3기분에 달하도록 연체한 사실이 있는 경우에까지 임차인의 일방적 의사에 의하여 계약관계가 연장되는 것을 허용하지 아니한다는 것이다. 위 규정들의 문언과 취지에 비추어 보면, **임대차기간 중 어느 때라도 차임이 3기분에 달하도록 연체된 사실이 있다면 임차인과의 계약관계 연장을 받아들여야 할 만큼의 신뢰가 깨어졌으므로 임대인은 계약갱신 요구를 거절할 수 있고, 반드시 임차인이 계약갱신요구권을 행사할 당시에 3기분에 이르는 차임이 연체되어 있어야 하는 것은 아니다**(대판 2021.5.13. 2020다255429).

75 출제예상

토지의 매수인이 매매목적물에 관한 임대차보증금 반환채무를 인수하는 한편 그 채무액을 매매대금에서 공제하기로 약정한 경우, 그 인수는 특별한 사정이 없는 한 매도인을 면책시키는 면책적 채무인수로 보아야 한다. O | X

해설 부동산의 매수인이 매매목적물에 관한 임대차보증금 반환채무 등을 인수하는 한편 그 채무액을 매매대금에서 공제하기로 약정한 경우, 그 인수는 특별한 사정이 없는 이상 매도인을 면책시키는 면책적 채무인수가 아니라 이행인수로 보아야 하고, 면책적 채무인수로 보기 위해서는 이에 대한 채권자 즉, 임차인의 승낙이 있어야 한다(대판 2015.5.29. 2012다84370).

76 18사무관

적법한 전대차가 있는 경우 임대인은 직접 계약관계에 있지 아니한 전차인에 대하여도 임대인으로서의 권리를 행사할 수 있고, 전차인은 전대차계약에 의하여 부담하는 의무의 범위 내에서 직접 임대인에 대하여 의무를 부담한다. O | X

77 13법원행시

임대인의 동의를 얻어 임차물을 전대한 경우라도, 임대인과 전차인 사이에는 직접 권리·의무관계가 생기지 않고, 임대인과 임차인 사이의 임대차관계에 아무런 영향이 없다. O | X

해설 **76 77 임대인의 동의 있는 전대에서의 임대인과 전차인과의 관계**
임대인과 전차인 사이에 계약관계는 없으나, 민법은 임대인의 동의에 의한 전대차가 있는 경우 '**임대인의 보호**'를 위해 전차인은 임대인에 대해 직접 '의무'를 부담한다(제630조 제1항)고 규정하고 있다. 그러나 전차인은 특별한 규정이 있는 경우를 제외하고는 직접 임대인에게 '권리'를 갖지 못한다.

78 18사무관

임차인이 임차물을 전대하여 그 임대차 기간 및 전대차 기간이 모두 만료된 경우에는, 그 전대차가 임대인의 동의를 얻은 여부와 상관없이 임대인으로서는 전차인에 대하여 계약상의 청구권 및 소유권에 기한 반환청구권에 터 잡아 목적물을 자신에게 직접 반환해 줄 것을 요구할 수 있고, 전차인으로서도 목적물을 임대인에게 직접 인도함으로써 임차인(전대인)에 대한 목적물 인도의무를 면한다. O | X

해설 임대인과 전차인 사이에 계약관계는 없으나, 민법은 임대인의 동의에 의한 전대차가 있는 경우 '**임대인의 보호**'를 위해 전차인은 임대인에 대해 직접 '의무'를 부담한다(제630조 제1항)고 규정하고 있다. 그러나 전차인은 특별한 규정이 있는 경우를 제외하고는 직접 임대인에게 '권리'를 갖지 못한다. 다만 임대인과 전차인 간에는 '계약관계의 존재가 부정'되므로 임대인이 '계약상의 청구권'에 터 잡아 목적물의 반환을 청구할 수는 없다.

정답 | **73** × **74** ○ **75** × **76** ○ **77** × **78** ×

79 19법원행시

임차인이 임대인의 동의 없이 제3자에게 무단전대한 경우에도 임차인의 당해 행위가 임대인에 대한 배신적 행위라고 인정되지 않으면 임대차를 해지할 수 없다. O | X

해설 민법상 임차인은 임대인의 동의 없이 그 권리를 양도하거나 임차물을 전대하지 못하고 임차인이 이에 위반한 때에는 임대인은 계약을 해지할 수 있으나(민법 제629조), 이는 임대차계약이 원래 당사자의 개인적 신뢰를 기초로 하는 계속적 법률관계임을 고려하여 임대인의 인적 신뢰나 경제적 이익을 보호하여 이를 해치지 않게 하고자 함에 있고, 임차인이 임대인의 동의 없이 제3자에게 임차물을 사용·수익시키는 것은 임대인에게 임대차관계를 계속시키기 어려운 배신적 행위가 될 수 있는 것이기 때문에 임대인에게 일방적으로 임대차관계를 종료시킬 수 있도록 하고자 함에 있다. 따라서 **임차인이 비록 임대인으로부터 별도의 승낙을 얻지 아니하고 제3자에게 임차물을 사용·수익하도록 한 경우에 있어서도, 임차인의 당해 행위가 임대인에 대한 배신적 행위라고 할 수 없는 특별한 사정이 인정**되는 경우에는, **임대인은 자신의 동의 없이 전대차가 이루어졌다는 것만을 이유로 임대차계약을 해지할 수 없으며, 임차권 양수인이나 전차인은 임차권의 양수나 전대차 및 그에 따른 사용·수익을 임대인에게 주장할 수 있다**(대판 2010.6.10. 2009다101275).

80 11/13서기보, 18사무관

임차인이 임대인의 동의를 받지 않고 제3자에게 임차권을 양도하거나 전대하는 등의 방법으로 임차물을 사용·수익하게 하는 경우, 임대차계약이 종료되지 않았더라도 임대인은 제3자에게 불법점유를 이유로 한 차임상당 손해배상청구를 할 수 있다. O | X

81 20법원행시

갑이 병에게 갑 소유의 X토지를 임대하고, 병이 갑의 승낙 없이 을에게 X토지를 전대하였으나 갑과 병의 임대차가 존속하는 사안에서, 갑이 을에게 X토지에 대한 사용이익을 부당이득반환으로 구하는 것은 허용되지 않는다. O | X

해설 **80 81** 임차인이 임대인의 동의 없이 임차물을 제3자에게 전대한 경우, 임대인이 제3자에게 손해배상청구나 부당이득반환청구를 할 수 있는지 여부(원칙적 소극)
임차인이 임대인의 동의를 받지 않고 제3자에게 임차권을 양도하거나 전대하는 등의 방법으로 임차물을 사용·수익하게 하더라도, 임대인이 이를 이유로 임대차계약을 해지하거나 그 밖의 다른 사유로 임대차계약이 적법하게 종료되지 않는 한 임대인은 임차인에 대하여 여전히 차임청구권을 가지므로, 임대차계약이 존속하는 한도 내에서는 제3자에게 불법점유를 이유로 한 차임상당 손해배상청구나 부당이득반환청구를 할 수 없다(대판 2008.2.28. 2006다10323).

82 12서기보

임차인이 임대인의 동의를 얻어 임차물을 전대한 경우, 전대차계약종료와 전대차목적물의 반환 당시 전차인의 연체차임은 전대차보증금에서 당연히 공제되어 소멸하며, 전차인은 이로써 임대인에게 대항할 수 있으므로, 임대인은 전차인에게 연체차임의 지급을 청구할 수 없다. O | X

> **해설** 민법 제630조 제1항에 따라 임대인의 동의를 얻은 전대차의 전차인이 전대인에 대한 차임의 지급으로 임대인에게 대항할 수 없게 되는 차임의 범위
> 민법 제630조 제1항은 임차인이 임대인의 동의를 얻어 임차물을 전대한 때에는 전차인은 직접 임대인에 대하여 의무를 부담하고, 이 경우에 전차인은 전대인에 대한 차임의 지급으로써 임대인에게 대항할 수 없다고 규정하고 있는바, 위 규정에 의하여 전차인이 임대인에게 대항할 수 없는 차임의 범위는 전대차계약상의 차임지급시기를 기준으로 하여 그 전에 전대인에게 지급한 차임에 한정되고, 그 이후에 지급한 차임으로는 임대인에게 대항할 수 있다(대판 2008.3.27. 2006다45459).
> ➡ **전대차계약 종료와 전대차목적물의 반환 당시 전차인의 연체차임은 전대차보증금에서 당연히 공제되어 소멸하며, 이는 전대차계약상의 차임지급시기 이후 발생한 채무소멸사유이므로 전차인은 이로써 임대인에게 대항할 수 있다**고 본 사례

83

15서기보

민법 제638조 제1항에 의하면 임대차계약이 해지의 통고로 인하여 종료된 경우에 그 임대물이 적법하게 전대되었을 때에는 임대인은 전차인에 대하여 그 사유를 통지하지 아니하면 해지로써 전차인에게 대항하지 못하는데, 이는 민법 제640조에 터 잡아 임차인의 차임연체액이 2기의 차임액에 달함에 따라 임대인이 임대차계약을 해지하는 경우에도 마찬가지이다. O | X

84

21사무관

민법 제640조에 터 잡아 임차인의 차임연체액이 2기의 차임액에 달함에 따라 임대인이 임대차계약을 해지하는 경우에는 전차인에 대하여 그 사유를 통지하지 않더라도 해지로써 전차인에게 대항할 수 있고, 해지의 의사표시가 임차인에게 도달하는 즉시 임대차관계는 해지로 종료된다. O | X

> **해설** **83 84** 임차물의 전대 – 해지통고의 통지
> 민법 제638조 제1항, 제2항 및 제635조 제2항에 의하면 임대차계약이 해지 통고로 인하여 종료된 경우에 그 임대물이 적법하게 전대되었을 때에는 임대인은 전차인에 대하여 그 사유를 통지하지 아니하면 해지로써 전차인에게 대항하지 못하고, 전차인이 통지를 받은 때에는 토지, 건물 기타 공작물에 대하여는 임대인이 해지를 통고한 경우에는 6월, 임차인이 해지를 통고한 경우에는 1월, 동산에 대하여는 5일이 경과하면 해지의 효력이 생긴다고 할 것이지만 민법 제640조에 터 잡아 **임차인의 차임연체액이 2기의 차임액에 달함에 따라 임대인이 임대차계약을 해지하는 경우에는 전차인에 대하여 그 사유를 통지하지 않더라도 해지로써 전차인에게 대항할 수 있고, 해지의 의사표시가 임차인에게 도달하는 즉시 임대차관계는 해지로 종료**된다(대판 2012.10.11. 2012다55860).

85

출제예상

임차인이 임대인의 동의를 얻어 임차물을 전대한 경우, 전차인은 전대차계약상의 차임을 감액하는 것으로 변경된 전대차계약의 내용을 임대인에게 주장할 수 있고, 그 경우 임대차종료 후 전차인이 임대인에게 반환하여야 할 차임 상당 부당이득액을 산정함에 있어서도, 부당이득 당시의 실제 차임액수를 심리하여 이를 기준으로 삼지 아니하고 약정 차임을 기준으로 삼는 경우라면, 변경된 차임을 기준으로 하여야 한다. O | X

정답 | **79** ○ **80** × **81** ○ **82** ○ **83** × **84** ○ **85** ○

86

출제예상

임차인이 임대인의 동의를 얻어 임차물을 전대한 경우, 전차인은 전대차계약상의 차임지급시기 전에 전대인에게 차임을 지급한 사정을 들어 임대인에게 대항하지 못하지만, 차임지급시기 이후에 지급한 차임으로는 임대인에게 대항할 수 있고, 전대차계약상의 차임지급시기 전에 전대인에게 지급한 차임이라도, 임대인의 차임청구 전에 차임지급시기가 도래한 경우에는 그 지급으로 임대인에게 대항할 수 있다. O | X

해설 **85 86** ⅰ) **임차인이 임대인의 동의를 얻어 임차물을 전대한 경우**, 임대인과 임차인 사이의 종전 임대차계약은 계속 유지되고(**민법 제630조 제2항**), 임차인과 전차인 사이에는 별개의 새로운 전대차계약이 성립한다. 한편 임대인과 전차인 사이에는 직접적인 법률관계가 형성되지 않지만, 임대인의 보호를 위하여 전차인이 임대인에 대하여 직접 의무를 부담한다(**민법 제630조 제1항**). 이 경우 전차인은 전대차계약으로 전대인에 대하여 부담하는 의무 이상으로 임대인에게 의무를 지지 않고 동시에 임대차계약으로 임차인이 임대인에 대하여 부담하는 의무 이상으로 임대인에게 의무를 지지 않는다.

ⅱ) 전대인과 전차인은 계약자유의 원칙에 따라 전대차계약의 내용을 변경할 수 있다. 그로 인하여 민법 제630조 제1항에 따라 전차인이 임대인에 대하여 직접 부담하는 의무의 범위가 변경되더라도, 전대차계약의 내용 변경이 전대차에 동의한 임대인 보호를 목적으로 한 민법 제630조 제1항의 취지에 반하여 이루어진 것이라고 볼 특별한 사정이 없는 한 전차인은 변경된 전대차계약의 내용을 임대인에게 주장할 수 있다. 전대인과 전차인이 전대차계약상의 차임을 감액한 경우도 마찬가지이다. 또한 그 경우, 임대차종료 후 전차인이 임대인에게 반환하여야 할 차임 상당 부당이득액을 산정함에 있어서도, 부당이득 당시의 실제 차임액수를 심리하여 이를 기준으로 삼지 아니하고 약정 차임을 기준으로 삼는 경우라면, 전차인이 임대인에 대하여 직접 의무를 부담하는 차임인 변경된 차임을 기준으로 할 것이지, 변경 전 전대차계약상의 차임을 기준으로 할 것은 아니다.

ⅲ) 전차인은 전대차계약상의 차임지급시기 전에 전대인에게 차임을 지급한 사정을 들어 임대인에게 대항하지 못하지만, 차임지급시기 이후에 지급한 차임으로는 임대인에게 대항할 수 있고, 전대차계약상의 차임지급시기 전에 전대인에게 지급한 차임이라도, 임대인의 차임청구 전에 차임지급시기가 도래한 경우에는 그 지급으로 임대인에게 대항할 수 있다"(대판 2018.7.11. 2018다200518).

[87~90]

[사실관계] 甲은 자신 소유 ×토지와 그 지상 Y건물 중에서 Y건물만을 乙에게 양도하고 건물소유권이전등기를 경료해 주었다. 그 후 乙은 다시 丙에게 Y건물을 양도하고 건물소유권이전등기를 경료해 주었다(현재는 丙이 ×토지와 Y건물을 사용·수익하고 있다). 이 때 '甲과 乙이 ×토지에 대해 Y건물 소유를 위한 임대차계약을 맺은 경우' 甲이 乙과의 임대차계약을 해지하고 丙을 상대로 건물을 철거하고 토지를 인도할 것을 요구한다.

87

출제예상

乙은 대항력 있는 임차권을 취득한다. O | X

88

출제예상

甲과 乙사이에는 관습법상의 법정지상권을 포기하기로 하는 묵시적 특약이 있었다고 볼 수 있다. O | X

89

출제예상

乙은 대항력 있는 임차권을 취득하였으므로 주물·종물의 법리에 의해 丙도 대항력 있는 임차권을 취득하여 ×토지소유자 甲에게 대항할 수 있다. O | X

90 출제예상

乙은 대항력 있는 임차권을 취득하였으나 임대인 甲의 동의가 없었으므로 丙은 甲에게 임차권을 주장할 수 없으며, 다만 배신적 양도가 아니라는 특별한 사정이 있음을 丙이 입증하면 甲에게 대항할 수 있다.

O | X

해설 **87** 乙의 대항력 있는 임차권 취득 여부(적극)

甲과 乙은 Y건물 소유를 위한 X토지에 관한 임대차계약을 맺고, 임차인 乙이 그 지상 Y건물에 대한 소유권이전등기를 하였으므로 제622조 1항에 의해 제3자에 대한 대항력이 생긴다.

88 관습법상 법정지상권의 포기 여부(적극)

判例는 토지와 건물 중 건물만을 양도하면서 따로 건물을 위해 대지에 대해 '임대차계약'을 체결한 경우에는, 그 대지에 성립하는 관습법상의 법정지상권을 포기한 것으로 본다(대판 1968.1.31. 67다2007).

89 丙의 대항력 있는 임차권 승계취득 여부(제622조의 대항력의 의미)

대항력 있는 임차권을 취득한 건물소유자 乙이 건물에 대한 소유권을 丙에게 양도하는 경우에는 특별한 사정이 없는 한 제100조 2항의 유추적용에 의해 건물의 소유권과 함께 임차권도 丙에게 양도하기로 하는 '채권적 계약'이 있었다고 할 것이다(대판 1996.4.26. 95다52864).

그러나 乙과 丙 사이에 임차권양도에 대한 '채권적 계약'이 인정되더라도, 임대차에는 임대인의 동의 없이 그 권리를 양도하지 못한다는 제한이 있다(제629조). 따라서 대항력 있는 임차권이라고 해서 임대인의 동의 없이 양도할 수 있는 것은 아니다. 즉, 判例가 판시하는 바와 같이 제622조의 대항력은 토지에 관하여 권리를 취득한 제3자에 대하여 임대차의 효력을 주장할 수 있음을 규정한 취지임에 불과할 뿐, 건물의 소유권과 함께 건물의 소유를 목적으로 한 토지의 임차권을 취득한 사람이 토지의 임대인에 대한 관계에서 그의 동의가 없이도 임차권의 취득을 대항할 수 있는 것까지 규정한 것이라고는 볼 수 없다(대판 1993.4.13. 92다24950). **丙은 제3자에게 대항할 수 있는 임차권은 승계취득하였으나, 임대인 甲에게는 대항할 수 없다.**

90 임차권의 무단양도와 임대인의 해지권 제한(소위 '배신행위론')

判例는 "임차인의 변경이 당사자의 개인적인 신뢰를 기초로 하는 계속적 법률관계인 임대차를 더 이상 지속시키기 어려울 정도로 당사자간의 신뢰관계를 파괴하는 임대인에 대한 배신행위가 아니라고 인정되는 특별한 사정이 있는 때에는, 임대인은 자신의 동의 없이 임차권이 이전되었다는 것만을 이유로 민법 제629조 2항에 따라서 임대차계약을 해지할 수 없다"고 한다(대판 1993.4.13. 92다24950). 다만 이러한 특별한 사정에 대한 입증책임은 (임차권의) 양수인에게 있다고 한다(대판 1993.4.13. 92다24950). 그러나 判例는 당사자간의 신뢰관계를 파괴하는 임대인에 대한 배신행위가 아니라고 인정되는 특별한 사정이 있음을 양수인 丙이 입증하면 임대인 甲에게 대항할 수 있다고 한다.

정답 | **86** ○ **87** ○ **88** ○ **89** × **90** ○

91

X대지는 A의 소유인데, 甲이 자신 소유의 Y건물의 소유를 목적으로 X대지를 임차한 후 ×대지상에 Y건물을 신축하여 그 소유권보존등기를 하였다. 한편 乙은 甲에 대한 채권자 겸 위 Y건물에 대한 근저당권자인데, 근저당권실행을 위한 경매를 청구하여 B가 Y건물을 경락받고 그 소유권이전등기를 하였다. 다음 중 틀린 것은?

① 甲은 대항력 있는 임차권을 취득하였다.

② B는 대항력 있는 임차권을 양수받았다.

③ B는 대항력 있는 임차권의 양수인으로 임대인 A에게 대항할 수 있다.

④ 만약 A가 B에게 위 건물의 철거 및 대지의 인도를 청구한다면, 설령 위 ③에서 B가 A에게 대항할 수 없다고 하여도 B는 임차인의 변경이 당사자 간의 신뢰관계를 파괴하는 임대인에 대한 배신행위가 아니라고 인정되는 특별한 사정이 있음을 증명하여 A의 청구를 배척할 수 있다.

해설 ① [O] 甲이 대항력 있는 임차권을 취득하였는지 여부(적극)

건물의 소유를 목적으로 한 토지임대차는 이를 등기하지 아니한 경우에도 임차인이 그 지상건물을 등기한 때에는 제3자에 대하여 임대차의 효력이 생긴다(제622조 제1항).

② [O] B가 임차권을 양수받았는지 여부(적극)

건물의 소유를 목적으로 하여 토지를 임차한 사람이 그 토지 위에 소유하는 건물에 저당권을 설정한 때에는 **민법 제358조 본문에 따라서 저당권의 효력이 건물뿐만 아니라 건물의 소유를 목적으로 한 토지의 임차권에도 미친다**고 보아야 할 것이므로, 건물에 대한 저당권이 실행되어 경락인이 건물의 소유권을 취득한 때에는 특별한 다른 사정이 없는 한 건물의 소유를 목적으로 한 토지의 임차권도 건물의 소유권과 함께 경락인에게 이전된다(대판 1993.4.13. 92다24950).

③ [×] B가 대항력 있는 임차권의 양수인으로 임대인에게 대항할 수 있는지 여부(소극)

위의 경우에도 민법 제629조가 적용되기 때문에 토지의 임대인에 대한 관계에서는 그의 동의가 없는 한 경락인은 그 임차권의 취득을 대항할 수 없다고 할 것인바, 민법 제622조 제1항은 건물의 소유를 목적으로 한 토지임대차는 이를 등기하지 아니한 경우에도 임차인이 그 지상건물을 등기한 때에는 토지에 관하여 권리를 취득한 제3자에 대하여 임대차의 효력을 주장할 수 있음을 규정한 취지임에 불과할 뿐, 건물의 소유권과 함께 **건물의 소유를 목적으로 한 토지의 임차권을 취득한 사람이 토지의 임대인에 대한 관계에서 그의 동의가 없이도 임차권의 취득을 대항할 수 있는 것까지 규정한 것이라고는 볼 수 없다**(대판 1993.4.13. 92다24950).

④ [O] 제629조 제2항의 제한(소위 '배신행위론')

임차인의 변경이 당사자의 개인적인 신뢰를 기초로 하는 계속적 법률관계인 임대차를 더 이상 지속시키기 어려울 정도로 **당사자 간의 신뢰관계를 파괴하는 임대인에 대한 배신행위가 아니라고 인정되는 특별한 사정이 있는 때에는 임대인은 자신의 동의 없이 임차권이 이전되었다는 것만을 이유로 민법 제629조 제2항에 따라서 임대차계약을 해지할 수 없고**, 그와 같은 특별한 사정이 있는 때에 한하여 경락인은 임대인의 동의가 없더라도 임차권의 이전을 임대인에게 대항할 수 있는바, 특별한 사정이 있는 점은 경락인이 주장·입증하여야 한다(대판 1993.4.13. 92다24950)고 한다.

➡ 따라서 경락인 B가 이와 같은 입증을 한다면 A의 청구를 배척할 수 있다.

92

21사무관

임대인은 임대차관계가 계속되고 있는 동안에는 임대차보증금에서 연체차임을 충당할 것인지 여부를 자유로이 선택할 수 있으므로, 임대차계약의 종료 전에는 공제 등의 별도의 의사표시 없이 연체차임이 임대차보증금에서 당연히 공제되는 것은 아니다. O | X

> 해설 임대차보증금이 임대인에게 교부되어 있더라도 임대인은 임대차관계가 계속되고 있는 동안에는 임대차보증금에서 연체차임을 충당할 것인지를 자유로이 선택할 수 있으므로, 임대차계약 종료 전에는 연체차임이 공제 등 별도의 의사표시 없이 임대차보증금에서 당연히 공제되는 것은 아니다. 그리고 임대인이 차임채권을 양도하는 등의 사정으로 인하여 차임채권을 가지고 있지 아니한 경우에는 특별한 사정이 없는 한 임대차계약 종료 전에 임대차보증금에서 공제한다는 의사표시를 할 수 있는 권한이 있다고 할 수도 없다(대판 2013.02.28. 2011다49608,49615).

93

14법무사, 16법원행시

특별한 사정이 없는 한 임대차가 종료되었더라도 목적물이 반환되지 않았다면 임차인은 임대차보증금이 있음을 이유로 임대인에 대하여 연체차임의 지급을 거절할 수 없다. O | X

> 해설 차임 등을 보증금에서 공제할 수 있는지 여부
>
> ① **임차목적물 반환 전**
>
> ㉠ 충당 여부는 임대인의 자유이므로 보증금으로 연체차임 등에 충당하지 않고 차임을 청구할 수도 있다(대판 2005.5.12. 2005다459,466). 즉, 임대차계약 종료 전에는 연체차임이 공제 등의 별도의 의사표시 없이 임대차보증금에서 당연히 공제되는 것은 아니다(대판 2013.2.28. 2011다49608,49615). ㉡ 그리고 특별한 사정이 없는 한 **임대차계약이 종료되었다 하더라도 목적물이 명도되지 않았다면 임차인은 임대차보증금이 있음을 이유로 연체차임의 지급을 거절할 수 없다**(대판 2007.8.23. 2007다21856,21863).
>
> ② **임차목적물 반환시**
>
> 임대차보증금은 임대차계약이 종료된 후 임차인이 목적물을 인도할 때까지 발생하는 차임 및 기타 임차인의 채무를 담보하는 것으로서 그 피담보채무액은 임대차관계의 종료 후 목적물이 반환될 때에 특별한 사정이 없는 한 별도의 의사표시 없이 임대차보증금에서 당연히 공제된다(대판 2007.8.23. 2007다21856,21863).

94

13법원행시

임대차계약 종료 후 임대차보증금에서 그 피담보채무 등을 공제하려면 임대인으로서는 그 피담보채무인 연체차임, 연체관리비 등을 임대차보증금에서 공제하여야 한다는 주장을 하여야 하고 나아가 그 임대차보증금에서 공제될 차임채권, 관리비채권 등의 발생원인에 관하여 주장·입증하여야 한다. O | X

> 해설 임대차계약의 경우 임대차보증금에서 그 피담보채무 등을 공제하려면 **임대인으로서는 그 피담보채무인 연체차임, 연체관리비 등을 임대차보증금에서 공제하여야** 한다는 주장을 하여야 하고 나아가 **그 임대차보증금에서 공제될 차임채권, 관리비채권 등의 발생원인에 관하여 주장·입증을 하여야** 하는 것이며, 다만 그 발생한 채권이 변제 등의 이유로 소멸하였는지에 관하여는 임차인이 주장·입증책임을 부담한다(대판 2005.9.28. 2005다8323,8330).

정답 | **91** ③ **92** ○ **93** ○ **94** ○

95

15서기보

임대인이 임차인을 상대로 차임연체로 인한 임대차계약의 해지를 원인으로 임대차목적물인 부동산의 인도 및 연체차임의 지급을 구하는 소송비용은, 임차인이 부담할 원상복구비용 및 차임지급의무 불이행으로 인한 것이어서 임대차관계에서 발생하는 임차인의 채무에 해당하므로, 이를 반환할 임대차보증금에서 당연히 공제할 수 있다. O | X

해설 **보증금의 담보적 효력**

차임·손해배상금·**소송비용**(대판 2012.9.27. 2012다49490) 등 임차인이 '임차목적물을 인도할 때까지' 임대인에 대하여 부담하는 임대차에 관한 모든 채무를 담보한다.

➡ 따라서 소송비용은 반환할 임대차보증금에서 당연히 공제할 수 있다.

96

15사무관, 16서기보

임대차보증금이 수수된 임대차계약에서 차임채권에 관하여 압류 및 추심명령이 있었다 하여도 그 임대차계약이 종료되어 목적물이 반환될 때까지 추심되지 아니한 채 잔존하는 차임채권 상당액은 임대차보증금에서 당연히 공제된다. O | X

해설 대판 2004.12.23. 2004다56554

임차보증금이 전부명령에 의해 타인에게 이전된 때에도 임차인의 임대차상의 채무가 공제된다. 임차인의 채무는 보증금에서 공제되는 것이 처음부터 예정되어 있었기 때문이다(대판 1988.1.19. 87다카1315). 마찬가지로 차임채권에 관하여 압류 및 추심명령이 있는 경우에도 임대차종료시까지 추심되지 않은 차임은 보증금에서 당연히 공제된다(대판 2004.12.23. 2004다56554: 압류추심명령이 피고 임차인에게 송달된 이후에 발생한 차임은 공제하지 못한다는 피고의 항변이 배척된 사례).

97

21사무관

부동산 임대차에서 수수된 보증금은 차임채무, 목적물의 멸실·훼손 등으로 인한 손해배상채무 등 임대차에 따른 임차인의 모든 채무를 담보하는 것으로서 이와 같은 피담보채무 상당액은 임대차관계의 종료 후 목적물이 반환될 때에 특별한 사정이 없는 한 별도의 의사표시 없이 보증금에서 당연히 공제된다. O | X

98

출제예상

보증금이 수수된 임대차계약에서 임대차가 종료되어 목적물을 반환할 때까지 연체한 차임액이 위 보증금에서 전액 공제된 경우, 임차인은 임대차 종료 전에 차임채권을 양수한 자의 양수금청구에 대해 연체된 차임액이 보증금에서 공제되었음을 주장하여 양수금지급을 거절할 수 없다. O | X

해설 **97 98** 부동산 임대차에서 수수된 보증금은 차임채무, 목적물의 멸실·훼손 등으로 인한 손해배상채무 등 임대차에 따른 임차인의 모든 채무를 담보하는 것으로서 피담보채무 상당액은 임대차관계의 종료 후 목적물이 반환될 때에 특별한 사정이 없는 한 별도의 의사표시 없이 보증금에서 당연히 공제되므로, 보증금이 수수된 임대차계약에서 차임채권이 양도되었다고 하더라도, 임차인은 임대차계약이 종료되어 목적물을 반환할 때까지 연체한 차임 상당액을 보증금에서 공제할 것을 주장할 수 있다(대판 2015.3.26. 2013다77225)

99

19서기보

상가건물 임대차보호법 제3조는 '대항력 등'이라는 표제로 제1항에서 대항력의 요건을 정하고, 제2항에서 "임차건물의 양수인(그 밖에 임대할 권리를 승계한 자를 포함한다)은 임대인의 지위를 승계한 것으로 본다."라고 정하고 있다. 위 조항에 따라 임차건물 양수인이 임대인 지위를 승계하더라도, 임차건물 소유권이 이전되기 전에 이미 발생한 연체차임이나 관리비 등은 별도의 채권양도절차가 없는 한 원칙적으로 양수인에게 이전되지 않는다. 따라서 임차건물 양수인이 건물 소유권을 취득한 후 임대차관계가 종료되어 임차인에게 임대차보증금을 반환해야 하는 경우에도 임대인 지위를 승계하기 전까지 발생한 연체차임이나 관리비 등은 특별한 사정이 없는 한 임대차보증금에서 공제되지 않는다. O | X

해설 i) 대항력을 갖춘 임차인이 있는 상가건물의 양수인이 임대인의 지위를 승계하면(계약인수), 양수인은 임차인에게 임대보증금반환의무를 부담하고 임차인은 양수인에게 차임지급의무를 부담한다. 그러나 **임차건물의 소유권이 이전되기 전에 '이미 발생한 연체 차임이나 관리비' 등은 별도의 채권양도절차가 없는 한 원칙적으로 양수인에게 이전되지 않고 구임대인만이 임차인에게 청구할 수 있다.**
ii) 그러나 임차건물의 **양수인이 건물 소유권을 취득한 후 임대차관계가 종료되어 임차인에게 임대차보증금을 반환해야 하는 경우에 임대인의 지위를 승계하기 전까지 발생한 연체차임이나 관리비 등이 있으면 이는 특별한 사정이 없는 한** (그에 관해 채권양도의 요건을 갖추지 않았다 하더라도 - 저자 주) **임대차보증금에서 당연히 공제**된다. 일반적으로 임차건물의 양도 시에 연체차임이나 관리비 등이 남아있더라도 나중에 임대차관계가 종료되는 경우 임대차보증금에서 이를 공제하겠다는 것이 당사자들의 의사나 거래관념에 부합하기 때문이다(대판 2017.3.22. 2016다218874).

비교판례 '계약인수에서 이미 발생한 채무의 승계'와 관련하여 判例는 "계약당사자 중 일방이 상대방 및 제3자와 3면 계약을 체결하거나 상대방의 승낙을 얻어 계약상 당사자로서의 지위를 포괄적으로 제3자에게 이전하는 경우 이를 양수한 제3자는 양도인의 계약상 지위를 승계함으로써 종래 계약에서 이미 발생한 채권·채무도 모두 이전받게 된다."(대판 2011.6.23. 2007다63089 전합)라고 한다.

100

19서기보

임대인은 임대차계약이 존속 중이라도 임대차보증금반환채무에 관한 기한의 이익을 포기하고 임차인의 임대차보증금반환채권을 수동채권으로 하여 상계할 수 있다. O | X

해설 임대인의 보증금반환채무에 대한 기한의 이익 포기
부동산 임대차에서 수수된 임대차보증금은 차임채무, 목적물의 멸실·훼손 등으로 인한 손해배상채무 등 임대차에 따른 임차인의 모든 채무를 담보하는 것이고, 특별한 사정이 없는 한, 임대인의 임대차보증금반환채무는 장래에 실현되거나 도래할 것이 확실한 임대차계약의 종료시점에 이행기에 도달한다. 그리고 임대인으로서는 임대차보증금 없이도 부동산 임대차계약을 유지할 수 있으므로, 임대차계약이 존속 중이라도 임대차보증금반환채무에 관한 기한의 이익을 포기하고 임차인의 임대차보증금반환채권을 수동채권으로 하여 상계할 수 있고, 임대차 존속 중에 그와 같은 상계의 의사표시를 한 경우에는 임대차보증금반환채무에 관한 기한의 이익을 포기한 것으로 볼 수 있다(대판 2017.3.15. 2015다252501).

101

17법무사

임대차 존속 중 차임채권의 소멸시효가 완성된 후에 임대인이 이미 소멸시효가 완성된 차임채권을 자동채권으로 삼아 임대차보증금 반환채무와 '상계'는 할 수 없지만, 임대차보증금에서 '공제'할 수는 있다. O | X

정답 | **95** ○ **96** ○ **97** ○ **98** × **99** × **100** ○ **101** ○

102

21법무사

임대차계약의 종료 전에 이미 소멸시효가 완성된 연체차임은 임대차 보증금에서 공제할 수 없다. 이는 차임 지급채무가 상당기간 연체되고 있음에도 임대인과 임차인 모두 연체차임이 임대차보증금에 의하여 담보되는 것으로 신뢰하고 임대차관계를 지속해 온 경우에도 마찬가지이다. O | X

해설 **101 102** 임대차 존속 중 시효완성된 차임채권을 보증금반환채무와 '상계'할 수 있는지 여부(소극)
민법 제495조는 "소멸시효가 완성된 채권이 그 완성 전에 상계할 수 있었던 것이면 그 채권자는 상계할 수 있다."라고 규정하고 있다. 이는 당사자 쌍방의 채권이 상계적상에 있었던 경우에 당사자들은 채권·채무관계가 이미 정산되어 소멸하였다고 생각하는 것이 일반적이라는 점을 고려하여 당사자들의 신뢰를 보호하기 위한 것이다. 다만 이는 **'자동채권의 소멸시효 완성 전에 양 채권이 상계적상에 이르렀을 것'을 요건으로 하는데, 임대인의 임대차보증금 반환채무는 임대차계약이 종료된 때에 비로소 이행기에 도달하므로, 임대차 존속 중 차임채권의 소멸시효가 완성된 경우에는** 소멸시효 완성 전에 임대인이 임대차보증금 반환채무에 관한 기한의 이익을 실제로 포기하였다는 등의 특별한 사정이 없는 한 **양 채권이 상계할 수 있는 상태에 있었다고 할 수 없다. 그러므로 그 이후에 임대인이 이미 소멸시효가 완성된 차임채권을 자동채권으로 삼아 임대차보증금 반환채무와 상계하는 것은 민법 제495조에 의하더라도 인정될 수 없다**(대판 2016.11.25. 2016다211309).

103

13법원행시

통상 임대인은 권리금 반환의무를 부담하지 아니하지만 임대차계약서의 단서 조항에 '모든 권리금을 인정함'이라고 기재하였다면 이는 임대차 종료시 임차인에게 권리금을 반환하기로 약정한 것으로 볼 수 있다. O | X

해설 통상 권리금은 새로운 임차인으로부터만 지급받을 수 있을 뿐이고 임대인에 대하여는 지급을 구할 수 없는 것이므로 임대인이 임대차계약서의 단서 조항에 권리금액의 기재 없이 **단지 '모든 권리금을 인정함'이라는 기재를 하였다고 하여 임대차 종료시 임차인에게 권리금을 반환하겠다고 약정하였다고 볼 수는 없고,** 단지 임차인이 나중에 임차권을 승계한 자로부터 권리금을 수수하는 것을 임대인이 용인하고, 나아가 임대인이 정당한 사유 없이 명도를 요구하거나 점포에 대한 임대차계약의 갱신을 거절하고 타에 처분하면서 권리금을 지급받지 못하도록 하는 등으로 임차인의 권리금 회수 기회를 박탈하거나 권리금 회수를 방해하는 경우에 임대인이 임차인에게 직접 권리금 지급을 책임지겠다는 취지로 해석해야 할 것이다(대판 2000.4.11. 2000다4517,4524).

104

20서기보

기존 임차인과 새로운 임차인 및 임대인 사이에 임대차계약상의 지위 양도 등 권리의무의 포괄적 양도에 관한 계약이 확정일자 있는 증서에 의하여 체결되거나, 임대차보증금 반환채권의 양도에 대한 통지·승낙이 확정일자 있는 증서에 의하여 이루어지는 등의 절차를 거치지 아니하는 한, 기존의 임대차계약에 따른 임대차보증금 반환채권에 대하여 채권가압류명령 등을 받은 채권자 등 임대차보증금 반환채권에 관하여 양수인의 지위와 양립할 수 없는 법률상의 지위를 취득한 제3자에 대하여는 임대차계약상의 지위 양도 등 권리의무의 포괄적 양도에 포함된 임대차보증금 반환채권의 양도로써 대항할 수 없다. O | X

해설 대판 2017.1.25. 2014다52933

105

21서기보

주택임대차보호법에 따른 임대차에서 그 기간이 끝난 후 임차인이 보증금을 반환받기 위해 목적물을 점유하고 있는 경우 보증금반환채권에 대한 소멸시효는 진행하지 않는다고 보아야 한다. O | X

해설 임대차가 종료함에 따라 발생한 임차인의 목적물반환의무와 임대인의 보증금반환의무는 동시이행관계에 있다. 임차인이 임대차 종료 후 동시이행항변권을 근거로 임차목적물을 계속 점유하는 것은 임대인에 대한 보증금반환채권에 기초한 권능을 행사한 것으로서 보증금을 반환받으려는 계속적인 권리행사의 모습이 분명하게 표시되었다고 볼 수 있다(대판 2020.7.9. 2016다244224,244231).

비교판례 동시이행의 항변권이 붙어 있는 채권의 경우에 이행기 도래 후에 반대급부를 제공하면 언제라도 권리를 행사할 수 있으므로 이행기부터 소멸시효가 진행한다(대판 1991.3.22. 90다9797).

106

16서기보

임차인이 연체한 차임액이 2기의 차임액에 달한다는 이유로 임대인이 임대차계약을 해지하는 경우에는 계약 일반의 해지의 경우와는 달리 임대인의 최고 절차는 필요가 없다. O | X

해설 차임연체와 임대인의 해지

제640조(차임연체와 해지) 건물 기타 공작물의 임대차에는 임차인의 차임연체액이 2기의 차임액에 달하는 때에는 임대인은 계약을 해지할 수 있다.

➡ 차임지급의 연체는 연속될 것을 요하지 않으며, 임대인이 상당한 기간을 정하여 이를 최고할 필요도 없다(대판 1962.10.11. 62다496). 본조는 강행규정이다(제652조).

107

17법원행시

주택임대차의 임대인 지위가 양수인에게 승계된 경우 이미 발생한 연체차임채권은 따로 채권양도의 요건을 갖추지 않는 한 승계되지 않고, 따라서 양수인이 연체차임채권을 양수받지 않은 이상 승계 이후의 연체차임액이 2기 이상의 차임액에 달하여야만 비로소 임대차계약을 해지할 수 있다. O | X

해설 임대차계약상의 임대인 지위를 승계한 양수인이 승계 이전의 차임연체를 이유로 임대차계약을 해지할 수 있는지 여부(원칙적 소극)

임대인 지위가 양수인에게 승계된 경우 이미 발생한 연체차임채권은 따로 채권양도의 요건을 갖추지 않는 한 승계되지 않고, 따라서 양수인이 연체차임채권을 양수받지 않은 이상 승계 이후의 연체차임액이 3기 이상의 차임액에 달하여야만 비로소 임대차계약을 해지할 수 있는 것이다(대판 2008.10.9. 2008다3022).

정답 | 102 × 103 × 104 ○ 105 ○ 106 ○ 107 ○

108 21법무사

임대차는 당사자 일방이 상대방에게 목적물을 사용·수익하게 할 것을 약정하고 상대방이 이에 대하여 차임을 지급할 것을 약정함으로써 성립하는 것으로서 임대인이 그 목적물에 대한 소유권 기타 이를 임대할 권한이 있을 것을 성립요건으로 하고 있지 아니하므로, 임대차계약이 성립된 후 그 존속기간 중에 임대인이 임대차 목적물에 대한 소유권을 상실한 사실 그 자체만으로 바로 임대차에 직접적인 영향을 미친다고 볼 수는 없지만, 임대인이 임대차 목적물의 소유권을 제3자에게 양도하고 그 소유권을 취득한 제3자가 임차인에게 그 임대차 목적물의 인도를 요구하여 이를 인도하였다면 임대인이 임차인에게 임대차 목적물을 사용·수익케 할 의무는 이행불능이 되었다고 할 것이고, 이러한 이행불능이 일시적이라고 볼 만한 특별한 사정이 없다면 임대차는 당사자의 해지 의사표시를 기다릴 필요 없이 당연히 종료되었다고 볼 것이지, 임대인의 채무가 손해배상 채무로 변환된 상태로 채권·채무관계가 존속한다고 볼 수 없다. O|X

해설 대판 1978.9.12. 78다1103 참조

109 13주사보

임대차계약이 종료된 경우에 임차인의 임차목적물명도의무와 임대인의 보증금반환의무는 동시이행의 관계가 있다. O|X

110 16사무관

임대인이 임대보증금 중 연체 차임 등을 공제한 나머지 보증금의 반환의무를 이행하였다거나 그 현실적인 이행의 제공을 하여 임차인의 건물명도의무가 지체에 빠졌다는 사실이 인정되지 않는다면, 임차인은 임대차기간 만료 후 인도를 지연할 경우 지급하기로 한 약정지연손해금을 지급할 의무가 없다. O|X

해설 **109 110** 임대차계약이 종료된 경우의 건물명도의무와 보증금 반환의무의 상호관계
임대차계약의 기간이 만료된 경우에 임차인이 임차목적물을 명도할 의무와 임대인이 보증금중 연체차임등 당해 임대차에 관하여 명도시까지 생긴 모든 채무를 청산한 나머지를 반환할 의무는 동시이행의 관계가 있다(대판 1977.9.28. 77다1241,1242 전합).

임차인이 임차건물의 명도를 지연할 경우에 지급하기로 약정한 지연손해금에 대한 지급의무의 발생요건
임차인이 임차건물을 명도할 의무와 임대인이 임대보증금 중 미지급월임료 등을 공제한 나머지 보증금을 반환할 의무가 동시이행관계에 있는 이상, 임대인이 임차인에게 위 보증금반환의무를 이행하였다거나 그 현실적인 이행의 제공을 하여 임차인의 건물명도의무가 지체에 빠졌다는 사실이 인정되지 않는다면 임차인은 임대차기간 만료후 명도를 지연할 경우 지급키로 한 약정지연손해금을 지급할 의무가 없다(대판 1988.4.12. 86다카2476).

111 21법무사

임대차계약의 종료에 의하여 발생된 임차인의 임차목적물 반환의무와 임대인의 연체차임 등을 공제한 나머지 임대차보증금의 반환의무는 동시이행관계에 있으므로, 임대인이 나머지 임대차보증금의 반환의무를 이행하거나 적법한 이행제공을 하여 임차인의 동시이행항변권을 상실시키지 아니한 이상, 임차인이 임차목적물반환의무를 이행하지 아니하고 임차목적물을 계속 점유하고 있다고 하더라도, 임차인은 임대인에 대하여 임차목적물반환의무의 이행지체로 인한 손해배상책임을 지지 아니한다. O | X

112 20법원행시

임대차 종료시 임차인이 임차목적물을 인도할 의무와 임대인이 임대보증금 중 미지급 월임료 등을 공제한 나머지 보증금을 반환할 의무가 동시이행관계에 있는 이상, 임차인이 동시이행항변권에 기하여 임차목적물을 사용·수익하는 경우에 그 점유는 불법점유라고 할 수 없어 그로 인한 손해배상책임이나 부당이득반환책임을 질 여지가 없다. O | X

해설 **111 112** 임차인이 임대차계약 종료 후 동시이행의 항변권을 행사하여 임차목적물을 계속 점유하는 경우, 불법점유로 인한 손해배상의무를 지기 위한 요건

임대차계약의 종료에 의하여 발생된 임차인의 목적물반환의무와 임대인의 연체차임을 공제한 나머지 보증금의 반환의무는 동시이행의 관계에 있으므로, 임대차계약 종료 후에도 임차인이 동시이행의 항변권을 행사하여 임차건물을 계속 점유하여 온 것이라면, 임대인이 임차인에게 보증금반환의무를 이행하였다거나 현실적인 이행의 제공을 하여 임차인의 건물명도의무가 지체에 빠지는 등의 사유로 동시이행의 항변권을 상실하지 않는 이상, 임차인의 건물에 대한 점유는 불법점유라고 할 수 없으며, 따라서 임차인으로서는 이에 대한 손해배상의무도 없다(대판 1998.5.29. 98다6497).

➡ 동시이행의 항변권에 기한 점유는 적법점유로 된다. 따라서 불법행위에 따른 손해배상책임을 지지 않는다(제750조). 그러나 동시이행 관계인 경우에도 부당이득은 성립할 수 있다(제741조). 왜냐하면 동시이행의 항변권은 이행지체책임을 면책시킬 뿐 부당이득반환의무까지 면하게 하는 효과는 없기 때문이다.

113 16법원행시, 18법무사

임차인의 임대차보증금반환채권이 전부된 경우 임대인이 잔존 임대차보증금반환채권을 전부 받은 자에게 현실적으로 이행하거나 이행의 제공을 하는 등 임차인의 동시이행항변권을 상실시키지 않은 이상, 임차인의 목적물에 대한 점유는 불법점유라고 볼 수 없다. O | X

해설 임차인의 임차보증금반환청구채권이 전부된 경우 임대차계약 해지 후의 임차인의 목적물에 대한 점유가 불법점유인지 여부(한정 소극)

임차인의 임차보증금반환청구채권이 전부된 경우에도 채권의 동일성은 그대로 유지되는 것이어서 동시이행관계도 당연히 그대로 존속한다고 해석할 것이므로 임대차계약이 해지된 후에 임대인이 잔존임차보증금반환청구채권을 전부받은 자에게 그 채무를 현실적으로 이행하였거나 그 채무이행을 제공하였음에도 불구하고 임차인이 목적물을 명도하지 않음으로써 임차목적물반환채무가 이행지체에 빠지는 등의 사유로 동시이행의 항변권을 상실하게 되었다는 점에 관하여 임대인이 주장·입증을 하지 않은 이상 임차인의 목적물에 대한 점유는 동시이행의 항변권에 기한 것이어서 불법점유라고 볼 수 없다(대판 2002.7.26. 2001다68839).

정답 | **108** ○ **109** ○ **110** ○ **111** ○ **112** × **113** ○

114

21법원행시

임대차계약이 종료되면 임차인은 목적물을 반환하고 임대인은 연체차임을 공제한 나머지 보증금을 반환해야 한다. 이러한 임차인의 목적물반환의무와 임대인의 보증금반환의무는 동시이행관계에 있으므로, 임대인이 임대차보증금의 반환의무를 이행하거나 적법하게 이행제공을 하는 등으로 임차인의 동시이행항변권을 상실시키지 않은 이상, 임대차계약 종료 후 임차인이 목적물을 계속 점유하더라도 그 점유를 불법점유라고 할 수 없고 임차인은 이에 대한 손해배상의무를 지지 않는다. 그러나 임차인이 그러한 동시이행항변권을 상실하였는데도 목적물의 반환을 계속 거부하면서 점유하고 있다면, 달리 점유에 관한 적법한 권원이 인정될 수 있는 특별한 사정이 없는 한 이러한 점유는 적어도 과실에 의한 점유로서 불법행위를 구성한다. O | X

> **해설** 대판 2020.5.14. 2019다252042

115

10법원행시

임대차 종료로 인한 임차인의 원상회복의무에는 임차인이 사용하고 있던 부동산의 점유를 임대인에게 이전하는 것은 물론, 임대인 또는 그 승낙을 받은 제3자가 임차건물 부분에서 다시 영업허가를 받는 데 방해가 되지 않도록 임차건물부분에서의 영업허가에 대하여 폐업신고절차를 이행할 의무가 있다. O | X

> **해설** 대판 2008.10.9. 2008다34903

116

15법무사

임대인의 귀책사유로 임대차계약이 해제되었다고 하더라도 임차인은 원상회복의무를 부담한다. O | X

117

21법무사

임대차계약이 중도에 해지되어 종료하면 임차인은 목적물을 원상으로 회복하여 반환하여야 하는 것이나, 임대인의 귀책사유로 임대차계약이 해지되었다면 임차인은 원상회복의무를 부담하지 않는다. O | X

> **해설** **116 117** 임대차계약이 중도에 해지되어 종료하면 임차인은 목적물을 원상으로 회복하여 반환하여야 하는 것이고, 임대인의 귀책사유로 임대차계약이 해지되었다고 하더라도 임차인은 그로 인한 손해배상을 청구할 수 있음은 별론으로 하고 원상회복의무를 부담하지 않는다고 할 수는 없다(대판 2002.12.6. 2002다42278).

118

19사무관

임차인이 불이행한 원상회복의무가 사소한 부분이고 그로 인한 손해배상액 역시 근소한 금액인 경우에, 임대인은 동시이행의 항변권을 근거로 임차인이 그 원상회복의무를 이행할 때까지 거액의 잔존 임대차보증금 전액에 대하여 그 반환을 거부할 수는 없다. O | X

해설 동시이행의 항변권은 근본적으로 공평의 관념에 따라 인정되는 것인데, 임차인이 불이행한 원상회복의무가 사소한 부분이고 그로 인한 손해배상액 역시 근소한 금액인 경우에까지 임대인이 그를 이유로, 임차인이 그 원상회복의무를 이행할 때까지, 혹은 임대인이 현실로 목적물의 명도를 받을 때까지 원상회복의무 불이행으로 인한 손해배상액 부분을 넘어서서 거액의 잔존 임대차보증금 전액에 대하여 그 반환을 거부할 수 있다고 하는 것은 오히려 공평의 관념에 반하는 것이 되어 부당하고, 그와 같은 임대인의 동시이행의 항변은 신의칙에 반하는 것이 되어 허용할 수 없다(대판 1999.11.12. 99다34697).

119

18서기보

임차인이 파산선고를 받은 경우 임대차기간의 약정이 있는 때에도 임대인은 임대차의 해지통고를 할 수 있고, 임차인에게 계약해지로 인한 손해배상도 청구할 수 있다. O | X

해설 **제637조(임차인의 파산과 해지통고)** ① **임차인이 파산선고를 받은 경우**에는 임대차기간의 약정이 있는 때에도 임대인 또는 파산관재인은 제635조의 규정에 의하여 **계약해지의 통고를 할 수 있다.**
② **전항의 경우**에 각 당사자는 상대방에 대하여 **계약해지로 인하여 생긴 손해의 배상을 청구하지 못한다.**

120

출제예상

임대차계약이 임대인의 수선의무 지체로 해지된 경우에는 임대차의 종료당시 반환된 임차건물이 화재로 인하여 훼손되었음을 이유로 손해배상을 구하는 임대인이 임대건물 보존에 관하여 선량한 관리자의 주의의무를 다하였음을 증명하여야 한다. O | X

해설 임차인의 임대차 목적물 반환의무가 이행불능이 된 경우 임차인이 그 이행불능으로 인한 손해배상책임을 면하려면 그 이행불능이 임차인의 귀책사유로 말미암은 것이 아님을 입증할 책임이 있고, 임차건물이 화재로 소훼된 경우에 있어서 그 화재의 발생원인이 불명인 때에도 임차인이 그 책임을 면하려면 그 임차건물의 보존에 관하여 선량한 관리자의 주의의무를 다하였음을 입증하여야 하는 것이며, 이러한 법리는 임대차의 종료 당시 임차목적물 반환채무가 이행불능 상태는 아니지만 반환된 임차건물이 화재로 인하여 훼손되었음을 이유로 손해배상을 구하는 경우에도 동일하게 적용되고, 나아가 그 임대차계약이 임대인의 수선의무 지체로 해지된 경우라도 마찬가지다(대판 2010.4.29. 2009다96984).

쟁점정리 임차물 멸실의 경우 손해배상

① 임차인은 임차건물의 보존에 관하여 선량한 관리자의 주의의무를 다하여야 하고, 임차인의 임차물반환채무가 이행불능이 된 경우, 임차인이 그 이행불능으로 인한 손해배상책임을 면하려면 그 이행불능이 임차인의 귀책사유로 말미암은 것이 아님을 입증할 책임이 있다(대판 2006.1.13. 2005다51013,51020). 따라서 임차건물이 화재로 소훼된 경우에 있어서 그 **화재의 발생원인이 불명인 때에도 임차인이 그 책임을 면하려면 그 임차건물의 보존에 관하여 선량한 관리자의 주의의무를 다하였음을 입증하여야** 하며(대판 2001.1.19. 2000다57351), 이러한 법리는 임대차의 종료 당시 임차목적물 반환채무가 이행불능 상태는 아니지만 반환된 임차건물이 화재로 인하여 훼손되었음을 이유로 손해배상을 구하는 경우에도 동일하게 적용되고, 나아가 그 임대차계약이 임대인의 수선의무 지체로 해지된 경우라도 마찬가지다(대판 2010.4.29. 2009다96984).

② 그러나 임차건물이 **'임대인의 지배관리 영역 내'**에 있는 부분의 화재로 소훼된 경우 임차인의 선관주의의무의 위반을 임대인이 입증하여야 임차인에게 손해배상책임을 지울 수 있다(대판 2006.2.10. 2005다65623).

정답 | 114 ○ 115 ○ 116 ○ 117 × 118 ○ 119 × 120 ×

121

출제예상

임대차계약 존속 중에 발생한 훼손이 임대인이 지배·관리하는 영역에 존재하는 하자로 발생한 것으로 추단된다면, 하자를 보수·제거하는 것은 임대차 목적물을 사용·수익하기에 필요한 상태로 유지하여야 하는 임대인의 의무에 속하고, 임차인이 하자를 미리 알았거나 알 수 있었다는 등의 특별한 사정이 없는 한, 임대인은 훼손으로 인한 목적물 반환의무의 불이행에 따른 손해배상책임을 임차인에게 물을 수 없고, 이러한 법리는 임대인이 훼손된 임대차 목적물에 관하여 수선의무를 부담하더라도 동일하게 적용된다. O | X

122

15/18법원행시

임차건물이 임대인의 지배관리 영역 내에 있는 배전반에서 전기합선에 의하여 발생한 화재로 인하여 소훼되어 임차인의 임차목적물반환채무가 이행불능이 되었고 임차인이 배전반의 전기시설에 이상이 있음을 미리 알았거나 알 수 있었다고 볼 수 없는 경우에는, 임차인에게 임차목적물의 보존에 관한 선량한 관리자의 주의의무를 다하지 아니하였다고 볼 만한 특별한 사정이 있다는 점에 대하여 임대인이 주장·입증하지 못하는 한 임차목적물반환채무가 이행불능이 되었다고 하더라도 임차인에게 손해배상책임을 지울 수는 없다.

O | X

123

출제예상

甲과 乙은 甲 소유의 건물 중 1층에 대하여 임대차계약을 체결하였으나 乙이 임차하여 점유하고 있던 건물 1층에서 발생한 화재로 건물 1층뿐만 아니라 甲이 점유하고 있던 건물 2층도 전소되었다. 건물 1층에서 발생한 화재가 甲이 지배, 관리하는 영역에 존재하는 하자로 인하여 발생한 것으로 추단된다면, 특별한 사정이 없는 한 甲은 화재로 인한 목적물 반환의무의 이행불능으로 인한 손해배상책임을 乙에게 물을 수 없다.

O | X

해설 121 122 123 임대인의 지배관리 영역 내의 화재(임대인에게 증명책임이 있는 경우)
임대인은 목적물을 임차인에게 인도하고 임대차계약 존속 중에 그 사용, 수익에 필요한 상태를 유지하게 할 의무를 부담하므로(제623조), **임대차계약 존속 중에 발생한 화재가 임대인이 지배·관리하는 영역에 존재하는 하자로 인하여 발생한 것으로 추단된다면**, 그 하자를 보수·제거하는 것은 임대차 목적물을 사용·수익하기에 필요한 상태로 유지하여야 하는 임대인의 의무에 속하며, **임차인이 하자를 미리 알았거나 알 수 있었다는 등의 특별한 사정이 없는 한, 임대인은 화재로 인한 목적물 반환의무의 이행불능 등에 관한 손해배상책임을 임차인에게 물을 수 없다**(대판 2017.5.18. 2012다86895,86901 전합). 이러한 법리는 임대인이 훼손된 임대차 목적물에 관하여 수선의무를 부담하더라도 동일하게 적용된다(대판 2019.4.11. 2018다291347).

124

출제예상

건물 1층에서 발생한 화재가 그 발생 원인이 불분명한 경우라면 乙은 원칙적으로 화재로 인한 임대목적물 반환의무의 이행불능에 따른 손해배상책임을 지지 않는다. O | X

125

11/18법원행시, 15주사보

임대차 목적물이 화재 등으로 인하여 소멸됨으로써 임차인의 목적물 반환의무가 이행불능이 된 경우에, 그 화재 등의 구체적인 발생 원인이 밝혀지지 아니한 때에도, 임차인은 이행불능이 자기가 책임질 수 없는 사유로 인한 것이라는 증명을 다하지 못하면 목적물 반환의무의 이행불능으로 인한 손해를 배상할 책임을 진다. O | X

> **해설** **124 125** 임차건물이 소실되어 임차물반환채무가 이행불능이 된 경우 그 귀책사유에 관한 입증책임
> 임차인의 임차물반환채무가 이행불능이 된 경우에 임차인이 그 이행불능으로 인한 손해배상책임을 면하려면 그 이행불능이 임차인의 귀책사유로 말미암은 것이 아님을 입증할 책임이 있으므로, 임차건물이 그 건물로부터 발생한 화재로 손실된 경우에 있어서 그 화재의 발생원인이 불명인 때에도 임차인이 그 책임을 면하려면 그 임차건물의 보존에 관하여 선량한 관리자의 주의의무를 다하였음을 입증하여야 한다"대판 1987.11.24. 87다카1575).

126

18법원행시, 19서기보

임차인이 임대인 소유 건물 일부를 임차하여 사용·수익하던 중 임차 건물 부분에서 원인 불명의 화재가 발생하여 임차 건물 부분이 아닌 건물 부분(이하 '임차 외 건물부분'이라고 한다)까지 불에 타 그로 인해 임대인에게 재산상 손해가 발생한 경우, 임대인이 임차 외 건물 부분에 발생한 손해에 대하여 임차인을 상대로 채무불이행을 원인으로 하는 손해배상을 구하려면, 임차인이 보존·관리의무를 위반하여 화재가 발생한 원인을 제공하는 등 화재발생과 관련된 임차인의 계약상 의무 위반이 있었다는 등의 사정을 임대인이 주장·증명하여야 한다. O | X

127

출제예상

임차 목적물인 건물 1층과 구조상 불가분의 일체를 이루고 있는 건물 2층(임차 목적물이 아님)에서 발생한 재산상 손해에 대하여 乙에게 채무불이행에 기한 손해배상을 청구하는 경우, 甲은 화재 발생과 관련된 乙의 계약상 의무 위반이 있었다는 사실을 주장·증명하여야 한다. O | X

> **해설** **126 127** 임차 외 건물부분의 화재(임대인에게 증명책임이 있는 경우)
> 임차 건물 부분에서 화재가 발생하여 임차 건물 부분이 아닌 건물 부분(이하 '임차 외 건물 부분'이라 한다)까지 불에 타 그로 인해 임대인에게 재산상 손해가 발생한 경우에는 '임차 외 건물 부분이 구조상 불가분의 일체를 이루는 관계에 있는 부분이라 하더라도', 그 부분에 발생한 손해에 대하여 임대인이 임차인을 상대로 채무불이행을 원인으로 하는 배상을 구하려면, ⅰ) 임차인이 보존·관리의무를 위반하여 화재가 발생한 원인을 제공하는 등 화재 발생과 관련된 '임차인의 계약상 의무 위반'이 있었고, ⅱ) 그러한 의무 위반과 임차 외 건물 부분의 손해 사이에 '상당인과관계'가 있으며, ⅲ) 임차 외 건물 부분의 손해가 의무 위반에 따라 민법 제393조에 의하여 배상하여야 할 '손해의 범위 내'에 있다는 점에 대하여 '임대인'이 주장·증명하여야 한다(대판 2017.5.18. 2012다86895,86901 전합).

정답 | 121 ○ 122 ○ 123 ○ 124 × 125 ○ 126 ○ 127 ○

128

출제예상

임대차가 종료된 경우, 임대목적물이 임대인의 소유가 아니더라도 특별한 사정이 없는 한 임차인은 임대인에게 그 부동산을 인도하고 임대차 종료일까지의 연체차임을 지급할 의무가 있음은 물론, 인도 완료일까지 그 부동산을 점유·사용함에 따른 차임 상당의 부당이득금을 반환할 의무도 있다. O | X

> **해설** 임대차가 기간만료 등에 의해 종료한 경우 소유자가 임차인에게 목적물의 반환이나 그 사용에 따른 부당이득반환을 청구하는 등의 사정이 있는 경우가 아니면 임차인은 소유권이 없는 임대인에게 목적물 반환의무를 부담하며, 나아가 연체차임과 임대차 종료 이후의 명도시까지의 차임 상당의 부당이득반환의무도 부담한다(대판 2001.6.29. 2000다68290).

129

19서기보

임차인의 임차목적물 반환의무는 임대차계약의 종료에 의하여 발생하나, 임대인의 권리금 회수 방해로 인한 손해배상의무는 상가건물 임대차보호법에서 정한 권리금 회수기회 보호의무 위반을 원인으로 하고 있으므로 양 채무는 동일한 법률요건이 아닌 별개의 원인에 기하여 발생한 것일 뿐 아니라 공평의 관점에서 보더라도 그 사이에 이행상 견련관계를 인정하기 어려워 동시이행관계에 있다고 할 수 없다. O | X

> **해설** 임대차계약 종료에 따른 임차인의 임차목적물 반환의무와 임대인의 권리금 회수 방해로 인한 손해배상의무가 동시이행관계에 있는지 여부(소극)
>
> 동시이행의 항변권 제도의 취지에서 볼 때 당사자가 부담하는 각 채무가 쌍무계약에서 고유의 대가관계에 있는 채무가 아니더라도, 양 채무가 동일한 법률요건으로부터 생겨서 대가적 의미가 있거나 공평의 관점에서 보아 견련적으로 이행시킴이 마땅한 경우에는 동시이행의 항변권을 인정할 수 있다. 임차인의 임차목적물 반환의무는 임대차계약의 종료에 의하여 발생하나, **임대인의 권리금 회수 방해로 인한 손해배상의무는 상가건물 임대차보호법에서 정한 권리금 회수기회 보호의무 위반을 원인으로 하고 있으므로 양 채무는 동일한 법률요건이 아닌 별개의 원인에 기하여 발생한 것일 뿐 아니라 공평의 관점에서 보더라도 그 사이에 이행상 견련관계를 인정하기 어렵다**(대판 2019.7.10. 2018다242727).
>
> **참고** 상가건물 임대차보호법 규정에 따른 임차인의 권리금 회수 보호
>
> 2018년 개정 상가건물 임대차보호법에 따르면 임대인은 임대차기간이 끝나기 6개월 전부터 임대차 종료 시까지 일정행위(1호 내지 4호)를 함으로서 권리금 계약에 따라 임차인이 주선한 신규임차인이 되려는 자로부터 권리금을 지급받는 것을 방해하여서는 아니 된다고 규정하여 임차인의 권리금 회수 기회를 보호하고 있다(동법 제10조의4 제1항, 제3항).

130

14주사보

임차인이 임차물의 보존에 관한 필요비를 지출한 때에는 임대인에 대하여 그 상환을 청구할 수 있다.

O | X

131

13서기보, 16법원행시, 18주사보, 18법무사

임차인이 유익비를 지출한 경우에는 임대인은 임대차 종료시에 그 가액의 증가가 현존한 때에 한하여 임차인의 지출한 금액이나 그 증가액을 상환하여야 한다. 그리고 임차인이 필요비를 지출한 때에는 지출 즉시 임대인에게 상환을 청구할 수 있으나, 유익비는 임대차 종료시에 상환을 청구할 수 있다. O | X

> **해설** **130 131 제626조(임차인의 상환청구권) ① 임차인이 임차물의 보존에 관한 필요비를 지출한 때에는 임대인에 대하여 그 상환을 청구할 수 있다.**
> ② 임차인이 유익비를 지출한 경우에는 임대인은 임대차종료시에 그 가액의 증가가 현존한 때에 한하여 임차인의 지출한 금액이나 그 증가액을 상환하여야 한다. 이 경우에 법원은 임대인의 청구에 의하여 상당한 상환기간을 허여할 수 있다.

132

출제예상

임대인의 필요비상환의무는 특별한 사정이 없는 한 임차인의 차임지급의무와 서로 대응하는 관계에 있으므로, 임차인은 지출한 필요비 금액의 한도에서 차임의 지급을 거절할 수 있다. 따라서 연체차임에서 필요비 지출을 공제한 금액이 2기에 달하지 않는다면 임대인은 제640조에 따라 해지할 수 없다. O | X

> **해설** 임차인의 필요비 지출시 지출한 금액의 한도에서 차임의 지급을 거절할 수 있는지 여부(적극)
> 임대차는 타인의 물건을 빌려 사용·수익하고 그 대가로 차임을 지급하기로 하는 계약이다(제618조). 임대차계약에서 임대인은 목적물을 계약존속 중 사용·수익에 필요한 상태를 유지하게 할 의무를 부담한다(제623조). 임대인이 목적물을 사용·수익하게 할 의무는 임차인의 차임지급의무와 서로 대응하는 관계에 있으므로, **임대인이 이러한 의무를 불이행하여 목적물의 사용·수익에 지장이 있으면 임차인은 지장이 있는 한도에서 차임의 지급을 거절할 수 있다.** 임차인이 임차물의 보존에 관한 필요비를 지출한 때에는 임대인에게 상환을 청구할 수 있다(제626조 제1항). 여기에서 '필요비'란 임차인이 임차물의 보존을 위하여 지출한 비용을 말한다. 임대차계약에서 임대인은 목적물을 계약존속 중 사용·수익에 필요한 상태를 유지하게 할 의무를 부담하고, 이러한 의무와 관련한 임차물의 보존을 위한 비용도 임대인이 부담해야 하므로, 임차인이 필요비를 지출하면, 임대인은 이를 상환할 의무가 있다. **임대인의 필요비상환의무는 특별한 사정이 없는 한 임차인의 차임지급의무와 서로 대응하는 관계에 있으므로, 임차인은 지출한 필요비 금액의 한도에서 차임의 지급을 거절할 수 있다**(대판 2019.11.14. 2016다227694).

133

14서기보

민법 제626조(임차인의 비용상환청구권)에 위반하여 임차인에게 불리하게 약정하더라도 그 약정의 효력이 인정된다. O | X

> **해설** **비용상환청구권에 관한 규정은 임의규정**이므로 당사자 사이의 특약으로 임대인의 비용상환의무를 면제하거나 제한할 수 있다(통설, 判例). 따라서 각종 유익비 또는 필요비의 상환청구권을 미리 포기하기로 한 특약은 유효하고 이 경우 임차인은 유치권을 주장을 할 수 없다(대판 1975.4.22. 73다2010).

134

출제예상

甲 주식회사가 점포를 임차하여 커피전문점 영업에 필요한 시설 설치공사를 하고 프랜차이즈 커피전문점을 운영하였고, 乙이 이전 임차인 甲으로부터 위 커피전문점 영업을 양수하고 丙 주식회사로부터 점포를 임차하여 커피전문점을 운영하였는데, 임대차 종료 시 乙이 인테리어시설 등을 철거하지 않자 丙 회사가 비용을 들여 철거하였다면, 丙 회사가 비용을 들여 철거한 시설물은 乙의 전 임차인이 甲이 설치한 것이므로, 丙 회사가 乙에게 반환할 보증금에서 丙 회사가 지출한 시설물 철거비용을 공제할 수는 없다. O | X

정답 | **128** ○ **129** ○ **130** ○ **131** ○ **132** ○ **133** ○ **134** ×

해설 **임차인이 임대인에게 임차목적물을 반환하는 때에는 원상회복의무가 있다(민법 제654조, 제615조). 임차인이 임차목적물을 수리하거나 변경한 때에는 원칙적으로 수리·변경 부분을 철거하여 임대 당시의 상태로 사용할 수 있도록 해야 한다.** 다만 원상회복의무의 내용과 범위는 임대차계약의 체결 경위와 내용, 임대 당시 목적물의 상태, 임차인이 수리하거나 변경한 내용 등을 고려하여 구체적·개별적으로 정해야 한다(대판 2019.8.30. 2017다268142).

사실관계 甲 주식회사가 점포를 임차하여 커피전문점 영업에 필요한 시설 설치공사를 하고 프랜차이즈 커피전문점을 운영하였고, 乙이 이전 임차인으로부터 위 커피전문점 영업을 양수하고 丙 주식회사로부터 점포를 임차하여 커피전문점을 운영하였는데, 임대차 종료 시 乙이 인테리어시설 등을 철거하지 않자 丙 회사가 비용을 들여 철거하고 반환할 보증금에서 시설물 철거비용을 공제한 사안에서, 임대차계약서에 임대차 종료시 乙의 원상회복의무를 정하고 있으므로 丙 회사가 철거한 시설물이 점포에 부합되었다고 할지라도 임대차계약의 해석상 乙이 원상회복의무를 부담하지 않는다고 보기 어렵고, 丙 회사가 철거한 시설은 프랜차이즈 커피전문점의 운영을 위해 설치된 것으로서 점포를 그 밖의 용도로 사용할 경우에는 불필요한 시설이고, 乙이 비용상환청구권을 포기하였다고 해서 丙 회사가 위와 같이 한정된 목적으로만 사용할 수 있는 시설의 원상회복의무를 면제해 주었다고 보기 어려우므로, **丙 회사가 비용을 들여 철거한 시설물이 乙의 전 임차인이 설치한 것이라고 해도 乙이 철거하여 원상회복할 의무가 있다고 보아 丙 회사가 乙에게 반환할 보증금에서 丙 회사가 지출한 시설물 철거비용이 공제되어야 한다**고 판단한 원심판결을 수긍한 사례

135

18서기보

임차인이 임대차계약에 의하여 건물을 적법하게 점유하고 있으면서 비용을 지출한 경우 임대인에 대하여 민법 제626조 제2항에 의한 임대차계약상 유익비상환청구를 할 수 있을 뿐, 낙찰에 의하여 소유권을 취득한 자에 대하여 이와는 별도로 민법 제203조 제2항에 의한 유익비상환청구를 할 수는 없다. O | X

해설 제203조의 적용범위

判例에 따르면 "**점유자가 유익비를 지출할 당시 계약관계 등 적법한 점유의 권원을 가진 경우에 그 지출비용의 상환에 관하여는 그 계약관계를 규율하는 법조항**(예를 들면 전세권에 관한 제310조, 유치권에 기한 325조, 임대차에 관한 제626조)**이나 법리 등이 적용되는 것**이어서, 점유자는 그 계약관계 등의 상대방에 대하여 해당 법조항이나 법리에 따른 비용상환청구권을 행사할 수 있을 뿐 계약관계 등의 상대방이 아닌 **점유회복 당시의 소유자에 대하여 제203조 2항에 따른 지출비용의 상환을 구할 수는 없다.**"(대판 2003.7.25. 2001다64752)라고 한다.

➡ 따라서 임차인은 낙찰인에게 제203조 제2항에 의한 유익비의 상환을 청구할 수 없고, 다만 임대인에게 제626조 제2항에 의하여 유익비의 상환을 청구할 수 있으므로 이를 피담보채권으로 하여 낙찰인에게 유치권을 주장할 수 있다.

136

출제예상

임대인이 임대차 존속 중 이미 소멸시효가 완성된 구상금채권을 자동채권으로 삼아 임차인의 유익비상환채권과 상계하는 것은 민법 제495조에 의해 인정될 수 있다. O | X

해설 임대차 존속 중 임대인의 구상금채권 소멸시효가 완성된 경우, 임대인이 이미 소멸시효가 완성된 구상금채권을 자동채권으로 삼아 임차인의 유익비상환채권과 상계할 수 있는지 여부(소극)

민법 제495조는 "소멸시효가 완성된 채권이 그 완성 전에 상계할 수 있었던 것이면 그 채권자는 상계할 수 있다."라고 규정하고 있다. 이는 당사자 쌍방의 채권이 상계적상에 있었던 경우에 당사자들은 그 채권·채무관계가 이미 정산되어 소멸하였다고 생각하는 것이 일반적이라는 점을 고려하여 당사자들의 신뢰를 보호하기 위한 것이다. 다만 이는 '자동채권의 소멸시효 완성 전에 양 채권이 상계적상에 이르렀을 것'을 요건으로 한다.

민법 제626조 제2항은 임차인이 유익비를 지출한 경우에는 임대인은 임대차 종료 시에 그 가액의 증가가 현존한 때에 한하여 임차인의 지출한 금액이나 그 증가액을 상환하여야 한다고 규정하고 있으므로, **임차인의 유익비상환채권은 임대차 계약이 종료한 때에 비로소 발생한다고 보아야 한다. 따라서 임대차 존속 중 임대인의 구상금채권**(임차인이 세금을 납부하기로 약정하였으나 이를 이행하지 않아 임대인이 직접 납부하여 발생한 채권: 저자 주)**의 소멸시효가 완성된 경우에는 위 구상금채권과 임차인의 유익비상환채권이 상계할 수 있는 상태에 있었다고 할 수 없으므로, 그 이후에 임대인이 이미 소멸시효가 완성된 구상금채권을 자동채권으로 삼아 임차인의 유익비상환채권과 상계하는 것은 민법 제495조에 의하더라도 인정될 수 없다**(대판 2021.2.10. 2017다258787)

➡ 임차보증금에는 연체차임에 대한 담보적 기능이 인정되므로 제495조의 유추적용이 인정되지만(대판 2016.11.25. 2016다211309), 유익비상환청구권에는 그러한 담보적 기능이 인정되지 않으므로 제495조를 유추적용하지 않은 것으로 보인다.

137

11사무관

부속된 물건이 건물 기타 공작물의 구성부분이 되면 유익비상환청구권의 대상이 되고, 독립성이 인정되는 경우에는 부속물매수청구권의 대상이 된다. O I X

해설 부속물 매수청구권의 요건

건물 임차인이 부속물매수청구권(제646조)을 행사할 수 있기 위해서는 ⅰ) 건물 기타 공작물의 임대차일 것, ⅱ) 임차인이 임차목적물의 사용의 편익을 위하여 부속시킨 것일 것, ⅲ) 부속물이 독립성을 가질 것, ⅳ) 임대인의 동의를 얻거나 임대인으로부터 매수하여 부속시킨 것일 것, ⅴ) 임대차가 종료하였을 것을 요한다.

여기서 부속물이란 건물에 **'부속'**된 것으로 임차인의 소유에 속하고 건물의 **'구성부분'을 이루지 않는 '독립'한 물건**이어야 한다(대판 1993.2.26. 92다41627). 따라서 기존건물과 분리되어 독립한 소유권의 객체가 될 수 없는 증축부분이나 임대인의 소유에 속하기로 한 부속물은 매수청구의 대상이 될 수 없다(대판 1982.1.19. 81다1001).

참고판례 임차인이 임차건물을 임대인의 동의 등을 얻어 '증축'한 경우

① 임차인이 임차한 건물에 그 권원에 의하여 증축을 한 경우에 증축된 부분이 부합으로 인하여 기존 건물의 구성 부분이 된 때에는 증축된 부분에 별개의 소유권이 성립할 수 없으나(비용상환청구권의 문제), 증축된 부분이 구조상으로나 이용상으로 기존 건물과 구분되는 독립성이 있는 때에는 구분소유권이 성립하여 증축된 부분은 독립한 소유권의 객체가 된다(부속물매수청구권의 문제)(대판 1999.7.27. 99다14518). ② 건물이 증축된 경우에 증축부분의 기존건물에 부합 여부는 증축부분이 기존건물에 부착된 ⅰ) 물리적 구조뿐만 아니라, ⅱ) 그 용도와 기능의 면에서 기존건물과 독립한 경제적 효용을 가지고 거래상 별개의 소유권의 객체가 될 수 있는지의 여부 및 ⅲ) 증축하여 이를 소유하는 자의 의사 등을 종합하여 판단하여야 한다(대판 1994.6.10. 94다11606).

138

13서기보, 18주사보

건물 기타 공작물의 임차인이 그 사용의 편익을 위하여 임대인의 동의를 얻어 이에 부속한 물건이 있는 때에는 임대차의 종료시에 임대인에 대하여 그 부속물의 매수를 청구할 수 있다. O I X

해설 **제646조(임차인의 부속물매수청구권)** ① 건물 기타 공작물의 임차인이 그 사용의 편익을 위하여 임대인의 동의를 얻어 이에 부속한 물건이 있는 때에는 임대차의 종료시에 임대인에 대하여 그 부속물의 매수를 청구할 수 있다.
② 임대인으로부터 매수한 부속물에 대하여도 전항과 같다.

정답 | 135 O 136 × 137 O 138 O

139

13법무사

건물의 임차인이 그 사용의 편익을 위하여 임대인의 동의를 얻어 부속한 물건인 이상 오로지 임차인의 특수목적에 사용하기 위하여 부속된 것이라 하더라도 민법 제646조가 규정하는 매수청구의 대상이 되는 부속물에 해당한다. O | X

해설 건물에 부속된 것으로 임차인의 소유에 속하고 건물의 구성부분을 이루지 않는 '독립'한 물건이며 '건물'의 편익을 가져오게 하는 물건이어야 한다(대판 1993.2.26. 92다41627). 따라서 **오로지 임차인의 특수목적에 사용하기 위하여 부속된 때에는 매수청구의 대상이 될 수 없다**(대판 1993.2.26. 92다41627).
예컨대, 2층 사무실용 건물부분에 임차인이 삼계탕 집을 경영하면서 그 물건을 부속시킨 경우 이는 건물의 편익을 가져오게 하는 물건이 아니므로 부속물매수청구권을 행사할 수 없으며, 유익비의 경우도 임차물 자체의 보존 내지 객관적 가치를 증가시키기 위해 투입된 비용에 한정되므로 이 경우 들인 비용은 유익비에도 해당하지 않아 비용상환청구권도 행사할 수 없다(대판 1993.10.8. 93다25738).

140

11주사보, 11사무관

임차인의 부속물매수청구권은 당사자의 약정으로 배제할 수 있으나, 유익비상환청구권은 당사자의 약정으로 포기할 수 없다. O | X

해설 ① **부속물매수청구의 경우**
부속물매수청구권을 규정한 제646조는 강행규정으로서 이에 위반하는 약정으로 임차인에게 불리한 것은 무효가 된다(제652조). 따라서 임대차계약에서 "임차인은 임대인의 승인하에 개축 또는 변조할 수 있으나 부동산의 반환기일 전에 임차인의 부담으로 원상복구키로 한다"라고 약정한 경우, 이는 임차인이 임차 목적물에 지출한 각종 유익비의 상환청구권을 미리 포기하기로 한 취지의 특약이라고 볼 수는 있어도, 부속물매수청구권 배제특약은 무효이므로 당해 특약이 부속물매수청구권 행사를 배제할 수는 없다(대판 1995.6.30. 95다12927 참고).
② **비용상환청구권의 경우**
비용상환청구권에 관한 규정은 임의규정이므로 당사자 사이의 특약으로 임대인의 비용상환의무를 면제하거나 제한할 수 있다(통설, 判例). 따라서 각종 유익비 또는 필요비의 상환청구권을 미리 포기하기로 한 특약은 유효하고 이 경우 임차인은 유치권을 주장을 할 수 없다(대판 1975.4.22. 73다2010).

141

13법무사

건물임차인이 자신의 비용을 들여 증축한 부분을 임대인 소유로 귀속시키기로 하는 약정은 임차인이 원상회복의무를 면하는 대신 투입비용의 변상이나 권리 주장을 포기하는 내용이 포함된 것으로서 특별한 사정이 없는 한 유효하다. O | X

142

16법원행시

임차인의 비용상환청구권에 관한 규정은 강행규정이 아니므로 임차인이 이를 포기할 수 있는바, 임대차계약에서 '임차인은 임대인의 승인하에 개축 또는 변조할 수 있으나 부동산의 반환기일 전에 임차인의 부담으로 원상복구키로 한다'라고 약정한 경우, 이는 임차인이 임차 목적물에 지출한 각종 유익비의 상환청구권을 미리 포기한 것으로 볼 수 있다. O | X

해설 **141 142** 대판 1996.8.20. 94다44705,44712

143 16법원행시

임차인의 채무불이행으로 임대차계약이 해지된 경우에도 임차인의 부속물매수청구권은 인정된다.

O | X

144 20서기보

임대차계약이 임차인의 채무불이행으로 인하여 해지되었다고 하더라도 임차인의 민법 제646조에 의한 부속물매수청구권에는 영향이 없다. 또한 대항력 없는 임대차에서 임차목적물의 소유권이전이 이루어진 경우, 매매계약 체결 이전에 임차인이 전 소유자와의 관계에서 임차목적물을 수선하여 발생한 유익비는 이미 그로 인한 가치증가가 매매대금 결정에 반영되었을 것이므로 특별한 사정이 없는 한 전 소유자에게 비용상환청구를 하여야 할 것이지 신소유자가 이를 상환할 의무는 없다. O | X

해설 **143 144** 채무불이행으로 인한 해지로 임대차가 종료된 경우 부속물매수청구권 인정 여부

i) 임대차계약이 **임차인의 채무불이행으로 인하여 해지된 경우**에는 임차인은 민법 제646조에 의한 **부속물매수청구권이 없다**(대판 1990.1.23. 88다카7245).

ii) 대항력 없는 임대차에서 임차목적물의 소유권이전이 이루어진 경우, **매매계약 체결 이전에 임차인이 임차목적물을 수선하여 발생한 유익비는 그로 인한 가치증가가 매매대금결정에 반영되었다고 할 것**이므로, 특별한 사정이 없는 한 **전소유자와의 관계에서 지출한 유익비는 전소유자에게 비용상환청구를 하여야 할 것**이지 신소유자가 이를 상환할 의무는 없다(대판 206.5.11. 2005다52719).

145 18주사보

건물 기타 공작물의 소유 또는 식목·채염·목축을 목적으로 한 토지임대차의 기간이 만료한 경우에 건물·수목 기타 지상시설이 현존한 때에는, 임차인은 계약의 갱신을 청구할 수 있으며, 임대인이 갱신을 원하지 않으면 임차인은 상당한 가액으로 그 건물·수목 기타 지상시설의 매수를 청구할 수 있다. O | X

해설 **제643조(임차인의 갱신청구권, 매수청구권)** 건물 기타 공작물의 소유 또는 식목, 채염, 목축을 목적으로 한 토지임대차의 기간이 만료한 경우에 건물, 수목 기타 지상시설이 현존한 때에는 제283조의 규정을 준용한다.

제283조(지상권자의 갱신청구권, 매수청구권) ① 지상권이 소멸한 경우에 건물 기타 공작물이나 수목이 현존한 때에는 지상권자는 계약의 갱신을 청구할 수 있다.

② 지상권설정자가 계약의 갱신을 원하지 아니하는 때에는 지상권자는 상당한 가액으로 전항의 공작물이나 수목의 매수를 청구할 수 있다.

참고판례 임대인과 임차인이 토지와 그 지상의 기존 건물에 관하여 임대차계약을 체결한 후 임차인이 임대인의 동의하에 기존 건물을 철거하고 그 지상에 건물을 신축한 경우, 약정 임대차기간이 1년이고 신축 건물 완공 당시의 잔존 임대차기간이 4개월에 불과함에도 임차인이 많은 비용을 들여 내구연한이 상당한 건물을 신축하였고 임대인이 기존 건물의 철거 및 건물신축을 승낙한 점 등에 비추어, 토지와 기존 건물을 임대목적물로 하였던 당초의 임대차계약이 신축 건물의 소유를 목적으로 하는 토지 임대차계약으로 변경되었다(대판 2002.11.13. 2002다46003,46027,46010).

정답 | **139** × **140** × **141** ○ **142** ○ **143** × **144** × **145** ○

146

15법무사

지상 건물이 객관적으로 경제적 가치가 있는지 여부나 임대인에게 소용이 있는지 여부는 지상물매수청구권 행사의 요건이 아니다. O | X

> 해설 지상 건물의 객관적인 경제적 가치나 임대인에 대한 효용 여부가 민법 제643조 소정의 임차인의 매수청구권의 행사요건인지 여부(소극)
> 민법 제643조, 제283조에 규정된 임차인의 매수청구권은, 건물의 소유를 목적으로 한 토지 임대차의 기간이 만료되어 그 지상에 건물이 현존하고 임대인이 계약의 갱신을 원하지 아니하는 경우에 임차인에게 부여된 권리로서 **그 지상 건물이 객관적으로 경제적 가치가 있는지 여부나 임대인에게 소용이 있는지 여부가 그 행사요건이라고 볼 수 없다**(대판 2002.5.31. 2001다42080).

147

15법무사

임차인이 자신의 특수한 용도나 사업을 위하여 설치한 물건이나 시설도 지상물매수청구의 대상에 해당된다. O | X

> 해설 민법 제643조 소정의 매수청구의 대상이 되는 건물의 범위
> 민법 제643조가 규정하는 매수청구의 대상이 되는 건물에는 임차인이 임차토지상에 그 건물을 소유하면서 그 필요에 따라 설치한 것으로서 건물로부터 용이하게 분리될 수 없고 그 건물을 사용하는 데 객관적인 편익을 주는 부속물이나 부속시설 등이 포함되는 것이지만, 이와 달리 **임차인이 자신의 특수한 용도나 사업을 위하여 설치한 물건이나 시설은 이에 해당하지 않는다**(대판 2002.11.13. 2002다46003,46027,46010).

148

17법원행시

토지임차인의 지상물매수청구권은 기간의 정함이 없는 임대차에 있어서 임대인에 의한 해지통고에 의하여 그 임차권이 소멸된 경우에도 마찬가지로 인정된다. O | X

> 해설 토지임차인의 지상물매수청구권은 기간의 정함이 없는 임대차에 있어서 임대인에 의한 해지통고에 의하여 그 임차권이 소멸된 경우에도 마찬가지로 인정된다(대판 1995.7.11. 94다34265 전합).

149

출제예상

토지 임차인의 지상물매수청구권은 임대차기간이 만료된 경우에만 인정되고, 기간의 정함이 없는 임대차에서 임대인에 의한 해지통고에 의하여 그 임차권이 소멸된 경우에는 인정되지 않는다. O | X

> 해설 지상물매수청구권의 발생요건 – 토지임대차계약의 종료
> 일정한 목적의 토지임대차에서 존속기간이 만료한 경우에 지상시설이 현존한 때에는 토지임차인은 1차로 임대인을 상대로 계약의 갱신을 청구할 수 있고, 임대인이 이를 거절한 때에는 2차로 상당한 가액으로 지상시설의 매수를 청구할 수 있다(제643조, 제283조). 그런데 기간의 약정 없는 토지임대차계약에 대해 임대인이 해지통고를 한 경우(제635조), 이때에는 임대인이 미리 계약의 갱신을 거절한 것으로 볼 수 있으므로, 임차인은 계약의 갱신을 청구할 필요없이 곧바로 지상물의 매수를 청구할 수 있다(대판 1995.2.3. 94다51178,51185).

150

출제예상

토지 소유자가 아닌 제3자가 임대차계약의 당사자로서 토지를 임대한 경우, 토지 소유자가 임대인의 지위를 승계하였다는 등의 특별한 사정이 없는 한, 임대인이 아닌 토지 소유자가 직접 지상물매수청구권의 상대방이 될 수는 없다. O | X

> **해설** 지상물매수청구의 상대방
> 토지 소유자가 아닌 제3자가 토지 임대행위를 한 경우에는 ㉠ 제3자가 토지 소유자를 적법하게 대리하거나 토지 소유자가 제3자의 무권대리행위를 추인하는 등으로 임대차계약의 효과가 토지 소유자에게 귀속되었다면 토지 소유자가 임대인으로서 지상물매수청구권의 상대방이 된다. ㉡ 그러나 '제3자가 임대차계약의 당사자로서 토지를 임대'하였다면, 토지 소유자가 임대인의 지위를 승계하였다는 등의 특별한 사정이 없는 한 임대인이 아닌 토지 소유자가 직접 지상물매수청구권의 상대방이 될 수는 없다(대판 2017.4.26. 2014다72449,72456).

151

15/18서기보

민법 제643조가 정하는 건물 소유를 목적으로 하는 토지임대차에서 임차인이 가지는 지상물매수청구권과 관련하여, 종전 토지 임차인으로부터 그 소유인 미등기 무허가건물을 매수하여 점유하고 있는 토지 임차인도 특별한 사정이 없는 한 임대인에 대하여 지상물매수청구권을 행사할 수 있다. O | X

> **해설** 지상물매수청구권자
> 지상물매수청구권은 지상물소유자에 한하여 행사할 수 있다(대판 1993.7.27. 93다6386). 다만 건물 소유를 목적으로 하는 '토지 임대인의 동의를 얻어' 토지임차인으로부터 임차권을 양수한 자가 토지 위에 **종전 임차인이 신축한 미등기 무허가 건물을 매수**한 때에도, 그 점유 중인 건물에 대해 '법률상 또는 사실상의 처분권'을 갖고 있으므로 **이러한 토지임차권 양수인은 임대인에게 그 건물의 매수를 청구할 수 있다**(대판 2013.11.28. 2013다48364).

152

17법무사

건물의 소유를 목적으로 하는 토지 임차인의 건물매수청구권 행사의 상대방은 원칙적으로 임차권 소멸 당시의 토지소유자인 임대인이고, 임대인이 임차권 소멸 당시에 이미 토지소유권을 상실한 경우에는 그에게 지상건물의 매수청구권을 행사할 수는 없으며, 이는 임대인이 임대차 계약의 종료 전에 토지를 임의로 처분하였다 하여 달라지는 것은 아니다. O | X

> **해설** 건물의 소유를 목적으로 한 토지임차인의 지상건물매수청구권이 임대차계약 종료 후에 임대인으로부터 토지를 취득한 자에게도 미치는지 여부(적극)
> 甲이 토지를 취득할 당시에는 乙과 丙 사이에 그 토지에 대한 임대차계약이 존재하지 않고 있었다고 하더라도, 그 이전에 乙이 丙과의 사이에 건물의 소유를 목적으로 하는 임대차계약을 체결하였다가 그 계약이 종료되어 乙이 丙에 대하여 그 건물에 관한 매수청구권을 행사할 수 있었을 때에는, 乙은 그 토지의 취득자인 甲에 대하여도 매수청구권을 행사할 수 있다(대판 1996.6.14. 96다14517).

정답 | **146** ○ **147** × **148** ○ **149** × **150** ○ **151** ○ **152** ○

153

12법무사

임차인 소유의 건물이 구분소유의 객체가 되지 아니하고 또한 임대인소유의 토지 외에 임차인 또는 제3자 소유의 토지위에 걸쳐서 건립되어 있다면 임차인의 건물매수청구는 허용되지 아니한다. O | X

154

15법무사

건물의 소유를 목적으로 하는 토지임대차에 있어서 임차인 소유의 건물이 임대인이 임대한 토지 외에 임차인 또는 제3자 소유의 토지 위에 걸쳐서 건립되어 있는 경우에는, 임차지 상에 서 있는 건물 부분 중 구분소유의 객체가 될 수 있는 부분에 한하여 임차인에게 매수청구가 허용된다. O | X

해설 **153 154** 임차인 소유 건물이 임차 토지 외에 임차인 또는 제3자 소유의 토지 위에 걸쳐 있는 경우, 임차인의 건물매수청구권 행사의 가부

무릇 건물 소유를 목적으로 하는 토지임대차에 있어서 임차인 소유 건물이 임대인이 임대한 토지 외에 임차인 또는 제3자 소유의 토지 위에 걸쳐서 건립되어 있는 경우에는, 임차지 상에 서 있는 건물 부분 중 구분소유의 객체가 될 수 있는 부분에 한하여 임차인에게 매수청구가 허용된다(대판 1996.3.21. 93다42634 전합).

155

12/14/16법무사

건물의 소유를 목적으로 한 토지임대차계약의 기간이 만료함에 따라 지상건물 소유자가 임대인에 대하여 행사하는 민법 제643조 소정의 매수청구권은 매수청구의 대상이 되는 건물에 근저당권이 설정되어 있는 경우에도 인정된다. O | X

156

17법무사

건물의 소유를 목적으로 한 토지임대차에 있어서 임차인의 건물매수청구권은 매수청구의 대상이 되는 건물에 근저당권이 설정되어 있는 경우에도 인정되고, 그 매수가격을 정할 때 근저당권의 채권최고액이나 피담보채무액은 공제되어야 한다. O | X

해설 **155 156** ① 지상물매수청구권은 '형성권'으로서, 임차인의 행사만으로 지상물에 관해 임대인과 임차인 사이에 시가에 의한 매매 유사의 법률관계가 성립한다(대판 1991.4.9. 91다3260).

② 判例에 따르면 이 때 건물의 매수가격은 건물 자체의 가격 외에 건물의 위치, 주변토지의 여러 사정 등을 종합적으로 고려하여 **매수청구권 행사 당시 건물이 현재하는 대로의 상태에서 평가된 시가**를 말하는 것이다(대판 2008.5.29. 2007다4356).

③ 토지임차인 소유의 건물에 근저당권이 설정된 경우에도 매수청구권은 인정된다(대판 1972.5.23. 72다34). **이 경우 그 건물의 매수가격은 매수청구권행사 당시 건물이 현존하는 대로의 상태에서 평가된 시가 상당액을 의미하고, 여기에서 근저당권의 채권최고액이나 피담보채무액을 공제한 금액을 매수가격으로 정할 것은 아니다.** 다만, 매수청구권을 행사한 지상건물 소유자가 위와 같은 근저당권을 말소하지 않는 경우 토지소유자는 민법 제588조에 의하여 위 근저당권의 말소등기가 될 때까지 그 채권최고액에 상당한 대금의 지급을 거절할 수 있다(대판 2008.5.29. 2007다4356).

157 17법무사

지상물매수청구권이 행사되면 임대인과 임차인 사이에서는 임차지상의 건물에 대하여 매수청구권 행사 당시의 건물시가를 대금으로 하는 매매계약이 체결된 것과 같은 효과가 발생하는 것이지, 임대인이 기존 건물의 철거비용을 포함하여 임차인이 임차지상의 건물을 신축하기 위하여 지출한 모든 비용을 보상할 의무를 부담하게 되는 것은 아니다. O | X

해설 민법 제643조 소정의 임차인의 건물매수청구권 행사의 경우 그 건물의 매수가격의 산정방법
건물의 소유를 목적으로 한 토지임대차계약의 기간이 만료됨에 따라 지상건물 소유자가 임대인에 대하여 민법 제643조에 규정된 매수청구권을 행사한 경우에 그 건물의 매수가격은 건물 자체의 가격 외에 건물의 위치, 주변토지의 여러 사정 등을 종합적으로 고려하여 매수청구권 행사 당시 건물이 현재하는 대로의 상태에서 평가된 시가를 말한다(대판 2002.11.13. 2002다46003).

민법 제643조 소정의 임차인의 지상물매수청구권의 행사로 인한 효과로서 임대인이 임차인이 임차지상의 건물을 신축하기 위하여 지출한 모든 비용을 보상할 의무를 부담하게 되는지 여부(소극)
민법 제643조 소정의 지상물매수청구권이 행사되면 임대인과 임차인 사이에서는 임차지상의 건물에 대하여 매수청구권 행사 당시의 건물시가를 대금으로 하는 매매계약이 체결된 것과 같은 효과가 발생하는 것이지, **임대인이 기존 건물의 철거비용을 포함하여 임차인이 임차지상의 건물을 신축하기 위하여 지출한 모든 비용을 보상할 의무를 부담하게 되는 것은 아니다**(同 判例).

158 12법무사

건물의 소유를 목적으로 하는 토지임대차에 있어서, 임대차가 종료함에 따라 토지의 임차인이 임대인에 대하여 건물매수청구권을 행사할 수 있음에도 불구하고 이를 행사하지 아니한 채, 토지의 임대인이 임차인에 대하여 제기한 토지인도 및 건물철거청구소송에서 패소하여 그 패소판결이 확정되었다고 하더라도, 그 확정판결에 의하여 건물철거가 집행되지 아니한 이상 토지의 임차인으로서는 건물매수청구권을 행사하여 별소로써 임대인에 대하여 건물매매대금의 지급을 구할 수 있다. O | X

해설 대판 1995.12.26. 95다42195

159 13서기보

토지임차인의 차임연체 등 채무불이행을 이유로 임대차계약이 해지되는 경우에도 토지임차인은 토지임대인에 대하여 지상건물의 매수를 청구할 수 있다. O | X

해설 공작물의 소유 등을 목적으로 하는 토지임대차에 있어서 임차인의 채무불이행을 이유로 계약이 해지된 경우에는 임차인은 임대인에 대하여 민법 제283조, 제643조에 의한 매수청구권을 가지지 아니한다(대판 2003.4.22. 2003다7685).

정답 | 153 O 154 O 155 O 156 × 157 O 158 O 159 ×

160

13서기보

민법 제643조의 규정에 의한 토지임차인의 매수청구권행사로 지상건물에 대하여 시가에 의한 매매 유사의 법률관계가 성립된 경우에 토지임차인의 건물명도 및 그 소유권이전등기의무와 토지임대인의 건물대금지급의무는 동시이행관계에 있다. O | X

> 해설 건물의 소유를 목적으로 한 토지임차인이 민법 제643조의 규정에 의하여 매수청구권을 행사한 경우 토지임차인의 건물명도 및 그 소유권이전등기의무와 토지임대인의 건물대금지급의무가 동시이행관계에 있는지 여부(적극)
> 민법 제643조의 규정에 의한 토지임차인의 매수청구권행사로 지상건물에 대하여 시가에 의한 매매유사의 법률관계가 성립된 경우에 토지임차인의 건물명도 및 그 소유권이전등기의무와 토지임대인의 건물대금지급의무는 서로 대가관계에 있는 채무이므로 **토지임차인은 토지임대인의 건물명도청구에 대하여 대금지급과의 동시이행을 주장할 수 있다**(대판 1991.4.9. 91다3260).

161

11주사보

임대인이 임대물의 보존에 필요한 행위를 하는 때에는 임차인은 이를 거절하지 못한다. O | X

> 해설 **제624조(임대인의 보존행위, 인용의무)** 임대인이 임대물의 보존에 필요한 행위를 하는 때에는 임차인은 이를 거절하지 못한다.

162

18법무사

임대인이 민법 제628조에 의하여 장래에 대한 차임의 증액을 청구하였을 때에 당사자 사이에 협의가 성립되지 아니하여 법원이 결정해 주는 차임과 관련하여, 특별한 사정이 없는 한 증액된 차임에 대하여는 법원의 차임증액결정시를 이행기로 보아야 한다. O | X

> 해설 임대차계약을 할 때에 임대인이 임대 후 일정 기간이 경과할 때마다 물가상승 등 경제사정의 변경을 이유로 임차인과의 협의에 의하여 차임을 조정할 수 있도록 약정하였다면, 그 취지는 임대인에게 일정 기간이 지날 때마다 물가상승 등을 고려하여 상호 합의에 의하여 차임을 증액할 수 있는 권리를 부여하되 차임 인상요인이 생겼는데도 임차인이 인상을 거부하여 협의가 성립하지 않는 경우에는 법원이 물가상승 등 여러 요인을 고려하여 정한 적정한 액수의 차임에 따르기로 한 것으로 보아야 한다. 한편 임대인이 민법 제628조에 의하여 장래에 대한 차임의 증액을 청구하였을 때에 당사자 사이에 협의가 성립되지 아니하여 법원이 결정해 주는 차임은 **증액청구의 의사표시를 한 때에 소급하여 그 효력**이 생기는 것이므로, 특별한 사정이 없는 한 **증액된 차임에 대하여는** 법원 결정 시가 아니라 **증액청구의 의사표시가 상대방에게 도달한 때를 이행기**로 보아야 한다(대판 2018.3.15. 2015다239508,239515).

정답 | **160** ○ **161** ○ **162** ×

제7절 고용

제8절 도급

01 21법원행시

공사도급계약에 있어서 당사자 사이에 특약이 있거나 일의 성질상 수급인 자신이 하지 않으면 채무의 본지에 따른 이행이 될 수 없다는 등의 특별한 사정이 없는 한 반드시 수급인 자신이 직접 일을 완성하여야 하는 것은 아니고, 이행보조자 또는 이행대행자를 사용하더라도 공사도급계약에서 정한 대로 공사를 이행하는 한 계약을 불이행하였다고 볼 수 없다. O | X

02 출제예상

甲은 乙로부터 건물신축공사를 도급받아 X 건물을 완공하였다. 甲 자신이 직접 X 건물을 완공해야 하는 것은 아니므로, 특별한 사정이 없는 한, 이행대행자 丙을 사용하였더라도 乙에 대한 채무불이행은 아니다. O | X

해설 **01 02** 도급계약은 일의 완성이라는 결과를 목적으로 하는 것이므로, 당사자 사이에 특약이 있거나 일의 성질상 수급인 자신이 하지 않으면 채무의 본지에 따른 이행이 될 수 없다는 등의 특별한 사정이 없는 한 반드시 수급인 자신이 직접 일을 완성하여야 하는 것은 아니고, 이행보조자 또는 이행대행자를 사용하더라도 관계없다(대판 2002.4.12. 2001다82545,82552).

➡ 따라서 수급인 甲이 이행대행자 丙을 사용하였더라도 도급인 乙에 대한 채무불이행은 아니다.

비교쟁점 **제682조(복임권의 제한)** ① 수임인은 위임인의 승낙이나 부득이한 사유없이 제삼자로 하여금 자기에 갈음하여 위임사무를 처리하게 하지 못한다.

03 출제예상

토지소유자 甲은 10층 건물을 지어 달라는 계약을 건축업자 乙과 체결하면서 이에 소요되는 건축자재 일체는 乙이 조달하고 총 공사비 10억 원에 공사대금은 기성고(旣成高) 비율에 따라 지급하기로 약정하였다. 수급인이 자기의 노력과 출재로 완성한 건물의 소유권은 도급인과 수급인 사이의 특약에 의하여 달리 정하거나 기타 특별한 사정이 없는 한 수급인에게 귀속된다. O | X

정답 | **01** ○ **02** ○ **03** ○

> **해설** 신축건물의 소유권 귀속(원칙적 수급인 귀속설)
> 判例는 '특약이 없는 한' 자기의 노력과 재료를 들여 건물을 건축한 사람은 그 건물의 소유권을 원시적으로 취득한다(대판 1990.2.13. 89다카11401)고 보아 수급인이 재료의 전부 또는 주요부분을 제공하는 제작물 공급계약의 경우에는 수급인에게 소유권이 귀속한다고 본다. 다만 判例는 특약의 범위를 넓게 인정하여 구체적인 사안에서는 도급인이 신축 건물의 소유권을 원시취득한다고 판단한 경우가 적지 않다.

04

출제예상

甲은 乙로부터 건물신축공사를 도급받아 X 건물을 완공하였다. 甲이 전적으로 자신의 재료와 노력으로 X 건물을 신축한 경우에는 甲과 乙 사이에 乙 명의로 건축허가를 받아 소유권보존등기를 하기로 하는 등 X 건물의 소유권을 乙에게 귀속시키기로 하는 합의가 있었더라도 그 소유권은 甲에게 있다. O | X

> **해설** **도급계약**에서 완성된 물건의 소유권 귀속에 관한 특약이 있는 경우 약정에서 정한 바에 의하고 특약은 묵시적으로도 가능하다. 判例도 **도급인명의로 건축허가**를 받고 또 그 명의로 건물에 대한 소유권보존등기를 하기로 한 경우(대판 1997.5.30. 97다8601) 완성된 건축물의 소유권을 원시적으로 도급인에게 귀속시키기로 하는 **'묵시적 합의'**가 있는 것으로 본다.
>
> ➡ 따라서 수급인 甲이 전적으로 자신의 재료와 노력으로 X건물을 신축한 경우 원칙적으로는 甲에게 X건물의 소유권이 귀속되는 것이나, 수급인 甲과 도급인 乙 사이에 乙 명의로 건축허가를 받아 소유권보존등기를 하기로 하는 등 X건물의 소유권을 乙에게 귀속시키기로 하는 합의가 있었다면 그 소유권은 乙에게 있다.

05

12주사보

수급인이 자기의 노력과 출재로 완성한 건물의 소유권은 도급인과 수급인 사이의 특약에 의하여 달리 정하거나 다른 특별한 사정이 없는 한 수급인에게 귀속된다. O | X

> **해설** 대판 2011.8.25. 2009다67443 참조

06

21법원행시

甲이 자기 소유의 토지에 건물을 신축하는 공사를 乙에게 도급하면서 건축허가와 소유권보존등기를 甲 명의로 하기로 약정하고, 乙이 자기의 재료와 비용을 들여 건물을 신축하여 완공한 경우 甲이 신축건물의 소유권을 취득한다. O | X

07

21법무사

일반적으로 자기의 노력과 재료를 들여 건물을 건축한 사람이 그 건물의 소유권을 원시취득하는 것이지만, 도급계약에 있어서는 수급인이 자기의 노력과 재료를 들여 건물을 완성하더라도 도급인과 수급인 사이에 도급인 명의로 건축허가를 받아 소유권보존등기를 하기로 하는 등 완성된 건물의 소유권을 도급인에게 귀속시키기로 합의한 것으로 보일 경우에는 그 건물의 소유권은 도급인에게 원시적으로 귀속된다. O | X

해설 **06 07** 수급인이 자기의 노력과 재료를 들여 건물을 완성하더라도, 완성된 건물의 소유권을 도급인에게 귀속시키기로 하는 '특약'이 있는 때에는, 그 건물의 소유권은 원시적으로 도급인에게 귀속한다. 도급인 명의로 건축허가를 받고 또 그 명의로 건물에 대한 소유권보존등기를 하기로 한 때, 또는 공사 기성고 비율에 따라 상당액의 공사대금이 이미 지급된 경우에는, 각각 완성된 건축물의 소유권을 원시적으로 도급인에게 귀속시키기로 하는 묵시적 합의가 있는 것으로 본다(대판 1996.9.20. 96다24804).

08

21법원행시

건축주의 사정으로 건축공사가 중단되었던 미완성의 건물을 인도받아 나머지 공사를 마치고 완공한 경우, 그 건물이 공사가 중단된 시점에서 이미 사회통념상 독립한 건물이라고 볼 수 있는 형태와 구조를 갖추고 있었다면 원래의 건축주가 그 건물의 소유권을 원시취득한다. O | X

해설 건축주의 사정으로 건축공사가 중단되었던 미완성의 건물을 인도받아 나머지 공사를 마치고 완공한 경우, 그 건물이 공사가 중단된 시점에서 이미 사회통념상 독립한 건물이라고 볼 수 있는 형태와 구조를 갖추고 있었다면 원래의 건축주가 그 건물의 소유권을 원시취득하고, 최소한의 기둥과 지붕 그리고 둘레 벽이 이루어지면 독립한 부동산으로서의 건물의 요건을 갖춘 것으로 보아야 한다(대판 2007.4.26. 2005다19156).

09

20법무사, 20법원행시

도급계약에 있어서는 수급인이 자기의 노력과 재료를 들여 건물을 완성하더라도 도급인과 수급인 사이에 도급인 명의로 건축허가를 받아 소유권보존등기를 하기로 하는 등 완성된 건물의 소유권을 도급인에게 귀속시키기로 합의한 것으로 보여질 경우에는 그 건물의 소유권은 도급인에게 원시적으로 귀속된다. 이와 마찬가지로 채무의 담보를 위하여 채무자가 자기 비용과 노력으로 신축하는 건물의 건축허가 명의를 채권자 명의로 하였다면 채권자 명의로 소유권보존등기를 마치기 이전이라도 완성된 건물의 소유권은 채권자가 원시적으로 취득한다. O | X

10

14법무사

건축업자가 타인의 대지를 매수하여 그 대금을 지급하지 아니한 채 그 위의 자기의 노력과 재료를 들여 건물을 건축하면서 건축허가명의를 대지소유자로 한 경우 완성된 견물의 소유권은 일단 대지소유자에게 원시적으로 귀속된다. O | X

해설 ① **원칙적**으로, '특약이 없는 한' 자기의 노력과 재료를 들여 건물을 건축한 사람은 그 건물의 소유권을 원시적으로 취득한다(대판 1990.2.13. 89다카11401)고 보아 수급인이 재료의 전부 또는 주요부분을 제공하는 제작물 공급계약의 경우에는 '수급인'에게 소유권이 귀속한다고 본다.
② **도급계약 없이 채무자가 건물을 신축하면서 채권담보목적으로 채권자 명의로 건축허가를 받은 경우(부동산 양도담보)**
채무(대지매수대금)의 담보를 위하여 채무자(대지의 매수인)가 자기의 비용과 노력으로 신축하는 건물의 건축허가 명의를 채권자(대지의 매도인)로 하기로 합의한 경우, 判例는 이를 **'담보물권의 설정'과 동일하게 보아** 완성된 건물의 소유권은 채무자(대지의 매수인)가 원시적으로 취득하고, 채권자(대지의 매도인) 명의로 소유권보존등기를 마침으로써 **'담보목적의 범위 내'에서 채권자에게 소유권이 이전**된다고 본다(대판 1990.4.24. 89다카18884; 대판 2002.4.26. 2000다16350).

정답 | 04 × 05 ○ 06 ○ 07 ○ 08 ○ 09 × 10 ×

관련판례 건축허가서는 허가된 건물에 관한 실체적 권리의 득실변경의 공시방법이 아니며 추정력도 없으므로 건축허가서에 건축주로 기재된 자가 건물의 소유권을 취득하는 것은 아니므로, **자기 비용과 노력으로 건물을 신축한 자는 그 건축허가가 타인의 명의로 된 여부에 관계없이 그 소유권을 원시취득한다. 건축업자가 타인의 대지를 매수하여 그 대금을 지급하지 아니한 채 그 위에 자기의 노력과 재료를 들여 건물을 신축하면서 건축허가 명의를 대지소유자로 한 경우**에는, 부동산등기법 제131조의 규정에 의하여 특별한 사정이 없는 한 건축허가명의인 앞으로 소유권보존등기를 할 수밖에 없는 점에 비추어 볼 때, **그 목적이 대지대금 채무를 담보하기 위한 경우**가 일반적이라 할 것이고, 이 경우 **완성된 건물의 소유권은 일단 이를 건축한 채무자가 원시적으로 취득한 후 채권자 명의로 소유권보존등기를 마침으로써 담보 목적의 범위 내에서 위 채권자에게 그 소유권이 이전된다**(대판 2002.4.26. 2000다16350).

11

11법원행시

신축건물이 집합건물로서 여러 사람이 공동으로 건축주가 되어 도급계약을 체결한 경우 공동건축주들이 각 전유부분소유권을 개별적으로 원시취득하는 내용으로 약정하더라도 이는 유효하다. O | X

해설 신축건물의 소유권은 원칙적으로 자기의 노력과 재료를 들여 이를 건축한 사람이 원시적으로 취득하는 것이나, 건물신축도급계약에서 수급인이 자기의 노력과 재료를 들여 건물을 완성하더라도 도급인과 수급인 사이에 도급인 명의로 건축허가를 받아 소유권보존등기를 하기로 하는 등 **완성된 건물의 소유권을 도급인에게 귀속시키기로 합의한 경우에는 그 건물의 소유권은 도급인에게 원시적으로 귀속**되고, 이때 **신축건물이 집합건물로서 여러 사람이 공동으로 건축주가 되어 도급계약을 체결한 것이라면, 그 집합건물의 각 전유부분 소유권이 누구에게 원시적으로 귀속되느냐는 공동 건축주들 사이의 약정에 따라야** 한다(대판 2010.1.28. 2009다66990).

12

14법무사, 19사무관

도급계약에서 보수는 완성된 목적물의 인도와 동시에 지급하여야 한다. 그러나 목적물의 인도를 요하지 아니하는 경우에는 그 일을 완성한 후 지체 없이 지급하여야 한다. O | X

해설 **제665조(보수의 지급시기)** ① 보수는 그 완성된 목적물의 인도와 동시에 지급하여야 한다. 그러나 목적물의 인도를 요하지 아니하는 경우에는 그 일을 완성한 후 지체없이 지급하여야 한다.
② 전항의 보수에 관하여는 제656조제2항의 규정을 준용한다.

13

19법무사

도급계약의 당사자들이 '수급인이 공급한 목적물을 도급인이 검사하여 합격하면, 도급인은 수급인에게 보수를 지급한다.'고 정한 경우 도급인의 수급인에 대한 보수지급의무와 동시이행관계에 있는 수급인의 목적물 인도의무를 확인한 것에 불과하고 '검사 합격'은 법률행위의 효력 발생을 좌우하는 조건이 아니라 보수지급시기에 관한 불확정기한이다. 따라서 수급인이 도급계약에서 정한 일을 완성한 다음 검사에 합격한 때 또는 검사 합격이 불가능한 것으로 확정된 때 보수지급청구권의 기한이 도래한다. O | X

해설 민법 제665조 제1항은 도급계약에서 보수는 완성된 목적물의 인도와 동시에 지급해야 한다고 정하고 있다. 이때 목적물의 인도는 단순한 점유의 이전만을 의미하는 것이 아니라 도급인이 목적물을 검사한 후 목적물이 계약 내용대로 완성되었음을 명시적 또는 묵시적으로 시인하는 것까지 포함하는 의미이다. 도급계약의 당사자들이 '수급인이 공급한 목적물을 도급인이 검사하여 합격하면, 도급인은 수급인에게 보수를 지급한다.'고 정한 경우 도급인의 수급인에 대한 보수지급의무와 동시이행관계에 있는 수급인의 목적물 인도의무를 확인한 것에 불과하고 '검사 합격'은 법률행위의 효력 발생을 좌우하는 조건이 아니라 보수지급시기에 관한 불확정기한이다. 따라서 수급인이 도급계약에서 정한 일을 완성한 다음 검사에 합격한 때 또는 검사 합격이 불가능한 것으로 확정된 때 보수지급청구권의 기한이 도래한다(대판 2019.9.10. 2017다272486,272493).

14

15법원행시

제작물공급계약의 당사자들이 보수의 지급시기에 관하여 '수급인이 공급한 목적물을 도급인이 검사하여 합격하면, 도급인은 수급인에게 그 보수를 지급한다'는 내용의 조건을 붙였다면 이는 순수수의조건에 해당한다. O | X

해설 제작물공급계약의 당사자들이 보수의 지급시기에 관하여 "수급인이 공급한 목적물을 도급인이 검사하여 합격하면, 도급인은 수급인에게 그 보수를 지급한다"는 내용으로 한 약정은 **도급인의 수급인에 대한 보수지급의무와 동시이행관계에 있는 수급인의 목적물 인도의무를 확인한 것에 불과**하므로, 법률행위의 효력 발생을 장래의 불확실한 사실의 성부에 의존하게 하는 **법률행위의 부관인 조건에 해당하지 아니할 뿐만 아니라**, 조건에 해당한다 하더라도 검사에의 합격 여부는 도급인의 일방적인 의사에만 의존하지 않고 그 목적물이 계약내용대로 제작된 것인지 여부에 따라 객관적으로 결정되므로 **순수수의조건에 해당하지 않는다**(대판 2006.10.13. 2004다21862).

15

12법원행시

공사도급계약에서 지급되는 선금은 자금사정이 좋지 않은 수급인으로 하여금 자재 확보, 노임 지급 등에 어려움이 없이 공사를 원활하게 진행할 수 있도록 하기 위하여, 도급인이 장차 지급할 공사대금을 수급인에게 미리 지급하여 주는 선급공사대금이다. O | X

해설 건설공사도급계약에서 도급인이 지급한 선금의 법적 성격(= 선급공사대금) 및 기성고 해당 공사대금에서 선금을 정산하는 방법(= 기성고 비율에 따른 안분 정산)
공사도급계약에서 지급되는 **선금은 자금 사정이 좋지 않은 수급인으로 하여금 자재 확보, 노임 지급 등에 어려움이 없이 공사를 원활하게 진행할 수 있도록 하기 위하여, 도급인이 장차 지급할 공사대금을 수급인에게 미리 지급하여 주는 선급공사대금**이라고 할 것인데, 만약 선금을 수급인이 지급받을 기성고 해당 중도금 중 최초분부터 전액 우선 충당하게 되면 위와 같은 선금 지급의 목적을 달성할 수 없는 점을 감안하면, 선금이 지급된 경우에는 특별한 사정이 없는 한 기성 부분 대가 지급시마다 계약금액에 대한 기성 부분 대가 상당액의 비율에 따라 안분 정산하여 그 금액 상당을 선금 중 일부로 충당하고 나머지 공사대금을 지급받도록 함이 상당하다(대판 2002.9.4. 2001다1386).

정답 | **11** ○ **12** ○ **13** ○ **14** × **15** ○

16

14서기보

선급금을 지급한 후 계약이 해제 또는 해지되는 등의 사유로 수급인이 도중에 선급금을 반환하여야 할 사유가 발생하였다면, 특별한 사정이 없는 한 별도의 상계 의사표시 없이도 그 때까지의 기성고에 해당하는 공사대금 중 미지급액은 선급금으로 충당되고 도급인은 나머지 공사대금이 있는 경우 그 금액에 한하여 지급할 의무를 부담한다. O | X

> 해설 공사도급계약에 있어서 수수되는 이른바 선급금은 구체적인 기성고와 관련하여 지급된 공사대금이 아니라 전체 공사와 관련하여 지급된 공사대금이고, 이러한 점에 비추어 **선급금을 지급한 후 계약이 해제 또는 해지되는 등의 사유로 수급인이 도중에 선급금을 반환하여야 할 사유가 발생하였다면**, 특별한 사정이 없는 한 **별도의 상계 의사표시 없이도 그때까지의 기성고에 해당하는 공사대금 중 미지급액은 선급금으로 충당되고 도급인은 나머지 공사대금이 있는 경우 그 금액에 한하여 지급할 의무를 부담**하게 되나, 이때 선급금의 충당 대상이 되는 기성공사대금의 내역을 어떻게 정할 것인지는 도급계약 당사자의 약정에 따라야 한다. 그리고 그와 같이 정산하고 남은 선급금을 공사의 수급인이 도급인에게 반환하여야 할 채무는 선급금 그 자체와는 성질을 달리하는 것이다(대판 2010.7.8. 2010다9597).

17

21법원행시

건축공사도급계약이 수급인의 채무불이행을 이유로 해제될 당시 공사가 상당한 정도로 진척되어 이를 원상회복하는 것이 중대한 사회적·경제적 손실을 초래하고 완성된 부분이 도급인에게 이익이 된다면, 해당 도급계약은 미완성 부분에 대하여만 실효되어 수급인은 해제한 상태 그대로 건물을 도급인에게 인도하고 도급인은 인도받은 건물에 대하여 수급인이 실제로 지출한 비용을 보수로 지급하여야 하는 권리의무관계가 성립한다. O | X

> 해설 건축공사도급계약에 있어서 공사가 완성되지 못한 상태에서 당사자 중 일방이 상대방의 채무불이행을 이유로 계약을 해제한 경우에 공사가 상당한 정도로 진척되어 그 원상회복이 중대한 사회적, 경제적 손실을 초래하게 되고 완성된 부분이 도급인에게 이익이 되는 때에는 도급계약은 미완성부분에 대해서만 실효되고 수급인은 해제된 상태 그대로 그 건물을 도급인에게 인도하고 도급인은 인도받은 건물에 대한 보수를 지급하여야 할 의무가 있고, 이와 같은 경우 도급인이 지급하여야 할 미완성건물에 대한 보수는 특별한 사정이 없는 한 당사자 사이에 약정한 총공사비를 기준으로 하여 그 금액에서 수급인이 공사를 중단할 당시의 공사기성고비율에 의한 금액이 된다(대판 1993.11.23. 93다25080).

18

11/13/20법원행시

기성고에 따라 공사대금을 분할하여 지급하기로 약정한 경우라도 특별한 사정이 없는 한 하자보수의무와 동시이행관계에 있는 공사대금지급채무는 당해 하자가 발생한 부분의 기성공사대금에 한정되는 것은 아니다. O | X

> 해설 수급인의 하자보수의무와 동시이행관계에 있는 도급인의 공사대금지급채무는 당해 하자가 발생한 부분의 기성공사대금에 한정되는 것인지 여부(소극)
> 기성고에 따라 공사대금을 분할하여 지급하기로 약정한 경우라도 **특별한 사정이 없는 한 하자보수의무와 동시이행관계에 있는 공사대금지급채무는 당해 하자가 발생한 부분의 기성공사대금에 한정되는 것은 아니라고 할 것**이다. 왜냐하면, 이와 달리 본다면 도급인이 하자발생사실을 모른 채 하자가 발생한 부분에 해당하는 기성공사의 대금을 지급하고 난 후 뒤늦게 하자를 발견한 경우에는 동시이행의 항변권을 행사하지 못하게 되어 공평에 반하기 때문이다(대판 2001.9.18. 2001다9304).

19

11법원행시, 18사무관, 20서기보

수급인이 공사를 완성하지 못한 채 공사도급계약이 해제되어 기성고에 따른 공사비를 정산하여야 할 경우에 그 공사비는 다른 특별한 사정이 없는 한 당사자 사이에 약정된 총공사비를 기준으로 하여 그 금액 중 수급인이 공사를 중단할 당시의 기성고 비율에 의한 금액이다. O | X

해설 수급인은 해제한 때의 상태 그대로 그 건물을 도급인에게 인도하고 도급인은 그 건물의 완성도 등을 참작하여 인도받은 건물에 상당한 보수를 지급하여야 할 의무가 있다. 이 때 '상당한 보수'는 당사자 사이에 약정한 총 공사비를 기준으로 하여 그 금액에서 수급인이 공사를 중단할 당시의 '공사기성고 비율에 의한 금액'이 되는 것이지 수급인이 실제로 지출한 비용을 기준으로 할 것은 아니다(대판 1986.9.9. 85다카175; 대판 1992.3.31. 91다42630).

20

12법원행시

건축건물의 도급인이 민법 제666조가 정한 수급인의 저당권설정청구권의 행사에 따라 공사대금채무의 담보로 그 건물에 저당권을 설정하는 행위는 특별한 사정이 없는 한 사해행위에 해당한다. O | X

해설 수급인의 저당권설정청구권에 관한 민법 제666조의 입법 취지 및 수급인의 저당권설정청구권 행사에 따라 도급인이 저당권을 설정하는 행위가 사해행위에 해당하는지 여부(소극)
수급인의 저당권설정청구권을 규정하는 민법 제666조는 부동산공사에서 그 목적물이 보통 수급인의 자재와 노력으로 완성되는 점을 감안하여 그 목적물의 소유권이 원시적으로 도급인에게 귀속되는 경우 수급인에게 목적물에 대한 저당권설정청구권을 부여함으로써 ⅰ) 수급인이 사실상 목적물로부터 공사대금을 우선적으로 변제받을 수 있도록 하는 데 그 취지가 있고, ⅱ) 이러한 수급인의 지위가 목적물에 대하여 유치권을 행사하는 지위보다 더 강화되는 것은 아니어서 도급인의 일반 채권자들에게 부당하게 불리해지는 것도 아닌 점 등에 비추어, 신축건물의 도급인이 민법 제666조가 정한 수급인의 저당권설정청구권의 행사에 따라 공사대금채무의 담보로 그 건물에 저당권을 설정하는 행위는 특별한 사정이 없는 한 사해행위에 해당하지 아니한다(대판 2008.3.27. 2007다78616).

21

17법무사

건물신축공사에 관한 도급계약에서 수급인이 자기의 노력과 출재로 건물을 완성하여 그 소유권이 수급인에게 귀속된 경우에는 수급인으로부터 건물신축공사 중 일부를 도급받은 하수급인도 수급인에 대하여 민법 제666조에 따른 저당권설정청구권을 가진다. 이 때 저당권설정청구권의 소멸시효는 3년의 소멸시효에 해당한다. O | X

해설 건물신축공사의 하수급인이 수급인에 대하여 민법 제666조 저당권설정청구권을 가지는지 여부(원칙적 적극)
부동산에 관한 공사도급의 경우에 수급인의 노력과 출재로 완성된 목적물의 소유권은 원칙적으로 수급인에게 귀속되지만 도급인과 수급인 사이의 특약에 의하여 달리 정하거나 기타 특별한 사정이 있으면 도급인이 원시취득하게 되므로, 민법 제666조는 그러한 경우에 수급인에게 목적물에 대한 저당권설정청구권을 부여함으로써 수급인이 목적물로부터 공사대금을 사실상 우선적으로 변제받을 수 있도록 하고 있다. 이에 비추어, 건물신축공사에 관한 도급계약에서 수급인이 자기의 노력과 출재로 건물을 완성하여 그 소유권이 수급인에게 귀속된 경우에는 수급인으로부터 건물신축공사 중 일부를 도급받은 하수급인도 수급인에 대하여 민법 제666조에 따른 저당권설정청구권(이하 '저당권설정청구권'이라고 한다)을 가진다고 할 것이다(대판 2016.10.27. 2014다211978).

정답 | 16 ○ 17 × 18 ○ 19 ○ 20 × 21 ○

민법 제666조 저당권설정청구권의 소멸시효기간

한편 도급받은 공사의 공사대금채권은 민법 제163조 제3호에 따라 3년의 단기소멸시효가 적용되고, 그 공사에 부수되는 채권도 마찬가지라고 할 것인데(대판 2009.11.12. 2008다41451), 저당권설정청구권은 공사대금채권을 담보하기 위하여 저당권설정등기절차의 이행을 구하는 채권적 청구권으로서 공사에 부수되는 채권에 해당하므로 그 소멸시효기간 역시 3년이라고 보아야 한다(대판 2016.10.27. 2014다211978).

22

19사무관

공사대금채권이 양도되는 경우, 특별한 사정이 없는 한 수급인의 저당권설정청구권(민법 제666조)도 이에 수반하여 함께 이전된다. O | X

해설 민법 제666조에서 정한 **수급인의 저당권설정청구권은 공사대금채권을 담보하기 위하여 인정되는 채권적 청구권으로서 공사대금채권에 부수하여 인정되는 권리**이므로, **당사자 사이에 공사대금채권만을 양도하고 저당권설정청구권은 이와 함께 양도하지 않기로 약정하였다는 등의 특별한 사정이 없는 한, 공사대금채권이 양도되는 경우 저당권설정청구권도 이에 수반하여 함께 이전된다**고 봄이 타당하다. 따라서 신축건물의 수급인으로부터 공사대금채권을 양수받은 자의 저당권설정청구에 의하여 신축건물의 도급인이 그 건물에 저당권을 설정하는 행위 역시 다른 특별한 사정이 없는 한 사해행위에 해당하지 아니한다(대판 2018.11.29. 2015다19827).

23

20서기보

도급계약에 있어 지체상금의 약정을 한 경우, 도급인이 수급인에 대하여 약정한 선급금의 지급을 지체하였다고 하더라도 선급금 지급을 지체한 기간만큼 수급인이 지급하여야 하는 지체상금의 발생기간에서 공제되어야 하는 것은 아니다. O | X

해설 **수급인이 납품기한 내에 납품을 완료하지 못하면 지연된 일수에 비례하여 계약금액에 일정 비율을 적용하여 산정한 지체상금을 도급인에게 지급하기로 약정한 경우**, 수급인이 책임질 수 없는 사유로 의무 이행이 지연되었다면 해당 기간만큼은 지체상금의 발생기간에서 공제되어야 한다. 그리고 도급계약의 보수 일부를 선급하기로 하는 특약이 있는 경우, 수급인은 그 제공이 있을 때까지 일의 착수를 거절할 수 있고 이로 말미암아 일의 완성이 지연되더라도 채무불이행책임을 지지 않으므로, **도급인이 수급인에 대하여 약정한 선급금의 지급을 지체하였다는 사정은 일의 완성이 지연된 데 대하여 수급인이 책임질 수 없는 사유에 해당한다.** 따라서 **도급인이 선급금 지급을 지체한 기간만큼은 수급인이 지급하여야 하는 지체상금의 발생기간에서 공제되어야 한다**(대판 2016.12.15. 2014다14429).

24

20서기보

도급인과 수급인 사이에 도급인이 수급인에게 지급하여야할 공사대금의 범위 내에서 수급인의 근로자에 대한 노임이나 수급인의 거래처에 대한 공사에 필요한 물품대금을 직접 지급하기로 약정한 경우에도, 도급인은 그 노임이나 물품대금을 직접 지급하기 전이라면 노무가 제공되거나 물품이 납품되었다고 하여 수급인에게 공사대금의 지급을 거부할 수는 없다. O | X

해설 ⅰ) 전부명령에 의하여 피전부 채권은 동일성을 유지한 채로 집행채무자로부터 집행채권자에게 이전되고 제3채무자는 채권압류전에 피전부채권자에 대하여 가지고 있었던 항변사유로서 전부채권자에게 대항할 수 있다 할 것이므로 공사도급계약시 수급인의 종업원들에 대한 노임체불로 공사가 지연되는 경우 **도급인이 그 노임을 수급인에게 지급할 공사대금 중에서 종업원들에게 직접 지급하기로 약정하였다면 도급인은 체불노임상당의 공사 대금에 대하여는 수급인에게 그 지급을 거부할 수 있고** 따라서 전부채권자에 대해서도 위와 같은 항변사유를 가지고 대항할 수 있다(대판 1984.8.14. 84다카545).
ⅱ) **제3채무자(공사도급인) 甲과 집행채무자(공사수급인) 乙 사이에 甲의 乙에 대한 공사금채무의 범위 내에서 공사에 필요한 물품의 납품대금을 乙 대신 납품업자인 丙에게 직접 지급하기로 합의**하고 이에 따른 납품이 이루어진 경우 **甲은 그 물품대금을 지급하기 전이라 해도 위 합의를 이유로 공사금의 지급을 거절할 수 있다**고 할 것이고, 그 납품이 집행채권자 丁의 신청에 의한 乙의 甲에 대한 위 공사금채권에 관한 전부명령의 송달전에 이루어진 경우 甲이 그 대금을 지급하기 전이라도 전부채권자인 丁에게 대항할 수 있다(대판 1990.4.27. 89다카2049).

25

18사무관

건물신축공사의 미완성과 하자를 구별하는 기준은 공사가 도중에 중단되어 예정된 최후의 공정을 종료하지 못한 경우에는 공사가 미완성된 것으로 볼 것이지만, 공사가 당초 예정된 최후의 공정까지 일응 종료되고 그 주요 구조 부분이 약정된 대로 시공되어 사회통념상 일이 완성되었고 다만 그것이 불완전하여 보수를 하여야 할 경우에는 공사가 완성되었으나 목적물에 하자가 있는 것에 지나지 아니한다고 해석함이 상당하다. O | X

해설 공사 도급계약에 있어 공사의 미완성과 공사를 완성하였으나 하자가 있음에 불과한 경우의 구별 기준
공사가 도중에 중단되어 예정된 최후의 공정을 종료하지 못한 경우에는 공사가 미완성된 것으로 볼 것이지만, 공사가 당초 예정된 최후의 공정까지 일응 종료되고 그 주요 구조 부분이 약정된 대로 시공되어 사회통념상 일이 완성되었고 다만 그것이 불완전하여 보수를 하여야 할 경우에는 공사가 완성되었으나 목적물에 하자가 있는 것에 지나지 아니한다고 해석함이 상당하고, 예정된 최후의 공정을 종료하였는지 여부는 수급인의 주장이나 도급인이 실시하는 준공검사 여부에 구애됨이 없이 당해 공사 도급계약의 구체적 내용과 신의성실의 원칙에 비추어 객관적으로 판단할 수밖에 없고, 이와 같은 기준은 공사 도급계약의 수급인이 공사의 준공이라는 일의 완성을 지체한 데 대한 손해배상액의 예정으로서의 성질을 가지는 지체상금에 관한 약정에 있어서도 그대로 적용된다(대판 2010.1.14. 2009다7212,7229).

26

11법원행시

제작물공급계약에서 당초 예정된 최후의 공정까지 일단 종료되면 일이 완성되어 보수의 지급을 청구할 수 있고, 그 목적물이 통상적인 성능을 발휘하지 못한다고 하더라도 이는 목적물에 하자가 있는 것에 불과하다. O | X

해설 도급계약에 있어 일의 완성에 관한 주장·입증책임은 일의 결과에 대한 보수의 지급을 청구하는 수급인에게 있고, **제작물공급계약에서 일이 완성되었다고 하려면 당초 예정된 최후의 공정까지 일단 종료하였다는 점만으로는 부족하고 목적물의 주요구조 부분이 약정된 대로 시공되어 사회통념상 일반적으로 요구되는 성능을 갖추고 있어야 하므로,** 제작물공급에 대한 보수의 지급을 청구하는 수급인으로서는 그 목적물 제작에 관하여 계약에서 정해진 최후 공정을 일단 종료하였다는 점뿐만 아니라 그 목적물의 주요구조 부분이 약정된 대로 시공되어 사회통념상 일반적으로 요구되는 성능을 갖추고 있다는 점까지 주장·입증하여야 한다(대판 2006.10.13. 2004다21862).

정답 | 22 ○ 23 × 24 × 25 ○ 26 ×

참고판례 제작물공급계약의 법적 성질 및 그에 대한 적용 법률
당사자의 일방이 상대방의 주문에 따라 자기 소유의 재료를 사용하여 만든 물건을 공급하기로 하고 상대방이 대가를 지급하기로 약정하는 이른바 제작물공급계약은 그 제작의 측면에서는 도급의 성질이 있고 공급의 측면에서는 매매의 성질이 있어 대체로 매매와 도급의 성질을 함께 가지고 있으므로, 그 적용 법률은 계약에 의하여 제작 공급하여야 할 물건이 대체물인 경우에는 매매에 관한 규정이 적용되지만, 물건이 특정의 주문자의 수요를 만족시키키 위한 부대체물인 경우에는 당해 물건의 공급과 함께 그 제작이 계약의 주목적이 되어 도급의 성질을 띠게 된다(同 判例).

27

15사무관

완성된 목적물 또는 완성전의 성취된 부분에 하자가 있는 때에는 도급인은 수급인에 대하여 상당한 기간을 정하여 그 하자의 보수를 청구할 수 있다. 그러나 하자가 중요하지 아니한 경우에 그 보수에 과다한 비용을 요할 때에는 그러하지 아니하다. O|X

28

14법무사

완성된 목적물의 하자가 중요하지 아니하면서 동시에 보수에 과다한 비용을 요할 때에는 도급인은 하자의 보수나 하자의 보수에 갈음하는 손해배상을 청구할 수는 없고, 하자로 인하여 입은 손해의 배상만을 청구할 수 있다. O|X

해설 **27 28** **제667조(수급인의 담보책임)** ① 완성된 목적물 또는 완성전의 성취된 부분에 하자가 있는 때에는 도급인은 수급인에 대하여 상당한 기간을 정하여 그 하자의 보수를 청구할 수 있다. 그러나 하자가 중요하지 아니한 경우에 그 보수에 과다한 비용을 요할 때에는 그러하지 아니하다.
건물신축도급계약에 있어서 수급인이 신축한 건물의 하자가 중요하지 아니하면서 동시에 그 보수에 과다한 비용을 요하는 경우에는 도급인은 하자보수나 하자보수에 갈음하는 손해배상을 청구할 수 없고 그 하자로 인하여 입은 손해의 배상만을 청구할 수 있다 할 것인데, 이러한 경우 **그 하자로 인하여 입은 통상의 손해는 특별한 사정이 없는 한 도급인이 하자 없이 시공하였을 경우의 목적물의 교환가치와 하자가 있는 현재의 상태대로의 교환가치와의 차액이** 되고, 그 하자 있는 목적물을 사용함으로 인하여 발생하는 **정신적 고통으로 인한 손해는 수급인이 그러한 사정을 알았거나 알 수 있었을 경우에 한하여 특별손해**로서 배상받을 수 있다(대판 1997.2.25. 96다45436).

29

13법원행시, 15주사보

완성된 목적물에 하자가 있는 때에는 도급인은 수급인에 대하여 상당한 기간을 정하여 그 하자의 보수를 청구할 수 있으나, 목적물이 완성되기 전인 경우에는 이미 성취된 부분에 하자가 있더라도 하자보수를 청구할 수 없다. O|X

해설 **도급계약에 따른 수급인의 하자보수책임은 완성 전의 '성취된' 부분에 관하여도 성립**되는바, 완성 전의 성취된 부분이라 함은 도급계약에 따른 일이 전부 완성되지는 않았지만 하자가 발생한 부분의 작업이 완료된 상태를 말하는 것이고, 도급인이 하자보수를 주장하는 경우 법원은 보수하여야 할 하자의 종류와 정도를 특정함과 아울러 그 하자를 보수하는 적당한 방법과 그 보수에 요할 비용 등에 관하여 심리하여 봄으로써, 그 하자가 중요한 것인지 또는 그 하자가 중요한 것은 아니더라도 그 보수에 과다한 비용을 요하지 않는 것인지를 가려보아 수급인의 하자보수책임을 인정할 수 있는지 여부를 판단하여야 할 것이다(대판 2001.9.18. 2001다9304).

30 12주사보

수급인의 하자보수의무와 도급인의 보수지급의무는 동시이행관계이다. O | X

> 해설 도급계약에 있어서 완성된 목적물에 하자가 있는 때에는 도급인은 수급인에 대하여 하자의 보수를 청구할 수 있고, 그 하자의 보수에 갈음하여 또는 보수와 함께 손해배상을 청구할 수 있는바, **이들 청구권은 특별한 사정이 없는 한 수급인의 보수지급청구권과 동시이행의 관계에 있다**고 할 것이다(대판 2001.6.15. 2001다21632).

31 13법무사

하자확대손해로 인한 수급인의 손해배상채무와 도급인의 공사대금채무는 동시이행의 관계에 있다. O | X

32 출제예상

수급인이 도급계약상의 의무를 제대로 이행하지 못하여 도급인의 신체 또는 재산에 손해가 발생한 경우, 하자확대손해로 인한 수급인의 손해배상채무와 도급인의 공사대금채무는 동시이행관계에 있다. O | X

> 해설 **31 32** 하자확대손해로 인한 수급인의 손해배상채무와 도급인의 공사대금채무가 동시이행관계에 있는지 여부(적극)
> **민법 제667조(수급인의 담보책임)** ② 도급인은 하자의 보수에 갈음하여 또는 보수와 함께 손해배상을 청구할 수 있다.
> ③ 전항의 경우에는 제536조의 규정을 준용한다.
> '하자로 인한 확대손해'는 제667조 2항의 하자담보책임에 따른 손해배상의 범위에 포함되지 않는다(대판 2004.8.20. 2001다70337참고). 따라서 확대손해에 대한 배상을 청구하기 위해서는 수급인의 귀책사유를 전제로 한 채무불이행책임을 원인으로 하여야 한다. 그리고 하자확대손해로 인한 수급인의 손해배상채무도 도급인의 공사대금채무와 동시이행관계에 있다(대판 2005.11.10. 2004다37676).

33 12법무사, 13법원행시

도급인이 인도받은 목적물에 하자가 있는 것만을 이유로 하자의 보수나 하자의 보수에 갈음하는 손해배상을 청구하지 아니하고 보수의 지급을 거절할 수는 없다. O | X

> 해설 대판 1991.12.10. 91다33056

34 11/14/16/21법원행시

도급인이 하자의 보수에 갈음하여 손해배상을 청구하는 경우에는, 수급인이 그 손해배상청구에 관하여 채무이행을 제공할 때까지 그 손해배상의 액에 상응하는 보수의 액에 관하여만 자기의 채무이행을 거절할 수 있을 뿐, 그 나머지 액의 보수에 관하여는 지급을 거절할 수 없다. O | X

정답 | 27 ○ 28 ○ 29 × 30 ○ 31 ○ 32 ○ 33 ○ 34 ○

해설 도급인의 하자보수청구의 요건 및 하자보수에 갈음한 손해배상을 청구하는 경우 이를 이유로 지급을 거절할 수 있는 보수액의 범위
도급인이 하자의 보수를 청구하려면 그 하자가 중요한 경우이거나 중요하지 아니한 것이라고 하더라도 그 보수에 과다한 비용을 요하지 아니할 경우이어야 하고, 도급인이 하자의 보수에 갈음하여 손해배상을 청구하는 경우에는 수급인이 그 손해배상청구에 관하여 채무이행을 제공할 때까지 그 손해배상의 액에 상응하는 보수의 액에 관하여만 자기의 채무이행을 거절할 수 있을 뿐, 그 나머지 액의 보수에 관하여는 지급을 거절할 수 없다(대판 1991.12.10. 91다33056).

35

11법원행시

도급계약에 있어서 완성된 목적물에 하자가 있는 때에는 도급인은 수급인에 대하여 하자의 보수를 청구할 수 있고, 그 하자의 보수에 갈음하여 또는 보수와 함께 손해배상을 청구할 수 있는바, 이들 청구권은 특별한 사정이 없는 한 수급인의 보수지급청구권과 동시이행의 관계에 있다. O | X

해설 도급계약에 있어서 완성된 목적물에 하자가 있는 때에는 도급인은 수급인에 대하여 하자의 보수를 청구할 수 있고 그 하자의 보수에 갈음하여 또는 보수와 함께 손해배상을 청구할 수 있는바, 이들 청구권은 수급인의 공사대금채권과 동시이행관계에 있으므로 수급인의 하수급인에 대한 하도급 공사대금채무를 인수한 도급인은 수급인이 하수급인과 사이의 하도급계약상 동시이행의 관계에 있는 수급인의 하수급인에 대한 하자보수청구권 내지 하자에 갈음한 손해배상채권 등에 기한 동시이행의 항변으로써 하수급인에게 대항할 수 있다(대판 2007.10.11. 2007다31914).

36

출제예상

토지소유자 甲은 10층 건물을 지어 달라는 계약을 건축업자 乙과 체결하면서 이에 소요되는 건축자재 일체는 乙이 조달하고 총 공사비 10억 원에 공사대금은 기성고(旣成高) 비율에 따라 지급하기로 약정하였다. 이에 乙이 건물을 완성하였으나 건물에 심한 균열이 생겼을 경우, 甲이 하자의 보수에 갈음하여 손해배상을 청구한 경우 도급인의 손해배상채권과 동시이행관계에 있는 수급인의 공사대금채권은 공사잔대금채권 중 위 손해배상채권액과 동액의 금원뿐만 아니라 그 나머지 공사잔대금채권도 위 손해배상채권과 동시이행관계에 있다. O | X

해설 손해배상청구권과 동시이행
도급인의 손해배상청구와 수급인의 보수청구 사이에는 동시이행의 항변권이 준용되며(제667조 제3항), 이 경우 채무이행을 제공할 때까지 그 '손해배상의 액에 상응하는 보수의 액'에 관하여만 자기의 채무이행을 거절할 수 있을 뿐, 그 나머지 액의 보수에 관하여는 지급을 거절할 수 없다(대판 1996.6.11. 95다12798).

비교판례 하자보수청구권과 동시이행
수급인은 하자 없이 일을 완성하여야 할 의무가 있고, 동시이행의 항변권이 미치는 범위를 사실상 하자보수비용에 한정한다면 발생한 하자에 대하여 손해배상을 구하지 않고 하자보수를 구한 도급인의 이익이 박탈되는 결과가 될 수 있기 때문에 도급인은 하자의 보수를 받을 때까지 수급인에게 '보수 전부'의 지급을 거절할 수 있다고 보아야 한다. 다만 대법원은 "미지급 공사대금에 비해 하자보수비 등이 매우 적은 편이고 하자보수공사가 완성되어도 공사대금이 지급될지 여부가 불확실한 경우, 도급인이 하자보수청구권을 행사하여 동시이행의 항변을 할 수 있는 기성공사대금의 범위는 하자 및 손해에 상응하는 금액으로 한정하는 것이 공평과 신의칙에 부합한다(대판 2001.9.18. 2001다9304)라고 판시한 바 있다.

37

14법원행시

도급계약에서 목적물 하자로 인한 통상의 손해는 도급인이 하자 없이 시공하였을 경우의 목적물의 교환가치와 하자가 있는 현재의 상태대로의 교환가치와의 차액일 것이나 교환가치 차액산출이 불가능한 경우 통상의 손해는 하자 없이 시공하였을 경우의 시공비용과 하자 있는 상태대로의 시공비용의 차액으로 볼 수 있다. O | X

해설 신축한 건물의 하자가 중요하지 아니하면서 그 보수에 과다한 비용을 요하는 경우, 도급인이 하자보수 또는 그에 갈음하는 손해배상을 청구할 수 있는지 여부(소극) 및 이 경우 도급인이 입은 통상 손해의 범위

건물신축도급계약에 있어서 수급인이 신축한 건물의 하자가 중요하지 아니하면서 동시에 그 보수에 과다한 비용을 요하는 경우에는 도급인은 하자보수나 하자보수에 갈음하는 손해배상을 청구할 수 없고 그 하자로 인하여 입은 손해의 배상만을 청구할 수 있다 할 것인데, 이러한 경우 그 하자로 인하여 입은 통상의 손해는 특별한 사정이 없는 한 도급인이 하자 없이 시공하였을 경우의 목적물의 교환가치와 하자가 있는 현재의 상태대로의 교환가치와의 차액이 되고, 그 하자 있는 목적물을 사용함으로 인하여 발생하는 정신적 고통으로 인한 손해는 수급인이 그러한 사정을 알았거나 알 수 있었을 경우에 한하여 특별손해로서 배상받을 수 있다(대판 2009.6.25. 2008다18932,18949).

38

출제예상

토지소유자 甲은 10층 건물을 지어 달라는 계약을 건축업자 乙과 체결하면서 이에 소요되는 건축자재 일체는 乙이 조달하고 총 공사비 10억 원에 공사대금은 기성고(既成高) 비율에 따라 지급하기로 약정하였다. 이에 乙이 건물을 완성하였으나 건물에 심한 균열이 생겼을 경우, 甲은 乙에게 건물의 균열에 대하여 보수를 청구할 수 있고, 보수에 갈음하여 손해배상을 청구할 수도 있다. O | X

해설 수급인의 담보책임(하자보수청구권 및 손해배상청구권)

수급인 乙의 하자담보책임이 성립하기 위해서는 ⅰ) 완성된 목적물 또는 완성 전의 성취된 부분에 하자가 있을 것(제667조), ⅱ) 하자가 도급인의 재료·지시에 기인한 경우가 아닐 것(제669조), ⅲ) 면제특약이 없을 것(제672조)의 요건이 충족되어야 한다.

➡ 사안의 경우 위 요건을 모두 충족하므로 乙은 하자담보책임을 진다. 甲은 상당한 기간을 정하여 건물의 균열에 대한 보수를 청구할 수 있고(제667조 제1항 본문), 보수에 갈음하여 손해배상을 청구할 수도 있고 또는 보수를 하더라도 전보하지 못한 손해가 있으면 그 손해의 배상도 아울러 청구할 수 있다(제667조 제2항).

39

출제예상

수급인 乙이 도급인 甲의 지시가 부적당함을 알면서 甲에게 고지하지 아니한 경우, 甲의 지시에 기인한 완성된 건물에 중대한 하자가 있어 보수가 불가능하고 다시 건축할 수밖에 없는 경우에도, 도급인 甲은 수급인 乙에게 건물을 철거하고 다시 건축하는 데 드는 비용 상당액을 하자로 인한 손해배상으로 청구할 수 없다. O | X

정답 | 35 ○ 36 × 37 ○ 38 ○ 39 ×

해설 도급인의 지시에 따라 건축공사를 하는 수급인이 지시가 부적당함을 알면서도 이를 도급인에게 고지하지 아니한 경우에는, 완성된 건물의 하자가 도급인의 지시에 기인한 것이더라도 하자담보책임을 면할 수 없다(제669조 참조). 도급계약에서 완성된 목적물에 하자가 있는 경우에 도급인은 수급인에게 하자의 보수나 하자의 보수에 갈음한 손해배상을 청구할 수 있다(제667조 제1항, 제2항 참조). 이때 하자가 중요한 경우에는 비록 보수에 과다한 비용이 필요하더라도 보수에 갈음하는 비용, 즉 실제로 보수에 필요한 비용이 모두 손해배상에 포함된다(제667조 제1항 단서 참조). 나아가 완성된 건물 기타 토지의 공작물(이하 '건물 등'이라 한다)에 중대한 하자가 있고 이로 인하여 건물 등이 무너질 위험성이 있어서 보수가 불가능하고 다시 건축할 수밖에 없는 경우에는, 특별한 사정이 없는 한 건물 등을 철거하고 다시 건축하는 데 드는 비용 상당액을 하자로 인한 손해배상으로 청구할 수 있다(대판 2016.8.18. 2014다31691) .

40 출제예상

민법 제669조 본문은 완성된 목적물의 하자가 도급인이 제공한 재료의 성질 또는 도급인의 지시에 기인한 때에는 수급인의 하자담보책임에 관한 규정이 적용되지 않는다고 정하고 있다. 이 규정은 수급인의 하자담보책임 뿐만 아니라 민법 제390조에 따른 채무불이행책임에도 적용된다. O | X

해설 도급계약에 따라 완성된 목적물에 하자가 있는 경우, 수급인의 하자담보책임과 채무불이행책임은 별개의 권원에 의하여 경합적으로 인정된다(대판 2004.8.20. 2001다70337 등 참조). **민법 제669조 본문**은 완성된 목적물의 하자가 도급인이 제공한 재료의 성질 또는 도급인의 지시에 기인한 때에는 수급인의 하자담보책임에 관한 규정이 적용되지 않는다고 정하고 있다. 그러나 이 규정은 수급인의 하자담보책임이 아니라 **민법 제390조에 따른 채무불이행책임에는 적용되지 않는다**(대판 2020.1.30. 2019다268252).

41 12법원행시

건축 도급계약의 수급인이 설계도면의 기재대로 시공한 경우, 이는 도급인의 지시에 따른 것과 같아서 수급인이 그 설계도면이 부적당함을 알고 도급인에게 고지하지 아니한 것이 아닌 이상, 그로 인하여 목적물에 하자가 생겼다 하더라도 수급인에게 하자담보책임을 지울 수는 없다. O | X

해설 대판 1996.5.14. 95다24975

42 21법원행시

매매의 목적물에 하자가 있는 경우 매도인의 하자담보책임과 채무불이행책임은 별개의 권원에 의하여 경합적으로 인정된다. 이 경우 특별한 사정이 없는 한 하자를 보수하기 위한 비용은 매도인의 하자담보책임과 채무불이행책임에서 말하는 손해에 해당한다. 따라서 매매 목적물인 토지에 폐기물이 매립되어 있고 매수인이 폐기물을 처리하기 위해 비용이 발생한다면 매수인은 그 비용을 민법 제390조에 따라 채무불이행으로 인한 손해배상으로 청구할 수도 있고, 민법 제580조 제1항에 따라 하자담보책임으로 인한 손해배상으로 청구할 수도 있다. O | X

43 출제예상

도급인은 하자보수비용을 민법 제667조 제2항에 따라 하자담보책임으로 인한 손해배상으로 청구할 수도 있고, 수급인에게 귀책성이 있다면 민법 제390조에 따라 채무불이행으로 인한 손해배상으로 청구할 수도 있다. 따라서 도급계약에서 완성된 목적물에 하자가 있는 경우 하자보수보증기간이 지난 경우에도 채무불이행에 의한 손해배상책임은 인정된다. O | X

> 해설 **42 43 제670조(담보책임의 존속기간)** ① 전3조의 규정에 의한 하자의 보수, 손해배상의 청구 및 계약의 해제는 목적물의 인도를 받은 날로부터 1년내에 하여야 한다.
> ② 목적물의 인도를 요하지 아니하는 경우에는 전항의 기간은 일의 종료한 날로부터 기산한다.
>
> **도급계약에 따라 완성된 목적물에 하자가 있는 경우, 수급인의 하자담보책임과 채무불이행책임은 별개의 권원에 의하여 경합적으로 인정된다. 목적물의 하자를 보수하기 위한 비용은 수급인의 하자담보책임과 채무불이행책임에서 말하는 손해에 해당한다.** 따라서 도급인은 하자보수비용을 민법 제667조 제2항에 따라 하자담보책임으로 인한 손해배상으로 청구할 수도 있고, 민법 제390조에 따라 채무불이행으로 인한 손해배상으로 청구할 수도 있다. 하자보수를 갈음하는 손해배상에 관해서는 민법 제667조 제2항에 따른 하자담보책임만이 성립하고 민법 제390조에 따른 채무불이행책임이 성립하지 않는다고 볼 이유가 없다(대판 2020.6.11. 2020다201156).

44 16법무사, 20법원행시

수급인의 담보책임에 기한 하자보수에 갈음하는 손해배상청구권에 대하여는 민법 제670조 또는 제671조의 제척기간이 적용된다. 그런데 이러한 도급인의 손해배상청구권에 대하여는 권리의 내용·성질 및 취지에 비추어 민법 제162조 제1항의 채권 소멸시효의 규정 또는 도급계약이 상행위에 해당하는 경우에는 상법 제64조의 상사시효의 규정이 적용되고, 민법 제670조 또는 제671조의 제척기간 규정으로 인하여 위 각 소멸시효 규정의 적용이 배제된다고 볼 수 없다. O | X

> 해설 수급인의 담보책임에 기한 하자보수에 갈음하는 손해배상청구권에 대하여 소멸시효 규정이 적용되는지 여부(적극)
> 수급인의 담보책임에 기한 하자보수에 갈음하는 손해배상청구권에 대하여는 민법 제670조 또는 제671조의 제척기간이 적용되고, 이는 법률관계의 조속한 안정을 도모하고자 하는 데에 취지가 있다. 그런데 이러한 **도급인의 손해배상청구권에 대하여는 권리의 내용·성질 및 취지에 비추어 민법 제162조 제1항의 채권 소멸시효의 규정 또는 도급계약이 상행위에 해당하는 경우에는 상법 제64조의 상사시효의 규정이 적용되고, 민법 제670조 또는 제671조의 제척기간 규정으로 인하여 위 각 소멸시효 규정의 적용이 배제된다고 볼 수 없다**(대판 2012.11.15. 2011다56491).

45 21서기보

수급인이 공사를 완성하지 못하여 완공기한을 넘겨 도급계약이 해제된 경우, 그 지체상금 발생의 시기는 완공기한일부터이고, 종기는 수급인이 공사를 중단하거나 기타 해제사유가 있어 도급인이 이를 해제할 수 있었을 때를 기준으로 하여 도급인이 다른 업자에게 의뢰하여 같은 건물을 완공할 수 있었던 시점이다. O | X

정답 | 40 × 41 ○ 42 ○ 43 ○ 44 ○ 45 ×

46

14서기보

수급인이 완공기한 내에 공사를 완성하지 못한 채 공사를 중단하고 계약이 해제된 결과 완공이 지연된 경우에 있어서 지체상금은 약정 준공일 다음 날부터 발생한다. O I X

해설 **45 46 건축도급계약이 수급인의 채무불이행으로 인하여 중도에 해제된 경우의 효과**
수급인이 완공기한 내에 공사를 완성하지 못한 채 공사를 중단하고 계약이 해제된 결과 완공이 지연된 경우에 있어서 **지체상금은 약정 준공일 다음 날부터 발생하되 그 종기는 수급인이 공사를 중단하거나 기타 해제사유가 있어 도급인이 공사도급계약을 해제할 수 있었을 때**(실제로 해제한 때가 아님)**부터 도급인이 다른 업자에게 맡겨서 공사를 완성할 수 있었던 시점까지**이고, 수급인이 책임질 수 없는 사유로 인하여 공사가 지연된 경우에는 그 기간만큼 공제되어야 한다(대판 2010.1.28. 2009다41137,41144).

47

21서기보, 14주사보, 14/19법무사, 15법원행시

완성된 건물의 경우에도 그 하자로 인하여 계약의 목적을 달성할 수 없는 때에는 계약을 해제할 수 있다. O I X

해설 **제668조(동전 - 도급인의 해제권)** 도급인이 완성된 목적물의 하자로 인하여 계약의 목적을 달성할 수 없는 때에는 계약을 해제할 수 있다. 그러나 건물 기타 토지의 공작물에 대하여는 그러하지 아니하다.

비교판례 **완공된 집합건물의 하자로 인하여 계약의 목적을 달성할 수 없는 경우 수분양자는 이를 이유로 분양계약을 해제할 수 있는지 여부(적극)**
ⅰ) 통상 대단위 집합건물의 경우 분양자는 대규모 건설업체임에 비하여 수분양자는 경제적 약자로서 수분양자를 보호할 필요성이 높다는 점, ⅱ) 집합건물이 완공된 후 개별분양계약이 해제되더라도 분양자가 집합건물의 부지사용권을 보유하고 있으므로 계약해제에 의하여 건물을 철거하여야 하는 문제가 발생하지 않을 뿐 아니라 ⅲ) 분양자는 제3자와 새로 분양계약을 체결함으로써 그 집합건물 건축의 목적을 충분히 달성할 수 있는 점 등에 비추어 볼 때 집합건물의소유및관리에관한법률 제9조 제1항이 적용되는 집합건물의 분양계약에 있어서는 민법 제668조 단서가 준용되지 않고 따라서 수분양자는 집합건물의 완공 후에도 분양목적물의 하자로 인하여 계약의 목적을 달성할 수 없는 때에는 분양계약을 해제할 수 있다(대판 2003.11.14. 2002다2485).

48

18서기보

민법 제668조 본문은 "도급인이 완성된 목적물의 하자로 인하여 계약의 목적을 달성할 수 없는 때에는 계약을 해제할 수 있다."라고 규정하고 있다. 위 조항에 따른 계약 해제는 목적물을 인도받은 날(목적물의 인도를 요하지 않는 경우에는 일을 종료한 날)로부터 3년 내에 하여야 하는 것이 원칙이다. O I X

해설 **제668조(동전 - 도급인의 해제권)** 도급인이 완성된 목적물의 하자로 인하여 계약의 목적을 달성할 수 없는 때에는 계약을 해제할 수 있다.

제670조(담보책임의 존속기간) ① 전3조의 규정에 의한 하자의 보수, 손해배상의 청구 및 계약의 해제는 목적물의 인도를 받은 날로부터 **1년 내에 하여야** 한다.
② 목적물의 인도를 요하지 아니하는 경우에는 전항의 기간은 일의 종료한 날로부터 기산한다.

49

13법원행시, 17법무사

수급인의 담보책임의 존속기간은 원칙적으로 하자를 안 날부터 1년이다. O | X

해설 **제670조(담보책임의 존속기간)** ① 전3조의 규정에 의한 하자의 보수, 손해배상의 청구 및 계약의 해제는 목적물의 인도를 받은 날로부터 **1년 내에 하여야** 한다.
② 목적물의 인도를 요하지 아니하는 경우에는 전항의 기간은 일의 종료한 날로부터 기산한다.

50

13법무사, 16서기보

민법상 수급인의 하자담보책임에 관한 기간은 제척기간으로서 재판상 청구를 위한 출소기간이다. O | X

해설 민법상 수급인의 하자담보책임에 관한 기간은 제척기간으로서 **재판상 또는 재판 외의 권리행사기간**이며 재판상 청구를 위한 출소기간이 아니라고 할 것이다(대판 2000.6.9. 2000다15371).

51

16법원행시

하자보수비용은 도급인이 목적물을 인수한 때 또는 하자를 발견한 때가 아니라 하자보수를 청구한 때 또는 보수에 갈음하여 손해배상을 청구한 때를 기준으로 하여 산정한다. O | X

해설 하자가 중요한 경우의 그 손해배상의 액수 즉 하자보수비는 목적물의 완성시가 아니라 하자보수 청구시 또는 손해배상 청구시를 기준으로 산정함이 상당하다(대판 1998.3.13. 95다30345).

52

17법무사, 18사무관

수급인이 일을 완성하기 전에는 도급인은 손해를 배상하고 계약을 해제할 수 있다. O | X

해설 **제673조(완성전의 도급인의 해제권)** 수급인이 일을 완성하기 전에는 도급인은 손해를 배상하고 계약을 해제할 수 있다.

53

14/18법원행시, 18법무사

도급인으로 하여금 자유로운 해제권을 행사할 수 있도록 하는 대신 수급인이 입은 손해를 배상하도록 규정한 민법 제673조에 의하여 도급계약을 해제하는 경우 원칙적으로 도급인은 수급인에 대한 손해배상에 있어서 과실상계나 손해배상예정액 감액을 주장할 수 있다. O | X

정답 | **46** ○ **47** × **48** × **49** × **50** × **51** ○ **52** ○ **53** ×

54 18법원행시

민법 제673조에 의하여 도급계약이 해제된 경우에도, 그 해제로 인하여 수급인이 그 일의 완성을 위하여 들이지 않게 된 자신의 노력을 타에 사용하여 얻은 소득은 당연히 손해액을 산정함에 있어서 공제되어야 한다. O | X

55 20서기보

수급인이 일을 완성하기 전에 도급인은 민법 제673조에 의하여 수급인이 입은 손해를 배상하고 계약을 해제할 수 있는데, 이 경우 특별한 사정이 없는 한 수급인에게 과실이 있는 경우 도급인은 과실상계를 주장할 수 있다. O | X

56 14서기보

수급인의 하자담보책임은 법이 특별히 인정한 무과실책임으로서 여기에 민법 제396조의 과실상계 규정이 준용될 수는 없으므로 하자발생 및 그 확대에 가공한 도급인의 잘못을 참작할 수 없다. O | X

> 해설 **53 54 55 56** 수급인의 하자담보책임은 법이 특별히 인정한 무과실책임으로서 여기에 민법 제396조의 과실상계 규정이 준용될 수는 없다 하더라도 담보책임이 민법의 지도이념인 공평의 원칙에 입각한 것인 이상 하자발생 및 그 확대에 가공한 도급인의 잘못을 참작할 수 있다(대판 2004.8.20. 2001다70337; 대판 2002.5.10. 2000다37296,37302).

57 12법무사

수급인은 도급인이 파산선고를 받은 때에는 계약을 해제할 수는 있으나, 도급인에 대하여 계약 해제로 인한 손해의 배상을 청구할 수는 없다. O | X

> 해설 **제674조(도급인의 파산과 해제권)** ① 도급인이 파산선고를 받은 때에는 수급인 또는 파산관재인은 계약을 해제할 수 있다. 이 경우에는 수급인은 일의 완성된 부분에 대한 보수 및 보수에 포함되지 아니한 비용에 대하여 파산재단의 배당에 가입할 수 있다.
> ② 전항의 경우에는 각 당사자는 상대방에 대하여 계약해제로 인한 손해의 배상을 청구하지 못한다.

58 11법원행시, 12/15주사보

제작물공급계약은 그 제작의 측면에서는 도급의 성질이 있고 공급의 측면에서는 매매의 성질이 있어 대체로 매매와 도급의 성질을 함께 가지고 있으므로, 그 적용 법률은 계약에 의하여 제작 공급하여야 할 물건이 대체물인 경우에는 매매에 관한 규정이 적용되지만, 물건이 특정의 주문자의 수요를 만족시키기 위한 부대체물인 경우에는 당해 물건의 공급과 함께 그 제작이 계약의 주목적이 되어 도급의 성질을 띠게 된다. O | X

해설 제작물공급계약의 법적 성질 및 그에 대한 적용법률
당사자의 일방이 상대방의 주문에 따라 자기 소유의 재료를 사용하여 만든 물건을 공급하기로 하고 상대방이 대가를 지급하기로 약정하는 이른바 **제작물공급계약은 그 제작의 측면에서는 도급의 성질이 있고 공급의 측면에서는 매매의 성질이 있어 대체로 매매와 도급의 성질을 함께 가지고 있으므로, 그 적용법률은 계약에 의하여 제작 공급하여야 할 물건이 대체물인 경우에는 매매에 관한 규정이 적용되지만, 물건이 특정의 주문자의 수요를 만족시키기 위한 부대체물인 경우에는 당해 물건의 공급과 함께 그 제작이 계약의 주목적이 되어 도급의 성질을 띠게 된다**(대판 2006.10.13. 2004다21862).

59 21서기보

도급계약에서 일의 완성 여부에 관한 주장·증명책임은 일의 결과에 대한 보수지급의무를 부담하는 도급인이 부담한다. O|X

해설 제작물공급계약에서 일이 완성되었다고 하려면 당초 예정된 최후의 공정까지 일단 종료하였다는 점만으로는 부족하고 목적물의 주요구조 부분이 약정된 대로 시공되어 사회통념상 일반적으로 요구되는 **성능**을 갖추고 있어야 한다(대판 2006.10.13. 2004다21862). 이에 대한 **주장·증명책임은 일의 결과에 대한 보수의 지급을 청구하는 수급인에게** 있다(同判例).

정답 | 54 ○ 55 × 56 × 57 ○ 58 × 59 ×

제9절 여행계약

01 20사무관

여행계약은 당사자 한쪽이 상대방에게 운송, 숙박, 관광 또는 그 밖의 여행 관련 용역을 결합하여 제공하기로 약정하고 상대방이 그 대금을 지급하기로 약정함으로써 효력이 생긴다. O | X

> **해설** **제674조의2(여행계약의 의의)** 여행계약은 당사자 한쪽이 상대방에게 운송, 숙박, 관광 또는 그 밖의 여행 관련 용역을 결합하여 제공하기로 약정하고 상대방이 그 대금을 지급하기로 약정함으로써 효력이 생긴다.

02 21서기보

여행자는 여행을 시작하기 전에는 언제든지 계약을 해제할 수 있으나, 상대방에게 발생한 손해를 배상하여야 한다. O | X

03 16법무사, 20사무관

여행업자(여행주최자)는 여행을 시작하기 전에는 언제든지 계약을 해제할 수 있다. 다만, 여행업자(여행주최자)는 여행자에게 발생한 손해를 배상하여야 한다. O | X

> **해설** **02 03 제674조의3(여행 개시 전의 계약 해제)** 여행자는 여행을 시작하기 전에는 언제든지 계약을 해제할 수 있다. 다만, 여행자는 상대방에게 발생한 손해를 배상하여야 한다.
>
> ➡ 여행업자는 언제든지 계약을 해제할 수 있는 자에 포함되지 않는다.

04 21서기보

부득이한 사유가 있는 경우에는 각 당사자는 계약을 해지할 수 있으나, 그 사유가 당사자 한쪽의 과실로 인하여 생긴 경우에는 상대방에게 손해를 배상하여야 한다. O | X

05 18법무사

부득이한 사유가 있는 경우에는 각 당사자는 계약을 해지할 수 있는데, 그 해지 사유가 누구의 사정에도 속하지 아니하는 경우 위 해지로 인하여 발생하는 추가비용은 여행주최자가 부담한다. O | X

> **해설** **제674조의4(부득이한 사유로 인한 계약 해지)** **04** ① 부득이한 사유가 있는 경우에는 각 당사자는 계약을 해지할 수 있다. 다만, 그 사유가 당사자 한쪽의 과실로 인하여 생긴 경우에는 상대방에게 손해를 배상하여야 한다.
>
> ② 제1항에 따라 계약이 해지된 경우에도 계약상 귀환운송(歸還運送) 의무가 있는 여행주최자는 여행자를 귀환운송할 의무가 있다.
>
> ③ **05** 제1항의 해지로 인하여 발생하는 추가 비용은 그 해지 사유가 어느 당사자의 사정에 속하는 경우에는 그 당사자가 부담하고, 누구의 사정에도 속하지 아니하는 경우에는 각 당사자가 절반씩 부담한다.

06 21서기보

여행자는 약정한 시기에 대금을 지급하여야 하나, 그 시기의 약정이 없으면 여행 시작 전에 지급하여야 한다. O | X

07 16법무사

여행자는 약정한 시기에 대금을 지급하여야 하며, 그 시기의 약정이 없으면 관습에 따르고, 관습이 없으면 여행의 종료 후 지체 없이 지급하여야 한다. O | X

> 해설 **06 07 제674조의5(대금의 지급시기)** 여행자는 약정한 시기에 대금을 지급하여야 하며, 그 시기의 약정이 없으면 관습에 따르고, 관습이 없으면 여행의 종료 후 지체 없이 지급하여야 한다.

08 21서기보, 20사무관, 18법무사

여행에 하자가 있는 경우에는 여행자는 여행주최자에게 하자의 시정 또는 대금의 감액을 청구할 수 있으나, 그 시정에 지나치게 많은 비용이 들거나 그 밖에 시정을 합리적으로 기대할 수 없는 경우에는 시정을 청구할 수 없다. O | X

> 해설 **제674조의6(여행주최자의 담보책임)** ① 여행에 하자가 있는 경우에는 여행자는 여행주최자에게 하자의 시정 또는 대금의 감액을 청구할 수 있다. 다만, 그 시정에 지나치게 많은 비용이 들거나 그 밖에 시정을 합리적으로 기대할 수 없는 경우에는 시정을 청구할 수 없다.

09 16법무사

여행자는 여행에 중대한 하자가 있는 경우에 그 시정이 이루어지지 아니하거나 계약의 내용에 따른 이행을 기대할 수 없는 경우에는 계약을 해지할 수 있다. O | X

10 출제예상

여행자는 여행에 하자가 있는 경우에는 여행주최자에게 하자 시정 또는 대금 감액을 청구할 수 있고, 여행에 중대한 하자가 있는 경우에 시정이 이루어지지 아니하거나 계약의 내용에 따른 이행을 기대할 수 없는 경우에는 계약을 해지할 수 있다. 계약이 해지된 경우에는 여행주최자는 대금청구권을 상실한다. O | X

정답 | 01 ○ 02 ○ 03 × 04 ○ 05 × 06 × 07 ○ 08 ○ 09 ○ 10 ○

해설 09 10 **제674조의7(여행주최자의 담보책임과 여행자의 해지권)** ① 여행자는 여행에 중대한 하자가 있는 경우에 그 시정이 이루어지지 아니하거나 계약의 내용에 따른 이행을 기대할 수 없는 경우에는 계약을 해지할 수 있다.
② 계약이 해지된 경우에는 여행주최자는 대금청구권을 상실한다. 다만, 여행자가 실행된 여행으로 이익을 얻은 경우에는 그 이익을 여행주최자에게 상환하여야 한다. ③ 여행주최자는 계약의 해지로 인하여 필요하게 된 조치를 할 의무를 지며, 계약상 귀환운송 의무가 있으면 여행자를 귀환운송하여야 한다. 이 경우 상당한 이유가 있는 때에는 여행주최자는 여행자에게 그 비용의 일부를 청구할 수 있다.

11

출제예상

여행주최자의 담보책임에 따른 여행자의 권리는 여행 기간 중에도 행사할 수 있으며, 하자가 발생한 날로부터 6개월 내에 행사하여야 한다. O | X

해설 **제674조의8(담보책임의 존속기간)** 제674조의6과 제674조의7에 따른 권리는 여행 기간 중에도 행사할 수 있으며, 계약에서 정한 여행 종료일부터 6개월 내에 행사하여야 한다.

➡ 즉, 기산점은 계약으로 정한 '여행 종료일'이다. 여행기간 중간에 계약이 해지된 경우에도 여행자가 언제나 즉시 출발지로 귀환하는 것이 아니고, 또 여행자가 일정한 목적지로 이동하는 경우 필요한 조치를 취하기까지는 시간이 필요하기 때문이다. 제674조의9 (강행규정) 제674조의3, 제674조의4 또는 제674조의6부터 제674조의8까지의 규정을 위반하는 약정으로서 여행자에게 불리한 것은 효력이 없다.

12

20사무관

여행업자는 여행자에 대하여 그 계약 내용의 실시에 관하여 조우할지 모르는 위험을 미리 제거할 수단을 강구하거나 또는 여행자에게 그 뜻을 고지하여 여행자 스스로 그 위험을 수용할지 여부에 관하여 선택의 기회를 주는 등의 합리적 조치를 취할 신의칙상의 주의의무를 진다. O | X

해설 여행업자가 기획여행을 실시함에 있어 여행자의 안전확보를 위하여 취하여야 할 주의의무의 내용 및 그 근거
여행업자는 통상 여행 일반은 물론 목적지의 자연적·사회적 조건에 관하여 전문적 지식을 가진 자로서 우월적 지위에서 행선지나 여행시설의 이용 등에 관한 계약 내용을 일방적으로 결정하는 반면 여행자는 그 안전성을 신뢰하고 여행업자가 제시하는 조건에 따라 여행계약을 체결하게 되는 점을 감안할 때, 여행업자는 기획여행계약의 상대방인 여행자에 대하여 기획여행계약상의 부수의무로서, 여행자의 생명·신체·재산 등의 안전을 확보하기 위하여, 여행목적지·여행일정·여행행정·여행서비스기관의 선택 등에 관하여 미리 충분히 조사·검토하여 전문업자로서의 합리적인 판단을 하고, 또한 그 계약 내용의 실시에 관하여 조우할지 모르는 위험을 미리 제거할 수단을 강구하거나 또는 여행자에게 그 뜻을 고지하여 여행자 스스로 그 위험을 수용할지 여부에 관하여 선택의 기회를 주는 등의 합리적 조치를 취할 신의칙상의 주의의무를 진다(대판 1998.11.24. 98다25061).

13 20사무관

여행자가 해외 여행계약에 따라 여행하는 도중 여행업자의 고의 또는 과실로 상해를 입은 경우 계약상 여행업자의 여행자에 대한 국내로의 귀환운송의무가 예정되어 있고, 현지에서 당초 예정한 여행기간 내에 치료를 완료하기 어렵거나, 계속적, 전문적 치료가 요구되어 사회통념상 여행자가 국내로 귀환할 필요성이 있었다고 인정된다면, 이로 인하여 발생하는 귀환운송비 등 추가적인 비용은 여행업자의 고의 또는 과실로 인하여 발생한 통상손해의 범위에 포함될 수 있다. O | X

해설 여행자가 해외 여행계약에 따라 여행하는 도중 여행업자의 고의 또는 과실로 상해를 입은 경우, 이로 인하여 발생하는 귀환운송비 등 추가적인 비용이 여행업자의 고의 또는 과실로 인하여 발생한 통상손해의 범위에 포함되기 위한 요건 및 이러한 경우 위 손해가 특별한 사정으로 인한 손해라고 하더라도 예견가능성이 있었다고 보아야 하는지 여부(적극)
민법 제393조 제1항은 "채무불이행으로 인한 손해배상은 통상의 손해를 그 한도로 한다."라고 규정하고 있고, 제2항은 "특별한 사정으로 인한 손해는 채무자가 이를 알았거나 알 수 있었을 때에 한하여 배상의 책임이 있다."라고 규정하고 있다. 제1항의 통상손해는 특별한 사정이 없는 한 그 종류의 채무불이행이 있으면 사회일반의 거래관념 또는 사회일반의 경험칙에 비추어 통상 발생하는 것으로 생각되는 범위의 손해를 말하고, 제2항의 특별한 사정으로 인한 손해는 당사자들의 개별적, 구체적 사정에 따른 손해를 말한다. 여행자가 해외 여행계약에 따라 여행하는 도중 여행업자의 고의 또는 과실로 상해를 입은 경우 계약상 여행업자의 여행자에 대한 국내로의 귀환운송의무가 예정되어 있고, 여행자가 입은 상해의 내용과 정도, 치료행위의 필요성과 치료기간은 물론 해외의 의료 기술수준이나 의료제도, 치료과정에서 발생할 수 있는 언어적 장애 및 의료비용의 문제 등에 비추어 현지에서 당초 예정한 여행기간 내에 치료를 완료하기 어렵거나, 계속적, 전문적 치료가 요구되어 사회통념상 여행자가 국내로 귀환할 필요성이 있었다고 인정된다면, 이로 인하여 발생하는 귀환운송비 등 추가적인 비용은 여행업자의 고의 또는 과실로 인하여 발생한 통상손해의 범위에 포함되고, 이 손해가 특별한 사정으로 인한 손해라고 하더라도 예견가능성이 있었다고 보아야 한다(대판 2019.4.3. 2018다286550).

정답 | 11 × 12 ○ 13 ○

제10절 현상광고

01 21법원행시

민법 제675조에 정하는 현상광고라 함은, 광고자가 어느 행위를 한 자에게 일정한 보수를 지급할 의사를 표시하고 이에 응한 자가 그 광고에 정한 행위를 완료함으로써 그 효력이 생기는 것으로서, 그 광고에 정한 행위의 완료에 조건이나 기한을 붙일 수 있다. 경찰이 탈옥수 甲을 수배하면서 '제보로 검거되었을 때에 신고인 또는 제보자에게 현상금을 지급한다.'는 내용의 현상광고를 한 경우, 현상광고의 지정행위는 甲의 거처 또는 소재를 경찰에 신고 내지 제보하는 것이고 甲이 '검거되었을 때'는 지정행위의 완료에 조건을 붙인 것인데, 제보자가 甲의 소재를 발견하고 경찰에 이를 신고함으로써 현상광고의 지정행위는 완료되었고, 그에 따라 경찰관 등이 출동하여 甲이 있던 호프집 안에서 그를 검문하고 나아가 차량에 태워 파출소에까지 데려간 이상 그에 대한 검거는 이루어진 것이므로, 현상광고상의 지정행위 완료에 붙인 조건도 성취되었다. O | X

해설 대판 2000.8.22. 2000다3675 참조

정답 | 01 ○

제11절 위임

01

출제예상

소송위임계약과 관련하여 위임사무 처리 도중 '수임인의 귀책사유'로 계약이 종료된 경우에는, 위임인에게 수임인이 계약종료 당시까지 이행한 사무처리 부분에 관하여 사무처리비용을 지급할 의무가 없다. O | X

해설 변호사가 소송위임계약을 체결하고 소송을 수행하다 위임계약이 중도해지되자 소송관련비용 및 약정한 성공보수를 청구한 사건

소송위임계약과 관련하여 위임사무 처리 도중에 **수임인의 귀책사유로 신뢰관계가 훼손되어 더 이상 소송위임사무를 처리하지 못하게 됨에 따라 계약이 종료되었다 하더라도, 위임인은,** 수임인이 계약종료 당시까지 이행한 사무처리 부분에 관해서 수임인이 처리한 사무의 정도와 난이도, 사무처리를 위하여 수임인이 기울인 노력의 정도, 처리된 사무에 대하여 가지는 위임인의 이익 등 여러 사정을 참작하여 상**당하다고 인정되는 보수 금액 및 상당하다고 인정되는 사무처리비용을 지급할 의무가 있다**(대판 2019.8.14. 2016다200538).

참고 위임은 원칙적으로 무상계약이지만 특약이 있으면 위임인은 보수지급 의무를 지고(제686조 제1항), 유상의 위임에 있어서 수임인의 보수청구권은 위임사무를 완료한 후에 발생하는 것이 원칙이나, 기간으로 보수를 정한 때에는 그 기간이 경과한 후에 이를 청구할 수 있다(제686조 제2항). 그러나 **수임인의 귀책사유 없이 위임이 이행 중 종료한 경우에도 위임인은 이미 행해진 이행의 비율에 따라서 보수를 지급하여야 한다(제686조 제3항).**

02

13법원행시, 14주사보, 17법무사

무상위임의 경우 수임인은 위임의 본지에 따라 자신의 재산과 동일한 주의로 위임사무를 처리하여야 한다. O | X

03

17서기보

모든 무상계약의 채무자는 자기재산과 동일한 정도의 주의의무를 부담한다. O | X

해설 **02 03** **제695조(무상수치인의 주의의무)** 보수 없이 임치를 받은 자는 임치물을 자기재산과 동일한 주의로 보관하여야 한다.

제681조(수임인의 선관의무) 수임인은 위임의 본지에 따라 선량한 관리자의 주의로써 위임사무를 처리하여야 한다.

➡ 즉, **수임인은 유상·무상을 불문**하고 위임의 취지에 따라 **선량한 관리자의 주의로써 위임사무를 처리할 의무를 부담**한다. 따라서 모든 무상계약의 채무자가 자기재산과 동일한 정도의 주의의무를 부담하는 것은 아니다.

쟁점정리 채무자의 '과실'은 채무자 개인의 주관적인 능력을 기준으로 하는 것이 아니라, 그 채무의 이행과 관련하여 평균적인 채무자를 기준으로 한다. 이를 '추상적 과실'이라고 하는바, 민법상 '선량한 관리자의 주의'라고 표현하는 것이 그러하다. 반면 채무자 개인의 주관적인 능력을 기준으로 하는 것을 '구체적 과실'이라고 하는바, 민법상 '자기재산과 동일한 정도의 주의'라고 표현하는 것이 그러하다.

정답 | 01 × 02 × 03 ×

04 18주사보, 21법무사

수임인은 위임인의 승낙이나 부득이한 사유 없이 제3자로 하여금 자기에 갈음하여 위임사무를 처리하게 하지 못한다. O | X

해설 **제682조(복임권의 제한)** ① 수임인은 위임인의 승낙이나 부득이한 사유 없이 제삼자로 하여금 자기에 갈음하여 위임사무를 처리하게 하지 못한다.

비교판례 대판 2002.4.12. 2001다82545,82552

05 18서기보

위임계약의 당사자 일방은 부득이한 사유 없이 상대방의 불리한 시기에 계약을 해지할 수 없다. O | X

06 21법무사

위임계약의 각 당사자는 민법 제689조 제1항에 의하여 특별한 이유 없이도 언제든지 위임계약을 해지할 수 있다. O | X

해설 **05 06** **제689조(위임의 상호해지의 자유)** ① 위임계약은 각 당사자가 언제든지 해지할 수 있다.
② 당사자 일방이 부득이한 사유없이 상대방의 불리한 시기에 계약을 해지한 때에는 그 손해를 배상하여야 한다.
민법 제689조 제1항은 위임계약은 각 당사자가 언제든지 해지할 수 있다고 하면서 제2항에는 당사자 일방이 부득이한 사유 없이 상대방의 불리한 시기에 계약을 해지한 때에는 그 손해를 배상하여야 한다고 규정하고 있는데, **민법상의 위임계약은 그것이 유상계약이든 무상계약이든 당사자 쌍방의 특별한 대인적 신뢰관계를 기초로 하는 위임계약의 본질상 각 당사자는 언제든지 이를 해지할 수 있고** 그로 말미암아 상대방이 손해를 입는 일이 있어도 그것을 배상할 의무를 부담하지 않는 것이 원칙이다(대판 2005.11.24. 2005다39136).

07 14/18주사보

민법상 위임은 유상이 원칙이며, 보수지급에 관한 특약이 없더라도 위임인은 보수지급의무를 부담한다. O | X

08 13법무사, 14주사보

수임인이 보수를 받을 때에는 위임사무 처리를 개시하면 이를 청구할 수 있다. O | X

09 13법원행시

위임사무의 처리와 보수의 지급은 동시이행의 관계에 있다. O | X

해설 07 08 09 **제686조(수임인의 보수청구권)** ① 수임인은 특별한 약정이 없으면 위임인에 대하여 보수를 청구하지 못한다.
② 수임인이 보수를 받을 경우에는 위임사무를 완료한 후가 아니면 이를 청구하지 못한다. 그러나 기간으로 보수를 정한 때에는 그 기간이 경과한 후에 이를 청구할 수 있다.

10

14주사보

위임사무의 처리에 비용을 요하는 때에는 위임은 수임인의 청구에 의하여 이를 선급하여야 한다.

O | X

해설 **제687조(수임인의 비용선급청구권)** 위임사무의 처리에 비용을 요하는 때에는 위임인은 수임인의 청구에 의하여 이를 선급하여야 한다.

11

18주사보

수임인은 위임사무 처리로 인하여 받은 금전 기타의 물건 및 그 수취한 과실을 위임인에게 인도하여야 한다.

O | X

해설 **제684조(수임인의 취득물 등의 인도, 이전의무)** ① 수임인은 위임사무의 처리로 인하여 받은 금전 기타의 물건 및 그 수취한 과실을 위임인에게 인도하여야 한다.

12

17법원행시

수임인이 위임사무를 처리함에 있어 받은 물건으로 위임인에게 인도한 목적물은 그것이 대체물이라면, 수임인과 위임인 사이에 있어서도 종류물과 같은 법적 효과에 따라 반환하여야 한다.

O | X

해설 수임인이 위임사무를 처리함에 있어 받은 물건으로 위임인에게 인도한 목적물은 그것이 대체물이더라도 당사자 간에 있어서는 특정된 물건과 같은 것으로 보아야 한다(대판 1962.12.16. 67다1525).

13

13법무사, 21법원행시

변호사에게 계쟁 사건의 처리를 위임함에 있어서 그 보수 지급 및 수액에 관하여 명시적인 약정을 아니하였다 하여도, 무보수로 한다는 등 특별한 사정이 없는 한 응분의 보수를 지급할 묵시의 약정이 있는 것으로 봄이 상당하다.

O | X

해설 대판 1995.12.5. 94다50229 참조

정답 | **04** ○ **05** × **06** ○ **07** × **08** × **09** ○ **10** ○ **11** ○ **12** × **13** ○

14 16법무사

민법 제684조 제1항은 "수임인은 위임사무의 처리로 인하여 받은 금전 기타의 물건 및 그 수취한 과실을 위임인에게 인도하여야 한다"고 규정하고 있는바, 위 조항에서 말하는 '위임사무의 처리로 인하여 받은 금전 기타 물건'에는 수임인이 위임사무의 처리와 관련하여 취득한 금전 기타 물건으로서 이를 수임인에게 그대로 보유하게 하는 것이 위임의 신임관계를 해한다고 사회통념상 생각할 수 있는 것도 포함된다. O | X

> 해설 민법 제684조 제1항에 따라 수임인이 위임인에게 인도하여야 할 '위임사무의 처리로 인하여 받은 금전 기타 물건'의 범위
> 민법 제684조 제1항은 "수임인은 위임사무의 처리로 인하여 받은 금전 기타의 물건 및 그 수취한 과실을 위임인에게 인도하여야 한다"고 규정하고 있는데, 위임계약이 위임인과 수임인의 신임관계를 기초로 하는 것이라는 점 및 수임인은 위임의 본지에 따라 선량한 관리자의 주의로써 위임사무를 처리하여야 하는 것이라는 점 등을 감안하여 볼 때, 위 조항에서 말하는 '위임사무의 처리로 인하여 받은 금전 기타 물건'에는 수임인이 위임사무의 처리와 관련하여 취득한 금전 기타 물건으로서 이를 수임인에게 그대로 보유하게 하는 것이 위임의 신임관계를 해한다고 사회통념상 생각할 수 있는 것도 포함된다(대판 2010.5.27. 2010다4561).

15 17법무사

수임인이 위임사무의 처리에 관하여 필요비를 지출한 때에는 위임인에 대하여 지출한 날 이후의 이자를 청구할 수 있다. O | X

> 해설 **제688조(수임인의 비용상환청구권 등)** ① 수임인이 위임사무의 처리에 관하여 필요비를 지출한 때에는 위임인에 대하여 지출한 날 이후의 이자를 청구할 수 있다.

16 14주사보, 16법무사, 17사무관

민법상 위임계약은 그것이 유상계약이든 무상계약이든 당사자 쌍방의 특별한 대인적 신뢰관계를 기초로 하는 위임계약의 본질상 각 당사자는 언제든지 이를 해지할 수 있고 그로 말미암아 상대방이 손해를 입는 일이 있어도 그것을 배상할 의무를 부담하지 않는 것이 원칙이다. O | X

17 18주사보

위임계약은 각 당사자가 언제든지 해지할 수 있다. 다만, 당사자 일방이 부득이한 사유 없이 상대방의 불리한 시기에 계약을 해지한 때에는 그 손해를 배상하여야 한다. O | X

18 18법무사

상대방이 불리한 시기에 해지한 때에는 그 해지가 부득이 한 사유에 의한 것이 아닌 한 그로 인한 손해를 배상하여야 하고, 그 배상의 범위는 위임이 해지되었다는 사실로부터 생기는 손해이다. O | X

19 13/16법무사

수임인이 위임받은 사무를 처리하던 중 사무처리를 완료하지 못한 상태에서 위임계약을 해지함으로써 위임인이 그 사무처리의 완료에 따른 성과를 이전받거나 이익을 얻지 못하게 되었다 하더라도, 별도로 특약을 하는 등 특별한 사정이 없는 한 수임인이 사무처리를 완료하기 전에 위임계약을 해지한 것만으로 위임인에게 불리한 시기에 해지한 것이라고 볼 수는 없다. O|X

해설 **제689조(위임의 상호해지의 자유)** ① 위임계약은 각 당사자가 언제든지 해지할 수 있다.
② 당사자 일방이 부득이한 사유 없이 상대방의 불리한 시기에 계약을 해지한 때에는 그 손해를 배상하여야 한다.
16 민법상의 위임계약은 유상계약이든 무상계약이든 당사자 쌍방의 특별한 대인적 신뢰관계를 기초로 하는 위임계약의 본질상 각 당사자는 언제든지 해지할 수 있고 그로 말미암아 상대방이 손해를 입는 일이 있어도 그것을 배상할 의무를 부담하지 않는 것이 원칙이며, **17 18** 다만 상대방이 불리한 시기에 해지한 때에는 해지가 부득이한 사유에 의한 것이 아닌 한 그로 인한 손해를 배상하여야 하나, 배상의 범위는 위임이 해지되었다는 사실로부터 생기는 손해가 아니라 적당한 시기에 해지되었더라면 입지 아니하였을 손해에 한한다. **19** 그리고 수임인이 위임받은 사무를 처리하던 중 사무처리를 완료하지 못한 상태에서 위임계약을 해지함으로써 위임인이 사무처리의 완료에 따른 성과를 이전받거나 이익을 얻지 못하게 되더라도, 별도로 특약을 하는 등 특별한 사정이 없는 한 위임계약에서는 시기를 불문하고 사무처리 완료 전에 계약이 해지되면 당연히 위임인이 사무처리의 완료에 따른 성과를 이전받거나 이익을 얻지 못하는 것으로 계약 당시에 예정되어 있으므로, 수임인이 사무처리를 완료하기 전에 위임계약을 해지한 것만으로 위임인에게 불리한 시기에 해지한 것이라고 볼 수는 없다(대판 2015.12.23. 2012다71411).

정답 | 14 ○ 15 ○ 16 ○ 17 ○ 18 × 19 ○

제12절 임치

01

17/21법무사

예금계약은 예금자가 예금의 의사를 표시하면서 금융기관에 돈을 제공하고 금융기관이 그 의사에 따라 그 돈을 받아 확인을 하면 그로써 성립하며, 금융기관의 직원이 그 받은 돈을 금융기관에 입금하지 아니하고 이를 횡령하였다고 하더라도 예금계약의 성립에는 지장이 없다. O | X

해설 대판 1996.1.26. 95다26919

02

21법무사

은행에 공동명의로 예금을 하고 은행에 대하여 그 권리를 함께 행사하기로 한 경우에 만일 동업자금을 공동명의로 예금한 경우라면 채권의 준합유관계에 있지만, 공동명의 예금채권자들 각자가 분담하여 출연한 돈을 동업 이외의 특정 목적을 위하여 공동명의로 예치해 둠으로써 그 목적이 달성되기 전에는 공동명의 예금채권자가 단독으로 예금을 인출할 수 없도록 방지·감시하고자 하는 등의 목적으로 공동명의로 예금을 개설한 경우라면 하나의 예금채권이 분량적으로 분할되어 각 공동명의 예금채권자들에게 귀속된다. O | X

해설 대판 2008.10.9. 2005다72430

03

21법무사

甲이 배우자인 乙을 대리하여 금융기관과 乙의 실명확인 절차를 거쳐 乙 명의의 예금계약을 체결한 경우에 명의자인 乙이 아닌 실제로 자금을 출연한 甲을 예금계약의 당사자라고 보기 위해서는, 甲과 금융기관과의 사이에 예금명의자인 乙의 예금반환청구권을 배제하고 출연자인 甲과 예금계약을 체결하여 甲에게 예금반환청구권을 귀속시키겠다는 명확한 의사의 합치가 있는 극히 예외적인 경우여야 한다. O | X

04

출제예상

금융실명제 아래에서는 원칙적으로 예금명의자를 예금계약상의 채권자로 보아야 하지만, 특별한 사정으로 예금의 출연자와 금융기관 사이에 예금명의인이 아닌 출연자에게 예금반환채권을 귀속시키기로 하는 묵시적 약정이 있는 경우에는 그 출연자를 예금주로 하는 금융거래계약이 성립한다. O | X

해설 **03 04** 타인명의 예금계약과 예금주의 결정

예금계약의 당사자가 누가 되는지는 법률행위의 해석의 문제이다.

금융실명거래 및 비밀보장에 관한 법률 제3조 1항: 금융기관은 거래자의 실지명의에 의하여 금융거래를 하여야 한다.

① **원칙**

금융기관으로서는 특별한 사정이 없는 한 주민등록증을 통하여 실명확인을 한 예금명의자를 거래자로 보아 그와 예금계약을 체결할 의도라고 보아야 한다고 해석하여 **명의자**를 예금계약의 당사자로 본다(대판 1996.4.23. 95다55986). 그리고 예금명의자 본인이 금융기관에 출석하여 예금계약을 체결한 경우뿐 아니라 예금명의자의 위임에 의하여 자금 출연자 등의 제3자가 대리인으로서 예금계약을 체결한 경우에도 마찬가지로 예금명의자가 예금계약의 당사자로 된다고 한다(대판 2009.3.19. 2008다45828 전합).

② **예외**

다만 출연자와 금융기관 사이에 예금명의인이 아닌 출연자에게 예금반환채권을 귀속시키기로 하는 특약이 있는 경우에는 출연자를 예금계약의 당사자로 본다. ㉠ 그러한 특약에 대해 종전 判例는 명시적 약정 외에 묵시적 약정으로도 가능하다고 보았으나(대판 1998.11.13. 97다53359), ㉡ 근래에는 이를 변경하여 예금명의자가 아닌 출연자 등을 예금계약의 당사자라고 볼 수 있으려면 예금명의자의 예금반환청구권을 배제하고 출연자 등과 예금계약을 체결하여 출연자 등에게 예금반환청구권을 귀속시키겠다는 **명확한 의사의 합치가 있는 극히 예외적인 경우로 제한되어야 한다**고 하며, 이러한 법리는 부부인 경우라도 마찬가지라고 하면서 甲이 실질적으로 자신이 마련한 금전을 배우자인 乙을 대리하여 금융기관과 乙의 실명확인 절차를 거쳐 乙명의로 A은행과 예금계약을 체결한 경우 실질적인 출연자가 甲이고 거래인감도 甲의 것이며 비밀번호의 등록·관리를 甲이 하였다는 등의 사정이 있더라도 그것만으로 예금명의자 乙이 아닌 출연자 甲을 예금계약의 당사자로 하기로 하는 A은행과 甲 간의 약정이 체결되었다고 볼 수는 없다고 판단하였다(대판 2009.3.19. 2008다45828 전합).

05

17법원행시

금융기관의 직원이 사적인 용도로 사용할 목적으로 예금명목으로 돈을 교부받은 경우, 예금주가 그러한 사정을 알았다고 하더라도 민법 제107조 제1항 단서를 적용할 수는 없으므로 금융기관은 그러한 예금에 대하여 예금계약에 기한 반환책임을 진다. O | X

해설 진의 아닌 의사표시가 대리인에 의하여 이루어지고 그 대리인의 진의가 본인의 이익이나 의사에 반하여 자기 또는 제3자의 이익을 위한 배임적인 것임을 그 상대방이 알았거나 알 수 있었을 경우에는 민법 제107조 제1항 단서의 유추해석상 그 대리인의 행위에 대하여 본인은 책임을 지지 아니하므로, **금융기관의 임·직원이 예금 명목으로 돈을 교부받을 때의 진의가 예금주와 예금계약을 맺으려는 것이 아니라 그 돈을 사적인 용도로 사용하거나 비정상적인 방법으로 운용하는 데 있었던 경우에 예금주가 그 임·직원의 예금에 관한 비진의 내지 배임적 의사를 알았거나 알 수 있었다면 금융기관은 그러한 예금에 대하여 예금계약에 기한 반환책임을 지지 아니**한다(대판 2007.4.12. 2004다51542).

06

21법무사

'계좌이체가 되는 경우에는 예금원장에 입금의 기록이 된 때에 예금이 된다'고 예금거래기본약관에 정하여져 있더라도 송금의뢰인과 수취인 사이에 계좌이체의 원인인 법률관계가 존재하지 아니함에도 착오로 수취인의 예금계좌에 이체를 하였다면 수취인이 수취은행에 대하여 이체된 금액 상당의 예금채권을 취득하는 것은 아니다. O | X

정답 | 01 ○ 02 ○ 03 ○ 04 × 05 × 06 ×

07

21법무사

송금의뢰인과 수취인 사이에 계좌이체의 원인인 법률관계가 존재하지 아니함에도 착오로 수취인의 예금계좌에 이체를 한 위와 같은 경우에는 수취인이 법률상 원인없이 예금채권을 취득하는 이익을 얻은 것이므로 송금의뢰인은 수취인에 대하여 부당이득반환청구권을 가지게 된다. O | X

08

12서기보

현금으로 계좌송금 또는 계좌이체가 된 경우에는 예금원장에 입금의 기록이 된 때에 예금이 된다고 예금거래기본약관에 정하여져 있을 뿐이고, 수취인과 은행 사이의 예금계약의 성립 여부를 송금의뢰인과 수취인 사이에 계좌이체의 원인인 법률관계가 존재하는지 여부에 의하여 좌우되도록 한다고 별도로 약정하였다는 등의 특별한 사정이 없는 경우에는, 송금의뢰인과 수취인 사이에 계좌이체의 원인이 되는 법률관계가 존재하지 아니함에도 송금의뢰인이 수취인의 예금계좌에 계좌이체를 하였다면, 송금의뢰인은 수취은행에 대하여 부당이득을 근거로 하여 이체금액 상당액의 반환을 청구할 수 있다. O | X

09

20법원행시

甲이 착오로 자신 명의의 丙 은행 예금계좌에 예금된 돈을 丁 명의의 乙 은행 예금계좌로 송금한 후, 甲이 乙 은행을 상대로 송금액 상당의 부당이득반환을 청구하는 것은 인정된다. O | X

10

출제예상

수취인의 예금구좌에 계좌이체를 한 때에는, 송금의뢰인과 수취인 사이에 계좌이체의 원인인 법률관계가 존재하는지 여부에 관계없이 수취인과 수취은행 사이에는 계좌이체금액 상당의 예금계약이 성립하고, 수취인이 '수취은행'에 대하여 위 금액 상당의 예금채권을 취득한다. 따라서 착오송금(이체)의 경우 송금의뢰인은 '수취은행'에 대하여 위 금액 상당의 부당이득반환청구권을 가지게 되고, 수취은행이 수취인에 대한 대출채권 등을 자동채권으로 하여 수취인의 계좌에 입금된 금원 상당의 예금채권과 상계하는 것은 특별한 사정이 없는 한 유효하다. O | X

해설 **06** 착오송금·이체의 경우(계좌이체에서 원인관계의 흠결과 부당이득의 성립범위)

① **수취인의 예금채권 취득 여부(적극)**

수취인의 예금구좌에 계좌이체를 한 때에는, **송금의뢰인과 수취인 사이에 계좌이체의 원인인 법률관계가 존재하는지 여부에 관계없이** 수취인과 수취은행 사이에는 계좌이체금액 상당의 예금계약이 성립하고, 수취인이 수취은행에 대하여 위 금액 상당의 예금채권을 취득한다(대판 2007.11.29. 2007다51239).

② **07 08 09 송금의뢰인의 수취은행에 대한 부당이득반환청구 가부(소극)**

이때 송금의뢰인은 수취인에 대하여 위 금액 상당의 부당이득반환청구권을 가지게 되지만, 수취은행은 이익을 얻은 것이 없으므로 수취은행에 대하여는 부당이득반환청구권을 취득하지 아니한다(대판 2007.11.29. 2007다51239).

③ **10 수취은행이 수취인에 대한 대출금반환채권으로 상계가 가능한지 여부(원칙적 유효, 예외적 권리남용)**

ⅰ) 수취은행은 원칙적으로 수취인의 계좌에 입금된 금원이 송금의뢰인의 착오로 자금이체의 원인관계 없이 입금된 것인지 여부에 관하여 조사할 의무가 없으며, 수취은행이 수취인에 대한 대출채권 등을 자동채권으로 하여 수취인의 계좌에 입금된 금원 상당의 예금채권과 상계하는 것은 **신의칙 위반이나 권리남용에 해당한다는 등의 특별한 사정이 없는 한 유효**하다. ⅱ) 다만 **송금의뢰인이 착오송금임을 이유로 거래은행을 통하여 혹은 수취은행에 직접 송금액의 반**

환을 요청하고 수취인도 송금의뢰인의 착오송금에 의하여 수취인의 계좌에 금원이 입금된 사실을 인정하고 수취은행에 그 반환을 승낙하고 있는 경우**, 수취은행이 수취인에 대한 대출채권 등을 자동채권으로 하여 수취인의 계좌에 착오로 입금된 금원 상당의 예금채권과 상계하는 것은, **수취은행이 선의인 상태에서 수취인의 예금채권을 담보로 대출을 하여 그 자동채권을 취득한 것이라거나 그 예금채권이 이미 제3자에 의하여 압류되었다는 등의 특별한 사정이 없는 한**, 공공성을 지닌 자금이체시스템의 운영자가 그 이용자인 송금의뢰인의 실수를 기화로 그의 희생하에 당초 기대하지 않았던 채권회수의 이익을 취하는 행위로서 상계제도의 목적이나 기능을 일탈하고 법적으로 보호받을 만한 가치가 없으므로, **송금의뢰인에 대한 관계에서 신의칙에 반하거나 상계에 관한 권리를 남용하는 것이다**(대판 2010.5.27. 2007다66088).

11

18법원행시

금융실명거래 및 비밀보장에 관한 법률 시행 이후 예금주 명의의 신탁이 이루어진 다음 출연자가 사망함에 따라 금융기관이 출연자의 공동상속인들 중 전부 또는 일부에게 예금채권을 유효하게 변제하였다면, 변제된 예금은 출연자와 예금명의자의 명의신탁약정상 예금명의자에 대한 관계에서는 출연자의 공동상속인들에게 귀속되었다고 보아야 하므로, 이러한 경우 예금명의자는 예금을 수령한 공동상속인들의 전부 또는 일부를 상대로 예금 상당액의 부당이득반환을 구할 수 없다. O|X

해설 대판 2012.2.23. 2011다86720 참조

정답 | 07 ○ 08 × 09 × 10 × 11 ○

제13절 조합

01 15법무사

조합은 3인 이상이 상호출자하여 공동사업을 경영할 것을 약정함으로써 그 효력이 생긴다. O | X

> 해설 **제703조(조합의 의의)** ① 조합은 2인 이상이 상호출자하여 공동사업을 경영할 것을 약정함으로써 그 효력이 생긴다.
> ② 전항의 출자는 금전 기타 재산 또는 노무로 할 수 있다.

02 11사무관

조합계약 당사자 사이에 조합계약을 해제하고 그로 인한 원상회복을 주장할 수 있다. O | X

03 21법원행사

동업계약과 같은 조합계약에서는 조합의 해산청구를 하거나 조합으로부터 탈퇴를 하거나 또는 다른 조합원을 제명할 수 있을 뿐이지 일반계약에 있어서처럼 조합계약을 해제하고 상대방에게 그로 인한 원상회복의 의무를 부담지울 수는 없다. O | X

> 해설 **02 03** 조합계약 당사자 사이에 조합계약을 해제하고 그로 인한 원상회복을 주장할 수 있는지 여부(대판 1994.5.13. 94다7157)

04 21서기보

영리사업을 목적으로 하면서 당사자 중의 일부만이 이익을 분배받고 다른 자는 전혀 이익분배를 받지 않는 경우에는 조합관계라고 할 수 없다. O | X

> 해설 이른바 '내적조합'이라는 일종의 특수한 조합으로 보기 위하여는 당사자의 내부관계에서는 조합관계가 있어야 할 것이고, 내부적인 조합관계가 있다고 하려면 서로 출자하여 공동사업을 경영할 것을 약정하여야 하며, 영리사업을 목적으로 하면서 당사자 중의 일부만이 이익을 분배받고 다른 자는 전혀 이익분배를 받지 않는 경우에는 조합관계(동업관계)라고 할 수 없다(대판 2000.7.7. 98다44666).

05 11사무관, 13/19법무사

민법상 조합계약은 2인 이상이 상호 출자하여 공동으로 사업을 경영할 것을 약정하는 계약으로서, 특정한 사업을 공동경영하는 약정에 한하여 이를 조합계약이라 할 수 있고, 공동의 목적 달성이라는 정도만으로는 조합의 성립요건을 갖추었다고 할 수 없다. O | X

06

18법원행시

수인이 전매차익의 획득을 목적으로 부동산을 공동으로 매수한 경우, 그것이 공동사업을 위하여 동업체에서 매수한 것이 되려면, 적어도 공동매수인들 사이에서 매수한 토지를 동업체의 재산으로 귀속시키고 공동매수인 전원의 의사에 기하여 전원의 계산으로 처분한 후 이익을 분배하기로 하는 명시적 또는 묵시적 의사의 합치가 있어야만 한다. O | X

해설 **05** 사업을 공동경영하는 약정이 민법상 조합계약이 되기 위한 요건

민법상 조합계약은 2인 이상이 상호 출자하여 공동으로 사업을 경영할 것을 약정하는 계약으로서, 특정한 사업을 공동경영하는 약정에 한하여 이를 조합계약이라 할 수 있고, **공동의 목적 달성이라는 정도만으로는 조합의 성립요건을 갖추었다고 할 수 없다**(대판 2007.6.14. 2005다5140).

06 수인이 전매차익을 목적으로 부동산을 공동으로 매수한 경우, 그 수인을 조합원으로 하는 동업체에서 매수한 것으로 인정하기 위한 요건

수인이 부동산을 공동으로 매수한 경우, 매수인들 사이의 법률관계는 공유관계로서 단순한 공동매수인에 불과할 수도 있고, 그 수인을 조합원으로 하는 동업체에서 매수한 것일 수도 있는바, 공동매수의 목적이 전매차익의 획득에 있을 경우 그것이 공**동사업을 위해 동업체에서 매수한 것이 되려면, 적어도 공동매수인들 사이에서 그 매수한 토지를 공유가 아닌 동업체의 재산으로 귀속시키고 공동매수인 전원의 의사에 기해 전원의 계산으로 처분한 후 그 이익을 분배하기로 하는 명시적 또는 묵시적 의사의 합치가 있어야**만 할 것이고, 이와 달리 공동매수 후 매수인별로 토지에 관하여 공유에 기한 지분권을 가지고 각자 자유롭게 그 지분권을 처분하여 대가를 취득할 수 있도록 한 것이라면 이를 동업체에서 매수한 것으로 볼 수는 없다(同 判例).

07

13/18법무사

조합계약으로 업무집행자를 정하지 아니한 경우에는 조합원의 과반수의 찬성으로써 이를 선임한다. O | X

08

출제예상

甲, 乙, 丙은 각각 1억 원씩 출자하여 A사업체를 운영하는 민법상 조합계약을 체결하였다. 조합계약에서 별도의 특약이 없는 경우, 조합계약으로 업무집행자를 정하지 아니한 경우에는 甲과 乙의 찬성으로 甲을 업무집행자로 선임할 수 있다. O | X

해설 **07 08 제706조(사무집행의 방법)** ① 조합계약으로 업무집행자를 정하지 아니한 경우에는 조합원의 3분의 2이상의 찬성으로써 이를 선임한다.

➡ A사업체에는 업무집행자가 없고, 甲과 乙이 찬성하면 조합원 甲, 乙, 丙 중 3분의 2이상이 되므로, 甲과 乙은 甲을 업무집행자로 선임할 수 있다.

09

14법무사, 19법원행시

조합의 통상사무는 각 조합원 또 각 업무집행자가 전행할 수 있으나, 특별사무는 조합원의 과반수로써 결정하고 업무집행자가 수인인 때에는 그 과반수로써 결정한다. O | X

정답 | **01** × **02** × **03** ○ **04** ○ **05** ○ **06** ○ **07** × **08** ○ **09** ○

10

출제예상

甲, 乙, 丙은 각각 1억 원씩 출자하여 A사업체를 운영하는 「민법」상 조합계약을 체결하였다. 조합계약에서 별도의 특약이 없는 경우, A사업체에 업무집행자를 두지 않은 경우, 甲과 乙이 A사업체의 명의로 B회사와 매매계약을 체결하였더라도 그 매매계약은 A사업체에 효력이 발생한다. O | X

> 해설 **09 제706조(사무집행의 방법)** ② 조합의 업무집행은 조합원의 과반수로써 결정한다. 업무집행자가 수인인 때에는 그 과반수로써 결정한다.
>
> ➡ **10** 甲과 乙이 찬성하면 조합원 甲, 乙, 丙 중 과반수의 결정이 되므로 지문에서의 매매계약은 A사업체에 효력이 발생한다.

11

15법무사

조합의 통상사무는 각 조합원 또는 업무집행자가 전행할 수 있으나, 그 사무의 완료 전에 다른 조합원 또는 다른 업무집행자의 이의가 있는 때에는 즉시 중지하여야 한다. O | X

> 해설 **제706조(사무집행의 방법)** ③ 조합의 통상사무는 전항의 규정에 불구하고 각 조합원 또는 각 업무집행자가 전행할 수 있다. 그러나 그 사무의 완료 전에 다른 조합원 또는 다른 업무집행자의 이의가 있는 때에는 즉시 중지하여야 한다.

12

14법무사

조합재산의 처분·변경은 조합원 전원의 동의가 있어야 한다. O | X

13

20사무관

조합재산의 처분·변경에 대하여는 특별한 사정이 없는 한 합유물의 처분에 관한 민법 제272조가 조합의 업무집행에 관한 민법 제706조 제2항에 우선하여 적용되므로, 합유물인 조합재산을 처분 또는 변경함에는 합유자 전원의 동의가 있어야 한다. O | X

14

출제예상

5인이 출자하여 성립한 조합에서 甲·乙·丙 3인이 업무집행자로 선임되었다. 조합의 활동 중에 자금이 부족하게 되자 甲과 乙은 丙과의 상의 없이 조합원 丁이 출자하였던 부동산을 매각하기로 하고, 구매자를 찾아 나서 A와 매매계약을 체결하고 이전등기를 완료하였다. 사안에서 甲·乙·丙 3인의 업무집행자 중 甲과 乙이 부동산을 매각하고 이전등기를 완료한 행위는 유효하다. O | X

> 해설 조합재산의 처분·변경행위에 대하여 민법 제706조 제2항이 민법 제272조에 우선하여 적용되는지 여부(적극) 및 조합재산의 처분·변경에 관한 의사결정방법
>
> **12 13** 민법 제272조에 따르면 합유물을 처분 또는 변경함에는 합유자 전원의 동의가 있어야 하나, 합유물 가운데서도 조합재산의 경우 그 처분·변경에 관한 행위는 조합의 특별사무에 해당하는 업무집행으로서, 이에 대하여는 특별한 사정이 없는 한 민법 제706조 제2항이 민법 제272조에 우선하여 적용되므로, 조합재산의 처분·변경은 ⅰ) 업무집행자가 없는 경우에는 조합원의 과반수로 결정하고, ⅱ) 업무집행자가 수인 있는 경우에는 그 업무집행자의 과반수로써 결정하며, ⅲ) 업무집행자가 1인만 있는 경우에는 그 업무집행자가 단독으로 결정한다(대판 2010.4.29. 2007다18911).

다만 "조합의 업무집행 방법에 관한 업무집행에 관하여 조합원 전원의 동의를 요하도록 하는 등 그 내용을 달리 정할 수 있고, 그와 같은 약정이 있는 경우에는 조합의 업무집행은 조합원 전원의 동의가 있는 때에만 유효하다."(대판 2000.10.10. 2000다28506,28513).

➡ **14** 따라서 甲·乙·丙 3인의 업무집행자 중 甲과 乙이 부동산을 매각하고 이전등기를 완료한 행위는 유효하다.

15

15서기보

조합체가 합유등기를 하지 아니하고 그 대신 조합원 1인의 명의로 소유권이전등기를 하였다면 이는 조합체가 그 조합원에게 명의신탁한 것으로 보아야 한다. O | X

16

출제예상

甲, 乙, 丙은 각각 1억 원씩 출자하여 A사업체를 운영하는 「민법」상 조합계약을 체결하였다. 조합계약에서 별도의 특약이 없는 경우, A사업체가 구입한 부동산에 대하여 甲, 乙, 丙의 명의로 각 지분에 관하여 공유등기를 하였다면 A사업체가 甲, 乙, 丙에게 각 지분에 대하여 명의신탁한 것으로 보아야 한다. O | X

해설 **16** 조합이 조합원명의로 공유등기를 한 경우(각 지분에 대한 명의신탁)

동업 목적의 조합체가 부동산을 조합재산으로 취득하였으나 합유등기가 아닌 조합원들 명의로 공유등기를 하였다면 그 공유등기는 조합체가 조합원들에게 각 지분에 관하여 명의신탁한 것것에 불과하므로 부동산 실권리자명의 등기에 관한 법률 제4조 제2항 본문이 적용되어 명의수탁자인 조합원들 명의의 소유권이전등기는 무효이다(대판 2002.6.14. 2000다30622).

참고판례 **15** 조합이 조합원 1인의 명의로 등기를 한 경우(그 조합원에 대한 명의신탁)

매수인들이 상호 출자하여 공동사업을 경영할 것을 목적으로 하는 조합이 조합재산으로서 부동산의 소유권을 취득하였다면 민법 제271조 제1항의 규정에 의하여 당연히 그 조합체의 합유물이 되고, 다만 그 조합체가 합유등기를 하지 아니하고 그 대신 조합원 1인의 명의로 소유권이전등기를 하였다면 이는 조합체가 그 조합원에게 명의신탁한 것으로 보아야 한다(대판 2006.4.13. 2003다25256).

17

14법무사

공유자들 사이에 조합관계가 성립하여 각자가 부동산을 조합재산으로 출연하였음에도 그 조합체 재산에 관한 소유권이전등기를 함에 있어서 이를 합유로 하지 아니하고 공유로 한 경우에도 조합원들로서는 그 지분의 회수방법으로서 조합을 탈퇴하여 조합지분 정산금을 청구하거나 일정한 경우 조합체의 해산청구를 할 수 있는 등의 특별한 사정이 없는 한 그 합유물에 대하여 곧바로 분할청구를 할 수는 없다. O | X

정답 | 10 ○ 11 ○ 12 × 13 × 14 ○ 15 ○ 16 ○ 17 ○

해설 민법 제271조 제1항은 "법률의 규정 또는 계약에 의하여 수인이 조합체로서 물건을 소유하는 때에는 합유로 한다. 합유자의 권리는 합유물 전부에 미친다."고 규정하고, 민법 제704조는 "조합원의 출자 기타 조합재산은 조합원의 합유로 한다."라고 규정하고 있으므로, 동업을 목적으로 한 조합이 조합체로서 또는 조합재산으로서 부동산의 소유권을 취득하게 되었다면, 민법 제271조 제1항의 규정에 의하여 당연히 그 조합체의 합유물이 된다 할 것인데, **공유자들 사이에 조합관계가 성립하여 각자가 부동산을 조합재산으로 출연하였음에도 그 조합체 재산에 관한 소유권등기를 함에 있어서 이를 합유로 하지 아니하고 공유로 한 경우**에는 제3자에 대한 관계에서는 공유관계임을 전제로 한 법률관계만이 적용될 뿐이므로 조합원들이 공유자로서 소유권행사를 할 수 있을 것임은 별론으로 하고, 조합원들 상호간 및 조합원과 조합체 상호간의 내부관계에서는 조합계약에 따른 효력으로 인하여 그 재산은 조합계약상의 공동사업을 위해 출자된 합유물인 특별재산으로 취급될 것이므로 **조합원들로서는 그 지분의 회수방법으로서 조합을 탈퇴하여 조합지분 정산금을 청구하거나 일정한 경우 조합체의 해산청구를 할 수 있는 등의 특별한 사정이 없는 한 그 합유물에 대하여 곧바로 분할청구를 할 수는 없다**(대판 2009.12.24. 2009다57064).

18 11법원행시

민법 제706조에서는 조합원 3분의 2이상의 찬성으로 조합의 업무집행자를 선임하고 조합원 과반수의 찬성으로 조합의 업무집행방법을 결정하도록 규정하고 있는데, 이는 임의규정이다. O|X

19 21법원행시

조합의 사무집행 방법을 규정한 민법 제706조에서 말하는 조합원은 조합원의 출자가액이나 지분이 아닌 조합원의 인원수를 뜻하는데, 이는 강행규정으로 당사자 사이의 약정으로 업무집행자의 선임이나 업무집행방법의 결정을 조합원의 인원수가 아닌 그 출자가액 내지 지분의 비율에 의하도록 정할 수는 없다. O|X

해설 **18 19** 조합의 업무집행자 선임 등의 의결정족수를 정한 민법 제706조에 규정된 '조합원'의 의미(= 조합원의 인원수) 및 위 규정이 임의규정인지 여부(적극)
민법 제706조에서는 조합원 3분의 2 이상의 찬성으로 조합의 업무집행자를 선임하고 조합원 과반수의 찬성으로 조합의 업무집행방법을 결정하도록 규정하고 있는바, 여기서 말하는 조합원은 조합원의 출자가액이나 지분이 아닌 조합원의 인원수를 뜻한다. 다만, **위와 같은 민법의 규정은 임의규정**이므로, 당사자 사이의 약정으로 업무집행자의 선임이나 업무집행방법의 결정을 조합원의 인원수가 아닌 그 출자가액 내지 지분의 비율에 의하도록 하는 등 그 내용을 달리 정할 수 있고, 그와 같은 약정이 있는 경우에는 그 정한 바에 따라 업무집행자를 선임하거나 업무집행방법을 결정하여야만 유효하다(대판 2009.4.23. 2008다4247).

20 14/18법무사

업무집행자인 조합원은 정당한 사유 없이 사임하지 못하며, 다른 조합원의 일치가 아니면 해임하지 못한다. O|X

해설 **제708조(업무집행자의 사임, 해임)** 업무집행자인 조합원은 정당한 사유 없이 사임하지 못하며 다른 조합원의 일치가 아니면 해임하지 못한다.

21

17주사보

조합에 있어 각 조합원은 다른 조합원을 대리할 권한이 있고, 조합의 업무를 집행하는 조합원은 그 업무집행의 대리권이 있는 것으로 추정된다. O | X

해설 **제709조(업무집행자의 대리권추정)** 조합의 업무를 집행하는 조합원은 그 업무집행의 대리권 있는 것으로 추정한다.

22

13법무사

조합을 대리하는 행위에 있어서는 모든 조합원을 위한 것임을 표시하여야 하나, 반드시 조합원 전원의 성명을 제시할 필요는 없고, 상대방이 알 수 있을 정도로 조합을 표시하는 것으로 충분하다. O | X

23

11사무관

조합의 업무집행조합원이 조합의 보조적 상행위로서 유류를 공급받으면서 상대방에게 조합을 위한 것임을 표시하지 않았더라도 그 유류공급계약의 효력은 본인인 조합원 전원에게 미친다. O | X

해설 **22 23** 민법 제114조 제1항은 "대리인이 그 권한 내에서 본인을 위한 것임을 표시한 의사표시는 직접 본인에게 대하여 효력이 생긴다."라고 규정하고 있으므로, 원칙적으로 대리행위는 본인을 위한 것임을 표시하여야 직접 본인에 대하여 효력이 생기는 것이고, 한편 민법상 조합의 경우 법인격이 없어 조합 자체가 본인이 될 수 없으므로, 이른바 조합대리에 있어서는 본인에 해당하는 모든 조합원을 위한 것임을 표시하여야 하나, 반드시 조합원 전원의 성명을 제시할 필요는 없고, 상대방이 알 수 있을 정도로 조합을 표시하는 것으로 충분하다. 그리고 상법 제48조는 "상행위의 대리인이 본인을 위한 것임을 표시하지 아니하여도 그 행위는 본인에 대하여 효력이 있다. 그러나 상대방이 본인을 위한 것임을 알지 못한 때에는 대리인에 대하여도 이행의 청구를 할 수 있다."고 규정하고 있으므로, 조합대리에 있어서도 그 법률행위가 조합에게 상행위가 되는 경우에는 조합을 위한 것임을 표시하지 않았다고 하더라도 그 법률행위의 효력은 본인인 조합원 전원에게 미친다(대판 2009.1.30. 2008다79340).

24

20사무관

조합원의 출자 기타 조합재산은 조합원의 합유로 한다. O | X

해설 **제704조(조합재산의 합유)** 조합원의 출자 기타 조합재산은 조합원의 합유로 한다.

25

15법무사

당사자가 손익분배의 비율을 정하지 아니한 때에는 균등한 것으로 추정하고, 이익 또는 손실에 대하여 분배의 비율을 정한 때에는 그 비율은 이익과 손실에 공통된 것으로 추정한다. O | X

해설 **제711조(손익분배의 비율)** ① 당사자가 손익분배의 비율을 정하지 아니한 때에는 **각 조합원의 출자가액에 비례**하여 이를 정한다.
② 이익 또는 손실에 대하여 분배의 비율을 정한 때에는 그 **비율은 이익과 손실에 공통된 것으로 추정**한다.

정답 | **18** ○ **19** × **20** ○ **21** ○ **22** ○ **23** ○ **24** ○ **25** ×

26

15법무사

조합채권자는 그 채권발생 당시에 조합원의 손실부담의 비율을 알지 못한 때에는 각 조합원에게 균분하여 그 권리를 행사할 수 있다. O | X

해설 **제712조(조합원에 대한 채권자의 권리행사)** 조합채권자는 그 채권발생 당시에 조합원의 손실부담의 비율을 알지 못한 때에는 각 조합원에게 균분하여 그 권리를 행사할 수 있다.

27

12주사보

조합원 중 변제할 자력 없는 자가 있는 때에는 그 변제할 수 없는 부분은 다른 조합원이 균분하여 변제할 책임이 있다. O | X

해설 **제713조(무자력조합원의 채무와 타조합원의 변제책임)** 조합원 중에 변제할 자력없는 자가 있는 때에는 그 변제할 수 없는 부분은 다른 조합원이 균분하여 변제할 책임이 있다.

28

11/19법원행시, 15서기보

조합원 중 1인의 채권자가 그 조합원 개인을 집행채무자로 하여 조합의 채권에 대하여 강제집행하는 경우, 다른 조합원으로서는 제3자이의의 소를 제기하여 그 강제집행의 불허를 구할 수 있다. O | X

해설 조합의 채권은 조합원 전원에게 합유적으로 귀속하는 것이어서, 조합원 중 1인이 임의로 조합의 채무자에 대하여 출자지분의 비율에 따른 급부를 청구할 수 없는 것이므로, 조합원 중 1인의 채권자가 그 조합원 개인을 집행채무자로 하여 조합의 채권에 대하여 강제집행하는 경우, 다른 조합원으로서는 보존행위로서 제3자이의의 소를 제기하여 그 강제집행의 불허를 구할 수 있다(대판 1997.8.26. 97다4401).

➡ 조합원 개인에 대한 채권자가 조합재산에 대해 집행하는 것은 채무자의 재산이 아닌 재산을 집행하는 것이므로 허용되지 않는다.

비교 조합원 개인에 대한 채권자는 조합원 개인에 대한 집행권원을 얻어 조합원 개인재산에 대해 압류 및 집행할 수 있는데, 이 경우 **조합재산에 대해서는 그 조합원의 합유지분에 대해서만 압류할 수 있다**. 조합원의 합유지분에 대한 압류가 있는 경우에는 그 지분에 기한 장래의 이익배당 및 지분을 반환받을 권리에 대해서만 효력을 가질 뿐이다(**제714조**).

29

18법무사

업무집행 조합원의 배임행위로 조합이 손해를 입은 경우 그로 인하여 조합의 목적을 달성할 수 없게 되었다면 조합원으로서는 조합관계를 벗어난 개인의 지위에서 그 손해의 배상을 구할 수 있는 것이 원칙이다. O | X

해설 **업무집행 조합원이 임무에 위배되는 행위로 조합원이 출자한 동업자금을 모두 허비한 경우, 그로 인한 손해에 대하여 조합원이 조합관계를 벗어난 개인의 지위에서 손해배상을 청구할 수 있는지 여부(소극)**
일부 조합원이 동업계약에 따라 동업자금을 출자하였는데 업무집행 조합원이 본연의 임무에 위배되거나 혹은 권한을 넘어선 행위를 자행함으로써 끝내 동업체의 동업 목적을 달성할 수 없게끔 만들고, 조합원이 출자한 동업자금을 모두 허비한 경우에 **그로 인하여 손해를 입은 주체는 동업자금을 상실하여 버린 조합, 즉 조합원들로 구성된 동업체**라 할 것이고, 이로 인하여 결과적으로 동업자금을 출자한 조합원에게 손해가 발생하였다 하더라도 이는 **조합과 무관하게 개인으로서 입은 손해가 아니고, 조합체를 구성하는 조합원의 지위에서 입은 손해에 지나지 아니하는 것이므로, 결국 피해자인 조합원으로서는 조합관계를 벗어난 개인의 지위에서 그 손해의 배상을 구할 수는 없다**(대판 1999.6.8. 98다60484).

30

19법원행시

전체로서의 조합재산에 대한 조합원 지분에 대해서는 압류할 수 있으나, 조합재산을 구성하는 개개의 재산에 대한 합유지분에 대해서는 압류 기타 강제집행을 할 수 없다. O | X

해설 조합재산을 구성하는 개개의 재산에 대한 합유지분에 관하여 압류 기타 강제집행이 가능한지 여부(소극)
민법 제714조는 "조합원의 지분에 대한 압류는 그 조합원의 장래의 이익배당 및 지분의 반환을 받을 권리에 대하여 효력이 있다."고 규정하여 조합원의 지분에 대한 압류를 허용하고 있으나, 여기에서의 조합원의 지분이란 전체로서의 조합재산에 대한 조합원 지분을 의미하는 것이고, 이와 달리 조합재산을 구성하는 개개의 재산에 대한 합유지분에 대하여는 압류 기타 강제집행의 대상으로 삼을 수 없다 할 것이다(대결 2007.11.30. 2005마1130).

[31~33]

[사실관계] 甲·乙·丙 세 사람은 각자 재산을 출연하여 자동차정비업소를 공동으로 경영하기로 하는 조합을 결성하였다. 업무집행자인 甲이 丁으로부터 조합운영자금 6,000만 원을 차용하였다. 丁은 甲에 대하여 조합채권과는 별도로 개인적으로 1억원의 대여금채권을 가지고 있다. 그런데 甲은 조합에 대한 지분 이외에는 다른 재산이 없다.

31

출제예상

조합원 甲에 대한 채권자 丁은 甲에 대한 집행권원을 얻어 甲의 개인재산에 대해 압류 및 집행할 수 있는데, 이 경우 甲의 합유지분에 대해서 압류할 수 있다. 甲의 합유지분에 대한 압류가 있는 경우에는 그 지분에 기한 장래의 이익배당 및 지분을 반환받을 권리에 대해서만 효력을 가질 뿐이다. O | X

32

출제예상

만약 丁이 甲의 합유지분을 압류하였다면 특별한 사유가 있지 않은 한, 채권자대위권에 의하여 채무자 甲의 조합 탈퇴의 의사표시를 대위행사함으로써 지분환급청구권을 대위행사할 수 있다. O | X

33

출제예상

丁은 甲에 대한 1억 원의 대여금채권을 이유로 조합재산에 대해서도 강제집행할 수 있다. O | X

정답 | 26 ○ 27 ○ 28 ○ 29 × 30 ○ 31 ○ 32 ○ 33 ×

해설 丁의 甲에 대한 1억 원의 대여금채권 회수방법

① **甲의 합유지분에 대한 권리행사**

㉠ **31 甲의 합유지분에 대한 압류 가부**

조합원 개인에 대한 채권자는 조합원 개인에 대한 집행권원을 얻어 조합원 개인재산에 대해 압류 및 집행할 수 있는데, 이 경우 **조합재산에 대해서는 그 조합원의 합유지분에 대해서만 압류할 수 있다.** 조합원의 합유지분에 대한 압류가 있는 경우에는 그 지분에 기한 장래의 이익배당 및 지분을 반환받을 권리에 대해서만 효력을 가질 뿐이다(**제714조**).

㉡ **32** 甲의 조합탈퇴권의 대위행사 가부

민법상 조합원은 조합의 존속기간이 정해져 있는 경우 등을 제외하고는 원칙적으로 언제든지 조합에서 탈퇴할 수 있고(제716조), 조합원이 탈퇴하면 그 당시의 조합재산 상태에 따라 다른 조합원과 사이에 지분의 계산을 하여 **지분환급청구권**을 가지게 된다(제719조). 이와 관련하여 최근 判例에 따르면 조합원이 조합을 탈퇴할 권리는 그 성질상 조합계약의 해지권으로서 그의 일반재산을 구성하는 재산권의 일종이라 할 것이고 일신전속적 권리라고는 할 수 없다고 한다. 따라서 만약 丁이 甲의 합유지분을 압류하였다면 특별한 사유가 있지 않은 한, **채권자대위권에 의하여 채무자 甲의 조합 탈퇴의 의사표시를 대위행사함으로써 지분환급청구권을 대위행사할 수 있다**(제404조; 대결 2007.11.30. 2005마1130).

② **33 조합재산에 대한 강제집행 가부**

조합원 개인에 대한 채권자가 조합재산에 대해 집행하는 것은 채무자의 재산이 아닌 재산을 집행하는 것이므로 허용되지 않는다고 보는 것이 타당하다. 判例도 "민법상 조합의 채권은 조합원 전원에게 합유적으로 귀속하는 것이어서 특별한 사정이 없는 한 조합원 중 1인에 대한 채권으로써 그 조합원 개인을 집행채무자로 하여 조합의 채권에 대하여 강제집행을 할 수 없다."(대판 2001.2.23. 2000다68924)고 판시하고 있다. 따라서 **丁은 甲에 대한 1억 원의 대여금채권을 이유로 조합재산에 대해 강제집행할 수는 없다.**

34

11법무사

조합의 업무집행으로 부담하게 된 채무는 전 조합원에게 합유적으로 귀속한다. O|X

해설 대판 1999.5.11. 99다1284

35

21법원행시

조합의 채무는 조합원의 채무로서 특별한 사정이 없는 한 조합채권자는 각 조합원에 대하여 지분의 비율에 따라 또는 균일적으로 권리를 행사할 수 있지만, 조합채무가 조합원 전원을 위하여 상행위가 되는 행위로 인하여 부담하게 된 것이라면 조합원들의 연대책임을 인정할 수 있다. O|X

해설 조합의 채무는 조합원의 채무로서 특별한 사정이 없는 한 조합의 채권자는 각 조합원에 대하여 지분의 비율에 따라 또는 균일적으로 변제의 청구를 할 수 있을 뿐이나, 조합채무가 특히 조합원 전원을 위하여 상행위가 되는 행위로 인하여 부담하게 된 것이라면 상법 제57조 제1항을 적용하여 조합원들의 연대책임을 인정함이 타당하다(대판 2018.4.12. 2016다39897).

36

11법무사, 16법원행시

조합의 채권자는 원칙적으로 각 조합원에게 조합채무 전부의 이행을 청구할 수 있다. O | X

해설 조합채권자의 조합원에 대한 청구방법

조합의 채무는 조합원의 채무로서 특별한 사정이 없는 한 조합채권자는 각 조합원에 대하여 지분의 비율에 따라 또는 균일적으로 변제의 청구를 할 수 있을 뿐이다(대판 1992.11.27. 92다30405).

37

출제예상

甲·乙·丙 세 사람은 각자 재산을 출연하여 자동차정비업소를 공동으로 경영하기로 하는 조합을 결성하였다. 업무집행자인 甲이 丁으로부터 조합운영자금 6,000만 원을 차용하였다. 丁은 甲에 대하여 조합채권과는 별도로 개인적으로 1억 원의 대여금채권을 가지고 있다. 그런데 甲은 조합에 대한 지분 이외에는 다른 재산이 없다. 조합운영자금 6,000만 원은 조합의 채무로서 조합의 채권자 丁은 채권 전액에 관하여 전 조합원을 상대로 하여 조합재산을 집행할 수 있고, 각 조합원이 분담하는 금액에 관하여 각 조합원의 개인재산을 집행할 수도 있다. O | X

해설 조합채무에 대한 책임 일반

조합의 채무도 전 조합원에게 합유적으로 귀속되며(준합유), 조합재산으로 그에 대하여 책임을 진다. 다른 한편 조합채무는 각 조합원의 채무이기도 하므로, 각 조합원은 손실분담의 비율로 각자의 개인재산으로 책임을 진다. 따라서 사안에서 **조합운영자금 6,000만 원은 조합의 채무로서 조합의 채권자 丁은 채권 전액에 관하여 전 조합원을 상대로 하여 조합재산을 집행할 수 있고, 각 조합원이 분담하는 금액에 관하여 각 조합원의 개인재산을 집행할 수도 있다.** 구체적으로는 다음과 같다.

① **조합채권자 丁의 조합재산에 대한 강제집행**

조합의 채권자 丁은 채권 전액에 관하여 조합재산으로부터 변제를 청구할 수 있고 조합재산에 대해 강제집행할 수 있다. 다만 조합채권자 丁이 조합재산에 대해 강제집행을 하기 위해서는 조합원 전원에 대한 집행권원이 필요하므로 조합원 전원을 상대로 채권 전액에 대한 이행의 소를 제기하여 판결을 받는 등의 집행권원을 얻어야 한다.

② **조합채권자 丁의 조합원 개인재산에 강제집행**

조합채권자 丁은 조합원 전원에 대한 집행권원을 가지고 조합원 개인의 재산에 대해서도 강제집행을 할 수 있다(통설). 다만 이 경우에는 그 조합원이 부담하는 책임액의 범위 내에서만 집행할 수 있다고 해석한다. 왜냐하면 조합의 채무에 대해서는 조합원은 원칙적으로 '분할채무'를 지는 것으로 보기 때문이다(대판 1985.11.12. 85다카1499). 이때 조합채무의 부담비율에 대해서는 조합원은 손실부담의 비율(원칙적으로 지분의 비율)에 따라 책임을 지는 것이 원칙이며, 채권자가 부담비율을 알지 못하는 경우 균등하게 부담한다(제712조).

그러나 사안에서 명확하지는 않으나 조합채무(조합운영자금 6,000만 원의 차용)가 특히 조합원 전원을 위하여 상행위가 되는 행위로 인하여 부담하게 된 것이라면 그 채무에 관하여 상법 제57조 제1항을 적용하여 조합원들의 '연대채무'를 인정할 것이다(대판 1992.11.27. 92다30405).

38

15법무사

탈퇴한 조합원과 다른 조합원 간의 계산은 탈퇴 당시의 조합재산상태에 의하여 하고, 탈퇴한 조합원의 지분은 그 출자의 종류여하에 불구하고 금전으로 반환할 수 있다. O | X

정답 | **34** ○ **35** ○ **36** × **37** ○ **38** ○

해설 2인 조합에서 조합원 1인이 탈퇴하는 경우, 탈퇴자와 잔존자 사이의 탈퇴로 인한 계산의 방법
조합에서 조합원이 탈퇴하는 경우, 탈퇴자와 잔존자 사이의 탈퇴로 인한 계산은 특별한 사정이 없는 한 **민법 제719조 제1항, 제2항에 따라 '탈퇴 당시의 조합재산상태'를 기준**으로 평가한 조합재산 중 탈퇴자의 지분에 해당하는 금액을 **금전으로 반환하여야** 하고, 조합원의 지분비율은 '조합 내부의 손익분배 비율'을 기준으로 계산하여야 하나, **당사자가 손익분배의 비율을 정하지 아니한 때에는 민법 제711조에 따라 각 조합원의 출자가액에 비례하여 이를 정하여야 한다**(대판 2008.9.25. 2008다41529).

39

12주사보, 15법원행시, 18법무사

조합은 2인 이상의 조합원의 존속을 전제로 하는 것이므로, 2인 조합에서 조합원 1인이 탈퇴하면 그 조합은 해산되고, 청산절차가 진행된다. 따라서 조합원은 청산절차를 거쳐서 잔여재산을 분배받는다. O | X

해설 2인 조합에서 조합원 1인이 탈퇴하면 조합관계는 종료되지만 특별한 사정이 없는 한 조합이 해산 되지 아니하고, **조합원의 합유에 속하였던 재산은 남은 조합원의 단독소유에 속하게 되어 기존의 공동사업은 청산절차를 거치지 않고 잔존자가 계속 유지할 수 있다**(대판 2006.3.9. 2004다46963,49709).

40

13법무사

조합채무는 조합원들이 조합재산에 의하여 합유적으로 부담하는 채무이고, 두 사람으로 이루어진 조합관계에 있어 그 중 1인이 탈퇴하면 탈퇴자와의 사이에 조합관계는 종료된다 할 것이나 특별한 사정이 없는 한 조합은 해산되지 아니하고, 조합원들의 합유에 속한 조합재산은 남은 조합원에게 귀속하게 되므로, 이 경우 조합채권자는 잔존 조합원에게 여전히 그 조합채무 전부에 대한 이행을 청구할 수 있다. O | X

해설 2인으로 구성된 조합에서 1인이 탈퇴한 경우, 조합채권자가 잔존 조합원에 대하여 조합채무 전부의 이행을 청구할 수 있는지 여부(적극)
조합채무는 조합원들이 조합재산에 의하여 합유적으로 부담하는 채무이고, 두 사람으로 이루어진 조합관계에 있어 그 중 1인이 탈퇴하면 탈퇴자와의 사이에 조합관계는 종료된다 할 것이나 특별한 사정이 없는 한 조합은 해산되지 아니하고, 조합원들의 합유에 속한 조합재산은 남은 조합원에게 귀속하게 되므로, 이 경우 조합채권자는 잔존 조합원에게 여전히 그 조합채무 전부에 대한 이행을 청구할 수 있다(대판 1999.5.11. 99다1284).

41

18법원행시

2인 조합에서 조합원 1인이 탈퇴하는 경우, 조합의 탈퇴자에 대한 채권은 잔존자에게 귀속되므로 잔존자는 이를 자동채권으로 하여 탈퇴자에 대한 지분 상당의 조합재산 반환채무와 상계할 수 있다. O | X

해설 대판 2006.3.9. 2004다49693,49709

42

출제예상

조합으로부터 부동산을 매수하여 잔대금채무를 지고 있는 자가 조합원 중 1인에 대하여 개인채권을 가지고 있는 경우, 그 채권과 조합과의 매매계약으로 인한 잔대금채무를 서로 대등액에서 상계할 수 있다.

O | X

43

14법무사, 16/19법원행시

조합에 대한 채무자는 그 채무와 조합원에 대한 채권으로 상계할 수 없고, 조합원 중 1인에 대한 채권을 가진 채권자도 위와 같은 채권을 그 조합과의 매매계약에 따른 잔대금 채무와 서로 대등액에서 상계할 수는 없다.

O | X

해설 **42 43** 조합채무자가 그 채무를 조합원 중 1인에 대한 개인 채권과 상계할 수 있는지 여부(소극)
조합에 대한 채무자는 그 채무와 조합원에 대한 채권으로 상계할 수는 없는 것이므로(민법 제715조), 조합으로부터 부동산을 매수하여 잔대금 채무를 지고 있는 자가 조합원 중의 1인에 대하여 개인 채권을 가지고 있다고 하더라도 그 채권과 조합과의 매매계약으로 인한 잔대금 채무를 서로 대등액에서 상계할 수는 없다(대판 1998.3.13. 97다6919).

44

11법원행시, 15서기보

민법상 조합의 성질을 가지는 건설공동수급체는 구성원인 조합원이 그 출자의무를 불이행하더라도 그 조합원을 제명할 수 있을 뿐, 그 조합원에 대하여 이익분배 자체를 거부하거나 그 조합원에 대한 출자금채권으로 그 조합원의 이익분배청구권과 상계할 수는 없다.

O | X

해설 출자의무를 불이행한 조합원의 이익분배청구권
건설공동수급체는 기본적으로 민법상 조합의 성질을 가지는 것인데, 건설공동수급체의 구성원인 조합원이 그 출자의무를 불이행하였더라도 그 조합원을 조합에서 제명하지 않는 한 건설공동수급체는 조합원에 대한 출자금채권과 그 연체이자채권, 그 밖의 손해배상채권으로 조합원의 이익분배청구권과 직접 상계할 수 있을 뿐이고, 조합계약에서 출자의무의 이행과 이익분배를 직접 연계시키는 특약을 두지 않는 한 출자의무의 불이행을 이유로 이익분배 자체를 거부할 수는 없다(대판 2006.8.25. 2005다16959).

45

21서기보

조합원은 다른 조합원 전원의 동의가 있으면 그 지분을 처분할 수 있으나 조합의 목적과 단체성에 비추어 조합원으로서의 자격과 분리하여 그 지분권만을 처분할 수는 없다고 할 것이므로, 조합원이 지분을 양도하면 그로써 조합원의 지위를 상실하게 된다.

O | X

정답 | 39 × 40 ○ 41 ○ 42 × 43 ○ 44 × 45 ○

46

21법원행시

조합원은 다른 조합원 전원의 동의가 있으면 그 지분을 처분할 수 있으나, 조합원이 지분을 양도하면 그로써 조합원의 지위를 상실하게 된다. 그리고 이와 같은 조합원 지위의 변동은 조합지분의 양도양수에 관한 약정으로써 바로 효력이 생긴다. O | X

> 해설 **45 46** **제273조(합유지분의 처분과 합유물의 분할금지)** ① 합유자는 전원의 동의 없이 합유물에 대한 지분을 처분하지 못한다.
>
> 조합원은 다른 조합원 전원의 동의가 있으면 그 지분을 처분할 수 있으나 조합의 목적과 단체성에 비추어 **조합원으로서의 자격과 분리하여 그 지분권만을 처분할 수는 없으므로**, 조합원이 지분을 양도하면 그로써 조합원의 지위를 상실하게 되며, 이와 같은 조합원 지위의 변동은 조합지분의 양도양수에 관한 약정으로써 바로 효력이 생긴다(대판 2009.3.12. 2006다28454).

47

출제예상

甲, 乙, 丙은 각각 1억 원씩 출자하여 A사업체를 운영하는 「민법」상 조합계약을 체결하였다. 조합계약에서 별도의 특약이 없는 경우, 甲이 사망한 경우, 甲은 조합을 당연히 탈퇴한 것으로 되고 조합원의 지위가 甲의 상속인에게 승계된다. O | X

> 해설 조합원의 사망
>
> 조합체인 경우 특별한 약정이 없으면 사망한 조합원은 조합에서 당연탈퇴되고(제717조 1호), 조합원의 지위는 일신전속적인 권리의무관계로서 상속인에게 상속되지 않는다(대판 1981.7.28. 81다145).
>
> **참고판례** 종중이 그 소유의 부동산을 여러 명의 종중원에게 명의신탁하면서 그 중 1인이 임의로 지분을 처분하는 것을 막기 위하여 그들의 합유로 등기하는 경우 判例는 "부동산의 합유자 중 일부가 사망한 경우 합유자 사이에 특별한 약정이 없는 한 사망한 합유자의 상속인은 합유자로서의 지위를 승계하는 것이 아니므로 해당 부동산은 잔존 합유자가 2인 이상일 경우에는 잔존 합유자의 합유로 귀속되고 잔존 합유자가 1인인 경우에는 잔존 합유자의 단독소유로 귀속된다."(대판 1994.2.25. 93다39225)라는 입장이다.

48

12주사보

조합계약에서 사망한 조합원의 지위를 그 상속인이 승계하기로 약정한 바 없다면 사망한 조합원의 지위는 상속인에게 승계되지 않는다. O | X

49

17서기보

합유자 중 일부가 사망한 경우 합유자 사이에 특별한 약정이 없는 한 사망한 합유자의 상속인은 합유자로서의 지위를 승계하지 못한다. O | X

> 해설 **48 49** 조합원의 지위가 상속인에게 승계되는지 여부
>
> 조합에 있어서 조합원의 1인이 사망한 때에는 민법 제717조에 의하여 그 조합관계로부터 당연히 탈퇴하고 특히 조합계약에서 사망한 조합원의 지위를 그 상속인이 승계하기로 약정한 바 없다면 사망한 조합원의 지위는 상속인에게 승계되지 아니한다(대판 1987.6.23. 86다카2951).
>
> **참고판례** 탈퇴한 조합원과 다른 조합원간의 계산은 민법 제719조 제1항에 의하여 탈퇴당시의 조합재산상태에 의하여야 하는 것이므로 **그 지분계산에 있어서 자산평가의 기준시기는 탈퇴 당시**라고 보아야 한다(同 判例).

50 16법원행시

조합계약으로 조합의 존속기간을 정하지 아니하거나 조합원의 종신까지 존속할 것을 정한 경우에는 각 조합원은 언제든지 탈퇴할 수 있으나, 조합의 존속기간을 정한 때에는 기간만료 전에는 탈퇴할 수 없다. O | X

해설 **제716조(임의탈퇴)** ① 조합계약으로 조합의 존속기간을 정하지 아니하거나 조합원의 종신까지 존속할 것을 정한 때에는 각 조합원은 언제든지 탈퇴할 수 있다. 그러나 부득이한 사유 없이 조합의 불리한 시기에 탈퇴하지 못한다.
② **조합의 존속기간을 정한 때에도 조합원은 부득이한 사유가 있으면 탈퇴할 수 있다.**

51 14법무사

조합원은 파산하면 탈퇴된다. O | X

해설 **제717조(비임의 탈퇴)** 제716조의 경우 외에 조합원은 다음 각 호의 어느 하나에 해당하는 사유가 있으면 탈퇴된다.

1. 사망
2. **파산**
3. 성년후견의 개시
4. 제명(除名)

52 11사무관

조합계약에 "동업지분은 제3자에게 양도할 수 있다."라는 약정을 두고 있는 것과 같이 조합계약에서 개괄적으로 조합원 지분의 양도를 인정하고 있는 경우 조합원은 다른 조합원 전원의 동의가 없더라도 자신의 지분 전부 또는 일부를 당연히 제3자에게 양도할 수 있다. O | X

해설 조합계약에서 개괄적으로 조합원 지분의 양도를 인정하고 있는 경우, 그 지분 일부의 양도도 허용되는지 여부(원칙적 소극)
조합계약에 '동업지분은 제3자에게 양도할 수 있다'는 약정을 두고 있는 것과 같이 조합계약에서 개괄적으로 조합원 지분의 양도를 인정하고 있는 경우 조합원은 다른 조합원 전원의 동의가 없더라도 자신의 지분 전부를 일체로써 제3자에게 양도할 수 있으나, 그 지분의 일부를 제3자에게 양도하는 경우까지 당연히 허용되는 것은 아니다. 왜냐하면, 민법 제706조에 따라 조합원 수의 다수결로 업무집행자를 선임하고 업무집행방법을 결정하게 되어 있는 조합에 있어서는 조합원 지분의 일부가 제3자에게 양도되면 조합원 수가 증가하게 되어 당초의 조합원 수를 전제로 한 조합의 의사결정구조에 변경이 생기고, 나아가 소수의 조합원이 그 지분을 다수의 제3자들에게 분할·양도함으로써 의도적으로 그 의사결정구조에 왜곡을 가져올 가능성도 있으므로, 조합원 지분의 일부 양도를 명시적으로 허용한 것이 아니라 단지 조합원 지분의 양도가능성을 개괄적으로 인정하고 있을 뿐인 위 약정만으로 조합계약 당시 조합원들이 위와 같은 의사결정구조의 변경 또는 왜곡의 가능성을 충분히 인식하고 이를 용인할 의사로써 그 지분 일부의 양도까지 허용하였다고 볼 수는 없기 때문이다. 따라서 그러한 조합의 조합원은 다른 조합원 전원의 동의가 있는 등 특별한 사정이 있어야만 그 지분의 일부를 제3자에게 유효하게 양도할 수 있고, 이와 같이 조합원 지분의 일부가 적법하게 양도된 경우에 한하여 양수인은 그 양도비율에 따른 자익권(이익분배청구권, 잔여재산분배청구권 등) 외에 양도인이 보유하는 공익권과 별개의 완전한 공익권(업무집행자선임권, 업무집행방법결정권, 통상사무전행권, 업무·재산상태검사권 등)도 취득하게 된다(2009.4.23. 2008다4247).

정답 | **46** ○ **47** × **48** ○ **49** ○ **50** × **51** ○ **52** ×

53

15/21서기보

2인 조합에서 조합원 1인이 탈퇴하면 조합관계는 종료되지만 특별한 사정이 없는 한 조합이 해산되지 아니하고, 조합원의 합유에 속하였던 재산은 남은 조합원의 단독소유에 속하게 되어 기존의 공동사업은 청산절차를 거치지 않고 잔존자가 계속 유지할 수 있다. O | X

> **해설** 2인 조합에서 1인이 탈퇴한 경우
> 2인 조합에서 조합원 1인이 탈퇴하면 조합관계는 종료되지만 특별한 사정이 없는 한 조합이 해산되지 아니하고, 조합원의 합유에 속하였던 재산은 남은 조합원의 단독소유에 해당하게 되어 기존의 공동사업은 청산절차를 거치지 않고 잔존자가 계속 유지할 수 있다(대판 2006.3.9. 2004다49693).

54

18법무사

조합이 해산하였으나 조합 잔무로서 처리할 일이 없고 잔여재산 분배만이 남아 있을 때에는, 특별한 사정이 없는 한 청산절차를 밟을 필요가 없다. O | X

> **해설** 조합관계의 종료 사유 및 조합관계가 종료되어서 그 잔무로서 잔여재산의 분배만이 남아 있는 경우, 청산절차를 거치지 아니하고 잔여재산분배청구를 할 수 있는지 여부(적극)
> 조합관계에 있어서는 일반적으로 조합계약에서 정한 사유의 발생, 조합원 전원의 합의, 조합의 목적인 사업의 성공 또는 성공 불능, 해산청구 등에 의하여 조합관계가 종료되고, 조합관계가 종료된 경우 당사자 사이에 별도의 약정이 없는 이상, 청산절차를 밟는 것이 통례로서 조합원들에게 분배할 잔여재산과 그 가액은 청산절차가 종료된 때에 확정되는 것이므로 **원칙적으로 청산절차가 종료되지 아니한 상태에서 잔여재산의 분배를 청구할 수는 없는 것**이지만, ⅰ) 조합의 잔무로서 처리할 일이 없고, ⅱ) 다만 잔여재산의 분배만이 남아 있을 때에는 **따로 청산절차를 밟을 필요가 없이 각 조합원은 자신의 잔여재산분배비율의 범위 내에서 그 분배비율을 초과하여 잔여재산을 보유하고 있는 조합원에 대하여 바로 잔여재산의 분배를 청구할 수 있다**(대판 1998.12.8. 97다31472).

55

21법원행시

조합해산의 경우에 조합원에게 분배할 잔여재산의 범위와 그 가액은 청산절차가 종료된 때에 비로소 확정되는 것이므로 그 가액의 평가는 청산절차 종료 당시를 기준으로 하여야 한다. O | X

> **해설** 조합해산의 경우에 조합원에게 분배할 잔여재산의 범위와 그 가액은 청산절차가 종료된 때에 비로소 확정되는 것이므로 그 가액의 평가는 청산절차 종료 당시를 기준으로 하여야 하고, 한편 이와 같이 청산절차가 종료되지 않은 상태에서의 조합, 즉 청산의 목적범위 내에서 존속하는 조합이 종국적으로 부담하게 된 채무도 조합의 채무로서 조합의 잔여재산의 계산에서 고려되어야 할 것이다(대판 2007.11.15. 2007다48370,48387).

56

21서기보

조합의 청산에 관한 민법의 규정은 제3자 보호를 위한 강행규정으로서 당사자가 이와 다른 내용의 특약을 한 경우 그 특약은 효력이 없다. O | X

> **해설** 민법의 조합의 해산사유와 청산에 관한 규정은 그와 내용을 달리하는 당사자의 특약까지 배제하는 강행규정이 아니므로 당사자가 민법의 조합의 해산사유와 청산에 관한 규정과 다른 내용의 특약을 한 경우, 그 특약은 유효하다(대판 1985.2.26. 84다카1921).

57 출제예상

조합의 목적달성으로 인하여 조합이 해산되었으나 조합의 잔무로서 처리할 일이 없고 다만 잔여재산의 분배만이 남아 있을 때에는, 따로 청산절차를 밟을 필요 없이 각 조합원은 자신의 잔여재산의 분배비율의 범위 내에서 그 분배비율을 초과하여 잔여재산을 보유하고 있는 조합원에 대하여 바로 잔여재산의 분배를 청구할 수 있다. O | X

> **해설** **조합이 해산되어 그 잔무로서 잔여재산의 분배만이 남아 있는 경우, 청산절차를 거치지 아니하고 바로 잔여재산의 분배를 청구할 수 있는지 여부(적극) 및 이 경우 잔여재산 분배청구권의 행사방법**
> 조합의 목적 달성으로 인하여 조합이 해산되었으나 조합의 잔무로서 처리할 일이 없고 다만 잔여재산의 분배만이 남아 있을 때에는 따로 청산절차를 밟을 필요가 없이 각 조합원은 자신의 잔여재산의 분배비율의 범위 내에서 그 분배비율을 초과하여 잔여재산을 보유하고 있는 조합원에 대하여 바로 잔여재산의 분배를 청구할 수 있고, 이 경우의 잔여재산 분배청구권은 조합원 상호간의 내부관계에서 발생하는 것으로서 각 조합원이 분배비율을 초과하여 잔여재산을 보유하고 있는 조합원을 상대로 개별적으로 행사하면 족한 것이지 반드시 조합원들이 공동으로 행사하거나 조합원 전원을 상대로 행사하여야 하는 것은 아니다(대판 2000.4.21. 99다35713).

58 21사무관

조합의 해산으로 선임된 청산인에 대하여 조합원은 법원에 해임을 청구할 수 있고, 그와 같은 해임청구권을 피보전권리로 하여 청산인에 대한 직무집행정지와 직무대행자선임을 구하는 가처분을 구할 수 있다. O | X

> **해설** 조합이 해산한 때 청산은 총조합원 공동으로 또는 그들이 선임한 자가 그 사무를 집행하고 청산인의 선임은 조합원의 과반수로써 결정한다(민법 제721조 제1항, 제2항). 민법은 조합원 중에서 청산인을 정한 때 다른 조합원의 일치가 아니면 청산인인 조합원을 해임하지 못한다고 정하고 있을 뿐이고(제723조, 제708조), 조합원이 법원에 청산인의 해임을 청구할 수 있는 규정을 두고 있지 않다. 민법상 조합의 청산인에 대하여 법원에 해임을 청구할 권리가 조합원에게 인정되지 않으므로, 특별한 사정이 없는 한 그와 같은 해임청구권을 피보전권리로 하여 청산인에 대한 직무집행정지와 직무대행자 선임을 구하는 가처분은 허용되지 않는다(대결 2020.4.24. 2019마6918).

정답 | **53** ○ **54** ○ **55** ○ **56** × **57** ○ **58** ×

59

21사무관

조합관계가 종료되었는데 조합의 잔무로서 처리할 일이 없고 잔여재산의 분배만이 남아 있을 때에는 따로 청산절차를 밟을 필요가 없고, 비록 조합채무의 변제 사무가 완료되지 않은 사정이 있더라도 채권자가 조합원인 경우에는 동업체 자산을 보유하는 자가 동업체 자산에서 채권자 조합원에 대한 조합채무를 공제하여 분배대상 잔여재산액을 산출한 다음, 다른 조합원들에게 잔여재산 중 각 조합원의 출자가액에 비례한 몫을 반환함과 아울러 채권자 조합원에게 조합채무를 이행함으로써 별도의 청산절차를 거침이 없이 간이한 방법으로 공평한 잔여재산의 분배가 가능하다. O | X

해설 조합관계가 종료된 경우 당사자 사이에 별도의 약정이 없는 이상 청산절차를 밟는 것이 통례이나, 조합의 잔무로서 처리할 일이 없고, 다만 잔여재산의 분배만이 남아 있을 때에는 따로 청산절차를 밟을 필요가 없으며, 잔여재산은 조합원 사이에 별도의 특약이 없는 이상 각 조합원의 출자가액에 비례하여 분배하도록 되어 있으므로, 비록 조합채무의 변제 사무가 완료되지 아니한 사정이 있더라도 채권자가 조합원인 경우에는 동업체 자산을 보유하는 자가 동업체 자산에서 채권자 조합원에 대한 조합채무를 공제하여 분배대상 잔여재산액을 산출한 다음, 다른 조합원들에게 잔여재산 중 각 조합원의 출자가액에 비례한 몫을 반환함과 아울러 채권자 조합원에게 조합채무를 이행함으로써 별도의 청산절차를 거침이 없이 간이한 방법으로 공평한 잔여재산의 분배가 가능하다(대판 2019.7.25. 2019다205206,205213).

60

21사무관

조합원이 부동산 사용권을 존속기한을 정하지 않고 출자하였다가 탈퇴한 경우 특별한 사정이 없는 한 탈퇴 시 조합재산인 부동산 사용권이 소멸한다고 볼 수는 없고, 그러한 사용권은 공동사업을 유지할 수 있도록 일정한 기간 동안 존속하므로, 탈퇴 조합원이 남은 조합원으로 하여금 부동산을 사용·수익할 수 있도록 할 의무를 이행하지 않음으로써 남은 조합원에게 손해가 발생하였다면 탈퇴 조합원은 그 손해를 배상할 책임이 있다. O | X

해설 대판 2018.12.13. 2015다72385

61

21사무관

2인으로 구성된 조합의 조합원 중 1인이 선량한 관리자의 주의의무 위반 또는 불법행위 등으로 인하여 조합에 대하여 손해배상책임을 지게 되고 또한 그로 인하여 조합 관계마저 그 목적 달성이 불가능하게 되어 종료되고 달리 조합의 잔여업무가 남아 있지 않은 상황에서 조합재산의 분배라는 청산절차만이 남게 된 경우에, 다른 조합원은 조합에 손해를 가한 조합원을 상대로 선량한 관리자의 주의의무 위반 또는 불법행위에 따른 손해배상채권액 중 자신의 출자가액 비율에 의한 몫에 해당하는 돈을 청구하는 형식으로 조합관계의 종료로 인한 잔여재산의 분배를 청구할 수 있다. O | X

해설 대판 2019.7.25. 2019다205206,205213

정답 | 59 ○ 60 ○ 61 ○

제14절 종신정기금

제15절 화해

01 20법무사

민법상의 화해계약을 체결한 경우 당사자는 착오를 이유로 이를 취소하지 못하고 다만 화해 당사자의 자격 또는 화해의 목적인 분쟁 이외의 사항에 착오가 있는 때에 한하여 이를 취소할 수 있는바, 여기서 '화해의 목적인 분쟁 이외의 사항'이라 함은 분쟁의 대상이 아니라 분쟁의 전제 또는 기초가 된 사항으로서 쌍방 당사자가 예정한 것이어서 상호 양보의 내용으로 되지 않고 다툼이 없는 사실로 양해된 사항을 말한다. O | X

해설 대판 2005.8.19. 2004다53173 참조

02 21서기보

화해계약의 의사표시에 착오가 있더라도 이것이 당사자의 자격이나 화해계약의 대상인 분쟁 이외의 사항에 관한 것이 아니고 분쟁의 대상인 법률관계 자체에 관한 것일 때에는 이를 취소할 수 없다. O | X

해설 화해는 당사자가 사실에 반한다는 것을 감수하면서 서로 양보하여 분쟁을 종료시키는 데에 목적을 두는 계약이므로, 화해의 목적인 '분쟁사항'이 사실과 다르더라도 착오를 이유로 취소하는 것은 허용되지 않는다(제733조 본문). 따라서 '분쟁 이외의 사항'에 착오가 있는 때에는, 착오를 이유로 화해계약을 취소할 수 있다(제733조 단서). 여기서 '분쟁 이외의 사항'이라 함은 분쟁의 대상이 아니라 그 분쟁의 전제 또는 기초가 된 사항으로서, 쌍방 당사자 사이에 다툼이 없어 양보의 대상이 되지 않았던 사실을 말한다(대판 1997.4.11. 95다48414).

03 출제예상

화해계약이 사기로 인하여 이루어진 경우, 화해당사자의 자격 또는 화해의 목적인 분쟁에 관하여 착오를 일으킨 경우에 한하여 취소할 수 있다. O | X

해설 화해계약도 법률행위로서의 계약이므로, 법률행위의 무효·취소에 관한 규정과 해제에 관한 규정이 적용된다. 判例도 "화해계약이 사기로 인하여 이루어진 경우에는, 화해의 목적인 분쟁에 관한 사항에 착오가 있더라도 민법 제110조에 따라 이를 취소할 수 있다."(대판 2008.9.11. 2008다15278)라고 한다.

정답 | 01 ○ 02 ○ 03 ×

04

15법원행시, 19법무사

화해계약은 화해당사자의 자격 또는 화해의 목적인 분쟁 이외의 사항에 착오가 있는 경우를 제외하고는 착오를 이유로 취소하지 못하지만, 화해계약이 사기로 인하여 이루어진 경우에는 화해의 목적인 분쟁에 관한 사항에 착오가 있는 때에도 민법 제110조에 따라 이를 취소할 수 있다. O | X

해설 화해계약이 사기로 인하여 이루어진 경우에는 화해의 목적인 분쟁에 관한 사항에 착오가 있더라도 민법 제110조에 따라 이를 취소할 수 있는지 여부(적극)(대판 2005.8.19. 2004다53173)

05

15법원행시

화해계약의 의사표시에 있어 중요 부분에 관한 착오의 존재 및 이것이 당사자의 자격이나 목적인 분쟁 이외의 사항에 관한 것이라는 점은 착오를 이유로 화해계약의 취소를 주장하는 자가 입증하여야 한다. O | X

해설 대판 2004.8.20. 2002다20353 참조

06

15법원행시

의사의 치료행위 직후 환자가 사망하여 의사의 치료행위상의 과실이 있었음을 전제로 의사가 환자의 유족에게 거액의 손해배상금을 지급하기로 합의하였으나 그 후 환자의 사망원인의 의사의 치료행위와는 전혀 무관한 것으로 밝혀진 경우, 착오를 이유로 화해계약을 취소할 수 있다. O | X

해설 **환자가 의료과실로 사망한 것으로 잘못 알고** 의사와 환자유족 사이에 의사가 일정의 손해배상금을 지급하고 유족은 민·형사상의 책임을 묻지 않기로 화해가 이루어졌으나, 그 후 부검결과 사인이 치료행위와는 무관한 것으로 판명된 경우, 위의 사인에 관한 착오는 화해의 목적인 손해배상의 액수, 민·형사사건의 처리문제 등에 관한 것이 아니고 다툼의 대상도 아니며, 상호 양보의 내용으로 된 바도 없는 그 전제 내지 기초에 관한 착오이므로, 이를 이유로 위 화해계약을 취소할 수 있다(대판 2001.10.12. 2001다49326)

07

15법원행시

교통사고에 가해자의 과실이 경합되어 있는데도 오로지 피해자의 과실로 인하여 발생한 것으로 착각하고 치료비를 포함한 합의금으로 실제 입은 손해액보다 훨씬 적은 금원인 금 7,000,000원 만을 받고 일체의 손해배상청구권을 포기하기로 합의한 경우, 피해자 측은 착오를 이유로 화해계약을 취소할 수 없다. O | X

해설 교통사고에 가해자의 과실이 경합되어 있는데도 오로지 피해자의 과실로 인하여 발생한 것으로 착각하고 치료비를 포함한 합의금으로 실제 입은 손해액보다 훨씬 적은 금원인 금 7,000,000원만을 받고 일체의 손해배상청구권을 포기하기로 합의한 경우, 그 사고가 피해자의 전적인 과실로 인하여 발생하였다는 사실은 쌍방 당사자 사이에 다툼이 없어 양보의 대상이 되지 않았던 사실로서 화해의 목적인 분쟁의 대상이 아니라 그 분쟁의 전제가 되는 사항에 해당하는 것이므로 피해자측은 착오를 이유로 화해계약을 취소할 수 있다(대판 1997.4.11. 95다48414).

정답 | 04 ○ 05 ○ 06 ○ 07 ×

제4장 | 사무관리

01 20법원행시

사무관리가 성립하기 위하여는 우선 그 사무가 타임의 사무이고 타인을 위하여 사무를 처리하는 의사가 있어야 하며, 나아가 그 사무의 처리가 본인에게 불리하거나 본인의 의사에 반한다는 것이 명백하지 아니할 것을 요한다. O | X

02 11서기보, 18사무관

사무관리가 성립하기 위해서는 타인을 위하여 사무를 처리하는 의사, 즉 관리의 사실상의 이익을 타인에게 귀속시키려는 의사가 있어야 함은 물론 나아가 그 사무의 처리가 본인에게 불리하거나 본인의 의사에 반한다는 것이 명백하지 아니할 것을 요한다. O | X

03 16법무사

사무관리라 함은 의무 없이 타인을 위하여 그의 사무를 처리하는 행위를 말하는 것이므로, 만약 그 사무가 타인의 사무가 아니라거나 또는 사무를 처리한 자에게 타인을 위하여 처리한다는 관리의사가 없는 경우에는 사무관리가 성립할 수 없다. O | X

> 해설 **01 02 03** 사무관리가 성립하기 위해서는 i) 타인의 사무를 관리하여야 하고 ii) 관리에 관한 법률상 또는 계약상의 의무가 없어야 하며 iii) 타인을 위하여 처리한다는 사무관리 의사가 있어야 하고(대판 1995.9.15. 94다59943), iv) 본인에게 불리하거나 본인의 의사에 반하는 것이 명백하지 않을 것을 요건으로 한다(제734조, 제737조 단서).

04 18사무관

사용자가 근로자의 업무상 부상에 대한 치료비를 지급하는 것은 사무관리가 성립하지 않는다. O | X

> 해설 사용자가 근로자의 업무상 부상에 대한 치료비를 지급하는 것은 근로기준법에 따라 부담하는 사용자 자신의 채무를 이행하는 것으로 **이는 자신의 사무처리라 할 것이고, 타인의 사무를 처리하는 것으로 볼 수는 없다**(대판 1998.5.12. 97다54222).

05 15/20법원행시, 18사무관, 20서기보

타인의 사무가 국가의 사무인 경우, 원칙적으로 사인이 처리한 국가의 사무가 사인이 국가를 대신하여 처리할 수 있는 성질의 것이고, 사무 처리의 긴급성 등 국가의 사무에 대한 사인의 개입이 정당화되는 경우에 한하여 사무관리가 성립한다. O | X

정답 | **01** ○ **02** ○ **03** ○ **04** ○ **05** ○

해설 사인(私人)이 의무 없이 국가의 사무를 처리한 경우
타인의 사무가 국가의 사무인 경우, 원칙적으로 사인이 법령상의 근거 없이 국가의 사무를 수행할 수 없다는 점을 고려하면, **사인이 처리한 국가의 사무가 사인이 국가를 대신하여 처리할 수 있는 성질의 것으로서, 사무 처리의 긴급성 등 국가의 사무에 대한 사인의 개입이 정당화 되는 경우에 한하여 사무관리가 성립**하고, 사인은 그 범위 내에서 국가에 대하여 국가의 사무를 처리하면서 지출된 비용상환을 청구할 수 있다(제739조 제1항)(대판 2014.12.11. 2012다15602).

06

20서기보

제3자와의 약정에 따라 타인의 사무를 처리한 경우에도 원칙적으로 그 타인과의 관계에서는 사무관리가 성립한다. O | X

07

14/20서기보, 15/18법원행시, 20법무사

의무 없이 타인의 사무를 처리한 자는 그 타인에 대하여 민법상 사무관리 규정에 따라 비용상환 등을 청구할 수 있으나, 제3자와의 약정에 따라 타인의 사무를 처리한 경우에는 의무 없이 타인의 사무를 처리한 것이 아니므로 이는 원칙적으로 그 타인과의 관계에서는 사무관리가 된다고 볼 수 없다. O | X

해설 **06 07** 의무 없이 타인의 사무를 처리한 자는 그 타인에 대하여 민법상 사무관리 규정에 따라 비용상환 등을 청구할 수 있으나, '제3자와의 약정'에 따라 타인의 사무를 처리한 경우에는 의무 없이 타인의 사무를 처리한 것이 아니므로 이는 원칙적으로 그 타인과의 관계에서는 사무관리가 된다고 볼 수 없다(대판 2013.9.26. 2012다43539).

08

14서기보

관리자가 처리한 사무의 내용이 관리자와 제3자 사이에 체결된 계약상의 급부와 그 성질이 동일하다고 하더라도 관리자가 위 계약상 약정된 급부를 모두 이행한 후 본인과의 사이에 별도의 계약이 체결될 것을 기대하고 사무를 처리한 경우, 사무관리 의사가 있다고 볼 수 없다. O | X

해설 사무관리 요건 – 관리에 관한 법률상 또는 계약상의 의무가 없을 것
대한주택공사(제3자)는 A에게 도급공사를 주면서 공사로 인한 쓰레기 등의 처리업무도 맡기고, 또한 법령의 규정에 따라 폐기물 처리업체 B(관리자)와 위 건설현장에서 발생한 건설폐기물 처리 용역계약을 체결하였는데, B가 계약물량을 초과하는 폐기물이 발생한 것에 대해 A의 요청을 받고 이를 처리한 경우(A와 B 사이의 계약은 성립하지 않는 것으로 봄) 判例는 **"관리자 B가 처리한 사무의 내용이 B(관리자)와 대한주택공사(제3자) 사이에 체결된 계약상의 급부와 그 성질이 동일하다고 하더라도,** 관리자가 위 계약상 약정된 급부를 모두 이행한 후 본인과의 사이에 별도의 계약이 체결될 것을 기대하고 사무를 처리하였다면 그 사무는 위 약정된 의무의 범위를 벗어나 이루어진 것으로서 법률상 의무 없이 사무를 처리한 것이며, 이 경우 **타인을 위하여 사무를 처리하는 의사가 있다.**"(대판 2010.1.14. 2007다55477)라고 한다.

➡ 따라서 그 초과부분의 처리업무는 A의 사무에 속하고 B는 의무 없이 이를 처리한 것이므로 그 부분에 대해 A와의 관계에서 사무관리가 성립한다.

09

14/20서기보, 16법무사, 18/20법원행시

사무관리가 성립하기 위하여는 우선 그 사무가 타인의 사무이고 타인을 위하여 사무를 처리하는 의사, 즉 관리의 사실상의 이익을 타인에게 귀속시키려는 의사가 있어야 하며, 나아가 그 사무의 처리가 본인에게 불리하거나 본인의 의사에 반한다는 것이 명백하지 아니할 것을 요한다. 여기에서 '타인을 위하여 사무를 처리하는 의사'는 관리자 자신의 이익을 위한 의사와 병존할 수 있고, 반드시 외부적으로 표시될 필요가 없으며, 사무를 관리할 당시에 확정되어 있을 필요가 없다. O | X

해설 사무관리 요건 - (타인을 위하여) 사무관리 의사가 있을 것
사무관리가 성립하기 위해서는 관리자에게 **'타인을 위하여'하는 관리의사가 있어야** 한다(대판 1994.12.22. 94다1072). 이것은 관리의 **사실상의 이익을 타인에게 귀속시키려는 (자연적) 의사**를 말한다. 여기에서 '타인을 위하여 사무를 처리하는 의사'는 관리자 자신의 이익을 위한 의사와 병존할 수 있고, 반드시 외부적으로 표시될 필요가 없으며, 사무를 관리할 당시에 확정되어 있을 필요가 없다(대판 2013.8.22. 2013다30882).

10

14사무관, 15/20법원행시, 19서기보

채무자가 다른 상속인과 공동으로 부동산을 상속받은 경우에는 채무자의 상속지분에 관하여서만 상속등기를 하는 것이 허용되지 아니하고 공동상속인 전원에 대하여 상속으로 인한 소유권이전등기를 신청하여야 한다. 그리고 채권자가 자신의 채권을 보전하기 위하여 채무자가 다른 상속인과 공동으로 상속받은 부동산에 관하여 위와 같은 공동상속등기를 대위신청하여 그 등기가 행하여지는 것과 같이 채권자에 의한 채무자 권리의 대위행사의 직접적인 내용이 제3자의 법적 지위를 보전·유지하는 것이 되는 경우에는, 채권자는 자신의 채무자가 아닌 제3자에 대하여도 특별한 사정이 없는 한 사무관리에 기하여 그 등기에 소요된 비용의 상환을 청구할 수 있다. O | X

해설 채권자에 의한 채무자 권리의 대위행사의 직접적인 내용이 제3자의 법적 지위를 보전·유지하는 것이 되는 경우에는, 채권자는 자신의 채무자가 아닌 제3자에 대하여도 **'사무관리'**에 기하여 비용의 상환을 청구할 수 있다(대판 2013.8.22. 2013다30882).

11

15/20법원행시

관리자에게 보수청구권을 인정할 경우 관리자가 자신의 경제적 이익을 위해 타인의 생활관계에 지나치게 개입함으로써 사적 자치의 원칙을 훼손시킬 우려가 있으므로, 유상으로 일하는 관리자의 직업 내지 영업의 범위 내에서 사무관리가 이루어졌더라도 본인에 대하여 보수에 상응하는 금액을 필요비 내지 유익비로 청구할 수 없다. O | X

해설 직업 또는 영업에 의하여 유상으로 일하는 사람이 그 직업 또는 영업의 범위 내에서 타인의 사무를 관리한 경우, 통상의 보수 상당 금액을 필요비 또는 유익비로 청구할 수 있는지 여부(적극)
직업 또는 영업에 의하여 유상으로 타인을 위하여 일하는 사람이 향후 계약이 체결될 것을 예정하여 그 직업 또는 영업의 범위 내에서 타인을 위한 행위를 하였으나 그 후 계약이 체결되지 아니함에 따라 타인을 위한 사무를 관리한 것으로 인정되는 경우에 상법 제61조는 상인이 그 영업범위 내에서 타인을 위하여 행위를 한 때에는 이에 대하여 상당한 보수를 청구할 수 있다고 규정하고 있어 **직업 또는 영업의 일환으로 제공한 용역은 그 자체로 유상행위로서 보수 상당의 가치를 가진다**

정답 | 06 × 07 ○ 08 × 09 ○ 10 ○ 11 ×

고 할 수 있으므로 **그 관리자는 통상의 보수를 받을 것을 기대하고 사무관리를 하는 것으로 보는 것이 일반적인 거래 관념에 부합**하고, 그 관리자가 사무관리를 위하여 다른 사람을 고용하였을 경우 지급하는 보수는 사무관리 비용으로 취급되어 본인에게 반환을 구할 수 있는 것과 마찬가지로, **다른 사람을 고용하지 않고 자신이 직접 사무를 처리한 것도 통상의 보수 상당의 재산적 가치를 가지는 관리자의 용역이 제공된 것으로서 사무관리 의사에 기한 자율적 재산희생으로서의 비용이 지출된 것이라 할 수 있으므로 그 통상의 보수에 상응하는 금액을 필요비 내지 유익비로 청구할 수 있다고 봄이 타당하다**(대판 2010.1.14. 2007다55477).

12

13/18법원행시, 16법무사

관리자가 사무관리를 함에 있어서 손해를 입었다 하더라도 그에게 과실이 없는 경우에 한하여 본인의 현존이익의 한도에서 그 손해의 보상을 청구할 수 있다. O | X

해설 **제740조(관리자의 무과실손해보상청구권)** 관리자가 사무관리를 함에 있어서 과실없이 손해를 받은 때에는 본인의 현존이익의 한도에서 그 손해의 보상을 청구할 수 있다.

13

13법원행시

민법상 사무관리에는 보수청구권이나 비용선급청구권이 인정되지 아니한다. O | X

해설 위임의 경우와 달리 비용선급청구권을 인정하지 않고 있다.

14

13법원행시

관리자가 관리를 개시한 때에는 지체없이 본인에게 통지하여야 한다. O | X

해설 **제736조(관리자의 통지의무)** 관리자가 관리를 개시한 때에는 지체없이 본인에게 통지하여야 한다. 그러나 본인이 이미 이를 안 때에는 그러하지 아니하다.

15

13법원행시

관리자가 본인의 의사에 반하여 관리한 경우라 하더라도 과실이 없는 이상 그로 인한 손해를 배상할 책임이 없음이 원칙이다. O | X

16

20법무사

본인의 의사나 이익에 적합하지 아니한 사무관리를 한 경우에는 과실이 없는 때에도 이로 인한 손해를 배상해야 하나 그 관리행위가 공공의 이익에 적합한 때에는 중대한 과실이 없으면 배상할 책임이 없다. O | X

해설 **15 16 제734조(사무관리의 내용)** ① 의무 없이 타인을 위하여 사무를 관리하는 자는 그 사무의 성질에 좇아 가장 본인에게 이익되는 방법으로 이를 관리하여야 한다.

17

13법원행시

관리자가 본인의 의사에 반하여 관리한 때에는 유익비는 물론이고 필요비 역시 현존이익의 한도에서 상환을 청구할 수 있을 뿐이다. O | X

> 해설 **제739조(관리자의 비용상환청구권)** ① 관리자가 본인을 위하여 필요비 또는 유익비를 지출한 때에는 본인에 대하여 그 상환을 청구할 수 있다.
> ③ 관리자가 본인의 의사에 반하여 관리한 때에는 본인의 현존이익의 한도에서 전2항의 규정을 준용한다.

18

출제예상

甲은 이웃에 사는 乙이 해외여행을 간 사이에 폭우가 내려 乙의 담장이 무너지려는 것을 보고 건축업자인 丙과 위 담장이 무너지지 않도록 보강공사 도급계약을 체결하였고, 丙은 위 보강공사를 완료하였다. 甲과 乙 사이에 사무관리가 성립하는 경우에는 甲은 乙을 상대로 丙에게 지급한 공사비를 비용으로 청구할 수 있다. O | X

> 해설 사무관리 효과로서 본인의 비용상환의무
> 사무관리가 성립하는 경우, 관리자가 본인을 위하여 비용을 지출한 때에는 본인에게 일정한 비용상환의무가 있다. 즉, 관리자가 필요비 또는 유익비를 지출한 때, 본인은 자신의 의사에 반하지 않는 경우에는 필요비 또는 유익비의 '**전액**'을 '**본인의 이득 여하와는 관계없이**' 상환해야 하고(제739조 제1항), 자신의 의사에 반하는 경우에는 '**현존이익**'의 한도에서 비용상환의무를 진다(제739조 제3항).

19

출제예상

甲은 이웃에 사는 乙이 해외여행을 간 사이에 폭우가 내려 乙의 담장이 무너지려는 것을 보고 건축업자인 丙과 위 담장이 무너지지 않도록 보강공사 도급계약을 체결하였고, 丙은 위 보강공사를 완료하였다. 甲과 乙 사이에 사무관리가 성립하는 경우에는 甲은 乙에게 丙에 대한 위 도급계약상의 채무를 자기에 갈음하여 변제할 것을 청구할 수 있다. O | X

> 해설 사무관리 효과로서 대변제청구권
> 관리자가 본인을 위하여 필요 또는 유익한 채무를 부담한 때에는, 본인에게 자기에 갈음하여 이를 변제하게 할 수 있고 그 채무가 변제기에 있지 아니한 때에는 상당한 담보를 제공하게 할 수 있다(제739조 제2항, 제688조 제2항)

20

16/20법무사, 18법원행시, 20서기보

관리자가 타인의 생명, 신체, 명예 또는 재산에 대한 급박한 위해를 면하게 하기 위하여 그 사무를 관리한 때에는 고의나 중대한 과실이 없으면 이로 인한 손해를 배상할 책임이 없다. O | X

> 해설 **제735조(긴급사무관리)** 관리자가 타인의 생명, 신체, 명예 또는 재산에 대한 급박한 위해를 면하게 하기 위하여 그 사무를 관리한 때에는 고의나 중대한 과실이 없으면 이로 인한 손해를 배상할 책임이 없다.

정답 | 12 ○ 13 ○ 14 ○ 15 × 16 ○ 17 ○ 18 ○ 19 ○ 20 ○

제5장 | 부당이득

01 16서기보

부당이득 반환의무를 인정하기 위해서는 그 반환의무자의 고의 또는 과실이 인정되어야 한다. O | X

> **해설** 부당이득이 성립하기 위해서는 ⅰ) 법률상 원인 없이, ⅱ) 타인의 재산 또는 노무로 인하여 이익을 얻고, ⅲ) 그러한 이익으로 인하여 타인에게 손해를 가하고, ⅳ) 이익과 손해 사이에 인과관계가 있을 것을 요한다(제741조).
>
> ➡ 반환의무자의 고의 또는 과실은 그 요건이 아니다.

02 17서기보

부당이득제도는 이득자의 재산상 이득이 법률상 원인을 결여하는 경우에 공평·정의의 이념에 근거하여 이득자에게 그 반환의무를 부담시키는 것이다. O | X

> **해설** **부당이득제도는 이득자의 재산상 이득이 법률상 원인을 결여하는 경우에 공평·정의의 이념에 근거하여 이득자에게 그 반환의무를 부담시키는 것**인바, 채무자가 피해자로부터 횡령한 금전을 그대로 채권자에 대한 채무변제에 사용하는 경우 피해자의 손실과 채권자의 이득 사이에 인과관계가 있음이 명백하고, 한편 채무자가 횡령한 금전으로 자신의 채권자에 대한 채무를 변제하는 경우 채권자가 그 변제를 수령함에 있어 악의 또는 중대한 과실이 있는 경우에는 채권자의 금전 취득은 피해자에 대한 관계에 있어서 법률상 원인을 결여한 것으로 봄이 상당하나, 채권자가 그 변제를 수령함에 있어 단순히 과실이 있는 경우에는 그 변제는 유효하고 채권자의 금전 취득이 피해자에 대한 관계에 있어서 법률상 원인을 결여한 것이라고 할 수 없다(대판 2003.6.13. 2003다8862).

03 18법무사

채무자가 계약상 채무를 이행하지 않았다고 하더라도 채권자는 여전히 해당 계약에서 정한 채권을 보유하고 있다. 그러므로 특별한 사정이 없는 한 채무자가 그 채무를 이행하지 않고 있다고 하여 채무자가 법률상 원인 없이 이득을 얻었다고 할 수는 없다. 이는 그 채권이 시효로 소멸하였다 하더라도 마찬가지이다. O | X

04 16서기보

소멸시효의 완성으로 채권이 소멸한 경우 그 채무자가 채무를 면하게 된 것은 법률상 원인없는 이득이라고 할 수 없으므로 그 채무자가 부당이득 한 것이라고 할 수 없다. O | X

> **해설** **03 04** 소멸시효완성으로 인한 권리소멸과 부당이득(소극)
>
> 계약상의 채무를 채무자가 이행하지 않았다고 하더라도 채권자는 여전히 해당 계약에서 정한 채권을 보유하고 있으므로, 특별한 사정이 없는 한 채무자가 채무를 이행하지 않고 있다고 하여 채무자가 **법률상 원인 없이 이득을 얻었다고 할 수는 없고, 설령 채권이 시효로 소멸하게 되었다 하더라도 달리 볼 수 없다**(대판 2018.2.28. 2016다45779).

05

출제예상

매도인에게 소유권이 유보된 채 매수인에게 인도된 건축자재가, 매매대금이 모두 지급되지 않은 상태에서 매수인과 제3자 사이에 체결된 도급계약의 이행에 따라 제3자 소유의 신축건물에 부합된 경우, 매도인은 제3자가 소유권 유보에 관하여 과실 없이 알지 못하였더라도 그에게 부당이득의 반환을 청구할 수 있다. O | X

> 해설 민법 제261조의 보상청구가 인정되기 위해서는 민법 제261조 자체의 요건만이 아니라, 부당이득 법리에 따른 판단에 의하여 부당이득의 요건이 모두 충족되었음이 인정되어야 한다. 매도인에게 소유권이 유보된 자재가 제3자와 매수인 사이에 이루어진 도급계약의 이행으로 제3자 소유 건물의 건축에 사용되어 부합된 경우 보상청구를 거부할 법률상 원인이 있다고 할 수 없지만, **제3자가 도급계약에 의하여 제공된 자재의 소유권이 유보된 사실에 관하여 과실 없이 알지 못한 경우라면 선의취득의 경우와 마찬가지로 제3자가 그 자재의 귀속으로 인한 이익을 보유할 수 있는 법률상 원인이 있다고 봄이 상당하므로, 매도인으로서는 그에 관한 보상청구를 할 수 없다**(대판 2009.9.24. 2009다15602).

06

13/16서기보, 15주사보

임대차가 종료한 이후 임차인이 동시이행항변권에 기하여 임차목적물을 명도하지 아니하고 이를 계속 점유하고 있었으나 그 점유부분을 사용·수익하지 않았다면, 임차인이 이를 점유한다는 사실만으로 차임상당의 이득을 얻은 것이라고 볼 수 없다. O | X

07

21서기보

임대차계약 종료 후에 임차인이 동시이행의 항변권을 행사하여 임차건물을 계속 점유하여 사용·수익한 경우, 그로 인한 이득을 부당이득이라 할 수 없다. O | X

> 해설 **06 07** i) 임대차계약의 종료에 의하여 발생된 임차인의 임차목적물 반환의무와 임대인의 연체차임을 공제한 나머지 보증금의 반환의무는 동시이행의 관계에 있는 것이므로, **임대차계약 종료 후에도 임차인이 동시이행의 항변권을 행사하여 임차건물을 계속 점유**하여 온 것이라면 **임차인의 그 건물에 대한 점유는 불법점유라고 할 수는 없으나, 그로 인하여 이득이 있다면 이는 부당이득으로서 반환**하여야 하는 것은 당연하다. ii) 법률상 원인 없이 이득하였음을 이유로 하는 부당이득반환에 있어서 이득이라 함은, '실질적인 이익'을 가리키는 것이므로 법률상 원인 없이 건물을 점유하고 있더라도 이를 **사용·수익하지 못하였다면 실질적인 이익을 얻었다고 볼 수 없다**(대판 1992.4.14. 91다45202,45219).

08

11/14법무사

임차인이 임대차계약이 종료한 후 임차건물을 계속 점유하였더라도 본래의 계약목적에 따라 사용, 수익하지 아니하여 이익을 얻지 않았다면 그로 인한 부당이득반환의무가 성립하지 아니하고, 이는 임차인의 사정으로 인하여 임차건물을 사용, 수익하지 못한 경우에도 마찬가지이다. O | X

> 해설 임차인이 임대차계약이 종료한 후 자신의 사정으로 임차건물을 사용·수익하지 못한 경우, 임료 상당 부당이득반환채무가 성립하는지 여부(소극)
> 임차인이 임대차계약이 종료한 후 임차건물을 계속 점유하였더라도 본래의 계약 목적에 따라 사용·수익하지 아니하여 이익을 얻지 않았다면 그로 인한 부당이득반환의무가 성립하지 아니하고, 이는 임차인의 사정으로 인하여 임차건물을 사용·수익하지 못한 경우에도 그러하다(대판 2006.10.12. 2004재다818).

정답 | 01 × 02 ○ 03 ○ 04 ○ 05 × 06 ○ 07 × 08 ○

09

13법무사, 15주사보

부동산을 점유·사용함으로써 받은 이익은 특별한 사정이 없는 한 임료 상당액이라 할 것이므로, 매수인이 부동산을 인도받아 그 용도대로 사용한 경우, 매수인은 임료 상당의 이익을 받았다고 할 것이고, 가사 그 부동산을 사용하여 영위한 영업이 전체적으로 적자였다고 하더라도 사용으로 인한 이익 자체를 부정할 수는 없다.

O | X

해설 대판 1997.12.9. 96다47586 참조

10

15사무관, 18주사보, 21법무사

타인 소유의 토지 위에 권원 없이 건물을 소유하고 있는 자는 그 건물을 실제로 사용, 수익하고 있지 아니하더라도 특별한 사정이 없는 한 법률상 원인 없이 타인의 재산으로 인하여 토지의 차임에 상당하는 이익을 얻고 이로 인하여 타인에게 동일한 금액 상당의 손해를 주고 있다고 보아야 한다.

O | X

해설 타인소유의 '토지'를 법률상 원인 없이 점유하고 있는 경우

判例는 "타인 소유의 토지 위에 권한 없이 건물을 소유하고 있는 자는 그 자체로써 특별한 사정이 없는 한 법률상 원인 없이 타인의 재산으로 인하여 토지의 차임에 상당하는 이익을 얻고 이로 인하여 타인에게 동액 상당의 손해를 주고 있다고 보아야 한다."(대판 1998.5.8. 98다2389)라고 판시하고 있다. 따라서 건물을 사용·수익하지 않더라도 '부지'에 관한 부당이득은 성립한다. 그리고 최근 判例에 따르면 이는 건물의 소유자가 미등기건물의 원시취득자로서 그 건물에 관하여 '사실상의 처분권을 보유하게 된 양수인'이 따로 존재하는 경우에도 다르지 아니하다고 한다(대판 2011.7.14. 2009다76522): 즉 미등기건물의 원시취득자가 토지의 차임에 상당하는 부당이득을 얻고 있는 것이 된다.

비교판례 타인소유의 '건물'을 법률상 원인 없이 점유하고 있는 경우 判例는 "법률상 원인 없이 이득하였음을 이유로 하는 부당이득반환에 있어서 이득이라 함은, '실질적인 이익'을 가리키는 것이므로 법률상 원인 없이 건물을 점유하고 있더라도 이를 사용·수익하지 못하였다면 실질적인 이익을 얻었다고 볼 수 없다."(대판 1992.4.14. 91다45202,45219)라고 판시하고 있다.

11

13법무사

건물에 관한 임대차계약이 종료된 이후 이를 건물임대인에게 반환하지 않고 그대로 계속 점유·사용하는 자는 그 점유기간 도안 건물의 사용·수익에 따른 차임상당액을 부당이득으로 반환할 의무가 있다고 할 것인데, 여기서 그 차임 상당액에는 건물의 차임은 포함된다고 할 것이나, 그 부지 부분의 차임은 포함되지 않는다.

O | X

12

13법무사

건물소유자가 부지 부분에 관한 소유권을 상실하였다 하여도 건물소유자는 토지소유자의 관계에 있어서는 건물 부지의 불법점유자라 할 것이므로, 건물 부지 부분에 관한 차임 상당의 부당이득 전부에 관한 반환의무를 부담하며, 건물을 점유하고 있는 건물임차인이 토지 소유자에 대하여 부지점유자로서 부당이득반환의무를 지지는 않는다.

O | X

해설 **11 12 건물소유자가 부지 부분에 관한 소유권을 상실한 경우, 건물임대차계약 종료 이후 계속 건물을 점유·사용하는 건물임차인의 토지소유자 또는 건물소유자에 대한 부당이득반환의무 유무와 그 범위**
건물에 관한 임대차계약이 종료된 이후 이를 건물임대인에게 반환하지 않고 그대로 계속 점유·사용하는 자는 점유기간 동안 건물의 사용·수익에 따른 차임 상당액을 부당이득으로 반환할 의무가 있는데, 여기서 차임 상당액을 산정할 때 통상적으로 건물을 임대하는 경우 **당연히 부지 부분의 이용을 수반하는 것이고 차임 상당액 속에는 건물 차임 외에도 부지 부분 차임(지대)도 포함되므로, 건물 차임은 물론이고 부지 부분 차임도 함께 계산되어야** 한다. 그리고 **건물소유자가 부지 부분에 관한 소유권을 상실하였다 하여도 건물소유자는 의연 토지소유자와 관계에서는 토지 위에 있는 건물의 소유자인 관계로 건물 부지의 불법점유자**라 할 것이고, 따라서 **건물 부지 부분에 관한 차임 상당의 부당이득 전부에 관한 반환의무를 부담**하게 되며, **건물을 점유하고 있는 건물임차인이 토지소유자에게 부지점유자로서 부당이득반환의무를 진다고 볼 수 없다.** 그러므로 건물소유자는 이러한 채무의 부담한도 내에서 건물임차인의 건물 불법점유에 상응하는 부지 부분의 사용·수익에 따른 임료 상당의 손실이 생긴 것이고, 건물에 관한 임대차계약 종료 이후 이를 계속 점유·사용하는 건물임차인은 건물소유자에 대한 관계에서 건물 부지의 사용·수익으로 인한 이득이 포함된 건물임료 상당의 부당이득을 하였다고 보아야 한다(대판 2012.5.10. 2012다4633).

13

출제예상

'대물변제 약정 등에 의하여 매매와 같이' 부동산의 소유권을 이전받게 되는 사람이 이미 부동산을 점유·사용하고 있는 경우 매도인은 매수인에 대하여 매수인의 점유·사용을 법률상 원인이 없는 이익이라고 하여 부당이득반환청구를 할 수 있다. O|X

해설 토지의 매수인이 아직 소유권이전등기를 마치지 않았더라도 매매계약의 이행으로 토지를 인도받은 때에는 매매계약의 효력으로서 이를 점유·사용할 권리가 있으므로, 매도인이 매수인에 대하여 그 점유·사용을 법률상 원인이 없는 이익이라고 하여 부당이득반환청구를 할 수는 없다. 이러한 법리는 대물변제 약정 등에 의하여 매매와 같이 부동산의 소유권을 이전받게 되는 사람이 이미 부동산을 점유·사용하고 있는 경우에도 마찬가지로 적용된다(대판 2016.7.7. 2014다2662).

14

출제예상

임대인은 임차권의 양도담보권자를 상대로 차임 상당 부당이득반환청구를 할 수 있다. O|X

해설 임차목적물의 양도담보권자를 상대로 임대인이 차임 상당 부당이득반환청구를 할 수 있는지 여부(소극)
담보권자가 담보제공자 아닌 제3자 소유의 토지를 담보물로 이용하였다고 하더라도 현실적인 점유를 수반하지 아니하는 가치권의 이용만으로써는 담보권자에게 어떠한 현실적인 이익이 있었다고 할 수도 없고 또 이로 인하여 제3자의 현실적인 점유가 방해되었다고도 할 수 없다. 따라서 채무자인 임차인이 채권자인 피고를 위하여 이 사건 임대차 목적물에 관한 임차권 등을 양도담보로 제공하기로 한 경우 이 사건 임대차 목적물을 점유하면서 사용·수익한 사람은 임차인이고, 피고는 양도담보권자의 지위에 있을 뿐 이 사건 임대차 목적물을 직접적으로 사용하지 않았으므로 이러한 현실적인 점유를 수반하지 아니하는 가치권의 이용만으로써는 양도담보권자에 불과한 피고에게 어떠한 현실적인 이익이 있었다고 할 수도 없으며, 이로 인하여 임대인인 원고에게 손해가 발생하였다고 볼 수도 없다(대판 2018.7.12. 2018다223269).

정답 | 09 ○ 10 ○ 11 × 12 ○ 13 × 14 ×

15 출제예상

상계계약에서 한쪽 당사자의 채권이 불성립 또는 무효이어서 채무면제가 무효가 되면 상대방의 채무면제도 당연히 무효가 되고 이때 상대방의 채권이 유효하게 존재하였던 경우, 채무자가 채무를 이행하지 않았다고 하여 법률상 원인 없이 채무를 면하는 이익을 얻었다고 볼 수는 없으나, 상대방의 채권도 불성립 또는 무효이어서 존재하지 않았던 경우라면, 채무자가 채무를 면하는 이익을 얻었다고 볼 수 있다. O | X

해설 상계계약에서 한쪽당사자의 채권이 불성립 또는 무효인 경우와 양쪽 당사자의 채권이 모두 불성립 또는 무효인 경우의 부당이득

부당이득이 성립하기 위한 요건인 '이익'을 얻은 방법에는 제한이 없다. 가령 채무를 면하는 경우와 같이 어떠한 사실의 발생으로 당연히 발생하였을 손실을 보지 않는 것도 이익에 해당한다. 상계계약은 당사자 사이에 서로 대립하는 채권이 유효하게 존재하는 것을 전제로 서로 채무를 대등액 또는 대등의 평가액에 관하여 면제시키는 것을 내용으로 하는 계약이다. 두 채권의 소멸은 서로 인과관계가 있으므로 한쪽 당사자의 채권이 불성립 또는 무효이어서 그 면제가 무효가 되면 상대방의 채무면제도 당연히 무효가 된다. 이때 상대방의 채권이 유효하게 존재하였던 경우라면, 그 채권은 여전히 존재하는 것이 되므로 채무자는 그 채무를 이행할 의무를 부담한다. 채무자가 이를 이행하지 않았다고 하더라도 그가 법률상 원인 없이 채무를 면하는 이익을 얻었다고 볼 수 없다. 그리고 **상대방의 채권도 불성립 또는 무효이어서 존재하지 않았던 경우라면, 채무자는 부존재하는 채무에 관하여 무효인 채무면제를 받은 것에 지나지 않으므로 채무를 이행할 의무도 없고 채무를 면하는 이익을 얻은 것도 아니다**(대판 2017.12.5. 2017다225978, 225985).

16 출제예상

동산양도담보에서 그 동산이 일정한 토지 위에 설치되어 있어 그 토지의 점유·사용이 문제된 경우에는 특별한 사정이 없는 한 동산의 대외적인 소유자인 양도담보권자가 그 토지를 점유·사용하고 있는 것으로 보아야 한다. O | X

해설 양도담보 설정자가 채권을 담보하기 위하여 그 소유의 동산을 채권자에게 양도한 경우 담보목적물을 누가 사용·수익할 수 있는지는 당사자의 합의로 정할 수 있지만 반대의 특약이 없는 한 양도담보 설정자가 그 동산에 대한 사용·수익권을 가진다(대판 2009.11.26. 2006다37106 판결 등 참조). 따라서 **그 동산이 일정한 토지 위에 설치되어 있어 그 토지의 점유·사용이 문제된 경우에는 특별한 사정이 없는 한 양도담보 설정자가 그 토지를 점유·사용하고 있는 것으로 보아야** 한다(대판 2018.5.30. 2018다201429).

17 17법원행시

甲의 대리인 乙이 토지 소유자인 丙에게서 매도에 대한 대리권을 위임받지 않았음에도 대리인이라고 사칭한 丁으로부터 토지를 매수하기로 하는 매매계약을 체결한 후, 甲이 丙 명의 계좌로 매매대금을 송금하였는데, 丙에게서 미리 통장과 도장을 교부받아 소지하고 있던 丁이 위 돈을 송금당일 전액 인출한 경우, 丙이 위 돈을 송금받아 실질적으로 이익의 귀속자가 되었다고 볼 수 없다. O | X

해설 甲의 대리인 乙이, 토지의 소유자인 丙에게서 매도에 관한 대리권을 위임받지 않았음에도 대리인이라고 사칭한 丁으로부터 토지를 매수하기로 하는 매매계약을 체결하였고 이에 기하여 甲이 丙 명의의 계좌로 매매대금을 송금하였는데, 丙에게서 미리 통장과 도장을 교부받아 소지하고 있던 丁이 위 돈을 송금당일 전액 인출한 사안에서, 甲이 송금한 돈이 丙의 계좌로 입금되었다고 하더라도, 그로 인하여 丙이 위 돈 상당을 이득하였다고 하기 위해서는 丙이 이를 사실상 지배할 수 있는 상태에까지 이르러 실질적인 이득자가 되었다고 볼 만한 사정이 인정되어야 할 것인데, **甲의 송금 경위 및**

丁이 이를 인출한 경위 등에 비추어 볼 때 丙이 위 돈을 송금 받아 실질적으로 이익의 귀속자가 되었다고 보기 어렵다고 하며, 甲의 부당이득반환청구를 인용한 원심판결에는 부당이득에 관한 법리오해의 위법이 있다(대판 2011.9.8. 2010다37325).

18

20법원행시

丙의 채권자 甲이 丙 소유의 X토지를 가압류한 상태에서 丙이 X토지를 乙에게 양도하였고, X토지가 「공익사업을 위한 토지 등의 취득 및 보상에 관한 법률」에 따라 수용되어 乙이 수용보상금전액을 지급받은 사안에서, 甲이 乙을 상대로 乙에게 지급된 수용보상금 중 위 가압류의 피보전채권 상당 금액을 부당이득반환으로 구하는 것은 인정된다. O | X

해설 '공익사업을 위한 토지 등의 취득 및 보상에 관한 법률' 제45조 제1항에 의하면, 토지 수용의 경우 사업시행자는 수용의 개시일에 토지의 소유권을 취득하고 그 토지에 관한 다른 권리는 소멸하는 것인바, ⅰ) **수용되는 토지에 대하여 가압류가 집행되어 있더라도 토지 수용으로 사업시행자가 그 소유권을 원시취득하게 됨에 따라 그 토지 가압류의 효력은 절대적으로 소**멸하는 것이고, ⅱ) 이 경우 법률에 특별한 규정이 없는 이상 토지에 대한 가압류가 그 수용보상금채권에 당연히 전이되어 효력이 미치게 된다거나 수용보상금채권에 대하여도 토지 가압류의 처분금지적 효력이 미친다고 볼 수는 없으며, ⅲ) 또 가압류는 담보물권과는 달리 목적물의 교환가치를 지배하는 권리가 아니고, ⅳ) 담보물권의 경우에 인정되는 물상대위의 법리가 여기에 적용된다고 볼 수도 없다. 그러므로 **토지에 대하여 가압류가 집행된 후에 제3자가 그 토지의 소유권을 취득함으로써 가압류의 처분금지 효력을 받고 있던 중 그 토지가 공익사업법에 따라 수용됨으로 인하여 기존 가압류의 효력이 소멸되는 한편 제3취득자인 토지소유자는 위 가압류의 부담에서 벗어나 토지수용보상금을 온전히 지급받게 되었다고 하더라도, 이는 위 법에 따른 토지 수용의 효과일 뿐이지 이를 두고 법률상 원인 없는 부당이득이라고 할 것은 아니다**(대판 2009.9.10. 2006다61536,61543).

19

19사무관

부당이득이 성립하기 위한 요건인 이익을 얻은 방법에는 제한이 없으므로, 채무를 면하는 경우와 같이 어떠한 사실의 발생으로 당연히 발생하였을 손실을 보지 않는 것도 이익에 해당한다. O | X

해설 법률상 원인 없이 타인의 재산 또는 노무로 인하여 이익을 얻고 그로 인하여 타인에게 손해를 가하는 이른바 **부당이득은 그 수익의 방법에 제한이 없음은 물론, 그 수익에 있어서도 그 어떠한 사실에 의하여 재산이 적극적으로 증가하는 재산의 적극적 증가나 그 어떠한 사실의 발생으로 당연히 발생하였을 손실을 보지 않게 되는 재산의 소극적 증가를 가리지 않는 것**으로, 채권도 물권과 같이 재산의 하나이므로 그 취득도 당연히 이득이 되고 수익이 된다(대판 1996.11.22. 96다34009).

20

출제예상

급부부당이득의 경우, 법률상 원인이 없다는 점에 대한 증명책임의 소재는 부당이득반환을 주장하는 자에게 있고, 침해부당이득의 경우, 이익을 보유할 정당한 권원이 있다는 점에 관한 증명책임의 소재는 부당이득반환 청구의 상대방에게 있다. O | X

정답 | 15 × 16 × 17 ○ 18 × 19 ○ 20 ○

21

18법원행시, 19사무관

당사자 일방이 자신의 의사에 따라 일정한 급부를 한 다음 급부가 법률상 원인 없음을 이유로 반환을 청구하는 이른바 급부부당이득의 경우에는 부당이득반환 청구의 상대방이 이익을 보유할 정당한 권원이 있다는 점을 증명할 책임이 있다. O|X

22

18법원행시

타인의 재산권 등을 침해하여 이익을 얻었음을 이유로 부당이득반환을 구하는 이른바 침해부당이득의 경우에는 부당이득반환 청구의 상대방이 이익을 보유할 정당한 권원이 있다는 점을 증명할 책임이 있다. O|X

해설 **20 21 22 급부부당이득의 경우, 법률상 원인이 없다는 점에 대한 증명책임의 소재(= 부당이득반환을 주장하는 자) / 침해부당이득의 경우, 이익을 보유할 정당한 권원이 있다는 점에 관한 증명책임의 소재(= 부당이득반환 청구의 상대방)**
민법 제741조는 "법률상 원인 없이 타인의 재산 또는 노무로 인하여 이익을 얻고 이로 인하여 타인에게 손해를 가한 자는 그 이익을 반환하여야 한다."라고 정하고 있다. 당사자 일방이 자신의 의사에 따라 일정한 급부를 한 다음 급부가 법률상 원인 없음을 이유로 반환을 청구하는 이른바 **급부부당이득의 경우에는 법률상 원인이 없다는 점에 대한 증명책임은 부당이득반환을 주장하는 사람에게 있다.** 이 경우 부당이득의 반환을 구하는 자는 급부행위의 원인이 된 사실의 존재와 함께 그 사유가 무효, 취소, 해제 등으로 소멸되어 법률상 원인이 없게 되었음을 주장·증명하여야 하고, 급부행위의 원인이 될 만한 사유가 처음부터 없었음을 이유로 하는 이른바 착오 송금과 같은 경우에는 착오로 송금하였다는 점 등을 주장·증명하여야 한다. 이는 타인의 재산권 등을 침해하여 이익을 얻었음을 이유로 부당이득반환을 구하는 이른바 **침해부당이득의 경우에는 부당이득반환 청구의 상대방**이 이익을 보유할 정당한 권원이 있다는 점을 증명할 책임이 있는 것과 구별된다(대판 2018.1.24. 2017다37324).

23

17법원행시

경매대금을 후순위 근저당채권자가 선순위 저당채권자에 우선하여 배당을 받음으로 인하여 선순위 저당권자가 당연히 받을 수 있는 배당을 받지 못할 경우에는 전자는 후자에 대하여 부당이득반환의 책임이 있다. O|X

해설 근저당권설정등기가 위법하게 말소되어 아직 회복등기를 경료하지 못한 연유로 그 부동산에 대한 경매절차에서 피담보채권액에 해당하는 금액을 전혀 배당받지 못한 **근저당권자로서는 위 경매절차에서 실제로 배당받은 자에 대하여 부당이득반환 청구로서 그 배당금의 한도 내에서 그 근저당권설정등기가 말소되지 아니하였더라면 배당받았을 금액의 지급을 구할 수 있을 뿐**이고, 이미 소멸한 근저당권에 관한 말소등기의 회복등기를 위하여 현소유자를 상대로 그 승낙의 의사표시를 구할 수는 없다(대판 1998.10.2. 98다27197).

24

15법무사

압류금지채권이 금융기관에 개설된 채무자의 계좌에 이체되어 그에 대한 압류명령이 취소되었다 하더라도 그 압류명령은 장래에 대하여만 효력을 상실할 뿐 이미 완결된 집행행위에는 영향이 없고, 채권자가 집행행위로 취득한 금전을 채무자에게 부당이득으로 반환하여야 하는 것도 아니다. O|X

> **해설** 개정된 민사집행법(이하 '개정 민사집행법'이라 한다)에서 신설된 제246조 제2항은, 압류금지채권이 금융기관에 개설된 채무자의 계좌에 이체되는 경우 더 이상 압류금지의 효력이 미치지 아니하므로 그 예금에 대한 압류명령은 유효하지만, 원래의 압류금지의 취지는 참작되어야 하므로 채무자의 신청에 의하여 압류명령을 취소하도록 한 것으로서 개정 민사집행법 제246조 제3항과 같은 압류금지채권의 범위변경에 해당하고, **위 조항에 따라 압류명령이 취소되었다 하더라도 압류명령은 장래에 대하여만 효력이 상실할 뿐 이미 완결된 집행행위에는 영향이 없고, 채권자가 집행행위로 취득한 금전을 채무자에게 부당이득으로 반환하여야 하는 것도 아니다**(대판 2014.7.10. 2013다25552).

25

18서기보

여러 사람이 공동으로 법률상 원인 없이 타인의 재산을 사용한 경우 부당이득의 반환채무는 특별한 사정이 없는 한 불가분적 이득의 반환으로서 불가분채무이고, 불가분채무는 각 채무자가 채무 전부를 이행할 의무가 있으며, 1인의 채무이행으로 다른 채무자도 그 의무를 면하게 된다. O | X

> **해설** 대판 2001.12.11. 2000다13948

26

출제예상

저당권자가 물상대위권의 행사에 나아가지 아니하여 우선변제권을 상실한 경우, 다른 채권자가 그 보상금 또는 이에 관한 변제공탁금으로부터 이득을 얻었다면 저당권자는 부당이득반환을 청구할 수 있다. O | X

> **해설** 민법 제370조, 제342조 단서가 저당권자는 물상대위권을 행사하기 위하여 저당권설정자가 받을 금전 기타 물건의 지급 또는 인도 전에 압류하여야 한다고 규정한 것은 물상대위의 목적인 채권의 특정성을 유지하여 그 효력을 보전함과 동시에 제3자에게 불측의 손해를 입히지 않으려는 데에 그 취지가 있다. 따라서 저당목적물의 변형물인 금전 기타 물건에 대하여 이미 제3자가 압류하여 그 금전 또는 물건이 특정된 이상 저당권자가 스스로 이를 압류하지 않고서도 물상대위권을 행사하여 일반 채권자보다 우선변제를 받을 수 있으나, 그 행사방법은 민사집행법 제273조에 의하여 담보권의 존재를 증명하는 서류를 집행법원에 제출하여 채권압류 및 전부명령을 신청하는 것이거나 민사집행법 제247조 제1항에 의하여 배당요구를 하는 것이므로, 이러한 물상대위권의 행사에 나아가지 아니한 채 단지 수용대상토지에 대하여 담보물권의 등기가 된 것만으로는 그 보상금으로부터 우선변제를 받을 수 없다. 그렇다면 **저당권자가 물상대위권의 행사에 나아가지 아니하여 우선변제권을 상실한 이상, 다른 채권자가 그 보상금 또는 이에 관한 변제공탁금으로부터 이득을 얻었다고 하더라도 저당권자는 이를 부당이득으로서 반환청구할 수 없다**(대판 2010.10.28. 2010다46756).

27

21서기보

법률행위가 사기에 의한 것으로서 취소되는 경우, 그 법률행위가 동시에 불법행위를 구성하는 때에는 취소의 효과로 생기는 부당이득반환청구권과 불법행위로 인한 손해배상청구권은 경합하여 병존한다. O | X

> **해설** 불법행위와 부당이득의 경합
> 법률행위가 사기에 의한 것으로서 취소되는 경우에 그 법률행위가 동시에 불법행위를 구성하는 때에는 취소의 효과로 생기는 **부당이득반환청구권과 불법행위로 인한 손해배상청구권은 경합하여 병존하는 것**이므로, 채권자는 어느 것이라도 **선택하여 행사할 수 있지만 중첩적으로 행사할 수는 없다**(대판 1993.4.27. 92다56087).

정답 | 21 × 22 ○ 23 ○ 24 ○ 25 ○ 26 × 27 ○

28 출제예상

타인의 소유물을 권원 없이 점유함으로써 얻은 사용이익을 반환하는 경우, 악의의 수익자는 받은 이익에 이자를 붙여 반환하여야 하며, 위 이자의 이행지체로 인한 지연손해금도 지급하여야 한다. O | X

해설 判例에 따르면 악의의 점유자의 반환에 관한 제201조 제2항은 제748조 제2항의 특칙이 아니어서 악의의 점유자는 제201조 제2항에 따라 과실을 반환하는 외에 다시 제748조 제2항을 적용하여 ⅰ) 임료 상당의 부당이익(사용이익) 및 ⅱ) 그에 따른 법정이자와 ⅲ) 위 부당이득 및 이자액에 대한 지연이자도 지급해야 한다고 한다(아래 2001다61869 판결).

관련판례 타인 소유물을 권원 없이 점유함으로써 얻은 사용이익을 반환하는 경우 민법은 선의 점유자를 보호하기 위하여 제201조 제1항을 두어 선의 점유자에게 과실수취권을 인정함에 대하여, 이러한 보호의 필요성이 없는 **악의 점유자에 관하여는 제201조 제2항을 두어 과실수취권이 인정되지 않는다는 취지를 규정하는 것으로 해석되는바, 따라서 악의 수익자가 반환하여야 할 범위는 제748조 2항에 따라 정하여지는 결과 그는 받은 이익에 이자를 붙여 반환하여야 한다.** 위 조문에서 규정하는 이자는 당해 침해행위가 없었더라면 원고가 위 임료로부터 통상 얻었을 법정이자 상당액을 말하는 것이므로, **악의 수익자는 위 이자의 이행지체로 인한 지연손해금도 지급하여야 할 것**이다"(대판 2003.11.4, 2001다61869).

29 10법무사, 17서기보

부당이득반환시 수익자가 반환해야 할 이득의 범위는 손실자가 입은 손해의 범위에 한정되고, 여기서 손실자의 손해는 사회통념상 손실자가 당해 재산으로부터 통상 수익할 수 있을 것으로 예정되는 이익 상당이다. O | X

해설 대판 2008.1.18. 2005다34711
손실액이 이득액보다 적을 경우에는 손실액의 한도에서만 이득액을 반환할 의무가 있다(대판 1968.7.24, 68다905). 즉 이득의 범위 내에서 그리고 상대방의 손실의 범위 내에서(양자 가운데 적은 쪽을 기준) 반환하면 된다(부당이득이 손해배상과 다른 점이다).

30 13법무사, 15/17서기보

부당이득한 재산에 수익자의 행위가 개입되어 얻어진 이른바 운용이익의 경우 반환해야 할 이득의 범위에 포함되지 않는다. O | X

해설 선의수익자의 반환범위
부당이득한 재산에 수익자의 행위가 개입되어 얻어진 이른바 '운용이익'의 경우, 그것이 사회통념상 수익자의 행위가 개입되지 아니하였더라도 부당이득된 재산으로부터 손실자가 통상 취득하였으리라고 생각되는 범위 내에서는 반환해야 할 이득의 범위에 포함된다(대판 2008.1.18. 2005다34711).

31 18주사보

수익자가 자신의 노력 등으로 부당이득한 재산을 이용하여 남긴 이른바 운용이익도 그것이 사회통념상 수익자의 행위가 개입되지 아니하였더라도 부당이득된 재산으로부터 손실자가 당연히 취득하였으리라고 생각되는 범위 내의 것이 아닌 한 수익자가 반환하여야 할 이득의 범위에서 공제되어야 한다. O | X

32

18주사보

일반적으로 수익자가 법률상 원인 없이 이득한 재산을 처분함으로 인하여 원물반환이 불가능한 경우에는 가액반환이 인정되는데, 이때 반환하여야 할 가액은 특별한 사정이 없는 한 가액반환 당시의 시가를 기준으로 한다. 이 경우에 수익자가 그 법률상 원인 없는 이득을 얻기 위하여 지출한 비용은 수익자가 반환하여야 할 이득의 범위에서 공제되어야 한다. O | X

해설 **31 32** 부당이득반환의 범위에서 지출비용 및 운용이익이 공제되어야 하는지 여부

일반적으로 수익자가 법률상 원인 없이 이득한 재산을 처분함으로 인하여 원물반환이 불가능한 경우에 있어서 반환하여야 할 가액은 특별한 사정이 없는 한 그 처분 당시의 대가이나, 이 경우에 수익자가 그 법률상 원인 없는 이득을 얻기 위하여 지출한 비용은 수익자가 반환하여야 할 이득의 범위에서 공제되어야 하고, **수익자가 자신의 노력 등으로 부당이득한 재산을 이용하여 남긴 이른바 운용이익도 그것이 사회통념상 수익자의 행위가 개입되지 아니하였더라도 부당이득된 재산으로부터 손실자가 당연히 취득하였으리라고 생각되는 범위 내의 것이 아닌 한 수익자가 반환하여야 할 이득의 범위에서 공제되어야 한다**(대판 1995.5.12. 94다25551).

33

16사무관, 16법무사, 18법원행시

수익자가 법률상 원인 없이 이득한 재산을 처분함으로 인하여 원물반환이 불가능한 경우에 반환하여야 할 가액을 산정할 때에는 법률상 원인 없는 이득을 얻기 위하여 지출한 비용은 수익자가 반환하여야 할 이득의 범위에서 공제되어야 할 것이나, 타인 소유의 부동산을 처분하여 매각대금을 수령한 경우, 수익자는 그러한 처분행위가 없었다면 부동산 자체를 반환하였어야 할 지위에 있던 사람이므로 자신의 처분행위로 인하여 발생한 양도소득세 기타 비용은 수익자가 이익 취득과 관련하여 지출한 비용에 해당한다고 할 수 없어 이를 반환하여야 할 이득에서 공제할 수 있다. O | X

해설 무권리자가 타인의 권리를 제3자에게 처분하였으나 선의의 제3자 보호규정에 의하여 원래 권리자가 권리를 상실하는 경우, 권리자가 무권리자를 상대로 제3자에게서 수령한 대가를 반환청구할 수 있는지 여부(적극) 및 타인 소유의 부동산을 처분하여 매각대금을 수령한 수익자가 양도소득세 기타 비용을 반환하지 않아도 되는지 여부(소극)

무권리자가 타인의 권리를 제3자에게 처분하였으나 선의의 제3자 보호규정에 의하여 원래 권리자가 권리를 상실하는 경우, 권리자는 무권리자를 상대로 제3자에게서 처분의 대가로 수령한 것을 이른바 침해부당이득으로 보아 반환청구할 수 있다. 한편 수익자가 법률상 원인 없이 이득한 재산을 처분함으로 인하여 원물반환이 불가능한 경우에 반환하여야 할 가액을 산정할 때에는 법률상 원인 없는 이득을 얻기 위하여 지출한 비용은 수익자가 반환하여야 할 이득의 범위에서 공제되어야 할 것이나, **타인 소유의 부동산을 처분하여 매각대금을 수령한 경우, 수익자는 그러한 처분행위가 없었다면 부동산 자체를 반환하였어야 할 지위에 있던 사람이므로 자신의 처분행위로 인하여 발생한 양도소득세 기타 비용은 수익자가 이익 취득과 관련하여 지출한 비용에 해당한다고 할 수 없어 이를 반환하여야 할 이득에서 공제할 것은 아니다**(대판 2011.6.10. 2010다40239).

34

11사무관

집행권원에 기한 금전채권에 대한 강제집행의 일환으로 채권압류 및 전부명령이 확정된 후 그 집행권원상의 집행채권이 소멸한 것으로 판명된 경우에는 그 소멸한 부분에 관하여는 집행채권자가 집행채무자에 대한 관계에서 부당이득을 한 셈이 되므로, 집행채권자는 그가 위 전부명령에 따라 전부받은 채권 중 실제로 추심한 금전 부분에 관하여는 그 상당액을, 추심하지 아니한 부분에 관하여는 그 채권 자체를 집행채무자에게 양도하는 방법으로 반환하여야 한다. O | X

정답 | **28** ○ **29** ○ **30** × **31** ○ **32** × **33** × **34** ○

해설 전부명령이 확정된 후 그 집행권원상의 집행채권이 소멸한 것으로 판명된 경우, 집행채권자의 부당이득반환의무 성립 여부(적극) 및 그 반환방법(대판 2010.12.23. 2009다3725)

35

12/18법원행시, 16/19법무사, 19사무관

계약명의신탁에서 명의수탁자가 수령한 매수자금이 명의신탁약정에 기하여 지급되었다는 사실을 알았다면 그것만으로 명의수탁자를 민법 제748조 제2항에 정한 악의의 수익자로 보기에 충분하다. O | X

해설 **민법 제748조 제2항에 정한 '악의'의 의미 및 계약명의신탁에서 명의수탁자가 수령한 매수자금이 명의신탁약정에 기하여 지급되었다는 사실을 알았다는 사정만으로 '악의의 수익자'로 단정할 수 있는지 여부(소극)**
부당이득반환의무자가 악의의 수익자라는 점에 대하여는 이를 주장하는 측에서 입증책임을 진다. 여기서 '악의'라고 함은, 민법 제749조 제2항에서 악의로 의제되는 경우 등은 별론으로 하고, 자신의 이익 보유가 법률상 원인 없는 것임을 인식하는 것을 말하고, **그 이익의 보유를 법률상 원인이 없는 것이 되도록 하는 사정, 즉 부당이득반환의무의 발생요건에 해당하는 사실이 있음을 인식하는 것만으로는 부족**하다. 따라서 계약명의신탁에서 명의수탁자가 수령한 매수자금이 명의신탁약정에 기하여 지급되었다는 사실을 알았다고 하여도 **그 명의신탁약정이 부동산 실권리자명의 등기에 관한 법률 제4조 제1항에 의하여 무효임을 알았다는 등의 사정이 부가되지 아니하는 한 명의수탁자가 그 금전의 보유에 관하여 법률상 원인 없음을 알았다고 쉽사리 말할 수 없다**(대판 2010.1.28. 2009다24187).

36

12/16서기보

법률상 원인 없이 타인의 재산 또는 노무로 인하여 이익을 얻고 그로 인하여 타인에게 손해를 가한 경우, 그 취득한 것이 금전상의 이득인 때에는 그 금전은 이를 취득한 자가 소비하였는가의 여부를 불문하고, 현존하는 것으로 추정된다. O | X

해설 부당이득으로 취득한 금전은 그 소비 여부를 불문하고 현존하는 것으로 추정되는지 여부(적극)(대판 1996.12.10. 96다32881)

37

12서기보

매매계약이 무효인 경우의 매도인의 매매대금반환의무는 성질상 부당이득반환의무로서 그 반환범위에 관하여는 민법 제748조가 적용되고, 그에 관한 특칙인 민법 제548조 제2항이 당연히 유추적용된다고 할 수 없다. O | X

해설 대판 1997.9.26. 96다54997
➡ 토지거래허가를 받지 못해 매매계약이 무효로 된 사안에서, 민법 제548조 제2항을 준용하여 매도인은 매매대금을 받은 날로부터의 이자를 가산하여 지급하여야 한다는 매수인의 주장을 배척한 사례

38

18주사보

악의의 수익자는 그 받은 이익에 이자를 붙여 반환하고 손해가 있으면 이를 배상하여야 한다. O | X

> **해설** **제748조(수익자의 반환범위)** ① 선의의 수익자는 그 받은 이익이 현존한 한도에서 전조의 책임이 있다.
> ② **악의의 수익자는 그 받은 이익에 이자를 붙여 반환하고 손해가 있으면 이를 배상하여야** 한다.

39 19사무관

부당이득의 수익자가 악의라는 점에 대하여는 이를 주장하는 측에서 증명책임을 진다. O | X

> **해설** 부당이득의 수익자가 '악의'라는 점에 대한 증명책임의 소재(= 이를 주장하는 측) / 여기서 '악의'의 의미 및 부당이득 반환의무의 발생요건에 해당하는 사실이 있음을 인식하는 것만으로 '악의의 수익자'로 볼 수 있는지 여부(소극)
> 부당이득의 경우에 악의의 수익자는 그 받은 이익에 이자를 붙여 반환하고 손해가 있으면 이를 배상하여야 하는데(민법 제748조 제2항), **부당이득의 수익자가 악의라는 점에 대하여는 이를 주장하는 측에서 증명책임을 진다**. 여기서 '악의'는, 민법 제749조 제2항에서 악의로 의제하는 경우 등은 별론으로 하고, 자신의 이익 보유가 법률상 원인 없는 것임을 인식하는 것을 말하고, 그 이익의 보유를 법률상 원인이 없는 것이 되도록 하는 사정, 즉 부당이득반환의무의 발생요건에 해당하는 사실이 있음을 인식하는 것만으로는 부족하다(대판 2018.4.12. 2017다229536).

40 출제예상

수익자가 이익을 받은 후 법률상 원인없음을 안 때에는 그 때부터 악의의 수익자로서 이익반환의 책임이 있다. O | X

41 15주사보, 18서기보

수익자가 이익을 받은 후 법률상 원인 없음을 안 때에는 그때부터 악의의 수익자로서 이익반환의 책임이 있으므로, 선의의 수익자가 패소한 때에는 패소 판결이 확정된 때부터 악의의 수익자로 본다. O | X

> **해설** **40 41 제749조(수익자의 악의인정)** ① 수익자가 이익을 받은 후 법률상 원인없음을 안 때에는 그때부터 악의의 수익자로서 이익반환의 책임이 있다.
> ② 선의의 수익자가 패소한 때에는 그 소를 제기한 때부터 악의의 수익자로 본다.

42 출제예상

물건의 소유자가 '선의의 점유자'를 상대로 소유권에 기한 물건의 반환과 아울러 권원 없는 사용으로 얻은 이익의 반환을 청구하면서 물건의 반환 청구가 인용될 것을 전제로 하여 그에 관한 소송이 계속된 때 이후의 기간에 대한 사용이익의 반환을 제748조 2항에 따라 청구하는 것은 허용되지 않는다. O | X

> **해설** 부당이득반환청구와 수익자의 악의 의제
> 선의의 점유자는 점유물의 과실을 취득하고(제201조 제1항), 점유자는 선의로 점유한 것으로 추정되지만(제197조 제1항), 선의의 점유자라도 본권에 관한 소에서 패소한 때에는 그 소가 제기된 때부터 악의의 점유자로 본다(제197조 제2항). 같은 취지에서 선의의 수익자가 패소한 때에는 그 소를 제기한 때부터 악의의 수익자로 간주되고(제749조 제2항), 악의의 수익자는 그 받은 이익에 이자를 붙여 반환하고 손해가 있으면 이를 배상하여야 한다(제748조 제2항). 여기에서 **'패소한 때'란 점유자 또는 수익자가 종국판결에 의하여 패소 확정되는 것을 뜻하지만, 이는 악의의 점유자 또는 수익자로 보는 효과가**

정답 | 35 × 36 ○ 37 ○ 38 ○ 39 ○ 40 ○ 41 × 42 ×

그때 발생한다는 것뿐이고 점유자 등의 패소판결이 확정되기 전에는 이를 전제로 하는 청구를 하지 못한다는 의미가 아니다. 그러므로 소유자가 점유자 등을 상대로 물건의 반환과 아울러 권원 없는 사용으로 얻은 이익의 반환을 청구하면서 물건의 반환 청구가 인용될 것을 전제로 하여 그에 관한 소송이 계속된 때 이후의 기간에 대한 사용이익의 반환을 청구하는 것은 허용된다(대판 2016.7.29. 2016다220044).

43

12/14법무사

민법 제742조의 비채변제에 관한 규정은 변제자가 채무 없음을 알면서도 변제를 한 경우에 적용되는 것이고, 채무없음을 알지 못한 경우에는 그 과실 유무를 불문하고 적용되지 않는다. O|X

해설 대판 1998.11.13. 97다58453 참조

44

13주사보, 13사무관

변제기에 있지 아니한 채무를 변제하더라도 원칙적으로 그 반환을 청구하지 못한다. O|X

해설 **제743조(기한 전의 변제)** 변제기에 있지 아니한 채무를 변제한 때에는 그 반환을 청구하지 못한다. 그러나 채무자가 착오로 인하여 변제한 때에는 채권자는 이로 인하여 얻은 이익을 반환하여야 한다.

45

19주사보

비채변제는 지급자가 채무 없음을 알면서도 임의로 지급한 경우에만 성립하므로, 채무 없음을 알고 있었다 하더라도 변제를 강요당한 경우에는 지급자가 반환청구권을 상실하지 않지만, 변제 거절로 인한 사실상의 손해를 피하기 위하여 부득이 변제하게 된 경우는 변제를 강요당한 경우가 아니므로 지급자는 반환청구를 할 수 없다. O|X

해설 자유로운 의사에 반한 비채변제와 부당이득반환청구권의 상실 여부(소극)
지급자가 채무 없음을 알면서도 임의로 지급한 경우에는 민법 제742조 소정의 비채변제로서 수령자에게 그 반환을 구할 수 없으나, 지급자가 채무 없음을 알고 있었다고 하더라도 변제를 강제당한 경우나 **변제거절로 인한 사실상의 손해를 피하기 위하여 부득이 변제하게 된 경우 등 그 변제가 자유로운 의사에 반하여 이루어진 것으로 볼 수 있는 사정이 있는 때에는 지급자가 그 반환청구권을 상실하지 않는다**(대판 2004.1.27. 2003다46451).

46

12법원행시

사용자가 근로자에 대하여 중간퇴직처리를 하면서 퇴직금을 지급하였으나 그 퇴직처리가 무효로 된 경우 이미 지급한 퇴직금에 대한 지급일 다음날부터 최종퇴직시까지의 연 5푼의 비율에 의한 법정이자 상당액은 부당이득에 해당하지 않는다. O|X

해설 대판 2001.4.24. 99다9370 참조

47

15사무관

공무원이 직무수행 중 경과실에 따른 불법행위로 타인에게 손해를 입힌 경우에, 공무원이 피해자에게 손해를 배상하였다면 이는 민법 제469조의 '제3자의 변제' 또는 민법 제744조의 '도의관념에 적합한 비채변제'에 해당하여, 공무원은 출연 없이 채무를 면하게 된 국가에 대해 국가의 피해자에 대한 손해배상책임의 범위 내에서 공무원이 변제한 금액에 대해 구상권을 취득한다. O | X

> **해설** 제744조(도의관념에 적합한 비채변제)가 적용된다고 본 사례
> 공무원이 직무수행 중 불법행위로 타인에게 손해를 입힌 경우에 국가 등이 국가배상책임을 부담하는 외에 공무원 개인도 고의 또는 중과실이 있는 경우에는 불법행위로 인한 손해배상책임을 지고, 공무원에게 경과실이 있을 뿐인 경우에는 공무원 개인은 손해배상책임을 부담하지 아니한다(대판 1996.2.15. 95다38677). 이처럼 경과실이 있는 공무원이 피해자에게 손해를 배상하였다면 그것은 채무자 아닌 사람이 타인의 채무를 변제한 경우에 해당하고, 이는 민법 제469조의 '제3자의 변제' 또는 민법 제744조의 '도의관념에 적합한 비채변제'에 해당하여 피해자는 공무원에 대하여 이를 반환할 의무가 없다. 이 경우 공무원은 출연 없이 채무를 면하게 된 국가에 대해 국가의 피해자에 대한 손해배상책임의 범위 내에서 공무원이 변제한 금액에 대해 구상권을 취득한다(대판 2014.8.20. 2012다54478).

48

18서기보

채무자 아닌 자가 착오로 타인의 채무를 변제한 경우에 채권자가 선의로 증서를 훼멸하거나 담보를 포기하거나 시효로 인하여 그 채권을 잃은 때에는 변제자는 그 반환을 청구하지 못하고, 채무자에 대하여 구상권도 행사할 수 없다. O | X

> **해설** **제745조(타인의 채무의 변제)** ① 채무자 아닌 자가 착오로 인하여 타인의 채무를 변제한 경우에 채권자가 선의로 증서를 훼멸하거나 담보를 포기하거나 시효로 인하여 그 채권을 잃은 때에는 변제자는 그 반환을 청구하지 못한다.
> **② 전항의 경우에 변제자는 채무자에 대하여 구상권을 행사할 수 있다.**

49

출제예상

보험계약자가 타인의 생활상의 부양이나 경제적 지원을 목적으로 보험자와 사이에 타인을 보험수익자로 하는 생명보험이나 상해보험 계약을 체결하였으나, 만약 위 보험계약이 민법 제103조 소정의 선량한 풍속 기타 사회질서에 반하여 무효라면 보험자가 이미 보험수익자에게 급부한 것은 불법원인급여이므로 반환을 구할 수 없다. O | X

> **해설** ⅰ) 보험계약자가 다수의 보험계약을 통하여 보험금을 부정취득할 목적으로 보험계약을 체결한 경우, 이러한 목적으로 체결된 보험계약에 의하여 보험금을 지급하게 하는 것은 보험계약을 악용하여 부정한 이득을 얻고자 하는 사행심을 조장함으로써 사회적 상당성을 일탈하게 될 뿐만 아니라, 합리적인 위험의 분산이라는 보험제도의 목적을 해치고 위험발생의 우발성을 파괴하며 다수의 선량한 보험가입자들의 희생을 초래하여 보험제도의 근간을 해치게 되므로, 이와 같은 보험계약은 민법 제103조 소정의 선량한 풍속 기타 사회질서에 반하여 무효라고 할 것이다. 한편 보험계약자가 그 보험금을 부정취득할 목적으로 다수의 보험계약을 체결하였는지에 관하여는 이를 직접적으로 인정할 증거가 없더라도, 보험계약자의 직업 및 재산상태, 다수의 보험계약의 체결 경위, 보험계약의 규모, 보험계약 체결 후의 정황 등 제반 사정에 기하여 그와 같은 목적을 추인할 수 있다. ⅱ) 보험계약자가 타인의 생활상의 부양이나 경제적 지원을 목적으로 보험자와 사이에 타인을 보험수익자로 하는 생명보험이나 상해보험 계약을 체결하여 보험수익자가 보험금 청구권을 취득한 경우, 보험자의

정답 | 43 ○ 44 ○ 45 × 46 ○ 47 ○ 48 × 49 ×

보험수익자에 대한 급부는 보험수익자에 대한 보험자 자신의 고유한 채무를 이행한 것이다. 따라서 **보험자는 보험계약이 무효이거나 해제되었다는 것을 이유로 보험수익자를 상대로 하여 그가 이미 보험수익자에게 급부한 것의 반환을 구할 수** 있고, 이는 타인을 위한 생명보험이나 상해보험이 제3자를 위한 계약의 성질을 가지고 있다고 하더라도 달리 볼 수 없다(대판 2018.9.13 2016다255125).

➡ 불법의 원인은 보험계약자에게만 있고, 보험자와 보험수익자에게는 불법의 원인이 없으므로 제746조가 아니라 제741조가 적용된 사례이다.

50

15/18주사보

부동산 실권리자명의 등기에 관한 법률에 의하여 무효인 명의신탁약정에 기하여 타인 명의의 등기가 마쳐졌다는 이유만으로 그것이 당연히 불법원인급여에 해당한다고 볼 수 없다. O | X

해설 **부동산실명법이 규정하는 명의신탁약정은 그 자체로 선량한 풍속 기타 사회질서에 위반하는 경우에 해당한다고 단정할 수 없을 뿐만 아니라,** 위 법률은 원칙적으로 명의신탁약정과 그 등기에 기한 물권변동만을 무효로 하고 명의신탁자가 다른 법률관계에 기하여 등기회복 등의 권리행사를 하는 것까지 금지하지는 않는 대신, 명의신탁자에 대하여 행정적 제재나 형벌을 부과함으로써 사적자치 및 재산권보장의 본질을 침해하지 않도록 규정하고 있으므로, 위 법률이 비록 부동산등기제도를 악용한 투기·탈세·탈법행위 등 반사회적 행위를 방지하는 것 등을 목적으로 제정되었다고 하더라도, **무효인 명의신탁약정에 기하여 타인 명의의 등기가 마쳐졌다는 이유만으로 그것이 당연히 불법원인급여에 해당한다고 볼 수 없다**(대판 2003.11.27. 2003다41722).

쟁점정리 불법원인급여에서 '불법'의 의미

判例는 "제746조의 불법원인은 설사 법률(강행규정)의 금지함에 위반한 경우라 할지라도 그것이 선량한 풍속 기타 사회질서에 위반하지 않는 경우에는 이에 해당하지 않는다."라고 판시하여 동일개념설의 입장이다(대판 1983.11.22. 83다430).

51

11사무관, 17법원행시

어업권의 임대차를 금지하는 구 수산업법 제33조를 위반하여 어업권을 임대한 어업권자가 임차인이 어장을 점유·사용함으로써 얻은 이익은 부당이득으로 반환을 구할 수 없다. O | X

해설 구 수산업법(2007.4.11. 법률 제8377호로 전부 개정되기 전의 것) 제33조가 어업권의 임대차를 금지하고 있는 취지 등에 비추어 보면, 위 규정에 위반하는 행위가 무효라고 하더라도 그것이 선량한 풍속 기타 사회질서에 반하는 행위라고 볼 수는 없다. 따라서 어업권의 임대차를 내용으로 하는 임대차계약이 구 수산업법 제33조에 위반되어 무효라고 하더라도 그것이 **부당이득의 반환이 배제되는 '불법의 원인'에 해당하는 것으로 볼 수는 없으므로, 어업권을 임대한 어업권자로서는 그 임대차계약에 기해 임차인에게 한 급부로 인하여 임차인이 얻은 이익, 즉 임차인이 양식어장(어업권)을 점유·사용함으로써 얻은 이익을 부당이득으로 반환을 구할 수 있다**(대판 2010.12.9. 2010다57626,57633).

52

20법원행시

농지의 임대를 금지한 구 농지법 제23조의 규정은 강행규정이다. 따라서 구 농지법 제22조가 규정한 예외사유에 해당하지 아니함에도 이를 위반하여 농지를 임대하기로 한 임대차계약은 무효이다. O | X

해설 구 농지법 규정과 앞에서 본 헌법 규정 등을 종합해 보면, 구 농지법이 농지임대를 원칙적으로 금지하는 취지는, 농지는 농민이 경작 목적으로 이용함으로써 농지로 보전될 수 있도록 하고, 또한 외부자본이 투기 등 목적으로 농지를 취득할 유인을 제거하여 지가를 안정시킴으로써 농민이 농지를 취득하는 것을 용이하게 하여 궁극적으로 경자유전의 원칙을 실현하려는 데에 있다. 그리고 그와 같은 입법 취지를 달성하기 위해서는 위반행위에 대하여 형사 처벌을 하는 것과 별도로 농지임대차계약의 효력 자체를 부정하여 계약 내용에 따른 경제적 이익을 실현하지는 못하도록 함이 상당하므로, **농지의 임대를 금지한 구 농지법 제23조의 규정은 강행규정이다. 따라서 구 농지법 제23조가 규정한 예외사유에 해당하지 아니함에도 이를 위반하여 농지를 임대하기로 한 임대차계약은 무효**이다(대판 2017.3.15. 2013다79887).

53

출제예상

농지법에 따른 제한을 회피하고자 부동산 실권리자명의 등기에 관한 법률을 위반하여 무효인 명의신탁약정에 따라 명의신탁자가 명의수탁자에게 등기를 넘겨주는 행위는, 사회질서에 반하는 행위여서 민법 제746조 본문의 불법원인급여에 해당되어, 명의신탁자가 명의수탁자를 상대로 진정명의 회복을 원인으로 한 소유권이전등기를 구할 수 없다. O | X

해설 **농지법에 따른 제한을 회피하고자 명의신탁을 한 사안이라고 해서 불법원인급여 규정의 적용 여부를 달리 판단할 이유는 없다. 단순한 행정명령에 불과한 농지법상의 처분명령을 이행하지 않았다고 해서 그 행위가 강행법규에 위반된다고 단정할 수도 없거니와, 그 이유만으로 처분명령 회피의 목적으로 이루어진 급여를 불법원인급여라고 할 수도 없다.** 부동산실명법과 농지법의 규율 내용, 제재수단의 정도와 방법 등을 고려하면, 부동산실명법 위반이 농지법 위반보다 위법성이 더 크다고 볼 수밖에 없다. 부동산실명법을 위반한 명의신탁약정에 따라 마친 명의신탁등기를 불법원인급여라고 인정할 수 없음은 위에서 본 바와 같다. 농지법상의 처분명령을 회피하는 방법으로 명의신탁약정을 한 경우처럼 명의신탁약정과 그보다 위법성이 약한 단순한 행정명령 불이행의 행위가 결합되어 있다고 하더라도, 그 이유만으로 불법원인급여 규정의 적용 여부를 달리 판단할 수는 없다(대판 2019.6.20. 2013다218156 전합).

54

14법원행시, 18주사보

영리를 목적으로 윤락행위를 하도록 권유·유인·알선 또는 강요하거나 이에 협력하는 것은 선량한 풍속 기타 사회질서에 위반되므로 그러한 행위를 하는 자가 영업상 관계 있는 윤락행위를 하는 자에 대하여 가지는 채권은 형식에 관계없이 무효라고 보아야 한다. O | X

55

14/17법원행시

윤락행위를 할 사람을 고용하면서 선불금을 지급하여 그 선불금을 빌미로 성매매를 권유하거나 강요한 경우, 그 선불금은 불법원인급여에 해당하여 그 반환을 청구할 수 없다. O | X

해설 ⅰ) 영리를 목적으로 윤락행위를 하도록 권유·유인·알선 또는 강요하거나 이에 협력하는 것은 선량한 풍속 기타 사회질서에 위반되므로 그러한 행위를 하는 자가 영업상 관계있는 윤락행위를 하는 자에 대하여 가지는 채권은 **계약의 형식에 관계없이 무효**라고 보아야 한다. ⅱ) 부당이득의 반환청구가 금지되는 사유로 민법 제746조가 규정하는 불법원인이라 함은 그 원인되는 행위가 선량한 풍속 기타 사회질서에 위반하는 경우를 말하는 것인바, 윤락행위 및 그것을 유인·강요하는 행위는 선량한 풍속 기타 사회질서에 위반되므로, **윤락행위를 할 자를 고용·모집하거나 그 직업을 소개·알선한 자가 윤락행위를 할 자를 고용·모집함에 있어 성매매의 유인·강요의 수단으로 이용되는 선불금 등 명목으로 제공한 금품이나 그 밖의 재산상 이익 등은 불법원인급여에 해당하여 그 반환을 청구할 수 없다**(대판 2004.9.3. 2004다27488,27495).

정답 | **50** ○ **51** × **52** ○ **53** × **54** ○ **55** ○

56 17법원행시, 19사무관

도박자금 채무의 담보를 위하여 근저당권설정등기를 마친 경우, 근저당권설정자는 근저당권설정등기의 말소를 청구할 수 있다. O | X

해설 불법원인급여에 해당하기 위해서는 i) '불법'한 ii) '원인'에 기하여 iii) '급여(종국적인 급부)'가 있을 것을 요한다(제746조). 여기서의 급부는 급부자의 자발적 의사에 의한 재산적 가치 있는 출연을 의미한다. 그리고 **급부는 '종국적'인 것이어야** 한다. 따라서 급부대상이 부동산인 경우에는 등기가 있어야 하고 동산인 경우에는 인도가 있어야 한다.
判例도 **급부의 수령자가 이를 실현하려면 국가의 협력 내지 법의 보호를 기다려야 하는 경우는 제746조의 급부가 아니라고 보았다.** 즉 '**도박채무의 담보로 부동산에 근저당권을 설정**'한 경우, 수령자가 그 이익을 얻으려면 경매신청을 하여야 하는 별도의 조치를 요하는 점에서 그 급부는 종국적인 것이 아니어서 말소를 청구할 수 있다고 한다(대판 1995.8.11. 94다54108). 다만 '**도박채무의 양도담보조로 이전해 준 소유권이전등기**'는 제746조의 불법원인급여에 해당하여 그 말소를 청구할 수 없다고 하였다(대판 1989.9.29. 89다카5994).
➡ 근저당권의 경우에는 그 실행을 위해 경매절차 등 국가의 협력이 필요하다는 점에서 사적실행이 가능한 양도담보와는 그 사정이 다르므로, 判例의 결론은 구체적 타당성이 있다고 생각된다.

57 출제예상

불법의 원인으로 소유권을 이전한 경우에 급여자는 부당이득을 이유로 하여 그 반환을 청구할 수는 없으나 특별한 사정이 없는 한 소유권에 기한 반환청구는 가능하다. O | X

58 16/19주사보

불법원인급여를 한 사람은 그 원인행위가 법률상 무효라 하여 상대방에게 부당이득반환청구를 할 수 없음은 물론 급여한 물건의 소유권은 여전히 자기에게 있다고 하여 소유권에 기한 반환청구도 할 수 없고 따라서 급여한 물건의 소유권은 급여를 받은 상대방에게 귀속된다. O | X

해설 **57 58** 判例는 제746조는 사회적 타당성 없는 행위를 한 사람이 스스로 불법한 행위를 주장하여 복구하려는 것을 그 형식여하에 불구하고 인정하지 않겠다는 이상을 표현한 것이라고 하여 소유권에 기한 물권적 반환청구권을 부정하였고, 그 '반사적 효과'로서 급여한 물건의 소유권은 급여를 받은 상대방에게 귀속하게 된다고 한다(대판 1979.11.13. 79다483 전합).

59 14법무사, 19사무관

불법의 원인으로 재산을 급여한 사람이 불법의 원인에 가공한 상대방 수령자에 대하여 '부당이득'이나 '물권적 청구권'은 행사할 수 없어도 원칙적으로 '불법행위'를 이유로 손해배상은 청구할 수 있다. O | X

60 출제예상

불법원인급여가 성립한 경우, 수익자가 그 불법의 원인에 가공하였다면 특별한 사정이 없는 한 급여자는 수익자의 불법행위를 이유로 그 재산의 급여로 말미암아 발생한 자신의 손해의 배상을 구할 수 있다.
O | X

> **해설** **59 60** 불법원인 급여자의 상대방에 대한 불법행위에 기한 손해배상청구 가부(소극)
> 判例는 "불법원인 급여자의 불법행위에 기한 손해배상청구를 인용한다면, 이는 결국 자신이 행한 급부 자체 또는 그 경제적 동일물을 환수하는 것과 다름없는 결과가 되어, 제746조에서 구체화된 법이념에 반하게 되는 것"이라고 하여 불법행위에 기한 손해배상청구권을 부정한다(대판 2013.8.22. 2013다35412 – 그러나 예외적으로 반환청구가 허용되는 바와 같이 불법성이 상대방에게만 있거나 그의 불법성이 급여자의 불법성보다 현저히 크다고 평가되는 경우에는 이를 긍정하고 있다).

61

출제예상

급여자와 수익자의 불법성을 비교하여 수익자의 불법성이 급여자의 그것에 비하여 현저히 큰 경우에는 급여자는 수익자에 대하여 이익의 반환을 청구할 수 있다. O | X

> **해설** 불법원인급여에 해당하는 경우에는 급부자는 수익자가 얻은 이익의 반환을 청구하지 못한다(제746조 본문). 그러나 불법원인이 수익자에게만 있는 경우에는 예외적으로 급부한 것의 반환을 청구할 수 있다(제746조 단서). 제104조의 불공정한 법률행위가 이에 해당한다. 判例는 "선량한 풍속 기타 사회질서에 위반하여 무효인 부분의 이자 약정을 원인으로 차주가 대주에게 임의로 지급한 이자의 반환을 청구할 수 있는지 여부와 관련하여 대주의 불법성이 차주의 불법성 보다 크다."(대판 2007.2.15. 2004다50426 전합)라고 하여, 불법성비교론에 따라 반환을 인정한다. 즉, 수익자의 불법성이 급여자의 불법성보다 현저히 크다면 신의칙에 따라 제746조 본문의 적용을 배제하고, 급여자의 반환청구를 허용하여야 한다는 입장이다.

62

12사무관

당사자 일방이 상대방에게 공무원의 직무에 관한 사항에 관하여 특별한 청탁을 하게 하고 그에 대한 보수로 돈을 지급할 것을 내용으로 한 약정은 공서양속에 반하여 무효이고, 나아가 그 돈을 반환하여 주기로 한 약정도 결국 불법원인급여물의 반환을 구하는 범주에 속하는 것으로서 무효이고, 그 반환약정에 기하여 약속어음을 발행하였다 하더라도 채권자는 그 이행을 청구할 수 없다. O | X

63

14/17법원행시, 15법무사, 19주사보

불법원인급여 후 급부를 이행받은 자가 급부의 원인행위와 별도의 약정으로 급부 그 자체 또는 그에 갈음한 대가물을 반환하기로 특약하는 것은 무효이다. O | X

> **해설** **62** 判例는 종래에 급여물을 그대로 반환하기로 한 경우이든(대판 1995.7.14. 94다51994), 급여물이 아닌 다른 물품의 지급을 받기로 한 경우이든(대판 1964.7.21. 64다389) 반환약정은 모두 불법원인급여의 반환을 구하는 범주에 속하는 것으로서 무효라고 하였다. **63** 그런데 **최근에는 "불법원인급여 후 급부를 이행받은 자가 급부의 원인행위와 별도의 약정으로 급부 그 자체 또는 그에 갈음한 대가물의 반환을 특약하는 것은 불법원인급여를 한 자가 그 부당이득의 반환을 청구하는 경우와는 달리 그 반환약정 자체가 사회질서에 반하여 무효가 되지 않는 한 유효하다.** 여기서 반환약정 자체의 무효 여부는 반환약정 그 자체의 목적뿐만 아니라 당초의 불법원인급여가 이루어진 경위, 쌍방당사자의 불법성의 정도, 반환약정의 체결과정 등 민법 제103조 위반 여부를 판단하기 위한 제반 요소를 종합적으로 고려하여 결정하여야 하고, 한편 반환약정이 사회질서에 반하여 무효라는 점은 수익자가 이를 입증하여야 한다."라고 한다(대판 2010.5.27. 2009다1258).
>
> **비교판례** 불법원인급여의 수령자가 임의로 급여된 물건이나 이에 갈음하여 다른 물건을 급여자에게 반환하는 것(임의반환)은 선량한 풍속 기타 사회질서에 위배되는 것은 아니다(대판 1964.10.27. 64다798,799). 제746조는 불법원인급여자의 반환청구를 법률상 보호하지 않겠다는 것일 뿐이지 수령자의 급부 보유가 정당하다는 것은 아니기 때문이다.

정답 | 56 ○ 57 × 58 ○ 59 × 60 × 61 ○ 62 ○ 63 ×

64

15주사보

불법의 원인으로 인하여 재산을 급여하거나 노무를 제공한 때에는 그 이익의 반환을 청구하지 못하나, 그 불법원인이 수익자에게만 있는 때에는 그러하지 아니하다. O | X

> 해설 **제746조(불법원인급여)** 불법의 원인으로 인하여 재산을 급여하거나 노무를 제공한 때에는 그 이익의 반환을 청구하지 못한다. **그러나 그 불법원인이 수익자에게만 있는 때에는 그러하지 아니하다.**

65

12법원행시, 16주사보

급여자가 수익자에 대한 도박채무의 변제를 위하여 급여자의 주택을 수익자에게 양도한 경우 는 불법원인급여에 해당하지만, 수익자의 불법성의 정도가 급여자의 불법성보다 현저히 크다면 급여자로서는 그 주택의 반환을 구할 수 있다. O | X

> 해설 급여자가 수익자에 대한 도박 채무의 변제를 위하여 급여자의 주택을 수익자에게 양도하기로 한 것이지만 내기바둑에의 계획적인 유인, 내기바둑에서의 사기적 행태, 도박자금 대여 및 회수 과정에서의 폭리성과 갈취성 등에서 드러나는 수익자의 불법성의 정도가 내기바둑에의 수동적인 가담, 도박 채무의 누증으로 인한 도박의 지속, 도박 채무 변제를 위한 유일한 재산인 주택의 양도 등으로 인한 급여자의 불법성보다 훨씬 크다고 보아 급여자로서는 그 주택의 반환을 구할 수 있다(대판 1997.10.24. 95다49530).

66

21서기보

계약상의 급부가 계약 상대방뿐만 아니라 제3자에게도 이익이 되는 경우, 급부를 한 계약 당사자가 그 제3자에 대하여 직접 부당이득반환을 청구할 수 없다. O | X

67

12사무관, 17법무사

甲회사의 화물차량 운전자가 甲회사 소유의 화물차량을 운전하면서 甲회사의 지정주유소가 아닌 乙이 경영하는 주유소에서 대금을 지급할 의사나 능력이 없음에도 불구하고 상당량의 유류를 공급받아 편취한 다음 甲회사의 화물운송사업에 사용하고 그 유류대금을 변제하지 않은 경우, 乙은 甲회사에 대하여 부당이득반환을 청구할 수 있다. O | X

> 해설 전용물소권
> 判例는 "계약상의 급부가 계약의 상대방뿐만 아니라 제3자의 이익으로 된 경우에 급부를 한 계약당사자가 계약 상대방에 대하여 계약상의 반대급부를 청구할 수 있는 이외에 그 제3자에 대하여 직접 부당이득반환청구를 할 수 있다고 보면, ⅰ) 자기 책임 하에 체결된 계약에 따른 위험부담을 제3자에게 전가시키는 것이 되어 계약법의 기본원리에 반하는 결과를 초래할 뿐만 아니라, ⅱ) 채권자인 계약당사자가 채무자인 계약 상대방의 일반채권자에 비하여 우대 받는 결과가 되어 일반채권자의 이익을 해치게 되고, ⅲ) 수익자인 제3자가 계약 상대방에 대하여 가지는 항변권 등을 침해하게 되어 부당하므로, 위와 같은 경우 계약상의 급부를 한 계약당사자는 이익의 귀속 주체인 제3자에 대하여 직접 부당이득반환을 청구할 수는 없다."(대판 2002.8.23. 99다66564,66571)라고 판시하여 전용물소권을 부정하는 입장이다.

➡ 甲 회사의 화물차량 운전자가 甲 회사 소유의 화물차량을 운전하면서 甲 회사의 지정주유소가 아닌 乙이 경영하는 주유소에서 대금을 지급할 의사나 능력이 없음에도 불구하고 상당량의 유류를 공급받아 편취한 다음 甲 회사의 화물운송사업에 사용하고 그 유류대금을 결제하지 않은 사안에서, 비록 위 유류가 甲 회사의 화물운송사업에 사용됨으로써 甲 회사에게 이익이 되었다 하더라도 乙은 계약당자자가 아닌 甲 회사에 대하여 직접 부당이득 반환을 청구할 수 없다고 한 사례

68 15서기보

계약의 일방 당사자가 계약상대방의 지시 등으로 급부과정을 단축하여 계약상대방과 또 다른 계약관계를 맺고 있는 제3자에게 직접 급부한 경우 계약의 일방 당사자는 제3자를 상대로 법률상 원인 없이 급부를 수령하였다는 이유로 부당이득반환청구를 할 수 없다. O | X

69 19사무관, 20법원행시

甲이 그 소유건물을 乙에게 매각하는 계약을 체결하고, 乙은 그 건물 일부를 丙에게 분양하는 계약을 체결하였는데, 丙은 분양대금의 일부를 乙의 지시에 따라 甲에게 송금하였다. 乙이 甲에게 매매대금을 지급하지 못하여 丙이 건물을 분양받지 못하자 丙이 乙과의 분양계약을 해제한 경우, 丙은 직접 甲을 상대로 부당이득의 반환을 청구할 수 있다. O | X

해설 '금전'의 단축급부

68 계약의 일방 당사자가 계약 상대방의 지시 등으로 급부과정을 단축하여 계약 상대방과 또 다른 계약관계를 맺고 있는 제3자에게 직접 급부한 경우, 그 급부로써 급부를 한 계약 당사자의 상대방에 대한 급부가 이루어질 뿐 아니라 그 상대방의 제3자에 대한 급부로도 이루어지는 것이므로 계약의 일방 당사자는 제3자를 상대로 법률상 원인 없이 급부를 수령하였다는 이유로 부당이득반환청구를 할 수 없다(대판 2008.9.11. 2006다46278).

➡ **69** 이른바 단축급부로서 법률상 원인없는 급부 수령이라고 할 수 없다.

70 13사무관, 14/16/18법원행시, 15서기보

계약의 일방당사자가 상대방의 지시 등으로 상대방과 또 다른 계약관계를 맺고 있는 제3자에게 직접 급부한 경우, 제3자가 급부를 수령함에 있어 계약의 일방당사자가 계약상대방에 대하여 급부를 한 원인관계인 법률관계에 무효 등의 흠이 있었다는 사실을 알고 있다면 계약의 일방당사자는 제3자를 상대로 법률상 원인 없이 급부를 수령하였다는 이유로 부당이득반환청구를 할 수 있다. O | X

71 19사무관, 20법원행시

甲이 그 소유건물을 乙에게 매각하는 계약을 체결하고, 乙은 그 건물의 일부를 丙에게 분양하는 계약을 체결하였는데, 丙은 분양대금의 일부를 乙의 지시에 따라 甲에게 송금하였다. 乙이 甲에게 매매대금을 지급하지 못하여 丙이 건물을 분양받지 못하자 丙이 乙과의 분양계약을 해제한 경우, 丙은 직접 甲을 상대로 분양대금의 반환을 구할 수는 없다. O | X

정답 | 64 ○ 65 ○ 66 ○ 67 × 68 ○ 69 × 70 × 71 ○

해설 **70 71** 계약의 일방당사자가 상대방의 지시 등으로 상대방과 또 다른 계약관계에 있는 제3자에게 직접 급부한 경우, 제3자를 상대로 부당이득반환청구를 할 수 있는지 여부(소극) 및 이는 제3자가 원인관계인 법률관계에 흠이 있다는 사실을 알고 있는 경우에도 마찬가지인지 여부(적극)
삼각관계에서의 급부가 이루어진 경우에, 제3자가 급부를 수령함에 있어 계약의 일방당사자가 상대방에 대하여 급부를 한 원인관계인 법률관계에 무효 등의 흠이 있었다는 사실을 알고 있었다 할지라도 계약의 일방당사자는 제3자를 상대로 법률상 원인 없이 급부를 수령하였다는 이유로 부당이득반환청구를 할 수 없다(대판 2008.9.11. 2006다46278).

72

14/19서기보

의무 없이 타인을 위하여 사무를 관리한 자는 타인에 대하여 민법상 사무관리 규정에 따라 비용상환 등을 청구할 수 있는 외에 사무관리에 의하여 결과적으로 사실상 이익을 얻은 다른 제3자에 대하여 직접 부당이득반환을 청구할 수는 없다.

O | X

해설 사무관리와 전용물소권
전용물소권은 부정되는바, 이러한 법리는 그 급부가 사무관리에 의하여 이루어진 경우에도 마찬가지이다. 따라서 의무 없이 타인을 위하여 사무를 관리한 자는 타인에 대하여 민법상 사무관리 규정에 따라 비용상환 등을 청구할 수 있는 외에 사무관리에 의하여 결과적으로 사실상 이익을 얻은 다른 제3자에 대하여 직접 부당이득반환을 청구할 수는 없다(대판 2013.6.27. 2011다17106).

사실관계 甲은 이웃에 사는 乙이 해외여행을 간 사이에 폭우가 내려 乙의 담장이 무너지려는 것을 보고 건축업자인 丙과 위 담장이 무너지지 않도록 보강공사 도급계약을 체결하였고, 丙은 위 보강공사를 완료하였다.

73

14/20법원행시, 17서기보, 18주사보

채무자가 횡령한 금전으로 자신의 채권자에 대한 채무를 변제하는 경우 채권자가 그 변제를 수령함에 있어 단순히 과실이 있는 경우에는 그 변제는 유효하다.

O | X

74

14/20법원행시, 17서기보, 18주사보

채무자가 횡령한 금전으로 자신의 채권자에 대한 채무를 변제하는 경우, 채권자가 그 변제를 수령함에 있어 악의 또는 중대한 과실이 있다면 채권자의 금전 취득은 피해자에 대한 관계에 있어서 법률상 원인을 결여한 것으로 된다.

O | X

해설 **73 74** 횡령한 돈에 의한 변제
채무자가 횡령한 금전으로 자신의 채권자에 대한 채무를 변제하는 경우 채권자가 그 변제를 수령함에 있어 악의 또는 중대한 과실이 있는 경우에는 채권자의 금전 취득은 피해자에 대한 관계에 있어서 법률상 원인을 결여한 것으로 봄이 상당하나, 채권자가 그 변제를 수령함에 있어 단순히 과실이 있는 경우에는 그 변제는 유효하고 채권자의 금전 취득이 피해자에 대한 관계에 있어서 법률상 원인을 결여한 것이라고 할 수 없다(대판 2003.6.13. 2003다8862).

➡ 예를 들어 甲이 A소유의 돈을 횡령하여 자신의 채권자 B에게 변제한 경우 A가 직접 B를 상대로 甲으로부터 받은 (甲이 횡령한) 금액에 대해 부당이득의 반환을 청구할 수 있는지 문제되는바, 判例는 채무자(甲)가 피해자(A)로부터 횡령한 금전을 채권자(B)에 대한 채무변제에 사용한 경우, 채권자의 금전 취득이 피해자에 대한 관계에서 부당이득으로 되기 위하여 채권자의 악의·중과실이 필요하다고 보았다.

정답 | **72** ○ **73** ○ **74** ○

제6장 | 불법행위책임

제1절 일반불법행위책임

01

12주사보

공무원의 과실이 관여되어 허위로 마쳐진 소유권이전등기를 믿고 부동산을 취득함으로써 손해를 입었다면 국가도 피해자에 대하여 불법행위에 기한 손해배상책임을 부담한다고 할 것이고 피해자가 반드시 그 부동산의 양도인을 상대로 매도인의 담보책임에 기한 손해배상청구를 먼저 혹은 동시에 하여야 한다. O | X

해설 소속 공무원의 과실이 관여되어 허위로 마쳐진 소유권이전등기를 믿고 부동산을 취득함으로써 손해를 입었다면 국가도 피해자에 대하여 불법행위에 기한 손해배상책임을 부담한다고 할 것이고 피해자가 반드시 그 부동산의 양도인을 상대로 매도인의 담보책임에 기한 손해배상청구를 먼저 혹은 동시에 하여야 하는 것은 아니다(대판 2000.9.5. 99다40302).

02

18주사보

불법행위에 있어서 고의는 그것이 위법한 것으로 평가된다는 것까지 인식하는 것을 필요로 한다. O | X

해설 불법행위에 있어서 고의의 요건으로 위법성의 인식이 포함되는지 여부(소극)
불법행위에 있어서 고의는 일정한 결과가 발생하리라는 것을 알면서 감히 이를 행하는 심리상태로서, **객관적으로 위법이라고 평가되는 일정한 결과의 발생이라는 사실의 인식만 있으면 되고** 그 외에 그것이 위법한 것으로 평가된다는 것까지 인식하는 것을 필요로 하는 것은 아니다(대판 2002.7.12. 2001다46440).

03

11법원행시

불법행위의 성립요건인 과실은 사회평균인으로서의 주의의무를 위반한 경우를 가리키는 것이고, 여기서 사회평균인이라고 하는 것은 추상적인 일반인을 말하는 것이 아니라 그때그때의 구체적인 사례에 있어서의 보통인을 말한다. O | X

해설 불법행위의 성립요건으로서의 '과실'의 의미
불법행위의 성립요건으로서의 과실은 이른바 **추상적 과실만**이 문제되는 것이고 이러한 과실은 사회평균인으로서의 주의의무를 위반한 경우를 가리키는 것이지만, 그러나 여기서의 **'사회평균인'**이라고 하는 것은 추상적인 일반인을 말하는 것이 아니라 **그때그때의 구체적인 사례에 있어서의 보통인**을 말하는 것이다(대판 2001.1.19. 2000다12532).

정답 | **01** × **02** ○ **03** ○

04

11법원행시, 18서기보

보전처분의 집행 후에 집행채권자가 본안소송에서 패소 확정되었다면 보전처분 집행으로 인하여 채무자가 입은 손해에 대하여는 특별한 반증이 없는 한 집행채권자에게 고의 또는 과실이 있다고 추정된다.

O | X

해설 가압류나 가처분 등 보전처분은 법원의 재판에 의하여 집행되는 것이기는 하나 그 실체상 청구권이 있는지 여부는 본안소송에 맡기고 단지 소명에 의하여 채권자의 책임하에 하는 것이므로, 그 집행 후에 집행채권자가 본안소송에서 패소 확정 되었다면 그 보전처분의 집행으로 인하여 채무자가 입은 손해에 대하여는 특별한 반증이 없는 한 집행채권자에게 고의 또는 과실이 있다고 추정되고, 따라서 그 부당한 집행으로 인한 손해에 대하여 이를 배상하여야할 책임이 있다(대판 1992.9.25. 92다8453).

05

11법원행시

채무자가 제3자로부터 대여 받아 보관하고 있는 물건임을 알면서도 채무자로부터 담보의 의미로 제공받아 이를 보관, 은닉한 행위는 제3자에 대하여 불법행위를 구성한다. O | X

해설 대판 1993.6.8. 93다14998,15007 참조

06

11법원행시, 19주사보

불법행위 성립요건으로서의 위법성은 관련 행위 전체를 일체로만 판단하여 결정하여야 하는 것은 아니고, 문제가 되는 행위마다 개별적·상대적으로 판단하여야 한다. O | X

해설 불법행위 성립요건으로서의 **위법성은 관련 행위 전체를 일체로만 판단하여 결정하여야 하는 것은 아니고, 문제가 되는 행위마다 개별적·상대적으로 판단하여야** 할 것이므로 어느 시설을 적법하게 가동하거나 공용에 제공하는 경우에도 그로부터 발생하는 유해배출물로 인하여 제3자가 손해를 입은 경우에는 그 위법성을 별도로 판단하여야 하고, 이러한 경우의 판단 기준은 그 유해의 정도가 사회생활상 통상의 수인한도를 넘는 것인지 여부이다(대판 2003.6.27. 2001다734).

07

15/19법무사

부작위로 인한 불법행위가 성립하려면 작위의무가 전제되어야 하지만, 작위의무가 객관적으로 인정되는 이상 의무자가 의무의 존재를 인식하지 못하였더라도 불법행위 성립에는 영향이 없다. O | X

해설 **부작위로 인한 불법행위가 성립하려면 작위의무가 전제되어야 하지만, 작위의무가 객관적으로 인정되는 이상 의무자가 의무의 존재를 인식하지 못하였더라도 불법행위 성립에는 영향이 없다.** 이는 고지의무 위반에 의하여 불법행위가 성립하는 경우에도 마찬가지이므로 당사자의 부주의 또는 착오 등으로 고지의무가 있다는 것을 인식하지 못하였다고 하여 위법성이 부정될 수 있는 것은 아니다(대판 2012.4.26. 2010다8709).

08

16서기보

피고소인이 고소인이 고소한 피의사실로 기소되어 무죄의 확정판결을 받았다고 하더라도, 그 고소 내용이 터무니없는 허위사실이 아니라 사실에 기초하여 그 정황을 다소 과장한 것에 불과하다면, 불법행위를 구성하지 않는다. O | X

> 해설 피고소인이 고소인이 고소한 피의사실로 기소되어 무죄의 확정판결을 받았다고 하더라도 그 고소가 권리의 남용이라고 인정될 수 있는 정도의 고의 또는 중대한 과실에 의한 것이 아닌 이상, 고소인의 행위가 불법행위를 구성한다고 볼 수는 없는 것이다(대판 2006.4.28. 2005다29481).

09

16법무사, 17서기보

채무자가 양도되는 채권의 성립이나 소멸에 영향을 미치는 사정에 관하여 양수인에게 알려야 할 신의칙상 주의의무가 있다고 볼 만한 특별한 사정이 없는 한 채무자가 그러한 사정을 알리지 아니하였다고 하여 불법행위가 성립한다고 볼 수 없다. O | X

> 해설 채권양도를 승낙한 채무자가 양수인에게 채권의 성립이나 소멸에 영향을 주는 사정에 관하여 고지할 신의칙상 주의의무를 부담하는 것은 아니다. 따라서 채무자는 양수인에게 불법행위책임을 부담하지 않는다(대판 2015.12.24. 2014다49241).

10

12주사보

제3자가 채권자를 해한다는 사정을 알고서도 법률를 위반하거나 선량한 풍속 기타 사회질서를 위반하는 등 위법한 행위를 함으로써 채권자의 이익을 침해하였다면 이로써 불법행위가 성립한다. O | X

> 해설 제3자에 의한 채권침해가 불법행위로 되는 경우 및 그 위법성 판단기준
> 제3자의 행위가 채권을 침해하는 것으로서 불법행위에 해당한다고 할 수 있으려면, **그 제3자가 채권자를 해한다는 사정을 알면서도 법규를 위반하거나 선량한 풍속 기타 사회질서를 위반하는 등 위법한 행위를 함으로써 채권자의 이익을 침해하였음이 인정되어야** 하고, 이때 그 행위가 위법한 것인지 여부는 침해되는 채권의 내용, 침해행위의 태양, 침해자의 고의 내지 해의의 유무 등을 참작하여 **구체적·개별적으로 판단**하되, 거래자유 보장의 필요성, 경제·사회정책적 요인을 포함한 공공의 이익, 당사자 사이의 이익균형 등을 종합적으로 고려하여 판단하여야 한다(대판 2007.9.21. 2006다9446).

11

19주사보

확정판결에 기한 강제집행이라면 당사자의 절차적 기본권이 근본적으로 침해된 상태에서 판결이 선고되는 등 확정판결의 효력을 존중하는 것이 정의에 반함이 명백한 경우라고 하더라도 재심절차에 의하여 그 판결이 취소되어야 할 것이고, 거기에 불법행위가 성립될 여지가 없다. O | X

> 해설 확정판결에 기한 강제집행이 불법행위가 되기 위한 요건
> 판결이 확정되면 기판력에 의하여 대상이 된 청구권의 존재가 확정되고 그 내용에 따라 집행력이 발생하는 것이므로, **그에 따른 집행이 불법행위를 구성하기 위하여는 소송당사자가 상대방의 권리를 해할 의사로 상대방의 소송 관여를 방해하거나 허위의 주장으로 법원을 기망하는 등 부정한 방법으로 실체의 권리관계와 다른 내용의 확정판결을 취득하여 집행을 하는**

정답 | 04 ○ 05 ○ 06 ○ 07 ○ 08 ○ 09 ○ 10 ○ 11 ×

것과 같은 특별한 사정이 있어야 하고, 그와 같은 사정이 없이 확정판결의 내용이 단순히 실체적 권리관계에 배치되어 부당하고 또한 확정판결에 기한 집행 채권자가 이를 알고 있었다는 것만으로는 그 집행행위가 불법행위를 구성한다고 할 수 없는바, 편취된 판결에 기한 강제집행이 불법행위로 되는 경우가 있다고 하더라도 당사자의 법적 안정성을 위해 확정판결에 기판력을 인정한 취지나 확정판결의 효력을 배제하기 위하여는 그 확정판결에 재심사유가 존재하는 경우에 재심의 소에 의하여 그 취소를 구하는 것이 원칙적인 방법인 점에 비추어 볼 때 불법행위의 성립을 쉽게 인정하여서는 아니되고, **확정판결에 기한 강제집행이 불법행위로 되는 것은 당사자의 절차적 기본권이 근본적으로 침해된 상태에서 판결이 선고되었거나 확정판결에 재심사유가 존재하는 등 확정판결의 효력을 존중하는 것이 정의에 반함이 명백하여 이를 묵과할 수 없는 경우로 한정하여야** 한다(대판 2001.11.13. 99다32899).

12

17/19서기보, 19법무사

토지의 소유자가 토양오염물질을 토양에 투기·방치하여 토양오염을 유발하였음에도 이를 정화하지 않은 상태에서 오염토양이 포함된 토지를 거래에 제공함으로써 유통되게 하거나, 토지에 폐기물을 불법으로 매립하였음에도 이를 처리하지 않은 채 토지를 거래에 제공하는 등으로 유통되게 하였다면, 다른 특별한 사정이 없는 한 이는 거래 상대방 및 토지를 전전 취득한 현재의 토지 소유자에 대한 위법행위로서 불법행위가 성립할 수 있다. O | X

해설 대판 2016.5.19. 2009다66549 전합

13

11법원행시, 19주사보

교통사고로 인하여 상해를 입은 피해자가 치료를 받던 중 의사의 과실 등으로 인한 의료사고로 증상이 악화되거나 새로운 증상이 생겨 사망에 이르는 등 손해가 확대된 경우, 그와 같은 손해와 교통사고 사이에는 상당인과관계가 있다. O | X

해설 사고로 인하여 상해를 입은 피해자가 치료를 받던 중 치료를 하던 의사의 과실 등으로 인한 의료사고로 증상이 악화되거나 새로운 증상이 생겨 손해가 확대된 경우에는, **의사에게 중대한 과실이 있다는 등의 특별한 사정이 없는 한 확대된 손해와 최초의 사고 사이에도 상당인과관계가 있다**고 할 것이고, 위와 같은 특별한 사정의 존재에 관한 입증책임은 최초의 사고를 야기한 자에게 있다(대판 2000.9.8. 99다48245).

14

12법무사

변호사강제주의를 택하지 않고 있는 우리나라 법제 아래에서는 손해배상청구의 원인된 불법행위 자체와 변호사비용 사이에 상당인과관계가 있음을 인정할 수 없으므로 변호사비용을 그 불법행위 자체로 인한 손해배상채권에 포함시킬 수는 없다. O | X

해설 무릇 불법행위로 인한 손해배상의 범위를 정함에 있어서는 불법행위와 손해와의 사이에 자연적 또는 사실적 인과관계가 존재하는 것만으로는 부족하고 이념적 또는 **법률적 인과관계 즉 상당인과관계가 있어야 할 것**이다. 그런데 **변호사강제주의를 택하지 않고 있는 우리나라 법제 아래에서는 손해배상청구의 원인된 불법행위 자체와 변호사 비용 사이에 상당인과관계가 있음을 인정할 수 없으므로 변호사 비용을 그 불법행위 자체로 인한 손해배상채권에 포함시킬 수는 없다**(대판 2010.6.10. 2010다15363).

15

15주사보

불법행위로 인한 손해배상에 있어 가해자의 불법행위만에 의하여 손해가 발생한 것이 아니라 제3자의 행위 기타 귀책사유 등이 경합하여 손해가 발생한 경우에도 가해자의 불법행위가 손해 발생의 한 원인이 되었다면 가해자는 그로 인하여 피해자가 입은 손해를 배상할 책임이 있다. O | X

> 해설 가해자의 불법행위뿐만 아니라 제3자의 행위 기타 귀책사유가 경합하여 손해가 발생한 경우에도 가해자가 손해배상책임을 지는지 여부(적극)(대판 1999.2.23. 97다12082)

16

18법원행시

불법점유라는 사실이 발생한 바 없었다고 하더라도 부동산소유자에게 임료 상당 이익이나 기타 소득이 발생할 여지가 없는 특별한 사정이 있는 때에는, 불법점유를 당한 부동산의 소유자는 불법점유자에 대하여 손해배상이나 부당이득반환을 청구할 수 없다. O | X

> 해설 원래 부동산소유자에게 임료 상당의 이익이나 기타 소득이 발생할 여지가 없는 경우 불법점유자에 대하여 부당이득반환 또는 손해배상을 청구할 수 있는지 여부(소극)
> 불법점유를 당한 부동산의 소유자로서는 불법점유자에 대하여 그로 인한 임료 상당 손해의 배상이나 부당이득의 반환을 구할 수 있을 것이나, 불법점유라는 사실이 발생한 바 없었다고 하더라도 부동산소유자에게 임료 상당 이익이나 기타 소득이 발생할 여지가 없는 특별한 사정이 있는 때에는 손해배상이나 부당이득반환을 청구할 수 없다(대판 2002.12.6. 2000다57375).

17

14사무관

피해자가 입은 손해가 자연력과 가해자의 과실행위가 경합되어 발생된 경우 가해자의 배상범위는 손해의 공평한 부담이라는 견지에서 손해발생에 대하여 자연력이 기여하였다고 인정되는 부분을 공제한 나머지 부분으로 제한하여야 하지만, 자연력의 기여를 예견하고 예방할 수 있었다면 가해자의 배상 범위를 제한할 것은 아니다. O | X

> 해설 불법행위에 기한 손해배상 사건에 있어서 **피해자가 입은 손해가 자연력과 가해자의 과실행위가 경합되어 발생된 경우 가해자의 배상범위는 손해의 공평한 부담이라는 견지에서 손해발생에 대하여 자연력이 기여하였다고 인정되는 부분을 공제한 나머지 부분으로 제한하여야 함이 상당**하고, 다만 피해자가 입은 손해가 통상의 손해와는 달리 특수한 자연적 조건 아래 발생한 것이라 하더라도 가해자가 그와 같은 자연적 조건이나 그에 따른 위험의 정도를 미리 예상할 수 있었고 또 과도한 노력이나 비용을 들이지 아니하고도 적절한 조치를 취하여 **자연적 조건에 따른 위험의 발생을 사전에 예방할 수 있었다면**, 그러한 사고방지 조치를 소홀히 하여 발생한 사고로 인한 손해배상의 범위를 정함에 있어서 **자연력의 기여분을 인정하여 가해자의 배상범위를 제한할 것은 아니다**(대판 2003.6.27. 2001다734).

정답 | **12** ○ **13** ○ **14** ○ **15** ○ **16** ○ **17** ○

18

14사무관

2009.5.8. 법률 제9648호로 전부 개정된 실화책임에 관한 법률(이하 '개정 실화책임법'이라 한다)은 손해배상액 경감에 관한 특례 규정만을 두었을 뿐 손해배상의무 성립을 제한하는 규정을 두고 있지 않다. 그러므로 공작물 설치·보존상 하자에 의하여 직접 발생한 화재로 인한 손해배상책임 뿐만 아니라 그 화재로부터 연소한 부분에 대한 손해배상책임에 관하여도 공작물 설치·보존상의 하자와 그 손해 사이에 상당인과관계가 있는 경우에는 민법 제758조 제1항이 적용된다. O | X

> 해설 2009.5.8. 법률 제9648호로 전부 개정된 실화책임에 관한 법률(이하 '개정 실화책임법'이라 한다)은 구 실화책임에 관한 법률(2009.5.8. 법률 제9648호로 전부 개정되기 전의 것)과 달리 **손해배상액의 경감에 관한 특례 규정만을 두었을 뿐 손해배상의무의 성립을 제한하는 규정을 두고 있지 아니하므로,** 공작물의 점유자 또는 소유자가 공작물의 설치·보존상 하자로 인하여 생긴 화재에 대하여 손해배상책임을 지는지는 다른 법률에 달리 정함이 없는 한 **일반 민법의 규정에 의하여 판단하여야** 한다. 따라서 **공작물의 설치·보존상 하자에 의하여 직접 발생한 화재로 인한 손해배상책임뿐만 아니라 그 화재로부터 연소한 부분에 대한 손해배상책임에 관하여도 공작물의 설치·보존상 하자와 손해 사이에 상당인과관계가 있는 경우에는 민법 제758조 제1항이 적용**되고, 실화가 중대한 과실로 인한 것이 아닌 한 화재로부터 연소한 부분에 대한 손해의 배상의무자는 개정 실화책임법 제3조에 의하여 손해배상액의 경감을 받을 수 있다(대판 2003.6.27. 2001다734).

19

21서기보

사업주가 직장 내 성희롱 피해근로자를 가까이에서 도와준 동료 근로자에게 불리한 조치를 한 경우에 그 조치의 내용이 부당하고 그로 말미암아 성희롱 피해근로자에게 정신적 고통을 입혔다면, 피해근로자는 불리한 조치의 직접 상대방이 아니더라도 사업주에게 민법 제750조에 따라 불법행위책임을 물을 수 있다. O | X

> 해설 사업주가 피해근로자 등을 가까이에서 도와준 동료 근로자에게 불리한 조치를 한 경우에 그 조치의 내용이 부당하고 그로 말미암아 피해근로자 등에게 정신적 고통을 입혔다면, **피해근로자 등은 불리한 조치의 직접 상대방이 아니더라도 사업주에게 민법 제750조에 따라 불법행위책임을 물을 수 있다.** 사업주는 직장 내 성희롱 발생 시 남녀고용평등법령에 따라 신속하고 적절한 근로환경 개선책을 실시하고, 피해근로자 등이 후속 피해를 입지 않도록 적정한 근로여건을 조성하여 근로자의 인격을 존중하고 보호할 의무가 있다. 그런데도 사업주가 피해근로자 등을 도와준 동료 근로자에게 부당한 징계처분 등을 하였다면, 특별한 사정이 없는 한 사업주가 피해근로자 등에 대한 보호의무를 위반한 것으로 볼 수 있다(대판 2017.12.22. 2016다202947).

20

출제예상

운동경기에 참가하는 자는 다른 경기자 등의 생명이나 신체의 안전을 확보하여야 할 신의칙상 주의의무인 안전배려의무가 있다고 볼 수 없어 이를 위반할시 불법행위책임을 지는 것은 아니다. O | X

> 해설 운동경기에 참가하는 자는 자신의 행동으로 인해 다른 경기자 등이 다칠 수도 있으므로, 경기규칙을 준수하면서 다른 경기자 등의 생명이나 신체의 안전을 확보하여야 할 신의칙상 주의의무인 안전배려의무가 있다(대판 2019.1.31. 2017다203596).

정답 | **18 ○ 19 ○ 20 ×**

제2절 특수한 불법행위

01 12법무사

미성년자도 책임능력이 있으면 불법행위로 인한 손해배상책임을 진다. O | X

02 13법원행시

원고가 책임능력이 없는 자를 감독할 법정의무가 있는 자를 피고로 하여 민법 제755조 제1항의 감독자의 책임에 기하여 손해배상청구를 하는 경우, 피고는 감독의무를 게을리하지 않았음을 항변할 수 있다. O | X

03 12/20사무관, 13법무사

미성년자가 책임능력이 있어 그 스스로 불법행위책임을 지는 경우에도 그 손해가 당해 미성년자의 감독의무자의 의무위반과 상당인과관계가 있으면 감독의무자는 일반불법행위자로서 손해배상책임이 있다. O | X

04 19법무사

책임능력이 없는 미성년자가 불법행위를 저지른 경우와 달리 미성년자가 책임능력이 있다고 인정될 경우에는, 설령 그 미성년자의 불법행위로 인해 발생한 손해가 감독의무자의 의무위반과 상당인과관계가 있더라도 감독의무자는 손해배상의무를 지지 않는다. O | X

해설 **02 제755조(감독자의 책임)** ① 다른 자에게 손해를 가한 사람이 제753조 또는 제754조에 따라 책임이 없는 경우에는 그를 감독할 법정의무가 있는 자가 그 손해를 배상할 책임이 있다. 다만, 감독의무를 게을리하지 아니한 경우에는 그러하지 아니하다.

➡ **01** 제755조의 문언상 제755조는 미성년자가 책임능력이 없는 경우에 한해 친권자에게 보충적으로 배상책임을 지우는 것이므로 미성년자가 책임능력을 갖춘 경우에는 원칙적으로 불법행위로 인한 손해배상책임을 진다. 책임능력의 유무는 연령이나 학력에 의하여 획일적으로 결정할 수는 없고 각자의 지능, 발육정도, 환경, 지위, 신분, 평소행동 등에 의하여 개별적으로 결정된다(대판 1997.5.24. 77다354). 判例의 경향은 대체로 만 12세까지는 책임능력을 부인하고, 만 15세 이상의 미성년자에게는 책임능력을 인정하나 만 13~14세인 자에 대하여는 경우에 따라 달리 판단하였다.

03 04 감독의무자의 손해배상책임의 법적 근거

判例는 94년 전원합의체판결을 통하여 견해를 통일하여 "ⅰ) 제755조는 미성년자가 책임능력이 없는 때에 한해 감독의무자가 보충적으로 책임을 지는 것을 규율하는 규정이며 ⅱ) 따라서 책임능력 있는 미성년자의 감독의무자의 과실과 발생된 손해가 상당인과관계에 있으면 감독의무자는 제750조에 의한 일반불법행위책임을 지지만, 이때에는 피해자가 친권자의 과실과 손해발생과의 상당인과관계를 모두 입증하여야만 한다."고 판시하고 있다(대판 1994.2.28. 93다13605 전합).

책임능력 있는 미성년자의 불법행위로 인하여 손해가 발생한 경우 그 손해가 미성년자의 감독의무자의 의무위반과 상당인과관계가 있는 경우 감독의무자는 일반불법행위자로서 손해배상의무가 있다(대판 1997.3.28. 96다15374).

정답 | 01 ○ 02 ○ 03 ○ 04 ×

05

13법원행시

원고가 책임능력이 없는 자를 감독할 법정의무가 있는 자를 피고로 하여 민법 제755조 제1항의 감독자의 책임에 기하여 손해배상청구를 하는 경우, 피고를 갈음하여 책임능력이 없는 자를 감독하는 대리감독자가 있다는 것이 유효한 항변이 될 수는 없다. O | X

해설 법정감독의무자와 대리감독자의 책임은 병존할 수 있으며, 양자에게 각각 감독의무 위반이 있는 경우 공동불법행위 책임을 진다(대판 2007.4.26. 2005다24318). 이때에 양자의 책임은 부진정연대채무로서, 피해자는 전부의 배상을 받을 때까지 어느 쪽에 대하여도 책임을 물을 수 있다.

➡ 사안은 학교폭력 가해학생들의 부모의 과실과 담임교사, 교장의 과실이 경합하여 피해학생의 자살 사건이 발생하였다는 이유로, 부모들과 지방자치단체에게 공동불법행위자로서의 손해배상책임을 인정한 사례

06

12/14주사보

타인을 사용하여 어느 사무에 종사하게 한 자는 피용자가 그 사무집행에 관하여 제3자에게 가한 손해를 배상할 책임이 있고, 이는 사용자가 피용자의 선임 및 그 사무감독에 상당한 주의를 한 때에도 같다. O | X

07

13주사보

이행보조자의 채무불이행에 대하여 채무자의 면책가능성이 인정되지 않으나 피용자의 가해행위에 대한 사용자책임은 면책가능성이 인정된다. O | X

해설 **06 07 제756조(사용자의 배상책임)** ① 타인을 사용하여 어느 사무에 종사하게 한 자는 피용자가 그 사무집행에 관하여 제삼자에게 가한 손해를 배상할 책임이 있다. 그러나 사용자가 피용자의 선임 및 그 사무감독에 상당한 주의를 한 때 또는 상당한 주의를 하여도 손해가 있을 경우에는 그러하지 아니하다.

제391조(이행보조자의 고의, 과실) 채무자의 법정대리인이 채무자를 위하여 이행하거나 채무자가 타인을 사용하여 이행하는 경우에는 법정대리인 또는 피용자의 고의나 과실은 채무자의 고의나 과실로 본다.

08

13법무사

사용자책임의 요건으로서의 사용자의 사무로 함은 법률적, 계속적인 것이어야 하며 사실적·일시적 사무는 여기에 포함되지 않는다. O | X

해설 대판 1989.10.10. 89다카2278

09

18서기보

민법 제756조의 사용자와 피용자의 관계는 반드시 유효한 고용관계가 있는 경우에 한하는 것이 아니고, 사실상 어떤 사람이 다른 사람을 위하여 그 지휘·감독 아래 그 의사에 따라 사업을 집행하는 관계에 있을 때에도 사용자, 피용자 관계가 있다고 할 수 있다. O | X

> 해설 사용자책임 요건 – 사용관계의 존재
> '사용관계'란 고용계약에 기초한 고용관계나 근로계약관계보다 넓은 개념으로서(대판 1979.7.10, 79다644), 반드시 **유효한 고용관계에 한하지 않고** 사실상 어떤 사람이 다른 사람을 위하여 그 지휘·감독 아래 그 의사에 따라 사무를 집행하는 관계에 있으면 족하다(대판 2003.12.26. 2003다49542).

10

18서기보

피용자가 퇴직한 뒤에도 사용자의 실질적인 지휘·감독 아래에 있었다고 볼 수 있는 특별한 사정이 있는 경우라면 그의 행위에 대하여 종전의 사용자에게 사용자책임을 물을 수 있다. O | X

> 해설 피용자가 퇴직한 뒤에는 **퇴직에도 불구하고 사용자의 실질적인 지휘·감독 아래에 있었다고 볼 수 있는 특별한 사정**이 없다면 그의 행위에 대하여 원칙적으로 종전의 사용자에게 사용자책임을 물을 수 없다(대판 2001.9.4. 2000다26128).
> ➡ 반대 해석상 피용자가 퇴직한 뒤에도 사용자의 실질적인 지휘·감독 아래에 있었다고 볼 수 있는 특별한 사정이 있는 경우라면 그의 행위에 대하여 종전의 사용자에게 사용자책임을 물을 수 있다.

11

18서기보

동업관계에 있는 자들이 공동으로 처리하여야 할 업무를 동업자 중 1인에게 맡겨 처리하도록 한 경우, 다른 동업자는 기본적으로 그 업무집행자의 동업자로서 동등한 지위에 있으므로, 업무집행과정에서 발생한 사고에 대하여는 사용자책임이 성립하지 않는다. O | X

> 해설 사용관계의 구체적 경우 – 동업관계
> 대법원은 "동업관계에 있는 자들이 공동으로 처리하여야 할 업무를 동업자 중 1인에게 그 업무집행을 위임하여 그로 하여금 처리하도록 한 경우, 다른 동업자는 그 **업무집행자의 동업자인 동시에 사용자의 지위에 있다 할 것**이므로, 업무집행과정에서 발생한 사고에 대하여 사용자로서의 손해배상책임이 있다."(대판 1998.4.28. 97다55164)라고 하여 사용자책임 법리에 의하여 다른 조합원의 손해배상책임을 인정하고 있다. 이 경우 각 **조합원의 손해배상채무는 부진정연대채무관계**에 있다.

12

출제예상

합동법무사사무소의 구성원인 법무사들이 위촉된 등기사무를 처리함에 있어서 내부방침에 따라 구성원인 법무사 중 1인이 등기신청 대행 업무를 처리하면서 다른 법무사를 서류상 작성명의인으로 기재한 경우, 서류상 작성명의인인 법무사는 합동사무소에 위촉되어 동업관계에 있는 법무사와 공동으로 처리하여야 할 업무를 위임하여 처리하도록 한 셈이므로 그 업무처리에 있어 실제 업무를 처리한 법무사를 지휘·감독하여야 할 사용자관계에 있다. O | X

정답 | 05 ○ 06 × 07 ○ 08 ○ 09 ○ 10 ○ 11 × 12 ○

해설 동업으로 합동법무사사무소를 경영하는 법무사 상호간에 업무집행을 위임하여 그 법무사 중 1인이 다른 법무사의 명의로 업무집행을 한 경우, 명의자인 법무사는 실제 업무를 처리한 법무사를 지휘·감독할 사용자관계에 있는지 여부(적극)
합동법무사사무소의 구성원인 법무사들이 위촉된 등기사무를 처리함에 있어서 실제로 그 구성원 법무사 중 누가 사무를 처리하든 관계없이 한 달을 열흘 단위로 나누어 구성원 1인의 이름으로 처리하기로 내부방침을 정하고 있었고, 위 방침에 따라 구성원인 법무사 중 1인이 등기신청 대행 업무를 처리하면서 다른 법무사를 서류상 작성명의인으로 기재한 경우, 서류상 작성명의인인 법무사는 합동사무소에 위촉되어 동업관계에 있는 법무사와 공동으로 처리하여야 할 업무를 위임하여 처리하도록 한 셈이므로 그 업무처리에 있어 실제 업무를 처리한 법무사를 지휘·감독하여야 할 사용자관계에 있다고 보아야 한다(대판 1999.4.27. 98다36238).

13

12사무관, 20법원행시

명의를 대여받은 사람이 업무수행을 함에 있어 고의 또는 과실로 다른 사람에게 손해를 끼쳤고 객관적으로 보아 명의대여자가 명의를 대여받은 사람을 지휘·감독할 지위에 있었다면, 명의대여자는 사용자로서 그 손해를 배상할 책임이 있다. O|X

14

14법원행시, 15법무사

타인에게 어떤 사업에 관하여 자기의 명의를 사용할 것을 허용한 경우에 그 사업이 내부관계에 있어서는 타인의 사업이고 명의자의 고용인이 아니라 하더라도 외부에 대한 관계에 있어서는 그 사업이 명의자의 사업이고 또 그 타인은 명의자의 종업원임을 표명한 것과 다름이 없으므로, 명의사용을 허용받은 사람이 업무수행을 함에 있어 고의 또는 과실로 다른 사람에게 손해를 끼쳤다면 명의사용을 허용한 사람은 민법 제756조에 의하여 그 손해를 배상할 책임이 있다. O|X

15

14법원행시, 15주사보, 20사무관

명의대여관계의 경우 민법 제756조가 규정하고 있는 사용자책임의 요건으로서의 사용관계가 있느냐 여부는 실제적으로 지휘·감독을 하였느냐의 여부를 기준으로 결정하여야 한다. O|X

해설 **13 14 15** 명의사용자의 업무수행상 불법행위에 대한 명의대여자의 사용자책임 유무(적극) 및 명의대여자가 사용자책임을 지기 위한 요건으로서의 사용관계의 판단기준
타인에게 어떤 사업에 관하여 자기의 명의를 사용할 것을 허용한 경우에 그 사업이 내부관계에 있어서는 타인의 사업이고 명의자의 고용인이 아니라 하더라도 외부에 대한 관계에 있어서는 그 사업이 명의자의 사업이고 또 그 타인은 명의자의 종업원임을 표명한 것과 다름이 없으므로, 명의사용을 허용받은 사람이 업무수행을 함에 있어 고의 또는 과실로 다른 사람에게 손해를 끼쳤다면 명의사용을 허용한 사람은 민법 제756조에 의하여 그 손해를 배상할 책임이 있다고 할 것이고, 명의대여관계의 경우 민법 제756조가 규정하고 있는 사용자책임의 요건으로서의 사용관계가 있느냐 여부는 실제적으로 지휘·감독을 하였느냐의 여부에 관계없이 객관적·규범적으로 보아 사용자가 그 불법행위자를 지휘·감독해야 할 지위에 있었느냐의 여부를 기준으로 결정하여야 할 것이다(대판 2005.2.25. 2003다36133).

16

15법무사

지입차량의 차주 또는 그가 고용한 운전자의 과실로 타인에게 손해를 가한 경우에 지입회사는 이러한 불법행위에 대하여 사용자책임을 부담한다. O|X

해설 지입차량의 차주 또는 그가 고용한 운전자의 과실로 타인에게 손해를 가한 경우에는 지입회사는 명의대여자로서 제3자에 대하여 지입차량이 자기의 사업에 속하는 것을 표시하였을 뿐 아니라, 객관적으로 지입차주를 지휘·감독하는 사용자의 지위에 있다 할 것이므로 이러한 불법행위에 대하여는 그 사용자책임을 부담한다고 할 것이다(대판 2000.10.13. 2000다20069).

17 19법무사

택시회사의 운전기사가 택시의 승객을 태우고 운행 중 차속에서 승객을 상대로 성범죄를 저지른 경우, 택시회사는 사용자로서 위 운전기사가 한 행위에 대한 손해배상책임이 있다고 보아야 한다. O | X

해설 사용자의 배상책임을 규정한 민법 제756조 소정의 "그 사무집행에 관하여"라 함은 사용자의 사업집행 자체 또는 이에 필요한 행위뿐만 아니라 이와 관련된 것이라고 일반적으로 보여지는 행위는 설사 그것이 피용자의 이익을 도모하기 위한 경우라도 이에 포함된다고 보아야 할 것이므로 **택시회사의 운전수가 택시의 승객을 태우고 운행중 차속에서 부녀를 강간한 경우 위 회사는 사용자로서 손해배상책임**이 있다"(대판 1991.1.11. 90다8954).

18 14사무관, 15주사보

도급인은 수급인이 그 일에 관하여 제3자에게 가한 손해를 배상할 책임이 없으나 도급 또는 지시에 관하여 도급인에게 중대한 과실이 있는 때에는 배상책임이 있다. O | X

해설 **제757조(도급인의 책임)** 도급인은 수급인이 그 일에 관하여 제삼자에게 가한 손해를 배상할 책임이 없다. 그러나 도급 또는 지시에 관하여 도급인에게 중대한 과실이 있는 때에는 그러하지 아니하다.

19 19법무사, 20사무관, 20/21법원행시

도급인이 수급인에 대하여 특정한 행위를 지휘하는 이른바 노무도급의 경우에는 수급인의 불법행위에 대하여 비록 도급인이라고 하더라도 사용자로서의 배상책임이 있다. O | X

해설 사용자책임 – 노무도급

독립적인 지위에서 일의 완성의무를 지는 수급인은 원칙적으로 제756조의 피용자라고 할 수 없다. 다만 **도급인이 수급인의 일의 진행 및 방법에 관하여 구체적인 지휘감독권을 보유한 경우**에는 도급인과 수급인의 관계는 실질적으로 사용자 및 피용자의 관계와 다를 바 없으므로, 수급인이 고용한 제3자의 불법행위로 인한 손해에 대하여 도급인은 제756조에 의한 사용자책임을 면할 수 없다(대판 1987.10.28. 87다카1185). 따라서 도급인이 수급인에 대하여 특정한 행위를 지휘하거나 특정한 사업을 도급시키는 경우와 같은 이른바 **노무도급**의 경우에는, 비록 도급인이라 하더라도 사용자로서의 배상책임이 있다(대판 2005.11.10. 2004다37676).

정답 | 13 ○ 14 ○ 15 × 16 ○ 17 ○ 18 ○ 19 ○

20

20법원행시

근로자파견계약에 따라 파견된 근로자가 사용사업주의 구체적인 지시·감독을 받아 사용사업주의 업무를 행하던 중에 불법행위를 한 경우에는 파견사업주는 원칙적으로 사용자책임을 면한다. O|X

> 해설 判例는 "파견근로자보호 등에 관한 법률에 의한 근로자 파견에 있어서 '사용사업주'와 파견근로자 사이에는 고용관계가 존재하지 않고 **'파견사업주'가 여전히 파견근로자를 일반적으로 지휘·감독할 지위**에 있으므로, 파견사업주가 파견근로자의 파견업무에 관련한 불법행위에 대하여 사용자책임을 부담한다. 다만, 파견근로자가 사용사업주의 구체적인 지시·감독을 받아 사용사업주의 업무를 행하던 중에 불법행위를 한 경우에 파견사업주가 파견근로자의 선발 및 일반적 지휘·감독권의 행사에 있어서 주의를 다하였다고 인정되는 때에는 면책된다."라고 한다(대판 2003.10.9. 2001다24655).

21

15법무사

피용자의 불법행위가 외형상 객관적으로 사용자의 사업 활동 내지 사무집행행위 또는 그와 관련된 것이라고 보일 때에는 행위자의 주관적 사정을 고려함이 없이 이를 사무집행에 관하여 한 행위로 볼 것이다. O|X

> 해설 '사무집행에 관하여'라는 뜻은, 피용자의 불법행위가 외형상 객관적으로 사용자의 사업활동 내지 사무집행 행위 또는 그와 관련된 것이라고 보여질 때에는 주관적 사정을 고려함이 없이 이를 사무집행에 관하여 한 행위로 보는 것을 말한다는 것이고, 여기에서 외형상 객관적으로 사용자의 사무집행에 관련된 것인지 여부는 i) 피용자의 본래 직무와 불법행위와의 관련 정도 및 ii) **사용자에게 손해발생에 대한 위험창출과 방지조치 결여의 책임이 어느 정도 있는지를 고려하여 판단하여야** 한다(대판 1988.11.22. 86다카1923 - 이 점에 대해 처음으로 판시한 이래 같은 취지의 판결이 반복되고 있다).

22

15서기보

피용자의 불법행위가 외관상 사무집행의 범위 내에 속하는 것으로 보이는 경우에도 피용자의 행위가 사용자나 사용자에 갈음하여 그 사무를 감독하는 자의 사무집행행위에 해당하지 않음을 피해자 자신이 알았거나 또는 중대한 과실로 알지 못한 경우에는 사용자 또는 사용자에 갈음하여 그 사무를 감독하는 자에 대하여 사용자책임을 물을 수 없다. O|X

> 해설 제756조의 사용자 책임이 성립하기 위해서는 i) 피용자의 가해행위가 불법행위의 일반적 성립요건을 갖출 것, ii) 타인을 사용하여 어느 사무에 종사하게 할 것(사용관계의 존재), iii) 피용자가 사무집행에 관하여 제3자에게 손해를 주었을 것(가해행위의 사무집행관련성), iv) 사용자의 선임·감독상의 주의의무 결여가 있을 것이 필요하다(불, 사, 사).
>
> 사용자책임 요건 - 가해행위의 사무집행관련성
>
> 피용자의 불법행위가 외관상 사무집행의 범위 내에 속하는 것으로 보이는 경우에도 거래상대방이 피용자의 행위가 실질적으로 사무집행에 해당하지 않음을 '알았거나' '중과실'로 알지 못한 경우에는 사용자책임을 물을 수 없다(대판 2003.1.10. 2000다34426).

23

15서기보

피용자가 사용자로부터 채용, 계속고용, 승진, 근무평정과 같은 다른 근로자에 대한 고용조건을 결정할 수 있는 권한을 부여받고 있음을 이용하여 그 업무수행과 시간적, 장소적인 근접성이 인정되는 상황에서 피해자를 성추행하는 경우 사용자책임이 성립할 수 있다. O|X

해설 피용자가 다른 피용자를 성추행 또는 간음한 행위에 대하여 사용자책임을 인정할 수 있는 경우
피용자가 다른 피용자를 성추행 또는 간음하는 등 고의적인 가해행위를 한 경우, 그 행위가 피용자의 사무집행 자체는 아니라 하더라도, 피해자로 하여금 성적 굴욕감 또는 혐오감을 느끼게 하는 방법으로 업무를 수행하도록 하는 과정에서 피해자를 성추행하는 등 그 가해행위가 외형상 객관적으로 업무의 수행에 수반되거나 업무수행과 밀접한 관련 아래 이루어지는 경우뿐만 아니라, 피용자가 사용자로부터 채용, 계속고용, 승진, 근무평정과 같은 다른 근로자에 대한 고용조건을 결정할 수 있는 권한을 부여받고 있음을 이용하여 그 업무수행과 시간적, 장소적인 근접성이 인정되는 상황에서 피해자를 성추행하는 등과 같이 외형상 객관적으로 사용자의 사무집행행위와 관련된 것이라고 볼 수 있는 사안에서도 사용자책임이 성립할 수 있다(대판 2009.2.26. 2008다89712).

24 18법무사

남녀고용평등과 일·가정 양립 지원에 관한 법률(2017.11.28. 법률 제15109호로 개정되기 전의 것)은 직장 내 성희롱과 관련하여 피해를 입은 근로자 또는 성희롱 피해 발생을 주장하는 근로자(이하 '피해근로자 등'이라 한다)에게 해고나 그 밖의 불리한 조치를 하여서는 안 된다고 규정하고 있을 뿐이다. 따라서 사업주가 피해근로자 등인 A가 아니라 그에게 도움을 준 동료 근로자 B에게 불리한 조치를 한 경우, 그 불리한 조치의 상대방 B도 아닌 A가 직접 사업주에게 민법 제750조에 따라 불법행위책임을 물을 수는 없다. O | X

해설 사업주가 피해근로자 등을 가까이에서 도와준 동료 근로자에게 불리한 조치를 한 경우에 그 조치의 내용이 부당하고 그로 말미암아 피해근로자 등에게 정신적 고통을 입혔다면, 피해근로자 등은 불리한 조치의 직접 상대방이 아니더라도 사업주에게 민법 제750조에 따라 불법행위책임을 물을 수 있다(대판 2017.12.22. 2016다202947).

25 11사무관, 14주사보

사용자의 면책사유에 관하여는 사용자 측에서 입증책임을 진다. O | X

해설 사용자책임의 면책요건에 대한 주장·입증책임
민법 제756조 제1항 및 제2항의 책임에 있어서 사용자나 그에 갈음하여 사무를 감독하는 자는 그 피용자의 선임과 사무감독에 상당한 주의를 하였거나 상당한 주의를 하여도 손해가 있을 경우에는 손해배상의 책임이 없으나, 이러한 사정은 사용자 등이 주장 및 입증을 하여야 한다(대판 1998.5.15. 97다58538).

26 16사무관

피용자가 권한 없이 사용자를 대리하여 한 법률행위가 상대방에 대한 관계에서 기망에 의한 불법행위에 해당하여 사용자가 손해배상책임을 지는 경우에, 사용자가 피용자의 무권대리행위를 추인하였다고 하더라도 그것만으로는 이미 성립된 사용자책임이 소멸되지 않는다. O | X

해설 대판 2009.6.11. 2008다79500

정답 | 20 O 21 O 22 O 23 O 24 X 25 O 26 O

27

18서기보

사용자책임이 인정되는 경우 사용자와 피용자는 부진정연대책임을 지는데, 이때 연대채무에 있어서 소멸시효의 절대적 효력에 관한 민법 제421조의 규정은 부진정연대채무에 대하여는 그 적용이 없다. O | X

> 해설 대판 1997.12.23. 97다42830
> **제421조(소멸시효의 절대적 효력)** 어느 연대채무자에 대하여 소멸시효가 완성한 때에는 그 부담부분에 한하여 다른 연대채무자도 의무를 면한다.
>
> ➡ 연대채무에서 절대적 효력이 있는 것, 즉 면제(제419조 참조, 대판 2006.1.27. 2005다19378)·**소멸시효의 완성**(제421조 참조, 대판 2010.12.23. 2010다52225)·소멸시효의 중단(대판 2011.4.4. 2010다91866) 등은 부진정연대채무에서는 상대적 효력이 있을 뿐이다.

28

18서기보

피용자와 제3자가 공동불법행위로 피해자에게 손해를 가하여 그 손해배상채무를 부담하는 경우에 피용자와 제3자는 공동불법행위자로서 서로 부진정연대관계에 있고, 사용자가 피용자와 제3자의 책임비율에 의하여 정해진 피용자의 부담부분을 초과하여 피해자에게 손해를 배상한 경우에는 사용자는 제3자에 대하여도 구상권을 행사할 수 있으며, 그 구상의 범위는 제3자의 부담부분에 국한된다. O | X

> 해설 피용자가 제3자와의 공동불법행위로 피해자에게 손해를 가하여 손해배상책임을 부담하게 된 사용자가 그 제3자에 대하여 구상권을 행사할 수 있는 경우와 그 구상의 범위
> 피용자와 제3자가 공동불법행위로 피해자에게 손해를 가하여 그 손해배상채무를 부담하는 경우에 피용자와 제3자는 공동불법행위자로서 서로 부진정연대관계에 있고, 한편 사용자의 손해배상책임은 피용자의 배상책임에 대한 대체적 책임이어서 사용자도 제3자와 부진정연대관계에 있다고 보아야 할 것이므로, 사용자가 피용자와 제3자의 책임비율에 의하여 정해진 피용자의 부담부분을 초과하여 피해자에게 손해를 배상한 경우에는 사용자는 제3자에 대하여도 구상권을 행사할 수 있으며, 그 구상의 범위는 제3자의 부담부분에 국한된다고 보는 것이 타당하다(대판 1992.6.23. 91다33070 전합).

29

출제예상

甲과 乙이 丙의 부주의를 이용하여 고의로 공동불법행위를 저질러 丙에게 1억 원의 손해를 입혔다. 이 손해에 丙이 기여한 과실이 20%이며, 이에 가담하지 않은 丁이 甲의 사용자로서 사용자책임을 진다. 丁이 丙에 대하여 대여금채권을 갖고 있는 경우, 丁은 불법행위에 가담하지 않았음을 이유로 고의의 불법행위채권을 수동채권으로 하는 상계 금지 규정인 민법 제496조의 적용을 배제하고 위 대여금채권을 자동채권으로 하여 丙의 丁에 대한 손해배상채권을 상계할 수 있다. O | X

> 해설 피용자의 고의의 불법행위로 인하여 사용자책임을 부담하는 사용자가 민법 제496조의 적용 배제를 주장할 수 있는지 여부(소극)
> 민법 제756조에 의한 사용자의 손해배상책임은 피용자의 배상책임에 대한 대체적 책임이고, 같은 조 제1항에서 사용자가 피용자의 선임 및 그 사무감독에 상당한 주의를 한 때 또는 상당한 주의를 하여도 손해가 있을 경우에는 책임을 면할 수 있도록 규정함으로써 사용자책임에서 사용자의 과실은 직접의 가해행위가 아닌 피용자의 선임·감독에 관련된 것으로 해석되는 점에 비추어 볼 때, **피용자의 고의의 불법행위로 인하여 사용자책임이 성립하는 경우에 민법 제496조의 적용을 배제하여야 할 이유가 없으므로 사용자책임이 성립하는 경우 사용자는 자신의 고의의 불법행위가 아니라는 이유로 민법 제496조의 적용을 면할 수는 없다**(대판 2006.10.26. 2004다63019).

30

15법무사, 20서기보

사용자가 피용자의 과실에 의한 불법행위로 인한 사용자책임을 부담하는 경우와 달리, 피용자의 고의에 의한 불법행위로 인하여 사용자책임을 부담하는 경우에는 피해자에게 과실이 있다고 하여 그 책임을 제한할 수 없다. O | X

31

출제예상

甲과 乙이 丙의 부주의를 이용하여 고의로 공동불법행위를 저질러 丙에게 1억 원의 손해를 입혔다. 이 손해에 丙이 기여한 과실이 20%이며, 이에 가담하지 않은 丁이 甲의 사용자로서 사용자책임을 진다. 甲과 乙은 丙의 과실을 이유로 과실상계를 주장할 수 없고, 丁 역시 甲의 사용자로서 과실상계를 주장할 수 없다. O | X

해설 피용자의 고의의 불법행위로 인하여 사용자책임을 부담하는 사용자가 민법 제396조의 적용을 주장할 수 있는지 여부(적극)
사용자가 피용자의 과실에 의한 불법행위로 인한 사용자책임을 부담하는 경우와 마찬가지로 피용자의 고의에 의한 불법행위로 인하여 사용자책임을 부담하는 경우에도 피해자에게 그 손해의 발생과 확대에 기여한 과실이 있다면 **사용자책임의 범위를 정함에 있어서 이러한 피해자의 과실을 고려하여 그 책임을 제한할 수 있다**(대판 2002.12.26. 2000다56952).

32

18주사보

공무원이 직무수행 중 불법행위로 타인에게 손해를 입힌 경우에 국가 등이 국가배상책임을 부담하는 외에 공무원 개인도 고의 또는 중과실이 있는 경우에는 불법행위로 인한 손해배상책임을 진다고 할 것이지만, 공무원에게 경과실뿐인 경우에는 공무원 개인은 손해배상책임을 부담하지 아니한다. O | X

해설 **공무원이 직무를 수행함에 있어 경과실로 타인에게 손해를 입힌 경우에는** 그 직무수행상 통상 예기할 수 있는 흠이 있는 것에 불과하므로, 이러한 공무원의 행위는 여전히 국가 등의 기관의 행위로 보아 그로 인하여 발생한 손해에 대한 배상책임도 **전적으로 국가 등에만 귀속시키고 공무원 개인에게는 그로 인한 책임을 부담시키지 아니**하여 공무원의 공무집행의 안정성을 확보하고, **반면에 공무원의 위법행위가 고의·중과실에 기한 경우에는** 비록 그 행위가 그의 직무와 관련된 것이라고 하더라도 그와 같은 행위는 그 본질에 있어서 기관행위로서의 품격을 상실하여 국가 등에게 그 책임을 귀속시킬 수 없으므로 **공무원 개인에게 불법행위로 인한 손해배상책임을 부담시키되,** 다만 이러한 경우에도 그 행위의 외관을 객관적으로 관찰하여 공무원의 직무집행으로 보여질 때에는 피해자인 국민을 두텁게 보호하기 위하여 국가 등이 공무원 개인과 중첩적으로 배상책임을 부담하되 국가 등이 배상책임을 지는 경우에는 공무원 개인에게 구상할 수 있도록 함으로써 궁극적으로 그 책임이 공무원 개인에게 귀속되도록 하려는 것이라고 봄이 합당하다(대판 1996.2.15. 95다38677 전합).

33

14법무사, 15주사보

공작물의 설치 또는 보존의 하자로 인하여 타인에게 손해를 가한 때에는 공작물 점유자가 손해를 배상할 책임이 있다. 그러나 점유자가 손해의 방지에 필요한 주의를 해태하지 아니한 때에는 그 소유자가 손해를 배상할 책임이 있다. O | X

정답 | **27** ○ **28** ○ **29** × **30** × **31** × **32** ○ **33** ○

34

21서기보

민법 제758조 제1항의 '공작물의 설치·보존상의 하자'란 공작물이 그 용도에 따라 통상 갖추어야 할 안전성을 갖추지 못한 상태에 있음을 말하고, 그 안전성의 구비 여부는 공작물의 위험성에 비례하여 사회통념상 일반적으로 요구되는 정도로 위험방지조치를 다하였는지 여부를 기준으로 판단하여야 한다. O | X

> 해설 **33 제758조(공작물등의 점유자, 소유자의 책임)** ① 공작물의 설치 또는 보존의 하자로 인하여 타인에게 손해를 가한 때에는 공작물점유자가 손해를 배상할 책임이 있다. 그러나 점유자가 손해의 방지에 필요한 주의를 해태하지 아니한 때에는 그 소유자가 손해를 배상할 책임이 있다.
> ② 전항의 규정은 수목의 재식 또는 보존에 하자있는 경우에 준용한다.
> ③ 제2항의 경우에 점유자 또는 소유자는 그 손해의 원인에 대한 책임 있는 자에 대하여 구상권을 행사할 수 있다.
> **34** 설치·보존상의 하자 기준
> 공작물의 설치·보존상의 하자라 함은, 공작물이 현실적으로 설치되어 사용되고 있는 상황에서 그 공작물에 통상 요구되는 '안전성을 결여한 것'을 말한다(대판 1992.10.27. 92다21050). 判例는 이를 토대로 하자의 기준에 관해 안전성의 구비 여부는 그 공작물의 설치·보존자가 그 공작물의 위험성에 비례하여 사회통념상 요구되는 정도의 방호조치의무를 다하였는지를 기준으로 삼아야 한다고 한다(대판 1997.10.10. 97다27022).

35

18법무사

점유자가 손해의 방지에 필요한 주의를 게을리하지 않은 경우 점유자는 면책되나 그 입증책임은 점유자에게 있다. O | X

> 해설 공작물의 설치 보존상 하자로 인한 손해에 대한 점유자와 소유자의 책임관계
> 민법 제758조에 따라 공작물의 설치 또는 보존의 하자로 인하여 타인에게 가한 손해를 배상할 책임은 제1차적으로 공작물을 직접적·구체적으로 지배하면서 사실상 점유관리하는 공작물의 점유자에게 있고, **공작물의 점유자가 손해의 방지에 필요한 주의를 해태하지 아니하였음을 입증함으로써 면책될 때에 제2차적으로 공작물의 소유자가 손해를 배상할 책임**을 지게 된다(대판 1993.3.31.12. 92다23551).

36

13법원행시

원고가 공작물의 소유자를 피고로 하여 민법 제758조 제1항의 공작물의 설치 또는 보존의 하자로 인한 손해배상청구를 하는 경우, 피고는 손해의 방지에 필요한 주의를 게을리하지 않았음을 항변할 수 있다. O | X

> 해설 소유자의 2차적 책임은 무과실 책임에 해당하므로, 소유자의 책임에 있어서는 면책이 인정되지 않는다(제758조 제1항 단서).

37

18법무사

공작물의 설치 또는 보존상의 하자로 인한 사고는 공작물의 설치 또는 보존상의 하자만이 손해발생의 원인이 되는 경우만을 말하는 것이 아니고, 공작물의 설치 또는 보존상의 하자가 사고의 공동원인의 하나가 되는 이상 사고로 인한 손해는 공작물의 설치 또는 보존상의 하자에 의하여 발생한 것이라고 보아야 한다. 그리고 화재가 공작물의 설치 또는 보존상의 하자가 아닌 다른 원인으로 발생하였거나 화재의 발생 원인이 밝혀지지 않은 경우에도 공작물의 설치 또는 보존상의 하자로 인하여 화재가 확산되어 손해가 발생하였다면 공작물의 설치 또는 보존상의 하자는 화재사고의 공동원인의 하나가 되었다고 볼 수 있다. O | X

해설 대판 2015.2.12. 2013다61602 참조

관련판례 하자의 존재에 관한 증명책임은 피해자에게 있으나, 일단 하자가 있음이 인정되고 그 하자가 사고의 공동원인이 되는 이상, 그 사고가 위와 같은 하자가 없었더라도 불가피한 것이었다는 점이 공작물의 소유자나 점유자에 의하여 증명되지 않는다면 그 손해는 공작물의 설치 또는 보존의 하자에 의하여 발생한 것으로 해석함이 타당하다(대판 2019.11.28. 2017다14895).

38 18법무사

공작물의 설치 또는 보존의 하자는 해당 공작물이 용도에 따라 갖추어야 할 안전성을 갖추지 못한 상태에 있다는 것을 의미한다. 여기에서 안전성을 갖추지 못한 상태, 즉 타인에게 위해를 끼칠 위험성이 있는 상태라 함은 해당 공작물을 구성하는 물적 시설 자체에 물리적·외형적 결함이 있거나 필요한 물적 시설이 갖추어져 있지 않아 이용자에게 위해를 끼칠 위험성이 있는 경우뿐만 아니라, 공작물을 본래의 목적 등으로 이용하는 과정에서 일정한 한도를 초과하여 제3자에게 사회통념상 일반적으로 참아내야 할 정도(이하 '참을 한도'라고 한다)를 넘는 피해를 입히는 경우까지 포함하는 것은 아니다. O | X

해설 공작물의 설치 또는 보존의 하자는 해당 공작물이 용도에 따라 갖추어야 할 안전성을 갖추지 못한 상태에 있다는 것을 의미한다. 여기에서 **안전성을 갖추지 못한 상태, 즉 타인에게 위해를 끼칠 위험성이 있는 상태라 함**은 해당 ⅰ) 공작물을 구성하는 물적 시설 자체에 물리적·외형적 결함이 있거나 필요한 물적 시설이 갖추어져 있지 않아 이용자에게 위해를 끼칠 위험성이 있는 경우뿐만 아니라, ⅱ) **공작물을 본래의 목적 등으로 이용하는 과정에서 일정한 한도를 초과하여 제3자에게 사회통념상 일반적으로 참아내야 할 정도(이하 '참을 한도'라고 한다)를 넘는 피해를 입히는 경우까지 포함된다**(대판 2017.22.15. 2015다23321).

39 18법무사

민법 제758조는 공작물의 설치·보존의 하자로 인하여 타인에게 손해를 가한 경우 그 점유자 또는 소유자에게 일반 불법행위와 달리 이른바 위험책임의 법리에 따라 책임을 가중시킨 규정일 뿐이고, 그 공작물 시공자가 그 시공상 고의·과실로 인하여 피해자에게 손해를 가한 경우 민법 제750조에 따라 손해배상책임을 부담하는 것을 배제하는 규정은 아니다. O | X

해설 대판 1996.11.22. 96다39219 참조

40 출제예상

공작물의 설치·보존상 하자에 의하여 직접 발생한 화재로 인한 손해배상책임뿐만 아니라 그 화재로부터 연소한 부분에 대한 손해배상책임에 관하여도 공작물의 설치·보존상 하자와 손해 사이에 상당인과관계가 있는 경우에는 민법 제758조 제1항이 적용되고, 실화가 중대한 과실로 인한 것이 아닌 한 화재로부터 연소한 부분에 대한 손해의 배상의무자는 개정 실화책임법 제3조에 의하여 손해배상액의 경감을 받을 수 있다. O | X

정답 | **34** ○ **35** ○ **36** × **37** ○ **38** × **39** ○ **40** ○

해설 과거 실화책임법이 면책규정을 두고 있었던바, 判例는 공작물 자체의 설치·보존상의 하자에 의하여 직접 발생한 화재로 인한 손해배상책임에 관하여는 민법 제758조 제1항을 적용하고, 그 화재로부터 연소(延燒)한 부분에 대한 손해배상책임에 대하여는 실화 책임에 관한 법률을 적용함이 상당하다고 하였으나(대판 1996.2.23. 95다22887), **현행 실화책임법은 경감규정만 두고 있는바, "공작물의 설치·보존상 하자에 의하여 직접 발생한 화재로 인한 손해배상책임뿐만 아니라 그 화재로부터 연소한 부분에 대한 손해배상책임에 관하여도 공작물의 설치·보존상 하자와 손해 사이에 상당인과관계가 있는 경우에는 민법 제758조 제1항이 적용**되고, 실화가 중대한 과실로 인한 것이 아닌 한 화재로부터 연소한 부분에 대한 손해의 배상의무자는 개정 실화책임법 제3조에 의하여 손해배상액의 경감을 받을 수 있다."(대판 2012.6.28. 2010다58056)라고 한다.

41

14법무사, 15/17서기보

수인이 공동하여 타인에게 손해를 가하는 민법 제760조의 공동불법행위의 경우에는 행위자 상호 간의 공모는 물론 공동의 인식을 필요로 하지 아니하고 객관적으로 그 공동행위가 관련 공동되어 있기만 하면 되며, 그 관련 공동성 있는 행위에 의하여 손해가 발생함으로써 공동불법행위가 성립한다. O | X

해설 공동불법행위책임 요건 – 행위의 공동성

判例는 "공동불법행위자 상호 간에 의사의 공동이나 공동의 인식이 필요하지 아니하고 '**객관적으로 각 행위에 관련공동성**'이 있으면 족하다."(대판 2006.1.26. 2005다47014 등)고 하거나, "공동불법행위가 성립하려면 행위자 사이에 의사의 공통이나 행위공동의 인식이 필요한 것은 아니지만 객관적으로 보아 피해자에 대한 권리침해가 공동으로 행하여지고 그 행위가 손해발생에 대하여 '**공통의 원인**'이 되었다고 인정되는 경우라야 한다."(대판 1989.5.23. 87다카2723)고 판시함으로써 객관적 공동설의 입장을 취하고 있다.

42

출제예상

공동불법행위책임에서 공동의 행위는 '불법행위 자체'를 공동으로 하거나 교사·방조하는 경우에 인정되는 것으로, 횡령행위로 인한 장물을 취득하는 등 '피해의 발생'에 공동으로 관련되는 것만으로는 공동불법행위가 성립될 수 없다. O | X

해설 민법상 공동불법행위는 객관적으로 관련공동성이 있는 수인의 행위로 타인에게 손해를 가하면 성립하고, 행위자 상호간에 공모는 물론 의사의 공통이나 공동의 인식을 필요로 하는 것이 아니다. 또한 그러한 공동의 행위는 불법행위 자체를 공동으로 하거나 교사·방조하는 경우는 물론 **횡령행위로 인한 장물을 취득하는 등 피해의 발생에 공동으로 관련되어 있어도 인정될 수 있다**(대판 2013.4.11. 2012다44969).

43

19주사보

에이즈 바이러스에 감염된 혈액을 환자가 수혈받은 경우, 수혈에 필요한 수혈액을 채혈·조작·보존·공급하는 업무를 담당한 대한적십자사와 수혈로 인한 에이즈 바이러스 감염 위험 등의 설명의무를 다하지 아니한 의사들은 민법 제760조 제1항의 공동불법행위 책임을 부담한다. O | X

해설 에이즈 바이러스에 감염된 혈액을 환자가 수혈받음으로써 에이즈에 감염될 위험을 배제할 의무 및 그와 같은 결과를 회피할 의무를 다하지 아니하여 감염된 혈액을 수혈받은 환자로 하여금 에이즈 바이러스 감염이라는 치명적인 건강침해를 입게 한 대한적십자사의 과실 및 위법행위는 신체상해 자체에 대한 것인 데 비하여, 수혈로 인한 에이즈 바이러스 감염 위험 등의 설명의무를 다하지 아니한 의사들의 과실 및 위법행위는 신체상해의 결과 발생 여부를 묻지 아니하는 수혈 여부와 수혈 혈액에 대한 환자의 자기결정권이라는 인격권의 침해에 대한 것이므로, **대한적십자사와 의사의 양 행위가 경합하여 단일한 결과를 발생시킨 것이 아니고 각 행위의 결과 발생을 구별할 수 있으니, 이와 같은 경우에는 공동불법행위가 성립한다고 할 수 없다**(대판 1998.2.13. 96다7854).

44

15법무사

수인이 공동의 불법행위로 타인에게 손해를 가한 때에는 연대하여 그 손해를 배상할 책임이 있으나, 공동 아닌 수인의 행위 중 어느 자의 행위가 그 손해를 가한 것인지를 알 수 없는 때에는 균분하여 손해를 배상할 책임이 있다.

O | X

45

16서기보

공동 아닌 수인의 행위 중 어느 자의 행위가 그 손해를 가한 것인지를 알 수 없는 때에는 각각의 행위와 손해 발생 사이의 인과관계는 법률상 추정된다.

O | X

해설 가해자 불명의 공동불법행위

제760조(공동불법행위자의 책임) ① 수인이 공동의 불법행위로 타인에게 손해를 가한 때에는 연대하여 그 손해를 배상할 책임이 있다.

② 공동 아닌 수인의 행위 중 어느 자의 행위가 그 손해를 가한 것인지를 알 수 없는 때에도 전항과 같다.

제760조 제2항은 여러 사람의 행위가 경합하여 손해가 생긴 경우 중 동조 제1항에서 말하는 공동의 불법행위로 보기에 부족할 때, 입증책임을 덜어줌으로써 피해자를 보호하려는 입법정책상의 고려에 따라 **각각의 행위와 손해 발생 사이의 인과관계를 법률상 추정**한 것이므로, 이러한 경우 개별 행위자가 자기의 행위와 손해 발생 사이에 인과관계가 존재하지 아니함을 증명하면 면책되고, 손해의 일부가 자신의 행위에서 비롯된 것이 아님을 증명하면 배상책임이 그 범위로 감축된다(대판 2008.4.10. 2007다76306).

46

19주사보

다수의 의사가 의료행위에 관여한 경우 그 중 누구의 과실에 의하여 의료사고가 발생한 것인지 분명하게 특정할 수 없는 때에는 일련의 의료행위에 관여한 의사들 모두에 대하여 민법 제760조 제2항에 따라 공동불법행위 책임을 물을 수 있다.

O | X

해설 의료행위에 관여한 다수의 의사 중 누구의 과실에 의하여 의료사고가 발생한 것인지 분명하게 특정할 수 없는 경우, 이들 모두에 대하여 공동불법행위책임을 물을 수 있는지 여부(적극)

다수의 의사가 의료행위에 관여한 경우 그 중 누구의 과실에 의하여 의료사고가 발생한 것인지 분명하게 특정할 수 없는 때에는 일련의 의료행위에 관여한 의사들 모두에 대하여 민법 제760조 제2항에 따라 공동불법행위책임을 물을 수 있다고 봄이 상당하다(대판 2005.9.30. 2004다52576).

정답 | **41** ○ **42** × **43** × **44** × **45** ○ **46** ○

참고판례 민법 제760조 제2항의 입법 취지 및 개별 행위와 손해 발생 사이의 인과관계에 관한 증명책임의 소재(= 개별 행위자)

민법 제760조 제2항은 여러 사람의 행위가 경합하여 손해가 생긴 경우 중 같은 조 제1항에서 말하는 공동의 불법행위로 보기에 부족할 때, 입증책임을 덜어줌으로써 피해자를 보호하려는 입법정책상의 고려에 따라 각각의 행위와 손해 발생 사이의 인과관계를 법률상 추정한 것이므로, 이러한 경우 개별 행위자가 자기의 행위와 손해 발생 사이에 인과관계가 존재하지 아니함을 증명하면 면책되고, 손해의 일부가 자신의 행위에서 비롯된 것이 아님을 증명하면 배상책임이 그 범위로 감축된다(대판 2008.4.10. 2007다76306).

47

15/21서기보

민법 제760조 제3항은 불법행위의 방조자를 공동행위자로 보아 방조자에게 공동불법행위의 책임을 부담시키고 있는데, 손해의 전보를 목적으로 하여 과실을 원칙적으로 고의와 동일시하는 민사법의 영역에서는 과실에 의한 방조도 가능하다. O | X

48

16서기보

민법상의 공동불법행위에 있어서 과실에 의한 방조는 성립하지 않는다. O | X

49

11주사보, 16시기보

방조자도 공동행위자로서 행위자와 연대하여 손해를 배상할 책임이 있다. O | X

해설 **47 48 49** 과실에 의한 방조

제760조(공동불법행위자의 책임) ③ 교사자나 방조자는 공동행위자로 본다.

민법 제760조 제3항은 불법행위의 방조자를 공동행위자로 보아 방조자에게 공동불법행위의 책임을 부담시키고 있는바, 방조는 불법행위를 용이하게 하는 직접, 간접의 모든 행위를 가리키는 것으로서 작위에 의한 경우뿐만 아니라 작위의무 있는 사람이 그것을 방지하여야 할 제반 조치를 취하지 아니하는 부작위로 인하여 불법행위자의 실행행위를 용이하게 하는 경우도 포함하며, **손해의 전보를 목적으로 하여 과실을 원칙적으로 고의와 동일시하는 민사법의 영역에서는 과실에 의한 방조도 가능하다.** 그런데 이 경우의 과실의 내용은 불법행위에 도움을 주지 말아야 할 주의의무가 있음을 전제로 하여 그 의무를 위반하는 것을 말하고, **방조자에게 공동불법행위자로서 책임을 지우기 위하여는 방조행위와 피해자의 손해 발생 사이에 상당인과관계가 있어야 한다.** 그리고 상당인과관계가 있는지 여부는 과실에 의한 방조가 피해 발생에 끼친 영향, 피해자의 신뢰 형성에 기여한 정도, 피해자 스스로 쉽게 피해 방지를 할 수 있었는지 등을 종합적으로 고려하여 판단하여야 한다(대판 2014.3.27. 2013다91597).

50

11주사보, 14법원행시

공동불법행위자 중 1인이 자기의 부담부분 이상을 변제하여 공동의 면책을 얻게 하였을 때에는 다른 공동불법행위자에게 그 부담부분의 비율에 따라 구상권을 행사할 수 있다. O | X

해설 공동불법행위자 상호간의 부담 부분의 산정방법 및 구상권 행사의 요건

공동불법행위자는 채권자에 대한 관계에서는 연대책임(부진정연대채무)을 지되, 공동불법행위자들 내부관계에서는 일정한 부담 부분이 있고, 이 부담 부분은 공동불법행위자의 과실의 정도에 따라 정하여지는 것으로서 **공동불법행위자 중 1인이 자기의 부담 부분 이상을 변제하여 공동의 면책을 얻게 하였을 때에는 다른 공동불법행위자에게 그 부담 부분의 비율에 따라 구상권을 행사**할 수 있다(대판 2002.9.24. 2000다69712).

참고판례 공동불법행위자 상호간의 구상권 행사의 범위

공동불법행위자 상호간에 공동면책에 따른 구상권 행사를 위하여는 전체 공동불법행위자 가운데 구상의 상대방이 부담하는 부분의 비율을 정하여야 하므로 단순히 구상의 당사자 사이의 상대적 부담 비율만을 정하여서는 아니 되며, 또한 피해자가 여럿이고 피해자별로 공동불법행위자 또는 공동불법행위자들 내부관계에 있어서의 일정한 부담 부분이 다른 경우에는 피해자별로 구상관계를 달리 정하여야 한다(同 判例).

51 11법무사, 13법원행시

공동불법행위자 중 1인에 대하여 수인의 다른 공동불법행위자가 부담하는 구상채무는 다수 당사자 사이의 분할채무원칙이 적용되어 각자의 부담부분에 따른 분할채무이다. O | X

52 출제예상

공동불법행위자는 채권자에 대한 관계에서 부진정연대책임을 지되, 공동불법행위자 중 1인이 전체 채무를 변제한 경우 특별한 사정이 없는 한 나머지 공동불법행위자들이 부담하는 구상채무의 성질은 각자의 부담부분에 따른 분할채무이다. O | X

53 출제예상

공동불법행위자 중 1인에 대하여 구상의무를 부담하는 다른 공동불법행위자가 수인(數人)인 경우, 구상권자인 공동불법행위자가 과실이 없어 내부적인 부담 부분이 전혀 없다면 그에 대한 수인(數人)의 구상의무 사이의 관계는 부진정연대관계이다. O | X

해설 **51 52 53** 수인의 구상의무자 간 상호관계(원칙적 분할채무, 예외적 부진정연대채무)

① **원칙적 분할채무**

공동불법행위자 중 1인에 대하여 구상의무를 부담하는 다른 공동불법행위자가 수인인 경우에는 특별한 사정이 없는 이상 그들의 구상권자에 대한 채무는 각자의 부담 부분에 따른 '분할채무'로 본다(대판 2002.9.27. 2002다15917). 따라서 각자의 내부적 부담부분의 범위 내에서만 구상의무를 부담한다.

② **예외적 부진정연대채무**

그러나 구상권자인 공동불법행위자 측에 과실이 없는 경우(운전자에게 과실이 없는 경우에도 자배법상 운행자책임이 성립할 수 있다), 즉 내부적인 부담 부분이 전혀 없는 경우에는 이와 달리 그에 대한 수인의 구상의무 사이의 관계를 '부진정연대관계'로 봄이 상당하다고 한다(대판 2005.10.13. 2003다24147).

54 12법무사

공동불법행위자 중의 1인이 피해자로부터 손해배상청구소송을 제기당함에 따라 응소하여 적극적으로 다투었으나 패소함에 따라 그 판결에서 인정된 금원을 손해배상금으로 지급함으로써 공동면책된 때에는 공동면책된 금액 중 다른 공동불법행위자의 과실비율에 상당하는 금액을 구상할 수 있다. O | X

정답 | **47** ○ **48** × **49** ○ **50** ○ **51** ○ **52** ○ **53** ○ **54** ○

해설 공동불법행위자 중의 1인이 피해자로부터 손해배상청구소송을 제기당함에 따라 응소하여 적극적으로 다투었으나 패소함에 따라 그 판결에서 인정된 금원을 손해배상금으로 지급함으로써 공동면책된 때에는, **그것이 부당응소라는 등의 특별한 사정이 없는 한 공동면책된 금액 중 다른 공동불법행위자의 과실비율에 상당하는 금액은 물론이고 그에 대한 공동면책일 이후의 법정이자 및 피할 수 없는 비용 기타의 손해배상을 구상**할 수 있는바, 여기서의 피할 수 없는 비용 기타 손해배상에는 소송을 제기당한 공동불법행위자가 피해자에게 지급한 소송비용상환액뿐만 아니라 위 소송을 수행하는 과정에서 지출한 소송비용도 포함되고, 그가 지출한 변호사비용 중에서 변호사보수의소송비용산입에관한규칙에 의한 보수기준, 소속 변호사회의 규약, 소송물가액, 사건의 난이도, 소송 진행과정, 판결결과 등 여러 가지 사정을 참작하여 합리적으로 판단하여 상당하다고 인정되는 범위 내의 금원은 피할 수 없는 비용 기타 손해로서 구상할 수 있다(대판 1996.11.29. 95다2951).

55

17서기보

제3자가 부부의 일방과 부정행위를 함으로써 혼인의 본질에 해당하는 부부공동생활을 침해하거나 그 유지를 방해하고 그에 대한 배우자로서의 권리를 침해하여 배우자에게 정신적 고통을 가하는 행위는 원칙적으로 불법행위를 구성하며, 이때 부부의 일방과 제3자가 부담하는 불법행위책임은 공동불법행위책임으로서 부진정연대채무 관계에 있다. O|X

해설 대판 2015.5.29. 2013므2441

56

출제예상

공동불법행위자 중 1인의 손해배상채무가 시효로 소멸한 후 다른 공동불법행위자가 피해자에게 자기의 부담 부분을 넘는 손해를 배상한 경우, 손해를 배상한 공동불법행위자는 손해배상채무가 시효로 소멸한 다른 공동불법행위자에게는 구상권을 행사할 수 없다. O|X

해설 공동불법행위자 중 1인의 손해배상채무가 시효로 소멸한 후에 다른 공동불법행위자 1인이 피해자에게 자기의 부담부분을 넘는 손해를 배상하였을 경우에도, 그 공동불법행위자는 다른 공동불법행위자에게 구상권을 행사할 수 있다(대판 2010.12.23. 2010다52225).

비교쟁점 **제421조(소멸시효의 절대적 효력)** 어느 연대채무자에 대하여 소멸시효가 완성한 때에는 그 부담부분에 한하여 다른 연대채무자도 의무를 면한다.

57

출제예상

공동불법행위자는 자신의 부담부분 이상을 변제하여 공동의 면책을 얻게 하였을 때에 다른 공동불법행위자에 대하여 구상권을 행사할 수 있으나, 연대채무자는 자신의 부담부분 이상을 변제하지 않더라도 다른 연대채무자에 대하여 구상권을 행사할 수 있다. O|X

해설 공동보증인간의 구상권이나(제448조) 및 부진정연대채무자간의 구상권(대판 1997.12.12. 96다50896)에서는 '자기의 부담부분'을 넘어야 하지만, 주관적 공동관계가 존재하는 연대채무에서도 그렇게 볼 것은 아니다.
즉 判例는 **"부진정연대채무의 관계에 있는 복수의 책임주체 내부관계에 있어서는 형평의 원칙상 일정한 부담부분이 있을 수 있으며, 그 부담부분은 각자의 고의 및 과실의 정도에 따라 정하여지는 것**으로서, 부진정연대채무자 중 1인이 자기의 부담부분 이상을 변제하여 공동의 면책을 얻게 하였을 때에는 다른 부진정연대채무자에게 그 부담부분의 비율에 따라 구상권을 행사할 수 있다."(대판 2006.1.27. 2005다19378)라고 판시하고 있다.
반면 연대채무의 경우 구상권이 성립하기 위해서는 공동면책이 있기만 하면 되고 그 범위가 **출재를 한 연대채무자의 부담부분 이상일 필요가 없다**(통설). 연대채무자 사이의 구상권 행사에 있어서 '부담부분'이란 연대채무자가 그 내부관계에서 출재를 분담하기로 한 비율을 말한다. 그 결과 최근 判例가 판시하는 바와 같이 변제 기타 자기의 출재로 일부 공동면책되게 한 연대채무자는 역시 변제 기타 자기의 출재로 일부 공동면책되게 한 다른 연대채무자를 상대로 하여서도 **자신의 공동면책액 중 다른 연대채무자의 분담비율에 해당하는 금액이 다른 연대채무자의 공동면책액 중 자신의 분담비율에 해당하는 금액을 초과한**다면 그 범위에서 여전히 구상권을 행사할 수 있다고 보아야 한다(대판 2013.11.14. 2013다46023).

58

출제예상

甲과 乙이 과실에 의한 공동불법행위로 丙에게 손해를 가하였는데, 丙이 입은 손해액은 3,000만 원이다. 甲과 乙의 부담부분의 비율은 2:1이고, 甲과 乙에 대한 丙의 과실비율은 20%이며, 丁은 甲의 사용자로서 사용자책임을 부담한다. 다음 설명 중 옳지 않은 것은?

① 甲이 丙에 대한 1,000만 원의 대여금채권으로 丙의 손해배상채권과 상계하였다면, 乙도 그 한도에서 손해배상책임을 면한다.
② 丙의 甲에 대한 소송에서 丙의 과실이 일정한 비율로 인정되었다면, 별소로 제기된 丙의 乙에 대한 소송에서 법원은 丙의 과실비율을 달리 인정할 수 없다.
③ 丙에게 2,400만 원을 변제한 丁은 乙에 대하여 800만 원을 구상할 수 있다.
④ 丙에게 1,200만 원을 변제한 丁은 乙에 대하여 구상할 수 없다.

해설 ① [O] 종래 判例의 기본적 입장은 상계의 상대적 효력만 인정하였으나, 최근 전원합의체 판결을 통해 "부진정연대채무자 중 1인이 자신의 채권자에 대한 반대채권으로 상계를 한 경우에도 채권은 변제, 대물변제, 또는 공탁이 행하여진 경우와 동일하게 **현실적으로 만족을 얻어 그 목적을 달성하는 것이므로, 그 상계로 인한 채무소멸의 효력은 소멸한 채무 전액에 관하여 다른 부진정연대채무자에 대하여도 미친다**고 보아야 한다. 이는 부진정연대채무자 중 1인이 채권자와 상계계약을 체결한 경우에도 마찬가지이다. 나아가 이러한 법리는 채권자가 상계 내지 상계계약이 이루어질 당시 다른 부진정연대채무자의 존재를 알았는지 여부에 의하여 좌우되지 아니한다."(대판 2010.9.16. 2008다97218 전합)라고 하여 **상계의 절대적 효력을 인정**하였다.

비교판례 그러나 부진정연대채무자 사이에는 고유한 의미의 부담부분이 존재하지 않으므로 이를 전제로 한 제418조 2항은 유추적용되지 않는다(대판 1994.5.27. 93다21521).

② [X] 피해자가 공동불법행위자들을 모두 피고로 삼아 한꺼번에 손해배상청구의 소를 제기한 경우와 달리 **공동불법행위자별로 별개의 소를 제기하여 소송을 진행하는 경우에는** 각 소송에서 제출된 증거가 서로 다르고 이에 따라 교통사고의 경위와 피해자의 손해액산정의 기초가 되는 사실이 달리 인정됨으로 인하여 **과실상계비율과 손해액도 서로 달리 인정될 수 있는 것**이므로, 피해자가 공동불법행위자들 중 일부를 상대로 한 전소에서 승소한 금액을 전부 지급받았다고 하더라도 그 금액이 나머지 공동불법행위자에 대한 후소에서 산정된 손해액에 미치지 못한다면 후소의 피고는 그 차액을 피해자에게 지급할 의무가 있다(대판 2001.2.9. 2000다60227).

정답 | **55** ○ **56** × **57** ○ **58** ②

③ [O] ④ [O] 피용자와 제3자가 공동불법행위로 피해자에게 손해를 가하여 그 손해배상채무를 부담하는 경우에 피용자와 제3자는 공동불법행위자로서 서로 부진정연대관계에 있고, 한편 **사용자의 손해배상책임은 피용자의 배상책임에 대한 대체적 책임이어서 사용자도 제3자와 부진정연대관계에 있다**고 보아야 할 것이므로, **사용자가 피용자와 제3자의 책임비율에 의하여 정해진 피용자의 부담부분을 초과하여 피해자에게 손해를 배상한 경우에는 사용자는 제3자에 대하여도 구상권을 행사할 수 있으며, 그 구상의 범위는 제3자의 부담부분에 국한된다**고 보는 것이 타당하다(대판 1992.6.23. 91다33070 전합).

➡ 사안에서 甲, 乙, 丁은 공동불법행위자로서 丙에 대해 서로 부진정연대채무관계에 있다(위 91다33070 전합 판결). 判例는 공동불법행위의 경우 형평의 관점에서 공동불법행위자 간에 그 '과실의 비율'에 따른 부담부분이 있는 것으로 보아 구상을 인정해 왔다(대판 1997.12.12. 96다50896). 아울러 연대채무와는 달리 자기 부담부분 초과의 면책행위를 해야 구상권을 행사할 수 있다고 한다(대판 1997.12.12. 96다50896). 이에 따라 사안을 판단해 보면 사안은 과실에 의한 공동불법행위(제760조 제1항)로서 채권자 丙의 과실비율이 20%이므로 과실상계 규정(제396조)에 따라 甲, 乙, 丁은 총 2,400만 원의 손해배상채무에 대해 부진정연대채무관계에 있다. 이 때 내부적 부담부분은 가해자인 甲과 乙의 과실비율에 따라 각 1,600만 원(2,400×2/3), 800만 원(2,400×1/3)이고, 丁은 甲의 사용자이므로 피용자 甲과 동일하게 1,600만 원이다. 따라서 피해자 丙에게 손해배상액 전액인 2,400만 원을 변제한 부진정연대채무자 丁은 다른 부진정연대채무자 乙에 대하여 乙의 부담부분인 800만 원에 대해 구상권을 행사할 수 있으나(③번 지문), 丁의 부담부분(1,600만 원)에 미달한 1,200만 원을 변제한 경우에는 다른 부진정연대채무자에게 구상권을 행사할 수 없다(④번 지문).

59

18서기보

공동불법행위 책임에서 법원이 피해자의 과실을 들어 과실상계를 할 때에는 피해자의 공동불법행위자 각인에 대한 과실비율이 서로 다르더라도 피해자의 과실을 공동불법행위자 각인에 대한 과실로 개별적으로 평가할 것이 아니고, 그들 전원에 대한 과실로서 전체적으로 평가하여야 한다. O | X

해설 통상 공동불법행위의 경우 과실상계를 함에 있어서는 피해자에 대한 공동불법행위자 전원의 과실과 피해자의 공동불법행위자 전원에 대한 과실을 '전체적'으로 평가하여야 하고 공동불법행위자 간의 과실의 경중이나 구상권 행사의 가능 여부 등은 고려할 여지가 없다(대판 1991.5.10. 90다14423). 왜냐하면, 공동불법행위책임은 가해자 각 개인의 행위에 대하여 개별적으로 그로 인한 손해를 구하는 것이 아니라 그 가해자들이 공동으로 가한 불법행위에 대하여 그 책임을 추궁하는 것이기 때문이다(대판 2000.9.8. 99다48245).

60

13주사보

피해자의 공동불법행위자 각인에 대한 과실비율이 서로 다른 경우 법원은 과실상계를 함에 있어서 피해자의 과실을 공동불법행위자 각인에 대한 과실로 개별적으로 평가하여야 한다. O | X

61

13법무사, 14법원행시

공동불법행위자 중 일부가 피해자의 부주의를 이용하여 고의로 불법행위를 저지른 경우, 그러한 사유가 없는 다른 불법행위자도 피해자에 대하여 과실상계의 주장을 할 수 없다. O | X

해설 **60 61 공동불법행위책임에 대한 과실상계에서 피해자의 공동불법행위자 각 인에 대한 과실비율이 서로 다른 경우 피해자 과실의 평가 방법 및 공동불법행위자 중에 고의로 불법행위를 한 자가 있는 경우 모든 불법행위자가 과실상계의 주장을 할 수 없게 되는지 여부(소극)**
공동불법행위책임은 가해자 각 개인의 행위에 대하여 개별적으로 그로 인한 손해를 구하는 것이 아니라 가해자들이 공동으로 가한 불법행위에 대하여 그 책임을 추궁하는 것이므로, **법원이 피해자의 과실을 들어 과실상계를 함에 있어서는 피해자의 공동불법행위자 각인에 대한 과실비율이 서로 다르더라도 피해자의 과실을 공동불법행위자 각인에 대한 과실로 개별적으로 평가할 것이 아니고 그들 전원에 대한 과실로 전체적으로 평가하여야** 하나, 이는 과실상계를 위한 피해자의 과실을 평가함에 있어서 공동불법행위자 전원에 대한 **과실로 전체적으로 평가하여야 한다**는 것이지, **공동불법행위자 중에 고의로 불법행위를 행한 자가 있는 경우에는 피해자에게 과실이 없는 것으로 보아야 한다거나 모든 불법행위자가 과실상계의 주장을 할 수 없게 된다는 의미는 아니다**(대판 2010.2.11. 2009다68408).

62

18법무사

공동불법행위자에 대한 손해배상청구를 별개의 소로 진행한 경우에도 과실상계비율이나 손해액을 달리 인정할 수 없다. O | X

해설 공동불법행위자에 대한 손해배상청구를 별개의 소로 진행한 경우 과실상계비율이나 손해액을 달리 인정할 수 있는지 여부(적극)
피해자가 공동불법행위자들을 모두 피고로 삼아 한꺼번에 손해배상청구의 소를 제기한 경우와 달리 공동불법행위자별로 **별개의 소를 제기하여 소송을 진행하는 경우에는** 각 소송에서 제출된 증거가 서로 다르고 이에 따라 교통사고의 경위와 피해자의 손해액산정의 기초가 되는 사실이 달리 인정됨으로 인하여 **과실상계비율과 손해액도 서로 달리 인정될 수 있는 것**이므로, 피해자가 공동불법행위자들 중 일부를 상대로 한 전소에서 승소한 금액을 전부 지급받았다고 하더라도 그 금액이 나머지 공동불법행위자에 대한 후소에서 산정된 손해액에 미치지 못한다면 후소의 피고는 그 차액을 피해자에게 지급할 의무가 있다(대판 2001.2.9. 2000다60227).

63

18법무사

과실에 의한 불법행위자인 중개보조원이 고의에 의한 불법행위자와 공동불법행위책임을 부담하는 경우 중개보조원의 손해배상액을 정할 때에는 피해자의 과실을 참작하여 과실상계를 할 수 있고, 중개보조원을 고용한 개업공인중개사의 손해배상금액을 정할 때에는 개업공인중개사가 중개보조원의 사용자일 뿐 불법행위에 관여하지는 않았다는 등의 개별적인 사정까지 고려하여 중개보조원보다 가볍게 책임을 제한할 수도 있다. O | X

해설 피해자의 부주의를 이용하여 고의로 불법행위를 저지른 사람이 바로 피해자의 부주의를 이유로 자신의 책임을 줄여달라고 주장하는 것은 허용될 수 없다. 그러나 이는 그러한 사유가 있는 자에게 과실상계의 주장을 허용하는 것이 신의칙에 반하기 때문이므로, 불법행위자 중의 일부에게 그러한 사유가 있다고 하여 그러한 사유가 없는 다른 불법행위자까지도 과실상계의 주장을 할 수 없다고 해석할 것은 아니다. 또한 중개보조원이 업무상 행위로 거래당사자인 피해자에게 고의로 불법행위를 저지른 경우라고 하더라도, 중개보조원을 고용하였을 뿐 이러한 불법행위에 가담하지 않은 개업공인중개사에

정답 | 59 ○ 60 × 61 × 62 × 63 ○

게 책임을 묻고 있는 피해자에게 과실이 있다면, 법원은 과실상계의 법리에 따라 손해배상의 책임과 그 금액을 정하는 데 이를 참작하여야 한다. 따라서 **과실에 의한 불법행위자인 중개보조원이 고의에 의한 불법행위자와 공동불법행위책임을 부담하는 경우 중개보조원의 손해배상액을 정할 때에는 피해자의 과실을 참작하여 과실상계를 할 수 있고, 중개보조원을 고용한 개업공인중개사의 손해배상금액을 정할 때에는 개업공인중개사가 중개보조원의 사용자일 뿐 불법행위에 관여하지는 않았다는 등의 개별적인 사정까지 고려하여 중개보조원보다 가볍게 책임을 제한할 수도 있다**(대판 2018.2.13. 2015다242429).

64

출제예상

2인 이상의 공동불법행위로 인하여 호의동승한 사람이 피해를 입은 경우, 동승자가 입은 손해에 대한 배상액을 산정할 때에는 먼저 호의동승으로 인한 감액비율을 참작하여 공동불법행위자들이 동승자에 대하여 배상하여야 할 수액을 정하여야 한다. O | X

해설 공동불법행위에 있어 호의동승으로 인한 책임제한이 미치는 범위

사실관계 A가 운전하던 차량과 B가 운전하던 차량이 두 운전자의 공동과실로 사고가 발생하였고, 그로 인해 B가 운전하던 차량에 타고 있던 C가 사망하였다. 이 때 B와 C는 연인 사이였고 두 사람은 벚꽃구경을 가던 길이었다. 이에 동승차량의 운행목적, 피해자와의 인적 관계, 동승경위 등에 비추어 볼 때 C의 사망에 대해 동승차량 운전자 B에게 전적인 책임을 지우는 것은 신의칙이나 형평의 원칙상 불합리하므로 '호의동승으로 인한 책임제한'을 인정할 수 있는데, 이러한 책임제한이 다른 공동불법행위자인 A에게도 미치는지가 문제되었다. 이에 원심은 호의동승에 의한 책임제한은 인적, 내부적 관계에 기한 것인 만큼 상대적 효력만을 인정하여 부정하였으나 대법원은 아래와 같은 이유로 긍정하였다.

➡ 2인 이상의 공동불법행위로 인하여 호의동승한 사람이 피해를 입은 경우, 공동불법행위자 상호간의 내부관계에서는 일정한 부담부분이 있으나 피해자에 대한 관계에서는 부진정연대책임을 지므로, **동승자가 입은 손해에 대한 배상액을 산정함에 있어서는 먼저 호의동승으로 인한 감액 비율을 참작하여 공동불법행위자들이 동승자에 대하여 배상하여야 할 수액을 정하여야 한다. 그리고 그 당연한 귀결로서 위와 같은 책임제한은 동승 차량 운전자인 B 뿐만 아니라 상대방 차량 운전자인 A와 그 보험자에게도 적용**된다(대판 2014.3.27. 2012다87263).

정답 | **64** ○

제3절 그 밖의 특수한 불법행위

01 15주사보

자동차손해배상보장법 제3조가 규정하는 자기를 위하여 자동차를 운행하는 자는 사회통념상 당해 자동차에 대한 운행을 지배하여 그 이익을 향수하는 책임주체로서의 지위에 있다고 할 수 있는 자를 말하고, 이 경우 운행의 지배는 현실적인 지배에 한하지 아니하고 간접지배 내지는 지배가능성이 있다고 볼 수 있는 경우도 포함한다. O | X

해설 자동차손해배상보장법 제3조 소정의 '자기를 위하여 자동차를 운행하는 자'의 의미
자동차손해배상보장법 제3조에서 자동차 사고에 대한 손해배상책임을 지는 자로 규정하고 있는 '자기를 위하여 자동차를 운행하는 자'란 사회통념상 당해 자동차에 대한 운행을 지배하여 그 이익을 향수하는 책임주체로서의 지위에 있다고 할 수 있는 자를 말하고, 이 경우 운행의 지배는 현실적인 지배에 한하지 아니하고 사회통념상 간접지배 내지는 지배가능성이 있다고 볼 수 있는 경우도 포함한다(대판 1998.10.27. 98다36382).

02 16법원행시

분양회사가 신축한 아파트를 분양회사로부터 분양받은 수분양자는, 그 아파트에서 일정한 일조시간을 확보할 수 없게 되더라도 분양회사가 신축한 아파트로 인하여 그 분양받은 아파트의 직사광선이 차단되는 불이익을 입게 되었다고 볼 수는 없으므로, 분양회사에게 일조방해를 원인으로 하는 불법행위책임을 물을 수는 없다. O | X

해설 아파트의 수분양자가 분양회사를 상대로 일조방해를 원인으로 한 불법행위책임을 물을 수 있는지 여부(소극)
분양회사가 신축한 아파트를 분양받은 자는 분양된 아파트에서 일정한 일조시간을 확보할 수 없다고 하더라도, 이를 가지고 위 아파트가 매매목적물로서 거래상 통상 갖추어야 하거나 당사자의 특약에 의하여 보유하여야 할 품질이나 성질을 갖추지 못한 것이라거나, 또는 분양회사가 수분양자에게 분양하는 아파트의 일조 상황 등에 관하여 정확한 정보를 제공할 신의칙상 의무를 게을리하였다고 볼 여지가 있을지는 몰라도, **분양회사가 신축한 아파트로 인하여 수분양자가 직사광선이 차단되는 불이익을 입게 되었다고 볼 수는 없으므로 분양회사에게 일조방해를 원인으로 하는 불법행위책임을 물을 수는 없다**(대판 2001.6.26. 2000다44928).

03 16법원행시 변형

건축법등 관계법령에 일조방해에 관한 직접적인 단속법규가 있다면 그 법규에 적합한지 여부가 사법상 위법성을 판단함에 있어서 중요한 판단자료가 될 것이지만, 구체적인 경우에 있어서는 어떠한 건물신축이 신축 당시의 공법적 규제에 형식적으로 적합하더라도 현실적인 일조방해의 정도가 현저하게 커 사회통념상 수인한도를 넘은 경우에는 위법행위로 평가될 수 있다. O | X

정답 | 01 ○ 02 ○ 03 ○

> **해설** 일조방해행위가 사회통념상 수인한도를 넘었는지 여부는 피해의 정도, 피해이익의 성질 및 그에 대한 사회적 평가, 가해 건물의 용도, 지역성, 토지이용의 선후관계, 가해 방지 및 피해 회피의 가능성, 공법적 규제의 위반 여부, 교섭 경과 등 모든 사정을 종합적으로 고려하여 판단하여야 하고, 건축 후에 신설된 일조권에 관한 새로운 공법적 규제 역시 이러한 위법성의 평가에 있어서 의미 있는 자료가 될 수 있다. 그리고 **건축법 등 관계 법령에 일조방해에 관한 직접적인 단속법규가 있다면 그 법규에 적합한지 여부가 사법상 위법성을 판단함에 있어서 중요한 판단자료가 될 것이지만**, 이러한 공법적 규제에 의하여 확보하고자 하는 일조는 원래 사법상 보호되는 일조권을 공법적인 면에서도 가능한 한 보장하려는 것으로서 특별한 사정이 없는 한 **일조권 보호를 위한 최소한도의 기준으로 봄이 상당하고, 구체적인 경우에 있어서는 어떠한 건물 신축이 건축 당시의 공법적 규제에 형식적으로 적합하다고 하더라도 현실적인 일조방해의 정도가 현저하게 커서 사회통념상 수인한도를 넘은 경우에는 위법행위로 평가**될 수 있다(대판 2014.2.27. 2009다40462).

04

12법원행시, 17주사보

제조물에 상품적합성이 결여되어 그 제조물 자체에 발생한 손해는 제조물책임법에 따라 손해배상책임이 인정된다.

O | X

> **해설** **제조물의 상품적합성 결여로 인하여 제조물 자체에 손해가 발생한 경우, 제조물책임의 적용 대상인지 여부(소극)**
> 제조물책임이란 제조물에 통상적으로 기대되는 안전성을 결여한 결함으로 인하여 생명·신체나 제조물 그 자체 외의 다른 재산에 손해가 발생한 경우에 제조업자 등에게 지우는 손해배상책임이고, **제조물에 상품적합성이 결여되어 제조물 그 자체에 발생한 손해는 제조물책임의 적용 대상이 아니므로, 하자담보책임으로서 그 배상을 구하여야** 한다(대판 2000.7.28. 98다35525).

05

16법원행시

일반 소비자는 고도의 기술이 집약되어 대량으로 생산되는 제품의 하자를 원인으로 제조업자에게 민법상 불법행위책임을 묻기 위해서는 구체적인 하자 및 하자와 발생한 손해 사이의 상당인과관계를 증명하여야 한다.

O | X

> **해설** **제조물책임에 관한 입증책임의 분배**
> 고도의 기술이 집약되어 대량으로 생산되는 제품의 결함을 이유로 그 제조업자에게 손해배상책임을 지우는 경우 그 제품의 생산과정은 전문가인 제조업자만이 알 수 있어서 그 제품에 어떠한 결함이 존재하였는지, 그 결함으로 인하여 손해가 발생한 것인지 여부는 일반인으로서는 밝힐 수 없는 특수성이 있어서 소비자 측이 제품의 결함 및 그 결함과 손해의 발생과의 사이의 인과관계를 과학적·기술적으로 입증한다는 것은 지극히 어려우므로 그 제품이 정상적으로 사용되는 상태에서 사고가 발생한 경우 소비자 측에서 그 사고가 제조업자의 배타적 지배하에 있는 영역에서 발생하였다는 점과 그 사고가 어떤 자의 과실 없이는 통상 발생하지 않는다고 하는 사정을 증명하면, **제조업자 측에서 그 사고가 제품의 결함이 아닌 다른 원인으로 말미암아 발생한 것임을 입증하지 못하는 이상 그 제품에게 결함이 존재하며 그 결함으로 말미암아 사고가 발생하였다고 추정하여 손해배상책임을 지울 수 있도록 입증책임을 완화**하는 것이 손해의 공평·타당한 부담을 그 지도원리로 하는 손해배상제도의 이상에 맞다(대판 2004.3.12. 2003다16771).

06

20법무사

무면허 의료행위를 하였다면 그 자체만으로도 불법행위책임을 부담한다.

O | X

해설 무면허 의료행위 자체를 근거로 불법행위책임을 지울 수 있는지 여부(소극)
약사는 의약품을 조제할 수 있다 하여도 진단행위나 치료행위 등은 할 수 없으므로 의사가 아닌 약사가 스스로 또는 그 종업원을 통하여, 환자의 증세에 대하여 문진을 한 후 감기로 진단하고 각종 의약품을 혼합하여 조제하는 등의 행위를 한 일련의 행위는 무면허 의료행위에 해당한다. **무면허로 의료행위를 한 경우라도 그 자체가 의료상의 주의의무 위반행위는 아니라고 할 것이므로 당해 의료행위에 있어 구체적인 의료상의 주의의무 위반이 인정되지 아니한다면 그것만으로 불법행위책임을 부담하지는 아니**한다(대판 2002.1.11. 2001다27449).

07

18서기보

의사가 설명의무를 위반한 채 수술 등을 하여 환자에게 중대한 결과가 발생한 경우에 환자 측에서 자기결정권을 행사할 수 없게 된 데 대한 위자료만이 아니라 그 결과로 인한 모든 손해의 배상을 청구하는 경우에는 그 중대한 결과와 의사의 설명의무 위반 내지 승낙 취득 과정에서의 잘못과 사이에 상당인과관계가 존재하여야 한다. O | X

08

14/18서기보

의사의 설명의무 위반을 이유로 환자에게 발생한 중대한 결과로 인한 모든 손해의 배상을 청구하는 경우에는, 설명의무위반과 중대한 결과 사이에 조건적 인과관계가 있으면 충분하고 상당인과관계까지 존재하여야 하는 것은 아니다. O | X

해설 **07 08** 설명의무 위반을 이유로 중대한 결과로 인한 모든 손해를 청구하는 경우
이때의 의사의 설명의무 위반은 환자의 생명·신체에 대한 구체적 치료과정에서 요구되는 의사의 주의의무 위반(업무상 과실)과 동일시할 정도의 것이어야 한다(대판 2004.10.28. 2002다45185). 즉, 설명의무위반과 중대한 결과 사이에 '조건적 인과관계'가 있는 것으로 충분하지 않고 **'상당인과관계'까지 존재해야 한다**. 구체적으로 判例는 설명의무를 다하였다 하더라도 환자가 그 수술을 거부하였을 것으로 단정 지을 수 없는 경우에는 그러한 인과관계는 성립하지 않는다고 한다(대판 1995.2.10. 94다52402).

비교판례 설명의무 위반을 이유로 위자료만 청구하는 경우
환자측에서 '선택의 기회'를 잃고 '자기결정권'을 행사할 수 없게 된 데 대한 위자료만 청구하는 경우에는 의사의 설명 결여 내지 부족으로 선택의 기회를 상실하였다는 사실만을 증명함으로써 족하고, 설명을 받았더라면 사망 등의 결과는 생기지 않았을 것이라는 관계까지 증명할 필요는 없다(대판 2009.1.15. 2008다60162 등).

09

14서기보

시술하고자 하는 미용성형 수술이 의뢰인이 원하는 구체적 결과를 모두 구현할 수 있는 것이 아니고 그 일부만을 구현할 수 있는 것이라면 그와 같은 내용 등을 상세히 설명하여 의뢰인으로 하여금 그 성형술을 시술받을 것인지를 선택할 수 있도록 할 의무가 있다. O | X

정답 | 04 × 05 × 06 × 07 ○ 08 × 09 ○

> 해설 **미용성형술**은 외모상의 개인적인 심미적 만족감을 얻거나 증대할 목적에서 이루어지는 것으로서 **질병 치료 목적의 다른 의료행위에 비하여 긴급성이나 불가피성이 매우 약한 특성이 있으므로** 이에 관한 시술 등을 의뢰받은 **의사로서는 의뢰인 자신의 외모에 대한 불만감과 의뢰인이 원하는 구체적 결과에 관하여 충분히 경청한 다음 전문적 지식에 입각하여 의뢰인이 원하는 구체적 결과를 실현시킬 수 있는 시술법 등을 신중히 선택하여 권유하여야** 하고, 당해 시술의 필요성, 난이도, 시술 방법, 당해 시술에 의하여 환자의 외모가 어느 정도 변화하는지, 발생이 예상되는 위험, 부작용 등에 관하여 의뢰인의 성별, 연령, 직업, 미용성형 시술의 경험 여부 등을 참조하여 의뢰인이 충분히 이해할 수 있도록 상세한 설명을 함으로써 **의뢰인이 필요성이나 위험성을 충분히 비교해 보고 시술을 받을 것인지를 선택할 수 있도록 할 의무가 있다.** 특히 의사로서는 **시술하고자 하는 미용성형 수술이 의뢰인이 원하는 구체적 결과를 모두 구현할 수 있는 것이 아니고 일부만을 구현할 수 있는 것이라면 그와 같은 내용 등을 상세히 설명하여 의뢰인에게 성형술을 시술받을 것인지를 선택할 수 있도록 할 의무가 있다**(대판 2013.6.13. 2012다94865).

10 14서기보

의사의 환자에 대한 설명의무가 수술 시에만 한하지 않고, 검사, 진단, 치료 등 진료의 모든 단계에서 각각 발생한다. O | X

11 14서기보

설명의무 위반으로 인하여 지급할 의무가 있는 위자료에는, 설명의무 위반이 인정되지 않은 부분과 관련된 자기결정권상실에 따른 정신적 고통을 위자하는 금액 또는 중대한 결과의 발생 자체에 따른 정신적 고통을 위자하는 금액 등은 포함되지 아니한다고 보아야 한다. O | X

> 해설 **10 11 의사의 환자에 대한 설명의무가 수술 시에만 한하지 않고, 검사, 진단, 치료 등 진료의 모든 단계에서 각각 발생한다** 하더라도, 설명의무 위반에 대하여 의사에게 위자료 등의 지급의무를 부담시키는 것은 의사가 환자에게 제대로 설명하지 아니한 채 수술 등을 시행하여 환자에게 예기치 못한 중대한 결과가 발생하였을 경우에 의사가 그 행위에 앞서 환자에게 질병의 증상, 치료나 진단방법의 내용 및 필요성과 그로 인하여 발생이 예상되는 위험성 등을 설명하여 주었더라면 **환자가 스스로 자기결정권을 행사하여 그 의료행위를 받을 것인지를 선택함으로써 중대한 결과의 발생을 회피할 수 있었음에도 불구하고 의사가 설명을 하지 아니하여 그 기회를 상실하게 된 데에 따른 정신적 고통을 위자하는 것이므로, 설명의무 위반으로 인하여 지급할 의무가 있는 위자료에는, 설명의무 위반이 인정되지 않은 부분과 관련된 자기결정권 상실에 따른 정신적 고통을 위자하는 금액 또는 중대한 결과의 발생 자체에 따른 정신적 고통을 위자하는 금액 등은 포함되지 아니한다**고 보아야 한다. 그리고 의료행위로 인하여 환자에게 나쁜 결과가 발생하였는데 의사의 진료상 과실은 인정되지 않고 설명의무 위반만 인정되는 경우, 설명의무 위반에 대한 위자료의 명목 아래 사실상 재산적 손해의 전보를 꾀하여서는 아니 된다(대판 2013.4.26. 2011다29666).

정답 | **10** ○ **11** ○

제4절 불법행위의 효과

01 17서기보

타인의 토지가 아닌 자신의 토지에 토양오염을 유발시킨 자는 그 토지의 매수인에 대해 채무불이행으로 인한 손해배상책임 및 하자담보책임을 부담할 수는 있으나, 자신과 직접적인 거래관계가 없는 그 토지의 전전 매수인에 대해 불법행위책임을 부담하는 것은 아니다. O | X

해설 토지 소유자가 폐기물을 불법으로 매립한 경우 토지를 전전 취득한 현재의 소유자에게 불법행위책임으로 '폐기물처리비용' 상당의 손해배상책임을 지는지 여부(적극)
토양이 오염되고 폐기물이 매립된 토지의 매수인이 그 정화·처리비용을 실제 지출하거나 지출하게 된 것을 제750조가 규정하는 '손해'로 평가할 수 있는지 여부는 그 토지의 거래 상대방과 사이에서 논의될 수 있을 뿐이라는 判例의 반대견해도 있으나, 다수의견은 "특별한 사정이 없는 한 이는 **거래의 상대방 및 토지를 전전 취득한 현재의 토지 소유자에 대한 위법행위로서 불법행위가 성립할 수 있고,** 위법행위로 인하여 오염토양 정화비용 또는 폐기물 처리비용의 지출이라는 손해의 결과가 현실적으로 발생하였으므로, **토양오염을 유발하거나 폐기물을 매립한 종전 토지 소유자는 오염토양 정화비용 또는 폐기물 처리비용 상당의 손해에 대하여 불법행위자로서 손해배상책임을 진다.**"(대판 2016.5.19. 2009다66549 전합)라고 판시한 바 있다.

02 15서기보

사람의 품성, 덕행, 명성, 신용 등의 인격적 가치에 관하여 사회로부터 받는 객관적인 평가인 명예를 위법하게 침해당한 자는 민법 제751조에 따른 손해배상 또는 민법 제764조에 따른 명예회복을 위한 처분을 구할 수 있을 뿐이고, 그 외에 인격권으로서 명예권에 기초하여 가해자에 하여 현재 이루어지고 있는 침해행위를 배제하거나 장래에 생길 침해를 예방하기 위하여 침해행위의 금지를 구하는 것은 허용될 수 없다. O | X

해설 명예는 생명, 신체와 함께 매우 중대한 보호법익이고 인격권으로서의 명예권은 물권의 경우와 마찬가지로 배타성을 가지는 권리라고 할 것이므로, 사람의 품성, 덕행, 명성, 신용 등의 인격적 가치에 관하여 사회로부터 받는 객관적인 평가인 명예를 위법하게 침해당한 자는 **손해배상(민법 제751조) 또는 명예회복을 위한 처분(민법 제764조)을 구할 수 있는 이외에** 인격권으로서 명예권에 기초하여 가해자에 대하여 **현재 이루어지고 있는 침해행위를 배제하거나 장래에 생길 침해를 예방하기 위하여 침해행위의 금지를 구할 수도 있다**(대판 2013.3.28. 2010다60950).
"명예(인격권)는 그 성질상 일단 침해된 후의 구제수단(손해배상이나 명예회복처분)만으로는 그 침해의 완전한 회복이 어렵고 손해전보의 실효성을 기대하기 어려우므로, 사전(예방적)구제수단으로 '침해행위의 정지·방지' 등의 청구권도 인정"된다고 한다(대판 1996.4.12. 93다40614).

03 출제예상

사람이 갖는 명예에 관한 권리의 침해에 대하여는 사전 예방적 구제수단으로 침해행위의 정지·방지 등의 금지 청구권이 인정될 수 있다. O | X

해설 명예(인격권)는 그 성질상 일단 침해된 후의 구제수단(손해배상이나 명예회복처분)만으로는 그 침해의 완전한 회복이 어렵고 손해전보의 실효성을 기대하기 어려우므로, 사전(예방적)구제수단으로 '침해행위의 정지·방지' 등의 청구권도 인정된다(대판 1996.4.12. 93다40614).

정답 | 01 × 02 × 03 ○

04

19법무사

민법 제751조 제1항은 불법행위로 인한 재산 이외의 손해에 대한 배상책임을 규정하고 있고, 재산 이외의 손해는 정신상 고통만을 의미하는 것이 아니라 그 외에 수량적으로 산정할 수 없으나 사회통념상 금전평가가 가능한 무형의 손해도 포함하므로, 법인의 명예나 신용을 훼손한 자는 그 법인에게 재산 이외의 손해에 대하여도 배상할 책임이 있다. O | X

해설 **민법 제751조 제1항은 불법행위로 인한 재산 이외의 손해에 대한 배상책임을 규정하고 있고, 재산 이외의 손해는 정신상 고통만을 의미하는 것이 아니라 그 외에 수량적으로 산정할 수 없으나 사회통념상 금전평가가 가능한 무형의 손해도 포함하므로, 법인의 명예나 신용을 훼손한 자는 그 법인에게 재산 이외의 손해에 대하여도 배상할 책임이 있다.** 그런데, 법인의 명예나 신용을 훼손하는 행위에는 법인의 목적사업 수행에 영향을 미칠 정도로 법인의 사회적 평가를 저하하는 일체의 행위가 포함되므로, 이에는 구체적인 사실을 적시하거나 의견을 표명하는 행위 등뿐만이 아니라, 고급 이미지의 의류로서 명성과 신용을 얻고 있는 타인의 의류와 유사한 디자인의 의류를 제조하여 이를 저가로 유통시키는 방법 등으로 타인인 법인의 신용을 훼손하는 행위도 포함된다(대판 2008.10.9. 2006다53146).

05

16법원행시

甲이 언론사인 乙社의 인터넷 홈페이지에 게재된 기사로 인하여 명예를 침해당하여 그 기사 작성자인 乙社를 상대로 그 기사의 삭제를 청구하는 경우, 그 기사내용이 진실하지 않거나 공익을 위한 것이 아니라고 하더라도 乙社가 그 기사가 진실하다고 믿은 데 상당한 이유가 있다면 甲의 청구는 받아들일 수 없다. O | X

해설 인격권 침해를 이유로 한 방해배제청구권으로서 기사삭제 청구의 당부를 판단할 때는 그 표현내용이 진실이 아니거나 공공의 이해에 관한 사항이 아닌 기사로 인해 현재 원고의 명예가 중대하고 현저하게 침해받고 있는 상태에 있는지를 언론의 자유와 인격권이라는 두 가치를 비교·형량하면서 판단하면 되는 것이고, **피고가 그 기사가 진실이라고 믿은 데 상당한 이유가 있었다는 등의 사정은 형사상 명예훼손죄나 민사상 손해배상책임을 부정하는 사유는 될지언정 기사삭제를 구하는 방해배제청구권을 저지하는 사유로는 될 수 없다**(대판 2013.3.28. 2010다60950).

06

17법무사

타인의 불법행위로 인하여 사망한 자를 매장하기 위하여 묘지를 구입한 경우, 그 묘지구입비는 손해배상의 대상이 되는 장례비에 포함되지 않는다. O | X

해설 고의 또는 과실에 의하여 타인의 생명을 해한 사람은 그 장례비를 손해로써 배상할 의무가 있다(대판 1966.10.11. 66다1456).

07

14사무관

일반적으로 타인의 불법행위 등에 의하여 재산권이 침해된 경우에는 그 재산적 손해의 배상에 의하여 정신적 고통도 회복된다고 보아야 할 것이므로 재산적 손해의 배상에 의하여 회복할 수 없는 정신적 손해가 발생하였다면, 이는 특별한 사정으로 인한 손해로서 가해자가 그러한 사정을 알았거나 알 수 있었을 경우에 한하여 그 손해에 대한 위자료를 청구할 수 있는 것은 아니다. O | X

해설 불법행위에 의하여 재산권이 침해된 경우, 위자료를 인정하기 위한 요건
일반적으로 타인의 불법행위 등에 의하여 재산권이 침해된 경우에는 그 재산적 손해의 배상에 의하여 정신적 고통도 회복된다고 보아야 할 것이므로 재산적 손해의 배상에 의하여 회복할 수 없는 정신적 손해가 발생하였다면, 이는 **특별한 사정으로 인한 손해로서 가해자가 그러한 사정을 알았거나 알 수 있었을 경우에 한하여 그 손해에 대한 위자료를 청구할 수 있다**(대판 2004.3.18. 2001다82507 전합).

08 12법무사

불법행위로 인한 재산상 손해액은 불법행위시를 기준으로 산정한다. O | X

해설 불법행위로 인한 재산상 손해의 산정 방법 및 손해액 산정의 기준시점(= 불법행위시)
불법행위로 인한 재산상 손해는 위법한 가해행위로 인하여 발생한 재산상 불이익, 즉 그 위법행위가 없었더라면 존재하였을 재산상태와 그 위법행위가 가해진 현재의 재산상태의 차이를 말하는 것이며, 그 손해액은 원칙적으로 불법행위시를 기준으로 산정하여야 한다. 즉, **여기에서 '현재'는 '기준으로 삼은 그 시점'이란 의미에서 '불법행위시'를 뜻하는 것**이지 '지금의 시간'이란 의미로부터 '사실심 변론종결시'를 뜻하는 것은 아니다(대판 2010.4.29. 2009다91828).

09 20서기보

자동차의 주요 골격 부위가 파손되는 등의 사유로 중대한 손상이 있는 사고가 발생한 경우에는, 기술적으로 가능한 수리를 마치더라도 특별한 사정이 없는 한 원상회복이 안 되는 수리 불가능한 부분이 남는다고 보는 것이 경험칙에 부합하고, 그로 인한 자동차 가격 하락의 손해는 통상의 손해에 해당한다. O | X

해설 ⅰ) 불법행위로 인하여 물건이 훼손되었을 때 통상의 손해액은 수리가 가능한 경우에는 수리비, 수리가 불가능한 경우에는 교환가치의 감소액이 되고, 수리를 한 후에도 일부 수리가 불가능한 부분이 남아있는 경우에는 수리비 외에 수리불능으로 인한 교환가치의 감소액도 통상의 손해에 해당한다. ⅱ) 자동차의 주요 골격 부위가 파손되는 등의 사유로 중대한 손상이 있는 사고가 발생한 경우에는, 기술적으로 가능한 수리를 마치더라도 특별한 사정이 없는 한 원상회복이 안 되는 수리 불가능한 부분이 남는다고 보는 것이 경험칙에 부합하고, **그로 인한 자동차 가격 하락의 손해는 통상의 손해에 해당한다**고 보아야 한다(대판 2017.5.17. 2016다248806).

10 14법원행시

불법행위로 영업용 택시와 같은 수익용 차량이 손상되어 수리가 불가능한 경우에 새차를 구입하여 영업을 개시할 수 있을 때까지의 기간 동안 영업을 하지 못한 휴업손해는 통상손해가 아니라 특별한 사정으로 인한 손해에 해당한다. O | X

해설 불법행위로 영업용 물건이 멸실된 경우, 교환가치 상당액 이외에 휴업손해도 배상할 범위에 포함되는지 여부(적극)
불법행위로 영업용 물건이 멸실된 경우, 이를 대체할 다른 물건을 마련하기 위하여 필요한 합리적인 기간 동안 그 물건을 이용하여 영업을 계속하였더라면 얻을 수 있었던 이익, 즉 **휴업손해는 그에 대한 증명이 가능한 한 통상의 손해로서 그 교환가치와는 별도로 배상하여야** 하고, 이는 영업용 물건이 일부 손괴된 경우, 수리를 위하여 필요한 합리적인 기간 동안의 휴업손해와 마찬가지라고 보아야 할 것이다(대판 2004.3.18. 2001다82507 전합).

정답 | 04 ○ 05 × 06 × 07 × 08 ○ 09 ○ 10 ×

11

20서기보

제3자의 채권침해 당시 채무자가 가지고 있던 다액의 채무로 인하여 제3자의 채권침해가 없었더라도 채권자가 채무자로부터 일정액 이상으로 채권을 회수할 가능성이 없었다고 인정될 경우에는 위 일정액을 초과하는 손해와 제3자의 채권침해로 인한 불법행위 사이에는 상당인과관계를 인정할 수 없다. O | X

해설 제3자의 채권침해에 대한 구제 – 손해액의 산정
제3자의 채권침해 당시 채무자가 가지고 있던 다액의 채무로 인하여 제3자의 채권침해가 없었더라도 채권자가 채무자로부터 일정액 이상으로 채권을 회수할 가능성이 없었다고 인정될 경우에는 위 일정액을 초과하는 손해와 제3자의 채권침해로 인한 불법행위 사이에는 상당인과관계를 인정할 수 없다. 이때의 채권회수 가능성은 불법행위시를 기준으로 채무자의 책임재산과 채무자가 부담하는 채무의 액수를 비교하는 방법으로 판단할 수 있고, 불법행위 당시에 이미 이행기가 도래한 채무는 채권자가 종국적으로 권리를 행사하지 아니할 것으로 볼 만한 특별한 사정이 없는 한 비교대상이 되는 채무자 부담의 채무에 포함되며, 더 나아가 비교대상 채무에 해당하기 위하여 불법행위 당시 채무자의 재산에 대한 압류나 가압류가 되어 있을 것을 요하는 것은 아니다(대판 2019.5.10. 2017다239311).

12

19법무사

일반육체노동을 하는 사람 또는 육체노동을 주로 생계활동으로 하는 사람의 가동연한은 원칙적으로 경험칙상 만 65세까지로 보아야 한다. O | X

해설 대법원은 1989.12.26. 선고한 88다카16867 전원합의체 판결(이하 '종전 전원합의체 판결'이라 한다)에서 일반육체노동을 하는 사람 또는 육체노동을 주로 생계활동으로 하는 사람(이하 '육체노동'이라 한다)의 가동연한을 경험칙상 만 55세라고 본 기존 견해를 폐기하였다. 그 후부터 현재에 이르기까지 육체노동의 가동연한을 경험칙상 만 60세로 보아야 한다는 견해를 유지하여 왔다. 그런데 우리나라의 사회적·경제적 구조와 생활여건이 급속하게 향상·발전하고 법제도가 정비·개선됨에 따라 종전 전원합의체 판결 당시 위 경험칙의 기초가 되었던 제반 사정들이 현저히 변하였기 때문에 위와 같은 견해는 더 이상 유지하기 어렵게 되었다. **이제는 특별한 사정이 없는 한 만 60세를 넘어 만 65세까지도 가동할 수 있다고 보는 것이 경험칙에 합당하다**(대판 2019.2.21. 2018다248909).

13

14법원행시, 19법무사

토지에 대한 부당한 가압류의 집행으로 그 지상 건물 신축공사도급계약이 해제됨으로 인한 손해는 특별손해이다. O | X

해설 토지에 대한 부당한 가압류의 집행으로 그 지상 건물 신축 공사도급계약이 해제됨으로 인한 손해가 특별손해인지 여부(적극)
가압류나 가처분 등 보전처분은 법원의 재판에 의하여 집행되는 것이기는 하나, 그 실체상 청구권이 있는지 여부는 본안소송에 맡기고 단지 소명에 의하여 채권자의 책임 아래 하는 것이므로, 그 집행 후에 집행채권자가 본안소송에서 패소 확정되었다면 그 보전처분의 집행으로 인하여 채무자가 입은 손해에 대하여는 특별한 반증이 없는 한 집행채권자에게 고의 또는 과실이 있다고 추정되고, 따라서 그 부당한 집행으로 인한 손해에 대하여 이를 배상할 책임이 있다고 할 것이나, 토지에 대한 부당한 가압류의 집행으로 그 지상에 건물을 신축하는 내용의 공사도급계약이 해제됨으로 인한 손해는 특별손해이므로, 가압류채권자가 토지에 대한 가압류집행이 그 지상 건물 공사도급계약의 해제사유가 된다는 특별한 사정을 알았거나 알 수 있었을 때에 한하여 배상의 책임이 있다(대판 2008.6.26. 2006다84874).

14

14법무사

타인의 신체, 자유 또는 명예를 해하거나 기타 정신상 고통을 가한 자는 재산 이외의 손해에 대하여도 배상할 책임이 있고, 타인의 생명을 해한 자는 피해자의 직계존속, 직계비속 및 배우자에 대하여는 재산상의 손해 없는 경우에도 손해배상의 책임이 있다. O | X

해설 **제751조(재산 이외의 손해의 배상)** ① 타인의 신체, 자유 또는 명예를 해하거나 기타 정신상고통을 가한 자는 재산 이외의 손해에 대하여도 배상할 책임이 있다.
② 법원은 전항의 손해배상을 정기금채무로 지급할 것을 명할 수 있고 그 이행을 확보하기 위하여 상당한 담보의 제공을 명할 수 있다.

제752조(생명침해로 인한 위자료) 타인의 생명을 해한 자는 피해자의 직계존속, 직계비속 및 배우자에 대하여는 재산상의 손해없는 경우에도 손해배상의 책임이 있다.

15

17주사보

불법행위와 채무불이행의 경우 모두 손해배상청구권은 당사자 본인, 즉 불법행위의 피해자 본인 또는 계약당사자에게만 인정된다. O | X

해설 **제752조(생명침해로 인한 위자료)** 타인의 생명을 해한 자는 **피해자의 직계존속, 직계비속 및 배우자**에 대하여는 재산상의 손해 없는 경우에도 손해배상의 책임이 있다.

16

13법원행시

태아는 불법행위로 인한 손해배상청구권에 관하여는 이미 출생한 것으로 보나, 채무불이행에 대하여는 규정이 없다. O | X

해설 **제762조(손해배상청구권에 있어서의 태아의 지위)** 태아는 손해배상의 청구권에 관하여는 이미 출생한 것으로 본다.

17

출제예상

법인의 불법행위책임의 경우 기산점은 대표자가 안 날부터 기산될 것이나, 법인의 대표자가 법인에 대해 불법행위를 한 경우에는 다른 임원 등이 안 때부터 기산하여야 한다. 만약 임원 등이 법인 대표자와 공동 불법행위를 한 경우에는 그 임원 등을 배제하고 단기소멸시효의 기산점을 판단하여야 한다. O | X

해설 불법행위로 인한 손해배상청구권의 단기소멸시효 기산점은 '손해 및 가해자를 안 날'부터 진행되며, 법인의 경우에 손해 및 가해자를 안 날은 통상 대표자가 이를 안 날을 뜻한다. 그렇지만 법인 대표자가 법인에 대하여 불법행위를 한 경우에는, 법인과 대표자의 이익은 상반되므로 법인 대표자가 그로 인한 손해배상청구권을 행사하리라고 기대하기 어려울 뿐만 아니라 일반적으로 대표권도 부인된다고 할 것이어서, 법인 대표자가 손해 및 가해자를 아는 것만으로는 부족하다. 따라서 위 경우에는 적어도 법인의 이익을 정당하게 보전할 권한을 가진 다른 대표자, 임원 또는 사원이나 직원 등이 손해배상청구권을 행사할 수 있을 정도로 이를 안 때에 비로소 단기소멸시효가 진행하고, 만약 임원 등이 법인 대표자와 공동불법행위를 한 경우에는 그 임원 등을 배제하고 단기소멸시효 기산점을 판단하여야 한다(대판 2012.7.12. 2012다20475).

정답 | **11** ○ **12** ○ **13** ○ **14** ○ **15** × **16** ○ **17** ○

➡ 법인의 불법행위책임의 경우 기산점은 대표자가 안 날부터 기산될 것이나, 법인의 대표자가 법인에 대해 불법행위를 한 경우에는 다른 임원 등이 안 때부터 기산하여야 한다(대판 2002.6.14. 2002다11441). 만약 임원 등이 법인 대표자와 공동 불법행위를 한 경우에는 그 임원 등을 배제하고 단기소멸시효의 기산점을 판단하여야 한다(대판 2012.7.12. 2012다20475).

18

16서기보

불법행위에 있어 위법행위 시점과 손해발생 시점 사이에 시간적 간격이 있는 경우에 손해발생 시점이 불법행위로 인한 손해배상청구권의 지연손해금의 기산일이 된다. O | X

해설 가해행위와 이로 인한 현실적인 손해의 발생 사이에 시간적 간격이 있는 불법행위에 기한 손해배상채권의 경우, 불법행위로 인한 손해배상채무의 지연손해금의 기산일은 불법행위 성립일임이 원칙이고, 불법행위에 있어 위법행위 시점과 손해발생 시점 사이에 시간적 간격이 있는 경우에는 손해발생시점이 기산일이 된다(대판 2012.2.23. 2010다97426).

19

15주사보

불법행위로 인한 손해배상청구권은 손해 및 가해자를 안 날로부터 3년, 불법행위를 한 날로부터 10년이 경과하면 소멸하는데, 위 3년 또는 10년의 기간은 제척기간이다. O | X

해설 민법 제766조 제2항이 규정하고 있는 '불법행위를 한 날로부터 10년'의 기간이나 예산회계법 제96조 제2항, 제1항이 규정하고 있는 '5년'의 기간은 모두 소멸시효기간에 해당한다(대판 1996.12.19. 94다22927 전합).

20

12법원행시

불법행위로 인한 손해배상청구권의 단기소멸시효에 있어서 손해를 안 것이라 함은 손해발생 사실을 안 것을 말하는 것으로, 그 손해가 위법행위로 인하여 발생한 것까지도 알았음을 요하는 것은 아니며, 이 같은 손해를 안 시기에 관한 입증책임은 시효의 이익을 주장하는 자에게 있다. O | X

해설 불법행위로 인한 손해배상청구권에 관한 단기소멸시효의 기산점, 입증책임 및 그 시효중단사유로서의 재판상 청구의 범위

불법행위로 인한 손해배상청구권의 단기소멸시효에 있어서 손해를 안 것이라 함은 단순히 손해발생 사실을 안 것만으로는 부족하고 **그 손해가 위법행위로 인하여 발생한 것까지도 알았음**을 요하고, 이 같은 손해를 안 시기에관한 **입증책임은 시효의 이익을 주장하는 자에게** 있으며, 시효제도의 존재이유는 영속된 사실상태를 존중하고 권리 위에 잠자는 자를 보호하지 않는다는 데 있고 특히 소멸시효에 있어서는 후자의 의미가 강하므로 권리자가 재판상 그 권리를 주장하여 권리 위에 잠자는 것이 아님을 표명한 때에는 시효중단사유가 되는바, 이러한 시효중단사유로서의 재판상의 청구에는 그 권리 자체의 이행청구를 하는 경우뿐만 아니라 그 권리가 발생한 기본적 권리관계에 관한 이행청구나 확인청구를 하는 경우에도그 기본적 권리관계의 이행청구나 확인청구가 그로부터 발생한 권리의 실현 수단이 될 수 있어 권리 위에 잠자는 것이 아님을 표명한 것으로 볼 수 있는 때에는 그 기본적 권리관계에 관한 이행청구나 확인청구도 시효중단사유로서의 재판상 청구에 포함된다(대판 1995.6.30. 94다13435).

21

15서기보

불법행위의 피해자가 미성년자인 경우 피해자인 미성년자나 그 법정대리인이 손해 및 가해자를 안 날로부터 3년간 불법행위로 인한 손해배상청구권을 행사하지 아니하면 그 손해배상청구권은 시효로 인하여 소멸한다. O | X

> **해설** 불법행위의 피해자가 미성년자인 경우, 그 법정대리인이 '손해' 및 '가해자'를 알아야 민법 제766조 제1항의 소멸시효가 진행한다고 할 것인지 여부(적극)
> 불법행위의 피해자가 미성년자로 행위능력이 제한된 자인 경우에는 다른 특별한 사정이 없는 한 그 법정대리인이 손해 및 가해자를 알아야 민법 제766조 제1항의 소멸시효가 진행한다고 할 것이다(대판 2010.2.11. 2009다79897).

22

20서기보

불법행위에 기한 손해배상채권에서 민법 제766조 제2항의 소멸시효의 기산점이 되는 '불법행위를 한 날'이란 가해행위가 있었던 날이 아니라 현실적으로 손해의 결과가 발생한 날을 의미하나, 그 손해의 결과발생이 현실적인 것으로 되었다면 그 소멸시효는 피해자가 손해의 결과발생을 알았거나 예상할 수 있는지 여부에 관계없이 가해행위로 인한 손해가 현실적인 것으로 되었다고 볼 수 있는 때부터 진행한다. O | X

> **해설** 손해배상청구권의 소멸시효 - 10년의 장기소멸시효
> **제766조(손해배상청구권의 소멸시효)** ① 불법행위로 인한 손해배상의 청구권은 피해자나 그 법정대리인이 그 손해 및 가해자를 안 날로부터 3년간 이를 행사하지 아니하면 시효로 인하여 소멸한다.
> ② 불법행위를 한 날로부터 10년을 경과한 때에도 전항과 같다.
> 判例는 이를 (제척기간이 아닌) 소멸시효기간으로 본다(대판 1996.12.19. 94다22927 전합).
> 이때 **'불법행위를 한 날'은 가해행위가 있었던 날이 아니라 현실적으로 손해의 결과가 발생한 날을 의미**한다. 한편 손해의 결과발생이 현실적인 것으로 되었다면, 피해자가 손해의 결과발생을 알았거나 예상할 수 있는가 여부에 관계없이, **가해행위로 인한 손해가 현실적인 것으로 되었다고 볼 수 있는 때로부터 소멸시효는 진행**한다(대판 2005.5.13. 2004다71881).

23

14법무사

불법행위가 계속적으로 행하여지는 결과 손해도 역시 계속적으로 발생하는 경우에는 특별한 사정이 없는 한 그 손해는 날마다 새로운 불법행위에 기하여 발생하는 손해로서 민법 제766조 제1항을 적용함에 있어서 그 각 손해를 안 때로부터 각별로 소멸시효가 진행된다고 보아야 한다. O | X

> **해설** 불법행위가 계속적으로 행하여지는 결과 손해도 계속적으로 발생하는 경우 소멸시효의 기산점
> 불법행위에 의한 손해배상청구권의 단기소멸시효의 기산점이 되는 민법 제766조 제1항 소정의 '그 손해 및 가해자를 안 날'이라 함은 현실적으로 손해의 발생과 가해자를 알아야 할 뿐만 아니라 그 가해행위가 불법행위로서 이를 이유로 손해배상을 청구할 수 있다는 것을 안 때를 의미하고, 불법행위가 계속적으로 행하여지는 결과 손해도 역시 계속적으로 발생하는 경우에는 특별한 사정이 없는 한 그 손해는 날마다 새로운 불법행위에 기하여 발생하는 손해로서 민법 제766조 제1항을 적용함에 있어서 그 각 손해를 안 때로부터 각별로 소멸시효가 진행된다고 보아야 한다(대판 1999.3.23. 98다30285).

정답 | **18** ○ **19** × **20** × **21** × **22** ○ **23** ○

24

19주사보

사용자는 근로계약에 수반되는 신의칙상의 부수적 의무로서 피용자가 노무를 제공하는 과정에서 생명, 신체, 건강을 해치는 일이 없도록 인적·물적 환경을 정비하는 등 필요한 조치를 강구하여야 할 보호의무를 부담한다. O | X

25

19주사보

보호의무 위반을 이유로 사용자에게 손해배상책임을 인정하기 위하여는 특별한 사정이 없는 한 그 사고가 피용자의 업무와 관련성을 가지고 있을 뿐만 아니라 또한 그 사고가 통상 발생할 수 있다고 하는 것이 예측되거나 예측할 수 있는 경우라야 하고, 그 예측가능성은 사고가 발생한 때와 장소, 사고가 발생한 경위 기타 여러 사정을 고려하여 판단하여야 한다. O | X

해설 **24 25** 사용자가 근로계약에 수반되는 신의칙상의 부수적 의무로서 피용자의 안전에 대한 보호의무를 지는지 여부(적극)

사용자는 근로계약에 수반되는 신의칙상의 부수적 의무로서 피용자가 노무를 제공하는 과정에서 생명, 신체, 건강을 해치는 일이 없도록 인적·물적 환경을 정비하는 등 필요한 조치를 강구하여야 할 보호의무를 부담하고, 이러한 보호의무를 위반함으로써 피용자가 손해를 입은 경우 이를 배상할 책임이 있다(대판 2001.7.27. 99다56734).

보호의무위반을 이유로 사용자에게 손해배상책임을 인정하기 위한 판단기준

보호의무위반을 이유로 사용자에게 손해배상책임을 인정하기 위하여는 특별한 사정이 없는 한 그 사고가 피용자의 업무와 관련성을 가지고 있을 뿐 아니라 또한 그 사고가 통상 발생할 수 있다고 하는 것이 예측되거나 예측할 수 있는 경우라야 할 것이고, 그 예측가능성은 사고가 발생한 때와 장소, 가해자의 분별능력, 가해자의 성행, 가해자와 피해자의 관계 기타 여러 사정을 고려하여 판단하여야 한다(同 判例).

참고판례 사용사업주의 보호의무 또는 안전배려의무 위반으로 손해를 입은 파견근로자는 사용사업주와 직접 고용 또는 근로계약을 체결하지 아니한 경우에도 위와 같은 묵시적 약정에 근거하여 사용사업주에 대하여 보호의무 또는 안전배려의무 위반을 원인으로 하는 손해배상을 청구할 수 있다. 그리고 이러한 약정상 의무 위반에 따른 채무불이행책임을 원인으로 하는 손해배상청구권에 대하여는 불법행위책임에 관한 민법 제766조 제1항의 소멸시효 규정이 적용될 수는 없다(대판 2013.11.28. 2011다60247).

26

10법원행시

위법한 일조방해행위로 인한 피해부동산의 시세하락 등 재산상의 손해는 특별한 사정이 없는 한 가해건물이 완성될 때에 일회적으로 발생하므로 이러한 손해배상청구권에 관한 민법 제766조 제1항에 정한 소멸시효는 원칙적으로 그 때부터 진행되나, 위법한 일조방해로 인하여 직사광선이 차단되는 등 생활환경이 악화됨으로써 피해건물의 거주자가 입게 되는 정신적 손해는 가해건물이 존속하는 날마다 계속적으로 발생하므로 그 소멸시효도 가해건물이 존속하는 한 날마다 개별적으로 진행된다. O | X

해설 일조방해의 개념 및 위법한 건축행위로 일조방해가 발생한 경우 손해배상청구권의 소멸시효 기산점

일반적으로 위법한 건축행위에 의하여 건물 등이 준공되거나 외부골조공사가 완료되면 그 건축행위에 따른 일영의 증가는 더 이상 발생하지 않게 되고 해당 토지의 소유자는 그 시점에 이러한 일조방해행위로 인하여 현재 또는 장래에 발생 가능한 재산상 손해나 정신적 손해 등을 예견할 수 있다고 할 것이므로, 이러한 손해배상청구권에 관한 민법 제766조 제1항 소정의 소멸시효는 원칙적으로 그 때부터 진행한다. 다만, 위와 같은 일조방해로 인하여 건물 등의 소유자 내지 실질적 처분권자가 피해자에 대하여 건물 등의 전부 또는 일부에 대한 철거의무를 부담하는 경우가 있다면, 이러한 철거의무를 계속적으로 이행하지 않는 부작위는 새로운 불법행위가 되고 그 손해는 날마다 새로운 불법행위에 기하여 발생하는 것이므로 피해자가 그 각 손해를 안 때로부터 각별로 소멸시효가 진행한다(대판 2008.4.17. 2006다35865 전합).

27

13주사보

과실상계는 불법행위에만 적용되고 채무불이행에는 적용되지 않는다. O | X

해설 **제396조(과실상계)** 채무불이행에 관하여 채권자에게 과실이 있는 때에는 법원은 손해배상의 책임 및 그 금액을 정함에 이를 참작하여야 한다.

제763조(준용규정) 제393조, 제394조, 제396조, 제399조의 규정은 불법행위로 인한 손해배상에 준용한다.

➡ 채무불이행책임의 경우에도 과실상계가 적용된다.

28

13주사보, 17서기보

불법행위로 인한 손해발생으로 이득이 생기고 동시에 그 손해발생에 피해자에게도 과실이 있는 경우 먼저 산정된 손해액에서 이득을 공제한 다음에 과실상계를 하여야 한다. O | X

해설 손해발생으로 인하여 피해자에게 이득이 생기고 한편 그 손해발생에 피해자의 과실이 경합되어 과실상계를 하여야 할 경우에는 **먼저 산정된 손해액에서 과실상계를 한 후에 위 이득을 공제**하여야 한다(대판 2010.2.25. 2009다57621).

29

16주사보

손익상계가 허용되기 위해서는 그 이익과 손해배상책임의 원인인 행위 사이에 상당인과관계가 있어야 한다. O | X

해설 손해배상액의 산정에 있어서 손익상계가 허용되기 위한 요건

손해배상액의 산정에 있어서 손익상계가 허용되기 위하여는 손해배상책임의 원인이 되는 행위로 인하여 피해자가 새로운 이득을 얻었고, 그 이득과 손해배상책임의 원인 행위 사이에 상당인과관계가 있어야 한다(대판 2005.10.28. 2003다69638).

30

18서기보

불법행위 등이 채권자 또는 피해자에게 손해를 생기게 하는 동시에 이익을 가져다 준 경우에는 공평의 관념상 그 이익은 당사자의 주장이 없더라도 공제할 수 있고, 손해배상책임의 원인행위와 그로 인하여 피해자가 얻은 새로운 이득 사이에 상당인과관계까지 요하는 것은 아니다. O | X

해설 채무불이행이나 불법행위 등이 채권자 또는 피해자에게 손해를 생기게 하는 동시에 이익을 가져다 준 경우에는 공평의 관념상 그 이익은 '당사자의 주장을 기다리지 아니하고' 손해를 산정함에 있어서 공제되어야만 하는 것이고, 이와 같이 손해배상액의 산정에 있어 손익상계가 허용되기 위해서는 손해배상책임의 원인이 되는 행위로 인하여 피해자가 새로운 이득을 얻었고, **그 이득과 손해배상책임의 원인인 행위 사이에 상당인과관계가 있어야 한다**(대판 2003.12.10. 2009다54706).

정답 | **24** ○ **25** ○ **26** × **27** × **28** × **29** ○ **30** ×

31

15/16법무사

불법행위 또는 채무불이행에 따른 채무자의 손해배상액을 산정할 때에 손해부담의 공평을 기하기 위하여 채무자의 책임을 제한할 필요가 있고, 채무자가 채권자에 대하여 가지는 반대채권으로 상계항변을 하는 경우에는 먼저 상계한 후 책임제한을 하여야 한다. O | X

해설 불법행위 또는 채무불이행에 따른 손해배상채무자가 채권자에 대하여 가지는 반대채권으로 상계항변을 하는 경우, 책임제한을 한 후의 손해배상액과 상계하여야 하는지 여부(적극)

불법행위 또는 채무불이행에 따른 채무자의 손해배상액을 산정할 때에 손해부담의 공평을 기하기 위하여 채무자의 책임을 제한할 필요가 있고, 채무자가 채권자에 대하여 가지는 반대채권으로 상계항변을 하는 경우에는 책임제한을 한 후의 손해배상액과 상계하여야 한다(대판 2015.3.20. 2012다107662).

32

출제예상

피해자의 손해가 100만 원, 손해야기행위로 인한 이익이 30만 원, 피해자 과실이 30%인 경우, 피해자가 배상받을 수 있는 손해액은 49만 원이다. O | X

해설 채무불이행(불법행위책임)에서 채권자(피해자)가 채무자(가해자)의 채무불이행(불법행위)으로 인하여 이익을 얻은 경우에는 그 이익은 손해배상에서 공제되어야 한다(손익상계). 양자의 적용순서에 관해 判例는 산정된 손해액에서 먼저 과실상계를 한 후 손익상계를 하여야 한다고 하여 배상의무자인 채무자(가해자)에게 유리한 방법을 채택하고 있다(대판 1990.5.8. 89다카29129).

➡ 따라서 i) 손익상계 후 과실상계를 하는 경우에는 피해자가 배상받을 수 있는 손해액은 49만 원[70만 원(100만 원 - 30만 원; 손익상계) - 21만 원(70 × 0.3; 과실상계)]이나, ii) **과실상계 후 손익상계를 하는 경우에는 피해자가 배상받을 수 있는 손해액은 40만 원**[70만 원(100만 원 - 100만 원×0.3; 과실상계) - 30만 원(손익상계)]이다.

33

출제예상

과실상계의 과실은 손해배상책임을 근거지우는 과실만큼 엄격할 필요는 없고 '신의칙상 공동생활상 요구되는 약한 부주의'를 의미한다거나, 법적인 주의의무를 전제로 하지 않는 '신의칙상 요구되는 결과회피의무'를 의미한다. O | X

해설 과실상계에서 과실의 의미

判例는 과실상계의 과실은 "신의칙상 공동생활상 요구되는 약한 부주의"(대판 2000.8.22. 2000다29028 등)를 의미한다거나, 법적인 주의의무를 전제로 하지 않는 "신의칙상 요구되는 결과회피의무"(대판 1999.9.21. 99다31667 등)를 의미한다고 한다. 즉, 손해배상의 '발생'(책임귀속)요건으로서의 과실과 손해배상의 '범위'(손해액 조정)를 정하는 과실의 의미가 동일할 수는 없다 할 것이다. 즉 과실상계의 과실은 타인에 대한 의무의 존재를 전제로 하는 것이 아니라, 피해자가 자기 자신에게 손해가 발생하지 않도록 주의해야 할 의무에 지나지 않으므로, 통상의 과실보다 정도가 완화되는 약한 부주의로 보는 것이 타당하다.

34

15법무사

과실상계에 있어서의 과실은 가해자의 과실과 달리 사회통념이나 신의성실의 원칙에 따라 공동생활에 있어 요구되는 약한 의미의 부주의를 가리키는 것이므로, 그러한 과실 내용 및 비율을 그대로 공동불법행위자로서의 과실 내용 및 비율로 삼을 수는 없다. O | X

> **해설** 과실상계에 있어서 '과실'의 의미 및 그 과실 내용과 비율을 그대로 공동불법행위자로서의 과실 내용과 비율로 삼을 수 있는지 여부(소극)
>
> 判例는 "공동불법행위자 상호간의 구상금채권을 인정하기 위하여는 우선 각 공동불법행위자들의 가해자로서의 과실 내용 및 비율을 정하여야 할 것이고, 한편 불법행위에 있어 손해액을 정함에 참작하는 피해자의 과실, 즉 과실상계에 있어서의 과실은 가해자의 과실과 달리 사회통념이나 신의성실의 원칙에 따라 공동생활에 있어 요구되는 약한 의미의 부주의를 가리키는 것이므로, 그러한 과실 내용 및 비율을 그대로 공동불법행위자로서의 과실 내용 및 비율로 삼을 수는 없다."(대판 2005.7.8. 2005다8125)라고 한다.

35

출제예상

공동불법행위자 중에 피해자의 부주의를 이용하여 고의로 불법행위를 행한 자가 있는 경우에는 모든 불법행위자가 과실상계의 주장을 할 수 없다. O | X

> **해설** 과실상계 – 개별적 평가설(예외)
>
> 判例는 "**피해자의 부주의를 이용하여 고의로 불법행위를 저지른 자**가 바로 그 피해자의 부주의를 이유로 자신의 책임을 감하여 달라고 주장하는 것은 허용될 수 없으나, 이는 그러한 사유가 있는 자에게 과실상계의 주장을 허용하는 것이 신의칙에 반하기 때문이므로, 불법행위자 중의 일부에게 그러한 사유가 있다고 하여 그러한 사유가 없는 다른 불법행위자까지도 과실상계의 주장을 할 수 없다고 해석할 것은 아니다."(대판 2007.6.14. 2005다32999)라고 한다.

36

21법원행시

고의에 의한 채무불이행으로서 채무자가 계약 체결 당시 채권자가 계약 내용의 중요 부분에 관하여 착오에 빠진 사실을 알면서도 이를 이용하거나 이에 적극 편승하여 계약을 체결하고 그 결과 채무자가 부당한 이익을 취득하게 되는 경우에는 채권자의 과실에 기한 과실상계가 허용되지 않는다. O | X

> **해설** 고의에 의한 채무불이행으로서 채무자가 계약 체결 당시 채권자가 계약 내용의 중요 부분에 관하여 착오에 빠진 사실을 알면서도 이를 이용하거나 이에 적극 편승하여 계약을 체결하고 그 결과 채무자가 부당한 이익을 취득하게 되는 경우 등과 같이 채무자로 하여금 채무불이행으로 인한 이익을 최종적으로 보유하게 하는 것이 공평의 이념이나 신의칙에 반하는 결과를 초래하는 경우에는 채권자의 과실에 터 잡은 채무자의 과실상계 주장을 허용하여서는 안 될 것이다(대판 2008.5.15. 2007다88644).

37

14법원행시, 17서기보

가해행위와 피해자 측의 요인이 경합하여 손해가 발생하거나 확대된 경우 피해자 측의 요인이 체질적인 소인 또는 질병의 위험도와 같이 피해자 측의 귀책사유와 무관한 것이더라도 과실상계의 법리를 유추적용할 수 있다. O | X

정답 | 31 × 32 × 33 ○ 34 ○ 35 × 36 ○ 37 ○

해설 **가해행위와 피해자 측의 요인이 경합하여 손해가 발생하거나 확대된 경우**에는 피해자 측의 요인이 체질적인 소인 또는 질병의 위험도와 같이 **피해자 측의 귀책사유와 무관한 것이라고 할지라도**, 그 질환의 태양·정도 등에 비추어 가해자에게 손해의 전부를 배상하게 하는 것이 공평의 이념에 반하는 경우에는, **법원은 손해배상액을 정하면서 과실상계의 법리를 유추적용하여 손해의 발생 또는 확대에 기여한 피해자 측의 요인을 참작할 수 있다**. 다만, 책임 제한에 관한 사실인정이나 그 비율을 정하는 것이 형평의 원칙에 비추어 현저하게 불합리하여서는 아니 된다(대판 2014.7.10. 2014다16968).

38

15사무관

피해자와 '신분상 및 생활관계상 일체'를 이루는 관계에 있는 자의 과실을 피해자의 과실로 전용하는 것은 자기책임주의 원칙에 반하므로 허용되지 않는다. O | X

해설 피해자 측 과실이론

피해자와 **'신분상 및 생활관계상 일체'**를 이루는 관계에 있는 자의 과실을 피해자의 과실로 보아 손해배상액을 산정함에 있어서 참작하자는 이론으로, 손해의 공평한 부담을 실현하기 위해 인정된다(대판 1993.11.23. 93다25127 등). 실무적으로는 공동불법행위에서 불필요한 구상관계의 순환 방지와 다른 공동불법행위자의 무자력 위험에 대한 위험을 분배하여 구상관계를 합리적으로 처리하자는 데에 그 실질적인 필요성이 있다.

39

12/13주사보, 18법무사

배상의무자가 피해자의 과실에 관하여 주장하지 않는 경우에는 법원은 과실상계를 판단할 수 없다. O | X

해설 피해자에게 과실이 인정되면 법원은 손해배상의 책임 및 그 금액을 정함에 있어서 이를 참작하여야 하며, 배상의무자가 피해자의 과실에 관하여 주장하지 않는 경우에도 소송자료에 의하여 과실이 인정되는 경우에는 이를 법원이 직권으로 심리·판단하여야 한다(대판 1996.10.25. 96다30113).

40

18사무관

불법행위로 인한 손해배상청구사건에서 과실상계사유에 관한 사실인정이나 그 비율을 정하는 것은 그것이 형평의 원칙에 비추어 현저히 불합리하다고 인정되지 않는 한 사실심의 전권에 속하는 사항이다. O | X

41

18사무관

불법행위로 인한 피해자의 손해가 실질적으로 전부 회복되었다거나 그 손해를 전적으로 피해자에게 부담시키는 것이 합리적이라고 볼 수 있는 등의 특별한 사정이 없는 한 가해자의 책임을 면제할 수 없다. O | X

해설 **40 41** 과실상계 또는 책임제한에 관한 사실인정이나 비율을 정하는 기준 및 이때 가해자의 손해배상책임을 면제할 수 있는지 여부(원칙적 소극)

과실상계 또는 책임제한에 관한 사실인정이나 비율을 정하는 것이 사실심의 전권사항이라고 하더라도, 그것이 **형평의 원칙에 비추어 불합리하여서는 아니 되며**, 특히 가해자의 손해배상책임을 면제하는 것은 실질적으로 가해자의 손해배상책임을 부정하는 것과 다름이 없으므로, **불법행위로 인한 피해자의 손해가 실질적으로 전부 회복되었다거나 손해를 전적으로 피해자에게 부담시키는 것이 합리적이라고 볼 수 있는 등의 특별한 사정이 없는 한 가해자의 책임을 함부로 면제하여서는 아니** 된다(대판 2014.11.27. 2011다68357).

42

14법원행시

피해자가 입은 손해 중 일부만을 청구하는 경우 법원이 과실상계를 함에 있어서는 손해의 전액에서 과실비율에 의한 감액을 하고 그 잔액이 청구액을 초과하지 않을 경우에는 그 잔액을 인용하고, 잔액이 청구액을 초과할 경우에는 청구의 전액을 인용하여야 한다. O | X

해설 일부청구와 과실상계(외측설)
일개의 손해배상청구권 중 일부가 소송상 청구되어 있는 경우에 과실상계를 함에 있어서는 (청구부분에 비례하여 과실상계비율을 정하지 않고) **손해의 전액에서 과실비율에 의한 감액을 하고 그 잔액이 청구액을 초과하지 않을 경우에는 그 잔액을 인용할 것이고 잔액이 청구액을 초과할 경우에는 청구의 전액을 인용**하는 것으로 풀이하는 것이 일부청구를 하는 당사자의 통상적 의사라고 할 것이다(대판 1976.6.22. 75다819; 대판 2008.12.24. 2008다51649; 대판 1991.1.25. 90다6491).

43

21법원행시

계약에서 채무불이행으로 인한 손해배상액이 예정되어 있는 경우, 채무불이행으로 인한 손해의 발생 및 확대에 채권자에게 과실이 있다면 손해배상 예정액을 감액할 수 있을 뿐만 아니라 채권자의 과실을 이유로 과실상계를 할 수도 있다. O | X

해설 손해배상의 예정이 있는 경우에는 이를 감액함에 있어서 채무자가 계약을 위반한 경위 등 제반사정이 참작되므로 손해배상액의 감경에 앞서 채권자의 과실 등을 들어 따로 감경할 필요는 없다(대판 1972.3.31. 72다108).

44

17서기보, 21법원행시

표현대리행위가 성립하는 경우 상대방에게 과실이 있다고 하더라도 과실상계의 법리를 유추적용하여 본인의 책임을 경감할 수 없다. O | X

해설 표현대리 행위가 성립하는 경우에 그 본인은 표현대리 행위에 의하여 전적인 책임을 져야 하고, 상대방에게 과실이 있다고 하더라도 과실상계의 법리를 유추적용하여 본인의 책임을 경감할 수 없다(대판 1996.7.12. 95다49554).

45

11/19서기보, 16법무사, 20법원행시

표현대리행위가 성립하는 경우에 그 본인은 표현대리행위에 의하여 전적인 책임을 져야 하지만, 상대방에게 과실이 있는 경우에는 과실상계의 법리를 유추적용하여 본인의 책임을 경감할 수 있으므로, 그 본인이 반환할 금액에서 상대방의 과실이 참작되어 감액되어야 한다. O | X

해설 표현대리 행위가 성립하는 경우에 그 본인은 표현대리 행위에 의하여 전적인 책임을 져야 하고, 상대방에게 과실이 있다고 하더라도 과실상계의 법리를 유추적용하여 본인의 책임을 경감할 수 없다(대판 1996.7.12. 95다49554).

정답 | 38 × 39 × 40 ○ 41 ○ 42 ○ 43 × 44 ○ 45 ×

46

14/21법원행시, 16주사보

과실상계는 본래 채무불이행 내지 불법행위로 인한 손해배상책임 외에도 채무 내용에 따른 본래의 급부의 이행을 구하는 경우에 적용될 수 있다. O | X

> **해설** 채무 내용에 따른 본래의 급부의 이행을 구하는 경우, 과실상계의 가부(소극)
> 과실상계는 본래 채무불이행 내지 불법행위로 인한 손해배상책임에 대해 인정되는 것이고, 채무 내용에 따른 본래의 급부의 이행을 구하는 경우에 적용될 것이 아니다(대판 1996.5.10. 96다8468).

47

15법무사

매도인의 하자담보책임에 기한 손해배상의 범위를 정함에 있어, 하자의 발생 및 그 확대에 가공한 매수인의 잘못을 참작할 수 있다는 것이 판례의 태도이다. O | X

> **해설** 민법 제581조, 제580조에 기한 매도인의 하자담보책임은 법이 특별히 인정한 무과실책임으로서 여기에 민법 제396조의 과실상계 규정이 준용될 수는 없다 하더라도, 담보책임이 민법의 지도이념인 공평의 원칙에 입각한 것인 이상 하자 발생 및 그 확대에 가공한 매수인의 잘못을 참작하여 손해배상의 범위를 정함이 상당하다(대판 1995.6.30. 94다23920).

48

14서기보, 17법원행시

수급인의 하자담보책임은 법이 특별히 인정한 무과실책임으로서 여기에 민법 제396조의 과실상계규정이 준용될 수는 없으므로 하자발생 및 그 확대에 가공한 도급인의 잘못을 참작할 수 없다. O | X

> **해설** 수급인의 하자담보책임으로서의 손해배상을 정함에 있어서 도급인의 과실을 참작할 수 있는지 여부(적극)
> 수급인의 하자담보책임에 관한 민법 제667조는 법이 특별히 인정한 무과실책임으로서 여기에 민법 제396조의 과실상계 규정이 준용될 수는 없다 하더라도 담보책임이 민법의 지도이념인 공평의 원칙에 입각한 것인 이상 하자발생 및 그 확대에 가공한 도급인의 잘못을 참작하여 손해배상의 범위를 정함이 상당하다(대판 1990.3.9. 88다카31886).

49

15사무관, 19법무사

손해담보계약상 담보권리자의 담보의무자에 대한 청구권의 성질은 손해배상청구권이 아니라 이행청구권이므로, 과실상계 규정이 준용될 수 없음은 물론 과실상계의 법리를 유추적용하여 그 담보책임을 감경할 수도 없는 것이 원칙이지만, 담보권리자의 고의 또는 과실로 손해가 야기되는 등의 구체적인 사정에 비추어 담보권리자의 권리 행사가 신의칙 또는 형평의 원칙에 반하는 경우에는 그 권리 행사의 전부 또는 일부가 제한될 수 있다. O | X

> **해설** 손해담보계약상 담보의무자의 책임은 손해배상책임이 아니라 이행의 책임이고, 따라서 담보계약상 담보권리자의 담보의무자에 대한 청구권의 성질은 손해배상청구권이 아니라 이행청구권이므로, 민법 제396조의 과실상계 규정이 준용될 수 없음은 물론 과실상계의 법리를 유추적용하여 그 담보책임을 감경할 수도 없는 것이 원칙이지만, 다만 담보권리자의 고의 또는 과실로 손해가 야기되는 등의 구체적인 사정에 비추어 담보권리자의 권리 행사가 신의칙 또는 형평의 원칙에 반하는 경우에는 그 권리 행사의 전부 또는 일부가 제한될 수는 있다(대판 2002.5.24. 2000다72572).

50

출제예상

불법행위로 인한 손해의 발생 또는 확대에 관하여 피해자에게도 과실이 있는 때에는 가해자의 손해배상의 범위를 정함에 있어 당연히 이를 참작하여야 하고, 가해행위가 사기, 횡령, 배임 등의 영득행위인 경우 등 과실상계를 인정하게 되면 가해자로 하여금 불법행위로 인한 이익을 최종적으로 보유하게 하여 공평의 이념이나 신의칙에 반하는 결과를 가져오는 경우에만 예외적으로 과실상계가 허용되지 않는다. O | X

해설 가해행위가 사기, 횡령, 배임 등의 영득행위인 경우

불법행위로 인한 손해의 발생 또는 확대에 관하여 피해자에게도 과실이 있는 때에는 가해자의 손해배상의 범위를 정함에 있어 당연히 이를 참작하여야 하고, 가해행위가 사기, 횡령, 배임 등의 영득행위인 경우 등 과실상계를 인정하게 되면 가해자로 하여금 불법행위로 인한 이익을 최종적으로 보유하게 하여 공평의 이념이나 '신의칙'에 반하는 결과를 가져오는 경우에만 '예외적'으로 과실상계가 허용되지 않는다(대판 2013.9.26. 2012다1146 전합; 대판 2013.9.26. 2012다13637 전합).

쟁점정리 고의의 불법행위로 인한 손해배상의 경우

어느 일방의 고의가 인정되는 경우에도 과실상계가 가능하나, 이를 인정함이 '신의칙'에 반하는 예외적인 상황에서는 허용되지 않는다. 이에 대해 최근 判例도 **"피해자의 부주의를 이용하여 고의로 불법행위를 저지른 자**가 바로 그 피해자의 부주의를 이유로 자신의 책임을 감하여 달라고 주장하는 것은 허용될 수 없다"(대판 2000.1.21. 99다50538)라고 판시하고 있다.

51

출제예상

불법행위로 인한 피해자가 일반적으로 용인될 수 있는 수술을 받으면 노동능력 상실 정도를 감소시킬 수 있는 데도 피해자가 수술을 받지 않은 경우, 또는 법적 조치를 취했으면 손해의 확대를 막을 수 있었음에도 피해자가 그러한 조치를 취하지 않은 경우, 과실상계 규정을 유추적용할 수 있다. O | X

해설 손해경감조치의무

불법행위로 인한 피해자가 일반적으로 용인될 수 있는 수술을 받으면 노동능력 상실 정도를 감소시킬 수 있는 데도 수술을 받지 않은 경우(대판 1992.9.25. 91다45929 등), 또는 법적 조치를 취했으면 손해의 확대를 막을 수 있었음에도 그러한 조치를 취하지 않은 경우(대판 2003.7.25. 2003다22912), 判例는 특히 이 경우 불법행위의 피해자에게는 그로 인한 **손해의 '확대'를 방지하거나 감경하기 위하여 노력하여야 할 '손해경감조치의무'가 있다는 개념을 사용하여 과실상계 규정을 '유추적용'**한다. 다만 判例는 이 경우 확대된 손해부분이 아닌 전체손해를 대상으로 하여 과실상계를 한다(대판 1978.10.10. 78다1224 참고).

정답 | 46 × 47 ○ 48 ○ 49 ○ 50 ○ 51 ○

해커스공무원 학원 · 인강
gosi.Hackers.com

제5편 친족상속편

제1장 | 친족법

제1절 총설

01

출제예상

사실혼 부당파기로 인한 손해배상청구는 가사소송사건의 대상이다. O | X

해설 약혼 해제 또는 사실혼관계 부당 파기로 인한 손해배상청구(제3자에 대한 청구를 포함한다) 및 원상회복의 청구는 가사소송법 제2조 제1항 가목 다류의 가사소송사건이다.

➡ 가사소송 다류 사건들은 본래는 민사사건으로 다루어야 할 것이지만 신분관계와 관련된 손해배상이나 채권자취소권 문제이어서 신분관계 소송과 병합하는 등의 편의를 위해 가사사건으로 규정한 것이다.

02

출제예상

협의상 이혼에 따른 재산분할청구권 보전을 위한 사해행위 취소 및 원상회복청구는 가사소송사건의 대상이다. O | X

해설 협의상 이혼에 따른 재산분할청구권 보전을 위한 사해행위 취소 및 원상회복청구는 가사소송법 제2조 제1항 가목 다류의 가사소송사건이다.

03

출제예상

부부 간 명의신탁해지를 원인으로 한 소유권이전등기청구는 가사소송사건의 대상이다. O | X

해설 **부부 간의 명의신탁해지를 원인으로 한 소유권이전등기청구**나 민법 제829조 제2항에 의한 부부재산약정의 목적물이 아닌 부부 공유재산의 분할청구는 모두 **통상의 민사사건으로**, 그 소송절차를 달리하는 나류 가사소송사건 또는 마류 가사비송사건인 이혼 및 재산분할청구와는 병합할 수 없다(대판 2006.1.13. 2004므1378).

04

출제예상

이혼을 원인으로 하는 배우자 이외의 제3자에 대한 손해배상청구는 가사소송사건의 대상이다. O | X

해설 이혼을 원인으로 하는 배우자 이외의 제3자에 대한 손해배상청구

➡ 가사소송법 제2조 1항 가목 다류사건 2) 혼인의 무효·취소, 이혼의 무효·취소 또는 이혼을 원인으로 하는 손해배상청구(제3자에 대한 청구를 포함한다) 및 원상회복의 청구

이혼을 원인으로 하는 손해배상청구는 제3자에 대한 청구를 포함하여 가사소송법 제2조 제1항 (가)목 (3) 다류 2호의 **가사소송사건으로서 가정법원의 전속관할에 속한다.** 그런데 배우자의 상간자에 대하여 배우자와 상간자 사이의 간통 등 부정행위로 인하여 혼인관계가 파탄에 이르렀음을 원인으로 한 위자료의 지급을 구하는 손해배상청구는 이혼을 원인으로 하는 제3자에 대한 손해배상청구에 해당하고, 따라서 위 손해배상청구는 가정법원의 전속관할에 속한다(대판2008.7.10. 2008다17762).

참고 가사소송과 가사비송사건

구분		종류	성질 등	조정전치주의
가사소송	가류	각종 무효확인소송, 친생자관계존부확인의 소	확인의 소	×
	나류	각종 취소소송, 재판상 이혼·파양, 친양자파양, 친생부인의 소, 父를 정하는 소, 인지청구(인지이의의 소), 사실혼관계존부확인의 소	형성의 소	○
	다류	신분관계 해소를 원인으로 한 손해배상의 청구 및 원상회복의 청구	이행의 소	○
가사비송	라류	제한능력에 관한 사항, 부재자재산관리·실종선고에 관한 사항, 후견 및 친권에 관한 사항	상대방 없음	×
	마류	이혼에 따른 재산분할청구, 상속재산분할청구, 기여분의 결정, 친권자의 지정과 변경, 子의 양육에 관한 처분[(과거의 양육비청구도 이에 해당(대결 1994.5.13. 전합92스21)], 부양에 관한 처분[부부간의 부양의무를 이행하지 않은 부부의 일방에 대하여 상대방의 친족이 구하는 부양료 상환청구는 민사소송(대판 2012.12.27. 2011다96932)]	상대방 있음	○
주의	조정전치주의가 적용되는 나류 사건과 마류 사건 중에도, 당사자가 임의로 결정할 수 없는 사항에 관한 것으로서 조정의 성립만으로 효력이 생기지 않고 가정법원의 판결이 있어야 효력이 생기는 것은 다음과 같다.			
	① 친생부인의 소에서의 조정, ② 父를 정하는 소에서의 조정, ③ 친권상실의 재판에서의 조정, ④ 대리권과 재산관리권의 상실의 재판에서의 조정			

05

12법원행시, 16서기보

성전환수술에 의하여 출생 시의 성과 다른 반대의 성으로 성전환이 이미 이루어졌다고 하더라도 현재 혼인 중에 있거나 미성년자인 자녀를 둔 성전환자의 성별정정은 허용되지 않는다. O I X

해설 성전환자가 혼인 중에 있거나 미성년자인 자녀가 있는 경우 성별정정 허가 여부(소극)

判例는 "우리 민법은 이성 간의 혼인만을 허용하고 동성 간의 혼인은 허용하지 않고 있다. 그런데 만약 현재 혼인 중에 있는 성전환자에 대하여 성별정정을 허용할 경우 법이 허용하지 않는 동성혼의 외관을 현출시켜 결과적으로 동성혼을 인정하는 셈이 되고, 이는 상대방 배우자의 신분관계 등 법적·사회적 지위에 중대한 영향을 미치게 된다. 따라서 현행 민법 규정과 오늘날의 사회통념상 현재 혼인 중에 있는 성전환자는 전환된 성을 법률적으로 그 사람의 성이라고 평가할 수 없고, 그 결과 가족관계등록부의 성별정정도 허용되지 아니한다고 할 것이다. 다만 현재 혼인 중이 아니라면 과거 혼인한 사실이 있다고 하더라도 위와 같은 혼란을 야기하거나 사회에 부정적인 영향을 미칠 우려가 크지 않으므로 성별정정을 불허할 사유가 되지 아니한다."(대결 2011.9.2. 2009스117 전합)고 하여 성전환자가 혼인 중에 있거나 미성년자인 자녀가 있는 경우 성별정정을 허가하지 않는다.

정답 | **01** ○ **02** ○ **03** × **04** ○ **05** ○

06 14주사보, 16법무사

법률행위의 효력이 확정적으로 발생할 것이 요구되는 혼인, 입양 등의 경우에는 조건을 붙일 수 없다.

O | X

해설 혼인, 입양 등 신분행위에는 원칙적으로 조건이나 기한을 붙일 수 없다.

07 16/20법원행시, 18주사보, 19/20법무사, 20사무관

상속재산 전부를 공동상속인 중 1인에게 상속시킬 방편으로 나머지 상속인들이 법원에 한 상속포기신고가 그 법정기간 경과 후에 한 것으로서 재산상속포기로서의 효력이 생기지 아니하더라도 그에 따라 위 공동상속인들 사이에는 위 1인이 고유의 법정상속분을 초과하여 상속재산 전부를 취득하고 위 잔여 상속인들은 이를 전혀 취득하지 않기로 하는 내용의 상속재산에 관한 협의분할이 이루어진 것으로 볼 수 있다.

O | X

해설 대판 1991.12.24. 90누5986

정답 | 06 ○ 07 ○

제2절 가족

01 15법무사, 16주사보

인척은 혼인관계에 의하여 성립하는 친족으로서, 혈족의 배우자, 배우자의 혈족, 혈족의 배우자의 혈족을 말한다. O | X

해설 **제769조(인척의 계원)** 혈족의 배우자, 배우자의 혈족, 배우자의 혈족의 배우자를 인척으로 한다.

02 15법무사

부부의 일방이 사망한 경우 생존 배우자가 재혼한 때에는 인척관계가 종료한다. O | X

해설 **제775조(인척관계 등의 소멸)** ① 인척관계는 혼인의 취소 또는 이혼으로 인하여 종료한다.
② **부부의 일방이 사망한 경우 생존 배우자가 재혼한 때에도 제1항과 같다.**

03 15법무사, 16주사보

친족관계로 인한 법률상 효력은 민법 또는 다른 법률에 특별한 규정이 없는 한 8촌 이내의 혈족 및 인척, 배우자에 미친다. O | X

해설 **제777조(친족의 범위)** 친족관계로 인한 법률상 효력은 이 법 또는 다른 법률에 특별한 규정이 없는 한 다음 각호에 해당하는 자에 미친다.
1. 8촌 이내의 혈족
2. **4촌 이내의 인척**
3. 배우자

04 15법무사

인척은 배우자의 혈족에 대하여는 배우자의 그 혈족에 대한 촌수에 따르고, 혈족의 배우자에 대하여는 그 혈족에 대한 촌수에 따른다. O | X

해설 **제771조(인척의 촌수의 계산)** 인척은 배우자의 혈족에 대하여는 배우자의 그 혈족에 대한 촌수에 따르고, 혈족의 배우자에 대하여는 그 혈족에 대한 촌수에 따른다.

정답 | 01 × 02 ○ 03 × 04 ○

05

15법무사

양자와 양부모 및 그 혈족, 인척 사이의 친계와 촌수는 입양한 때로부터 혼인 중의 출생자와 동일한 것으로 보고, 양자의 배우자, 직계비속과 그 배우자는 양자의 친계를 기준으로 하여 촌수를 정한다. O | X

해설 **제772조(양자와의 친계와 촌수)** ① 양자와 양부모 및 그 혈족, 인척사이의 친계와 촌수는 입양한 때로부터 혼인 중의 출생자와 동일한 것으로 본다.
② 양자의 배우자, 직계비속과 그 배우자는 전항의 양자의 친계를 기준으로 하여 촌수를 정한다.

06

10서기보

자는 부의 성과 본을 따르되, 부모가 혼인신고시 모의 성과 본을 따르기로 협의한 경우에는 모의 성과 본을 따른다. O | X

해설 **제781조(자의 성과 본)** ① 자는 부의 성과 본을 따른다. 다만, 부모가 혼인신고시 모의 성과 본을 따르기로 협의한 경우에는 모의 성과 본을 따른다.

07

10서기보

혼인 외의 출생자가 인지된 경우 자는 부모의 협의에 따라 종전의 성과 본을 계속 사용할 수 있고, 협의가 이루어지지 않은 경우에도 법원의 허가를 받아 종전의 성과 본을 계속 사용할 수 있다. O | X

해설 **제781조(자의 성과 본)** ⑤ 혼인 외의 출생자가 인지된 경우 자는 부모의 협의에 따라 종전의 성과 본을 계속 사용할 수 있다. 다만, 부모가 협의할 수 없거나 협의가 이루어지지 아니한 경우에는 자는 법원의 허가를 받아 종전의 성과 본을 계속 사용할 수 있다.

08

10서기보

자의 복리를 위하여 자의 성과 본을 변경할 필요가 있을 때에는 법원의 허가를 받아 이를 변경할 수 있으나, 자의 복리 보호라는 성과 본 변경 제도의 취지에 비추어 성년이 된 자는 성과 본의 변경 대상자에서 제외된다. O | X

해설 **제781조(자의 성과 본)** ⑥ 자의 복리를 위하여 자의 성과 본을 변경할 필요가 있을 때에는 부, 모 또는 자의 청구에 의하여 법원의 허가를 받아 이를 변경할 수 있다. **다만, 자가 미성년자이고 법정대리인이 청구할 수 없는 경우에는 제777조의 규정에 따른 친족 또는 검사가 청구할 수 있다.**

➡ 성년이 된 자도 성과 본의 변경 대상자에 포함된다.

09

10서기보

자의 복리를 위하여 성과 본의 변경이 필요하더라도 법령에 따른 각종 제한을 회피하려는 불순한 의도나 목적이 개입되어 있는 등 성과 본 변경권의 남용으로 볼 수 있는 경우에는 법원은 성과 본 변경을 허가하지 않을 수 있다. O|X

해설 민법 제781조 제6항에 정한 '자의 복리를 위하여 자의 성과 본을 변경할 필요가 있을 때'에 해당하는지 여부는 자의 나이와 성숙도를 감안하여 자 또는 친권자·양육자의 의사를 고려하되, 먼저 자의 성·본 변경이 이루어지지 아니할 경우에 내부적으로 가족 사이의 정서적 통합에 방해가 되고 대외적으로 가족 구성원에 관련된 편견이나 오해 등으로 학교생활이나 사회생활에서 겪게 되는 불이익의 정도를 심리하고, 다음으로 성·본 변경이 이루어질 경우에 초래되는 정체성의 혼란이나 자와 성·본을 함께 하고 있는 친부나 형제자매 등과의 유대 관계의 단절 및 부양의 중단 등으로 인하여 겪게 되는 불이익의 정도를 심리한 다음, 자의 입장에서 위 두 가지 불이익의 정도를 비교형량하여 자의 행복과 이익에 도움이 되는 쪽으로 판단하여야 한다. 이와 같이 자의 **주관적·개인적인 선호의 정도를 넘어 자의 복리를 위하여 성·본의 변경이 필요하다고 판단되고, 범죄를 기도 또는 은폐하거나 법령에 따른 각종 제한을 회피하려는 불순한 의도나 목적이 개입되어 있는 등 성·본 변경권의 남용으로 볼 수 있는 경우가 아니라면, 원칙적으로 성·본 변경을 허가함이 상당하다**(대결 2009.12.11. 2009스23).

정답 | 05 ○ 06 ○ 07 ○ 08 × 09 ○

제3절 혼인

01

17주사보

18세가 된 사람은 자유로 약혼할 수 있다. O | X

해설 **제801조(약혼연령)** 18세가 된 사람은 부모나 미성년후견인의 동의를 받아 약혼할 수 있다. 이 경우 제808조를 준용한다.

➡ 부모나 미성년후견인의 동의를 받아 약혼할 수 있다.

02

17주사보

피성년후견인은 부모나 성년후견인의 동의를 받아 약혼할 수 있다. O | X

해설 **제802조(성년후견과 약혼)** 피성년후견인은 부모나 성년후견인의 동의를 받아 약혼할 수 있다. 이 경우 제808조를 준용한다.

제808조(동의가 필요한 혼인) ① 미성년자가 혼인을 하는 경우에는 부모의 동의를 받아야 하며, 부모 중 한쪽이 동의권을 행사할 수 없을 때에는 다른 한쪽의 동의를 받아야 하고, 부모가 모두 동의권을 행사할 수 없을 때에는 미성년후견인의 동의를 받아야 한다.

② 피성년후견인은 부모나 성년후견인의 동의를 받아 혼인할 수 있다.

03

17주사보

약혼을 해제한 때에는 당사자 일방은 과실 있는 상대방에 대하여 이로 인한 손해의 배상을 청구할 수 있다. 다만 약혼해제로 인한 정신적 고통에 대한 배상청구권은 원칙적으로 양도하지 못한다. O | X

해설 **제806조(약혼해제와 손해배상청구권)** ① 약혼을 해제한 때에는 당사자 일방은 과실 있는 상대방에 대하여 이로 인한 손해의 배상을 청구할 수 있다.

② 전항의 경우에는 재산상 손해외에 정신상 고통에 대하여도 손해배상의 책임이 있다.

③ **정신상 고통에 대한 배상청구권은 양도 또는 승계하지 못한다.** 그러나 당사자 간에 이미 그 배상에 관한 계약이 성립되거나 소를 제기한 후에는 그러하지 아니하다.

04

10주사보

약혼예물을 수수하고 일단 부부관계가 성립하였다면 특별한 사정이 없는 한 후일 혼인이 해소되어도 약혼예물의 반환을 구할 수 없다. O | X

해설 약혼예물 수수의 법적 성질 및 혼인 해소의 경우 그 소유권의 귀속관계

약혼예물의 수수는 약혼의 성립을 증명하고 혼인이 성립한 경우 당사자 내지 양가의 정리를 두텁게 할 목적으로 수수되는 것으로 혼인의 불성립을 해제조건으로 하는 증여와 유사한 성질을 가지므로, 예물의 수령자측이 혼인 당초부터 성실히 혼인을 계속할 의사가 없고 그로 인하여 혼인의 파국을 초래하였다고 인정되는 등 특별한 사정이 있는 경우에는 신의칙 내지

형평의 원칙에 비추어 혼인 불성립의 경우에 준하여 예물반환의무를 인정함이 상당하나, 그러한 특별한 사정이 없는 한 일단 부부관계가 성립하고 그 혼인이 상당 기간 지속된 이상 후일 혼인이 해소되어도 그 반환을 구할 수는 없으므로, 비록 혼인 파탄의 원인이 며느리에게 있더라도 혼인이 상당 기간 계속된 이상 약혼예물의 소유권은 며느리에게 있다(대판 1996.5.14. 96다5506).

05

13주사보

남녀 모두 만 18세가 된 사람은 혼인할 수 있다. O | X

해설 **제807조(혼인적령)** 만 18세가 된 사람은 혼인할 수 있다.

06

19주사보

피성년후견인은 부모나 성년후견인의 동의를 받아 혼인할 수 있고, 동의가 없음을 이유로 혼인의 취소를 청구할 수도 있으나, 성년후견종료의 심판이 있은 후 3개월이 지나면 그 취소를 청구하지 못한다.

O | X

해설 **제808조(동의가 필요한 혼인)** ① 미성년자가 혼인을 하는 경우에는 부모의 동의를 받아야 하며, 부모 중 한쪽이 동의권을 행사할 수 없을 때에는 다른 한쪽의 동의를 받아야 하고, 부모가 모두 동의권을 행사할 수 없을 때에는 미성년후견인의 동의를 받아야 한다.

② **피성년후견인은 부모나 성년후견인의 동의를 받아 혼인할 수 있다.**

제819조(동의 없는 혼인의 취소청구권의 소멸) 제808조를 위반한 혼인은 그 당사자가 19세가 된 후 또는 성년후견종료의 심판이 있은 후 3개월이 지나거나 혼인 중에 임신한 경우에는 그 취소를 청구하지 못한다.

07

16주사보

사실혼관계에 있는 당사자 일방이 혼인신고를 한 경우 상대방의 혼인의사가 불분명한 때에는 혼인의사를 명백히 철회하였다거나 당사자 사이에 사실혼관계를 해소하기로 합의하였다는 등의 사정이 인정되지 아니하는 한 그 혼인을 무효라고 할 수 없다. O | X

해설 사실혼관계에 있는 당사자 사이의 혼인의사가 불분명한 경우, 혼인의사의 존재를 추정할 수 있는지 여부(적극)

혼인의 합의란 법률혼주의를 채택하고 있는 우리 나라 법제하에서는 법률상 유효한 혼인을 성립하게 하는 합의를 말하는 것이므로 비록 사실혼관계에 있는 당사자 일방이 혼인신고를 한 경우에도 상대방에게 혼인의사가 결여되었다고 인정되는 한 그 혼인은 무효라 할 것이나, 상대방의 혼인의사가 불분명한 경우에는 혼인의 관행과 신의성실의 원칙에 따라 사실혼관계를 형성시킨 상대방의 행위에 기초하여 그 혼인의사의 존재를 추정할 수 있으므로 이와 반대되는 사정, 즉 **혼인의사를 명백히 철회하였다거나 당사자 사이에 사실혼관계를 해소하기로 합의하였다는 등의 사정이 인정되지 아니하는 경우에는 그 혼인을 무효라고 할 수 없다**(대판 2000.4.11. 99므1329).

정답 | **01** × **02** ○ **03** ○ **04** ○ **05** ○ **06** ○ **07** ○

08

19법원행시

甲과 乙이 4촌의 혈족관계인 경우, 甲과 乙 사이의 혼인은 무효이며, 甲과 乙 사이에 출생한 丙은 혼인 외의 자가 된다. O | X

해설 **제815조(혼인의 무효)** 혼인은 다음 각 호의 어느 하나의 경우에는 무효로 한다.

1. 당사자 간에 혼인의 합의가 없는 때
2. 인이 제809조 제1항의 규정을 위반한 때
3. 당사자 간에 직계인척관계(直系姻戚關係)가 있거나 있었던 때
4. 당사자 간에 양부모계의 직계혈족관계가 있었던 때

➡ 무효혼관계에서 출생한 자는 혼인 외의 자에 해당한다.

제809조(근친혼 등의 금지) ① 8촌 이내의 혈족(친양자의 입양 전의 혈족을 포함한다) 사이에서는 혼인하지 못한다.

09

16서기보

성년인 남자와 만 15세 여자의 혼인은 무효이다. O | X

해설 **제807조(혼인적령)** 만 18세가 된 사람은 혼인할 수 있다.

제817조(연령위반혼인 등의 취소청구권자) 혼인이 제807조(혼인적령), 제808조(동의가 필요한 혼인)의 규정에 위반한 때에는 당사자 또는 그 법정대리인이 그 취소를 청구할 수 있고 제809조(근친혼 등의 금지)의 규정에 위반한 때에는 당사자, 그 직계존속 또는 4촌 이내의 방계혈족이 그 취소를 청구할 수 있다.

➡ 따라서 만 18세 미만의 사람이 혼인한 경우 그 혼인을 취소할 수 있을 뿐이다.

10

출제예상

외국인 乙이 甲과의 사이에 참다운 부부관계를 설정하려는 의사 없이 단지 한국에 입국하여 취업하기 위한 방편으로 혼인신고하고 한 달 동안 甲과 혼인생활을 함에 있어서 대부분의 기간 동안 취업을 위해 가출하여 甲과 떨어져 지낸 경우, 甲과 乙 사이의 혼인은 무효이다. O | X

해설 혼인의사의 합치

제815조 1호는 '당사자간에 혼인의 합의가 없는 때에는 혼인은 무효로 한다'고 규정하고 있다. 여기서 '혼인의 합의' 특히 혼인 '의사'의 구체적 내용 및 본질이 무엇이냐와 관련하여 判例는 "민법 제815조 제1호가 **혼인무효의 사유로 규정하는 '당사자 간에 혼인의 합의가 없는 때'란 당사자 사이에 사회관념상 부부라고 인정되는 정신적·육체적 결합을 생기게 할 의사의 합치가 없는 경우를 의미**하므로, 당사자 일방에게만 그와 같은 참다운 부부관계의 설정을 바라는 효과의사가 있고 상대방에게는 **그러한 의사가 결여되었다면** 비록 당사자 사이에 혼인신고 자체에 관하여 의사의 합치가 있어 일응 **법률상의 부부라는 신분관계를 설정할 의사는 있었다고 하더라도 그 혼인은 당사자 간에 혼인의 합의가 없는 것이어서 무효**라고 보아야 한다."(대판 2010.6.10. 2010므574)고 판시하여 실질적 의사설의 입장에 있다.

➡ 위 판례사안은 외국인 乙이 甲과의 사이에 참다운 부부관계를 설정하려는 의사 없이 단지 한국에 입국하여 취업하기 위한 방편으로 혼인신고에 이르렀다고 봄이 상당한 사안에서, 설령 乙이 한국에 입국한 후 한 달 동안 甲과 계속 혼인생활을 해왔다고 하더라도 이는 乙이 진정한 혼인의사 없이 위와 같은 다른 목적의 달성을 위해 일시적으로 혼인생활의 외관을 만들어 낸 것이라고 보일 뿐이므로, **甲과 乙 사이에는 혼인의사의 합치가 없어 그 혼인은 민법 제815조 제1호에 따라 무효**라고 판단한 사례이다.

11

출제예상

당사자 간의 혼인합의가 없어 무효인 혼인신고의 추인에는 소급효가 있다. O | X

해설 **재산법에 관한 민법총칙에서의 무효행위의 추인에는 소급효를 인정하지 않는 것이 원칙**(제139조)이나, 다만 判例는 신분법에 관하여는 그대로 통용될 수 없으므로 혼인신고가 한쪽 당사자의 모르는 사이에 이루어져 무효인 경우에도 그 후 양쪽 당사자가 그 혼인에 만족하고 그대로 부부생활을 계속한 경우에는 그 혼인을 무효로 할 것이 아니라고 하여 **신분관계의 안정을 위해 소급효를 인정**하고 있다(대판 1965.12.28. 65므61).

참고 그 외에 신분행위에서의 소급효

소급효가 있는 경우	이혼의 취소(판례), 인지의 취소(제861조), 상속재산의 분할(제1015조), 상속의 포기(제1042조)
소급효가 없는 경우	혼인의 취소(제824조)

12

출제예상

아동성폭력범죄 등의 피해를 당해 임신을 하고 출산을 하였으나 자녀와의 관계가 단절되고 상당한 기간 양육이나 교류 등이 이루어지지 않은 경우, 출산 경력을 고지하지 않은 것은 민법 제816조 제3호에서 정한 혼인취소사유에 해당하지 않는다. O | X

해설 제816조 제3호의 혼인취소사유

당사자가 성장과정에서 본인의 의사와 무관하게 아동성폭력범죄 등의 피해를 당해 임신을 하고 출산까지 하였으나 이후 자녀와의 관계가 단절되고 상당한 기간 동안 양육이나 교류 등이 전혀 이루어지지 않은 경우라면, 출산의 경력이나 경위는 개인의 내밀한 영역에 속하는 것으로서 당사자의 명예 또는 사생활 비밀의 본질적 부분에 해당하고, 나아가 사회통념상 당사자나 제3자에게 그에 대한 고지를 기대할 수 있다거나 이를 고지하지 아니한 것이 신의성실 의무에 비추어 비난받을 정도라고 단정할 수도 없으므로, 단순히 출산의 경력을 고지하지 않았다고 하여 그것이 곧바로 **민법 제816조 제3호에서 정한 혼인취소사유에 해당한다고 보아서는 아니 된다**. 그리고 이는 국제결혼의 경우에도 마찬가지이다(대판 2016.2.18. 2015므654,661).

13

13주사보

중혼은 당연무효는 아니고 취소사유일 뿐이다. O | X

해설 **제816조(혼인취소의 사유)** 혼인은 다음 각 호의 어느 하나의 경우에는 법원에 그 취소를 청구할 수 있다.

1. 혼인이 제807조 내지 제809조(제815조의 규정에 의하여 혼인의 무효사유에 해당하는 경우를 제외한다. 이하 제817조 및 제820조에서 같다) 또는 제810조의 규정에 위반한 때

제810조(중혼의 금지) 배우자 있는 자는 다시 혼인하지 못한다.

혼인이 일단 성립되면 그것이 위법한 중혼이라 하더라도 당연히 무효가 되는 것은 아니고 법원의 판결에 의하여 취소될 때에 비로소 그 효력이 소멸될 뿐이므로 **아직 그 혼인취소의 확정판결이 없는 한 법률상의 부부라 할 것이어서 재판상 이혼의 청구도 가능**하다(대판 1991.12.10. 91므344).

➡ 재판상 이혼의 청구도 할 수 있고, 위자료 청구도 가능하다.

정답 | 08 ○ 09 × 10 ○ 11 ○ 12 ○ 13 ○

14 19주사보

혼인이 무효인 경우에는 처음부터 혼인의 효력이 부정되나 혼인이 취소된 경우에는 취소된 날부터 혼인의 효력이 부정된다. O|X

15 14주사보

혼인의 취소도 소급효가 있으므로, 그 취소 전에 이루어진 상속관계 역시 소급하여 무효가 된다. O|X

> 해설 **14 15 제824조(혼인취소의 효력)** 혼인의 취소의 효력은 기왕에 소급하지 아니한다.

16 19주사보

혼인 중에 부부 일방이 사망하여 상대방이 배우자로서 망인의 재산을 상속받은 후에 그 혼인이 취소되면 그 상속재산은 법률상 원인 없이 취득한 것이 된다. O|X

> 해설 민법 제824조는 "혼인의 취소의 효력은 기왕에 소급하지 아니한다."고 규정하고 있을 뿐 재산상속 등에 관해 소급효를 인정할 별도의 규정이 없는바, **혼인 중에 부부 일방이 사망하여 상대방이 배우자로서 망인의 재산을 상속받은 후에 그 혼인이 취소되었다는 사정만으로 그 전에 이루어진 상속관계가 소급하여 무효라거나 또는 그 상속재산이 법률상 원인 없이 취득한 것이라고는 볼 수 없다**(대판 1996.12.23. 95다48308).

17 19서기보

민법은 중혼을 혼인취소의 사유로 정하면서도 그 취소청구권의 제척기간을 규정하지 않고 있으므로, 그 취소권은 특별한 사정이 없는 한 기간의 경과에 의하여 소멸하지 않는다. O|X

> 해설 중혼의 취소기간에는 특별한 제한이 없다. 다만 **중혼을 하고 장기간 경과한 후에 중혼취소를 구하는 것이 '예외적'으로 권리남용이 될 수 있다**(대판 1993.8.24. 92므907).
> 민법은 중혼에 대하여 권리소멸에 관한 사유를 규정하지 아니하고 있는바, 이는 중혼의 반사회성, 반윤리성이 다른 혼인취소사유에 비하여 무겁다고 본 입법자의 의사를 반영한 것으로 보이고, 그렇다면 중혼의 취소청구권에 관하여 장기간의 권리불행사 등 사정만으로 가볍게 그 권리소멸을 인정하여서는 아니될 것이다(대판 1993.8.24. 92므907).

18 17주사보

중혼의 경우, 당사자 및 그 배우자, 직계존속, 4촌 이내의 방계혈족 또는 검사만 그 취소를 청구할 수 있다. O|X

> 해설 **제818조(중혼의 취소청구권자)** 당사자 및 그 배우자, 직계혈족, 4촌 이내의 방계혈족 또는 검사는 제810조를 위반한 혼인의 취소를 청구할 수 있다.
> ➡ 직계존속 뿐만 아니라 '직계비속'도 중혼의 취소청구권자에 포함된다.

19 출제예상

사기·강박으로 인해 乙과 혼인한 甲의 사망으로 乙이 甲의 재산을 상속받은 후 甲·乙 사이의 혼인이 취소된 경우, 乙이 취득한 상속재산은 법률상 원인 없이 취득한 것이라고 볼 수 있다. O | X

> **해설** 혼인취소의 비소급효(장래효)
> 사기 또는 강박으로 인하여 혼인의 의사표시를 한 경우 혼인취소사유에 해당하나(제816조 제3호), 혼인의 취소의 효력은 기왕에 소급하지 않으므로(제824조), 甲과 乙사이 혼인이 취소되기 전 상속인으로서 상속받은 재산은 법률상 원인이 없다고 볼 수 없다.
> 민법 제824조는 '혼인의 취소의 효력은 기왕에 소급하지 아니한다.'고 규정하고 있을 뿐 재산상속 등에 관해 소급효를 인정할 별도의 규정이 없는바, 혼인 중에 부부 일방이 사망하여 상대방이 배우자로서 망인의 재산을 상속받은 후에 그 혼인이 취소되었다는 사정만으로 그 전에 이루어진 상속관계가 소급하여 무효라거나 또는 그 상속재산이 법률상 원인 없이 취득한 것이라고는 볼 수 없다(대판 1996.12.23. 95다43308).

20 18서기보

부부 간의 동거·부양·협조의무는 정상적이고 원만한 부부관계의 유지를 위한 광범위한 협력의무를 구체적으로 표현한 것으로서 서로 독립된 별개의 의무라 할 것이다. O | X

21 18서기보, 18법무사

부부의 일방이 정당한 이유 없이 동거를 거부함으로써 자신의 협력의무를 스스로 저버리고 있다면, 상대방의 동거청구가 권리의 남용에 해당하는 등의 특별한 사정이 없는 한 상대방에게 부양료의 지급을 청구할 수 없다. O | X

> **해설** **20 21** 동거의무 위반의 효과 - 부양청구권 제한
> 민법 제826조 제1항이 규정하고 있는 부부 간의 동거·부양·협조의무는 정상적이고 원만한 부부관계의 유지를 위한 광범위한 협력의무를 구체적으로 표현한 것으로서 서로 독립된 별개의 의무가 아니라고 할 것이므로, 부부의 일방이 정당한 이유 없이 동거를 거부함으로써 자신의 협력의무를 스스로 저버리고 있다면, 상대방의 동거청구가 권리의 남용에 해당하는 등의 특별한 사정이 없는 한, 상대방에게 부양료의 지급을 청구할 수 없다(대판 1991.12.10. 91므245).

22 11주사보

부부의 공동생활에 필요한 비용은 당사자 간에 특별한 약정이 없으면 부부가 공동으로 부담한다. O | X

> **해설** **제833조(생활비용)** 부부의 공동생활에 필요한 비용은 당사자간에 특별한 약정이 없으면 부부가 공동으로 부담한다.

정답 | **14** ○ **15** × **16** × **17** ○ **18** × **19** × **20** × **21** ○ **22** ○

23 15법원행시

동거에 관한 심판절차에서 동거의무의 이행을 위한 구체적인 조치에 관하여 조정이 성립한 경우에, 상대방이 이를 위반하였다면 부부의 일방은 손해배상을 청구할 수 있으나, 동거의무를 강제할 수 없으므로 반드시 이혼의 청구가 전제되어야 한다. O | X

24 11서기보, 20법원행시

비록 부부의 동거의무는 인격존중의 이념이나 부부관계의 본질 등에 비추어 일반적으로 그 실현에 관하여 간접강제를 포함하여 강제집행을 행하여서는 안 된다고 하더라도, 동거의무 또는 그를 위한 협력의무의 불이행에 대하여 위자료배상책임까지 허용되지 않는 것은 아니다. O | X

25 18서기보

부부의 일방이 동거의무를 위반한 경우 상대방은 손해배상을 청구할 수 있다. O | X

26 출제예상

부부의 일방이 동거의무를 위반한 경우 상대방은 손해배상을 청구할 수 없으나 재판상 이혼 청구는 가능하다. O | X

해설 **23** 부부의 일방이 상대방에 대하여 동거에 관한 심판을 청구한 결과로 그 심판절차에서 동거의무의 이행을 위한 구체적인 조치에 관하여 조정이 성립한 경우에 그 조치의 실현을 위하여 서로 협력할 법적 의무의 본질적 부분을 상대방이 유책하게 위반하였다면, 부부의 일방은 바로 그 의무의 불이행을 들어 그로 인하여 통상 발생하는 비재산적 손해의 배상을 청구할 수 있고, 그에 반드시 이혼의 청구가 전제되어야 할 필요는 없다.

24 비록 부부의 동거의무는 인격존중의 귀중한 이념이나 부부관계의 본질 등에 비추어 일반적으로 그 실현에 관하여 간접강제를 포함하여 강제집행을 행하여서는 안 된다고 하더라도, 또 위와 같은 손해배상이 현실적으로 동거의 강제로 이끄는 측면이 있다고 하더라도, 동거의무 또는 그를 위한 협력의무의 불이행으로 말미암아 상대방에게 발생한 손해에 대하여 그 배상을 행하는 것은 동거 자체를 강제하는 것과는 목적 및 내용을 달리하는 것으로서, 후자가 허용되지 않는다고 하여 전자도 금지된다고는 할 수 없다.

25 26 오히려 부부의 동거의무도 엄연히 법적인 의무이고 보면, 그 위반에 대하여는 법적인 제재가 따라야 할 것인데, 그 제재의 내용을 혼인관계의 소멸이라는 과격한 효과를 가지는 이혼에 한정하는 것이 부부관계의 양상이 훨씬 다양하고 복잡하게 된 오늘날의 사정에 언제나 적절하다고 단정할 수 없고, 특히 제반 사정 아래서는 1회적인 위자료의 지급을 명하는 것이 인격을 해친다거나 부부관계의 본질상 허용되지 않는다고 말할 수 없다(대판 2009.7.23. 2009다32454).

27 15/20법원행시

제3자가 부부의 일방과 부정행위를 함으로써 배우자에게 정신적 고통을 가하는 행위는 원칙적으로 불법행위를 구성한다. 이는 실질적으로 부부공동생활이 파탄되어 회복할 수 없을 정도의 상태에 이른 후에 부정행위가 이루어졌다고 하더라도 마찬가지이다. O | X

해설 민법 제840조는 '혼인을 계속하기 어려운 중대한 사유가 있을 때'를 이혼사유로 삼고 있으며, 부부간의 애정과 신뢰가 바탕이 되어야 할 혼인의 본질에 해당하는 부부공동생활 관계가 회복할 수 없을 정도로 파탄되고 혼인생활의 계속을 강제하는 것이 일방 배우자에게 참을 수 없는 고통이 되는 경우에는 위 이혼사유에 해당할 수 있다. 이에 비추어 보면 부부가 장기간 별거하는 등의 사유로 실질적으로 부부공동생활이 파탄되어 실체가 더 이상 존재하지 아니하게 되고 객관적으로 회복할 수 없는 정도에 이른 경우에는 혼인의 본질에 해당하는 부부공동생활이 유지되고 있다고 볼 수 없다. 따라서 비록 부부가 아직 이혼하지 아니하였지만 이처럼 실질적으로 부부공동생활이 파탄되어 회복할 수 없을 정도의 상태에 이르렀다면, 제3자가 부부의 일방과 성적인 행위를 하더라도 이를 두고 부부공동생활을 침해하거나 유지를 방해하는 행위라고 할 수 없고 또한 그로 인하여 배우자의 부부공동생활에 관한 권리가 침해되는 손해가 생긴다고 할 수도 없으므로 불법행위가 성립한다고 보기 어렵다. 그리고 이러한 법률관계는 재판상 이혼청구가 계속 중에 있다거나 재판상 이혼이 청구되지 않은 상태라고 하여 달리 볼 것은 아니다(대판 2014.11.20. 2011므2997 전합).

28

11서기보

일상의 가사가 아닌 법률행위를 배우자를 대리하여 행함에 있어서는 별도의 수권행위가 필요한 것이므로, 부부의 일방이 의식불명 상태에 있어 사회통념상 대리관계를 인정할 필요가 있다는 사정만으로 그 배우자가 당연히 대리권을 갖는다고 볼 것은 아니다. O | X

해설 대리가 적법하게 성립하기 위하여는 대리행위를 한 자, 즉 대리인이 본인을 대리할 권한을 가지고 그 대리권의 범위 내에서 법률행위를 하였음을 요하며, 부부의 경우에도 일상의 가사가 아닌 법률행위를 배우자를 대리하여 행함에 있어서는 별도로 대리권을 수여하는 수권행위가 필요한 것이지, **부부의 일방이 의식불명의 상태에 있어 사회통념상 대리관계를 인정할 필요가 있다는 사정만으로 그 배우자가 당연히 채무의 부담행위를 포함한 모든 법률행위에 관하여 대리권을 갖는다고 볼 것은 아니다**(대판 2000.12.8. 99다37856).

29

17법무사

부부 간의 일상가사대리권은 그 동거생활을 유지하기 위하여 각각 필요한 범위 내의 법률행위에 국한되어야 할 것이고, 아내가 남편 소유의 부동산을 매각하는 것과 같은 처분행위는 일상가사의 대리권에는 속하지 아니한다. O | X

해설 대판 1966.7.19. 66다863 참조

30

13/18법무사, 20법원행시

민법 제826조 제1항에 규정된 부부간의 상호부양의무는 제1차 부양의무이고, 부모가 성년의 자녀에 대하여 직계혈족으로서 민법 제974조 제1호, 제975조에 따라 부담하는 부양의무는 제2차 부양의무이다. O | X

정답 | 23 × 24 O 25 O 26 × 27 × 28 O 29 O 30 O

31 출제예상

부모가 성년의 자녀에 대하여 직계혈족으로서 부담하는 부양의무는 부양의무자가 자기의 사회적 지위에 상응하는 생활을 하면서 생활에 여유가 있음을 전제로 하여, 부양을 받을 자가 자력 또는 근로에 의하여 생활을 유지할 수 없는 경우에 한하여 그의 생활을 지원하는 2차 부양의무이다. O | X

32 20법원행시

제2차 부양의무자는 제1차 부양의무자보다 후순위로 부양의무를 부담하므로, 제2차 부양의무자가 부양받을 자를 부양한 경우에는 그 소요된 비용을 제1차 부양의무자에 대하여 상환청구할 수 있다. O | X

33 18법무사

민법 제826조 제1항에 규정된 부부간의 상호부양의무는 부부의 일방에게 부양을 받을 필요가 생겼을 때 당연히 발생하는 것이므로, 부부 중 일방은 과거의 부양료에 관하여 상대방 부양의무자에게 부양의무의 이행을 청구한 이후의 것은 물론 부양의무의 이행을 청구하기 이전의 것도 부양받을 필요가 있었음을 입증하여 이를 청구할 수 있다. O | X

34 18서기보

민법 제826조 제1항에 규정된 부부간 상호부양의무는 혼인관계의 본질적 의무로서 부양을 받을 자의 생활을 부양의무자의 생활과 같은 정도로 보장하여 부부공동생활의 유지를 가능하게 하는 것을 내용으로 하는 제1차 부양의무이지만, 특별한 사정이 없는 한 부양을 받을 자가 부양의무자에게 부양의무 이행을 청구하기 이전의 과거 부양료 지급은 청구할 수 없다. O | X

35 18서기보

부양의무는 제1차 부양의무(부양받을 자의 생활을 부양의무자의 생활과 같은 정도로 보장하는 것)와 제2차 부양의무(부양의무자가 자기의 사회적 지위에 상응하는 생활을 하면서 생활에 여유가 있음을 전제로 하여 부양을 받을 자가 자력 또는 근로에 의하여 생활을 유지할 수 없는 경우에 한하여 그의 생활을 지원하는 것)로 나눌 수 있는데, 이러한 구분은 의무이행 정도에 관한 것이지 의무이행 순위에 대해서까지 적용되는 것은 아니다. O | X

36 13법무사, 20법원행시

부부 간의 부양의무 중 과거의 부양료에 관하여는 특별한 사정이 없는 한 부양을 받을 사람이 부양의무자에게 부양의무의 이행을 청구하였음에도 불구하고 부양의무자가 부양의무를 이행하지 아니함으로써 이행지체에 빠진 후의 것에 관하여만 부양료의 지급을 청구할 수 있을 뿐이다. O | X

해설 **30 31 32 33 34 35 36** 부부 간 과거의 부양료

判例에 따르면 ㉠ "부부 간의 상호부양의무(제826조 제1항)는 혼인관계의 본질적 의무로서 부양을 받을 자의 생활을 부양의무자의 생활과 같은 정도로 보장하여 부부공동생활의 유지를 가능하게 하는 것을 내용으로 하는 제1차 부양의무이고"(대판 2012.12.27. 2011다96932). ㉡ "부부 간의 상호부양의무는 부부의 일방에게 부양을 받을 필요가 생겼을 때 당연히 발생하는 것이기는 하지만, 과거의 부양료에 관하여는 부양을 받을 자가 부양의무자에게 부양의무의 이행을 청구하였음에도 불구하고 부양의무자가 부양의무를 이행하지 아니함으로써 '이행지체에 빠진 이후의 것'에 대하여만 부양료의 지급을 청구할 수 있을 뿐, 부양의무자가 부양의무의 이행을 청구받기 이전의 부양료의 지급은 청구할 수 없다고 보는 것이 부양의무의 성질이나 형평의 관념에 합치된다."(대결 2008.6.12. 2005스50)고 한다.

비교판례 자녀에 대한 과거의 부양료

부모의 자녀양육의무는 특별한 사정이 없는 한 자녀의 출생과 동시에 발생하는 것이므로 과거의 양육비에 대하여도 상대방이 분담함이 상당하다고 인정되는 경우에는 그 비용의 상환을 청구할 수 있다(대결 1993.5.13. 92스21 전합).

37

출제예상

민법 제775조 제2항에 의하면 부부 일방이 사망한 경우 혼인으로 인하여 발생한 그 직계혈족과 생존 배우자 사이의 인척관계는 일단 그대로 유지되다가 생존 배우자가 재혼한 때에 비로소 종료한다. 그러므로 부부인 甲, 乙 중 甲이 사망하였더라도, 乙은 재혼하기 전에는 甲의 생모 丙에 대하여 민법 제974조 제1호(직계혈족 및 그 배우자 간)에 의하여 생계를 같이 하는지 여부와 관계없이 부양의무를 부담한다. O | X

해설 부부 일방의 부모 등 그 직계혈족과 상대방 사이에 직계혈족이 사망하고 생존한 상대방이 재혼하지 않은 경우에 부양의무가 인정되는 경우

제775조(인척관계 등의 소멸) ① 인척관계는 혼인의 취소 또는 이혼으로 인하여 종료한다. ② 부부의 일방이 사망한 경우 생존 배우자가 재혼한 때에도 1항과 같다.

제974조(부양의무) 다음 각 호의 친족은 서로 부양의 의무가 있다.

1. 직계혈족 및 그 배우자 간
3. 기타 친족간(생계를 같이 하는 경우에 한한다)

➡ 제775조 제2항에 의하면 부부의 일방이 사망한 경우에 혼인으로 인하여 발생한 그 직계혈족과 생존한 상대방 사이의 인척관계는 일단 그대로 유지되다가 상대방이 재혼한 때에 비로소 종료하게 되어 있으므로 부부의 일방이 사망하여도 그 부모 등 직계혈족과 생존한 상대방 사이의 친족관계는 그대로 유지되나, 그들 사이의 관계는 제974조 제1호의 '직계혈족 및 그 배우자 간'에 해당한다고 볼 수 없다. 배우자관계는 혼인의 성립에 의하여 발생하여 당사자 일방의 사망, 혼인의 무효·취소, 이혼으로 인하여 소멸하는 것이므로, 그 부모의 직계혈족인 부부 일방이 사망함으로써 그와 생존한 상대방 사이의 배우자관계가 소멸하였기 때문이다. 따라서 부부 일방의 부모 등 그 직계혈족과 상대방 사이에서는, 직계혈족(남편)이 생존해 있다면 민법 제974조 제1호에 의하여 생계를 같이 하는지와 관계없이 부양의무가 인정되지만, 직계혈족(남편)이 사망하면 생존한 상대방이 재혼하지 않았더라도 (사망한 부부 일방의 부모와 생존한 상대방 사이는 기타 친족간에 해당하므로) 민법 제974조 제3호에 의하여 생계를 같이 하는 경우에 한하여 부양의무가 인정된다(대결 2013.8.30. 2013스96).

➡ 배우자 甲이 사망하였지만 재혼하지 않은 乙은 甲의 직계존속이 자기의 자력 또는 근로에 의하여 생활을 유지할 수 없는 경우, 생계를 같이 하는 경우에 한하여 부양의무가 인정된다.

정답 | 31 ○ 32 ○ 33 × 34 ○ 35 × 36 ○ 37 ×

38 19서기보

미성년의 자녀를 양육한 자가 공동 양육의무자인 다른 쪽 상대방에 대하여 갖는 과거의 양육비 지급청구권은, 협의 또는 심판에 의하여 구체화되지 않았더라도 양육자가 그 양육비를 과거에 지출한 때로부터 소멸시효가 진행한다. O | X

39 출제예상

甲男과 乙女 사이에 자 丙(현재 미성년자임)이 출생하였다. 丙은 甲과 乙의 혼인 외의 출생자이며, 출생 이후 현재까지 15년간 乙이 양육하여 왔는데, 甲이 丙을 인지하였다. 乙은 인지가 있기 전에 丙을 혼자서 양육한 것에 대해서 甲에게 양육비를 청구할 수 있지만, 인지한 때로부터 10년 이전의 양육비에 대해서는 시효로 소멸하였으므로 청구할 수 없다. O | X

> **해설** **38 39** 과거 양육비 청구에 관한 문제 – 소멸시효
> 당사자의 협의 또는 가정법원의 심판에 의하여 구체적인 지급청구권으로서 성립하기 전에는 과거의 양육비에 관한 권리는 양육자가 그 권리를 행사할 수 있는 재산권에 해당한다고 할 수 없고, 따라서 이에 대하여는 소멸시효가 진행할 여지가 없다(대결 2011.7.29. 2008스67).

40 출제예상

특별한 사정이 없는 한 유학비용의 충당을 위해 성년의 자녀가 부모를 상대로 부양료 청구를 할 수는 없다. O | X

> **해설** 성년의 자녀가 부모를 상대로 부양료를 청구할 수 있는 경우 및 범위
> 성년의 자녀는 요부양상태, 즉 객관적으로 보아 생활비 수요가 자기의 자력 또는 근로에 의하여 충당할 수 없는 곤궁한 상태인 경우에 한하여, 부모를 상대로 그 부모가 부양할 수 있을 한도 내에서 생활부조로서 생활필요비에 해당하는 부양료를 청구할 수 있을 뿐이다. 나아가 이러한 부양료는 부양을 받을 자의 생활정도와 부양의무자의 자력 기타 제반 사정을 참작하여 부양을 받을 자의 통상적인 생활에 필요한 비용의 범위로 한정됨이 원칙이므로, 특별한 사정이 없는 한 통상적인 생활필요비라고 보기 어려운 유학비용의 충당을 위해 성년의 자녀가 부모를 상대로 부양료를 청구할 수는 없다(대결 2017.8.25. 2017스5).

41 17서기보

부부의 일방이 혼인중에 자기 명의로 취득한 재산은 그 명의자의 특유재산으로 추정되고, 부부의 누구에게 속한 것인지 분명하지 아니한 재산은 부부의 공유로 추정된다. O | X

> **해설** **제830조(특유재산과 귀속불명재산)** ① 부부의 일방이 혼인전부터 가진 고유재산과 혼인중 자기의 명의로 취득한 재산은 그 특유재산으로 한다.
> ② 부부의 누구에게 속한 것인지 분명하지 아니한 재산은 부부의 공유로 추정한다.
> ➡ 判例는 부부의 일방이 혼인중 단독 명의로 취득한 부동산은 그 명의자의 '특유재산으로 추정'되는 것으로 해석한다(대판 1986.9.9. 85다카1337,1338).

42

11/17서기보, 15사무관

부부 일방의 특유재산은 원칙적으로 재산분할의 대상이 되지 아니하나 특유재산이더라도 다른 일방이 적극적으로 그 특유재산의 유지에 협력하여 그 감소를 방지하였거나 그 증식에 협력하였다고 인정되는 경우에는 재산분할의 대상이 된다. O | X

> **해설** 判例는 "민법이 혼인 중 부부일방의 명의로 취득한 재산에 대해서 그 일방의 특유재산으로 하는 것은 **부부 내부관계에서는 '추정적 효과'**밖에 생기지 않으므로, 실질적으로 다른 일방 또는 쌍방이 그 재산의 대가를 부담하여 취득한 것이 증명된 때에는 그 추정은 깨어지고 다른 일방의 소유이거나 쌍방의 공유"라고 본다(대판 1992.8.14. 92다16171).
>
> ➡ 따라서 특유재산이더라도 다른 일방이 적극적으로 그 특유재산의 유지에 협력하여 그 감소를 방지하였거나 그 증식에 협력하였다고 인정되는 경우에는 재산분할의 대상이 된다.

43

18서기보

금전차용행위도 금액, 차용 목적, 실제의 지출용도, 기타의 사정 등을 고려하여 그것이 부부의 공동생활에 필요한 자금조달을 목적으로 하는 것이라면 일상가사에 속한다고 보아야 할 것이므로, 아파트 구입비용 명목으로 차용한 경우 그와 같은 비용의 지출이 부부공동체 유지에 필수적인 주거 공간을 마련하기 위한 것이라면 일상가사에 속한다고 볼 수 있다. O | X

44

15법원행시, 18서기보

부인이 남편명의로 분양받은 작은 규모의 아파트의 분양금을 납입하기 위한 명목으로 금전을 차용하여 분양금을 납입하였고, 그 아파트가 남편의 유일한 부동산으로서 가족들이 거주하고 있는 경우의 그 금전차용행위는 일상가사행위에 속한다. O | X

> **해설** **43 44** 일상가사의 구체적 범위
> 금전차용행위도 금액, 차용 목적, 실제의 지출용도, 기타의 사정 등을 고려하여 그것이 부부의 공동생활에 필요한 자금조달을 목적으로 하는 것이라면 일상가사에 속한다고 보아야 할 것이므로, 아파트 구입비용 명목으로 차용한 경우 그와 같은 비용의 지출이 부부공동체 유지에 필수적인 주거 공간을 마련하기 위한 것이라면 일상가사에 속한다고 볼 수 있다(대판 1999.3.9. 98다46877).
>
> **관련쟁점** 부부는 일상의 가사에 관하여 서로 대리권이 있으며(제827조 제1항), 부부의 일방이 일상가사에 관하여 제3자와 법률행위를 한 때에는 다른 일방은 이에 대하여 연대책임을 진다(제832조). 여기서 일상가사라 함은 부부가 가정공동생활을 영위함에 있어서 필요로 하는 통상의 사무를 말한다(대판 1997.11.28. 97다31229).

45

21법무사

협의상 이혼을 하려는 자는 가정법원이 제공하는 이혼에 관한 안내를 받아야 하고, 가정법원은 필요한 경우 당사자에게 상담에 관하여 전문적인 지식과 경험을 갖춘 전문상담인의 상담을 받을 것을 권고할 수 있다. O | X

정답 | **38** × **39** × **40** ○ **41** ○ **42** ○ **43** ○ **44** ○ **45** ○

46 11/14주사보

협의이혼의 당사자는 가정법원으로부터 이혼에 관한 안내를 받은 날부터, 양육하여야 할 자가 있는 경우에는 3개월, 없는 경우에는 1개월이 각 지난 후에 이혼의사의 확인을 받을 수 있다. O | X

해설 **제836조의2(이혼의 절차)** **45** ① 협의상 이혼을 하려는 자는 가정법원이 제공하는 이혼에 관한 안내를 받아야 하고, 가정법원은 필요한 경우 당사자에게 상담에 관하여 전문적인 지식과 경험을 갖춘 전문상담인의 상담을 받을 것을 권고할 수 있다.

46 ② 가정법원에 이혼의사의 확인을 신청한 당사자는 제1항의 안내를 받은 날부터 다음 각 호의 기간이 지난 후에 이혼의사의 확인을 받을 수 있다.

1. 양육하여야 할 자(포태 중인 자를 포함한다. 이하 이 조에서 같다)가 있는 경우에는 3개월
2. 제1호에 해당하지 아니하는 경우에는 1개월

47 21법무사

가정법원은 폭력으로 인하여 당사자 일방에게 참을 수 없는 고통이 예상되는 등 이혼을 하여야 할 급박한 사정이 있는 경우에 민법 제836조의2 제2항의 기간을 단축할 수 있으나, 면제할 수는 없다. O | X

해설 **제836조의2(이혼의 절차)** ③ 가정법원은 폭력으로 인하여 당사자 일방에게 참을 수 없는 고통이 예상되는 등 이혼을 하여야 할 급박한 사정이 있는 경우에는 제2항의 기간을 단축 또는 면제할 수 있다.

48 21법무사

당사자는 그 자의 양육에 관한 사항을 협의에 의하여 정하여야 하는데, 양육자의 결정, 양육비용의 부담, 면접교섭권의 행사 여부 및 그 방법에 관한 사항을 포함하여야 한다. O | X

49 14주사보

협의이혼을 하고자 하는 부부 사이에 양육하여야 할 자가 있는 경우 당사자는 양육에 관한 사항과 친권자 결정에 관한 각 협의서 또는 가정법원의 심판정본을 제출하여야 한다. O | X

해설 **48** **49** **제836조의2(이혼의 절차)** ④ 양육하여야 할 자가 있는 경우 당사자는 제837조에 따른 자(子)의 양육과 제909조제4항에 따른 자(子)의 친권자결정에 관한 협의서 또는 제837조 및 제909조제4항에 따른 가정법원의 심판정본을 제출하여야 한다.

50 21법무사

가정법원은 당사자가 협의한 양육비부담에 관한 내용을 확인하는 양육비부담조서를 작성하여야 한다. 이 경우 양육비부담조서의 효력에 대하여는 가사소송법 제41조를 준용한다. O | X

해설 **제836조의2(이혼의 절차)** ⑤ 가정법원은 당사자가 협의한 양육비부담에 관한 내용을 확인하는 양육비부담조서를 작성하여야 한다. 이 경우 양육비부담조서의 효력에 대하여는 「가사소송법」 제41조를 준용한다.

51

16법무사, 16/18사무관

이혼의 당사자가 자(子)의 양육에 관한 사항을 협의에 의하여 정하였더라도 필요한 경우 가정법원은 당사자의 청구게 의하여 언제든지 그 사항을 변경할 수 있다. 이는 당사자 사이의 협의가 재판상 화해에 의한 경우에도 마찬가지이다. O | X

해설 대결 1992.12.30. 92스17,18 참조

52

15법무사, 16주사보

협의상 이혼은 가정법원의 확인을 받아 가족관계의 등록 등에 관한 법률이 정한 바에 의하여 신고함으로써 그 효력이 생긴다. O | X

해설 협의이혼의사확인을 받았으나 그에 따른 이혼신고를 하지 않았다면 이혼의 효력이 발생하지 아니한다(대판 1983.7.12. 83므11).

53

20법무사

공무원이 착오로 협의이혼의사 철회신고서가 제출된 사실을 간과한 나머지 그 후에 제출된 협의이혼신고서를 수리하였다고 하더라도 협의상 이혼의 효력이 생길 수 없다. O | X

해설 협의이혼의사 철회신고서 접수 후 제출된 협의이혼신고서를 수리한 경우 협의상 이혼의 효력 발생 여부
부부가 이혼하기로 협의하고 가정법원의 협의이혼의사 확인을 받았다고 하더라도 호적법에 정한 바에 의하여 신고함으로써 협의이혼의 효력이 생기기 전에는 부부의 일방이 언제든지 협의이혼의사를 철회할 수 있는 것이어서, 협의이혼신고서가 수리되기 전에 협의이혼의사의 철회신고서가 제출되면 협의이혼신고서는 수리할 수 없는 것이므로, **설사 호적공무원이 착오로 협의이혼의사 철회신고서가 제출된 사실을 간과한 나머지 그 후에 제출된 협의이혼신고서를 수리하였다고 하더라도 협의상 이혼의 효력이 생길 수 없다**(대판 1994.2.8. 93도2869).

54

20서기보

일시적으로나마 법률상의 부부관계를 해소하려는 당사자 간의 합의하에 협의이혼신고가 된 이상, 그 협의이혼에 다른 목적이 있다 하더라도 양자 간에 이혼의 의사가 없다고 할 수 없고, 따라서 그 협의이혼은 무효로 되지 아니한다. O | X

해설 "협의이혼에 있어서의 이혼의 의사는 법률상의 부부관계를 해소하려는 의사를 말하므로, 일시적으로나마 그 법률상의 부부관계를 해소하려는 당사자 간의 합의하에 협의이혼신고가 된 이상, 그 협의이혼에 '다른 목적'이 있다 하더라도 양자간에 이혼의 의사가 없다고는 말할 수 없고 따라서 그 협의이혼은 무효로 되지 아니한다."(대판 1993.6.11. 93므11 등)라고 하여 判例는 사실상 **형식적 의사설**(신고의사설)의 입장이다.

정답 | 46 ○ 47 × 48 ○ 49 ○ 50 ○ 51 ○ 52 ○ 53 ○ 54 ○

55

15법무사

배우자의 생사가 5년 이상 분명하지 아니한 때 부부의 일방은 가정법원에 이혼을 청구할 수 있다. O | X

해설 **제840조(재판상 이혼원인)** 부부의 일방은 다음 각 호의 사유가 있는 경우에는 가정법원에 이혼을 청구할 수 있다.
4. 자기의 직계존속이 배우자로부터 심히 부당한 대우를 받았을 때

56

11사무관

재판상 이혼사유인 부정행위는 간통에 이르지 않은 행위라도 혼인의 순결과 부부간 정조의무에 위배되는 일체의 행위를 포괄하는 것이다. O | X

해설 민법 제840조 제1호 소정의 "부정한 행위"라 함은 배우자로서의 정조의무에 충실치 못한 일체의 행위를 포함하며 이른바 간통보다는 넓은 개념으로서 부정한 행위인지의 여부는 각 구체적 사안에 따라 그 정도와 상황을 참작하여 평가하여야 할 것이다"(대판 1992.11.10. 92므68).

➡ 고령이고 중풍으로 정교능력이 없어 실제로 정교를 갖지는 못하였다 하더라도 배우자 아닌 자와 동거한 행위는 배우자로서의 정조의무에 충실치 못한 것으로서 위 "가"항의 "부정한 행위"에 해당한다고 한 사례

57

출제예상

이혼소송의 원고가 민법 제840조 제2호 사유와 제6호 사유를 주장하는 경우 제2호 사유의 존부를 먼저 판단하고, 그것이 인정되지 않는 경우에 비로소 제6호의 원인을 최종적으로 판단하여야 한다. O | X

58

13서기보

재판상 이혼사유에 관한 민법 제840조는 동조가 규정하고 있는 각 호 사유마다 각 별개의 독립된 이혼사유를 구성하는 것이고, 이혼청구를 구하면서 위 각 호 소정의 수개의 사유를 주장하는 경우 법원은 그 중 어느 하나를 받아들여 청구를 인용할 수 있다. O | X

해설 **57 58** 재판상 이혼사유에 관한 민법 제840조는 동조가 규정하고 있는 각 호 사유마다 각 별개의 독립된 이혼사유를 구성하는 것이고, 이혼청구를 구하면서 위 각 호 소정의 수개의 사유를 주장하는 경우 법원은 그 중 어느 하나를 받아들여 청구를 인용할 수 있다(대판 2000.9.5. 99므1886).

관련판례 민법 제840조의 각 이혼사유는 그 각 사유마다 독립된 이혼청구원인이 되므로 법원은 원고가 주장한 이혼사유에 관하여서만 심판하여야 한다(대판 1963.1.31. 62다812).

59

출제예상

혼인기간 중 총 10여 차례에 이를 정도로 협의이혼 절차 또는 이혼소송 절차를 신청 내지 청구하였다가 취하하는 행위를 반복하는 등 더 이상 혼인관계를 유지하는 것이 무의미하고, 오히려 미성년 자녀의 복지를 해한다고 판단되는 경우 유책배우자의 이혼 청구를 예외적으로 허용할 수 있다. O | X

> **해설** 배우자에 대한 폭행 등으로 형사처벌을 받은 원고가 피고를 상대로 이혼청구 등을 구한 사건에서, 대법원 2015.9.15. 선고 2013므568 전원합의체 판결의 법리(⑤해설 참고)에 비추어 볼 때 유책배우자의 이혼청구를 허용할만한 예외적 사항이 있다고 판단하여 이혼청구를 인용한 원심판단에 대하여, 원심이 인정한 사정 등에 덧붙여 피고가 혼인관계를 회복하기 위한 노력을 기울이지 않으며, 혼인관계 지속이 미성년자녀의 복지를 해한다고 볼만한 사정 등을 인정할 수 있다고 보아 원심의 판단이 타당하다고 판단하여 상고기각한 사례(대판 2020.11.12. 2020므11818)

60

16서기보

유책주의를 채택하고 있는 우리 민법상 상대방이 이혼의 의사가 객관적으로 명백하나 다만, 오기나 보복적 감정에서 표면적으로 이혼에 불응하고 있는 경우라도, 혼인의 파탄에 전적인 책임이 있는 배우자의 이혼청구는 인용되지 않는다. O | X

61

16주사보

최근 대법원은 민법 제840조의 제6호 이혼사유에 관하여 유책배우자의 이혼청구를 원칙적으로 허용하지 아니하는 유책주의를 확인한 바 있다. O | X

62

출제예상

이혼을 청구하는 배우자의 유책성을 상쇄할 정도로 상대방 배우자 및 자녀에 대한 보호와 배려가 이루어진 경우이거나, 혼인생활의 파탄에 대한 유책성이 그 이혼청구를 배척해야 할 정도로 남아 있지 아니한 특별한 사정이 있는 경우에는 예외적으로 유책배우자의 이혼청구를 허용할 수 있다. O | X

> **해설** 유책배우자의 이혼청구를 허용할 수 있는지 여부(원칙적 소극)
> **60 判例는 유책배우자의 이혼청구(제840조 6호)를 배척하는 것이 기본입장이나,** ⅰ) 상대방도 이혼의 반소를 제기하여 **이혼의사**가 있는 경우나(대판 1987.12.8. 87므44), ⅱ) 상대방도 혼인을 계속할 의사가 없음이 객관적으로 명백한데도 오기나 보복적 감정에서 이혼에 응하지 아니하고 있을 뿐이라는 등 특별한 사정이 있는 경우는 예외적으로 유책배우자의 이혼청구권이 인정된다(대판 1969.12.9. 69므31)고 한다.
> **61 62** 그리고 **최근에는 전원합의체 판결을 통해 그 사유를 확대하였는바, "㉠ 이혼을 청구하는 배우자의 유책성을 상쇄할 정도로 상대방 배우자 및 자녀에 대한 보호와 배려가 이루어진 경우,** ㉡ 세월의 경과에 따라 혼인파탄 당시 현저하였던 유책배우자의 유책성과 상대방 배우자가 받은 정신적 고통이 점차 약화되어 쌍방의 책임의 경중을 엄밀히 따지는 것이 더 이상 무의미할 정도가 된 경우 등과 같이 **혼인생활의 파탄에 대한 유책성이 그 이혼청구를 배척해야 할 정도로 남아 있지 아니한 특별한 사정이 있는 경우**에는 예외적으로 유책배우자의 이혼청구를 허용할 수 있다"(대판 2015.9.15. 2013므568 전합)라고 한다.

63

15서기보

배우자 있는 부녀가 간통행위를 하고 이로 인하여 그 부녀가 배우자와 별거하거나 이혼하는 등으로 혼인관계를 파탄에 이르게 한 경우, 간통행위를 한 부녀는 그 자녀에 대하여도 불법행위책임을 부담한다. O | X

정답 | **55** × **56** ○ **57** × **58** ○ **59** ○ **60** × **61** ○ **62** ○ **63** ×

해설 부부 일방이 정조의무를 위반한 경우에, 이는 부정행위로서 이혼사유에 해당하고(제840조 1호), 그 일방은 상대방에 대하여 손해배상책임을 진다(제843조, 제806조). 그리고 부정행위의 상대방도 배우자 있음을 알면서 통정하였다면, 공동불법행위자로서 배상책임을 진다(제760조)(대판 2005.5.13. 2004다1899; 대판 2015.5.29. 2013므2441참고). 하지만 특별한 사정이 없는 한 정조의무를 위반한 부정행위자가 자녀들에 대해서도 불법행위책임을 지는 것은 아니다(대판 2005.5.13. 2004다1899).

64 15/17서기보

제3자가 부부의 일방과 부정행위를 함으로써 혼인의 본질에 해당하는 부부공동생활을 침해하거나 그 유지를 방해하고 그에 대한 배우자로서의 권리를 침해하여 배우자에게 정신적 고통을 가하는 행위는 원칙적으로 불법행위를 구성하며, 이때 부부의 일방과 제3자가 부담하는 불법행위책임은 공동불법행위책임으로서 부진정연대채무 관계에 있다. O | X

해설 제3자가 부부의 일방과 부정행위를 함으로써 혼인의 본질에 해당하는 부부공동생활을 침해하거나 유지를 방해하고 그에 대한 배우자로서의 권리를 침해하여 배우자에게 정신적 고통을 가하는 행위는 원칙적으로 불법행위를 구성한다. 그리고 부부의 일방과 제3자가 부담하는 불법행위책임은 공동불법행위책임으로서 부진정연대채무 관계에 있다(대판 2015.5.29. 2013므2441).

65 11법무사

민법 제840조 제6호의 기타 혼인을 계속하기 어려운 중대한 사유가 인정되기 위해서는 혼인관계가 심각하게 파탄되어 다시는 혼인에 적합한 생활공동관계를 회복할 수 없는 정도에 이른 객관적 사실이 있고, 혼인의 계속을 강요하는 것이 일방배우자에게 참을 수 없는 고통이 되어야 한다. O | X

해설 대판 2002.3.29. 2002므74

66 21법원행시

민법 제840조 제6호에서 정한 이혼사유인 '혼인을 계속하기 어려운 중대한 사유가 있을 때'란 부부간의 애정과 신뢰가 바탕이 되어야 할 혼인의 본질에 상응하는 부부공동생활관계가 회복할 수 없을 정도로 파탄되고 혼인생활의 계속을 강제하는 것이 일방 배우자에게 참을 수 없는 고통이 되는 경우를 말한다. 이를 판단할 때에는 혼인계속의사의 유무, 파탄의 원인에 관한 당사자의 책임 유무, 혼인생활의 기간, 자녀의 유무, 당사자의 연령, 이혼 후의 생활보장, 기타 혼인관계의 여러 사정을 두루 고려하여야 하고, 이러한 사정을 고려하여 부부의 혼인관계가 돌이킬 수 없을 정도로 파탄되었다고 인정된다면 그 파탄의 원인에 대한 원고의 책임이 피고의 책임보다 더 무겁다고 인정되지 않는 한 이혼 청구를 인용해야 한다. O | X

해설 대판 2010.7.15. 2010므1140

67 20법무사

혼인관계가 파탄에 이르렀음이 인정되는 경우에는 원고의 책임이 피고의 책임보다 더 무겁다고 인정되지 아니하는 한 이혼청구는 인용되어야 한다. O | X

68 13서기보

민법 제840조 제6호 소정의 이혼사유인 '혼인을 계속하기 어려운 중대한 사유가 있을 때'라 함은 부부공동생화로간계가 회복할 수 없을 정도로 파탄되고 그 혼인생활의 계속을 강제하는 것이 일방 배우자에게 참을 수 없는 고통이 되는 경우를 말하며, 제반사정을 고려하여 보아 부부의 혼인관계가 돌이킬 수 없을 정도로 파탄되었다고 인정된다면 그 파탄의 원인에 대한 원고의 책임이 피고의 책임보다 더 무겁다고 하더라도 원고의 이혼청구는 인용되어야 한다. O | X

> 해설 **67 68** 혼인관계가 쌍방의 책임이 있는 사유로 파탄에 이른 경우 그 책임의 경중을 가리지 아니하고 이혼심판청구를 배척함의 적부(소극)
> 민법 제840조 제6호 소정의 "기타 혼인을 계속하기 어려운 중대한 사유가 있을 때"에 해당함을 이혼사유로 한 이혼심판청구에 있어서 청구인과 피청구인 사이의 혼인관계가 **당사자 쌍방의 책임 있는 사유로 파탄에 이르게 된 경우에는 청구인의 책임이 피청구인의 책임보다 더 무겁다고 인정되지 아니하는 한 청구인의 이혼청구는 인용되어야 할 것**이므로 원심이 청구인과 피청구인 사이의 혼인관계가 당사자 쌍방의 책임있는 사유로 파탄에 이르게 되었다고 판단하면서도 그 책임의 경중을 가려보지 아니한 채 피청구인에게 책임있는 사유로 혼인을 계속하기 어려운 중대한 사유가 있다고 볼 수 없다는 이유로 청구인의 이혼청구를 배척한 것은 위 규정의 해석, 적용을 잘못하였거나 이유에 모순이 있다고 할 것이다(대판 1990.3.27. 88므375).

69 13서기보

혼인파탄에 있어 유책성은 혼인파탄의 원인에 된 사실에 기초하여 평가할 일이며 혼인관계가 완전히 파탄된 뒤에 있은 일을 가지고 따질 것은 아니다. O | X

> 해설 **유책배우자라고 하는 경우의 유책성은 혼인파탄의 원인이 된 사실에 기초하여 평가할 일이며 혼인관계가 완전히 파탄된 뒤에 있은 일을 가지고 따질 것은 아니다.** 혼인생활의 파탄을 초래하는 경위는 대체로 복잡 미묘하여 그 책임이 당사자 어느 한 쪽에만 있다고 확정할 수 없는 경우가 많으므로 부부간의 혼인관계가 돌이킬 수 없을 정도로 파탄되었다면 혼인청구인에게 전적으로 또는 주된 책임을 물어야 할 사유로 그 파탄의 원인이 조성된 경우가 아닌 이상 혼인청구는 허용되어야 한다(대판 1988.4.25. 87므9).

70 13서기보 변형

의사무능력 상태에 빠져 (구)민법상 금치산선고를 받은 자의 배우자에게 민법 제840조 각 호가 정한 이혼사유가 존재하고 나아가 금치산자의 이혼의사를 객관적으로 추정할 수 있는 경우에는, 민법 제940조에 의하여 배우자에서 변경된 후견인이 금치산자를 대리하여 그 배우자를 상대로 재판상 이혼을 청구할 수 있다. O | X

정답 | 64 ○ 65 ○ 66 ○ 67 ○ 68 × 69 ○ 70 ○

해설 후견인이 의사무능력 상태에 있는 금치산자를 대리하여 그 배우자를 상대로 재판상 이혼을 청구할 수 있는지 여부(적극)

의식불명의 식물상태와 같은 의사무능력 상태에 빠져 금치산선고를 받은 자의 배우자에게 부정행위나 악의의 유기 등과 같이 **민법 제840조 각 호가 정한 이혼사유가 존재하고 나아가 금치산자의 이혼의사를 객관적으로 추정할 수 있는 경우에는, 민법 제947조, 제949조에 의하여 금치산자의 요양·감호와 그의 재산관리를 기본적 임무로 하는 후견인**(민법 제940조에 의하여 배우자에서 변경된 후견인이다)**으로서는 의사무능력 상태에 있는 금치산자를 대리하여 그 배우자를 상대로 재판상 이혼을 청구할 수 있다**(대판 2010.4.29. 2009므639).

71

출제예상

甲은 乙과 혼인하여 A를 출산하고, 그 후 乙이 사망하자 丙과 재혼하였다. 그런데 甲은 丙으로부터 상습적으로 폭행을 당하자 丙을 상대로 이혼소송을 제기하였다. 다음 설명 중 옳은 것은? (다툼이 있는 경우에는 판례에 의함)

① 이혼소송 계속 중 甲이 사망하였다면, 甲의 소송상 지위는 A가 승계한다.

② 甲이 이혼소송 과정에서 재산분할청구를 병합하였는데 위 소송 계속 중 甲이 사망하였다면, 甲의 소송상 지위는 A가 승계한다.

③ 甲이 이혼소송 과정에서 위자료청구를 병합하였는데 위 소송 계속 중 甲이 사망하였다면, 甲의 소송상 지위는 A가 승계한다.

④ 만약 甲과 丙이 사실혼관계였을 경우, 甲이 丙과의 사실혼관계가 해소되었다고 주장하면서 재산분할심판청구를 제기한 후 심판 계속 중 사망하였다면, 재산분할심판은 종료된다.

해설 **이혼소송과 소송상 지위의 승계와 관련한 질문**이다.

① [×] **재판상 이혼청구권은 부부의 일신전속의 권리**이므로 이혼소송 계속 중 배우자의 일방이 사망한 때에는 상속인이 그 절차를 수계할 수 없다(대판 1994.10.28. 94므246,253).

② [×] **재산분할청구권은 이혼이 성립한 때에 비로소 발생**하므로(대판 2001.9.25. 2001므725,732), 이혼이 되기 전에(이혼소송 및 재산분할청구소송 도중에) 배우자 일방이 사망하면 이혼의 성립을 전제로 하여 이혼소송에 부대한 재산분할청구 역시 이를 유지할 이익이 상실되어 이혼소송의 종료와 동시에 종료된다(대판 1994.10.28. 94므246,253).

③ [○] **이혼에 따른 위자료 청구권은 불법행위책임의 성질을 가지므로 귀속상 일신전속적 권리라 할 수 없다.** 따라서 청구권자가 위자료의 지급을 구하는 소송을 제기함으로써 청구권을 행사할 의사가 외부적 객관적으로 명백하게 된 이상 이혼소송이 종료하더라도 소송은 승계될 수 있다(대판 1993.5.27. 92므143).

④ [×] 사실혼관계는 당사자 일방의 의사에 의해 해소될 수 있고 **재산분할심판청구시 사실혼관계가 이미 해소**되었으므로 사망한 상대방의 상속인이 승계하게 된다(대결 2009.2.9. 2008스105).

사실관계 사안은 사실혼관계의 당사자 중 일방인 乙이 의식불명이 되자 상대방인 甲이 일방적으로 사실혼관계의 해소를 주장하면서 재산분할심판청구를 하였는데, 그 재판 과정에서 乙이 사망한 사안에서 甲과 乙의 사실혼관계는 甲의 일방적 파기로 인해 해소되었고 이에 따라 甲은 乙에게 재산분할청구권을 가진다고 한 다음, 그 뒤 乙이 사망함으로 인하여 乙의 재산분할의무가 乙의 상속인들에게 승계되었음을 전제로 위 재산분할청구심판절차를 乙의 상속인들이 수계하여야한다고 판시한 사례이다.

참고판례 **사실혼관계가 일방 당사자의 사망에 의하여 종료된 경우**에는 생존한 배우자에게 상속권이 인정되지 않기 때문에 재산분할청구권이 인정될 필요성이 크지만, 대법원은 법률상 혼인관계가 일방 당사자의 사망으로 인하여 종료된 경우에도 생존 배우자에게 재산분할청구권이 인정되지 않으므로 이를 부정하였다(대판 2006.3.24. 2005두15595).

72 13법원행시

당사자 사이에 이미 재산분할에 관한 협의가 성립하였더라도 당사자 일방은 가정법원에 재산 분할청구를 할 수 있다. O | X

73 11주사보

재판상 이혼의 경우에는 이혼소송이 확정되기 전에 재산분할청구권을 행사하여야 한다. O | X

74 13주사보, 15법무사, 16서기보

협의상 이혼하는 경우 당사자 사이에 재산분할에 관하여 협의가 되지 아니하거나 협의할 수 없는 때에는 가정법원은 당사자의 청구에 의하여 당사자 쌍방의 협력으로 이룩한 재산의 액수 기타 사정을 참작하여 분할의 액수와 방법을 정한다. 위 재산분할청구권은 이혼한 날부터 2년을 경과한 때에는 소멸한다. O | X

75 16/20서기보, 18주사보

재산분할청구권은 이혼한 날부터 2년을 경과한 때에는 소멸한다. O | X

> 해설 **74 제839조의2(재산분할청구권)** ① 협의상 이혼한 자의 일방은 다른 일방에 대하여 재산분할을 청구할 수 있다.
>
> ➡ **73** 이혼소송이 확정되기 전에 반드시 행사하여야 하는 것은 아니다.
>
> ② 제1항의 재산분할에 관하여 협의가 되지 아니하거나 협의할 수 없는 때에는 가정법원은 당사자의 청구에 의하여 당사자 쌍방의 협력으로 이룩한 재산의 액수 기타 사정을 참작하여 분할의 액수와 방법을 정한다.
>
> ➡ **72** 협의가 성립되었다면 재산분할을 청구할 수 없다.
>
> **75** ③ 제1항의 재산분할청구권은 이혼한 날부터 2년을 경과한 때에는 소멸한다.」

76 13법원행시, 16법무사, 18사무관

재산분할청구권은 이혼한 날부터 2년 내에 행사하여야 하고 그 기간이 경과하면 소멸되어 이를 청구할 수 없는 바, 이때의 2년이라는 기간은 일반 소멸시효기간이 아니라 제척기간으로서 그 기간이 도과하였는지 여부는 당사자의 주장에 관계없이 법원이 당연히 조사하여 고려할 사항이다. O | X

> 해설 대판 1994.9.9. 94다17536

정답 | 71 ③ 72 × 73 × 74 ○ 75 ○ 76 ○

77 14서기보

혼인 중에 부부가 협력하여 이룩한 재산이 있는 경우에는 혼인관계의 파탄에 대하여 책임이 있는 배우자라도 재산의 분할을 청구할 수 있다. O | X

78 13서기보, 13주사보

혼인관계의 파탄에 대하여 책임이 있는 배우자는 재산분할청구권이 없다. O | X

> **해설** **77 78** 부부가 혼인 중에 취득한 실질적인 공동재산에 대하여 유책배우자도 재산분할청구권이 있는지 여부(적극)
> 혼인 중에 부부가 협력하여 이룩한 재산이 있는 경우에는 혼인관계의 파탄에 대하여 책임이 있는 배우자라도 재산의 분할을 청구할 수 있다(대결 1993.5.11. 93스6).

79 14서기보

재산분할비율은 개별재산에 대한 기여도에 의해서 정해지는 것이 아니라, 전체 재산에 대한 기여도 기타 모든 사정을 고려하여 정해지는 것이다. O | X

80 11법원행시

법원이 분할대상재산들을 개별적으로 구분하여 분할비율을 달리 정함으로써 분할할 적극재산의 가액을 임의로 조정하는 것은 허용될 수 없다. O | X

> **해설** **79 80** 민법 제839조의2 제2항의 취지에 비추어볼 때, 재산분할비율은 개별재산에 대한 기여도를 일컫는 것이 아니라 기여도 기타 모든 사정을 고려하여 전체로서의 형성된 재산에 대하여 상대방 배우자로부터 분할받을 수 있는 비율을 일컫는 것이라고 봄이 상당하므로, 법원이 합리적 근거 없이 적극재산과 소극재산을 구별하여 분담비율을 달리 정한다거나, 분할대상 재산들을 개별적으로 구분하여 분할비율을 달리 정함으로써 분할할 적극재산의 가액을 임의로 조정하는 것은 허용되지 않는다(대판 2006.9.14. 2005다74900).

81 11법원행시

성년이 된 자녀들에게 이혼하는 부부의 일방이 부양의무를 지는 경우, 이는 부부의 이혼으로 인하여 이혼 배우자에게 지급할 위자료나 재산분할의 액수를 정하는 데 참작되어야 한다. O | X

> **해설** 이혼 배우자에게 지급할 위자료나 재산분할의 액수를 정함에 있어서 성년에 달한 자녀들에 대한 부양의무 부담의 사정을 참작하여야 하는지 여부(소극)
> 이혼하는 부부의 자녀들이 이미 모두 성년에 달한 경우, 부(父)가 자녀들에게 부양의무를 진다 하더라도 이는 어디까지나 부(父)와 자녀들 사이의 법률관계일 뿐, 이를 부부의 이혼으로 인하여 이혼 배우자에게 지급할 위자료나 재산분할의 액수를 정하는 데 참작할 사정으로 볼 수는 없다(대판 2003.8.19. 2003므941).

82 15/18주사보, 18법원행시

이혼에 따른 재산분할을 함에 있어서는 정신적 손해(위자료)를 배상하기 위한 급부로서의 성질까지 포함하여 분할할 수는 없다. O | X

해설 이혼에 따른 재산분할을 함에 있어 정신적 손해(위자료)를 배상하기 위한 급부로서의 성질까지 포함하여 분할할 수 있는지 여부(적극)
이혼에 있어서 재산분할은 부부가 혼인 중에 가지고 있었던 실질상의 공동재산을 청산하여 분배함과 동시에 이혼 후에 상대방의 생활유지에 이바지하는 데 있지만, 분할자의 유책행위에 의하여 이혼함으로 인하여 입게 되는 정신적 손해(위자료)를 배상하기 위한 급부로서의 성질까지 포함하여 분할할 수도 있다고 할 것인바, 재산분할의 액수와 방법을 정함에 있어서는 당사자 쌍방의 협력으로 이룩한 재산의 액수 기타 사정을 참작하여야 하는 것이 민법 제839조의2 제2항의 규정상 명백하므로 재산분할자가 이미 채무초과의 상태에 있다거나 또는 어떤 재산을 분할한다면 무자력이 되는 경우에도 분할자가 부담하는 채무액 및 그것이 공동재산의 형성에 어느 정도 기여하고 있는지 여부를 포함하여 재산분할의 액수와 방법을 정할 수 있다고 할 것이고, 재산분할자가 당해 재산분할에 의하여 무자력이 되어 일반채권자에 대한 공동담보를 감소시키는 결과가 된다고 하더라도 그러한 재산분할이 민법 제839조의2 제2항의 규정 취지에 반하여 상당하다고 할 수 없을 정도로 과대하고, 재산분할을 구실로 이루어진 재산처분이라고 인정할 만한 특별한 사정이 없는 한 사해행위로서 채권자취소권의 대상이 되지 아니하고, 위와 같은 특별한 사정이 있어 사해행위로서 채권자취소권의 대상이 되는 경우에도 취소되는 범위는 그 상당한 부분을 초과하는 부분에 한정된다고 할 것이다(대판 2001.5.8. 2000다58804).

83 17법원행시

혼인이 해소되기 전에 미리 재산분할청구권을 포기하는 것은 성질상 허용되지 않는다. O | X

해설 대판 2003.3.25. 2002므1787 참조

84 11법원행시

분할대상이 되는 재산은 적극재산이거나 소극재산이거나 그 액수가 대략적으로나마 확정되어야 한다. O | X

해설 분할대상이 되는 재산은 적극재산이거나 소극재산이거나 그 액수가 대략적으로나마 확정되어야 할 것이다(대판 1999.6.11. 96므1397).

85 11주사보, 18법원행시

부부 일방의 특유재산은 원칙적으로 분할의 대상이 되지 아니하나, 특유재산일지라도 다른 일방이 적극적으로 그 특유재산의 유지에 협력하여 그 감소를 방지하였거나, 그 증식에 협력하였다고 인정되는 경우에는 분할의 대상이 될 수 있다. O | X

정답 | 77 ○ 78 × 79 ○ 80 ○ 81 × 82 × 83 ○ 84 ○ 85 ○

해설 민법 제839조의2에 규정된 재산분할제도는 혼인 중에 취득한 실질적인 공동재산을 청산 분배하는 것을 주된 목적으로 하는 것이므로, 부부가 재판상 이혼을 할 때 쌍방의 협력으로 이룩한 재산이 있는 한, 법원으로서는 당사자의 청구에 의하여 그 재산의 형성에 기여한 정도 등 당사자 쌍방의 일체의 사정을 참작하여 분할의 액수와 방법을 정하여야 하는바, 이 경우 **부부 일방의 특유재산은 원칙적으로 분할의 대상이 되지 아니하나 특유재산일지라도 다른 일방이 적극적으로 그 특유재산의 유지에 협력하여 그 감소를 방지하였거나 그 증식에 협력하였다고 인정되는 경우에는 분할의 대상이 될 수 있다** (대판 1998.2.13. 97므1486).

참고판례 判例는 妻의 가사노동도 재산조성에 대한 협력으로 취급함으로써 구체적인 증명이 없더라도 일방의 특유재산에 대한 재산분할청구의 길을 열어놓고 있다(대결 1993.5.11. 93스6 등).

비교판례 判例는 "민법이 혼인 중 부부일방의 명의로 취득한 재산에 대해서 그 일방의 특유재산으로 하는 것은 부부 내부관계에서는 '추정적 효과' 밖에 생기지 않으므로, 실질적으로 다른 일방 또는 쌍방이 그 재산의 대가를 부담하여 취득한 것이 증명된 때에는 그 추정은 깨어지고 다른 일방의 소유이거나 쌍방의 공유"라고 보면서(대판 1992.8.14. 92다16171), 일반적으로 금전적 대가 지급, 공동채무 부담 등 '유형적 기여'가 있어야 특유재산의 추정을 번복할 사유가 된다고 하며, "단순히 협력이 있었다거나 결혼생활에 내조의 공이 있었다는 것만으로는 이에 해당하지 않는다."라고 한다(대판 1986.9.9. 85다카1337,1338).

86

16사무관, 16법무사

부부가 이혼하는 경우 일방이 혼인 중 제3자에게 부담한 채무는 일상가사에 관한 것 이외에는 원칙적으로 그 개인의 채무로서 청산의 대상이 되지 않으나 그것이 공동재산의 형성·유지에 수반하여 부담한 채무인 때에는 청산의 대상이 되며, 그 채무로 인하여 취득한 특정 적극재산이 남아있지 않더라도 그 채무부담행위가 부부 공동의 이익을 위한 것으로 인정될 때에는 혼인 중의 공동재산의 형성·유지에 수반하는 것으로 보아 청산의 대상이 된다. O | X

해설 부부 일방이 혼인 중에 부담한 제3자에 대한 채무가 이혼시 청산대상이 되는 경우
현행 부부재산제도는 부부별산제를 기본으로 하고 있어 부부 각자의 채무는 각자가 부담하는 것이 원칙이므로 **부부가 이혼하는 경우 일방이 혼인 중 제3자에게 부담한 채무는 일상가사에 관한 것 이외에는 원칙적으로 그 개인의 채무로서 청산의 대상이 되지 않으나 그것이 공동재산의 형성·유지에 수반하여 부담한 채무인 때에는 청산의 대상이 되며, 그 채무로 인하여 취득한 특정 적극재산이 남아있지 않더라도 그 채무부담행위가 부부 공동의 이익을 위한 것으로 인정될 때에는 혼인 중의 공동재산의 형성·유지에 수반하는 것으로 보아 청산의 대상이 된다**(대판 2006.9.14. 2005다74900).

87

14/16/20서기보, 15주사보, 20법원행시

부부 일방이 이혼 당시에 아직 퇴직하지 않은 채 직장에 근무하고 있는 경우, 퇴직급여채권은 재산분할의 대상에 포함될 수 있고, 그 채권의 범위는 이혼소송의 사실심 변론종결 시점을 기준으로 그 시점에 퇴직할 경우 수령할 수 있을 것으로 예상되는 퇴직급여 상당액이다. O | X

해설 분할의 대상이 되는 재산 – 장차 수령할 퇴직급여
부부 일방이 아직 재직 중이어서 실제 퇴직급여를 수령하지 않았더라도 이혼소송의 사실심 변론종결시에 이미 잠재적으로 존재하여 그 경제적 가치의 현실적 평가가 가능한 재산인 퇴직급여채권은 재산분할의 대상에 포함시킬 수 있으며, 구체적으로는 이혼소송의 사실심 변론종결시를 기준으로 그 시점에서 퇴직할 경우 수령할 수 있을 것으로 예상되는 퇴직급여 상당액의 채권이 그 대상이 된다고 할 것이다(대판 2014.7.16. 2013므2250 전합).

88 12법무사

이혼소송의 사실심변론종결 당시에 부부 중 일방이 직장에서 일하다가 명예퇴직을 하고 통상의 퇴직금 이외에 별도로 명예퇴직금 명목의 금원을 수령하였다고 하더라도 그 명예퇴직금은 재산분할의 대상으로 삼을 수 없다. O | X

> 해설 **재판상 이혼을 전제로 한 재산분할에서 분할의 대상이 되는 재산과 그 액수는 이혼소송의 사실심 변론종결일을 기준으로 하여 정하여야 하는데, 이혼소송의 사실심 변론종결 당시에 부부 중 일방이 직장에서 일하다가 명예퇴직을 하고 통상의 퇴직금 이외에 별도로 명예퇴직금 명목의 돈을 이미 수령한 경우**, 명예퇴직금이 정년까지 계속 근로로 받을 수 있는 수입의 상실이나 새로운 직업을 얻기 위한 비용지출 등에 대한 보상의 성격이 강하다고 하더라도 **일정기간 근속을 요건으로 하고 상대방 배우자의 협력이 근속 요건에 기여하였다면, 명예퇴직금 전부를 재산분할의 대상으로 삼을 수 있다.** 다만 법원은 상대방 배우자가 근속 요건에 기여한 정도, 이혼소송 사실심 변론종결일부터 정년까지의 잔여기간 등을 민법 제839조의2 제2항이 정한 재산분할의 액수와 방법을 정하는 데 필요한 기타 사정으로 참작할 수 있다(대판 2011.7.14. 2009므2628).

89 12법무사, 16사무관

제3자 명의의 재산이라도 그것이 부부 중 일방에 의하여 명의신탁된 재산 또는 부부의 일방이 실질적으로 지배하고 있는 재산으로서 부부 쌍방의 협력에 의하여 형성된 것, 부부 쌍방의 협력에 의하여 형성된 유형, 무형의 자원에 기한 것 또는 그 유지를 위하여 상대방의 가사노동 등이 직, 간접으로 기여한 것이라면 그와 같은 사정도 참작하여야 한다는 의미에서 재산분할의 대상이 된다. O | X

> 해설 대결 2009.6.9. 2008스111 참조
> 반면, 부부 공동명의의 부동산이 분할대상임을 전제로 일방에게는 지분의 이전등기를, 타방에게는 금전의 지급을 각 명한 재산분할재판이 확정된 후에, 그 부동산이 제 3자가 명의신탁한 것임이 밝혀진 경우에는 일방이 타방에 대하여 금전지급의무의 이행을 강제할 수 없다(대판 2003.2.28. 2000므582).

90 13서기보, 18법원행시

부부의 일방이 실질적으로 혼자서 지배하고 있는 주식회사라고 하더라도 그 회사 소유의 재산을 바로 그 개인의 재산으로 평가하여 재산분할의 대상에 포함시킬 수는 없다. O | X

> 해설 **부부의 일방이 실질적으로 혼자서 지배하고 있는 주식회사(이른바 '1인 회사')라고 하더라도** 그 회사 소유의 재산을 바로 그 개인의 재산으로 평가하여 재산분할의 대상에 포함시킬 수는 없다. 주식회사와 같은 기업의 재산은 다양한 자산 및 부채 등으로 구성되는 것으로서, 그 회사의 재산에 대하여는 일반적으로 이를 종합적으로 평가한 후에야 1인 주주에 개인적으로 귀속되고 있는 재산가치를 산정할 수 있을 것이다. 따라서 그의 **이혼에 있어서 재산분할에 의한 청산을 함에 있어서는 특별한 사정이 없는 한 회사의 개별적인 적극재산의 가치가 그대로 1인 주주의 적극재산으로서 재산분할의 대상이 된다고 할 수 없다**(대판 2011.3.10. 2010므4699).

정답 | 86 ○ 87 ○ 88 × 89 ○ 90 ○

91 16서기보

재산분할재판에서 분할대상인지 여부가 전혀 심리된 바 없는 재산이 재판확정 후 추가로 발견된 경우라도 이에 대하여 추가로 재산분할청구를 할 수는 없다. O | X

해설 재산분할재판에서 분할대상인지 여부가 전혀 심리된 바 없는 재산이 재판확정 후 추가로 발견된 경우에는 이에 대하여 추가로 재산분할청구를 할 수 있다. 다만 추가 재산분할청구 역시 이혼한 날부터 2년 이내라는 제척기간을 준수하여야 한다(대결 2018.6.22. 2018스18).

92 출제예상

국민연금법 제64조에 규정된 '이혼배우자의 분할연금 수급권'은 민법상 재산분할청구권의 대상이 된다. O | X

해설 **국민연금법 제64조에 규정된 이혼배우자의 분할연금 수급권은** 이혼한 배우자에게 전 배우자가 혼인 기간 중 취득한 노령연금 수급권에 대해서 그 연금 형성에 기여한 부분을 인정하여 청산·분배를 받을 수 있도록 하는 한편, 가사노동 등으로 직업을 갖지 못하여 국민연금에 가입하지 못한 배우자에게도 상대방 배우자의 노령연금 수급권을 기초로 일정 수준의 노후 소득을 보장하려는 취지에서 마련된 것이다(헌재 2016.12.29. 2015헌바182 결정 참조). 이는 **민법상 재산분할청구권과는 구별되는 것으로 국민연금법에 따라 이혼배우자가 국민연금공단으로부터 직접 수령할 수 있는 이혼배우자의 고유한 권리이다**(대판 2019.6.13. 2018두65088).

93 출제예상

부부 일방이 혼인 중 제3자에게 부담한 채무는 일상가사에 관한 것 이외에는 원칙적으로 개인의 채무로서 청산대상이 되지 않으나 공동재산의 형성에 수반하여 부담한 채무인 경우에는 청산대상이 된다. O | X

해설 재산분할 – 부부 일방이 혼인 중 제3자에게 부담한 채무
채무가 일상가사에 관한 것이 아닌 경우에는 원칙적으로 개인채무로서 청산대상이 되지 않으나, 공동재산의 형성에 수반하여 부담한 채무인 경우에는 청산대상이 된다(대판 1998.2.13. 97므1486). 예를 들어, 判例는 혼인생활 중 쌍방의 협력으로 취득한 부동산에 관하여 부부의 일방이 부담하는 임대차보증금반환채무는 특별한 사정이 없는 한, 혼인 중 재산의 형성에 수반한 채무로서 청산의 대상이 된다고 하였다(대판 2011.3.10. 2010므4699,4705,4712).

94 21법원행시

이혼으로 인한 재산분할청구권은 협의 또는 심판에 의하여 그 구체적 내용이 형성되기까지는 그 범위 및 내용이 불명확·불확정하나 이를 보전하기 위하여 채권자대위권을 행사할 수 없는 것은 아니다. O | X

해설 이혼으로 인한 재산분할청구권은 협의 또는 심판에 의하여 그 구체적 내용이 형성되기까지는 그 범위 및 내용이 불명확·불확정하기 때문에 구체적으로 권리가 발생하였다고 할 수 없으므로 이를 보전하기 위하여 채권자대위권을 행사할 수 없고, 위자료청구권을 피보전권리로 하는 경우에도 채무자의 무자력이 인정되지 아니하는 한 보전의 필요성이 있다고 할 수 없어 권리보호의 자격이 없다(대판 1999.4.9. 98다58016).

95

16/19/20서기보

협의 또는 심판에 의하여 구체적 내용이 형성되기 전에 이혼으로 인한 재산분할청구권을 포기하는 행위는 채권자 취소권의 대상이 될 수 없다. O | X

해설 구체화되지 않은 재산분할청구권의 포기가 사해행위가 될 수 있는지 여부(소극)
이혼으로 인한 재산분할청구권은 이혼을 한 당사자의 일방이 다른 일방에 대하여 재산분할을 청구할 수 있는 권리로서 이혼이 성립한 때에 그 법적 효과로서 비로소 발생하는 것일 뿐만 아니라, **협의 또는 심판에 의하여 구체적 내용이 형성되기까지는 그 범위 및 내용이 불명확·불확정하기 때문에 구체적으로 권리가 발생하였다고 할 수 없으므로** 협의 또는 심판에 의하여 구체화되지 않은 재산분할청구권은 채무자의 책임재산에 해당하지 아니하고, 이를 포기하는 행위 또한 **채권자취소권의 대상이 될 수 없다**(대판 2013.10.11. 2013다7936).

96

출제예상

이미 채무초과 상태에 있는 채무자가 이혼할 때 자신의 배우자에게 재산분할로 일정한 재산을 양도하게 됨으로써 결과적으로 일반채권자에 대한 공동담보가 감소된 경우, 그 재산분할은 원칙적으로 사해행위에 해당한다. O | X

해설 **이혼에 따른 재산분할은 혼인 중 쌍방의 협력으로 형성된 공동재산의 청산이라는 성격에 상대방에 대한 부양적 성격이 가미된 제도임에 비추어**, 이미 채무초과 상태에 있는 채무자가 이혼을 하면서 배우자에게 재산분할로 일정한 재산을 양도함으로써 결과적으로 일반 채권자에 대한 공동담보를 감소시키는 결과로 되어도, 그 재산분할이 민법 제839조의2 제2항의 규정 취지에 따른 **상당한 정도를 벗어나는 과대한 것이라고 인정할 만한 특별한 사정이 없는 한, 사해행위로서 취소되어야 할 것은 아니고**, 다만 상당한 정도를 벗어나는 초과부분에 대하여는 적법한 재산분할이라고 할 수 없기 때문에 이는 사해행위에 해당하여 취소의 대상으로 될 수 있을 것이나, 이 경우에도 취소되는 범위는 그 상당한 정도를 초과하는 부분에 한정하여야 하고, 위와 같이 상당한 정도를 벗어나는 과대한 재산분할이라고 볼 만한 특별한 사정이 있다는 점에 관한 입증책임은 채권자에게 있다(대판 2000.9.29. 2000다25569).

비교판례 i) **상속재산의 분할협의는** 상속이 개시되어 공동상속인 사이에 잠정적 공유가 된 상속재산에 대하여 그 전부 또는 일부를 각 상속인의 단독소유로 하거나 새로운 공유관계로 이행시킴으로써 상속재산의 귀속을 확정시키는 것으로 **그 성질상 재산권을 목적으로 하는 법률행위이므로 사해행위취소권 행사의 대상이 될 수 있다.** ii) 채무초과 상태에 있는 채무자가 상속재산의 분할협의를 하면서 상속재산에 관한 권리를 포기함으로써 결과적으로 일반 채권자에 대한 공동담보가 감소되었다 하더라도, 그 재산분할결과가 채무자의 구체적 상속분에 상당하는 정도에 미달하는 과소한 것이라고 인정되지 않는 한 사해행위로서 취소되어야 할 것은 아니고, 구체적 상속분에 상당하는 정도에 미달하는 과소한 경우에도 사해행위로서 취소되는 범위는 그 미달하는 부분에 한정하여야 한다. 이때 지정상속분이나 기여분, 특별수익 등의 존부 등 구체적 상속분이 법정상속분과 다르다는 사정은 채무자가 주장·입증하여야 할 것이다(대판 2001.2.9. 2000다51797).

97

16/17서기보, 16/18사무관, 19법원행시

아직 이혼하지 않은 당사자가 장차 협의상 이혼할 것을 약정하면서 이를 전제로 하여 위 재산분할에 관한 협의를 하는 경우에 있어서, 당사자 일방이 제기한 이혼청구의 소에 의하여 재판상 이혼이 이루어진 경우라면 위 협의는 조건의 불성취로 인하여 효력이 발생하지 않는다고 보아야 한다. O | X

정답 | 91 × 92 × 93 ○ 94 × 95 ○ 96 × 97 ○

해설 재산분할에 관한 협의는 혼인중 당사자 쌍방의 협력으로 이룩한 재산의 분할에 관하여 이미 이혼을 마친 당사자 또는 아직 이혼하지 않은 당사자 사이에 행하여지는 협의를 가리키는 것인바, 그 중 아직 이혼하지 않은 당사자가 장차 협의상 이혼할 것을 약정하면서 이를 전제로 하여 위 재산분할에 관한 협의를 하는 경우에 있어서는, 특별한 사정이 없는 한, 장차 당사자 사이에 협의상 이혼이 이루어질 것을 조건으로 하여 조건부 의사표시가 행하여지는 것이라 할 것이므로, 그 협의 후 당사자가 약정한대로 협의상 이혼이 이루어진 경우에 한하여 그 협의의 효력이 발생하는 것이지, 어떠한 원인으로든지 협의상 이혼이 이루어지지 아니하고 혼인관계가 존속하게 되거나 당사자 일방이 제기한 이혼청구의 소에 의하여 재판상이혼(화해 또는 조정에 의한 이혼을 포함한다)이 이루어진 경우에는, 위 협의는 조건의 불성취로 인하여 효력이 발생하지 않는다(대판 2003.8.19. 2001다14061).

98 13/20법무사

재판상의 이혼청구권은 부부의 일신전속적 권리이므로 이혼소송의 계속 중 배우자의 어느 일방이 사망한 때에 그 상속인이 수계를 할 수는 없으나, 검사가 이를 수계하여 그 소송의 종료를 막을 수 있다. O | X

해설 이혼소송의 계속 중 당사자 일방이 사망하면 소송이 종료되는지 여부
재판상의 이혼청구권은 부부의 일신전속의 권리이므로 이혼소송 계속중 배우자의 일방이 사망한 때에는 상속인이 그 절차를 수계할 수 없음은 물론이고, 또 그러한 경우에 검사가 이를 수계할 수 있는 특별한 규정도 없으므로 이혼소송은 종료된다(대판 1993.5.27. 92므143).

99 20법원행시

이혼소송과 재산분할청구가 병합된 경우, 배우자 일방이 사망하면 이혼의 성립을 전제로 하여 이혼소송에 부대한 재산분할청구 역시 이를 유지할 이익이 상실되어 이혼소송의 종료와 동시에 종료된다. O | X

해설 대판 1994.10.28. 94므246

100 13법무사

이혼위자료청구권은 상대방 배우자의 유책불법한 행위에 의하여 혼인관계가 파탄상태에 이르러 이혼하게 된 경우 그로 인하여 입게 된 정신적 고통을 위자하기 위한 손해배상청구권으로서 이혼시점에서 확정, 평가되고 이혼에 의하여 비로소 창설되는 것이 아니다. O | X

101 17주사보

이혼소송 계속 중 배우자의 일방이 사망한 때에는 이혼소송은 종료되고, 이혼소송의 위자료청구가 병합된 경우 위자료청구도 종료된다. O | X

102

12주사보

이혼에 따른 위자료청구권은 일신전속권 권리이므로, 청구권자가 위자료의 지급을 구하는 소송을 제기함으로써 청구권을 행사할 의사가 외부적·객관적으로 명백하게 되었다고 하더라도 양도나 상속 등 승계가 되지 않는다. O I X

해설 이혼위자료청구권이 행사상 일신전속권으로서 승계가 가능한지 여부(적극)

100 이혼위자료청구권은 상대방 배우자의 유책불법한 행위에 의하여 혼인관계가 파탄상태에 이르러 이혼하게 된 경우 그로 인하여 입게 된 정신적 고통을 위자하기 위한 손해배상청구권으로서 이혼시점에서 확정, 평가되고 이혼에 의하여 비로소 창설되는 것이 아니며, **101 102** 이혼위자료청구권의 양도 내지 승계의 가능 여부에 관하여 민법 제806조 제3항은 약혼해제로 인한 손해배상청구권에 관하여 정신상 고통에 대한 손해배상청구권은 양도 또는 승계하지 못하지만 당사자간에 배상에 관한 계약이 성립되거나 소를 제기한 후에는 그러하지 아니하다고 규정하고 같은 법 제843조가 위 규정을 재판상 이혼의 경우에 준용하고 있으므로 이혼위자료청구권은 원칙적으로 일신전속적 권리로서 양도나 상속 등 승계가 되지 아니하나 이는 행사상 일신전속권이고 귀속상 일신전속권은 아니라 할 것인바, 그 청구권자가 위자료의 지급을 구하는 소송을 제기함으로써 청구권을 행사할 의사가 외부적 객관적으로 명백하게 된 이상 양도나 상속 등 승계가 가능하다(대판 1993.5.27. 92므143).

103

11사무관, 18법원행시

이혼이 성립하기 전에 이혼소송과 병합하여 재산분할청구를 하고, 법원이 이혼과 동시에 재산분할을 명하는 판결을 하는 경우에도 이혼판결이 확정되지 아니한 상태이므로 가집행을 허용할 수 없다. O I X

해설 이혼시 재산분할청구권 – 이혼소송과 병합하여 재산분할청구를 하여 법원이 이혼과 동시에 재산분할을 명하는 경우, 가집행선고를 붙일 수 있는지 여부(소극)

민법상의 재산분할청구권은 이혼을 한 당사자의 일방이 다른 일방에 대하여 재산분할을 청구할 수 있는 권리로서 이혼이 성립한 때에 그 법적 효과로서 비로소 발생하는 것이므로, 당사자가 이혼이 성립하기 전에 이혼소송과 병합하여 재산분할의 청구를 하고, 법원이 이혼과 동시에 재산분할을 명하는 판결을 하는 경우에도 이혼판결은 확정되지 아니한 상태이므로, 그 시점에서 가집행을 허용할 수는 없다(대판 1998.11.13. 98므1193).

비교판례 이혼 당사자 사이 양육비 청구사건 – 민법 제837조에 따른 이혼 당사자 사이의 양육비 청구사건이 즉시항고와 가집행선고의 대상이 되는지 여부(적극)

가사소송법 제42조 제1항은 "재산상의 청구 또는 유아의 인도에 관한 심판으로서 즉시항고의 대상이 되는 심판에는 담보를 제공하게 하지 아니하고 가집행할 수 있음을 명하여야 한다"라고 규정하고, 가사소송규칙 제94조 제1항은 마류 가사비송사건의 심판에 대하여는 청구인과 상대방이 즉시항고를 할 수 있다고 규정하고 있는바, 민법 제837조에 따른 이혼 당사자 사이의 양육비 청구사건은 마류 가사비송사건으로서 즉시항고의 대상에 해당하고, 가집행선고의 대상이 된다(대판 2014.9.4. 2012므1656).

104

19사무관, 20법원행시

당사자가 이혼소송과 병합하여 재산분할청구를 하는 경우에는 법원이 이혼과 동시에 재산분할로서 금전의 지급을 명하는 판결이 확정되기 전이라도 재산분할청구권을 양도할 수 있다. O I X

정답 | 98 × 99 ○ 100 ○ 101 × 102 × 103 ○ 104 ×

해설 당사자가 이혼이 성립하기 전에 이혼소송과 병합하여 재산분할의 청구를 한 경우, 재산분할청구권을 미리 양도하는 것이 허용되는지 여부(소극)
이혼으로 인한 재산분할청구권은 이혼을 한 당사자의 일방이 다른 일방에 대하여 재산분할을 청구할 수 있는 권리로서, 이혼이 성립한 때에 법적 효과로서 비로소 발생하며, 또한 협의 또는 심판에 의하여 구체적 내용이 형성되기 전까지는 범위 및 내용이 불명확·불확정하기 때문에 구체적으로 권리가 발생하였다고 할 수 없다. 따라서 **당사자가 이혼이 성립하기 전에 이혼소송과 병합하여 재산분할의 청구를 한 경우에, 아직 발생하지 아니하였고 구체적 내용이 형성되지 아니한 재산분할청구권을 미리 양도하는 것은 성질상 허용되지 아니하며, 법원이 이혼과 동시에 재산분할로서 금전의 지급을 명하는 판결이 확정된 이후부터 채권 양도의 대상이 될 수 있다**(대판 2017.9.21. 2015다61286).

105

20법원행시

재산분할재판에서 분할대상인지 여부가 전혀 심리된 바 없는 재산이 재판확정 후 추가로 발견된 경우에는 이에 대하여 추가로 재산분할청구를 할 수 있다. 다만 추가 재산분할청구 역시 이혼한 날부터 2년 이내라는 제척기간을 준수하여야 한다. O | X

해설 재산분할재판에서 분할대상인지 여부가 전혀 심리된 바 없는 재산이 재판확정 후 추가로 발견된 경우에는 이에 대하여 추가로 재산분할청구를 할 수 있다(대판 2003.2.28. 2000므582).

제839조의2(재산분할청구권) ① 협의상 이혼한 자의 일방은 다른 일방에 대하여 재산분할을 청구할 수 있다.
② 제1항의 재산분할에 관하여 협의가 되지 아니하거나 협의할 수 없는 때에는 가정법원은 당사자의 청구에 의하여 당사자 쌍방의 협력으로 이룩한 재산의 액수 기타 사정을 참작하여 분할의 액수와 방법을 정한다.
③ **제1항의 재산분할청구권은 이혼한 날부터 2년을 경과한 때에는 소멸한다.**

106

15/20법원행시, 16법무사, 18사무관

재산분할제도의 취지에 비추어 허용될 수 없는 경우가 아니라면, 이미 발생한 공무원 퇴직연금수급권도 부동산 등과 마찬가지로 재산분할의 대상에 포함될 수 있고, 구체적으로는 연금수급권자인 배우자가 매월 수령할 퇴직연금액 중 일정 비율에 해당하는 금액을 상대방 배우자에게 정기적으로 지급하는 방식의 재산분할도 가능하다. O | X

107

15/20법원행시

퇴직연금수급권을 정기금 방식으로 분할할 경우 다른 일반재산과 구분하여 개별적으로 분할비율을 정하는 것은 허용되지 않는다. O | X

해설 **106** 이혼소송의 사실심 변론종결 당시에 부부 중 일방이 공무원 퇴직연금을 실제로 수령하고 있는 경우에, 위 공무원 퇴직연금에는 사회보장적 급여로서의 성격 외에 임금의 후불적 성격이 불가분적으로 혼재되어 있으므로, 혼인기간 중의 근무에 대하여 상대방 배우자의 협력이 인정되는 이상 공무원 퇴직연금수급권 중 적어도 그 기간에 해당하는 부분은 부부 쌍방의 협력으로 이룩한 재산으로 볼 수 있다. 따라서 재산분할제도의 취지에 비추어 허용될 수 없는 경우가 아니라면, 이미 발생한 공무원 퇴직연금수급권도 부동산 등과 마찬가지로 재산분할의 대상에 포함될 수 있다고 봄이 상당하다. 그리고 **구체적으로는 연금수급권자인 배우자가 매월 수령할 퇴직연금액 중 일정 비율에 해당하는 금액을 상대방 배우자에게 정기적으로 지급하는 방식의 재산분할도 가능하다.**

107 민법 제839조의2 제2항의 취지에 비추어 볼 때, 재산분할비율은 개별재산에 대한 기여도를 일컫는 것이 아니라 기여도 기타 모든 사정을 고려하여 전체로서 형성된 재산에 대하여 상대방 배우자로부터 분할받을 수 있는 비율을 일컫는 것이라고 봄이 상당하므로, 법원이 합리적인 근거 없이 분할대상 재산들을 개별적으로 구분하여 분할비율을 달리 정하는 것은 허용될 수 없다. 그러나 공무원 퇴직연금수급권에 대하여 위와 같이 정기금 방식으로 재산분할을 할 경우에는 대체로 가액을 특정할 수 있는 다른 일반재산과는 달리 공무원 퇴직연금수급권은 연금수급권자인 배우자의 여명을 알 수 없어 가액을 특정할 수 없는 등의 특성이 있으므로, 재산분할에서 고려되는 제반 사정에 비추어 공무원 퇴직연금수급권에 대한 기여도와 다른 일반재산에 대한 기여도를 종합적으로 고려하여 전체 재산에 대한 하나의 분할비율을 정하는 것이 형평에 부합하지 아니하는 경우도 있을 수 있다. 그러한 경우에는 **공무원 퇴직연금수급권과 다른 일반재산을 구분하여 개별적으로 분할비율을 정하는 것이 타당하고, 그 결과 실제로 분할비율이 달리 정하여지더라도 이는 분할비율을 달리 정할 수 있는 합리적 근거가 있는 경우에 해당한다.** 그 경우에 공무원 퇴직연금의 분할비율은 전체 재직기간 중 실질적 혼인기간이 차지하는 비율, 당사자의 직업 및 업무내용, 가사 내지 육아 부담의 분배 등 상대방 배우자가 실제로 협력 내지 기여한 정도 기타 제반 사정을 종합적으로 고려하여 정하여야 한다(대판 2014.7.16. 전합2012므2888).

108

출제예상

재판상 이혼시의 재산분할에 있어서 분할의 대상이 되는 재산과 그 액수는 이혼소송의 사실심 변론종결일을 기준으로 정한다. O | X

해설 재판상 이혼을 전제로 한 재산분할에 있어 분할의 대상이 되는 재산과 그 액수 산정의 기준시기(= 이혼소송의 사실심 변론종결일)

재판상 이혼을 전제로 한 재산분할에 있어 분할의 대상이 되는 재산과 그 액수는 이혼소송의 사실심 변론종결일을 기준으로 하여 정하여야 한다(대결 2000.5.2. 2000스13)

비교판례 참고로 대법원은 "재산분할 제도는 이혼 등의 경우에 부부가 혼인 중 공동으로 형성한 재산을 청산·분배하는 것을 주된 목적으로 하는 것으로서, 부부 쌍방의 협력으로 이룩한 적극재산 및 그 형성에 수반하여 부담하거나 부부 공동생활관계에서 필요한 비용 등을 조달하는 과정에서 부담한 채무를 분할하여 각자에게 귀속될 몫을 정하기 위한 것이므로, 부부 일방에 의하여 생긴 적극재산이나 채무로서 상대방은 그 형성이나 유지 또는 부담과 무관한 경우에는 이를 재산분할 대상인 재산에 포함할 것이 아니다. 그러므로 재판상 이혼에 따른 재산분할에 있어 분할의 대상이 되는 재산과 그 액수는 이혼소송의 사실심 변론종결일을 기준으로 하여 정하는 것이 원칙이지만, 혼인관계가 파탄된 이후 변론종결일 사이에 생긴 재산관계의 변동이 부부 중 일방에 의한 후발적 사정에 의한 것으로서 혼인 중 공동으로 형성한 재산관계와 무관하다는 등 특별한 사정이 있는 경우에는 그 변동된 재산은 재산분할 대상에서 제외하여야 할 것이다."(대판 2013.11.28. 2013므1455)라고 판시하여 예외도 인정하고 있다.

참고판례 그러나 **혼인관계가 파탄된 이후 변론종결일 사이에 생긴 재산관계의 변동**이 부부 중 일방에 의한 후발적 사정에 의한 것으로서 혼인 중 공동으로 형성한 재산관계와 무관하다는 등 특별한 사정이 있는 경우에는 그 변동된 재산은 재산분할 대상에서 제외하여야 할 것이다(대판 2013.11.28. 2013므1455). 다만, 부부의 일방이 혼인관계 파탄 이후에 취득한 재산이라도 그것이 혼인관계 파탄 이전에 쌍방의 협력에 의하여 형성된 유형·무형의 자원에 기한 것이라면 재산분할의 대상이 된다(대판 2019.10.31. 2019므12549,12556).

정답 | 105 ○ 106 ○ 107 × 108 ○

109

11/12법무사

분할의 대상이 되는 재산과 그 액수 산정은 재판상 이혼의 경우에는 이혼소송의 사실심 변론종결시를 기준으로, 협의이혼의 경우에는 사실상 이혼하기로 합의된 때를 기준으로 정하여야 한다. O | X

해설 **협의이혼을 예정하고 미리 재산분할 협의를 한 경우 협의이혼에 따른 재산분할에 있어 분할의 대상이 되는 재산과 액수는 협의이혼이 성립한 날(이혼신고일)을 기준으로 정하여야 한다.** 따라서 재산분할 협의를 한 후 협의이혼 성립일까지의 기간 동안 재산분할 대상인 채무의 일부가 변제된 경우 그 변제된 금액은 원칙적으로 채무액에서 공제되어야 한다. 그런데 채무자가 자금을 제3자로부터 증여받아 위 채무를 변제한 경우에는 전체적으로 감소된 채무액만큼 분할대상 재산액이 외형상 증가하지만 그 수증의 경위를 기여도를 산정함에 있어 참작하여야 하고, 채무자가 기존의 적극재산으로 위 채무를 변제하거나 채무자가 위 채무를 변제하기 위하여 새로운 채무를 부담하게 된 경우에는 어느 경우에도 전체 분할대상 재산액은 변동이 없다(대판 2006.9.14. 2005다74900).

➡ '사실상 이혼하기로 합의된 때'가 아니라 '협의이혼이 성립한날(이혼신고일)'을 기준으로 하여야 한다.

110

12사무관

민법 제839조의2(재산분할청구권)의 규정에 의한 재산분할 시 당사자 일방의 단독소유인 재산을 쌍방의 공유로 하는 방법에 의한 분할도 가능하다. O | X

해설 민법 제839조의2의 규정에 의한 재산분할사건은 가사비송사건으로서, 법원으로서는 당사자 쌍방의 일체의 사정을 참작하여 분할의 액수와 방법을 정할 수 있는 것이므로, 가사소송규칙 제98조에 불구하고 당사자 일방의 단독소유인 재산을 쌍방의 공유로 하는 방법에 의한 분할도 가능하다(대판 1997.7.22. 96므318,325).

111

11/15주사보

부부의 일방이 다른 일방의 재산분할청구권 행사를 해함을 알면서도 재산권을 목적으로 하는 법률행위를 한 때에는 다른 일방은 취소원인을 안 날로부터 1년, 법률행위 있은 날로부터 5년의 기간 내에 그 취소 및 원상회복을 가정법원에 청구할 수 있다. O | X

해설 **제839조의3(재산분할청구권 보전을 위한 사해행위취소권)** ① 부부의 일방이 다른 일방의 재산분할청구권 행사를 해함을 알면서도 재산권을 목적으로 하는 법률행위를 한 때에는 다른 일방은 제406조제1항을 준용하여 그 취소 및 원상회복을 가정법원에 청구할 수 있다.
② 제1항의 소는 제406조제2항의 기간 내에 제기하여야 한다.

112

출제예상

당사자가 이혼 성립 후에 재산분할을 청구하고 법원이 재산분할로서 금전의 지급을 명하는 판결이나 심판을 하는 경우, 분할의무자는 그 금전지급의무에 관하여 이혼 성립 다음날부터 이행지체책임을 진다. O | X

> **해설** 당사자가 이혼 성립 후에 법원이 재산분할로서 금전의 지급을 명하는 판결이나 심판을 하는 경우, 금전지급의무의 이행지체책임을 지는 시기
> **이혼으로 인한 재산분할청구권(제839조의2 · 제843조)은** 이혼이 성립한 때에 이혼을 한당사자의 일방이 다른 일방에 대하여 재산분할을 청구할 수 있는 권리로서 **협의 또는 심판에 의하여 비로소 그 구체적 내용이 정해지게 되므로,** 당사자가 이혼이 성립하기 전에 이혼소송과 병합하여 재산분할의 청구를 하고 법원이 이혼과 동시에 재산분할로서 금전의 지급을 명하는 판결을 하는 경우, 그 금전채무에 관하여는 그 **판결이 확정된 다음 날**(이혼성립 다음 날이 아님)**부터 이행지체책임**(연 5%의 법정이율)**을 지게 되고,** 이러한 소는 장래의 이행을 청구하는 소에 해당하여 **소송촉진 등에 관한 특례법 제3조 제1항 단서에 의해 동법 소정의 법정이율은 적용되지 않는다**(대판 2001.9.25. 2001므725,732; 대판 2014.9.4. 2012므1656).

113

16주사보

협의이혼을 하는 경우에도 위자료청구를 할 수 있다. O | X

> **해설** 혼인의사결정에 당사자 일방 또는 제3자의 사기 또는 강박 등의 위법행위가 개입되어 그로 인해서 혼인을 하게 된 경우에 있어서는 상대방은 그것을 이유로 하고 혼인의 취소를 구한다던가 또는 사기 강박등 위법행위에 관한 사항이 이혼사유에 해당되면 그 사유를 내세우고 재판에 의한 이혼을 구한다던가 혹은 **그것이 원유가 되어 당사자 협의에 의하여 이혼을 한다던가 등 어떠한 방식을 취할 것인가는 오로지 당사자의 선택에 달려있다** 할 것이고 혼인해소가 사기 또는 강박 등의 위법행위에 원유한 이상 사기 또는 강박으로 인해서 혼인을 하게 된 자가 **그로 인해서 받은 재산상 또는 정신상의 손해배상청구를 하는데 있어서 반드시 어떠한 혼인해소방식에 구애되어 혼인취소 또는 이혼판결이 있어야만 된다고 하여야 할 이유는 없다**(대판 1977.1.25. 76다2223).

114

15법원행시

재산분할로 취득한 재산에 대하여 증여세를 부과할 수 없고, 재산분할에 의한 자산의 이전은 특별한 사정이 없는 한, 양도소득세 과세대상에 해당하는 유상양도에 포함되지 않는다. O | X

> **해설** 민법 제839조의2에 규정된 재산분할제도는 그 법적 성격, 분할대상 및 범위 등에 비추어 볼 때 실질적으로는 공유물분할에 해당하는 것이어서 공유물분할에 관한 법리가 준용되어야 할 것인바, **공유물의 분할은 법률상으로는 공유자 상호간의 지분의 교환 또는 매매라고 볼 것이나 실질적으로는 공유물에 대하여 관념적으로 그 지분에 상당하는 비율에 따라 제한적으로 행사되던 권리, 즉 지분권을 분할로 인하여 취득하는 특정 부분에 집중시켜 그 특정 부분에만 존속시키는 것으로 소유형태가 변경된 것뿐이어서 이를 자산의 유상양도라고 할 수 없으며,** 이러한 법리는 이혼시 재산분할의 방법으로 부부 일방의 소유명의로 되어 있던 부동산을 상대방에게 이전한 경우에도 마찬가지라고 할 것이고, 또한 재산분할로 인하여 이전받은 부동산을 그 후에 양도하는 경우 그 양도차익을 산정함에 있어서는 취득가액은 최초의 취득시를 기준으로 정할 것이지 재산분할을 원인으로 한 소유권이전시를 기준으로 할 것은 아니다(대판 2003.11.14. 2002두6422).

구분	재산분할청구	위자료청구권
분류	가사비송사건(마류)	가사소송사건(다류)
당사자	부부(유책자도 청구가능)	부부와 친족 등 제3자(유책자는 청구불가)
기간	이혼 후 2년(제척기간)	손해 및 가해자를 안날로부터 3년 불법행위를 한 날로부터 10년(소멸시효)
증여세부과	×(96헌바14)	×(96누4725)
양도소득세부과	×(2002두6422)	○(95누4599)

정답 | 109 × 110 ○ 111 ○ 112 × 113 ○ 114 ○

115 출제예상

甲男과 乙女는 1992.12.26. 혼인하였는데, 乙이 2010.3.경부터 丙과 깊은 관계를 맺게 되면서 부부 사이가 회복할 수 없는 상황에 이르러 이혼하려 한다. 乙은 丙을 만나기 전에는 전업주부로서 혼인생활에 충실하였다. 다음 설명 중 옳지 않은 것은?

① 乙은 이혼한 날부터 2년 내에 재산분할을 청구하여야 하며, 이때 2년의 기간은 제척기간이다.

② 민법 제830조 제1항에 따라 甲이 혼인 중 자기 명의로 취득한 재산은 甲의 특유재산으로 추정되고, 재산을 취득함에 있어 乙의 협력이 있었다거나 혼인생활의 내조의 공이 있었다는 것만으로는 위 추정이 번복될 수 없다.

③ 甲 명의의 재산이 甲의 상속재산을 기초로 형성된 재산이라면, 그 유지에 乙의 가사노동이 기여한 것으로 인정되더라도 재산분할의 대상이 되지 않는다.

④ 甲이 乙의 재산분할청구권 행사를 해함을 알면서도 甲 명의의 아파트를 처분한 경우, 乙은 그 취소 및 원상회복을 가정법원에 청구할 수 있다.

해설 ① [O] 재산분할청구권은 이혼한 날로부터 2년을 경과하면 소멸하는데(제839의2 제3항) 判例는 이 기간의 성질을 '제척기간'으로 보고 있어, 그 기간이 도과하였는지 여부는 당사자의 주장에 관계없이 법원이 당연히 조사하여 고려할 사항이라고 한다(대판 1994.9.9, 94다17536).

② [O] ③ [X] 민법은 '부부의 일방이 혼인 전부터 가진 고유재산과 혼인 중 자기명의로 취득한 재산은 그 자의 특유재산으로 한다'(제830조 제1항)라고 규정함으로써 별산제를 선언하고 있다.
그러나 判例는 "민법이 혼인 중 부부일방의 명의로 취득한 재산에 대해서 그 일방의 특유재산으로 하는 것은 **부부 내부관계에서는 '추정적 효과'**밖에 생기지 않으므로, 실질적으로 다른 일방 또는 쌍방이 그 재산의 대가를 부담하여 취득한 것이 증명된 때에는 그 추정은 깨어지고 다른 일방의 소유이거나 쌍방의 공유"라고 본다(대판 1992.8.14. 92다16171). 判例는 일반적으로 금전적 대가 지급, 공동채무 부담 등 **'유형적 기여'**가 있어야 특유재산의 추정을 번복할 사유가 된다고 하며, "단순히 협력이 있었다거나 결혼생활에 내조의 공이 있었다는 것만으로는 이에 해당하지 않는다."고 한다(대판 1986.9.9. 85다카1337,1338).

비교판례 이와 구별해야 할 判例로 "민법 제839조의2에 규정된 재산분할 제도는 부부가 혼인 중에 취득한 실질적인 공동재산을 청산 분배하는 것을 주된 목적으로 하는 것이므로 부부가 협의에 의하여 이혼할 때 쌍방의 협력으로 이룩한 재산이 있는 한, **처가 가사노동을 분담하는 등으로 내조를 함으로써 부의 재산의 유지 또는 증가에 기여하였다면 쌍방의 협력으로 이룩된 재산은 재산분할의 대상이 된다.**"(대결 1993.5.11. 93스6)라고 보아 혼인관계를 유지하면서 특유재산의 추정을 번복하기 위한 요건과 이혼을 하면서 재산분할을 청구하기 위한 요건에 차이를 두고 있다(즉, 특유재산추정법리와 관련해서는 공유의 인정범위를 매우 좁게 보는 반면 재산분할청구에서는 보다 넓게 파악하고 있다).

④ [O] **제839조의3(재산분할청구권 보전을 위한 사해행위취소권)** ① 부부의 일방이 다른 일방의 재산분할청구권 행사를 해함을 알면서도 재산권을 목적으로 하는 법률행위를 한 때에는 다른 일방은 제406조 제1항을 준용하여 그 취소 및 원상회복을 가정법원에 청구할 수 있다.
② 제1항의 소는 제406조 제2항의 기간 내에 제기하여야 한다.

➡ 종래 재산분할청구권이 구체적으로 확정되기 전에 재산분할청구권을 피보전권리로 하는 사해행위취소권이 인정되는지 여부에 대하여 다툼이 있었으나, 현행 개정법에서 부부의 일방이 상대방 배우자의 재산분할청구권 행사를 해함을 알고 사해행위를 한 때에는 상대방 배우자가 그 취소 및 원상회복을 법원에 청구할 수 있도록 재산분할청구권을 보전하기 위한 사해행위취소권을 인정하고 있다(제839조의3).

116 20서기보

甲男과 乙女 사이에 자 丙(현재 미성년자임)이 출생하였다. 甲과 乙이 협의이혼을 하였는데, 협의에 의하여 丙의 친권자는 甲으로, 양육권자는 乙로 분리하여 정하는 것도 가능하다. O|X

117

13법무사, 20서기보

이혼 후 부모와 자녀의 관계에 있어서 친권과 양육권이 항상 같은 사람에게 돌아가야 하는 것은 아니며, 이혼 후 자에 대한 양육권이 부모 중 어느 일방에, 친권이 다른 일방에 또는 부모에 공동으로 귀속되는 것으로 정하는 것도 가능하다. O | X

해설 116 117 민법 제837조, 제909조 제4항 등이 부부의 이혼 후 그 자의 친권자와 그 양육에 관한 사항을 각기 다른 조항에서 규정하고 있는 점 등에 비추어 보면, **이혼 후 부모와 자녀의 관계에 있어서 친권과 양유권이 항상 같은 사람에게 돌아가야 하는 것은 아니며**, 이혼 후 자에 대한 양육권이 부모 중 어느 일방에, 친권이 다른 일방에 또는 부모에 공동으로 귀속되는 것으로 정하는 것은, 비록 신중한 판단이 필요하다고 하더라도, 일정한 기준을 충족하는 한 허용된다(대판 2012.4.13. 2011므4719).

118

21법원행시

재판상 이혼 시 친권자와 양육자로 지정된 부모의 일방은 상대방에게 양육비를 청구할 수 있고, 이 경우 가정법원으로서는 자녀의 양육비 중 양육자가 부담해야 할 양육비를 제외하고 상대방이 분담해야 할 적정 금액의 양육비만을 결정하는 것이 타당하다. O | X

해설 재판상 이혼 시 친권자와 양육자로 지정된 부모의 일방이 상대방에게 양육비를 청구하는 경우
부모는 자녀를 공동으로 양육할 책임이 있고, 양육에 드는 비용도 원칙적으로 부모가 공동으로 부담하여야 한다. 그런데 어떠한 사정으로 인하여 부모 중 어느 한쪽만이 자녀를 양육하게 된 경우에는 양육하는 사람이 상대방에게 현재와 장래의 양육비 중 적정 금액의 분담을 청구할 수 있다. 재판상 이혼에 따른 자녀의 양육책임에 대하여 이혼 당사자 간에 양육자의 결정과 양육비용의 부담에 관한 사항에 대하여 협의가 이루어지지 않거나 협의할 수 없을 때에는 가정법원은 직권으로 또는 당사자의 청구에 따라 해당 사항을 정한다(민법 제837조, 제843조). 자녀의 양육에 관한 처분에 관한 심판은 부모 중 일방이 다른 일방을 상대방으로 하여 청구하여야 한다(가사소송규칙 제99조 제1항). 이러한 사항들을 종합하면, 재판상 이혼 시 친권자와 양육자로 지정된 부모의 일방은 상대방에게 양육비를 청구할 수 있고, 이 경우 가정법원으로서는 자녀의 양육비 중 양육자가 부담해야 할 양육비를 제외하고 상대방이 분담해야 할 적정 금액의 양육비만을 결정하는 것이 타당하다(대판 2020.5.14. 2019므15302).

119

21법원행시

재판상 이혼의 경우 부모 모두를 자녀의 공동양육자로 지정하는 것은 부모가 공동양육을 받아들일 준비가 되어 있고 양육에 대한 가치관에서 현저한 차이가 없는지, 부모가 서로 가까운 곳에 살고 있고 양육환경이 비슷하여 자녀에게 경제적·시간적 손실이 적고 환경 적응에 문제가 없는지, 자녀가 공동양육의 상황을 받아들일 이성적·정서적 대응능력을 갖추었는지 등을 종합적으로 고려하여 공동양육을 위한 여건이 갖추어졌다고 볼 수 있는 경우에만 가능하다고 보아야 한다. O | X

해설 대판 2020.5.14. 2018므15534

정답 | 115 ③ 116 ○ 117 ○ 118 ○ 119 ○

120 15법무사

가정법원은 자의 복리를 위하여 필요하다고 인정하는 경우에는 검사의 청구 또는 직권으로 자의 양육에 관한 사항을 변경하거나 다른 적당한 처분을 할 수 있다. O|X

121 11주사보

미성년인 자를 둔 부부가 협의이혼을 하면서 양육자를 부(父)로 정하였더라도, 가정법원은 자(子)의 복리를 위하여 필요하다고 인정하는 경우에는 직권으로 양육자를 모(母)로 변경할 수 있다. O|X

> 해설 **120 121 제837조(이혼과 자의 양육책임)** ⑤ 가정법원은 자(子)의 복리를 위하여 필요하다고 인정하는 경우에는 부·모·자(子) 및 검사의 청구 또는 직권으로 자(子)의 양육에 관한 사항을 변경하거나 다른 적당한 처분을 할 수 있다.

122 20법무사

부모 중 어느 한 쪽만이 자녀를 양육하게 된 경우에 양육하는 일방은 상대방에 대하여 현재 및 장래에 있어서의 양육비 중 적정 금액의 분담을 청구할 수 있음은 물론이고, 부모의 자녀양육의무는 특별한 사정이 없는 한 자녀의 출생과 동시에 발생하는 것이므로 과거의 양육비에 대하여도 상대방이 분담함이 상당하다고 인정되는 경우에는 그 비용의 상환을 청구할 수 있다. O|X

123 11서기보, 19법무사

부모 중 한쪽만이 자녀를 양육하게 된 경우 과거의 양육비에 대하여도 상대방이 분담함이 상당하다고 인정되는 경우에는 그 비용의 상환을 청구할 수 있고, 이 경우 반드시 이행청구 이후의 양육비와 동일한 기준에서 정할 필요는 없다. O|X

> 해설 **122** 어떠한 사정으로 인하여 부모 중 어느 한 쪽만이 자녀를 양육하게 된 경우에, 그와 같은 일방에 의한 양육이 그 양육자의 일방적이고 이기적인 목적이나 동기에서 비롯한 것이라거나 자녀의 이익을 위하여 도움이 되지 아니하거나 그 양육비를 상대방에게 부담시키는 것이 오히려 형평에 어긋나게 되는 등 특별한 사정이 있는 경우를 제외하고는, 양육하는 일방은 상대방에 대하여 현재 및 장래에 있어서의 양육비 중 적정 금액의 분담을 청구할 수 있음은 물론이고, **부모의 자녀양육의무는 특별한 사정이 없는 한 자녀의 출생과 동시에 발생하는 것이므로 과거의 양육비에 대하여도 상대방이 분담함이 상당하다고 인정되는 경우에는 그 비용의 상환을 청구할 수 있다.**
>
> **123** 한 쪽의 양육자가 양육비를 청구하기 이전의 과거의 양육비 모두를 상대방에게 부담시키게 되면 상대방은 예상하지 못하였던 양육비를 일시에 부담하게 되어 지나치고 가혹하며 신의성실의 원칙이나 형평의 원칙에 어긋날 수도 있으므로, **이와 같은 경우에는 반드시 이행청구 이후의 양육비와 동일한 기준에서 정할 필요는 없고,** 부모 중 한 쪽이 자녀를 양육하게 된 경위와 그에 소요된 비용의 액수, 그 상대방이 부양의무를 인식한 것인지 여부와 그 시기, 그것이 양육에 소요된 통상의 생활비인지 아니면 이례적이고 불가피하게 소요된 다액의 특별한 비용(치료비 등)인지 여부와 **당사자들의 재산 상황이나 경제적 능력과 부담의 형평성 등 여러 사정을 고려하여 적절하다고 인정되는 분담의 범위를 정할 수 있다**(대결 1994.5.13. 92스21 전합).

124

20법무사

가정법원의 심판에 의하여 구체적인 청구권의 내용과 범위가 확정된 후의 양육비채권 중 이미 이행기에 도달한 후의 양육비채권은 완전한 재산권으로서 친족법상의 신분으로부터 독립하여 처분이 가능하다. O | X

125

19법무사

가정법원의 심판에 의하여 구체적인 청구권의 내용과 범위가 확정된 이후의 양육비채권은 이행기에 도달하더라도 포기, 양도 또는 상계의 자동채권으로 할 수 없다. O | X

126

출제예상

甲男과 乙女 사이에 자 丙(현재 미성년자임)이 출생하였다. 甲과 乙이 재판상 이혼을 하였는데, 법원은 丙에 대한 양육권을 乙에게 인정하고, 甲은 양육비로 매월 50만 원을 지급하라는 결정을 하였다. 그 후 1년 동안 甲은 양육비를 전혀 지급하지 않고 있다. 乙은 甲에 대한 과거 1년 동안의 양육비채권과 甲이 乙에 대해 갖고 있던 대여금채권을 같은 금액 범위에서 상계할 수 있다. O | X

해설 **124 125 126** 가정법원의 심판에 의하여 구체적인 청구권의 내용과 범위가 확정된 후의 양육비 채권 중 이미 이행기에 도달한 양육비채권의 처분 가능 여부(적극)

이혼한 부부 사이에서 자(子)에 대한 양육비의 지급을 구할 권리는 당사자의 협의 또는 가정법원의 심판에 의하여 구체적인 청구권의 내용과 범위가 확정되기 전에는 '상대방에 대하여 양육비의 분담액을 구할 권리를 가진다'라는 추상적인 청구권에 불과하고 당사자의 협의나 가정법원이 당해 양육비의 범위 등을 재량적·형성적으로 정하는 심판에 의하여 비로소 구체적인 액수만큼의 지급청구권이 발생한다고 보아야 하므로, 당사자의 협의 또는 가정법원의 심판에 의하여 구체적인 청구권의 내용과 범위가 확정되기 전에는 그 내용이 극히 불확정하여 상계할 수 없지만, **가정법원의 심판에 의하여 구체적인 청구권의 내용과 범위가 확정된 후의 양육비채권 중 이미 이행기에 도달한 후의 양육비채권은 완전한 재산권(손해배상청구권)으로서 친족법상의 신분으로부터 독립하여 처분이 가능하고, 권리자의 의사에 따라 포기, 양도 또는 상계의 자동채권으로 하는 것도 가능하다**(대판 2006.7.4. 2006므751).

➡ 이혼한 부부 사이에 자(子)의 양육자인 일방이 상대방에 대하여 가지는 양육비채권을 상대방의 양육자에 대한 위자료 및 재산분할청구권과 상계한다고 주장한 사안에서, 가정법원의 심판에 의하여 구체적으로 확정된 양육비채권 중 이미 이행기가 도달한 부분에 한하여 이를 자동채권으로 하는 상계가 허용된다고 한 사례

127

14주사보

법원의 결정이나 조정을 통하여 자의 양육에 관한 사항이 정해진 후 특별한 사정변경이 없더라도 제반 사정에 비추어 부당하다고 인정되는 경우에는 그 사항을 변경할 수 있다. O | X

해설 민법 제837조 제2항의 규정에 의하여 가정법원이 일단 결정한 양육에 필요한 사항을 그 후 변경하는 것은 당초의 결정 후에 특별한 사정변경이 있는 경우뿐만 아니라, 당초의 결정이 위 법률규정 소정의 제반 사정에 비추어 부당하게 되었다고 인정될 경우에도 가능한 것이며, **당사자가 조정을 통하여 그 자의 양육에 관한 사항을 정한 후 가정법원에 그 사항의 변경을 청구한 경우에 있어서도 가정법원은 심리를 거쳐서 그 조정조항에서 정한 사항이 위 법률규정 소정의 제반 사정에 비추어 부당하다고 인정되는 경우에는 언제든지 그 사항을 변경할 수 있고** 조정의 성립 이후에 특별한 사정변경이 있는 때에 한하여 이를 변경할 수 있는 것은 아니다(대판 2006.4.17. 2005스18).

정답 | **120** ○ **121** ○ **122** ○ **123** ○ **124** ○ **125** × **126** ○ **127** ○

128

19법무사

甲과 乙은 이혼하면서 자녀 丙의 친권자와 양육자를 乙로 지정하는 내용의 조정이 성립되었다. 그 후 甲이 임의로 丙을 양육하게 되었다면 甲은 乙에 대하여 위와 같은 임의적 양육에 관하여 양육비를 청구할 수 없다. O | X

해설 청구인과 상대방이 이혼하면서 사건본인의 친권자 및 양육자를 상대방으로 지정하는 내용의 조정이 성립된 경우, 그 조정조항상의 양육방법이 그 후 다른 협정이나 재판에 의하여 변경되지 않는 한 청구인에게 자녀를 양육할 권리가 없고, 그럼에도 불구하고 청구인이 법원으로부터 위 조정조항을 임시로 변경하는 가사소송법 제62조 소정의 사전처분 등을 받지 아니한 채 임의로 자녀를 양육하였다면 이는 상대방에 대한 관계에서는 상대적으로 위법한 양육이라고 할 것이니, 이러한 청구인의 임의적 양육에 관하여 상대방이 청구인에게 양육비를 지급할 의무가 있다고 할 수는 없다(대판 2006.4.17. 2005스18).

129

11주사보, 15/19법무사

자를 직접 양육하지 아니하는 부모의 일방과 자는 상호 면접교섭할 수 있는 권리를 가지고, 가정법원은 자의 복리를 위하여 필요한 때에는 직권에 의하여 면접교섭을 제한하거나 배제할 수 있다. O | X

130

19법무사, 19법원행시

자녀를 직접 양육하지 아니하는 부모 일방의 직계존속은 그 부모 일방이 사망하였거나 질병, 외국 거주, 그 밖에 불가피한 사정으로 자녀를 면접교섭할 수 없는 경우 가정법원에 자녀와의 면접교섭을 청구할 수 있다. O | X

해설 **129 130 제837조의2(면접교섭권)** ① 자(子)를 직접 양육하지 아니하는 부모의 일방과 자(子)는 상호 면접교섭할 수 있는 권리를 가진다.

② 자(子)를 직접 양육하지 아니하는 부모 일방의 직계존속은 그 부모 일방이 사망하였거나 질병, 외국거주, 그 밖에 불가피한 사정으로 자(子)를 면접교섭할 수 없는 경우 가정법원에 자(子)와의 면접교섭을 청구할 수 있다. 이 경우 가정법원은 자(子)의 의사(意思), 면접교섭을 청구한 사람과 자(子)의 관계, 청구의 동기, 그 밖의 사정을 참작하여야 한다.

131

14서기보

사실혼관계는 사실상의 관계를 기초로 하여 존재하는 것으로서 당사자 일방의 의사에 의하여 해소될 수 있고 당사자 일방의 파기로 인하여 공동생활의 사실이 없게 되면 사실상의 혼인관계는 해소되는 것이며, 다만 정당한 사유 없이 해소된 때에는 유책자가 상대방에 대하여 손해배상의 책임을 지는 데 지나지 않는다. O | X

해설 사실혼관계는 사실상의 관계를 기초로 하여 존재하는 것으로서 당사자 일방의 의사에 의하여 해소될 수 있고 당사자 일방의 파기로 인하여 공동생활의 사실이 없게 되면 사실상의 혼인관계는 해소되는 것이며, 다만 정당한 사유 없이 해소된 때에는 유책자가 상대방에 대하여 손해배상의 책임을 지는 데 지나지 않는다(대결 2009.2.9. 2008스105).

132

14/21서기보

일반적으로 약혼은 특별한 형식을 거칠 필요 없이 장차 혼인을 체결하려는 당사자 사이에 합의가 있으면 성립하는데 비하여, 사실혼은 주관적으로는 혼인의 의사가 있고, 또 객관적으로는 사회통념상 가족질서의 면에서 부부공동생활을 인정할 만한 실체가 있는 경우에 성립한다. O|X

해설 약혼과 사실혼의 성립요건 비교(대판 1998.12.8. 98므961)

133

14/21서기보

법률상의 혼인을 한 부부의 어느 한 쪽이 집을 나가 장기간 돌아오지 아니하고 있는 상태에서 부부의 다른 한 쪽이 제3자와 혼인의 의사로 실질적인 혼인생활을 하고 있다면, 특별한 사정이 없는 한 이를 사실혼으로 인정하여 법률혼에 준하는 보호를 하여야한다. O|X

해설 중혼적 사실혼의 보호기준과 한계

중혼적 사실혼이란 법률상의 혼인관계에 있는 배우자의 일방이 제3자와 사실상의 혼인관계에 들어간 경우의 당해 사실혼 관계를 지칭한다. 判例는 "법률상의 혼인을 한 부부의 어느 한쪽이 집을 나가 장기간(20년) 돌아오지 아니하고 있는 상태에서, 부부의 다른 한쪽이 제3자와 혼인의 의사로 실질적인 혼인생활을 하고 있다고 하더라도, 특별한 사정이 없는 한, 이를 사실혼으로 인정하여 법률혼에 준하는 보호를 허여할 수는 없다."(대판 1995.9.26. 94므1638)라고 하여 중혼적 사실혼에 관한 법적 보호에 소극적이다.

관련판례 다만 중혼적 사실혼이라도 도중에 법률혼이 이혼된 경우 그때부터 보호받을 수 있다고 보아, 법률혼 해소 이후에 취득한 재산에 대하여는 그 사실혼 해소시에 재산분할을 인정한 判例가 있다(대판 1995.9.26. 94므1638 참고). 또한 判例는 "사실상 이혼한 법률상의 처와 부양받던 여자가 있는 경우 부의 사망으로 인하여 지급되는 산업재해보상보험법상의 유족보상일시금의 수급권자는 사망당시 부양되고 있던 사실상 혼인관계에 있던 여자다."(대판 1977.12.27. 75다1098)라고 판시하여 사실혼 배우자에게 유족으로서의 권리를 인정한 것도 있다.

134

18주사보, 19사무관

사실혼은 주관적으로는 혼인의 의사가 있고, 또 객관적으로는 사회통념상 가족질서의 면에서 부부공동생활을 인정할 만한 실체가 있는 경우에 성립한다. O|X

135

12법무사

간헐적 정교관계로 자식이 태어났다 하더라도 서로 혼인의사의 합치가 없는 경우에는 사실혼이 성립될 수 없다. O|X

해설 **134 135** 청구인과 피청구인 사이에 있었던 간헐적 정교관계만으로는 그들 사이에 자식이 태어났다 하더라도 서로 혼인의사의 합치가 있었거나 혼인생활의 실체가 존재한다고 보여지지 아니하여 사실상 혼인관계가 성립되었다고 볼 수 없고 또 혼인예약이 있었다고도 볼 수 없다(대판 1986.3.11. 85므89).

정답 | 128 ○ 129 ○ 130 ○ 131 ○ 132 ○ 133 × 134 ○ 135 ○

136 12법무사

당사자가 결혼식을 올린 후 신혼여행까지 다녀왔으나 부부공동생활을 하기에까지 이르지 아니한 단계에서 일방당사자의 귀책사유로 파탄에 이른 경우 사실혼 부당파기에 있어서와 마찬가지로 귀책당사자에게 정신적 손해배상을 청구할 수 있다. O | X

> **해설** 일반적으로 결혼식(또는 혼례식)이라 함은 특별한 사정이 없는 한 혼인할 것을 전제로 한 남녀의 결합이 결혼으로서 사회적으로 공인되기 위하여 거치는 관습적인 의식이라고 할 것이므로, 당사자가 결혼식을 올린 후 신혼여행까지 다녀온 경우라면 단순히 장래에 결혼할 것을 약속한 정도인 약혼의 단계는 이미 지났다고 할 수 있으나, 이어 부부공동생활을 하기에까지 이르지 못하였다면 사실혼으로서도 아직 완성되지 않았다고 할 것이나, 이와 같이 사실혼으로 완성되지 못한 경우라고 하더라도 통상의 경우라면 부부공동생활로 이어지는 것이 보통이고, 또 **그 단계에서의 남녀 간의 결합의 정도는 약혼 단계와는 확연히 구별되는 것으로서 사실혼에 이른 남녀 간의 결합과 크게 다를 바가 없다고 할 것이므로, 이러한 단계에서 일방 당사자에게 책임 있는 사유로 파탄에 이른 경우라면 다른 당사자는 사실혼의 부당 파기에 있어서와 마찬가지로 책임 있는 일방 당사자에 대하여 그로 인한 정신적인 손해의 배상을 구할 수 있다**(대판 1998.12.8. 98므961).

137 18주사보

미성년자가 혼인의 의사로 혼인생활의 실체를 갖춘 사실혼 관계에 있다 하더라도 민법상 성년의제가 되지 않는다. O | X

> **해설** 미성년자가 혼인을 한 때에는 성년자로 본다(제826조의2). 그러나 사실혼, 무효인 혼인에는 성년의제의 효과가 인정되지 않는다(다수설).

138 16서기보

사실혼관계의 부부 사이에도 일상가사에 관한 사항에 관하여 상호대리권이 인정된다. O | X

139 21서기보

사실혼 관계 부부는 일상가사에 관하여 서로 대리권이 있고, 사실혼중에 일방의 명의로 취득한 재산이더라도 부부쌍방의 공유로 추정된다. O | X

140 12법원행시

사실혼관계에 있는 부부의 일방이 사실혼 중에 자기 명의로 취득한 재산은 그 명의자의 특유재산으로 추정되나 실질적으로 다른 일방 또는 쌍방이 그 재산의 대가를 부담하여 취득한 것이 증명된 때에는 특유재산의 추정은 번복되어 그 다른 일방의 소유이거나 쌍방의 공유라고 보아야 한다. O | X

141 18주사보

사실혼관계에 있는 부부 사이에는 친족관계가 성립하지 않으며, 배우자로서 상속권도 인정되지 않는다. O | X

142

18주사보

사실혼 관계에 있어서는 부부가 동거하며 서로 부양하고 협조하여야 할 의무가 없다. O | X

해설 **138** ⅰ) 동거를 하면서 사실상의 부부관계를 맺고 실질적인 가정을 이루어 대외적으로도 부부로 행세하여 왔다면 사실혼 관계 부부 사이에 일상가사에 관한 사항에 관하여 상호대리권이 있다(대판 1980.12.26. 80다2077).
139 140 ⅱ) 사실혼관계에 있는 부부의 일방이 사실혼 중에 자기 명의로 취득한 재산은 그 명의자의 특유재산으로 추정되나 실질적으로 다른 일방 또는 쌍방이 그 재산의 대가를 부담하여 취득한 것이 증명된 때에는 특유재산의 추정은 번복되어 그 다른 일방의 소유이거나 쌍방의 공유라고 보아야 할 것이다(대판 1994.12.22. 93다52068).

쟁점정리 **141** 사실혼의 경우 '상속권' '친족관계' 등 원칙적으로 혼인신고를 전제로 하는 법률혼의 효과는 발생하지 않으나, **142** 동거·부양·협조의무(제826조), 정조의무, 혼인생활비용(제833조), 일상가사대리(제827조), 일상가사채무의 연대책임(제832조), 법정재산제(제830조, 제831조), 재산분할청구권(제839조의2) 등은 사실혼에도 유추적용된다.

143

13주사보

사실혼의 배우자도 재산분할청구권이 있다. O | X

해설 재산분할에 관한 민법 규정을 사실혼관계에 준용 또는 유추적용할 수 있는지 여부
사실혼이라 함은 당사자 사이에 혼인의 의사가 있고, 객관적으로 사회관념상으로 가족 질서적인 면에서 부부공동생활을 인정할 만한 혼인생활의 실체가 있는 경우이므로 법률혼에 대한 민법의 규정 중 혼인신고를 전제로 하는 규정은 유추적용할 수 없으나, 부부재산의 청산의 의미를 갖는 재산분할에 관한 규정은 부부의 생활공동체라는 실질에 비추어 인정되는 것이므로 사실혼관계에도 준용 또는 유추적용할 수 있다(대판 1995.3.10. 94므1379).

144

출제예상

사실혼 관계에 있는 부부 일방이 혼인 중 공동재산의 형성에 수반하여 채무를 부담하였다가 사실혼이 종료된 후 그 채무를 변제한 경우 변제된 채무는 특별한 사정이 없는 한 청산 대상이 될 수 없다. O | X

해설 재산분할에서 사실혼 해소일 직후 발생한 대출금채무가 소극재산에 포함되는지 여부
사실혼은 당사자 사이에 혼인 의사가 있고 객관적으로 사회관념상 부부공동생활을 인정할 만한 혼인생활의 실체가 있는 경우이므로 법률혼에 관한 민법 규정 중 혼인신고를 전제로 하는 규정은 유추적용할 수 없다. 그러나 부부재산 청산의 의미를 갖는 재산분할 규정은 부부의 생활공동체라는 실질에 비추어 인정되는 것이므로 사실혼 관계에 유추적용할 수 있다. 부부 일방이 혼인 중 제3자에게 부담한 채무는 일상가사에 관한 것 이외에는 원칙적으로 개인의 채무로서 청산 대상이 되지 않으나 그것이 공동재산의 형성에 수반하여 부담한 채무인 경우에는 청산 대상이 된다. 따라서 사실혼 관계에 있는 부부 일방이 혼인 중 공동재산의 형성에 수반하여 채무를 부담하였다가 사실혼이 종료된 후 그 채무를 변제한 경우 변제된 채무는 특별한 사정이 없는 한 청산 대상이 된다(대판 2021.5.27. 2020므15841).

145

15법무사

원·피고 사이의 사실혼관계가 불과 1개월 만에 파탄된 경우, 혼인생활에 사용하기 위하여 그 혼인 전후에 원고 자신의 비용으로 구입한 가재도구 등을 피고가 점유하고 있는 때에는 그 구입비용 상당액의 손해배상을 청구할 수 있다. O | X

정답 | 136 ○ 137 ○ 138 ○ 139 × 140 ○ 141 ○ 142 × 143 ○ 144 × 145 ×

해설 대판 2003.11.14. 2000므1257

➡ 원·피고 사이의 사실혼관계가 불과 1개월만에 파탄된 경우, 혼인생활에 사용하기 위하여 결혼 전후에 원고 자신의 비용으로 구입한 가재도구 등을 피고가 점유하고 있다고 하더라도 이는 여전히 원고의 소유에 속한다고 할 것이어서, 원고가 소유권에 기하여 그 반환을 구하거나 원상회복으로 반환을 구하는 것은 별론으로 하고, 이로 인하여 원고에게 어떠한 손해가 발생하였다고 할 수 없다는 이유로 그 구입비용 상당액의 손해배상청구를 배척한 사례

146 출제예상

사실혼관계에 있었던 당사자들이 생전에 사실혼관계를 해소한 경우 재산분할청구권이 인정될 수 있으나, 사실혼관계가 일방 당사자의 사망으로 인하여 종료된 경우에는 그 상대방에게 재산분할청구권이 인정되지 않는다. O|X

147 14/21서기보

법률상 혼인관계가 일방 당사자의 사망으로 인하여 종료된 경우 생존 배우자에게 재산분할청구권이 인정되지 아니하고 단지 상속에 관한 법률 규정에 따라서 망인의 재산에 대한 상속권만이 인정된다는 점 등에 비추어 보면, 사실혼관계가 일방 당사자의 사망으로 인하여 종료된 경우도 그 상대방에게 재산분할청구권이 인정된다고 할 수 없다. O|X

148 12주사보, 19사무관

사실혼관계가 일방 당사자의 사망으로 인하여 종료된 경우에도 그 상대방에게 재산분할청구권이 인정된다. O|X

해설 **146 147 148** 사실혼관계에 있었던 당사자들이 생전에 사실혼관계를 해소한 경우 재산분할청구권을 인정할 수 있으나, 법률상 혼인관계가 일방 당사자의 사망으로 인하여 종료된 경우에도 생존 배우자에게 재산분할청구권이 인정되지 아니하고 단지 상속에 관한 법률 규정에 따라서 망인의 재산에 대한 상속권만이 인정된다는 점 등에 비추어 보면, 사실혼관계가 일방 당사자의 사망으로 인하여 종료된 경우에는 그 상대방에게 재산분할청구권이 인정된다고 할 수 없다(대판 2006.3.24, 2005두15595).

149 18법원행시

법률상 배우자 있는 자는 그 법률혼 관계가 사실상 이혼상태라는 등의 특별한 사정이 없는 한 사실혼 관계에 있는 상대방에게 그와의 사실혼 해소를 이유로 재산분할을 청구할 수 없다. O|X

해설 남편 甲이 법률상의 처 乙이 자식들을 두고 가출하여 행방불명이 된 채 계속 귀가하지 아니한 상태에서 조만간 乙과의 혼인관계를 정리할 의도로 丙과 동거생활을 시작하였으나, 그 후 甲의 부정행위 및 폭행으로 혼인생활이 파탄에 이르게 될 때까지도 甲과 乙 사이의 혼인이 해소되지 아니하였다면, 甲과 丙 사이에는 법률상 보호받을 수 있는 적법한 사실혼관계가 성립되었다고 볼 수는 없고, 따라서 병의 갑에 대한 사실혼관계 해소에 따른 손해배상청구나 재산분할청구는 허용될 수 없다(대판 1996.9.20. 96므530).

150 12법원행시, 15법무사

사실혼관계 당사자 중 일방이 의식불명상태에서 상대방이 사실혼관계의 해소를 주장하면서 재산분할심판청구를 한 경우, 사실혼관계는 정당한 사유 없이 당사자의 일방의 의사에 의하여 해소될 수 없으므로 재산분할청구권이 인정되지 아니한다. O | X

> 해설 사실혼관계의 당사자 중 일방이 의식불명이 된 상태에서 상대방이 사실혼관계의 해소를 주장하면서 재산분할심판청구를 한 사안에서, 위 사실혼관계는 상대방의 의사에 의하여 해소되었고 그에 따라 재산분할청구권이 인정된다(대판 2009.2.9. 2008스105).

151 12법원행시, 19사무관

사실혼관계에 있어서도 부부는 동거하면서 서로 부양하고 협조하여야 할 의무가 있으므로, 사실혼배우자의 일방이 정당한 이유 없이 이러한 부부로서의 의무를 포기한 경우에는 그 배우자는 악의의 유기에 의하여 사실혼 관계를 부당하게 파기한 것이 되어 사실혼관계 부당파기로 인한 손해배상책임을 진다. O | X

> 해설 사실혼 배우자의 일방이 민법 제826조 제1항 소정의 의무를 포기한 경우, 손해배상책임의 존부(한정 적극)
> **사실혼관계에 있어서도 부부는 민법 제826조 제1항 소정의 동거하며 서로 부양하고 협조하여야 할 의무가 있으므로** 혼인생활을 함에 있어 부부는 서로 협조하고 애정과 인내로써 상대방을 이해하며 보호하여 혼인생활의 유지를 위한 최선의 노력을 기울여야 하는 것인바, **사실혼 배우자의 일방이 정당한 이유 없이 서로 동거, 부양, 협조하여야 할 부부로서의 의무를 포기한 경우에는 그 배우자는 악의의 유기에 의하여 사실혼관계를 부당하게 파기한 것**이 된다고 할 것이므로 **상대방 배우자에게 재판상 이혼원인에 상당하는 귀책사유 있음이 밝혀지지 아니하는 한 원칙적으로 사실혼관계 부당파기로 인한 손해배상책임을 면할 수 없다**(대판 1998.8.21. 97므544).

152 12법원행시, 19사무관

사실혼관계의 파탄에 책임이 있는 당사자는 사실혼파탄으로 인한 정신적 고통에 대하여 위자료를 지급할 의무가 있다. 그리고 사실혼관계의 부당파기로 인한 위자료의 액수산정은 반드시 이를 증거에 의하여 입증할 수 있는 성질의 것이 아니므로 법원은 여러 가지 사정을 참작하여 경험칙에 반하지 않는 범위 내에서 직권에 의하여 액수를 결정할 수 있다. O | X

> 해설 사실혼 파탄의 유책자의 위자료 지급의무 유무
> 남편인 피청구인의 학대, 폭행, 강제축출행위와 시모인 피청구인의 이에 대한 가담에 따라 사실혼 관계가 파탄된 것이라면 이 양인은 청구인에게 사실혼 파탄으로 인한 정신적 고통에 대한 위자료를 지급할 의무가 있다(대판 1983.9.27. 83므26).
>
> 사실혼관계 부당파기로 인한 위자료 산정기준
> 사실혼관계의 부당파기로 인한 위자료의 액수산정은 반드시 이를 증거에 의하여 입증할 수 있는 성질의 것이 아니므로 법원은 유책행위에 이르게 된 경위와 정도, 파탄의 원인과 책임, 당사자의 연령·직업·가족상황과 재산상태 등 여러 가지 사정을 참작하여 경험칙에 반하지 않는 범위 내에서 그 직권에 의하여 액수를 결정할 것이다(대판 1998.8.21. 97므544,551).

정답 | **146** ○ **147** ○ **148** × **149** ○ **150** × **151** ○ **152** ○

153

12법원행시

사실혼관계에 있던 당사자 일방이 사망하였더라도, 현재적 또는 잠재적 법적 분쟁을 일거에 해결하는 유효적절한 수단이 될 수 있는 한, 그 사실혼관계존부확인청구에는 확인의 이익이 인정되므로, 생존당사자는 제소기간 내에 검사를 상대로 과거의 사실혼관계에 대한 존부확인 청구를 할 수 있다. O | X

해설 사실혼관계에 있던 당사자 일방이 사망한 경우, 검사를 상대로 사실혼관계존부확인청구를 할 수 있는지 여부
사실혼관계에 있던 당사자 일방이 사망하였더라도, 현재적 또는 잠재적 법적 분쟁을 일거에 해결하는 유효 적절한 수단이 될 수 있는 한, 그 사실혼관계존부확인청구에는 확인의 이익이 인정되고, 이러한 경우 친생자관계존부확인청구에 관한 민법 제865조와 인지청구에 관한 민법 제863조의 규정을 유추적용하여, 생존 당사자는 그 사망을 안 날로부터 1년 내에(현행법에 따르면 '2년' = 저자주) 검사를 상대로 과거의 사실혼관계에 대한 존부확인청구를 할 수 있다고 보아야 한다(대판 1995.3.28. 94므1447).

154

12법원행시

사실상 배우자 외에 법률상배우자가 따로 있는 경우에는 법률혼관계가 사실상 이혼상태라는 등의 특별한 사정이 없는 한 법률상의 배우자가 공무원연금법상의 유족으로서 연금수급권을 가지고, 사실상 배우자는 위 법 소정의 유족으로 보호받을 수 없다. O | X

해설 사실상 배우자 외에 법률상 배우자가 따로 있는 경우, 그 사실상 배우자와의 관계가 군인연금법 제3조 제1항 제4호에서 말하는 '사실혼'에 해당하는지 여부(소극)
법률혼주의 및 중혼금지 원칙을 대전제로 하고 있는 우리 가족법 체계를 고려하여 보면, 군인연금법 제3조 제1항 제4호가 '사실상 혼인관계에 있던 자'를 유족연금을 받을 수 있는 배우자에 포함하고 있는 취지는, 사실상 혼인생활을 하여 혼인의 실체는 갖추고 있으면서도 단지 혼인신고가 없기 때문에 법률상 혼인으로 인정되지 아니하는 경우에 그 사실상 배우자를 보호하려는 것이지, 법률혼 관계와 경합하고 있는 사실상의 동거관계를 보호하려는 것은 아니다. 만약 **사실상 배우자 외에 법률상 배우자가 따로 있는 경우라면, 이혼의사의 합치가 있었는데도 형식상의 절차미비 등으로 법률혼이 남아 있는 등의 예외적인 경우를 제외하고는, 그 사실상 배우자와의 관계는 군인연금법상의 '사실혼'에 해당한다고 볼 수 없다**(대판 2007.2.22. 2006두18584).

155

15법무사

법률상 혼인을 한 부부가 별거하고 있는 상태에서 그 다른 한쪽이 제3자와 혼인의 의사로 실질적인 부부생활을 하고 있다면, 특별한 사정이 없는 한, 위 사실혼에 대하여 법률혼에 준하는 보호를 해야 한다. O | X

해설 사실혼관계의 성립요건 및 법률혼이 존속중인 부부 중 일방이 제3자와 맺은 사실혼의 보호 가부(소극)
사실혼이란 당사자 사이에 주관적으로 혼인의 의사가 있고, 객관적으로도 사회관념상 가족질서적인 면에서 부부공동생활을 인정할 만한 혼인생활의 실체가 있는 경우라야 하고, **법률상 혼인을 한 부부가 별거하고 있는 상태에서 그 다른 한 쪽이 제3자와 혼인의 의사로 실질적인 부부생활을 하고 있다고 하더라도, 특별한 사정이 없는 한, 이를 사실혼으로 인정하여 법률혼에 준하는 보호를 할 수는 없다**(대판 2001.4.13. 2000다52943).

156 15법무사

2005년 개정 민법 시행 이후에는 1990년 개정 민법 시행 당시의 형부와 처제 사이의 사실혼 관계에 대하여 이를 무효사유 있는 사실혼관계라고 주장할 수 없다. O | X

해설 대판 2010.11.25. 2010두14091

➡ 비록 공무원으로 재직할 당시 시행되던 1990년 개정된 민법상 형부와 처제 사이의 혼인이 무효이었다고 하더라도 위 사실혼관계는 그 반윤리성·반공익성이 혼인법질서에 본질적으로 반할 정도라고 할 수 없고, 2005년 개정된 민법 부칙 제4조에 비추어 공무원연금공단은 2005년 개정된 민법이 시행된 이후에는 위 사실혼관계가 무효사유 있는 사실혼관계에 해당한다는 주장을 할 수도 없으므로, 위 사실혼관계는 구 공무원연금법 제3조 제1항 제2호 (가)목의 '사실혼관계'에 해당하고 위 신청인은 공무원연금법에 의한 유족연금의 수급권자인 배우자라고 본 원심판단을 수긍한 사례

정답 | 153 ○ 154 ○ 155 × 156 ○

제4절 부모와 자

01

20서기보

친생추정을 받고 있는 상태에서 친생부인의 소의 방법이 아닌 친생자관계부존재확인의 소의 방법에 의하여 그 친생자관계의 부존재확인을 소구하는 것은 부적법하나, 그렇더라도 법원이 그 잘못을 간과하고 청구를 받아들여 친생자관계가 존재하지 않는다는 확인의 심판을 선고하고 그 심판이 확정된 경우 그 친생추정의 효력은 사라진다. O|X

해설 친생자 추정의 번복

제846조(자의 친생부인) 부부의 일방은 제844조의 경우에 그 자가 친생자임을 부인하는 소를 제기할 수 있다.

제847조(친생부인의 소) ① 친생부인(親生否認)의 소(訴)는 부(夫) 또는 처(妻)가 다른 일방 또는 자(子)를 상대로 하여 그 사유가 있음을 안 날부터 2년 내에 이를 제기하여야 한다.

② 전항의 경우에 상대방이 될 자가 모두 사망한 때에는 그 사망을 안 날부터 2년 내에 검사를 상대로 하여 친생부인의 소를 제기할 수 있다.

제865조(다른 사유를 원인으로 하는 친생관계존부확인의 소) ① 제845조(법원에 의한 부의 결정), 제846조(자의 친생부인), 제848조(성년후견과 친생부인의 소), 제850조(유언에 의한 친생부인), 제851조(부의 자 출생 전 사망 등과 친생부인), 제862조(인지에 대한 이의의 소)와 제863조(인지청구의 소)의 규정에 의하여 소를 제기할 수 있는 자는 다른 사유를 원인으로 하여 친생자관계존부의 확인의 소를 제기할 수 있다.

② 제1항의 경우에 당사자 일방이 사망한 때에는 그 사망을 안 날로부터 2년 내에 검사를 상대로 하여 소를 제기할 수 있다.

➡ i) 민법 제844조 제1항의 친생자 추정의 규정 즉 혼인중 처가 포태한 자에 대한 부의 자로서의 친생추정은 다른 반증을 허용하지 않는 강한 추정이므로, 처가 혼인중에 포태한 이상 그 부부의 한 쪽이 장기간에 걸쳐 해외에 나가 있거나 사실상의 이혼으로 부부가 별거하고 있는 경우 등 동서의 결여로 처가 부의 자를 포태할 수 없는 것이 외관상 명백한 사정이 있는 경우에만 그러한 추정이 미치지 않을 뿐, 이러한 예외적인 사유가 없는 한 아무도 그 자가 부의 친생자가 아님을 주장할 수 없고, 따라서 이와 같은 추정을 받고 있는 상태에서는 위 추정과 달리 다른 남자의 친생자라고 주장하여 인지를 청구할 수 없으며, 그리고 이와 같은 추정을 번복하기 위하여서는 부측에서 민법 제846조, 제847조가 규정하는 친생부인의 소를 제기하여 그 확정판결을 받아야 하며, 친생부인의 소의 방법이 아닌 민법 제865조 소정의 친생자관계부존재확인의 소의 방법에 의하여 그 친생자관계의 부존재확인을 소구하는 것은 부적법하다. ii) 위 친생자관계부존재확인의 소가 부적법한 청구일지라도 법원이 그 잘못을 간과하고 청구를 받아들여 친생자관계가 존재하지 않는다는 확인의 심판을 선고하고 그 심판이 확정된 이상 이 심판이 당연무효라고 할 수는 없는 것이며, 구 인사소송법(1990.12.31. 법률 제4300호 가사소송법에 의하여 폐지) 제35조, 제32조에 의하여 위 확정심판의 기판력은 제3자에게도 미친다고 할 것이어서 위 심판의 확정으로 누구도 소송상으로나 소송 외에서 친생자임을 주장할 수 없게 되었다고 할 것이니 이제는 위 확정심판의 기판력과 충돌되는 친생자로서의 추정의 효력은 사라져버렸다(대판 2019.10.23. 2016므2510).

02

출제예상

개정민법은 구민법과 달리 '혼인이 성립한 날부터 200일 후에 출생한 자녀는 혼인 중에 임신한 것으로 추정한다'는 규정과 '혼인관계가 종료된 날부터 300일 이내에 출생한 자녀는 혼인 중에 임신한 것으로 추정한다'는 규정을 구분하여 규정하였다. O|X

03 출제예상

개정 민법은 친생추정이 경합하는 경우(출산이 전혼 종료 후 300일 내이지만 후혼 성립 후 200일 이후인 경우)에는 父를 정하는 소에 의해 해결할 것이 아니라, 친생부인의 허가를 받거나(제854조의2) 生父가 인지의 허가를 받아(제855조의2) '혼인이 성립한 날부터 200일 후에 출생한 자녀는 혼인 중에 임신한 것으로 추정한다'는 제844조 2항의 추정이 미치지 못하도록 하였다. O | X

04 19주사보

혼인관계가 종료된 날부터 300일 이내에 출생한 자녀는 혼인 중에 임신한 것으로 추정되나, 자녀가 이미 혼인 중의 자녀로 출생신고가 된 경우가 아니라면 어머니 또는 어머니의 전 남편은 가정법원에 친생부인의 허가를 청구할 수 있다. O | X

05 출제예상

혼인관계가 종료된 날부터 300일 이내에 출생한 자녀가 있는 경우 어머니 또는 어머니의 전(前) 남편은 가정법원에 친생부인의 허가를 청구할 수 있고, 생부(生父)는 제844조 제3항의 경우에 가정법원에 인지의 허가를 청구할 수 있다. 혼인 중의 자녀로 출생신고가 된 경우에도 그러하다. O | X

해설 **제844조(남편의 친생자의 추정)** ① 아내가 혼인 중에 임신한 자녀는 남편의 자녀로 추정한다.
② 혼인이 성립한 날부터 200일 후에 출생한 자녀는 혼인 중에 임신한 것으로 추정한다.
③ 혼인관계가 종료된 날부터 300일 이내에 출생한 자녀는 혼인 중에 임신한 것으로 추정한다.[전문개정 2017.10.31. ; 시행일 2018.2.1]

02 03 구민법은 "혼인성립의 날로부터 200일 후 또는 혼인관계 종료의 날로부터 300일 내에 출생한 자는 혼인 중에 포태한 것으로 추정한다."(제844조 제2항)라고 규정하였으나 헌법재판소는 "혼인 종료 후 300일 이내에 출생한 자를 전 남편의 친생자로 추정하는 민법(1958.2.22. 법률 제471호로 제정된 것) 제844조 제2항 중 "혼인관계종료의 날로부터 300일 내에 출생한 자"에 관한 부분(이하 '심판대상조항'이라 한다)이 母가 가정생활과 신분관계에서 누려야 할 인격권, 혼인과 가족생활에 관한 기본권을 침해"(헌재 2015.4.30. 2013헌마623)한다고 하여 잠정적용을 명하는 헌법불합치결정을 하였다. 이에 개정민법은 2항과 3항을 구분하여 규정하였다. 한편, 구법상 친생추정이 경합하는 경우(출산이 전혼 종료 후 300일 내이지만 후혼 성립 후 200일 이후인 경우)에는 父를 정하는 소에 의해 해결된다(제845조). 그러나 신법에서는 친생부인의 허가를 받거나(제854조의2), 生父가 인지의 허가를 받아(제855조의2) '제844조 제3항'(제844조의 제2항이 아님)의 추정이 미치지 못하도록 하였다. 즉, 이 경우 전혼 배우자의 자녀로 추정되는 것(제844조 제3항)을 상대적으로 구민법보다 쉽게 번복할 수 있도록 있도록 하였다.

04 **제854조의2(친생부인의 허가 청구)** ① 어머니 또는 어머니의 전(前) 남편은 제844조제3항의 경우에 가정법원에 친생부인의 허가를 청구할 수 있다. 다만, 혼인 중의 자녀로 출생신고가 된 경우에는 그러하지 아니하다.
② 제1항의 청구가 있는 경우에 가정법원은 혈액채취에 의한 혈액형 검사, 유전인자의 검사 등 과학적 방법에 따른 검사결과 또는 장기간의 별거 등 그 밖의 사정을 고려하여 허가 여부를 정한다.
③ 제1항 및 제2항에 따른 허가를 받은 경우에는 제844조 제1항 및 제3항의 추정이 미치지 아니한다.[전문개정 2017.10.31. ; 시행일 2018.2.1.]

제855조의2(인지의 허가 청구) ① 생부(生父)는 제844조제3항의 경우에 가정법원에 인지의 허가를 청구할 수 있다. 다만, 혼인 중의 자녀로 출생신고가 된 경우에는 그러하지 아니하다.
② 제1항의 청구가 있는 경우에 가정법원은 혈액채취에 의한 혈액형 검사, 유전인자의 검사 등 과학적 방법에 따른 검사결과 또는 장기간의 별거 등 그 밖의 사정을 고려하여 허가 여부를 정한다.

정답 | 01 ○ 02 ○ 03 × 04 ○ 05 ×

③ 제1항 및 제2항에 따라 허가를 받은 생부가 '가족관계의 등록 등에 관한 법률' 제57조 제1항에 따른 신고를 하는 경우에는 제844조 제1항 및 제3항의 추정이 미치지 아니한다. [전문개정 2017.10.31. ; 시행일 2018.2.1.]

05 '혼인 중의 자녀로 출생신고가 된 경우에도 그러하다'가 아니라 '혼인 중의 자녀로 출생신고가 된 경우에는 그러하지 아니하다'가 맞는 지문이다(제854조의2 제1항 단서, 제855조의2 제1항 단서 참조).

06

11법원행시, 15사무관, 20서기보

부부의 한쪽이 장기간에 걸쳐 해외에 나가 있거나 사실상의 이혼으로 부부가 별거하고 있는 경우 등 동서(同棲)의 결여로 처가 부의 자를 포태할 수 없는 것이 외관상 명백한 사정이 있는 경우에는 친생추정의 효력이 미치지 않는다. O | X

해설 **제844조(남편의 친생자의 추정)** ① 아내가 혼인 중에 임신한 자녀는 남편의 자녀로 추정한다.
② 혼인이 성립한 날부터 200일 후에 출생한 자녀는 혼인 중에 임신한 것으로 추정한다.
③ 혼인관계가 종료된 날부터 300일 이내에 출생한 자녀는 혼인 중에 임신한 것으로 추정한다.

➡ 민법 제844조는 부부가 동거하여 처가 부의 자를 포태할 수 있는 상태에서 자를 포태한 경우에 적용되는 것이고 부부의 한쪽이 장기간에 걸쳐 해외에 나가 있거나 사실상의 이혼으로 부부가 별거하고 있는 경우 등 동서의 결여로 처가 부의 자를 포태할 수 없는 것이 외관상 명백한 사정이 있는 경우에는 그 추정이 미치지 아니하므로 이 사건에 있어서 처가 가출하여 부와 별거한지 약 2년 2개월 후에 자를 출산하였다면 이에는 동조의 추정이 미치지 아니하여 부는 친생부인의 소에 의하지 않고 친자관계부존재확인소송을 제기할 수 있다(대판 1983.7.12. 82므59).

07

20서기보

부와 자녀의 유전자형이 배치되는 경우와 같이 혼인 중 아내가 임신하여 출산한 자녀가 남편과 혈연관계가 없다는 점이 명백히 밝혀진 경우에도 친생추정의 효력이 미치지 않는다. O | X

해설 혼인 중 아내가 임신하여 출산한 자녀가 남편과 혈연관계가 없다는 점이 밝혀진 경우에도 친생추정이 미치는지 여부(적극)
민법 제844조 제1항(친생추정 규정)의 문언과 체계, 민법이 혼인 중 출생한 자녀의 법적 지위에 관하여 친생추정 규정을 두고 있는 기본적인 입법 취지와 연혁, 헌법이 보장하고 있는 혼인과 가족제도, 사생활의 비밀과 자유, 부부와 자녀의 법적 지위와 관련된 이익의 구체적인 비교 형량 등을 종합하면, 혼인 중 아내가 임신하여 출산한 자녀가 남편과 혈연관계가 없다는 점이 밝혀졌더라도 친생추정이 미치지 않는다고 볼 수 없다(대결 2019.10.23. 2016므2510).

관련판례 친생자와 관련된 민법 규정, 특히 친생추정 규정의 문언과 체계, 민법이 혼인 중 출생한 자녀의 법적 지위에 관하여 친생추정 규정을 두고 있는 기본적인 입법 취지와 연혁, 헌법이 보장하고 있는 혼인과 가족제도 등에 비추어 보면, **아내가 혼인 중 남편이 아닌 제3자의 정자를 제공받아 인공수정으로 자녀를 출산한 경우에도 친생추정 규정을 적용하여 인공수정으로 출생한 자녀가 남편의 자녀로 추정된다고 보는 것이 타당하다.** 친생추정 규정의 문언과 체계, 민법이 혼인 중 출생한 자녀의 법적 지위에 관하여 친생추정 규정을 두고 있는 기본적인 입법 취지와 연혁, 헌법이 보장하고 있는 혼인과 가족제도, 사생활의 비밀과 자유, 부부와 자녀의 법적 지위와 관련된 이익의 구체적인 비교 형량 등을 종합하면, **혼인 중 아내가 임신하여 출산한 자녀가 남편과 혈연관계가 없다는 점이 밝혀졌더라도 친생추정이 미치지 않는다고 볼 수 없다**(대판 2019.10.23. 2016므2510 전합).

08

19주사보

친생부인의 소는 자 또는 친권자인 모를 상대로 하여 그 출생을 안 날로부터 1년 내에 제기하여야 한다.

O | X

09

21법무사

친생부인의 소는 남편 또는 아내가 다른 일방 또는 자(子)를 상대로 하여 그 사유가 있은 날로부터 2년 내에 제기하여야 한다.

O | X

해설 **제847조(친생부인의 소)** ① 친생부인(親生否認)의 소(訴)는 부(夫) 또는 처(妻)가 다른 일방 또는 자(子)를 상대로 하여 그 사유가 있음을 안 날부터 2년내에 이를 제기하여야 한다. 제1항의 경우에 상대방이 될 자가 모두 사망한 때에는 그 사망을 안 날부터 2년내에 검사를 상대로 하여 친생부인의 소를 제기할 수 있다.

➡ **08** '출생을 안 날'로부터가 아니라 '사유 있음을 안 날로부터'이다. **09** '사유가 있은 날'도 아니다.

친생부인의 소의 출소기간 1년이라 함은(현행법에 따르면 2년 = 저자주) 자의 출생을 안 날로부터 기산하는 것이고 그 자가 자기의 아들이 아님을 안 여부와는 관계가 없다(대판 1988.4.25. 87므73).

10

13서기보

처가 혼인 중에 포태한 자(子)는 부(夫)의 자(子)로 추정되는데(민법 제844조 제1항), 자(子)는 그 부(夫)가 자신의 친생부가 아니라는 사실을 안 날로부터 2년 내에 부(夫)를 상대로 민법 제846조 소정의 친생부인의 소를 제기할 수 있다.

O | X

해설 **제847조(친생부인의 소)** ① 친생부인(親生否認)의 소(訴)는 부(夫) 또는 처(妻)가 다른 일방 또는 자(子)를 상대로 하여 그 사유가 있음을 안 날부터 2년내에 이를 제기하여야 한다.

제846조(자의 친생부인) 부부의 일방은 제844조의 경우에 그 자가 친생자임을 부인하는 소를 제기할 수 있다.

➡ 자(子)에게는 친생부인권이 없다.

비교 자(子)는 친생부인의 소의 상대방은 될 수 있다(제847조 제1항).

11

출제예상

민법 규정에 따라 친생추정을 받는 부(父)와 자(子) 사이의 친생추정을 번복하기 위하여 친생자관계부존재확인의 소를 제기하는 것은 적법하다.

O | X

해설 친생자 추정의 번복

친생자 추정은 반증이 허용되지 않는 강한 추정이어서 그 추정을 번복하려는 父가 제846조 이하의 엄격한 요건의 '친생부인의 소'를 제기하여야 하고(제846조), 제865조에 의한 '친생자관계 부존재확인의 소'에 의할 수는 없다(대판 2000.8.22. 2000므292). 따라서 친생자 추정을 받는 자에 대해서는 친생자관계부존재확인의 소, 인지청구, 임의인지 등을 할 수 없고 또한 별소에서 선결문제로 친생부인을 주장하는 것도 허용되지 않는다.

정답 | 06 ○ 07 × 08 × 09 × 10 × 11 ×

12

15사무관, 16법원행시

친생부인의 소를 제기할 수 있는 자로 추가된 '처'에는 대상자의 법률상 父와 재혼한 처도 포함된다.

O | X

해설 민법 제846조에서의 '부부의 일방'은 제844조의 경우에 해당하는 '부부의 일방', 즉 제844조 제1항에서의 '부'와 '자를 혼인 중에 포태한 처'를 가리키고, 그렇다면 이 경우의 처는 '자의 생모'를 의미하며, 제847조 제1항에서의 '처'도 제846조에 규정된 '부부의 일방으로서의 처'를 의미한다고 해석되므로, 결국 친생부인의 소를 제기할 수 있는 처는 자의 생모를 의미한다. 민법 규정의 입법 취지, 개정 연혁과 체계 등에 비추어 보면, 민법 제846조, 제847조 제1항에서 정한 친생부인의 소의 원고적격이 있는 '부(婦), 처(妻)'는 자의 생모에 한정되고, 여기에 친생부인이 주장되는 대상자의 법률상 부(父)와 '재혼한 처(妻)'는 포함되지 않는다(대판 2014.12.11. 2013므4591).

13

19/21법무사

남편이나 아내가 피성년후견인인 경우에는 그의 성년후견인이 성년후견감독인의 동의를 받아 친생부인의 소를 제기할 수 있고, 성년후견감독인이 없거나 동의할 수 없을 때에는 가정법원에 그 동의를 갈음하는 허가를 청구할 수 있다.

O | X

해설 **제848조(성년후견과 친생부인의 소)** ① 남편이나 아내가 피성년후견인인 경우에는 그의 성년후견인이 성년후견감독인의 동의를 받아 친생부인의 소를 제기할 수 있다. 성년후견감독인이 없거나 동의할 수 없을 때에는 가정법원에 그 동의를 갈음하는 허가를 청구할 수 있다.

14

21법무사

부(夫)가 자(子)의 출생 전에 사망하거나 부(夫) 또는 처(妻)가 민법 제847조 제1항의 기간내에 사망한 때에는 부(夫) 또는 처(妻)의 직계존속이나 직계비속에 한하여 그 사망을 안 날부터 2년 내에 친생부인의 소를 제기할 수 있다.

O | X

해설 **제851조(부의 자 출생 전 사망 등과 친생부인)** 부(夫)가 자(子)의 출생 전에 사망하거나 부(夫) 또는 처(妻)가 제847조제1항의 기간내에 사망한 때에는 부(夫) 또는 처(妻)의 직계존속이나 직계비속에 한하여 그 사망을 안 날부터 2년내에 친생부인의 소를 제기할 수 있다.

15

13법무사

자의 출생 후에 친생자임을 승인한 경우라도 다시 친생부인의 소를 제기할 수 있다.

O | X

해설 **제852조(친생부인권의 소멸)** 자의 출생 후에 친생자(親生子)임을 승인한 자는 다시 친생부인의 소를 제기하지 못한다.

16

21법무사

민법 제865조 제1항은 "제845조, 제846조, 제848조, 제850조, 제851조, 제862조, 제863조의 규정에 의하여 소를 제기할 수 있는 자는 다른 사유를 원인으로 하여 친생자관계존부확인의 소를 제기할 수 있다."라고 정하고 있으나, 친생자관계존부확인의 소를 제기할 수 있는 자는 민법 제865조 제1항에서 정한 제소권자로 한정된다고 볼 수 없다고 봄이 타당하다. O | X

17

21법무사

친족의 범위에 관하여 규정한 민법 제777조에서 정한 친족에 해당하기만 하면 당연히 친생자관계존부확인의 소를 제기할 수 있다. O | X

해설 1. 민법 제865조에 의한 친생자관계존부확인의 소의 원고적격 범위, 2. 민법 제777조에서 정한 친족은 그와 같은 신분관계에 있다는 사실만으로 당연히 친생자관계존부확인의 소를 제기할 수 있다고 한 종전 대법원 판례의 타당성 여부

16 1. 민법 제865조 제1항(이하 '이 사건 조항'이라 한다)은 "제845조, 제846조, 제848조, 제850조, 제851조, 제862조, 제863조의 규정에 의하여 소를 제기할 수 있는 자는 다른 사유를 원인으로 하여 친생자관계존부확인의 소를 제기할 수 있다."라고 정한다. 이는 법적 친자관계와 가족관계등록부에 표시된 친자관계가 일치하지 않을 때 이를 바로잡기 위하여 친생자관계존부확인의 소를 제기할 수 있도록 한 것이다. 이 사건 조항이 친생자관계존부확인의 소를 제기할 수 있는 자를 구체적으로 특정하여 직접 규정하는 대신 소송목적이 유사한 다른 소송절차에 관한 규정들을 인용하면서 각 소의 제기권자에게 원고적격을 부여하고 그 사유만을 달리하게 한 점에 비추어 보면, 이 사건 조항이 정한 친생자관계존부확인의 소는 법적 친생자관계의 성립과 해소에 관한 다른 소송절차에 대하여 보충성을 가진다.
이처럼 이 사건 조항의 규정 형식과 문언 및 체계, 위 각 규정들이 정한 소송절차의 특성, 친생자관계존부확인의 소의 보충성 등을 고려하면, 친생자관계존부확인의 소를 제기할 수 있는 자는 이 사건 조항에서 정한 제소권자로 한정된다고 봄이 타당하다.
17 2. 구 인사소송법 등의 폐지와 가사소송법의 제정·시행, 호주제 폐지 등 가족제도의 변화, 신분관계 소송의 특수성, 가족관계 구성의 다양화와 그에 대한 당사자 의사의 존중, 법적 친생자관계의 성립이나 해소를 목적으로 하는 다른 소송절차와의 균형 등을 고려할 때, 민법 제777조에서 정한 친족이라는 사실만으로 당연히 친생자관계존부확인의 소를 제기할 수 있다고 한 종전 대법원 판례는 더 이상 유지될 수 없게 되었다고 보아야 한다(대판 2020.6.18. 2015므8351 전합).

➡ 이제는 친생자관계의 존부에 관한 법률상 이해관계를 가져야 원고적격이 인정될 수 있다.

18

출제예상

친생자관계존부확인의 소에서 그 상대방이 될 당사자 쌍방이 모두 사망한 경우, 소를 제기할 수 있는 기간은 당사자 쌍방이 모두 사망한 사실을 안 날로부터 기산한다. O | X

해설 제3자가 친생자관계존부확인의 소를 제기함에 있어 당사자 쌍방이 사망한 경우의 출소기간
혼인이 성립한 날로부터 200일이 되기 전에 출생한 자, 혼인관계 종료의 날로부터 300일 이후에 출생한 자, 친생자 추정의 제한을 받는 경우 등 친생자 추정을 받지 않는 혼인 중의 출생자의 경우 이를 다툴 때에는 누구나 제기할 수 있고, 출소기간의 제한도 없는 **'친생자관계 부존재확인의 소'**에 의하여 부자관계를 부정할 수 있다(대판 1983.7.12. 82므59 전합). **다만 당사자 일방이 사망한 때에는 그 사망을 안 날부터 2년 내에 검사를 상대로 하여 소를 제기하여야 하고(제865조 제2항), 제3자가 친생자관계존부확인의 소를 제기함에 있어 당사자 쌍방이 모두 사망한 경우 제소기간은 당사자 쌍방이 모두 사망한 사실을 안 날로부터 기산**한다(대판 2004.2.12. 2003므2503).

정답 | **12** × **13** ○ **14** ○ **15** ○ **16** × **17** × **18** ○

19

출제예상

甲과 乙은 혼인신고를 한 지 10년이 지났으나 乙이 아이를 낳지 못하였다. 丁은 자신과 혼인관계 없는 丙과의 사이에서 A를 출산하였다. 甲과 乙은 丙이 A를 인지하기 전에 A를 자신들의 친생자로 출생신고를 하였다. 단, 위 출생신고로 인하여 입양의 효력은 발생하지 않았고, 丙이 A의 생부라는 사실이 객관적으로 명백하게 밝혀졌음을 전제로 한다. 甲의 아버지 戊는 甲, 乙, A를 상대로 친생자관계부존재확인의 소를 제기할 수 있다. O | X

해설 친생자관계부존재확인의 소란 특정인 사이의 친생자관계의 존부의 확인을 구하는 소로서 그 대상은 친생자관계에 관한 다른 소송유형에 해당하지 않는 경우의 친생자관계의 존재 또는 부존재의 확인을 구하는 소송이다(제865조 1항). 친생추정을 받는 경우 친생부인의 소(제847조)에 의하여야 할 것인데, 지문의 경우 허위의 출생신고로 인한 입양의 효력은 발생하지 않았고, 丙이 A의 생부라는 사실이 객관적으로 명백히 밝혀졌으므로 A는 친생추정을 받지 않고 따라서 친생부인의 소가 아닌 친생자관계부존재확인의 소를 제기할 수 있다. 친생자관계부존재확인의 소를 제기하기 위해서는 원고가 자기의 신분상 지위에 관하여 친자관계존부의 확인을 구할 이익이 있어야 하는데, 당사자 및 그 법정대리인 또는 **민법 제777조의 규정에 의한 친족은 특단의 사정이 없는 한 그와 같은 신분관계를 가졌다는 사실만으로써 당연히 친자관계 존부확인의 소를 제기할 소송상의 이익이 있다고 할 것이므로**(대판 1981.10.13. 80므60) 父의 직계존속인 戊는 정당한 당사자로서 소를 제기할 수 있다. 나아가, 허위의 친생자출생신고가 법률상의 친자관계인 양친자관계를 공시하는 입양신고의 기능을 발휘하게 되는 경우 파양에 의하여 그 양친자관계를 해소할 필요가 있는 등 특별한 사정이 없는 한 그 호적기재 자체를 말소하여 법률상 친자관계의 존재를 부인하게 하는 친생자관계부존재확인청구는 허용될 수 없는 것인데(대판 2001.5.24. 2000므1493) 사안의 경우 허위의 출생신고로 인한 입양의 효력은 발생하지 않았으므로 결국 甲의 아버지 戊는 甲, 乙, A를 상대로 친생자관계부존재확인의 소를 제기할 수 있다.

20

20서기보

호적상의 부모의 혼인중의 자로 등재되어 있는 자라 하더라도 그의 생부모가 호적상의 부모와 다른 사실이 객관적으로 명백한 경우에는 그 친생추정이 미치지 아니하므로, 그와 같은 경우에는 곧바로 생부모를 상대로 인지청구를 할 수 있다. O | X

21

출제예상

甲과 乙은 혼인신고를 한 지 10년이 지났으나 乙이 아이를 낳지 못하였다. 丁은 자신과 혼인관계 없는 丙과의 사이에서 A를 출산하였다. 甲과 乙은 丙이 A를 인지하기 전에 A를 자신들의 친생자로 출생신고를 하였다. 단, 위 출생신고로 인하여 입양의 효력은 발생하지 않았고, 丙이 A의 생부라는 사실이 객관적으로 명백하게 밝혀졌음을 전제로 한다. A는 곧바로 丙을 상대로 인지청구의 소를 제기할 수 있다. O | X

해설 생부모가 호적상의 부모와 다른 사실이 객관적으로 명백한 경우, 친생추정을 깨뜨리지 않고도 생부모를 상대로 인지청구를 할 수 있는지 여부(적극)

20 민법 제844조의 친생추정을 받는 자는 친생부인의 소에 의하여 그 친생추정을 깨뜨리지 않고서는 다른 사람을 상대로 인지청구를 할 수 없으나, 호적상(호적: 현행 가족관계등록부 = 저자주)의 부모의 혼인중의 자로 등재되어 있는 자라 하더라도 그의 생부모가 호적상의 부모와 다른 사실이 객관적으로 명백한 경우에는 그 친생추정이 미치지 아니하므로, 그와 같은 경우에는 곧바로 생부모를 상대로 인지청구를 할 수 있다(대판 2000.1.28. 99므1817).

➡ **21** A는 친생추정을 받지 않으므로 곧바로 생부인 丙을 상대로 인지청구의소(제863조)를 제기할 수 있다.

22

출제예상

甲과 乙은 혼인신고를 한 지 10년이 지났으나 乙이 아이를 낳지 못하였다. 丁은 자신과 혼인관계 없는 丙과의 사이에서 A를 출산하였다. 甲과 乙은 丙이 A를 인지하기 전에 A를 자신들의 친생자로 출생신고를 하였다. 단, 위 출생신고로 인하여 입양의 효력은 발생하지 않았고, 丙이 A의 생부라는 사실이 객관적으로 명백하게 밝혀졌음을 전제로 한다. A의 인지청구권은 일신전속적인 신분관계 상의 권리이므로, 이를 포기할 수 없고 포기하더라도 그 의사표시는 효력이 없다. O | X

해설 인지청구권은 본인의 일신전속적인 신분관계상의 권리로서 포기할 수 없고 포기하였다 하더라도 그 효력이 발생할 수 없는 것이므로 비록 생모 청구외인이 청구인들의 인지청구권을 포기하기로 하는 화해가 재판상 이루어지고 그것이 화해조항에 표시되었다 할지라도 청구외인이 청구인들의 인지청구권을 포기하기로 한 화해는 그 효력이 없다(대판 1987.1.20. 85므70).

23

11법원행시

혼인 외 출생자의 경우 부자관계는 부의 인지에 의하여서만 발생하는 것이므로, 부가 사망한 경우 생모가 혼인 외 출생자를 상대로 혼인 외 출생자와 사망한 부 사이의 친생자관계존재확인을 구하는 소는 허용될 수 없다. O | X

24

출제예상

甲과 乙은 혼인신고를 한 지 10년이 지났으나 乙이 아이를 낳지 못하였다. 丁은 자신과 혼인관계 없는 丙과의 사이에서 A를 출산하였다. 甲과 乙은 丙이 A를 인지하기 전에 A를 자신들의 친생자로 출생신고를 하였다. 단, 위 출생신고로 인하여 입양의 효력은 발생하지 않았고, 丙이 A의 생부라는 사실이 객관적으로 명백하게 밝혀졌음을 전제로 한다. 丙이 사망한 후 丁은 A를 상대로 丙과 A 사이의 친생자관계의 존재확인을 구하는 소를 제기할 수 있다. O | X

해설 **23 생모가 혼인외 출생자를 상대로 혼인외 출생자와 사망한 부(父) 사이의 친생자관계존재확인을 구할 수 있는지 여부(소극)**

혼인외 출생자의 경우에 있어서 모자관계는 인지를 요하지 아니하고 법률상의 친자관계가 인정될 수 있지만, 부자관계는 부(父)의 인지에 의하여서만 발생하는 것이므로, 부(父)가 사망한 경우에는 그 사망을 안 날로부터 1년 이내에 검사를 상대로 인지청구의 소를 제기하여야 하고, 생모가 혼인외 출생자를 상대로 혼인외 출생자와 사망한 부(父) 사이의 친생자관계존재확인을 구하는 소는 허용될 수 없다(대판 1997.2.14. 96므738).

➡ **24** 생부인 丙의 사망으로 자인 A는 인지청구의 소를 제기할 수 있으므로(제864조) 생모인 丁이 子 A를 상대로 子 A와 父 丙 사이에 친생자관계존재확인을 구하는 청구는 불가능하다(제865조 제1항).

정답 | 19 ○ 20 ○ 21 ○ 22 ○ 23 ○ 24 ×

25

출제예상

甲녀가 乙남과 혼인하여 丙을 출산한 다음, 乙남과 이혼하고 丁남과 사실혼 관계를 유지하면서 己를 출산하였는데, 甲의 사망 후 丙이 甲이 소유하던 부동산에 관하여 단독으로 상속등기를 마친 다음 戊에게 매도한 사안에서, 己와 甲 사이에 친생자관계가 존재함을 확인하는 판결이 丙의 부동산 처분 이후에 확정되었다면, 丙과 戊에게는 己의 상속지분에 해당하는 소유권이전등기를 말소할 의무가 있으므로, 민법 제1014조를 근거로 己는 丙이 한 상속재산에 대한 처분의 효력을 부인하지 못한다. O | X

해설 **혼인 외의 출생자와 생모 사이에는 생모의 인지나 출생신고를 기다리지 아니하고 자의 출생으로 당연히 법률상의 친자관계가 생기**고(대판 1967.10.4. 67다1791), 가족관계등록부의 기재나 법원의 친생자관계존재확인판결이 있어야만 이를 인정할 수 있는 것이 아니다(대판 1992.7.10. 92누3199). 따라서 **인지를 요하지 아니하는 모자관계에는 인지의 소급효 제한에 관한 민법 제860조 단서가 적용 또는 유추적용되지 아니하며,** 상속개시 후의 인지 또는 재판의 확정에 의하여 공동상속인이 된 자의 가액지급청구권을 규정한 **민법 제1014조를 근거로 자가 모의 다른 공동상속인이 한 상속재산에 대한 분할 또는 처분의 효력을 부인하지 못한다고 볼 수도 없다.** 이는 비록 다른 공동상속인이 이미 상속재산을 분할 또는 처분한 이후에 그 모자관계가 친생자관계존재확인판결의 확정 등으로 비로소 명백히 밝혀졌다 하더라도 마찬가지이다(대판 2018.6.19 2018다1049).

26

13법무사

부는 포태 중에 있는 자에 대하여도 이를 인지할 수 있다. O | X

해설 **제858조(포태 중인 자의 인지)** 부는 포태 중에 있는 자에 대하여도 이를 인지할 수 있다.

27

19주사보

인지는 그 자의 출생시에 소급하여 효력이 생긴다. 그러나 제3자의 취득한 권리를 해하지 못한다. O | X

해설 **제860조(인지의 소급효)** 인지는 그 자의 출생시에 소급하여 효력이 생긴다. 그러나 제3자의 취득한 권리를 해하지 못한다.

28

11법원행시

타인의 친생추정을 받는 자라 하더라도 인지할 수 있다. O | X

29

13서기보

법률상 타인의 친생자로 추정되는 자(子)에 대하여는 친생부인의 소에 의한 확정판결에 의하여 그 친생관계의 추정이 깨어지기 전에는 아무도 그 자(子)를 인지할 수 없다. O | X

해설 **28 29** 제3자는 친생부인의 소에 의한 확정판결에 의하여 그 친생관계의 추정이 깨어지기 전에는 타인의 자를 인지할 수 없다(대판 1987.10.13. 86므129).

30 11법원행시

친생자가 아닌 자에 대하여 한 인지신고는 당연 무효이므로, 무효를 확정하기 위한 판결 기타의 절차에 의하지 아니하고 누구라도 그 무효를 주장할 수 있다. O | X

> **해설** 대판 1992.10.23. 92다29399

31 14/19주사보

혼인무효의 판결은 소급효가 있고, 다만 무효인 혼인 중 출생한 자를 그 가족관계등록부에 출생신고하여 등재하면 그 자에 대하여는 인지의 효력이 있다. O | X

> **해설** 대판 1971.11.15. 71다1983 판결 참조
>
> **비교** **제824조(혼인취소의 효력)** 혼인의 취소의 효력은 기왕에 소급하지 아니한다.

32 11법원행시

재판상 인지의 경우에는 그 심판에 대한 재심의 소로서 이를 다투어야 하고, 인지에 대한 이의의 소로서 위 인지심판의 효력을 다툴 수는 없다. O | X

> **해설** 대판 1981.6.23. 80므109 판결 참조

33 19주사보

부 또는 모가 자를 인지하지 않는 경우, 자와 그 직계비속 또는 그 법정대리인은 부 또는 모를 상대로 하여 인지청구의 소를 제기할 수 있다. O | X

> **해설** **제863조(인지청구의 소)** 자와 그 직계비속 또는 그 법정대리인은 부 또는 모를 상대로 하여 인지청구의 소를 제기할 수 있다.

34 19서기보

인지청구의 소에서 제소기간의 기산점이 되는 '사망을 안 날'은 사망이라는 객관적 사실을 아는 것을 의미하고, 사망자와 친생자관계에 있다는 사실까지 알아야 하는 것은 아니다. O | X

정답 | 25 × 26 ○ 27 ○ 28 × 29 ○ 30 ○ 31 ○ 32 ○ 33 ○ 34 ○

해설 강제인지(재판상 인지)

제864조(부모의 사망과 인지청구의 소) 제862조(인지에 대한 이의의 소) 및 제863조(인지청구의 소)의 경우에 부 또는 모가 사망한 때에는 그 사망을 안 날로부터 2년내에 검사를 상대로 하여 인지에 대한 이의 또는 인지청구의 소를 제기할 수 있다.

➡ 이 때 '사망을 안 날'은 사망이라는 객관적 사실을 아는 것을 의미하고, 사망자와 친생자 관계에 있다는 사실까지 알아야 하는 것은 아니다(대판 2015.2.12. 2014므4871).

35

13법무사

자 기타 이해관계인은 인지의 신고 있음을 안 날로부터 1년 내에 인지에 대한 이의의 소를 제기할 수 있다.

O | X

해설 **제862조(인지에 대한 이의의 소)** 자 기타 이해관계인은 인지의 신고있음을 안 날로부터 1년 내에 인지에 대한 이의의 소를 제기할 수 있다.

36

16법원행시

원고와 피고 사이에는 약 30년 전 피고의 모가 피고의 법정대리인으로서 원고를 상대로 인지청구를 하여 이를 인용하는 심판이 확정된 바 있는데, 원고가 피고는 원고의 친생자가 아님이 분명하다는 이유로 제기한 친생자관계부존재확인소송은 확정판결에 반하여 허용되지 않는다. O | X

37

출제예상

인지청구소송의 판결이 확정되어 부(父)와 자(子) 사이의 친자관계가 창설된 경우, 부(父)가 친생자관계부존재확인의 소로써 자(子)와 사이에 친자관계가 존재하지 않는다고 다투는 것은 허용되지 않는다.

O | X

해설 **36 37** 인지의 효과

인지청구의 소는 부와 자 사이에 사실상의 친자관계의 존재를 확정하고 법률상의 친자관계를 창설함을 목적으로 하는 소송으로서, 당사자의 증명이 충분하지 못할 때에는 법원이 직권으로 사실조사와 증거조사를 하여야 하고, 친자관계를 증명할 때는 부와 자 사이의 혈액형검사, 유전자검사 등 과학적 증명방법이 유력하게 사용되며, 이러한 증명에 의하여 혈연상 친생자관계가 인정되어 확정판결을 받으면 당사자 사이에 친자관계가 창설된다. 이와 같은 인지청구의 소의 목적, 심리절차와 증명방법 및 법률적 효과 등을 고려할 때, 인지의 소의 확정판결에 의하여 일단 부와 자 사이에 친자관계가 창설된 이상, 재심의 소로 다투는 것은 별론으로 하고, 확정판결에 반하여 친생자관계부존재확인의 소로써 당사자 사이에 친자관계가 존재하지 않는다고 다툴 수는 없다(대판 2015.6.11. 2014므8217).

38

16법원행시

친생자 출생신고가 인지의 효력을 갖는 경우, 그로 인한 친자관계를 다투기 위하여는 친생자관계부존재확인의 소가 아니라 인지에 관련된 소송을 제기하여야 한다. O | X

해설 친생자 출생신고에 의한 인지의 효력을 다투는 방법
인지에 대한 이의의 소 또는 인지무효의 소는 민법 제855조 제1항, 호적법제60조의 규정에 의하여 생부 또는 생모가 인지신고를 함으로써 혼인외의 자를 인지한 경우에 그 효력을 다투기 위한 소송이며, 위 각 법조에 의한 인지신고에 의함이 없이 일반 출생신고에 의하여 호적부상 등재된 친자관계를 다투기 위하여는 위의 각 소송과는 별도로 민법 제865조가 규정하고 있는 친생자관계부존재확인의 소에 의하여야 할 것인바, 호적법 제62조에 **부가 혼인외의 자에 대하여 친생자 출생신고를 한 때에는** 그 신고는 인지의 효력이 있는 것으로 규정되어 있으나, **그 신고가 인지신고가 아니라 출생신고인 이상 그와 같은 신고로 인한 친자관계의 외관을 배제하고자 하는 때에도 인지에 관련된 소송이 아니라 친생자관계부존재확인의 소를 제기하여야 한다**(대판 1993.7.27. 91므306).

39 20법원행시

민법 제865조의 규정에 의하여 이해관계 있는 제3자가 친생자관계 부존재확인을 청구하는 경우 친자 쌍방이 다 생존하고 있는 경우는 친자 쌍방을 피고로 삼아야 하고, 친자 중 어느 한편이 사망하였을 때에는 생존자만을 피고로 삼아야 하며, 친자가 모두 사망하였을 경우에는 검사를 피고로 삼아야 한다. O | X

40 20법원행시

친생자관계존부 확인소송은 그 소송물이 일신전속적인 것이지만, 제3자가 친생자관계가 있는 쌍방을 상대로 제기한 친생자관계 부존재확인소송이 계속되던 중 그 쌍방 중 어느 한편이 사망하였을 때에는 그 사망한 사람의 상속인이나 검사가 그 절차를 수계할 수 있다. O | X

해설 민법 제865조에 따라 이해관계 있는 제3자가 친생자관계 부존재확인을 청구하는 경우, 피고 적격
39 민법 제865조의 규정에 의하여 이해관계 있는 제3자가 친생자관계 부존재확인을 청구하는 경우 **친자 쌍방이 다 생존하고 있는 경우는 친자 쌍방을 피고로** 삼아야 하고, 친자 **중 어느 한편이 사망하였을 때에는 생존자만을 피고로** 삼아야 하며, **친자가 모두 사망하였을 경우에는 검사를 상대로** 소를 제기할 수 있다. **40** 친생자관계존부 확인소송은 소송물이 일신전속적인 것이므로, 제3자가 친자 쌍방을 상대로 제기한 친생자관계 부존재확인소송이 계속되던 중 친자 중 어느 한편이 사망하였을 때에는 생존한 사람만 피고가 되고, 사망한 사람의 상속인이나 검사가 절차를 수계할 수 없다. 이 경우 사망한 사람에 대한 소송은 종료된다(대판 2018.5.15. 2014므4963).

41 20법원행시

친생자관계존부 확인소송의 계속 중 피고에 대하여 실종선고가 확정된 경우 원고는 실종선고가 확정된 때로부터 6개월 이내에 검사로 하여금 피고의 지위를 수계하게 하는 수계신청을 하여야 하고, 이 기간 이내에 수계신청을 하지 않으면 그 소송절차는 종료된다고 보아야 한다. O | X

해설 친생자관계존부 확인소송은 소송물이 일신전속적인 것이지만, 당사자 일방이 사망한 때에는 일정한 기간 내에 검사를 상대로 하여 그 소를 제기할 수 있으므로(민법 제865조 제2항), **당초에는 원래의 피고적격자를 상대로 친생자관계존부 확인소송을 제기하였으나 소송 계속 중 피고가 사망한 경우 원고의 수계신청이 있으면 검사로 하여금 사망한 피고의 지위를 수계하게 하여야 한다. 그러나 그 경우에도 가사소송법 제16조 제2항을 유추적용하여 원고는 피고가 사망한 때로부터 6개월 이내에 수계신청을 하여야 하고, 그 기간 내에 수계신청을 하지 않으면 그 소송절차는 종료된다고 보아야 한다.** 이와 같은 법리는 친생자관계존부 확인소송 계속 중 피고에 대하여 실종선고가 확정되어 피고가 사망한 것으로 간주되는 경우

정답 | 35 ○ 36 ○ 37 ○ 38 × 39 ○ 40 × 41 ○

에도 마찬가지로 적용된다. 소송이 적법하게 계속된 후 당해 소송의 당사자에 대하여 실종선고가 확정된 경우에 실종자가 사망하였다고 보는 시기는 실종기간이 만료한 때라 하더라도 소송상 지위의 승계절차는 실종선고가 확정되어야만 비로소 취할 수 있으므로 실종선고가 있기까지는 소송상 당사자능력이 없다고 할 수 없고 소송절차가 법률상 진행을 할 수 없게 된 때, 즉 실종선고가 확정된 때에 소송절차가 중단된다. 따라서 친생자관계존부 확인소송의 계속 중 피고에 대하여 실종선고가 확정된 경우 원고는 실종선고가 확정된 때로부터 6개월 이내에 위와 같은 수계신청을 하여야 한다(대판 2014.9.4. 2013므4201).

42

20법원행시

당사자가 양친자관계를 창설할 의사로 친생자출생신고를 하고 거기에 입양의 실질적 요건이 모두 구비되어 있다면 그 형식에 다소 잘못이 있더라도 입양의 효력이 발생하고, 이와 같은 파양에 의하여 그 양친자관계를 해소할 필요가 있는 등 특별한 사정이 없는 한 친생자관계 부존재확인청구는 허용될 수 없다. O | X

해설 입양의 의사로서 한 친생자출생신고의 효력

당사자가 양친자관계를 창설할 의사로 친생자출생신고를 하고 거기에 입양의 실질적 요건이 모두 구비되어 있다면 그 형식에 다소 잘못이 있더라도 입양의 효력이 발생하고 양친자관계는 파양에 의하여 해소될 수 있는 점을 제외하고는 법률적으로 친생자관계와 똑같은 내용을 갖게 되므로 이 경우의 허위의 친생자출생신고는 법률상의 친자관계인 양친자관계를 공시하는 입양신고의 기능을 발휘하게 된다.

입양의 의사로 한 친생자출생신고의 경우 친생자부존재확인의 이익이 있는지 여부

위와 같은 경우 진실에 부합하지 않는 친생자로서의 호적기재가 법률상의 친자관계인 양친자관계를 공시하는 효력을 갖게 된다면 파양에 의하여 그 양친자관계를 해소할 필요가 있는등 특별한 사정이 없는 한 그 호적기재 자체를 말소하여 법률상 친자관계의 존재를 부인하게 되는 친생자관계부존재확인청구는 허용될 수 없다(대판 1988.2.23. 85므86).

43

15/17서기보

피인지자에 대한 인지(認知) 이전에 상속재산을 분할한 공동상속인이 그 분할받은 상속재산으로부터 발생한 과실을 취득하는 것은 피인지자에 대한 관계에서 부당이득이 된다. O | X

해설 **제860조(인지의 소급효)** 인지는 그 자의 출생시에 소급하여 효력이 생긴다. 그러나 제3자의 취득한 권리를 해하지 못한다.

피인지자에 대한 인지 이전에 상속재산을 분할한 공동상속인이 그 분할받은 상속재산으로부터 발생한 과실을 취득하는 것이 피인지자에 대한 관계에서 부당이득이 되는지 여부(소극)

상속개시 후에 인지되거나 재판이 확정되어 공동상속인이 된 자도 그 상속재산이 아직 분할되거나 처분되지 아니한 경우에는 당연히 다른 공동상속인들과 함께 분할에 참여할 수 있을 것이나, 인지 이전에 다른 공동상속인이 이미 상속재산을 분할 내지 처분한 경우에는 인지의 소급효를 제한하는 민법 제860조 단서가 적용되어 사후의 피인지자는 다른 공동상속인들의 분할 기타 처분의 효력을 부인하지 못하게 되는바, 민법 제1014조는 그와 같은 경우에 피인지자가 다른 공동상속인들에 대하여 그의 상속분에 상당한 가액의 지급을 청구할 수 있도록 하여 상속재산의 새로운 분할에 갈음하는 권리를 인정함으로써 피인지자의 이익과 기존의 권리관계를 합리적으로 조정하는 데 그 목적이 있는 것이다. 따라서 인지 이전에 공동상속인들에 의해 이미 분할되거나 처분된 상속재산은 민법 제860조 단서가 규정한 인지의 소급효 제한에 따라 이를 분할받은 공동상속인이나 공동상속인들의 처분행위에 의해 이를 양수한 자에게 그 소유권이 확정적으로 귀속되는 것이며, 상속재산의 소유권을 취득한 자는 민법 제102조에 따라 그 과실을 수취할 권능도 보유한다고 할 것이므로, 피인지자에 대한 인지 이전에 상속재산을 분할한 공동상속인이 그 분할받은 상속재산으로부터 발생한 과실을 취득하는 것은 피인지자에 대한 관계에서 부당이득이 된다고 할 수 없다(대판 2007.7.26. 2006다83796).

44

출제예상

甲이 사망하면서 주택과 임야, 그리고 A에 대한 5천만 원의 채무를 남겼다. 甲에게는 상속인으로 자녀 乙, 丙, 丁만 있었는데, 甲은 丙에게 위 임야를 유증하였다. 한편 甲의 사망 직전 B로부터 인지청구의 소가 제기되어 그 사망 후 B가 승소의 확정판결을 받았다. 상속재산 분할 후 인지된 B가 자신의 상속분에 상당하는 가액지급을 청구할 때, 상속개시 후 상속재산에서 발생한 과실(果實)은 그 가액산정 대상에 포함된다. O | X

45

출제예상

공동상속인들이 상속재산을 분할한 후 피상속인의 혼인외의 출생자로서 인지된 사람이 다른 공동상속인에게 그 상속분에 상당한 가액의 지급을 청구한 경우, 공동상속인이 분할받은 상속재산으로부터 발생한 과실을 취득하는 것은 피인지자에 대한 관계에서 부당이득이 되므로 이를 반환하여야 한다. O | X

해설 **44 45** 제1014조에 따른 상속분상당가액지급청구에 있어 가액 산정의 대상에 상속재산의 과실이 포함되는지 여부에 대해 判例는 "상속개시 후에 인지되거나 재판이 확정되어 공동상속인이 된 자도 그 상속재산이 아직 분할되거나 처분되지 아니한 경우에는 당연히 다른 공동상속인들과 함께 분할에 참여할 수 있을 것이나, 인지 이전에 다른 공동상속인이 이미 상속재산을 분할 내지 처분한 경우에는 인지의 소급효를 제한하는 민법 제860조 단서가 적용되어 사후의 피인지자는 다른 공동상속인들의 분할 기타 처분의 효력을 부인하지 못하게 되는바, 민법 제1014조는 그와 같은 경우에 피인지자가 다른 공동상속인들에 대하여 그의 상속분에 상당한 가액의 지급을 청구할 수 있도록 하여 상속재산의 새로운 분할에 갈음하는 권리를 인정함으로써 피인지자의 이익과 기존의 권리관계를 합리적으로 조정하는 데 그 목적이 있다. 따라서 인지 이전에 공동상속인들에 의해 이미 분할되거나 처분된 상속재산은 이를 분할받은 공동상속인이나 공동상속인들의 처분행위에 의해 이를 양수한 자에게 그 소유권이 확정적으로 귀속되는 것이며, 그 후 그 상속재산으로부터 발생하는 과실은 상속개시 당시 존재하지 않았던 것이어서 이를 상속재산에 해당한다 할 수 없고, 상속재산의 소유권을 취득한 자(분할받은 공동상속인 또는 공동상속인들로부터 양수한 자)가 민법 제102조에 따라 그 과실을 수취할 권능도 보유한다고 할 것이며, 민법 제1014조도 '이미 분할 내지 처분된 상속재산' 중 피인지자의 상속분에 상당한 가액의 지급청구권만을 규정하고 있을 뿐 '이미 분할 내지 처분된 상속재산으로부터 발생한 과실'에 대해서는 별도의 규정을 두지 않고 있으므로, 결국 **민법 제1014조에 의한 상속분상당가액지급청구에 있어 상속재산으로부터 발생한 과실은 그 가액산정 대상에 포함된다고 할 수 없다.**"(대판 2007.7.26. 2006므2757)고 판시하였다.

46

20법무사

피성년후견인이 입양을 하거나 양자가 되는 경우에도 가정법원의 허가가 필요하다. O | X

47

15사무관

양자가 될 자가 미성년인 경우에는 그 부모의 동의와 가정법원의 허가를 받아야 하나, 양자가 될 자가 성년인 경우에는 피성년후견인을 제외하고 그 부모의 동의와 가정법원의 허가를 받을 필요가 없다. O | X

정답 | **42** ○ **43** × **44** × **45** × **46** ○ **47** ×

해설 46 47 ① 가정법원의 허가

제867조(미성년자의 입양에 대한 가정법원의 허가) ① 미성년자를 입양하려는 사람은 가정법원의 허가를 받아야 한다.

제873조(피성년후견인의 입양) ② 피성년후견인이 입양을 하거나 양자가 되는 경우에는 제867조를 준용한다.

② 부모의 동의

제870조(미성년자 입양에 대한 부모의 동의) ① 양자가 될 미성년자는 부모의 동의를 받아야 한다. 다만, 다음 각 호의 어느 하나에 해당하는 경우에는 그러하지 아니하다.

1. 부모가 제869조제1항에 따른 동의를 하거나 같은 조 제2항에 따른 승낙을 한 경우
2. 부모가 친권상실의 선고를 받은 경우
3. 부모의 소재를 알 수 없는 등의 사유로 동의를 받을 수 없는 경우

제871조(성년자 입양에 대한 부모의 동의) ① 양자가 될 사람이 성년인 경우에는 부모의 동의를 받아야 한다. 다만, 부모의 소재를 알 수 없는 등의 사유로 동의를 받을 수 없는 경우에는 그러하지 아니하다.

쟁점정리 입양의 성립요건

① 실질적 요건

ⅰ) 당사자 사이에 입양의 합의가 있어야 한다(제883조 1호). 그런데 양자가 될 사람이 만13세 이상의 미성년자인 경우에 법정대리인의 동의를 받아 입양을 승낙하여야 하고, 양자가 될 사람이 만 13세 미만(종래에는 만 15세 미만)인 경우에는 법정대리인이 그를 갈음하여 입양을 승낙한다(제869조 제1항, 제2항)[다만 법정대리인이 정당한 이유 없이 동의 또는 승낙을 거부하는 경우 또는 법정대리인의 소재를 알 수 없는 등의 사유로 동의 또는 승낙을 받을 수 없는 경우에는 가정법원이 입양을 허가할 수 있다(제860조 제3항)]. ⅱ) 양자는 양친의 존속 또는 연장자가 아니어야 한다(제877조 제1항). ⅰ), ⅱ) 요건이 흠결되면 입양은 무효이다(제869조 제1항은 취소사유이고 제2항은 무효사유이다). ⅲ) 양친이 되는 자는 성년이어야 한다(제866조). ⅳ) 양자가 될 자는 '원칙적'으로 부모 등의 동의를 얻어야 한다. 양자가 될 자가 성년인 경우에도 마찬가지이다. 다만 부모의 소재를 알 수 없는 등의 사유로 동의를 받을 수 없는 경우 그러하지 아니하다(제870조, 제871조). ⅴ) 배우자 있는 자가 양자를 할 때에는 배우자와 공동으로 하여야 하고, 배우자 있는 자가 양자가 될 때에는 다른 일방의 동의를 얻어야 한다(민법 제874조). ⅲ), ⅳ), ⅴ) 요건이 흠결되면 입양은 취소될 수 있다.

② 형식적 요건

입양은 가족관계의 등록 등에 관한 법률이 정한 바에 의하여 신고함으로써 그 효력이 생긴다(제878조 제1항; 창설적 신고). 이 신고는 당사자 쌍방과 성년자인 증인 2인의 연서한 서면으로 하여야 한다(제878조 제2항).

48

17사무관

미성년자를 입양하려는 사람은 가정법원의 허가를 받아야 한다. 가정법원은 양자가 될 미성년자의 복리를 위하여 그 양육상황, 입양의 동기, 양부모의 양육능력, 그 밖의 사정을 고려하여 입양의 허가를 하지 아니할 수 있다. O|X

해설 **제867조(미성년자의 입양에 대한 가정법원의 허가)** ① 미성년자를 입양하려는 사람은 가정법원의 허가를 받아야 한다.

② 가정법원은 양자가 될 미성년자의 복리를 위하여 그 양육 상황, 입양의 동기, 양부모(養父母)의 양육능력, 그 밖의 사정을 고려하여 제1항에 따른 입양의 허가를 하지 아니할 수 있다.

49

13서기보

양자가 될 자가 15세 미만인 경우 법정대리인이 그에 갈음하여 입양의 승낙을 한다. 다만, 후견인이 입양을 승낙하는 경우에는 가정법원의 허가를 받아야 한다. O|X

해설 **제869조(입양의 의사표시)** ① 양자가 될 사람이 13세 이상의 미성년자인 경우에는 법정대리인의 동의를 받아 입양을 승낙한다.
② 양자가 될 사람이 13세 미만인 경우에는 법정대리인이 그를 갈음하여 입양을 승낙한다.
➡ 15세 미만이더라도 13세 이상이라면 법정대리인이 갈음하여 승낙하는 것이 아니므로, 틀린 내용이 된다.
➡ 개정 전 제869조 단서(미성년후견인이 대락권을 행사하는 경우, 가정법원의 허가를 받도록 한 조항)은 2012.2.10. 민법 개정으로 삭제되었다.

50

18법원행시

가정법원은 부모가 3년 이상 자녀에 대한 부양의무를 이행하지 않은 경우 또는 부모가 자녀를 학대 또는 유기하거나 그 밖에 자녀의 복리를 현저히 해친 경우에는 부모가 동의를 거부하더라도 부모의 심문을 거쳐 입양의 허가를 할 수 있다. O | X

해설 **제870조(미성년자 입양에 대한 부모의 동의)** ② 가정법원은 다음 각 호의 어느 하나에 해당하는 사유가 있는 경우에는 부모가 동의를 거부하더라도 제867조제1항에 따른 입양의 허가를 할 수 있다. 이 경우 가정법원은 부모를 심문하여야 한다.
1. 부모가 3년 이상 자녀에 대한 부양의무를 이행하지 아니한 경우
2. 부모가 자녀를 학대 또는 유기(遺棄)하거나 그 밖에 자녀의 복리를 현저히 해친 경우

51

13서기보, 20법무사

피성년후견인은 성년후견인의 동의를 얻더라도 입양을 할 수 없다. O | X

해설 **제873조(피성년후견인의 입양)** ① 피성년후견인은 성년후견인의 동의를 받아 입양을 할 수 있고 양자가 될 수 있다.

52

16서기보

당사자가 양친자관계를 창설할 의사로 친생자출생신고를 하고 거기에 입양의 실질적 요건이 모두 구비되어 있다면 그 형식에 다소 잘못이 있더라도 입양의 효력이 발생하고, 양친자관계는 파양에 의하여 해소될 수 있는 점을 제외하고는 법률적으로 친생자관계와 똑같은 내용을 갖게 된다. O | X

해설 허위의 친생자출생신고의 입양신고로서 효력 인정 여부(입양의 형식적 요건)
당사자가 양친자관계를 창설할 의사로 친생자출생신고를 하고 거기에 입양의 실질적 요건이 모두 구비되어 있다면 그 형식에 다소 잘못이 있더라도 입양의 효력이 발생하고, 양친자관계는 파양에 의하여 해소될 수 있는 점을 제외하고는 법률적으로 친생자관계와 똑같은 내용을 갖게 되므로 이 경우의 허위의 친생자출생신고는 법률상의 친자관계인 양친자관계를 공시하는 입양신고의 기능을 발휘하게 되는 것이며, 이와 같은 경우 파양에 의하여 그 양친자관계를 해소할 필요가 있는 등 특별한 사정이 없는 한 그 호적기재 자체를 말소하여 법률상 친자관계의 존재를 부인하게 하는 친생자관계부존재확인청구는 허용될 수 없는 것이다(대판 2001.5.24. 2000므1493).

정답 | **48** ○ **49** × **50** ○ **51** × **52** ○

53

12법무사, 18주사보

무효인 신분행위는 다른 법률행위로의 전환이 인정되지 않으므로, 타인의 자(子)를 자신의 자(子)로 허위의 친생자출생신고를 한 경우에는 입양으로서의 실질적 요건을 모두 구비하였다고 하더라도 입양신고의 효력을 인정할 수 없다. O | X

> 해설 判例의 다수의견은 **당사자 사이에 양친자관계를 창설하려는 명백한 의사가 있고 나아가 기타 입양의 성립요건이 모두 구비된 경우에 입양신고 대신 친생자 출생신고가 있다면 형식에 다소 잘못이 있더라도 입양의 효력이 있다고 해석함이 타당하다**고 한다(대판 1977.7.26. 77다492 전합).
>
> **비교판례** 무효인 입양의 추인인정 여부(입양의 실질적 요건)
> 친생자 출생신고 당시 입양의 실질적 요건을 갖추지 못하여 입양신고로서의 효력이 생기지 아니하였더라도 그 후에 **'입양의 실질적 요건을 갖추게 된 경우'**에는 무효인 친생자 출생신고는 **'소급적으로'** 입양신고로서의 효력을 갖게 된다. 다만 당사자 간에 무효인 신고행위에 상응하는 신분관계가 실질적으로 형성되어 있지 아니한 경우에는 무효인 신분행위에 대한 추인의 의사표시만으로 그 무효행위의 효력을 인정할 수 없다(대판 2000.6.9. 99므1633 등).

54

16서기보

배우자가 있는 사람은 배우자와 공동으로 입양을 하여야 하고, 입양으로 인한 친족관계의 소멸은 입양의 취소나 파양으로 인하여만 종료된다. O | X

> 해설 **제874조(부부의 공동 입양 등)** ① 배우자가 있는 사람은 배우자와 공동으로 입양하여야 한다.
> **제776조(입양으로 인한 친족관계의 소멸)** 입양으로 인한 친족관계는 입양의 취소 또는 파양으로 인하여 종료한다.

55

20법무사

배우자가 있는 사람은 그 배우자의 동의를 받아야만 양자가 될 수 있다. O | X

> 해설 **제874조(부부의 공동 입양 등)** ① 배우자가 있는 사람은 배우자와 공동으로 입양하여야 한다.
> ② 배우자가 있는 사람은 그 배우자의 동의를 받아야만 양자가 될 수 있다.

56

18법원행시

입양이 개인 간의 법률행위임에 비추어 보면 부부의 공동입양이라고 하여도 부부 각자에 대하여 별개의 입양행위가 존재하여 부부 각자와 양자 사이에 각각 양친자관계가 성립한다고 할 것이므로, 부부의 공동입양에 있어서도 부부 각자가 양자와의 사이에 민법이 규정한 입양의 일반 요건을 갖추는 외에 나아가 위와 같은 부부 공동입양의 요건을 갖추어야 한다. O | X

해설 부부의 공동의사에 기하지 아니하고 출생신고의 방식으로 한 입양의 효력

입양이 개인 간의 법률행위임에 비추어 보면 부부의 공동입양이라고 하여도 부부 각자에 대하여 별개의 입양행위가 존재하여 부부 각자와 양자 사이에 각각 양친자관계가 성립한다고 할 것이므로, 부부의 공동입양에 있어서도 부부 각자가 양자와의 사이에 민법이 규정한 입양의 일반 요건을 갖추는 외에 나아가 위와 같은 부부 공동입양의 요건을 갖추어야 하는 것으로 풀이함이 상당하므로, 처가 있는 자가 입양을 함에 있어서 혼자만의 의사로 부부 쌍방 명의의 입양신고를 하여 수리된 경우, 처의 부재 기타 사유로 인하여 공동으로 할 수 없는 때에 해당하는 경우를 제외하고는, 처와 양자가 될 자 사이에서는 입양의 일반요건 중 하나인 당사자 간의 입양합의가 없으므로 입양이 무효가 되고, 한편 처가 있는 자와 양자가 될 자 사이에서는 입양의 일반 요건을 모두 갖추었어도 부부 공동입양의 요건을 갖추지 못하였으므로 처가 그 입양의 취소를 청구할 수 있으나, 그 취소가 이루어지지 않는 한 그들 사이의 입양은 유효하게 존속한다(대판 1998.5.26. 97므25).

57

13주사보

보통 양자도 법원의 허가를 받아 성과 본을 바꿀 수 있다. O | X

해설 **제781조(자의 성과 본)** ⑥ 자의 복리를 위하여 자의 성과 본을 변경할 필요가 있을 때에는 부, 모 또는 자의 청구에 의하여 법원의 허가를 받아 이를 변경할 수 있다. 다만, 자가 미성년자이고 법정대리인이 청구할 수 없는 경우에는 제777조의 규정에 따른 친족 또는 검사가 청구할 수 있다.

58

13서기보

당사자 사이에 입양의 합의가 없는 때 입양은 무효이다. O | X

해설 **제883조(입양 무효의 원인)** 다음 각 호의 어느 하나에 해당하는 입양은 무효이다.

1. 당사자 사이에 입양의 합의가 없는 경우

59

14주사보

미성년자를 입양할 때는 가정법원의 허가를 받도록 하고 미성년자에 대한 파양은 재판으로만 할 수 있도록 하였다. O | X

해설 **제867조(미성년자의 입양에 대한 가정법원의 허가)** ① 미성년자를 입양하려는 사람은 가정법원의 허가를 받아야 한다.

제898조(협의상 파양) 양부모와 양자는 협의하여 파양(罷養)할 수 있다. 다만, 양자가 미성년자 또는 피성년후견인인 경우에는 그러하지 아니하다.

➡ 양자가 미성년자 또는 피성년후견인인 경우에는 협의상 파양을 할 수 없으므로, 양자가 성년자인 때에만 협의파양을 할 수 있다.

정답 | 53 × 54 ○ 55 ○ 56 ○ 57 ○ 58 ○ 59 ○

60 16서기보

우리 민법은 입양과 관련하여서 부부의 공동입양원칙을 선언하고 있는바 파양을 할 때에도 부부가 공동으로 하여야 하며 이는 양친이 이혼한 때에도 마찬가지라 할 것이다. O | X

해설 민법 제874조 제1항은 부부의 공동입양원칙을 선언하고 있는바, 파양에 관하여는 별도의 규정을 두고 있지는 않고 있으나 부부의 공동입양원칙의 규정 취지에 비추어 보면 양친이 부부인 경우 파양을 할 때에도 부부가 공동으로 하여야 한다고 해석할 여지가 없지 아니하나(양자가 미성년자인 경우에는 양자제도를 둔 취지에 비추어 그와 같이 해석하여야 할 필요성이 크다), 그렇게 해석한다고 하더라도 양친 부부 중 일방이 사망하거나 또는 양친이 이혼한 때에는 부부의 공동파양의 원칙이 적용될 여지가 없다(대판 2009.4.23. 2008므3600).

61 출제예상

입양의 의사로 친생자출생신고를 하고 입양의 실질적 요건이 구비된 경우라면, 입양의 효력이 인정되어 파양에 의하여 그 양친자관계를 해소할 필요가 있는 등 특별한 사정이 없는 한 친생자관계부존재확인청구는 허용될 수 없다. 따라서 양부(乙)가 양모(甲)와 양자(丙)를 상대로 친생자관계 부존재확인을 구했다면 이미 乙과 丙 간의 입양관계는 불성립, 무효, 취소, 혹은 파양되는 경우라고 볼 것이어서 공동입양의 원칙에 비추어 甲과 丙 사이에도 양친자관계가 성립할 수 없으므로 결국 위 친생자관계 부존재확인청구는 허용된다. O | X

해설 입양은 기본적으로 입양 당사자 개인 간의 법률행위이다. 구 민법(2012.2.10. 법률 제11300호로 개정되기 전의 것)상 입양의 경우 **입양의 실질적 요건이 모두 구비되어 있다면 입양신고 대신 친생자출생신고를 한 형식상 잘못이 있어도 입양의 효력은 인정할 수 있다.** 입양과 같은 신분행위에서 '신고'라는 형식을 요구하는 이유는 당사자 사이에 신고에 대응하는 의사표시가 있었음을 확실히 하고 또 이를 외부에 공시하기 위함인데, 허위의 친생자출생신고도 당사자 사이에 법률상 친자관계를 설정하려는 의사표시가 명백히 나타나 있고 양친자관계는 파양에 의하여 해소될 수 있다는 점을 제외하면 법률적으로 친생자관계와 똑같은 내용을 가지므로, 허위의 친생자출생신고는 법률상 친자관계의 존재를 공시하는 신고로서 입양신고의 기능을 한다고 볼 수 있기 때문이다(대판 2018.5.15. 2014므4963).

사실관계 **입양의 의사로 친생자출생신고를 하고 입양의 실질적 요건이 구비된 경우, 입양의 효력이 인정되며, 이 경우 양부(乙)가 양모(甲)와 양자(丙)를 상대로 친생자관계 부존재확인을 구한 사안에서** 대법원은 "甲과 丙 사이에는 개별적인 입양의 실질적 요건이 모두 갖추어져 있고, 甲에게 乙과 공동으로 양부모가 되는 것이 아니라면 단독으로는 양모도 되지 않았을 것이란 의사, 즉 **乙과 丙 사이의 입양이 불성립, 무효, 취소, 혹은 파양되는 경우에는 甲도 丙을 입양할 의사가 없었을 것이라고 볼 특별한 사정도 찾아볼 수 없으며,** 입양 신고 대신 丙에 대한 친생자출생신고가 이루어진 후 호적제도가 폐지되고 가족관계등록제도가 시행됨으로써 甲의 가족관계등록부에는 丙이 甲의 자녀로 기록되었고, 丙의 가족관계증명서에도 甲이 丙의 모로 기록되어 있는 점 등에 비추어, **甲과 丙 사이에는 양친자관계가 성립할 수 없다고 본** 원심판결에 법리오해의 **잘못이 있다**고 본 사례

62 18주사보, 19법원행시

친양자를 하려는 자는 3년 이상 혼인 중인 부부로서 공동으로 입양하여야 한다. 다만, 1년 이상 혼인 중의 부부인 일방이 그 배우자의 친생자를 친양자로 하는 경우에는 그러하지 아니하다. O | X

63 19/20법무사

일반입양에서는 성년자이면 양친이 될 수 있으나, 친양자입양에서는 3년 이상 혼인 중인 부부로서 공동으로 입양하는 것이 원칙이다. O | X

64 14주사보

종래 친양자가 될 자가 미성년자이면 친양자 입양이 가능하였으나 개정민법에서는 15세 미만인 자만 친양자 입양이 가능하도록 연령제한을 강화하였다. O | X

65 18주사보, 19법무사

일반입양에서는 성년자, 미성년자 모두 양자가 될 수 있으나, 친양자 입양에서는 미성년자만이 양자가 될 수 있다. O | X

66 출제예상

친양자가 될 사람은 17세 미만이어야 한다. O | X

해설 **일반입양 – 제866조(입양을 할 능력)** 성년이 된 사람은 입양(入養)을 할 수 있다.

친양자입양 – 제908조의2(친양자 입양의 요건 등) ① 친양자를 입양하려는 사람은 다음 각 호의 요건을 갖추어 가정법원에 친양자입양을 청구하여야 한다.

62 63 1. 3년 이상 혼인 중인 부부로서 공동으로 입양할 것. 다만, 1년 이상 혼인 중인 부부의 한쪽이 그 배우자의 친생자를 친양자로 하는 경우에는 그러하지 아니하다.

64 65 2. 친양자가 될 사람이 미성년자일 것

➡ **66** 친양자는 17세 미만이 아니라 미성년자이면 된다(제908조의2 제1항 2호). 일반입양의 경우에는 성년자 미성년자 모두 양자가 될 수 있다

3. 친양자가 될 사람의 친생부모가 친양자 입양에 동의할 것. 다만, 부모가 친권상실의 선고를 받거나 소재를 알 수 없거나 그 밖의 사유로 동의할 수 없는 경우에는 그러하지 아니하다.
4. 친양자가 될 사람이 13세 이상인 경우에는 법정대리인의 동의를 받아 입양을 승낙할 것
5. 친양자가 될 사람이 13세 미만인 경우에는 법정대리인이 그를 갈음하여 입양을 승낙할 것

② 가정법원은 다음 각 호의 어느 하나에 해당하는 경우에는 제1항 제3호·제4호에 따른 동의 또는 같은 항 제5호에 따른 승낙이 없어도 제1항의 청구를 인용할 수 있다. 이 경우 가정법원은 동의권자 또는 승낙권자를 심문하여야 한다.

1. 법정대리인이 정당한 이유 없이 동의 또는 승낙을 거부하는 경우. 다만, 법정대리인이 친권자인 경우에는 제2호 또는 제3호의 사유가 있어야 한다.
2. 친생부모가 자신에게 책임이 있는 사유로 3년 이상 자녀에 대한 부양의무를 이행하지 아니하고 면접교섭을 하지 아니한 경우
3. 친생부모가 자녀를 학대 또는 유기하거나 그 밖에 자녀의 복리를 현저히 해친 경우

정답 | 60 × 61 × 62 ○ 63 ○ 64 × 65 ○ 66 ×

67

13/18주사보

친양자는 부부의 혼인 중 출생자로 본다. 따라서 부양이나 상속 등의 관계가 발생하고 친양자는 원칙적으로 부의 성과 본을 따른다. O | X

해설 **제781조(자의 성과 본)** ① 자는 부의 성과 본을 따른다. 다만, 부모가 혼인신고시 모의 성과 본을 따르기로 협의한 경우에는 모의 성과 본을 따른다.

68

13주사보

보통 양자와 친양자 모두 입양 전 친족관계가 유지된다. O | X

69

19법무사

일반입양에서 양자의 입양 전의 친족관계는 입양 후에도 존속하나, 친양자 입양에서 친양자의 입양 전의 친족관계는 가정법원에 의해 입양이 확정되면 친양자의 출생시로 소급하여 종료한다. O | X

해설 **68 69 일반입양: 제882조의2(입양의 효력)** ② 양자의 입양 전의 친족관계는 존속한다.

친양자입양: 입양 전 친족관계는 종료된다(제908조의3 제2항). 다만, 부부 일방이 그 배우자의 친생자를 단독으로 입양한 경우에 있어서의 배우자 및 그 친족과 친생자 간의 친족관계는 그러하지 아니하다(제908조의3 제2항 단서). 이러한 친족관계의 소멸은 장래에 향하여만 그 효력이 발생할 뿐, 출생시에 소급하여 종료하는 것이 아니다. 그러므로 입양 전의 상속이나 부양관계에는 영향이 없다.

70

19법무사

일반입양의 경우 협의상 파양이 인정될 수 있으나, 친양자입양의 경우 협의상 파양은 할 수 없고 일정한 경우 재판상 파양만이 인정된다. O | X

71

17사무관, 18법원행시

친양자 입양에 따른 효력으로 친양자는 부부의 혼인 중 출생자로 보므로, 설령 양친이 친양자를 학대 또는 유기하거나 그 밖에 친양자의 복리를 현저히 해하는 경우라 할지라도, 친생의 부 또는 모가 가정법원에 친양자의 파양을 청구할 수는 없다. O | X

해설 **70** 일반입양의 협의상 파양(제898조)이나 재판상 파양 규정(제905조)는 친양자 파양의 경우에는 적용되지 않는다(제908조의5 제2항). 따라서 친양자 입양의 경우에는 협의상 파양은 할 수 없다. 그러나 친양자 입양에서도 재판상 파양은 인정된다(제908조의5 제1항 제1호 및 제2호).

71 제908조의5(친양자의 파양) ① 양친, 친양자, 친생의 부 또는 모나 검사는 다음 각 호의 어느 하나의 사유가 있는 경우에는 가정법원에 친양자의 파양(罷養)을 청구할 수 있다.

1. 양친이 친양자를 학대 또는 유기(遺棄)하거나 그 밖에 친양자의 복리를 현저히 해하는 때
2. 친양자의 양친에 대한 패륜(悖倫)행위로 인하여 친양자관계를 유지시킬 수 없게된 때

72 17사무관, 18법원행시, 19법무사

친양자 입양이 취소되거나 파양된 때에는 친양자관계는 소멸하고 입양 전의 친족관계는 부활한다. 이러한 경우에 친양자 입양의 취소의 효력은 소급하지 않는다. O | X

73 출제예상

친양자 입양이 취소된 때에는 친양자 관계는 입양한 때로 소급하여 소멸하고 입양 전의 친족관계는 부활한다. O | X

> **해설** **72 73 제908조의7(친양자 입양의 취소·파양의 효력)** ① 친양자 입양이 취소되거나 파양된 때에는 친양자관계는 소멸하고 입양 전의 친족관계는 부활한다.
> ② 제1항의 경우에 친양자 입양의 취소의 효력은 소급하지 아니한다.

74 출제예상

친양자 입양에는 친양자가 될 사람의 친생부모의 동의가 필요하지만, 친생부모의 소재를 알 수 없는 경우에는 그의 동의 없이도 친양자 입양이 가능하다. O | X

> **해설** **제908조의2(친양자 입양의 요건 등)** ① 친양자(親養子)를 입양하려는 사람은 다음 각 호의 요건을 갖추어 가정법원에 친양자 입양을 청구하여야 한다.
> 3. 친양자가 될 사람의 친생부모가 친양자 입양에 동의할 것. 다만, 부모가 친권상실의 선고를 받거나 소재를 알 수 없거나 그 밖의 사유로 동의할 수 없는 경우에는 그러하지 아니하다.

75 출제예상

친양자가 될 사람이 15세 이상인 경우에는 법정대리인의 동의를 받아 입양을 승낙하고, 15세 미만인 경우에는 법정대리인이 그를 갈음하여 입양을 승낙하여야 한다. O | X

> **해설** 15세가 아니라 13세이다(제908조의2 제1항 4호, 5호).

76 출제예상

친생부모가 자신에게 책임이 있는 사유로 3년 이상 자녀에 대한 부양의무를 이행하지 아니하고, 면접교섭을 하지 아니한 경우에는 친생부모의 동의나 승낙이 없더라도 가정법원이 친양자 입양청구를 인용할 수 있다. O | X

정답 | 67 ○ 68 × 69 × 70 ○ 71 × 72 ○ 73 × 74 ○ 75 × 76 ○

해설 제908조의2 제2항 제2호

제908조의2(친양자 입양의 요건 등) ① 친양자(親養子)를 입양하려는 사람은 다음 각 호의 요건을 갖추어 가정법원에 친양자 입양을 청구하여야 한다.

1. 3년 이상 혼인 중인 부부로서 공동으로 입양할 것. 다만, 1년 이상 혼인 중인 부부의 한쪽이 그 배우자의 친생자를 친양자로 하는 경우에는 그러하지 아니하다.
2. 친양자가 될 사람이 미성년자일 것
3. 친양자가 될 사람의 친생부모가 친양자 입양에 동의할 것. 다만, 부모가 친권상실의 선고를 받거나 소재를 알 수 없거나 그 밖의 사유로 동의할 수 없는 경우에는 그러하지 아니하다.
4. 친양자가 될 사람이 13세 이상인 경우에는 법정대리인의 동의를 받아 입양을 승낙할 것
5. 친양자가 될 사람이 13세 미만인 경우에는 법정대리인이 그를 갈음하여 입양을 승낙할 것

② 가정법원은 다음 각 호의 어느 하나에 해당하는 경우에는 제1항제3호·제4호에 따른 동의 또는 같은 항 제5호에 따른 승낙이 없어도 제1항의 청구를 인용할 수 있다. 이 경우 가정법원은 동의권자 또는 승낙권자를 심문하여야 한다.

1. 법정대리인이 정당한 이유 없이 동의 또는 승낙을 거부하는 경우. 다만, 법정대리인이 친권자인 경우에는 제2호 또는 제3호의 사유가 있어야 한다.
2. 친생부모가 자신에게 책임이 있는 사유로 3년 이상 자녀에 대한 부양의무를 이행하지 아니하고 면접교섭을 하지 아니한 경우
3. 친생부모가 자녀를 학대 또는 유기하거나 그 밖에 자녀의 복리를 현저히 해친 경우

77

출제예상

甲남과 乙녀는 재혼을 하였고 乙과 丁 사이에 출생한 丙을 친양자로 입양하였다. 甲과 乙은 3년 이상 혼인 중인 부부로서 공동으로 입양하여야 한다. O | X

해설 3년 또는 1년 이상 혼인 중인 부부로서 공동으로 입양할 것

제908조의2(친양자 입양의 요건 등) ① 친양자를 입양하려는 사람은 다음 각 호의 요건을 갖추어 가정법원에 친양자 입양을 청구하여야 한다.

1. 3년 이상 혼인 중인 부부로서 공동으로 입양할 것. **다만, 1년 이상 혼인 중인 부부의 한쪽이 그 배우자의 친생자를 친양자로 하는 경우에는 그러하지 아니하다.**

➡ 丙은 乙의 친생자이므로 甲과 乙이 1년 이상 혼인 중인 부부라면 丙을 친양자로 입양할 수 있다. 여기서 혼인 중이란 법률혼만을 의미하고 사실혼은 해당하지 않는다. 3년 또는 1년 이상 혼인 중인 부부란 실질적인 혼인생활의 지속을 의미한다.

78

출제예상

甲남과 乙녀는 재혼을 하였고 乙과 丁 사이에 출생한 丙을 친양자로 입양하였다. 乙이 甲과 재혼을 하였기 때문에 친양자 입양에 대한 丁의 동의는 요하지 않는다. O | X

해설 친생부모의 동의

제908조의2(친양자 입양의 요건 등) ① 친양자를 입양하려는 사람은 다음 각 호의 요건을 갖추어 가정법원에 친양자 입양을 청구하여야 한다.

3. **친양자가 될 사람의 친생부모가 친양자 입양에 동의할 것.** 다만, 부모가 친권상실의 선고를 받거나 소재를 알 수 없거나 그 밖의 사유로 동의할 수 없는 경우에는 그러하지 아니하다.

79

출제예상

甲남과 乙녀는 재혼을 하였고 乙과 丁 사이에 출생한 丙을 친양자로 입양하였다. 친양자 입양이 취소된 때에는 친양자관계는 입양한 때로 소급하여 소멸하고 丁의 친권은 부활하게 된다. O | X

해설 친양자 입양의 취소

제908조의7(친양자 입양의 취소·파양의 효력) ① 친양자 입양이 취소되거나 파양된 때에는 친양자관계는 소멸하고 **입양 전의 친족관계는 부활**한다.

② 제1항의 경우에 친양자 입양의 취소의 효력은 **소급하지 아니한다.**

제909조의2(친권자의 지정 등) ② **입양이 취소되거나 파양된 경우** 또는 양부모가 모두 사망한 경우 친생부모 일방 또는 쌍방, 미성년자, 미성년자의 친족은 그 사실을 안 날부터 1개월, 입양이 취소되거나 파양된 날 또는 양부모가 모두 사망한 날부터 6개월 내에 **가정법원에 친생부모 일방 또는 쌍방을 친권자로 지정할 것을 청구할 수 있다.** 다만, 친양자의 양부모가 사망한 경우에는 그러하지 아니하다.

➡ 친양자 입양취소의 효과는 소급하지 않으므로(제908조의7 제2항) 丁의 친권이 당연히 부활하는 것이 나니라 친권자지정청구에 따라 친권자가 될 수 있을 뿐이다(제909조의2 제2항).

80

출제예상

甲남과 乙녀는 재혼을 하였고 乙과 丁 사이에 출생한 丙을 친양자로 입양하였다. 甲과 乙이 이혼한 경우라도 甲과 丙 사이의 법정혈족관계가 유지된다. O | X

해설 친양자 입양의 취소

제908조의7(친양자 입양의 취소·파양의 효력) ① 친양자 입양이 취소되거나 파양된 때에는 친양자관계는 소멸하고 **입양 전의 친족관계는 부활**한다.

② 제1항의 경우에 친양자 입양의 취소의 효력은 **소급하지 아니한다.**

81

13법무사

위와 같이 부부 간의 부양의무를 이행하지 않은 부부의 일방에 대하여 상대방의 친족이 구하는 부양료의 상환청구는 가사비송사건으로 가정법원의 전속관할에 속한다. O | X

해설 가사소송법 제2조 제1항 제2호 나. 마류사건 제1호는 민법 제826조에 따른 부부의 부양에 관한 처분을, 같은 법 제2조 제1항 제2호 나. 마류사건 제8호는 민법 제976조부터 제978조까지의 규정에 따른 부양에 관한 처분을 각각 별개의 가사비송사건으로 규정하고 있다. 따라서 부부간의 부양의무를 이행하지 않은 부부의 일방에 대한 상대방의 부양료 청구는 위 마류사건 제1호의 가사비송사건에 해당하고, **친족 간의 부양의무를 이행하지 않은 친족의 일방에 대한 상대방의 부양료 청구는** 위 마류사건 제8호의 가사비송사건에 해당한다 할 것이나, 부부간의 부양의무를 이행하지 않은 부부의 일방에 대하여 상대방의 친족이 구하는 부양료의 상환청구는 같은 법 제2조 제1항 제2호 나. 마류사건의 **어디에도 해당하지 아니하여 이를 가사비송사건으로 가정법원의 전속관할에 속하는 것이라고 할 수는 없고, 이는 민사소송사건에 해당한다**고 봄이 타당하다(대판 2012.12.27. 2011다96932).

정답 | **77** × **78** × **79** × **80** × **81** ×

82

18서기보

부모가 자녀에 대하여 부담하는 부양의무는 제1차 부양의무이다. O|X

해설 민법 제826조 제1항에서 규정하는 미성년 자녀의 양육·교육 등을 포함한 부부간 상호부양의무는 혼인관계의 본질적 의무로서 부양을 받을 자의 생활을 부양의무자의 생활과 같은 정도로 보장하여 부부공동생활의 유지를 가능하게 하는 것을 내용으로 하는 제1차 부양의무이고, 반면 **부모가 성년의 자녀에 대하여 직계혈족으로서 민법 제974조 제1호, 제975조에 따라 부담하는 부양의무는 부양의무자가 자기의 사회적 지위에 상응하는 생활을 하면서 생활에 여유가 있음을 전제로 하여 부양을 받을 자가 자력 또는 근로에 의하여 생활을 유지할 수 없는 경우에 한하여 그의 생활을 지원하는 것을 내용으로 하는 제2차 부양의무이다**(대판 2017.8.25. 2017스5).

83

15법원행시

민법 제974조, 제975조에 의하여 부양의 의무 있는 사람이 여러 사람인 경우에 그중 부양의무를 이행한 1인이 다른 부양의무자에 대하여 이미 지출한 과거 부양료의 지급을 구하는 권리는 당사자의 협의 또는 가정법원의 심판 확정에 의하여 비로소 구체적이고 독립한 재산적 권리로 성립하게 되지만, 그러한 부양료청구권의 침해를 이유로 채권자취소권을 행사하는 경우의 제척기간은 부양료청구권이 구체적인 권리로서 성립한 시기이다. O|X

84

18법무사

부양료청구권의 침해를 이유로 채권자취소권을 행사하는 경우의 제척기간은 부양료청구권이 구체적인 권리로서 성립한 시기가 아니라 민법 제406조 제2항이 정한 '취소원인을 안 날' 또는 '법률행위가 있은 날'로부터 진행한다. O|X

해설 **83 84** 부양료청구권의 침해를 이유로 채권자취소권을 행사하는 경우, 제척기간의 기산일(= 취소원인을 안 날 또는 법률행위가 있은 날)

민법 제974조, 제975조에 의하여 부양의 의무 있는 사람이 여러 사람인 경우에 그중 부양의무를 이행한 1인이 다른 부양의무자에 대하여 이미 지출한 과거 부양료의 지급을 구하는 권리는 당사자의 협의 또는 가정법원의 심판 확정에 의하여 비로소 구체적이고 독립한 재산적 권리로 성립하게 되지만, 그러한 부양료청구권의 침해를 이유로 채권자취소권을 행사하는 경우의 제척기간은 부양료청구권이 구체적인 권리로서 성립한 시기가 아니라 민법 제406조 제2항이 정한 '취소원인을 안 날' 또는 '법률행위가 있은 날'로부터 진행한다(대판 2015.1.29. 2013다79780).

85

13주사보

보통 양자와 친양자 모두 양부모가 친권자가 된다. O|X

해설 **제909조(친권자)** ① 부모는 미성년자인 자의 친권자가 된다. 양자의 경우에는 양부모(養父母)가 친권자가 된다.

86 13법무사

부모의 일방이 친권을 행사할 수 없을 때에는 다른 일방의 청구에 의하여 가정법원이 친권자를 정한다.

O I X

> 해설 **제909조(친권자)** ② 친권은 부모가 혼인중인 때에는 부모가 공동으로 이를 행사한다. 그러나 부모의 의견이 일치하지 아니하는 경우에는 당사자의 청구에 의하여 가정법원이 이를 정한다.
> ③ 부모의 일방이 친권을 행사할 수 없을 때에는 다른 일방이 이를 행사한다.

87 13법무사

가정법원은 혼인의 취소, 재판상 이혼 또는 인지청구의 소의 경우에는 직권으로 친권자를 정한다.

O I X

> 해설 **제909조(친권자)** ④ 혼인외의 자가 인지된 경우와 부모가 이혼하는 경우에는 부모의 협의로 친권자를 정하여야 하고, 협의할 수 없거나 협의가 이루어지지 아니하는 경우에는 가정법원은 직권으로 또는 당사자의 청구에 따라 친권자를 지정하여야 한다. 다만, 부모의 협의가 자(子)의 복리에 반하는 경우에는 가정법원은 보정을 명하거나 직권으로 친권자를 정한다.
> ⑤ 가정법원은 혼인의 취소, 재판상 이혼 또는 인지청구의 소의 경우에는 직권으로 친권자를 정한다.

88 17법무사

단독 친권자로 정하여진 부모의 일방이 사망한 경우 생존하는 부 또는 모, 미성년자, 미성년자의 친족은 그 사실을 안 날부터 1개월, 사망한 날부터 6개월 내에 가정법원에 생존하는 부 또는 모를 친권자로 지정할 것을 청구할 수 있다.

O I X

> 해설 **제909조의2(친권자의 지정 등)** ① 제909조제4항부터 제6항까지의 규정에 따라 단독 친권자로 정하여진 부모의 일방이 사망한 경우 생존하는 부 또는 모, 미성년자, 미성년자의 친족은 그 사실을 안 날부터 1개월, 사망한 날부터 6개월 내에 가정법원에 생존하는 부 또는 모를 친권자로 지정할 것을 청구할 수 있다.

89 19법원행시, 20서기보

무상으로 자에게 재산을 수여한 제3자가 친권자의 관리에 반대하는 의사를 표시한 때에는 친권자는 그 재산을 관리하지 못한다.

O I X

> 해설 **제918조(제3자가 무상으로 자에게 수여한 재산의 관리)** ① 무상으로 자에게 재산을 수여한 제3자가 친권자의 관리에 반대하는 의사를 표시한 때에는 친권자는 그 재산을 관리하지 못한다.

정답 | **82** × **83** × **84** ○ **85** ○ **86** × **87** ○ **88** ○ **89** ○

90

출제예상

이혼 후 미성년자녀의 단독친권자인 모(母)가 사망한 경우, 생존한 부(父)가 자동적으로 미성년자녀의 친권자가 되는 것은 아니다. O | X

> 해설 제909조의2는 이혼 등으로 단독 친권자로 정해진 부모의 일방이 사망하거나 친권을 상실하는 등 친권을 행사할 수 없는 경우에 **'가정법원의 심리를 거쳐'** 친권자로 정해지지 않았던 부모의 다른 일방을 친권자로 지정하거나 후견이 개시되도록 함으로써 부적격의 부 또는 모가 당연히 친권자가 됨으로써 미성년자의 복리에 악영향을 미치는 것을 방지하고 있다.

91

13/17법무사

친권자는 그 자를 보호 또는 교양하기 위하여 필요한 징계를 할 수 있고 법원의 허가를 얻어 감화 또는 교정기관에 위탁할 수 있다. O | X

> 해설 **제915조는 2021.1.26. 민법 개정에 의하여 삭제되었음에 주의**하여야 한다.

92

17법무사

법정대리인인 친권자는 자의 재산에 관한 법률행위에 대하여 그 자를 대리한다. 그러나 그 자의 행위를 목적으로 하는 채무를 부담할 경우에는 본인의 동의를 얻어야 한다. O | X

> 해설 **제920조(자의 재산에 관한 친권자의 대리권)** 법정대리인인 친권자는 자의 재산에 관한 법률행위에 대하여 그 자를 대리한다. 그러나 그 자의 행위를 목적으로 하는 채무를 부담할 경우에는 본인의 동의를 얻어야 한다.

93

13/17법무사

부모가 공동으로 친권을 행사하는 경우 부모의 일방이 공동명의로 자를 대리하거나 자의 법률행위에 동의한 때에는, 상대방이 악의가 아닌 한 다른 일방의 의사에 반하는 때에도 그 효력이 있다. O | X

> 해설 **제920조의2(공동친권자의 일방이 공동명의로 한 행위의 효력)** 부모가 공동으로 친권을 행사하는 경우 부모의 일방이 공동명의로 자를 대리하거나 자의 법률행위에 동의한 때에는 다른 일방의 의사에 반하는 때에도 그 효력이 있다. 그러나 상대방이 악의인 때에는 그러하지 아니한다.

94

15법원행시

법정대리인인 친권자가 부동산을 미성년자인 자에게 명의신탁하는 행위는 이해상반행위에 해당하지 않는다. O | X

해설 법정대리인인 친권자가 미성년의 자에게 부동산을 명의신탁하는 것이 이해상반행위인지 여부(소극)
법정대리인인 친권자가 부동산을 미성년자인 자에게 명의신탁하는 행위는 친권자와 사이에 이해상반되는 행위에 속한다고 볼 수 없으므로, 이를 특별대리인에 의하여 하지 아니하였다고 하여 무효라고 볼 수 없다(대판 1998.4.10. 97다4005).

95

12법원행시

피상속인의 처가 미성년자인 자와 동순위로 공동상속인이 된 경우에, 미성년자인 자의 친권자로서 상속재산을 분할하는 협의를 하는 행위는 이해상반행위에 해당하므로, 그 미성년자의 특별대리인을 선임 받아 미성년자를 대리하게 하여야 한다. O | X

해설 대판 1993.3.9. 92다18481 참조

96

11주사보, 13/20법무사, 18법원행시, 20서기보

공동상속인인 친권자와 미성년인 수인의 자(子)사이의 상속재산 분할협의를 하게 되는 경우에는 미성년자 각자마다 특별대리인을 선임하여 그 각 특별대리인이 각 미성년인 자(子)를 대리하여 상속재산분할의 협의를 해야 한다. O | X

해설 대판 1993.4.13. 92다54524 참조

97

15사무관, 15법원행시

피상속인의 사망으로 인하여 1차 상속이 개시되고 그 1차 상속인 중 1인이 다시 사망하여 2차 상속이 개시되었는데, 2차 상속의 공동상속인 중 1인이 친권자로서 다른 공동상속인인 수인의 미성년자를 대리하여 1차 상속재산에 관하여 1차 상속의 공동상속인들과 상속재산 분할협의를 체결한 경우, 민법 제921조에 의하여 무효가 되는 것은 위 상속재산 분할협의 전체이며, 2차 상속의 공동상속인 사이의 상속재산 분할협의에 한정되는 것은 아니다. O | X

해설 상속재산에 대하여 소유의 범위를 정하는 내용의 공동상속재산 분할협의는 그 행위의 객관적 성질상 상속인 상호간 이해의 대립이 생길 우려가 없다고 볼만한 특별한 사정이 없는 한 민법 제921조의 이해상반되는 행위에 해당한다. 그리고 **피상속인의 사망으로 인하여 1차 상속이 개시되고 그 1차 상속인 중 1인이 다시 사망하여 2차 상속이 개시된 후 1차 상속의 상속인들과 2차 상속의 상속인들이 1차 상속의 상속재산에 관하여 분할협의를 하는 경우에 2차 상속인 중에 수인의 미성년자가 있다면 이들 미성년자 각자마다 특별대리인을 선임하여 각 특별대리인이 각 미성년자를 대리하여 상속재산 분할협의를 하여야 하고, 만약 2차 상속의 공동상속인인 친권자가 수인의 미성년자 법정대리인으로서 상속재산 분할협의를 한다면 이는 민법 제921조에 위배되는 것이며, 이러한 대리행위에 의하여 성립된 상속재산 분할협의는 피대리자 전원에 의한 추인이 없는 한 전체가 무효이다**(대판 2011.3.10. 2007다17482).

정답 | 90 ○ 91 × 92 ○ 93 ○ 94 ○ 95 ○ 96 ○ 97 ○

98 11주사보

공동상속이면서 동시에 친권자인 모(母)가 스스로 상속을 포기하고, 또한 미성년자인 자(子)의 상속을 포기하여, 결국 성년자인 다른 자(子)가 피상속인 부(父)의 재산을 모두 상속받게 한 것은 이해상반행위이다. O | X

99 12법원행시

성년인 자(子)와 미성년인 자(子) 사이의 이해상반행위를 부모가 할 때는 특별대리인의 선임을 요하지 않는다. O | X

> 해설 **98 99** 민법 제921조 제2항의 경우 이해상반행위의 당사자는 쌍방이 모두 친권에 복종하는 미성년자일 경우이어야 하고, 이때에는 친권자가 미성년자 쌍방을 대리할 수는 없는 것이므로 그 어느 미성년자를 위하여 특별대리인을 선임하여야 한다는 것이지 성년이 되어 친권자의 친권에 복종하지 아니하는 자와 친권에 복종하는 미성년자인 자 사이에 이해상반이 되는 경우가 있다 하여도 친권자는 미성년자를 위한 법정대리인으로서 그 고유의 권리를 행사할 수 있으므로 그러한 친권자의 법률행위는 같은 조항 소정의 이해상반행위에 해당한다 할 수 없다(대판 1989.9.12. 88다카28044).

100 15법원행시

친권자인 모가 자기 오빠의 제3자에 대한 채무의 담보로 미성년자 소유의 부동산에 근저당권을 설정하는 행위는 이해상반행위에 해당하지 않는다. O | X

101 21법무사

미성년자의 친권자인 모가 자기 오빠의 제3자에 대한 채무의 담보로 미성년자 소유의 부동산에 근저당권을 설정하는 행위는, 채무자를 위한 것으로서 미성년자에게는 불이익만을 주는 것이어서 민법 제921조 제1항에 규정된 "법정대리인인 친권자와 그 자 사이에 이해상반되는 행위"에 해당한다. O | X

> 해설 **100 101** 미성년자의 친권자인 모가 자기 오빠의 제3자에 대한 채무의 담보로 미성년자 소유의 부동산에 근저당권을 설정하는 행위가, 채무자를 위한 것으로서 미성년자에게는 불이익만을 주는 것이라고 하더라도, 민법 제921조 제1항에 규정된 "법정대리인인 친권자와 그 자 사이에 이해상반되는 행위"라고 볼 수는 없다(대판 1991.11.26. 91다32466).

102 12서기보, 15법원행시

친권자인 모(母)가 자신이 대표이사로 있는 주식회사의 채무를 담보하기 위하여 자신과 미성년자인 자(子)의 공유재산에 대하여 자(子)의 법정대리인 겸 본인의 자격으로 근저당권을 설정한 행위는 이해상반행위에 해당한다. O | X

> 해설 친권자인 모가 자신이 대표이사로 있는 주식회사의 채무 담보를 위하여 자신과 미성년인 자(子)의 공유재산에 대하여 자의 법정대리인 겸 본인의 자격으로 근저당권을 설정한 행위는, 친권자가 채무자 회사의 대표이사로서 그 주식의 66%를 소유하는 대주주이고 미성년인 자에게는 불이익만을 주는 것이라는 점을 감안하더라도, 그 행위의 객관적 성질상 채무자 회사의 채무를 담보하기 위한 것에 불과하므로 친권자와 그 자 사이에 이해의 대립이 생길 우려가 있는 이해상반행위라고 볼 수 없다(대판 1996.11.22. 96다10270).

103

13법원행시

친권자인 모가 자신이 연대보증한 차용금채무의 담보로 자신과 자의 공유인 토지 중 자의 공유지분에 관하여 그 법정대리인의 자격으로 근저당권설정계약을 체결한 행위는 민법 제921조의 이해상반행위에 해당한다. O|X

해설 **친권자인 모가 자신이 연대보증한 차용금 채무의 담보로 자신과 자의 공유인 토지 중 자신의 공유지분에 관하여는 공유지분권자로서, 자의 공유지분에 관하여는 그 법정대리인의 자격으로 각각 근저당권설정계약을 체결한 경우**, 위 채권의 만족을 얻기 위하여 채권자가 위 토지 중 자의 공유지분에 관한 저당권의 실행을 선택한 때에는, 그 경매대금이 변제에 충당되는 한도에 있어서 모의 책임이 경감되고, 또한 채권자가 모에 대한 연대보증책임의 추구를 선택하여 변제를 받은 때에는, 모는 채권자를 대위하여 위 토지 중 자의 공유지분에 대한 저당권을 실행할 수 있는 것으로 되는바, 위와 같이 친권자인 모와 자 사이에 이해의 충돌이 발생할 수 있는 것이, 친권자인 모가 한 행위 자체의 외형상 객관적으로 당연히 예상되는 것이어서, 모가 자를 대리하여 위 토지 중 자의 공유지분에 관하여 위 근저당권설정계약을 체결한 행위는 **이해상반행위로서 무효**라고 보아야 한다(대판 2002.1.11. 2001다65960).

104

15법원행시

특별대리인은 이해가 상반되는 특정의 법률행위에 관하여 개별적으로 선임되어야 하며, 특별대리인에게 미성년자가 하여야 할 법률행위를 무엇이든지 처리할 수 있도록 포괄적으로 권한을 수여할 수는 없다. O|X

105

20서기보

민법 제921조의 특별대리인은 친권자와 그 친권에 복종하는 자 사이 또는 친권에 복종하는 자들 사이에 서로 이해가 상반되는 특정의 법률행위에 관하여 개별적으로 선임되어야 한다. O|X

해설 특별대리인의 선임심판

제921조(친권자와 그 자간 또는 수인의 자 간의 이해상반행위) ① 법정대리인인 친권자와 그 자사이에 이해상반되는 행위를 함에는 친권자는 법원에 그 자의 특별대리인의 선임을 청구하여야 한다. ②항 법정대리인인 친권자가 그 친권에 따르는 수인의 자 사이에 이해상반되는 행위를 함에는 법원에 그 자 일방의 특별대리인의 선임을 청구하여야 한다.

민법 제921조의 특별대리인 제도는 친권의 남용을 방지하고 미성년인 자의 이익을 보호하려는 데 그 취지가 있으므로, 특별대리인은 이해가 상반되는 특정의 법률행위에 관하여 개별적으로 선임되어야 한다. 따라서 특별대리인선임신청서에는 선임되는 특별대리인이 처리할 법률행위를 특정하여 적시하여야 하고 법원도 그 선임 심판시에 특별대리인이 처리할 법률행위를 특정하여 이를 심판의 주문에 표시하는 것이 원칙이며, 특별대리인에게 미성년자가 하여야 할 법률행위를 무엇이든지 처리할 수 있도록 포괄적으로 권한을 수여하는 심판을 할 수는 없다(대판 1996.4.9. 96다1139).

106

19주사보

가정법원은 친권자의 동의가 필요한 행위에 대하여 친권자가 정당한 이유 없이 동의하지 아니함으로써 자녀의 생명, 신체 또는 재산에 중대한 손해가 발생할 위험이 있는 경우에는 자녀, 자녀의 친족, 검사 또는 지방자치단체의 장의 청구에 의하여 친권자의 동의를 갈음하는 재판을 할 수 있다. O|X

정답 | **98** × **99** ○ **100** ○ **101** × **102** × **103** ○ **104** ○ **105** ○ **106** ○

해설 **제922조의2(친권자의 동의를 갈음하는 재판)** 가정법원은 친권자의 동의가 필요한 행위에 대하여 친권자가 정당한 이유 없이 동의하지 아니함으로써 자녀의 생명, 신체 또는 재산에 중대한 손해가 발생할 위험이 있는 경우에는 자녀, 자녀의 친족, 검사 또는 지방자치단체의 장의 청구에 의하여 친권자의 동의를 갈음하는 재판을 할 수 있다.

107 20서기보

친권 상실 청구가 있는 경우 가정법원이 청구취지와 달리 친권의 일부 제한을 선고하는 것은 허용되지 않는다. O|X

108 19주사보

가정법원은 2년의 범위에서 친권의 일시 정지를 선고할 수 있고, 위 기간은 연장할 수 없다. O|X

해설 민법 제924조 제1항에 따른 친권 상실 청구가 있으면 가정법원은 민법 제925조의2의 판단기준을 참작하여 친권 상실사유에는 해당하지 않지만 자녀의 복리를 위하여 친권의 일부 제한이 필요하다고 볼 경우 청구취지에 구속되지 않고 친권의 일부 제한을 선고할 수 있다(대결 2018.5.25. 2018스520).

친권의 일부 제한 제도의 도입(민법 제942조의2 신설)

제924조(친권의 상실 또는 일시 정지의 선고) **107** ① 가정법원은 부 또는 모가 친권을 남용하여 자녀의 복리를 현저히 해치거나 해칠 우려가 있는 경우에는 자녀, 자녀의 친족, 검사 또는 지방자치단체의 장의 청구에 의하여 그 친권의 상실 또는 일시 정지를 선고할 수 있다.

② 가정법원은 친권의 일시 정지를 선고할 때에는 자녀의 상태, 양육상황, 그 밖의 사정을 고려하여 그 기간을 정하여야 한다. 이 경우 그 기간은 2년을 넘을 수 없다.

108 ③ 가정법원은 자녀의 복리를 위하여 친권의 일시 정지 기간의 연장이 필요하다고 인정하는 경우에는 자녀, 자녀의 친족, 검사, 지방자치단체의 장, 미성년후견인 또는 미성년후견감독인의 청구에 의하여 2년의 범위에서 그 기간을 한 차례만 연장할 수 있다.

제924조의2(친권의 일부 제한의 선고) 가정법원은 거소의 지정이나 징계, 그 밖의 신상에 관한 결정 등 특정한 사항에 관하여 친권자가 친권을 행사하는 것이 곤란하거나 부적당한 사유가 있어 자녀의 복리를 해치거나 해칠 우려가 있는 경우에는 자녀, 자녀의 친족, 검사 또는 지방자치단체의 장의 청구에 의하여 구체적인 범위를 정하여 친권의 일부 제한을 선고할 수 있다.

제925조의2(친권 상실 선고 등의 판단 기준) ① 제924조에 따른 친권 상실의 선고는 같은 조에 따른 친권의 일시 정지, 제924조의2에 따른 친권의 일부 제한, 제925조에 따른 대리권·재산관리권의 상실 선고 또는 그 밖의 다른 조치에 의해서는 자녀의 복리를 충분히 보호할 수 없는 경우에만 할 수 있다.

② 제924조에 따른 친권의 일시 정지, 제924조의2에 따른 친권의 일부 제한 또는 제925조에 따른 대리권·재산관리권의 상실 선고는 제922조의2에 따른 동의를 갈음하는 재판 또는 그 밖의 다른 조치에 의해서는 자녀의 복리를 충분히 보호할 수 없는 경우에만 할 수 있다.

109 19주사보

가정법원은 거소의 지정이나 징계, 그 밖의 신상에 관한 결정 등 특정한 사항에 관하여 친권자가 친권을 행사하는 것이 곤란하거나 부적당한 사유가 있어 자녀의 복리를 해치거나 해칠 우려가 있는 경우에는 자녀, 자녀의 친족, 검사 또는 지방자치단체의 장의 청구에 의하여 구체적인 범위를 정하여 친권의 일부 제한을 선고할 수 있다. O|X

해설 **제924조의2(친권의 일부 제한의 선고)** 가정법원은 거소의 지정이나 그 밖의 신상에 관한 결정 등 특정한 사항에 관하여 친권자가 친권을 행사하는 것이 곤란하거나 부적당한 사유가 있어 자녀의 복리를 해치거나 해칠 우려가 있는 경우에는 자녀, 자녀의 친족, 검사 또는 지방자치단체의 장의 청구에 의하여 구체적인 범위를 정하여 친권의 일부 제한을 선고할 수 있다.

➡ **'징계'는 민법 2021.1.26. 개정으로 삭제되었다는 점에 주의**하여야 한다.

110

17법무사

친권의 상실, 일시 정지, 일부 제한 또는 대리권과 재산관리권의 상실이 선고된 경우에도 부모의 자녀에 대한 그 밖의 권리와 의무는 변경되지 아니한다. O|X

해설 **제924조(친권의 상실 또는 일시 정지의 선고)** ① 가정법원은 부 또는 모가 친권을 남용하여 자녀의 복리를 현저히 해치거나 해칠 우려가 있는 경우에는 자녀, 자녀의 친족, 검사 또는 지방자치단체의 장의 청구에 의하여 그 친권의 상실 또는 일시 정지를 선고할 수 있다.
② 가정법원은 친권의 일시 정지를 선고할 때에는 자녀의 상태, 양육상황, 그 밖의 사정을 고려하여 그 기간을 정하여야 한다. 이 경우 그 기간은 2년을 넘을 수 없다.
③ 가정법원은 자녀의 복리를 위하여 친권의 일시 정지 기간의 연장이 필요하다고 인정하는 경우에는 자녀, 자녀의 친족, 검사, 지방자치단체의 장, 미성년후견인 또는 미성년후견감독인의 청구에 의하여 2년의 범위에서 그 기간을 한 차례만 연장할 수 있다.

제925조의3(부모의 권리와 의무) 제924조와 제924조의2, 제925조에 따라 친권의 상실, 일시 정지, 일부 제한 또는 대리권과 재산관리권의 상실이 선고된 경우에도 부모의 자녀에 대한 그 밖의 권리와 의무는 변경되지 아니한다.

111

12법원행시

모(母)의 간통행위로 말미암아 부(父)가 사망하는 결과가 초래된 경우와 같이 현저한 비행이 있는 경우에는 설령 모가 자녀들의 양육과 보호에 관한 의무를 소홀히 하지 아니하였다고 하더라도 친권상실선고사유에 해당한다. O|X

해설 자녀들의 양육과 보호에 관한 의무를 소홀히 하지 아니한 모의 간통행위로 말미암아 부가 사망하는 결과가 초래된 사실만으로써는 모에 대한 친권상실선고사유에 해당한다고 볼 수 없다(대판 1993.3.4. 93스3).

112

13법무사

법정대리인인 친권자는 정당한 사유가 있는 때에는 법원의 허가를 얻어 그 법률행위의 대리권과 재산관리권을 사퇴할 수 있다. O|X

해설 **제927조(대리권, 관리권의 사퇴와 회복)** ① 법정대리인인 친권자는 정당한 사유가 있는 때에는 법원의 허가를 얻어 그 법률행위의 대리권과 재산관리권을 사퇴할 수 있다.

정답 | **107** × **108** × **109** × **110** ○ **111** × **112** ○

113

16법원행시

법률행위의 대리권과 재산관리권이 없는 친권자를 제외하고는 미성년자에게 친권을 행사하는 부모는 유언으로 미성년후견인을 지정할 수 있다. O | X

114

출제예상

친권을 행사하는 부모라도 미성년자를 위한 법률행위의 대리권과 재산관리권이 없는 경우에는 유언으로 미성년후견인을 지정할 수 없다. O | X

115

출제예상

미성년자에게 친권을 행사하는 부모의 유언으로 미성년후견인이 지정된 경우라도 미성년자는 자신의 복리를 위하여 필요하면 가정법원에 후견을 종료하고 생존하는 부 또는 모를 친권자로 지정할 것을 청구할 수 있다. O | X

> 해설 **113 114 제931조(유언에 의한 미성년후견인의 지정 등)** ① 미성년자에게 친권을 행사하는 부모는 유언으로 미성년후견인을 지정할 수 있다. 다만, 법률행위의 대리권과 재산관리권이 없는 친권자는 그러하지 아니하다.
> **115** ② 가정법원은 제1항에 따라 미성년후견인이 지정된 경우라도 미성년자의 복리를 위하여 필요하면 생존하는 부 또는 모, 미성년자의 청구에 의하여 후견을 종료하고 생존하는 부 또는 모를 친권자로 지정할 수 있다.

116

출제예상

가정법원은 친권의 상실, 일시 정지, 일부 제한의 선고 또는 법률행위의 대리권이나 재산관리권 상실의 선고에 따라 미성년후견인을 선임할 필요가 있는 경우에는 직권으로 미성년후견인을 선임한다. O | X

> 해설 **제932조(미성년후견인의 선임)** ② 가정법원은 제924조, 제924조의2 및 제925조에 따른 친권의 상실, 일시 정지, 일부 제한의 선고 또는 법률행위의 대리권이나 재산관리권 상실의 선고에 따라 미성년후견인을 선임할 필요가 있는 경우에는 직권으로 미성년후견인을 선임한다.

117

14주사보

이혼 등으로 단독 친권자로 정하여진 부모의 일방이 사망하거나 친권을 상실하는 등 친권을 행사할 수 없는 경우에 다른 일방의 친권이 자동적으로 부활하는 것이 아니라, 가정법원의 심리를 거쳐 부모 중 다른 일방을 친권자로 지정하거나 미성년후견인을 선임할 수 있도록 하였다. O | X

> 해설 **제927조의2(친권의 상실, 일시 정지 또는 일부 제한과 친권자의 지정 등)** ① 제909조제4항부터 제6항까지의 규정에 따라 단독 친권자가 된 부 또는 모, 양부모(친양자의 양부모를 제외한다) 쌍방에게 다음 각 호의 어느 하나에 해당하는 사유가 있는 경우에는 제909조의2제1항 및 제3항부터 제5항까지의 규정을 준용한다. 다만, 제1호의3·제2호 및 제3호의 경우 새로 정하여진 친권자 또는 미성년후견인의 임무는 제한된 친권의 범위에 속하는 행위에 한정된다.
> 1. 제924조에 따른 친권상실의 선고가 있는 경우
> 1의2. 제924조에 따른 친권 일시 정지의 선고가 있는 경우

1의3. 제924조의2에 따른 친권 일부 제한의 선고가 있는 경우
2. 제925조에 따른 대리권과 재산관리권 상실의 선고가 있는 경우
3. 제927조제1항에 따라 대리권과 재산관리권을 사퇴한 경우
4. 소재불명 등 친권을 행사할 수 없는 중대한 사유가 있는 경우

118 18법무사

미성년자에 대하여 친권자가 없거나 친권자가 법률행위의 대리권 및 재산관리권을 행사할 수 없는 때에는 그 후견인을 두어야 한다. O | X

해설 **제928조(미성년자에 대한 후견의 개시)** 미성년자에게 친권자가 없거나 친권자가 제924조, 제924조의2, 제925조 또는 제927조제1항에 따라 친권의 전부 또는 일부를 행사할 수 없는 경우에는 미성년후견인을 두어야 한다.

119 15법원행시

본인, 배우자, 4촌 이내의 친족, 미성년후견인, 미성년후견감독인, 한정후견인, 한정후견감독인, 특정후견인, 특정후견감독인, 검사 또는 지방자치단체의 장은 가정법원에 성년후견개시의 심판을 청구할 수 있고, 가정법원은 직권으로 절차를 개시할 수 있다. O | X

120 16서기보

성년후견은 피성년후견인의 정신적 제약으로 사무처리 능력이 지속적으로 결여된 경우에 한하여 개시되고, 신체적 장애만으로는 성년후견이 개시될 수 없다. O | X

해설 **119 120 제9조(성년후견개시의 심판)** ① 가정법원은 질병, 장애, 노령, 그 밖의 사유로 인한 정신적 제약으로 사무를 처리할 능력이 지속적으로 결여된 사람에 대하여 본인, 배우자, 4촌 이내의 친족, 미성년후견인, 미성년후견감독인, 한정후견인, 한정후견감독인, 특정후견인, 특정후견감독인, 검사 또는 지방자치단체의 장의 청구에 의하여 성년후견개시의 심판을 한다.

➡ '신체적 장애'로 인하여 원활한 의사표시에 어려움이 있는 경우는 성년후견개시의 원인이 되지 않는다.

121 16서기보

피성년후견인이 한 법률행위는 피성년후견인 또는 성년후견인이 이를 취소할 수 있음이 원칙이다. O | X

해설 피성년후견인의 행위능력

제10조(피성년후견인의 행위와 취소) ① 피성년후견인의 법률행위는 취소할 수 있다.

제140조(법률행위의 취소권자) 취소할 수 있는 법률행위는 제한능력자, 착오로 인하거나 사기·강박에 의하여 의사표시를 한 자, 그의 대리인 또는 승계인만이 취소할 수 있다.

정답 | 113 ○ 114 ○ 115 ○ 116 ○ 117 ○ 118 ○ 119 × 120 ○ 121 ○

➡ 피성년후견인의 법률행위는 원칙적으로 언제나 취소할 수 있다(정신적 제약으로 사무를 처리할 능력이 지속적으로 결여되어 있기 때문이다)(제10조 제1항). 성년후견인의 동의가 있더라도 취소할 수 있는데, 취소권자는 피성년후견인과 성년후견인이다(제140조).

122 16서기보, 18주사보

성년후견인을 여러 명 두는 것도 가능하고, 다만 성년후견인은 자연인에 한하므로 법인은 성년후견인이 될 수 없다. O | X

123 출제예상

미성년자의 신상과 재산에 관한 모든 사정을 고려하여 여러 명의 미성년후견인을 둘 수 있다. O | X

124 19법무사

미성년자는 다양한 인격발현의 잠재력을 지니고 있으므로, 그러한 잠재력을 최대한 끌어낼 수 있도록 일정한 요건 하에 복수의 미성년후견인이 허용되고 있다. O | X

해설 122 123 124 **제930조(후견인의 수와 자격) ① 미성년후견인의 수(數)는 한 명으로 한다.**
② 성년후견인은 피성년후견인의 신상과 재산에 관한 모든 사정을 고려하여 여러 명을 둘 수 있다.
③ 법인도 성년후견인이 될 수 있다.

125 15법원행시

일용품의 구입 등 일상생활에 필요하고 그 대가가 과도하지 아니한 법률행위는 성년후견인이 취소할 수 없고, 가정법원은 위 일상적 법률행위의 범위를 미리 정하여야 한다. O | X

해설 **제10조(피성년후견인의 행위와 취소)** ① 피성년후견인의 법률행위는 취소할 수 있다.
④ 제1항에도 불구하고 일용품의 구입 등 일상생활에 필요하고 그 대가가 과도하지 아니한 법률행위는 성년후견인이 취소할 수 없다.

➡ 가정법원이 일상적 법률행위의 범위를 미리 정하여야 하는 것은 아니다.

126 15법원행시, 18법무사

성년후견개시심판이 있는 경우 항상 성년후견인을 두어야 하는데, 성년후견인은 가정법원이 직권으로 선임한다. O | X

해설 **제929조(성년후견심판에 의한 후견의 개시)** 가정법원의 성년후견개시심판이 있는 경우에는 그 심판을 받은 사람의 성년후견인을 두어야 한다.

제936조(성년후견인의 선임) ① 제929조에 따른 성년후견인은 가정법원이 직권으로 선임한다.

127 15주사보

성년후견인이 선임되면 가정법원은 반드시 후견감독인을 두어야 하고, 후견인이 피후견인을 대리하여 영업에 관한 행위, 부동산 또는 중요한 재산에 관한 권리의 득실변경을 목적으로 하는 행위 등을 할 때는 그 후견감독인의 동의를 받아야 한다. O | X

> 해설 **제940조의4(성년후견감독인의 선임)** ① 가정법원은 필요하다고 인정하면 직권으로 또는 피성년후견인, 친족, 성년후견인, 검사, 지방자치단체의 장의 청구에 의하여 성년후견감독인을 선임할 수 있다.
> ② 가정법원은 성년후견감독인이 사망, 결격, 그 밖의 사유로 없게 된 경우에는 직권으로 또는 피성년후견인, 친족, 성년후견인, 검사, 지방자치단체의 장의 청구에 의하여 성년후견감독인을 선임한다.
> ➡ 성년후견인의 선임은 필수, 성년후견감독인의 선임은 필수가 아니다.

128 16서기보, 19법무사

가정법원은 성년후견개시심판을 하면서 직권으로 여러 사정을 고려하여 성년후견인을 선임하고, 필요하다고 인정하는 경우 직권으로 또는 일정한 자의 청구에 의하여 성년후견감독인을 선임할 수 있다. O | X

> 해설 **제936조(성년후견인의 선임)** ① 제929조에 따른 성년후견인은 가정법원이 직권으로 선임한다. 4항 가정법원이 성년후견인을 선임할 때에는 피성년후견인의 의사를 존중하여야 하며, 그 밖에 피성년후견인의 건강, 생활관계, 재산상황, 성년후견인이 될 사람의 직업과 경험, 피성년후견인과의 이해관계의 유무(법인이 성년후견인이 될 때에는 사업의 종류와 내용, 법인이나 그 대표자와 피성년후견인 사이의 이해관계의 유무를 말한다) 등의 사정도 고려하여야 한다.
> **제940조의4(성년후견감독인의 선임)** ① 가정법원은 필요하다고 인정하면 직권으로 또는 피성년후견인, 친족, 성년후견인, 검사, 지방자치단체의 장의 청구에 의하여 성년후견감독인을 선임할 수 있다.

129 19법원행시

여러 명의 성년후견인이 공동으로 권한을 행사하여야 하는 경우에 어느 성년후견인이 피성년후견인의 이익이 침해될 우려가 있음에도 법률행위의 대리 등 필요한 권한행사에 협력하지 아니할 때에는 가정법원은 피성년후견인, 성년후견인, 후견감독인 또는 이해관계인의 청구에 의하여 그 성년후견인의 의사표시를 갈음하는 재판을 할 수 있다. O | X

> 해설 **제949조의2(성년후견인이 여러 명인 경우 권한의 행사 등)** ③ 여러 명의 성년후견인이 공동으로 권한을 행사하여야 하는 경우에 어느 성년후견인이 피성년후견인의 이익이 침해될 우려가 있음에도 법률행위의 대리 등 필요한 권한행사에 협력하지 아니할 때에는 가정법원은 피성년후견인, 성년후견인, 후견감독인 또는 이해관계인의 청구에 의하여 그 성년후견인의 의사표시를 갈음하는 재판을 할 수 있다.

정답 | 122 × 123 × 124 × 125 × 126 ○ 127 × 128 ○ 129 ○

130

15법원행시

성년후견인이 가정법원으로부터 범위를 정하여 신상에 관한 결정권한을 부여받은 경우에는 피성년후견인이 신상결정을 할 수 있는 상태라도 그 권한이 미치는 한도에서 피성년후견인을 갈음하여 신상에 관한 결정을 할 수 있다. O I X

131

출제예상

성년후견인이 피성년후견인을 대신하여 피성년후견인이 의료행위의 직접적인 결과로 사망하거나 상당한 장애를 입을 위험이 있는 의료행위에 동의하는 경우에, 성년후견인은 가정법원의 허가를 받아야 한다. O I X

132

출제예상

성년후견인이 피성년후견인을 대리하여 피성년후견인이 거주하고 있는 건물 또는 그 대지에 대하여 매도, 임대, 저당권 설정행위를 하는 경우에, 성년후견인은 가정법원의 허가를 받아야 한다. O I X

133

출제예상

성년후견인이 피성년후견인을 치료 등의 목적으로 정신병원이나 그 밖의 다른 장소에 격리하려는 경우에, 성년후견인은 가정법원의 허가를 받아야 한다. O I X

해설 **제947조의2(피성년후견인의 신상결정 등) 130 ① 피성년후견인은 자신의 신상에 관하여 그의 상태가 허락하는 범위에서 단독으로 결정한다.**

131 ② 성년후견인이 피성년후견인을 치료 등의 목적으로 정신병원이나 그 밖의 다른 장소에 격리하려는 경우에는 **가정법원의 허가를 받아야 한다.**

132 ③ 피성년후견인의 신체를 침해하는 의료행위에 대하여 피성년후견인이 동의할 수 없는 경우에는 성년후견인이 그를 대신하여 동의할 수 있다.

④ 제3항의 경우 피성년후견인이 의료행위의 직접적인 결과로 사망하거나 상당한 장애를 입을 위험이 있을 때에는 **가정법원의 허가를 받아야 한다.** 다만, 허가절차로 의료행위가 지체되어 피성년후견인의 생명에 위험을 초래하거나 심신상의 중대한 장애를 초래할 때에는 사후에 허가를 청구할 수 있다.

133 ⑤ 성년후견인이 피성년후견인을 대리하여 피성년후견인이 거주하고 있는 건물 또는 그 대지에 대하여 매도, 임대, 전세권 설정, 저당권 설정, 임대차의 해지, 전세권의 소멸, 그 밖에 이에 준하는 행위를 하는 경우에는 **가정법원의 허가를 받아야 한다.**

134

21법무사

성년후견제도의 도입 취지 및 목적, 성년후견인의 임무와 범위, 가정법원의 감독권한 등을 종합하면 성년후견인의 변경사유인 '피성년후견인의 복리를 위하여 후견인을 변경할 필요가 있다고 인정되는 경우'는 가정법원이 성년후견인의 임무수행을 전체적으로 살펴보았을 때 선량한 관리자로서의 주의의무를 게을리하여 후견인으로서 그 임무를 수행하는 데 적당하지 않은 사유가 있는 경우로서 그 부적당한 점으로 피후견인의 복리에 영향이 있는 경우라고 봄이 상당하다. 또한 성년후견인의 임무에는 피성년후견인의 재산관리 임무뿐 아니라 신상보호 임무가 포함되어 있고, 신상보호 임무 역시 재산관리 임무 못지않게 피성년후견인의 복리를 위하여 중요한 의미를 가지기 때문에, 특별한 사정이 없는 한 성년후견인 변경사유를 판단함에 있어서는 재산관리와 신상보호의 양 업무의 측면을 모두 고려하여야 한다. O I X

해설 대결 2021.2.4. 2020스647

135 19법무사

한정후견인의 동의가 필요한 행위에 대하여 피한정후견인의 이익이 침해될 염려가 있음에도 한정후견인이 동의를 하지 아니하는 때에는 가정법원은 피한정후견인의 청구에 의하여 한정후견인의 동의를 갈음하는 허가를 할 수 있다. O | X

해설 **제13조(피한정후견인의 행위와 동의)** ③ 한정후견인의 동의를 필요로 하는 행위에 대하여 한정후견인이 피한정후견인의 이익이 침해될 염려가 있음에도 그 동의를 하지 아니하는 때에는 가정법원은 피한정후견인의 청구에 의하여 한정후견인의 동의를 갈음하는 허가를 할 수 있다.

136 17법무사

특정후견은 본인의 의사에 반하여 할 수 없다. O | X

해설 **제14조의2(특정후견의 심판)** ② 특정후견은 본인의 의사에 반하여 할 수 없다.

137 14사무관

성년후견 또는 한정후견의 개시심판이 있는 경우에는 반드시 후견인을 직권으로 선임하여야 하나, 특정후견의 심판을 하는 경우에는 반드시 특정후견인을 두어야 하는 것은 아니다. O | X

해설 가정법원은 피특정후견인의 후원을 위하여 **필요한 처분을 명할 수 있다(제959조의8)**. 그러한 것으로 가정법원은 기간이나 범위를 정하여 **특정후견인에게 '대리권을 수여'하는 심판을 할 수 있고(제959조의11 제1항), 그 범위에서 특정후견인은 대리권을 가질 뿐**이다. 한정후견인과 마찬가지로 특정후견인은 피특정후견인의 법정대리인으로 취급되지는 않는다[이에 반해 성년후견인은 피후견인의 법정대리인이 된다(제938조 제1항)]. 그리고 앞서 살핀바와 같이 특정후견의 심판에 의하여 피특정후견인의 행위능력이 제한되지 않는다고 보아야 하므로, 특정후견인은 취소권 및 동의권을 가지지 않는다. 가정법원은 필요하다고 인정하면 직권으로 또는 일정한 자의 청구에 의해 특정후견감독인을 선임할 수 있고(제959조의10 제1항), 그에 대해서는 성년후견감독인에 대해 서술한 내용이 준용된다(제959조의10 제2항, 제959조의12).

➡ '필요한 처분'에 반드시 특정후견인의 선임에 국한되지 않으므로, 반드시 특정후견인을 선임하여야 하는 것은 아니다.

138 14서기보, 15주사보

후견계약은 공정증서로 체결하여야만 한다. O | X

정답 | 130 × 131 ○ 132 ○ 133 ○ 134 ○ 135 ○ 136 ○ 137 ○ 138 ○

139

14서기보, 15주사보

후견계약은 가정법원이 임의후견감독인을 선임한 때부터 효력이 발생한다. O | X

> 해설 **138 139 제959조의14(후견계약의 의의와 체결방법 등)** ① 후견계약은 질병, 장애, 노령, 그 밖의 사유로 인한 정신적 제약으로 사무를 처리할 능력이 부족한 상황에 있거나 부족하게 될 상황에 대비하여 자신의 재산관리 및 신상보호에 관한 사무의 전부 또는 일부를 다른 자에게 위탁하고 그 위탁사무에 관하여 대리권을 수여하는 것을 내용으로 한다.
> ② 후견계약은 공정증서로 체결하여야 한다.
> ③ 후견계약은 가정법원이 임의후견감독인을 선임한 때부터 효력이 발생한다.

141

14서기보

임의후견감독인의 선임 이후에는 본인 또는 임의후견인은 공증인의 인증을 받은 서면으로 후견계약의 의사표시를 철회하여 후견계약을 종료할 수 있다. O | X

140

출제예상

임의후견감독인이 선임되기 전에 본인 또는 임의후견인이 후견계약을 철회하고자 하는 경우, 가정법원의 허가를 받아야 한다. O | X

> 해설 **140 제959조의18(후견계약의 종료)** ① **임의후견감독인의 선임 전에는 본인 또는 임의후견인은 언제든지 공증인의 인증을 받은 서면으로 후견계약의 의사표시를 철회할 수 있다.**
> **141** ② 임의후견감독인의 선임 이후에는 본인 또는 임의후견인은 정당한 사유가 있는 때에만 가정법원의 허가를 받아 후견계약을 종료할 수 있다.

142

14서기보

본인이 성년후견 또는 한정후견 개시의 심판을 받은 때에는 후견계약은 종료된다. O | X

143

19법무사

후견계약은 공정증서로 체결하여야 하는 요식행위이며, 후견계약이 체결되어 등기된 때에는 가정법원은 본인의 이익을 위한 경우라도 성년후견 또는 한정후견의 심판을 할 수 없다. O | X

> 해설 **142 143 제959조의20(후견계약과 성년후견·한정후견·특정후견의 관계)** ① 후견계약이 등기되어 있는 경우에는 가정법원은 본인의 이익을 위하여 특별히 필요할 때에만 임의후견인 또는 임의후견감독인의 청구에 의하여 성년후견, 한정후견 또는 특정후견의 심판을 할 수 있다. 이 경우 후견계약은 본인이 성년후견 또는 한정후견 개시의 심판을 받은 때 종료된다.

쟁점정리 임의후견제도

① 요건 및 효력발생

후견계약은 '공정증서'로 체결하여야 하고, 가정법원이 '임의후견감독인을 선임'한 때부터 효력이 발생한다(제959조의14 제2항, 제3항). 후견계약에 따라 대리인으로 선임된 자를 '임의후견인'이라 하는데, 그 대리권의 범위는 후견계약에 따라 정해진다. 임의후견인의 대리권 소멸은 등기하지 아니하면 선의의 제3자에게 대항할 수 없다(제959조의19). 주의할 것은 이러한 임의후견인 선임을 위한 후견계약은 피후견인의 행위능력에 어떠한 영향도 미치지 않는다는 점이다.

② 법정후견과의 관계

법정후견(성년후견·한정후견·특정후견)은 임의후견에 대하여 보충적이다. 즉, 민법은 후견계약이 등기된 경우에는 사적 자치의 원칙에 따라 본인의 의사를 존중하여 후견계약을 우선하도록 하고, 예외적으로 본인의 이익을 위하여 특별히 필요할 때에 한하여 법정후견에 의할 수 있도록 하였다.

㉠ 원칙: 임의후견계약이 체결되어 '등기'되어 있는 경우에는 가정법원은 원칙적으로 법정후견을 개시하지 않는다(제959조의20 제1항). 그리고 후견계약의 본인이 법정후견인인 경우에 가정법원은 '임의후견감독인'을 선임함에 있어서 원칙적으로 종전의 법정후견의 종료 심판을 하여, 임의후견의 효력발생과 함께 법정후견을 종료시킨다(제959조의20 제2항).

㉡ 예외: 다만 후견계약이 '등기'되어 있더라도 가정법원은 본인의 이익을 위하여 특별히 필요한 경우에 한하여 임의후견인 또는 임의후견감독인의 청구에 의하여 법정후견의 심판을 할 수 있고, 이 경우 후견계약은 효력이 발생하지 않아 종료하게 된다(제959조의20 제1항). 이와 관련하여 최근 判例는 '한정후견개시심판 청구가 제기된 후 그 심판이 확정되기 전에 후견계약이 등기된 경우'에도 가정법원은 본인의 이익을 위하여 특별히 필요하다고 인정할 때에는 한정후견개시심판을 할 수 있다고 하며, 이 때 본인의 이익을 위하여 특별히 필요한 때란 후견계약에 따른 후견이 본인의 보호에 충분하지 아니하여 법정후견에 의한 보호가 필요하다고 인정되는 경우를 말한다고 한다(대결 2017.6.1. 2017스515).

144

21법무사

민법 제959조의20 제1항은 "후견계약이 등기되어 있는 경우에는 가정법원은 본인의 이익을 위하여 특별히 필요할 때에만 임의후견인 또는 임의후견감독인의 청구에 의하여 성년후견, 한정후견 또는 특정후견의 심판을 할 수 있다. 이 경우 후견계약은 본인이 성년후견 또는 한정후견 개시의 심판을 받은 때 종료된다."라고 규정하고, 같은 조 제2항은 "본인이 피성년후견인, 피한정후견인 또는 피특정후견인인 경우에 가정법원은 임의후견감독인을 선임함에 있어서 종전의 성년후견, 한정후견 또는 특정후견의 종료 심판을 하여야 한다. 다만 성년후견 또는 한정후견 조치의 계속이 본인의 이익을 위하여 특별히 필요하다고 인정하면 가정법원은 임의후견감독인을 선임하지 아니한다."라고 규정하고 있다. 민법 제959조의20 제1항은 본인에 대해 한정후견개시심판 청구가 제기된 후 심판이 확정되기 전에 후견계약이 등기된 경우에는 적용되지 않는다고 보아야 한다. O | X

해설 민법 제959조의20 제1항에서 후견계약의 등기 시점에 특별한 제한을 두지 않고 있고, 같은 조 제2항 본문이 본인에 대해 이미 한정후견이 개시된 경우에는 임의후견감독인을 선임하면서 종전 한정후견의 종료 심판을 하도록 한 점 등에 비추어 보면, 위 제1항은 본인에 대해 한정후견개시심판 청구가 제기된 후 그 심판이 확정되기 전에 후견계약이 등기된 경우에도 그 적용이 있다고 보아야 하므로, 그와 같은 경우 가정법원은 본인의 이익을 위하여 특별히 필요하다고 인정할 때에만 한정후견개시심판을 할 수 있다(대결 2017.6.1. 2017스515).

정답 | 139 ○ 140 × 141 × 142 ○ 143 ○ 144 ×

제2장 | 상속법

제1절 상속

01 21법무사

태아는 상속순위에 관하여 이미 출생한 것으로 보므로 대습상속 및 유류분권이 인정된다. O | X

해설 **1000조(상속의 순위)** ③ 태아는 상속순위에 관하여는 이미 출생한 것으로 본다.

제1001조(대습상속) 전조 제1항 제1호와 제3호의 규정에 의하여 상속인이 될 직계비속 또는 형제자매가 상속개시전에 사망하거나 결격자가 된 경우에 그 직계비속이 있는 때에는 그 직계비속이 사망하거나 결격된 자의 순위에 갈음하여 상속인이 된다.

제1112조(유류분의 권리자와 유류분) 상속인의 유류분은 다음 각 호에 의한다.

1. 피상속인의 직계비속은 그 법정상속분의 2분의 1

02 11주사보

상속개시의 장소는 피상속인의 사망지이다. O | X

해설 **제998조(상속개시의 장소)** 상속은 피상속인의 주소지에서 개시한다.

➡ '피상속인의 주소지'에서 개시된다

03 11법무사

대습상속인은 직계비속과 배우자이고, 피대습자는 피상속인의 직계비속 또는 형제자매이다. O | X

해설 **제1001조(대습상속)** 전조제1항제1호와 제3호의 규정에 의하여 **상속인이 될 직계비속 또는 형제자매**가 상속개시전에 사망하거나 결격자가 된 경우에 그 직계비속이 있는 때에는 그 직계비속이 사망하거나 결격된 자의 순위에 갈음하여 상속인이 된다.

제1003조(배우자의 상속순위) ② 제1001조의 경우에 상속개시전에 사망 또는 결격된 자의 배우자는 동조의 규정에 의한 상속인과 동순위로 공동상속인이 되고 그 상속인이 없는 때에는 단독상속인이 된다.

04 11법무사

판례는 대습상속인인 피대습자의 배우자가 대습상속개시 전에 사망한 경우에 재대습상속을 부정한다. O | X

해설 대습상속에 있어서 피대습자의 배우자가 대습상속의 상속개시 전에 사망하거나 결격자가 된 경우, 그 배우자에게 다시 피대습자로서의 지위가 인정되는지 여부(소극)
민법 제1000조 제1항, 제1001조, 제1003조의 각 규정에 의하면, 대습상속은 상속인이 될 피상속인의 직계비속 또는 형제자매가 상속개시 전에 사망하거나 결격자가 된 경우에 사망자 또는 결격자의 직계비속이나 배우자가 있는 때에는 그들이 사망자 또는 결격자의 순위에 갈음하여 상속인이 되는 것을 말하는 것으로, 대습상속이 인정되는 경우는 상속인이 될 자(사망자 또는 결격자)가 피상속인의 직계비속 또는 형제자매인 경우에 한한다 할 것이므로, 상속인이 될 자(사망자 또는 결격자)의 배우자는 민법 제1003조에 의하여 대습상속인이 될 수는 있으나, **피대습자(사망자 또는 결격자)의 배우자가 대습상속의 상속개시 전에 사망하거나 결격자가 된 경우, 그 배우자에게 다시 피대습자로서의 지위가 인정될 수는 없다**(대판 1999.7.9. 98다64318).

05

15주사보, 15법무사

2인 이상이 동일한 위난으로 사망한 경우에는 동시에 사망한 것으로 추정되므로 동시사망자 상호 간에는 상속이 인정되지 않고, 대습상속도 인정되지 않는다. O | X

해설 동시사망으로 추정되는 경우 대습상속의 가능 여부(적극)
원래 대습상속제도는 대습자의 상속에 대한 기대를 보호함으로써 공평을 꾀하고 생존 배우자의 생계를 보장하여 주려는 것이고, 또한 동시사망 추정규정도 자연과학적으로 엄밀한 의미의 동시사망은 상상하기 어려운 것이나 사망의 선후를 입증할 수 없는 경우 동시에 사망한 것으로 다루는 것이 결과에 있어 가장 공평하고 합리적이라는 데에 그 입법 취지가 있는 것인바, 상속인이 될 직계비속이나 형제자매(피대습자)의 직계비속 또는 배우자(대습자)는 피대습자가 상속개시 전에 사망한 경우에는 대습상속을 하고, 피대습자가 상속개시 후에 사망한 경우에는 피대습자를 거쳐 피상속인의 재산을 본위상속을 하므로 두 경우 모두 상속을 하는데, ⅰ) 만일 피대습자가 피상속인의 사망, 즉 상속개시와 동시에 사망한 것으로 추정되는 경우에만 그 직계비속 또는 배우자가 본위상속과 대습상속의 어느 쪽도 하지 못하게 된다면 동시사망 추정 이외의 경우에 비하여 현저히 불공평하고 불합리한 것이라 할 것이고, ⅱ) 이는 앞서 본 대습상속제도 및 동시사망 추정규정의 입법 취지에도 반하는 것이므로, **민법 제1001조의 '상속인이 될 직계비속이 상속개시 전에 사망한 경우'에는 '상속인이 될 직계비속이 상속개시와 동시에 사망한 것으로 추정되는 경우'도 포함하는 것으로 합목적적으로 해석함이 상당**하다(대판 2001.3.9. 99다13157).

06

11사무관

피상속인의 자녀가 상속개시 전에 전부 사망한 경우 피상속인의 손자녀는 대습상속이 아니라 본위상속을 한다. O | X

해설 피상속인의 자녀가 상속개시 전에 전부 사망한 경우 피상속인의 손자녀의 상속의 성격(대습상속)
피상속인의 자녀가 상속개시 전에 전부 사망한 경우 피상속인의 손자녀는 본위상속이 아니라 대습상속을 한다(대판 2001.3.9. 99다13157).

정답 | 01 ○ 02 × 03 ○ 04 ○ 05 × 06 ×

07

15사무관, 15법원행시

민법 제1008조는 공동상속인 중에 피상속인으로부터 재산의 증여 또는 유증을 받은 특별수익자가 있는 경우 공동상속인들 사이의 공평을 기하기 위하여 수증재산을 상속분의 선급으로 다루어 구체적인 상속분을 산정함에 있어 이를 참작하도록 하려는 데 취지가 있는 것인바, 대습상속인이 대습원인의 발생 이전에 피상속인으로부터 증여를 받은 경우 이는 상속인의 지위에서 받은 것이 아니므로 상속분의 선급으로 볼 수 없고, 대습상속인의 위와 같은 수익은 특별수익에 해당하지 않는다. O | X

해설 민법 제1008조의 규정 취지 및 대습상속인이 대습원인의 발생 이전에 피상속인으로부터 증여를 받은 경우, 대습상속인의 위와 같은 수익이 특별수익에 해당하는지 여부(소극)
민법 제1008조는 공동상속인 중에 피상속인으로부터 재산의 증여 또는 유증을 받은 특별수익자가 있는 경우 공동상속인들 사이의 공평을 기하기 위하여 수증재산을 상속분의 선급으로 다루어 구체적인 상속분을 산정함에 있어 이를 참작하도록 하려는 데 취지가 있는 것인바, 대습상속인이 대습원인의 발생 이전에 피상속인으로부터 증여를 받은 경우 이는 상속인의 지위에서 받은 것이 아니므로 상속분의 선급으로 볼 수 없다. 그렇지 않고 이를 상속분의 선급으로 보게 되면, 피대습인이 사망하기 전에 피상속인이 먼저 사망하여 상속이 이루어진 경우에는 특별수익에 해당하지 아니하던 것이 피대습인이 피상속인보다 먼저 사망하였다는 우연한 사정으로 인하여 특별수익으로 되는 불합리한 결과가 발생한다. **따라서 대습상속인의 위와 같은 수익은 특별수익에 해당하지 않는다.** 이는 유류분제도가 상속인들의 상속분을 일정 부분 보장한다는 명분 아래 피상속인의 자유의사에 기한 자기 재산의 처분을 그의 의사에 반하여 제한하는 것인 만큼 인정 범위를 가능한 한 필요최소한으로 그치는 것이 피상속인의 의사를 존중한다는 의미에서 바람직하다는 관점에서 보아도 더욱 그러하다"(대판 2014.5.29. 2012다31802).

➡ 피상속인 甲이 사망하기 이전에 甲의 자녀들 중 乙 등이 먼저 사망하였는데, 甲이 乙 사망 전에 乙의 자녀인 丙에게 임야를 증여한 사안에서, **丙이 甲으로부터 임야를 증여받은 것은 상속인의 지위에서 받은 것이 아니므로 상속분의 선급으로 볼 수 없어 특별수익에 해당하지 아니하여 유류분 산정을 위한 기초재산에 포함되지 않는다고 보아야** 함에도, 위 임야가 丙의 특별수익에 해당하므로 유류분 산정을 위한 기초재산에 포함된다고 본 원심판단에 법리오해의 위법이 있다고 한 사례

08

16법무사

과실로 피상속인에게 상해를 가하여 사망에 이르게 한 자는 상속인이 될 수 있다. O | X

해설 **제1004조(상속인의 결격사유)** 다음 각 호의 어느 하나에 해당한 자는 상속인이 되지 못한다.

1. 고의로 직계존속, 피상속인, 그 배우자 또는 상속의 선순위나 동순위에 있는 자를 살해하거나 살해하려한 자
2. 고의로 직계존속, 피상속인과 그 배우자에게 상해를 가하여 사망에 이르게 한 자
3. 사기 또는 강박으로 피상속인의 상속에 관한 유언 또는 유언의 철회를 방해한 자
4. 사기 또는 강박으로 피상속인의 상속에 관한 유언을 하게 한 자
5. 피상속인의 상속에 관한 유언서를 위조·변조·파기 또는 은닉한 자

➡ 제2호 : '고의로'

참고판례 ⅰ) 제1004조 1호는 '고의' 만을 규정하고 있을 뿐 별도로 '상속에 유리하다는 인식'을 요구하고 있지 않으며 ⅱ) 제1004조 2호는 '상해의 고의'만 있었던 경우에도 상속결격을 인정하므로 이 경우 **상속에 유리하다는 인식이 필요 없음은 당연**하다"(대판 1992.5.22. 92다2127).

09

20법원행시

공동상속인들 사이에 그 내용이 널리 알려진 유언서에 관하여 피상속인이 사망한 지 6개월이 경과한 시점에서 비로소 그 존재를 주장한 자는 상속결격자에 해당한다. O | X

> **해설** 민법 제1004조 제5호 소정의 '상속에 관한 유언서를 은닉한 자'의 의미
> 상속인의 결격사유의 하나로 규정하고 있는 민법 제1004조 제5호 소정의 '상속에 관한 유언서를 은닉한 자'라 함은 유언서의 소재를 불명하게 하여 그 발견을 방해하는 일체의 행위를 한 자를 의미하는 것이므로, **단지 공동상속인들 사이에 그 내용이 널리 알려진 유언서에 관하여 피상속인이 사망한지 6개월이 경과한 시점에서 비로소 그 존재를 주장하였다고 하여 이를 두고 유언서의 은닉에 해당한다고 볼 수 없다**(대판 1998.6.12. 97다38510).

10

15/16/19주사보, 18법무사

상속권이 참칭상속권자로 인하여 침해된 때에는 상속권자 또는 그 법정대리인은 상속회복의 소를 제기할 수 있고, 상속회복청구권은 그 침해를 안 날부터 3년, 상속권의 침해행위가 있은 날부터 10년을 경과하면 소멸된다. 그중 10년의 장기 제척기간은 상속권 침해행위로 인하여 상속회복청구권이 발생한 때부터 바로 진행한다. O | X

> **해설** **제999조(상속회복청구권)** ① 상속권이 참칭상속권자로 인하여 침해된 때에는 상속권자 또는 그 법정대리인은 상속회복의 소를 제기할 수 있다.
> ② 제1항의 상속회복청구권은 그 침해를 안 날부터 3년, 상속권의 침해행위가 있은 날부터 10년을 경과하면 소멸된다.
>
> **참고판례** 상속권의 침해행위가 있은 날부터 10년
> '상속권의 침해행위가 있은 날'이라 함은 참칭상속인이 상속재산의 전부 또는 일부를 점유하거나 상속재산인 부동산에 관하여 소유권이전등기를 마치는 등의 방법에 의하여 진정한 상속인의 상속권을 침해하는 행위를 한 날을 의미한다(대판 2009.10.15. 2009다42321).
> ① **제척기간의 준수 여부는 상속회복청구의 상대방별로 각각 판단하여야 할 것**이어서, ㉠ '진정한 상속인이 참칭상속인으로부터 상속재산에 관한 권리를 취득한 제3자를 상대로 제척기간 내에 상속회복청구의 소를 제기한 이상' 그 제3자에 대하여는 제999조에서 정하는 상속회복청구권의 기간이 준수되었으므로, 참칭상속인에 대하여 그 기간 내에 상속회복청구권을 행사한 일이 없다고 하더라도 그것이 진정한 상속인의 제3자에 대한 권리행사에 장애가 될 수는 없다(대판 2009.10.15. 2009다42321). ㉡ 그러나 참칭상속인의 최초 침해행위가 있은 날로부터 10년이 경과한 이후에는 비록 제3자가 참칭상속인으로부터 상속재산에 관한 권리를 취득하는 등의 새로운 침해행위가 '최초 침해행위시'로부터 10년이 경과한 후에 이루어졌다 하더라도 상속회복청구권은 제척기간의 경과로 소멸되어 진정상속인은 더 이상 제3자를 상대로 그 등기의 말소 등을 구할 수 없다 할 것이며, 이는 '진정상속인이 참칭상속인을 상대로 제척기간 내에 상속회복청구의 소를 제기하여 승소의 확정판결을 받았다'고 하여 달리 볼 것은 아니라 할 것이다(대판 2006.9.8. 2006다26694).
> ② 상속재산의 일부에 대한 상속회복청구의 제소기간을 준수하였다고 하여 그로써 다른 상속재산에 대한 소송에 그 기간준수의 효력이 생기지 아니한다(대판 1981.6.9. 80므84).

11

18법원행시, 19법무사

재산상속에 관하여 진정한 상속인임을 전제로 그 상속으로 인한 소유권 또는 지분권 등 재산권의 귀속을 주장하고, 참칭상속인 또는 자기들만이 재산상속을 하였다는 일부 공동상속인들을 상대로 상속재산인 부동산에 관한 등기의 말소 등을 청구하는 경우, 그 소유권 또는 지분권이 귀속되었다는 주장이 상속을 원인으로 하는 것인 이상 그 청구원인 여하에 불구하고 이는 민법 제999조에 정한 상속회복청구의 소에 해당한다. O | X

정답 | 07 ○ 08 ○ 09 × 10 ○ 11 ○

해설 상속회복청구권의 법적 성질과 관련하여 판례(判例)는 "참칭상속인 또는 자기들만이 재산상속을 하였다는 일부 공동상속인들을 상대로 그 소유권 또는 지분권이 귀속되었다는 주장이 상속을 원인으로 하는 것인 이상 그 청구원인(예를 들어 제213조, 제214조, 제741조, 제750조) 여하에 불구하고 민법 제999조의 단기 제척기간의 적용을 받는 상속회복의 소로 보아야 한다."(대판 1991.12.24. 90다5740 전합)라고 판시하였는바, 일반적으로 집합권리설(개별적 청구권설)을 취하고 있는 것으로 해석된다.

참고판례 **자기의 상속권을 주장하지 않고 별도의 취득원인(가령 매매나 증여)에 기한, 상속재산에 대한 권리를 주장하는 경우 '상속회복청구'라고 볼 수 있는지 여부(소극)**

이러한 경우는 일반적 재산권 침해에 해당할 뿐이고 이러한 자에게까지 단기제척기간에 의한 보호를 할 이유가 없으므로 判例(대판 1982.1.26. 81다851 등 이하 판례)와 같이 부정하는 것이 타당하다.

① 피상속인 사망 후 공동상속인 중 1인이 다른 공동상속인에게 자신의 상속지분을 중간생략등기 방식으로 명의신탁하였다가 그 명의신탁이 '부동산실명법이 정한 유예기간의 도과로 무효가 되었음을 이유'로 명의수탁자를 상대로 상속지분의 반환을 구하는 경우, 그러한 청구는 상속으로 인한 재산권의 귀속을 주장하는 것이라고 볼 수 없으므로 상속회복청구에 해당하지 않는다고 한다(대판 2010.2.11. 2008다16899).

② 원고가 피고를 상대로 '피고 명의의 소유권이전등기가 참칭상속인에 의한 것이어서 무효임' 을 이유로 하지 않고 '후행 보존등기 자체가 무효임' 을 이유로 하여 피고 명의의 소유권이전등기의 말소를 청구하는 경우에는 이는 상속회복청구의 소에 해당하지 않는다고 한다(대판 2011.7.14. 2010다107064).

③ 일단 적법하게 '공동상속등기'가 마쳐진 부동산에 관하여 상속인 중 1인이 자기 단독명의로 '소유권이전등기'를 한 경우, 다른 상속인들이 그 이전등기가 원인 없이 마쳐진 것이라 하여 말소를 구하는 소는 상속권이 침해되었음을 이유로 그 회복을 구하는 것이 아니라 상속으로 일단 취득한 소유권이 그 후 위법하게 침해되었다는 이유로 소유권의 회복을 구하는 것이기 때문에 상속회복청구의 소에 해당하지 않는다고 한다(대판 2011.9.29. 2009다78801).

12

15/20법무사, 15법원행시, 18사무관

공동상속인 중 1인이 협의분할에 의한 상속을 원인으로 하여 상속부동산에 관한 소유권이전등기를 마친 경우에 그 협의분할이 다른 공동상속인의 동의 없이 이루어진 것으로 무효라는 이유로 다른 공동상속인이 그 등기의 말소를 청구하는 소 역시 상속회복청구의 소에 해당한다. O | X

해설 대판 2014.1.23. 2013다68948

13

18사무관, 19법무사, 20법원행시

상속인으로 오인될 만한 외관을 갖추고 있지 않거나 상속재산을 점유하고 있지도 않은 자는 스스로 상속인이라는 주장을 하더라도 상속회복청구의 소의 상대방이 되는 참칭상속인에 해당하지 않는다. O | X

해설 **상속회복청구의 상대방이 되는 참칭상속인이라 함**은 정당한 상속권이 없음에도 재산상속인임을 신뢰케 하는 외관을 갖추거나 상속인이라고 참칭하면서 상속재산의 전부 또는 일부를 점유함으로써 진정한 상속인의 재산상속권을 침해하는 자를 가리킨다. **상속재산인 미등기 부동산을 임의로 매도한 자가 아무 근거 없이 피상속인의 호적에 호주상속신고를 한 것으로 기재되어 있으나, 상속재산인 미등기 부동산에 관하여 상속인이라고 참칭하면서 등기를 마치거나 점유를 한 바가 없고, 또한 피상속인의 호적에 의하더라도 피상속인의 시동생의 손자로서 피상속인의 법정상속인에 해당할 여지가 없어 그 유산에 대하여 상속권이 없음이 명백한 경우, 그 자를 상속회복청구의 상대방이 되는 참칭상속인에 해당한다고 볼 수 없다**(대판 1998.3.27. 96다37398).

14 12법원행시

사망자의 상속인이 아닌 자가 상속인인 것처럼 허위기재된 위조의 제적등본, 호적등본 등을 기초로 하여 상속인인 것처럼 꾸며 상속등기가 이루어진 사실만으로는 참칭상속인에 해당한다고 할 수 없다. O | X

15 18법원행시

공동상속인 중 1인이 자신이 단독상속인이라고 주장하였다고 하더라도 상속권의 침해가 없다면 그러한 자를 참칭상속인이라고 할 수는 없다. O | X

> **해설** **15 16** 상속인이 아닌 자가 위조된 호적등본을 첨부하여 경료한 상속등기의 말소를 구하는 소가 상속회복청구의 소인지 여부
>
> 甲이 그의 어머니의 성명이 乙 등의 피상속인과 같은 이름으로서 사망한 것으로 기재된 호적등본을 첨부하여 재산상속을 원인으로 한 소유권이전등기 신청을 하여 甲에게 소유권이전등기가 경료된 경우 乙이 공유자의 일원으로서 공유물의 보존을 위하여 甲 명의의 소유권이전등기 및 그에 터잡아 이루어진 丙 명의의 근저당권설정등기의 말소를 구하는 소는 상속회복청구의 소라고 할 수 없다(대판 1994.1.14. 93다49802).

16 11서기보

공동상속인 중 1인이 피상속인의 생전에 그로부터 매매 또는 증여를 원인으로 경료받은 소유권이전등기가 무효라는 이유로 다른 공동상속인이 그 등기의 말소를 구하는 경우 상속회복청구의 소에 해당한다. O | X

17 18법무사

상속인 중 1인이 피상속인의 생전에 그로부터 토지를 매수한 사실이 없음에도 불구하고 이를 매수하였다고 하여 부동산소유권이전등기 등에 관한 특별조치법에 의한 이전등기를 경료하였음을 이유로 하여 나머지 상속인들을 대위하여 그 말소를 청구하는 소는 상속회복청구의 소에 해당한다고 볼 수 없다. O | X

> **해설** **16** 상속인인 원고가 소외인이 피상속인의 생전에 그로부터 토지를 매수한 사실이 없는데도 그러한 사유가 있는 것처럼 등기서류를 위조하여 그 앞으로 소유권이전등기를 경료하였음을 이유로 그로부터 토지를 전전매수한 피고 명의의 소유권이전등기가 원인무효라고 주장하면서 피고를 상대로 진정 명의의 회복을 원인으로 한 소유권이전등기절차의 이행을 구하는 경우, 이는 상속회복청구의 소에 해당하지 않는다(대판 1998.10.27. 97다38176).
>
> **17** 상속인 중 1인이 피상속인의 생전에 그로부터 토지를 매수한 사실이 없음에도 불구하고 이를 매수하였다고 하여 부동산소유권이전등기등에관한특별조치법에 의한 이전등기를 경료하였음을 이유로 하여 나머지 상속인들을 대위하여 그 말소를 청구하는 소는 상속회복청구의 소에 해당한다고 볼 수 없다"(대판 1993.9.14. 93다12268).

18 12법무사, 16서기보

공동상속인 중 1인이 상속등기에 갈음하여 구 부동산소유권이전등기 등에 관한 특별조치법에 따라 그 명의의 소유권이전등기를 경료한 경우, 다른 공동상속인이 그 등기의 말소를 청구하는 소는 상속회복청구의 소에 해당한다. O | X

정답 | 12 ○ 13 ○ 14 ○ 15 ○ 16 × 17 ○ 18 ○

19

21법무사

재산상속에 관하여 진정한 상속인임을 전제로 상속으로 인한 재산권의 귀속을 주장하며 참칭상속인 또는 자기들만이 재산상속을 하였다는 일부 공동상속인들을 상대로 상속재산인 부동산에 관한 등기의 말소 등을 청구하는 것이라면 그 청구원인 여하에 불구하고 민법 제999조 소정의 상속회복청구의 소에 해당하여 10년의 제척기간의 적용을 받는다. O | X

20

21법원행시

자신이 진정한 상속인임을 전제로 그 상속으로 인한 소유권 또는 지분권 등 재산권의 귀속을 주장하면서 참칭상속인 또는 참칭상속인으로부터 상속재산에 관한 권리를 취득하거나 새로운 이해관계를 맺은 제3자를 상대로 상속재산인 부동산에 관한 등기의 말소 등을 청구하는 경우, 그 재산권 귀속 주장이 상속을 원인으로 하는 것인 이상 청구원인이 무엇인지 여부에 관계없이 민법 제999조가 정하는 상속회복청구의 소에 해당한다. O | X

해설 **18 19 20** 상속회복청구의 상대방이 되는 참칭상속인은 정당한 상속권이 없음에도 재산상속인임을 신뢰케 하는 외관을 갖추고 있는 사람이나 상속인이라고 참칭하여 상속재산의 전부 또는 일부를 점유하고 있는 사람을 가리키는 것으로서, 상속재산인 부동산에 관하여 공동상속인 중 1인 명의로 소유권이전등기가 경료된 경우 그 등기가 상속을 원인으로 경료된 것이라면 그 등기명의인은 재산상속인임을 신뢰케 하는 외관을 갖추고 있는 사람으로서 참칭상속인에 해당한다고 할 것이다. 따라서 공동상속인 중 1인이 '상속등기에 갈음하여' 구 부동산소유권 이전등기 등에 관한 특별조치법(법률 제4502호)에 따라 그 명의의 소유권이전등기를 경료한 경우에 그 이전등기가 무효라는 이유로 다른 공동상속인이 그 등기의 말소를 청구하는 소는 상속회복청구의 소에 해당한다(대판 2010.1.14. 2009다41199).

➡ 본 사안은 상속에 따른 부동산 취득을 원인으로 하여 소유권이전등기를 경료한 사안(즉, 부동산 소유권 귀속원인이 상속)이므로 매매에 따른 부동산 취득을 원인으로 하여 소유권이전등기를 경료한 아래 비교 판례와 구별된다.

21

18서기보

상속인 중 1인이 피상속인의 생전에 그로부터 토지를 매수한 사실이 없음에도 불구하고 이를 매수하였다고 하여 부동산소유권이전등기 등에 관한 특별조치법에 의한 이전등기를 경료하였음을 이유로 하여 나머지 상속인들을 대위하여 그 말소를 청구하는 소는 상속회복청구의 소에 해당한다고 볼 수 없다. O | X

해설 자기의 상속권을 주장하지 않고 별도의 취득원인(가령 매매나 증여)에 기한, 상속재산에 대한 권리를 주장하는 경우 상속회복청구라고 볼 수 있는지 여부(소극)

등기부상 등기원인이 매매나 증여로 기재된 이상 재산상속인임을 신뢰케 하는 외관을 갖추었다고 볼 수 없다. 따라서 공동상속인 중 1인이 피상속인의 생전에 그로부터 토지를 매수하거나 증여받은 사실이 없음에도 불구하고 구 부동산 소유권이전등기 등에 관한 특별조치법(이하 '특별조치법'이라고 한다)에 의하여 매매 또는 증여를 원인으로 한 이전등기를 경료한 경우 그 이전등기가 무효라는 이유로 다른 공동상속인이 그 등기의 말소(또는 진정명의 회복을 위한 등기의 이전)를 청구하는 소는 상속회복청구의 소에 해당한다고 볼 수 없다(대판 2008.6.26. 2007다7898).

참고판례 상속회복청구권의 법적 성질 - 집합권리설

참칭상속인 또는 자기들만이 재산상속을 하였다는 일부 공동상속인들을 상대로 그 소유권 또는 지분권이 귀속되었다는 주장이 '상속을 원인으로 하는 것인 이상' 그 청구원인(예를 들어 제213조, 제214조, 제741조, 제750조) 여하에 불구하고 민법 제999조의 단기 제척기간의 적용을 받는 상속회복의 소로 보아야 한다(대판 1991.12.24. 90다5740 전합)라고 판시하였는바, 일반적으로 **집합권리설**(개별적 청구권설)을 취하고 있는 것으로 해석되고 있다.

22

11/15법원행시

상속재산인 부동산에 관하여 공동상속인 중 1인 명의로 소유권이전등기가 경료된 경우 그 등기가 상속을 원인으로 경료된 것이라면 등기명의인의 의사와 무관하게 경료된 것이라는 등의 특별한 사정이 없는 한 그 등기명의인은 재산상속인임을 신뢰케 하는 외관을 갖추고 있는 자로서 참칭상속인에 해당된다. O | X

23

21법무사

제3자가 특정한 공동상속인의 의사와 아무런 상관없이 서류를 위조하여 그 특정 상속인의 명의로 상속등기를 마쳤다고 하더라도 그 등기명의인이 참칭상속인이 되는 것은 아니다. O | X

해설 **22 23** 상속등기가 공동상속인 중 1인 명의로 경료된 경우, 그 등기명의인이 참칭상속인에 해당하는지 여부(한정적극)

상속회복청구의 상대방이 되는 참칭상속인이라 함은 정당한 상속권이 없음에도 재산상속인임을 신뢰케 하는 외관을 갖추고 있는 자나 상속인이라고 참칭하여 상속재산의 전부 또는 일부를 점유하고 있는 자를 가리키는 것으로서, 상속재산인 부동산에 관하여 공동상속인 중 1인 명의로 소유권이전등기가 경료된 경우 그 등기가 상속을 원인으로 경료된 것이라면 **등기명의인의 의사와 무관하게 경료된 것이라는 등의 특별한 사정이 없는 한** 그 등기명의인은 재산상속인임을 신뢰케 하는 외관을 갖추고 있는 자로서 참칭상속인에 해당된다(대판 1997.1.21. 96다688).

24

18서기보, 19주사보

제3자가 특정 공동상속인의 의사와 상관 없이 필요한 서류를 위조하여 그 상속인의 단독명의로 소유권보존등기를 했다는 사유만으로 그 등기명의인이 참칭상속인으로 되는 것은 아니다. O | X

해설 상속재산인 부동산에 관하여 공동상속인 중 인 명의로 소유권이전등기가 경료된 경우 그 등기가 상속은 원인으로 경료된 것이라면 **등기명의인의 의사와 무관하게 경료된 것이라는 등의 특별한 사정이 없는 한** 그 등기명의인은 재산상속인임을 신뢰케 하는 외관을 갖추고 있는 자로서 참칭상속인에 해당된다(대판 1997.1.21. 96다4668).

25

11/18서기보, 18사무관

진정상속인이 주장하는 피상속인과 참칭상속인이 주장하는 피상속인이 다른 사람인 경우라도 진정상속인이 제기한 소의 청구원인이 상속에 의하여 소유권을 취득하였음을 전제로 한 것이라면 그 소는 상속회복청구의 소에 해당한다. O | X

해설 상속회복청구의 소는 진정상속인과 참칭상속인이 주장하는 피상속인이 동일인임을 전제로 하는 것이므로 진정상속인이 주장하는 피상속인과 참칭상속인이 주장하는 피상속인이 다른 사람인 경우에는 진정상속인의 청구원인이 상속에 의하여 소유권을 취득하였음을 전제로 한다고 하더라도 이를 상속회복청구의 소라고 할 수 없다(대판 1998.4.10. 97다54345).

정답 | 19 ○ 20 ○ 21 ○ 22 ○ 23 ○ 24 ○ 25 ×

26

출제예상

적법하게 공동상속등기가 마쳐진 부동산에 대하여 공동상속인 중 1인이 자기의 단독명의로 소유권이전등기를 한 경우, 다른 공동상속인들이 그 소유권이전등기의 말소를 청구하는 것은 상속회복청구에 해당한다. O | X

해설 상속회복청구의 소는 상속을 원인으로 소유권을 취득하였다고 주장하는 사람이 참칭상속인을 상대로 침해된 상속권의 회복을 구하는 것으로서, 참칭상속인이란 정당한 상속권이 없음에도 재산상속인임을 신뢰케 하는 외관을 갖추고 있는 사람이나 상속인이라고 참칭하여 상속재산의 전부 또는 일부를 점유하고 있는 사람을 말하는바, 소유권이전등기에 의하여 재산상속인임을 신뢰케 하는 외관을 갖추었는지 여부는 권리관계를 외부에 공시하는 등기부의 기재에 의하여 판단하여야 하므로, 등기원인이 상속이 아닌 매매, 증여 등 다른 원인으로 되어 있다면 소유권이전등기를 한 등기명의인이 공동상속인 중의 1인이라고 하더라도 참칭상속인이라고 할 수 없고, **일단 적법하게 공동상속등기가 마쳐진 부동산에 관하여 상속인 중 1인이 자기 단독명의로 소유권이전등기를 한 경우 다른 상속인들이 그 이전등기가 원인 없이 마쳐진 것이라 하여 말소를 구하는 소는 상속회복청구의 소에 해당하지 아니하여 민법 제999조 제2항이 정하는 소의 제기에 관한 제척기간이 적용되지 아니한다.** 이는 상속권이 침해되었음을 이유로 그 회복을 구하는 것이 아니라 상속으로 일단 취득한 소유권이 그 후 위법하게 침해되었다는 이유로 소유권의 회복을 구하는 것이기 때문이며, 공동상속등기와 그에 이은 이전등기 사이의 시간적 간격이 짧다거나 공동상속등기와 이전등기가 상속인 중 1인에 의하여 동일한 기회에 이루어졌다고 하여 달리 볼 것이 아니다(대판 2011.9.29, 2009다78801).

27

11서기보, 11법무사

피상속인 사망 후 공동상속인 중 1인이 다른 공동상속인에게 자신의 상속지분을 중간생략등기방식으로 명의신탁하였다가 그 명의신탁이 부동산 실권리자 명의 등기에 관한 법률이 정한 유예기간의 도과로 무효가 되었음을 이유로 명의수탁자를 상대로 상속지분의 반환을 구하는 경우 상속회복청구의 소에 해당한다. O | X

해설 **피상속인의 사망 후에 그 공동상속인들 중 1인이 다른 공동상속인에게 자신의 상속지분을 중간생략등기 방식으로 명의신탁하여 두었다가 부동산 실권리자명의 등기에 관한 법률이 정한 유예기간 내에 실명등기를 하지 아니하는 바람에 그 명의신탁이 유예기간 도과 후 무효가 되었음을 이유로 명의수탁자를 상대로 그 상속지분의 반환을 구하는 경우,** 그러한 청구는 ⅰ) 명의신탁이 유예기간의 도과로 무효로 되었음을 원인으로 하여 소유권의 귀속을 주장하는 것일 뿐 상속으로 인한 재산권의 귀속을 주장하는 것이라고 볼 수 없고, ⅱ) 나아가 명의수탁자로 주장된 피고를 두고 진정상속인의 상속권을 침해하고 있는 참칭상속인이라고 할 수도 없으므로, **위와 같은 청구가 상속회복청구에 해당한다고 할 수 없다**(대판 2009.2.12, 2007다76726).

28

21법무사

동일한 부동산에 관하여 등기명의인을 달리하여 중복된 소유권보존등기가 마쳐져, 선행 보존등기로부터 소유권이전등기를 한 소유자의 상속인이 후행 보존등기나 그에 기하여 순차로 이루어진 소유권이전등기 등 후속등기가 모두 무효라는 이유로 등기의 말소를 구하는 경우 이는 무효인 후행 보존등기로부터 이루어진 소유권이전등기가 참칭상속인에 의한 것이어서 무효이고 따라서 후속등기도 무효임을 이유로 하는 것이 아니라 후행 보존등기 자체가 무효임을 이유로 하는 것이므로 상속회복청구의 소에 해당하지 않는다. O | X

해설 대판 2011.7.14, 2010다107064

29

18법원행시, 20법무사

진정상속인이 참칭상속인으로부터 상속재산을 양수한 제3자를 상대로 등기말소청구를 하는 경우에도 상속회복청구권의 단기의 제척기간이 적용된다. O | X

> **해설** 대판 1981.1.27. 79다854

30

출제예상

상속회복청구권이 제척기간의 경과로 소멸되면 진정상속인은 상속인으로서의 지위를 상실하는 반면, 그 반사적 효과로서 참칭상속인은 상속개시 당시에 소급하여 상속인의 지위를 취득한 것으로 본다. O | X

> **해설** 상속회복청구권이 제척기간의 경과로 소멸하게 되면 상속인은 상속인으로서의 지위 즉 상속에 따라 승계한 개개의 권리의무 또한 총괄적으로 상실하게 되고, 그 반사적 효과로서 참칭상속인의 지위는 확정되어 참칭상속인이 상속개시의 시로부터 소급하여 상속인으로서의 지위를 취득한 것으로 봄이 상당하다(대판 1994.3.25. 93다57155).

31

12/20법원행시

상속회복청구권은 그 침해를 안 날로부터 3년, 상속권의 침해행위가 있은 날로부터 10년이 경과하면 소멸한다. 이 때 상속권의 침해를 안 날이라 함은 자기가 진정상속인임을 알고 또 자기가 상속에서 제외된 사실을 안 때를 가리킨다. O | X

> **해설** 상속회복청구권의 제척기간 기산점이 되는 민법 제999조 제2항 소정의 '상속권의 침해를 안 날'이라 함은 **자기가 진정한 상속인임을 알고 또 자기가 상속에서 제외된 사실을 안 때를 가리키는 것으로서, 단순히 상속권 침해의 추정이나 의문만으로는 충분하지 않으며**, 언제 상속권의 침해를 알았다고 볼 것인지는 개별적 사건에 있어서 여러 객관적 사정을 참작하고 상속회복청구가 사실상 가능하게 된 상황을 고려하여 합리적으로 인정하여야 한다(대판 2007.10.25. 2007다36223).

32

17/19법무사, 20법원행시

상속회복청구권의 경우 상속재산의 일부에 대해서만 제소하여 제척기간을 준수한 경우 청구의 목적물로 하지 않은 나머지 상속재산에 대해서는 제척기간을 준수한 것으로 볼 수 없다. O | X

> **해설** 상속재산의 일부에 대해서만 제소하여 제척기간을 준수하였다 하여 청구의 목적물로 하지 아니한 상속재산에 대해서도 제척기간을 준수한 것으로 볼 수 없다(대판 1980.4.22. 79다2141).

33

15법원행시, 17/19/20법무사

상속회복청구권이 제척기간의 경과로 소멸하게 되면 상속인은 상속인으로서의 지위 즉 상속에 따라 승계한 개개의 권리의무 또한 총괄적으로 상실하게 되고, 그 반사적 효과로서 참칭상속인이 제척기간 경과시부터 상속인으로서의 지위를 취득한다. O | X

정답 | **26 × 27 × 28 ○ 29 ○ 30 ○ 31 ○ 32 ○ 33 ×**

34 21법무사

甲의 사망 후 乙이 단독상속인이 되었으나 참칭상속인 丙이 乙의 상속권을 침해한 경우, 상속회복청구권의 행사기간이 경과한 때에는 그 행사기간이 만료한 때로 소급하여 乙은 상속인으로서의 지위를 상실하게 되는 반면, 丙은 상속인으로서 지위를 취득하게 된다. O | X

> 해설 상속회복청구권이 제척기간의 경과로 소멸된 경우, 참칭상속인이 상속 개시일로 소급하여 상속인의 지위 및 상속재산의 소유권을 취득하는지 여부(적극)
> 상속회복청구권이 제척기간의 경과로 소멸하게 되면 상속인은 상속인으로서의 지위 즉 상속에 따라 승계한 개개의 권리의무 또한 총괄적으로 상실하게 되고, 그 반사적 효과로서 참칭상속인의 지위는 확정되어 참칭상속인이 상속개시의 시로부터 소급하여 상속인으로서의 지위를 취득한 것으로 봄이 상당하므로, **상속재산은 상속 개시일로 소급하여 참칭상속인의 소유**로 된다(대판 1998.3.27. 96다37398).
> ➡ 행사기간이 만료한 때가 아니라 '상속개시일'로 소급하여 취득한다.

35 15법원행시

진정상속인이 참칭상속인의 최초 침해행위가 있은 날로부터 10년의 제척기간이 경과하기 전에 참칭상속인에 대한 상속회복청구 소송에서 승소의 확정판결을 받았다고 하더라도 위 제척기간이 경과한 후에는 제3자를 상대로 상속회복청구 소송을 제기하여 상속재산에 관한 등기의 말소 등을 구할 수 있다. O | X

36 20법원행시

상속회복청구의 제척기간 준수 여부는 상속회복청구의 상대방별로 각각 판단하여야 한다. O | X

> 해설 **35 36** 진정상속인이 참칭상속인의 최초 침해행위가 있은 날로부터 10년의 제척기간이 경과하기 전에 참칭상속인에 대한 상속회복청구 소송에서 승소의 확정판결을 받았다고 하더라도 위 제척기간이 경과한 후에는 제3자를 상대로 상속회복청구 소송을 제기하여 상속재산에 관한 등기의 말소 등을 구할 수 없다(대판 2006.9.8. 2006다26694).

37 11법무사, 18법원행시

진정한 상속인이 참칭상속인으로부터 상속재산을 취득한 제3자를 상대로 제척기간 내에 소를 제기하였다 하더라도 참칭상속인에 대해 그 기간 내에 상속회복청구권을 행사한 바가 없다면 그것은 진정한 상속인의 제3자에 대한 권리행사에 장애가 된다. O | X

> 해설 상속회복청구의 소의 제척기간의 기산점이 되는 '상속권의 침해행위가 있은 날'의 의미 및 제척기간의 준수 여부의 판단기준
> 민법 제999조 제2항은 "상속회복청구권은 그 침해를 안 날부터 3년, 상속권의 침해행위가 있은 날부터 10년을 경과하면 소멸한다."고 규정하고 있는바, 여기서 그 제척기간의 기산점이 되는 '상속권의 침해행위가 있은 날'이라 함은 **참칭상속인이 상속재산의 전부 또는 일부를 점유하거나 상속재산인 부동산에 관하여 소유권이전등기를 마치는 등의 방법에 의하여 진정한 상속인의 상속권을 침해하는 행위를 한 날**을 의미한다. 또한, **제척기간의 준수 여부는 상속회복청구의 상대방별로 각각 판단하여야** 할 것이어서, **진정한 상속인이 참칭상속인으로부터 상속재산에 관한 권리를 취득한 제3자를 상대로 제척기간 내에 상속회복청구의 소를 제기한 이상 그 제3자에 대하여는 민법 제999조에서 정하는 상속회복청구권의 기간이 준수되었으므로, 참칭상속인에 대하여 그 기간 내에 상속회복청구권을 행사한 일이 없다고 하더라도 그것이 진정한 상속인의 제3자에 대한 권리행사에 장애가 될 수는 없다**(대판 2009.10.15. 2009다42321).

38

20법원행시

피상속인인 남한주민으로부터 상속을 받지 못한 북한주민의 경우 다른 특별한 사정이 없는 한 상속권이 침해된 날부터 10년이 경과하면 민법 제999조 제2항에 따라 상속회복청구권이 소멸한다. O | X

> 해설 상속회복청구권은 상속인 또는 그 법정대리인이 침해를 안 날부터 3년, 상속권의 침해행위가 있은 날부터 10년이 경과하면 소멸한다(제999조 제2항). 이 기간은 제척기간이다(대판 1978.12.13. 78다1811).
> '상속권의 침해를 안 날'이라 함은 **자기가 진정한 상속인임을 알고 또 자기가 상속에서 제외된 사실을 안 때를 가리키는 것**으로서, 단순히 상속권 침해의 추정이나 의문만으로는 충분하지 않다(대판 2007.10.25. 2007다36223).
> '상속권의 침해행위가 있은 날'이라 함은 참칭상속인이 상속재산의 전부 또는 일부를 점유하거나 상속재산인 부동산에 관하여 소유권이전등기를 마치는 등의 방법에 의하여 진정한 상속인의 상속권을 침해하는 행위를 한 날을 의미한다(대판 2009.10.15. 2009다42321).
> 피상속인인 남한주민으로부터 상속을 받지 못한 북한주민의 경우에도, '남한에 입국한 때부터 3년 내'가 아니라 '상속권이 침해된 날부터 10년'이 경과하면 민법 제999조 제2항에 따라 상속회복청구권이 소멸한다(대판 2016.10.19. 2014다46648 전합).

39

21법무사

상속회복청구권은 그 침해를 안 날부터 3년, 상속권의 침해행위가 있은 날부터 10년을 경과하면 소멸하는데, 피상속인의 사망 후 인지되어 공동상속인이 된 혼외자가 '상속권의 침해를 안 날'이라 함은 그 인지판결이 확정된 날을 말한다. O | X

> 해설 인지심판확정으로 피상속인의 사망시에 소급하여 공동상속인이 된 자가 제기한 상속회복청구의 소에 있어서 제척기간의 기산점인 그 침해를 안날이라 함은 인지심판이 확정된 날이라 할 것이다(대판 1982.9.28. 80므20).

40

14서기보

피상속인이 생전행위 또는 유언으로 자신의 유체·유골을 처분하거나 매장장소를 지정한 경우에, 선량한 풍속 기타 사회질서에 반하지 않는 이상 그 의사는 존중되어야 하고 이는 제사주재자로서도 마찬가지라고 할 것이지만, 피상속인의 의사를 존중해야 하는 의무는 도의적인 것에 그치고, 제사주재자가 무조건 이에 구속되어야 하는 법률적 의무까지 부담한다고 볼 수는 없다. O | X

> 해설 **제1008조의3(분묘등의 승계)** 분묘에 속한 1정보이내의 금양임야와 600평이내의 묘토인 농지, 족보와 제구의 소유권은 '제사를 주재하는 자'가 이를 승계한다.
> 상속재산의 범위 - 제사용 재산의 특별승계
> 피상속인이 생전행위 또는 유언으로 자신의 유체·유골을 처분하거나 매장장소를 지정한 경우에, 선량한 풍속 기타 사회질서에 반하지 않는 이상 그 의사는 존중되어야 하고 이는 제사주재자로서도 마찬가지이지만, 피상속인의 의사를 존중해야 하는 의무는 도의적인 것에 그치고, 제사주재자가 무조건 이에 구속되어야 하는 법률적 의무까지 부담한다고 볼 수는 없다(대판 2008.11.20. 2007다27670 전합).

정답 | **34** × **35** × **36** ○ **37** × **38** ○ **39** ○ **40** ○

41

21법무사

제사주재자는 우선적으로 망인의 공동상속인들 사이의 협의에 의해 정하되, 협의가 이루어지지 않는 경우에는 제사주재자의 지위를 유지할 수 없는 특별한 사정이 있지 않은 한 망인의 장남이 제사주재자가 되고, 망인의 장남이 이미 사망한 경우에는 장남의 아들, 즉 장손자가 있다고 하더라도 망인의 차남이 제사주재자가 된다. O | X

42

14/15서기보

제사주재자는 우선적으로 망인의 공동상속인들 사이의 협의에 의해 정해져야 하되, 협의가 이루어지지 않는 경우에는 제사주재자의 지위를 유지할 수 없는 특별한 사정이 있지 않은 한 망인의 장남(장남이 이미 사망한 경우에는 장남의 아들, 즉 장손자)이 제사주재자가 되고, 공동상속인들 중 아들이 없는 경우에는 망인의 장녀가 제사주재자가 된다고 할 것이다. O | X

> 해설 **41 42** 제사를 주재하는 자
> 제사주재자의 결정에 관하여 특별한 사정이 없는 한 통상 '**종손**'이 된다는 것이 종전의 判例(대판 2004.1.16. 2001다79037)였으나, 최근에는 이 判例를 변경하여, "제사주재자는 ⅰ) 우선적으로 망인의 공동상속인들 사이의 협의에 의해 정하되, ⅱ) 협의가 이루어지지 않는 경우에는 제사주재자의 지위를 유지할 수 없는 특별한 사정이 있지 않은 한 망인의 장남(장남이 이미 사망한 경우에는 장남의 아들, 즉 장손자)이 제사주재자가 되고, ⅲ) 공동상속인들 중 아들이 없는 경우에는 망인의 장녀가 제사주재자가 된다."고 판시하였다(대판 2008.11.20. 2007다27670 전합).

43

21서기보

부동산의 합유자 사이에 특별한 약정이 없는 한 합유자지위는 그 상속인에게 상속된다. O | X

> 해설 상속재산의 범위 - 소유권 등 물권
> 물권은 원칙적으로 전부 상속된다. 그러나 합유부동산의 경우 합유지분은 상속이 되지 않는다. 判例는 "부동산의 합유자 중 일부가 사망한 경우 합유자 사이에 특별한 약정이 없는 한 사망한 합유자의 상속인은 합유자로서의 지위를 승계하지 못하므로, 해당 부동산은 잔존 합유자가 2인 이상일 경우에는 잔존 합유자의 합유로 귀속되고 잔존 합유자가 1인인 경우에는 잔존 합유자의 단독소유로 귀속된다."라고 한다(대판 1996.12.10. 96다23238).

44

21서기보

점유권은 상속인에게 이전되지 않는다. O | X

> 해설 **제193조(상속으로 인한 점유권의 이전)** 점유권은 상속인에 이전한다.

45

21서기보

보증기간과 보증한도액의 정함이 없는 계속적 보증계약의 경우 보증인이 사망하면 보증인의 지위가 상속인에게 상속되지 않고, 다만 기왕에 발생된 보증채무만 상속된다. O | X

해설 보증한도액이 정해진 계속적 보증계약의 경우 보증인이 사망하였다 하더라도 보증계약이 당연히 종료되는 것은 아니고 특별한 사정이 없는 한 상속인들이 보증인의 지위를 승계한다고 보아야 할 것이나, 보증기간과 보증한도액의 정함이 없는 계속적 보증계약의 경우에는 보증인이 사망하면 보증인의 지위가 상속인에게 상속된다고 할 수 없고 다만, 기왕에 발생된 보증채무만이 상속된다(대판 2001.6.12. 2000다47187).

46 21서기보

불법행위로 사망한 자의 정신적 손해에 대한 손해배상청구권은 상속되지 않는다. O | X

해설 정신적 손해에 대한 배상(위자료)청구권은 피해자가 이를 포기하거나 면제했다고 볼 수 있는 특별한 사정이 없는 한 생전에 청구의 의사를 표시할 필요없이 원칙적으로 상속되는 것이라고 해석함이 상당하다(대판 1966.10.18. 66다1335).

47 11법원행시

공동상속인 중 일부 상속인의 상속등기만을 경료할 수도 있다. O | X

해설 공동상속인 중 일부 상속인의 상속등기만은 경료할 수 없다(대결 1995.2.22. 94마2116).

48 출제예상

甲이 사망하면서 토지와 2,000만 원의 채무를 남겼는데, 甲에게 상속인으로 배우자 乙, 자녀 丙, 丁만 있었다. 2,000만 원의 채무는 상속개시와 동시에 당연히 법정상속분에 따라 乙, 丙, 丁에게 분할되어 귀속되므로, 상속재산분할의 대상이 되지 않는다. O | X

49 17서기보

금전채무와 같이 급부의 내용이 가분인 채무가 공동상속된 경우 이는 상속개시와 동시에 당연히 법정상속분에 따라 공동상속인에게 분할되어 귀속되므로 상속재산 분할의 대상이 될 여지가 없다. O | X

50 16법무사

금전채무와 같이 급부의 내용이 가분인 채무가 공동상속된 경우 상속재산분할의 대상이 될 여지가 없고, 공동상속인들 사이의 분할의 협의에 따라 공동상속인 중의 1인이 법정상속분을 초과하여 채무를 부담하기로 하는 약정은 면책적 채무인수의 실질을 가진다. O | X

정답 | 41 × 42 ○ 43 × 44 × 45 ○ 46 × 47 × 48 ○ 49 ○ 50 ×

51 18법원행시

상속재산분할의 대상이 될 수 없는 상속채무에 관하여 공동상속인들 사이에 분할의 협의가 있는 경우라면 이러한 협의는 민법 제1013조에서 말하는 상속재산의 협의분할에 해당하는 것은 아니지만, 상속재산분할의 소급효를 규정하고 있는 민법 제1015조는 적용될 여지가 있다. O | X

52 21법무사

피상속인으로부터 상속받은 금전채무에 관하여 상속인 중 1인이 법정상속분을 초과하여 채무를 부담하기로 하는 상속재산에 대한 분할협의가 이루어진 경우 이는 상속이 개시된 때에 소급하여 그 효력이 있다. O | X

해설 가분인 채무의 상속재산분할 대상 여부

48 49 민법은 상속인이 수인인 때에는 상속재산은 그 '공유'로 하는 것으로 정한다(제1006조). 判例는 "금전채무와 같이 급부의 내용이 가분인 채무가 공동상속된 경우, 이는 상속개시와 동시에 당연히 법정상속분에 따라 공동상속인에게 귀속하는 것이므로 상속재산 분할의 대상이 될 여지가 없다."라고 한다(대판 1997.6.24. 97다8809).

관련쟁점 **50** 따라서 상속재산 분할의 대상이 될 수 없는 상속채무에 관하여 공동상속인들 사이에 분할의 협의가 있는 경우라면 이러한 협의는 민법 제1013조에서 말하는 상속재산의 협의분할에 해당하는 것은 아니지만, 위 분할의 협의에 따라 공동상속인 중의 1인이 법정상속분을 초과하여 채무를 부담하기로 하는 약정은 '면책적 채무인수'의 실질을 가진다고 할 것이어서, 채권자에 대한 관계에서 위 약정에 의하여 다른 공동상속인이 법정상속분에 따른 채무의 일부 또는 전부를 면하기 위하여는 제454조의 규정에 따른 '채권자의 승낙'을 필요로 하고, **51 52** 여기에 상속재산 분할의 소급효를 규정하고 있는 제1015조가 적용될 여지는 전혀 없다(同 判例).

53 17법무사

금전채권과 같이 급부의 내용이 가분인 채권은 공동상속되는 경우 상속개시와 동시에 당연히 법정상속분에 따라 공동상속인들에게 분할되어 귀속되므로 상속재산분할의 대상이 될 수 없는 것이 원칙이나, 상속재산분할을 통하여 공동상속인들 사이에 형평을 기할 필요가 있으므로 가분채권도 예외적으로 상속재산분할의 대상이 될 수 있다. O | X

해설 가분채권이 상속재산분할의 대상이 될 수 있는지 여부(원칙적 소극) 및 상속재산분할의 대상이 될 수 있는 경우

금전채권과 같이 급부의 내용이 가분인 채권은 공동상속되는 경우 상속개시와 동시에 당연히 법정상속분에 따라 공동상속인들에게 분할되어 귀속되므로 상속재산분할의 대상이 될 수 없는 것이 원칙이다. 그러나 가분채권을 일률적으로 상속재산분할의 대상에서 제외하면 부당한 결과가 발생할 수 있다. 예를 들어 공동상속인들 중에 초과특별수익자가 있는 경우 초과특별수익자는 초과분을 반환하지 아니하면서도 가분채권은 법정상속분대로 상속받게 되는 부당한 결과가 나타난다. 그 외에도 특별수익이 존재하거나 기여분이 인정되어 구체적인 상속분이 법정상속분과 달라질 수 있는 상황에서 상속재산으로 가분채권만이 있는 경우에는 모든 상속재산이 법정상속분에 따라 승계되므로 수증재산과 기여분을 참작한 구체적 상속분에 따라 상속을 받도록 함으로써 공동상속인들 사이의 공평을 도모하려는 민법 제1008조, 제1008조의2의 취지에 어긋나게 된다. 따라서 이와 같은 **특별한 사정이 있는 때는 상속재산분할을 통하여 공동상속인들 사이에 형평을 기할 필요가 있으므로 가분채권도 예외적으로 상속재산분할의 대상이 될 수 있다**(대결 2016.5.4. 2014스122).

54

출제예상

아버지 乙, 할아버지 丙과 함께 살던 미성년자 甲이 부부인 A와 B의 양자(친양자 아님)로 입양되었다. A에게는 아버지 C가 생존해 있다. A가 사망한 후 甲이 사망하면 甲이 A로부터 상속받은 재산은 乙과 B가 공동 상속한다. O | X

해설 제1000조 제1항 2호의 '피상속인의 직계존속'의 의미(친생부모도 포함, 친양자의 경우는 친생부모 불포함)
양자는 입양이 되어도 친생부모와의 자연혈족관계는 존속하므로(제882조의2 제2항), 만약 양자가 직계비속 없이 사망한다면, 양부모뿐만 아니라 친생부모도 상속권을 갖는다. 이 경우 양부모와 친생부모는 공동상속인이 된다. 判例도 "양자가 직계비속 없이 사망한 경우 그가 미혼인 경우 제2순위 상속권자인 직계존속이, 그에게 유처가 있는 경우 직계존속과 처가 동순위로 각 상속인이 되는바, 이 경우 양자를 상속할 직계존속에 대하여 아무런 제한을 두고 있지 않으므로 양자의 상속인에는 양부모뿐 아니라 친부모도 포함된다."(대판 1995.1.20. 94마535)라고 판시하였다.

➡ 양친 A가 사망한 경우 배우자 B와 양자 甲이 공동상속한다. 그 뒤 甲이 사망하면 甲이 A로부터 상속받은 재산은 생부 乙과 양친 B가 공동상속한다.

비교쟁점 이와 달리 친양자의 경우 입양 전의 친족관계는 소멸하므로(제908조의3 제2항 본문), 친양자가 직계비속 없이 사망한 경우 친생부모나 생가의 친족은 상속인이 될 수 없다. 다만, 부부의 일방이 그 배우자의 친생자를 단독으로 입양한 경우라면 배우자 및 그 친족과 친생자 간의 친족관계는 존속하므로(제908조의3 제2항 단서), 이 경우에는 친생부 또는 친생모 및 그 친족도 상속인이 될 수 있다.

[55~56]

[사실관계] 아버지 乙, 할아버지 丙과 함께 살던 미성년자 甲이 부부인 A와 B의 양자(친양자 아님)로 입양되었다. A에게는 아버지 C가 생존해 있다.

55

출제예상

乙과 A가 모두 사망한 후 甲이 사망하면 甲이 乙과 A로부터 상속받은 재산은 B가 단독 상속한다. O | X

56

출제예상

乙과 A·B 모두 사망한 후 甲이 사망하면 甲이 乙과 A·B로부터 상속받은 재산은 丙과 C가 공동 상속한다. O | X

해설 **제1000조(상속의 순위)** ① 상속에 있어서는 다음 순위로 상속인이 된다.

1. 피상속인의 직계비속
2. 피상속인의 직계존속
3. 피상속인의 형제자매
4. 피상속인의 4촌 이내의 방계혈족

② 전항의 경우에 동순위의 상속인이 수인인 때에는 최근친을 선순위로 하고 동친 등의 상속인이 수인인 때에는 공동상속인이 된다.

➡ **55** 생부 乙과 양친 A가 사망하면 양자 甲은 乙과 A 모두를 상속하는바, 그 후 甲이 사망하면 甲이 乙과 A로부터 상속받은 재산은 생존한 B가 단독상속한다. 즉, B, 丙, C는 모두 甲의 직계존속이나, B가 丙이나 C보다 근친이므로 B가 단독상속한다.

➡ **56** 생부 乙과 양친 A와 B가 모두 사망하면 甲은 乙, A, B 모두를 상속하고, 그 후 甲이 사망하면 甲이 乙, A, B로부터 상속받은 재산은 甲의 직계존속 丙과 C가 동등친이므로 공동상속한다.

정답 | 51 ○ 52 × 53 ○ 54 ○ 55 ○ 56 ○

57 출제예상

아버지 乙, 할아버지 丙과 함께 살던 미성년자 甲이 부부인 A와 B의 양자(친양자 아님)로 입양되었다. A에게는 아버지 C가 생존해 있다. 甲과 A·B가 동시에 사망하면 甲과 A의 재산은 乙이 상속한다. O | X

해설 동시에 사망한 수인들 사이에서는 상속이 일어나지 않는다(동시존재의 원칙). 따라서 甲·A·B 사이에서는 상속이 발생하지 않고, 甲의 재산은 직계존속인 乙·丙·C 중 근친인 乙이 상속하며, A의 재산은 직계존속인 C가 상속한다.

비교판례 수인이 동일한 위난으로 사망한 경우에 제30조에 의하여 동시에 사망한 것으로 추정되고, 이들 사이에서는 상속이 일어나지 않지만, 이들의 직계비속이나 배우자에게 대습상속은 일어난다는 점을 유의하여야 한다(대판 2001.3.9. 99다13157). 지문의 경우는 동시사망한 甲·A·B에게 생존한 직계비속 또는 배우자가 없어 대습상속은 문제되지 않는다.

58 15주사보

동순위의 상속인이 수인인 때에는 그 상속분은 균분으로 하고, 피상속인의 배우자의 상속분은 직계비속과 공동으로 상속하는 때에는 직계비속의 상속분의 5할을 가산하고, 직계존속과 공동으로 상속하는 때에는 직계존속의 상속분의 5할을 가산한다. O | X

해설 **제1009조(법정상속분)** ① 동순위의 상속인이 수인인 때에는 그 상속분은 균분으로 한다.
② 피상속인의 배우자의 상속분은 직계비속과 공동으로 상속하는 때에는 직계비속의 상속분의 5할을 가산하고, 직계존속과 공동으로 상속하는 때에는 직계존속의 상속분의 5할을 가산한다.

59 15주사보

공동상속인 중에 피상속인으로부터 재산의 증여 또는 유증을 받은 자가 있는 경우에 그 수증재산이 자기의 상속분에 달하지 못한 때에는 그 부족한 부분의 한도에서 상속분이 있다. O | X

60 11법무사

특별수익자가 증여받은 재산의 가액산정시기에 관하여 민법은 상속개시시를 기준으로 상속재산을 평가한다고 규정하고 있다. O | X

61 출제예상

구체적 상속분을 산정할 때, 특별수익재산의 평가의 기준시점은 상속개시시이다. O | X

해설 **59 제1008조(특별수익자의 상속분)** 공동상속인 중에 피상속인으로부터 재산의 증여 또는 유증을 받은 자가 있는 경우에 그 수증재산이 자기의 상속분에 달하지 못한 때에는 그 부족한 부분의 한도에서 상속분이 있다.

➡ **60 61** 상속재산과 특별수익재산 가액의 산정기준시기는 상속개시시이다. 그러나 대금으로 정산하는 경우 구체적 정산액 산정은 분할시를 기준으로 한다(아래 96스62 판결).

관련판례 공동상속인 중에 피상속인으로부터 재산의 증여 또는 유증 등의 특별수익을 받은 자가 있는 경우에는 이러한 특별수익을 고려하여 상속인별로 고유의 법정상속분을 수정하여 구체적인 상속분을 산정하게 되는데, 이러한 구체적 상속분을 산정함에 있어서는 상속개시시를 기준으로 상속재산과 특별수익재산을 평가하여 이를 기초로 하여야 할 것이고, 다만 법원이 실제로 상속재산분할을 함에 있어 분할의 대상이 된 상속재산 중 특정의 재산을 1인 및 수인의 상속인의 소유로 하고 그의 상속분과 그 특정의 재산의 가액과의 차액을 현금으로 정산할 것을 명하는 방법(소위 대상분할의 방법)을 취하는 경우에는, 분할의 대상이 되는 재산을 그 분할시를 기준으로 하여 재평가하여 그 평가액에 의하여 정산을 하여야 한다(대결 1997.3.21. 96스62).

62

출제예상

공동상속인 중에 특별수익자가 있는 경우 구체적인 상속분의 산정의 기초가 되는 '피상속인이 상속개시 당시에 가지고 있던 재산의 가액'이란 상속재산 가운데 적극재산에서 소극재산을 제외한 순재산을 뜻한다.

O | X

해설 구체적 상속분의 산정을 위한 계산의 기초가 되는 '피상속인이 상속개시 당시에 가지고 있던 재산의 가액'은 상속재산 가운데 적극재산의 전액을 가리킨다(대판 1995.3.10. 94다16571). 즉 **제1008조는 적극재산에 대해서만 적용**되며, 특별수익자가 있더라도 상속채무는 원칙적으로 공동상속인간에 법정상속분(제1009조)에 따라 승계된다(이는 유류분산정의 경우와 다르다). 만일 소극재산을 공제한다면, 자기의 법정상속분을 초과하여 특별이익을 받은 초과특별수익자는 상속채무를 전혀 부담하지 않는 불공평한 결과를 초래할 수 있기 때문이다.

63

출제예상

공동상속인 중 1인이 상속재산인 수 개의 부동산 중 하나의 부동산에 대한 자신의 상속지분을 양도한 것은 민법 제1011조 제1항에 규정된 '상속분의 양도'에 해당하지 않으므로, 이에 대하여는 다른 상속인들이 상속분의 양수권을 행사할 수 없다.

O | X

해설 공동상속의 경우 상속재산분할 전이라도 상속인은 상속채권 및 상속채무를 포함하여 '**상속분을 포괄적**'으로 제3자에게 양도할 수 있고(상속인 지위의 양도), 이 때 다른 공동상속인이 '그 가액과 양도비용'을 상환하고 그 상속분을 양수할 수 있다(제1011조 제1항). 따라서 상속인이 '개별재산에 대한 지분'을 양도하는 것은 상속분 양도가 아니므로 상속분양수의 대상이 되지 않는다(아래 2006다2719 판결).

관련판례 민법 제1011조 제1항은 "공동상속인 중 그 상속분을 제3자에게 양도한 자가 있는 때에는 다른 공동상속인은 그 가액과 양도비용을 상환하고 그 상속분을 양수할 수 있다"고 규정하고 있는바, 여기서 말하는 **'상속분의 양도'란 상속재산분할 전에 적극재산과 소극재산을 모두 포함한 상속재산 전부에 관하여 공동상속인이 가지는 포괄적 상속분, 즉 상속인 지위의 양도를 의미하므로, 상속재산을 구성하는 개개의 물건 또는 권리에 대한 개개의 물권적 양도는 이에 해당하지 아니한다.** 공동상속인 중 일부가 상속재산인 임야 중 자신들의 상속지분을 양도한 경우, 이는 민법 제1011조 제1항에 규정된 '상속분의 양도'에 해당하지 아니하고 **상속받은 임야에 관한 공유지분을 양도한 것에 불과하여, 다른 공동상속인에게 민법 제1011조 제1항에 규정된 상속분 양수권이 있다고 볼 수 없다**(대판 2006.3.24. 2006다2719).

정답 | 57 × 58 ○ 59 ○ 60 × 61 ○ 62 × 63 ○

64

15법원행시

생전 증여를 받은 상속인이 배우자로서 일생 동안 피상속인의 반려가 되어 그와 함께 가정공동체를 형성하고 이를 토대로 서로 헌신하며 가족의 경제적 기반인 재산을 획득·유지하고 자녀들에게 양육과 지원을 계속해 온 경우, 생전 증여에는 위와 같은 배우자의 기여나 노력에 대한 보상 내지 평가, 실질적 공동재산의 청산, 배우자 여생에 대한 부양의무 이행 등의 의미도 함께 담겨 있다고 봄이 타당하므로 그러한 한도 내에서는 생전 증여를 특별수익에서 제외하더라도 자녀인 공동상속인들과의 관계에서 공평을 해친다고 말할 수 없다. O | X

해설 민법 제1008조는 "공동상속인 중에 피상속인으로부터 재산의 증여 또는 유증을 받은 자가 있는 경우에 그 수증재산이 자기의 상속분에 달하지 못한 때에는 그 부족한 부분의 한도에서 상속분이 있다."라고 규정하고 있는데, 이는 공동상속인 중에 피상속인에게서 재산의 증여 또는 유증을 받은 특별수익자가 있는 경우에 공동상속인들 사이의 공평을 기하기 위하여 수증재산을 상속분의 선급으로 다루어 구체적인 상속분을 산정할 때 이를 참작하도록 하려는 데 그 취지가 있다. 여기서 어떠한 생전 증여가 특별수익에 해당하는지는 피상속인의 생전의 자산, 수입, 생활수준, 가정상황 등을 참작하고 공동상속인들 사이의 형평을 고려하여 당해 생전 증여가 장차 상속인으로 될 자에게 돌아갈 상속재산 중 그의 몫의 일부를 미리 주는 것이라고 볼 수 있는지에 의하여 결정하여야 하는데, **생전 증여를 받은 상속인이 배우자로서 일생 동안 피상속인의 반려가 되어 그와 함께 가정공동체를 형성하고 이를 토대로 서로 헌신하며 가족의 경제적 기반인 재산을 획득·유지하고 자녀들에게 양육과 지원을 계속해 온 경우, 생전 증여에는 위와 같은 배우자의 기여나 노력에 대한 보상 내지 평가, 실질적 공동재산의 청산, 배우자 여생에 대한 부양의무 이행 등의 의미도 함께 담겨 있다고 봄이 타당하므로 그러한 한도 내에서는 생전 증여를 특별수익에서 제외하더라도 자녀인 공동상속인들과의 관계에서 공평을 해친다고 말할 수 없다**(대판 2011.12.8. 2010다66644).

65

17사무관

기여분은 상속이 개시된 때의 피상속인의 재산가액에서 유증의 가액을 공제한 액을 넘지 못한다. O | X

66

출제예상

유증의 가액이 상속이 개시된 때의 피상속인의 재산가액에서 기여분을 공제한 액을 넘은 경우에는 그 초과분은 반환하여야 한다. O | X

해설 **65 제1008조의2(기여분)** ③ 기여분은 상속이 개시된 때의 피상속인의 재산가액에서 유증의 가액을 공제한 액을 넘지 못한다.

관련쟁점 **66** 유증은 기여분에 우선하고(제1008의2 제3항) 유류분은 유증에 우선한다(제1115조). 그러나 기여분과 유류분은 아무 관계가 없다. 즉 기여분은 공동상속인간의 실질적 공평을 실현하기 위한 제도이므로 기여분이 아무리 커도 유류분을 침해하는 것이 아니다. 다만 실제 기여분 산정에 있어서는 다른 공동상속인의 유류분을 참작하여 결정한다.

67

15법원행시

성년인 자녀가 부양의무의 존부나 그 순위에 구애됨이 없이 스스로 장기간 부모와 동거하면서 생계유지의 수준을 넘는 부양자 자신과 같은 생활수준을 유지하는 부양을 하였다 하더라도 부모의 상속재산에 대하여 기여분을 인정받지 못한다. O | X

> **해설** 성년인 자(子)가 장기간 부모와 동거하면서 생계유지의 수준을 넘는 부양자 자신과 같은 생활수준을 유지하는 부양을 한 경우, 민법 제1008조의2 소정의 특별 부양자에 해당하는지 여부(적극)
> 민법이 친족 사이의 부양에 관하여 그 당사자의 신분관계에 따라 달리 규정하고, 피상속인을 특별히 부양한 자를 기여분을 인정받을 수 있는 자에 포함시키는 제1008조의2 규정을 신설함과 아울러 재산상속인이 동시에 호주상속을 할 경우에 그 고유의 상속분의 5할을 가산하도록 한 규정(1990.1.13. 법률 제4199호로 개정되기 전의 제1009조 제1항 단서)을 삭제한 취지에 비추어 볼 때, **성년(成年)인 자(子)가 부양의무의 존부나 그 순위에 구애됨이 없이 스스로 장기간 그 부모와 동거하면서 생계유지의 수준을 넘는 부양자 자신과 같은 생활수준을 유지하는 부양을 한 경우에는 부양의 시기·방법 및 정도의 면에서 각기 특별한 부양이 된다고 보아 각 공동상속인 간의 공평을 도모한다는 측면에서 그 부모의 상속재산에 대하여 기여분을 인정함이 상당하다**(대판 1998.12.8. 97므513).

68

15사무관

기여상속인이 민법 소정의 방식에 따라 기여분이 결정이 되기 전에 유류분반환청구소송에서 상속재산 중 자신의 기여분에 대한 공제항변을 할 수 있다. O | X

69

19서기보

공동상속인 중에 상당한 기간 동안 피상속인을 특별히 부양한 사람이 있을지라도 공동상속인의 협의 또는 가정법원의 심판으로 기여분이 결정되지 않은 이상 유류분반환청구소송에서 기여분을 주장할 수는 없다. O | X

> **해설** **68 69** 기여상속인이 민법 소정의 방식에 따라 기여분이 결정이 되기 전에 유류분반환청구소송에서 상속재산 중 자신의 기여분에 대한 공제항변을 할 수 있는지 여부
> 공동상속인 중 피상속인의 재산의 유지 또는 증가에 관하여 특별히 기여하거나 피상속인을 특별히 부양한 자가 있는 경우 그 기여분의 산정은 공동상속인들의 협의에 의하여 정하도록 되어 있고, 협의가 되지 않거나 협의할 수 없는 때에는 기여자의 신청에 의하여 가정법원이 심판으로 이를 정하도록 되어 있으므로 **이와 같은 방법으로 기여분이 결정되기 전에는 유류분반환청구소송에서 피고가 된 기여상속인은 상속재산 중 자신의 기여분을 공제할 것을 항변으로 주장할 수 없다**(대판 1994.10.14. 94다8334).

70

19서기보, 21법무사

공동상속인 중에 상당한 기간 동거·간호 그 밖의 방법으로 피상속인을 특별히 부양하거나 피상속인의 재산의 유지 또는 증가에 특별히 기여한 사람이 있을지라도 공동상속인의 협의 또는 가정법원의 심판으로 기여분이 결정되지 않은 이상 유류분반환청구소송에서 기여분을 주장할 수 없다. O | X

71

21사무관

공동상속인 중에 피상속인을 특별히 부양하거나 피상속인의 재산의 유지 또는 증가에 특별히 기여한 사람이 있는 경우, 공동상속인의 협의 또는 가정법원의 심판으로 기여분이 결정되지 않더라도 유류분반환청구소송에서 기여분을 주장할 수 있다. O | X

정답 | 64 ○ 65 ○ 66 × 67 × 68 × 69 ○ 70 ○ 71 ×

72 16법무사

공동상속인의 협의 또는 가정법원의 심판으로 기여분이 결정되지 않은 이상 유류분반환청구소송에서 기여분을 주장할 수 없지만, 공동상속인의 협의 또는 가정법원의 심판으로 기여분이 결정된 경우 유류분을 산정함에 있어 기여분을 공제할 수 있다. O | X

73 21법무사

공동상속인의 협의 또는 가정법원의 심판으로 기여분이 결정되었다고 하더라도 유류분을 산정함에 있어 기여분을 공제할 수 없고, 기여분으로 유류분에 부족이 생겼다고 하여 기여분에 대하여 반환을 청구할 수도 없다. O | X

> **해설** 기여분 – 유류분과의 관계
> 민법 제1008조의2, 제1112조, 제1113조 제1항, 제1118조에 비추어 보면, 기여분은 상속재산분할의 전제 문제로서의 성격을 가지는 것으로서, 상속인들의 상속분을 일정부분 보장하기 위하여 피상속인의 재산처분의 자유를 제한하는 유류분과는 서로 관계가 없다. 따라서 공동상속인 중에 상당한 기간 동거·간호 그 밖의 방법으로 피상속인을 특별히 부양하거나 피상속인의 재산의 유지 또는 증가에 특별히 기여한 사람이 있을지라도 ⅰ) **70** **71** 공동상속인의 협의 또는 가정법원의 심판으로 기여분이 결정되지 않은 이상 유류분반환청구소송에서 기여분을 주장할 수 없음은 물론이거니와, ⅱ) **72** 설령 공동상속인의협의 또는 가정법원의 심판으로 기여분이 결정되었다고 하더라도 유류분을 산정함에 있어 기여분을 공제할 수 없고, ⅲ) **73** 기여분으로 유류분에 부족이 생겼다고 하여 기여분에 대하여 반환을 청구할 수도 없다(대판 2015.10.29. 2013다60753).

74 13법원행시

이해관계인의 청구에 의하여 공동상속인 중 상속재산관리인으로 선임된 자는 상속재산을 선량한 관리자의 주의로써 관리해야 한다. O | X

> **해설** **제1022조(상속재산의 관리)** 상속인은 그 고유재산에 대하는 것과 동일한 주의로 상속재산을 관리하여야 한다. 그러나 단순승인 또는 포기한 때에는 그러하지 아니하다.

75 18법원행시

피상속인이 생전행위에 의하여 상속재산의 분할방법을 지정하더라도 이는 효력이 없으므로 상속인들은 피상속인의 의사에 구속되지 않는다. O | X

76 20법무사

피상속인은 유언으로 상속재산의 분할방법을 정할 수는 있지만, 생전행위에 의한 분할방법의 지정도 그 효력이 있어 상속인들이 피상속인의 의사에 구속된다. O | X

> **해설** **75** **76** 피상속인은 유언으로 상속재산의 분할방법을 정할 수는 있지만, 생전행위에 의한 분할방법의 지정은 그 효력이 없어 상속인들이 피상속인의 의사에 구속되지는 않는다(대판 2001.6.29. 2001다28299).

77 16사무관, 16법무사, 19서기보

상속재산의 분할에 관하여 공동상속인 사이에 협의가 성립되지 아니하거나 협의할 수 없는 경우라도, 공동상속인이 상속재산에 속하는 개별 재산에 관하여 민법 제268조의 규정에 따라 공유물분할청구의 소를 제기하는 것은 허용되지 않는다. O | X

78 21법무사

상속재산의 분할에 관하여 공동상속인 사이에 협의가 성립되지 아니하거나 협의할 수 없는 경우에는 상속재산에 속하는 개별 재산에 관하여 가정법원에 민법 제268조의 규정에 의한 공유물분할청구의 소를 제기할 수 있다. O | X

79 출제예상

甲이 사망하면서 토지와 2,000만 원의 채무를 남겼는데, 甲에게 상속인으로 배우자 乙, 자녀 丙, 丁만 있었다. 상속재산의 분할에 관하여 공동상속인 乙, 丙, 丁 사이에 협의가 성립되지 아니하거나 협의할 수 없는 경우, 乙, 丙, 丁은 상속재산에 속하는 개별재산에 관하여 공유물분할청구의 소를 제기할 수 있다. O | X

> **해설** **77 78 79** 공동상속인 사이에 분할의 협의가 성립되지 아니한 때에는 각 공동상속인은 가정법원에 그 분할을 청구할 수 있다(가사소송법 제2조 제1항 마류비송사건). 우선 조정을 신청하여야 하고, 조정이 성립되지 않으면 심판을 청구할 수 있다.
> 주의할 점은 공동상속인이 상속재산의 분할에 관하여 공동상속인 사이에 협의가 성립되지 아니하거나 협의할 수 없는 경우, 상속재산에 속하는 개별 재산에 관하여 제268조의 규정에 따라 공유물분할청구의 소를 제기할 수 없다는 점이다(대판 2015.8.13. 2015다18367).

80 출제예상

甲이 사망하면서 주택과 임야, 그리고 A에 대한 5천만 원의 채무를 남겼다. 甲에게는 상속인으로 자녀 乙, 丙, 丁만 있었는데, 甲은 丙에게 위 임야를 유증하였다. 한편 甲의 사망 직전 B로부터 인지청구의 소가 제기되어 그 사망 후 B가 승소의 확정판결을 받았다. 乙, 丙, 丁의 상속재산 분할협의에 丁을 대신하여 C가 참석한 경우, C의 대리권에 흠결이 있더라도 위 상속재산 분할협의는 유효하다. O | X

> **해설** 협의에 의한 상속재산의 분할은 공동상속인 전원의 동의가 있어야 유효하고 공동상속인 중 일부의 동의가 없거나 그 의사표시에 대리권의 흠결이 있다면 분할은 무효이다(대판 2001.6.29. 2001다28299).

81 15서기보

우리 민법이 한정승인 절차가 상속재산분할 절차보다 선행하여야 한다는 명문의 규정을 두고 있지는 아니하나, 한정승인에 따른 청산절차가 종료되지 않은 경우에는 상속재산분할청구를 할 수 없다고 보아야 한다. O | X

정답 | 72 × 73 ○ 74 × 75 ○ 76 × 77 ○ 78 × 79 × 80 × 81 ×

해설 상속재산분할청구 절차를 통하여 분할의 대상이 되는 상속재산의 범위를 한꺼번에 확정하는 것이 상속채권자의 보호나 청산절차의 신속한 진행을 위하여 필요하다는 점 등을 고려하면, **한정승인에 따른 청산절차가 종료되지 않은 경우에도 상속재산분할청구가 가능**하다(대결 2014.7.25. 2011스226).

82

16주사보

협의에 의한 상속재산의 분할은 공동상속인 일부의 동의에 의하여 성립할 수 있다. O | X

83

18법원행시

협의에 의한 상속재산의 분할은 공동상속인 전원의 동의가 있어야 유효하고 공동상속인 중 일부의 동의가 없거나 그 의사표시에 대리권의 흠결이 있다면 분할은 무효이다. O | X

해설 **82 83** 대판 2001.6.29. 2001다28299

84

13법무사

상속재산분할협의에 이미 상속을 포기한 자가 참여하였다 하더라도 그 분할협의의 내용이 이미 포기한 상속지분을 다른 상속인에게 귀속시킨다는 것에 불과하여 나머지 상속인들 사이의 상속재산분할에 관한 실질적인 협의에 영향을 미치지 않은 경우라면 그 상속재산분할협의는 효력이 있다. O | X

해설 상속재산분할협의에 이미 상속을 포기한 자가 참여한 경우, 그 협의의 효력(대판 2007.9.6. 2007다30447)

85

21서기보

상속개시 당시에는 상속재산을 구성하던 재산이 그 후 처분되거나 멸실·훼손되었다면 그 재산은 상속재산분할의 대상이 될 수 없으나, 상속인이 그 대가로 대상재산을 취득하였다면 그 대상재산은 상속재산분할의 대상이 될 수 있다. O | X

해설 상속재산의 분할 – 분할 대상이 되는 재산
피상속인이 남긴 재산 전부가 분할의 대상이 된다. 상속개시 당시에는 상속재산을 구성하던 재산이 그 후 처분되거나 멸실·훼손되는 등으로 상속재산분할 당시 상속재산을 구성하지 아니하게 되었다면 그 재산은 상속재산분할의 대상이 될 수 없다. 다만 상속인이 그 대가로 처분대금, 보험금, 보상금 등 대상재산(代償財産)을 취득하게 된 경우에는, 그 대상재산이 상속재산분할의 대상으로 될 수는 있을 것이다(대결 2016.5.4. 2014스122).

86

출제예상

상속재산인 부동산의 분할 귀속을 내용으로 하는 상속재산분할심판에 따른 물권변동의 효력 발생 시기는 상속재산분할심판 확정시이다. O | X

87

21서기보

상속재산의 분할은 상속이 개시된 때 소급하여 효력이 있으나, 제3자의 권리를 해하지 못하는데, 여기서 제3자는 일반적으로 상속재산분할의 대상이 된 상속재산에 관하여 상속재산분할 전에 새로운 이해관계를 가졌을 뿐만 아니라 등기, 인도 등으로 권리를 취득한 사람을 말한다. O | X

해설 **86 87** 상속재산분할의 효과 – 소급효와 예외

제1015조(분할의 소급효) 상속재산의 분할은 상속개시된 때에 소급하여 그 효력이 있다. 그러나 제3자의 권리를 해하지 못한다.

민법 제1015조는 상속재산분할의 소급효를 인정하여 공동상속인이 분할 내용대로 상속재산을 피상속인이 사망한 때에 바로 피상속인으로부터 상속한 것으로 보면서도, 상속재산분할 전에 이와 양립하지 않는 법률상 이해관계를 가진 제3자에게는 상속재산분할의 소급효를 주장할 수 없도록 함으로써 거래의 안전을 도모하고자 한 것이다. 이때 민법 제1015조 단서에서 말하는 제3자는 일반적으로 상속재산분할의 대상이 된 상속재산에 관하여 상속재산분할 전에 새로운 이해관계를 가졌을 뿐만 아니라 등기, 인도 등으로 권리를 취득한 사람을 말한다(대판 2020.8.13. 2019다249312).

➡ 제3자는 상속재산분할 전에 이해관계를 맺은 '특별승계인'으로서 그의 선의·악의는 묻지 않는다. 다만 제3자가 권리를 주장하기 위해서는 '권리변동의 효력발생요건'(제186조·제188조)을 갖추어야 한다.

88

21법원행시

상속재산인 부동산의 분할 귀속을 내용으로 하는 상속재산분할심판이 확정되면 민법 제187조에 의하여 상속재산분할심판에 따른 등기 없이도 해당 부동산에 관한 물권변동의 효력이 발생한다. O | X

89

출제예상

상속재산인 부동산의 분할 귀속을 내용으로 하는 상속재산분할심판이 확정된 후 그 상속재산분할심판에 따른 등기가 이루어지기 전에 상속재산분할심판이 있었음을 알지 못한 채 상속재산분할의 효력과 양립하지 않는 법률상 이해관계를 갖고 등기를 마친 제3자에 대해서 상속재산분할의 효력을 주장할 수 없다. 이 때 제3자의 악의에 대한 주장·증명책임은 상속재산분할심판의 효력을 주장하는 자에게 있다. O | X

해설 **88 89 상속재산인 부동산의 분할 귀속을 내용으로 하는 상속재산분할심판이 확정되면 민법 제187조에 의하여 상속재산분할심판에 따른 등기 없이도 해당 부동산에 관한 물권변동의 효력이 발생**한다. 다만 민법 제1015조 단서의 내용과 입법 취지 등을 고려하면, 상속재산분할심판에 따른 등기가 이루어지기 전에 상속재산분할의 효력과 양립하지 않는 법률상 이해관계를 갖고 등기를 마쳤으나 상속재산분할심판이 있었음을 알지 못한 제3자에 대하여는 상속재산분할의 효력을 주장할 수 없다고 보아야 한다. 이 경우 제3자가 상속재산분할심판이 있었음을 알았다는 점에 관한 주장·증명책임은 상속재산분할심판의 효력을 주장하는 자에게 있다고 할 것이다(대판 2020.8.13. 2019다249312).

90

21서기보

상속재산 분할협의는 한 번 이루어지면 그 이후에는 공동상속인들이 합의해제할 수 없다. O | X

정답 | 82 × 83 ○ 84 ○ 85 ○ 86 × 87 ○ 88 ○ 89 ○ 90 ×

91

14서기보

상속재산 분할협의는 공동상속인들 사이에 이루어지는 일종의 계약으로서, 공동상속인들은 이미 이루어진 상속재산 분할협의의 전부 또는 일부를 전원의 합의에 의하여 해제한 다음 다시 새로운 분할협의를 할 수 있다. O I X

92

14서기보

상속재산 분할협의는 공동상속인들 사이에 이루어지는 일종의 계약으로서, 공동상속인들은 이미 이루어진 상속재산 분할협의의 전부 또는 일부를 전원의 합의에 의하여 해제한 다음 다시 새로운 분할협의를 할 수 있고, 이는 이미 상속등기를 마친 경우에도 마찬가지이다. O I X

93

11/15법무사

상속재산의 분할협의에 대한 합의해제로는 그 해제전의 분할협의로부터 생긴 법률효과를 기초로 하여 새로운 이해관계를 가지고 등기나 인도 등으로 완전한 권리를 취득한 제3자를 해하지 못한다. O I X

해설 **90 91 92 93** 상속재산 분할협의 후 재분할협의 = 기존 상속재산분할협의 합의 해제

대법원은 "상속재산 분할협의는 공동상속인들 사이에 이루어지는 일종의 계약으로서, 공동상속인들은 이미 이루어진 상속재산 분할협의의 전부 또는 일부를 전원의 합의에 의하여 해제한 다음 다시 새로운 분할협의를 할 수 있다"고 하였고, "상속재산 분할협의가 합의해제되면 그 협의에 따른 이행으로 변동이 생겼던 물권은 당연히 그 분할협의가 없었던 원상태로 복귀하지만, 민법 제548조 제1항 단서의 규정상 이러한 합의해제를 가지고서는, 그 해제 전의 분할협의로부터 생긴 법률효과를 기초로 하여 새로운 이해관계를 가지게 되고 등기·인도 등으로 완전한 권리를 취득한 제3자의 권리를 해하지 못한다."(대판 2004.7.8. 2002다73203)라고 하였다.

94

21법무사

상속재산의 분할협의는 공동상속인 사이에 잠정적 공유가 된 상속재산의 귀속을 확정시키는 것이므로, 그 협의를 통하여 공동상속인 중 무자력인 자가 자신의 상속에 관한 권리를 포기하는 내용으로 분할협의를 하였다고 하더라도 이러한 분할협의가 사해행위취소권 행사의 대상이 될 수는 없다. O I X

95

20법무사

상속재산의 분할협의는 상속이 개시되어 공동상속인 사이에 잠정적 공유가 된 상속재산에 대하여 그 전부 또는 일부를 각 상속인의 단독소유로 하거나 새로운 공유관계로 이행시킴으로써 상속재산의 귀속을 확정시키는 것으로 그 성질상 재산권을 목적으로 하는 법률행위이므로 사해행위취소권 행사의 대상이 될 수 있다. O I X

96

16주사보

상속재산 분할협의는 사해행위취소권 행사의 대상이 될 수 있고, 그 취소의 범위는 채무자의 구체적 상속분에 미달하는 부분이다. O | X

97

출제예상

甲이 사망하면서 토지와 2,000만 원의 채무를 남겼는데, 甲에게 상속인으로 배우자 乙, 자녀 丙, 丁만 있었다. 채무초과 상태에 있던 乙이 상속재산의 분할협의를 하면서 자신의 상속분에 관한 권리를 포기함으로써 일반 채권자에 대한 공동담보가 감소한 경우라고 하더라도, 상속재산의 분할협의는 그 성질상 재산권을 목적으로 하는 법률행위가 아니므로 이는 원칙적으로 채권자에 대한 사해행위에 해당하지 않는다. O | X

해설 **94 95 96 97** 상속재산 분할협의에 대한 채권자취소권행사

判例에 따르면 "상속재산의 분할협의는 상속이 개시되어 공동상속인 사이에 잠정적 공유가 된 상속재산에 대하여 그 전부 또는 일부를 각 상속인의 단독소유로 하거나 새로운 공유관계로 이행시킴으로써 상속재산의 귀속을 확정시키는 것으로 그 **성질상 재산권을 목적으로 하는 법률행위이므로 사해행위취소권 행사의 대상이 될 수 있다. 다만, 상속재산의 분할협의를 하면서 상속재산에 관한 권리포기는 구체적 상속분에 미달하는 과소한 부분에 한하여 사해행위가 된다**(일부사해행위 - 저자주)."(대판 2001.2.9. 2000다51797)라고 한다.

비교판례 상속포기에 대한 채권자취소권행사

이와 달리, 判例는 "상속의 포기는 비록 포기자의 재산에 영향을 미치는 바가 없지 아니하나 상속인으로서의 지위 자체를 소멸하게 하는 행위로서 순전한 재산법적 행위와 같이 볼 것이 아니다. 오히려 상속의 포기는 1차적으로 피상속인 또는 후순위상속인을 포함하여 다른 상속인 등과의 인격적 관계를 전체적으로 판단하여 행하여지는 '인적 결단'으로서의 성질을 가진다."(대판 2011.6.9. 2011다29307)라고 보아 사해행위취소의 대상이 되지 못한다고 한다.

98

12서기보, 16법원행시

상속재산의 협의분할 이전에 공동상속인 중 1인으로부터 상속토지를 매수하였으나 아직 소유권이전등기를 경료하지 않은 자도 협의분할의 소급효에 대항할 수 있는 제3자로서 협의분할의 무효를 주장할 수 있다. O | X

99

15/20법원행시

공동상속인 甲이 제3자 丙에게 A토지를 매도한 뒤 그 앞으로 소유권이전등기를 마치기 전에 甲과 다른 공동상속인들 사이에 A토지를 공동상속인 乙의 소유로 하는 내용의 상속재산 협의분할이 이루어져 그 앞으로 소유권이전등기를 마친 경우, 乙이 협의분할 이전에 甲이 A토지를 丙에게 매도한 사실을 알면서도 상속재산 협의분할을 하였을 뿐 아니라, 甲의 배임행위를 유인, 교사하거나 이에 협력하는 등 적극적으로 가담한 경우에는 A토지에 대한 협의분할 중 甲의 법정상속분에 관한 부분은 민법 제103조 소정의 반사회질서의 법률행위에 해당한다. O | X

정답 | 91 O 92 × 93 O 94 × 95 O 96 O 97 × 98 × 99 ×

해설 **98 99 공동상속인 중 1인이 상속 부동산을 처분한 후 이전등기 경료 전에 상속인 전원이 그 부동산을 다른 공동상속인의 단독 소유로 협의분할한 경우, 그 분할이 반사회질서 행위로서 무효로 되는 경우 및 그 범위**
공동상속인 중 1인이 제3자에게 상속 부동산을 매도한 뒤 그 앞으로 소유권이전등기가 경료되기 전에 그 매도인과 다른 공동상속인들 간에 그 부동산을 매도인 외의 다른 상속인 1인의 소유로 하는 내용의 상속재산 협의분할이 이루어져 그 앞으로 소유권이전등기를 한 경우에, 그 상속재산 협의분할은 상속개시된 때에 소급하여 효력이 발생하고 등기를 경료하지 아니한 제3자는 민법 제1015조 단서 소정의 소급효가 제한되는 제3자에 해당하지 아니하는바, 이 경우 상속재산 협의분할로 부동산을 단독으로 상속한 자가 협의분할 이전에 공동상속인 중 1인이 그 부동산을 제3자에게 매도한 사실을 알면서도 상속재산 협의분할을 하였을 뿐 아니라, 그 매도인의 배임행위(또는 배신행위)를 유인, 교사하거나 이에 협력하는 등 적극적으로 가담한 경우에는 그 상속재산 협의분할 중 그 매도인의 법정상속분에 관한 부분은 민법 제103조 소정의 반사회질서의 법률행위에 해당한다(대판 1996.4.26. 95다54426).

100

13/15법무사

협의분할에 의한 재산상속을 원인으로 피상속인으로부터 상속인 중 1인 앞으로 소유권이전등기가 이루어진 경우에 그 부동산에 관한 피상속인 명의의 소유권 등기가 원인무효의 등기라면 협의분할에 의하여 이를 단독상속한 상속인뿐만 아니라 다른 공동상속인도 이를 말소할 의무가 있다. O | X

해설 '민법' 제1015조에 의하면 상속재산의 분할은 상속개시된 때에 소급하여 그 효력이 있다고 규정하고 있는바, 이는 분할에 의하여 각 공동상속인에게 귀속되는 재산이 상속개시 당시에 이미 피상속인으로부터 직접 분할받은 자에게 승계된 것을 의미하므로 분할에 의하여 공동상속인 상호간에 상속분의 이전이 생기는 것은 아니라 할 것이다. 그러므로 공동상속인 상호간에 상속재산에 관하여 '민법' 제1013조에 의한 협의분할이 이루어짐으로써 공동상속인 중 1인이 고유의 상속분을 초과하는 재산을 취득하게 되었다 하더라도 이는 상속개시 당시에 피상속인으로부터 승계받은 것으로 보아야 하고, 따라서 **협의분할에 의한 재산상속을 원인으로 피상속인으로부터 상속인 중 1인 앞으로 소유권이전등기가 이루어진 경우로서 그 부동산에 관한 피상속인 명의의 소유권등기가 원인무효의 등기라면, 협의분할에 의하여 이를 단독상속한 상속인만이 이를 전부 말소할 의무가 있고 다른 공동상속인은 이를 말소할 의무가 없다** 할 것이다(대판 2009.4.9. 2008다87723).

101

18법원행시

공동상속인은 다른 공동상속인이 분할로 인하여 취득한 재산에 대하여 그 상속분에 응하여 매도인과 같은 담보책임이 있고, 공동상속인은 다른 상속인이 분할로 인하여 취득한 채권에 대하여 분할당시의 채무자의 자력을 담보한다. O | X

해설 **제1016조(공동상속인의 담보책임)** 공동상속인은 다른 공동상속인이 분할로 인하여 취득한 재산에 대하여 그 상속분에 응하여 매도인과 같은 담보책임이 있다.

제1017조(상속채무자의 자력에 대한 담보책임) ① 공동상속인은 다른 상속인이 분할로 인하여 취득한 채권에 대하여 분할당시의 채무자의 자력을 담보한다.

102

17법무사

상속개시후의 인지 또는 재판의 확정에 의하여 공동상속인이 된 자가 민법 제1014조에 의해 갖는 상속분 상당가액지급청구권도 그 성질상 상속회복청구권의 일종이므로 민법 제999조 제2항에 정한 제척기간이 적용된다. O | X

해설 민법 제1014조에 의하여, 상속개시 후의 인지 또는 재판의 확정에 의하여 공동상속인이 된 자가 분할을 청구할 경우에 다른 공동상속인이 이미 분할 기타 처분을 한 때에는 그 상속분에 상당한 가액의 지급을 청구할 권리가 있는바, 이 가액청구권은 상속회복청구권의 일종이다(대판 1993.8.24. 93다12).

103

15법원행시

민법 제1014조에 의한 피인지자 등의 상속분상당가액지급청구권은 그 성질상 상속회복청구권의 일종이므로 같은 법 제999조 제2항에 정한 제척기간이 적용되고, 같은 항에서 3년의 제척기간의 기산일로 규정한 '그 침해를 안 날'이라 함은 피인지자가 자신이 진정상속인인 사실과 자신이 상속에서 제외된 사실을 안 때를 가리키는 것으로 혼인외의 자가 법원의 인지판결 확정으로 공동상속인이 된 때에는 그 인지판결이 확정된 날에 상속권이 침해되었음을 알았다고 할 것이다. O I X

해설 대판 2007.7.26. 2006므2757,2764 참조

➡ **민법 제1014조에 의한 피인지자 등의 상속분상당가액지급청구권에 대하여 같은 법 제999조 제2항에 정한 제척기간이 적용되는지 여부(적극) 및 혼인외의 자가 인지판결 확정으로 공동상속인이 된 경우, 위 제척기간의 기산일(= 인지판결 확정일)**

104

16사무관

상속인이 상속재산에 대한 처분행위를 하여 단순승인으로 간주된 경우에는 더 이상 한정승인을 할 수 없다. O I X

해설 상속인은 상속채무가 상속재산을 초과하는 사실을 '중대한 과실없이' 상속개시 있음을 안날부터 3월 내에 알지 못하고 단순승인(제1026조 제1호 및 제2호의 규정에 의하여 단순승인한 것으로 보는 경우를 포함한다)을 한 경우에는 그 사실을 안 날부터 3월내에 한정승인을 할 수 있다(제1019조 제3항). 따라서 判例도 "상속인들이 상속재산 협의분할을 통해 이미 상속재산을 처분한 바 있다고 하더라도 상속인들은 여전히 민법 제1019조 제3항의 규정에 의하여 한정승인을 할 수 있다고 할 것이고, 따라서 위 협의분할 때문에 이 사건 심판이 한정승인으로서 효력이 없다고 할 수는 없다."(대판 2006.1.26. 2003다29562)라고 판시하였다.

105

13사무관

상속인이 상속채무가 상속재산을 초과하는 사실을 중대한 과실 없이 상속개시 있음을 안 날부터 3월 내에 알지 못하고 단순승인을 한 경우에는 그 사실을 안 날부터 3월 내에 한정승인을 할 수 있지만, 이 경우 중대한 과실이 없다는 점에 대한 증명책임은 상속인에게 있다. O I X

정답 | **100** × **101** ○ **102** ○ **103** ○ **104** × **105** ○

해설 민법 부칙(2002.1.14.) 제3항 소정의 상속인이 상속채무가 상속재산을 초과하는 사실을 중대한 과실 없이 민법 제1019조 제1항의 기간 내에 알지 못하였다는 점에 대한 입증책임의 소재(= 상속인)
민법 제1019조 제3항은, "제1항의 규정에 불구하고 상속인은 상속채무가 상속재산을 초과하는 사실을 중대한 과실 없이 제1항의 기간 내에 알지 못하고 단순승인(제1026조 제1호 및 제2호의 규정에 의하여 단순승인한 것으로 보는 경우를 포함한다.)을 한 경우에는 그 사실을 안 날부터 3월 내에 한정승인을 할 수 있다."고 규정하고 있고, 민법 부칙(2002. 1. 14.) 제3항은, "1998년 5월 27일부터 이 법 시행전까지 상속개시가 있음을 안 자 중 상속채무가 상속재산을 초과하는 사실을 중대한 과실 없이 제1019조 제1항의 기간 내에 알지 못하다가 이 법 시행 전에 그 사실을 알고도 한정승인 신고를 하지 아니한 자는 이 법 시행일부터 3월 내에 제1019조 제3항의 개정규정에 의한 한정승인을 할 수 있다."고 규정하고 있는바, **상속인이 상속채무가 상속재산을 초과하는 사실을 중대한 과실 없이 민법 제1019조 제1항의 기간 내에 알지 못하였다는 점은 위 법 규정에 따라 한정승인을 할 수 있는 요건으로서 그 입증책임은 채무자인 피상속인의 상속인**에게 있다(대판 2003.9.26. 2003다30517).

106

18주사보

상속인은 상속개시 있음을 안 날로부터 3월 내에 단순승인이나 한정승인 또는 포기를 할 수 있고, 그 기간 내에는 상속의 승인이나 포기를 취소할 수 있다. O|X

해설 **제1024조(승인, 포기의 취소금지)** ① 상속의 승인이나 포기는 제1019조제1항의 기간내에도 이를 취소하지 못한다.
제1019조(승인, 포기의 기간) ① 상속인은 상속개시있음을 안 날로부터 3월내에 단순승인이나 한정승인 또는 포기를 할 수 있다. 그러나 그 기간은 이해관계인 또는 검사의 청구에 의하여 가정법원이 이를 연장할 수 있다.

107

12법무사, 15법원행시

상속인이 피상속인의 손해배상채권을 추심하여 변제받은 후에도 상속을 포기할 수 있다. O|X

108

18서기보, 20사무관

상속인이 상속재산에 대한 처분행위를 한 때에는 단순승인을 한 것으로 보는바, 상속인이 피상속인의 채권을 추심하여 변제받는 것도 상속재산에 대한 처분행위에 해당한다. O|X

109

14주사보, 20사무관

상속인 중 1인이 다른 공동재산상속인과 협의하여 상속재산을 분할한 때는 민법 제1026조 제1호에 규정된 상속재산에 대한 처분행위를 한 때에 해당되어 단순승인을 한 것으로 보게 되어 이를 취소할 수 없는 것이므로 그 뒤 가정법원에 상속포기신고를 하여 수리되었다 하여도 포기의 효력이 생기지 않는다. O|X

해설 **제1026조(법정단순승인)** 다음 각호의 사유가 있는 경우에는 상속인이 단순승인을 한 것으로 본다.
1. 상속인이 상속재산에 대한 처분행위를 한 때

➡ 여기서 처분행위는 상속재산의 일부에 대한 것이든 전부에 대한 것이든, 사실행위이든 법률행위이든 문제되지 않지만, 상속인의 의사에 기한 것이어야 한다. 그런데 상속인은 승인 또는 포기를 할 때까지 상속재산을 관리할 의무를 부담하므로,

여기서의 처분은 관리행위의 범위를 넘는 것을 말한다. 判例에 따르면 **107 108** 상속인이 피상속인의 채권을 추심하여 변제받는 것(대판 2010.4.29, 2009다84936), **109** 공동상속인들이 상속재산분할을 하는 행위(대판 1983.6.28, 82도2421)도 법정단순승인사유로서의 처분에 해당한다고 한다.

참고 여기서의 처분은 한정승인이나 상속포기 전의 처분행위를 지칭한다. 한정승인이나 상속포기를 한 후의 처분은 당연히 법정단순승인사유는 아니고, 그것이 부정소비(제1026조 3호)에 해당하는 때에 한하여 법정단순승인사유로 된다(대판 2004.3.12. 2003다63586).
한편 "상속의 한정승인이나 포기는 상속인의 의사표시만으로 효력이 발생하는 것이 아니라 가정법원에 신고를 하여 가정법원의 심판을 받아야 하며, 그 심판은 당사자가 이를 고지받음으로써 효력이 발생한다(대판 2004.6.25. 2004다20401). 따라서 상속인이 가정법원에 상속포기의 신고를 하였다고 하더라도 이를 수리하는 가정법원의 심판이 고지되기 이전에 상속재산을 처분하였다면, 이는 상속 포기의 효력 발생 전에 처분행위를 한 것에 해당하므로 제1026조 1호에 따라 상속의 단순승인을 한 것으로 보아야 한다(대판 2016.12.29. 2013다73520).

110

20사무관

상속인이 한정승인 또는 포기를 한 후 상속재산을 처분한 때에는 원칙적으로 상속인이 단순승인을 한 효과가 있다.

111

19서기보

민법 제1026조 제1호는 상속인이 상속재산에 대한 처분행위를 한 때에는 단순승인을 한 것으로 본다고 규정하고 있다. 상속인이 가정법원에 상속포기의 신고를 하였더라도 이를 수리하는 가정법원의 심판이 고지되기 이전에 상속재산을 처분하였다면, 민법 제1026조 제1호에 따라 상속의 단순승인을 한 것으로 보아야 한다. O | X

112

출제예상

甲은 2018.5.20. 사망하였는데, 그 배우자 乙과 아들 丙은 2018.6.30. 상속포기신고를 하였으나 그 외의 가족은 상속포기신고를 하지 않았고, 법원은 2018.7.20. 乙과 丙의 상속포기신고를 수리하는 심판을 하여 위 심판이 같은 달 31. 고지되었다. 丙이 2018.7.10. 상속재산에 속하는 고가의 패물을 B에게 5,000만 원에 매도하고 대금을 수령한 경우, 丙은 단순승인을 한 것으로 본다. O | X

해설 **110** 법정단순승인사유인 상속재산에 대한 처분의 시점
단순승인사유인 제1026조 1호에서의 처분행위는 **한정승인이나 상속포기 전의 처분행위**를 지칭한다. 한정승인이나 상속포기를 한 후의 처분은 당연히 법정단순승인사유는 아니고, 그것이 부정소비(제1026조 3호)에 해당하는 때에 한하여 법정단순승인사유로 된다(대판 2004.3.12. 2003다63586).
111 한편 상속의 한정승인이나 포기는 상속인의 의사표시만으로 효력이 발생하는 것이 아니라 가정법원에 신고를 하여 가정법원의 심판을 받아야 하며, 그 심판은 당사자가 이를 고지받음으로써 효력이 발생한다(대판 2004.6.25. 2004다20401). 따라서 **상속인이 가정법원에 상속포기의 신고를 하였다고 하더라도 이를 수리하는 가정법원의 심판이 고지되기 이전에 상속재산을 처분하였다면, 이는 상속 포기의 효력 발생 전에 처분행위를 한 것에 해당하므로 제1026조 1호에 따라 상속의 단순승인을 한 것으로 보아야** 한다(대판 2016.12.29. 2013다73520).

➡ **112** 상속인 丙은 상속포기신고(2018.6.20.) 후 그러나 상속포기신고 수리심판 고지(2018.7.31.) 전에 상속재산처분행위(2018.7.10.)를 하였으므로 判例에 따르면 단순승인을 한 것으로 본다(제1026조 1호).

정답 | **106** ○ **107** × **108** ○ **109** ○ **110** × **111** ○ **112** ○

113

14서기보

권원 없이 공유물을 점유하는 자에 대한 공유물의 반환청구는 공유물의 보존행위이므로, 상속인들이 상속포기신고를 하기에 앞서 점유자를 상대로 피상속인의 소유였던 주권에 관하여 주권반환청구소송을 제기한 것은 민법 제1026조 제1호가 정하는 상속재산의 처분행위에 해당하지 아니한다. O|X

> **해설** 대판 1996.10.15. 96다23283

114

15법원행시

법정단순승인에 관한 민법 제1026조 제3호의 '상속재산의 은닉'이라 함은 상속재산의 존재를 쉽게 알 수 없게 만드는 것을 뜻하고, '상속재산의 부정소비'라 함은 정당한 사유 없이 상속재산을 써서 없앰으로써 그 재산적 가치를 상실시키는 것을 의미한다. O|X

115

출제예상

甲은 2018. 5. 20. 사망하였는데, 그 배우자 乙과 아들 丙은 2018. 6. 30. 상속포기신고를 하였으나 그 외의 가족은 상속포기신고를 하지 않았고, 법원은 2018. 7. 20. 乙과 丙의 상속포기신고를 수리하는 심판을 하여 위 심판이 같은 달 31. 고지되었다. 乙이 2018. 8. 25. 상속재산에 속하는 토지를 C에게 매도하고 그 매매대금 전액으로 위 토지에 관하여 우선변제권을 가진 甲의 채권자 D에게 채무를 변제한 행위는 상속포기신고 후 상속재산의 부정소비에 해당하여 乙이 단순승인을 한 것으로 본다. O|X

> **해설** **114** ① '상속재산의 은닉'이라 함은 상속재산의 존재를 쉽게 알 수 없게 만드는 것을 의미하는바, 判例는 "피상속인에 대해 매매대금채무를 부담하고 있던 채무자가 그 대금의 일부인 1천만 원을 이미 상속포기를 한 공동상속인의 1인의 예금계좌에 입금을 하자 그 상속인이 그 1천만 원을 한정승인을 한 다른 상속인의 예금계좌로 입금한 행위는 상속재산을 관리한 것일 뿐 이것이 상속재산의 가치를 상실시켰다거나 고의로 상속재산을 은닉한 경우에 해당한다고는 볼 수 없다."고 보아 그 상속포기는 여전히 유효하다고 보았다(대판 2010.4.29. 2009다84936).
>
> ② '상속재산의 부정소비'라 함은 정당한 사유 없이 상속재산을 써서 없앰으로써 그 재산적 가치를 상실시키는 것을 의미하는바, 判例는 i) **115** 상속재산을 처분하여 그 대금을 전액 상속채무의 변제에 사용한 경우(대판 2004.3.12. 2003다63586). ii) 책임재산의 가치가 없는 재산을 상속재산협의분할 하는 경우(대판 2004.12.9. 2004다52095), iii) 상속재산에 관하여 제3자에게 소유권을 이전해 주거나 저당권 등의 담보권을 설정해 주는 경우(대판 2010.3.18. 2007다77781 전합 참고)는 '부정소비'라고 할 수 없다고 한다.
>
> **관련판례** '고의로 재산목록에 기입하지 아니한 때'라 함은 한정승인을 함에 있어 상속재산을 은닉하여 상속채권자를 사해할 의사로써 상속재산을 재산목록에 기입하지 않는 것을 의미하는바, 判例는 "합리적인 금액 범위 내에서 지출한 장례비용은 상속비용으로 보아야 하며, 이를 한정승인신고서 목록에 기재하지 않은 것은 법정단순승인사유에 해당하지 않는다."고 한다(대판 2003.11.14. 2003다30968).

116

21사무관

상속인이 한정승인의 신고를 하게 되면 피상속인의 채무에 대한 한정승인자의 책임은 상속재산으로 한정되고, 그 결과 상속채권자는 특별한 사정이 없는 한 상속인의 고유재산에 대하여 강제집행을 할 수 없으며 상속재산으로부터만 채권의 만족을 받을 수 있다. O|X

117

21법원행시

법원이 한정승인신고를 수리하게 되면 피상속인의 채무에 대한 상속인의 책임은 상속재산으로 한정되고, 그 결과 상속채권자는 특별한 사정이 없는 한 상속인의 고유재산에 대하여 강제집행을 할 수 없다. 그런데 민법은 한정승인을 한 상속인(한정승인자)에 관하여 그가 상속재산을 은닉하거나 부정소비한 경우 단순승인을 한 것으로 간주하는 것(제1026조 제3호) 외에는 상속재산의 처분행위 자체를 직접적으로 제한하는 규정을 두고 있지 않기 때문에, 한정승인으로 발생하는 위와 같은 책임제한 효과로 인하여 한정승인자의 상속재산 처분행위가 당연히 제한된다고 할 수는 없다. O | X

118

15/18/19서기보, 18법무사, 20법원행시

한정승인자의 상속재산은 상속채권자의 채권에 대한 책임재산으로서 상속채권자에게 우선적으로 변제되어야 한다. 따라서 한정승인자가 자신의 고유채무에 관하여 상속재산에 저당권을 설정한 경우에도, 그 저당권자가 상속재산에 대한 경매절차에서 상속채권자에 우선하여 배당받을 수는 없다. O | X

해설 **116 117** 법원이 한정승인신고를 수리하게 되면 피상속인의 채무에 대한 상속인의 책임은 상속재산으로 한정되고, 그 결과 상속채권자는 특별한 사정이 없는 한 상속인의 고유재산에 대하여 강제집행을 할 수 없다. 그런데 민법은 한정승인을 한 상속인(이하 '한정승인자'라 한다)에 관하여 그가 상속재산을 은닉하거나 부정소비한 경우 단순승인을 한 것으로 간주하는 것(제1026조 제3호) 외에는 상속재산의 처분행위 자체를 직접적으로 제한하는 규정을 두고 있지 않기 때문에, 한정승인으로 발생하는 위와 같은 책임제한 효과로 인하여 한정승인자의 상속재산 처분행위가 당연히 제한된다고 할 수는 없다.

또한 민법은 한정승인자가 상속재산으로 상속채권자 등에게 변제하는 절차는 규정하고 있으나(제1032조 이하), 한정승인만으로 상속채권자에게 상속재산에 관하여 한정승인자로부터 물권을 취득한 제3자에 대하여 우선적 지위를 부여하는 규정은 두고 있지 않으며, 민법 제1045조 이하의 재산분리 제도와 달리 한정승인이 이루어진 상속재산임을 등기하여 제3자에 대항할 수 있게 하는 규정도 마련하고 있지 않다. **118** 따라서 한정승인자로부터 상속재산에 관하여 저당권 등의 담보권을 취득한 사람과 상속채권자 사이의 우열관계는 민법상의 일반원칙에 따라야 하고, 상속채권자가 한정승인의 사유만으로 우선적 지위를 주장할 수는 없다. 그리고 이러한 이치는 한정승인자가 그 저당권 등의 피담보채무를 상속개시 전부터 부담하고 있었다고 하여 달리 볼 것이 아니다(대판 2010.3.18. 2007다77781 전합).

119

18법무사, 19서기보

한정승인자의 고유채권자는 상속채권자가 상속재산으로부터 채권의 만족을 받지 못한 상태에서 상속재산을 고유채권에 대한 책임재산으로 삼아 이에 대하여 강제집행을 할 수 없다. 이는 한정승인자의 고유채무가 조세채무인 경우에도 그것이 상속재산 자체에 대하여 부과된 조세나 가산금, 즉 당해세에 관한 것이 아니라면 마찬가지이다. O | X

정답 | 113 ○ 114 ○ 115 × 116 ○ 117 ○ 118 × 119 ○

120 21사무관

상속재산에 관하여 담보권을 취득하였다는 등 사정이 없는 이상, 한정승인자의 고유채권자는 상속채권자가 상속재산으로부터 그 채권의 만족을 받지 못한 상태에서 상속재산을 고유채권에 대한 책임재산으로 삼아 이에 대하여 강제집행을 할 수 없다. O | X

> **해설** **119 120** 민법 제1028조는 "상속인은 상속으로 인하여 취득할 재산의 한도에서 피상속인의 채무와 유증을 변제할 것을 조건으로 상속을 승인할 수 있다."고 규정하고 있다. 상속인이 위 규정에 따라 한정승인의 신고를 하게 되면 피상속인의 채무에 대한 한정승인자의 책임은 상속재산으로 한정되고, 그 결과 상속채권자는 특별한 사정이 없는 한 상속인의 고유재산에 대하여 강제집행을 할 수 없으며 상속재산으로부터만 채권의 만족을 받을 수 있다. 상속채권자가 아닌 한정승인자의 고유채권자가 상속재산에 관하여 저당권 등의 담보권을 취득한 경우, 그 담보권을 취득한 채권자와 상속채권자 사이의 우열관계는 민법상 일반원칙에 따라야 하고 상속채권자가 우선적 지위를 주장할 수 없다. 그러나 위와 같이 상속재산에 관하여 담보권을 취득하였다는 등 사정이 없는 이상, 한정승인자의 고유채권자는 상속채권자가 상속재산으로부터 그 채권의 만족을 받지 못한 상태에서 상속재산을 고유채권에 대한 책임재산으로 삼아 이에 대하여 강제집행을 할 수 없다고 보는 것이 형평의 원칙이나 한정승인제도의 취지에 부합하며, 이는 한정승인자의 고유채무가 조세채무인 경우에도 그것이 상속재산 자체에 대하여 부과된 조세나 가산금, 즉 당해세에 관한 것이 아니라면 마찬가지라고 할 것이다(대판 2016.05.24. 2015다250574).

121 21사무관

채권과 채무가 동일한 주체에 귀속한 때에 채권은 혼동에 의하여 소멸하게 되므로, 상속인이 피상속인에 대하여 가지고 있는 채권과 채무는 상속인이 한정승인을 하더라도 소멸된다. O | X

122 15주사보, 18법무사

상속인이 한정승인을 한 때에는 피상속인에 대한 상속인의 재산상 권리의무는 소멸하지 아니한다. O | X

> **해설** **121 122** **제1031조(한정승인과 재산상 권리의무의 불소멸)** 상속인이 한정승인을 한 때에는 피상속인에 대한 상속인의 재산상 권리의무는 소멸하지 아니한다.

123 18법무사

한정승인자는 조건 있는 채권이나 존속기간의 불확정한 채권은 법원의 선임한 감정인의 평가에 의하여 변제하여야 한다. O | X

> **해설** **제1035조(변제기전의 채무 등의 변제)** ① 한정승인자는 변제기에 이르지 아니한 채권에 대하여도 전조의 규정에 의하여 변제하여야 한다.
> ② 조건있는 채권이나 존속기간의 불확정한 채권은 법원의 선임한 감정인의 평가에 의하여 변제하여야 한다.

124

16서기보

상속의 한정승인이 인정되는 경우에도 상속채무가 존재하는 것으로 인정되는 이상, 법원으로서는 상속재산이 없거나 그 상속재산이 상속채무의 변제에 부족하다고 하더라도 상속채무 전부에 대한 이행판결을 선고하여야 하고, 다만, 집행력을 제한하기 위하여 이행판결의 주문에 상속재산의 한도에서만 집행할 수 있다는 취지를 명시하여야 한다. O | X

해설 상속의 한정승인은 채무의 존재를 한정하는 것이 아니라 단순히 그 책임의 범위를 한정하는 것에 불과하기 때문에, 상속의 한정승인이 인정되는 경우에도 상속채무가 존재하는 것으로 인정되는 이상, 법원으로서는 상속재산이 없거나 그 상속재산이 상속채무의 변제에 부족하다고 하더라도 상속채무 전부에 대한 이행판결을 선고하여야 하고, 다만, 그 채무가 상속인의 고유재산에 대해서는 강제집행을 할 수 없는 성질을 가지고 있으므로, 집행력을 제한하기 위하여 이행판결의 주문에 상속재산의 한도에서만 집행할 수 있다는 취지를 명시하여야 한다(대판 2003.11.14. 2003다30968).

125

출제예상

채권자가 상속인을 상대로 상속채무의 이행을 구하는 소송에서 상속인이 한정승인을 하고도 이를 주장하지 아니하여 책임의 범위에 관한 유보없는 판결이 선고되고 확정된 경우, 상속인은 그 후 위 한정승인 사실을 내세워 청구이의의 소를 제기할 수 없다. O | X

해설 判例는 종래 해석론상 논의되던, 적법하게 한정승인신고를 하고서도 소송과정에서 한정승인의 항변을 하지 않았던 상속인이 집행절차에서 비로소 한정승인주장(청구에 관한 이의의 소)을 할 수 있는지 여부에 관하여 긍정설의 입장이다(아래 2006다23138 판결). 즉, 대법원은 한정승인제도와 관련하여 상속채권자의 보호에 제한적 태도를 취하고 있다. 이는 우리 민법상의 한정승인 제도가 상속채권자의 보호보다는 상속인이 피상속인의 채무를 무한정 상속하여 파탄에 빠지는 것을 막아 상속인을 보호하려는 데 본래의 목적이 있기 때문이다.

채권자가 피상속인의 금전채무를 상속한 상속인을 상대로 그 상속채무의 이행을 구하여 제기한 소송에서 채무자가 한정승인 사실을 주장하지 않으면 책임의 범위는 현실적인 심판대상으로 등장하지 아니하여 주문에서는 물론 이유에서도 판단되지 않으므로 그에 관하여 기판력이 미치지 않는다. 그러므로 채무자가 한정승인을 하고도 채권자가 제기한 소송의 사실심변론종결시까지 그 사실을 주장하지 아니하여 책임의 범위에 관한 유보가 없는 판결이 선고되어 확정되었다고 하더라도, 채무자는 그 후 위 한정승인 사실을 내세워 청구에 관한 이의의 소를 제기할 수 있다(대판 2006.10.13. 2006다23138).

비교판례 그러나 상속포기의 경우에는 다르다. 즉 判例는 채무자가 상속포기를 하였으나 채권자가 제기한 소송에서 사실심변론종결시까지 이를 주장하지 않은 경우, 채권자의 승소판결 확정 후 청구이의의 소를 제기할 수 없다고 하였다(대판 2009.5.28. 2008다79876).

참고 청구에 관한 이의의 소는 채무자가 집행권원의 내용인 사법상의 청구권이 현재의 실체상태와 일치하지 않는 것을 주장하여 그 집행권원이 가지는 집행력의 배제를 구하는 소이다(민사집행법 제44조). 이는 집행권원의 성립절차와 집행절차를 분리하고 있는 제도에서 실체적 권리상태를 제대로 반영하지 않는 집행권원의 집행력을 배제하여 집행을 막는 구제방법이다.

126

17주사보

채무자가 상속포기를 하였으나 채권자가 제기한 소송에서 사실심변론종결시까지 이를 주장하지 않은 경우, 채권자의 승소판결 확정 후 청구이의의 소를 제기할 수 없다. O | X

정답 | 120 ○ 121 × 122 ○ 123 ○ 124 ○ 125 × 126 ○

해설 **채무자가 한정승인을 하였으나 채권자가 제기한 소송의 사실심 변론종결시까지를 주장하지 아니하는 바람에 책임의 범위에 관하여 아무런 유보 없는 판결이 선고·확정된 경우라 하더라도 채무자가 그 후 위 한정승인 사실을 내세워 청구에 관한 이의의 소를 제기하는 것이 허용**되는 것은, 한정승인에 의한 책임의 제한은 상속채무의 존재 및 범위의 확정과는 관계없이 다만 판결의 집행 대상을 상속재산의 한도로 한정함으로써 판결의 집행력을 제한할 뿐으로, 채권자가 피상속인의 금전채무를 상속한 상속인을 상대로 그 상속채무의 이행을 구하여 제기한 소송에서 채무자가 한정승인 사실을 주장하지 않으면 책임의 범위는 현실적인 심판대상으로 등장하지 아니하여 주문에서는 물론 이유에서도 판단되지 않는 관계로 그에 관하여는 기판력이 미치지 않기 때문이다. 위와 같은 기판력에 의한 실권효 제한의 법리는 채무의 상속에 따른 책임의 제한 여부만이 문제되는 한정승인과 달리 상속에 의한 채무의 존재 자체가 문제되어 그에 관한 확정판결의 주문에 당연히 기판력이 미치게 되는 상속포기의 경우에는 적용될 수 없다(대판 2009.5.28. 2008다79876).

127

18주사보

상속인이 수인인 때에는 각 상속인은 그 상속분에 응하여 취득할 재산의 한도에서 그 상속분에 의한 피상속인의 채무와 유증을 변제할 것을 조건으로 상속을 승인할 수 있다. O | X

해설 **제1029조(공동상속인의 한정승인)** 상속인이 수인인 때에는 각 상속인은 그 상속분에 응하여 취득할 재산의 한도에서 그 상속분에 의한 피상속인의 채무와 유증을 변제할 것을 조건으로 상속을 승인할 수 있다.

128

18주사보

한정승인자가 채권신고의 최고를 하는 시점에는 알지 못했더라도 그 이후 실제로 배당변제를 하기 전까지 알게 된 채권자가 있다면 그 채권자는 제1034조 제1항에 따라 배당변제를 받을 수 있는 '한정승인자가 알고 있는 채권자'에 해당한다. O | X

해설 민법 제1034조 제1항에 따라 배당변제를 받을 수 있는 '한정승인자가 알고 있는 채권자'에 해당하는지 판단하는 기준시점(= 한정승인자가 배당변제를 하는 시점)

한정승인자는 한정승인을 한 날로부터 5일 내에 일반상속채권자와 유증받은 자에 대하여 한정승인의 사실과 일정한 기간(이하 '신고기간'이라고 한다) 내에 그 채권 또는 수증을 신고할 것을 공고하여야 하고, 알고 있는 채권자에게는 각각 그 채권신고를 최고하여야 한다(민법 제1032조 제1항, 제2항, 제89조). 신고기간이 만료된 후 한정승인자는 상속재산으로서 그 기간 내에 신고한 채권자와 '한정승인자가 알고 있는 채권자'에 대하여 각 채권액의 비율로 변제(이하 '배당변제'라고 한다)하여야 한다(민법 제1034조 제1항 본문). 반면 신고기간 내에 신고하지 아니한 상속채권자 및 유증받은 자로서 '한정승인자가 알지 못한 자'는 상속재산의 잔여가 있는 경우에 한하여 변제를 받을 수 있다(민법 제1039조 본문). 여기서 **민법 제1034조 제1항에 따라 배당변제를 받을 수 있는 '한정승인자가 알고 있는 채권자'에 해당하는지 여부는 한정승인자가 채권신고의 최고를 하는 시점이 아니라 배당변제를 하는 시점을 기준으로 판단하여야** 한다. 따라서 한정승인자가 채권신고의 최고를 하는 시점에는 알지 못했더라도 그 이후 실제로 배당변제를 하기 전까지 알게 된 채권자가 있다면 그 채권자는 민법 제1034조 제1항에 따라 배당변제를 받을 수 있는 '한정승인자가 알고 있는 채권자'에 해당한다(대판 2018.11.9. 2015다75308).

129

출제예상

공동상속인 전원의 협의에 따라 상속재산 전부를 상속인 중 일부에게 상속시킬 방편으로 나머지 상속인들이 한 상속포기가 법정기간을 경과한 후에 신고된 것이어서 상속포기로서의 효력이 없더라도, 상속인들 사이에 상속재산의 협의분할이 이루어진 것이라고 볼 수 있다. O | X

해설 상속재산을 공동상속인 1인에게 상속시킬 방편으로 나머지 상속인들이 한 상속포기 신고가 민법 제1019조 제1항 소정의 기간을 경과한 후에 신고된 것이어서 상속포기로서의 효력이 없다고 하더라도, 공동상속인들 사이에서는 1인이 고유의 상속분을 초과하여 상속재산 전부를 취득하고 나머지 상속인들은 이를 전혀 취득하지 않기로 하는 내용의 상속재산에 관한 협의분할이 이루어진 것으로 보아야 한다(대판 1996.3.26. 95다45545,45552,45569).

130

18서기보

특별한정승인에 관한 민법 제1019조 제3항의 기간은 제척기간이고, 그 기간을 지난 후에도 당사자가 책임질 수 없는 사유로 그 기간을 준수하지 못하였다면 추후에 보완될 수 있다. O | X

해설 **제1019조(승인, 포기의 기간)** ③ 1항의 규정에 불구하고 상속인은 상속채무가 상속재산을 초과하는 사실을 중대한 과실없이 제1항의 기간내에 알지 못하고 단순승인(제1026조제1호 및 제2호의 규정에 의하여 단순승인한 것으로 보는 경우를 포함한다)을 한 경우에는 그 사실을 안 날부터 3월내에 한정승인을 할 수 있다.

➡ 민법 제1019조 제3항의 기간은 한정승인신고의 가능성을 언제까지나 남겨둠으로써 당사자 사이에 일어나는 법적 불안상태를 막기 위하여 마련한 제척기간이고, 경과규정인 개정 민법(2002.1.14. 법률 제6591호) 부칙 제3항 소정의 기간도 제척기간이라 할 것이며, 한편 제척기간은 불변기간이 아니어서 그 기간을 지난 후에는 당사자가 책임질 수 없는 사유로 그 기간을 준수하지 못하였더라도 추후에 보완될 수 없다(대결 2003.8.11. 2003스32).

131

출제예상

상속인이 미성년인 경우 제1019조 3항이나 그 소급 적용에 관해 민법 부칙에서 정한 '상속채무 초과사실을 안 날' 등을 판단할 때에는 법정대리인의 인식을 기준으로 해야 하므로, 법정대리인의 인식을 기준으로 하여 특별한정승인이 불가능하다면, 상속인이 성년에 이른 뒤에 본인 스스로의 인식을 기준으로 새롭게 특별한정승인을 할 수는 없다. O | X

해설 **상속채무가 상속재산을 초과함에도 법정대리인이 착오나 무지 등으로 한정승인이나 포기를 하지 않는 경우에 미성년 상속인을 특별히 보호하기 위하여 별도의 제도를 마련하는 것이 입법론적으로 바람직하기는 하다. 그러나 현행 민법에 특별한정승인에 관한 법정대리만을 예외적으로 취급할 법적 근거가 전무한 상태임에도 오로지 해석론에 입각하여, 상속인이 성년에 이른 후에 본인 스스로의 인식을 기준으로 별도의 제척기간이 기산됨을 내세워 새롭게 특별한정승인을 할 수는 없다.** 이와 달리 새로운 특별한정승인을 허용하자는 견해는, 현행 민법에 따라 인정되는 특별한정승인이 아니라 전혀 새로운 내용의 특별한정승인을 인정하자는 것과 다름이 없고, 이에 따르게 되면 법률의 근거 없이 상속인이 미성년인 동안에 법정대리로 인하여 생긴 기존의 효과를 무시하게 될 뿐만 아니라 법적 안정성 및 형평에도 정면으로 반하게 된다(대판 2020.11.19. 2019다232918 전합).

132

출제예상

민법 제1019조 제3항이 신설된 후 상속인이 단순승인을 하거나 단순승인한 것으로 간주된 후에 한정승인 신고를 하고 가정법원이 특별한정승인의 요건을 갖추었다는 취지에서 수리심판을 하였다면 상속인이 특별한정승인을 한 것으로 보아야 한다. O | X

정답 | 127 ○ 128 ○ 129 ○ 130 × 131 ○ 132 ○

해설 ㉠ 민법 제1019조 제3항은, '제1019조 제1항의 규정에 불구하고 상속인은 상속채무가 상속재산을 초과하는 사실을 중대한 과실없이 제1항의 기간 내에 알지 못하고 단순승인(제1026조 제1호 및 제2호의 규정에 의하여 단순승인한 것으로 보는 경우를 포함한다)을 한 경우에는 그 사실을 안 날부터 3월 내에 한정승인을 할 수 있다.'고 정한다. ㉡ **민법 제1019조 제3항이 신설된 후 상속인이 단순승인을 하거나 단순승인한 것으로 간주된 후에 한정승인 신고를 하고 가정법원이 특별한정승인의 요건을 갖추었다는 취지에서 수리심판을 하였다면 상속인이 특별한정승인을 한 것으로 보아야 한다.** ㉢ 민법 제1019조 제3항이 적용되는 사건에서 상속인이 단순승인을 하거나 민법 제1026조 제1호, 제2호에 따라 단순승인한 것으로 간주된 다음 한정승인 신고를 하여 이를 수리하는 심판을 받았다면, 상속채권에 관한 청구를 심리하는 법원은 위 한정승인이 민법 제1019조 제3항에서 정한 요건을 갖춘 특별한정승인으로서 유효한지 여부를 심리·판단하여야 한다(대판 2021.2.25. 2017다289651).

133

18주사보

상속의 승인 또는 포기는 상속개시 전에는 할 수 없다. O | X

134

15/17법원행시

상속인이 피상속인의 생존시에 피상속인에 대하여 상속을 포기하기로 약정하였다가 상속개시 후에 자신의 상속권을 주장하는 것은 신의칙에 반하지 않는다. O | X

해설 **133** 상속개시 전에 한 상속포기약정의 효력(무효)

유류분을 포함한 상속의 포기는 상속이 개시된 후 일정한 기간 내에만 가능하고 가정법원에 신고하는 등 일정한 절차와 방식을 따라야만 그 효력이 있으므로, 상속개시 전에 한 상속포기약정은 그와 같은 절차와 방식에 따르지 아니한 것으로 효력이 없다"(대판 1998.7.24. 98다9021).

134 상속개시 전에 상속포기약정을 한 다음 상속개시 후에 상속권을 주장하는 것이 신의칙에 반하는지 여부(소극)

상속인 중의 1인이 피상속인의 생존시에 피상속인에 대하여 상속을 포기하기로 약정하였다고 하더라도, 상속개시 후 민법이 정하는 절차와 방식에 따라 상속포기를 하지 아니한 이상, 상속개시 후에 자신의 상속권을 주장하는 것은 정당한 권리행사로서 권리남용에 해당하거나 또는 신의칙에 반하는 권리의 행사라고 할 수 없다(대판 1998.7.24. 98다9021).

135

15주사보, 16법무사

상속의 포기는 상속개시된 때에 소급하여 그 효력이 있고, 상속인이 수인인 경우에 어느 상속인이 상속을 포기한 때에는 그 상속분은 다른 상속인의 상속분의 비율로 그 상속인에게 귀속된다. O | X

해설 **제1042조(포기의 소급효)** 상속의 포기는 상속개시된 때에 소급하여 그 효력이 있다.

제1043조(포기한 상속재산의 귀속) 상속인이 수인인 경우에 어느 상속인이 상속을 포기한 때에는 그 상속분은 다른 상속인의 상속분의 비율로 그 상속인에게 귀속된다.

136

15법원행시, 16법무사, 18주사보

상속을 포기한 자는 상속개시된 때부터 상속인이 아니었던 것과 같은 지위에 놓이게 된다. O | X

137

20법무사

상속포기의 신고가 아직 행하여지지 아니하거나 법원에 의하여 아직 수리되지 아니하고 있는 동안에 포기자를 제외한 나머지 공동상속인들 사이에 이루어진 상속재산분할협의는 후에 상속포기의 신고가 적법하게 수리되어 상속포기의 효력이 발생하게 됨으로써 공동상속인의 자격을 가지는 사람들 전원이 행한 것이 되어 소급적으로 유효하게 된다. O I X

> **해설** **136** 상속의 포기는 **상속이 개시된 때에 소급**하여 그 효력이 있고(민법 제1042조), 포기자는 처음부터 상속인이 아니었던 것이 된다. **137** 따라서 **상속포기의 신고가 아직 행하여지지 아니하거나 법원에 의하여 아직 수리되지 아니하고 있는 동안에 포기자를 제외한 나머지 공동상속인들 사이에 이루어진 상속재산분할협의는 후에 상속포기의 신고가 적법하게 수리되어 상속포기의 효력이 발생하게 됨으로써 공동상속인의 자격을 가지는 사람들 전원이 행한 것이 되어 소급적으로 유효하게 된다.** 이는 설사 포기자가 상속재산분할협의에 참여하여 그 당사자가 되었다고 하더라도 그 협의가 그의 상속포기를 전제로 하여서 포기자에게 상속재산에 대한 권리를 인정하지 아니하는 내용인 경우에는 마찬가지이다(대판 2011.6.9. 2011다29307).

138

15법원행시, 17법무사, 18서기보

상속을 포기한 자는 상속개시된 때부터 상속인이 아니었던 것과 같은 지위에 놓이게 되므로, 피상속인의 배우자와 자녀 중 자녀 전부가 상속을 포기한 경우에는 배우자와 피상속인의 손자녀 또는 직계존속이 공동으로 상속인이 되고, 피상속인의 손자녀와 직계존속이 존재하지 아니하면 배우자가 단독으로 상속인이 된다. O I X

> **해설** 직계비속과 배우자가 공동상속인인데 직계비속이 모두 상속을 포기하면 배우자가 단독상속하는지 여부
> 判例는 "상속을 포기한 자는 상속개시된 때부터 상속인이 아니었던 것과 같은 지위에 놓이게 되므로, 피상속인의 배우자와 자녀 중 자녀 전부가 상속을 포기한 경우에는 배우자와 피상속인의 손자녀 또는 직계존속이 공동으로 상속인이 되고, 피상속인의 손자녀와 직계존속이 존재하지 아니하면 배우자가 단독으로 상속인이 된다."(대판 2015.5.14. 2013다48852)라고 하여 공동상속설의 입장이다.

139

15주사보, 16법무사

상속인은 상속개시 있음을 안 날로부터 3개월 내에 상속포기를 할 수 있는바, 여기서 상속개시 있음을 안 날이라 함은 상속개시의 원인이 되는 사실의 발생을 알고 이로써 자기가 상속인이 되었음을 안 날을 말한다. O I X

140

18주사보

상속인이 상속개시 있음을 안 날이라 함은 상속개시의 원인이 되는 사실이 발생하고 상속재산의 유무를 안 날을 말하며, 자기가 상속인이 되었다는 것을 안 날을 뜻하거나 상속포기제도를 안 날을 의미하는 것은 아니다. O I X

정답 | 133 ○ 134 ○ 135 ○ 136 ○ 137 ○ 138 ○ 139 ○ 140 ×

> **해설** **139 140** 민법 제1019조 제1항의 상속개시 있음을 안 날이라 함은 상속인이 상속개시의 원인되는 사실의 발생(즉 피상속인의 사망)을 알게됨으로써 자기가 상속인이 되었음을 안 날을 말하는 것이지 상속재산의 유무를 안 날을 뜻하거나 상속포기제도를 안 날을 의미하는 것은 아니다(대결 1988.8.25. 88스10,11,12,13).

141 16사무관

사기 또는 강박을 이유로 상속의 승인 또는 포기를 취소하는 경우 그 취소권은 추인할 수 있는 날로부터 3월, 승인 또는 포기한 날로부터 1년 내에 행사하지 아니하면 시효로 인하여 소멸된다. O | X

142 15법원행시

사기나 강박으로 인하여 상속포기를 하였더라도 법정 상속포기기간이 경과한 후에는 이를 취소하지 못한다. O | X

> **해설** **제1024조(승인, 포기의 취소금지)** ① 상속의 승인이나 포기는 제1019조 제1항의 기간 내에도 이를 취소하지 못한다.
> **141** ② 전항의 규정은 총칙편의 규정에 의한 취소에 영향을 미치지 아니한다. 그러나 그 취소권은 추인할 수 있는 날로부터 3월, 승인 또는 포기한 날로부터 1년 내에 행사하지 아니하면 시효로 인하여 소멸된다.
> ➡ **142** 상속포기기간이 경과한 후에도 일정한 기간 내에는 취소할 수 있다.

143 21법원행시

피상속인의 사망 후 상속채무가 상속재산을 초과하여 상속인인 배우자와 자녀들이 상속포기를 하였는데, 그 후 피상속인의 직계존속이 사망하여 민법 제1001조, 제1003조 제2항에 따라 대습상속이 개시된 경우에 대습상속인이 민법이 정한 절차와 방식에 따라 한정승인이나 상속포기를 하지 않으면 단순승인을 한 것으로 간주된다. O | X

> **해설** 피상속인의 사망 후 상속채무가 상속재산을 초과하여 상속인인 배우자와 자녀들이 상속포기를 하였는데, 그 후 피상속인의 직계존속이 사망하여 민법 제1001조, 제1003조 제2항에 따라 대습상속이 개시된 경우에 대습상속인이 민법이 정한 절차와 방식에 따라 한정승인이나 상속포기를 하지 않으면 단순승인을 한 것으로 간주된다. 위와 같은 경우에 이미 사망한 피상속인의 배우자와 자녀들에게 피상속인의 직계존속의 사망으로 인한 대습상속도 포기하려는 의사가 있다고 볼 수 있지만, 그들이 상속포기의 절차와 방식에 따라 피상속인의 직계존속에 대한 상속포기를 하지 않으면 효력이 생기지 않는다. 이와 달리 피상속인에 대한 상속포기를 이유로 대습상속 포기의 효력까지 인정한다면 상속포기의 의사를 명확히 하고 법률관계를 획일적으로 처리함으로써 법적 안정성을 꾀하고자 하는 상속포기제도가 잠탈될 우려가 있다(대판 2017.1.12. 2014다39824).

144 21법무사

상속포기의 효력은 피상속인의 사망으로 개시된 상속에 미칠 뿐만 아니라, 그 후 피상속인을 피대습자로 하여 개시된 대습상속에까지 미친다. O | X

145

출제예상

甲은 2018. 5. 20. 사망하였는데, 그 배우자 乙과 아들 丙은 2018. 6. 30. 상속포기신고를 하였으나 그 외의 가족은 상속포기신고를 하지 않았고, 법원은 2018. 7. 20. 乙과 丙의 상속포기신고를 수리하는 심판을 하여 위 심판이 같은 달 31. 고지되었다. 만일 乙과 丙의 상속포기로 단독상속인이 된 甲의 어머니 戊가 2018. 9. 10. 사망함으로써 대습상속이 개시된 경우, 그 대습상속인이 된 乙과 丙이 대습상속에 관하여 민법에 따른 절차와 방식으로 한정승인이나 상속포기를 하지 않는 한 단순승인을 한 것으로 본다.

O | X

해설 **144 145** 상속포기의 효력이 피상속인을 피대습자로 하여 개시된 대습상속에 미치는지 여부(소극) 및 이는 상속인의 상속포기로 피대습자의 직계존속이 피대습자를 상속한 경우에도 마찬가지인지 여부(적극)
피상속인의 사망으로 상속이 개시된 후 상속인이 상속을 포기하면 상속이 개시된 때에 소급하여 그 효력이 생긴다(민법 제1042조). 따라서 제1순위 상속권자인 배우자와 자녀들이 상속을 포기하면 제2순위에 있는 사람이 상속인이 된다. **상속포기의 효력은 피상속인의 사망으로 개시된 상속에만 미치고, 그 후 피상속인을 피대습자로 하여 개시된 대습상속에까지 미치지는 않는다.** 대습상속은 상속과는 별개의 원인으로 발생하는 것인 데다가 대습상속이 개시되기 전에는 이를 포기하는 것이 허용되지 않기 때문이다. **이는 종전에 상속인의 상속포기로 피대습자의 직계존속이 피대습자를 상속한 경우에도 마찬가지이다.** 또한 피대습자의 직계존속이 사망할 당시 피대습자로부터 상속받은 재산 외에 적극재산이든 소극재산이든 고유재산을 소유하고 있었는지에 따라 달리 볼 이유도 없다(대판 2017.1.12. 2014다39824).

146

16서기보

공동상속인 중 1인이 상속을 포기하더라도 그 포기자의 채권자는 상속포기가 사해행위라는 이유로 이를 취소할 수 없다.

O | X

해설 判例는 "**상속의 포기**는 비록 포기자의 재산에 영향을 미치는 바가 없지 아니하나 상속인으로서의 지위 자체를 소멸하게 하는 행위로서 **순전한 재산법적 행위와 같이 볼 것이 아니다.** 오히려 상속의 포기는 1차적으로 피상속인 또는 후순위 상속인을 포함하여 다른 상속인 등과의 인격적 관계를 전체적으로 판단하여 행하여지는 **'인적 결단'으로서의 성질**을 가진다."(대판 2011.6.9. 2011다29307)라고 보아 상속의 포기는 사해행위취소의 대상이 되지 못한다고 한다.

정답 | **141** ○ **142** × **143** ○ **144** × **145** ○ **146** ○

제2절 유언 및 유류분

01 13법무사, 16서기보

미성년자는 단독으로 유언을 할 수 있으나, 만 16세는 되어야 한다. O | X

해설 **제1061조(유언적령) 만 17세**에 달하지 못한 자는 유언을 하지 못한다.

02 13법원행시

피성년후견인은 의사능력이 회복된 때에만 유언을 할 수 있다. 이때 성년후견인이 심신회복의 상태를 유언서에 부기하고 서명날인하여야 한다. O | X

해설 **제1063조(피성년후견인의 유언능력)** ① 피성년후견인은 의사능력이 회복된 때에만 유언을 할 수 있다.
② 제1항의 경우에는 의사가 심신 회복의 상태를 유언서에 부기(附記)하고 서명날인하여야 한다.

제1070조(구수증서에 의한 유언) ① 구수증서에 의한 유언은 질병 기타 급박한 사유로 인하여 전4조의 방식에 의할 수 없는 경우에 유언자가 2인 이상의 증인의 참여로 그 1인에게 유언의 취지를 구수하고 그 구수를 받은 자가 이를 필기낭독하여 유언자의 증인이 그 정확함을 승인한 후 각자 서명 또는 기명날인하여야 한다.
② 전항의 방식에 의한 유언은 그 증인 또는 이해관계인이 급박한 사유의 종료한 날로부터 7일 내에 법원에 그 검인을 신청하여야 한다.
③ **제1063조 제2항의 규정은 구수증서에 의한 유언에 적용하지 아니한다.**

03 13법무사

유언의 방식은 자필증서, 녹음, 공정증서, 비밀증서와 구수증서의 5종으로 한다. O | X

해설 **제1065조(유언의 보통방식)** 유언의 방식은 자필증서, 녹음, 공정증서, 비밀증서와 구수증서의 5종으로 한다.

04 13서기보

민법에 규정된 요건과 방식에 어긋난 유언이라도 그것이 유언자의 진정한 의사에 합치하면 무효라고 할 수 없다. O | X

해설 민법 제1065조 내지 제1070조가 유언의 방식을 엄격하게 규정한 것은 유언자의 진의를 명확히 하고 그로 인한 법적 분쟁과 혼란을 예방하기 위한 것이므로, 법정된 요건과 방식에 어긋난 유언은 그것이 유언자의 진정한 의사에 합치하더라도 무효라고 하지 않을 수 없다(대판 2009.5.14. 2009다9768).

05

13법원행시

유언자는 민법상의 유언방식을 자유롭게 선택할 수 있으므로, 자필증서나 공정증서에 의한 유언이 객관적으로 가능한 경우에도 구수증서의 방식을 이용하여 유언을 할 수 있다. O | X

해설 자필증서·녹음·공정증서 및 비밀증서의 방식에 의한 유언이 객관적으로 가능한 경우, 구수증서에 의한 유언의 허용 여부(소극)
민법 제1065조 내지 제1070조가 유언의 방식을 엄격하게 규정한 것은 유언자의 진의를 명확히 하고 그로 인한 법적 분쟁과 혼란을 예방하기 위한 것이므로, 법정된 요건과 방식에 어긋난 유언은 그것이 유언자의 진정한 의사에 합치하더라도 무효라고 하지 않을 수 없는바, 민법 제1070조 제1항이 구수증서에 의한 유언은 질병 기타 급박한 사유로 인하여 민법 제1066조 내지 제1069조 소정의 자필증서, 녹음, 공정증서 및 비밀증서의 방식에 의하여 할 수 없는 경우에 허용되는 것으로 규정하고 있는 이상, 유언자가 질병 기타 급박한 사유에 있는지 여부를 판단함에 있어서는 유언자의 진의를 존중하기 위하여 유언자의 주관적 입장을 고려할 필요가 있을지 모르지만, **자필증서, 녹음, 공정증서 및 비밀증서의 방식에 의한 유언이 객관적으로 가능한 경우까지 구수증서에 의한 유언을 허용하여야 하는 것은 아니다**(대판 1999.9.3. 98다17800).

06 ×

14주사보 ,17법원행시

자필증서에 의한 유언은 유언자가 그 전문과 연월일, 주소, 성명을 자서하고 날인하여야 하는데, 자필유언증서에 연, 월만 기재하고 일의 기재가 없더라도 무효로 볼 수 없다. O | X

해설 연월(年月)만 기재하고 일(日)의 기재가 없는 자필유언증서의 효력(무효)
민법 제1066조 제1항은 "자필증서에 의한 유언은 유언자가 그 전문과 연월일, 주소, 성명을 자서하고 날인하여야 한다."라고 규정하고 있으므로, 연월일의 기재가 없는 자필유언증서는 효력이 없다. 그리고 자필유언증서의 연월일은 이를 작성한 날로서 유언능력의 유무를 판단하거나 다른 유언증서와 사이에 유언 성립의 선후를 결정하는 기준일이 되므로 그 작성일을 특정할 수 있게 기재하여야 한다. 따라서 연·월만 기재하고 일의 기재가 없는 자필유언증서는 그 작성일을 특정할 수 없으므로 효력이 없다(대판 2009.5.14. 2009다9768).

07

15법무사

자필증서에 의한 유언은 민법 제1066조 제1항 규정에 따라 유언자가 전문과 연월일, 주소, 성명을 모두 자서하고 날인하여야만 효력이 있고 유언자가 주소를 자서하지 않았다면 이는 법정된 요건과 방식에 어긋난 유언으로서 효력을 부정하지 않을 수 없으며, 여기서 자서가 필요한 주소는 반드시 주민등록법에 의하여 등록된 곳일 것을 요한다. O | X

해설 유언자가 자필증서에 의한 유언을 하면서 주소를 자서하지 않은 경우, 유언의 효력(무효) 및 자서가 필요한 주소를 표시하는 방법
민법 제1065조 내지 제1070조가 유언의 방식을 엄격하게 규정한 것은 유언자의 진의를 명확히 하고 그로 인한 법적 분쟁과 혼란을 예방하기 위한 것이므로, 법정된 요건과 방식에 어긋난 유언은 그것이 유언자의 진정한 의사에 합치하더라도 무효이다. 따라서 자필증서에 의한 유언은 민법 제1066조 제1항의 규정에 따라 유언자가 전문과 연월일, 주소, 성명을 모두 자서하고 날인하여야만 효력이 있고, 유언자가 주소를 자서하지 않았다면 이는 법정된 요건과 방식에 어긋난 유언으로서 효력을 부정하지 않을 수 없으며, 유언자의 특정에 지장이 없다고 하여 달리 볼 수 없다. 여기서 **자서가 필요한 주소는 반드시 주민등록법에 의하여 등록된 곳일 필요는 없으나,** 적어도 민법 제18조에서 정한 생활의 근거되는 곳으로서 다른 장소와 구별되는 정도의 표시를 갖추어야 한다(대판 2014.9.26. 2012다71688).

정답 | 01 × 02 × 03 ○ 04 × 05 × 06 × 07 ×

08 14/19서기보

자필증서에 의한 유언은 유언자가 그 전문과 연월일, 주소성명을 자서하고 날인하여야 하는데, 날인이 인장이 아닌 무인에 의한 경우라면 무효이다. O | X

> **해설** 민법 제1065조 내지 제1070조가 유언의 방식을 엄격하게 규정한 것은 유언자의 진의를 명확히 하고 그로 인한 법적 분쟁과 혼란을 예방하기 위한 것이므로, 법정된 요건과 방식에 어긋난 유언은 그것이 유언자의 진정한 의사에 합치하더라도 무효라고 하지 않을 수 없고, 자필증서에 의한 유언은 유언자가 그 전문과 연월일, 주소, 성명을 자서(自書)하고 날인하여야 하는바(민법 제1066조 제1항), 유언자의 주소는 반드시 유언 전문과 동일한 지편에 기재하여야 하는 것은 아니고, 유언증서로서 일체성이 인정되는 이상 그 전문을 담은 봉투에 기재하더라도 무방하며, 그 날인은 무인에 의한 경우에도 유효하다(대판 2007.10.25. 2006다12848).

09 16서기보

유언자의 날인이 없는 유언장은 자필증서에 의한 유언으로서의 효력이 없다. O | X

> **해설** 자필증서에 의한 유언의 요건 – 성명의 자서와 날인
> 성명은 자서를 하여야 하나, 날인은 타인이 하여도 무방하며, 날인은 인장 대신에 무인에 의한 경우에도 유효하다. 다만 성명의 자서 외에 날인도 갖추어야 하는가에 대해 ⅰ) 날인은 유언자의 동일성과 그의 진의를 확인하기 위한 것인데 이는 성명의 자서에 의해 확인될 수 있으므로 성명의 자서가 있다면 날인은 없더라도 유언은 유효하다는 견해가 있으나(다수설), ⅱ) 자필증서유언에 날인을 요구하고 있는 것은 그것이 단순히 유언의 초안에 불과한 것이 아니고 확정적인 유언임을 담보하는 의미가 있기 때문이므로, 날인이 누락된 자필증서유언의 효력을 부정하는 것이 타당하다. ⅲ) 判例도 성명을 자서하였더라도 날인이 없으면 자필증서에 의한 유언은 무효라고 한다(대판 2006.9.8. 2006다25103,25110).

10 19서기보

자필증서에 의한 유언은 유언자가 전문과 연월일, 주소, 성명을 모두 자서하고 날인하여야만 효력이 있으나, 유언자가 주소를 자서하지 않았다고 하더라도 유언장의 다른 기재에 의하여 유언자를 특정할 수 있다면 유언의 효력을 인정할 수 있다. O | X

> **해설** 유언자가 자필증서에 의한 유언을 하면서 주소를 자서하지 않은 경우, 유언자의 특정에 아무런 지장이 없다고 하여 효력을 인정할 수 있는지 여부(소극)
> 민법 제1065조 내지 제1070조가 유언의 방식을 엄격하게 규정한 것은 유언자의 진의를 명확히 하고 그로 인한 법적 분쟁과 혼란을 예방하기 위한 것이므로, 법정된 요건과 방식에 어긋난 유언은 그것이 유언자의 진정한 의사에 합치하더라도 무효라고 하지 않을 수 없다. 따라서 자필증서에 의한 유언은 민법 제1066조 제1항의 규정에 따라 유언자가 그 전문과 연월일, 주소, 성명을 모두 자서하고 날인하여야만 효력이 있다고 할 것이므로 유언자가 주소를 자서하지 않았다면 이는 법정된 요건과 방식에 어긋난 유언으로서 그 효력을 부정하지 않을 수 없고, 유언자의 특정에 아무런 지장이 없다고 하여 달리 볼 것도 아니다(대판 2014.10.6. 2012다29564).

11 출제예상

비밀증서에 의한 유언이 방식을 갖추지 못하였다면 그 증서가 자필증서의 방식에 적합한 경우이더라도 유언의 엄격 요식성에 비추어 자필증서에 의한 유언으로 볼 수 없다. O | X

해설 **제1071조(비밀증서에 의한 유언의 전환)** 비밀증서에 의한 유언이 그 방식에 흠결이 있는 경우에 그 증서가 자필증서의 방식에 적합한 때에는 자필증서에 의한 유언으로 본다.

12

14주사보

공정증서에 의한 유언은 유언자가 증인 2인이 참여한 공증인의 면전에서 유언의 취지를 구수하고 공증인이 이를 필기, 낭독하여 유언자와 증인이 그 정확함을 승인한 후 각자 서명 또는 기명날인하여야 한다. O | X

해설 **제1068조(공정증서에 의한 유언)** 공정증서에 의한 유언은 유언자가 증인 2인이 참여한 공증인의 면전에서 유언의 취지를 구수하고 공증인이 이를 필기낭독하여 유언자와 증인이 그 정확함을 승인한 후 각자 서명 또는 기명날인하여야 한다.

13

19법원행시

공증인이 유언자의 의사에 따라 유언의 취지를 작성하고 그 서면에 따라 유언자에게 질문을 하여 유언자의 진의를 확인한 다음 유언자에게 필기된 서면을 낭독하여 주었고, 유언자의 의사능력이나 유언의 내용, 유언의 전체 경위 등으로 보아 유언 자체가 유언자의 진정한 의사에 기한 것으로 인정할 수 있는 경우에는, 유언취지의 구수 요건을 갖추었다고 볼 수 있다. O | X

해설 유언취지를 미리 적어 작성한 서면에 따라 유언자에게 질문을 하고 유언자가 이에 답변한 경우, 민법 제1068조에서 정한 '유언취지의 구수'의 요건을 갖춘 것인지 여부
제3자에 의하여 미리 작성된 유언의 취지가 적혀 있는 서면에 따라 유언자에게 질문을 하고 유언자가 동작이나 한두 마디의 간략한 답변으로 긍정하는 경우에는 원칙적으로 민법 제1068조에 정한 '유언취지의 구수'라고 보기 어렵지만, **공증인이 사전에 전달받은 유언자의 의사에 따라 유언의 취지를 작성한 다음 그 서면에 따라 유증 대상과 수증자에 관하여 유언자에게 질문을 하고 이에 대하여 유언자가 한 답변을 통하여 유언자의 의사를 구체적으로 확인할 수 있어 그 답변이 실질적으로 유언의 취지를 진술한 것이나 마찬가지로 볼 수 있고, 유언자의 의사능력이나 유언의 내용, 유언의 전체 경위 등으로 보아 그 답변을 통하여 인정되는 유언취지가 유언자의 진정한 의사에 기한 것으로 인정할 수 있는 경우에는, 유언취지의 구수 요건을 갖추었다**고 볼 수 있다(대판 2008.2.28. 2005다75019,750260).

14

14/18주사보

비밀증서에 의한 유언이 그 방식에 흠결이 있는 경우에 그 증서가 자필증서의 방식에 적합한 때에는 자필증서에 의한 유언으로 본다. O | X

해설 **제1071조(비밀증서에 의한 유언의 전환)** 비밀증서에 의한 유언이 그 방식에 흠결이 있는 경우에 그 증서가 자필증서의 방식에 적합한 때에는 자필증서에 의한 유언으로 본다.

15

13법무사

녹음에 의한 유언은 유언자가 유언의 취지, 그 성명과 연월일을 구술하고 이에 참여한 증인이 유언의 정확함과 그 성명을 구술하여야 한다. O | X

정답 | **08** × **09** ○ **10** × **11** × **12** ○ **13** ○ **14** ○ **15** ○

> 해설 **제1067조(녹음에 의한 유언)** 녹음에 의한 유언은 유언자가 유언의 취지, 그 성명과 연월일을 구술하고 이에 참여한 증인이 유언의 정확함과 그 성명을 구술하여야 한다.

16

14주사보

구수증서에 의한 유언은 질병 기타 급박한 사유가 있는 경우에 하는 유언방식으로 그 증인 또는 이해관계인이 급박한 사유의 종료한 날로부터 7일 이내에 법원에 그 검인을 신청하여야 한다. O | X

17

출제예상

구수증서에 의해 유언이 작성된 경우에 그 증서보관자는 유언자의 사망 후 지체없이 법원에 그 검인을 청구하여야 한다. O | X

> 해설 **16 17 제1070조(구수증서에 의한 유언)** ① 구수증서에 의한 유언은 질병 기타 급박한 사유로 인하여 전4조의 방식에 의할 수 없는 경우에 유언자가 2인 이상의 증인의 참여로 그 1인에게 유언의 취지를 구수하고 그 구수를 받은 자가 이를 필기낭독하여 유언자의 증인이 그 정확함을 승인한 후 각자 서명 또는 기명날인하여야 한다.
> **② 전항의 방식에 의한 유언은 그 증인 또는 이해관계인이 급박한 사유의 종료한 날로부터 7일 내에 법원에 그 검인을 신청하여야 한다.**
> ③ 제1063조제2항의 규정은 구수증서에 의한 유언에 적용하지 아니한다.

18

16서기보

적법한 유언은 민법 제1091조에서 규정하고 있는 유언증서에 대한 법원의 검인이나 민법 제1092조에서 규정하는 유언증서의 개봉절차를 거치지 않더라도 유언자의 사망에 의하여 곧바로 그 효력이 생기는 것이며, 검인이나 개봉절차의 유무에 의하여 유언의 효력이 영향을 받지 아니한다. O | X

> 해설 유언의 효력발생시기
> **제1073조(유언의 효력발생시기)** ① 유언은 유언자가 사망한 때로부터 그 효력이 생긴다.
> 적법한 유언은 검인(제1091조)이나 개봉절차(제1092조)를 거치지 않더라도 유언자의 사망에 의하여 곧바로 그 효력이 생기는 것이며, 검인이나 개봉절차의 유무에 의하여 유언의 효력이 영향을 받지 아니한다(대판 1998.6.12. 97다38510).

19

14서기보

유언자가 유언을 철회한 것으로 볼 수 없고 이해관계인이 유언증서의 내용을 입증하였다면, 유언증서가 그 성립 후 에 멸실되거나 분실되었더라도 유언은 실효되지 않는다. O | X

> 해설 유언의 철회
> 유언자가 유언을 철회한 것으로 볼 수 없는 이상, 유언증서가 그 성립 후에 멸실되거나 분실되었다는 사유만으로 유언이 실효되는 것은 아니고 이해관계인은 유언증서의 내용을 입증하여 유언의 유효를 주장할 수 있다(대판 1996.9.20. 96다21119).

20 19주사보

상대방 없는 의사표시인 유언은 의사표시가 성립한 때가 아니라 유언자가 사망한 때로부터 그 효력이 있다. O | X

21 17주사보, 19법무사

유언은 유언자가 사망한 때부터 그 효력이 생기고, 유언에 정지조건이 있는 경우에도 그 조건이 성취되면 유언자가 사망한 때로 소급하여 효력이 생긴다. O | X

22 13주사보

유언에 조건을 붙일 수 있다. O | X

> 해설 **20 21 22 제1073조(유언의 효력발생시기)** ① 유언은 유언자가 사망한 때로부터 그 효력이 생긴다.
> ② 유언에 정지조건이 있는 경우에 그 조건이 유언자의 사망후에 성취한 때에는 그 조건성취한 때로부터 유언의 효력이 생긴다.

23 13서기보

유언자는 생전행위로써 유언의 일부를 철회할 수 있다. O | X

24 13법무사

유언자는 언제든지 유언 또는 생전행위로써 유언의 전부나 일부를 철회할 수 있는데, 유언자는 이러한 유언 철회권을 생전에 포기할 수도 있다. O | X

> 해설 **23 24 제1108조(유언의 철회)** ① 유언자는 언제든지 유언 또는 생전행위로써 유언의 전부나 일부를 철회할 수 있다.
> ② 유언자는 그 유언을 철회할 권리를 포기하지 못한다.
> ➡ 철회할 권리를 포기하였더라도 여전히 유언을 철회할 수 있다

25 17법원행시

유언자가 고의로 유언증서 또는 유증의 목적물을 파훼한 때에는 그 파훼한 부분에 관한 유언은 이를 철회한 것으로 본다. O | X

> 해설 **제1110조(파훼로 인한 유언의 철회)** 유언자가 고의로 유언증서 또는 유증의 목적물을 파훼한 때에는 그 파훼한 부분에 관한 유언은 이를 철회한 것으로 본다.

정답 | 16 ○ 17 × 18 ○ 19 ○ 20 ○ 21 × 22 ○ 23 ○ 24 × 25 ○

26

11주사보

망인이 유언증서를 작성한 후 유언증서에서 유증하기로 한 일부 재산을 처분한 사실이 있다고 하여 다른 재산에 관한 유언을 철회한 것으로 볼 수 없다. O | X

해설 유언 후 재혼하거나 유언증서에서 유증키로 한 재산의 일부를 처분한 사실만으로 다른 재산에 대한 유언을 철회한 것으로 볼 수 있는지 여부(소극)
망인이 유언증서를 작성한 후 재혼하였다거나, 유언증서에서 유증하기로 한 일부 재산을 처분한 사실이 있다고 하여 다른 재산에 관한 유언을 철회한 것으로 볼 수 없다(대판 1998.5.29. 97다38503).

27

출제예상

제한능력자와 달리 파산선고를 받은 자는 유언집행자가 될 수 있다. O | X

해설 **제1098조(유언집행자의 결격사유)** 제한능력자와 파산선고를 받은 자는 유언집행자가 되지 못한다.

28

14서기보

유언집행자가 유언의 해석에 관하여 상속인과 의견을 달리한다거나 혹은 유언집행자가 유언집행에 방해되는 상태를 야기하고 있는 상속인을 상대로 유언의 충실한 집행을 위하여 자신의 직무권한 범위에서 가압류신청 또는 본안소송을 제기함으로써 일부 상속인들과 유언집행자 사이에 갈등이 초래되었다는 사정만으로 유언집행자의 해임사유가 있다고 할 수 없다. O | X

해설 **제1101조(유언집행자의 권리의무)** 유언집행자는 유증의 목적인 재산의 관리 기타 유언의 집행에 필요한 행위를 할 권리의무가 있다.

제1106조(유언집행자의 해임) 지정 또는 선임에 의한 유언집행자에 그 임무를 해태하거나 적당하지 아니한 사유가 있는 때에는 법원은 상속인 기타 이해관계인의 청구에 의하여 유언집행자를 해임할 수 있다.

유언집행자의 해임
지정 또는 선임에 의한 유언집행자에게 임무해태 또는 적당하지 아니한 사유가 있는 때에는 법원은 상속인 기타 이해관계인의 청구에 의하여 유언집행자를 해임할 수가 있으나(민법 제1106조), 유언집행자는 유증의 목적인 재산의 관리 기타 유언의 집행에 필요한 모든 행위를 할 권리의무가 있을 뿐만 아니라(민법 제1101조) 유언의 집행에 필요한 범위 내에서는 상속인과 이해상반되는 사항에 관하여도 중립적 입장에서 직무를 수행하여야 하므로, 유언집행자가 유언의 해석에 관하여 상속인과 의견을 달리한다거나 혹은 유언집행자가 유언의 집행에 방해되는 상태를 야기하고 있는 상속인을 상대로 유언의 충실한 집행을 위하여 자신의 직무권한 범위에서 가압류신청 또는 본안소송을 제기하고 이로 인해 일부 상속인들과 유언집행자 사이에 갈등이 초래되었다는 사정만으로는 유언집행자의 해임사유인 '적당하지 아니한 사유'가 있다고 할 수 없으며, 일부 상속인에게만 유리하게 편파적인 집행을 하는 등으로 공정한 유언의 실현을 기대하기 어려워 상속인 전원의 신뢰를 얻을 수 없음이 명백하다는 등 유언집행자로서의 임무수행에 적당하지 아니한 구체적 사정이 소명되어야 한다(대결 2011.10.27. 2011스108).

29

출제예상

유언집행자가 수인인 경우, 유언집행자를 상대로 유증의무의 이행을 구하는 소송은 특별한 사정이 없는 한 유언집행자 전원을 피고로 삼아야 하는 고유필수적 공동소송이다. O | X

> **해설** 수인의 유언집행자 중 1인만을 피고로 하여 유증의무 이행을 구하는 소송을 제기한 사안에서, 判例는 "유언집행자 지정 또는 제3자의 지정 위탁이 없는 한 상속인 전원이 유언집행자가 되고, 유언집행자에 대하여 민법 제1087조 제1항 단서에 따라 유증의무의 이행을 구하는 것은 유언집행자인 상속인 전원을 피고로 삼아야 하는 고유필수적 공동소송"(대판 2011.6.24. 2009다8345)이라고 판시하였다.

30 14/18서기보

상속인의 상속회복청구권 및 그 제척기간에 관한 규정은 포괄적 유증의 경우에도 유추 적용된다. O I X

31 17서기보, 17법무사

포괄적 유증을 받은 자도 상속회복청구권을 행사할 수 있다. O I X

> **해설** **30 31** 포괄적 수증자의 법적 지위 내지 권리의무에 관하여 구 민법(1990.1.13. 법률 제4199호로 개정되기 전의 것) **제1078조는 '포괄적 유증은 받은 자는 재산상속인과 동일한 권리의무가 있다.'**고 규정하고 있어 포괄적 수증자는 그 수증분에 따라서 유증자의 일신전속적인 권리를 제외한 모든 권리 및 의무를 법률상 당연히 포괄적으로 승계하기 때문에 포괄적 유증은 실질적으로는 수증분을 상속분으로 하는 피상속인(유증자)에 의한 상속인 및 상속분의 지정과 같은 기능을 하고 있으므로, 상속인의 상속회복청구권에 관한 규정은 포괄적 수증의 경우에 유추 적용되고, 상속회복청구권의 제척기간에 관한 규정도 상속에 관한 법률관계의 신속한 확정을 위한 상속회복청구권의 제척기간의 제도적 취지에 비추어 볼 때 포괄적 수증의 경우에 유추 적용된다(대판 2001.10.12. 2000다22942).

32 15사무관

유언집행자는 유언집행을 위한 등기의무자로서 등기권리자인 포괄적 수증자와 함께 유증을 원인으로 하는 소유권이전등기를 공동으로 신청할 수 있고, 그러한 등기를 마치는 것에 관하여 다른 상속인들의 동의나 승낙을 받아야 하는 것은 아니다. O I X

> **해설** i) 유언집행자가 자필 유언증서상 유언자의 자서와 날인의 진정성을 다투는 상속인들에 대하여 '유언 내용에 따른 등기신청에 이의가 없다'는 진술을 구하는 소는, 등기관이 자필 유언증서상 유언자의 자서 및 날인의 진정성에 관하여 심사하는 데 필요한 증명자료를 소로써 구하는 것에 불과하고, 민법 제389조 제2항에서 규정하는 '채무가 법률행위를 목적으로 한 때에 채무자의 의사표시에 갈음할 재판을 청구하는 경우'에 해당한다고 볼 수 없다. 따라서 위와 같은 소는 권리보호의 이익이 없어 부적법하다. 또한, **유언집행자가 제기한 위와 같은 소를 유증을 원인으로 하는 소유권이전등기에 대하여 상속인들의 승낙을 구하는 것으로 본다 하더라도, 포괄유증의 성립이나 효력발생에 상속인들의 승낙은 불필요하고,** 부동산등기법 관련 법령에서 유증을 원인으로 하는 소유권이전등기에 대하여 상속인들의 승낙이 필요하다는 규정을 두고 있지도 아니하므로, 이는 부동산등기법 관련 법령에 따라 유증을 원인으로 하는 소유권이전등기를 **마치는 데 있어 필요하지 아니한 제3자의 승낙을 소구하는 것에 불과하여 권리보호의 이익이 없어서 역시 부적법하다. ii) 유언집행자로서는, 자필 유언증서상 유언자의 자서와 날인의 진정성을 다투는 상속인들이 유언 내용에 따른 등기신청에 관하여 이의가 없다는 진술서의 작성을 거절하는 경우에는 그 진술을 소로써 구할 것이 아니라, 상속인들을 상대로 유언효력확인의 소나 포괄적 수증자 지위 확인의 소 등을 제기하여 승소 확정판결을 받은 다음, 이를 부동산등기규칙 제46조 제1항 제1호 및 제5호의 첨부정보로 제출하여 유증을 원인으로 하는 소유권이전등기를 신청할 수 있다**(대판 2014.2.13. 2011다74277).

정답 | 26 ○ 27 × 28 ○ 29 ○ 30 ○ 31 ○ 32 ○

33 19법원행시

특정유증을 받은 자는 민법 제187조에 의하여 법률상 당연히 유증받은 부동산의 소유권을 취득하게 된다. O | X

34 17법원행시

특정유증을 받은 자는 유증받은 부동산의 소유권자이어서 직접 진정한 등기명의의 회복을 원인으로 한 소유권이전등기를 구할 수 있다. O | X

> 해설 **33 34** 포괄적 유증을 받은 자는 민법 제187조에 의하여 법률상 당연히 유증받은 부동산의 소유권을 취득하게 되나, 특정유증을 받은 자는 유증의무자에게 유증을 이행할 것을 청구할 수 있는 채권을 취득할 뿐이므로, 특정유증을 받은 자는 유증받은 부동산의 소유권자가 아니어서 직접 진정한 등기명의의 회복을 원인으로 한 소유권이전등기를 구할 수 없다(대판 2003.5.27. 2000다73445).

35 13법무사

유증을 받을 자는 유언자의 사망 후에 언제든지 유증을 승인 또는 포기할 수 있고, 이 승인이나 포기는 유언자가 사망한 때에 소급하여 그 효력이 있다. O | X

> 해설 **제1074조(유증의 승인, 포기)** ① 유증을 받을 자는 유언자의 사망후에 언제든지 유증을 승인 또는 포기할 수 있다.

36 13서기보

유증을 받을 자가 유언자의 사망 후에 유증을 포기한 경우 유언자가 사망한 때에 소급하여 그 효력이 있다. O | X

> 해설 **제1074조(유증의 승인, 포기)** ② 전항의 승인이나 포기는 유언자의 사망한 때에 소급하여 그 효력이 있다.

37 19법원행시

유증의 목적물이 유언자의 사망 당시에 제3자의 권리의 목적인 경우에는 그와 같은 제3자의 권리는 특별한 사정이 없는 한 유증의 목적물이 수증자에게 귀속된 후에도 그대로 존속한다. O | X

> 해설 유증의 목적물이 유언자의 사망 당시에 제3자의 권리의 목적인 경우, 제3자의 권리가 유증의 목적물이 수증자에게 귀속된 후에도 그대로 존속하는지 여부(원칙적 적극)
> 민법 제1085조는 "유증의 목적인 물건이나 권리가 유언자의 사망 당시에 제3자의 권리의 목적인 경우에는 수증자는 유증의무자에 대하여 그 제3자의 권리를 소멸시킬 것을 청구하지 못한다."라고 규정하고 있다. 이는 유언자가 다른 의사를 표시하지 않는 한 유증의 목적물을 유언의 효력발생 당시의 상태대로 수증자에게 주는 것이 유언자의 의사라는 점을 고려하여 수증자 역시 유증의 목적물을 유언의 효력발생 당시의 상태대로 취득하는 것이 원칙임을 확인한 것이다. 그러므로 **유증의 목적물이 유언자의 사망 당시에 제3자의 권리의 목적인 경우에는 그와 같은 제3자의 권리는 특별한 사정이 없는 한 유증의 목적물이 수증자에게 귀속된 후에도 그대로 존속하는 것으로 보아야** 한다(대판 2018.7.26. 2017다289040).

38

13서기보

유언의 목적이 된 권리가 유언자의 사망 당시에 상속재산에 속하지 아니한 때에는 유언은 그 효력이 없다. 그러나 유언자가 자기의 사망당시에 그 목적물이 상속재산에 속하지 아니한 경우에도 유언의 효력이 있게 할 의사인 때에는 유증의무자는 그 권리를 취득하여 수증자에게 이전할 의무가 있다. O | X

해설 **제1087조(상속재산에 속하지 아니한 권리의 유증)** ① 유언의 목적이 된 권리가 유언자의 사망당시에 상속재산에 속하지 아니한 때에는 유언은 그 효력이 없다. 그러나 유언자가 자기의 사망당시에 그 목적물이 상속재산에 속하지 아니한 경우에도 유언의 효력이 있게 할 의사인 때에는 유증의무자는 그 권리를 취득하여 수증자에게 이전할 의무가 있다.
② 전항 단서의 경우에 그 권리를 취득할 수 없거나 그 취득에 과다한 비용을 요할 때에는 그 가액으로 변상할 수 있다.

39

16서기보

정지조건 있는 유증은 수증자가 그 조건 성취 전에 사망하더라도 수증자의 상속인이 있는 경우에는 그 상속인에게 대습상속된 후 그 조건이 성취하면 그때 유증의 효력이 생긴다. O | X

해설 **제1089조(유증효력발생전의 수증자의 사망)** ① 유증은 유언자의 사망 전에 수증자가 사망한 때에는 그 효력이 생기지 아니한다.
② 정지조건 있는 유증은 수증자가 그 조건성취전에 사망한 때에는 그 효력이 생기지 아니한다.

제1090조(유증의 무효, 실효의 경우와 목적재산의 귀속) 유증이 그 효력이 생기지 아니하거나 수증자가 이를 포기한 때에는 유증의 목적인 재산은 상속인에게 귀속한다. 그러나 유언자가 유언으로 다른 의사를 표시한 때에는 그 의사에 의한다.

➡ 따라서 정지조건 있는 유증은 수증자가 그 조건 성취 전에 사망한 경우 스증자의 상속인이 있는 경우에도 그 효력이 생기지 아니하므로, 유증의 목적인 재산은 원칙적으로 유언자의 상속인에게 귀속된다.

40

12서기보

구수방식에 의한 유언에서 민법 제1070조 제2항에 의한 법원의 검인은 유언방식에 관한 사실을 조사하여 위조와 변조를 방지하고 그 보존을 확실하게 하기 위한 절차에 불과하므로, 그 검인의 유무에 의하여 유언의 효력이 영향을 받지 않는다. O | X

해설 甲이 입원하고 있던 병원에서 그가 대표이사로 재직하던 회사의 부사장과 비서인 乙을 참석하게 하여 乙로 하여금 계쟁토지를 丙의 단독 소유로 한다는 등의 유언을 받아쓰게 하여 유언서를 작성한 후 甲이 사망하자 乙은 그 사망 직후 같은 회사 직원으로 하여금 위 유언서를 정서하게 하였고 정서된 유언서는 합동법률사무소에서 甲의 처의 촉탁에 의하여 그 사본이 원본과 상위 없다는 내용의 인증을 받은 경우 甲의 유언은 민법 제1070조 제1항에 정한 구수증서에 의한 유언인데 같은 조 제2항에 따라 유언의 증인 또는 이해관계인이 급박한 사정이 종료한 날로부터 7일 이내에 법원의 검인을 받았다고 인정할 증거가 없어 甲의 유언은 그 효력이 없다(대판 1992.7.14. 91다39719).

정답 | 33 × 34 × 35 ○ 36 ○ 37 ○ 38 ○ 39 × 40 ×

41 21법원행시

민법 제562조가 사인증여에 관하여 유증에 관한 규정을 준용하도록 규정하고 있으므로, 포괄적 유증을 받은 자는 상속인과 동일한 권리의무가 있다고 규정하고 있는 민법 제1078조는 포괄적 사인증여에도 준용되고, 따라서 포괄적 사인증여에도 상속과 같은 효과가 발생한다. O|X

42 출제예상

사인증여는 원칙적으로 증여자와 수증자의 합의에 의해 성립하지만, 유증은 유언자의 사망 전에 수유자가 유언자에 대하여 승낙의 의사표시를 할 필요가 없다. O|X

> 해설 **41** 사인증여와 유증을 비교하는 문제이다. 민법은 **사인증여에 유증에 관한 규정을 준용하고 있다**(제562조). **다만 사인증여는 불요식 계약이나 유증은 단독행위로 엄격한 요식성을 요하는 바 준용의 범위가 문제**되는바, 判例는 기본적으로 "유증의 방식에 관한 민법 제1065조 내지 제1072조는 그것이 단독행위임을 전제로 하는 것이어서 계약인 사인증여에는 적용되지 않는다."(대판 1996.4.12. 94다37714,37721)고 한다.
>
> ➡ **42** 사인증여는 '계약'으로서 당사자(증여자와 수증자)의 의사합치가 필요하나, 유증은 '단독행위'로서 유언자의 의사표시만 있으면 족하다.

43 출제예상

포괄적 유증을 받은 자는 상속인과 동일한 권리의무가 있다고 규정한 민법 제1078조는 포괄적 사인증여에 준용되지 않는다. O|X

> 해설 포괄적 사인증여에 민법 제1078조가 준용된다면 양자의 효과는 동일하게 되므로, 결과적으로 포괄적 유증에 엄격한 방식을 요하는 요식행위로 규정한 조항들은 무의미하게 된다. 따라서 민법 제1078조가 포괄적 사인증여에 준용된다고 하는 것은 사인증여의 성질에 반하므로 준용되지 아니한다고 해석함이 상당하다(대판 1996.4.12. 94다37714,37721).

44 출제예상

증여자의 사망 전에 사망한 사인증여 수증자의 지위가 상속되는가의 여부는 사인증여의 내용에 의해 정해지고, 유언자의 사망 전에 사망한 유증 수유자의 지위가 상속되는가의 여부는 유언의 취지에 의해 정해진다. O|X

> 해설 유증은 유언자의 사망전에 수증자가 사망한 때에는 그 효력이 생기지 아니한다(제1089조 제1항). 아울러 사인증여의 경우에는 유증에 관한 규정을 준용하므로(제562조), 사인증여의 경우에도 수증자가 사인증여의 증여자보다 먼저 사망한 때에는 그 효력이 생기지 않는다.

45 출제예상

미성년자가 사인증여를 함에는 원칙적으로 법정대리인의 동의를 얻어야 하지만, 미성년자라도 만 17세에 달한 자가 유증을 함에는 법정대리인의 동의를 얻을 필요가 없다. O|X

> 해설 사인증여도 계약이므로 미성년자가 사인증여를 함에는 원칙적으로 법정대리인의 동의를 얻어야 한다(다만 미성년자가 사인증여를 받는 수증자인 경우에는 부담이 없는 한 단독으로 받을 수 있다; 제5조 제2항 단서). 그러나 만 17세에 달하면 유언을 할 수 있으므로(제1061조), 미성년자라도 만 17세에 달한 자가 유증을 함에는 법정대리인의 동의를 얻을 필요가 없다.

46

출제예상

유류분반환청구권자가 1977. 12. 31. 법률 제3051호로 개정된 민법(1979.1.1. 시행) 시행 전에 피상속인으로부터 증여받은 재산은 유류분반환청구에서 특별수익으로 고려될 수 있다. O | X

47

19법원행시

유류분제도가 생기기 전에 피상속인이 상속인이나 제3자에게 재산을 증여하고 이행을 완료하여 소유권이 수증자에게 이전된 때에는 피상속인이 유류분 제도 시행 이후에 사망하여 상속이 개시되더라도 그 증여재산은 유류분 산정을 위한 기초재산에 포함되지 않는다. O | X

48

19법무사

유류분반환청구자가 유류분 제도 시행 전에 피상속인으로부터 재산을 증여받아 이행이 완료된 경우, 그 재산은 유류분산정을 위한 기초재산에는 포함되지 않으나 유류분반환청구자의 유류분 부족액 산정시 특별수익으로는 공제되어야 한다. O | X

> 해설 i) **46** 유류분 제도가 생기기 전에 피상속인이 상속인이나 제3자에게 재산을 증여하고 이행을 완료하여 소유권이 수증자에게 이전된 때에는 피상속인이 1977.12.31. 법률 제3051호로 개정된 민법(이하 '개정 민법'이라 한다) 시행 이후에 사망하여 상속이 개시되더라도 소급하여 증여재산이 유류분 제도에 의한 반환청구의 대상이 되지는 않는다. 개정 민법의 유류분 규정을 개정 민법 시행 전에 이루어지고 이행이 완료된 증여에까지 적용한다면 수증자의 기득권을 소급입법에 의하여 제한 또는 침해하는 것이 되어 개정 민법 부칙 제2항의 취지에 반하기 때문이다. 개**정 민법 시행 전에 이미 법률관계가 확정된 증여재산에 대한 권리관계는 유류분 반환청구자이든 반환의무자이든 동일하여야 하므로, 유류분 반환청구자가 개정 민법 시행 전에 피상속인으로부터 증여받아 이미 이행이 완료된 경우에는 그 재산 역시 유류분산정을 위한 기초재산에 포함되지 아니한다고 보는 것이 타당**하다. ii) **47 48** 그러나 유류분 제도의 취지는 법정상속인의 상속권을 보장하고 상속인 간의 공평을 기하기 위함이고, 민법 제1115조 제1항에서도 '유류분권리자가 피상속인의 증여 및 유증으로 인하여 그 유류분에 부족이 생긴 때에는 부족한 한도 내에서 그 재산의 반환을 청구할 수 있다'고 규정하여 이미 법정 유류분 이상을 특별수익한 공동상속인의 유류분 반환청구권을 부정하고 있다. 이는 개정 민법 시행 전에 증여받은 재산이 법정 유류분을 초과한 경우에도 마찬가지로 보아야 하므로, 개정 민법 시행 전에 증여를 받았다는 이유만으로 이를 특별수익으로도 고려하지 않는 것은 유류분 제도의 취지와 목적에 반한다고 할 것이다. 또한 민법 제1118조에서 제1008조를 준용하고 있는 이상 유류분 부족액 산정을 위한 특별수익에는 그 시기의 제한이 없고, 민법 제1008조는 유류분 제도 신설 이전에 존재하던 규정으로 민법 부칙 제2조와도 관련이 없다. 따라서 **개정 민법 시행 전에 이행이 완료된 증여 재산이 유류분 산정을 위한 기초재산에서 제외된다고 하더라도, 위 재산은 당해 유류분 반환청구자의 유류분 부족액 산정 시 특별수익으로 공제되어야 한다**(대판 2018.7.12. 2017다278422).

정답 | **41** × **42** ○ **43** ○ **44** × **45** ○ **46** ○ **47** ○ **48** ○

49

15법원행시, 16법무사

유류분을 포함한 상속의 포기는 상속이 개시된 후 일정한 기간 내에만 가능하고 가정법원에 신고하는 등 일정한 절차와 방식을 따라야만 그 효력이 있다. O | X

> **해설** 대판 1998.7.24. 98다9021

50

15주사보

유류분권리자는 피상속인의 직계비속, 배우자, 직계존속, 형제자매에 한정되며, 이들은 상속개시 당시의 순위상 상속권 유무를 불문하고 민법 제1112조에서 규정한 각 법정상속분의 일정비율만큼 유류분권을 행사할 수 있다. O | X

> **해설** 유류분권은 법정상속인에게 인정되는 권리이다.

51

15사무관

피상속인의 4촌 이내의 방계혈족은 그 법정상속분의 3분의 1에 해당하는 유류분권이 인정된다. O | X

> **해설** **제1112조(유류분의 권리자와 유류분)** 상속인의 유류분은 다음 각호에 의한다.
> 1. **피상속인의 직계비속**은 그 법정상속분의 2분의 1
> 2. **피상속인의 배우자**는 그 법정상속분의 2분의 1
> 3. **피상속인의 직계존속**은 그 법정상속분의 3분의 1
> 4. **피상속인의 형제자매**는 그 법정상속분의 3분의 1

52

19법무사

민법 제1113조 제1항에서 정하는 유류분 산정의 기초가 되는 '증여재산'이란 상속개시 전에 이미 증여계약이 이행되어 소유권이 수증자에게 이전된 재산을 가리키는 것이므로, 아직 증여계약이 이행되지 아니하여 소유권이 피상속인에게 남아 있는 상태로 상속이 개시된 재산은 유류분 산정의 기초가 되는 재산에 포함되지 아니한다. O | X

> **해설** **유류분 산정시 산입될 '증여재산'에 아직 이행되지 아니한 증여계약의 목적물이 포함되는지 여부(소극)**
> 유류분 산정의 기초가 되는 재산의 범위에 관한 민법 제1113조 제1항에서의 '증여재산'이란 상속개시 전에 이미 증여계약이 이행되어 소유권이 수증자에게 이전된 재산을 가리키는 것이고, 아직 증여계약이 이행되지 아니하여 소유권이 피상속인에게 남아 있는 상태로 상속이 개시된 재산은 당연히 '피상속인의 상속개시시에 있어서 가진 재산'에 포함되는 것이므로, **수증자가 공동상속인이든 제3자이든 가리지 아니하고 모두 유류분 산정의 기초가 되는 재산을 구성**한다(대판 1996.8.20. 96다13682).

53

15서기보, 17사무관, 20법무사

유류분액을 산정함에 있어 반환의무자가 증여받은 재산의 시가는 증여 당시를 기준으로 산정하여야 한다. O | X

해설 유류분액의 산정 – 평가액 산정 기준시
유류분액을 산정함에 있어 반환의무자가 증여받은 재산의 시가는 상속개시 당시를 기준으로 산정해야 하고(대판 1996.2.9. 95다17885), 당해 반환의무자에 대하여 반환해야 할 재산의 범위를 확정한 다음 그 원물반환이 불가능하여 가액반환을 명하는 경우에는 그 가액은 사실심 변론종결시를 기준으로 산정해야 한다(대판 2005.6.23. 2004다51887).

54

18법원행시

유류분액을 산정함에 있어 반환의무자가 증여받은 재산의 시가는 상속개시 당시를 기준으로 하여 산정하여야 한다. 따라서 그 증여받은 재산이 금전일 경우에는 그 증여받은 금액을 상속개시 당시의 화폐가치로 환산하여 이를 증여재산의 가액으로 봄이 상당하고, 그러한 화폐가치의 환산은 증여 당시부터 상속개시 당시까지 사이의 물가변동률을 반영하는 방법으로 산정하는 것이 합리적이다. O | X

해설 유류분액을 산정함에 있어서 반환의무자가 증여받은 재산의 시가 산정의 기준시기(= 상속개시 당시) 및 그 증여받은 재산이 금전일 경우 가액 산정방법
유류분반환범위는 상속개시 당시 피상속인의 순재산과 문제된 증여재산을 합한 재산을 평가하여 그 재산액에 유류분청구권자의 유류분비율을 곱하여 얻은 유류분액을 기준으로 하는 것인바, 그 **유류분액을 산정함에 있어 반환의무자가 증여받은 재산의 시가는 상속개시 당시를 기준으로 하여 산정하여야 한다. 따라서 그 증여받은 재산이 금전일 경우에는 그 증여받은 금액을 상속개시 당시의 화폐가치로 환산하여 이를 증여재산의 가액으로 봄이 상당하고, 그러한 화폐가치의 환산은 증여 당시부터 상속개시 당시까지 사이의 물가변동률을 반영하는 방법으로 산정하는 것이 합리적**이다(대판 2009.7.23. 2006다28126).

55

16법무사

증여 이후 수증자나 수증자에게서 증여재산을 양수한 사람이 자기 비용으로 증여재산의 성상(性狀)등을 변경하여 상속개시 당시 가액이 증가되어 있는 경우, 변경된 성상 등을 기준으로 상속개시 당시의 가액을 산정하면 유류분권리자에게 부당한 이익을 주게 되므로, 이러한 경우에는 그와 같은 변경을 고려하지 않고 증여 당시의 성상 등을 기준으로 상속개시 당시의 가액을 산정하여야 한다. O | X

해설 유류분반환의 범위를 산정할 때 증여받은 재산의 시가 산정의 기준 시점(= 상속개시 당시)및 증여 이후 수증자나 수증자에게서 증여재산을 양수한 사람이 자기 비용으로 증여재산의 성상(性狀) 등을 변경하여 상속개시 당시 가액이 증가되어 있는 경우, 증여 당시의 성상 등을 기준으로 상속개시 당시의 가액을 산정하여야 하는지 여부(적극)
유류분반환의 범위는 상속개시 당시 피상속인의 순재산과 문제 된 증여재산을 합한 재산을 평가하여 그 재산액에 유류분청구권자의 유류분비율을 곱하여 얻은 유류분액을 기준으로 산정하는데, 증여받은 재산의 시가는 상속개시 당시를 기준으로 하여 산정하여야 한다. 다만 증여 이후 수증자나 수증자에게서 증여재산을 양수한 사람이 자기 비용으로 증여재산의 성상(性狀)등을 변경하여 상속개시 당시 가액이 증가되어 있는 경우, 변경된 성상 등을 기준으로 상속개시 당시의 가액을 산정하면 유류분권리자에게 부당한 이익을 주게 되므로, 이러한 경우에는 그와 같은 변경을 고려하지 않고 증여 당시의 성상 등을 기준으로 상속개시 당시의 가액을 산정하여야 한다(대판 2015.11.12. 2010다104768).

정답 | **49** ○ **50** × **51** × **52** × **53** × **54** ○ **55** ○

56 15주사보, 17사무관

공동상속인이 아닌 제3자에 대한 증여는 원칙적으로 상속개시 전에 1년간에 행한 것에 한하여 유류분반환청구를 할 수 있고, 다만 당사자 쌍방이 증여 당시에 유류분권리자에 손해를 가할 것을 알고 증여를 한 때에는 상속개시 1년 전에 한 것에 대하여도 유류분반환청구가 허용된다. O | X

> **해설** **제1114조(산입될 증여)** 증여는 상속개시전의 1년간에 행한 것에 한하여 제1113조의 규정에 의하여 그 가액을 산정한다. 당사자 쌍방이 유류분권리자에 손해를 가할 것을 알고 증여를 한 때에는 1년전에 한 것도 같다.

57 20법무사

공동상속인 중에 피상속인으로부터 재산의 생전 증여에 의하여 특별수익을 한 자가 있는 경우에는 민법 제1114조의 규정은 그 적용이 배제되고, 그 증여는 수증자가 손해를 가할 것을 알고서 한 경우에 한하여 상속개시 1년 이전의 것인지 여부에 관계없이 유류분 산정을 위한 기초재산에 산입된다. O | X

58 12/18법원행시, 16서기보, 17사무관

공동상속인 중에 피상속인으로부터 재산의 생전 증여에 의하여 특별수익을 한 자가 있는 경우, 그 증여는 상속개시 1년 이전의 것인지 여부, 당사자 쌍방이 손해를 가할 것을 알고서 하였는지 여부에 관계없이 유류분 산정을 위한 기초재산에 산입된다. O | X

> **해설** **제1114조(산입될 증여)** 증여는 상속개시전의 1년간에 행한 것에 한하여 제1113조의 규정에 의하여 그 가액을 산정한다. 당사자 쌍방이 유류분권리자에 손해를 가할 것을 알고 증여를 한 때에는 1년전에 한 것도 같다.
>
> **57 58** 유류분액의 산정 - 증여재산
>
> 민법 제1118조에 의하여 준용되는 민법 제1008조에서 "공동상속인 중에 피상속인으로부터 재산의 증여 또는 유증을 받은 자가 있는 경우에 그 수증재산이 자기의 상속분에 달하지 못한 때에는 그 부족한 부분의 한도에서 상속분이 있다."고 규정하고 있는바, 이는 공동상속인 중에 피상속인으로부터 재산의 증여 또는 유증을 받은 특별수익자가 있는 경우에 공동상속인들 사이의 공평을 기하기 위하여 그 수증재산을 상속분의 선급으로 다루어 구체적인 상속분을 산정함에 있어 이를 참작하도록 하려는 데 있다고 할 것이므로, 공동상속인 중에 피상속인으로부터 재산의 생전 증여에 의하여 특별수익을 한 자가 있는 경우에는 민법 제1114조의 규정은 그 적용이 배제된다고 할 것이고, 따라서 그 증여는 상속개시 1년 이전의 것인지 여부, 당사자 쌍방이 손해를 가할 것을 알고서 하였는지 여부에 관계없이 유류분 산정을 위한 기초재산에 산입된다(대판 1996.2.9. 95다17885).

59 15주사보

유류분반환청구권의 행사는 반드시 재판상 행사하여야 하는 것은 아니고 재판 외에서도 상대방에 대한 의사표시의 방법으로 할 수 있다. O | X

60 15서기보, 17법원행시, 19/21법무사

유류분반환청구권의 행사는 재판상 또는 재판 외에서 상대방에 대한 의사표시의 방법으로 할 수 있고, 이 경우 그 의사표시는 침해를 받은 유증 또는 증여행위를 지정하여 이에 대한 반환청구의 의사를 표시하면 그것으로 족하며, 그로 인하여 생긴 목적물의 이전등기청구권이나 인도청구권 등을 행사하는 것과는 달리 그 목적물을 구체적으로 특정하여야 하는 것은 아니다. O | X

61

출제예상

유류분반환청구권자가 침해를 받은 유증 또는 증여행위를 지정하여 재판 외에서 이에 대한 반환청구의 의사를 표시했더라도 그로부터 6개월 이내에 재판상의 청구 등을 하여야 소멸시효 진행이 중단된다. O | X

> **해설** **59 60 61 유류분반환청구권 행사의 방법 및 그로 인한 소멸시효의 중단**
> 유류분반환청구권의 행사는 재판상 또는 재판 외에서 상대방에 대한 의사표시의 방법으로 할 수 있고, 이 경우 그 **의사표시는 침해를 받은 유증 또는 증여행위를 지정하여 이에 대한 반환청구의 의사를 표시하면 그것으로 족**하며, 그로 인하여 생긴 목적물의 이전등기청구권이나 인도청구권 등을 행사하는 것과는 달리 그 목적물을 구체적으로 특정하여야 하는 것은 아니고, 민법 제1117조에 정한 소멸시효의 진행도 그 의사표시로 중단된다(대판 2002.4.26. 2000다8878).

62

16/20법무사, 18법원행시

유류분반환청구권의 행사에 의하여 반환하여야 할 유증 또는 증여의 목적이 된 재산이 타인에게 양도된 경우 그 양수인이 양도 당시 유류분권리자를 해함을 안 때에는 양수인에 대하여도 그 재산의 반환을 청구할 수 있다. O | X

> **해설** 유류분반환청구권의 행사에 의하여 반환되어야 할 유증 또는 증여의 목적이 된 재산이 타인에게 양도된 경우, 양수인에 대하여도 그 재산의 반환을 청구할 수 있는지 여부(한정 적극)
> 유류분반환청구권의 행사에 의하여 반환되어야 할 유증 또는 증여의 목적이 된 재산이 타인에게 양도된 경우 그 양수인이 양도 당시 유류분권리자를 해함을 안 때에는 양수인에 대하여도 그 재산의 반환을 청구할 수 있다고 보아야 한다(대판 2002.4.26. 2000다8878).

63

18법원행시

유류분권리자가 유류분반환청구를 함에 있어 증여 또는 유증을 받은 다른 공동상속인이 수인일 때에는 각자 증여 또는 유증을 받은 재산 등의 가액이 자기 고유의 유류분액을 초과하는 상속인에 대하여 그 유류분액을 초과한 가액의 비율에 따라서 반환을 청구할 수 있고, 공동상속인과 공동상속인 아닌 제3자가 있는 경우에는 그 제3자에게는 유류분이 없으므로 공동상속인에 대하여는 자기 고유의 유류분액을 초과한 가액을 기준으로 하여, 제3자에 대하여는 그 증여 또는 유증받은 재산의 가액을 기준으로 하여 그 각 가액의 비율에 따라 반환청구를 할 수 있다. O | X

> **해설** 대판 2006.11.10. 2006다46346 참조

64

16법원행시

증여 또는 유증을 받은 재산 등의 가액이 자기 고유의 유류분액을 초과하는 수인의 공동상속인이 유류분권리자에게 반환하여야 할 재산과 그 범위를 정함에 있어서, 수인의 공동상속인이 유증받은 재산의 총 가액이 유류분권리자의 유류분 부족액을 초과하는 경우에는 그 유류분 부족액의 범위 내에서 각자의 수유재산을 반환하면 된다. O | X

정답 | 56 ○ 57 × 58 ○ 59 ○ 60 ○ 61 × 62 ○ 63 ○ 64 ○

65

16법원행시

수인의 공동상속인이 유류분권리자의 유류분 부족액을 각자의 수유재산으로 반환함에 있어서 분담하여야 할 액은 각자 증여 또는 유증을 받은 재산 등의 가액이 자기 고유의 유류분액을 초과하는 가액의 비율에 따라 안분하여 정하되, 그중 어느 공동상속인의 수유재산의 가액이 그의 분담액에 미치지 못하여 분담액 부족분이 발생하면 이를 그의 수증재산으로 반환하여야 한다. O | X

66

15법무사

공동상속인 1인이 수개의 재산을 유증받은 경우 유류분권리자에게 반환하여야 할 각 수유재산의 범위는 특별한 사정이 없는 한 그 각 수유재산의 가액에 비례하여 안분하는 방법으로 정한다. O | X

해설 **64** 증여 또는 유증을 받은 재산 등의 가액이 자기 고유의 유류분액을 초과하는 수인의 공동상속인이 유류분권리자에게 반환하여야 할 재산과 범위를 정할 때에, **수인의 공동상속인이 유증받은 재산의 총 가액이 유류분권리자의 유류분 부족액을 초과하는 경우에는 유류분 부족액의 범위 내에서 각자의 수유재산(受遺財産)을 반환하면 되는 것이지 이를 놓아두고 수증재산(受贈財産)을 반환할 것은 아니다.**
65 이 경우 **수인의 공동상속인이 유류분권리자의 유류분 부족액을 각자의 수유재산으로 반환할 때 분담하여야 할 액**은 각자 증여 또는 유증을 받은 재산 등의 가액이 자기 고유의 유류분액을 초과하는 가액의 비율에 따라 안분하여 정하되, 그중 어느 공동상속인의 수유재산의 가액이 그의 분담액에 미치지 못하여 분담액 부족분이 발생하더라도 이를 그의 수증재산으로 반환할 것이 아니라, **자신의 수유재산의 가액이 자신의 분담액을 초과하는 다른 공동상속인들이 위 분담액 부족분을 위 비율에 따라 다시 안분하여 그들의 수유재산으로 반환하여야** 한다.
66 나아가 어느 공동상속인 1인이 수개의 재산을 유증받아 각 수유재산으로 유류분권리자에게 반환하여야 할 분담액을 반환하는 경우, **반환하여야 할 각 수유재산의 범위는 특별한 사정이 없는 한 민법 제1115조 제2항을 유추적용하여 각 수유재산의 가액에 비례하여 안분하는 방법으로 정함이 타당**하다(대판 2013.3.14. 2010다42624).

67

21법무사

유류분 권리자가 원물반환의 방법에 의하여 유류분 반환을 청구하고 그와 같은 원물반환이 가능하다면 특별한 사정이 없는 이상 법원은 원물반환을 명하여야 한다. O | X

68

출제예상

유류분권리자의 가액반환청구에 대하여 반환의무자가 원물반환을 주장하며 가액반환에 반대하는 의사를 표시한 경우에는 반환의무자의 의사에 반하여 원물반환이 가능한 재산에 대하여 가액반환을 명할 수 없다. O | X

해설 유류분의 반환방법
67 민법은 유류분의 반환방법에 관하여 별도의 규정을 두지 않는바, 반환의무자는 통상적으로 증여 또는 유증대상인 재산 그 자체를 반환하면 될 것이다(제1115조 제1항 참조, 예컨대 수증자 또는 수유자가 아직 목적물을 소유하고 있거나, 목적물을 양수한 제3자가 악의인 경우). 만약 원물반환이 불가능한 경우(예컨대 수증자 또는 수유자가 선의의 제3자에게 양도한 경우)에는 그 가액 상당액을 반환할 수밖에 없다. 특히 원물반환의 경우 목적물이 부동산인 때에는 유류분이 비율로 정해져 있으므로 공유지분의 이전등기를 청구하는 형태가 될 것이다. **68** 그리고 원물반환이 가능하더라도 유류분권리자와 반환의무자 사이에 가액으로 이를 반환하기로 협의가 이루어지거나 유류분권리자의 가액반환청구에 대하여 반환의무자가 이를 다투지 않은 경우에는 법원은 가액반환을 명할 수 있지만, 유류분권리자의 가액반환청구에 대하여 반환의무자가 원

물반환을 주장하며 가액반환에 반대하는 의사를 표시한 경우에는 반환의무자의 의사에 반하여 원물반환이 가능한 재산에 대하여 가액반환을 명할 수 없다(대판 2013.3.14. 2010다42624).

69

15법무사

유류분권리자가 유류분반환청구권의 행사로 인하여 생긴 목적물의 이전등기의무나 인도의무 등의 이행을 소로써 구한 경우, 법원은 유류분권리자가 특정한 대상과 범위를 넘어서 그 청구를 인용할 수 있다. O | X

해설 **유류분반환청구소송에서 법원이 유류분권리자가 특정한 대상과 범위를 넘어서 청구를 인용할 수 있는지 여부(소극)**
유류분권리자가 반환의무자를 상대로 유류분반환청구권을 행사하고 이로 인하여 생긴 목적물의 이전등기의무나 인도의무 등의 이행을 소로써 구하는 경우에는 그 대상과 범위를 특정하여야 하고, 법원은 처분권주의의 원칙상 유류분권리자가 특정한 대상과 범위를 넘어서 청구를 인용할 수 없다(대판 2013.3.14. 2010다42624).

70

15법무사

유류분권리자가 유류분반환청구권을 행사하면 유류분권리자의 목적물에 대한 사용, 수익권은 상속개시 시점에 소급하여 반환의무자에 의하여 침해당한 것이 된다. O | X

71

19법무사

유류분권리자가 반환의무자를 상대로 유류분반환청구권을 행사하는 경우, 그의 유류분을 침해하는 증여는 소급적으로 효력을 상실하고 반환의무자는 상속개시 시점으로 소급하여 증여의 목적물을 사용, 수익할 권리를 상실하게 되므로, 반환의무자는 선의의 점유자라 하더라도 유류분권리자에게 목적물의 사용이익을 부당이득으로 반환하여야 한다. O | X

해설 **70 71** 유류분권리자가 반환의무자를 상대로 유류분반환청구권을 행사하는 경우 그의 유류분을 침해하는 증여 또는 유증은 소급적으로 효력을 상실하므로, 반환의무자는 유류분권리자의 유류분을 침해하는 범위 내에서 그와 같이 실효된 증여 또는 유증의 목적물을 사용·수익할 권리를 상실하게 되고, **유류분권리자의 목적물에 대한 사용·수익권은 상속개시의 시점에 소급하여 반환의무자에 의하여 침해당한 것이 된다.** 그러나 민법 제201조 제1항은 "선의의 점유자는 점유물의 과실을 취득한다."고 규정하고 있고, 점유자는 민법 제197조에 의하여 선의로 점유한 것으로 추정되므로, **반환의무자가 악의의 점유자라는 사정이 증명되지 않는 한 반환의무자는 목적물에 대하여 과실수취권이 있다고 할 것이어서 유류분권리자에게 목적물의 사용이익 중 유류분권리자에게 귀속되었어야 할 부분을 부당이득으로 반환할 의무가 없다.** 다만 민법 제197조 제2항은 "선의의 점유자라도 본권에 관한 소에 패소한 때에는 그 소가 제기된 때로부터 악의의 점유자로 본다."고 규정하고 있고, 민법 제201조 제2항은 "악의의 점유자는 수취한 과실을 반환하여야 하며 소비하였거나 과실로 인하여 훼손 또는 수취하지 못한 경우에는 그 과실의 대가를 보상하여야 한다."고 규정하고 있으므로, **반환의무자가 악의의 점유자라는 점이 증명된 경우에는 악의의 점유자로 인정된 시점부터, 그렇지 않다고 하더라도 본권에 관한 소에서 종국판결에 의하여 패소로 확정된 경우에는 소가 제기된 때로부터 악의의 점유자로 의제되어 각 그때부터 유류분권리자에게 목적물의 사용이익 중 유류분권리자에게 귀속되었어야 할 부분을 부당이득으로 반환할 의무가 있다**(대판 2013.3.14. 2010다42624).

정답 | 65 × 66 ○ 67 ○ 68 ○ 69 × 70 ○ 71 ×

72

19서기보

공동상속인 중 1인이 자신의 법정상속분 상당의 상속채무분담액을 초과하여 유류분권리자의 상속채무 분담액까지 변제한 경우, 그러한 사정을 유류분권리자의 유류분 부족액 산정 시 고려할 것은 아니다.

O|X

해설 **유류분 산정의 기초가 되는 재산 = 상속개시시 적극재산의 가액 + 생전증여재산의 가액**(1년 내의 생전증여액 + 1년 전의 쌍방 악의의 생전증여액 + 공동상속인에게 한 생전증여) – **채무전액**

유류분 산정시 공제되어야 할 채무

判例에 따르면 "금전채무와 같이 급부의 내용이 가분인 채무가 공동상속된 경우, 이는 상속개시와 동시에 당연히 공동상속인들에게 법정상속분에 따라 상속된 것으로 봄이 타당하므로, 법정상속분 상당의 금전채무는 유류분권리자의 유류분 부족액을 산정할 때 고려하여야 할 것이나, 공동상속인 중 1인이 자신의 법정상속분 상당의 상속채무 분담액을 초과하여 유류분권리자의 상속채무 분담액까지 변제한 경우에는 유류분권리자를 상대로 별도로 구상권을 행사하여 지급받거나 상계를 하는 등의 방법으로 만족을 얻는 것은 별론으로 하고, 그러한 사정을 유류분권리자의 유류분 부족액 산정시 고려할 것은 아니다."라고 한다(대판 2013.3.14. 2010다42624).

73

21법원행시

공동상속인이 아닌 제3자에 대한 증여는 원칙적으로 상속개시 전의 1년간에 행한 것에 한하여 유류분반환청구를 할 수 있고, 다만 당사자 쌍방이 증여 당시에 유류분권리자에 손해를 가할 것을 알고 증여를 한 때에는 상속개시 1년 전에 한 것에 대하여도 유류분반환청구가 허용된다. 증여 당시 법정상속분의 2분의 1을 유류분으로 갖는 직계비속들이 공동상속인으로서 유류분권리자가 되리라고 예상할 수 있는 경우에, 제3자에 대한 증여가 유류분권리자에게 손해를 가할 것을 알고 행해진 것이라고 보기 위해서는, 당사자 쌍방이 증여 당시 증여재산의 가액이 증여하고 남은 재산의 가액을 초과한다는 점을 알았던 사정뿐만 아니라, 장래 상속개시일에 이르기까지 피상속인의 재산이 증가하지 않으리라는 점까지 예견하고 증여를 행한 사정이 인정되어야 하고, 이러한 당사자 쌍방의 가해의 인식은 증여 당시를 기준으로 판단하여야 한다.

O|X

해설 대판 2012.5.24. 2010다50809

74

15서기보, 21사무관, 21법무사

유류분반환청구권은 그 행사 여부가 유류분권리자의 인격적 이익을 위하여 그의 자유로운 의사결정에 전적으로 맡겨진 권리로서 행사상의 일신전속성을 가진다고 보아야 하므로, 유류분권리자에게 그 권리행사의 확정적 의사가 있다고 인정되는 경우가 아니라면 채권자대위권의 목적이 될 수 없다.

O|X

해설 대판 2010.5.27. 2009다93992 참조

75

15서기보, 17법원행시

유류분권리자는 먼저 유증을 받은 자를 상대로 유류분침해액의 반환을 구하여야 하고, 그 이후에도 여전히 유류분침해액이 남아 있는 경우에 한하여 증여를 받은 자에 대하여 그 부족분을 청구할 수 있는바, 사인증여는 유증과 같은 것으로 보아야 한다. O | X

> 해설 유류분반환청구의 목적인 증여나 유증이 병존하고 있는 경우에는 유류분권리자는 먼저 유증을 받은 자를 상대로 유류분침해액의 반환을 구하여야 하고, 그 이후에도 여전히 유류분침해액이 남아 있는 경우에 한하여 증여를 받은 자에 대하여 그 부족분을 청구할 수 있는 것이며, 사인증여의 경우에는 유증의 규정이 준용될 뿐만 아니라 그 실제적 기능도 유증과 달리 볼 필요가 없으므로 유증과 같이 보아야 할 것이다(대판 2001.11.30. 2001다6947).

76

15사무관, 19주사보

유류분반환청구권은 유류분권리자가 상속의 개시와 반환하여야 할 증여 또는 유증을 한 사실을 안 때로부터 1년, 상속이 개시한 때로부터 10년 내에 행사하여야 하고 이 기간의 성질은 제척기간이다. O | X

> 해설 민법 제1117조의 규정내용 및 형식에 비추어 볼 때 같은 법조 전단의 1년의 기간은 물론 같은 **법조 후단의 10년의 기간도 그 성질은 소멸시효기간**이다(대판 1993.4.13. 92다3595).

77

17법원행시

민법 제1117조는 유류분반환청구권은 유류분권리자가 상속의 개시와 반환하여야 할 증여 또는 유증을 한 사실을 안 때로부터 1년 내에 하지 아니하면 시효에 의하여 소멸한다고 규정하고 있는바, 여기서 '반환하여야 할 증여 등을 한 사실을 안 때'라 함은 증여 등의 사실 및 이것이 반환하여야 할 것임을 안 때를 뜻한다. O | X

> 해설 **민법 제1117조는 유류분반환청구권은 유류분권리자가 상속의 개시와 반환하여야 할 증여 또는 유증을 한 사실을 안 때로부터 1년 내에 하지 아니하면 시효에 의하여 소멸한다고 규정하고 있는바, 여기서 '반환하여야 할 증여 등을 한 사실을 안 때'라 함은 증여 등의 사실 및 이것이 반환하여야 할 것임을 안 때라고 해석**하여야 하므로, 유류분권리자가 증여 등이 무효라고 믿고 소송상 항쟁하고 있는 경우에는 증여 등의 사실을 안 것만으로 곧바로 반환하여야 할 증여가 있었다는 것까지 알고 있다고 단정할 수는 없을 것이나, 민법이 유류분반환청구권에 관하여 특별히 단기소멸시효를 규정한 취지에 비추어 보면 유류분권리자가 소송상 무효를 주장하기만 하면 그것이 근거 없는 구실에 지나지 아니한 경우에도 시효는 진행하지 않는다 함은 부당하므로, 피상속인의 거의 전 재산이 증여되었고 유류분권리자가 위 사실을 인식하고 있는 경우에는, 무효의 주장에 관하여 일응 사실상 또는 법률상 근거가 있고 그 권리자가 위 무효를 믿고 있었기 때문에 유류분반환청구권을 행사하지 않았다는 점을 당연히 수긍할 수 있는 특별한 사정이 인정되지 않는 한, 위 증여가 반환될 수 있는 것임을 알고 있었다고 추인함이 상당하다(대판 2001.9.14. 2000다66430,66447).

78

15법무사

상속이 개시한 때부터 10년을 경과하면 유류분반환청구권은 시효에 의하여 소멸하며, 특별한 사정이 없는 한 상속재산의 증여에 따른 소유권이전등기가 이루어지지 않은 경우에도 마찬가지이다. O | X

정답 | 72 ○ 73 ○ 74 ○ 75 ○ 76 × 77 ○ 78 ○

해설 유류분반환청구권의 소멸시효
'민법' 제1117조의 유류분반환청구권은 상속이 개시한 때부터 10년이 지나면 시효에 의하여 소멸하고, 이러한 법리는 상속재산의 증여에 따른 소유권이전등기가 이루어지지 아니한 경우에도 달리 그 소멸시효 완성의 항변이 신의성실의 원칙에 반한다고 하는 등의 특별한 사정이 존재하지 아니하는 이상 달리 볼 것이 아니다(대판 2008.7.10. 2007다9719).

79 19서기보

유류분반환청구권의 행사로 인하여 생기는 원물반환의무 또는 가액반환의무는 이행기한의 정함이 없는 채무이므로, 반환의무자는 그 의무에 대한 이행청구를 받은 때에 비로소 지체책임을 진다. O | X

해설 대판 2013.3.14. 2010다42624

80 출제예상

상속재산분할 후에라도 피인지자나 재판의 확정에 의하여 공동상속인이 된 자의 상속분에 상당한 가액의 지급청구가 있는 경우에는 기여분의 결정청구를 할 수 있으나, 상속재산분할의 심판청구가 없는 한 유류분반환청구가 있다는 사유만으로 기여분의 결정청구를 할 수 없다. O | X

해설 **기여분은 상속재산분할의 전제문제로서의 성격을 갖는 것**이므로 상속재산분할의 청구나 조정신청이 있는 경우에 한하여 기여분결정청구를 할 수 있고(제1008조의2 제4항), 다만 예외적으로 상속재산분할 후에라도 피인지자나 재판의 확정에 의하여 공동상속인이 된 자의 상속분에 상당한 가액의 지급청구가 있는 경우에는 기여분의 결정청구를 할 수 있으나, **상속재산분할의 심판청구가 없음에도 단지 유류분반환청구가 있다는 사유만으로는 기여분결정청구가 허용된다고 볼 것은 아니다**(대결 1999.8.24. 99스28).

81 17서기보, 19법원행시

유류분반환청구권을 행사함으로써 발생하는 목적물의 이전등기청구권 등은 유류분반환청구권에서 파생되는 권리이므로 그 이전등기청구권 등에 대하여는 민법 제1117조 소정의 유류분반환청구권에 대한 소멸시효가 적용된다. O | X

해설 **제1117조(소멸시효)** (유류분)반환의 청구권은 유류분권리자가 상속의 개시와 반환하여야 할 증여 또는 유증을 한 사실을 안 때로부터 1년 내에 하지 아니하면 시효에 의하여 소멸한다. 상속이 개시한 때로부터 10년을 경과한 때도 같다.

유류분반환청구권의 소멸
유류분반환청구권을 행사함으로써 발생하는 목적물의 이전등기청구권 등은 유류분반환청구권과는 다른 권리이므로, 그 이전등기청구권 등에 대하여는 민법 제1117조 소정의 유류분반환청구권에 대한 소멸시효가 적용될 여지가 없고, 그 권리의 성질과 내용 등에 따라 별도로 소멸시효의 적용 여부와 기간 등을 판단하여야 한다(대판 2015.11.12. 2011다55092,55108).

정답 | **79** ○ **80** ○ **81** ×

2022 최신판

해커스법원직
민법의 맥

OX 문제집 | 2권

초판 1쇄 발행 2022년 3월 28일

지은이	윤동환, 공태용 공편저
펴낸곳	해커스패스
펴낸이	해커스공무원 출판팀

주소	서울특별시 강남구 강남대로 428 해커스공무원
고객센터	1588-4055
교재 관련 문의	gosi@hackerspass.com 해커스공무원 사이트(gosi.Hackers.com) 교재 Q&A 게시판 카카오톡 플러스 친구 [해커스공무원강남역], [해커스공무원노량진]
학원 강의 및 동영상강의	gosi.Hackers.com

ISBN	979-11-6880-190-5 (13360)
Serial Number	01-01-01